U0809888

福州年鉴

FUZHOU YEARBOOK 2023

《福州年鉴》编纂委员会　编

方志出版社
Publishing House of Local Records

图书在版编目（CIP）数据

福州年鉴. 2023 / 《福州年鉴》编纂委员会编. —北京 : 方志出版社, 2023.12
ISBN 978-7-5144-5935-7

Ⅰ. ①福… Ⅱ. ①福… Ⅲ. ①福州－2023－年鉴. Ⅳ. ①Z525.71

中国国家版本馆CIP数据核字(2023)第236263号

责任编辑：刘方圆
责任校对：张玉霞
责任印制：梅中英
出 版 者：方志出版社
地　　址：北京市朝阳区潘家园东里9号（国家方志馆4层）
邮　　编：100021
网　　址：http://www.zgfzcb.cn
发　　行：方志出版社图书营销中心（010-67110500）
印　　刷：福州兴教印刷有限公司
开　　本：889毫米×1194毫米　1/16
印　　张：30.75
字　　数：1306千字
版　　次：2023年12月第1版
印　　次：2023年12月第1次印刷
定　　价：280.00元

· 版权所有　侵权必究 ·
（如有印装质量问题，请与我社图书营销中心联系）

《福州年鉴（2023）》编纂委员会

主　　任：林宝金　吴贤德

常务副主任：黄建雄　孙晓岚

副 主 任：朱汉民　李贵勇　许剑锋

委　　员：（按姓名笔画为序）

王　刚	王　婷	王小珍	王振松	王哲林	王智武	邓玉峰
邓达木	叶　勇	叶友琛	丘志强	兰　超	任义文	刘广辉
刘用全	许雪琦	苏　冰	杜　微	李　朴	李　雄	李　辉
李小荣	李仲福	李朝波	杨　军	杨　航	杨　辉	吴　亮
吴　勤	吴永忠	吴聿建	吴建青	吴晓杰	吴翔天	余养挺
余深画	张则铭	张炜鸣	张清泉	张麒蛰	陈　华	陈　昱
陈　航	陈志毅	陈宗胜	陈政宝	陈晓晖	陈诸凯	陈登峰
陈漠诚	陈滨峰	林　津	林　健	林　敦	林从宇	林冬阳
林汉隽	林吓平	林如长	林志斌	林忠武	林高星	林家枢
林敬金	林裕煌	林毅敏	金晖辉	周龙敏	郑　浩	赵春荣
施家雄	翁国平	高双成	郭　勇	唐新文	黄　翔	彭锦华
董敬太	程　辉	童桂荣	曾　玉	游　昕	谢　婧	楼卫东
詹强华	蔡　文	廖海军	樊学双	潘　威	潘臻颖	薛　博

《福州年鉴》编纂委员会办公室

主　任：林毅敏

副主任：叶　红　宋建兴　颜学清　蔡爱丽　倪小华

《福州年鉴》编辑部

主　编：林毅敏

副主编：蔡爱丽

执行副主编：黄　铭

编　辑：黄　铭　苏　颖　周弭姣　姚国榕

目录翻译：郭秋延

彩页图片策划：俞　松

封面、彩页排版：吴世荣

彩页图片文字：林仙平

《福州年鉴（2023）》撰稿人名单

（按姓氏笔画为序）

丁可锋	于　阳	于小湉	于永钦	万　粒	王　勉	王　翀	王　锋	王　煜	王　静
王　翼	王山林	王庆金	王宇海	王保文	王培欣	毛小鸿	左榕燕	卢书铭	卢余清
叶　璐	叶艳玲	叶敏英	叶儒文	丛　森	兰静晖	朱凌姗	伍金萍	任　伟	刘　勇
刘　葳	刘文华	刘君琳	刘明杰	刘泓宇	刘莉鑫	刘娟勤	江　珊	江　莉	江允英
许　迅	许戈武	严文倩	李　沁	李　勇	李　萍	李　敏	李心怡	李佳欣	李诗婷
李树松	李海峰	李捷政	李梅婷	杨　帆	杨　凯	杨　轶	杨　惠	杨妙萍	连东英
连如冰	吴　欣	吴　晞	吴　强	吴岚箬	吴佳颖	吴金捷	吴菊香	吴萍萍	吴梦倩
吴鼎义	吴增辉	何　聃	何　婧	何文花	余　芳	余永捷	余荣发	邹惠珍	张　薇
张先玲	张海彬	张梦思	陈　冬	陈　贞	陈　孜	陈　玢	陈　奇	陈　晋	陈　晔
陈　乘	陈　浩	陈　婉	陈　锋	陈　暖	陈　锦	陈　颖	陈　嘉	陈　榕	陈　璇
陈　霞	陈　曦	陈小刚	陈子清	陈云娟	陈文倩	陈巧芳	陈丛和	陈弘真	陈似琦
陈君雯	陈尾虹	陈武进	陈佳霖	陈泓安	陈宝云	陈思思	陈彦冰	陈济奋	陈艳梅
陈泰安	陈培蕊	陈婉平	陈维桦	陈雯佳	陈舒婕	陈婷婷	陈德强	邵宇新	林　东
林　伟	林　君	林　钦	林　莹	林　捷	林　萍	林　晨	林　嵘	林　楠	林　锦
林艺红	林仁平	林仕锋	林永舒	林伟民	林伟航	林志鹏	林妙花	林明明	林城冰
林俊斌	林恒烨	林清华	林榕捷	欧阳龙	卓　鹏	畅　乐	罗　谦	罗常荣	征　鹏
金雪晶	周　婷	周立闻	周金媛	周炜赟	郑　桓	郑　倩	郑龙腾	郑学京	郑荣火
郑思吟	郑晓昆	郑凌峰	郑海云	赵　龙	赵丽琼	胡方磊	胡巧清	柯文全	柯宇凡
柯妙恬	钟连珍	钟恩艳	俞正林	施缙衡	姜小凯	姜含林	夏　伟	夏　雪	夏利芳
倪添灵	徐　毅	徐立剑	翁　媛	翁　婷	高栩婧	郭文涛	郭晓丹	唐福来	黄玉琴
黄兰英	黄伟健	黄金寿	黄函敏	黄姗姗	黄美秀	黄晓元	黄惠玲	曹文海	符冬梅
谌静玮	彭海桐	蒋德烽	程　晶	程道华	傅　玲	曾　进	曾长旺	曾彩华	游兴华
赖晓琴	雷良桃	简海冰	詹　杰	詹璐瑶	颜建茂	潘　珍	潘　薇	潘竞波	薛宇成
魏博文	魏锦霞								

编 辑 说 明

一、《福州年鉴》是中共福州市委、福州市人民政府主办，《福州年鉴》编纂委员会组织编纂，《福州年鉴》编辑部承编的地方综合年鉴。1988年首次编纂，每年出版一卷。

二、《福州年鉴》以马克思列宁主义、毛泽东思想、邓小平理论、“三个代表”重要思想、科学发展观、习近平新时代中国特色社会主义思想为指导，坚持辩证唯物主义和历史唯物主义的立场、观点和方法，旨在全面、系统、准确地反映福州市自然、政治、经济、文化、社会、生态等方面的基本情况，为读者了解和研究福州市提供资料。

三、《福州年鉴（2023）》为总第36卷，主要记载2022年度福州市的基本情况、发展变化及年度大事要闻。记述时限为2022年1月1日至12月31日，部分内容为完整保存资料，记述时限适当上溯或下延。

四、《福州年鉴（2023）》采取类目、分目、条目三级框架结构，以条目为表现内容的基本形式。全书条目标题统一用黑体加【】表示，下一层次标题用楷体区别。全书设特载、大事记、市情概貌、历史文化名城、数字福州、中国共产党福州市委员会、福州市人民代表大会、福州市人民政府、中国人民政治协商会议福州市委员会、纪检 监察、民主党派和工商联、群众团体、法治、军事、外事 侨务 台港澳事务、经济管理、自然资源管理、市场监督管理、财政 税务、口岸管理、对外及对台港澳经济贸易、新区 自贸区、园区建设、生态环境保护、城市建设与管理、乡村振兴、农业、水利、工业、建筑业 房地产业、商贸流通与服务业、金融业、旅游业、交通 邮政 通信、教育、科学技术、社会科学、文化、卫生健康、体育、社会生活、应急管理、县（市）区、人物 荣誉、附录。

五、《福州年鉴（2023）》凡简称“党”均指中国共产党，“省”“全省”均指福建省，“市”“全市”均指福州市，“四区”“四城区”均指鼓楼区、台江区、仓山区、晋安区，“五区”“五城区”均指鼓楼区、台江区、仓山区、晋安区、马尾区，“六区”“六城区”均指鼓楼区、台江区、仓山区、晋安区、马尾区、长乐区。

六、《福州年鉴（2023）》数字用法、标点符号用法分别采用国家标准《出版物上数字用法》（GB/T 15835—2011）、《标点符号用法》（GB/T 15834—2011），计量单位采用国家技术监督局1993年12月发布的《量和单位》系列国家标准。

七、《福州年鉴（2023）》所收录的资料，除少数转载公开出版的报刊外，主要由福州市直各部门、各县（市）区、园区、驻榕部队等相关单位提供。如无特殊说明，数据均不含平潭。增长速度、指数均采用“水平法”。

八、《福州年鉴（2023）》配备双重检索系统，书前刊有总目和目录，书后备有索引，范围详及条目和表格。

九、《福州年鉴（2023）》内容在福州史志网（http://fz.fjdsfzw.org.cn）发布。

南平市
宁德市
三明市
泉州市
莆田市
古田县
闽清县
永泰县
闽侯县
福州市
鼓楼区
晋安区
仓山区
台江区
马尾区
长乐区
福清市
仙游县
莆田市
荔城区
城厢区
涵江区
秀屿区
古田站
古田北站
闽清北站
永泰站
福州站
福州南站
福清站
莆田站
涵江站
水口水库
闽江
大樟溪
兴化湾
南山
赤门
洋后
中洋枢纽
凤都
古田
翠屏湖
排头枢纽
大桥
岩头
下洋
廷坪乡
下祝乡
石洋
后溪
尾桥
东宅
黄鹤
川边
霍口畲族乡
飞竹镇
福湖
西兰乡
深坑
斌溪
厚富
上地
刘洋
樟溪
翁山头
池楼
汶合
刘地
碾坑
雪峰
岭头
兰田
大湖乡
六锦
双溪
坂头
日溪乡
小沧畲族乡
蓼沿乡
赤石
桔林乡
东桥镇
洋里乡
洋里
梧溪
义由
莲花峰
安仁溪水库
伴岭
高洋
关山
村后
东桥
雄江镇
尚坑
黄楮林
汤下
凤山
西山
马洋
小箬乡
福田
尚锦
院埕
大湖
后井
澎湖
角洋
江洋
井下
点洋
汶洋
寿山
芹石
峨嵋
塘坂
贵安新天地
贵安
大目溪
白沙
白沙镇
仁洲
洋石
重坑
闽清县
梅城镇
梅溪镇
梅溪
闽清
金沙
城门
墘面
金沙镇
白樟镇
云龙乡
鸿尾
鸿尾乡
甘蔗街道
甘蔗
寿山乡
福州森林公园
西岭枢纽
宦溪镇
新店镇
上演
白中镇
际下
竹岐乡
荆溪镇
荆溪
永丰
琴亭
园中
岳峰镇
鼓岭
东洋
云际
坂东镇
三溪乡
桥头
南屿
南洋
闽侯
白龙枢纽
池园镇
宏琳厝
仙下
上洋
大罕
罗洋
山洋
沙堤
福州市
鼓山
店前
塔庄镇
姬岩
白云乡
春光
溪南
福州西
仓山区
台江区
马尾镇
福里
上莲乡
坪洋
林洞
旗山
五都
盖山镇
城门镇
谷口
下丰
省璜镇
盘谷乡
红星乡
前洋
南屿镇
福州南
马尾区
和平
樟洋
岭下
丹云乡
翠云
茂田
萧家道
先锋
福斗
康乐
山田
小田
蒲边
龙村
旗山
南通镇
祥谦镇
中埔
东洋
霞拔乡
大洋镇
下苏
清凉镇
葛岭
祥谦枢纽
尚干镇
中仙
荣兴
洑洋水库
城峰镇
葛岭镇
建南
十八重溪
青口镇
石塘
长庆镇
中洋
连山
永泰县
塘前乡
古崖山尾
坊口
三峰
村洋
同安镇
三捷
富泉乡
永泰西
高峰
万石
赤鲤
相思岭枢纽
盖洋乡
嵩口镇
嵩口
梧埕
溪湖
溪口
百漈沟
西安
董英
岭路乡
天门山
藤山
东山
齐云
镜洋
后亭
大喜
折演
溪门
赤锡乡
青云山
云顶
七斗
后溪
一都镇
镜洋镇
龙溪
阳下街道
音西街道
龙山街道
洑口乡
赤水
梧桐镇
蕉坪
少林
东张镇
石竹街道
宏路
福清市
吉坑
里洋
后溪
梧桐
灵石山
石竹山
东张水库
宏路街道
岭下
紫山
东湖尖
漳关枢纽
双溪
周店
洋坂
石牛山
五星枢纽
游洋
金芝
联华
上迳镇
渔溪镇
金钟水库
庄边
建新水库
建新
凤迹
渔溪枢纽
江镜
庄前枢纽
石龙溪
菜溪
天生农庄
新厝镇
萩芦
涵江站
江口
江口枢纽
福州新港
江阴镇
东圳水库
涵江区
涵江
莆田市
荔城区
城厢区
三江口枢纽
小麦
江阴港区
榜头
湖洋
大济
蒲峰枢纽
仙游城区
盖尾
华亭
莆田西
莆田
仙游县
龙华
西埔枢纽
莆田站
北高
秀屿区
永春东
埭头
G7021宁武
G3京台
S21政永
G70福银
G316
S308
S313
S211
S213
G1517莆炎
G534
G355
G1523甬莞
G1505福州绕城
G324
G15沈海
S310
S11福厦
S53
S55秀永
合福
峰福
昌福
永莆
福厦

福州市地图

比例尺 1：600 000

注：本图行政区域界线仅作参考，不作划界依据。

编制单位：福建省地图出版社 审图号：榕图审〔2023〕41号 资料截至：2022年12月

城市荣誉

- 国家环保模范城市
- 全国绿化模范城市
- 全国双拥模范城
- 国家创新型试点城市
- 全国科技进步先进城市
- 国家历史文化名城
- 国家骨干冷链物流基地
- 中国领军智慧城市
- 中国软件特色名城
- 全国首批一刻钟便民生活圈建设试点城市
- 『十四五』首批国家物流枢纽建设城市
- 国家『十三五』海洋经济创新发展示范城市
- 2022中国年度最佳引才城市
- 首批国家知识产权强市建设示范城市
- 全国供应链创新与应用示范城市
- 综合型信息消费示范城市

- 全国城市医疗联合体建设试点城市
- 社会信用体系建设示范城市（区）
- 中国外贸百强城市
- 世界特色魅力城市200强
- 中国最具投资潜力城市50强
- 中国服务外包示范城市
- 中国百强城市
- 中国最具幸福感城市
- 全国黑臭水体治理示范城市
- 全国文明城市
- 国家卫生城市
- 国家园林城市
- 国家森林城市
- 全国森林旅游示范市
- 中国优秀旅游城市
- 『全国法治政府建设示范市』

党政要闻

2022年是极不寻常、极不平凡的一年。中国共产党第二十次全国代表大会召开，为新时代新征程党和国家事业发展、实现第二个百年奋斗目标指明前进方向、确立行动指南。福州市委、市政府动员引导全市人民，以党的二十大精神为引领，全面贯彻习近平新时代中国特色社会主义思想，按照习近平总书记为福州擘画的宏伟蓝图，凝心铸魂、团结奋进，加快建设现代化国际城市，谱写中国式现代化福州新篇章。

2022年12月3日，福州市管干部学习贯彻党的二十大精神专题研讨班在市委党校开班。图为省委常委、市委书记林宝金出席开班式并作主题报告

（叶义斌 摄）

2022年12月7日，福州市举办市管干部学习贯彻党的二十大精神专题研讨班结业式。图为市委副书记、市长吴贤德（右）出席结业式并作总结讲话

（原浩 摄）

2022 年 9 月 23 日，“3820”战略工程实施 30 周年成就展在中共福州市委党校开幕。1992 年，时任中共福州市委书记习近平倡议并主持编制《福州市 20 年经济社会发展战略设想》，科学谋划福州 3 年、8 年、20 年经济社会发展的战略目标、步骤、布局、重点等，简称“3820”工程 （叶义斌 摄）

2022 年 12 月 1 日，中国共产党福州市第十二届委员会第四次全体会议在海峡国际会展中心开幕 （叶义斌 摄）

扩大开放

2022 年，福州建成海丝中央法务区福州片区，推出全国首个实体法务服务中心。福州港货物吞吐量突破 3 亿吨，跻身全球 20 强。福州市首列中欧班列、福建省首列中老班列开通运营，长乐国际机场新增国内外航线 9 条。中国—印度尼西亚“ 两国双园”（中方以福建福州元洪投资区为核心载体，印尼方采取一国多区模式）上升为国家级“一带一路”旗舰项目，由福清胜田食品和印尼三林集团联合打造的印尼海洋渔业中心首个渔业基地在印尼东爪哇图班市投产。

2022 年 1 月 13 日，首届中国—东盟网红大会暨“福建品牌海丝行”福到仪式在福州海峡国际会展中心举行（陈暖 摄）

2022 年 5 月 17 日，21 世纪海上合作委员会第二次全体会员大会暨“智慧海洋”主题论坛在福州海峡国际会展中心开幕（邹家骅 摄）

2022 年，福州建成海丝中央法务区福州片区，推出全国首个实体法务服务中心。图为海丝中央法务区福州片区（池远 摄）

2022 年 4 月 19 日，福州港可门作业区 1–2 号泊位开港运营，助力福州丝路海港城建设。图为 7 万吨级煤船在拖轮协助下靠泊可门作业区（柯成舟 摄）

2022 年 6 月 29 日，金砖国家可持续发展高层论坛在长乐数字中国会展中心开幕　（林双伟 摄）

2022 年 8 月 31 日，福建省首列中老铁路国际货运班列“闽都号”在福州江阴港首发 （石美祥 摄）

2022 年 12 月 7 日，全球量产最长风电叶片在福州港江阴港区装船出口欧洲
（福清边检站 供图）

2022 年，恒申控股集团旗下福建恒申工程塑料有限责任公司收购安科罗工程塑料（常州）有限公司 51% 股份，成为全国首家以聚酰胺为基础进行产业链整合的本地高端工程塑料企业。图为恒申控股集团旗下申远新材料一体化产业园
（恒申控股集团 供图）

创新力量

2022 年，福州市全社会研究与试验发展经费投入总量和增量保持全省第一。新增科创走廊载体 144.2 万平方米、国家级科技企业孵化器 1 家、众创空间 2 家，入选首批国家知识产权强市建设示范城市。新增国家级高新技术企业逾 900 家。举办“好年华 聚福州”人才峰会、人才福州月等活动，发布“1+1+N”人才政策，吸引到榕留榕就业应届高校毕业生 7 万人，获评中国年度最佳引才城市。

2022 年 3 月 30 日，京东方福州第 8.5 代半导体显示生产线获评全球智能制造领域最高荣誉“灯塔工厂”，成为中国内地第一家入选的显示行业企业。图为位于福清融侨经济技术开发区的福州京东方光电科技有限公司（林双伟 摄）

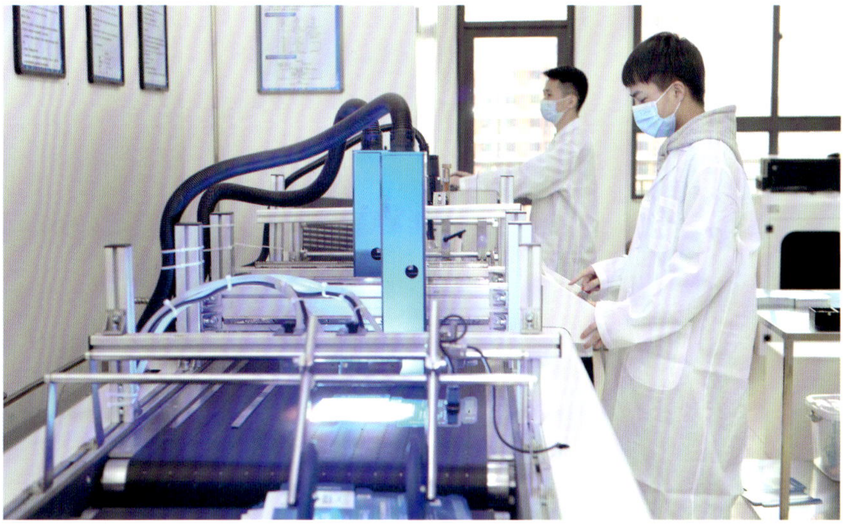

2022 年 3 月 24 日，闽都创新实验室全彩 Micro LED 项目"光色转换技术"填补国内在该研发领域的空白，并打破国外在高端显示领域原材料方面的壁垒。图为闽都实验室内工作人员进行产品测试

（石美祥 摄）

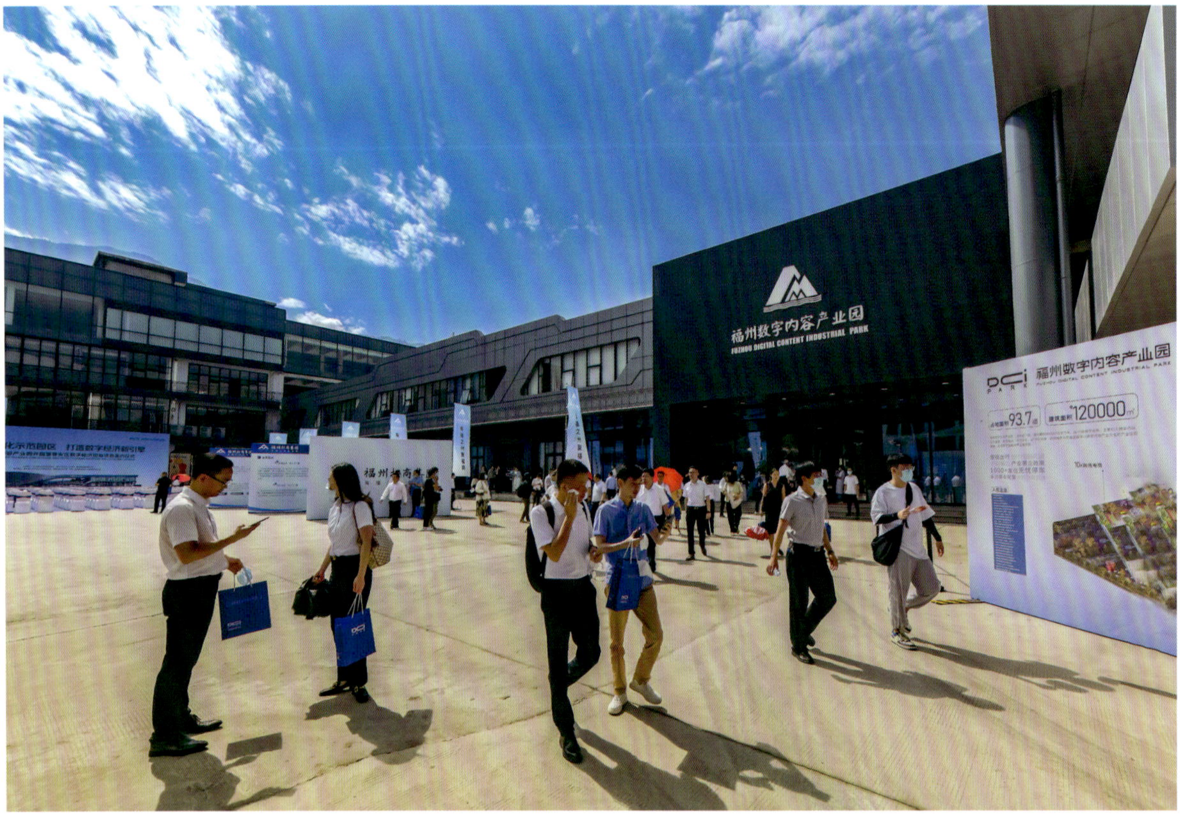

2022年6月22日，位于福兴经济开发区的福州数字内容产业园开园。图为福州数字内容产业园 （陈暖 摄）

2022年7月19日，福州市首个数字虚拟产业园——晋安数字虚拟产业园开园。图为产业园企业服务中心（陈暖 摄）

2022 年 4 月 2 日，福州住房公积金中心联合建设银行福州房地产交易中心支行推出数字人民币公积金对公钱包业务。图为工作人员办理数字人民币公积金对公钱包业务 （池远 摄）

2022 年 12 月 2 日，“人才福州月”启动仪式暨“好年华 聚福州”引才活动在福州海峡国际会展中心举行。图为启动仪式现场 （池远 摄）

城市建设

2022 年，福州市全面划定国土空间规划“三区三线”，完成重点发展区域专项规划及城市设计 28 项。“一闸三线”工程实现向福清、长乐、闽侯供水，“一库两线”工程加快筹建。地铁 5 号线一期首通段和 6 号线开通运营，2 号线东延线、6 号线东调段全面动建。福厦高铁全线铺轨贯通，福州首条自主投资建设铁路开工。完成城区缓堵项目 26 个，尤溪洲南桥头立交提升改造、象山隧道拓宽改造等 35 个项目开工建设。新改扩建市政道路 108.2 千米。实施连片旧屋区改造项目 60 个，整治老旧小区 376 个。新增各类租赁住房 7 万套。

2022 年 9 月 30 日，烟台山商业漫步街区全面开业
（石美祥 摄）

2022 年 1 月 28 日，道庆洲大桥通车 （叶义斌 摄）

2022 年 3 月 15 日，福州地铁 6 号线全线试运行 （陈暖 摄）

2022 年 4 月 29 日，作为南台岛东西向轨道交通骨干线，福州地铁 5 号线一期开通运营 （陈暖 摄）

2022 年 6 月 18 日，“闽江之心”核心区景观项目——青年桥向市民开放通行。图为青年桥 （陈暖 摄）

2022 年 11 月 25 日，福州第三中学滨海校区获中国建设工程鲁班奖。图为福州第三中学滨海校区正门景观（福建二建集团 供图）

2022 年 3 月 22 日，苍霞新城全方位提升改造一期工程完工。图为提升改造后的苍霞新城　　（叶诚 摄）

活力经济

2022年，福州实现地区生产总值12308.23亿元，保持全省第一。设立福州企业家日，实有市场主体突破100万户。新增规模以上工业企业260家、上市企业5家，新增限额以上商贸服务业企业逾1000家，入选全国供应链创新与应用示范城市。实施“海上福州”重点项目223个，实施绿色经济重点项目134个，新增省级绿色工厂12家。

2022年12月8日，中景石化集团年产120万吨多元共聚聚丙烯装置在福州江阴中景石化科技园投产。图为福州江阴中景石化科技园
（池远 摄）

2022 年 6 月 10 日，第三届中国食用菌产业博览会在福州海峡国际会展中心开幕。图为展会现场（石美祥 摄）

2022 年 6 月 10 日，2022 中国（福州）国际渔业博览会在福州海峡国际会展中心开幕。图为展会现场 （石美祥 摄）

2022 年 7 月 8 日，位于申远新材料一体化产业园的恒申集团化工板块煤制氢合成氨项目投产。图为产业园外景
（恒申集团 供图）

2022 年 7 月 23 日，第五届数字中国建设峰会在福州海峡国际会展中心开幕 （陈暖 摄）

2022年9月27日，位于福州（长乐）国际航空城的超宽幅恒美偏光片智造工厂投产。图为恒美偏光片智造工厂（余少林 摄）

2022年11月23日，全球单机容量最大16兆瓦海上风电机组在位于福清江阴的福建三峡海上风电国际产业园下线

（林善传 摄）

2022年12月30日，首届中国茶叶交易会在福州海峡国际会展中心开幕。图为福州馆

（石美祥 摄）

项目攻坚

2022 年，福州市开展“项目攻坚落实年”专项行动，包括全市重大项目招商落地、前期深化、征迁交地、建设提速、技改扩产、出让交地“清零”六大专项行动。引进高质量产业项目 488 个，总投资 4151 亿元。开工建设项目 717 个，竣工投产项目 600 个，分别完成年计划的 97.7% 和 99.2%。实施重点技改项目 198 个。

2022年，福州市开展“千名干部进千企”专项行动，协调解决企业问题 7797 个。图为市发改委项目协调处干部在重点项目施工现场服务企业 （池远 摄）

2022 年 1 月 1 日，中核集团福清核电 6 号机组首次并网成功，标志着福清核电的 6 台机组全部实现并网发电 （福清核电 供图）

2022 年 8 月 31 日，福州长乐国际机场第二高速公路工程开工仪式举行　（陈暖 摄）

2022 年 11 月 21 日，全球最大丙烷丙烯分离塔在福清江阴中景石化科技园完成　（石美祥 摄）

2022 年 8 月 17 日，白龙洲大桥通车，是国内最宽的边主梁式结合梁斜拉桥　　（池远 摄）

2022 年 12 月 27 日，南平铝业罗源新基地——福建省福蓉源新材料高端制造有限公司年产 18 万吨消费电子铝型材及加工项目首条生产线进行试投产。图为工人对铝制构件进行品质检查　　（福州台商投资区 供图）

2022 年 12 月 30 日，福建永荣科技有限公司等榕企入选国家 2022 年度智能制造优秀场景名单。图为永荣锦江自动化生产线
（池远 摄）

乡村振兴

2022年，福州出台55条措施，推进乡村振兴、农业农村现代化建设。农林牧渔业总产值1180亿元，渔业产值居全国地级市第一位，其中连江渔业产值居全国县级第一位，全国首款鲍鱼价格指数保险落地连江，福清东瀚海洋牧场获批国家级海洋牧场示范区。实施特色现代农业（产业）园区建设行动项目89个，开工建设绿色食品产业链项目54个。新建改造农村公路201千米。

2022年3月1日，永泰庄寨建筑群被列入世界建筑文物观察名录。图为永泰庄寨建筑群中的和城寨　（雷岩平　摄）

2022 年 5 月，马尾区琅岐镇入选全国农业产业强镇。图为琅岐蔬菜种植基地　　（林双伟 摄）

2022 年，闽清县塔庄镇茶口村凭借粉干产业入选全国“一村一品”示范村（镇）。图为闽清县茶口村粉干企业工人在晾晒粉干　　（林双伟 摄）

2022 年，被誉为“千年古村”的闽侯县上街镇侯官村入选福州市乡村振兴五星级村。图为位于闽江之畔的侯官村新貌　　（林双伟 摄）

2022 年 8 月 26 日，永泰县嵩口镇大喜村入选中国最美休闲乡村。图为大喜村“水上迎亲”表演　　（郑江晶 摄）

2022 年 8 月 6 日，福州“百台万吨”生态养殖平台项目——深远海养殖平台“乾动 1 号”在连江下水（马尾造船厂 供）

2022 年 9 月 23 日，福建省“中国农民丰收节”（福州）主会场活动在永泰嵩口镇举行　（石美祥 摄）

2022 年 10 月，福清市一都枇杷入选 2022 年第二批“全国名特优新农产品”名录。图为在一都镇善山村举办的第五届福州（福清）枇杷文化节　（石美祥摄）

2022 年 6 月，福清东瀚海洋牧场获批国家级海洋牧场示范区。图为福清东瀚海洋牧场养殖区（福州日报社 供）

闽都文化

2022 年，福州市发布“有福之州”城市形象标识和全国首个城市标识数字藏品。实施全民健身设施项目 475 个，260 所学校体育场地对社会开放，“15 分钟健身圈”实现全覆盖。各类艺术表演团体演出 794 场，推出新春文化旅游月系列活动，全国首个“新时空”文旅演艺产品《寻梦闽都》首映。建成温泉特色街区（小镇）5 个，开通内河旅游航线 5 条，闽江夜游入选国内水路旅游客运精品航线，三坊七巷、上下杭获评国家级旅游休闲街区，三坊七巷、朱紫坊入选全国非遗与旅游融合发展优选项目名录。福州茉莉花茶窨制工艺被列入联合国教科文组织人类非物质文化遗产代表作名录。

2022 年 1 月 1 日，福州内河旅游项目 3 条航线试运营通航。图为白马河航线的游船　　（原浩　摄）

2022 年 6 月 1 日，2022 年首届世界龙舟联赛（福州站）开赛。图为专业组女子 500 米预赛　　（张旭阳　摄）

2022 年 10 月 12 日，闽江夜游航线入选国内水路旅游客运精品航线。图为“闽江之心”水域 （林双伟 摄）

2022 年 7 月 18 日，福州城市形象标识数字藏品首发暨“格物链藏”平台上线仪式在新店古城遗址公园举行 （林双伟 摄）

2022年8月5日，全国首个“新时空”文旅演艺产品大型沉浸式实景演出《寻梦闽都》在福州市乌石山隧洞首映 （林双伟 摄）

2022 年 8 月 8 日，世界旅游小姐福州赛区晋级赛暨首届福州十邑文旅形象大使选拔赛举行。图为比赛现场的参赛模特（陈暖 摄）

2022 年 8 月 10 日，第三届中国短视频大会在福州开幕（邹家骅 摄）

2022 年 8 月 16 日，以“福满榕城 e起向未来”为主题的 2022 年福州市网络文化节启动（陈暖 摄）

2022 年 11 月 29 日，2022—2023 赛季中国女子篮球联赛（WCBA）官方发布会在福州举行。图为中国篮协主席姚明（中）与嘉宾共同启动联赛　（郑帅　摄）

2022 年 12 月 2 日，第十届海峡青年节峰会在福州海峡文化艺术中心开幕　（林双伟　摄）

民生福祉

2022 年，福州市各级财政用于民生支出 790.9 亿元，占一般公共预算支出的 79.1%。完成为民办实事项目 73 件。开展“护河爱水、清洁家园”行动，河湖长制工作获国务院正向激励。新改扩建公办幼儿园 33 所、中小学 17 所，福耀科技大学（暂名）动工兴建，天津大学—新加坡国立大学福州联合学院启用，闽江学院入选省一流应用型建设高校。市第二医院奥体院区、省康复医院滨海院区开诊，新增社区医院 8 家，在全国首创“积分制”家庭医生签约服务模式。新建居家社区养老服务示范点 15 个、长者食堂 383 个，新增机构养老床位 2361 张。城镇新增就业 14 万人，失业人员再就业 3.4 万人。

2022 年 5 月 14 日，福耀科技大学（暂名）开工建设。图为开工仪式现场（石美祥 摄）

2022 年 12 月 5 日，天津大学—新加坡国立大学福州联合学院筹建团队进驻校区办公，标志着联合学院启用。图为学院航拍图（陈暖 摄）

2022 年 6 月 6 日，福建省康复医院滨海院区开诊。图为医院大楼　（陈暖 摄）

2022 年 9 月 9 日，福州市在全国首创“积分制”家庭医生签约服务模式。图为“积分制”家庭医生在晋安区新店镇居民家中测血压　（石美祥 摄）

2022 年 9 月 19 日，福州市政务服务中心揭牌，实现市行政服务中心与市民服务中心“两厅合一”，市级所有行政审批和公共服务事项均可办理。图为市政务服务中心大楼　（石美祥 摄）

2022年4月，福州市启动“护河爱水 清洁家园”行动。图为长乐区文武砂街道的志愿者在东湖边清理垃圾

（王圣洁 摄）

2022年9月21日，“双创促就业”福州软件园数字人才招聘会举行 （福州软件园产业服务有限公司 供图）

2022年12月，闽江学院入选福建省一流应用型建设高校。图为闽江学院大学城校区 （石美祥 摄）

2022 年 1 月 12 日，福建省首个以“平安福州”反恐为主题的公园在乌龙江畔开园。图为公园内雕塑景观（郑帅 摄）

2022 年，福州市新增长者食堂 383 个。图为 3 月 10 日，老人在安泰街道长者食堂吃午饭（石美祥 摄）

2022 年，福州市 33 所公办幼儿园已全部竣工，新增学位 12000 个。图为晋安区“榕博”幼儿园（石美祥 摄）

生态榕城

2022年，福州市空气质量排名全国重点城市第五位。闽江北岸三线贯通等项目启动建设，建成主题公园13个、口袋公园77个、郊野公园11个。垃圾分类工作居住建部考评第一档。新建改造市政供水管网117千米、污水管网108.5千米。新增更新新能源公交车283辆，新建汽车充电桩1598个。完成全国首宗海洋渔业碳汇交易，马尾区入选国家第六批生态文明建设示范区。闽江河口湿地入选生态环境部2022年生物多样性优秀案例名单、世界遗产预备清单。

2022年1月，五虎山国家森林公园获评福建首个省级山地户外运动基地。图为五虎山国家森林公园　（林双伟 摄）

2022年1月11日，连江县"海上福州"建设——全国首宗海洋渔业碳汇交易发布会暨连江县人民政府与自然资源部第三海洋研究所合作签约仪式举行　（连江县委宣传部 供图）

2022 年 6 月，福州垃圾分类工作在住建部考评中位列 26 个大中城市第一档（全国第五名）。图为志愿者进社区宣传垃圾分类

（余少林 摄）

2022 年 8 月 11 日，永泰抽水蓄能电站首台机组投产发电。图为水库大坝（福州日报社 供图）

2022 年，福州市推进“闽江之心”核心区景观提升。图为“闽江之心”北岸绿地广场 （林双伟 摄）

2022 年 9 月，闽江河口湿地被列入世界遗产预备清单；12 月，入选生态环境部 2022 年生物多样性优秀案例名单。图为闽江河口湿地 （林双伟 摄）

2022 年 11 月，马尾区入选国家第六批生态文明建设示范区。图为马尾区东江滨大道 （林双伟 摄）

2022 年，福州市建成滨海新城岸段美丽海湾建设样板。图为滨海大通道（陈捷阳 摄）

数知福州
2022

年末常住总人口

844.8 万人

城镇化率

73.3%

森林覆盖率

51.77%

地区生产总值

12308.23 亿元

一般公共预算总收入

1059.05 亿元

社会消费品零售总额

4679.52 亿元

进出口总额

3656.9 亿元

城镇居民人均可支配收入

55638 元

农村居民人均可支配收入

26826 元

第一产业增加值：683.38 亿元
第二产业增加值：4656.90 亿元
第三产业增加值：6967.95 亿元
工业增加值：3020.19 亿元
三次产业比例：5.6 ∶ 37.8 ∶ 56.6

一般公共预算收入：698.52 亿元
一般公共预算支出：999.91 亿元
城市居民消费价格指数：102.4
城镇居民人均消费支出：37181 元
农村居民人均消费支出：21925 元

出口总额：2564.6 亿元
进口总额：1092.3 亿元
市场主体总数：1011674 户
金融机构年末存款余额（本外币）：21258.81 亿元
金融机构年末贷款余额（本外币）：23047.71 亿元

高等院校数：35 所
高等院校在校学生数：413386 人
卫生机构数：4952 个
卫生机构床位数：44290 张
卫生技术人员数：73228 人

总 目

目　录

历史文化名城

数字福州

中国共产党福州市委员会

福州市人民代表大会

福州市人民政府

中国人民政治协商会议福州市委员会

纪检 监察

民主党派和工商联

群众团体

法　治

军　事

外事　侨务　台港澳事务

经济管理

自然资源管理

市场监督管理

财政　税务

口岸管理

对外及对台港澳经济贸易

新区　自贸区

园区建设

生态环境保护

城市建设与管理

乡村振兴

农　业

水　利

工　业

建筑业 房地产业

商贸流通与服务业

旅游业

交通　邮政　通信

教　育

科学技术

社会科学

文 化

卫生健康

体　育

社会生活

应急管理

县（市）区

人物 荣誉

附 录

Contents

Special Article

Chronicles

City Profile

Historical and Cultural City

Digital City

Fuzhou Municipal Committee of the Communist Party of China

Fuzhou Municipal People's Congress

Fuzhou Municipal People's Government

Fuzhou Municipal Committee of the Chinese People's Political Consultative Conference

Discipline Inspection and Supervision

Other Political Parties and The Association of Industry and Commerce

Social Organizations

Rule of Law

Military

Foreign Affairs, Taiwan, Hong Kong and Macao Affairs

Economic Management

Natural Resources Management

Market Regulation

Fiscal and Tax

Port

Foreign, Taiwan, Hong Kong and Macao Economic Trade

New District and Pilot Free Trade Zone

Park Construction

Ecological Environment Protection

Urban Construction and Management

Rural Revitalization

Agriculture

Water Conservancy

Industry

Construction and Real Estate

Commodity Circulation and Services Industry

Financial Industry

Tourism

Transportation, Postal Service and Communication

Education

Science and Technology

Social Science

Culture

Health

Sport

Social Life

Emergency Management

Counties（City） and District

Characters and Honors

Appendices

Indices

让有福之州更好造福于民
——“3820”战略工程引领福州高质量发展纪实

福州，有福之州。

“一生中最好的年华在这里度过”，2021年3月，习近平总书记在福建福州考察调研时深情地说，“现在的建设都符合这个方向，跟我们当时设想是一致的，而且发展得比我们设想还要好。希望有福之州更好造福于民”。

1993年，时任福州市委书记习近平同志高瞻远瞩地指出，“福州在大踏步迈向新世纪的进程中，首先要有一个立足于科学、切合于实际的长远的战略设想，才能使福州的改革开放事业谱写出最宏壮的乐章”。他亲自主持编制了《福州市20年经济社会发展战略设想》（简称“3820”战略工程），系统谋划了福州3年、8年、20年经济社会发展的目标、步骤、布局、重点等，明确了“建设现代化国际城市”的宏伟目标，为福州擘画了美好蓝图，确立了总纲领、总方略。

蓝图指引，久久为功，30年踔厉奋发，“3820”战略工程见证伟大思想历久弥新的实践伟力。

牢记嘱托，继往开来，30年接续奋斗，有福之州正在全面建设社会主义现代化国家的新征程上阔步前进。

（一）擘画二十年战略 推动跨世纪工程

一个地方要繁荣发达，其决策者与人民必须有坚韧不拔的远大志向。——习近平：《〈福州市20年经济社会发展战略设想〉序》

1990年6月的一天，天气异常炎热。刚担任福州市委书记不久的习近平同志登上一艘小客轮，沿闽江往出海口顺流前行。

那时的闽江两岸还是一片荒芜的景象，滩涂粗陋、树木杂乱。习近平同志在客轮的桌子上摊开福州市地图，一路看、一路听、一路思考。随行人员后来意识到，这不是普通调研，而是一项战略工程谋划的起点。

福州，地处东海之滨、闽江之畔，是积淀深厚的历史文化名城，也是全国首批14个沿海开放城市之一。

上世纪90年代初，福州发展困难重重。虽然是省会，但工业底子薄，以轻工业为主，一条工业路基本就可摸清家底；财政压力大，可动用的财力大概只有两亿元，仅是“吃饭财政”；交通闭塞，无高速公路、无大型港口、无大型机场；干部的思想观念、发展理念与沿海先进地区也有差距……

习近平同志一到福州任职，就以调查研究开路，深入思考发展问题。从1990年4月到1992年5月，他有三分之二以上的时间都在基层调查研究、思考酝酿。在他的推动下，福州市把每年3月定为调查研究月，大兴调研之风，推动科学决策。

东方风来满眼春。1992年初，邓小平同志南方谈话吹响了中国新一轮改革开放的号角。习近平同志敏锐地意识到，福州的机遇来了。他形象地说，“福州是充满机遇的地区，能快的就不要慢。这好比空中飞来一群大雁，我们良弓在手，贵在速发。”

谋一域先谋全局，谋一时必谋万世。

1992年5月22日，习近平同志在福州市党代会上强调：“必须加快经济建设步伐，做到每3至5年上一个新台阶，尽快改变港澳粤闽台南中国海区域内我们处于‘后排就座’的状况。现在我们组织了一个班子，准备做些深层次的探讨，研究20年后福州市将达到怎样一个发展水平。”

在习近平同志领导下，福州开展了“3820”战略工程万人问卷、千人调研、百人论证。1627名干部围绕581个课题调查研究，完成了367篇调研报告。课题组分赴广东、海南、上海、北京等地考察，借鉴先进经验。市委召集各领域的专家学者、企业负责人，先后召开数十场不同类型的征求意见会……

习近平同志还要求在《福州晚报》刊发调查问卷，征求市民建议。半个月时间，就回收28785张答卷、24536条建议。群众参与热情高涨，一对离退休老夫妇连续数天乘车在市里调查，就城市交通、商业网点等问题提出10多条建议。

历时半年、十易其稿，1992年11月，倾注了习近平同志大量心血、凝聚集体智慧的《福州市20年经济社会发展战略设想》，在福州市委六届六次全会上审议通过。

习近平同志多次要求跳出福州看福州，放眼全国乃至全世界来谋划发展。着眼于21世纪、着眼于海峡两岸交流、着眼于全面发展，“3820”战略工程谋定了福州发展蓝图。

——明确三个战略步骤。用3年时间即到1995年使经济上一个大台阶，主要指标在1990年基础上再翻一番；力争用8年时间即到2000年，使全市城乡各项人均水平等主要指标达到国内先进城市的发展水平；用20年时间即到2010年左右，达到或接近亚洲中等发达国家或地区当时的平均发展水平。

——形成完整发展体系。立足于人文和区位优势等“四个发展基础和条件”，规划了市区、北翼、南翼等“七个战略布局”，明确了拓宽开放领域、加快各类投资区建设等“十二个战略重点”。制定了鼓楼、台江等13个县（市）区发展计划，形成了金融、农业、工业、环保等27个专项安排，确定了长乐国际机场、福州港、冠捷电子、闽江防洪堤等40个重点工程。

——构建科学指标体系。在全面比较广州等29个城市主要指标的基础上，“3820”战略工程对福州国内生产总值、城镇居民收入等进行测算，设定目标。要与亚洲中等发达国家比较，必须进行货币折算。但如何测算，大家都没经验，犯愁了。习近平同志说，统计学有个“购买力平价法”，看看能不能在这方面突破。一语点出思路。市委还邀请专家作“购买力平价法”专题辅导。“3820”战略工程主要指标均按购买力平价法测算，并作详细说明，同步纳入“八五”计划和十年规划。

“3820”战略工程是坚持走群众路线、深入调查研究的成果，是科学决策、民主决策、依法决策的典范，充分体现了实事求是的工作方法。

时任福州市委办公厅主任陈伦说：“一任市委书记也就5年，习书记却做20年的规划，谋划福州跨世纪发展，体现了习书记高瞻远瞩的战略思维。”

蓝图展开，重在破题。习近平同志以前瞻眼光谋篇江海，把建设“闽江口金三角经济圈”和“海上福州”，作为“3820”战略工程的重要组成部分协同推进。

习近平同志早在1991年就深刻阐述了江海开发对振兴福州的意义，强调“福州的优势在于江海，福州的出路在于江海，福州的希望在于江海，福州的发展也在于江海。”

1992年7月，习近平同志明确提出建设“闽江口金三角经济圈”——陆域加快建设福马线、福厦线两大工业走廊，海域加快开发粗芦岛、琅岐岛等，着力形成沿路、沿江、沿海的三个经济走廊。他强调，“闽江口金三角经济圈构想的提出及其实施，是实现‘3820’发展目标的关键环节和重要步骤，它标志着我市对外开放和经济建设进入一个新阶段，树立了福州的形象。”

福州海洋面积1.1万平方公里，与陆地面积相当。但对于当时的干部群众来说，海洋经济还是新生事物，有人甚至疑虑：“陆上都还没有发展好，怎么顾得了海上呢？”习近平同志站在时代的前沿，提出要“像重视耕地一样重视海域，像抓粮食生产一样抓海洋开发，把加快经济发展的触角从陆地向海洋延伸”。

1994年5月26日，习近平同志主持召开“海上福州”研讨会，强调“建设‘海上福州’是促进我市经济发展的一个大动作，是实现‘3820’工程的一项重大战略措施”。

福州市随即吹响“向海进军”的号角。同年6月12日，《关于建设“海上福州”的意见》正式出台，提出“以科技为先导，以发展海洋经济为中心，以海岸带、海域开发为主攻方向，实行海岛、港湾、大陆架、滩涂、近海、外海、远洋统筹兼顾，全方位立体式综合开发”，开拓了干部群众视野，推动福州向海图强。

“3820”战略工程的实施，为福州经济社会发展注入了强大动力。1994年，“3820”战略工程第一阶段主要目标提前一年实现。1990年至1995年，福州地区生产总值六年跨越四个百亿台阶，年均增幅超过23%。

中央党校教授韩庆祥认为，“3820”战略工程与闽江口金三角经济圈、“海上福州”建设实践，统分结合、远近相接，既明确战略发展重心，又预见未来发展趋势，不仅为福州跨世纪发展指明了方向，也为中国市域治理提供了典型经验。

从福州20年战略设想到国家“十四五”规划和2035年远景目标，从闽江口金三角经济圈到粤港澳大湾区，从“海上福州”到“海洋强国”……站在新的历史起点回望，“3820”战略工程不仅是指引福州跨世纪发展的科学部署，也是中国共产党用中长期规划指导经济社会发展的生动实践，更是中国特色社会主义与时俱进的重大探索。

（二）弄潮时代重实践 敢为人先铸辉煌

今天，我们是站在创造未来的源头上，就应当树立超前意识，敢做时代的弄潮人。——习近平：《〈福州市20年经济社会发展战略设想〉序》

2010年，是“3820”战略工程收官之年。从1990年到2010年，20年只是历史长河的一瞬，但却足以重塑一座城市的发展面貌。

从“后排就座”到奋勇争先，从“纸褙福州城”到宜居幸福城，从滨江城市到滨海城市……“3820”战略工程的实施，让榕城大地迎来沧桑巨变。

抚今追昔，巨变的背后是思想的引领，是路径的探索，是奋斗的累积。“3820”战略工程蕴含的思想精髓，在传承接续中展现出历久弥新的强大生命力，始终为福州跨越发展领航定向。

——只有开放，才有出路。“3820”战略工程提出，要实现经济高速度、高效益、跳跃式前进和超常规发展。习近平同志指出，“对外开放是福州经济发展的重要动力”“福州只有大开放，才能加快发展”。

福州是著名侨乡，400多万的华侨遍布世界各地。习近平同志提出“以侨引侨、以侨引台、以侨引外”等招商引资思路，多次率团出访印尼、新加坡、马来西亚等地。每到一处，他都详细推介福州，探讨经贸合作，带动乡贤回乡投资兴业。在他推动下，冠捷集团、东南汽车等企业纷纷落户福州，不断发展壮大，至今仍是福州高质量发展的重要支撑。

栽好梧桐树，引得凤凰来。当年为了招商引资，福州经常参加外地展会。1994年7月，习近平同志提出福州自己来办展、建平台。同年10月，首届“福州国际招商月”隆重举行，22个国家和地区的6000多名客商参会。此后每年举办，形成惯例。1999年，福州国际招商月拓展提升为“海峡两岸经贸交易会”，成为祖国大陆最早举办的海峡两岸经贸展会之一。

产业发展需要平台。习近平同志将兴办各种类型的开发投资区，作为深化改革、扩大开放、加快经济建设步伐的战略措施，领导推动福州形成了公办、侨办、民办三种类型的开发区模式，并生动地将这三种模式比喻为“筑巢引凤”“引凤筑巢”“借巢引凤”。从1992年到2010年，福州培育壮大了20多个市级以上各类开发区、投资区，工业总产值占全市半壁江山。

福州发展要与国际接轨，需要建设一个大型国际机场。当年，国家本没有计划在福州投资建设民用机场，省财政能支持的资金也很少。习近平同志就此提出，由地方筹资，自力更生建机场，这一提议得到了国家民航局和国家计委的支持。1992年6月立项获批、1993年元旦开工奠基、1997年6月正式通航，长乐国际机场从构想策划、设计规划，到资金筹措、开工兴建，习近平同志都亲自决策推动。现在，这个机场已经成为“21世纪海上丝绸之路”的门户枢纽机场，成为福建福州融入“一带一路”建设、服务祖国和平统一大业的重要承载和桥梁纽带。

为了适应扩大对外开放的需要，习近平同志当年还根据“3820”战略工程确定的布局，全面推进深水码头、高速公路、城市快速路、电力能源等重大基础设施建设。1992年市区二环路动建之初，周边大部分还是郊区。习近平同志指出，不仅要建二环路，以后还要建三环路。如今，当年的城郊早已大厦林立，二环路、三环路成为福州城区交通主动脉，四通八达的交通路网不断延伸……

——为民办实事要让群众看得见、摸得着。“3820”战略工程对教育、文化、卫生、体育及精神文明建设等作了专章规划，贯穿着以人民为中心的理念。当年，习近平同志推动福州市委、市政府每年为群众兴办20件实事，开展“菜篮子”工程和“广厦”“安居”“造福”工程等，为民生事业发展付出了大量心血。

三天不见绿，两眼冒金星。为改善市民吃菜难问题，习近平同志推动建设琅岐、南通、南屿三大“菜篮子”基地，兴建了330多个农贸市场，构建了大生产、大流通、大市场的产销新格局。他强调，“菜满园、猪满圈、蛋满仓、鱼满库、粮油足”不是一时之计，而要常“满”常“足”。“菜篮子”工程得到市民的拥护，当年在市民最满意的10件实事评选中名列第一。

“‘安居’是群众生活的基本要求，安居才能乐业。”习近平同志十分关心群众住房问题，当年到市水运公司调研时，弯腰钻进低矮的船舱，发现还有职工住在闽江“连家船”上。他说，新中国成立40多年了，老百姓不应该生活在这样差的条件下。他立即召开现场办公会，研究解决问题的办法。10个月后，104户船民家庭告别了“上无片瓦、下无寸土”的境况，搬进了新居。

“请给群众捎个话，政府会把好事办好”。2000年7月2日，在苍霞棚屋区座谈会上，习近平同志承诺启动苍霞棚屋区改造工程。仅仅一年时间，3441户9511人就回迁新居。

亲历苍霞棚改的居民唐庆旺说，“原来我们一家3口挤在不足9平方米的木板房，得益于习书记的关心推动，全家住上了60平方米的单元房。现在，苍霞又在进行新型智慧小区改造。我们的生活一定会越来越好。”

闽江职业大学（现为“闽江学院”）是福州一所地方性大学，当年由于办学条件不达标，能否通过“充实整顿”验收，直接关系到闽大能不能继续办下去。习近平同志接任闽大校长后，明确提出“从我开始不当挂名校领导”，多次到学校现场办公，协调解决编制、教工住房、办学经费等问题，推动学校发展逐步走上正轨，顺利通过“充实整顿”验收。习近平同志当年创造性提出“不求最大，但求最优，但求适应社会需要”的办学理念，引领闽大实现了从高职高专向应用型本科大学的跃升，现在已成为全国职业教育的重要遵循。

——保护古城是与发展现代化相一致的，应当把古城的保护、建设和利用有机地结合起来。习近平同志在《〈福州古厝〉序》中写道，“保护好古建筑、保护好文物就是保存历史，保存城市的文脉，保存历史文化名城无形的优良传统”。“3820”战略工程提出，福州发展要“发挥山、水、温泉自然特色，融众多文物古迹于一体”。

上世纪90年代，位于三坊七巷的林觉民故居面临拆除。习近平同志得知后，马上召开现场办公会，当场决定保护下来、进行修缮。会上，习近平同志的一番话振聋发聩：“评价一个制度、一种力量是进步还是反动，重要的一点是看它对待历史、文化的态度。要在我们的手里，把全市的文物保护、修复、利用搞好，不仅不能让它们受到破坏，而且还要让它更加增辉添彩，传给后代。”

在习近平同志推动下，福州建立了文物保护“四个一”机制，即一个局、一个队、一颗印、一百万元，在全国率先成立市级文物管理局，建立考古队，要求城建项目立项需加盖市文管会印章，决定市财政每年拨款100万元作为文物修缮经费并逐年增加。此后，福州制定了历史文化名城保护管理条例，修复了闽王祠、华林寺、琉球馆等古厝遗迹，历史文脉、古城风貌与城市记忆得以更好地留存延续。

——要有超前意识，树立生态城市的概念。着眼“海滨城市”“山水城市”特质，“3820”战略工程提出要把福州建设成为“清洁、优美、舒适、安静，生态环境基本恢复到良性循环的沿海开放城市”，彰显生态保护理念。

榕树是福州市树。“要多种榕树，体现榕城风貌和历史名城特点”。习近平同志大力推进“绿化福州”工作，带头植树，倡导“见缝插绿”和“成片种树”相结合，让“榕城”更加绿意盎然，不负盛名。福州市人均公园绿地面积从1990年的3.7平方米增加到2010年的11.15平方米。

福州城区河网密布。上世纪90年代，福州城区经常内涝，水体黑臭严重。习近平同志提出“全党动员、全民动手、条块结合、齐抓共治”的治水方略，实施整治内河6年规划，推动西湖综合整治、晋安河清淤工程，开展闽江流域水环境综合整治，重现“山青水秀桔子红”，用务实举措还市民安澜清波。

习近平同志说，“不仅要做群众看得见的事，对群众看不到的好事也要做好。”上世纪90年代初，福州垃圾出路成问题，给群众生活带来困扰。1993年，习近平同志亲自选址，在红庙岭动建占地1.1万亩、投资1亿元的垃圾综合处理场，并预留了5000多亩土地。1995年10月垃圾场投用，有力推动福州解决“垃圾围城”问题。

——不仅要“马上就办”，而且要“真抓实干”。习近平同志强调，“要抓住那些急需解决而又有能力解决的事进行研究，并且本着‘马上就办’的精神，组织实施，狠抓落实。”

在福州马尾区，竖立着12个红色大字的巨型标语——“马尾的事，特事特办、马上就办”。外地人到马尾，当地人总会骄傲地讲起这12个字背后的故事。当年，福建省委、省政府在福州经济技术开发区召开现场办公会，提出了支持开发区进一步加快发展的意见。刚吃完午饭，习近平同志就召集有关部门研究起草12条对接举措，当天就形成了一个文件初稿。

“我们要办的事情很多，要为改革开放提供一个良好的软环境，这就需要提倡一种满负荷的精神，反对拖拉扯皮和人浮于事，提高办事效率，做到今日事今日毕。”习近平同志倡导“马上就办”，推动投资项目审批“一栋楼办公”“一条龙”服务，创新市县领导联合接访等机制，在全市掀起了“办实事、讲效率、抓落实”的热潮，有力保障“3820”战略工程实施。

到2010年，“3820”战略工程设定的目标顺利完成。这段时期，福州综合实力增长最快、城乡面貌变化最大、人民群众获得实惠最多。全市地区生产总值从1990年的102.4亿元增长到2010年的3242.7亿元、年均增长15.8%，建成区面积扩大4.5倍以上，城镇化率提高了近39个百分点，城镇居民人均可支配收入、农村居民人均纯收入分别增长了13.8倍、8.9倍。

参与制定“3820”战略工程的时任福州市委政研室农建处处长戚信总说，“‘3820’战略工程确定的目标如期实现，给福州带来了历史性变化，留下了宝贵的精神财富，体现了科学系统的发展理念、人民至上的价值追求和滴水穿石的干劲韧劲”。

“3820”战略工程作为管全局、管根本、管长远的战略体系，引领福州高质量发展取得辉煌成就，充分彰显了习近平同志“功成不必在我”的精神境界和“功成必定有我”的历史担当，有力印证了中国特色社会主义制度的巨大优越性。

（三）一张蓝图绘到底 赓续奋斗谱新篇

相信经过大家的共同努力，理想的蓝图一定能够化为灿烂的现实，千年古城福州将孕育新的希冀，再创新的辉煌。——习近平：《〈福州市20年经济社会发展战略设想〉序》

今年8月31日，随着一声清脆的汽笛响起，“闽都号”中老铁路国际货运班列从福州江阴港站驶出，打通了福州与南亚、东南亚的陆路贸易新通道。这是继中欧班列后，福州立足“一带一路”建设、服务和融入新发展格局的又一载体。

“现代化与国际化是福州城市发展的必然选择。”1995年8月，习近平同志在福州市第七次党代会上，明确了“为建设现代化国际城市而努力奋斗”的目标：即在“3820”战略工程的基础上，再经过二三十年时间，努力使福州跻身国际先进城市行列。

习近平同志说：“一个城市的发展，不仅要考虑中长期10年、20年的发展目标，还得考虑到要有远期30年、50年甚至上百年的发展目标……通过共同的奋斗目标把各级各部门干部群众紧密联系在一起，心往一处想，劲往一处使。”

政贵有恒，治须有常。

习近平同志指出，“现代化国际城市以‘3820’工程为基础，是比‘3820’工程更为长远和更高层次的目标”，这为新时代福州发展指明方向。

党的十八大以来，福州市坚持“3820”战略工程思想精髓，坚定不移沿着习近平总书记擘画的宏伟蓝图奋勇前进，现代化国际城市建设亮点纷呈。

——立足全面发展的现代化，为推动高质量发展提供福州样本

习近平同志30年前就指出，“一个现代化的城市，应该包括城市经济的现代化，社会的现代化，文化、教育和科学技术的现代化，居住方式、环境、基础设施的现代化，以及人的现代化等。”

得益于“3820”战略工程的前瞻布局，福州滨海新城、福州大学城、东南汽车城、丝路海港城、国际航空城、现代物流城加快建设，高新技术企业实现倍增，现代化产业体系加速构建，引领高质量发展的创新力和竞争力日益增强。经济总量2020年突破万亿元大关，2021年跃居福建省首位，2022年上半年经济增速达5.4%。

蓝图照进现实。当年的闽江口金三角经济圈内，福州新区获批设立，滨海新城拔地而起，福州都市圈城际铁路等一批重大基础设施加快建设，数字经济领军企业纷纷抢滩登陆，国家区域医疗中心等高端资源不断汇聚，一座“产城人”融合的新城区，正引领福州城市东进南下、沿江向海。

“社区虽小，但连着千家万户。”2014 年 11 月，习近平总书记在福州军门社区考察时，提出“三个如何”的治理之问：“如何让群众生活和办事更方便一些，如何让群众表达诉求的渠道更畅通一些，如何让群众感觉更平安、更幸福一些。”今年 8 月初，军门社区长者食堂试营业，饭点一到座无虚席，鱼丸、荔枝肉等丰富菜品，让老人乐享家门口的幸福“食”光。

现代化建设是一场接力跑。从倡导推行“四下基层”“四个万家”，着力“为民办实事”，完善教育、医疗、文化、体育等公共服务配套，打造“温暖的榕城”，到如今教育集团化办学全面推开、高水平医院相继落地、示范社区建设加快推进……时光荏苒，30 年来，福州坚定不移迈向现代化的奋进征程，也是矢志不渝为群众创造高品质生活的奋斗历程，印证了中国共产党赓续的精神和不变的初心。

——追求自身特色的国际化，为服务和融入新发展格局贡献福州力量

习近平同志 30 年前就强调，“国际化并非越洋越好。一切都‘洋化’不是我们城市发展所追求的目标。我们的目标是在发展自己特色的基础上的国际化。”

在建设现代化国际城市的征程中，福州努力探索一条贯通内外、融汇古今的特色发展之路。

抓住机遇，择机奋起。近年来，福州依托“海丝”核心区、福州新区、自贸试验区等“多区叠加”优势，勇立潮头、对接国际，坚持向改革开放要动力、要活力，奋力实现改革开放新跨越。

从“以侨引侨、以侨引台、以侨引外”，到“要深度融入共建‘一带一路’”。福州市坚定不移推进对外开放，丝路海运等重点工程深入实施，中国—印尼“两国双园”加快推进，全球食品数字经济产业中心加快打造……通过内引外联，经贸、科技、人文等领域的国际交流合作日益深化，“海丝”核心区战略支点城市建设蹄疾步稳。

从“对外开放是福州经济发展的生命线”，到“建设更高水平开放型经济新体制”。习近平同志亲自谋划设立的福州保税区，如今已发展成为福建自贸区福州片区，7 年来累计新增企业 4.54 万家，对标国际规则推出 18 批 246 项创新举措，成为投资兴业热土。

鼓岭故事，激荡回响。2012 年习近平同志访美期间的深情讲述，感动了中美两国人民，也让福州鼓岭蜚声国际。30 年前，《人民日报》一篇名为《啊，鼓岭！》文章，讲述了美国加德纳夫妇对中国一个叫“鼓岭”的地方充满眷念与向往，习近平同志看到后立即邀请加德纳夫人访问鼓岭，亲自接见并授予“福州市荣誉市民”称号，这段故事成为中外友好交流佳话；30 年后，越来越多鼓岭的中外友好往事掀开面纱，越来越多国际友人慕名而来，续写新时代“鼓岭故事”。修复后的鼓岭万国公益社、邮局、宜夏别墅等历史建筑，生动展现了中西文化交融的历史和底蕴，彰显了人类命运共同体的价值内涵。

“对待古建筑、老宅子、老街区要有珍爱之心、尊崇之心。”2021 年 7 月，第 44 届世界遗产大会在福州举办，三坊七巷、福州鼓岭、闽剧、茉莉花茶等福州名片走向世界舞台。金砖国家可持续发展高层论坛、21 世纪海上丝绸之路博览会、数字中国建设峰会、中国（福州）国际数字产品博览会、丝路国际电影节、海丝国际旅游节、国际龙舟赛等盛会也纷纷落户。从守护城市文脉，到打响闽都文化国际品牌，福州愈发彰显出独具魅力的“闽都韵、国际范”。

风雨兼程三十载，阔步前行正扬帆。

2021 年 9 月，福州市第十二次党代会通过决议，号召全市上下坚持“3820”战略工程思想精髓，加快建设现代化国际城市。“我们要深刻领会‘两个确立’的决定性意义，怀着特殊感情、带着特殊责任，一张蓝图绘到底，沿着习近平总书记指引的方向前进，继续把这座海滨城市、山水城市建设得更加美好，让有福之州更好地造福于民，以实际行动增强‘四个意识’、坚定‘四个自信’、做到‘两个维护’。”福建省委常委、福州市委书记林宝金说。

“福州的今天是美好的，福州的明天一定会更好！”这是习近平同志对福州的深情祝福。

勠力同心再出发，“3820”战略工程的思想精髓必将在八闽大地彰显更加磅礴的力量，在全面建设社会主义现代化国家新征程上绽放更加耀眼的光芒！

（新华社福州 10 月 9 日电）

福州市深化项目建设 打响五大国际品牌

2022 年，福州持续深化项目建设，打响海上福州、数字福州、新型材料、海港空港、闽都文化五大国际品牌，绘就城市高质量发展底色，加快建设现代化国际城市。

母港领航 “海上福州”逐浪去

母港一期项目是福州（连江）国家远洋渔业基地的重要组成部分，总投资约 3.59 亿元，计划建设 4 个远洋渔业泊位，年吞吐量 70 万吨，预计 2023 年底竣工。母港计划建设 11 个不同吨位等级的码头泊位，满足各类远洋、近海渔船和运输船靠泊装卸，设计年吞吐能力 235 万吨。

在推进项目建设的同时，基地围绕水产贸易、精深加工、冷链物流、海工装备四大领域进行精准招商，全力推进产业集聚。已筛选 12 家企业入园，总投资 156.2 亿元。

福州市持续打造粗芦岛，福州（连江）国家远洋渔业基地、福州国际水产品集散交易基地，海洋生物、海工装备、数智渔业科创高地“一岛两基地三高地”，至2022年底，已完成海洋科创高地建设规划。

通信赋能 “数字福州”乘风起

高质量的信息通信网络是“数字福州”的重要基石。

中国电信福建东南信息园C2#数据中心项目于1月5日进场施工，至年底，已进入收尾阶段，内部的机电设备完成安装，进入后期调试，外部周边环境、场地平整完成。项目完成后，将新增3120个机柜服务能力，为东南大数据产业园引入的互联网企业提供更优质的服务。配套的互联网骨干直连扩容工程，还将助力新区新城对外的通信互联能力再上新台阶，为互联网企业提供高可靠性、短延时的互联网通讯。

中国铁塔福州市公司5G新基建通信配套设施建设项目（跨区域）于6月竣工投产。机场、地铁、大桥，之前的网络“死角”，都被纳入到福州广阔的通信网中。福州机场T2航站楼的通信规划完成；福州地铁5号线21个站台室分和民用机房建设完成，全线隧道漏缆的敷设完成，实现全线4G/5G同步覆盖；道庆洲大桥7个站点的运营商传输、主设备进场施工、开通调测等工作完成，确保6号线整体运营后的通信保障。福州铁塔基于通信基站供电保障体系，创新采用削峰填谷技术与分路备电技术，推进5G网络建设，尤其是推进福州市23个工业园区共347个5G通信基站的建设，实现产业园区5G通信网络建设全覆盖的同时，降低园区平均租金水平、提高直供电改造比例、降低转供电费用，推动园区网络基础设施升级，加快实现千兆光纤+5G“双千兆”网络和移动物联网深度覆盖。

龙头引领 “新型材料”传捷报

2022年，在龙头企业引领下，新型材料建设项目建设稳步推进，不少好项目、大项目接连投产或部分投产，为福州市打响“新型材料”国际品牌注入强劲动能。

4月，位于坤彩科技江阴工业园区的正太新材料年产20万吨二氧化钛和氧化铁项目投产，为坤彩科技进入高端钛白粉市场奠定坚实的基础，标志坤彩科技成功进军二氧化钛和氧化铁无机颜料主赛道。

9月，位于国际航空城的福米产业园内，全球最大宽幅2.6米的8K超高清偏光片生产线投产。这是福建首次生产偏光片产品，不仅将对福州乃至福建省电子信息产业起到强链、延链作用，也意味着国内相关行业长期依赖国外的被动局面将有所改变。

在龙头带动的产业链条——在恒美偏光片的引领下，投资25亿元的福美显材贴合项目、投资10亿元的模组项目及多家关联度高的优质企业接连落地。福美显材贴合项目预计2023年整体竣工、验收并量产。

省内石油化工龙头企业中景石化年产120万吨多元共聚聚丙烯装置在福清江阴中景石化科技园投产，加上已经投产的产能，中景石化的聚丙烯年产能将达220万吨，成为全球最大的单产聚丙烯生产基地。福清江阴中景石化科技园项目规划总投资500亿元，拥有可接收及储存100万立方米亚洲最大的丙烷低温罐区。中景石化集团将利用生产过程的副产品16万吨氢气，延伸出“氢能利用与全降解新材料一体化”项目，预计2024年上半年投产，实现年产值500亿元，并将打造一条新的全降解新材料产业链。

建码头修机场 “海港空港”齐发力

福州的海岸沿线，多个重点项目建设正酣。当滨海新城里机场二期扩建工程建设火热之时，江阴港内多个泊位工程也在发力，助力打响“海港空港”国际品牌。

福州港江阴港区6号和7号泊位扩能工程获得交通运输部岸线批复，标志江阴港区6号和7号泊位扩能工程取得关键性重大突破，为下一步全面开展扩能工程建设奠定基础。

工程原批复建设规模为建设2个5万吨级集装箱码头泊位及相应配套设施，码头岸线长度648米，陆域纵深1000米，设计年通过能力为80万标准箱。截至2022年底，6号泊位码头水工主体工程交工验收，7号泊位码头水工主体工程完成建设。

扩能工程将原2个5万吨级集装箱泊位提升至20万吨级集装箱泊位，可满足1艘20万吨级和1艘1万吨级集装箱船同时靠泊，年设计通过能力由原80万标箱提升至96万标箱。项目投产后将填补江阴港区20万吨级集装箱泊位空白的局面，为江阴港区建打造国际深水大港提供支撑。

位于兴化湾北岸的福清市江阴镇壁头村西南侧海域，福州港江阴港区8号、9号泊位工程也在建设当中。工程建设规模为近期建设3个3万吨通用件杂货泊位（码头水工结构按靠泊15万吨级集装箱设计），泊位总长668米，设计年通过能力245万吨。工程远期调整改为1个5万吨级和1个7万吨级集装箱泊位，设计年通过能力90万标箱。项目建成投产后将进一步提高江阴港区件杂货运输能力，对加快福建省和福州市经济发展，拓展闽台经贸合作，助力福州港迈向国际集装箱干线具有重要意义。

船政复兴 “闽都文化”有新说

156年前，船政在马尾诞生。作为闽都文化的重要组成部分，船政见证近代中华民族探求自强之道的历程，记载福州向海图强的光荣与梦想。

船政文化马尾造船厂片区保护建设工程一期、二期项目建设进入尾声，三期项目开工。三期项目总投资3.07亿元，建设总建筑面积约2.4万平方米，主要对原船舶工程技术学校旧址建筑、原马尾造船厂办公楼等既有建筑进行修缮更新，以及对马限山部分景观实施改造提升。项目建设将立足船政

2022 年，福州市推进船政文化马尾造船厂片区保护建设工程一期、二期建设，启动三期项目建设。图为中国船政文化城俯瞰
（池远 摄）

学堂作为近代职业教育发源地的底蕴，进一步将船政文化景区“串点连线成片”。

（市发改委、福州日报社）

福州“智慧法治”促良法善治获评全国法治政府建设示范市

2022 年，福州市获评第二批“全国法治政府建设示范市”。回眸争创全国法治政府建设示范市的历程，福州市始终传承弘扬习近平总书记在福州工作期间的重要理念和重大实践，学习宣传贯彻习近平法治思想，坚持把“法治元素”融入政府工作全过程，用法治思维和法治方式推进法治政府建设，以“智慧法治”促良法善治，推动法治政府建设。

营商环境更优越

法治是最好的营商环境，福州在优化营商环境方面持续发力。海丝中央法务区福州片区 1 月 17 日在鼓楼西城市综合体试运营，助推全市法治建设迈出加速接轨国际的新步伐。

作为全国首个以政务服务模式提供法务服务的实体中心、福州优化营商环境的全新地标，法务区由政府统筹规划，以法治元素为核心，以法律服务为纽带，以优化法治化营商环境为首要目标。法务区采用窗口服务和工作室展示相结合、线上线下服务相融合的运营模式，突出法务区服务中心、国际法务人才驿站、法务云平台三大建设重点，吸纳“线上 + 线下”503 家机构。

营商环境“优”无止境。福州坚持把优化营商环境纳入法治化轨道，把依法平等保护各类市场主体产权和合法权益贯彻到立法、执法、司法、守法等环节，构建统一开放、竞争有序的现代市场体系。

福州市推出营商环境改革 5.0 版，围绕加快打造能办事、快办事、办成事、好办事的“便利福州”，着眼 19 个领域，推出 160 条重点改革措施，打造公平竞争的市场环境、科学规范的法治环境、便捷高效的政务环境、多元协调的开放环境、包容审慎的监管环境、精准有效的要素环境。

从 2018 年 6 月发布 1.0 版营商环境行动方案，到 2022 年 10 月的 5.0 版，福州市以“建设现代化国际城市一流营商环境”为目标，以“数字和信用建设”为载体，以“市场主体满意和营商评价提升”为导向，先后实施营商环境改革举措 1100 多项，法治化营商环境不断优化。

政务服务更高效

9 月，市行政服务中心与市市民服务中心整合为市政务服务中心，开启政务服务“只进一扇门”模式，为企业和市民提供更加高效的服务。

作为全国“互联网 + 政务服务”综合试点唯一的地级城市、全省唯一的全国一体化政务服务平台建设工作联系点，福州践行习近平总书记在福州工作期间倡导的“简政便民”理念和“一栋楼办公”工作机制，以创建全国法治政府建设示范市为契机，以信息化建设为支撑，大力深化“互联网 + 政务服务”应用，政务服务品质持续升级，数字政务服务能力加速提升。

推进“智慧办”支撑服务平台，推行行政审批全流程电子证照应用，电子证照归集总量 2640 万份，打造智慧审批新模式；推进政务服务就近办，实现 78 个高频事项自助办理；1704 项事项实现全市“异地可办”；推出 210 组“一件事一次办”服务事项。福州建成一批城市级大数据平台，形成“一云一网多平台”政务基础支撑体系，各种服务群众的数字应用场景“遍地开花”，数字政务服务能力明显提升，网上政务服务能力提升至全国重点城市第八位，在线服务成效度指数居全国第二。

从“一栋楼办公”到“一窗通办”，再到“一指办”，高效、便捷、优质的政务服务，让信息多跑路、群众和企业少跑腿的同时，让福州市民的获得感、幸福感不断提升。

阳光政府更透明

秉承习近平总书记在福州工作期间提出的“法制环境”“依法治城”理念，福州市坚持落实重大决策听证、重要事项公示、重点工作通报、政务信息查询四项制度，依托完善制度的贯彻执行来保证以民为本、执政为民，让阳光政府政务更公开更透明、让政府民众沟通更便捷。

坚持权责透明，推动用权公开；加强政策解读，主动引导预期；优化营商环境，加强政务公开。福州在“阳光政府”建设中，坚持把公开透明的要求贯穿政务服务各环节，把政务公开贯穿政务运行全过程。

以公开促落实、促规范、促服务，福州推进政务公开标准化规范化：制定《福州市规范行政处罚自由裁量权规定》，全市行政执法主体完成行政执法资格清理确认并向社会公布；主动公开涉及公众利益调整、需要公众广泛知晓或者需要公众参与决策的政府信息；实行政务公开清单管理制度，符合法定条件要求的依申请公开政府信息答复率 100%。在中国社科院历年发布的《中国政府透明度指数报告》中，福州市政府透明度稳居全国前列。

2022 年 6 月全面运行的福州市行政执法平台，实现执法全链条管理、执法类型全覆盖、执法全过程监督、执法数据全汇聚，既是福州市持续推进法治政府建设的重要工作举措，也是福州市加强法治政府建设的典型成果。平台的执法数据“一盘棋”、执法信息“一次录”、涉企执法“一条线”、执法监督“一张网”、执法公示“一平台”等“五个一”创新亮点，受到中央依法治国办专家组的高度评价。

作为执法公示的“一平台”，市行政执法平台依托市政府网站建设公示平台，在全省首创全部门、多类别执法信息集中公示，包括行政执法事项、行政处罚裁量权基准等需要提前向社会公开的信息，以及行政执法决定等事后公开信息。

福州不断健全“政府承诺 + 社会监督 + 失信问责”机制，把行政机关和公务员在履职过程中违法失信信息纳入政务失信记录，“阳光政府”建设持续提速。

市域治理更多元

福州市法院、市检察院“行政审判 + 行政检察”在全省首创“司法裁判—强制执行—监督整改—多元化解”衔接模式落地，行政争议的实质性化解和行政争议源头治理工作取得突破进展。

作为全国市域治理现代化试点城市之一，福州市以习近平总书记视察福州军门社区时作出的“三个如何”重要要求为指引，探索和创新市域治理的“福州路径”：

创新设立“两代表一委员”调解工作室；创建防范“民转刑”矛盾纠纷排查化解平台；创新“最多投一次”阳光信访工作机制；成立“e 体 +”多维调处中心，构建系统化、立体化、精准化的“大联调”体系，打造社会矛盾纠纷化解“福州样板”。

把法治政府建设与责任落实督察纳入全市督察检查考核计划，建立常态化督察通报制度，促进形成法治督察常态化工作机制；打造集线上热线“全科诊断”、线下市县乡村四级实体平台“精准治疗”于一体的公共法律服务网，为群众提供多层次、多渠道、全方位、接地气的公共法律服务；强化落实“谁执法谁普法”责任制，制作播出全国首档广播直播互动栏目《我执法我普法》等，构建普法依法治理“福州模式”。

以党建引领为主线，大数据应用为支撑，形成集事项收集、智能派遣、呼叫响应、处置办结、监督考核于一体的基层社会治理“一线处置”机制；党建引领社区依法治理“13335”工作法，被列入全国优秀社区工作法征集展示活动“1 号方案”，由民政部向全国推广；在全国率先开展地市级综合性应急指挥中心建设，构建全方位、全过程、多层次的公共安全和自然灾害防治救援体系等，培育城市治理“福州特色”。

（市司法局）

大事记

1月

6—9日　福州市政协十四届一次会议在海峡国际会展中心召开，应到委员491人，实到445人。大会听取关于十四届一次会议提案审查情况的报告，审议通过《政协福州市委员会关于深入贯彻落实省市党代会精神齐心协力做大做优做强省会的意见》和《中国人民政治协商会议第十四届福州市委员会第一次会议政治决议》。

7—10日　福州市十六届人大一次会议在海峡国际会展中心召开，应到代表482人，实到468人。会议表决通过《关于福州市人民政府工作报告的决议》《关于福州市2021年国民经济和社会发展计划执行情况及2022年国民经济和社会发展计划的决议》《关于福州市2021年预算执行情况及2022年预算的决议》《关于福州市人大常委会工作报告的决议》《关于动员全市人民深入贯彻落实省市党代会精神做大做优做强省会的决议》《关于福州市中级人民法院工作报告的决议》《关于福州市人民检察院工作报告的决议》；组织大会选举产生和表决通过的国家机关领导成员进行宪法宣誓。

11日　全国首宗海洋渔业碳汇交易成果在连江发布，连江县1.5万吨海水养殖渔业碳汇交易项目完成，交易额12万元。

11—13日　首届中国—东盟网红大会暨“福建品牌海丝行”在福州举行。

12日　福州市党史学习教育总结会议召开。省委常委、市委书记林宝金出席并讲话，市委副书记、市长吴贤德主持会议。

12—14日　第十七届中国会展经济国际合作论坛在福州举行。论坛采取线上线下相结合的方式，包括开幕式、2场全体会议、8场分组会议及多个主题活动。

12日　第十九届中国土木工程詹天佑奖评选结果公布。福州市城市森林步道、海峡文化艺术中心、新建向莆铁路青云山隧道3个项目获奖，获奖数量仅次于北京市。

12日　福州市市场监督管理局向福建兴北方医药连锁有限公司东街第二分店发出全省首张电子化综合许可证。

17日，全国首个实体法务服务中心——福州法务区服务中心在鼓楼区华润万象城对外开放。

19日　滨江步行街、乌山历史风貌区二期、源汤井温泉体验点、内河旅游开放。

20日　福州市政府印发《福州市“十四五”海洋经济发展专项规划》，提出打响海上福州国际品牌，推动海洋经济高质量发展，助力现代化国际城市建设。

26日　全国爱国卫生运动委员会发布《全国爱卫会关于2021年度国家卫生城镇复审结果的通报》，福州市再次获得“国家卫生城市”称号，是福州市自2000年来连续第五轮通过“国家卫生城市”复审。

26日　2022年“虎年福见　有福之州：迎虎年春节，过幸福生活”福州市主会场启动仪式在福山郊野公园福榕园举行。

27日　福州市政府发布《关于扶持药品上市许可持有人发展的若干措施》。该措施是福州国际医疗综合实验区2021年11月落户仓山后福州市出台的首个政策，也是全国首个省会城市发布实施的药品上市许可持有人（MAH）专项政策。

28日　福州鱼丸博物馆及上海、纽约、费城展示馆四馆开馆暨2022年连江新春文化旅游月启动仪式在连江县魁龙坊举行。其中，福州鱼丸博物馆位于魁龙坊的游琏故居，上海展示馆选址南京路新世界商厦，费城展示馆选址美国华人华侨博物馆，纽约展示馆选址美国纽约唐人街。

29日　生态环境部印发《首批美丽河湖、美丽海湾优秀（提名）案例名单》，从2021年生态环境部首次开展美丽海湾优秀案例征集活动中筛选8个美丽海湾案例，福州新区滨海新城岸段入选提名案例。

30日　横跨乌龙江、连接仓山和长乐的道庆洲大桥主线通车。道庆洲大桥是全省首座公轨（地铁）两用大桥。

30日　文化和旅游部、国家发展改革委公布首批国家级旅游休闲街区名单。全国55个街区入选，福州市三坊七巷历史文化街区、上下杭历史文化街区上榜。

2月

7日　福州市30个重大项目参加第一季度全省重大项目视频连线集中开工活动，总投资508亿元，年计划投资137亿元。

9日　福州市政府和福建省港口集团签订“推动丝路海港城建设发展合作框架协议”。根据协议，双方将在科学调整马尾港功能、优化整合罗源湾港区港口资源等8个方面深化合作。

10日　福州国际机场二期扩建工程项目用地获国务院批复。

12日　“好年华　聚福州”2022年企业用工线上专场招聘会启动，主会场设在福州，并在云南、重庆等6个中西部重点劳务输出省市设立8个分会场。

18日　福州市智慧渔港新基建试点项目启动仪式在连江县黄岐镇举行。该项目为全省首个智慧渔港项目和“数字福州”建设项目。

19日　全球第三台、中国第二台华龙一号——中核集团福清核电6号机组于20：45首次达到100%满功率运行。6号机组于1月1日首次并网成功。

22日　由东方电气集团自主研制、拥有完全自主知识产权的13兆瓦海上风电机组，在位于福清的福建三峡海上风电国际产业园下线，是全国下线的亚洲地区单机容量最大、叶轮直径最大的风电机组，以及全国下线的首台10兆瓦级以上风电机组。

28日　福州市政府办公厅印发《关于完善职工基本医疗保险门诊共济保障机制的实施办法》。

3月

1日　世界建筑文物保护基金会发布“2022世界建筑文物观察名录”，24个国家的25处具有世界性意义的遗产地入选，位于永泰县的3处庄寨建筑——黄氏“父子三庄寨”谷贻堂、绍安庄和积善堂入选世界建筑文物观察名录2022年的支持对象。

1日　《福州市寿山石雕刻技艺保护规定》施行。

11日　工业和信息化部公布《国家新型数据中心典型案例名单（2021年）》。位于福州新区滨海新城的福建省数字福建云计算运营有限公司的数字福建云计算中心（商务云）入选，成为全省唯一入围的典型案例。

11日　“2021全国十佳文化遗产旅游案例推介活动”终评会在北京召开，“赓续历史文脉　打造闽都品牌——三坊七巷历史文化街区文化遗产旅游案例”入选“2021全国文化遗产旅游优秀案例”。

12日　福州城投园林发展有限公司与罗源国有林场合作签约仪式在罗源国有林场吕洞工区举行，全市首个苗木产业合作基地落地。

17日　福州市政府印发《关于延续促进总部经济发展政策的通知》，结合福州市总部经济发展实际，对促进总部经济发展若干政策作延续提升。

22日　位于台江区的苍霞新城全方位提升改造一期工程完工。

25日　罗源湾经济开发区金港工业区，福蓉源再生资源开发有限公司年产25万吨再生铝及圆铸锭项目启动。

25日　福州港罗源湾港区可门作业区1号、2号泊位扩能改造工程通过竣工验收。该工程将1号、2号泊位扩能改造为1个30万吨级通用泊位，年设计通过能力1334万吨，项目投资13.55亿元。

28日　福州市不动产登记和交易中心企业办事服务大厅对外开放。大厅位于市房地产综合大楼2层，专门面向企业、单位提供不动产登记及关联的办事事项，配套服务企业专项工作机制。

30日　世界经济论坛公布新一批“灯塔工厂”名单，京东方福州第8.5代半导体显示生产线入选全球智能制造领域最高荣誉“灯塔工厂”，成为中国内地唯一一家入选的显示企业。

30日　福州港罗源湾南北航路通航。

4月

2日　福州住房公积中心联合建设银行福州房地产交易中心支行推出数字人民币公积金对公钱包业务，应用数字人民币支付方式完成首笔住房公积金单位缴存业务，标志住房公积金业务数字人民币应用场景试点在福州落地。

2日　福州市民族宗教事务服务中心揭牌，为福建省首家市级民族宗教事务服务中心。

7日　福州市产业链招商“云签约”活动通过“主会场+分会场+视频签约”的形式举行。活动分两个阶段，其中长乐区产业链招商“云签约”，涉及高端化工新材料、新能源汽车、新一代信息技术、生物医药、纺织功能新材料等产业链项目11个，总投资330亿元；福清市产业链招商“云签约”，包括东方电气氢能源及燃料电池基地、长德蛋白年产30万吨淀粉糖加工等项目14个，总投资361亿元。

8日　“有福之州”城市形象标识上线。该标识以福州市树“榕树”和古建筑特色“马鞍墙”为创作主体，融入福山、福水、福道等城市元素。

9日　福信富通科技股份有限公司在福建省部署近1500套“天通+北斗”海上应急通信平台。该公司位于鼓楼区海峡技术转移中心，是北斗开放实验室主建单位中唯一的民营企业，该平台是全国首个成功落地智慧海洋领域的“天通+北斗”通信系统。

9日　快递大数据创新应用服务平台在福州启用。该平台是国家邮政局在全国落地的首个快递大数据研究院和创新项目，由福州市数据资产运营有限公司承建。

11日　加快福州建设现代化国际城市进程思路研讨会召开，深入学习贯彻习近平总书记来闽考察重要讲话精神，开展研讨交流，凝聚思想共识、明确目标任务、谋划重点项目。

12日　福州市召开加快全面推进乡村振兴部署会。《市委市政府关于坚持党建引领乡村振兴加快推动农业农村现代化的实施意见》印发。

12日　位于福清市的鳗业龙头企业——福建天马科技集团股份有限公司与国能（福州）热电有限公司签订框架合作协议，通过“渔业+光伏”产业的跨界整合，打造“上可发电，下可养鱼”的绿色发展模式。

14日 福州市在仓山区盖山镇阳岐村启动“护河爱水、清洁家园”行动。

19日 福州港可门作业区1号、2号泊位投入运营，可满足30万吨级散货船全天候靠泊。

20日 以“全面开启知识产权强国建设新征程”为主题的2022年全国知识产权宣传周福建（福州）地区活动启动仪式在福州高新区举行，启动仪式全程进行网络直播。活动持续至26日。

23日 福州阅读空间智慧地图上线首发，为首张福州城区各大阅读空间的手绘电子地图。

28日 全国总工会表彰全国五一劳动奖章（奖状）和全国工人先锋号获得者。福州市3人获全国五一劳动奖章，1个集体获全国五一劳动奖状，4个集体获全国工人先锋号。

29日 闽江河口湿地保护20年实践系列活动暨2022年福建省湿地保护宣传周活动在闽江河口湿地博物馆广场举行。

29日 福州地铁5号线试运营。地铁5号线起于闽侯荆溪厚屿站，终于仓山螺洲古镇站，长22.4千米，设站17座。

5月

8日 武汉长江船舶设计院有限公司福建绿色智能船舶研究分院揭牌仪式在晋安区举行。

10日 福州市与西藏自治区八宿县签订结对帮扶协议。福州市与八宿县签订“福州市与八宿县巩固脱贫攻坚成果及促进乡村振兴结对帮扶框架协议书”。

10日 福州市政府与福建省高速公路集团有限公司举行战略合作框架协议签约仪式。市政府和省高速公路集团有限公司签署“推动高速公路路衍经济发展战略合作框架协议”。

14日 福耀科技大学（暂名）项目开工动员会在高新区举行。

16日 国家体育总局发布《关于命名、认定2021年国家体育产业基地的通知》，福州文体产业开发运营有限公司入选国家体育产业示范单位。

17日 21世纪海上合作委员会第二次全体会员大会暨“智慧海洋”主题论坛以线上形式在福州召开。世界城地组织亚太区联合主席斯图尔特·克罗斯比、秘书长博娜蒂娅·坦德拉德薇，有关国家驻华使领馆官员等线上参会，来自22个国家的70个团体和组织参加该论坛。

18日 福州市4个县（市）区在昭通市设立4个劳务协作基地并揭牌。马尾区与彝良县、福清市与镇雄县、闽侯县与威信县、罗源县与鲁甸县开展劳务协作交流。

21日 第二届“国际茶日·福茶行天下”三茶融合发展大会在福州召开。

22日 “3820”战略工程与习近平新时代中国特色社会主义思想理论研讨会在福州召开。

22日 “3820”战略工程的思想精髓和实践启示高端论坛在福州举行。

27日 嘉里·福州国际商务招商中心、仓山总部经济港在福州三江口片区揭牌，中海峡细胞生物中心等12个优质项目集中签约，总投资103亿元。

6月

1—3日 以“链接跨境全流域，共建电商新生态”为主题的2022中国跨境电商交易会在福州海峡国际会展中心举行。展区规模7.2万平方米，全球50多个跨境电商平台、200多家知名跨境电商服务商、2000多家外贸供货商参展，设置展位2500个。

3日 首届世界龙舟联赛（福州站）决赛在海峡国际会展中心浦下河段龙舟池举行。

10—12日 2022海峡（福州）渔业周·中国（福州）国际渔业博览会和第三届中国食用菌产业博览会在福州海峡国际会展中心举行。渔博会规模4.6万平方米，13个省市的300余家企业和机构参展。菌博会规模2万平方米，16个省份和地区约250家企业参展。

13日 工业和信息化部公布2021年物联网示范项目名单，全国共179个项目，其中福建省有11个项目，数量仅次于北京市。福州市入选项目6个，占全省比例超50%。

16日 鼓楼区人民检察院行政监督案入选最高人民检察院“检察为民办实事”行政检察与民同行系列典型案例（第六批）。

18日 第七届世界闽商大会在福州开幕。全省50个总投资超1700亿元的重大产业项目进行现场签约，福州市9个项目入选，总投资额430.3亿元，项目数和投资额均列全省第一。

18—20日 第二十届中国·海峡创新项目成果交易会在福州海峡国际会展中心举行。

19日 “以侨为桥，以商招商”福州闽商招商推介会在福州举行，40多个国家的70多名海外闽商代表参加。

21日 以“福通南北，闽运西东”为主题的“7686福游中轴专线”开通，以公交为载体，定制福文化与红色文化的宣讲线路。

21日 由福州市人民政府联合福州市国际友城、意向城市、友好交流城市共同主办的2022年福州国际友城文化节在三坊七巷鄢家花厅开幕。

22日 福州数字内容产业园在福兴经济开发区开园。

24—25日 福建省委常委、福州市委书记林宝金率福州市代表团赴陕西省西安市、渭南市学习考察。

27日 2022年上半年全市重点项目建设“亮晒比学”活动总结会召开。

29—30日 金砖国家可持续发展高层论坛在福州举行。

30日 总投资121亿元的福州地铁2号线东延线一期工程开工动员会在福州举行。

7月

5日 福州新区2022年第三批重大项目集中开工动员会举行。集中开工重大项目27个，总投资105.81亿元。其中，涉及基础配套项目10个，总投资61.11亿元；社会事业项目1个，总投资0.6亿元；产业项目16个，总投资44.1亿元。

5日 工业和信息化部赛迪顾问智能装备产业研究中心发布“先进制造业百强园区（2022）”榜单，福州市有2

个园区上榜，分别是福州高新技术产业开发区和福州经济技术开发区。

7—8日　中共中央政治局常委、国务院总理李克强在福建省委书记尹力、省长赵龙陪同下，在福州、泉州考察。

9日　第十四届海峡论坛福州市活动之一——首届海峡两岸（福州）传统武术展演大会在全国首批武术之乡——福州长乐开幕，海峡两岸60余名武术爱好者参会，其中台湾青年20人，大陆武术名家及福建省武术协会、福州市武术协会、长乐区武术协会等武术爱好者40余人。

12日　福州日兴水产食品有限公司与福建省渔业互保协会签订全国首单鲍鱼价格指数保险。

14日　恒申控股集团旗下福建恒申工程塑料有限责任公司与德国Feddersen集团旗下AKRO-PLASTIC GmbH进行线上股权交割，成为全国首家以聚酰胺为基础进行产业链整合的本地高端工程塑料企业。

14日　第十三届海峡两岸船政文化研讨会在福州举行。研讨会上发布王国平、陈悦创作的新书《曾经沧海——近代海军名将陈兆锵》。

14—15日　宁夏回族自治区固原市委书记冼国义率领固原市党政代表团到福州考察。

15日　福州开行的首趟中欧国际货运班列"闽都号"发往俄罗斯。

16—19日　以"预见显示技术发展趋势"为主题的2022国际显示技术大会在福州举行。大会同期举办未来显示技术专题研讨会、未来显示技术战略峰会（FTS）、Micro /Mini LED显示关键技术路线研讨会、Micro-LED技术最新发展研讨会等专题研讨会。会上，福州市半导体显示产业技术创新战略联盟成立。

18日　福州城市形象标识数字藏品首发暨"格物链藏"平台上线仪式在新店古城遗址公园举行，"有福之州"福州城市形象标识上链，成为全国首个城市标识数字藏品。

19日　福州市首个数字虚拟产业园——晋安数字虚拟产业园开园并举行入园签约仪式。

20日　2022年"数字党建"高峰论坛在福州举行。其间，举办数字（互联网）党建创新案例征集活动发布仪式和"数字党建"产品发布会，并召开第四届"数字党建"智库战略研讨会，部分专家学者和互联网企业代表作主题演讲。

22日　罗源霍口水库大坝完成填筑封顶，标志水库主体工程基本完工。霍口水库是全国172项节水供水重大水利工程之一。

22—26日　第二届中国国际数字产品博览会在福州举行，展览面积2万平方米，130余家国内外企业参展。其间，举办第五届数字中国建设成果展览会，设置12个板块，展览面积5.6万平方米，参展单位227家。

23—24日　第五届数字中国建设峰会在福州举行。峰会以"创新驱动新变革，数字引领新格局"为主题，签约数字经济项目565个，总投资2990亿元。23日，福州市数字经济重大项目集中签约活动举行，现场签约项目29个，其中战略框架协议7项、数字经济重点项目22个，涉及大数据、通信卫星、光电、半导体、电商平台等领域，总投资231.69亿元。

8月

5日　大型沉浸式实景演出《寻梦闽都》在福州市乌石山公园北广场举行首映活动，是全国首个"新时空"文旅演艺产品。

6日　"百台万吨"生态养殖平台项目——"乾动1号"海鱼养殖平台下水。该平台投放在定海湾海域进行大黄鱼养殖。

9日　福州市与自然资源部东海局签订战略共建协议，双方将围绕保障基地建设、海洋技术服务、海洋资源管理、人才交流合作等方面开展合作。

9—11日　第三届中国短视频大会在滨海新城福州数字中国会展中心举行。福州宣传片《爱福记》在2021年微视频短片展映会中被评为形象宣传类年度创新作品。

10日　全国县级首本深远海养殖平台所有权证书与国籍证书在连江县发放。

11日　福州市渔业执法人员、违法行为人、志愿者等50余人放流人工繁育的中国鲎幼苗5000只，进行生态补偿，为全国首次。

11日　福州市入选国家知识产权局公布的首批国家知识产权强市建设示范城市名单。

16日　"福满榕城　e起向未来"2022年福州市网络文化节启动仪式举行，《福州音乐地图》第一季公园篇数字版首发。

17日　第二届"好年华　聚福州"人才峰会暨高校毕业生招聘会在福州大学城中心共享区开幕。

17日　白龙洲大桥通车。大桥起于竹岐316国道，主线桥上跨南滨江路、北滨江路，止于闽侯县城甘蔗滨城大道，包括跨江大桥、北岸互通立交、南岸高架等。

24日　农业农村部公布2022年中国美丽休闲乡村名单，永泰县嵩口镇大喜村入选。

28日　福州地铁6号线开通初期运营。地铁6号线起于仓山区潘墩站，终于滨海新城万寿站（临时终点站），全长31.35千米，全线设站16座，与地铁1号线在下洋站、梁厝站实现换乘。

30日　全国首条跨海高铁——福厦高铁全线铺轨贯通。

30日　全国"人民满意的公务员"和"人民满意的公务员集体"表彰大会在北京举行。福建省公安厅党委原委员，福州市政府原副市长，福州市公安局原局长、原一级巡视员潘东升被授予全国"人民满意的公务员"称号；鼓楼区南街街道党工委被授予全国"人民满意的公务员集体"称号。

31日　福建省首趟中老铁路国际货运班列"闽都号"从福州江阴站发车，通过中国磨憨铁路口岸到达老挝首都万象。

9月

5日　全国首家数字鱼丸餐厅落户福州市连江魁龙坊历史文化街区。

7日　在习近平总书记《〈福州古厝〉序》发表20周年之际，福州市召开重温《〈福州古厝〉序》重要精神座谈会。

7日　福建省深海养殖装备租赁试点首台（套）“闽投1号”（宏东号）在连江县粗芦岛马尾造船厂码头下水。

8日　福州市外资项目对接座谈会在厦门举行。福州市现场签约外资项目17个，总投资逾百亿元，涵盖总部经济、软件信息、跨境电商、现代物流冷链、智能制造、现代农业等领域。

17日　“百里水上福道，千年闽都画卷”水上嘉年华启动仪式暨“水务·龙之舟”杯龙舟巡回赛首站比赛在晋安河游船码头开赛。

19日　福州市行政服务中心与市市民服务中心“两厅合一”，更名为市政务服务中心。

23日　“3820”战略工程实施30周年成就展在中共福州市委党校开展。成就展以“3820”战略工程为主线，全方位、多角度展现“3820”战略工程实施30年来福州的发展历程和辉煌成就，展览面积3820平方米。

27日　位于福州（长乐）国际航空城福米恒美产业园的恒美超宽幅偏光片项目——恒美偏光片智造工厂投产。项目总投资42亿元，建设2条2.6米超宽幅偏光片生产线。

10月

9日　“福州江来　潮级璀璨”闽江之心门户轴线亮灯仪式举行，位于闽江之心的“海丝之门”“多彩闽江”“潮起闽江”3个门户建筑亮灯。

11日　孟建民院士工作室（福州）在福州市建筑设计院揭牌。

12日　交通运输部公布打造国内水路旅游客运精品航线试点单位及试点内容，闽江夜游航线入选全国精品航线试点。

13日　福州市“万企兴乡村暨乡贤助力乡村产业振兴”专题现场会在闽侯召开。

21日　福州市首个台企共享职工之家在马尾揭牌。

24日　中共福州市委组织部根据全市新冠疫情防控工作部署要求和“万名干部下基层”工作方案，组织3.1万余名干部下沉一线。

11月

8日　全球智慧城市发展与合作大会在上海举行，大会发布“2022城市数字化转型优秀案例”，福州9个案例入选。

10日　首批1.5万份聚春园佛跳墙系列产品装箱发往美国，标志着连江预制菜出口实现零的突破。

20日　2022年八闽美食嘉年华（福州）启动仪式在福州万象城举行。

21日　全球高度最高、容积最大的丙烷丙烯分离塔在福清江阴中景石化科技园完成吊装。塔高138米，容积1.1万立方米。

22日　福州首条自主投资建设的铁路——福州港口铁路杜坞至樟林至透堡段项目动工。全长72千米，总投资84.7亿元，跨越闽侯、晋安、连江三地，其中隧道8座52千米、桥梁10座5.9千米、路基长14.1千米。

23日　全球单机容量最大的海上风电机组在位于福清江阴的福建三峡海上风电产业园下线。单机容量16兆瓦，其发电机、叶片、数字化控制系统等主要部件完全实现国产化。

25日　2020—2021年度中国建设工程鲁班奖（国家优质工程）颁奖典礼在广西南宁举行，全国246个建设工程获鲁班奖，福州市海峡文化艺术中心和福州第三中学滨海校区项目获奖。

29日　“中国传统制茶技艺及其相关习俗”项目在联合国教科文组织保护非物质文化遗产政府间委员会第17届常会上通过评审，入选联合国教科文组织人类非物质文化遗产代表作名录。该项目包括福建省的福州茉莉花茶窨制工艺等国家级非物质文化遗产代表性项目6个，福州茉莉花茶窨制工艺成为全市首个“世界级”非遗项目。

12月

2日　第十届海峡青年节——海峡青年节峰会在福州海峡文化艺术中心举行。

2日　2022年“人才福州月”启动仪式暨“好年华　聚福州”引才活动出征仪式在海峡国际会展中心举行。

5日　天津大学—新加坡国立大学福州联合学院启用。

8日　全球量产最长风电叶片在福州港江阴港区出口。该批次超长风电叶片共8片，单片长度108米，自重100吨，是全国百米级以上叶片首次外贸批量出口。

8日　中景石化集团年产120万吨多元共聚聚丙烯装置在福州江阴中景石化科技园投产。

13日　由福州市政府和21世纪海上合作委员会主办的首届“丝路”国际青少年摄影、短视频大赛颁奖典礼暨第二届大赛启动仪式以线上线下相结合方式举行。

15日　“创新·创业·创造”福州大学城高校科创成果报告会启动暨首场活动在福建农林大学举行。

17日　2022年福州茉莉花茶文化节在仓山区梁厝特色历史文化街区开幕。现场公布“2022年福州茉莉花茶茶王赛”“2022年福州茉莉花茶传统窨制工艺传承大赛”评选结果。

17日　首届中国茶叶交易会“三茶统筹”发展高峰论坛在福州开幕，会上发布《福州茉莉花茶世界遗产保护发展实践报告》。

30日　2022年闽东北协同发展区暨福州都市圈（宁德）联席会议以视频形式召开。福州、莆田、南平、宁德和平潭“四市一区”签订“携手打造美丽闽江”等区域协同发展协议12份。

30日　首届中国茶叶交易会开幕式暨中国茶产销升级发展高峰论坛在福州海峡国际会展中心开幕。交易会为期3天，展览面积2万平方米。其间，举办项目签约、中国茶产销升级发展高峰论坛等行业高端论坛、“2022闽茶海丝行”等活动，中国优质农产品开发服务协会与福州振兴乡村集团举行“五里亭国际茶叶联合交易中心”项目签约仪式。

（编辑　黄　铭　周弭姣　姚国榕）

自然资源

【地理位置】 福州市是福建省省会，位于福建省中部东端，介于北纬25°15′～26°39′、东经118°08′～120°31′。东临台湾海峡，西靠三明市、南平市，南邻莆田市，北接宁德市。

【地形地貌】 福州市地貌属典型的河口盆地，东有鼓山，西有旗山，南有五虎山，北有莲花峰，其海拔多在600～1000米。南部为盆地的大部分；北部为山地，从西南向东倾斜；西部为中低山地；东部丘陵、平原相间。山地、丘陵占全区土地总面积的72.68%，其中山地占32.41%，丘陵占40.27%。鹫峰、戴云两山脉斜切南北，闽江横贯市区东流入海。

【土地资源】 根据福州市2021年度国土变更调查成果显示，截至2021年12月31日，福州市耕地面积9.88万公顷，种植园用地面积6.79万公顷，林地面积73.15万公顷，草地面积0.87万公顷，湿地面积5.65万公顷，城镇村及工矿用地面积11.38万公顷，交通运输用地面积1.96万公顷，水域及水利设施用地面积6.29万公顷。

【矿产资源】 2022年，福州市境内发现各类矿产56种（包括亚矿种）。优势矿产以砂、石、土、地热为主，金属矿产矿种少、储量小，高品位矿少。福州市开发利用的矿产有11个矿种，主要矿种为建筑用花岗岩和建筑用凝灰岩、叶蜡石、地热、矿泉水、陶瓷土。建筑用花岗岩、凝灰岩主要分布于福清、连江、闽侯、永泰等县（市）；叶蜡石主要分布于晋安、闽清、罗源、福清等县（市、区）；地热田（点）主要分布于城区和永泰、闽侯、闽清、连江、福清等县（市）；陶瓷土矿主要分布于闽清县，为建筑陶瓷、电陶瓷的主要原料。地热资源丰富且有特色，地热田（点）主要分布于城区和永泰、闽侯、闽清、连江、福清等县（市）。境内地热资源埋藏浅、水温高、水质好，自古有“闽中温泉甲天下”之美誉。2010年12月福州市获“中国温泉之都”称号，永泰县、连江县及闽清县先后获“中国温泉之乡”称号。

【海洋资源】 2022年，福州市管辖海域总面积8200平方千米，占全省海域面积（37640平方千米）的21.8%。全市岛礁485个，占全省海岛总数（2214个）的21.9%。全市大陆海岸线长963千米，占全省大陆海岸线长度（3667千米）的26.3%。

【水资源】 2022年，福州市平均降水量1372.6毫米，折合水量161.83亿立方米，比上年偏少9.0%，比多年平均偏少11.6%，属偏枯水年。最大点降水量为闽侯县陶洋站1730.5毫米，最小点降水量为长乐区梅花站990.5毫米。地表水资源量89.24亿立方米，地下水资源量26.38亿立方米，地下水与地表水不重复计算量0.42亿立方米，水资源总量89.66亿立方米，人均水资源拥有量1112立方米，外市入境水量507.5亿立方米，福州市入海水量84.62亿立方米（不含过境水量）。福州市年供水总量32.98亿立方米。年用水总量32.98亿立方米，其中工业用水量12.29亿立方米，占总用水量的37.3%；农业用水量11.64亿立方米，占总用水量的35.3%；居民生活用水量4.32亿立方米，占总用水量的13.1%；城镇公共用水量2.66亿立方米，占总用水量的8.1%；河道外生态环境用水量2.06亿立方米，占总用水量的6.2%。

【森林资源】 2022年，福州市林业用地面积73.15万公顷，其中生态公益林28.83万公顷、商品林44.32万公顷。全市森林覆盖率51.77%，森林蓄积量5486.1406万立方米。人工更新造林总面积3653.4公顷。商品材产量44.80万立方米，比上年增长19.3%。

（陈泓安　陈　嘉　李佳欣）

气　候

【概况】 2022年，福州市气温起伏

大，降水分布不均，极端天气气候事件多发，总体气候属较差年景。春季遭遇近20年来最大范围的低温雨雪天气，雨季雨多涝重，夏秋季高温少雨极端性强，气象干旱发展迅速且强度大；台风影响总体轻，无登陆台风。年平均气温偏高，年雨量偏少，年日照时数显著偏多。影响全市的灾害性天气主要有低温雨雪、强冷空气或寒潮、强对流天气、暴雨、台风、高温、干旱等；影响较重的灾害性天气过程有2月20—21日大范围的低温雨雪、6月的持续性暴雨、7月和8月的持续性高温过程、7月上旬至11月下旬的夏秋连旱。

【气温】 2022年，福州市年平均气温20.7℃，比常年平均高0.4℃，异常度0.9，属正常。从各季平均气温看，早春季显著偏高，秋季偏高，冬季正常，其余季节均异常偏高。从各月平均气温看，气温波动明显，月际差异显著：3月和8月异常偏高，11月显著偏高，1月、7月和9月偏高，2月和12月偏低，5月异常偏低，其余月份正常。

各县（市）区年平均气温20℃～21.2℃，距平-0.1℃～0.7℃，其中福州市区和永泰显著偏高，闽侯偏高，其余县（市）区均属正常。各县（市）区年最低气温0.9℃～3.2℃，永泰出现在2月25日，其余县（市）区出现在2月21日。各县（市）区年最高气温36.8℃～42℃，市区出现在7月24日，永泰、罗源和长乐出现在7月23日，福清出现在8月6日，闽清和闽侯出现在8月22日，连江出现在8月25日。

【雨量】 2022年，福州市平均年雨量1308.8毫米，比常年平均少14.3%，属偏少。从各季雨量看，冬季和雨季偏多，夏季显著偏少，其余季节均属正常。各月雨量分布十分不均，1月、4月和7月偏少，9月和10月显著偏少，8月异常偏少，5月和6月偏多，2月和11月异常偏多，其余月份正常。

各县（市）区年雨量在1054.7～1442.8毫米，市区、闽侯和连江正常，闽清显著偏少，其余县（市）区偏少。各县（市）区最大日雨量57.6～130.5毫米。

【日照时数】 2022年，福州市平均年日照时数1829.7小时，比常年平均多12.3%，异常度1.5，属显著偏多。从各季日照时数看，早春季和夏季异常偏多，冬季和秋季正常，雨季偏少。从各月日照时数看，2月和5月偏少，7月偏多，3月显著偏多，4月、8月和9月异常偏多，其余月份正常。

各县（市）区年日照时数1644.8～2126.1小时，异常度0.2～2.3。其中，闽清、闽侯、福清异常偏多，连江偏多，其余县（市）区均属正常。

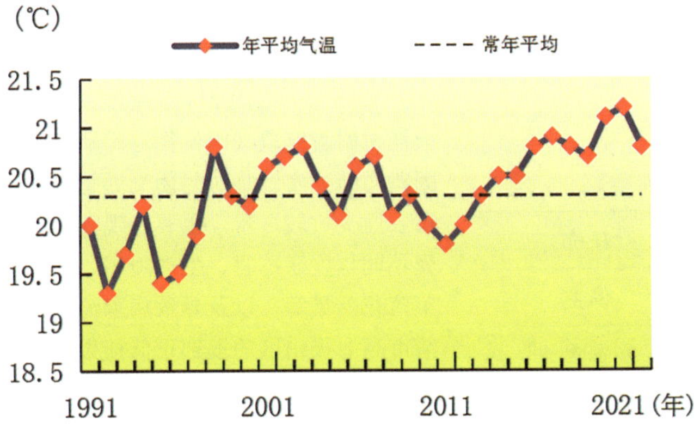

图1 1991—2022年福州市逐年平均气温示意图

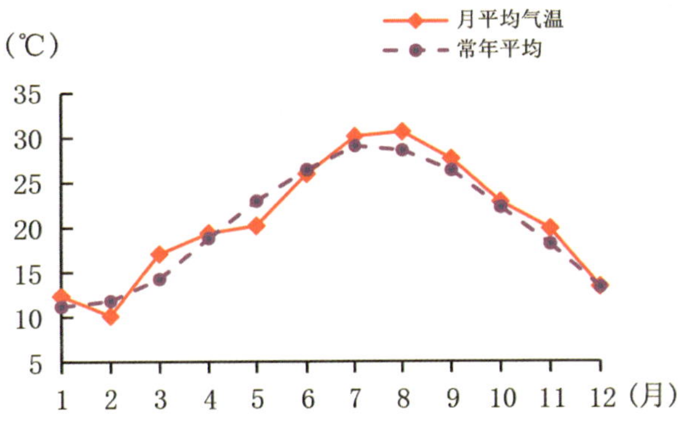

图2 2022年福州市逐月平均气温示意图

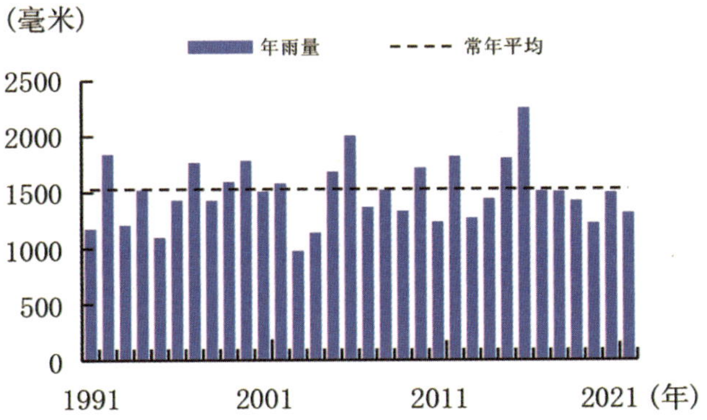

图3 1991—2022年福州市逐年雨量示意图

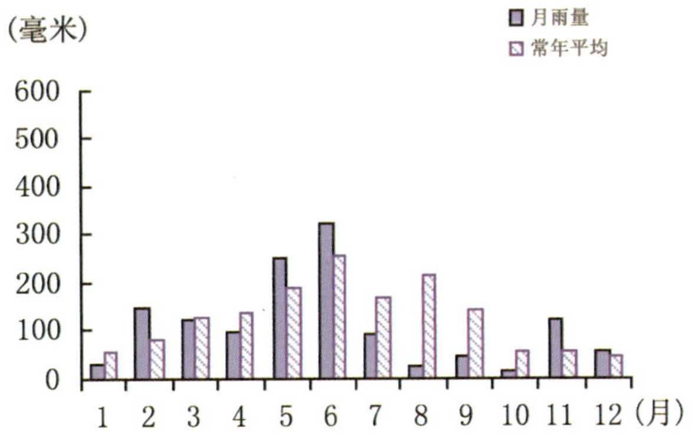

图4 2022年福州市逐月雨量示意图

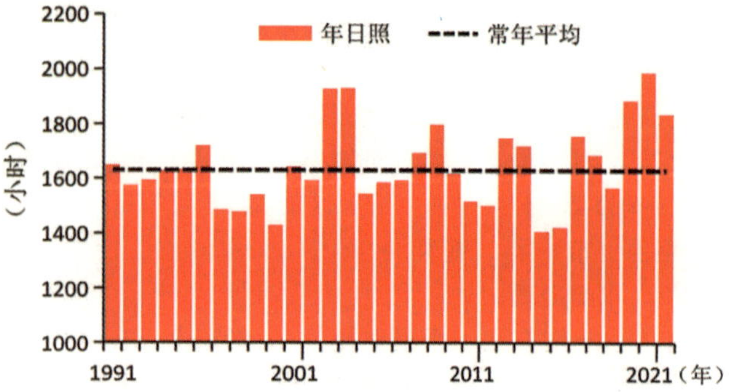

图5　1991—2022年福州市逐年日照时数示意图

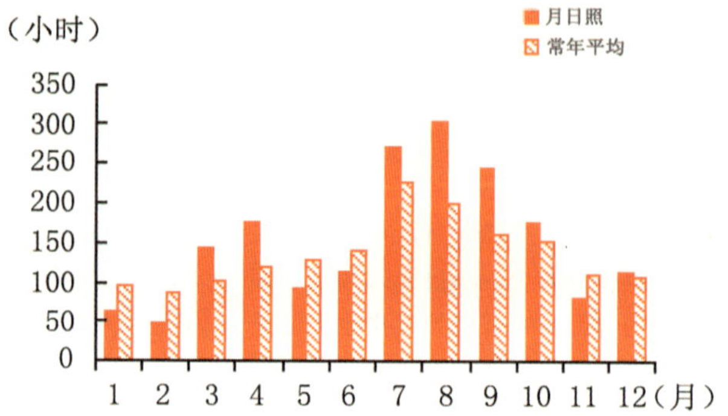

图6　2022年福州市逐月日照时数示意图

表1　　2022年福州市各季平均气温情况统计表

季节		平均气温（℃）	距平（℃）	异常度	评价
冬季		11.9	−0.2	−0.2	正常
春季	早春季	18.2	1.7	1.9	显著偏高
	雨季	23.1	−1.6	−2.3	异常偏低
夏季		29.5	1.5	2.3	异常偏高
秋季		21.4	1.2	1.4	偏高

说明：按照福建天气、气候特征，季节划分为：冬季（上年12月至当年2月）、早春季（3—4月）、雨季（5—6月）、夏季（7—9月）、秋季（10—11月），下同

表2　　2022年福州市平均各季雨量情况统计表

季节		季雨量（毫米）	距平百分率（%）	评价
冬季		240.4	32.2	偏多
春季	早春季	215.9	−19.1	正常
	雨季	567.3	28.1	偏多
夏季		156.3	−70.3	显著偏少
秋季		134.3	22.2	正常

表3　　2022年福州市平均各季日照时数情况统计表

季节		季日照时数（小时）	距平百分率（%）	异常度	评价
冬季		289.9	−19.4	−0.9	正常
春季	早春季	318.4	45.1	2.7	异常偏多
	雨季	206.4	−23.1	−1.3	偏少
夏季		821.3	39.8	3.4	异常偏多
秋季		257.8	−2.5	−0.1	正常

【低温雨雪】　2022年2月20—21日，福州市各县（市）区均出现小雪、雨夹雪或冻雨天气，降雪范围为2000年以来2月同期范围最大。该次过程降温从19日开始，20日降温开始明显，21日为过程最低气温日，全市大部分城区的日最低气温出现入冬以来最低值。统计19日8时至22日8时，全市有27个乡镇的最低气温低于0℃，其中乡镇以永泰岭路乡-4.4℃（21日3—4时）为最低，城区以罗源0.9℃为最低。

受低温雨雪天气影响，20—21日全市多条高海拔道路因路面结冰无法通行；21日上午省道211线闽侯县大湖乡天洋村附近路段（闽侯往返闽清方向）因路面结冰实行临时封闭交通管制。全市农业受灾较严重，主要表现在蔬菜遭受不同程度寒冻害、生理障碍、果类蔬菜落花落果等，以及导致病害流行；福清市高海拔山区的枇杷正值挂果期，遭受较为严重的冻害。

【寒潮和强冷空气过程】　2022年，福州市出现强冷空气过程3次，分别出现在3月5—9日、4月1—4日、12月17—19日，其中4月4日、12月19日部分县（市）区达寒潮标准。

3月4—9日，各县（市）区城区最低气温降幅10.0℃（长乐）～12.0℃（永泰）；各县（市）区城区过程最低气温3.8℃（罗源）～6.2℃（长乐），过程最低气温长乐、闽侯和罗源均出现在3月8日，闽清和永泰均出现在3月9日，其中闽清、永泰、闽侯、罗源达强冷空气标准。

4月1—4日，各县（市）区城区过程最低气温4.4℃（罗源）～10.2℃

表 4　　2022 年福州市各县（市）区主要气象要素及其评价情况统计表

类别	市区	闽清	闽侯	永泰	罗源	连江	长乐	福清	全市平均
平均气温 (℃)	21.2	20.6	21.0	21.0	20.0	20.4	20.9	20.4	20.7
距平 (℃)	0.7	0.1	0.6	0.7	0.2	0.5	0.5	−0.1	0.4
异常度	1.5	0.2	1.3	1.5	0.6	0.9	0.9	−0.2	0.9
评价	显著偏高	正常	偏高	显著偏高	正常	正常	正常	正常	正常
雨量（毫米）	1318.7	1054.7	1422.8	1354.9	1401.6	1442.8	1208.2	1267.0	1308.8
距平百分率 (%)	−8.5	−28.1	−1.7	−11.2	−18.5	−8.0	−19.6	−18.2	−14.3
评价	正常	显著偏少	正常	偏少	偏少	正常	偏少	偏少	偏少
日照时数（小时）	1644.8	2126.1	1970.0	1699.7	1669.5	1856.3	1666.0	2004.9	1829.7
距平百分率 (%)	7.4	28.8	20.4	1.4	4.7	14.3	1.8	19.0	12.3
异常度	0.8	2.3	2.0	0.2	0.5	1.4	0.2	2.0	1.5
评价	正常	异常偏多	异常偏多	正常	正常	偏多	正常	异常偏多	显著偏多
最大日雨量（毫米）	64.7	130.5	73.0	85.4	94.1	80.1	44.8	75.8	—
出现日期	3 月 26 日	6 月 13 日	6 月 13 日	6 月 6 日	6 月 13 日	4 月 26 日	6 月 9 日	6 月 9 日	—
年最低气温（℃）	2.8	2.1	3.0	2.3	0.9	2.5	3.2	3.0	—
出现日期	2 月 21 日	2 月 21 日	2 月 21 日	2 月 25 日	2 月 21 日	2 月 21 日	2 月 21 日	2 月 21 日	—
年最高气温（℃）	41.9	41.4	41.4	42.0	41.6	39.3	40.6	36.8	—
出现日期	7 月 24 日	8 月 22 日	8 月 22 日	7 月 23 日	7 月 23 日	8 月 25 日	7 月 23 日	8 月 6 日	—
气温≥ 35℃高温天数（天）	74	76	69	79	44	40	51	19	—
气温≥ 37℃高温天数（天）	42	51	40	49	15	15	18	0	—

（福清），均出现在 4 月 4 日，永泰达寒潮标准，闽清、闽侯、罗源、连江达强冷空气标准。

12 月 17—19 日，各县（市）区城区最低气温降幅 8.1℃（罗源）～ 10.5℃（永泰），过程最低气温 -0.1℃（闽清、永泰、罗源）～ 4.6℃（福清），出现在 12 月 18—19 日，其中闽清、永泰、罗源达寒潮标准，闽侯、连江达强冷空气标准。

【强对流天气】　2022 年，福州市出现强对流天气过程 4 次，分别出现在 3 月 17 日、3 月 26 日、7 月 22 日和 7 月 30 日。

3 月 17 日傍晚，全市出现小到中雨，局部伴有 6 ～ 8 级雷雨大风和下击暴流等强对流天气。统计 17 日 17—20 时累计雨量，全市有 2 个县 2 个乡（镇、街道）超过 20 毫米，最大为连江东湖镇 23.9 毫米。全市 12 个县（市）区 57 个乡（镇、街道）出现 6 级以上大风，最大为仓山区金山街道 20.1 米 / 秒（8 级）。

3 月 26 日，全市出现大雨到暴雨，部分乡（镇、街道）大暴雨，伴有 7 ～ 9 级雷雨大风和旋转风等强对流天气。统计 26 日 8 时至 27 日 8 时累计雨量，全市 12 个县（市）区 65 个乡（镇、街道）超过 50 毫米，3 个县（市）区 5 个乡（镇、街道）超过 100 毫米，最大为永泰塘前乡 121.8 毫米；最大小时雨强 73.6 毫米，出现在闽清塔庄镇（26 日 17—18 时）。全市 7 个县（市）区 25 个乡（镇、街道）出现 7 级以上大风，最大为福清江阴镇 20.9 米 / 秒（9 级）。16 时 30 分许，福清市东张镇华石村受中气旋影响，从西边出现旋转风。

7 月 22 日午后，全市出现热对流天气，永泰县出现中到大雨，伴有 6 ～ 8 级雷雨大风和小冰雹等强对流天气。统计 22 日 16—19 时累计雨量，1 个县 4 个乡（镇、街道）超过 20 毫米，最大为永泰丹云乡 43.0 毫米。全市 5 个县（市）区 17 个乡（镇、街道）出现 6 级以上大风，最大为永泰樟城镇 19.1 米 / 秒（8 级）。16 时 10 分，永泰大洋镇出现小冰雹，持续约 10 分钟；17 时 51 分，永泰同安镇出现小冰雹。

7 月 30 日午后至傍晚，部分县（市）区出现大雨到暴雨，伴有 7 ～ 9 级雷雨大风和小冰雹等强对流天气。统计 30 日 12—20 时累计雨量，全市 8 个县（市）区 11 个乡（镇、街道）降雨量超过 25 毫米，最大为永泰塘前乡 69.4 毫米；最大小时雨强 60.4 毫米，出现在永泰塘前乡（30 日 17—18 时）。全市 7 个县（市）区 15 个乡（镇、街道）出现 7 级以上大风，最大为罗源霍口畲族乡 23.6 米 / 秒（9 级）。30 日 17 时 55 分至 18 时 5 分，永泰塘前乡出现小冰雹。

【暴雨】　2022年，福州市出现连续性暴雨9次（4月26—27日、5月11—13日、6月1—3日、6月5—11日、6月13—14日、7月1—5日、8月1—2日、8月6—7日、8月31日至9月1日）、大范围暴雨4次（3月26日、4月29日、6月17日、11月25日）和局部暴雨11次（4月23日、5月25日、5月30日、6月25日、6月29日、7月18日、7月27日、7月30日、8月9日、8月24日、8月28日），较强的暴雨过程有5次。

4月26—27日，全市出现连续性暴雨。其中，26日全市出现大雨到暴雨，部分乡（镇、街道）出现大暴雨。统计26日8时至27日8时日雨量，全市11个县（市）区68个乡（镇、街道）超过50毫米，其中7个县（市）区12个乡（镇、街道）超过100毫米，最大为高新区南屿镇128.7毫米。统计26日8时至28日8时过程雨量，全市9个县（市）区22个乡（镇、街道）超过100毫米，最大为高新区南屿镇138.2毫米。最大小时雨强65.1毫米，出现在晋安区寿山乡（27日4—5时）。

6月1—3日，全市出现连续性暴雨，其中2日全市出现大雨到暴雨，永泰丹云乡出现大暴雨。统计2日8时至3日8时日雨量，全市9个县（市）区34个乡（镇、街道）超过50毫米，最大为永泰丹云乡112.7毫米。统计1日8时至4日8时过程雨量，全市3个县（市）区6个乡（镇、街道）超过100毫米，最大为永泰丹云乡169.3毫米。最大小时雨强78.9毫米，出现在福清南岭镇（2日14—15时）。

6月5—11日，全市出现连续性暴雨。统计5日8时至12日8时过程雨量，全市4个县（市）区8个乡（镇、街道）超过250毫米，最大为永泰塘前乡292.4毫米。最大小时雨强67.4毫米，出现在闽清上莲乡（6日15—16时）。

6月13—14日，全市出现连续性暴雨。统计13日8时至15日8时过程雨量，全市7个县（市）区51个乡（镇、街道）超过100毫米，最大为闽清下祝乡189.1毫米。最大小时雨强65.7毫米，出现在福清东瀚镇（14日16—17时）。

8月1—2日，全市出现连续性暴雨，其中2日全市出现大雨到暴雨，部分乡（镇、街道）出现大暴雨。统计2日8时至3日8时日雨量，全市9个县（市）区22个乡（镇、街道）超过50毫米，其中3个县（市）区3个乡（镇、街道）超过100毫米，最大为闽侯上街镇162.8毫米。统计1日8时至3日8时过程雨量，全市3个县（市）区3个乡（镇、街道）超过100毫米，最大为闽侯上街镇162.8毫米。最大小时雨强106.8毫米，出现在闽侯上街镇（2日15—16时）。

【台风】　2022年，福州市无台风登陆，台风影响总体属于较轻，未造成明显灾害。全年有5个影响台风，分别为第3号台风“暹芭”（影响时间7月2—5日）、第9号台风“马鞍”（影响时间8月23—26日）、第11号台风“轩岚诺”（影响时间9月1—4日）、第20号台风“纳沙”（影响时间10月16—18日）和第22号台风“尼格”（影响时间10月31日至11月3日）。其中第3号台风“暹芭”给福州市带来强降雨。

第3号台风“暹芭”（CHABA）于6月30日上午在南海洋面生成，夜间由热带风暴级加强为强热带风暴级，7月2日8时加强为台风级。7月2日15时，“暹芭”在广东电白沿海登陆，是2022年首个登陆中国的台风，登陆时中心附近最大风力有12级（35米/秒），登陆强度为1991年以来初台登陆强度第四强。“暹芭”登陆后向北移动，7月4日早晨位于广西东北部，强度进一步减弱，7月4日8时停止编号。受“暹芭”外围影响，7月2—5日，全市出现暴雨过程，统计7月2日8时至6日8时累计雨量，全市11个县（市）区101个乡镇超过50.0毫米，其中4个县（市）区15个乡镇超过100毫米，以福清渔溪镇东际村154.7毫米为最大，城区以福清88.9毫米为最大。

第9号台风“马鞍”（MA-ON）于8月22日上午在菲律宾吕宋岛以东洋面生成，24日20时在南海东北部加强为台风；25日10时30分以台风级（12级，33米/秒、最低气压975百帕）在广东电白沿海登陆，登陆后向偏西方向移动，22时许再次在越南广宁省沿海登陆，26日2时减弱为热带低压，8时中央气象台对其停止编号。受“马鞍”外围影响，全市出现明显降水和大风，统计23日8时至26日8时累计降水，2个站点出现暴雨，分别为闽清下祝乡杉村69.3毫米、永泰赤锡乡51.4毫米。6个县（市）区9个站点出现阵风8级以上大风，以永泰盖洋乡前湖村的24.2米/秒（9级）为最大。

第11号台风“轩岚诺”于8月28日14时生成，9月4日下午至5日上午以超强台风强度自南而北穿过浙江省以东海面，距舟山朱家尖最近约230千米，后转向东北方向移动。9月5日15时中心附近最大风力16级（55米/秒，超强台风级），中心最低气压930百帕，中心离开闽东渔场，对福州市影响结束。“轩岚诺”对福州市主要为大风影响，9月4日有1个国家站出现阵风8级以上大风。统计1日8时至4日20时，3个县（市）区6个乡镇出现阵风8级以上大风，1个区1个乡镇出现阵风9级以上大风，以长乐松下镇松下码头的21.2米/秒（9级）为最大。

第20号台风“纳沙”于10月15日14时生成，经南海东北部海面，18日5时中心位于海南省三沙市东北方向约285千米的南海海面上，中心附近最大风力14级（42米/秒，强台风级），后向西偏南方向移动，逐渐向海南岛南部一带沿海靠近。10月18日11时中心附近最大风力14级（42米/秒，强台风级），中心最低气压955百帕，中心离开福建省警戒区，对福建省影响结束。“纳沙”对福州市主要为大风影响，过程期间有3个国家站出现阵风8级以上大风。

第22号台风“尼格”于10月27日8时在菲律宾以东的西北太平洋洋面上生成，中心附近最大风力8级（18米/秒，热带风暴级），随后向西北方向，穿过菲律宾吕宋岛，于10月30日2时进入南海东部海面，强度逐渐加强。11月1日10时中心位于广东省茂名市电白区东偏南方向约590千米的海面上，中心附近最大风力12级（33米/

秒，台风级），后向西北转偏西方向移动，强度逐渐减弱。11月3日4时50分许在广东珠海香洲区登陆，登陆时强度为热带低压，中心附近最大风力有7级（16米/秒），中心最低气压1003百帕，对福建省的影响结束，随后强度继续减弱。中央气象台于11月3日8时对其停止编号。“尼格”对福州市以大风影响为主。统计10月31日20时至11月3日20时，3个县（市）区6个乡镇出现阵风8级以上大风，1个区2个乡镇出现阵风9级以上大风，1个区1个乡镇出现阵风10级以上大风，以长乐松下镇松下码头的26.4米/秒（12级）为最大。

【气象干旱】 2022年7月下旬至10月，福州市降水持续偏少，导致夏秋连旱迅速发展，最严重时全市均出现重度以上气象干旱，其中七成县（市）区达特旱标准。综合评估该次气象干旱过程达到特强等级，11月开始多轮降水使旱情陆续缓解并解除。其中，7月21日到8月31日，各县（市）区的累计雨量仅0.2毫米（连江）～48.4毫米（闽侯），比常年平均少79.3%～99.9%；至8月31日，连江达到气象特旱等级，罗源、永泰气象重旱，其余县（市）区中旱。9月1日全市出现小到中雨，部分县（市）区大雨到暴雨，闽清旱情解除，其余县（市）区旱情有所缓解。9月2日至10月31日降雨稀少，旱情再度发展，统计9月2日至10月31日各县（市）区累计雨量为5.7毫米（闽清）～47.8毫米（连江），比常年平均少77.2%～96.4%；至10月31日，罗源、闽清、永泰、福清达到气象特旱等级，其余县（市）区重旱。11月1—2日，全市出现小到中雨，部分县（市）区大雨，旱情有所缓解。11月15—17日和22—27日的降雨过程使得旱情彻底解除。

【高温】 2022年，福州市各县（市）区均出现日最高气温≥35℃的高温天气，其中除福清（19天）外，其余县（市）区气温≥35℃的高温日数40～79天；除福清外，各县（市）区均出现日最高气温≥37℃的高温天气，其中市区、闽清、闽侯、永泰气温≥37℃的高温日数达40～51天，其余县（市）区出现15～18天气温≥37℃的高温天气。较强的高温过程主要有2次，分别出现在7月7日至8月2日、8月4—31日。

7月7日至8月2日，全市出现持续性高温天气，其中23日永泰（42.0℃）、罗源（41.6℃）和长乐（40.6℃）突破建站以来的历史最高气温纪录，24日福州市区（41.9℃）和晋安（41.9℃）突破建站以来的历史最高气温纪录。

8月4—31日，全市再次出现持续性高温天气，其中21日市区（41.4℃）、晋安（40.7℃）、罗源（40.0℃）和长乐（39.3℃）打破建站以来的历史同期最高气温纪录，22日闽侯（41.4℃）、闽清（41.4℃）和永泰（41.0℃）突破建站以来的历史同期最高气温纪录。

【秋寒】 2022年10月7日起，福州市各县（市）区日平均气温持续低于23℃，出现“23型”寒露风天气（罗源、长乐最早出现，其余县市10日起出现），均属偏迟；10月31日至11月1日各县（市）区日平均气温持续低于20℃，出现“20型”寒露风天气，除闽清外（10月18日出现）均属偏迟。

（连东英）

建置沿革

【周至南朝时期建置】 周属“七闽之地”。《周礼》记：“辨其邦国、都鄙、四夷、八蛮、七闽、九貉、五戎、六狄之人民。”

春秋战国属越地，越王勾践后裔无诸自立为闽越王。

秦属闽中郡，废闽越王无诸为君长，以其地位闽中郡。

汉为闽越国都东冶。汉高祖五年（前202），复立无诸为闽越王，都东冶；元鼎六年（前111），立冶县，属会稽郡，为福建建县之始；建安八年（203），东冶县分侯官（今福州）、建安、南平、汉兴、建平五县。

三国属建安郡，吴永安三年（260），置建安郡，侯官县属建安郡。

晋属晋安郡，太康三年（282），置晋安郡，领侯官、原丰、罗江、宛平、温麻、晋安、同安、新罗八县。

南朝属晋平郡、晋安郡。宋泰始四年（468），改为晋平郡，领县侯官、原丰、罗江、晋安、温麻；陈永定年间（557—559），增置闽州，领晋安三郡；光大二年（568），改为丰州，州治在晋安郡。

【隋唐五代时期建置】 隋属泉州、闽州、建安郡。开皇九年（589），改丰州为泉州；大业二年（606），改泉州为闽州；大业三年（607），改名建安郡，领县闽县、建安、南安、龙溪，郡治在闽县。

唐属建州、泉州、闽州、福州。武德元年（618），改建安郡为建州；武德六年（623），析置泉州，州治在闽县；圣历二年（699），改泉州为闽州；开元十三年（725），改闽州为福州，福州之名由此开始。天宝元年（742），改为长乐郡。乾元年间（758—760），复为福州。领县闽县、侯官、连江、长溪、长乐、福唐、古田、永泰。

五代为长乐府。后唐长兴四年（933），闽王延钧称帝，建立闽国，升福州为长乐府，立为国都。

【宋元时期建置】 宋为福州。雍熙二年（985），设福建路，领福州、建州、泉州、漳州、汀州、南剑州、邵武军、兴化军，福建遂有“八闽”之说；福州领县闽县、侯官、怀安、长乐、福清、古田、永泰、连江、闽清、长溪、宁德、罗源；南宋德祐二年（1276），益王赵昰在福州称帝，升福州为福安府。

元为福州路。元初隶属江浙行省；至元十五年（1278），置福建行省，治所在福州路，后又并入江浙行省；大德元年（1297），改福建行省为福建平海行省；大德三年（1299），改为福建宣慰使司都元帅府，隶江浙行省；至正十六年（1356），复为福建行省。

【明清时期建置】 明为福州府。洪武元年（1368），改福州路为福州府，属福建行省；洪武九年（1376），属福建布政使司，领县闽县、侯官、怀安、长乐、连江、福清、古田、永福、闽清、罗源、福安、宁德；成化九年（1473），划福安、宁德两县，置福宁州；万历八年（1580），废怀安县。

清为福州府。顺治二年（1645），南明唐王朱聿键在福州称帝，升福州为天兴府，号“福京”；顺治三年（1646），复称福州府，属福建布政使司；康熙年间（1662—1722），改福建布政使司为福建行省，领闽县、侯官、长乐、连江、福清、古田、永福、闽清、罗源、屏南十县。

【民国时期建置】 1912年，废府治，闽县、侯官两县合为闽侯县，福州地区属闽侯县。1933年，福建事变，成立“中华共和国人民革命政府”，建都福州。1944年，闽侯县改为林森县。1946年，正式成立福州市，为福建省会。

【中华人民共和国时期建置】 1949年8月17日，福州解放。8月26日，福州市人民政府成立，下设鼓楼、大根、小桥、台江、仓山5个区。同年9月10日，福建省人民政府公布行政区域划分，全省划为8个专区、2个市，福州被列为省辖市，福建省省会。同年年底增设鼓山、洪山2个区。1950年6月，设盖山区；次月，设水上区。1952年2月，增设新店区。同年12月，成立福州市人民政府郊区行政办事处（简称“市郊办处”），下辖鼓山、盖山、洪山、新店4个区。1955年5月，撤销鼓山、洪山、新店3个区建制，其所辖乡镇由市郊办处直接领导。1956年5月，撤销大根区，并入鼓楼区；撤销小桥区，并入台江区；撤销水上区，并入仓山区。同年6月，撤销盖山区建制。1957年11月，撤销市郊办处。1958年11月，闽侯县划归福州市管辖。1959年8月，闽侯县划归闽侯专区。1960年1月，闽侯县马尾公社划归福州市，设马尾区。1962年1月，马尾改归福州市郊区。1963年8月，连江、罗源两县划属闽侯专区。1968年8月，福州市人民委员会撤销，成立福州市革命委员会。9月，鼓楼区改名红卫区，仓山区改名朝阳区。10月，台江区改名赤卫区。1970年5月，马尾再度建区。1973年7月，闽侯县划归福州市管辖。1975年5月，恢复郊区。7月，析近郊的红卫、赤卫、仓山等公社，设立蔬菜区。1978年2月，蔬菜区改称环城区，马尾复归郊区。同年4月，红卫区复名鼓楼区，赤卫区复名台江区，朝阳区复名仓山区。1980年2月，福州市革命委员会撤销，恢复福州市人民政府。各区革命委员会撤销，恢复区人民政府名称。各街道革命委员会恢复原名，称街道办事处。1982年8月，撤销环城区，所属洪山、台江、仓山、新店、建新等公社划归郊区。同月，从郊区析出马尾镇和马尾公社设立马尾区，直属福州市。1983年7月，长乐、连江、福清、永泰、闽清、罗源、平潭7个县划归福州市管辖。1984年4月，实行政社分开，郊区各公社先后改组为乡、镇。1990年12月，福清县改为福清市（县级市）。1994年，福州市辖鼓楼、台江、仓山、马尾、郊区5个区，闽侯、连江、长乐、福清、永泰、闽清、罗源、平潭8个县（市）。1994年2月，长乐县改为长乐市（县级市）。2009年7月，设立福州（平潭）综合实验区。同年9月，平潭县与福州（平潭）综合实验区实行“政区合一”（行政区+实验区）混合型管理模式。2012年2月，福州（平潭）综合实验区更名为福建省平潭综合实验区，升格为正厅级机构。2017年11月，长乐撤市设区，福州辖鼓楼、台江、仓山、晋安、马尾、长乐6个区，闽侯、连江、罗源、闽清、永泰、平潭6个县及福清1个县级市，至2022年12月31日不变。

（市委党史和地方志研究室）

区划 人口

【行政区划】 福州市简称榕，辖鼓楼、台江、仓山、晋安、马尾、长乐6个区，闽侯、连江、罗源、闽清、永泰、平潭6个县及福清1个县级市。市人民政府驻鼓楼区乌山路96号。2022年，全市（含平潭县）辖45个街道、97个镇、39个乡（含连江县马祖乡、2个民族乡）；全市（不含平潭）有581个社区、2196个村。

表5　2022年福州市县（市）区行政区划一览表

单位：个

县（市）区名称	街道、乡（镇）名称	社区委员会	村委会
鼓楼区	东街、南街、安泰、水部、温泉、鼓东、鼓西、华大、五凤街道，洪山镇	69	0
台江区	茶亭、洋中、后洲、新港、瀛洲、苍霞、义洲、上海、宁化、鳌峰街道	52	0
仓山区	仓前、下渡、临江、三叉街、对湖、上渡、金山、东升街道，建新、盖山、仓山、城门、螺洲镇	116	102
晋安区	茶园、王庄、象园街道，新店、岳峰、鼓山、宦溪镇，寿山、日溪乡	94	114
马尾区	罗星街道，马尾、亭江、琅岐镇	17	62
长乐区	吴航、航城、营前、漳港、文武砂街道，梅花、金峰、潭头、玉田、江田、古槐、鹤上、首占、湖南、文岭、松下镇，罗联、猴屿乡	38	225

续表 5

县（市）区名称	街道、乡（镇）名称	社区委员会	村委会
福清市	玉屏、龙山、龙江、音西、宏路、石竹、阳下街道，东张、海口、龙田、高山、渔溪、城头、江镜、三山、江阴、港头、沙埔、东瀚、上迳、新厝、镜洋、一都、南岭镇	67	438
闽侯县	甘蔗街道，白沙、尚干、祥谦、青口、南通、南屿、上街、荆溪镇，竹岐、洋里、鸿尾、大湖、小箬、廷坪乡	36	297
连江县	凤城、晓澳、浦口、琯头、敖江、东岱、东湖、丹阳、马鼻、透堡、官坂、黄岐、筱埕、苔菉、长龙、坑园、潘渡、下宫、江南镇，蓼沿、安凯、马祖乡，小沧畲族乡	41	243
罗源县	凤山、鉴江、松山、起步、中房、飞竹镇，白塔、西兰、洪洋、碧里乡，霍口畲族乡	13	189
闽清县	梅城、坂东、池园、梅溪、白樟、白中、塔庄、东桥、雄江、金沙、省璜镇，云龙、上莲、三溪、下祝、桔林乡	21	271
永泰县	樟城、嵩口、梧桐、葛岭、城峰、清凉、长庆、同安、大洋镇，塘前、富泉、岭路、赤锡、洑口、盖洋、东洋、霞拔、盘谷、红星、白云、丹云乡	17	255
平潭县	海坛街道，金井、君山、苏平镇，南海、屿头、东庠乡	—	—

【常住人口】 2022年末，福州市常住人口844.8万人（常住人口数据含平潭），比上年末增加2.8万人。其中，城镇常住人口619万人，占总人口比重（常住人口城镇化率）为73.27%，比上年末提高0.27个百分点。常住人口出生率6.5‰，常住人口死亡率6.2‰。

【户籍人口】 2022年，福州市总户数217.69万户，总人口数683.51万人（户籍人口数据不含平潭），比上年增加5.44万人，平均每户3.14人。其中，市区（鼓楼、台江、仓山、晋安、马尾、长乐六区，下同）总户数99.44万户，总人口数305.56万人，比上年增加4.63万人；六县（市）（福清市、闽侯、连江、闽清、罗源、永泰县，下同）总户数118.25万户，总人口数377.95万人，比上年增加0.8万人。男女比例：男性346.92万人，占50.76%，女性336.59万人，占49.24%，男比女多10.33万人。市区男性151.5万人，女性154.06万人，女比男多2.56万人；六县（市）男性195.42万人，女性182.53万人，女比男少12.89万人。

【户籍人口自然变动】 2022年，福州市出生人口4.96万人，比上年少0.95万人，人口出生率7.28‰，比上年少1.48‰。死亡人数2.34万人，比上年少1.07万人，人口死亡率3.43‰，比上年少1.62‰，人口自然增长2.62万人，人口自然增长率3.85‰。市区人口出生2.29万人，人口出生率7.54‰，死亡人数0.71万人，死亡率2.33‰，人口自然增长1.58万人，人口自然增长率5.21‰。六县（市）人口出生2.67万人，人口出生率7.07‰，死亡人数1.63万人，死亡率4.32‰，人口自然增长1.04万人，人口自然增长率2.75‰。市区人口自然增长率比六县（市）高2.47‰。

【户籍人口机械变动】 2022年，福州市迁入人口15.46万人，迁出人口12.58万人，人口机械增长率4.23‰，比上年低3.89‰。市区迁入人口9.9万人，迁出人口6.83万人，人口机械增长率10.13‰，比上年低10.31‰。六县（市）迁入人口5.56万人，迁出5.75万人，人口机械增长率-0.5‰，比上年高1.09‰。

（市民政局 市统计局 市公安局）

民族 宗教

【民族】 2022年，福州市有54个民族成分。根据2020年第七次全国人口普查数据，全市少数民族人口161287人，约占全市总人口的1.95%。其中，畲族人口51570人，约占全市少数民族总人口的31.97%，万人以上少数民族有畲族、苗族、土家族、回族、彝族等。

全市有连江县小沧畲族乡和罗源县霍口畲族乡2个少数民族乡，有82个少数民族行政村，其中畲族村80个、回族村1个、满族村1个，主要分布在罗源、连江、永泰、晋安、福清、长乐、闽侯7个县（市）区。福州市少数民族属散杂居型，呈大分散、小聚居状态。

【宗教】 福州市有佛教、道教、伊斯兰教、天主教、基督教五大宗教。2022年，福州市依法登记福州市佛教协会、福州市道教协会、福州市基督教三自爱国会、福州市基督教协会、福州市天主教爱国会等市级宗教团体5个；依法登记的宗教活动场所1287处，其中佛教433座、道教187座、伊斯兰教1座、天主教41座、基督教625座。依法登记备案的宗教教职人员2776人。福州市民间信仰活动场所遍布城镇乡村，10平方米以上民间信仰场所4562个，其中列入省级民间信仰活动场所联系点38个、市级民间信仰活动场所联系点39个。

（黄惠玲）

经济社会发展

【概况】　2022年，福州市贯彻习近平总书记来闽考察重要讲话精神，坚持“3820”战略工程思想精髓，着力提高效率、提升效能、提增效益，统筹新冠疫情防控和经济社会发展，聚焦“六城五品牌九行动”，落实强省会、福州都市圈等重大战略，开展“项目攻坚落实年”“千名干部进千企”等专项行动。落实稳经济政策，出台“两稳一保一防”行动方案，实施稳增长、稳市场主体、保就业、防风险等四方面52项具体举措，推动经济三季度企稳回升。11月出台克服疫情影响决胜年末收官战行动方案，开展强产业稳增长、抓项目扩投资、促消费稳市场、优服务惠企业、保安全促稳定等五大专项行动。全市地区生产总值12308.23亿元，比上年增长4.4%；一般公共预算总收入1059.05亿元，下降5.5%，地方一般公共预算收入698.52亿元，增长1.1%；固定资产投资增长5.9%；社会消费品零售总额4679.52亿元，增长2.9%；出口总额2564.6亿元，增长16.6%；实际利用外资正增长；居民消费价格指数上涨2.4%。

【惠企纾困】　2022年，福州市办理新增减税降费及退税缓税缓费超260亿元，发放3130笔纾困贷款63.82亿元、制造业融资专项流动贷款5.12亿元。实施失业保险稳岗返还资金“免申即享”，返还6.3万家企业资金3.27亿元。全市新增实有市场主体17.14万户，总量突破百万元大关，达101.17万户，实现历史性跨越。

【风险防范化解】　2022年，福州市保障粮食安全，建成高标准农田3266.67公顷，完成粮食种植面积8.3万公顷，粮食产量49.36万吨。强化保供稳价，粮、油、肉、蛋、奶等储备供应充足，发放价格临时补贴9436.17万元，受益108.79万人次。保障能源供应安全，各主力燃煤电厂厂内库存均达15天以上。防范和处置信贷不良、债券违约以及房地产项目逾期交付等风险。深化安全生产专项整治三年行动，全年排查整改隐患7.16万处。

【创新驱动发展战略】　2022年，福州市推进战略性新兴产业发展，培育壮大发展新动能。全市新增科创走廊载体面积136.6万平方米，建成创新创业载体102个、研发公共服务平台259个。加快闽都创新实验室、海峡创新实验室等省重大科技平台建设。认定科技型中小企业2437家，新增国家级高新技术企业超900家。新增国家级科技企业孵化器1家、国家级众创空间2家。入选首批国家知识产权强市建设示范城市，全社会研究与试验发展（R&D）经费投入总额283亿元，总量连续7年全省第一，有效发明专利拥有量24778件，连续12年领跑全省。

加快新型功能材料、新一代信息技术等7个战略性新兴产业集群建设，推进65个工业战略性新兴产业重点项目，规模以上工业战略性新兴产业增加值占规模以上工业增加值比重40.3%。新增国家级专精特新“小巨人”企业27家、省级以上“专精特新”企业99家。摩尔云工业互联网平台全省唯一入选国家级“双跨”平台，新增省级工业互联网示范平台2个。

【“四大经济”发展】　2022年，福州市推进“四大经济”（数字经济、海洋经济、绿色经济、文旅经济）发展。举办第五届数字中国建设峰会暨第二届数博会，签约数字经济项目565个，总投资2990亿元；福州居中国数字城市百强榜第19位；信息基础设施、产业数字化工作获国务院激励通报，入选数字人民币试点城市。推进海洋经济发展示范区建设，223个“海上福州”重点项目完成投资412亿元，东瀚海洋牧场获批国家级海洋牧场示范区，完成全国首宗海洋渔业碳汇交易，建成全省首个智慧渔港。坚持绿色低碳发展，推进重点节能改造和循环经济项目40个，新增省级绿色工厂12家，8家企业申报国家级绿色工厂。加快文旅产业发展，推广“有福之州”城市形象标识，推出全国首个“新时空”文旅演艺产品《寻

2022年，福州市加快新型材料战略性新兴产业集群建设。图为恒美光电偏光片智控系统

（池远　摄）

梦闽都》，“福州乡村游”平台上线运营，闽江河口湿地获评国家AAAA级旅游景区，并列入世界遗产预备清单。

【现代产业体系】 2022年，福州市开展“扶持龙头壮大产业”等行动，实施产业链链长制，加快强链延链补链，推动产业高质量发展。

农业生产形势良好。第一产业增加值比上年增长3%。渔业产值居全国地级市第一，远洋渔业产量32.66万吨。54个绿色食品产业链项目完成投资32.29亿元。实施种业振兴行动，设立琅岐“菜篮子”科研专项计划。新增“三品一标”农产品50个、全国名特优新农产品2个、国家地理标志证明商标4件。福州茉莉花茶窨制工艺被列入联合国教科文组织人类非物质文化遗产代表作名录。福州鱼丸落地品牌门店超150家。新增全国农业产业强镇1个、“一村一品”示范村镇2个。举办首届中国茶叶交易会、渔业周•渔博会及福州茉莉花茶文化节、福州开渔节等农业展会和特色活动。

工业经济总体平稳。规模以上工业增加值比上年增长3.8%。136家工业培育龙头企业产值比上年增长8.5%，对工业经济增长贡献率80%。“榕升计划”新增规模以上工业企业260家。打响新型材料国际品牌，阿石创新材料、福晶科技获评省稀土及关联产品生产应用奖项。加快建设东南汽车城，推动奇瑞集团与东南汽车战略合作，全市规模以上汽车制造业完成产值425亿元。加强氢能产业示范，落地东方电气燃料电池基地、福大紫金等项目。实施6198个重大项目技改扩产攻坚，深化园区标准化建设，315个项目完成投资约600亿元，建设13个试点园区“共享区”，发布工业（产业）园区市地方标准4项。

服务业提质扩容。第二产业增加值比上年增长5.2%。国家骨干冷链物流基地加快建设，现代物流城落地京东供应链、新希望冷链等产业项目10个。新增A级物流企业11家、星级冷链物流企业和省级物流龙头企业各2家。新增总部企业22家，增至135家。新引进32个平台经济项目，增至353个，交易额超3500亿元。落户持牌金融机构省级分公司3家，马尾基金小镇和朱紫坊基金港累计管理基金规模超2900亿元。“榕腾计划”推动新增境内上市企业5家，“新三板”挂牌企业3家。

【项目建设】 2022年，福州市开展“项目攻坚落实年”专项行动，实施“3+1”工作机制，新开工万景石化、迈新生物等项目665个。其中，连江申远三期、万洋众创城等产业项目366个。建成投产大东海产能置换、闽侯二桥等项目546个。“一企一议”协调解决问题14752个。166个项目获新增专项债267亿元，18个项目获基础设施投资基金53.42亿元并全部开工。新批用地1445.77公顷，审批成片开发方案2345.89公顷，清理批而未供、闲置土地2713.33公顷。福清江阴片区、连江可门、罗源牛坑湾等1998公顷围填历史遗留问题处置方案获批复。

项目支撑作用增强。240个省重点项目完成投资1194.4亿元，超序时进度19.2个百分点，投资完成量全省第一。全省正向激励综合考评2020年一季度至2022年三季度连续11个季度全省第一。1798个市重点项目完成投资5163.2亿元，超序时进度19.9个百分点。项目建设带动投资增长，固定资产投资比上年增长5.9%，完成量全省第一。

招商引资实效提升。落地永荣绿色超纤产业园等重大产业项目488个，总投资4151亿元。中交集团、新希望等25家世界500强企业投资项目38个。江苏紫天科技、南平中闽能源等2家主板上市公司整体迁入，孵化生成缘笙科技等5家营利性服务业企业。东方电气氢燃料电池基地、中检东南区域总部等86个重大项目签约，数量居全省首位。市属国企投资基金投出145亿元。

【消费市场发展】 2022年，福州市挖掘消费市场潜力，开展“惠聚榕城•乐购有福”等促消费活动超2000场，发放政府消费券超1.4亿元，拉动销售额超23亿元。建设国家文化和旅游消费、体育消费试点城市，打造“闽江之心”消费新热点，福州万象城、烟台山漫步街区全面开街。加快重点商圈数字化升级，建设消费体验新场景，打造“一刻钟便民生活圈”试点社区22个，建成基本保障类业态网点1829个。

【外贸外资】 2022年，福州市外贸外资总体平稳。出台稳外贸政策，推动企业开拓多元市场稳订单。签发《区域全面经济伙伴关系协定》（RCEP）原产地证书3880份，约1.26亿元出口货物

2022年，福州市开展“项目攻坚落实年”专项行动。图为进入收尾阶段的中国电信福建东南信息园C2#数据中心施工现场　（王圣洁 摄）

享受关税优惠。举办2022年中国跨境电商交易会，推动纵腾、泛鼎等跨境电商领军企业业务回归，设立跨境贸易专项补偿资金池，加快跨境电商产业园建设，海跨园分园覆盖7个国家，海外仓超110个。跨境电商进出口总额765亿元，比上年增长60%。冠捷电子科技增资、天晴数码增资等12个亿元以上外资大项目到资。

【改革深化】 2022年，福州市优化营商环境，深化“放管服”改革，“最多跑一趟”“一趟不用跑”“全程网办”事项占比分别为98.8%、84.3%、65%。企业开办以及设立登记和公章刻制并联办理时间分别压缩至3个、2个工作小时内。自贸区福州片区在全国首创12项制度创新举措。7家企业入围全国民营企业500强，31家企业入围省民营企业100强。

加快重点领域改革。完成市管国资国企改革重组，市国资委所出资企业资产总额、营业收入分别比上年增长27.92%、35.12%。推进医药卫生体制“集成化”改革，在全国首创公立医院人才发展“资金池”、“积分制”家庭医生签约服务等医改模式经验，3家市属医院被列入公立医院高质量发展省级示范医院试点。加快信用体系建设，归集信用信息33亿条，深化“信易+”工程应用。巩固农村集体产权制度改革成果，永泰县被列为首批省级农村产权流转交易市场建设试点。

【对外开放】 2022年，福州市对外开放水平全面提升。中国—印度尼西亚“两国双园”上升为国家级“一带一路”旗舰项目，由胜田（福清）食品有限公司和印度尼西亚三林集团联合投资的印度尼西亚海洋渔业中心首个国际渔业基地投产。丝路海港城加速建设，中欧、中老班列开通运营，打通直达欧洲、东南亚陆路快捷通道。福州港货物吞吐量、增速均居全省首位。举办21世纪海上合作委员会第二次全体会员大会，连任世界城地组织执行局和理事会成员。承办金砖国家可持续发展高层论坛，发布《金砖主席国产业合作福州倡议书》。

【榕台融合拓展】 2022年，福州市新设台商企业196家，合同台资4.28亿美元，优你康光学、福享汽车等台资项目在建。榕台贸易总额192.8亿元，比上年增长23.4%。完成福马通桥项目大陆侧设计方案编制。出台《鼓励台湾同胞来榕就业创业十条措施》，推动台胞参与各类荣誉评审，面向台湾青年发布优质岗位1756个，206户304名台胞入住公共租赁房。举办第十届海峡青年节等涉台活动112场，打造福州海峡交响乐团两岸文化交流品牌。两马同春闹元宵等5项活动被列为2022年国台办重点交流项目。

【新区新城建设】 2022年，福州新区483个重点项目完成投资1603.72亿元，机场第二高速、十九中滨海校区等122个项目开工建设。大数据产业园新设立企业120家，福建大数据交易所挂牌运营。临空临港产业加快发展，落地福州国际货运枢纽中心、元洪国际食品展示交易中心等项目。滨海新城岸段入选全国首批8个“美丽海湾”案例。推进三江口片区开发，完成片区城市设计方案编制和植物园设计方案国际招标。

【门户枢纽建设】 2022年，福州市推进现代化国际城市综合交通枢纽三年行动，73个重点项目完成投资285.59亿元。高铁进机场、机场二期等项目在建。地铁5号线一期首通段和6号线开通运营，2号线东延线、6号线东调段全面动建，4号线、滨海快线提速建设。港口后方铁路动工建设，福厦客专福州段完成投资42.75亿元。316国道董奉山隧道辅洞、城区北二通道北岭隧道贯通。松下12～13号、江阴6号泊位完工。

【民生保障】 2022年，福州市民生相关支出790.9亿元，占一般公共预算支出79.1%。推进保障就业集聚人才，城镇新增就业14万人，失业人员再就业4.29万人，建立劳务协作基地51个，引进外来劳动力3万人。实施榕聚千万人口行动，举办第二届“好年华聚福州”人才峰会，帮助1.67万名未就业高校毕业生落实就业去向。在全国首创在榕求职外地毕业生免费住宿政策，惠及毕业生3750人，为2万名高校毕业生发放“万元补贴”。新增9名国家级人才，总量跃居全省第一。引进培养高层次人才3000人，高技能人才1.1万人。

推进公共服务，新改扩建公办幼儿园33所、中小学17所，新增公办园学位1.2万个、义务教育学位1.8万个、教育集团25个。2个“双减”案例入选全国优秀案例，4所“公参民”学校稳妥转设公办学校。福耀科技大学（暂名）开工建设，闽江学院新增国家级一流专业7个。福州国际医疗综合实验区临床研究基地揭牌，滨海新城综合医院二期、市疾控中心新址等项目基本建成，省康复医院滨海院区、市二医院奥体院区开诊。市文化馆、少儿图书馆新馆完成主体工程建设，完成重点文物建筑修缮及利用工程40处。举办首届世界龙舟联赛、第五届“吴清源杯”世界女子围棋赛等重大体育赛事。

保障水平有效提升。争取民生项目资金，17个项目获中央、省级预算内投资5060万元。城乡居民基本养老保险基础养老金标准从每月190元提升至240元。发放低保、特困供养资金6.5亿元。推进“一老一小”事业，建设老年友好城市，新建居家社区养老服务示范点15个、长者食堂383个，新增养老床位2361张，入选首批建设国家儿童友好城市名单。建设各类租赁住房7万套、新开工棚户区改造1.1万套，均提前完成年度目标。

（市发改委）

（编辑 黄 铭）

历史文化名城

历史文化名城保护

【概况】 2022年，福州市公布历史建筑125处、传统风貌建筑243处；全市累计公布历史建筑1306处、传统风貌建筑243处。永泰县“父子三庄寨”入选“2022世界建筑遗产观察名录”，4个村落拟被列入第六批中国传统村落名录村落名单，永泰县入选国家级传统村落集中连片保护利用示范县。三坊七巷、朱紫坊、上下杭、梁厝、南公河口等历史文化街区、建筑群开展古厝修复336处，完工49处；招租项目72个，引进品牌陶瓷展示、旅游伴手礼、汉服展示、港澳台青年交流基地、民宿酒店等业态，其中注册资本5000万元及以上项目1个。三坊七巷、上下杭入选首批国家级旅游休闲街区名单；三坊七巷以《赓续历史文脉　打造闽都品牌——三坊七巷历史文化街区文化遗产旅游案例》入选“2021全国文化遗产旅游优秀案例”，并获第六届中国文旅大消费年度峰会最佳文化旅游休闲街区奖项；三坊七巷文化讲解项目入选2021年度“最佳志愿服务项目”；三坊七巷和朱紫坊获评全国非遗与旅游融合发展优选项目。年内，福州市三坊七巷历史文化研究会、福州市古厝研究会成立，原福州古厝保护开发集团有限公司更名为福州名城保护开发有限公司。

【福州古厝保护利用】 2022年，福州市实施保护利用活化古厝专项工作，谋划形成并完成古厝保护修缮项目153个、活化利用项目45个，争取省级补助资金725万元；从中选取古厝活化利用精品示范项目15个进行宣传推广。在福建传统建筑海峡租养平台上线登记15处老建筑，以供社会租养使用。推进测绘建档、保护图则编制。截至年底，全市公布的历史建筑中，完成测绘建档1047处、保护图则1078处，并上传至省历史文化资源信息系统。

【历史文化街区、名镇、名村及传统村落保护利用】 2022年，福州市结合福建省为民办实事项目中保护利用城乡历史文化内容，重点改善提升2个历史文化街区（传统街巷）、6个名镇名村（传统村落）项目，获得省级财政补助资金3200万元。完成年度工作任务，整治提升见成效。

组织开展第六批中国传统村落申报工作，10月26日住房和城乡建设部村镇建设司发布《关于拟列入第六批中国传统村落名录村落名单的公示》，其中闽清县云龙乡后垅村、罗源县西兰乡洋坪村、连江县琯头镇长门村、罗源县中房镇溪门村4个村落拟被列入第六批中国传统村落名录村落名单，并完成公示。组织永泰县申报并入选国家级传统村落集中连片保护利用示范县，年内工作方案上报住房和城乡建设部与财政部，保护利用规划通过市级技术审查会，创建工作按计划推进落实。

【历史文化名城保护法律规划与技术体系】 2022年，福州市实施《福州市历史文化名城保护条例（2021年修正）》。组织编制黄山村、城南村、厚峰后坂3处历史建筑群保护规划，均通过专家评审；闽侯县白沙镇等3处名镇名村保护规划完成市级技术审查，其中白沙镇保护规划修改完善后于4月上报省住建厅与省文物局。6月12日，市政府办公厅印发实施《福州古厝不动产权证办理工作指引（试行）》。《福州市历史文化名城保护规划（2021—2035年）》成果上报省政府，并于9月通过省级技术审查。11月14日，市政府办公厅印发实施《关于福州市征收、收储后古厝修复出资管理的意见》。开展《福州市传统风貌建筑管理办法（试行）》等政策规定制订。截至年底，全市133个传统村落均形成规划成果，全市历史文化街区、风貌区、建筑群、名镇名村及传统村落初步实现规划管控全覆盖。

【梁厝特色历史文化街区保护修复】 2022年，梁厝特色历史文化街区一期项目收尾，同步开展二期古建修缮工作，修缮面积约4500平方米。加强人大代表林的维护管养，完成世遗林雕塑点缀及绿化提升，并于5月、10月开展植树活动。

【南公河口特色历史文化街区保护修复】 2022年，南公河口特色历史文化街区推进二期保护修复工程，完成二期公建配套市政管网建设，基本完成龙津街22号北侧电房、白马亭设备房主体工程，修复二期院落53处、其中完工19处。截至年底，街区累计完成院落修复55处，面积9000平方米。

【福州市三坊七巷历史文化研究会成立】 2022年6月9日，福州名城保护开发有限公司、福州市规划设计研究院集团有限公司、福州市围棋协会共同发起成立福州市三坊七巷历史文化研究会，有个人会员72人、单位会员22家。年内，研究会开展学术研究及文化活动，参与《三坊七巷志》重修工作，组织实施“在福州新区传承和导入三坊七巷文化底蕴”“甘薯传播推广的史实资料收集”等课题，举办第二届“梁章钜杯”海内外征联大赛等文化活动，研究策划“海上三坊七巷”“福州名门世家”等学术研究课题，推进三坊七巷主题歌曲制作。

【传统建筑工匠培训班举行】 2022年12月12—15日，由福州市历史文化名城管理委员会主办、福州市人才发展集团承办的福州市2022年度传统建筑工匠培训班在永泰举行。培训班结合福州市传统建筑保护工作现状及基层工作实践的重点、难点，围绕传统建筑保护理念、古建筑传统工艺做法、古建筑维修工程施工要点、建筑识图、质量安全常识、建筑修缮实例等进行课程设置，开展理论培训、现场观摩、小组研讨，从事古厝保护修缮的工匠师傅、各县（市）区基层古厝管理的行政人员及相关企业的业务骨干参训。

（林妙花　杨妙萍）

历史文化名城文化活动

【概况】 2022年，福州市加强历史文化名城品牌宣传，推动闽都文化传播。三坊七巷、朱紫坊、上下杭、梁厝、南公河口等历史文化街区、建筑群开展“古厝大讲堂”等闽都文化品牌活动，承接举办海峡两岸民俗文化节、第五届数字中国建设峰会“有福之州·对话未来”活动、首届中国茶叶交易会·福州茉莉花文化节等活动，结合节假日开展民俗节庆活动。

【历史文化名城宣传】 2022年，福州名城官方公众号发布推文1244篇，媒体报道超1906条，其中国家级媒体报道300余次。5月22日，《福州日报》推出《守护千年文脉　彰显古城风貌》——福州市“3820”战略工程实施30周年特别报道；6月7日，中央电视台《新闻联播》播出《沿着总书记的足迹——八闽大地高质量发展谱新篇》节目；9月7日，举办重温学习《〈福州古厝〉序》重要精神座谈会；制作完成《古厝新生，名城耀彩——福州古厝保护纪实》宣传片和六区六县旅游打卡Vlog《让世界看见——福州古厝音乐日记》等。结合《福州市历史文化名城保护条例（2021年修正）》实施，通过《福州日报》专版解读，编印并发放普法读本近5000本，制作播放“普法公益广告”6条，“我执法我普法”直播讲解《福州市历史文化名城保护条例（2021年修正）》，20.85万人次观看。

【历史文化名城主题文化活动】 2022年，福州市推进花坊艺游、杭肆文创市集、上下杭艺术节、“名城少年”研学实践、“古厝大讲堂”等闽都文化品牌建设，开展各类文化活动1900余场，举办街头艺人表演1400余场，第五届福建文创市集、海峡两岸民俗文化节、三坊七巷首届邻里节暨在地艺术展、第五届数字中国建设峰会“有福之州·对话未来”活动、第二届街头艺术文化节、首届中国茶叶交易会·福州茉莉花文化节、第十届海峡青年节“黄巷·两岸青年文化交流周”、2022年国际友城文化节等活动在街区举行。

【历史文化名城民俗节庆活动】 2022年，福州市在国际古迹遗址日、国际旅游日、文化遗产日、五一国际劳动节、端午节、中秋节、七夕节、国庆节等节假日，举办“花坊艺游”新春花市、“家有山河锦绣·国有岁月芳华”国庆主题活动、“花好月圆夜　福厝探非遗”中秋节主题活动、“朱紫莫离　情浓坊巷”七夕传统民俗活动等民俗节庆活动。常态化举办糖画、捏泥人、画扇、油纸伞等民间艺人表演及闽剧演出、福州评话鉴赏表演、街头艺人表演、水秀夜景灯光展演等活动，其中三坊七巷街区在国庆、中秋节期间推出“闽俗物华新”“匠心颂伟业”“奋进新征程　共筑中国梦”等主题活动。

（林妙花　杨妙萍）

历史文化街区旅游开发

【概况】 2022年，福州市完成三坊七巷历史文化街区国家AAAAA级旅游景区复核，推进上下杭历史文化街区创建国家AAAA级旅游景区。三坊七巷、朱紫坊、上下杭、梁厝、南公河口等历史文化街区、建筑群通过古厝云讲堂、线上直播、专题栏目等形式，展现古厝保护和开发利用年度成果；推出精品旅游线路，串联各街区古厝。全年三坊七巷、朱紫坊、上下杭、梁厝、南公河口等历史文化街区、建筑群人流量2289万人次，讲解员及志愿者接待4188批次、37261人次。

【历史文化名城景区建设】 2022年，福州市上下杭历史文化街区完成创建国家AAAA级旅游景区初评及提升规划项目招标，加快推进智慧景区建设、VIS标识标牌系统、邮电服务、景区手绘地图、交通标识牌增设等整改提升进度。三坊七巷历史文化街区完成国家AAAAA级旅游景区复核，引进金牌解说系统，增设检票处门禁系统，落实整改计划及整改措施，构建智慧化景区。

【历史文化街区旅游营销】 2022年，福州市通过品牌IP活动、活动场地及广告位资源、文创产品、研学实践、旅游资源、战略合作媒体六大板块，利用历史文化街区品牌影响力及国家AAAAA级旅游景区的资源平台优势，建立线上传播、营销阵地，搭建集宣传、销售、服务于一体的线上平台，采用主题快闪店、沉浸式剧本杀、VR 云游览、文创雪糕等多种模式，开辟线上市场，7 月福州名城公司和支付宝开启跨界合作，推出首款“漫游古厝·绿色出行”数字纪念票。

【历史文化街区旅游接待】 2022 年，福州市历史文化街区承办第五届数字峰会·对话未来、海丝华文媒体福建行采访、海峡两岸民俗文化节、第五届福建文创市集等省市大型活动及“感恩奋进一周年”系列活动。各街区推出“保护修复”“党建红色旅游”“文旅商融合旅游”“非遗文化旅游”“民俗文化旅游”等线路，用旅游线路串联街区古厝、名人、非遗、文创等项目。

（杨妙萍）

三坊七巷历史文化街区

【概况】 三坊七巷位于鼓楼区，紧邻东街口商业圈，占地面积约 39.8 公顷。三坊七巷保留“鱼骨状”街巷格局和空间形态特征，以南后街为中轴，东西平行排列 10 条坊巷，西边自北向南分别有衣锦坊、文儒坊和光禄坊 3 个坊，东边自北向南有杨桥巷、郎官巷、塔巷、黄巷、安民巷、宫巷和吉庇巷 7 条巷，坊中巷道相连，形成坊中有巷、巷巷相通的棋盘状格局。街区内保存较为完好的明清建筑 159 座（其中各级文保单位 30 处），有“里坊制度活化石”“明清建筑博物馆”之称；林则徐、沈葆桢、严复、林旭、林觉民等中国近代史中的重要人物均曾在三坊七巷生活，三坊七巷又被称为“近代名人聚居地”“闽台渊源彰显地”，并获“中国十大历史文化名街”“全国生态（社区）博物馆”“亚太地区文化遗产保护奖”称号，获评国家 AAAAA 级旅游景区，入选世界文化遗产中国预备名录、商务部第二批高品质步行街试点街区、第一批国家级夜间文化和旅游消费集聚区、第一批国家级文明旅游示范单位及第一批国家级旅游休闲街区。

2022 年，三坊七巷历史文化街区推进古厝修复，开展项目招租和业态引进，许厝里、新四军驻福州办事处旧址完成布展提升，乌山防空洞完成提升改造。

【三坊七巷历史文化街区保护修复】 2022 年，三坊七巷历史文化街区完成黄朱园地块建设工作，完成陈季良故居三进修缮施工，基本完成听雨斋故居修缮施工。完成欧阳花厅、沈葆桢故居修缮设计方案并报国家文物局审批。启动林觉民故居、董执宜故居、黄巷 10 号、衣锦坊 10 号等项目修缮。完成乌山防空洞沉浸式演出提升改造，乌山防空洞投入使用。

【许厝里布展提升】 许厝里位于光禄坊 58 号，占地面积约 830 平方米，因许家数代居住其间，俗称许厝里。许厝里原起光禄坊直至早题巷、三官堂，地界广阔，现存一进建筑，造型古朴，是极具特色的明末清初建筑。该院落于 2020 年入选鼓楼区文物保护单位。2022 年，该馆重新布展提升作为三坊七巷保护成果展使用，展馆设置坊巷告急、倾力保护、高瞻远瞩、形成机制、全面保护、文脉赓续、三坊七巷修复工艺、重返坊巷和习近平论历史文化遗产保护等版块，展示习近平总书记在福州工作期间推动三坊七巷等福州古厝保护的工作成效。8 月，该馆入选福建省习近平新时代中国特色社会主义思想实践示范基地。

【新四军驻福州办事处旧址布展提升】 新四军驻福州办事处旧址位于安民巷 53 号，占地面积约 800 平方米。1938 年 2 月新四军驻福州办事处在该处成立，至 1939 年日本侵略军侵占闽江口，办事处

2022 年，三坊七巷历史文化街区入选首批国家级旅游休闲街区名单、全国非遗与旅游融合发展优选项目名录。图为三坊七巷俯瞰

（林双伟 摄）

迁往南平。该院落于 1991 年公布为福建省级文物保护单位。2022 年，该院落布展举办红色文化宣传专题展览活动，其中，6 月 10 日至 11 月 30 日举办“纪念全民族抗战爆发暨新四军组建 85 周年图片展览”，展览分为“全民族抗战形成的历史背景”“中国共产党领导的抗日武装力量成立”“新四军与福建的渊源”三部分共 200 张历史图片，展示新四军与福建的渊源和抗战往事，梳理新四军成立及发展脉络。

【《寻梦闽都》沉浸式演艺项目首映】 2022 年 8 月 5 日，《寻梦闽都》沉浸式演艺项目在福州市乌山隧洞进行首映。该项目是继 2021 年第 44 届世界遗产大会《寻梦·坊巷》三坊七巷沉浸式演艺活动后，福州市打造的全国首个隧洞沉浸式文旅演出，由福州名城保护开发有限公司出品、阳光媒体集团制作、阳光媒体集团董事长杨澜担任总策划，分享坊巷历史文化、国家级非遗技艺、特色艺术表演、海丝文创交流等闽都文化元素，集表演艺术、光雕艺术、视觉艺术于一体。

【“林徽因与文化遗产保护”艺术分享会举行】 2022 年 10 月 6 日，“徽映古厝，月瞰非遗”——“林徽因与文化遗产保护”艺术分享会在位于三坊七巷的福建省非遗博览苑举行。活动现场分享林徽因生平经历、趣闻逸事，以及她在建筑、文化遗产保护、诗歌等方面所取得的成就。林徽因祖籍福建闽侯（今福建省福州市），为中国著名的建筑学家、作家，中国第一位女性建筑学家。

【首届“丝路”国际青少年摄影、短视频大赛颁奖典礼举行】 2022 年 12 月 13 日，首届“丝路”国际青少年摄影、短视频大赛颁奖礼暨第二届大赛启动活动在三坊七巷举行。省委常委、市委书记林宝金在福州主会场出席并宣布第二届大赛启动，联合国教科文组织驻华代表夏泽翰、世界城地组织亚太区主席拜安居，福州国际友城圭亚那乔治敦市市长纳瑞、印度尼西亚三宝垄市市长代表哈德希克，21 世纪海上合作委员会会员代表、尼泊尔地区协调委员会协会常务秘书长克里希纳作视频致辞，福州国际友好交流城市马来西亚诗巫市议员小组主任程明仁线上出席活动，市委副书记、市对外友好协会会长林建宣读获奖名单，副市长、21 世纪海上合作委员会秘书长黄建雄主持。首届大赛收到 32 个国家 857 件作品，评选获奖作品 76 件，部分优秀作品于 13—17 日在三坊七巷鄢家花厅展出。

表 6　　2022 年三坊七巷历史文化街区主要文化活动一览表

时间	活动	地点
1 月 1—3 日	“花坊艺游”新年花市及闽剧、越剧、评话、少儿体操、百姓大舞台等表演	三坊七巷南后街、光禄吟台
1 月 1—31 日	福厝食节	三坊七巷街区
1 月 15 日	央视福建总站《古厝里的中国——坊巷烟火》直播节目	央视新闻客户端
1 月 26 日至 2 月 11 日	“三坊七巷 × 雪津啤酒”福建自己人年味大街	三坊七巷北广场
1 月 29 日至 2 月 21 日	壹叁柒——三坊七巷首届邻里节暨在地艺术展	宗陶斋、南后街中段、文儒坊、闽山巷、东林里、塔巷 73 号
2 月 1—15 日	2022 新春温泉旅游——漫步八一七，畅享金汤季	二梅书屋
2 月 14—15 日	“花灯盛会·光影如昼”三坊七巷元宵沉浸式互动灯会互动剧场演绎	三坊七巷院落内
2 月 14—15 日	元宵灯会市集	南后街
2 月 14 日	“花灯盛会　光影如昼”三坊七巷元宵沉浸式互动灯会快闪演出	宗陶斋前
2 月 1—6 日	街头福文化艺术节	南后街董执谊故居前
3 月 1—31 日	福厝食节	三坊七巷街区
3 月 5 日	“在坊巷的春日里报到”——“3•5”学雷锋日主题志愿服务活动	三坊七巷街区
3 月 5—8 日	“春日有礼”三坊七巷官方文创雪糕销售	三坊七巷小黄楼、水榭戏台、南口便民咨询点
4 月 16—18 日	“古厝遗产·共同守护”三坊七巷国际古迹遗址日系列活动	三坊七巷街区

续表 6

时间	活动	地点
4 月 30 日	名城少年古厝文化主题研学——行走坊巷，探寻古建筑的奥秘	三坊七巷街区（南后街、水榭戏台）
5 月 1—3 日	“情暖春山　平安万家”吴建峰青绿山水画展	福建省海峡民间艺术馆
5 月 1—21 日	对话古厝专家，解密古建筑里的文化密码	三坊七巷街区（南后街、水榭戏台）
5 月 4 日	“坊巷传颂　致敬青春”公益宣讲	三坊七巷街区
5 月 21—29 日	“闲庭邀月”沉浸式小剧场	水榭戏台、小黄楼
6 月 2 日	“百姓大舞台”系列演出：京剧专场（福州市群众艺术馆）	光禄吟台
6 月 3 日	“粽情端午·乐享福州”端午节系列惠民演出（福州市闽都文化艺术中心）	
6 月 4—5 日	我们的节日——端午浓情 闽韵飘香	水榭戏台
6 月 9 日	福州市三坊七巷历史文化研究会成立大会暨第一届会员大会第一次会议	光禄吟台
6 月 21 日	2022 年福州国际友城文化节开幕式	三坊七巷鄢家花厅
7 月 22—25 日	第五届数字中国建设峰会“有福之州　对话未来”活动	三坊七巷街区
8 月 4—6 日	“情浓莫离·坊巷有约”七夕定制爱之旅	三坊七巷、朱紫坊街区
8 月 5 日	《寻梦闽都》沉浸式演出首映	福州市鼓楼区道山路 237-1 号乌山隧洞
8 月 6—7 日	严复家书暨福建乡贤文化展	严复故居
8 月 18—21 日	福建“三品消费季”2022 年福州“优品消费节”	南后街 75 号展览馆
8 月 26 日	古厝大讲堂《瓷上“中国风”——西方艺术史里的中国瓷器》	三坊七巷保护成果展（许厝里）
9 月 4 日	“国风古韵迎中秋”——海峡馆中秋节主题活动	福建省海峡民间艺术馆艺术交流区（南后街 3 号 / 吉庇路 94 号）
9 月 10 日	“炫我”第二届福州市街头艺术展演	光禄吟台
9 月 12 日	中秋节习俗讲座及传统鲤鱼灯 DIY 体验	福建民俗博物馆（郎官巷 25 号）
9 月 22 日	古厝大讲堂《打响“福”文化品牌 促进产业融合发展》	三坊七巷保护成果展（许厝里）
10 月 1—7 日	小小讲解员义务讲解	三坊七巷主入口及各景点
10 月 1—7 日	寻梦奇妙周文艺快闪	南后街风雨廊
10 月 2 日	“奋进新征程 共筑中国梦”国庆节惠民演出	水榭戏台（衣锦坊 4 号）
10 月 3 日	“炫我”第二届福州市街头艺术展演决赛	三坊七巷光禄吟台（线上直播）
10 月 6 日	“林徽因与文化遗产保护”艺术分享会	福建省非物质文化遗产博览苑（南后街 82 号）
12 月 1—3 日	黄巷·两岸青年文化交流周	黄巷
12 月 13—17 日	首届“丝路”国际青少年摄影、短视频大赛	福州文艺家之家（安民巷 47 号鄢家花厅）
12 月 20 日	“炫我”街头艺术文化节专场演出	光禄吟台
2022 年 12 月 23 日至 2023 年 1 月 7 日	“护卫国宝·八闽之光”——纪念大熊猫入闽 45 周年文化展	南后街 75 号展览馆

（杨妙萍）

朱紫坊历史文化街区

2022年，朱紫坊历史文化街区入选全国非遗与旅游融合发展优选项目名录。图为朱紫坊夜景 （俞松 摄）

【概况】 朱紫坊历史文化街区位于福州市区东街口东南部、安泰河旁，东临法海路，西靠南街（八一七北路），南至圣庙路，北接津泰路。朱紫坊始建于唐末五代，旧名“达善境”，后因南宋坊内朱敏功兄弟四人皆登仕版，朱紫盈门而得名。坊内有文庙、芙蓉园、陈兆锵故居、萨镇冰故居、方伯谦故居、张钰哲故居8处文保建筑，曾拥有3座孔庙、1座府学院署。街区规划总面积约16.86公顷，其中核心区6.47公顷。朱紫坊以“艺文基地+基金平台”为两大主线分布穿行，重点引进漆文化、阅读空间、时尚餐饮、亲子体验、教育培训、基金服务平台、精品民宿等文化休闲业态。2020年10月，朱紫坊基金港运营服务中心在朱紫坊郑大谟故居启用。

2022年，朱紫坊历史文化街区推进文物点修复，加快配套基础设施建设，推进违章建筑拆除，举办首届朱紫论坛、2022中国·福建资本对接会之朱紫夜话等活动。朱紫坊基金港累计落地基金86只。

【朱紫坊历史文化街区保护修复】 2022年，朱紫坊历史文化街区完成花园弄29号、花园巷3号等2处文物点保护修复；完成朱紫坊部分院落永久性用电及低压配电工程；持续推进朱紫坊48号方氏民居、府学弄26号、花园弄9号、法海路34号叶氏宅等院落的违章拆除，并对接设计进行现场勘察。截至年底，街区累计完成院落及建筑整治修复59处，面积3.5万平方米。

【首届朱紫论坛举行】 2022年1月12日，首届朱紫论坛在鼓楼区朱紫坊38号举行。论坛以“基金赋能企业发展”为主题，围绕助力高水平规划建设海丝核心区金融中心、发展金融产业、培育基金集群等议题展开交流探讨。鼓楼区与省创新研究院签署战略合作协议。福建省基金云线下服务基地、科创板企业培育中心（福建）、福建省证券期货业协会私募专委会服务基地、海峡股权交易中心服务基地、福建省产业投资人联盟5家机构揭牌并入驻朱紫坊基金港。

【“数字金融 点亮未来”论坛举行】 2022年7月22日，由中共福州市鼓楼区委、福州市鼓楼区人民政府主办的“数字金融点亮未来”论坛在朱紫坊基金港举行。清华大学深圳国际研究生院和清华经管学院的双聘教授林健武、吉利科技集团副总裁兼党委书记高朴、上海朴睿投资管理有限公司董事长张贞智作主旨演讲。鼓楼区与福建金投基金签署战略合作协议，福建省金投私募管理有限公司入驻基金港。

表7 2022年朱紫坊历史文化街区主要文化活动一览表

时间	活动	地点
1月1日	“辞旧迎新”朱紫坊亲子市集	安泰河沿岸
1月1日	“童声迎新 春暖朱紫”少儿音乐会	朱紫坊38号广场
1月1日	小山里年味市集	府学弄14号
1月3日	红色路线主题宣讲游活动	朱紫坊街区
1月12日	朱紫论坛《基金赋能企业发展》	文化活动
1月21日至2月15日	漫步八一七，畅享金汤季——朱紫坊站点	朱紫坊38号广场
1月22日	古厝大讲堂《浅谈中国书法——从三坊七巷牌匾楹联说起》	朱紫坊游客中心二楼

续表 7

时间	活动	地点
2 月 3 日	立春雅集	芙蓉弄 4 号
3 月 13 日	“春风十里”国潮民乐会	朱紫坊 38 号广场
3 月 25 日	“战疫，我们‘艺’起来”福州街头艺人线上视频动员活动	线上（企业微信）
4 月 23—30 日	重塑——福州大漆与软木画设计成果展	朱紫坊 33 号
5 月 1 日	“炫我”第二届福州街头艺术文化节	朱紫坊 38 号展馆一进
5 月 8 日	感恩母亲节　2022 年坊巷童声公益音乐会	花园弄 3 号
5 月 19 日	“5·19”中国旅游日——朱紫坊　芙蓉园免费讲解活动	朱紫坊 34 号
5 月 29 日	古厝大讲堂《船政与创新》	朱紫坊游客中心二楼
6 月 1 日	“六一　敲快乐”活动	朱紫坊游客中心二楼
7 月 22 日	“数字金融点亮未来”数字论坛	朱紫坊 30 号郑大谟故居
8 月 6 日	“朱紫莫离　情浓坊巷”七夕主题活动	朱紫坊
8 月 23 日	2022 中国　福建资本对接会之朱紫夜话	朱紫坊 38 号
12 月 15 日	鼓楼区人工智能产业推介会	朱紫坊基金港 30 号院

（杨妙萍）

上下杭历史文化街区

【概况】 上下杭历史文化街区位于台江区，紧邻苍霞闽江北岸，为闽商发祥地，素有“福州传统商业博物馆”之称。清末民国初，商贾云集，呈现“百货随潮船入市，万家沽酒户垂帘”的景象。街区占地面积 31.73 公顷，核心保护范围面积 23.53 公顷，其中文物保护单位 20 处（包含省级文物保护单位采峰别墅、生顺茶栈等 8 处，市级文物保护单位建郡会馆、陈文龙尚书庙等 5 处，区级文物保护单位永德会馆、曾氏祠堂等 7 处），登记文物保护点 78 处，传统风貌建筑 314 处。街区以隆平路为核心中轴，串联上杭街、下杭街、三捷河、中平路、龙岭顶，打造夜月娱乐区、百业体验区、艺术商务区、国际风尚区四大业态区域。2020 年 12 月 30 日，“上下杭·金银里”商业步行街开街运营。2021 年，上下杭历史文化街区获国家 AAA 级旅游景区、福建省及福州市中小学生研学教育基地、首批国家级夜间文化和旅游消费集聚区、国家级及省级旅游休闲街区等称号。

2022 年，上下杭历史文化街区入选首批国家级旅游休闲街区名单

（陈奇　摄）

2022 年，上下杭历史文化街区推进登记文物点和风貌建筑修复，加快街区基础配套设施项目建设进度，启动高氏文昌阁、采峰别墅等布展工作，承接“海丝主题研学营”产品发布会、第五届数字中国建设峰会上下杭数字应用场景、第五届福建文创市集等活动。

【上下杭历史文化街区保护修复】 2022 年，上下杭历史文化街区完成 7 处登记文物点、23 处风貌建筑修复，并推进大庙山片区市政基础配套设施建设项目、龙岭顶公园环境景观提升建设工程、上下杭 153 处风貌建筑修复工程、上下杭 28 处登记文物点修复工程、中平花园地块商业楼及配套景观项目建筑施工。截至年底，街区累计完成 20 处文物保护单位、50 处文物保护点、138 处风貌建筑修复工作。

【高氏文昌阁布展启动】 位于上杭路134号，占地面积约1080平方米，为市级文保单位。始建于清朝嘉庆年间（1797—1820），现存为民国时期的木构建筑。文昌阁在高氏祠堂后进，是高氏祠堂中供奉文昌帝君的祭祀建筑。2022年，高氏文昌阁布展建设福州市国际交流合作中心，11月16日完成合同签订，并启动展陈设计。

【采峰别墅布展启动】 位于上杭路122号，占地面积2000多平方米，为省级文保单位。由近代福州富商、爱国侨领杨鸿斌建于1920年，是福州保存最为完好的近代中西合璧民居建筑之一。“采峰”之名取自“采五峰之灵气”，按当时说法，“五峰”指宅院坐落的大庙山、背靠的乌石山、面对的藤山（烟台山）、左面的鼓山、右面的旗山。2022年1月5日，福州市文化和旅游局与广东方所文化投资发展有限公司在上下杭采峰别墅举行战略合作签约仪式，福州名城保护开发有限公司与方所文化签订合作协议，合作开发采峰·方所艺文空间项目。该项目作为城市文化公共空间，展示“福州第一墅”元素及上下杭闽商文化背景。年内，调整项目策划方案，同步对接展陈设计项目挂网招标。

【第五届福建文创市集在上下杭举行】 2022年9月9—11日，第五届福建文创市集在上下杭历史文化街区举行。该届市集围绕“闽山闽水物华新”主题，设置非遗文创精品展示区、非遗文创互动体验区、非遗文化展演区三大展区，推出场景式、沉浸式、互动式、体验式等活动形态，并通过线上、线下相结合的方式，在抖音等平台直播。创新研发“金木水火土”五名非遗大师的福建非遗动漫IP，其中，“金”以畲族银器制作技艺为代表，“木”以软木画雕刻技艺为代表，“水”以武夷岩茶制作技艺为代表，“火”以建窑建盏烧制技艺为代表，“土”以客家土楼营造技艺为代表。

表8　2022年上下杭历史文化街区主要文化活动一览表

时间	活动	地点
1月1—3日	全闽乐购　悦活台江——台江区八闽美食嘉年华	下杭路广场
1月26日	《千家万户中国年》央视直播	上下杭街区
4月30日至5月4日	“匠心福厝”劳动节	上下杭街区
6月3—5日	“粽在双杭”端午节	上下杭街区
6月24日	上下杭“海丝主题研学营”产品发布会	上下杭建郡会馆
6月28日	“全闽乐购　万企百日惠福品”福品集市活动	上下杭街区
7月10—25日	第五届数字中国建设峰会上下杭数字应用场景活动	上下杭街区
9月9日	“未来已来 福建游礼”第五届福建省文创市集启动仪式	上下杭街区
10月1—7日	上下杭国庆节系列活动	上下杭街区
12月10日	杭潮　金曲专场活动	上下杭街区

（杨妙萍）

船政文化景区

【概况】 船政文化景区是以船政建筑群为依托，挖掘和再现清同治五年（1866）以来，船政作为中国近代海军的摇篮、中国近代航空工业的发源地、近代中国新式教育发端，中法马江海战古战场的历史印记和文化遗存。马尾船政诞生中国近代历史上53个第一，包括中国第一架水上飞机、第一条海底电缆、第一台实用蒸汽机、第一批留欧学子等。景区包括中国船政文化博物馆、船政格致园、总理船政衙门、马江海战纪念馆（昭忠祠）、船政天后宫、船政时空隧道及罗星塔公园、马限山公园等。

2022年，福建船政文化管理委员会实施“船政文化城核心区开园百日攻坚”专项行动，推进福州船政海洋（职业）大学、“船政一台戏”实景演艺、新思想教育基地等项目建设，开展船政史迹申报世界文化遗产中国预备名录和船政文化景区申报国家AAAAA级旅游景区创建工作。对中国船政文化博物馆（新馆）进行展陈优化。6月，“船政天后宫妈祖信仰”“柳七娘与罗星塔的传说”入选第四批马尾区非物质文化遗产代表项目。年内，船政文化景区入选全国首批“大思政课”实践教学基地，全年接待游客约18万人次，举办船政主题相关活动20多场。

【船政文化马尾造船厂片区保护建设】 2022年8月25日，船政文化马尾造船厂片区保护建设工程（三期）项目开工建设，是福州市重点项目，总投资3.07亿元，主要对原福建省船舶工程技术学校，原马尾造船厂办公楼、理化楼等既有建筑进行修缮更新，以及对马限山部分景观实施改造提升。

【船政文物征集保护】 2022年，福建船政文化管理委员会新征集到西沙海战史料、清光绪十年（1884）福州将军穆图善颁给监生黄秀标的功牌、1923年“海军飞潜学校甲班同学录”、民国时期江南造船厂工作服、民国墨书“建威军舰张兴瑞司机弁”布标、1950年黄怀勋“福建省立林森高级航空机械商船职业学校”六年制造船科一年上期成绩单实寄邮简等文物132件。至年底，船政文化馆有藏品文物1370件（套）。其中，三级以上珍贵文物505件（套），包括中国船政文化博物馆 460件（套），马江海战纪念馆45件（套）。

开展船政文物保护工作，启动文物保护单位修缮提升工作。2月，潮江楼入选第九批福州市级文物保护单位。罗星塔安防、防雷工程项目被列入福建省2022—2023年度全国重点文物保护单位“三防”项目实施计划。推动船政史迹申报世界遗产预备名录文本的编制工作。10月14日，申报文本通过省、市文物部门组织召开的专家评审会。根据2021年10月15日国家文物局专家评审会意见以及船政文化城实际建设需求，对《全国重点文物保护单位福建船政建筑、马江海战炮台、烈士墓及昭忠祠和罗星塔保护规划》进行修改优化、重新上报国家文物局。11月14日，“一号船坞保护修缮项目”被列入省2023年度全国重点文物保护单位保护项目。

【船政文化宣传】 2022年，福建船政文化管理委员会利用线上线下、传统与新媒体相结合的方式开展船政文化宣传，开展各类社会宣传活动20多场。启动《船政大事记》编撰，联合央视推出“走进船政”系列报道，协助福建省广播影视集团、东南电视台、福建电视台、《福州晚报》等各级媒体平台，拍摄《我家的两岸故事》《红领巾向未来——2022六一特别节目》《你不知道的福州》《福•见》及福州文旅纪录片《探秘福州》（第二季）等节目。实行“文化+科技”的宣传新模式，联合本地高校阳光学院、物联网中心推出“船政元宇宙之旅”、数字船政等新体验项目。

【船政文化博物馆新馆开馆】 2022年1月3日，中国船政文化博物馆新馆举行开馆仪式。新馆位于中国船政文化城核心区内，由原马尾造船厂综合仓库改造而成。年内，各地船政、海军史专家、船政后裔、社会热心人士对新馆展陈方案提出建议，进行多次论证，将最新的学术研究成果，新征集、接受捐赠的船政文物、史料等融入新馆的展陈中，其中新展出文物（史料）39件。新馆有3层，展厅面积4500平方米，设有“自强之道——船政历史文化陈列”“闽都瑰宝——船政文化揽胜”2个基本陈列，从千年变局、船政诞生、船政教育、船政制造、船政海军和船政文化等6个方面展示船政对中国社会近代化的影响及船政文化内涵。全年接待游客6435人次，讲解场次394场。5月18日，联合中央广播电视总台福建总站在新馆采用线上直播的方式举办“云游船政博物馆”活动。年内，博物馆被评定为2020—2022年福州市社会科学普及基地优秀等次。

2022年1月3日，中国船政文化博物馆新馆开馆。图为新馆外观

（池远 摄）

【马江海战纪念馆】 2022年，马江海战纪念馆举办船政天后宫妈祖诞辰1062周年祭典仪式、纪念甲申海战138周年、甲午海战128周年公祭活动等重要纪念活动。开展“春风十里 毅行有你”船政人文徒步研学、“‘完’美讲解 精彩一‘夏’”小讲解员公益夏令营、“5•18”国际博物馆日进校园微课堂活动、“榜样有力量 榕博聚船政”等30场公共教育活动，线上线下参与超5万人次。全年接待游客约7万人次，讲解526场。

【第十三届海峡两岸船政文化研讨会举行】 2022年7月13—15日，第十四届海峡论坛•第十三届海峡两岸船政文化研讨会在福州举行，研讨会以“向海图强 携手圆梦”为主题，线上线下开展主旨发言、圆桌会议、“船政学堂”名家讲坛等活动。开幕式上，“船政文化基因工程”启动，计划对船政人物谱系、船政大事记、船政文物、船政史迹图、船政非遗等五大类内容进行梳理、汇总，打造最具权威性、最系统、最全面的船政“百度百科”。研讨会由福州市委台港澳办、马尾区人民政府、福建船政文化管理委员会承办。全国政协副主席、台盟中央主席苏辉出席开幕式。

【“舰船”文创发布暨船政近代海军宴课题启动仪式举行】 2022年9月24日，“船政文化基因工程——‘舰船’文创发布暨船政近代海军宴课题启动仪式”在船政衙门举行，现场展示系列海军舰船模型，其中“福建舰”模型首次在福州亮相；“船政基因工程——船政近代海军宴”课题启动，课题将依据船政和近代海军历史文献中有关闽菜的史料，由闽菜大师团队进行复原研制，挖掘菜品、宴席背后的文化、历史背景。

（船政文化管委会）

烟台山历史风貌区

【概况】 烟台山历史风貌区位于仓山区闽江南江滨，历史上汇聚17国领事馆（办事处）、33家洋行、8座教堂、3家教会医院、11所教会学校。风貌区内文保建筑、历史建筑及传统风貌建筑191栋，被誉为“万国建筑博物馆”，记录福州开埠后的时代风尚。

2022年，烟台山历史文化风貌区获评为第十批中国华侨国际文化交流基地、福建省对外文化交流基地。9月，烟台山漫步商业街区二期开业，12月获福建省商务厅授予的“第二批福建省特色步行街”称号。烟台山管委会与福建师范大学合作共同建设“烟台山国际文化沙龙”，推进福文化项目建设工作进展。引入社会力量参与主题（微型）博物馆建设运营工作。截至年底，闽海关税务司官邸、麦园路美国领事馆旧址等14个展陈的布展工作完成，在古建及配套商业建筑中引入传统文化、手工艺、文化体验等200多家与历史文化相符合的业态入驻，引进“戏梦蝶园”“烟山方舟”等民宿品牌，景区文化、文创类商业业态占比约42%。

【烟台山历史风貌区保护修复】 2022年，烟台山管委会对接风貌区内的相关单位，汇总保留建筑修缮进度，配合区文旅局、市名城委开展修缮方案的审核、施工验收等工作，推进兰记脱胎漆器店旧址、仓山区委宿舍旧址等文保及历史建筑的修缮工作。年内，保护规划范围内188处文保及历史建筑中，修缮完成76处，正在修缮施工9处。推进烟台山历史风貌区创建国家AAAA级旅游景区，编制《福州烟台山旅游总体规划》，对标景区国家标准评定细则，编制景区创建任务分解表及提升清单，按创建要求分期将标识系统提升为四国语言，设计布置烟台山景区灯光秀。

2022年，烟台山历史文化风貌区获评第十批中国华侨国际文化交流基地、福建省对外文化交流基地。图为烟台山俯瞰　（林双伟　摄）

【烟台山历史风貌区文化宣传】 2022年，烟台山管委会配合组织开展中华花朝节、烟台山非遗文创小市集、烟台山故事会、烟台山书场、闽剧公益演出等公益文化惠民活动，仓山区烟台山特色党建和文旅服务综合体发布会、“烟山鹊桥荟”投融资对接会、“喜迎二十大　建功新时代”主题党日、秀闽江　福满仓——仓山区“七一”文化秀等系列活动，协助万科集团在烟台山商业街区策划半年庆、“烟台山都市游园会”、第二届烟台山国际文化艺术节等主题活动。配合“醉美仓山”视频号开展五期烟台山探店直播活动，配合拍摄《新闻启示录》传统历史街区里的“新玩家”等宣传节目，配合安徽卫视《民宿里的中国》节目组、福州广播电视台拍摄烟台山。春节期间，烟台山商业街区举办新春艺术展，代表福建成为除夕央视直播点之一。端午节，福州烟台山传承传统节日习俗也在央视新闻频道播出。

【烟台山漫步商业街区全面开业】 烟台山漫步商业街区一期于2021年10月30日开街；2022年9月30日二期开街，二期达成95.6%招商率、92.9%开业率，街区实现全面开业。9月30日至10月7日开街活动期间，客流102.9万人次，销售额1652万元，会员人数9.7万人。二期开业后项目总品牌数近200个，其中首进福州品牌超30个，项目开业首日即登上抖音同城热搜榜，抖音流量超2000万次，小红书打卡笔记超万条，开业8天线下客流超100万人次，并被中央电视台、人民网、中新网、《福建日报》、福建电视台、《福州晚报》等媒体滚动报道，媒体总曝光量超5000万次。

【第二届烟台山国际文化艺术节开幕】 2022年9月30日，第二届烟台山国际文化艺术节开幕。艺术节期间，烟台山历史风貌区设置城市治愈计划艺术装置展福建首展、集美·阿尔勒国际摄影季精选预展、毕加索真品原作展福州首展、当代公共潮流艺术展、李晓伟油画风景品鉴展、吴建峰中国画作品展等展区，举办烟山Fun映——丝绸之路国际电影节、山上音乐会、艺术市集等艺术活动。艺术节活动持续至10月7日，后续展览延续至2023年1月3日。

（烟台山管委会）

（编辑　黄　铭）

数字福州

综　述

【数字福州发展】　2001 年 5 月，福州市鼓楼区被福建省政府确定为“数字福建”重点项目建设示范区。同年，福州市成立“数字福州”建设领导小组及其办公室，强化制度体系建设。2005 年，制定 3 份“数字福州”相关工作中长期发展规划。其中，把以信息化带动工业化、积极改造提升传统产业作为重点工作。2018 年，福州市成立大数据发展管理委员会，强化统一管理体制，统筹协调全市数字经济发展。4 月，首届数字中国建设峰会在福州开幕。福州市运用峰会成果，发布《“数字福州”建设三年行动计划（2018—2020 年）》，梳理生成一批“数字福州”建设项目。2019 年 6 月，召开全市产业发展促进大会，将数字福州作为福州产业发展的三大主攻方向之一。9 月，全面启动全国首个自主开放城市大脑建设，开启百余项数字应用示范场景建设，智慧停车、人脸识别、城市大数据平台等一批场景投入使用。出台《关于加快大数据产业发展三条措施》《关于加快数字经济发展的七条措施》《福州市推进新型基础设施建设行动方案（2020—2022 年）》等加快数字经济发展的系列政策措施。2016—2020 年，福州市连续 5 年在亚太智慧城市评选中获“中国领军智慧城市”奖。2021 年，水系智慧调度项目和“5G+”智慧城市项目获世界智慧城市中国区大奖，福州成为唯一有两个项目同时获奖的城市。2022 年，福州市以建设“数字应用第一城”“数字中国建设领军城市”为目标，打造数字福州国际品牌。数字经济规模从 2018 年的 2800 亿元增长至近 6400 亿元，占全市生产总值比重从 36% 提高至超 53%；位列数字城市百强榜第 19 名，位居全省第一。年内，入选居民身份证电子证照应用和区块链创新应用国家级试点任务名单；信息基础设施建设、产业数字化等工作获国务院激励通报；9 个应用场景从全国 19 个省、自治区、直辖市 41 座城市申报的 188 个案例中胜出，获评 2022 年全球智慧城市发展与合作大会城市数字化转型优秀案例。

【信息化规划与布局】　2022 年，福州市编制《“十四五”数字福州专项规划》，从数字底座、数字经济、数字社会、数字政府、数字生态等方面，布局 2023—2025 年福州信息化建设。编制《2022 年数字福州国际品牌建设工作要点》，围绕举办数字中国建设峰会、数字经济发展、数字政府能力建设、数字应用第一城建设、数据资源汇聚利用等方面，明确数字福州建设的重点任务，量化考核目标。制定出台《推进福州数字经济高质量发展行动方案》《福州市关于促进软件产业高质量发展的若干措施》《关于福州市支持数字经济人才队伍建设的五条措施》，出台全国首个鸿蒙产业扶持政策《关于加快福州市鸿蒙产业发展的三条措施》，从产业布局、人才引进、重点方向等方面完善数字经济发展政策保障。

【第五届数字中国建设峰会】　2022 年 7 月 23—24 日，第五届数字中国建设峰会在福州举行。峰会由“一会、一展、一赛、一发布、一交易平台、多论坛及系列配套”构成。举办分论坛活动 21 个，“有福之州 · 对话未来”活动 32 场，10 余名“两院”院士参与“院士峰会行”与“院士企业行”活动。主论坛、分论坛及各类对话活动参加超 1.3 万人次。创新大赛吸引参赛队伍 1.4 万余支，参赛 2.4 万人，均创历史新高。17 万人次参观线下峰会成果展；“云上峰会”“云上国际数字产品博览会”线上参展企业超 1000 家，累计访问超 760 万人次。设置鼓楼、台江、仓山 3 处数字应用场景集中体验点，增设数字人民币应用场景。沿闽江两岸打造“福元宇宙”RAR 秀，超 7 万人次到现场体验。峰会签约数字经济项目 565 个，总投资额 2990 亿元，其中福州市签约数字经济项目 102 个，总投资额 946.29 亿元，入选省库 89 个，总投资额 799.5 亿元，项目数和总投资额均居全省首位。

（张梦思）

信息化基础建设

【政务网络体系】　2022年，福州市智网新接入市直单位13家、区县单位139家，新开通VPN账号560个、多网隔离账号92个。政务信息网累计接入单位509家。完成福州滨海新城规建管一体化平台（一期）等4个项目时空数据汇交，完成24个市直部门数据共享对接，累计为64个委办局、95个系统提供数据服务支撑，为22个市直部门提供实时视频服务。

【政务云平台】　2022年，福州市政务云平台承载市综合协同办公系统（市直OA系统）、市网上审批系统、市行政处罚系统、市政府采购网、市惠民资金网、中国福州空间地理基础数据库、市人口库项目、“中国福州”门户网站群、市数字城管业务系统、市电子证照管理系统、市民融合服务平台、市“12345” 便民平台、“e福州（福州通）”系统等“数字福州”信息化重点应用。年内，市政务云平台为114家单位、295个信息化项目交付云服务器4371台。

【大数据平台】　2022年，福州市大数据平台新增对接14个数据应用项目，累计共享数据56亿条。大数据平台归集全市95家单位的资源目录3232条，汇聚数据总量70.48亿条；对接23个数据应用项目，平台数据服务接口日均被调用次数1.1万次。

（张梦思）

数字应用

【概况】　2022年，福州市以打造“数字应用第一城”为契机，加快时空平台和基础数据库建设，拓展电子证照、网络身份认证与居民身份证电子证照、区块链技术等领域数字应用。推进公共信用信息平台数据归集和成果应用，拓展“茉莉分”新增人数和应用场景；加强政府网站群和政务新媒体信息发布工作。

【时空平台和基础数据库建设】　2022年，福州市时空信息公共服务平台完成CIM+BIM一体化引擎子系统、地名地址匹配引擎子系统、视频子系统、时空云GIS子系统等全部系统的开发工作，根据住建部CIM技术导则重新对智网区的546个图层进行分类，跟进《建筑工程建筑信息模型交付标准及应用》发布实施，推进工程建设数据申请及数据的应用，完成全市400平方千米三维模型数据的数据分域治理与格式转化，对476个社区模型进行三维标准格式转换，优化加载效率。梳理6个大类、24个子类服务，为城市规划、综合治理、数字城管、危房排查和水系联排联调等64个委办局、95个行业系统提供空间数据服务，实现从传统的数据汇交、服务发布到数据协同的提升，全面构建基于CIM的智慧城市基础能力支撑平台，可支撑城市规划、城市体检、城市大脑、应急管理、智慧社区、智慧水务等相关行业开展CIM+应用。

【电子证照生成和应用】　2022年，福州市完成电子证照目录系统、生成系统、共享系统等标准化改造，实现跨省通办。累计完成6类50万份国家标准电子证照生成，归集可信电子文件数3052万份，累计提供可信电子应用服务1701万次，实现不动产权证、建设工程规划许可证等10多类可信电子文件数据共享，为“秒批”“一趟不用跑”“最多跑一趟”等事项及7个行政审批高频事项提供支撑服务。

【区块链技术示范应用】　2022年，福州市持续推进区块链技术示范应用工程建设，初步建成数字福州主链、政务数据共享链、公共信用链和14条应用子链，实现政务数据全流程监管。有2610万条电子证照数据、919万条信用报告、38万条“红黑名单”、919万条“茉莉分”数据、358万条“双公示”数据上链。完成全市信息化系统日志规范收集和可信存证，有117个系统日志上链。

【公共信用信息平台】　2022年，福州市公共信用信息平台新增信用数据超4亿条，归集信用数据34.38亿条。开展特定数据归集和报送工作，各项数据归集量近9551.3万条。持续深化公共信用信息平台建设成果应用，“茉莉分”（福州市个人信用评分）新增人口基础数据298万人，覆盖市民917万人；年内通过信用中国协调工作平台办理信用修复初核1794件，累计办理信用修复初核15098件。市公共信用信息平台联合农商行持续开展战疫征信贷和复工复市贷工作，累计发放贷款24351笔，发放贷款金额43.3亿元。

【政府网站群建设】　2022年，福州市建成统一政府网站集约化门户，实现全市政府网站群统一管理，全站IPv6访问转换率提高至90%以上。全年发布信息超1万条、政策解读212篇，开展在线访谈36期、网上调查184期、民意征集和决策预公开221期，网站总访问量近7700万次，连续2年在全省政务公开第三方考核中获评优秀。归集全市政务服务办事事项超2.9万项，市级行政许可事项承诺办理时限平均压缩比例90.59%，即办率69.24%。

【政务新媒体】　2022年，福州市规范政务新媒体管理，新增备案36个、清理注销32个，开展日常检查303次，专项检查8次。全市政务微博矩阵有成员单位67个。“@福州发布”政务微博全年发布微博8886条，获网友转发、评论、点赞30.5万次，“粉丝”数近108万人，总阅读数超1.3亿人次，连续13个季度位居福建十大党政新闻发布微博第一名。

（张梦思）

政务数据资源管理

【概况】 2022年，福州市统筹政务数据应用与信息安全，推动政务数据开放共享，拓展应用场景。通过大数据手段助力新冠疫情防控，加强大数据在信息提示等领域的应用。

【政务数据开放共享应用】 2022年，福州市公共数据储备量超70亿条，向各级政府部门提供包含31个国家级接口和123个省级接口在内的超700项共享服务。汇聚政务信息资源目录3232条，汇聚数据量超56亿条，省级回流数据13亿条，累计共享数据56亿条。

【政务信息安全】 2022年，福州市定期开展政务云平台安全巡检、漏洞修复、安全培训等工作，完成在线安全监测与分析，开展云平台服务器及自建系统风险评估、安全监控、渗透测试、系统上线测试等工作。全年修复漏洞9613个，整改系统弱口令606个；开展渗透测试服务7次，云平台租户系统上线安全检测62次；下发智网安全预警通知17份。保障福州市政府门户网站群等重要系统的安全稳定；保障福州市政务云平台、智网等关键基础设施安全；完成第五届数字中国建设峰会、中国共产党第二十次全国代表大会等重要活动期间全市信息安全保障任务。

（张梦思）

智慧福州建设

【概况】 2022年，福州市“智慧福州”管理服务中心（简称福州市智慧中心）开展城市综合管理服务平台试点年度建设工作，推动“12345”平台与数字城管平台、“12345”热线与“110”报警呼叫中心业务对接，新增“e福州”App高频服务事项。年内，福州市“12345”系统平台获评“2022年十佳杰出热线典范”“2022年专业升维典范”“2022年总体评估A级优秀单位”“2022年服务企业优秀单位”，福州市数字城管系统平台的“创新城市管理体制，助力强省会战略”案例获得福州市机关效能建设领导小组办公室主办的2022年度全市绩效管理改革创新成果评价活动综合管理类第二名。

【城市综合管理服务平台】 2022年，福州市作为住建部城市综合管理服务平台建设15个试点城市之一，市智慧中心推进平台建设。8月，平台完成项目建设招标工作；截至年底，平台完成初版框架部署。

【市域社会治理现代化综合指挥平台】 2022年，福州市探索在市级层面建设大整合、高共享、深应用的市域社会治理现代化综合指挥平台，整合社会治理数据资源，打通部门信息壁垒，实现社会治理数据跨部门、跨区域共同维护和利用，推进市域社会治理现代化。1月，项目建设完成招标工作；截至年底，平台基本完成项目开发，并开展测试和试运行相关工作。

【智慧社区综合管理服务平台】 2022年，福州市智慧中心推进智慧社区综合管理服务平台项目建设，围绕智慧社区试点，贴近民生需求，整合社区服务，统一社区信息化渠道，为推动全市“一张网”网格化治理工作提供支撑。年内，项目进入开发阶段。

【营商服务平台】 2022年，福州市营商服务平台功能覆盖营商环境评估的各环节各领域，从各个环节考评福州营商环境情况，形成评估指标全流程覆盖，并提供营商服务一体化全业务闭环，包括营商环境评估数据采集设计、数据录入、营商环境评分、指标分项监管、任务跟踪督办、营商环境改善成果对比，探索福州营商环境的改革方向和政策制定方向。

【数字城管】 2022年，福州市数字化城市管理系统受理有效案件101.69万件，比上年下降10.78%，结案率99.99%，按期结案率99.84%；信息采集员通过简易程序自行处置案件21.89万件。

探索AI（人工智能）助力数字城管信息采集。5月20日，“智慧福州”管理服务中心智能AI信息采集系统上线运行，针对福州市数字化城市管理系统存在的信息采集效率不高、巡查手段单一等短板问题，创新运用AI智能采集系统，打造省内首创数字城管信息采集“智能巡查+人工巡查”新模式。探索以智能分析系统平台为支撑，构建“人巡+车巡”服务的福州模式，通过试点测试工作，实现提升采集效率、扩大采集范围、完善恶劣环境的有效采集、节省人工成本，并探索形成具有福州特色的AI智能采集系统福州标准。7月，《中国信息报》刊发《福州城市管理信息采集进入AI智能新时代》专题报道。

优化数字城管平台系统业务管理。针对数字城管平台系统各项业务管理的优点和存在问题，市智慧中心结合平台各项功能、各类业务进行研究，从信息员采集端、平台批转端、承办单位办理端、核查督办端等工作环节，梳理平台业务，分类规划各类工作事项，制订数字城管系统与“12345”平台系统可融合事项对接规范、数字城管案件流程规范、数字城管急要件管理流程规范、数字城管案件研判工作细则、媒体曝光及社会公众举报流程规范、数字城管案件办理督办细则、数字城管信息采集员视频抽查管理制度规范等制度规范。

加强采集员队伍监督管理。针对数字城管采集员队伍在岗情况，在不定期现场抽查的基础上，新增每日线上视频抽查方式，组织对信息采集工作开展常态化线上视频抽查，按每日7：30—12：00、14：00—21：00全时间段，对采集公司不定时进行视频抽查，并汇总每日抽查情况。全年视频抽查249次。

拓展数字城管平台数据分析及结果应用。建立每日数据分析制度，统计城市管理事、部件高发、反复问题，全年形成数字城管系统数据分析日报124份。

【“12345”便民服务】 2022年，福州市“12345”便民服务平台受理诉求251.68万件，诉求件受理率、反馈回复率、及时查阅率均为100%，按时办结率99.99%，群众满意率99.68%。市智慧中心建立热线运行情况分析制度、社情民意研判分析机制，形成“一日一专报、一周一分析、一月一总结、一季一通报”工作制度，每天召开“12345”平台情况分析会，通过《“12345”每日民生热点诉求专报》报送社情民意，服务市委市政府决策，得到市领导多次肯定与批示。全年编发每日民生专报265期、季通报4期，督办落实民生诉求300多件。建立热线疑难诉求研判机制，开展“12345”平台涉及民生问题中“急难愁盼”等疑难和重要诉求件的研判协调工作，组织召开解决涉及重要安全隐患、民生痛点等各类疑难件的协调会，把研判审核介入受理、批转、报备、审阅四大环节，对“12345”诉求件办理过程中存在的疑难诉求件，按照问题类别组织有关单位召开疑难件协调会，划清权属职责，并跟进督办，确保“事事有着落”。

推进“12345”平台与数字城管平台业务融合，将“12345”平台诉求件办理与数字城管案件办理业务进行对接，实现平台资源和业务优势互补，促进疑难类数字城管案件的办理落实。加强对市属承办单位及各县（市）区“12345”平台与数字城管平台经办人员的培训，制作典型易错诉求件及案件教学授课素材，定时定期组织各类相关业务经办现场培训授课，剖析典型案例。

推进“12345”热线与“110”报警呼叫中心对接联动，市智慧中心与市公安局建立日常联动机制和会商交流机制，多次召开对接联动专题研讨会，根据平台运行情况细化、充实融合对接清单，实现分流非警务求助、处置突发警情、提升协同服务效能。

【“e福州”App】 2022年，“e福州”App（应用程序）总用户数超1000万人，日活跃用户数超35万人，累计提供服务超10亿次；“e福州”便民服务自助终端上线103项政务服务和公共服务事项，累计为市民提供服务近百万次。年内，“e福州”App新增上线“养老服务”“房产学位查询”“心理咨询服务”“运动健身”“货车入榕码”“地铁公交联票”“大件垃圾回收”“数币综合服务平台”“课后服务”“新福卡”等高频服务近30项，累计上线应用服务超百项。

【便民服务监督考评】 2022年，福州市智慧中心调整优化“12345”热线考核指标和考核方式，实行对标量化考评。建立常态化“12345”联合督办机制，由市效能办、市智慧中心主要领导牵头，每周定期召开“12345”联席会议，研究分析诉求件办理情况，并派出督查组现场督办，督促承办单位解决市民和企业诉求。全年召开联席会议30余次，重点研判分析诉求件近1000件。

（魏博文）

数字经济

【概况】 2022年，福州市融入国家数字经济创新发展试验区（福建）建设，构建新一代信息技术“543X”新赛道格局，即做大做强软件服务、新一代通信技术、物联网、新型显示、光电信息五大优势赛道，培育发展大数据、产业互联网、人工智能、网络安全四大新兴赛道，前瞻元宇宙、空间信息、未来网络3个未来赛道，打造多个特色场景应用，持续推动全市数字经济高质量发展。全市数字经济上市企业41家，数字经济高新技术企业逾1300家，132家企业入选全省数字经济核心产业领域创新企业，占比41.77%，居全省首位。推进数字经济高质量发展项目建设，第一批248个项目总投资2490.59亿元，年度计划投资378.39亿元，开工项目237个，竣工项目52个，累计完成投资1388.13亿元，完成年度投资462.08亿元，年度计划投资完成率122.11%。

【数字基础设施建设】 2022年，福州市完成IPv6改造，新建5G基站超4400个，累计建成超1.5万个。全市移动电话用户总数逾980万户，其中5G用户逾200万户。移动宽带用户、固定宽带家庭普及率分别达107.6%、128.9%。全市建成在用数据中心11个，标准机架2.29万个。省超算中心运算速度达6000万亿次/秒，存储处理能力达30PB，累计为27所高校、企业提供5400万核时算力服务。

【数字产业】 2022年，福州市打造物联网、智能制造省级数字经济核心产业集聚区，获省级补助资金3220万元。全市实现软件业务收入超1200亿元；电子信息制造业规模超1000亿元，2020—2022年年均复合增长率逾8%。东南大数据产业园注册企业逾900家，注册总资本逾650亿元。马尾物联网产业基地集聚企业逾200家，注册总资本逾800亿元。重点建设算力规模400P的人工智能计算中心，其中一期105P竣工投用。区块链关联企业超2000家，联合中国网安、淘宝中国等打造数字中国区块链服务基础设施（数中链）。

【产业数字化转型】 2022年，福州市“上云上平台”工业企业逾3000家，培育建设国家级试点示范企业4家、国家级试点示范项目5个、省级工业互联网示范平台8个、省级应用标杆企业34家、省级试点示范项目29个。加快建设闽江之心、河图三坊七巷等互动沉浸式文化旅游休闲街区，打造东街口、苏万宝等传统商圈数字消费新业态，拓展数字人民币支付应用场景。全市建成全国数字农业建设试点项目2个、省级数字农业项目39个和市级数字农业项目86个，推进建设省级数字农业项目5

个、市级数字农业项目 24 个。

（张梦思）

电子信息产业

【概况】 2022 年，福州市电子信息产业延续发展态势，计算机、通信和其他电子设备制造业规模以上工业总产值占全市比重的 9.4%。软件和信息技术服务业保持千亿元产业规模，推动行业应用软件、数字内容、平台软件、工业软件等领域发展，形成面向电子政务、金融财税、教育医疗等行业应用软件集群。年内，建立软件业重点项目库，推动新大陆软件基于 5G、IOT（物联网）、大数据的跨行业智能平台等 14 个重点项目入选 2022 年福建省技术创新重点攻关及产业化项目。省电子信息集团、新大陆科技集团 2 家企业入围中国电子信息行业联合会“2022 年电子信息企业竞争力前百家企业名单”，分列第 22 位、第 96 位。

【两化融合】 2022 年，福州市围绕重点行业开展两化（工业化、信息化）融合管理体系贯标示范工作，树立标杆企业，加强示范引导，推广贯标优秀经验和成果共享。福州京东方光电科技有限公司第 8.5 代半导体显示器件生产线数据管理能力被工信部列入两化融合管理体系贯标示范项目。全市累计有 5 个项目被工信部列入两化融合管理体系贯标示范项目，41 家企业被列入工信部两化融合贯标试点企业，407 家企业通过两化融合贯标评定。

【新型显示产业】 2022 年，福州市新型显示产业依托福清融侨经济技术开发区和福州临空经济区两大载体，完善产业链条，推动产业智能化。福州京东方第 8.5 代半导体显示生产线入选世界经济论坛评选的“灯塔工厂”名单，是中国大陆第一家入选的显示企业。恒美偏光片项目超宽幅偏光片生产线完成投产，是福建省首次生产偏光片产品。

2022 年 7 月 16—19 日，2022 国际显示技术大会 (ICDT 2022) 在福州数字中国会展中心举行。图为大会现场

（福州日报社 供图）

【2022 国际显示技术大会】 2022 年 7 月 16—19 日，2022 国际显示技术大会（ICDT 2022）在福州数字中国会展中心举行。大会由国际信息显示学会（SID）北京分会、福州市人民政府、福州大学、国家新型显示技术创新中心和新型显示产业技术创新战略联盟主办，国际信息显示学会中国运营总部（SID China）与闽都创新实验室承办，采取线上线下方式，吸引逾 1100 名国际国内相关专家学者参会。大会设置 56 个分论坛，举办 146 场邀请报告、127 场口头报告、181 场海报报告和逾 20 场活动。会上对接福州大学，联合京东方、冠捷电子、兆元光电、达华智能等行业龙头企业召开福州市半导体显示产业技术创新战略联盟成立大会，并聘请福州大学教授郭太良、严群担任福州市新型显示产业链顾问。

【光电信息产业】 2022 年，福州市光电信息产业福晶科技、福特科光电 2 家企业入选 2022 年国家企业技术中心；兆元光电、中科芯源、锐景达光电 3 家企业入选 2022 年全省数字经济领域创新企业；海创光电、鑫图光电、福光天瞳、锐景达光电、宏旭科技、新位激光 6 家企业入选 2022 年福建省“专精特新”中小企业。高意集团成为全球光通信行业的龙头企业，光放大器、光模块等主打产品市场销量领先；海创光电成为全国领先的工业激光元器件供应商、全球主要的激光雷达元器件供应商，1550 纳米激光光源技术处于行业领先地位。

【物联网产业】 2022 年，福州市发挥国家级物联网基地的产业集聚优势，继续以马尾区为核心发展物联网产业。其中实验室方面，物联网开放实验室建成以 5G 新一代移动通信技术为导向的无线通信终端全面的射频性能检测及可靠性试验平台，形成射频 / 协议一致性、EMC（电磁兼容性）、OTA（空中下载技术）天线、安规、可靠性等专业实验室体系，推进 95 项标准的制定、发表，其中完成发布标准 57 项，拟订、立项在编标准 38 项。华为生态建设方面，立足华为云创中心共同构建以鸿蒙适配产业为核心的数字经济新生态，马尾区 7 家企业 10 款产品完成鸿蒙适配，成为全国首个产品批量完成鸿蒙适配的生态标杆区，其中星云股份和时代星云旗下产品分别成为同品类中全国首款接入鸿蒙生态的标杆产品。项目示范方面，新大陆通信科技的“新大陆 CTID（居民身份证网上功能凭证）+ 智慧安防小区”、福水智联的基于 5G 技术的智慧校园用水节水综合解决方案、物联

2022年7月24日，第五届数字中国物联网分论坛在福州海峡国际会展中心举办。图为论坛现场 （石美祥 摄）

网开放实验室的福建省马尾区智慧体育公园、新大陆自动识别的开源鸿蒙中关键子系统的开发与示范应用、汇川物联网技术科技的基于远程视频测量技术的工程建设数字监理解决方案、通力达实业的智能物联断路器6个项目入选工信部2021年度物联网示范项目名单，入选项目数量位居全省第一。基地品牌推广方面，承办第五届数字中国物联网分论坛，中国工程院院士沈昌祥、张平等代表围绕分论坛“智联万物　创新未来”的主题，分享物联网领域前沿技术，探讨物联网赋能产业升级前景。

【软件产业】 2022年，福州市印发《关于促进软件产业高质量发展的若干措施的通知》，从产业规模、品牌建设、市场开拓、企业融资、人才落户、载体建设6个方面提出18条措施。全市累计入选中国软件百强企业6家、互联网百强企业8家、综合竞争力百强企业5家，其中新增博思软件入选全国互联网企业百强、23家企业入选福建省软件企业竞争力50强、31家企业入选2022年度软件业龙头企业。锐捷网络股份有限公司在深圳证券交易所创业板上市。中信网安“基于区块链的数据安全共享关键技术研发及示范应用”、博思软件“医疗电子票据大数据应用监管平台”入选工信部2022大数据产业试点发展示范项目；中电福富“云边端协同5G+AI工业生产视觉检测App应用解决方案”等10项产品入选福建省工业互联网App优秀解决方案，数量位居全省第一。福州软件园作为第三批国家双创示范基地、“中国最具活力软件园”，形成软件和信息技术服务、光电芯片智造、新一代信息技术和产业创新服务“3+1”产业集群，构建集华为云福州创新中心、“知创福建”、“五凤论见”、北京软交所福建工作中心等服务平台于一体的产业服务体系。

【工业互联网】 2022年，福州市推进国家工业互联网标识解析二级节点（福州）推广应用，累计注册企业650家，注册标识8500万条，数量居全国前列。在全国首创分中心应用推广模式，与省两化融合促进会、龙岩市合作，设立二级节点龙岩分中心，加快区外应用拓展。全市培育发展国家级“双跨”工业互联网平台1个、新一代信息技术与制造业融合发展试点示范项目2个，省级工业互联网示范平台2个、新一代信息技术与制造业融合发展新模式新业态标杆企业12家、融合发展重点项目24个。年内，中国工业互联网研究院福建省分院和国家工业互联网大数据中心福建省分中心落地长乐滨海新城。

（严文倩　卓　鹏　姜小凯　林仁平）

（编辑　周弭姣）

中国共产党福州市委员会

综 述

【思想政治建设】 2022年，中共福州市委围绕党的二十大召开，开展迎接和学习宣传贯彻工作。完成“3820”战略工程与习近平新时代中国特色社会主义思想理论研讨会、“3820”战略工程实施30周年成就展、《让有福之州更好造福于民——“3820”战略工程引领福州高质量发展纪实》新华社长篇通讯文章播发等三项重点工作。召开市委十二届四次全会，制定出台《关于深入学习宣传贯彻党的二十大精神、加快建设现代化国际城市的决定》；推动市两会审议通过市人大《关于动员全市人民深入贯彻落实省市党代会精神做大做优做强省会的决议》、市政协《关于深入贯彻落实省市党代会精神，齐心协力做大做优做强省会的意见》。落实学习贯彻习近平新时代中国特色社会主义思想长效机制，结合重温学习习近平总书记来闽考察重要讲话精神，打造一批学习教育实践基地，组织开展各类学习活动414场、宣讲2.4万场，引导干部群众领悟“两个确立”的决定性意义。深化习近平总书记重要讲话重要指示批示贯彻落实情况“回头看”，推动158件重要指示批示落地见效。

【服务大局办好大事】 2022年，中共福州市委组织举办第五届数字中国建设峰会、第二届中国国际数字产品博览会、金砖国家可持续发展高层论坛、2022渔业周·渔博会、首届中国茶叶交易会等。规划建设重大项目，打造“闽江之心”、三江口植物园、福州三宝城、大学城中心共享区、市博物馆新馆、市美术馆新馆等一批具有“闽都韵、国际范”的城市新地标。制定重大政策措施，出台工业（产业）园区标准化建设深化改革、党建引领乡村振兴、建设老年友好型城市、支持永泰县闽清县推进全面乡村振兴加快高质量发展、深化党建引领基层治理、推进全域治水等政策文件。

【经济发展】 2022年，中共福州市委推进“两稳一保一防”（稳经济增长、稳市场主体、保就业以及防风险）工作，落实国家和省里一揽子政策措施，细化实施4个方面52项举措，全市市场主体总量突破百万大关。全市地区生产总值1.23万亿元，比上年增长4.4%；居民人均可支配收入46418元，增长4.9%。加快建设现代化产业体系，推进工业园区标准化建设，16条重点产业链加快强链延链补链，136家工业龙头企业对工业增长贡献率达75%。制订推动数字经济、海洋经济、绿色经济、文旅经济高质量发展的4份行动方案，数字经济规模6399.5亿元，占GDP比重53.6%；海洋产业生产总值超3300亿元，居全国前列；新增省级绿色工厂12家，三坊七巷、上下杭获评国家级旅游休闲区。实施创新驱动发展战略，推进福州大学城、科学城和科创走廊建设，打造福州国际人才港、闽都创新实验室等科创平台，海峡实验室、福耀科技大学（暂名）开工建设，新增国家级高新技术企业超900家。持续深化改革扩大开放，推出89项年度重点改革事项，实施“五大工程”打造新时代党建引领乡村振兴“福州样板”获评“中国改革2022年度案例”，居家社区养老服务等4项重点改革工作成效获国务院正向激励。优化外贸结构，中国—印度尼西亚“两国双园”（中方以福建福州元洪投资区为核心载体，印度尼西亚方采取一国多区模式）上升为国家级“一带一路”新旗舰项目，“闽都号”中欧、中老班列开行。统筹区域协调发展，福州新区地区生产总值比上年增长5.3%，福州都市圈年度重大协作项目完成计划投资的118.82%；深入实施乡村振兴战略，开展“护河爱水、清洁家园”行动，推进琅岐“菜篮子”工程，167项乡村振兴市级重点项目完成年度计划投资的157.23%。统筹开展防汛防台风、防范化解金融和房地产领域风险等工作，各类生产安全事故数比上年下降10.2%。

【榕台合作交流】 2022年，中共福州市委聚焦基础设施联通，推进大陆侧项目建设，推动福州都市圈与马祖打造“福马共同家园”。深化榕台经贸融通，引进241个台资项目，榕台贸易总额比上年增长23.4%。落实惠台利民政策措施，出台鼓励台湾同胞来榕就业创业“十条措施”，举办第十届海峡青年节等112场涉台活动，打造黄巷对台特色街巷。

【社会主义民主法治建设】 2022年，中共福州市委创新开展“评选人民群众最满意的十件实事”活动，开展各类专题协商活动22场。加强统一战线工作，打造“有福之州·石榴籽家园”等工作品牌。深化国防动员和军民融合发展，钱学森纪念馆等入选省第一批新时代国防科技工业文化教育基地。年内建成海丝中央法务区福州片区，福州获评第二批“全国法治政府建设示范市”。

【新时代宣传思想文化工作】 2022年，中共福州市委开展意识形态专项检查，打造“你好，福州”外宣品牌。推动党史学习教育常态化长效化，开展“时代楷模”潘东升、“八闽楷模”陈炜等先进典型学习宣传。深化国家公共文化服务体系示范区建设，发布“有福之州”城市形象标识，举办第三届中国短视频大会等活动，打响闽都文化国际品牌。

【民生事业】 2022年，福州市民生支出占一般公共预算支出的79.1%，完成20项73件为民办实事项目，城乡居民人均可支配收入分别比上年增长4.1%、6.4%。实施“优质学校、优秀校长、优秀教师”带动工程，组建101个教育集团、覆盖429所学校，闽江学院入选省一流应用型建设高校。推进“集成化医改”，建设滨海新城综合医院二期、市疾控中心新址等。深化拓展“长者食堂+”，实现五城区社区和全市乡镇（街道）全覆盖。建设海滨城市、山水城市，推进河湖水系治理常态化长效化，主要流域国省考断面全面消除Ⅴ类及以下水质，空气质量排全国重点城市第五位，闽江河口湿地入选国际重要湿地名录和世界遗产预备清单。

【全面从严治党】 2022年，中共福州市委修订“落实全面从严治党主体责任清单”，压实党的建设主体责任，深化基层组织建设，成立村党组织领办合作社129个，全市非公企业、社会组织党组织覆盖率分别达91.25%、90.16%。加强干部和人才队伍建设，提拔晋升254名优秀市管干部，开展“好年华 聚福州”人才峰会系列活动。强化正风肃纪反腐，制订新一届市委巡察五年工作规划，完成两轮常规巡察，推动粮食购销领域腐败问题专项整治。

（市委办公厅综合处）

重要会议及活动

【概况】 2022年，中共福州市委学习贯彻党的十九大和十九届历次全会精神及党的二十大精神，召开中国共产党福州市第十二届三次全会、十二届四次全会以及46次常委会会议、37次市委学习贯彻习近平新时代中国特色社会主义思想工作小组会议，完成“3820”战略工程实施30周年系列活动，审议通过《中共福州市委关于深入学习宣传贯彻党的二十大精神 加快建设现代化国际城市的决定》等文件。

【全市党史学习教育总结会议】 2022年1月12日，全市党史学习教育总结会议召开。福建省委常委、福州市委书记林宝金出席会议并讲话，强调要深入学习领会习近平总书记关于党史学习教育的重要论述，把思想行动统一到党中央决策部署和省委工作要求上来；要系统总结成效，推动党史学习教育融入日常、抓在经常；要巩固拓展成果，把学习宣传贯彻党的十九届六中全会精神不断引向深入；要以强烈的历史主动精神，奋力走好加快建设现代化国际城市的新的赶考之路。市委副书记、市长吴贤德主持会议。党史学习教育省委第一巡回指导组组长郑传芳、副组长刘新到会指导。市委常委、宣传部部长、统战部部长陆菁传达习近平总书记重要指示和中央、全省党史学习教育总结会议精神。市有关领导和市属高校、市直有关单位党委（党组）主要负责人参加会议。会议以视频形式召开，各县（市）区和福州高新区设分会场。

【市委十二届三次全会】 2022年2月15日，中共福州市委十二届三次全会召开。审议通过福州市推荐出席党的二十大代表候选人初步人选名单。福建省委常委、福州市委书记林宝金主持会议。市委副书记吴贤德、林建，市委常委陆菁、郭学斌、阮孝应、陈云水、林中麟、张定锋、叶仁佑，十二届市委委员、候补委员出席会议。市纪委委员列席会议。会上，市委常委、组织部部长郭学斌作关于福州市推荐出席党的二十大代表候选人初步人选建议名单情况说明。全会强调要深入学习贯彻党的十九届六中全会和习近平总书记关于做好党的二十大代表选举工作的重要指示精神，拥护“两个确立”、做到“两个维护”，认真履行职责，高质量做好代表选举工作；要坚持以党章为根本遵循，发扬党内民主，严肃选举纪律，把加强党的领导贯穿代表选举工作全过程；要更加紧密地团结在以习近平同志为核心的党中央周围，按照党中央决策部署和省委工作要求，做大做优做强省会，加快建设现代化国际城市，以优异成绩迎接党的二十大胜利召开。

【实施“提高效率、提升效能、提增效益”行动部署会】 2022年2月21日，实施“提高效率、提升效能、提增效益”行动部署会召开。福建省委常委、福州市委书记林宝金主持会议并讲话，强调要提高政治站位，切实把思想和行动统一到省委的决策部署上来；要紧密结合实际，提高工作落实的质量和效率；要精心组织实施，确保完成全年目标任务。市四套班子和福州新区领导，市法院院长、市检察院检察长，各县（市）区、高新区党政和市直有关单位主要负责人参加会议。

【市委人才工作会议】 2022年3月10日，中共福州市委人才工作会议召开。福建省委常委、福州市委书记林宝金出席会议并讲话，强调要深入学习贯彻习近平总书记关于新时代人才工作的新理念新战略新举措，增强做好人才工作的责任感使命感紧迫感；要实施新时代人才强市战略，把福州打造成为全国有影响力的人才荟萃之城和创新创业创造高地；要坚持和加强党对人才工作的全面领导，为推动人才工作高质量发展提供政治和组织保证。市委副书记、市长吴贤德主持会议。市四套班子领导和中直驻闽、中央驻榕有关单位，在榕高校负责人出席会议。各县（市）区委书记、高新区党工委书记，市直有关单位、市属医院负责人，民营企业及高层次人才代表等参加。会议通报表扬福州市优秀人才工作单位和优秀人才工作者。长乐区、福清市、连江县和市科技局、团市委、海峡银行、福建福光股份有限公司负责人在会上作交流发言。

【市委常委会（扩大）会议暨市委理论学习中心组学习会】 2022 年 3 月 25 日，中共福州市委常委会（扩大）会议暨市委理论学习中心组学习会召开。会议重温学习习近平总书记来闽考察重要讲话精神，开展集中研讨，动员全市上下赓续奋斗，坚持“3820”战略工程思想精髓，加快建设现代化国际城市，把习近平总书记擘画的宏伟蓝图变为美好现实。福建省委常委、福州市委书记林宝金主持会议并讲话，强调要始终心怀感恩，增强忠诚拥护“两个确立”、坚决做到“两个维护”的政治自觉、思想自觉、行动自觉；要感悟思想伟力，进一步学出坚定信念，学出为民情怀，学出使命担当；要牢记嘱托，坚定不移沿着习近平总书记指引的方向奋勇前进；要坚持马上就办，确保习近平总书记重要讲话重要指示批示精神在福州落地生根、见行见效。

【加快福州建设现代化国际城市进程思路研讨会】 2022 年 4 月 11 日，加快福州建设现代化国际城市进程思路研讨会召开。福建省委常委、福州市委书记林宝金主持并讲话，强调要提高政治站位，拓宽眼界思路，做强特色优势，夯实项目支撑，加强队伍建设，不断提升福州现代化国际化水平，把习近平总书记为福州擘画的宏伟蓝图变为现实。市四套班子和福州新区领导，市法院院长、市检察院检察长，有关市属高校、市直部门、市属国企主要负责人，各县（市）区、高新区党政主要领导分别发言。

【加快全面推进乡村振兴部署会】 2022 年 4 月 12 日，加快全面推进乡村振兴部署会召开。福建省委常委、福州市委书记林宝金出席会议并讲话，强调要统一思想认识，增强全面推进乡村振兴的责任感、使命感、紧迫感；要聚焦重点任务，举全市之力高质量推进乡村振兴；要加强组织领导，为全面推进乡村振兴提供坚强保障。市长吴贤德作文件解读并部署。市四套班子领导出席，市委副书记林建主持。印发市委市政府《关于坚持党建引领乡村振兴加快推动农业农村现代化的实施意见》。福清市、罗源县白塔乡、长乐区营前街道、仓山区盖山镇、永泰县梧桐镇坵演村有关负责人作典型发言。会议以视频形式召开，县（市）区、高新区及各涉农乡镇（街道）设分会场。

【“护河爱水、清洁家园”行动】 2022 年 4 月 14 日，“护河爱水、清洁家园”行动启动。福建省委常委、福州市委书记、市河长林宝金作动员讲话并宣布“护河爱水、清洁家园”行动启动，强调要统一思想，锚定目标；要综合施策，系统治理；要广泛动员，全民参与；要压实责任，抓实工作。市长、市河长吴贤德主持会议。福建省农业农村厅厅长陈明旺、省水利厅厅长刘琳，市领导张定锋、林治良、朱训志在主会场参加活动。晋安区寿山乡九峰村、马尾区马尾镇儒江村、长乐区营前街道营前社区、福清市江镜镇南宵村、闽侯县竹岐乡榕西村、连江县东岱镇洪塘村、闽清县梅溪镇上埔村、罗源县松山镇小获村、永泰县塘前乡莒口村、高新区南屿镇五都村分别设分会场，同步开展“护河爱水、清洁家园”行动。

【全市一季度经济形势分析会】 2022 年 4 月 20 日，全市一季度经济形势分析会召开。福建省委常委、福州市委书记林宝金出席会议并讲话，强调要肯定成绩、正视问题，坚定发展信心；要统筹抓好疫情防控和经济发展，做到两手抓、两手都要硬；要扶龙头聚集群，稳住经济基本盘；要抓项目促投资，夯实发展基础；要扩内需稳外贸，激发市场活力；要推进城乡建设，提升省会能级；要守住守牢底线，维护省会稳定；要转作风抓落实，持续提振精气神。市长吴贤德主持会议并作具体部署，市四套班子和福州新区领导出席。各县（市）区、高新区党政主要负责人，市直有关部门、市属国企、市属高校主要负责人参加会议。闽侯县、罗源县、长乐区、福清市、永泰县相关负责人发言。

【市委民族工作会议暨全市宗教工作会议】 2022 年 5 月 11 日，中共福州市委民族工作会议暨全市宗教工作会议召开。福建省委常委、福州市委书记林宝金出席并讲话，强调要全面贯彻习近平总书记重要讲话精神，提高新时代民族和宗教工作的政治站位；要全面铸牢中华民族共同体意识，在更高起点上推动新时代民族工作高质量发展；要全面执行党的宗教工作基本方针，更大力度做好新时代宗教工作；要全面加强党的领导，凝聚做好新时代民族和宗教工作合力。市委副书记、市长吴贤德主持会议。市委常委、宣传部部长、统战部部长、一级巡视员陆菁作工作部署。会议以视频形式召开，各县（市）区、福州高新区设分会场。

【福州市代表团赴西安市渭南市学习考察】 2022 年 6 月 24—25 日，福建省委常委、福州市委书记林宝金率福州市代表团赴陕西省西安市、渭南市学习考察。代表团一行在西安市考察中国西部科技创新港、秦创原创新驱动平台展示及秦创原综合服务中心、西安博物院、大唐不夜城等；在渭南市参加福州·渭南缔结友好城市 30 周年座谈会，并考察富平永辉、富闽友谊小学、富闽友谊广场、蒲城林则徐纪念馆、蒲城酥梨试验示范站、卤阳湖国家湿地公园、渭南市非遗展示传习馆等。

【上半年全市重点项目建设“亮晒比学”活动总结会】 2022 年 6 月 27 日，上半年全市重点项目建设“亮晒比学”活动总结会召开。福建省委常委、福州市委书记林宝金主持会议并讲话，强调要聚焦重点谋划项目，千方百计招引项目，建强平台汇聚项目，优化服务培育项目，加大项目推进力度，掀起项目攻坚热潮，加快建设现代化国际城市。市委副书记、市长吴贤德作点评并部署。

【全市林业改革发展暨市级林长会议】 2022年6月28日，全市林业改革发展暨市级林长会议召开。福建省委常委、福州市委书记、市林长林宝金主持会议并讲话，强调要提高认识，提升站位，增强做好林业改革发展的责任感和使命感；要聚焦重点，开拓创新，以更加有力的举措推动福州市林业高质量发展；要加强统筹，强化保障，推动林长制工作不断走深走实。

【全市上半年经济会议】 2022年7月26日，全市上半年经济会议召开。福建省委常委、福州市委书记林宝金出席会议并讲话，强调要肯定成绩，认清形势，坚定稳经济、促发展、保安全的信心决心；要抓住重点，攻坚突破，推动全市经济持续健康发展、社会大局安定稳定；要提振精神，苦干实干，确保下半年工作落细落实。市委副书记、市长吴贤德主持并作具体部署。市四套班子和福州新区有关领导出席。

【全市食品安全工作会议】 2022年7月26日，全市食品安全工作会议召开。福建省委常委、福州市委书记、市食安委主任林宝金出席会议并讲话，强调要提高站位，增强做好食品安全工作的责任感、紧迫感；要聚焦问题，加强重点领域和关键环节监管；要健全制度，提高食品安全治理效能；要压实责任，守住食品安全底线，创建国家食品安全示范城市。市委副书记、市长、市食品安全委员会第一副主任吴贤德主持会议并作具体部署。

【全市安全生产工作视频会议】 2022年8月13日，全市安全生产工作视频会议召开。福建省委常委、福州市委书记林宝金出席会议并讲话，强调要强化认识，保持警醒；要突出重点，全面排查；要健全机制，完善预案；要压实责任，狠抓落实。市委副书记、市长吴贤德作具体部署。福州市和福州新区有关领导参加会议。各县（市）区、福州高新区设分会场。

【建设现代化国际城市工作推进会】 2022年8月18日，建设现代化国际城市工作推进会召开。福建省委常委、福州市委书记林宝金主持会议并讲话，强调要提高认识，把思想向市委市政府中心工作聚焦；要明确抓手，找准工作的突破口；要讲究方法，用好典型工作法、项目工作法、一线工作法；要敢闯敢干，提振干事创业精气神；要狠抓落实，加强督查问效。市委副书记、市长吴贤德作具体部署。现代化国际城市领导小组各项目指挥部指挥长刘卓群、林建等分别发言。各县（市）区、高新区、福州（长乐）国际航空城管委会、市左海集团、市城投集团、市古厝集团在会上作经验交流。

【“3820”战略工程实施30周年成就展】 2022年9月23日，“3820”战略工程实施30周年成就展在中共福州市委党校开展。福建省委常委、福州市委书记林宝金致辞并宣布开展，全国政协社会和法制委员会委员陈义兴，省级老领导林强、金能筹、陈伦出席，市长吴贤德主持，市级老领导翁福琳、练知轩、赵守箴、王文贵、方庆云，市四套班子和福州新区领导参加活动。展览以“3820”战略工程为主线，分战略擘画、重大实践、赓续奋斗三个篇章，展出主题35个，全方位、多角度展现“3820”战略工程实施30年来福州的发展历程和辉煌成就。

【海洋经济科创高地建设推进会】 2022年9月28日，海洋经济科创高地建设推进会召开。福建省委常委、福州市委书记林宝金出席会议并讲话，强调要坚定不移向海进军，把习近平总书记擘画的“海上福州”宏伟蓝图变为美好现实；要用好资源禀赋，加快打造海洋经济科创高地，向海洋经济强市跨越；希望广大企业家抢抓机遇，当好海洋经济发展的“主力军”；希望在榕高校、科研院所积极作为，促进产业链、创新链深度融合；各级党委政府要健全机制、整合资源，提供最优服务、营造最好环境。市委副书记、市长吴贤德主持会议并作政策解读。中国工程院院士、福州大学校长付贤智，福建农林大学校长兰思仁，闽江学院党委书记叶世满，福建师范大学副校长陈庆华到会指导，市四套班子领导参会。企业家、在榕高校、科研院所、沿海县市代表先后在会上发言。会议以视频形式召开，各县（市）区和福州高新区设分会场。

【全市经济发展和安全稳定视频会议】 2022年9月29日，全市经济发展和安全稳定视频会议召开。福建省委常委、福州市委书记林宝金主持会议并讲话，强调要坚决扛起政治责任，要坚决稳住经济大盘，要坚决守住安全底线。市委副书记、市长吴贤德点评三季度经济运行情况并作具体部署。市四套班子和福州新区有关领导出席。

【市委十二届四次全会】 2022年12月1日，中共福州市委十二届四次全会召开。出席会议的市委委员42人、候补委员9人。市纪委委员、有关方面负责人，福州党的二十大代表、省第十一次党代会代表、市第十二次党代会代表中的部分基层代表等列席会议。全会听取和讨论福建省委常委、福州市委书记林宝金受市委常委会委托作的工作报告，审议通过《中共福州市委关于深入学习宣传贯彻党的二十大精神，加快建设现代化国际城市的决定》（简称《决定》）。福建省委常委、福州市委书记林宝金就《决定（讨论稿）》向全会作说明，并强调要深入学习领会党的二十大精神，增强坚定拥护“两个确立”、坚决做到“两个维护”的政治自觉、思想自觉和行动自觉；要坚定不移走中国式现代化道路，加快建设现代化国际城市；要坚决落实“疫情要防住、经济要稳住、发展要安全”的重要要求，全力抓好当前各项工作。

【市管干部学习贯彻党的二十大精神专题研讨班】 2022年12月3日，市管干部学习贯彻党的二十大精神专题研讨班开班。福建省委常委、福州市委书记林宝金出席开班式并作主题报告，强调要深入学习领会，把思想和行动统一到党的二十大精神上来；要全面贯彻落实，把党的二十大精神贯穿现代化国际城市建设全过程各领域；要弘扬优良作风，以马上就办的实干担当和团结奋斗的磅礴力量加快建设现代化国际城市。

【建设现代化国际城市工作推进会暨2023年市委工作思路研讨会】 2022年12月8日、11日，建设现代化国际城市工作推进会暨2023年市委工作思路研讨会分两个阶段召开，听取现代化国际城市建设重大项目推进情况汇报和2023年工作思路建议，研究谋划事关福州长远发展的重大项目重大平台重大举措。福建省委常委、福州市委书记林宝金主持会议并讲话，强调要提高政治站位，把思想行动统一到党的二十大精神和省委、市委全会部署上来；要锚定目标方向，以大视野、大格局谋划大项目、大平台；要坚持系统思维，以点带面推动各项工作落地落实；要注重借智借力，高标准、高站位推进现代化国际城市建设；要强化工作保障，提振干事创业精气神。市委副书记、市长吴贤德作具体部署。

【市委经济工作会议】 2022年12月31日，市委经济工作会议召开。福建省委常委、福州市委书记林宝金主持会议并讲话，强调要把思想和行动统一到党中央决策部署和省委工作要求上来；要认清形势、坚定信心，明确2023年全市经济工作的总体要求和目标任务；要突出重点、精准发力，扎实推进省会高质量发展；要提振精神、团结奋斗，确保明年经济社会发展各项任务落到实处。市委副书记、市委吴贤德作工作部署。市四套班子和福州新区领导、市直部门和各县（市）区党政主要负责人参加会议。

（市委办综合处）

组织工作

【概况】 2022年，中共福州市委组织部开展“好干部 兴福州”专项行动，提拔重用254名表现突出的干部。开展“万名干部下基层”行动，抽调近6万名党员干部、成立4333个临时党支部，助力新冠疫情防控。承办“数字党建”高峰论坛，全市“两新”（新经济组织、新社会组织）党建覆盖率分别为92.1%、91.1%。打响“好年华 聚福州”人才工作国际品牌，构建“1+1+N”人才政策体系，年内福州市获评“中国最佳引才城市”。

【一线考核干部】 2022年，中共福州市委组织部推进“提高效率、提升效能、提增效益”行动，把九大专项行动、“项目攻坚落实年”专项行动、统筹推进疫情防控和经济社会发展等全市中心工作作为一线考核重中之重，按“一指挥部（专项行动）一专人对接”原则，组建8个考核组，抽调72名机关干部参与一线考核，形成多份考核专报，推动协调解决一批重难点问题。对各市直单位、县（市）区、国有企业开展蹲点调研，掌握一批好和差的“两头”干部名单，全年优先提拔重用或职级晋升254名市管干部，经验做法得到《中国组织人事报》宣传报道。

【干部教育培训】 2022年，中共福州市委组织部分期分批组织开展党的十九届六中全会和党的二十大精神集中轮训，实现全市1600余名市管干部轮训全覆盖。举办“左海大讲堂”“市直机关干部夜校”等论坛讲座及线上微课16期，培训机关干部4.2万人次。举办各类脱产培训班42期，培训3200余人次，网络专题班5期，线上培训14.8万人次。选送1200余人次参加中央部委和省委组织部、省委党校相关培训班。梳理总结2019—2022年全国、全省、全市干部教育培训规划工作情况，赴鼓楼区、长乐区、永泰县等县（市）区开展规划落实情况实地抽评。挖掘习近平总书记在福州工作期间的创新理念与生动实践，打造“1+X”学习教育实践基地和福建省委旧址、苍霞人家、三坊七巷、马尾船政文化等19条党性教育现场教学市级示范路线（点）。组织各级领导干部、下沉干部、志愿者、基层一线防疫人员6.3万人次参加相关网络培训。年内全市干部网络学习注册总人数4.47万人，在学率、完成率均居全省第一，县级党校分类建设相关意见、干教工作得到中央组织部主要领导批示肯定，网络培训、配合办班等工作得到省委组织部干教处肯定。

【干部监督管理】 2022年，中共福州市委组织部运用巡察、一报告两评议、个人事项报告查核、经济责任审计、信访举报等监督成果，开展谈话提醒23人次，函询14人次，诫勉6人次。加大领导干部个人有关事项报告指导培训审核力度，对87名首次填报对象“一对一”培训，突出“一把手”审签责任。

【党的建设制度改革】 2022年，中共福州市委组织部举办县处级干部进修班等各类脱产培训42期，揭牌设立市委党校分校和4所城区党校分校，相

2022年，福州市打造19条党性教育现场教学市级示范路线（点）。图为位于三坊七巷的中共福州市委旧址 （中共福州市委党史和地方志研究室 供图）

关做法被新华社、人民网等媒体报道。实施简政放权优化流程，梳理下放、简化、放宽各类审批权限 33 项，出台 4 个方面 27 条关心关爱抗疫基层一线干部具体举措。推进基层党组织制度建设，制订出台《关于深化城市基层党建引领基层治理的实施方案》，全市建立小区党组织 2716 个，党的组织和工作覆盖率 100%。深化人才体制机制改革，构建“奖、投、贷、保、补”五位一体金融服务体系，以人才头衔成果作为授信依据，发出省内首批“人才贷”，总额逾 5000 万元。

【公务员管理】 2022 年，中共福州市委组织部组织开展公务员招录工作，开展公务员分类管理，探索开展聘任制公务员工作。推动“万名干部下基层”常态化长效化，成立墩苗成长实践队。给予在急难险重、日常一线工作中表现突出的人员奖励。

考录遴选　年内福州市“四级联考”公务员（参公人员）招录计划数 386 人，报名人数 35484 人。福州考区参加笔试人数 58877 人，参加面试人数 1152 人，录用公务员（参公人员）483 人（含公安院校生及定向生）。年内全市遴选公务员招录计划数 9 人，277 人报名，201 人参加笔试，21 人参加面试，录用 7 人。

职位管理　开展公务员分类管理，组织市县两级法院、检察院开展各序列公务员职级职数重新核定。探索开展聘任制公务员工作，推进行政执法队伍改革试点。推进参照管理重新认定工作，省委组织部批复全市 453 个事业单位继续参照公务员法管理。根据机构职能调整，完成 4 个市直单位 57 名在职干部人员转隶。巩固拓展职务与职级并行制度实施成效，全市 72 个市直单位和 12 个县（市）区、福州高新区累计开展职级晋升 246 批次。规范公务员登记审批，全年办理公务员（参公人员）登记审批手续 1558 人，其中公务员 1246 人、参公人员 312 人。开展全市“全国公务员管理信息系统”维护管理，更新采集全市公务员（参公人员）信息 31830 人，其中行政单位 26726 人、群团机关 790 人、参公事业单位 4314 人。

考核培训　弘扬“四下基层”“四个万家”等传统，推动“万名干部下基层”常态化长效化，成立墩苗成长实践队，选派首批 262 名初任公务员赴村（社区）“墩苗”锻炼。对 2021 年度绩效管理考评结果优秀且在各分组前 30% 的单位及在九大专项行动等市委、市政府中心工作中作出突出贡献的单位，适当提高年度考核优秀等次比例；对 2021 年度绩效管理考评结果在各分组后 3 位的单位以及工作人员受党内严重警告或行政记大过及以上处分，或被采取强制措施、受到刑事处罚的单位，降低年度考核优秀等次比例。2022 年度市直机关参加考核 11900 人，其中优秀等次 2527 人，称职（合格）9172 人，基本称职（基本合格）1 人，不称职（不合格）1 人，不定等次 196 人（其中试用期 136 人、立案审查期间 15 人、受处分影响 20 人、病假 25 人）。

奖励监督　给予在急难险重、日常一线工作中表现突出的人员奖励。其中，福州市食品安全工作给予 12 人记三等功、31 人嘉奖，2021 年“抓项目促提升”专项行动给予 7 人记三等功、40 人嘉奖，福州市 2021 年“扶持龙头壮大产业”专项行动给予 11 人记三等功、32 人嘉奖，福州市“招商效率和招商质量提升工程”行动给予 9 人记三等功、33 人嘉奖。1 人获全国“人民满意的公务员”称号、1 个单位获全国“人民满意的公务员集体”称号。

【“好年华 聚福州”人才工作】 2022 年，中共福州市委组织部实施新时代人才强市战略，打造“好年华　聚福州”人才工作品牌。全市入选国家级重大人才计划 9 人、省产业领军团队 9 支，数量居全省第一。新增省高层次人才、工科类青年专业人才数量均居全省前列，人才工作研究报告获全国人事人才研究论文三等奖；年内福州市入选 2022 年度“中国最佳引才城市”。构建“好年华　聚福州”人才工作“1+1+N”政策体系［制 1 个《高层次人才认定和支持办法》、1 项《“好年华　聚福州”人才行动计划》，配套出台若干（N）份支持政策］，出台 15 份政策文件，实现人才认定、支持、服务一体化。创新实施支持省外优秀人才回归的“榕归”人才工程，推出特级人才、主导产业、数字经济、高技能、教育卫生、台湾人才等专项政策扶持人才队伍建设。搭建“好年华　聚福州”人才集聚平台。举办“好年华　聚福州”人才峰会、“人才福州月”启动仪式、赴外引才活动出征仪式等人才主题活动。推进大学城、科学城、福州国际人才港统筹规划建设，柔性引进院士 10 人，签约项目 14 个，总投资逾 1.5 亿元，建设闽都特色人才平台。创新培育县区人才特色品牌，举办“好年华　聚福州”人才工作创新案例评审，打造县区“一县一品”人才工作品牌。优化“闽都英才卡”等人才专属服务，启用全省首个人才子女就学定点服务窗口和线上通道，成立榕博教育集团，构建中小幼一体化人才主题学校体系。创新构建“租、售、补、贴”多位一体的人才住房保障体系，推出覆盖 5 型人才、7 种保障形式的住房保障服务。

【基层党组织建设】 2022 年，中共福州市委组织部推进“红色领航工程”，开展党支部“达标升级”活动，完成 2718 个村（社区）授星挂牌。出台《抓党建促乡村振兴若干措施》，完善党建引领乡村振兴联席会议机制，打造乡村振兴星级示范村 195 个，成立村党组织领办合作社 129 个、中心村党委 166 个，形成致富产业项目 544 个，带动村集体平均增收 14.8 万元。出台《关于进一步加强对村干部特别是“一肩挑”人员管理监督和服务保障的若干措施》，推广村级事务小微权力清单制度，实施“乡村振兴人才培养工程”。推进近邻党建工作，全面推行社区小区物业党建联建，打造 30 个“红色物业”“红色业委会”典型小区。撤销 11 个市直系统党委，推动中小学党组织领导的校长负责制在全省率先落地。加强新业态新就业群体党建工作，依托党群活动服务中心建设“温暖驿站”436 个。探索利用数字技术推动基层党建创新，承办“数字党建”高峰论坛，开展“两新”党组织“两个覆盖”（党的组织覆盖和工作覆盖）集中组建攻坚行动，新组建“两新”党组织 409 家，两个覆盖率分别为 92.1%、91.1%。

【党员队伍建设】 2022年，中共福州市委组织部制订《福州市乡镇（街道）党校星级评定实施方案》，对全市173个乡镇（街道）党校建设再规范再提升，评选出25个“五星级”乡镇（街道）党校。提升党员教育管理质效，印发《关于建立市、县联动抓基层党建工作五项制度的通知》，在市、县两级推行基层暗访制度、负面清单制度、定期提醒制度、一线考核制度和正向激励制度。依托乡镇（街道）党校开展全员轮训，制订党的二十大精神全员轮训方案，累计开展党的二十大精神学习培训242场次，开设线上教学视频课程197个，培训党员8.14万人次。追授陈炜“全市优秀共产党员”称号，印发《关于深入开展向李翀等先进典型学习活动的实施意见》，在全市开展先进典型学习宣传研讨活动。下拨党员教育培训补助经费与征订学习用书补助经费700万元，并通过以奖代补方式，为“五星级”乡镇（街道）党校拨补培训经费250万元。出台《关于进一步关心关爱建国前入党的农村老党员和未享受离退休待遇的城镇老党员的通知》，提高中华人民共和国成立前入党的老党员政治、生活待遇。从市管党费中划拨470万元走访慰问生活困难党员、老党员、老干部和因公牺牲党员干部家属，划拨750万元疫情防控专项经费用于慰问在疫情防控斗争一线的医务工作者和基层党员干部。开展省、市基层干部关心关爱专项资金申报审批工作，向符合申报条件的72名省级、36名市级关心关爱对象发放专项资金54.3万元。

【“万名干部下基层”常态化长效化】 2022年，中共福州市委组织部出台《关于推动“万名干部下基层”常态化长效化的实施意见》，成立新冠疫情防控守护队、企业发展赋能队等9支队伍。引导各地各部门根据业务职能，创设“千名城管进小区”“千名医师万人次下基层”“百万警进千万家”等下沉载体，为基层提供技术、资金、载体、服务等资源，推进人才下沉、科技助力、项目落地。宣传“万名干部下基层”品牌，在新闻报刊、微信公众号、公交地铁等媒体平台滚动播放“万名干部下基层”标语，邀请14名下沉干部代表及5家下沉单位主要领导通过《福州日报》交流工作心得，累计刊发26篇新闻报道，新华社、人民网、央视网、央广网等媒体相继报道。

（陈丛和）

宣传工作

【概况】 2022年，中共福州市委宣传部以习近平新时代中国特色社会主义思想为指导，围绕迎接和宣传贯彻党的二十大精神、习近平总书记来闽考察一周年等重大主题，推进“3820”战略工程，统筹新冠疫情防控和经济社会发展，开展理论研究、新闻宣传、思想文化建设等工作。全市有35件作品获评福建新闻奖（其中一等奖6件），新媒体用户突破3334.9万人次，新媒体端全年阅读量超十万人次作品606件、超百万人次作品84件、超千万人次作品6件。

【理论工作】 2022年，福州市委理论学习中心组开展集中学习25场，市、县两级党委理论学习中心组开展集中学习416场，《福建日报》（理论版）刊发市委中心组学习体会文章4篇。市领导带头到基层一线宣讲党的二十大精神，“千军万马”讲师队伍分赴企业、机关、校园、农村、社区等开展宣讲2.4万场，受众164万人次。举办“牢记嘱托 踔厉奋发”主题云宣讲、第六届“福州 听我说”暨第四届“以理服人”宣讲比赛、“新思想耀榕城‘福小宣’在讲述”主题宣讲活动等。制作《奋进新时代 谱写新篇章——“3820”战略工程成果展示》短视频，讲述“3820”战略工程给福州经济社会发展带来的变化。举办“3820”战略工程和习近平新时代中国特色社会主义思想理论研讨会，时任省委书记尹力出席会议并讲话，省委常委、市委书记林宝金在会上发言，300多名各界代表围绕“3820”战略工程的思想精髓、实践和理论价值开展研讨交流，征集理论文章250多篇，评选54篇形成论文集，《经济日报》推出研讨会综述和理论文章专版。全年“学习强国”福州学习平台发布审核稿件8750篇，总阅读量突破1.2亿人次。

【新闻宣传】 2022年，中共福州市委宣传部组织习近平总书记来闽考察一周年、党的二十大、“3820”战略工程实施三十周年等重大主题宣传报道，开设专栏专题，刊发评论文章、回访报道、反响报道1万余篇（条）。支持市属媒体加快内部深度融合，推动市县媒体队伍共建、联合作战，实现市县媒体融合发展、共同发展。全市有35件作品获福建新闻奖，其中一等奖6件；新媒体用户数突破3435万人，新媒体端全年阅读量超十万人次作品1120件、超百万人次作品102件、超千万人次作品12件。

【网络舆情】 2022年，福州市网络舆论生态总体正向积极、健康有序。“3820”“福州抗疫”“闽江之心”“‘福’文化”“好年华”等成为网络年度高频词，中央、省市主流网络媒体聚焦关注报道福州市坚持“3820”战略工程思想精髓、加快建设现代化国际城市、经济社会发展各项工作取得的新成效，网民普遍认可点赞全市在推进高质量发展、增进社会民生福祉、高效统筹疫情防控和经济社会发展、加强“福”文化传播、高层次人才引进培养等方面的政策举措。

（谌静玮）

统一战线工作

【概况】 2022年，福州市统一战线部门安排政党协商会12次，市各民主党派开展中共福州市委重点课题调研16项，在各级两会上提出议案、提案421件。指导开展民族团结进步宣传月各类活动249场，发放宣传资料5万余份。组织“同心讲坛”系列分享会活动11期，开展“同心公益行”活动36次、“同心领航”活动15场，新建同心驿站4个。组织动员56家企业投资建设兴村项目59个，到位资金10.35亿元，购买乡村农副产品6889万元，与839名村民签署固定用工合同，提高村集体收入9909万元。

【多党合作和政治协商】 2022年，福州市委统一战线工作领导小组印发《2022年福州市政党协商（会议协商）计划》，安排政党协商（会议协商）12次，召开市委与市各民主党派、工商联季度座谈会（于山季谈）。市各民主党派围绕坚持“3820”战略工程思想精髓，聚焦“六个城、五大国际品牌、九大专项行动”资政建言，开展市委重点课题调研16项，在各级两会上提出议案、提案421件。实行市各民主党派直接向中共福州市委提出意见建议“每月直报”制度，报送直报12件，10件获市委领导批示。市各民主党派开展“矢志不渝跟党走、携手奋进新时代”政治交接主题教育，举办“同心奋进新征程、携手建功新时代”书画作品展，结合自身特色开展主题教育宣讲、现场教学、主题征文、专题讲座等活动。支持民革福建省委会对福州市的发展定位开展专项民主监督考察调研。加强民主党派基层组织建设，完成13个民主党派县（市）区组织换届和人事调整工作。协助福建省委统战部开展民主党派省级组织的换届工作。

【民族宗教工作】 2022年，中共福州市委统战部开展民族团结进步宣传月各类活动249场，发放宣传资料5万余份。在全省率先打造首批福州市“福籽家园”示范基地12个、民族团结进步示范街区1个，释放示范引领效应，提升城市民族服务管理水平。开展宗教工作主体责任考核等系列专项督查检查，巩固宗教工作“四个纳入”、三个专项治理成果。指导宗教团体开展解经、讲经、用经中国化活动38场；引导宗教界参与慈善公益活动，全市宗教界捐款捐物531.6万元；指导开展“鼓山之光”、黄檗文化展等宗教文化对台和对外交流活动18场。

【新的社会阶层人士统战】 2022年，中共福州市委统战部建设“新阶智慧云”网络平台，开通新的社会阶层人士视频号，探索“互联网+统战”模式，拓展网络阵地。健全完善县区互动、联会分享模式，打造新的社会阶层人士“同心”系列活动品牌，为乡村学校捐赠图书1.5万册，建设“同心书屋”13个，组织“同心讲坛”系列分享会活动11期，开展“同心公益行”活动36次、“同心领航”活动15场，新建同心驿站4个。新冠疫情期间，发动新媒体人士持续发声传递正能量；中介组织和社会组织人士利用专业知识建言献策；管理技术人员组织人员、物资支援一线抗疫；自由职业人艺术家开展艺术创作。累计发动新的社会阶层人士支援一线抗疫12839人次，捐赠抗疫物资价值257万元。

【民营经济助力】 2022年，中共福州市委统战部开展民营经济代表人士理想信念教育系列培训活动，组织民营企业家学习党的二十大等会议精神。推动实践基地建设，围绕建设福州民营经济“两个健康”创新实践基地，形成《福州民营经济“两个健康”创新实践基地展陈大纲》。累计走访民营企业、行业商（协）会、异地商会300余次，宣传党委政府有关惠企政策，了解企业生产经营状况，帮助协调解决问题。全市7家民营企业入选“2022年全国民营企业500强”，31家民营企业入选“2022年福建省民营企业100强”；15名民营企业家获评“2022年福建省非公有制经济优秀建设者”。组织召开异地商会工作交流会，推介福州招商政策，助推招商工作。

【社会公益事业助力】 2022年，福州市统一战线成员围绕市委、市政府中心工作，开展“光彩助学”“榕商助推乡村振兴战略行动”“万企兴万村”“闽宁协作”“疫情防控”等社会公益事业。组织召开“万企兴万村暨乡贤助力乡村产业振兴”专题现场会，部署和推进统一战线助推乡村振兴工作。全年组织动员56家企业投资建设兴村项目59个，到位资金10.35亿元，购买乡村农副产品6889万元，与839名村民签署固定用工合同，提高村集体收入9909万元。开展“福暖固原”活动，捐赠100万元，为固原市2000多名学生购买爱心棉被、卧具；组织榕商代表26人参加“百家闽商塞上行”活动。引导民营企业捐资1.13亿元设立各类公益基金，慰问困难学子、优秀学生1077人。助力新冠疫情防控，动员民营企业成立志愿服务队伍，累计志愿服务8972人次、捐款捐物价值2037万余元。

【联谊工作】 2022年，福州市统战工作部门指导同乡社团举行学习中共二十大精神座谈会。举办在榕港人庆祝香港回归25周年音乐会、市港澳榕籍社团骨干国情研修班、台湾青年人才学习《闽山闽水物华新——习近平福建足迹》专题讲座、台湾问题与新时代中国统一事业“同心讲坛”等研讨交流活动，引导台港澳同胞弘扬主旋律、传播正能量。指导香港福州十邑同乡会、香港福清同乡联谊会、香港长乐联谊会、香港马尾同乡联谊会等完成换届。完成福州市海外联谊会换届工作，推动福州市海外交流协会和福州市海外联谊会整合。

【党外代表人士队伍建设】 2022年，中共福州市委统战部加强党外代表人士队伍建设，为建设现代化国际城市凝聚力量。加强动态管理，适时调整、充实全市科级以上党外干部信息数据库。牵头举办市社会主义学院党外代表人士培训班8期，参训党外代表人士660多人，选调2名党外干部参加省社会主义学院培训班。选派8名党外优秀年轻干部赴乡镇挂职任副乡镇长，推荐十四届省人大党外代表、十三届省政协党外委员各16人。

（杨　凯）

精神文明建设

【概况】 2022年，中共福州市委精神文明建设办公室（简称中共福州市委文明办）实施“争做新时代文明有礼福州人”市民文明素质提升工程，深化“文明福州·温暖榕城”行动。年内通过2022年度全国文明城市年度测评，在全国公益广告大赛中获最佳组织奖。全市5人入选“中国好人榜”、2人获评“全国最美志愿者”、1个社区获评“全国最美志愿服务社区”、15个对象入选全省学雷锋志愿服务“五个最美”先进典型、2名学生入选2022年“福建省新时代好少年”。“福州读书月”活动项目获评2022年福建省全民阅读优秀项目，福州拗九节习俗上榜福建省第七批省级非物质文化遗产代表性项目，《有福的地方是我家》文明城市宣传视频获首届福建省短视频大赛二等奖。

【文明城市建设】 2022年，福州市建立健全文明城市专项整治、暗访督查、模拟测评、红黄牌警告等机制，全年开展文明创建督查15批次，发出整改告知单184份，有94家单位被挂牌警告、媒体曝光。开展“文明城市创建金点子”征集活动，聘请专家学者组建福州市精神文明建设智库，面向市民群众征集组建“福州市市民文明巡访团”，发挥群众主体作用，助力文明城市创建精细化、常态化。坚持利民惠民导向，实施城市品质提升项目903个，推动连片旧屋区改造项目60个，整治老旧小区376个，开展“护河爱水、清洁家园”行动。

【公民道德教育】 2022年，中共福州市委文明办部署推动市民文明素质提升工程。开展“做文明有礼的福州人”主题活动，组织主题微广播剧、短视频、摄影作品系列征集展播活动，制作发放《新时代福州文明手册》《福州文明地图》。推动公益广告品质提升，设计刊播“遵德守礼·有礼有福”“福中有我”等主题平面公益广告，推出《有福的地方是我家》文明城市宣传短视频，获全省首届短视频大赛二等奖。福州市获2022年全国公益广告大赛“最佳组织奖”。培育选树道德先进典型，深化“我推荐我评议身边好人”活动，全市5人入选“中国好人榜”、7人入选“福建好人榜”。组织开展“德耀新征程、喜迎二十大”福州市道德典型故事展播宣传活动，7个节目入选福建省道德模范身边好人故事汇展播。围绕春节、拗九节等传统节日，开展“我们的节日”主题活动，全市各级各部门开展线上线下“强国复兴有我”主题活动逾720场，吸引市民群众50万人次参与。福州拗九节习俗入选福建省第七批省级非物质文化遗产代表性项目名录。深化网络文明建设，举办首届福州市网络文明大会，全市300多家优质公众账号共建网络文明联合推送机制。“福州微文明”微信公众号“粉丝”数突破130万人，在2022年度全省政务微信号影响力排名中位居第二。推出“e路守护”青少年网络素养微课，开设“网络文明小课堂”。深化文明单位创建，强化动态管理，引导文明单位在精神文明建设中作表率、当先锋。推动文明行为养成，深化文明交通、文明餐桌、文明旅游行动。开展“文明交通·幸盔有你”“戴上头盔带上爱”等文明交通主题宣传活动，推选第二届福州市文明餐厅、文明食堂。组织“文明福州·书香满城”第十七届福州读书月活动，开展福州阅读联盟活动，组织5类39项读书月重点活动。“福州读书月”活动项目获评2022年福建省全民阅读优秀项目。

2022年6月1日，福州市举办“强国复兴有我”——2022年“福州市新时代好少年”先进事迹发布活动（市委文明办 供图）

【农村精神文明建设】 2022年，福州市实施乡村振兴“文明铸魂”工程。开展乡村振兴文明建设示范村创建活动，在各县（市）区建设11个文明乡风建设示范村。组织开展全国、省、市级文明村镇届中初评，引导文明村镇对标要求提升创建水平。落实移风易俗工作，推动11类39项移风易俗工作，开展殡葬改革移风易俗宣传月活动。开展福州市文化科技卫生“三下乡”、“我们的节日”、志愿服务等活动，丰富农村精神文化生活。

【志愿服务】 2022年，中共福州市委文明办上线“志愿福州2.0”手机端数字管理平台，提供志愿服务网上注册报名培训、“点单派单”等服务。组织新冠疫情防控、文明交通劝导、养老助老、垃圾分类、应急救援等各类志愿服务活动，逾15万名志愿者参与疫情防控工作。全市2人获评“全国最美志愿者”，1个社区获评“全国最美志愿服务社区”，15个对象入选全省学雷锋志愿服务“五个最美”。开展爱心系列活动，举办“爱相伴·福满分”爱心送考活动，发动爱心的哥和私家车主组建爱心送考车队，集结1000多辆爱心车，为高考护航。打造“爱心茶摊”活动品牌，在街头巷尾设置“爱心茶摊”1000多个。

【新时代文明实践】 2022年，福州市拓展新时代文明实践中心建设，建成13个县（市）区文明实践中心、173

个乡镇（街道）文明实践所、2623个村（社区）文明实践站，设立57个新时代文明实践特色基地。以“一月一主题”模式常态化开展文明实践活动，打造“福燕”党员理论宣讲志愿服务、党员“壹”行动、“新思想学习驿站”等文明实践志愿服务项目。举办第三届福州市新时代文明实践志愿服务创新项目大赛，评选出76个优秀项目。指导、推进526所市级以上文明校园创建工作，完成届中初评工作，其中连江实验小学、福州三中测评成绩优异，获省委文明办通报表扬。

【未成年人思想道德教育】 2022年，中共福州市委文明办牵头开展“福州市新时代好少年”学习宣传活动，入选2022年“福建省新时代好少年”2人，评选“福州市新时代好少年”10人。组织新时代好少年先进事迹发布会，全网直播观看逾240万人次；制作《福州市新时代好少年》宣传视频，在福州电视台各频道多频次播出。开展乡村“复兴少年宫”建设，福清市入选全国乡村“复兴少年宫”试点，罗源县入选乡村“复兴少年宫”项目省级重点推进县。指导、推进526所市级以上文明校园创建工作，完成届中初评工作，其中连江实验小学、福州三中测评成绩优异，获省委文明办通报表扬。

（林艺红）

市直机关党建

【概况】 2022年，中共福州市委市直机关工作委员会以迎接和学习宣传贯彻党的二十大精神为主线，坚持围绕中心、建设队伍、服务群众，以党的政治建设为统领，夯实基层基础，推进机关党建各项工作落实。年内，在全省机关党建重点课题评选中，福州市获一等奖1篇、二等奖1篇、三等奖4篇；在第五届全省机关体制机制创新优秀案例评选工作中，福州市获一等奖2个、二等奖1个、三等奖7个。

【机关政治建设】 2022年，中共福州市委市直机关工作委员会开展模范机关创建，召开市直机关创建模范机关工作推进会，印发《关于市直机关深入开展创建“让党中央放心、让人民群众满意”的模范机关重点工作的意见》，总结宣传37家单位模范机关创建典型经验；提请市委常委会会议研究开展福州市创建模范机关先进单位考评活动，审议通过《福州市创建模范机关先进单位工作方案》和《福州市创建模范机关先进单位考评办法》。围绕习近平总书记在福州工作期间关于机关党建“新”“活”“实”重要论述，组成8个调研组开展机关党建“遍访问计”活动，形成研究成果5篇。发挥市直机关党员政治生活馆及27个分馆示范作用，推动党员干部开展重温入党誓词、入党志愿书及过“政治生日”等政治仪式。利用市直机关党员干部教育基地等红色资源，开展理想信念、党性修养和革命传统教育等。

【机关思想建设】 2022年，中共福州市委市直机关工作委员会开展喜迎党的二十大和学习宣传贯彻党的二十大精神系列活动，开展“忠诚·敬业·奉献”对党忠诚教育，举办市直机关“强国复兴有我”宣讲、“喜迎二十大 党课开讲啦”、市直机关学习贯彻党的二十大精神宣讲报告会、座谈交流会、专题辅导讲座等活动，线上推出“强国复兴有我”宣讲视频19个，遴选优秀微党课20个。强化党组（党委）理论学习中心组的示范引领作用，推动巡听旁听、学情通报等制度落实，开展巡听旁听71场次。召开“追寻领袖足迹 汲取奋进力量”省市机关党员干部联学践学《闽山闽水物华新——习近平福建足迹》读书分享会。市直机关干部夜校举办线上云课堂主题讲座6期、微课堂9期，总点击量42554次。组织106个市直单位1200余名处级干部参观“3820”战略工程实施30周年成就展。市直机关业余讲师分团开展经常性理论宣讲活动2658场，受众20.76万人次。编印福州机关党员《学习文选》12期19.2万册。实施青年理论学习提升工程，制发《福州市直机关青年理论学习小组学习规则（试行）》，推动市直各单位组建青年理论学习小组并开展学习活动，举办市直机关青年理论学习联学践学活动4场次、200多人次参加。

【机关基层组织建设】 2022年，福州市撤销11个市直系统党委，优化调整109个基层党组织。开展“三级书记”［市直单位党组（党委）书记、机关党组织书记、党支部书记］联述联评，整理105家市直单位党建问题457个，形成“问题清单”，督促整改落实。健全党组织按期换届台账，下发8批41份按期换届工作告知函和5批8份即将到期换届工作告知函。推进“红色领航、机关先行”活动，新授牌市直机关优秀党建品牌66个、优秀党员活动场所31个、机关党建文化长廊17个。推动市直机关党建智慧管理服务平台一期运行、二期立项建设，打造集党建宣传、党务工作、党建管理于一体的“智慧党建”系统。全面建立“311”督查工作机制（“3”即党支部自查、基层党委交叉检查、工委组织部门抽查的“三查制度”，“1”即工委组织部门针对“三查”情况定期通报，“1”即工委组织部不定期回访），每季度开展市直机关党的组织生活常态督查，全年重点抽查2家单位、交叉检查28家单位，逐一书面通报问题清单，限期要求整改。强化党务干部队伍建设，全年考察审批专职副书记20人，组织11名新任机关党组织专职副书记开展集体谈话，慰问机关专职党务干部24人次。采取线上和线下相结合的方式，开展机关党建业务学习培训，培训党务干部5961人次。年内市直机关发展党员373人，举办发展对象培训班2期培训412人。开展发展党员工作专项检查，规范市直机关发展党员、党员组织关系管理、党籍管理和党员组织处置等工作。

【机关作风建设】 2022年，中共福州市委市直机关工作委员会创建“双报到双融入”工作机制，建立市直机关“近邻党建暖心队”83支，覆盖党员2520人次，222名在职党员报名担任居住地社区“兼职委员”；以近邻党建“三个清单”模式推动党建资源与基层需求精准对接，有21231人次党员志愿者下沉300多个社区参与志愿服务，提供各类资金支持31万余元，帮助群众解决困难2693个。助力乡村振兴“双联双扶”工作机制，市直机关党组织与村党组织联合开展组织生活262场，上党课99次，扶持项目132个，提供帮扶或协调落实各类资金1369万余元，开展慰问114场次1079人次，发放慰问金36万余元，实现困难党员群众“微心愿”591个，开展志愿服务408次。开展市直机关“我在乡间有亩田”认种认养活动，组织发动2530名机关党员干部职工自愿认筹认种弃耕抛荒田地面积5.27公顷。

【机关党风廉政建设】 2022年，中共福州市委市直机关工作委员会牵头开展16家市直单位2022年党组（党委）全面从严治党主体责任落实情况检查，发现6个方面86条问题反馈落实。围绕政治监督、“四种形态”运用等8项内容，对64个市直机关纪委工作情况开展监督检查。部署开展“四风”问题监督检查工作，编发《检查通报》4期。组织3个检查组开展节后收心归位纪律督查，对10家单位上年度“四种形态”处置情况进行回访检查。查处违纪案件2件。打造廉政文化阵地，培育市直机关廉政文化示范点4个、市直机关廉政文化长廊19个。组织4批次130多名市直机关纪检干部赴党性教育基地、廉政文化示范点开展教育，召开片区机关纪委书记工作经验交流座谈会，编印《福州市直机关纪委监督执纪工作流程及常用文书》《福州市直单位机关纪委十项基本履职任务》。

【“党建+双拥”工作】 2022年，中共福州市委市直机关工作委员会探索党建引领新时代双拥工作新形式，邀请首批26家市直机关行政、企事业和相关社团组织党组织参与，在全国率先成立“党建+双拥”联盟，通过“党建+教育”“党建+项目”“党建+边海防”“党建+人才”“党建+关爱”等5个军地双拥结对共建试点项目，形成部门协同、军地联动、专门机构配合、社会参与的共建格局。“党建+双拥”联盟规划开启6个方面、18个项目，先行启动3个示范点建设。

【机关精神文明建设】 2022年，中共福州市委市直机关工作委员会牵头组建无偿献血党员志愿服务队69支、队员1071人，组织开展“我为党旗添光彩”无偿献血活动，585名机关干部成功献血18.8万毫升。组织140多名党员志愿者开展2场次义务植树志愿服务活动。认定三星级志愿者14人。推动驻东部办公区50个市直单位与仓山区社区结对共建。关心关爱机关党员干部，累计发放党费38.84万元，慰问困难党员、高温一线党员、疫情防控一线党员574人次。开展机关干部职工心理健康志愿服务，全年承接个案23个，开展讲座及团体训练7场次475人次，制作心理辅导公益直播节目1期、点击量10万多人次，推出心理疏导系列短视频14个、海博TV点击量20万次。市直机关在职干部职工温暖工程活动发放医疗补助金420万元，帮扶救助549人次。开展“‘救’在身边、机关先行”红十字应急救护公益培训进机关活动，分期培训2500名红十字救护员。

【机关群团工作】 2022年，中共福州市委市直机关工作委员会坚持“党建带三建”，推进群团组织规范化建设，督促55家基层群团组织按期换届，培植“五一先锋号”“青年五四奖章”“巾帼文明岗”“模范职工之家”“最美家庭”等群团先进典型63个。组织4个批次近160名一线职工开展疗养、休养；下拨补助金40万元支持开办10个班次暑托班，解决300多名干部职工子女暑期看护问题；向困难干部职工、项目一线职工发放慰问金10.6万元；安排劳模疗养5批次15人，走访慰问高龄劳模、困难劳模等20多人次。开展职工劳动技能竞赛、共青团史专题讲座、“青春建功新时代，雷锋精神伴我行”学雷锋志愿服务月、“建设新福州 巾帼有担当”优秀女性系列宣传展示、家庭教育公益大讲堂、暑期家庭亲子等活动。组建市直机关瑜伽、舞蹈等兴趣小组，举办“龙旺杯”第13届省市直机关篮球邀请赛、市直机关第15届青年职工交友等活动。全年“母亲健康1+1”公益募捐活动募集捐款19.5万元。

（林　萍）

机构编制

【概况】 2022年，福州市机构编制系统深化体制机制改革，重点推进开发区、乡镇（街道）赋权、医疗和教育领域管理体制改革。强化编制资源统筹，开展专项检查和福州特色课题调研，推进事业单位分类改革和登记管理。年内，《福州推进城市管理体制机制改革创新》在《中国机构编制》刊登，中共福州市委机构编制委员会办公室（简称中共福州市委编办）被省委编办、省人社厅授予“全省机构编制系统先进集体”称号。

【重点领域管理体制改革】 2022年，中共福州市委编办深化开发区管理体制改革。推动新区、自贸区融合，整合设立福州新区管委会，建设福州滨海新城。整合高新区、大学城行政管理资源，重新组建福州高新区（大学城）管委会，助推福州科学城建设。协同推动福清融侨、连江经济技术开发区管委会机构升格，指导开展马尾园区、金山工业园区、琅岐经济区等12家处级及以下开发区管理机构“三定”工作。推进规范市本级行政执法队伍人员编制管理试点工作，根据中央、省改革试点精神，拟订《福建省福州市规范行政执法队伍人员编制管理试点方案》，并按程序报请中央审核批复。开展行政复议体制改革，明确市司法局为市人民政府的行政复议机构，按照“事编匹配、优化节约、按需调剂”原则，动态调整全市行政空编，核定市级行政复议专项编制，明确承担行政复议工作的内设机构。推进乡镇（街道）赋权工作，落实省赋权决定和指导目录精神，指导各地聚焦关键领域和基层管理迫切需求，因地制宜、分类分阶段、精准科学开展赋权工作。全市141个乡镇（街道）完成赋权清单编制印发，赋权承接 19203 项，平均每个乡镇（街道）赋权承接 136 项。优化党政机构管理体制，完善市、县两级疾病预防控制局机构设置，推进福州市疾病预防控制体系改革。贯彻落实国安改革精神，增强国安工作力量。开展乡镇（街道）机构改革“回头看”工作，提升基层治理效能。开展海丝中央法务区建设工作领导小组、市药品安全和产业促进领导小组等议事协调机构调整的审核备案工作。规范权责清单管理，全面梳理审核 47 家市直部门权责清单，逐家厘清职责划转对应权责事项，规范权力运行。理顺养犬管理、外卖行业管理、未成年人保护职责关系，厘清职责边界，完善行政管理体制。

【机构编制资源配置】 2022 年，中共福州市委编办围绕历史文化名城研究保护、高层次人才引进、不动产登记和交易、“12345”政务服务、水路运输应急保障、信访服务等重点任务，调整或批复设立一批新的事业单位。优化城区水系联排联调中心、船政文化管委会、闽江河口湿地国家级自然保护区管理处等事业单位内设机构设置。加强教育研究、技工教育、文物考古、民族宗教、保密检查等事业单位人员编制力量。加大事业编制跨区域、跨层级、跨部门统筹调剂力度，全市统筹调剂事业编制 7983 名，全面完成以县域为单位依标足额核定公办中小学教职工编制工作。结合基础教育集团化办学工作，分期分批保障清华附中福州学校、福州三中晋安校区、金山小学金闽校区、群众路小学滨海校区、儿童学园金山校区等市属新办校教职工编制。保障高层次人才用编需求，坚持总量控制原则，创新机构编制管理方式，合理监督教育编制使用情况，鼓励学校将空编用于招考学科配备不足的教师，促进各学科均衡发展。完善用编备案机制，明确县（市）区在开展教师招考前，须提前将用编计划报市委编办备案，规范各县（市）区中小学“周转空编”的使用管理。允许公立医院在有空编的前提下，经同级编制管理部门审核，可随时开展紧缺急需人才和高层次人才自主招聘工作。

【机构编制管理监督】 2022 年，中共福州市委编办开展机构编制法治宣传教育。组织全市机构编制系统干部学习贯彻《中国共产党机构编制工作条例》、《机构编制违规违纪违法行为处理和问责规则（试行）》（简称《规则》）等法规制度，举办专题培训、交流研讨、案例宣讲等线上、线下活动。编印分发《规则》宣传材料，开展“机构编制监督检查 50 问”宣传活动，利用实地调研、部门商谈、用编审核等工作契机普及机构编制管理原则、工作流程及问责情形。强化机构编制监督检查，开展对全市小规模事业单位、2021 年编委会落实情况、党的十八大以来查处机构编制违规等问题的专项检查。开展全国第二轮机构编制核查工作，市直单位现场核查率 100%。落实机构编制报告制度，梳理研究和汇总全市机构编制重要事项。构建核查、年度统计、重要事项报告、核编证年检一体化监督机制，实现督查事项、督查对象全覆盖。开展机构编制网上巡查，健全全市实名制数据库超编超职数情况台账，分类施策，督促整改销号。全市机构编制问题台账除政策性问题外均整改到位。配合开展省委编办重点课题及文物管理体制、机构编制条条干预等福州市特色课题调研工作。开展机构编制执行情况评估，并向组织、人社、财政等部门通报评估结果，提升预防机构编制领域违规违纪的工作力度。加强机构编制统计分析工作，为市直有关部门提供统计数据服务，落实协同管理机制。全面实现网上核编，利用微信、电话、网络等方式，畅通业务咨询渠道。市委编办网上名称管理工作保持全省前列，获中央编办通报表扬。

【事业单位分类改革】 2022 年，福州市规范变更部分市属公益一类事业单位经费渠道，强化事业单位公益属性。落实公立医院党委领导下的院长负责制，完善市属公立医院的党组织设置和领导职数配备，指导县（市）区优化公立医院内设机构设置，加强公立医院党的建设。深化农业农村部门所属事业单位改革，创新组建市、县、乡三级乡村振兴发展机构。整合优化市人社局、市农业农村局、市残联、市工信局等部门所属“小散弱”事业单位，优化事业单位发展布局。

【事业单位登记管理】 2022 年，中共福州市委编办阶段性完成事业单位法人登记清理规范工作，累计摸排出市本级法人登记不规范的事业单位 40 家，并全部完成整改。配合省登记局开展新型研发机构的投入模式、组织结构、人才队伍建设、运行情况调研，探索建立新型研发机构章程范本，健全完善监管制度，规范海峡创新实验室、福建省工业互联网发展研究中心等新型研发机构事业单位的登记设立，探索形成“政产学研”融合发展的事业单位运行新模式。

（林　嵘）

政策研究

【概况】 2022 年，中共福州市委政策研究室起草文件、调研报告等各类文稿 200 余篇，其中 10 余件（次）获省领导批示，4 篇（次）课题成果在中央、省属刊物（媒体）刊载。编发《福州调研》《福州政研专报》等 50 余期，编印《闽都通讯》《福州城市科学》等 16 期，蝉联福建省重点课题优秀调研成果组织奖。

【重大思路谋划】 2022 年，中共福州市委政策研究室牵头起草《中共福州市委关于深入学习宣传贯彻党的二十大精神加快建设现代化国际城市的决定》。贯彻省委工作部署，牵头制定《关于实施“提高效率、提升效能、提增效益”行动方案》。贯彻落实市第十二次党代会精神，牵头制订《全面提升福州城市国际化水平实施方案》。牵头起草 2022 年市委常委会工作要点，谋划年度重点工作。

【重要文稿起草】 2022 年，中共福州市委政策研究室围绕习近平总书记在福州工作期间提出的“3820”战略工程实施30周年主题，完成“3820”战略工程实施30周年总结，牵头开展“3820”战略工程实施30周年成就展布展，参与撰写新华社长篇通讯《让有福之州更好造福于民——“3820”战略工程引领福州高质量发展纪实》。起草市委经济工作会议、全市两会等有关材料100余篇。

【咨政调研】 2022年，中共福州市委政策研究室围绕市委中心工作，形成《加快福州都市圈高质量发展》《提升效率、提升效能、提增效益 高质量做好“三服务”工作的思考》《文旅融合助力乡村振兴的几点思考》等调研文章，相关建议获市委主要领导批示推动，《加快实施强省会战略的若干思考》获2021年度省重点课题优秀调研成果二等奖。针对城市建设、产业发展、民生补短板等工作开展短平快调研，相关研究成果转化为市政府的具体举措和项目。

（何 聃）

信访工作

【概况】 2022年，福州市信访工作继续保持稳中向好的态势。全市群众通过来访来信来邮反映各类诉求66574件，比上年下降10.2%；信访机构及时受理率100%，有管理权限的行政机关按期答复率99.9%，群众满意率95.3%。收到群众信访复查复核申请52件，其中复查14件、复核7件、不予受理31件，纠错交办11件。全市各级信访部门按照“四个第一时间”要求，及时办理信访事项。

【信访工作制度改革】 2022年，福州市信访局创新建立市每月、县（市、区）每半月、乡镇（街道）每周开展矛盾纠纷排查机制和重要情况即有即排机制。牵头组织各地各有关部门排查梳理各重点领域140个信访突出问题，逐个逐项建立清单，重点交办、推进化解。

【信访秩序维护】 2022年，福州市信访局结合《信访工作条例》梳理信访工作流程，制发《依法信访导引图》，进行专题授课。开展《信访工作条例》集中宣传月活动，通过设立宣讲咨询台，印制宣传海报，利用电子显示屏、公共宣传栏、发放各类宣传资料，创作宣讲微视频等多种方式宣传。每周一、周三聘请律师参与接访，为群众答疑解难。完成全年重大活动期间信访保障工作。

【矛盾纠纷化解】 2022年，福州市信访局推进“治重化积”专项行动。开展信访突出问题和积案化解百日攻坚专项行动。全市化解中央信访联席办集中交办的重复信访事项和信访积案3265件，有效化解率99.4%，专项工作综合成效排名全省前列。

【领导接访】 2022年，福州市坚持党政主要领导每月15日、其他市级党政领导每周一到市信访局接待来访群众制度，坚持重点时期，市、县、乡三级每天安排一名领导参与接访工作。全年市领导接访63批81人次，市、县、乡三级领导接待群众6285批次10272人次，办结化解信访事项4958件。

【福州市信访综合服务中心成立】 2022年，福州市信访综合服务中心成立，为市人民政府信访局所属相当正科级事业单位，经费由市财政核拨，划分为公益一类，核定事业编制6名（含科级领导职数1正1副），人员结构为行政管理人员2名，专业技术人员4名。主要职责为负责福建省信访信息系统使用管理和福州市信访视频网络系统的建设、应用等工作；协助信访投诉事项的登记受理办理，协助市信访局接访大厅及重要接访场所服务保障等工作；负责信访数据统计分析、信息报送等工作；承担信访法治宣传教育等工作。市信访局按照相关规定和程序办理事业机构登记设立手续，选配4名具有一定基层和群众工作经验的事业编制干部。

（徐立剑）

老干部工作

【概况】 2022年，福州市县（区）两级老干部局服务管理老干部988人，其中离休干部536人（抗日战争时期参加革命工作的62人，解放战争时期参加革命工作的474人），厅级退休干部114人，“5·12”退休干部（1949年10月1日至1950年5月12日之间参加工作，享受供给制待遇的退休干部）338人。

【老干部待遇保障】 2022年，中共福州市委老干部局结合老干部工作实际，坚持用心用情、精准服务，推动老干部工作提质增效。

落实政治待遇。在全市离退休干部中开展学习宣传党的二十大精神活动，制定实施《深入学习贯彻党的二十大精神实施方案》，举办情况通报会、党支部书记培训班、主题党日活动向离退休干部传达党的二十大精神，组织老干部开展“听二十大有感 ”“二十大精神微课堂”“党的二十大报告基层宣讲”等活动580场。依托市县两级微信公众号矩阵，刊发老干部热议、学习贯彻信息38期200余条。

落实生活待遇。发放特困离休干部和离休干部无工作遗偶补助金10.9万元、离休干部无工作遗偶医疗补助19.48万元。走访慰问易地安置离休干部和离休干部遗偶20人，发放慰问金6万元。年内，完成新一轮政府购买服务离休干部招投标工作。完善政府购买服务离休干部联席会议制度和满意度测评两项服务制度，离休干部对购买服务平均满意率99%。

【离退休干部党建】 2022年，福州市市、县两级组织离退休干部党员学习《关于加强新时代离退休干部党的建设工作的意见》《关于加强新时代离退休干部党的建设工作的若干措施》，召开专题学习会30场。建立市委离退休干部工委联席会议制度，研究出台离退休干部工委工作职责、成员单位职责、议事规则和日常工作制度。开展离退休干部党支部“达标创星”活动，85个离退休干部党支部获评第三批省级示范党支部，位居全省第一。建立“主体课堂+实践课堂”教育培训制度，在市委老干部党校思想教育主阵地建立每课一热点、每月一讲座、季度一报告、年度一轮训的“四个一”教育培训常态化机制。以“线上+线下”形式举办12期“红色大讲坛”，受众近1.1万人次。命名挂牌中共福州市委党校“3820”战略工程实施30周年成就展展览馆等18家离退休干部党员学习教育共享基地，拓展离退休干部党员学习教育实践阵地。在全市离退休干部党员中开展“建言二十大”和“我看中国特色社会主义新时代”专题调研，通过集中座谈、上门访谈及举办主题征文、开展调查问卷等形式，收集离退休干部意见建议430余条。市“夕阳红”老干部宣讲团和各县（市）区老干部红色宣讲团开展“非凡十年”百场巡回宣讲。

【离退休老干部参与近邻党建】 2022年，福州市141个社区离退休干部党员党建工作室融入近邻党建，协助社区（小区）排解邻里矛盾、小区停车难等问题800多个。129个社区离退休干部党员党建室，近3000名离退休干部党员坚守新冠疫情防控第一线。自编自导音诗画作品《有福之州，向党汇报》获八闽离退休干部文艺会演金奖。

【老年大学建设】 2022年，福州市制定印发《福州市关于进一步推进新时代老年教育高质量发展的实施意见》。福州市老年大学设立教学科目17门，拍摄制作教学视频319集，在“网上老年大学”“福州老年学堂”及福建老年教育新媒体电视平台等载体上共享。年内组建市老年大学“金色年华”志愿服务总队，搭建老年学员服务社会平台。

（李　敏）

【关心下一代工作】 2022年，福州市关心下一代工作委员会（简称福州市关工委）有关工委组织3515个，成员2.55万人，其中“五老”（老干部、老教师、老专家、老劳模、老战士）人员2.22万人。全市有173个乡镇（街道）、2560个行政村（社区）、636所学校、120个机关事业单位以及96家企业组建关工委组织。年内，全国基层关工委建设工作座谈会在福州市召开，福州市关工委主任林飞在会上作交流发言。以市两办名义印发《关于加强新时代关心下一代工作委员会工作的具体措施》，获“全国家庭工作先进集体”“福州市优秀网络公益活动项目”称号。

加强青少年思想道德教育。年内，市关工委联合市委宣传部、市委文明办、市委老干部局、市教育局开展“强国复兴有我——老少心向党　喜迎二十大”主题教育，组织开展征文、演讲及优质课程制作比赛等活动；参与“新时代好少年”评选及学习宣传活动；联合鼓楼、仓山、晋安开展系列“福文化”宣讲活动；利用党史国史教育基地开展党史宣讲、红色夏令营等活动，推动青少年党史教育常态化。全市各级关工委有报告团253个，“五老”报告员1440人，开展“四史三爱”“福州故事百讲”等各类主题教育1898场次。

推进网络家长学校建设。年内，市关工委每周举办网络公益讲座，开设8场防疫抗疫课程，听课家长13万多人次；结合新生入学讲授幼儿入园、幼升小、小升初、初升高等4个学段的“衔接”工作，月听课3万多人次；中高考期间，开设6节中高考考生心理调适课程，听课家长11万多人次。全年在仓山网校咨询中心面询105人次，预约热线电话咨询2531人，网络咨询（QQ与微信）33人，举办团辅与讲座25场，参加49329人次。市网络家长学校全年开课56场，参加听课家长260万多人次，推送家庭教育文章106篇，参与阅读家长315万多人次。

开展青少年普法宣传教育。年内，市关工委联合市委文明办、市委老干部局、市司法局、团市委、市妇联举办“关爱明天、普法先行”青少年普法教育活动，开展“中华魂”读书、未成年人保护法、预防未成年人犯罪法宣传教育活动；参与“零犯罪村（社区）学校”创建工作；全年举办普法教育活动459场，受教育青少年12万人次，“五老”受聘担任法治副校长100多人。

开展“五失”青少年关爱行动。年内，市关工委联合市委文明办、市委老干部局、市司法局、团市委、市妇联开展“五失”青少年及农村留守儿童、城市农民工子女关爱行动。赴福州市盲校开展“桃李芬芳　感恩有你”庆祝教师节活动，为盲校捐款12.4万元；联合永泰、长乐举办福州市“关爱成长微心愿”专场圆梦活动；配合省关工委在鼓楼区鼓西街道、鼓东街道、华大街道及仓山区临江街道和台江区洋中街道开展关爱工作试点；举办“公益性暑托班”“关爱环卫工人及其子女健康义诊活动”；全年联合各级关工委及社会力量开展系列捐资助学活动惠及困难学生7000多人，捐助金额1004多万元。

加强青少年科技教育服务。年内，市关工委与省关工委“种子工程”对接，开展农村青年人才技术培训。与市科协及其他社会机构联办福建省青少年科技创新大赛、青少年人工智能融合创新大赛、人工智能机器人挑战赛等活动。全市有青少年科技服务团191个，“五老”科教员753人，全年举办科技培训68期，3283名城乡青少年参加。

（黄霈霆）

党校工作

【概况】 2022年，中共福州市委党校举办计划内班次45期，培训学员6522人次。与市委组织部等市直有关部门共同举办网络专题培训班8期，线上培训学员197489人次。全市干部在线学习完成率100%，全省年度排名第一。牵头组织福州市新思想学习研究小组工作，编印《2021年福州市学习研究习近平新时代中国特色社会主义思想成果汇编》，收录论文44篇32万余字。新思想重点调研课题立项20项，结项18项。各级各类课题立项19项，结项19项，并完成中央社会主义学院子课题1项。举办第二届博士论坛。

【党校教学工作】 2022年，中共福州市委党校举办计划内班次45期，培训学员6522人次。其中，主体班20期，培训学员922人次；专题班13期，培训学员4195人次；其他班次12期，培训学员1405人次。举办对外合作培训班次15期，培训学员1077人次。举办福州市市管干部学习贯彻党的十九届六中全会精神网络专题班、福州市2022年新冠疫情防控知识专题培训班等网络专题培训班8期，线上培训学员197489人次。通过线上与线下相结合的培训方式，线上培训主体班18期学员869人次。全年福州市干部福建干部网络学院在学率、完成率均为100%，全省排名第一。

构建“一核多元”教学体系，设计“党校味+福州味”教学内容，创新“传统课堂+现场教学”教学方式，健全“新+严+精+质”教学管理机制。突出主业主课课程比例，形成党的理论教育、党性教育和专业化知识与推动发展能力三大培训单元，分设经典学习、习近平新时代中国特色社会主义思想专题、党的二十大精神学习、《习近平在福州》系列专题、法治思维学习等教学模块。开发党的二十大精神、《习近平谈治国理政》第四卷、《闽山闽水物华新——习近平福建足迹》等系列专题课程，围绕“‘3820’战略工程实施30周年成就展”打造“现场教学+亲历者访谈”系列课程，结合“强化网格管理”打造“讲授+案例”专题课程，全年开发新课51门。

提升精品课培育。举办福州市校院系统第五届精品课评选，《“马上就办 真抓实干”的福州实践及时代价值》获福建省委党校、行政学院系统精品课评选讲授组二等奖，《数字时代中的个人信息保护》获案例组三等奖；《从政党协商看中国新型政党制度的优越性》《“马上就办 真抓实干”——习近平总书记在福州工作期间倡导和践行的优良作风》2门讲授式专题课均获全省社会主义学院系统理论教育十佳精品课二等奖。《践行习近平生态文明思想保护好闽江河口湿地》等5门现场教学视频被省委党校（行政学院）评为“优秀”等次，并作为基层干部网络课程向中央组织部干教局推荐，5门课程均在中国干部网络学院平台展播。《福州海洋文化传承与发展之郑和下西洋》在“福满榕城 e起向未来”——2022年福州市喜迎二十大短视频征集大赛中获三等奖，《筑牢绿色发展底色 建设美丽山水城市》作为福州市“好评福州”作品获福州市网络文明优秀奖。拍摄《习近平生态文明思想福州实践：福州水系治理》《走进福州政协——感悟人民民主》2部现场教学视频。

开设“领导讲堂”“县委书记讲堂”“专家论坛”，邀请县区、部门专家领导42人次到校，分别从福州经济发展、专业领域、实践经验、领导能力等方面作专题报告。安排异地办班教学线路，增设学习所在地的地方党史、党性教育、传统文化、生态文化及参观“粮食安全——浦城再生稻基地”等乡村振兴课程。

【现场教学点开发】 2022年，中共福州市委党校开展市委部署的“1+14”习近平新时代中国特色社会主义思想学习教育实践基地的现场教学点指导和教案编写工作。组建“‘3820’战略工程实施30周年成就展”教师讲解员队伍。新开发现场教学课程15门，将课堂讲授和现场教学相结合，获学员好评。编印完成10万多字《福州15个学习教育实践基地现场教学点安排简介》和《福州15个学习教育实践基地现场教学方案汇编》。编写《保存文脉 守护根魂——福州历史文化名城现场教学》《践行为民初心 厚植人民情怀——以人民为中心思想的福州实践现场教学》《“数字”耀福州 赋能新发展——网络强国思想的福州实践现场教学》《有福之州 山水之城——福州生态文明建设的生动实践现场教学》等4个主题的福州特色系列现场教学教材，完成50万字初稿并提交中共中央党校出版社出版。

【党校科研咨政】 2022年，中共福州市委党校牵头组织市新思想学习研究小组工作，编印《2021年福州市学习研究习近平新时代中国特色社会主义思想成果汇编》，收录全市新思想学习研究成果44篇、32万余字。组织开展2022年新思想重点调研课题研究，立项20项，结项18项。各级各类课题立项19项，结项19项（其中，作为全省唯一一所参与课题研究的设区市党校，承担中央党校“习近平同志福建工作时期思想研究”子课题3项，全部通过验收结项），并完成中央社会主义学院子课题1项。有12项成果获奖，其中省级以上8项。组织教研人员参加各级各类学术交流会、理论研讨会。依托市域社会治理教学研究中心，举办以“探索新时代市域社会治理现代化的福州路径”为主题的市域社会治理研讨会，编印《中共福州市委党校市域社会治理现代化研究成果汇编》。举办以“学习贯彻党的二十大精神•榕城论福”为主题的博士论坛。教研人员在各级刊物发表论文47篇，其中省级及以上CN号刊物22篇，2名教师在核心期刊发表2篇论文。在《福州日报》理论版发表学习宣传党的二十大精神等主题文章6篇，接受福州电视台采访近10人次。《福州党校学报》开设“学习贯彻党的十九届六中全会精神”“学习贯彻党的二十大精神”专栏，编辑出版6期，刊发文章108篇。编印《2021年决策咨询成果汇编》，编发2022年《决策咨询参考》12期。

【党建创新】 2022年，中共福州市委党校举办第一期“知行讲堂”，组织学员和教职工围绕“坚持‘3820’战略工程思想精髓，加快建设现代化国际城市”主题开展交流讨论，活动信息被《学习时报》、“学习强国”学习平台、《福州日报》、福州电视台等多家媒体刊载。围绕学习宣传贯彻党的二十大精神、党的十九届六中全会精神等专题，组织宣讲员到机关、社区、农村、学校、企业等开展宣讲100余场。两项党建调研课题在全省党建重点课题调研成果评选中获奖，其中《“马上就办 真抓实干”的福州实践与经验启示》获二等奖，《习近平总书记在福州工作期间关于党校办学治校的论述和实践研究》获三等奖。

【党校新校区建设】 2022年，中共福州市委党校新校区建设项目占地面积11.67公顷，总建筑面积9.97公顷，其中新建建筑面积6.25公顷。项目以争创“鲁班奖”高标准进行建设，建成后可容纳750名学员同期在校。新校区一期项目工程完工，新思想学习研究馆投入使用。完成新校区二期桩基工程，新校区教学楼、宿舍楼完成封顶，礼堂、食堂主体混凝土结构完成，文体综合馆主体结构钢结构完成90%。

（傅 玲）

保密工作

【概况】 2022年，中共福州市委保密委员会及其办公室聚焦党的二十大保密服务保障等工作，创新开展“保密检查全覆盖年”“保密宣传教育月”等主题活动，推进保密自查自评督查、网络保密监管、泄密案件查处等工作。组织拍摄《用生命践行使命》微视频并参加中央保密委员会办公室、国家保密局“保密故事大家讲”主题讲述活动，获全国第十名。

【保密管理】 2022年，中共福州市委保密委员会组织召开全体成员（扩大）会议，修订《中共福州市委保密委员会工作规则》，增配市委保密委专职副主任，联合市委巡察办建立市委巡察机构与市委保密办工作协调机制，向巡察办移交20个单位26条问题线索。推进保密“三大管理”（定密管理、网络保密管理、涉密人员管理），组织定密检查，纠正定密责任不落实、定密不准确、国家秘密标识不规范等问题；开展涉密人员数据普查；完成市直单位涉密网络分级保护现场核查。落实重大会议活动保密服务保障，开展制订保密工作方案、计算机网络安全保密检查、重点人员保密教育提醒、重点场所环境安全检测等。

【保密监督检查】 2022年，中共福州市委保密办开展“保密检查全覆盖年”活动，对全市机关企事业单位开展全覆盖保密检查。落实依法行政要求，组织全市保密干部参与行政执法资格证考试，市级保密部门持证干部占比83%。落实“放管服”政策，制定《保密资质（资格）审查工作手册（试行）》，规范审查流程，组织全局干部职工参与资质（资格）审查培训。年内辅导企事业单位30余家，书面审查26家，现场审查15家；按照《泄密案件查处办法》组织开展泄密案件调查工作。

【保密技术防护】 2022年，中共福州市委保密办制定《福州市网络保密监管平台使用规范》，开展网络保密监管系统巡察，对巡察发现的涉嫌保密违规问题线索，分别发出“风险提醒函”“整改通知书”“检查通知书”并督促相关单位及时进行处理。依托省市共建保密技术服务中心先进设备，组织全市机关、单位销毁涉密载体2470袋，重80吨。

【保密宣传教育】 2022年，中共福州市委保密办创新开展“保密宣传教育月”活动，依托省保密教育实训平台组织市县两级900余家单位2200余人进行保密教育轮训，举办52场保密教育专题讲座，3000余人次参训。在乌山大院、东部办公区组织2场“保密知识大闯关”活动，吸引2000余人次参与，发放保密宣传纪念品、保密宣传手册4500余份。在电视台、公交、地铁、机场等多时段播放保密宣传视频、海报、歌曲5.3万次，通过移动、联通、电信三大短信平台向全市发送保密宣传短信630万条。挖掘红色资源，组织拍摄《用生命践行使命》微视频，参加中央保密委员会办公室、国家保密局开展的“保密故事大家讲”主题讲述活动，获全国第十名，福州市推荐作品获奖数量居全省第一。编制《机关、单位保密规范管理实务指南（试行）》，指导全市各单位全面规范保密工作。组织全市征订《保密工作》杂志2067份，比上年增加44份，《保密工作》杂志刊登全市8篇保密工作信息，报送文章《打造宣讲“轻骑兵” 保密意识入人心》，被《保密工作》杂志专题刊登。年内向新任处级领导干部发放保密提醒函92份。

2022年4月15日，福州市国家保密局在乌山大院组织开展保密宣传教育月“保密知识大闯关”活动
（市国家保密局 供图）

（陈云娟）

党史和地方志研究

【概况】 2022年，中共福州市委党史和地方志研究室公开出版《口述福州——脱贫攻坚》《追寻印记——福州红色故事》《月洲村志》《江兜村志》《磹石村志》。点校完成《福州府志》（万历己卯版），并公开出版。《福州年鉴（2020）》获评2021年福建省年鉴质量评审特等年鉴，获福建省委常委、福州市委书记林宝金批示表扬和市政府通报表扬；《福州年鉴（2021）》在福建省年鉴质量评审中获评一等年鉴。拍摄制作《林祥谦》《王荷波》《先驱者的足迹》等福州党史系列专题片，其中《王荷波》《林祥谦》2部宣传片获福州市“奋进新征程 建功新时代”全市党员教育电视片纪录片二等奖。在公开刊物上发表16篇党史方志类文章，其中《回望图经——新方志变革的思考》在《中国地方志》2022年第5期刊发。

【党史书籍出版】 2022年，中共福州市委党史和地方志研究室公开出版《口述福州——脱贫攻坚》《追寻印记——福州红色故事》等书。其中，

《口述福州——脱贫攻坚》收录福州62名参与脱贫攻坚的扶贫干部、专技人员、企业家等的口述文章，《追寻印记——福州红色故事》收集革命年代中福州重要的党史人物、革命遗址遗迹、重大革命实践等内容。

【文献资料征集整理】 2022年，中共福州党史和地方志研究室征集各类纸质及电子类地情资料837份。内部资料室整理资料11415份，其中照片类资料5794张、电子资料（光盘类）88件、文物类资料92件、未编号实物类资料40件、纸质类资料5077份、书画类资料324幅。图片库资料专项整理方志类书籍58册，图片1978张。

【福州党史系列专题片拍摄制作】 2022年，中共福州市委党史和地方志研究室拍摄制作《林祥谦》《王荷波》《先驱者的足迹》等福州党史系列专题片，分别在福建省、福州市电视台播出，并发布于中国新闻网、新华网、今日头条、腾讯视频、优酷、抖音、快手等网络平台，全网点击量逾百万次。其中，《王荷波》《林祥谦》两部宣传片获福州市“奋进新征程 建功新时代”全市党员教育电视片纪录片二等奖。

【革命遗址研究和保护利用】 2022年，中共福州市委党史和地方志研究室对新建改扩建纪念设施进行摸底调查，整理形成最新革命遗址台账，梳理相关革命遗址情况，完成福州红色文旅资源概述。参与全市各类革命遗址遗迹、爱国主义基地等的保护利用、规范管理，参与祥谦陵园、三山人文纪念园、罗源革命烈士陵园等的专项审核或爱国主义基地评选，参与红色遗产保护条例论证制定等。

【福州党史方志新媒体平台建设】 2022年，中共福州市委党史和地方志研究室在《福州日报》开设“追寻•印记”宣传专栏，全年刊登10篇福州党史和方志故事。在市直机关工委《学习文选》上开设“党史之窗”栏目，介绍福州重要党史人物、党史事件和红色资源等红色文化。运营“福州史志”门户网站、微信、微博，增设“闽山闽水物华新•沿着总书记的足迹”“‘3820’战略工程30周年”“习近平总书记在福建的探索与实践”“人民日报上的福州印迹”等专题栏目，更新信息4697篇，新增史志鉴成果电子书12部。微信公众号推送信息163篇，新浪微博推送文章244篇。推出“福州史志”网站手机版。

【村镇志精品丛书出版】 2022年，中共福州市委党史和地方志研究室编纂《碑石村志》《江兜村志》《月洲村志》3本村镇志，分别记录碑石村、江兜村、月洲村由发端至2021年建置区划、自然环境、风俗民情等方面的发展和变化，均入选福州市村镇志精品文化工程，年内公开出版发行。

【《三坊七巷志（重修）》】 2022年，中共福州市委党史和地方志研究室组织《三坊七巷志（重修）》编纂，协调组织召开1场专家评审会、5次工作推进会，形成8次修改稿，完成主编统稿，并协调市委、市政府聘请中国文物学会会长、故宫博物院原院长单霁翔担任顾问。

【万历《福州府志》点校出版】 2022年8月，万历己卯版《福州府志》点校出版工作完成。该志由中共福州市委党史和地方志研究室整理，福建师范大学教授陈庆元审校，海峡书局出版。该志为明万历己卯（万历七年，1579年）刊本，由潘颐龙修、林燫纂，全书36卷，分舆地志、官政志、人文志、杂物志四门，门各依类纂述，记载有关福州自然、社会、政治、经济、人文资料。点校以日本尊经阁文库藏万历丙申（1596）序刊本《福州府志》为底本，以《福建通志》《闽书》及明清《福州府志》为主要参校本，有51.2万字。

【《福州年鉴（2022）》出版】 2022年，《福州年鉴（2022）》在保持框架相对稳定的基础上，突出记述福州做大做优做强省会、加快建设现代化国际城市的年度成果。全书46个类目、109.3万字。12月，由方志出版社出版。

【《福州史志》编发】 2022年，中共福州市委党史和地方志研究室编发内部季刊《福州史志》，设“史实纵横”“口述回忆”“文化论坛”“理论园地”“人物春秋”“榕城随笔”等栏目，新增“喜迎二十大”专栏，每期刊登文章15篇、6万字。

（陈 曦）

档案工作

【概况】 2022年，福州市各级各类档案馆馆藏纸质档案总量为8888294卷、9454946件，照片档案77387张，录音录像磁带2564盒，实物档案3651件，资料116489册。年内，市档案局开展全覆盖式监督检查，推进“档案业务提升年”活动，推动新冠疫情防控、脱贫攻坚档案资料归档及“迁台记忆”档案文献征集，市档案馆获评《中国档案》宣传工作先进单位。

【档案监督管理】 2022年，福州市档案局印发《〈福州市“十四五”档案事业发展规划〉重点工作分工》《2022年福州市档案工作要点》等文件，推动县级综合档案馆开展内部业务建设评价整改“回头看”工作。制定并公布2022年度“谁执法 谁普法”责任清单及工作计划，将57名市县两级综合档案馆工作人员纳入档案执法队伍统筹使用。根据福建省档案局《机关、团体、企业事业单位档案工作检查评估标准（试行）》，对市级机关单位、市属国有企业开展监督检查。支持备案管理的84家服务机构规范开展服务外包工作，并联合省档案局开展监督检查，加强对档案服务机构的监管。

全市各级档案部门开展安全保密教育、档案数据安全培训和应急处置演练等。推动台江、仓山、福清等9个县（市）区档案部门列入市消防安全委员会成员单位，组织全市各级档案馆开展冬春火灾防控和消防安全大排查大整治促稳定等消防安全专项整治工作。永泰县档案局（馆）联合县保密局对全县21个乡镇及56家县直部门开展档案安全工作检查。

【“档案业务提升年”活动】 2022年，福州市档案局（馆）推进“档案业务提升年”活动，开展专题讲座、业务培训、技能竞赛、跟班培训、现场指导等活动。组织人员参加福建省档案系统首届数字工匠技能大赛，市档案局获全省档案系统首届数字工匠技能大赛优秀组织奖，市档案馆参赛选手获大赛一等奖。市档案局出台《福州市“档案专家”“档案工匠”评选办法（试行）》，启动第一届全市“档案专家”“档案工匠”评选工作，组织开展2022年福州市机关事业单位工勤人员档案管理员技能等级岗位考核及2021年度档案系列中、初级职称评审和副高级职称委托评审工作。

【档案资源建设】 2022年，福州市各级各类档案馆接收纸质档案108869卷、583584件；接收电子档案2924.9GB，其中，数码照片36.6GB，数字录音、数字录像2888.3GB；接收照片档案503张，实物档案59件。制订实施档案接收计划，拓展档案收集领域和范围，开展新冠疫情防控档案资料和“迁台记忆”档案文献征集工作。市档案馆修订印发《福州市档案馆档案接收质量验收办法》《福州市档案馆档案接收办法》，推进纸质档案和档案数字化副本“双套制”移交和接收工作。市不动产登记档案馆接收不动产登记档案19.37万件；市城建档案馆接收福建省儿童医院（区域儿童医学中心）、盛辉智慧物流园、轨道交通工程等项目档案251项；市国土资源档案馆接收各类业务档案1179宗；罗源县档案馆征集到畲族族谱、罗源非物质文化遗产剪纸作品等地方特色档案近百件；永泰县档案馆征集到族谱及其他资料121册。

【档案数字化与电子化】 2022年，福州市档案局推进“存量档案数字化、增量档案电子化”工作。年内全市各级档案馆完成纸质档案数字化104520卷，755873件。其中，市档案馆累计完成馆藏纸质档案数字化2702.9万页，著录目录354.2万条，数字化率99.7%；11个县（区）档案馆馆藏档案数字化率逾80%。推动数字档案馆（室）建设，加强人工智能等新技术应用，推进市、县（区）一体化的福州市电子档案管理中心项目建设。完成档案数据备份中心和数字档案应用系统建设工作，对接福州市综合办公系统、市政务服务管理平台和市工程建设项目审批系统，试行电子公文和政务服务电子文件在线归档和电子档案管理工作，推进档案数字资源长期保存和跨层级、跨部门共享利用工作。

【档案服务】 2022年，福州市各级各类档案馆接待查询者228619人次，提供利用档案92728卷（件）次、政府公开信息70件次、资料353册次。全市各级综合档案馆健全完善“同城跨馆”民生档案数据共享机制，全省率先入驻省网上办事大厅，市、县两级“档案利用服务”成为全市通办事项。市档案馆推进“省外协作查阅、省内跨馆服务、市内全城通办”档案远程利用服务体系建设，与省档案馆、八市一区档案馆及广州、杭州、沈阳、昆明等省内外34家档案馆合作开展跨馆利用服务；市档案公众服务平台在“e福州”App上线，首批推出“开放档案”和“民生档案查询”自助查询功能。驻市政务服务中心窗口优化便民服务举措，联合公证、出入境、社保、医保、公积金等窗口提供查档办事“一站式”服务。市档案局参与习近平新时代中国特色社会主义思想学习教育实践基地建设工作，并为“3820”战略工程实施30周年成就展等展览提供大量馆藏文书、照片档案。服务第五届数字中国建设峰会和第二届中国（福州）国际数字产品博览会等重大活动。对接市委宣传部，指导开展党史学习教育过程中形成的各类文件材料收集整理和归档工作。推进第44届世遗大会档案工作。联合市国资委印发《关于在深化国有企业改革中加强档案工作的意见》，指导新组建或涉改国有企业规范开展档案工作。服务重点工程项目，组织开展福州港松下港区牛头湾作业区12号、13号泊位工程等项目档案专项验收工作。

【专项档案归集】 2022年，福州市各级综合档案馆接收新冠疫情防控档案38698件。采取实地查看、业务培训、线上指导等举措加快脱贫攻坚档案归集进度，完成脱贫攻坚档案归集工作，全市各级综合档案馆接收脱贫攻坚档案2424卷37412件，照片566张，录音录像70件，项目9842件，目录128882条。印发《福州市档案局关于进一步做好宣传报道文件材料收集归档的通知》，全面完成市级新闻单位宣传报道档案保管期限表审批，接收、征集新闻宣传报道各种载体档案资料。

【档案宣传】 2022年，福州市各级档案部门围绕“喜迎二十大·档案颂辉煌”主题，组织开展“国际档案日”系列宣传活动。市档案馆联合福建省档案馆举办《档案里的辉煌记忆》特别节目录制活动，在海博TV、直播福建等网络平台总观看量逾400万人次。联合市社科联在闽侯闽都民俗园、鼓楼区安泰街道综合文化站等科普基地举办“幸福印记——喜迎二十大‘为民办实事’”主题展。市档案馆通过福州广播电台“党风政风热线”直播间介绍和宣传档案工作开展情况，解答民生档案热点问题。联合福州广播电视台新闻广播推出全媒体普法系列节目《我执法·我普法》，对闽清县档案馆开展“教科书式”档案执法检查并全程直播，吸引11.54万人次在线观看；联合省档案局到江夏学院、鼓楼区鼓东街道等单位开展档案普法宣传活动，并在《福州日报》及《福州晚报》“法治福州·谁执法谁普法之窗”专栏刊登2篇档案违法案例。鼓楼区、台江区、仓山区、马尾区、罗源县等地档案局（馆）通过举办主题展览、制作宣传视频、编辑出版书籍等方式传播档案文化。

【档案馆库建设】 2022年，福州市各县（市）区档案馆全部配齐档案信息基础设施和安全设备。推进县级档案新馆建设项目，晋安区档案新馆地块控规调整获市政府批复，用地面积0.59公顷，建筑面积1.4万平方米，计划总投资2亿元；长乐区“三馆三中心”项目封顶，外立面幕墙施工中；连江县档案新馆完成单体验收。

（吴　欣）

（编辑　姚国榕）

福州市人民代表大会

综述

【人大年度工作进展】　2022年，福州市人民代表大会及其常务委员会召开代表大会1次、常委会会议6次，审议法规草案5项、通过2项；备案审查规章和规范性文件72件；开展执法检查5项、专题询问1项、满意度测评1项，听取审议“一府一委两院”专项工作报告29项；作出决定决议9项；任免国家机关工作人员133人次，组织办理代表议案7件、建议524件（含闭会期间）。

【立法工作】　2022年，福州市人大常务委员会审议地方性法规5项，通过并颁布实施2项。开展平安建设、停车场管理、轨道交通、沙滩保护、体育设施建设与管理、劳动争议处理、房屋租赁、城市古树名木保护、食用农产品质量安全等立法项目调研，组织议案的领衔代表会同市直有关部门，对立法的必要性、可行性进行研究论证。（参见“法治”类目“人大立法”）

【人事任免】　2022年，福州市人民代表大会及其常务委员会依法选举任免国家机关工作人员133人次。其中，办理市人大常委会组成人员和市人大常委会办事机构、工作机构负责人任职、辞职16人次，任免政府组成人员44人次，任免监察委员会组成人员3人次、审判人员33人次、检察人员37人次。

表9　2022年福州市人大常务委员会、政府、监察委员会副职以上和“两院”正职领导选举任免情况一览表

时　间	被任免人员	通过任免会议	任免职务
1月10日	张　忠	福州市第十六届人民代表大会第一次会议	选举为福州市第十六届人民代表大会常务委员会主任
1月10日	雷成财	福州市第十六届人民代表大会第一次会议	选举为福州市第十六届人民代表大会常务委员会副主任
1月10日	郑云春	福州市第十六届人民代表大会第一次会议	选举为福州市第十六届人民代表大会常务委员会副主任
1月10日	陈曾勇	福州市第十六届人民代表大会第一次会议	选举为福州市第十六届人民代表大会常务委员会副主任
1月10日	游通铃	福州市第十六届人民代表大会第一次会议	选举为福州市第十六届人民代表大会常务委员会副主任
1月10日	陈忠霖	福州市第十六届人民代表大会第一次会议	选举为福州市第十六届人民代表大会常务委员会副主任
1月10日	林　颖	福州市第十六届人民代表大会第一次会议	选举为福州市第十六届人民代表大会常务委员会秘书长
1月10日	吴贤德	福州市第十六届人民代表大会第一次会议	选举为福州市人民政府市长
1月10日	林中麟	福州市第十六届人民代表大会第一次会议	选举为福州市人民政府副市长
1月10日	林治良	福州市第十六届人民代表大会第一次会议	选举为福州市人民政府副市长
1月10日	兰　文	福州市第十六届人民代表大会第一次会议	选举为福州市人民政府副市长
1月10日	林长远	福州市第十六届人民代表大会第一次会议	选举为福州市人民政府副市长
1月10日	王锡章	福州市第十六届人民代表大会第一次会议	选举为福州市人民政府副市长

续表 9

时 间	被任免人员	通过任免会议	任免职务
1月10日	孙晓岚	福州市第十六届人民代表大会第一次会议	选举为福州市人民政府副市长
1月10日	朱训志	福州市第十六届人民代表大会第一次会议	选举为福州市人民政府副市长
1月10日	黄建雄	福州市第十六届人民代表大会第一次会议	选举为福州市人民政府副市长
1月10日	陈云水	福州市第十六届人民代表大会第一次会议	选举为福州市监察委员会主任
1月10日	丁仰豪	福州市第十六届人民代表大会第一次会议	选举为福州市中级人民法院院长
1月10日	傅建飞	福州市第十六届人民代表大会第一次会议	选举为福州市人民检察院检察长，由福州市人民检察院报经福建省人民检察院检察长提请福建省人民代表大会常务委员会批准
2月25日	林裕煌	福州市第十六届人大常委会第一次会议	任命为福州市监察委员会副主任
2月25日	叶 谊	福州市第十六届人大常委会第一次会议	免去福州市监察委员会副主任职务
8月31日	陈绍榕	福州市第十六届人大常委会第四次会议	任命为福州市监察委员会副主任
12月28日	林长远	福州市第十五届人大常委会第五次会议	免去福州市人民政府副市长职务

表 10　**2022年福州市人大常务委员会组成人员和办事机构、工作机构负责人选举任免情况一览表**

时 间	被任免人员	通过任免会议	任免职务
1月10日	王德灿	福州市第十六届人民代表大会第一次会议	选举为福州市第十六届人民代表大会常务委员会委员
1月10日	丘志强	福州市第十六届人民代表大会第一次会议	选举为福州市第十六届人民代表大会常务委员会委员
1月10日	刘毅宙	福州市第十六届人民代表大会第一次会议	选举为福州市第十六届人民代表大会常务委员会委员
1月10日	严孟灿	福州市第十六届人民代表大会第一次会议	选举为福州市第十六届人民代表大会常务委员会委员
1月10日	杨信增	福州市第十六届人民代表大会第一次会议	选举为福州市第十六届人民代表大会常务委员会委员
1月10日	吴 菁	福州市第十六届人民代表大会第一次会议	选举为福州市第十六届人民代表大会常务委员会委员
1月10日	张文胜	福州市第十六届人民代表大会第一次会议	选举为福州市第十六届人民代表大会常务委员会委员
1月10日	张 诚	福州市第十六届人民代表大会第一次会议	选举为福州市第十六届人民代表大会常务委员会委员
1月10日	张修强	福州市第十六届人民代表大会第一次会议	选举为福州市第十六届人民代表大会常务委员会委员
1月10日	张 航	福州市第十六届人民代表大会第一次会议	选举为福州市第十六届人民代表大会常务委员会委员
1月10日	陈 红	福州市第十六届人民代表大会第一次会议	选举为福州市第十六届人民代表大会常务委员会委员
1月10日	陈秀珠	福州市第十六届人民代表大会第一次会议	选举为福州市第十六届人民代表大会常务委员会委员
1月10日	陈英伟	福州市第十六届人民代表大会第一次会议	选举为福州市第十六届人民代表大会常务委员会委员
1月10日	陈京香	福州市第十六届人民代表大会第一次会议	选举为福州市第十六届人民代表大会常务委员会委员
1月10日	陈 浩	福州市第十六届人民代表大会第一次会议	选举为福州市第十六届人民代表大会常务委员会委员
1月10日	林文亮	福州市第十六届人民代表大会第一次会议	选举为福州市第十六届人民代表大会常务委员会委员
1月10日	林如长	福州市第十六届人民代表大会第一次会议	选举为福州市第十六届人民代表大会常务委员会委员
1月10日	林 峻	福州市第十六届人民代表大会第一次会议	选举为福州市第十六届人民代表大会常务委员会委员
1月10日	林高星	福州市第十六届人民代表大会第一次会议	选举为福州市第十六届人民代表大会常务委员会委员

续表 10

时 间	被任免人员	通过任免会议	任免职务
1 月 10 日	罗 枫	福州市第十六届人民代表大会第一次会议	选举为福州市第十六届人民代表大会常务委员会委员
1 月 10 日	郑云坚	福州市第十六届人民代表大会第一次会议	选举为福州市第十六届人民代表大会常务委员会委员
1 月 10 日	郑 立	福州市第十六届人民代表大会第一次会议	选举为福州市第十六届人民代表大会常务委员会委员
1 月 10 日	饶春贵	福州市第十六届人民代表大会第一次会议	选举为福州市第十六届人民代表大会常务委员会委员
1 月 10 日	姚晓敏	福州市第十六届人民代表大会第一次会议	选举为福州市第十六届人民代表大会常务委员会委员
1 月 10 日	柴刚丽	福州市第十六届人民代表大会第一次会议	选举为福州市第十六届人民代表大会常务委员会委员
1 月 10 日	郭 云	福州市第十六届人民代表大会第一次会议	选举为福州市第十六届人民代表大会常务委员会委员
1 月 10 日	郭春曦	福州市第十六届人民代表大会第一次会议	选举为福州市第十六届人民代表大会常务委员会委员
1 月 10 日	黄宇清	福州市第十六届人民代表大会第一次会议	选举为福州市第十六届人民代表大会常务委员会委员
1 月 10 日	黄美辉	福州市第十六届人民代表大会第一次会议	选举为福州市第十六届人民代表大会常务委员会委员
1 月 10 日	鄢 荣	福州市第十六届人民代表大会第一次会议	选举为福州市第十六届人民代表大会常务委员会委员
1 月 10 日	潘俏黎	福州市第十六届人民代表大会第一次会议	选举为福州市第十六届人民代表大会常务委员会委员
1 月 10 日	潘媛芬	福州市第十六届人民代表大会第一次会议	选举为福州市第十六届人民代表大会常务委员会委员
1 月 10 日	魏小云	福州市第十六届人民代表大会第一次会议	选举为福州市第十六届人民代表大会常务委员会委员
1 月 10 日	严孟灿	福州市第十六届人民代表大会第一次会议	任命为福州市第十六届人民代表大会法制委员会主任委员
1 月 10 日	吴 菁	福州市第十六届人民代表大会第一次会议	任命为福州市第十六届人民代表大会财政经济委员会主任委员
1 月 10 日	郑 立	福州市第十六届人民代表大会第一次会议	任命为福州市第十六届人民代表大会社会建设委员会主任委员
1 月 10 日	陈秀珠	福州市第十六届人民代表大会第一次会议	任命为福州市第十六届人民代表大会监察和司法委员会主任委员
6 月 29 日	陈 红	福州市第十六届人大常委会第三次会议	接受辞去福州市第十六届人民代表大会常务委员会委员和福州市第十六届人民代表大会社会建设委员会副主任委员职务，报福州市第十六届人民代表大会第二次会议备案

表 11 **2022 年福州市人民政府工作部门主要负责人决定任免情况一览表**

时 间	被任免人员	通过任免会议	决定任免职务
2 月 25 日	朱汉民	福州市第十六届人大常委会第一次会议	任命为福州市人民政府秘书长
2 月 25 日	郭建国	福州市第十六届人大常委会第一次会议	任命为福州市发展和改革委员会主任
2 月 25 日	游 昕	福州市第十六届人大常委会第一次会议	任命为福州市教育局局长
2 月 25 日	任义文	福州市第十六届人大常委会第一次会议	任命为福州市科学技术局局长
2 月 25 日	陈志毅	福州市第十六届人大常委会第一次会议	任命为福州市工业和信息化局局长
2 月 25 日	薛 博	福州市第十六届人大常委会第一次会议	任命为福州市大数据发展管理委员会主任
2 月 25 日	谢 婧	福州市第十六届人大常委会第一次会议	任命为福州市民族与宗教事务局局长
2 月 25 日	王锡章	福州市第十六届人大常委会第一次会议	任命为福州市公安局局长
2 月 25 日	王振松	福州市第十六届人大常委会第一次会议	任命为福州市民政局局长

续表 11

时 间	被任免人员	通过任免会议	决定任免职务
2月25日	唐新文	福州市第十六届人大常委会第一次会议	任命为福州市司法局局长
2月25日	李小荣	福州市第十六届人大常委会第一次会议	任命为福州市财政局局长
2月25日	王命瑞	福州市第十六届人大常委会第一次会议	任命为福州市人力资源和社会保障局局长
2月25日	吴建青	福州市第十六届人大常委会第一次会议	任命为福州市自然资源和规划局局长
2月25日	林从宇	福州市第十六届人大常委会第一次会议	任命为福州市生态环境局局长
2月25日	陈漠诚	福州市第十六届人大常委会第一次会议	任命为福州市城乡建设局局长
2月25日	金晖辉	福州市第十六届人大常委会第一次会议	任命为福州市住房保障和房产管理局局长
2月25日	陈登峰	福州市第十六届人大常委会第一次会议	任命为福州市城市管理委员会主任
2月25日	蔡 文	福州市第十六届人大常委会第一次会议	任命为福州市交通运输局局长
2月25日	张麒蛰	福州市第十六届人大常委会第一次会议	任命为福州市水利局局长
2月25日	林 健	福州市第十六届人大常委会第一次会议	任命为福州市农业农村局局长
2月25日	林汉隽	福州市第十六届人大常委会第一次会议	任命为福州市商务局局长
2月25日	吴翔天	福州市第十六届人大常委会第一次会议	任命为福州市粮食和物资储备局局长
2月25日	翁国平	福州市第十六届人大常委会第一次会议	任命为福州市文化和旅游局局长
2月25日	吴聿建	福州市第十六届人大常委会第一次会议	任命为福州市文物局局长
2月25日	郭 勇	福州市第十六届人大常委会第一次会议	任命为福州市卫生健康委员会主任
2月25日	张则铭	福州市第十六届人大常委会第一次会议	任命为福州市退役军人事务局局长
2月25日	陈仁德	福州市第十六届人大常委会第一次会议	任命为福州市应急管理局局长
2月25日	林冬阳	福州市第十六届人大常委会第一次会议	任命为福州市审计局局长
2月25日	吴晓杰	福州市第十六届人大常委会第一次会议	任命为福州市人民政府外事办公室主任
2月25日	兰 超	福州市第十六届人大常委会第一次会议	任命为福州市林业局局长
2月25日	童桂荣	福州市第十六届人大常委会第一次会议	任命为福州市海洋与渔业局局长
2月25日	陈宗胜	福州市第十六届人大常委会第一次会议	任命为福州市市场监督管理局局长
2月25日	陈诸凯	福州市第十六届人大常委会第一次会议	任命为福州市体育局局长
2月25日	彭锦华	福州市第十六届人大常委会第一次会议	任命为福州市统计局局长
2月25日	杨立宏	福州市第十六届人大常委会第一次会议	任命为福州市人民防空办公室主任
2月25日	叶 玲	福州市第十六届人大常委会第一次会议	任命为福州市医疗保障局局长
2月25日	吴 勤	福州市第十六届人大常委会第一次会议	任命为福州市人民政府信访局局长
2月25日	张炜鸣	福州市第十六届人大常委会第一次会议	任命为福州市机关事务管理局局长
2月25日	王 刚	福州市第十六届人大常委会第一次会议	任命为福州市人民政府国有资产监督管理委员会主任
6月29日	杨 航	福州市第十六届人大常委会第三次会议	任命为福州市统计局局长
6月29日	吴 亮	福州市第十六届人大常委会第三次会议	任命为福州市地方金融监督管理局局长
6月29日	彭锦华	福州市第十六届人大常委会第三次会议	免去福州市统计局局长职务
10月28日	王 刚	福州市第十六届人大常委会第五次会议	免去福州市人民政府国有资产监督管理委员会主任职务

（林 锦）

重要会议及决议决定

【概况】 2022年，福州市人民代表大会召开第十六届人民代表大会第一次会议，召开常委会会议6次，通过《关于动员全市人民深入贯彻落实省市党代会精神做大做优做强省会的决议》《关于设立“福州企业家日”的决定》。

【福州市第十六届人民代表大会第一次会议】 2022年1月7—10日，福州市第十六届人民代表大会第一次会议在海峡国际会展中心召开，应到代表482人，实际到会468人。部分省人大代表，市级老领导，市政协委员，部分中央、省属驻榕单位、驻榕部队负责人，市政府工作部门和市直机关、企事业单位、群团组织负责人列席会议。

会议听取市人民政府市长吴贤德作《福州市人民政府工作报告》、市发展和改革委员会代表市人民政府作《关于福州市2021年国民经济和社会发展计划执行情况及2022年国民经济和社会发展计划草案的报告》（书面）、市财政局代表市人民政府作《关于福州市2021年预算执行情况及2022年预算草案的报告》（书面）、市人大常委会主任陈为民作《福州市人民代表大会常务委员会工作报告》、市人大常委会副主任陈春光作关于《福州市人民代表大会关于动员全市人民深入贯彻落实省市党代会精神做大做优做强省会的决议（草案）》的说明、市中级人民法院院长丁仰豪作《福州市中级人民法院工作报告》、市人民检察院检察长傅建飞作《福州市人民检察院工作报告》。经过审议，会议决定批准上述6项工作报告，表决通过《福州市人民代表大会关于动员全市人民深入贯彻落实省市党代会精神做大做优做强省会的决议》。

会议选举张忠为福州市第十六届人民代表大会常务委员会主任，雷成财、郑云春、陈曾勇、游通铃、陈忠霖为福州市第十六届人民代表大会常务委员会副主任，林颖为福州市第十六届人民代表大会常务委员会秘书长；吴贤德为福州市人民政府市长，林中麟、林治良、兰文、林长远、王锡章、孙晓岚、朱训志、黄建雄为福州市人民政府副市长；陈云水为福州市监察委员会主任，丁仰豪为福州市中级人民法院院长，傅建飞为福州市人民检察院检察长；会议选举产生和表决通过的国家机关领导成员进行了宪法宣誓仪式。

【福州市第十六届人大常委会会议】 2022年，福州市第十六届人大常委会召开常委会会议6次。

2022年1月7日，福州市第十六届人民代表大会第一次会议在福州海峡国际会展中心开幕 （市人大常委会办公厅 供图）

第一次会议 2月25日召开。会议听取市人民政府关于2021年法治政府建设情况的报告；听取和审议市人大常委会执法检查组关于检查《福州市烟花爆竹销售和燃放管理办法》实施情况的报告；审议并表决通过关于办理市第十六届人大第一次会议主席团交付审议的代表议案的决定；书面听取市人民政府关于《福州市绿化保护带若干规定》实施情况的报告、市人大常委会办公厅关于市人大常委会会议审议意见研究处理情况报告的审核意见的综合报告、市人大常委会法工委关于2021年规章和规范性文件备案审查工作情况的报告；进行人事任免。

第二次会议 4月29日召开。会议学习贯彻十三届全国人大五次会议精神和省委、市委相关会议精神；听取市人民政府关于乡村文旅经济发展工作情况的报告；听取和审议市人民政府关于工业（产业）园区标准化建设专题询问审议意见研究处理情况的报告，并开展满意度测评；听取和审议市人民政府关于2021年环境状况和环境保护目标完成情况的报告、关于重大水利项目规划和建设工作情况的报告；审议并表决通过决议，批准2022年市本级第一批新增政府债券分配方案；审议市人大法制委关于提请审议《福州市人民代表大会常务委员会关于加强闽江流域水生态环境协同保护的决定（草案）》的议案；进行人事任免。

第三次会议 6月28日召开。会议开展乡村文旅经济发展工作情况专题询问；听取市评议基层单位工作领导小组关于基层单位初评工作情况的报告；听取和审议市监察委员会关于开展反腐败国际追逃追赃工作情况的报告；听取和审议市人民政府关于推动台胞台企登陆第一家园建设工作情况的报告、关于2021年市本级决算（草案）的报告、关于2021年度市本级预算执行和其他财政收支情况的审计工作报告；听取和审议市人大常委会执法检查组关于检查《中华人民共和国环境保护法》实施情况的报告、关于检查《中华人民共和国妇女权益保障法》《福建省实施〈中华人民共和国妇女权益保障法〉办法》实施情况的报告、关于检查《中华人民共和国农业技术推广法》及省实施办法和市若干规定实施情况的报告；审议《福州市大气污染防治办法修正草案》；审议并表决通过《福州市人大常委会关于批准2021年市本级决算的决议》《福州市人民代表大会常务委员会关于加强闽江流域水生态环境协同保护的决定》；进行人事任免。

第四次会议　8月30日召开。会议学习《习近平谈治国理政》第四卷；听取和审议市人民政府关于2022年福州市为民办实事项目进展情况的报告、关于2022年1—6月国民经济和社会发展计划执行情况的报告、关于2022年1—6月市本级预算执行情况的报告、关于乡村振兴工作情况的报告、关于公共卫生服务体系建设情况的报告和关于铸牢中华民族共同体意识、推动新时代福州市民族工作高质量发展情况的报告；听取和审议市中级人民法院关于法官履职情况的报告、市人大常委会执法检查组关于检查《福州市非物质文化遗产保护规定》实施情况的报告；审议《福州市闽江河口湿地自然保护区管理办法（草案）》《福州市人民代表大会议事规则（修订草案）》；审议并表决通过《福州市人民代表大会常务委员会关于批准2022年市本级第二批新增政府债券分配方案的决议》《福州市人民代表大会常务委员会关于设立"福州企业家日"的决定》；进行人事任免。

第五次会议　10月27日召开。会议学习贯彻中国共产党第二十次全国代表大会精神；开展乡村文旅经济发展工作情况第二次专题询问；听取和审议市人民政府关于项目攻坚落实年专项行动实施情况的报告、关于2021年度市本级预算执行和其他财政收支审计发现问题整改情况的报告、关于2021年度企业国有资产（不含金融企业）管理情况的报告、关于推行林长制工作情况的报告、关于进一步减轻义务教育阶段学生作业负担和校外培训负担工作情况的报告；听取和审议市人民检察院关于全市检察机关加强民事检察工作情况的报告；分别听取和审议市人民政府、市中级人民法院、市人民检察院、市人大部分专门委员会及常委会部分工作委员会关于市第十六届人大第一次会议代表建议、批评和意见办理情况的报告；审议《福州市城市养犬管理条例（草案）》《福州市大气污染防治办法（草案修改稿）》；审议并表决通过《福州市人民代表大会常务委员会关于批准2022年市本级预算调整方案》《福州市人民代表大会常务委员会关于召开福州市第十六届人民代表大会第二次会议的决定》《福州市闽江河口湿地自然保护区管理办法》；进行人事任免。

第六次会议　12月28日召开。会议学习贯彻省委十一届三次全会、市委十二届四次全会精神；听取和审议市人民政府关于2022年为民办实事工作情况和2023年为民办实事候选项目形成情况的报告，表决通过福州市2023年为民办实事项目；听取和审议市人民政府关于医养结合工作情况的报告、关于提请审议《福州市国土空间总体规划（2021—2035年）（草案）》的议案的报告及相关说明、关于《福州市建筑垃圾管理规定》实施情况的报告；听取福州市第十六届人民代表大会第二次会议安排意见的报告；审议并表决通过福州市人民代表大会常务委员会关于提请审议《福州市人民代表大会关于动员全市人民深入学习贯彻党的二十大精神加快建设现代化国际城市的决议（草案）》的议案、福州市人民代表大会常务委员会关于提请审议《福州市人民代表大会议事规则（草案）》的议案、福州市第十六届人民代表大会常务委员会代表资格审查委员会关于个别代表的代表资格的报告、福州市第十六届人民代表大会第二次会议议程（草案）、福州市第十六届人民代表大会第二次会议日程（草案）、《福州市第十六届人民代表大会第二次会议表决议案办法（草案）》、《福州市第十六届人民代表大会第二次会议选举办法（草案）》、福州市第十六届人民代表大会第二次会议主席团及有关人员名单（草案）；原则通过《福州市人民代表大会常务委员会工作报告（稿）》；表决通过市十六届人大一次会议主席团交付市人大常委会审议的代表提出的7件议案办理情况的综合报告、市十六届人大一次会议代表建议批评和意见办理情况的综合报告，决定印发福州市第十六届人民代表大会第二次会议全体代表；进行人事任免。

【《关于动员全市人民深入贯彻落实省市党代会精神做大做优做强省会的决议》】　2022年1月10日，福州市第十六届人民代表大会第一次会议第四次全体会议通过。该决议从思想认识、目标任务、履职尽责、担当作为、团结力量五个方面，就坚持"3820"战略工程思想精髓、做大做优做强省会、加快建设现代化国际城市等，向全市人民发出动员并向全市国家机关提出要求。

【《关于设立"福州企业家日"的决定》】　2022年8月31日，福州市第十六届人大常务委员会第四次会议通过。内容包括设立"福州企业家日"的背景和重要意义、市人民政府及有关部门通过"福州企业家日"壮大实体经济、号召企业家为福州全方位推进高质量发展超越作出新的更大贡献等三个方面内容。该决定将每年的11月1日设立为"福州企业家日"。

（林　锦）

人大监督

【概况】　2022年，福州市人大常委会开展乡村文旅经济发展工作情况专题询问、工业（产业）园区标准化建设专题询问审议意见研究处理情况满意度测评；开展法律法规实施情况检查；听取和审议"一府一委两院"专项工作报告，听取或书面听取关于部分福州市地方性法规实施、2021年法治政府建设、基层单位初评工作、2021年规章和规范性文件备案审查工作、乡村文旅经济发展工作、2021年度国有资产管理等情况的报告。

【乡村文旅经济发展工作情况专题询问】　2022年4月29日，福州市第十六届人大常委会第二次会议听取福州市人民政府关于乡村文旅经济发展工作情况的报告。6月29日，福州市第十六届人大常委会第三次会议围绕乡村文旅规划引领、品牌建设、产业融合、要素保障、政策落实等方面工作进行专题询问。10月28日，福州市第十六届人大常委会第五次会议再次就该项工作情况开展专题询问，了解6月召开的专题询问相关事项落实及完成情况，并围绕以职工疗休养助力乡村文旅发展、强化应急救援保障乡村游安全等方面提出意见建议。

【工业（产业）园区标准化建设专题询问审议意见研究处理情况满意度测评】 2022年4月29日，福州市第十六届人大常委会第二次会议听取和审议福州市人民政府关于工业（产业）园区标准化建设专题询问审议意见研究处理情况的报告。同日，福州市第十六届人大常委会第二次会议第二次全体会议对工业（产业）园区标准化建设专题询问审议意见研究处理情况进行满意度测评，经表决，测评结果为“满意”。

【法律法规实施情况检查】 2022年，福州市人大常委会发挥人大监督职能，先后组织5次执法检查，推动有关法律法规的实施。

《福州市烟花爆竹销售和燃放管理办法》实施情况检查 2022年1月底至2月中旬，福州市人大常委会对《福州市烟花爆竹销售和燃放管理办法》实施情况进行检查。要求市政府及有关部门加强烟花爆竹销售和燃放管理工作；落实销售点宣传责任，加强对新媒体的运用，完善烟花爆竹销售和燃放管理相关公告发布制度；补齐销售管理薄弱环节，优化零售点布局，建立全市“一盘棋”的联动监管工作机制，开展常态化打击非法经营、存储、运输烟花爆竹工作；落实燃放管理法定职责，加大对违法燃放行为的执法力度，发挥有奖举报制度作用；修订完善法规配套实施意见，破解法规实施过程中发现的问题，提升法规配套文件的法律效力。

《中华人民共和国妇女权益保障法》《福建省实施〈中华人民共和国妇女权益保障法〉办法》实施情况检查 5月下旬至6月初，福州市人大常委会对《中华人民共和国妇女权益保障法》《福建省实施〈中华人民共和国妇女权益保障法〉办法》实施情况与基层执法检查组开展联合检查。要求全市各级人民政府及有关部门完善妇女权益保障相关政策、制度和措施，支持妇联发挥桥梁纽带作用；加大“一法一办法”普法宣传力度，结合重要节点开展维护妇女权益相关法律法规的集中宣传活动；破解妇女权益保障工作痛点难点，加大劳动监察执法力度，打击就业歧视、不缴纳生育保险等问题；健全妇女权益保障的长效机制，健全妇女权益诉求表达机制。

《中华人民共和国农业技术推广法》《福建省实施〈中华人民共和国农业技术推广法〉办法》《福州市农业技术推广若干规定》实施情况检查 5月下旬，福州市人大常委会对《中华人民共和国农业技术推广法》《福建省实施〈中华人民共和国农业技术推广法〉办法》《福州市农业技术推广若干规定》实施情况进行检查。要求市政府及相关部门推动“一法一办法一规定”贯彻落实；强化科技兴农工作意识，将农技推广工作纳入重要议事日程；建立资金保障长效机制，在财政预算内保障用于农技推广的工作经费和项目经费，并根据实际情况逐年增长；完善农技推广体系建设，强化乡镇农技推广机构的公益性定位，理顺管理机制，解决管人与管事分离的问题；加强要素保障，优化人员结构，提升专业人员的比例，确保农技推广队伍的专业性。

《中华人民共和国环境保护法》实施情况检查 6月初，福州市人大常委会对《中华人民共和国环境保护法》实施情况进行检查。要求全市各级政府及有关部门聚焦“双碳”目标，巩固扩大生态文明建设成果；落实责任分工，强化部门联动，建立健全责任部门联动机制；落实环保督察整改措施，推进督察问题整改销号，持续巩固整改成效；发挥规划引领作用，强化科技支撑，加快产业转型升级，促进发展绿色转型和生态环境持续改善；坚持问题导向，打好蓝天保卫战、碧水保卫战、碧海保卫战、净土保卫战。

《福州市非物质文化遗产保护规定》实施情况检查 8月初，福州市人大常委会对《福州市非物质文化遗产保护规定》实施情况进行检查。要求全市各级人民政府及有关部门巩固和拓展“世遗”大会成果，助力持续打响闽都文化国际品牌；加快制定出台福州市非物质文化遗产保护五年规划等中长期规划；提升要素保障，确保非遗保护经费列入各级财政预算，推动设立专项资金且专款专用；推进活化传承，制定非遗濒危项目专项抢救保护方案，优先组织实施高龄传承人抢救性记录工作，争取组建福州非遗研究中心。

【“一府一委两院”专项工作报告听取和审议】 2022年，福州市第十六届人大常委会召开会议6次，听取审议“一府一委两院”专项工作报告29项。

4月29日，福州市第十六届人大常委会第二次会议听取和审议福州市人民政府关于2021年全市环境状况和环境保护目标完成情况的报告，在大气污染防治、水污染防治、土壤污染防治、海洋污染防治、农村面源污染防治等方面，对市人民政府和有关部门提出工作要求。听取和审议福州市人民政府关于重大水利项目规划和建设工作情况的报告，在水资源配置、项目实施、完善水生态安全保障、流域监测、预警预报等方面提出工作要求。

6月28—29日，福州市第十六届人大常委会第三次会议听取和审议福州市监察委员会关于开展反腐败国际追逃追赃工作情况的报告。要求市监委发挥制度优势，完善追逃追赃体制机制，织牢织密防逃网络，扩大追逃追赃成果，提升法治化水平，加强队伍建设和人才选拔储备。听取和审议市人民政府关于2021年度市本级预算执行和其他财政收支情况的审计工作报告，要求市政府贯彻落实新修订的审计法，对整改情况实行动态管理。听取和审议福州市人民政府关于推动台胞台企登录第一家园建设工作情况的报告。要求市政府及有关部门加快“福马共同家园”建设，整合对台资源优势，推动福马两地产业项目和基础设施项目协同规划。

8月30—31日，福州市第十六届人大常委会第四次会议听取和审议福州市人民政府关于2022年1—6月国民经济和社会发展计划执行情况的报告。要求市人民政府及有关部门推进工业（产业）园区标准化建设提升，深化“放管服”改革，优化政务服务机制，强化部门、市县合力；促进高校毕业生就业和失业、就业困难人员再就业，加大财政资金保障和统筹力度，提高财政管理水平。听取和审议福州市人民政府关于2022年1—6月市本级预算执行情况的报告。要求市政府及财税等部门助企纾困，稳住市场主体，落实各项组合式税费支持政策，加快政策资金兑现，明确相关领域的市县两级财政事权和支出责任；强化收支管理、财政库款预警监控，常态化开展债券项目储备，严把支出关口，编制2023年预算。听取和审议福州市人民政府关于铸牢中华民族共同体意识、推动新时代福州市民族工作高质量发展情况的报告。要求市政府及有关部门建立健全县、乡、村三级民族工作责任制；推进民族区域全面发展，加大资金帮扶力度，盘活闲置资产资源，推进少数民族优秀文化传承创新；完善少数民族人才信息库，拓宽少数民族人才培养渠道。听取和审议福州市人民政府关于福州市乡村振兴工作情况的报告。要求市政府及有关部门提升乡村宜居品质，补齐农村基础设施和公共服务短板。听取和审议福州市人民政府关于公共卫生服务体系建设情况的报告。要求市政府和有关部门全面落实有关新冠疫情防控措施，完善公共卫生事业投入机制，推进公立医院感染性疾病科建设，发挥中医药作用；推进公共卫生服务体系改革，研究福州市疾病预防控制体系改革方案；提升公共卫生共建共治共享合力，将公共卫生信息化纳入“数字福州”建设总体规划，完善爱国卫生运动常态化机制，开展健康知识普及行动；加强公共卫生人才队伍建设，加大紧缺专业和特岗人才的引进培养力度，通过校地合作模式，增加紧缺专业人才定向培养规模；关心关爱一线医务人员，落实已出台的关心关爱抗疫一线医务人员的各项政策措施。听取和审议福州市人民政府关于2022年福州市为民办实事项目进展情况的报告。要求市政府及有关部门确保完成民生实事年度任务，回应群众关切的问题，确定2023年度项目，总结为民办实事工作实践经验。听取和审议福州市中级人民法院关于法官履职情况的报告。要求市法院及法官围绕司法工作目标主线通过机制改革，提升法官履职质效，深化审判体制改革，完善案件监管体制。

10月27—28日，福州市第十六届人大常委会第五次会议听取和审议福州市人民政府关于2021年度市本级预算执行和其他财政收支审计发现问题整改情况的报告。要求市人民政府和有关单位加强对审计发现的普遍性、反复性问题的分析研究和审计成果在预算管理、国有资产管理中的运用。听取和审议福州市人民政府关于项目攻坚落实年专项行动实施情况的报告。要求发挥国资国企撬动作用，探索资本招商新途径；保障项目推进，提前谋划2023年新增专项债券项目，推动重大项目基础设施纳入国家、省布局规划，协调解决用地用林审批等问题。听取和审议福州市人民政府关于2021年度企业国有资产（不含金融企业）管理情况的报告。要求市人民政府和有关单位优化国有资本布局，突出国有资本导向作用，推动资源向具有竞争力和发展潜力的企业集中，培育福州市工程设计综合甲级资质企业；落实国有资产保值增值要求，提高资产资金运作效益，对标行业标准，压实保值增值和风险防控主体责任。听取和审议福州市人民检察院关于全市检察机关加强民事检察工作情况的报告。要求市人民检察院提高检察建议工作的透明度与社会认知度；落实好检察建议“案件化”办理机制；强化跟踪问效，抓好跟踪督查，发挥检察建议的综合效果。听取和审议福州市人民政府关于推行林长制工作情况的报告。要求市政府及有关部门综合运用先进技术和地面巡护等，强化进度跟踪、质量检查和督促指导；优化结构布局，提增综合效益，加强湿地、自然保护区、森林公园等生态系统保护修复，推进林木种质资源库建设，推进林业产业融合发展；推进改革创新，落实林地所有权、稳定林地承包权、放活林地经营权，完善生态公益林补偿机制。听取和审议福州市人民政府关于进一步减轻义务教育阶段学生作业负担和校外培训负担工作情况的报告。要求市人民政府及有关部门落实“双减”各项政策措施；加大对“双减”政策的宣传力度；加快完善学校管理和教育评价体系，深化考试招生制度改革，加快职业教育转型提质；扩大集团化办学覆盖面和校长教师轮岗交流比例；持续提升课后服务保障水平，落实课后服务财政经费保障，引导社会资源参与课后服务，加快构建学校、学生、机构多方参与的“菜单式”课后服务体系；深化校外培训机构治理，强化属地责任，开展多部门联合协作。

12月28日，福州市第十六届人大常委会第六次会议听取和审议福州市人民政府关于医养结合工作情况的报告。要求市人民政府及有关部门加强统筹协调，建立医疗、养老、医保等多部门协同机制，加强信息化建设，强化部门信息共享；强化资源整合，提高医养结合服务有效供给，加强医养资源共享，推动智慧医养服务，增强居家社区医养结合服务能力，满足老年人的养老需求；加强人才培养，提升专业队伍服务水平，适度扩大专业人才培养规模，推动福州市职业院校与医养结合机构合作办学，完善人才激励政策；引导社会力量，推动医养结合多元发展，支持社会力量举办医养结合机构，加大政府购买服务力度，壮大为老志愿服务队伍，加大养老服务宣传力度；实施长期护理保险制度提质扩面工作，为重点群体提供专门的健康管理、巡视探访等服务，提升居家医疗服务水平。听取和审议福州市人民政府关于《福州市国土空间总体规划（2021—2035年）（草案）》的报告。要求市人民政府着眼于实现第二个百年奋斗目标和海峡两岸融合交流，为福州全方位推进高质量发展超越、加快建设现代化国际城市提供国土空间布局支撑和服务保障，推动交通、产业、生态等要素协同发展；突出福州特色，明确福州在国家和区域发展中所承担的战略性要素的空间落位，凸显中心城市作用，打造城市历史脉络和文化经纬。

（林　锦）

议案与建议办理

【概况】 2022年，福州市人大常委会完成关于福州法务区、养犬管理、沙滩保护管理、停车场建设和管理、轨道交通等方面议案的办理；收到代表建议524件，其中大会建议 499 件、闭会建议25件，建议全部办复，代表对建议办理情况表示满意或基本满意的523件，占总件数的99.8%。

【议案《关于全力加快建设福州法务区的决定》《关于加强福州法务区建设的决定》的制定】 2022年，福州市人大常委会会同市委政法委组织部分市人大常委会组成人员、提出议案的市人大代表开展实地调研、专题座谈，了解福州法务区建设情况。调研认为，海丝中央法务区福州片区由省级统筹，省、市有关规定和支持政策将建立健全，建议待海丝中央法务区福州片区再运行一段时间、相关体制机制完善后，再行启动相关决定制定的调研论证工作。

【议案《福州市城市养犬管理办法》《福州市文明养犬管理条例》的制定】 2022年，福州市人大常委会专门召集市政府办公厅、市公安局、市司法局、市城管委等单位研讨地方性法规起草涉及的主管部门、工作机制等问题，并在会后督促市政府及市城管委开展法规适用范围、养犬管理体制、养犬登记、犬只免疫检疫、养犬行为规范、犬只收容留检等关键问题的论证工作，加快法规起草。市人大监察司法委会同市人大常委会城环工委、市城管委，征求常委会组成人员、市人大代表对《福州市城市养犬管理条例（草案）》的意见建议。10月27日，市第十六届人大常委会第五次会议对《福州市城市养犬管理条例（草案）》进行一审。

【议案《福州市沙滩保护管理办法》的制定】 2022年，福州市人大常委会会同市资规局、生态环境局开展调研、实地察看，并结合听取和审议市人民政府关于2021年环境状况和环境保护目标完成情况的报告工作，召开座谈会听取部分市人大常委会组成人员、市人大代表意见建议以及相关部门工作汇报，围绕福州市沙滩保护管理情况、法规修订的必要性、先进城市的立法经验等方面进行论证，形成调研报告。调研认为，近年来，福州市加强海洋生态环境保护工作，改进滨海沙滩养护技术和保护措施，提高科技支撑体系和能力建设。但福州市沙滩保护仍面临多重挑战，滨海沙滩资源利用缺乏科学规划，无序开发致使海岸蚀退、沙滩退化现象日益严重，对违法采砂、外来物种入侵问题管理力度不足。为适应实际工作需要，亟须将实践工作中形成的经验和做法，以地方性法规的形式进行固化。建议将该立法项目列入市人大常委会2023年立法工作计划，适时启动法规制定工作。

【议案《福州市停车场建设和管理条例》的制定】 2022年，福州市人大常委会会同市公安局、市司法局组织部分市人大常委会组成人员、提出议案的代表实地察看城区部分公共场所停车场和市公安局交警支队指挥中心公共停车信息平台等建设情况，召开座谈会对代表议案、法规修订的可行性和必要性等内容进行论证。调研认为，市政府于2021年8月对原《福州市停车场管理办法》进行修订，出台《福州市停车场建设和管理办法》。该政府规章实施一年多来，福州市停车场建设和管理工作取得良好进展。建议先就《福州市停车场建设和管理办法》实施情况及存在问题进行调研了解，待政府规章实施满2年后，再就制定《福州市停车场建设和管理条例》调研论证，适时启动立法工作。

【议案《福州市轨道交通条例》的修订】 2022年，福州市人大常委会成立工作专班，组织部分市人大常委会组成人员、市人大代表实地了解轨道交通土地综合开发利用、建设运营投融资及应急管理等工作情况，组织开展多方调研论证。调研认为，《福州市轨道交通条例》为福州市轨道交通规划建设、安全运营、健康发展提供法律保障。市政府及有关部门落实《福州市轨道交通建设管理办法》《福州市轨道交通运营管理办法》，制定出台《关于推进轨道交通建设可持续发展的实施意见》《福州地铁建设“加快速度 加大力度 创新模式”实施方案》等一系列政策文件，修订完善《福州市地下空间开发利用管理办法（试行）》等，多方面对《福州市轨道交通条例》进行细化补充，形成较为完整的地方性法规配套制度体系。建议先由市政府和有关部门修订完善《福州市轨道交通条例》相关配套规章制度，市人大常委会跟踪监督现行规章实施情况，适时推进法规修订工作。

【代表建议办理】 2022年，福州市第十六届人民代表大会第一次会议以来，代表们围绕党中央决策部署及省委、市委工作要求，开展调查研究、听取群众意见，聚焦福州经济社会发展和人民群众关心的热点、难点问题提出建议 524件，其中大会建议 499 件、闭会建议25件。根据代表建议内容和各承办单位职能，建议分别交由市人大常委会有关机构、政府系统、市法院、市检察院和有关党群组织研究办理。10月27日，市第十六届人大常委会第五次会议听取市人民政府、市中级人民法院、市人民检察院关于市十六届人大一次会议代表建议、批评和意见办理情况的报告。市人大代表在市第十六届人大第一次会议期间及闭会期间提出的建议全部办复，代表对建议办理情况表示满意或基本满意的523件，占总件数的99.8%。

（林　锦）

（编辑　苏　颖）

福州市人民政府

综 述

【政府年度工作进展】 2022年，福州市地区生产总值12308.23亿元，比上年增长4.4%，增速位居全国万亿GDP城市第二，总量位居全省第一、全国第18；规模以上工业增加值增长3.8%；固定资产投资（不含平潭）增长6.3%，总量保持全省第一；一般公共预算总收入1059.05亿元，扣除留抵退税因素后下降5.5%；地方一般公共预算收入698.52亿元，同口径增长1.1%；社会消费品零售总额4679.52亿元，增长2.9%；实际利用外资11.03亿美元，下降5.8%；出口总额2564.6亿元，增长16.6%；城镇、农村居民人均可支配收入分别为55638元、26826元，分别增长4.1%、6.4%；本外币存款余额21258.81亿元（全省第一），增长11.2%。全年提请审议地方性法规草案3件，制定修改政府规章3件；办复省、市人大代表建议478件，满意率100%；办复省、市政协提案501件，满意率100%。年内，福州市获评第二批全国法治政府建设示范市。

【科技创新】 2022年，福州市全社会研究与试验发展（R&D）经费支出257.4亿元，比上年增长14.2%，总量和增量连续6年保持全省第一。新增国家级高新技术企业964家、省级科技“小巨人”企业280家、省级以上“专精特新”企业99家。签约落地科大讯飞区域总部、福大紫金矿业氢能等科技创新项目375个。大学城中心共享区加快建设，闽都院士村设计方案完成国际招标，福耀科技大学（暂名）开工建设。新增科创走廊载体136.6万平方米、国家级科技企业孵化器1家、众创空间2家。举办“好年华 聚福州”人才峰会、“人才福州月”等活动，发布“1+1+N”人才政策，全年全市入选国家重大人才计划专家9人，引进培养高层次人才3000人、高技能人才1.12万人，吸引到榕留榕就业应届高校毕业生7万人，福州获“中国年度最佳引才城市”称号。发展壮大化工新材料、新能源汽车、新型显示、新型储能、集成电路等战略性新兴产业，实施工业战略性新兴产业重点项目65个。投产福米恒美全球最大宽幅偏光片生产线、中景石化年产120万吨多元共聚聚丙烯等一批重大项目，马尾区用户侧新型储能产业集群入围首批国家中小企业特色产业集群。推进国家自主创新示范区建设，福州入选首批国家知识产权强市建设示范市。

【产业发展】 2022年，福州市实施工业（产业）园区标准化建设深化改革行动，启动中心城区工业企业“四个一批”搬迁改造，优化中心城区工业园区功能布局，发布园区地方标准5项。开展“扶持龙头壮大产业”专项行动，136家工业龙头企业产值比上年增长7.2%。实施“榕升计划”“榕腾计划”，新增规模以上工业企业266家、上市企业5家。推进东南汽车城建设，引进奇瑞汽车与东南汽车开展战略合作。实施16条重点产业链“链长制”，引进产业链项目220个，57家链主企业实现产值3714.43亿元，比上年增长11.1%。新增供应链企业123家，供应链销售额超5000亿元，比上年增长58.68%。加快商贸服务型国家物流枢纽建设，现代物流城动建京东供应链、民天国际物流中心等项目21个，福州市入选全国供应链创新与应用示范城市。举办第五届数字中国建设峰会暨第二届数博会，入选数字人民币试点城市。出台全国首个鸿蒙产业扶持政策，建成全省第一个人工智能算力中心，福米恒美全球最先进的超宽幅偏光片生产线投产。福州居2022中国数字城市百强榜第19位，全省第一。实施“海上福州”重点项目247个，完成全国首宗海洋渔业碳汇交易，全省首台渔旅结合深远海养殖平台“闽投宏东号”、大型智慧养殖平台“乾动1号”下水。实施绿色经济重点项目134个，新增省级绿色工厂12家，全球单机容量最大16兆瓦海上风电机组下线，永泰抽水蓄能电站1～3号机组建成投入使用。发布“有福之州”城市形象标识，举办第三届中国短视频大会，新增国家AAAA级旅游景区1家、省级旅游度假区3家，接待旅客7861.56万人次，实现旅游收入596.4亿元。新增限额以上、规模以上商贸服务业企业超1000家。开展“惠聚榕城·福见商旅”等促消费活动近3000场，发放各类消费券超10亿元。新建“一刻钟便民生活圈”试点社区22个。万象城、烟台山漫步街区等商业综合体建成开业。举办2022年春季中国跨境电商交易会，跨境电商进出口销售额比上年增长63.68%。

【改革开放】 2022年，福州市承接省级下放审批权限29项。福州都市圈实施年度协作项目66个。福州新区地区生产总值比上年增长5.3%，实现94个省级事项“全区通办”。自贸试验区福州片区推出全国首创举措12项，获批设立自贸联动创新发展区8个，数字环境监管云模式获评2022中国城市数字化转型优秀案例。完成市属国资国企改革重组，形成“9+4”国企发展格局，新培育AAA信用评级国企2家，市国资委出资企业资产总额、营业收入比上年分别增长27.9%、35.1%。加快建设国际航空城、丝路海港城，推进机场二期扩建工程、综合枢纽配套、港口后方铁路等项目建设，长乐国际机场新增国内外航线9条，中欧、中老班列开通运营，福州港货物吞吐量、吞吐量增速均居全省首位。中国—印度尼西亚“两国双园”上升为国家级“一带一路”旗舰项目，印度尼西亚海洋渔业中心首个渔业基地投入生产。举办金砖国家可持续发展高层论坛、21世纪海上合作委员会第二次全体会员大会，连任世界城地组织执行局和理事会成员。举办第十届海峡青年节等涉台交流活动112场，“两马”（马尾、马祖）同春闹元宵等5项活动被列为2022年国台办重点交流项目，打造福州海峡交响乐团海峡两岸文化交流品牌。设立福州企业家日，年内实有市场主体有102.7万户，累计退减降缓税费超265亿元。整合设立、数字化提升市政务服务中心，“最多跑一趟”“一趟不用跑”“全程网办”事项分别占比98.8%、84.3%、65%。建成海丝中央法务区福州片区，推出全国首个实体法务服务中心。

【城市建设】 2022年，福州市发挥海滨、山水、温泉、古厝等特色优势，建设海滨城市、山水城市。划定国土空间规划“三区三线”，完成重点发展区域专项规划及城市设计28项。机场第二高速、十九中滨海校区等104个项目开工建设，建设国道228线滨海风景道、滨海新城CBD输配环等项目169个。三江口片区城市设计方案完成编制，植物园、市美术馆和博物馆新馆等设计方案完成国际招标，道庆洲大桥主桥通车。“闽江之心”成为热门“网红打卡点”，青年广场、青年桥建成开放，青年广场城市更新项目获2022年全球未来设计金奖。实施城市品质提升项目909个，8个样板工程获评全省第一档，数量连续两年全省第一。实施连片旧屋区改造60个，面积464.7万平方米；整治老旧小区376个，涉及群众5.3万户。推进尤溪洲南桥头立交提升改造、象山隧道拓宽改造等35个项目建设，完成连江排尾路口改造等项目11个。新改扩建市政道路94.7千米。新增更新新能源公交车283辆，新增优化公交线路140条。新增公共停车泊位5013个，新建汽车充电桩1598个。地铁5号线一期首通段和6号线开通运营，2号线东延线、6号线东调段全面动建。基本完成闽江北岸三线贯通工程，金鸡山—金牛山城市慢行步道项目加快建设。建成主题公园13个、口袋公园77个、郊野公园11个，提升公园绿地面积115.9公顷。完成水土流失综合治理面积8666.67公顷，植树造林面积4600公顷，改造提升松林面积7933.33公顷，除治互花米草面积2120公顷。闽江河口湿地获评“中国十大魅力湿地”并被列入世界自然遗产预备清单，马尾区、闽侯县获评国家生态文明建设示范区，空气质量居全国重点城市第五位，河湖长制工作获国务院正向激励。实施文物和古厝保护修缮项目153个、活化利用项目45个，成立三坊七巷历史文化研究会、福州市古厝研究会，建设三宝城项目，连江琯头镇长门村等4个村落被列入第六批中国传统村落名录，永泰“父子三庄寨”入选2022世界建筑遗产观察名录。

【乡村振兴】 2022年，福州市农林牧渔业总产值1194.75亿元，渔业产值居全国地级市第一位，连江渔业产值居全国县级第一位。治理抛荒撂荒耕地面积640公顷，建成高标准农田面积3266.67公顷，种植粮食面积8.3万公顷。实施特色现代农业（产业）园区建设行动项目89个，开工建设绿色食品产业链项目54个。新增全国农业产业强镇1个、全国“一村一品”示范村（镇）2个，国家农产品加工技术研发中心7家、省级优质农产品标准化示范基地29个，琅岐成功创建国家级农作物品种展示评价基地。新增全国名特优新农产品2个、国家地理标志证明商标4个。福州茉莉花茶窨制工艺被列入联合国教科文组织人类非物质文化遗产代表作名录，福州橄榄、永泰绿茶入选农业农村部地理标志农产品保护工程。2022渔业周·渔博会、首届中国茶叶交易会等活动成功举行。开设福州鱼丸品牌店159家。开展“护河爱水、清洁家园”、村庄清洁“六清一改”等行动，推广乡村治理积分制，评定乡村振兴五星级村20个、四星级村175个。新增国家级最美休闲乡村1个，农村人居环境整治积分制行政村覆盖率超90%。新建改造农村公路201千米。选认省、市科技特派员610人。

【民生事业】 2022年，福州市各级财政用于民生支出790.9亿元，占一般公共预算支出的79.1%。完成为民办实事项目73件。就业方面，城镇新增就业14.96万人，失业人员再就业4.29万人。教育方面，新改扩建公办幼儿园33所、中小学17所，建成公办园学位1.2万个、义务教育学位1.8万个，新组建教育集团25个，鼓楼、晋安入选全国义务教育优质均衡先行创建县，闽江学院入选省一流应用型建设高校。医疗方面，孟超肝胆医院金山院区、华山附一医院二期、市疾控中心新址等项目基本建成，省康复医院滨海院区、市二医院奥体院区开诊，全国首创“积分制”家庭医生签约服务模式。养老方面，开展老年友好型城市建设，新建居家社区养老服务示范点15个、长者食堂383个，新增机构养老床位2361张。住房方面，出台公租房、保障性租赁住房和人才住房等配套政策措施，筹集盘活各类租赁住房33.7万套。供水方面，“一闸三线”工程实现向福清、长乐、闽侯供水，筹建“一库两线”工程，建成飞凤山水厂，完成供水管网新建改造总长度117.7千米、二次供水设施改造3.1万户。文体方面，市图书馆等27个公共文化场馆错时延时开放、服务群众超50万人次，市文化馆、少儿图书馆新馆、科技馆主体工程完工。举办首届世界龙舟联赛、2022世界人工智能围棋大赛等竞技赛事，在省运会上获金牌总数、奖牌总数、团体总分“3个第一”。实施全民健身设施项目475个，260所学校体育场地对社会开放，“15分钟健身圈”实现全覆盖。风险防控方面，健全完善扫黑除恶斗争长效机制，安全生产、信访等工作有序开展，省会城市保持安定稳定。

【为民办实事】 2022年，中共福州市委、福州市政府安排办好人民满意的教育、提高养老服务水平等为民办实事项目20个大项，共73件。至年底，73件为民办实事全部完成。

表12 **2022年中共福州市委、福州市政府为民办实事情况一览表**

序号	项目类别	项目内容	进展情况
一	办好人民满意的教育	1. 公办幼儿园新建5所、改扩建28所，新增学位12000个	公办幼儿园33所全部竣工，新增学位12000个
		2. 中小学新建7所、改扩建10所，新增学位18000个	中小学17所全部竣工，新增学位18000个
		3. 开展中小学课后服务扩面提质工作，在“e福州”App上线福州市课后服务平台	福州市课后服务信息化平台于8月16日上线“e福州”App
二	提高养老服务水平	4. 建设居家社区养老服务示范点15个	建成居家社区养老服务示范点15个
		5. 建设农村示范性区域性养老服务中心4个	建成农村区域性养老服务中心4个
		6. 建设长者食堂70个	建成长者食堂383个
三	提升公共卫生服务能力	7. 建成市一医院外科病房楼	市一医院外科病房楼建成并投入使用
		8. 建成市疾控中心（新址）	建成市疾控中心（新址）
		9. 建成肺科医院隔离院区及负压楼改造提升项目	肺科医院隔离院区投入使用，负压楼建成
		10. 建成市皮肤病院医技附属楼项目	市皮肤病院医技附属楼项目建成并投入使用
		11. 完成市中医院五四北分院项目主体工程建设	完成市中医院五四北分院项目主体工程建设
		12. 新增滨海新城综合医院二期床位700张	滨海新城综合医院二期基本建成，新增病床700张
		13. 开展护“苗”行动，保证疫苗质量安全，对全市所有疾控中心、疫苗接种点开展疫苗质量检查	印发《关于做好2022年度为民办实事疫苗质量监管有关工作的通知》，要求各县区局加强协作，保证疫苗质量安全，统筹推进疫苗流通、供应储备等质量监管工作。检查疫苗配送单位12家次，疫苗接种使用单位240家次，检查覆盖面96.2%，监督销毁过期报废疫苗91642支
		14. 将基本公共卫生服务政府补助标准从每人每年70元提高至75元	基本公共卫生服务政府补助标准从每人每年70元提高至75元
四	加快体育事业发展	15. 建设智慧体育公园4个	4个智慧体育公园均完工
		16. 利用“金边银边”，更新、新建健身路径300条	利用“金边银边”，更新、新建健身路径312条

续表 12

序号	项目类别	项目内容	进展情况
四	加快体育事业发展	17. 体育设施进公园、进社区、进乡村，新建、提升改造篮球场、网球场、足球场等球类场地 38 个	新建、提升改造篮球场、网球场、足球场等球类场地 44 个
		18. 开展全民健身活动项目 30 项次、300 场以上	开展全民健身活动项目 30 项、活动 315 场
		19. 新建和改造游泳池 11 个	新建和改造游泳池 11 个
五	实施文化惠民工程	20. 完成市少儿图书馆新馆项目主体工程建设	完成市少儿图书馆新馆项目主体工程建设
		21. 完成市群众艺术馆新馆项目主体工程建设	完成市群众艺术馆新馆项目主体工程建设
		22. 开展文化惠民“七进”“非遗地方剧种公益性演出”“周周有戏公益性低票价演出”等惠民活动 200 场	开展文化惠民演出 248 场
		23. 开展文化、艺术等公益讲座、培训 100 场	开展公益讲座、培训 144 场
		24. 实施福州市农村公益电影放映文化惠民工程，赴农村放映公益电影 1644 场，新片上线率 50% 以上	赴农村放映公益电影 1753 场，观影 175324 人次，新片上线率 53%
		25. 展示闽都文化，拍摄非遗短视频 20 部	拍摄非遗短视频 20 部
		26. 实施福州市大众电影院免费电影文化惠民项目，放映电影 469 场	福州市大众电影院免费放映公益电影 472 场，观影 36993 人次
		27. 开辟“两江四岸”核心段文化旅游“三点对渡”航线	开辟“两江四岸”核心段文化旅游“三点对渡”航线
六	加强职业技能培训	28. 培训高素质农民 1 万人次	培训高素质农民 12217 人次
		29. 开展职工“求学圆梦”学历提升行动、福州工匠学院“二元制”学历提升计划，为 2000 名以上的劳模、职工学员发放助学金 1000 元（人·学年）	完成 2046 名学员助学金发放工作，发放助学金 207.3 万元
		30. 完成福州第二技师学院公共实训基地主体结构工程建设	完成福州第二技师学院公共实训基地主体结构工程建设
七	加大社会保障力度	31. 开展福州市长期护理保险试点，确定护理服务机构 60 家以上，护理服务人员 600 人以上，满足失能人员护理需求	培育服务机构 87 家，护理服务人员 844 人
		32. 完成渔工参保 1 万人，渔船参保 900 艘	完成渔工参保 15594 人，渔船参保 1371 艘
		33. 开展福州市职工温暖工程梯度送温暖项目，防止职工返困返贫	全市各级工会筹集送温暖资金 5690 多万元，惠及榕城职工近 35 万人次
八	治理餐桌污染和储备活体生猪	34. 储备活体生猪 10.8 万头	完成 10.8 万头生猪储备
		35. 治理餐桌污染，建设食品放心工程，完成农产品监测样本 8200 批次以上，开展食源性疾病监测 3700 例，市本级食品生产经营环节监督抽检 6000 批次以上	完成农产品监测样本 8203 批次，开展食源性疾病监测 9000 例，开展市本级食品生产经营环节监督抽检 6636 批次
九	提升供排水保障水平	36. 新建、改造、修复市政生活污水管网 70 千米	完成新建、改造、修复市政生活污水管网 100.2 千米
		37. 新建、改造、修复市政雨水管网 60 千米	完成新建、改造、修复市政雨水管网 88 千米
		38. 实施高品质饮用水项目，建成飞凤山水厂二期及深度处理工程，市政管道新建改造 35 千米，冲洗维护管道 150 千米，改造二次供水设施 2 万户	飞凤山水厂二期及深度处理工程于 2022 年 9 月投用并网运行；2022 年以来，供水管网新建改造 49 千米，供水管网维护冲洗 290 千米，二次供水设施改造 3.1 万户

续表 12

序号	项目类别	项目内容	进展情况
十	改善居民居住条件	39. 新增保障性租赁住房 1 万套	新增保障性租赁住房 11214 套
		40. 改造老旧住宅小区 100 个	完成改造老旧住宅小区 100 个
		41. 建成福州滨海新城安置房六期项目	建成福州滨海新城安置房六期项目
		42. 建成福州滨海新城租赁房二期、三期项目	建成福州滨海新城租赁房二期、三期项目
十一	实施交通便民工程	43. 新增公共停车泊位 2400 个	新增公共停车泊位 2460 个
		44. 新建改造公交站台 100 座	新建改造公交站台 110 座
		45. 建成公交首末站 2 个	建成樟岚公交综合车场、潭桥公交首末站
		46. 新增道路停车泊位 3000 个	新增 3031 个道路停车泊位
		47. 新增优化公交线路 30 条	完成优化公交线路 126 条
		48. 完成 30 条市管道路的路面平整度提升	完成 60 条市管道路沥青路面平整度提升，修复路面 3.1 万平方米
		49. 建成工业路（上浦路—杨桥路）节点改造工程	完成工业路（上浦路—杨桥路）节点改造工程
		50. 建成福建师范大学协和学院东侧学府南路机动车下穿地道工程	建成福建师范大学协和学院东侧学府南路机动车下穿地道工程
十二	加强环卫基础设施建设	51. 建成红庙岭园区综合管理服务中心，作为环保宣教基地向市民开放	项目完成建设，生态环境宣教厅交付使用并向市民开放
十三	加快公共应急能力建设	52. 建成榕发滨海应急仓储基地	完成榕发滨海应急仓储基地建设任务
十四	推进智慧城市建设	53. 归集电子证照数据 2600 万条，在“e 福州”APP 增加“电子证照社会公示”“电子亮证、扫码核验”“授权用证”等功能	归集电子证照数据 2670 万条；“e 福州”App 增加“电子证照社会公示”“电子亮证、扫码核验”“授权用证”等功能
十五	加强古厝保护利用	54. 完成历史建筑、传统风貌建筑保护修复工程 30 个	完成历史建筑、传统风貌建筑保护修复工程 30 个
		55. 完成历史建筑、传统风貌建筑活化利用示范项目 10 个	完成历史建筑、传统风貌建筑活化利用示范项目 11 个
		56. 完成文物建筑修缮工程 30 个	完成文物建筑修缮工程 30 个
		57. 完成文物建筑活化利用示范项目 10 个	完成文物建筑活化利用示范项目 10 个
十六	改善农村生产生活条件	58. 综合治理水土流失 2000 公顷	完成综合治理水土流失 3400 公顷
		59. 实施农村饮水安全巩固提升工程，建设、改造提升管网 500 千米，受益人口 15 万人	完成建设、改造提升管网 846 千米，实现受益人口 47 万人
		60. 进行农村生活污水治理 90 个村	启动 90 个村庄生活污水治理设施建设，完成 73 个村工程量
		61. 新培育乡村振兴中高级版试点村 60 个	完成新培育乡村振兴中高级版试点村（星级村）68 个
		62. 新增乡镇公益性公墓 9 个，农村公益性骨灰楼 5 个	新增乡镇公益性公墓 9 个，农村公益性骨灰楼 5 个
十七	提高公路保障能力	63. 建成农村公路 100 千米	建成农村公路 201.468 千米
		64. 完成隐患路段整治 46 处	完成隐患路段整治 46 处
		65. 提升改造桥梁 6 座	完成提升改造桥梁 6 座（闽清县源溪桥、坂东大桥、鼎安桥、梨炉桥、佳塘桥；永泰县明灯桥）

续表 12

序号	项目类别	项目内容	进展情况
十八	加强环境整治提升	66. 完成福州市“两江四岸”核心段品质提升改造工程	2022 年“两江四岸”核心段品质提升改造工程完成。主要内容为完成滨江步行街、青年会前广场景观、青年广场（绿波停车场）、青年天桥、仓前公园绿化及水上码头服务建筑装饰
		67. 实施海漂垃圾综合治理项目，海漂垃圾密度比上年度同比减少 10%，重点岸段垃圾分布密度低于 300 平方米 / 千米	沿海 5 个县（市）区均组建海上环卫队伍，开展海漂垃圾常态化治理，清理海漂垃圾共 3.2 万吨。通过无人机航拍、视频监控等方式督促指导海漂垃圾治理，完成第 3 期航拍抽查，海漂垃圾密度比上年减少 27.6%，重点岸段垃圾分布密度为 123 平方米 / 千米
十九	加强水利工程建设	68. 综合治理河道 14 千米	综合治理河道 17 千米
		69. 完成平潭及闽江口水资源配置（一闸三线）工程（福州段）建设，新增年引水量 8.7 亿立方米	完成永泰莒口—福清东张水库、永泰莒口—闽侯、长乐输水线路建设，完成福州段内的通水目标
二十	实施新时代电力“双满意”工程	70. 完成 47 个老旧小区的供配电设施升级改造	完成 47 个老旧小区的供配电设施升级改造
		71. 深化居民智能用电服务。安装智能电表 73 万只；改造电力自助营业厅 5 个；累计建成“零计划停电示范区”11 个，惠及用户 63 万户	安装智能电表 80 万只；完成 5 个电力自助营业厅改造；建成 11 个“零计划停电示范区”，惠及用户 63 万户
		72. 带动完成新建充电桩 600 个、充电站 30 座；实现车联网平台累计接入充电桩 6400 个	带动新建充电桩 658 个、充电站 34 座；车联网平台累计接入充电桩 7939 个
		73. 实施农配网巩固提升工程。建成高压配电工程 14 项；新建、改造农村配电网台区 500 个；全市供电可靠率提升至 99.984%，其中农村地区提升至 99.980%	建成高压配电网工程 14 项；新建、改造农村配电网台区 513 个；全市供电可靠率提升至 99.988%，其中农村地区提升至 99.985%

（市政府办公厅综合处 市政府督查室）

重要会议及活动

【概况】 2022 年，福州市举办产业链招商“云签约”、供应链产业链招商“云签约”、“6·6”放鱼日、2022 海峡（福州）渔业周·渔博会和菌博会、“3820”战略工程实施 30 周年成就展等活动，联合主办首届世界龙舟联赛（福州站）、金砖国家可持续发展高层论坛、首届中国茶叶交易会，共同承办第十七届中国会展经济国际合作论坛。第五届数字中国建设峰会、第二届中国国际数字产品博览会在福州举行。福州市政府召开常务会议 42 次。

【市政府常务会议】 2022 年，福州市政府召开常务会议 42 次，均由市长吴贤德主持。会议内容包括传达学习习近平总书记重要讲话指示批示精神和党中央、国务院决策部署，省委常委会会议精神，省政府常务会议精神及时任福建省委书记尹力、福建省委书记周祖翼、省长赵龙讲话精神，市委常委会会议精神，研究和审议相关议题等。

表 13 **2022 年福州市人民政府常务会议情况一览表**

会议名称	会议时间	会议内容
第 1 次常务会议	1 月 4 日	研究电视剧《又见茉莉花（暂名）》拍摄制作经费预算、近期拟出让商服用地出让方案、第 44 届世界遗产大会奖励工作等问题；审议《2022 年工业（产业）园区标准化建设推进制造业高质量发展工作方案（送审稿）》《福州市“十四五”海洋经济发展专项规划（送审稿）》《福州城区温泉资源保护与开发利用专项规划（2021—2035）（送审稿）》《福州市区“十四五”市政公用建设规划（送审稿）》《福州市城市更新专项规划（2021—2025 年）（送审稿）》《福州市水电站清理整治行动方案（送审稿）》
第 2 次常务会议	1 月 11 日	研究 2022 年福州市强省会重大项目清单；审议《福州市现代化国际城市综合交通枢纽发展规划三年行动计划（送审稿）》《福州市应急救援领域市级与县级财政事权和支出责任划分改革实施方案（送审稿）》

续表 13

会议名称	会议时间	会议内容
第 3 次常务会议	1 月 19 日	研究增加 500 名交通勤务辅警、苍霞新城全方位改造提升项目（二期）招标模式等问题；审议《福州市 2022 年项目攻坚落实年专项行动方案（送审稿）》《关于做好 2022 年全面推进乡村振兴重点工作的实施意见（送审稿）》《关于扶持药品上市许可持有人发展的若干措施（送审稿）》《市本级财政资金使用审批管理办法（修订送审稿）》《新春促消费暨社零增长资金奖励方案（送审稿）》
第 4 次常务会议	1 月 27 日	研究 2022 年度第一批集中出让地块出让方案、福州市第九批市级文物保护单位名单、福建省果品食杂公司梅峰路 12 号地块用途变更及边角地协议出让、工业路加油站搬迁补缴地价款、福建省福州二化工业有限公司地块土地用途变更补缴地价款、推进海丝国际旅游中心建设运营、推荐评选 2019—2021 年度省重点项目先进名单、第五届数字峰会暨第二届数博会收支预算等有关问题；审议《2022 年第一季度“开门红”工作方案（送审稿）》《关于用好 RCEP 加快福州经贸发展的工作方案（送审稿）》《关于进一步规范工业项目建设审批和监管实施意见（送审稿）》《关于鼓励央企和省属企业用地收购提前搬迁有关规定的通知》《福州历史文化名城保护规划（2021—2035 年）（送审稿）》《福州市“十四五”应急管理专项规划（送审稿）》《福州市“十四五”数字福州发展专项规划（送审稿）》《福州市“十四五”金融业发展专项规划（送审稿）》《福州市引进和培育金融机构奖励办法（送审稿）》《福州市引进和培育金融机构奖励办法的实施细则（送审稿）》
第 5 次常务会议	2 月 16 日	传达贯彻福建省委书记尹力、省长赵龙到榕看望慰问春节期间坚守一线干部职工时的讲话精神和省委书记尹力在福清调研时的讲话精神及市委常委会会议精神，研究福州市开展全国社会治安防控体系建设示范城市创建工作、2020 年度集装箱增量补贴、福州市食品安全工作奖励、推荐评选全国消除疟疾工作先进集体和先进个人等有关问题；审议《福州城市综合交通规划（2020—2035 年）（送审稿）》《福州市持续推进稳外资工作若干措施（送审稿）》《福州市“十四五”现代服务业发展专项规划（送审稿）》《福州市“十四五”物流业发展规划（送审稿）》《关于全面提升福州城市国际化水平实施方案（送审稿）》《福州市人民政府 福建省高速公路集团有限公司推动高速公路路衍经济发展战略合作框架协议（送审稿）》《福州市促进传统工艺美术保护发展若干措施（送审稿）》《规范城市轨道交通工程招投标工作的若干规定（送审稿）》《福州市鼓岭旅游度假区业态培育（国有房产租赁）实施办法（送审稿）》《关于自贸区福州片区管委会体制调整的实施方案（送审稿）》
第 6 次常务会议	2 月 25 日	传达学习十一届省委财经委员会第一次会议精神、省长赵龙 2 月 17—18 日在榕调研时的讲话精神和市委常委会会议精神，研究闽江学院智慧校园项目（一期）、推荐评选全省司法行政系统先进集体和先进工作者、推荐评选全省造林绿化工作先进集体和先进个人等有关问题；审议《福州市“十四五”知识产权发展专项规划（送审稿）》《福建省市场监督管理局（知识产权局）福州市人民政府共建知识产权强市战略合作备忘录（送审稿）》《关于完善职工基本医疗保险门诊共济保障机制的实施办法（送审稿）》《福州大学城（科学城）防洪排涝规划（送审稿）》
第 7 次常务会议	3 月 5 日	传达学习省长赵龙 2 月 25 日在榕调研时的讲话精神；研究下放福州新区（长乐直管区）、马尾区规划审批和土地出让权限，福建省种业创新中心（琅岐）新品种展示评价基地项目建设，市行政服务中心改革提升等有关问题；审议《福州市四城区集体土地房屋征收的实施意见（送审稿）》《福州市“十四五”全民医疗保障专项规划（送审稿）》《福州市“科创中国”试点城市建设方案（送审稿）》《关于延续〈福州市总部企业认定和扶持实施细则〉的通知（送审稿）》《关于进一步完善房地产市场调控措施的意见（送审稿）》
第 8 次常务会议	3 月 11 日	研究给予福州市体育局奥运会参赛工作记集体二等功、村集体利用留用地及村财对接购买商贸综合用房、鼓山镇三远片区棚户区改造项目房屋征收、三环路绿化景观提升工程项目选址红线内房屋征收补偿、新一批重大缓堵市政项目建设方案及投资和提速增效、进一步完善社会救助和保障标准与物价上涨挂钩联动机制等有关问题；审议《福州市“十四五”临床专科培强培优培育建设方案（送审稿）》

续表 13

会议名称	会议时间	会议内容
第 9 次常务会议	3 月 25 日	传达学习习近平总书记 3 月 17 日在中央政治局常委会会议上的重要讲话精神及省委常委会会议精神，习近平总书记在中央深化改革委员会第二十四次会议上的重要讲话精神及省委常委会和市委常委会精神，全国两会精神及省委常委会会议精神和市委常委会会议精神；会议研究明确新建城市轨道交通县（市）区投资控股线路建设管理及招标主体，仓山区建新镇冠洲村和红江村（生产队）托管协议，福州海实佳德实业有限公司提升改造项目，道庆洲大桥工程夜景照明设计方案，返还征收补偿款用于回购民天国际商贸物流中心项目建设，促进建筑业经济高质量发展，提升地铁公交客流措施，推荐评选全国司法行政系统先进集体、劳动模范和先进工作者，申报建设福州市海峡西岸沿海防护林项目等有关问题；审议《榕聚千万人口专项行动方案（送审稿）》《福州市工业（产业）园区标准化建设改革提升行动方案（送审稿）》《福州市工业（产业）园区标准化建设改革提升 2022 年工作计划（送审稿）》
第 10 次常务会议	4 月 1 日	部署全市安全生产工作，研究第五届 21 世纪海上丝绸之路博览会暨第二十四届海峡两岸经贸交易总体活动方案及筹备工作；审议《关于坚持党建引领乡村振兴加快推动农业农村现代化的意见（送审稿）》《福州市特色现代农业（产业）园区建设行动方案（送审稿）》《福州市推行农村人居环境整治积分制行动方案（送审稿）》《福州市乡村振兴星级村建设考评办法（送审稿）》《福州市城区水系专项规划（送审稿）》《福州市建筑垃圾资源化利用及再生产品推广应用实施细则（试行）（送审稿）》《福州市“十四五”教育事业发展专项规划（送审稿）》
第 11 次常务会议	4 月 8 日	传达学习习近平总书记在《求是》杂志上发表的重要文章《坚持把解决好“三农”问题作为全党工作重中之重，举全党全社会之力推动乡村振兴》；传达学习市委常委会会议精神；研究推荐评选第十批全国民族团结进步示范区示范单位和第二批全省民族团结进步重点区重点单位、推荐评选第 44 届世界遗产大会筹备工作成绩突出集体和个人等问题；审议《福州市人民政府工作规则（送审稿）》《2022 年第一批户外商业广告有偿设置方案（送审稿）》《福州市人民政府 中交第三航务工程局有限公司关于设立中交海上风电发展股份有限公司的战略合作协议（送审稿）》《2022 年市本级第一批政府债券资金分配和预算调整方案（草案）》
第 12 次常务会议	4 月 15 日	传达学习习近平总书记在参加首都义务植树活动时的重要讲话精神和习近平总书记在福建工作期间关于闽江河口湿地保护重要批示精神；传达学习省委常委会会议精神；会议研究 2022 年一季度经济运行、福州新区滨海新城美丽海湾保护建设、东方电气福建创新研究院落地福州市、万寿庵房屋移交、申请数字人民币消费红包活动经费等问题；审议《闽江河口湿地保护 20 年实践系列活动实施方案（送审稿）》《福州市外卖寄递行业配送摩托车管理办法（送审稿）》
第 13 次常务会议	4 月 20 日	学习电子竞技产业有关知识；研究福州方舱医院建设经费、启动孟超肝胆医院金山院区后续能力提升项目、继续申办 2023—2026 周期世界羽联巡回赛、评选表彰福州市青年五四奖章集体和个人等问题；审议《2022 年福州市城乡品质提升实施方案（送审稿）》《关于实施“榕升计划”推动规上工业企业倍增行动方案（送审稿）》《福州市人民政府 中国交通建设集团有限公司战略合作协议（送审稿）》《福州市规范民办义务教育发展实施方案（送审稿）》《福州市贯彻福建省积极应对疫情影响进一步帮助市场主体纾困解难的若干措施（送审稿）》《福州市妇女发展纲要（2021—2030 年）（送审稿）》《福州市儿童发展纲要（2021—2030 年）（送审稿）》《关于加强新时代老龄工作 建设老年友好型示范城市的实施意见（送审稿）》《福州市“十四五”卫生健康事业发展专项规划（送审稿）》
第 14 次常务会议	4 月 26 日	传达学习习近平总书记在中央全面深化改革委员会第二十五次会议上的重要讲话精神；传达学习十一届省委全面深化改革委员会第三次会议精神；研究“惠聚榕城·福见商旅”促消费活动总体方案、2022 年度第二批经营性用地出让方案、“一闸三线”工程第 5 标段（石溪—跨海管道段福清一侧起点及闽调龙高线输水线路工程）变更、平潭建设专项补助等问题；审议《加强土地出让后管理服务机制（送审稿）》《紫外线消毒机设备试点应用的实施意见（送审稿）》《福州市关于加强基础教育人才队伍建设十项举措（送审稿）》《福州市关于加强卫生健康人才队伍建设十项举措（送审稿）》

续表 13

会议名称	会议时间	会议内容
第 15 次常务会议	5 月 5 日	传达学习习近平总书记 4 月 26 日在中央财经委员会第十一次会议上的重要讲话精神；传达学习市委常委会会议精神；研究推荐评选福建省非公有制经济优秀建设者，推荐评选全国社会救助工作先进单位，推荐评选省级双拥模范城（县）、爱国拥军模范单位和爱国拥军模范等事项；审议《福州市培育建设国际消费中心城市实施方案（送审稿）》《福州市促进工业经济平稳增长实施方案（送审稿）》《福州市法治政府建设实施方案（2021—2025 年）（送审稿）》《关于促进江阴港整车进口口岸高质量发展的若干措施（送审稿）》《自然资源部东海局 福州人民政府战略共建框架协议（送审稿）》《取消异地动态储备粮工作方案（送审稿）》
第 16 次常务会议	5 月 13 日	传达学习习近平总书记 4 月 29 日在中央政治局会议上的重要讲话精神和 5 月 5 日在中央政治局常委会会议上的重要讲话精神；传达学习省委常委会会议精神、市委常委会会议精神；听取市残联林敬金作的关于福州市残疾人事业发展情况及下一步工作思路汇报；研究东南汽车招商合作项目、福州市鼓岭度假区供水工程总投资额调整、上海西新村地块征收、闽江干流船舶碰撞桥梁安全隐患治理、21 世纪海上合作委员会第二次全体会员大会暨“智慧海洋”主题论坛筹备工作、“好年华·聚福州”研学活动总体方案、2022 年首届世界龙舟联赛（福州站）工作方案、推荐评选全国统计系统先进集体和先进工作者（个人）、市消防救援支队人员经费保障等问题；审议《福州市人民政府 厦门翔业集团有限公司战略合作框架协议（送审稿）》《福州市人民政府 国网福建省电力有限公司推进新时代“双满意”工程 服务福州都市圈发展 助力“碳达峰、碳中和”行动战略合作框架协议（送审稿）》
第 17 次常务会议	5 月 19 日	传达学习习近平总书记在《求是》杂志上发表的重要文章《正确认识和把握我国发展重大理论和实践问题》；传达学习省委书记尹力赴永泰调研讲话精神及市委常委会会议精神，省委书记尹力、省长赵龙有关安全生产指示批示精神及市委常委会会议精神；研究 2021 年度全市绩效考评情况、义务教育阶段学校课后服务工作预收费、疫情期间促进房地产市场平稳健康发展和加强企业分类管理意见、支持职工合理住房需求及提高二孩以上家庭住房公积金贷款额度、农村人居环境整治积分制奖惩经费、福州市疾病预防控制中心新址开办等问题；审议《福州市贯彻落实深入打好污染防治攻坚战实施方案（送审稿）》《福州市中心城区工业企业“三个一批”搬迁改造实施方案（送审稿）》《福州港口型国家物流枢纽建设方案（送审稿）》《福州市人民政府 2022 年度规章制定工作计划（送审稿）》《福州市地下空间开发利用管理办法（试行）（修订稿）》
第 18 次常务会议	5 月 27 日	传达学习省委书记尹力在“3820”战略工程与习近平新时代中国特色社会主义思想理论研讨会上的讲话精神及市委常委会会议精神，全国稳住经济大盘电视电话会议精神及省委常委会、市委常委会会议精神；审议《关于调整完善土地出让收入使用范围优先支持乡村振兴的具体实施方案（送审稿）》《第三届中国食用菌产业博览会总体方案（送审稿）》《2022 海峡（福州）渔业周总体方案（送审稿）》《三江口片区重点区域城市设计（送审稿）》《福州市跨境贸易专项补偿资金池管理办法（送审稿）》
第 19 次常务会议	5 月 30 日	传达学习习近平总书记在庆祝中国国际贸易促进会建会 70 周年大会暨全球贸易投资促进峰会上的视频致辞；传达学习省委常委会会议精神、市委常委会会议精神及 5 月 28 日省长赵龙在听取福州市经济运行情况汇报时的讲话精神；听取福州市困难群体救助帮扶工作情况汇报；研究建平路—旗山大道互通改造工程、福州宝龙万象平战结合人防工程申办规划条件核实与土地核验、2022 年中国福州国际城市雕塑设计大赛、2022 年市级重点项目前期工作经费安排等问题；审议《福州市大气污染防治办法（修订）（送审稿）》《关于推进福州茉莉花茶产业高质量发展行动方案（送审稿）》《福州市古厝不动产权证办理工作指引（送审稿）》《关于加快推进福州市服务型制造发展的实施方案（送审稿）》《福州市市属国有企业资产租赁管理办法（修订稿）》《福州市历史文化街区国有房产租赁管理办法（修订稿）》

续表 13

会议名称	会议时间	会议内容
第 20 次常务会议	6 月 9 日	传达学习习近平总书记在中共中央政治局第三十九次集体学习时的重要讲话精神；传达学习市委常委会会议精神，国务院、省政府稳经济一揽子政策有关精神和市委常委会会议精神；研究当前全市安全生产形势、加快推动华能（福建）能源开发有限公司自主提升项目、敖江原水隧洞（管）新建工程项目资金证明等问题；审议《全市安全生产重点领域隐患“清剿行动”工作方案（送审稿）》《福州市申创“世界美食之都”工作方案（送审稿）》《福州市深化集体林权制度改革推进林业高质量发展的实施方案（送审稿）》《福州市贯彻落实地方党委和政府领导班子及其成员粮食安全责任制分工方案（送审稿）》《福州市深入推进科技特派员制度服务乡村振兴若干措施（送审稿）》《福州市人民政府　中国联合网络通信有限公司福建省分公司“数字经济”战略合作框架协议（送审稿）》
第 21 次常务会议	6 月 17 日	研究闽江学院基本建设重大项目，划转部分国企股份至国资集团，承接省政府授权和委托用地审批权，船舶碰撞桥梁隐患治理工作，福州市第二医院 4、5 号楼及附属楼拆除重建项目，推荐申报第九批“全国民主法治示范村（社区）”，推荐全省国资系统先进集体和先进工作者名单等问题；审议《推进福州数字经济高质量发展行动方案（送审稿）》《推进福州海洋经济高质量发展行动方案（送审稿）》《推进福州绿色经济高质量发展行动方案（送审稿）》《推进福州文旅经济高质量发展行动方案（送审稿）》《关于推进种业振兴行动的六条措施（送审稿）》《福州市城市精细化管理专项行动方案（送审稿）》《福州市垃圾分类专项巩固提升三年行动方案（送审稿）》《福州市进一步减轻义务教育阶段学生作业负担和校外培训负担实施方案（送审稿）》《福州市人民政府　中国国际金融股份有限公司战略合作协议（送审稿）》
第 22 次常务会议	6 月 24 日	传达学习习近平总书记 6 月 17 日在中央政治局会议和中央政治局第四十次集体学习时的重要讲话精神；传达学习市委常委会会议精神；听取 2022 年 1—5 月经济运行情况汇报；研究市区部分道路名称命名方案、中洲岛商贸中心 2# 楼地块征收启动、福州革命英烈事迹陈列馆设计方案、福州市光荣院新院设计方案等问题；审议《福州市关于推动家政服务业高质量发展的若干措施（送审稿）》《关于超常规措施促进我市外贸保稳提质的若干措施（送审稿）》《禁止在闽江干流防洪提升工程（福州段）建设征地范围内新增建设项目和迁入人口的通告（送审稿）》《福州市人民政府顾问团工作规则（试行）（送审稿）》《鼓励台湾同胞来榕就业创业的十条措施（送审稿）》
第 23 次常务会议	7 月 6 日	传达学习习近平总书记近期重要讲话精神和省委常委会会议精神；传达学习市委常委会会议精神；研究省生态环境保护督察迎检工作，《福州培育建设国际消费中心城市业态提升总体规划及重点片区实施方案》项目招标，开展“国家网络市场监管与服务示范区”创建评估工作，公租房、保障性租赁住房、人才住房保障政策完善意见及房源筹集计划，调整四城区经营性用地土地出让收益分成、房屋征收劳务费及工作经费，晋安湖三创园工业 A 地块等三宗地块出让方案，福建连江经济开发区整合托管，闽清经济开发区申报省级开发区，鼓山客运索道上站用地协议出让价格，推荐首届“福建慈善奖”福州市参评人员名单等问题；审议《福州市进一步推动龙舟运动发展实施方案（送审稿）》《关于加强闽江沿线规划管控工作方案（送审稿）》《关于规范控制性详细规划委托审批的工作意见（送审稿）》《关于促进软件产业高质量发展的若干措施（送审稿）》《福州市“十四五”残疾人保障和发展规划（送审稿）》《福州市机动车停放服务收费管理办法（送审稿）》《关于加快福州民航高质量发展的若干措施（送审稿）》
第 24 次常务会议	7 月 8 日	听取市科技局《关于进一步推动大众创业万众创新工作的补充意见（送审稿）》起草情况和主要内容的汇报

续表13

会议名称	会议时间	会议内容
第25次常务会议	7月15日	传达学习习近平总书记近期重要讲话精神；传达学习省委常委会会议、市委常委会会议精神；听取全市安全生产工作、信访工作情况汇报；研究规范市事业单位工作人员津贴补贴和机关事业退休人员生活补贴、三环沿线声屏障景观整治、福州第二汽车运输公司改制工作、启动实施祖庙后地块征收、全国科技管理系统先进集体和先进工作者推荐名单、优化完善居民家庭住房上市交易等问题；审议《福州市生产安全事故灾难应急预案（送审稿）》《福州市国家儿童友好城市建设试点方案（送审稿）》《福州市技术改造项目融资贷款贴息实施方案（送审稿）》《福州内河港总体规划（送审稿）》《中国工业互联网研究院 福建省工业和信息化厅 福建省通信管理局 福州市人民政府关于筹建中国工业互联网研究院福建省分院暨国家工业互联网大数据中心福建省分中心框架合作协议（送审稿）》《中国工业互联网研究院 福州市人民政府 福州市长乐区人民政府共同推动中国工业互联网研究院福建省分院暨国家工业互联网大数据中心福建省分中心落地建设的协议（送审稿）》《福州市人民政府 中国五矿集团有限公司全面深化合作协议（送审稿）》《福州市人民政府 国家对地观测科学数据中心 海上丝绸之路区域综合观测基地战略合作框架协议（送审稿）》《福州市人民政府 中国工商银行股份有限公司福建省分行战略合作协议（送审稿）》《福州市人民政府 中国进出口银行福建省分行“优基础 兴产业 强省会”合作备忘录（送审稿）》《关于海洋经济科创高地的实施方案（送审稿）》《福州市人民政府 科大讯飞股份有限公司深化战略合作框架协议（送审稿）》《福州市人民政府 汉王科技股份有限公司战略合作框架协议（送审稿）》
第26次常务会议	7月28日	研究福州市中医院五四北分院智慧医院项目立项和申请资金，福州市公园游乐及研学配套设施适儿化改造项目立项，东南汽车招商项目补充合同（二）、业务合作协议，万科澜悦花园、南山纵横瀛洲府回迁决算，福州市内河旅游线路桥梁改造工程便桥设置等问题；审议《福州市民办普通高中学校申办指导意见（试行）（送审稿）》《福州市文物建筑活化利用管理办法（送审稿）》《福州市发展邮轮、游艇、游船三年行动方案（送审稿）》《福州城区电动自行车号牌管理办法（送审稿）》《福州市贯彻落实加大力度助企纾困激发中小企业发展活力若干意见的工作措施（送审稿）》
第27次常务会议	8月5日	传达学习习近平总书记在中共中央政治局会议、省部级主要领导干部“学习习近平总书记重要讲话精神，迎接党的二十大”专题研讨班、党外人士座谈会上的重要讲话精神和致世界青年发展论坛的贺信精神；传达学习省委常委会会议精神、市委常委会会议精神，全省食品安全委员会全体（扩大）会议精神，8月2日省长赵龙在听取福州市下半年经济工作汇报时的讲话精神；研究金山大厦外立面修缮工程、第十届海峡青年节筹备工作、福州市水利投资建设集团有限公司组建实施方案、设立福州企业家日、尤溪洲大桥南往北匝道拓宽改造、推荐全国住房和城乡建设系统先进集体先进工作者和劳动模范、福州市2021年“扶持龙头壮大产业”专项行动奖励工作等问题；审议《福州市2022年度绩效管理工作实施方案（送审稿）》《福州市工业园区“共享区”建设指导意见（试行）（送审稿）》《福州市“十四五”粮食安全和物资储备发展专项规划（送审稿）》《调整地方政府储备粮油规模方案（送审稿）》《福州市建筑业（准）龙头企业评定实施细则（送审稿）》
第28次常务会议	8月12日	传达学习习近平总书记7月28日在中央政治局第四十一次集体学习时的重要讲话精神；传达学习省委常委会会议精神和市委常委会会议精神；研究2022年度第三批经营性用地出让方案、第十一届中国大学生电视节、推荐福建闽江河口湿地国家级自然保护区管理处作为第三届中国生态文明奖先进集体候选单位等问题；审议《福州市环境卫生专项规划（2021—2035年）（送审稿）》《关于加快解决不动产登记若干历史遗留问题的指导意见（送审稿）》《福州市人民政府 福清市人民政府 中国五矿集团有限公司 湖南长远锂科股份有限公司锂电新产业基地项目投资合作意向协议（送审稿）》《2022年市本级第二批新增政府债券分配方案（草案）（送审稿）》《福州市工业（产业）园区建设项目极简审批“四即”改革措施（送审稿）》《福州市知识产权强市建设规划（2021—2035年）（送审稿）》《福州市知识产权专项资金管理办法（送审稿）》《福州市市场主体强制注销管理试行办法（送审稿）》

续表 13

会议名称	会议时间	会议内容
第 29 次常务会议	8 月 19 日	传达学习习近平总书记在《求是》杂志上发表的重要文章《全党必须完整、准确、全面贯彻新发展理念》；研究全市安全生产工作，批而未供与闲置土地处置工作，厦门建发领江花园以及中海紫御花园等项目土地核验，长乐区鹤上镇、湖南镇撤镇设街道行政区划调整，福厦客专涉及燃气管道迁改，市本级预算执行和其他财政收支审计整改工作，中交四航局第五工程有限公司提升改造项目，帝封江项目平衡地及补征地项目征迁，福州市 2021 年“抓项目促提升”专项行动奖励工作，推荐全国气象工作先进集体和先进工作者等问题；审议《福州市闽江河口湿地自然保护区管理办法（送审稿）》《福州市人民政府　中国通信学会战略合作协议（送审稿）》《福州市人民政府　中国纺织工程学会战略合作协议（送审稿）》《福州市人民政府　中国城市科学研究会战略合作协议（送审稿）》《福州市人民政府　中国软件行业协会战略合作协议（送审稿）》《关于加快福州市鸿蒙产业发展的三条措施（送审稿）》《福州市人民政府　中国保险资产管理业协会战略合作备忘录（送审稿）》
第 30 次常务会议	8 月 29 日	传达学习习近平总书记关于防汛救灾重要指示、在辽宁考察时的重要讲话、向国际民间组织共同落实全球发展倡议交流大会和世界职业技术教育发展大会致贺信精神；传达学习省委常委会会议精神、市委常委会会议精神；研究“百姓汤屋”项目，八一七路（台江段）全面提升，废止《关于规范福州市房屋建筑和市政基础设施工程小规模工程承发包行为的实施意见》，地铁 4 号线横屿站西侧地块出让方案，横屿片区 2 个保障房项目配套用房改商业用房补缴地价款，福州港口后方铁路通道杜坞至樟林至透堡段工程总承包（EPC）招标方案，2023 年度城乡居民医保筹资标准，全国老龄系统先进集体和先进工作者拟推荐名单，全国爱国卫生运动 70 周年先进集体和先进个人拟推荐名单，全国林草系统先进集体、劳动模范和先进工作者拟推荐名单，全国人力资源和社会保障先进集体和先进工作者拟推荐名单，推荐全省第二十九次见义勇为英雄模范、先进分子表彰对象等问题；审议《关于应对疫情影响促进服务业发展四条措施（送审稿）》
第 31 次常务会议	9 月 9 日	传达学习全国、全省打击侵权假冒工作会议精神；听取福州市 2021 年打击侵权假冒工作情况汇报；研究福州市五城区市直行政事业单位国有房产权属登记清理工作、2022 年全国职工数字化应用技术技能大赛决赛、西园村商服用地协议出让价格、落实引人留榕交通政策、2022 年福州市营职及以下（含技术职务）军转干部安置计划、推荐全省市场监管先进集体和先进工作者等问题；审议《关于防范商品房延期交房问题的工作措施（送审稿）》《福州市自然资源领域市与县财政事权和支出责任划分改革实施方案（送审稿）》《2022 年福州市架空电力、通信线路缆化下地工作方案（送审稿）》
第 32 次常务会议	9 月 16 日	传达学习习近平总书记在《求是》杂志上发表的重要文章《新发展阶段贯彻新发展理念必然要求构建新发展格局》；研究莆炎高速梧桐服务区增设出入口、海峡演艺中心项目、福建法院司法警察教育训练基地供地、福州市第六医院与孟超肝胆医院融合发展、市粮储局下属企业征迁补偿款等问题；审议《关于进一步完善我市统计体系的若干意见（送审稿）》《福州市人民政府　海航航空集团有限公司福州航空产业发展战略合作框架协议（送审稿）》《福州市推行安全生产责任保险工作实施意见（送审稿）》《关于支持永泰县闽清县推进全面乡村振兴加快高质量发展的意见（送审稿）》
第 33 次常务会议	9 月 23 日	传达学习习近平总书记 9 月 9 日在中央政治局会议上的重要讲话精神、9 月 16 日在上海合作组织成员国元首理事会第二十二次会议上的重要讲话精神；传达学习省委常委会会议精神、市委常委会会议精神；研究福州市左海集团新建商务办公用房、国道主干线福州绕城公路西北段项目工期调整措施费等问题；审议《福州市“一老一小”整体解决方案（送审稿）》《福州市突发事件总体应急预案（送审稿）》《福州市人民政府　华福证券有限责任公司战略合作协议（送审稿）》

续表 13

会议名称	会议时间	会议内容
第 34 次常务会议	9 月 29 日	传达学习习近平总书记 9 月 19 日致产业链供应链韧性与稳定国际论坛的贺信精神、9 月 19 日致第七届中国—亚欧博览会的贺信精神和省委常委会会议精神；传达学习市委常委会会议精神；研究福州市互花米草除治攻坚行动、闽江口城市水资源配置提质增效工程（一库两线）前期工作、《福州培育建设国际消费中心城市业态提升总体规划及重点片区实施方案》竞赛阶段评审结果及项目经费、榕发观湖郡项目预售延期、福建奋安工贸公司用地（高盛工业区）收储方案等问题；审议《福州市优化公交出行三年（2022—2024 年）行动方案（送审稿）》《福州市“十四五”噪声污染防治实施方案（送审稿）》《福州市“十四五”节能减排综合工作实施方案（送审稿）》《福州市国家知识产权强市建设示范城市工作方案（送审稿）》
第 35 次常务会议	10 月 8 日	传达学习习近平总书记 9 月 22 日致中国农民丰收节贺信、9 月 26 日为《复兴文库》作序言、9 月 27 日参观“奋进新时代”主题成就展时的重要指示精神；传达学习省委常委会会议精神、市委常委会会议精神，9 月 23 日省长赵龙到榕调研讲话精神；研究 2022 年福州市乡村振兴星级村认定，福州方舱医院建设方案，奥体颐养中心运营方案，创新政务信息化项目建设机制等问题；审议《福州市推动竞技体育高质量发展的实施意见（送审稿）》《福州市关于扶持影视产业发展的若干措施（送审稿）》《加快打造海洋科创平台全力推动“海上福州”（送审稿）》
第 36 次常务会议	10 月 14 日	传达学习习近平总书记在中央全面深化改革委员会第二十七次会议上的重要讲话精神；传达学习市委常委会会议精神；研究第八届“海上丝绸之路”（福州）国际旅游节、建新花卉市场地块征收补偿方案、市政府新闻发布厅（新）设计配置和运营、洋里污水处理厂厂外管网三期工程涉及轨道交通保护区施工安全保护方案资金列支、福州市“招商质量和招商效率提升工程”行动奖励工作、五里亭茶叶市场征收安置方案等问题；审议《关于坚持党建引领基层网格管理服务推动市域治理现代化的实施意见（送审稿）》《福州市城市养犬管理条例（送审稿）》《福州市餐饮垃圾收运处置管理规定（送审稿）》《福州市关于征收、收储后古厝修复出资管理意见（送审稿）》《福州市党政机关办公用房管理实施意见（送审稿）》《福州市党政机关公务用车管理实施意见（送审稿）》《福州市关于进一步推进新时代老年教育高质量发展的实施意见（送审稿）》
第 37 次常务会议	10 月 21 日	传达学习习近平总书记会见 C919 大型客机项目团队代表并参观项目成果展览时的重要讲话精神、给山东省地矿局第六地质大队全体地质工作者的回信精神；研究建平路—旗山大道互通改造工程出资比例，市政府顾问团拟推荐人选名单，举办“电竞福州 2022”大会，福安新区等三个收储项目征迁，下洋河（清凉山排洪渠）综合整治工程建设，福州市主城区排水设施特许经营，福州住房公积金中心接收中国铁路南昌局集团公司福州住房公积金管理机构、福建能化集团公司公积金管理机构等问题；审议《2022 年市本级预算调整方案（草案）（送审稿）》《福州市营商环境创新改革行动计划（送审稿）》《福州市电力接入工程费用分担机制实施办法（送审稿）》《福州市金融控股集团有限公司重大事项管理办法（送审稿）》
第 38 次常务会议	11 月 14 日	传达学习习近平总书记 10 月 27 日在瞻仰延安革命纪念地时的重要讲话精神、10 月 26—28 日在陕西延安和河南安阳考察时的重要讲话精神；传达学习省委常委会会议精神；研究福州市公共资源交易服务中心（市规划馆三楼空置部分）装修、全省应急管理系统先进集体和先进工作者拟推荐名单、疫情防控补助资金分配、2022 年第四批集中出让经营性用地出让方案等问题；审议《关于推进全域治水建设更加美好海滨山水城市的实施意见（送审稿）》《福建省气象局 福州市人民政府共同推进福州“十四五”气象高质量发展合作协议（送审稿）》《园区外企业存量用地建设租赁住房工作机制（送审稿）》《福州市成品油分销体系“十四五”发展规划（送审稿）》《福州口岸营商环境评价体系（海关）工作方案（送审稿）》《福州市支持企业上市“榕腾计划”实施意见（2022 年修订送审稿）》

续表 13

会议名称	会议时间	会议内容
第 39 次常务会议	11 月 24 日	传达学习习近平总书记向 2022 年世界城市日全球主场活动暨第二届城市可持续发展全球大会致贺信精神、在第五届中国国际进口博览会开幕式和在《湿地公约》第十四届缔约方大会开幕式上致辞精神；传达学习省委常委会会议精神、市委常委会会议精神；听取 2022 年 1—10 月全市经济运行情况和安全生产工作情况汇报；研究义序片区土地收储出让，市中医院五四北院区医疗服务能力建设项目等问题；审议《福州城区电动自行车号牌管理办法（修订送审稿）》《福州市电动自行车赋码数字化综合管理工作方案（送审稿）》《关于福州城区电动自行车赋码数字化综合管理工作的通告（送审稿）》《福州市创建国家节水型城市工作实施方案（2022 修订版）（送审稿）》《福州市城市商业网点规划（2021—2035 年）（送审稿）》《福州市“一村一品”专业村建设实施方案（送审稿）》《福州市农业产业强镇建设实施方案（送审稿）》《福州市现代农业产业园建设实施方案（送审稿）》《福州市优势特色产业集群建设实施方案（送审稿）》
第 40 次常务会议	12 月 1 日	传达学习习近平总书记向 2022 年世界互联网大会乌镇峰会致贺信精神、向“杂交水稻援外与世界粮食安全”国际论坛发表书面致辞精神、在二十国集团领导人第十七次峰会上的重要讲话精神、对河南安阳市凯信达商贸有限公司火灾事故作出的重要指示精神；传达学习省委常委会会议精神、市委常委会会议精神；研究推进福州都市圈福莆宁 F2、F3 线长乐机场至莲花山段先行工程建设、半岛国际立面景观提升改造、第六届福州市政府质量奖评选等问题；审议《福州市行政许可事项清单（2022 年版）（送审稿）》
第 41 次常务会议	12 月 9 日	传达学习习近平总书记在亚太经合组织工商领导人峰会上的书面演讲、在亚太经合组织第二十九次领导人非正式会议上的重要讲话、向发展中国家科学院第 16 届学术大会暨第 30 届院士大会致贺信精神；传达学习省委常委会会议、市委常委会会议精神；研究 2023 年市委、市政府为民办实事项目，德通智能科技研发中心项目，福建奋安实业集团有限公司提升改造项目，调整福州第十八中学高中部项目投资，福州肺科医院和市一医院琅岐东院医疗能力提升项目，国家综合货运枢纽补链强链实施方案修编，推荐全国农业农村劳动模范和先进工作者等有关问题；审议《福州市安全生产领域举报奖励实施办法（送审稿）》《企业利用自有零星用地建设办公用房的实施意见（送审稿）》《海峡两岸医疗健康产业园项目框架合作协议（送审稿）》
第 42 次常务会议	12 月 16 日	传达学习习近平总书记在 12 月 6 日中共中央政治局会议和 12 月 2 日党外人士座谈会上的重要讲话精神及市委常委会会议精神；传达学习省委十一届三次全会、市委十二届四次全会精神，研究 2023 年省重点项目备选名单、2022 年补充耕地和补充水田任务完成情况、废止《福州市城区零星地块精准旧改项目房屋搬迁补偿安置导则（试行）》、福州市与中国优农协会合作举办首届中国茶叶交易会、蓓蕾幼儿园阳光分园（暂名）项目重建、市属医院重症医疗资源准备、福州市第七批市级非物质文化遗产代表性项目等问题；审议《福州市推进民用无人驾驶航空器产业高质量发展的若干意见（送审稿）》《福州市防治船舶及其有关作业活动污染海洋环境应急能力建设规划（2020—2030 年）（送审稿）》

【第十七届中国会展经济国际合作论坛】 2022 年 1 月 12 日，第十七届中国会展经济国际合作论坛在福州召开，由中国国际贸易促进委员会（CCPIT）、国际展览业协会（UFI）、国际展览与项目协会（IAEE）、独立组展商协会（SISO）、国际大会及会议协会（ICCA）共同主办，中国国际商会、福建省贸促会、福州市人民政府共同承办。福建省委常委、统战部部长王永礼，中国贸促会副会长张慎峰，福州市市长吴贤德等出席开幕式并致辞。论坛主题为“新格局、新使命、新发展，聚焦会展业转型升级，重点研讨‘双循环’新发展格局下，会展业如何克服新冠疫情不利影响，通过新技术、新模式实现高质量发展，服务经济复苏”，由 2 场全体会议、8 场分组会议与主题活动组成，线下参会人员 500 人。

【福州市产业链招商“云签约”活动】 2022 年 4 月 7 日，福州市产业链招商“云签约”活动举行。通过“主会场 + 分会场 + 视频签约”形式，线上签约、达成合作。福建省委常委、福州市委书记林宝金出席并讲话。该次“云签约”活动中，长乐区产业链招商涉及高端化工新材料、新能源汽车、新一代信息技术、生物医药、纺织功能新材料等项目11个，总投资330亿元；福清市产业链招商包括东方电气氢能源及燃料电池基地、长德蛋白年产30万吨淀粉糖加工等项目14个，总投资361亿元。

【福州市供应链产业链招商“云签约”活动】 2022年4月21日，福州风电装备、物流与供应链产业链重大招商项目“云签约”举行，通过“主会场+分会场+视频签约”形式，落地项目、实现合作。福建省委常委、福州市委书记林宝金出席并讲话，市长吴贤德出席活动。该次“云签约”活动中，福州市政府与中国交通建设集团有限公司签订战略合作协议，与中交三航局签订中交海上风电发展股份有限公司项目；连江县与京东集团签订战略合作框架协议和京东福州智能供应链运营中心项目协议，与新希望集团签订新希望鲜生活冷链东南运营中心项目。

【福建省“6·6”放鱼日活动】 2022年6月6日，由福州市政府、省政协人口资源环境委员会和省海洋与渔业局联合主办的福建省“6·6”放鱼日增殖放流活动在福州举行。省人大常委会副主任严可仕、副省长康涛，市长吴贤德、副市长林治良出席活动。活动当天，福州向闽江投放鲢鱼、鳙鱼、鳊鱼近120万尾。

【2022海峡（福州）渔业周·渔博会和菌博会】 2022年6月10日，2022海峡（福州）渔业周·中国（福州）国际渔业博览会和第三届中国食用菌产业博览会在海峡国际会展中心开幕。福建省委常委、福州市委书记林宝金，省人大常委会副主任严可仕，副省长康涛，市长吴贤德，省海洋与渔业局局长林锡能等领导巡馆参观展会。全国10多个省市的300余家企业和机构参展。签约重点项目15个，总投资额220亿元，涵盖海洋工程、水产加工、冷链物流等八大领域及福州（连江）国家远洋渔业基地等重大项目。

【金砖国家可持续发展高层论坛】 2022年6月29日，金砖国家可持续发展高层论坛在福州开幕。该次论坛由国家发展和改革委员会国际合作司、福建省福州市人民政府、国家发展和改革委员会国际合作中心、福建省发展和改革委员会联合主办。福建省省长赵龙，国家发展改革委副主任、秘书长赵辰昕，省委常委、福州市委书记林宝金出席并致辞，巴西、俄罗斯、印度、南非政府部门代表视频致辞，省委常委、常务副省长郭宁宁等出席。论坛围绕“可持续发展”定位和“塑造金砖国家价值链未来”主题，设置1场主论坛、4场平行分论坛和1场产业对接会。来自金砖五国及国际组织的300余名嘉宾出席论坛。

（林　伟）

政务督查

【概况】 2022年，福州市人民政府督查室编发各类督查通报10期，完成省、市政府工作报告确定的主要工作任务及省、市为民办实事项目，市政府重要会议议定事项，国资国企工作专题协调会议定事项，市长批示和交办件，市长调研途中交办和议定事项，省市人大代表建议，政协委员提案，国务院“互联网+督查”平台留言问题线索核查办理等日常督查任务。开展或参与近20项任务的督查督办。

【领导批办件督查】 2022年，福州市人民政府实行《市委市政府主要领导签批交办事项督办反馈工作制度》，规范市主要领导批示（办）件的登记、交办、督办、反馈、归档等环节。全年办理市政府主要领导批示件4511件，直转件3464件，批办件367件，实现“零差错”。

【人大代表建议督查】 2022年，福州市人民政府承办代表建议482件，其中会议期间收到代表建议460件，均已办复。在全部的482件代表建议中，所提问题已解决或基本解决的有226件（A类），占总件数的46.89%；所提问题正在解决或列入计划逐步解决的有220件（B类），占总件数45.64%；所提问题因政策、财力或客观条件限制暂时无法解决的有24件（C类），占总件数4.98%；所提建议有关部门留作参考的有12件（D类），占总件数2.49%。人大代表对办理情况的满意率99.79%。

【政协委员提案督查】 2022年，福州市人民政府承办市政协委员提案475件，均已办复。其中，提案所提建议已采纳，问题已解决或基本解决的（A类）296件，占62.53%；提案所提建议拟采纳，问题正在解决或列入规划逐步解决的（B类）172件，占36.2%；提案所提问题因条件限制或其他原因暂时无法解决的（C类）7件，占1.5%。政协委员对提案办理结果的满意率100%。

（市政府办公厅　督查室）

机关效能建设

【概况】 2022年，福州市机关单位工作人员被效能问责31人次（含处级干部1人，科级干部9人，科级以下干部21人），其中被效能告诫5人，被通报批评6人，被诫勉教育20人；被通报批评单位3家。年内，从各级人大代表、政协委员和市直单位业务骨干、民营优秀企业家中选聘66人，作为第十届市级效能监督员。

【效能综合】 2022年，福州市效能办通过《福州日报》“效能之窗”专栏宣传福州市践行“马上就办、真抓实干”、优化营商环境、提升“12345”便民服务等方面的机关效能建设成果。在省政府办公厅微信公众号、《福州日报》等媒体上刊登宣传报道17篇。建立“1357”工作机制（对市委、市政府主要领导批示批办的事项，要求1天之内反馈；对市分管领导批示批办的事项，要求3天之内反馈；对一般性、常规性事项，要求5天之内反馈；所有事项必须在7天之内反馈）；对上级机关、上级领导交办的事项，由专人负责，特事特办、要事急办、马上就办，并将办理情况及时报告反馈。能够及时办结的事项，反馈结果；不能及时办结的，反馈过程。建立定期收集督查线索问题机制，向涉及省市重点项目建设的市直单位、市属重点国有企业，每周收集需要市效能办帮助协调督促的问题，经分析研判后，列入督查台账。以督查发现的问题为切入点，开展协调服务，帮助职能部门和基层单位解决问题。

【效能督查】 2022年，福州市效能办针对社会关注度高的典型民生热点、难点问题，开展现场督查督办。对27件典型的机关效能投诉问题开展直查快办，办结率100%。不定期组织市机关效能监督员对全市各级办事窗口政务服务情况进行现场体验、督促整改，规范窗口行为。会同市行政服务中心管委会，开展“转作风、强服务、办实事、促发展”专项整治活动，市级行政许可事项承诺办理时限平均压缩比例90.59%，即办率69.24%，比上年提高24.17%。全年开展督帮40多次，帮助协调解决问题220多个。年内组织第十届市效能监督员，参加所在街道、社区疫情防控志愿服务工作200多人次。

【绩效考核】 2022年，福州市效能办设置指标体系和考核权重，分解落实104个省对市考核指标，自设11个市级重点考核指标、6个专项监督检查指标。根据各县（市）区的区域特点、产业布局和发展要求，设置差异化考核指标。对全市项目建设、财政税收、营商环境、为民办实事项目、经济运行主要指标、重大风险防控、社会民生等25大类数据，进行动态监测和运行分析，并开展季度考核、年终总评工作。根据2021年省对福州市绩效考评情况，对全省排位靠后的8个指标、对察访核验中发现的14个问题和公众评议中反映出来的98个短板弱项进行分析研判，提出整改，并建立健全长效工作机制。

【“12345”政务服务便民热线中心】 2022年，福州市“12345”政务服务便民热线中心聚焦和分析民生领域群众反映的热点、难点问题，每天进行分析研判，并形成《“12345”每日民生热点诉求专报》，报送市委、市政府主要领导。每月分析“12345”平台运行情况，重点通报典型事例，并协调督办涉及群众“急难愁盼”诉求件。年内，协调督办群众“急难愁盼”重点诉求件215件。建立“快办妥处”机制将所有涉疫类的“12345”诉求件设为紧急件，立即批转有关单位办理，对高频共性类的事项，第一时间同步告知承办单位，并安排专人跟踪督办。通过细化考核指标，对“12345”热线诉求受理率、及时查阅率、按时办结率、反馈回复率、转办准确率、群众满意率等指标进行综合评价。

（林榕捷）

政务公开

【概况】 2022年，福州市新制作公开政府规章3件，新制发规范性文件500件、废止185件。全年在市政府网站发布信息10448条，网站总访问量超7686万次。新增政务新媒体备案36个，清理注销政务新媒体32个，年内有政务新媒体440个。在全省政务公开第三方考核中，福州市连续两年取得优秀。“@福州发布”连续13个季度居福建十大党政新闻发布微博第一位。

【政府信息主动公开】 2022年，福州市各级各部门主动公开各类文件13608件。加强涉及市场主体的信息公开，在市政府网站开展政策制定意见征集257次，通过“12345”热线建立市场主体反馈机制，解决“堵点”问题；通过市政府和市税务局网站，设立“组合式税务支持政策”专栏，推送税费优惠政策200多条次，覆盖超100万人次；通过文字、图片、视频、动画等方式开展各类政策解读283篇。建立“稳增长稳市场主体保就业防风险”专栏，打造“政企直通车”，将政府出台的支持政策及时传达至相关群体；建立“公共企事业单位信息公开”栏目，集中统一公开公共企事业单位信息。健全规章库动态更新工作机制，发布现行有效规章正式版本；推进行政规范性文件集中公开，建立全市行政规范性文件库；在全市各级政务服务大厅设立导办台，选派专业工作人员提供办事咨询服务，打造“新闻+政务+线下服务”模式，实现政务服务随查随办。

【政府信息依申请公开】 2022年，福州全市办理政府信息公开申请2540件，答复办结政府信息公开申请2520件（含上年度结转申请31件，另有51件申请按照规定顺延到下年度答复），均在法定期限内予以答复，答复及时率100%。

【政府信息公开管理】 2022年，福州市新制作公开政府规章3件，新制发规范性文件500件、废止185件。每月定期将主动公开的政府信息送交市档案馆和市图书馆，做到纸质文本、电子文本送交数量一致，年内上报文件13186件。梳理政务公开标准化目录，推动基层政务公开标准化规范化向乡镇（街道）、村（居）延伸。

【政府信息公开平台建设】 2022年，福州市开展市级集约、整体联动、部门协同、资源共享的福州市城市资源门户项目建设，建成统一的政府网站集约化门户，实现全市政府网站群统一管理。提升互联网协议第六版（IPV6）访问转换率，将全站IPV6访问转换率提高至90%以上。全年市政府网站发布信息10448条，网站总访问量超7686万次。严格政务新媒体开设、注销、备案工作，年内新增备案36个、清理注销政务新媒体32个，全市有政务新媒体440个。

【政务公开监督保障】 2022年，福州市制定印发《2022年全市政务公开工作分解表》《2022年度政务公开绩效指标考核评估办法的通知》。依托省、市两级政务公开电子监察平台，实现对12个县（市）区、58家市直部门和174个乡镇监察全覆盖，实时监测全市政府信息公开情况，监察结果作为绩效考核重要依据。开展常态化政务公开人员业务培训，全年各级各部门举办各类培训班10次，培训554人次。

表14　**2022年福州市主动公开政府信息情况统计表**

单位：件

<table>
<tr><th colspan="4">第二十条第（一）项</th></tr>
<tr><td>信息内容</td><td>本年制发数量</td><td>本年废止数量</td><td>现行有效数量</td></tr>
<tr><td>规章</td><td>3</td><td>0</td><td>60</td></tr>
<tr><td>行政规范性文件</td><td>500</td><td>185</td><td>2633</td></tr>
<tr><th colspan="4">第二十条第（五）项</th></tr>
<tr><td>信息内容</td><td colspan="3">本年处理决定数量</td></tr>
<tr><td>行政许可</td><td colspan="3">1457582</td></tr>
<tr><th colspan="4">第二十条第（六）项</th></tr>
<tr><td>信息内容</td><td colspan="3">本年处理决定数量</td></tr>
<tr><td>行政处罚</td><td colspan="3">325635</td></tr>
<tr><td>行政强制</td><td colspan="3">21742</td></tr>
<tr><th colspan="4">第二十条第（八）项</th></tr>
<tr><td>信息内容</td><td colspan="3">本年收费金额（单位：万元）</td></tr>
<tr><td>行政事业性收费</td><td colspan="3">124619.61</td></tr>
</table>

表15　**2022年福州市收到和处理政府信息公开申请情况统计表**

单位：件

<table>
<tr><th colspan="3" rowspan="3">项　目</th><th colspan="7">申请人情况</th></tr>
<tr><th rowspan="2">自然人</th><th colspan="5">法人或其他组织</th><th rowspan="2">总计</th></tr>
<tr><th>商业企业</th><th>科研机构</th><th>社会公益组织</th><th>法律服务机构</th><th>其他</th></tr>
<tr><td colspan="3">一、本年新收政府信息公开申请数量</td><td>2426</td><td>67</td><td>0</td><td>20</td><td>8</td><td>19</td><td>2540</td></tr>
<tr><td colspan="3">二、上年结转政府信息公开申请数量</td><td>29</td><td>2</td><td>0</td><td>0</td><td>0</td><td>0</td><td>31</td></tr>
<tr><td rowspan="4">三、本年度办理结果</td><td colspan="2">（一）予以公开</td><td>792</td><td>35</td><td>0</td><td>11</td><td>5</td><td>6</td><td>849</td></tr>
<tr><td colspan="2">（二）部分公开（区分处理的，只计这一情形，不计其他情形）</td><td>142</td><td>1</td><td>0</td><td>2</td><td>0</td><td>3</td><td>148</td></tr>
<tr><td rowspan="2">（三）不予公开</td><td>1. 属于国家秘密</td><td>3</td><td>0</td><td>0</td><td>0</td><td>0</td><td>0</td><td>3</td></tr>
<tr><td>2. 其他法律行政法规禁止公开</td><td>11</td><td>0</td><td>0</td><td>0</td><td>0</td><td>0</td><td>11</td></tr>
</table>

续表 15

项目			申请人情况						
			自然人	法人或其他组织					总计
				商业企业	科研机构	社会公益组织	法律服务机构	其他	
三、本年度办理结果	（三）不予公开	3. 危及“三安全一稳定”	1	0	0	0	0	0	1
		4. 保护第三方合法权益	26	0	0	0	0	0	26
		5. 属于三类内部事务信息	31	1	0	0	0	0	32
		6. 属于四类过程性信息	56	2	0	0	0	0	58
		7. 属于行政执法案卷	14	0	0	0	1	0	15
		8. 属于行政查询事项	20	0	0	1	0	1	22
	（四）无法提供	1. 本机关不掌握相关政府信息	941	12	0	6	2	6	967
		2. 没有现成信息需要另行制作	60	4	0	0	0	0	64
		3. 补正后申请内容仍不明确	15	4	0	0	0	2	21
	（五）不予处理	1. 信访举报投诉类申请	15	0	0	0	0	0	15
		2. 重复申请	54	2	0	0	0	0	56
		3. 要求提供公开出版物	0	0	0	0	0	0	0
		4. 无正当理由大量反复申请	3	0	0	0	0	0	3
		5. 要求行政机关确认或重新出具已获取信息	6	0	0	0	0	0	6
	（六）其他处理	1. 申请人无正当理由逾期不补正、行政机关不再处理其政府信息公开申请	85	2	0	0	0	0	87
		2. 申请人逾期未按收费通知要求缴纳费用、行政机关不再处理其政府信息公开申请	0	0	0	0	0	0	0
		3. 其他	131	4	0	0	0	1	136
	（七）总计		2406	67	0	20	8	19	2520
四、结转下年度继续办理			49	2	0	0	0	0	51

说明：项目列数据的钩稽关系为：第一项加第二项之和，等于第三项加第四项之和

表 16　**2022 年福州市政府信息公开行政复议、行政诉讼情况统计表**

单位：件

行政复议					行政诉讼									
					未经复议直接起诉					复议后起诉				
结果维持	结果纠正	其他结果	尚未审结	总计	结果维持	结果纠正	其他结果	尚未审结	总计	结果维持	结果纠正	其他结果	尚未审结	总计
20	9	4	2	35	30	6	9	1	46	13	0	1	0	14

（市政府办公厅政府信息公开处）

政务服务

【概况】 2022年，福州市政务服务中心入驻单位68个，提供行政审批和公共服务事项2215项，全年受理各类申请170.92万件，办结166.65万件，当日办结率90.32%。福州市公共资源交易服务中心全年交易项目18219个，交易总额808.38亿元，比上年增长21.3%。福州市级所有行政审批和公共服务事项均在福州市政务服务中心办理，实现群众办事“只进一扇门”。打造24小时智慧大厅，设置政务指挥中心、自助申报专区、智慧政务专区，部署自助服务终端，可自助办理公积金提取、不动产登记等210项高频事项。年内，福州市行政服务中心与福州市市民服务中心整合，于9月19日更名为福州市政务服务中心，成为福建省首家地市级政务服务中心。

【“互联网+政务”服务】 2022年，福州市通过减环节、减时限、减材料、减跑腿，提高审批效率，精简申请材料，优化审批流程，规范审批特殊环节，提升网上政务服务水平。全类型服务事项平均缩短时限比例88.23%，平均跑动0.12次，平均材料数3.56个，平均环节数2.58个。全类型服务事项即办占比63.10%，“一趟不用跑”事项占比88.45%，全流程网办事项占比81.78%。“福州窗”微信公众号创新推出政务地图、智能导服、预约调度等特色功能，整合在线预约、代办申请、指南查询、排队查询等多项服务，实现“掌上政务”一端办理。

【工程建设项目审批制度改革】 2022年，福州市创新设立工程建设项目审批审查协调服务中心，实行“356”运行管理模式，发挥审批服务、业务协调及监督指导“三大服务”职能，建立“统一事项标准、统一办事入口、统一审批确认、统一审批集合、统一审批发证”的“五个统一”流水线式审批机制，通过督导亮灯、半月未办结报送、月度点评、定期考核、案例分析、全程代办等“六项督导制度”，确保工程建设项目审批有序。在推行审批服务事项“网上办”“不见面”审批的基础上，借助“移动互联网技术”创新开展“云上视频踏勘”探索应用，推动行政审批“视频审查”办理。

【“跨域通办”服务机制】 2022年，福州市建立“全市通办”政务服务事项负面清单管理制度，市域内可实现“异地受理、属地审批”的事项1512项，实现“异地受理、异地审批”的事项184项。建立“福州都市圈”城市政务服务通办机制，推出交通、司法、卫健、海渔、档案、公证、医社保和公积金等领域112项“跨市通办”事项。在福建省网上办事大厅福州旗舰店设置“跨省通办”服务专栏，推出122项“跨省通办”事项。

【公共资源交易】 2022年，福州市以信用考核替代供应商入驻政府采购网上超市的保证金，对违反网上超市管理规定的入驻供应商进行相应的信用扣分，扣分超限额则暂停其供应商资格，全年减免供应商入驻政府采购网上超市的保证金约69万元。年内开展远程异地评标项目15个，应用电子保函的投标企业21.42万家次，释放保证金670.85亿元。

（吴梦倩）

机关事务管理

【概况】 2022年，福州市机关事务管理局（简称福州市机关事务局）推动出台《福州市党政机关办公用房管理实施意见》《福州市党政机关公务用车管理实施意见》。年内，市机关事务局获评“全国机关事务工作系统先进集体”“全国垃圾分类重点示范单位”。

【财务管理】 2022年，福州市机关事务局深化大财务室建设。完成2022年度财政决算及2023年度预算，加强各项行政经费审核监管，完成市委办、市政府办等22家单位的工资、公积金、养老支出等项目经费保障。

【公共机构节能】 2022年，福州市机关事务局推动299家党政机关创建第二批“国家级节约型机关”，创建总数位居全省第一。选送《部门联动与科技应用相统一的节能创新模式》参评全市绩效改革创新评审课题，在全市79家参评的市直部门中名列第一。年内，福州市机关事务局、福州市屏东中学、福建省老年医院3家单位入选全国公共机构垃圾分类和资源循环利用示范工作重点单位，示范期3年。

【办公用房管理】 2022年，福州市机关事务局结合“1+X”专项督查，指导监督市直单位、县（市）区自查整改。完成2家单位房产核销、4家单位房产修缮核准。

【公务车辆管理】 2022年，福州市机关事务局完成公车审批更新63辆、公车号牌管理284辆、公车报废审批162辆、公车调拨审批24辆。开展市直党政机关事业单位公务车辆定点维修保养和定点保险招标工作。对33家单位公车开展“定点维修、统一保险、定点停放、一车一油卡、统一派车、经费公示”等情况进行专项检查。节假日期间，运用公务用车信息综合管理系统，抽查5家单位公车行驶轨迹。

【重要会议保障】 2022年，福州市机关事务局完成第五届数字中国建设峰会、“5·18”大型欢迎晚宴、八一军政座谈会等重大会议活动的后勤保障任务。完成春节团拜会、市党代会等356场次市级会议服务保障任务。在第五届数字中国建设峰会期间，为百余名重要嘉宾提供“一对一”个性化接待服务，保障省市领导的会见、餐叙、签约活动，为千余名嘉宾、记者、观众及志愿者提供食宿行保障。

【集中办公区服务】 2022年，福州市机关事务局在东部办公区重装改造第二食堂、第三食堂，打造“过点餐厅”，引进便民理发室，建设充电桩停车场。乌山机关大院成立应急代泊车服务队，加强入驻超市限价管理，为机关干部办公生活和外来群众办事提供便利。定期邀请专业人员对消防设施、电梯及供水、供电、供气管线等开展全面彻底检查，消除安全隐患。开展消防演练、防暴演练，与信访、属地公安等部门联动，联控联防集中办公区治安维稳。

【机关事务数字化建设】 2022年，福州市机关事务局“数字乌山”完成二期项目建设终验，推进二期成果应用。在全省率先开发党政机关办公用房数字化管理平台，实现保障方式转型升级。先后接待多批次上级和兄弟省市机关事务部门、央企等单位参观调研，并作为福建省数字政府建设成果之一在第五届数字中国建设峰会展示。

（陈文倩）

人事人才工作

【概况】 2022年，福州市新增省“雏鹰计划”青年拔尖人才4人、省引进高层次ABC类人才206人、省工科类青年人才914人、市“双一流”高校毕业生1735人、市高层次DE类人才358人，累计认定市级及以上人才1.82万人。吸引大中专高校毕业生来榕留榕就业7.02万人。

【闽都人才高地建设】 2022年，福州市人社局牵头举办首届“榕城杯”福州留学人员创业大赛，参赛创业项目23个，涉及生物医药、大数据、机械制造等领域，参赛人员来自英国、日本、美国、澳大利亚、加拿大、韩国等10个国家（地区）的知名高校，大赛落地优质项目9个，兑现奖励资金54万元。举办高新技术及“专精特新”企业政策解读、企业战略规划和人力资源管理、留创投融资洽谈会等留创沙龙活动4场，协助企业提升综合管理能力和完成对接洽谈。帮助福建乐基科技有限公司等3家企业申报并入选国家高新技术企业。年内引进16家优质留学人员企业入驻中国福州留创园，以及国家重大人才计划专家创办项目和福建省科技“小巨人”项目在内的一批优质留创项目入驻园区孵化。结合福州市最新人才政策和留创园管理最新形势，修订并重新出台留创园管理办法。启动建设中国福州留创园留学人才驿站，打造集企业展示、人才交流、政策咨询、项目对接、路演、推广、培训等综合服务展示的功能平台。年内，市人社局走访企业，赴高新区、闽侯县开展复工复产；开展海外人才下基层、拓岗行动；开展留创园“海外人才下基层”企业技术服务乡村振兴活动，带领专家赴闽清县、永泰县、福清市等地开展技术指导服务，帮农民解决实际问题，并建立后期“问诊”沟通渠道。

【人才工作】 2022年，福州市人社局构建“好年华 聚福州”人才政策“1+1+N”体系，出台《“好年华 聚福州”人才住房保障办法》《鼓励台湾同胞来榕就业创业十条措施》《福州市关于激励支持柔性引进人才的五条措施》《关于福州市加强乡村人才振兴的七条措施》等专项政策，建立覆盖全领域、各层级、动态更新的“横纵一体”政策格局，完善人才引进和培养、塔尖到塔基、创业和创新、普惠和特殊等全方位发展政策体系。8月，发布《关于2022年首批“好年华 聚福州”人才限价商品住房对象资格受理有关事项的公告》，提供房源366套，启动福州市2022年首批人才限价房申报工作；9月，由市政府办、市人社局牵头，在福清市召开科技特派员制度服务乡村振兴暨乡村人才振兴工作现场会；市人社局与省引才中心、市委组织部联合对12家市级人才驿站进行考核，评选首批市级优秀人才驿站5家。年内，服务各类人才8128人次、服务人才企业300余家；发放省拨人才经费3028人次14523万元，发放ABC类人才187人次、工科人才2076人次17009万元，发放五城区“双一流”人才1852人次2251.5万元，发放市属单位20名优秀博士奖励230万元。发放省级资金7350万余元，市级资金1800万余元。办理最后一批优秀博士卡90张。

【事业单位人事管理】 2022年，福州市人社局完成事业单位公开招聘、人事考试和职业（执业）资格考试，推进事业单位人事制度改革，创新教育卫生人才队伍建设机制，通过表彰奖励激励引导事业单位工作人员担当作为、干事创业。

事业单位公开招聘 2022年，福州市发布招聘计划5590人，其中中小学教师招聘计划3455人（市属729人、县区2716人，含参聘人员1311人），卫健系统招聘计划1113人（市属600人、县区513人），高校自主招聘计划257人，其他市属单位自主招聘20人及县区自主招聘计划10人，征集全市事业单位统一招聘考试岗位735人（市属事业单位岗位214人、县区岗位521人），事业单位援藏就业岗位10人。支持市公安局首次提供4个岗位面向在福州市工作满3年以上的在职辅警开展公开招聘。接收2021年事业单位公开招聘的西藏籍毕业生5名。

事业单位人事制度改革 市人社局推进县以下事业单位建立管理岗位职员等级晋升制度，会同组织部门指导县区制定事业单位管理岗位职员等级晋升制度工作实施方案，经统筹上报省级组织人社部门同意后于5月批复实施。至年底，12个县区完成第一批职员等级晋升工作，职员等级晋升520人次。依托“福建省机关事业单位人事管理平台”开展市属事业单位岗位管理工作，年内使用平台办理市属事业单位岗位设置方案核准75家、人员聘任备案1172批次，另外线下核准612家县（市）区属事业单位岗位调整。审核干部保健待遇28人。

创新教育卫生人才队伍建设机制 市人社局会同组织、教育、卫生等部门出台《加强中小学教育人才队伍建设十项举措》《加强卫生健康人才队伍建设十项举措》，对符合条件的博士研究生直评（聘）为副高职称、硕士研究生直评（聘）为中级职称。配合市教育局出台《福州市属公办中小学、幼儿园参照事业单位聘用制人员管理办法实施细则》，推进参聘人员公开招聘等工作；配合市卫健委起草《福州市属公立医院控制数人员管理办法》，探索创新卫生系统事业单位人事管理模式。对市属卫健单位招聘紧缺急需专业岗位，适当放宽开考比例；简化博士或正高级职称等高层次人才招聘程序。出台《关于进一步加强各县（市）区教育卫生紧缺人才引进工作的通知》，缩短招聘方案审核时限，简化教育卫生紧缺急需岗位招聘程序且不受开考比例限制，下放开考比例审核权限，引进高层次人才、紧缺急需人才可不受岗位限制予以聘任。

人事考试和职业（执业）资格考试 完成福州考区人事考试3场笔试、3场面试的考务组织工作。完成公务员录用及省市机关公开遴选公务员笔试、面试考务工作，其中公务员录用笔试参考人数58877人，比上年增长4.75%，公务员录用面试参考人数1152人，公务员遴选笔试人数2006人、面试参考人数21人。完成事业单位公开招考笔试及面试工作，其中事业单位笔试参考人数35591人、面试2243人。完成3场全国职业（执业）资格考试福州考区组考任务，其中社会工作职业水平考试参考11282人、一级建造师职业资格考试参考20509人、中级注册安全工程师执业资格考试参考3655人。完成14类职业资格考试资格审核，报名43281人，审核通过40871人。全年发放证书7984本，其中证书邮寄7093本、现场发放891本。

表彰奖惩 全市有4家先进集体和4名先进个人获中央和国家机关表彰，54家先进集体和105名先进个人获省级工作部门表彰，48家先进集体和100名先进个人获市级党委和政府表彰。对在福州市第44届世界遗产大会筹备工作、食品安全工作、2021年“抓项目促提升”专项行动、2021年“扶持龙头壮大产业”专项行动、2021年“招商效率和招商质量提升工程”行动等重大专项工作中作出显著成绩和贡献的103名事业单位工作人员予以奖励，其中记功28人、嘉奖75人。事业单位工作人员受处分48人次，其中警告16人次、记过7人次、降低岗位等级6人次、撤职10人次、开除9人。

【专业技术人员管理】 2022年，福州市人社局推进教育集团自主评审工作，在福州三中、格致中学、福州八中、屏东中学4个教育集团分别成立中小学教师系列中级职称评审委员会，并首次开展教育集团中级职称自主评审工作，评审通过68人；增设中职教师系列副高级职称评审委员会，首次评审通过高级讲师37人。增设福建省二建集团工程系列土建专业中级职务任职资格评审委员会，试点龙头企业职称评审工作。委托评审通过高级职称674人、中级职称49人；组织中、高级职称评审会46场，评审通过高级职称1620人、中级职称2336人。年内按照省委组织部、省人社厅部署，配合市委组织部完成第十批援藏专业技术人员选派中期轮换人选4人。

【高校毕业生就业管理】 2022年，福州市人社局实施高校毕业生“三支一扶”计划，征集“三支一扶”岗位106个，派遣“三支一扶”高校毕业生101人。举办第二届“好年华 聚福州”人才峰会暨高校毕业生招聘会。举办“好年华 聚福州”高校毕业生招聘活动73场，“福州人社求职招聘平台”浏览量542.47万人次。成立离校未就业高校毕业生工作专班，市县两级统一部署，实名登记2022届离校未就业高校毕业生1.67万人，实名登记就业率99.7%，登记各类困难毕业生271人，帮扶就业率100%。促进高校毕业生就业创业经验得到国务院第九次大督查督查组肯定，作为全省5个典型案例之一推荐报送国务院，获人社部、省委、省政府和省人社厅认可，并代表福州市参加全省机制创新项目评审。

【人事人才公共服务】 2022年，福州市人社局实施青年就业见习计划，提供见习岗位2593个，参加见习1004人，发放见习补贴396.3万元。发放人才储备生活补贴2174人次184万元，1万元在榕就业创业一次性生活补贴13621人，享受到榕求职就业的高校毕业生免费住宿872人。新增创业担保贷款204笔9220.6万元，发放一次性创

2022年2月9日，2022年春节福州首趟“点对点”包机接回云南籍到榕务工人员
（市人社局 供图）

2022年12月19日，福州市社保中心正式推行社保业务“一窗受理”服务改革
（市人社局 供图）

业补贴、创业带动就业补贴、创业租用场地补贴212笔97.9万元，评选100个“植根榕城”福州市优秀创业项目，发放创业扶持资金500万元。

【工资收入分配制度改革】 2022年，福州市人社局深化工资收入分配制度改革，实行最低工资标准正常调整机制、企业薪酬调查和信息发布制度，强化工资指导线应用，引导企业合理确定工资水平。落实基本工资标准正常调整机制，优化事业单位绩效工资管理办法，深化公立医院薪酬制度改革。

企业工资收入分配 2022年，福州市月最低工资标准调整为1960元/月，非全日制用工小时最低工资标准调整为20.5元/小时，从2022年4月1日起执行。市人社局对全市1868家样本企业（含64家养老服务业企业）开展薪酬调查，覆盖职工19.31万人。发布2022年福州市企业工资增长指导线基准线为6%，下线为3%，发布2022年人力资源市场工资价位（涉及17个行业、6个职业大类、189个职业小类）和2021年度企业人工成本信息，在长乐区纺织行业、福清市电子行业开展制造业人工成本监测。推进国有企业负责人薪酬制度改革，开展国有企业在岗职工平均工资委托审计调查和工资水平发布工作。发布2020—2021年市管国企负责人绩效年薪调节系数确定参考表，制定印发《关于进一步深化福州市国有企业负责人薪酬制度改革工作规程》。

事业单位工资管理 为事业单位年度考核合格以上的工作人员晋升1级薪级工资，调整2.2万人；结合各单位的岗位调整、人员变动、业务收入等因素核定313家市属事业单位年度绩效工资总量；根据《福州市企业化管理事业单位工资总额暂行办法》，核定全市6家企业化事业单位工资总额；根据《福州市属公立医院工资总额管理暂行办法》，市人社局联合市卫健委、市财政局共同核定13家市属公立医院2021年工资总额。

【退休干部管理】 2022年，福州市人社局退管中心在春节、元宵节、拗九节、端午节、重阳节等传统节日开展写春联、赠拗九粥、猜灯谜、包粽子、敬老助老等活动。举办“献礼二十大 一起向未来”书画作品展，展期3天，展出作品160件，其中书法作品60幅、绘画作品100幅。与凤林社区、驻地社区、利嘉城社区开展精神文明、综治平安宣传。开展节日慰问、垃圾分类、普法宣传等志愿服务活动20余场。年内，市老年大学五一中路分校设置9个系23个课程48个班级，新增中医养生、园艺（栽培、插花）、美容美妆3个特色课程，累计招生1774人次。

（市人社局）

发展研究

【概况】 2022年，福州市政府发展研究中心完成各类调研成果150项，编发《研究报告》142期，编辑出版《福州发展》杂志6期，编印《2022年福州发展研究报告》《福州市养老托育服务十年回顾与展望》《福州市乡村振兴研究成果专辑》文集，邀请53名省内知名专家及学者组建新一届专家智库，组织智库专家赴县区、企业开展专题调研，推出《智库简报》5期，牵头组建福州市人民政府顾问团。

【重点课题调研】 2022年，福州市政府发展研究中心完成市委、市政府交办的《我市与相关省会城市的比较分析与发展对策》《推进我市城区交通治堵的研究》等4个重大课题；与福建省政府发展研究中心合作完成《山区农村经济发展的永泰之路》重点调研课题；参与福建省政府参事室组织的《推动我省文化产业赋能乡村振兴的建议》《关于疫情对我市企业生产经营影响及对策》课题调研；完成《通过申办世界级大会带动我市航海装备产业高质量发展》《新时期创建国际消费中心城市的研究》等32篇中心自选重点课题。开展乡村振兴课题调研，编印《乡村振兴战略背景下“农文旅学”融合路径研究——以闽侯雪峰山城项目为例》等16篇调研报告，印发《福州市乡村振兴研究成果专辑》。

【政策咨询服务】 2022年，福州市政府发展研究中心参与福州市国际航海展工作专班。起草《关于做好2022年乡村振兴专家智库服务团工作的实施意见》《专家智库服务团2022年度实施乡村振兴战略工作计划》等重要文件；起草《福州市人民政府顾问团工作规则（试行）》，牵头邀请82名国内知名院士及专家学者组建福州市人民政府顾问团；推出《政策周报》46期、《信息专报》内参20期，开设“福州发展研究”微信公众号；在“福州发展研究”微信公众号开设“乡村振兴研究”专栏，搭建乡村振兴研究新平台；组织全市政府系统开展重点课题调研工作，年内指导和协调各县（市）区、市直部门完成市政府下达的调研任务106项。

（游兴华）

福州市人民政府驻外地派出机构

【福州市人民政府驻北京联络处】 2022年，福州市人民政府驻北京联络处完成招商项目40个，引资总额186.36亿元。配合福州市开展两级联动招商，上报项目和线索70条，服务保障到京招商团组30批次，组织企业到榕考察15批次。完成省、市领导在京各项公务活动服务保障。投稿《福州招商信息》2次，报送《北京信息快报》16期。

对接福耀科技大学学科设置和学术委员会成立事项，促进建设中国东南（福建）科学城、福州大学城建设；协助第五届数字中国建设峰会、“5·18”海交会等会务活动；配合福清核电、罗源填海、鼓楼软件名园等县（市）区开展重大项目审批；推动京东方LCD超大尺寸模组项目、miniLED项目、京东方创新中心项目落地福州；推进福州机场高速铁路项目专家评审论证和部委审批工作。

走访中国运载火箭技术研究院、中国医药保健品进出口商会；考察厦门、莆田、漳州、玉林等福建省各地及其他地市的驻京办，宣传福州并开展招商引资合作。以“3+N”模式（聚春园3家自营+N家授权加盟）推动城市会客厅、聚春园闽菜馆的选址布局；以“行业龙头企业+产业基金+产业联盟+产业研究院+产业政策”的招商模式，推进连江航空产业园区和福州新区大健康产业城项目，先后与红谷集群科技、博鳌亚洲论坛健康产业国际论坛开展多轮磋商。

（简海冰）

【福州市人民政府驻上海办事处】 2022年，福州市人民政府驻上海办事处围绕上海及长三角地区的社会治理、大学城建设、新兴产业发展策略等重点方面，组织人员多渠道搜集、整理江、浙、沪等兄弟省市的重大举措和先进经验，及时报送相关信息给福州市委、市政府。促成上海全景医学、神州数码集团股份有限公司、上海津润冷链物流有限公司、兴睿全盛管理合伙企业、百氏实业有限公司、三合元生物科技有限公司、修能工业有限公司、奥吉芯生物科技有限公司、巨泉集团有限公司、鑫泰润物流产业园有限公司、保罗产业发展有限公司、密尔克卫化工供应链管理有限公司、金强绿色建筑产业有限公司、模源数驱科技有限公司等相继注册或落户。全年收集招商线索110条，促成15个项目落地福州。

（吴金捷）

【福州市人民政府驻深圳（广州）办事处】 2022年，福州市人民政府驻深圳（广州）办事处根据深圳区域产业特点、资源优势，开展“线上+线下”招商，全年实现落地项目7个，投资总额50.5亿元。保障福州市领导和县（市）区在粤公务活动考察团7批，41人次。加强与广深政府部门、在粤榕籍乡亲及各地驻深办的联络与交流。参与赴佛山和茂名等地的招商活动、拓展驻深交流平台，实现信息与资源共享。

（朱凌姗）

（编辑　苏　颖）

中国人民政治协商会议福州市委员会

综　述

【政协年度工作进展】　2022年，中国人民政治协商会议福州市委员会（简称福州市政协）召开全体委员会会议1次、常务委员会会议6次，组织开展专题议政性常委会会议2场、专题协商会6场、对口（界别）协商会4场、重点提案办理协商会10场。新成立由191人组成的市政协应用型智库和参政议政人才库队伍。在梳理原文、深入研讨、对比溯源的基础上，创新打造“人民政协为人民”展示点，以图、文、物、视频相结合的方式，展示习近平总书记在福州工作期间有关加强党对政协工作的领导、促进协商民主、广泛团结联谊、强化政协建设等方面的重要论述和重大实践成果。依托新建成的“人民政协为人民”展示点，组织政协委员和各界人士开展学习交流，传播协商民主理论和实践。

【提案工作】　2022年，福州市政协开展“领导批示提案专题协商”“重点提案督办协商”等活动，推进提案办理，促进建议精准型转化。全年立案提案475件，立案率71.1%，均已办复；对《关于提升我市种业研发创新水平的建议》等30件好提案予以通报表扬。

【文史资料征编】　2022年，福州市政协开展第十四届市政协文史征编、文史馆管理等工作，出台《关于推进县（市）区政协文史馆规范化建设的指导意见》，加强文史研究员队伍建设。完成《福州市政协志（1995—2021）》出版工作。出版《福州河口史话》及《福州文史》季刊4期。以《叙事——海外福州人的集体记忆》征编为纽带，增进与各党派团体、各界人士和海外华侨华人的团结联谊。

【政协宣传报道】　2022年，福州市政协在《人民政协报》、人民政协网刊发报道70多篇，其中《人民政协报》头版5篇、专版1篇，在《人民政协报》刊发报道数量居全国省会城市之首。在省级媒体刊发报道20余篇，市属媒体刊发报道250多篇。推出“钱多多跑两会”等系列短视频，宣传政协委员风采，讲好政协故事、福州故事。

【政协委员服务管理】　2022年，福州市政协加强新一届政协委员队伍建设，将全体委员分入各专委会，安排各专委会兼职副主任90人，出台《进一步加强委员履职服务保障工作的意见》。加强委员学习培训，完善委员履职考核办法，加大走访委员力度，全年走访委员490多人次，组织2期委员异地培训活动。

（蒋德烽　陈小刚）

重要会议

【概况】　2022年，政协第十四届福州市委员会召开1次全体会议，选举产生政协第十四届福州市委员会主席、副主席、秘书长和常务委员。召开6次常委会会议，其中围绕“创建国际消费中心城市”“统筹做大做强做优文旅经济”主题，分别召开2场专题议政性常委会会议；围绕学习贯彻中国共产党第二十次全国代表大会精神，召开1场专题常委会会议。

【政协第十四届福州市委员会第一次会议】　2022年1月6—9日，政协第十四届福州市委员会第一次会议在福州召开，应出席委员491人，实到445人。福建省委常委、福州市委书记林宝金等市领导出席会议并参加分组讨论，听取委员意见建议。会议审议批准何静彦代表政协第十三届福州市委员会常务委员会所作的工作报告，审议批准雷成财代表政协第十三届福州市委员会常务委员会所作的提案工作情况的报告，审议通过《政协福州市委员会关于深入贯彻落实省市党代会精神，齐心协力做大做优做强省会的意见》。委员们列席福州市第十六届人民代表大会第一次会议，听取并协商讨论市政府工作报告、市中级人民法院工作报告、市人民检察

2022年1月6日，中国人民政治协商会议第十四届福州市委员会第一次会议在福州海峡国际会展中心开幕（叶诚 摄）

院工作报告及其他报告，对上述报告均表示赞同。大会选举产生政协第十四届福州市委员会主席刘卓群，副主席鄢萍、林恒增、林锋、罗蜀榕、郑章干、林澄、顾颀、唐希，秘书长周应忠和86名常务委员。

【市政协第十四届常务委员会会议】 2022年，福州市政协第十四届常务委员会召开常务委员会会议6次。

第一次会议 1月9日召开。会议听取市政协副秘书长、办公厅主任林忠武关于各界别召开界别工作座谈会的情况汇报、关于各组讨论市中级人民法院和市人民检察院工作报告的情况汇报、关于各组审议《政协福州市委员会关于深入贯彻落实省市党代会精神 齐心协力做大做优做强省会的意见（草案）》的情况汇报、关于各组审议市政协十四届一次会议政治决议（草案）的情况汇报；听取市政协秘书长周应忠关于《中国人民政治协商会议第十四届福州市委员会副秘书长任职名单》《中国人民政治协商会议第十四届福州市委员会关于专门委员会设置的决定》《中国人民政治协商会议第十四届福州市委员会专门委员会主任和副主任任职名单（草案）》的说明。审议《政协福州市委员会关于深入贯彻落实省市党代会精神 齐心协力做大做优做强省会的意见（草案）》《中国人民政治协商会议第十四届福州市委员会第一次会议政治决议（草案）》；审议并通过《中国人民政治协商会议第十四届福州市委员会副秘书长任职名单》《中国人民政治协商会议第十四届福州市委员会关于专门委员会设置的决定》《中国人民政治协商会议第十四届福州市委员会专门委员会主任和副主任任职名单》。原则同意《政协福州市委员会关于深入贯彻落实省市党代会精神 齐心协力做大做优做强省会的意见（草案）》《中国人民政治协商会议第十四届福州市委员会第一次会议政治决议（草案）》，提交市政协第十四届一次会议第三次大会（闭幕会）审议。

第二次会议 4月14日召开。会议听取市政协调研室主任陈小刚关于《政协福州市委员会常务委员会2022年工作要点（草案）》起草情况的说明。听取市政协秘书长周应忠关于《中国人民政治协商会议第十四届福州市委员会各专门委员会兼职副主任名单（草案）》的说明。会议审议并通过《政协福州市委员会常务委员会2022年工作要点》《中国人民政治协商会议第十四届福州市委员会各专门委员会兼职副主任名单》。因工作需要，任命邓文飞、刘伟、吴建青等92人为中国人民政治协商会议第十四届福州市委员会各专门委员会兼职副主任。

第三次会议 7月28日上午、9月13日上午召开。7月28日上午，会议围绕“创建国际消费中心城市”主题，组织市政协常委实地视察“闽江之心”；会议集中学习《中国共产党政治协商工作条例》，传达学习第十二届省政协常务委员会第二十六次会议精神；听取市政协调研室主任陈小刚关于《政协第十四届福州市委员会常务委员会关于打造闽都特色国际消费中心城市的建议案（草案）》起草情况的说明；审议并通过《政协第十四届福州市委员会常务委员会关于打造闽都特色国际消费中心城市的建议案》，同意提交专题协商。9月13日上午，会议围绕“创建国际消费中心城市”议题开展专题协商，省委常委、市委书记林宝金出席会议并讲话。会上，市商务局书面通报福州创建国际消费中心城市情况。市政协党组副书记、副主席林恒增代表市政协常务委员会提出《政协第十四届福州市委员会常务委员会关于打造闽都特色国际消费中心城市的建议案》。林诚（代表农工党福州市委会）、任义文（代表致公党福州市委会）、刘必泳（代表福州新闻网）、董敬明（代表智库成员）等课题承办单位、智库成员代表和福州新闻网有关负责人作专题发言；市政协委员黄志强、鼓楼区政府区长杨辉、市政协委员林裕分别在台江区、鼓楼区、澳门作视频连线发言；市政协委员卢晓亮、黄造传、金福生、郑霄、魏秋兰和市政协全会海外列席人士黄其旺作现场即席发言。市商务局、市发改委、市外事办、市自然资源和规划局分别作回应发言。受市长吴贤德委托，副市长黄建雄代表市政府对建议案有关项目建议作任务分解。市委常委、常务副市长林中麟，市委常委、秘书长张定锋应邀参加会议。福州新区党工委专职委员、福州自贸片区管委会常务副主任刘晓强等出席会议。

第四次会议 10月14日上午、10月19日下午召开。10月14日上午，会议围绕“统筹做大做强做优文旅经济”主题，组织市政协常委赴烟台山历史文化街区开展双月视察。10月14日上午、10月19日下午，会议组织市政协常委分别参观“永远跟党走，同心书华章”福州市政协系统喜迎党的二十大胜利召开书画摄影展、“人民政协为人民——习近平总书记关于加强和改进人民政协工作的重要思想在福州的孕育和实践”展示点。10月14日上午，会议传达学习第十二届省政协常务委员会第二十七次会议、市县政协主席座谈会暨专委会工作会议、市委理论学习中心组学习（扩大）会议精神；会议听取市政协调研室主任陈小刚关于《政协第十四届福州市委员会常务委员会关于统筹做大做强做优福州文旅经济的建议案（草案）》起草情况的说明；审议并通过《政协第十四届福州市委员会常务委员会关于统筹做大做强做优福州文旅经济的建议案》，同意提交专题协商。10月19日下午，会议围绕“统筹做大做强做优文旅经济”议题开展专题协商。市委副书记、市长吴贤德出席会议并讲话。会上，市文旅局书面通报福州市文旅经济发展总体情况。市政协党组副书记、副主席林恒增代表市政协常务委员会作《政协第十四届福州市委员会常务委员会关于统筹做大做强做优福州文旅经济的建议案》的说明。陈英伟（代表民建福州市委会）、黄文真（代表台盟福州市委会）、市政协常委陈小刚（重点提案第一提案人）、陈秋华（市政协参政议政人才库专家）、刘必泳（代表福州新闻网）等课题承办单位、提案人、智库成员代表和福州新闻网有关负责人作专题发言；郑铨凯（代表闽越水镇）、市政协委员林飞鸣、市政协委员林佩欣分别在闽侯县、闽清县、澳门作视频连线发言；市政协委员鲍习羽、郑霄、潘辉、杨小强、谢煜彬、陈琳作现场即席发言。市文旅局、市自然资源和规划局、市市场监管局、市农业农村局分别作回应发言。市长吴贤德代表市政府对建议案有关项目建议作任务分解。市政府党组成员、副市长孙晓岚，市政府党组成员、秘书长、二级巡视员朱汉民应邀参加会议。

第五次会议　12月6日召开。会议邀请省委宣讲团成员、省政协党组成员、秘书长陆开锦作“学习贯彻党的二十大精神”专题辅导讲座。会议传达学习全国政协第十三届常务委员会第二十四次会议、中共福建省委十一届三次全会精神。听取市政协党组副书记、副主席林恒增传达学习十二届省政协常务委员会第二十八次会议、中共福州市委十二届四次全会精神。听取市政协调研室主任陈小刚关于《政协第十四届福州市委员会常务委员会关于学习贯彻中国共产党第二十次全国代表大会精神的决议（草案）》起草情况和主要内容的说明。审议并通过《政协第十四届福州市委员会常务委员会关于学习贯彻中国共产党第二十次全国代表大会精神的决议》。

第六次会议　12月23日召开。会议传达学习中央经济工作会议精神。听取市政府副秘书长易承卫关于《2022年福州市政府工作报告（征求意见稿）》起草情况的说明。听取市法院副院长赵彦邦，市检察院党组副书记、副检察长余深画分别作法院、检察院工作报告（征求意见稿）起草情况的说明，以及2022年办理委员提案、建议等工作情况的通报。听取市政府副秘书长易承卫通报市政府办公厅关于市政协常务委员会议建议案、专题协商成果和委员提案的办理落实情况，听取市政协秘书长周应忠关于《中国人民政治协商会议第十四届福州市委员会委员变更名单（草案）》的说明，听取市政协副秘书长张莉关于《中国人民政治协商会议福州市委员会委员履职工作规则（修订草案）》起草情况的说明。书面审议《福州市政协主席会议关于2022年工作情况的报告（草案）》《关于召开中国人民政治协商会议第十四届福州市委员会第二次会议的决定》《中国人民政治协商会议第十四届福州市委员会第二次会议议程》《中国人民政治协商会议第十四届福州市委员会第二次会议日程》《中国人民政治协商会议第十四届福州市委员会第二次会议政协委员分组原则》《中国人民政治协商会议第十四届福州市委员会第二次会议各组召集人名单》《中国人民政治协商会议第十四届福州市委员会第二次会议秘书长、副秘书长名单》等文件草案。听取市政协秘书长周应忠关于《中国人民政治协商会议第十四届福州市委员会常务委员会工作报告（草案）》起草情况的说明，听取市政协提案委主任许舜举关于《中国人民政治协商会议第十四届福州市委员会常务委员会关于十四届一次会议以来提案工作情况的报告（草案）》起草情况的说明，听取市政协秘书长周应忠关于《政协福州市委员会关于学习宣传贯彻中共二十大精神，凝心聚力加快建设现代化国际城市的意见（草案）》起草情况的说明。书面审议《中国人民政治协商会议第十四届福州市委员会专门委员会2022年工作总结和2023年工作思路（草案）》《关于授权主席会议审议福州市政协十四届常委会第六次会议未尽事宜的决定（草案）》。审议并通过《中国人民政治协商会议第十四届福州市委员会委员变更名单》，同意王刚、彭锦华不再担任中国人民政治协商会议第十四届福州市委员会委员；审议并通过《中国人民政治协商会议福州市委员会委员履职工作规则（修订）》《福州市政协主席会议关于2022年工作情况的报告》《关于召开中国人民政治协商会议第十四届福州市委员会第二次会议的决定》《中国人民政治协商会议第十四届福州市委员会第二次会议日程》《中国人民政治协商会议第十四届福州市委员会第二次会议政协委员分组原则》《中国人民政治协商会议第十四届福州市委员会第二次会议各组召集人名单》《中国人民政治协商会议第十四届福州市委员会第二次会议秘书长、副秘书长名单》《关于授权主席会议审议福州市政协十四届常委会第六次会议未尽事宜的决定》。

（蒋德烽　陈小刚）

协商议政

【概况】　2022年，福州市政协开展专题议政性常委会会议2场、专题协商会6场、对口（界别）协商会4场、专家协商会2场，其中专家协商会形式为全省首创。

【全体会议协商】　2022年，福州市政协第十四届第一次会议期间，全体委员及列席人员围绕市委中心任务和市政府工作报告展开讨论，市委、市政府领导到会听取意见，并与委员互动交流。委员围绕经济高质量发展、海洋经济、数字经济和科技创新、新区新城建设、乡村振兴、生态文明建设、宣传文化和旅游、民生社会事业、人才建设、民族宗教、港澳台侨和外事、政府自身建设、区域协调发展等 13 个方面工作提出 202 条意见建议。

【常务委员会会议协商】 2022 年，福州市政协开展专题议政性常委会会议 2 场。第一场专题议政性常委会会议由市政协主席刘卓群，副主席林恒增、顾颀负责，市政协调研室、经建委、港澳台侨和外事委员会及市农工党、市致公党联合承办，与市委、市政府、市政协有关领导，市商务局、市外办、市发改委、市工信局、市财政局、市交通局、市文旅局、市自然资源和规划局、市金融局、市建设局、市台港澳办、榕城海关、市市场监管局、市体育局，有关县（市）区政府等，围绕“创建国际消费中心城市”议题开展常务委员会会议协商。第二场专题议政性常委会会议由市政协主席刘卓群、副主席林恒增负责，市政协调研室、市经建委，市民建、市台盟联合承办，与市委、市政府、市政协有关领导，市委宣传部、市发改委、市文旅局、市商务局、市财政局、市交通局、市建设局、市自然资源和规划局、市市场监管局、市农业农村局、市园林中心、市文物局、市林业局、市古厝集团及各县（市）区政府等，围绕“统筹做大做强做优文旅经济”议题开展常务委员会会议协商。

【专题协商】 2022 年，福州市政协开展 6 场专题协商：第一场专题协商由市政协副主席郑章干负责，市政协农业和农村委员会承办，与市政府、市政协分管领导，市农业农村局（乡村振兴局）、市自然资源和规划局、市发改委、市科技局、市商务局、市工信局、市金融局、市人社局、市市场监管局、市海洋渔业局、市财政局、市税务局等，开展“做大做强农业龙头企业　引领乡村产业高质高效发展”专题协商。第二场专题协商由市政协副主席鄢萍负责，市政协教科卫体委员会、市民盟联合承办，与市政府、市政协分管领导，以及市教育局、市科技局、市科协等单位，开展“汇聚科教力量　培养科技创新后备人才”专题协商。第三场专题协商由市政协副主席郑章干负责，市政协社会和法制委员会承办，与市政府、市政协分管领导，市委政法委、市公安局、市民政局、市房管局、市城管委、市大数据委、市交警支队、市“智慧福州”管理服务中心及鼓楼区政协、台江区政协等，开展“推动‘数字福州’在社区治理中的运用”专题协商。第四场专题协商由市政协副主席罗蜀榕负责，市政协民族和宗教委员会、市民建联合承办，与市政府、市政协分管领导，市民宗局、市文物局、相关县（市）区等，开展“加强我市宗教可移动文物保护”专题协商。第五场专题协商由市政协副主席林锋负责，市政协人口资源环境委员会、市民革联合承办，与市政府、市政协分管领导，市林业局、市海洋渔业局、市自然资源和规划局、市生态环境局、闽江河口湿地管委会、市人社局、市文旅局、市民政局、市农业农村局（乡村振兴局）及马尾区政府、长乐区政府、福清市政府等，开展“保护与开发并重　推动闽江河口湿地申报国际重要湿地”专题协商。第六场专题协商由市政协副主席林澄负责，市政协文化文史和学习委员会、市九三学社、晋安区政协、闽侯县政协联合承办，与市政府、市政协分管领导，市林业局、市文旅局、市名城委及晋安区政府、闽侯县政府等，开展“福州古驿道文化内涵挖掘和利用”专题协商。

【对口（界别）协商】 2022 年，福州市政协各专门委员会开展对口（界别）协商 4 场。第一场对口（界别）协商由市政协副主席郑章干负责，市政协农业和农村委员会承办，与市交通运输局、市邮政管理局、市发改委、市商务局、市供销社、市财政局、应用型智库成员等开展“加快我市农村寄递物流体系建设”对口协商。第二场对口（界别）协商由市政协副主席鄢萍负责，市政协教科卫体委员会承办，与市体育局、市教育局、市人社局、市财政局等开展“持续深化体教融合　促进青少年健康发展”对口协商。第三场对口（界别）协商由市政协副主席郑章干负责，市政协社会和法制委员会、市总工会联合承办，与市委网信办、市发改委、市公安局、市法院、市人社局、市商务局、市市场监管局、市交通局、市邮政局及长乐区政府、福清市政府等开展“进一步加强新就业形态劳动者权益保障”对口协商。第四场对口（界别）协商由市政协副主席林锋负责，市政协人口资源环境委员会、市民革联合承办，与市发改委、市工信局、市科技局、市生态环境局、闽侯县政府、青口汽车工业园区管委会等开展“对标双碳推动福州汽车产业绿色创新发展”对口协商。

【专家协商会】 2022 年，福州市政

2022 年 6 月 22 日，福州市政协围绕“福州市加强湿地保护与合理利用”召开首场专家协商会

（市政协　供图）

协在全省率先推出专家协商会，发挥智库专家在调研、协商、监督等履职中的智力支持作用。6月22日，由市政协人口资源环境委员会牵头，与专家学者、智库成员、相关部门等围绕“福州市加强湿地保护与合理利用”召开首场专家协商会，12名智库专家发言，市政协主席刘卓群、副主席林锋出席会议并讲话。9月14日，由市政协教科卫体委员会牵头，与专家学者、智库成员、相关部门等围绕“坚持科教兴城 持续激发创新创造活力”召开专家协商会，市政协党组书记、主席刘卓群出席会议、回应专家咨询并讲话，市委常委、常务副市长通报福州市坚持科教兴城、持续激发创新创造活力的工作情况并作表态发言，市政协副主席鄢萍主持会议，中国科学院院士洪茂椿、谢华安作主旨发言，福建师大校长王长平通过视频指导发言。

（蒋德烽 陈小刚）

民主监督

【概况】 2022年，福州市政协围绕市委重大决策部署，统筹开展协商式监督。在年度协商、重点提案、大会发言等方面安排一定比例监督性议题，组织委员与部门领导开展“面对面”协商式监督。创新推出“双月视察”活动，围绕数字经济、矛盾纠纷化解工作、集聚侨资侨智侨力、闽江之心、文旅经济等组织5场“双月视察”。完成“统筹推进福州现代物流城建设”“发挥侨资侨智侨力作用，助推福州建设现代化国际城市”2个专项民主监督。

【社情民意信息工作】 2022年，福州市政协新组建70人的特约信息员队伍，引导委员聚焦“六稳”“六保”及强省会、城市国际化、民生改善等中心任务和群众关切等方面，收集反映社情民意信息，其中被全国政协采用80多条、被省政协采用300多条、获省领导批示5件次。编辑社情民意信息专报123期170余条，编辑协商专报和智库专家建言20多期，获市领导批示44件次。

【重点关切问题情况通报会】 2022年，福州市政协创新举办重点关切问题情况通报会。选择全面提升城市国际化水平、数字经济、文旅经济等重点热点议题，举办3场委员重点关切问题通报会，邀请市政府领导和市直部门相关负责人到会通报工作。

（蒋德烽 陈小刚）

联谊交流

【概况】 2022年，福州市政协健全发挥新型政党制度优势机制，坚持市政协领导联系走访各民主党派、工商联和有关人民团体制度，加强与党派群团交流合作。举办“走进福州政协”系列活动，发挥“政协委员联系点”凝聚共识作用，以多种方式传播协商民主文化。

【政协与党派团体合作共事】 2022年，福州市政协恢复举办市政协领导和市各民主党派、工商联、有关人民团体负责人联系会议制度，支持党派团体与专委会常态化开展界别活动。邀请党派团体共同承办年度协商议题，在专题协商、大会发言、民主监督等方面，支持市各民主党派优先发言。

【“走进福州政协”系列活动】 2022年，福州市政协开展“走进福州政协”系列活动。选择落实强省会战略、学习宣传贯彻中共二十大精神等议题举办10期委员讲堂活动。依托市政协文史馆，举办5期“书香政协”活动，开展中青年文史爱好者文史沙龙、点亮文化心灯赠书活动等。在街道、社区、界别建立24个“政协委员联系点”，开展51场微协商、民情座谈、政策宣讲等活动。

【台港澳联谊交流】 2022年，福州市政协围绕福州市创建台胞、台企登陆第一家园的先行城市，与省政协在海峡青年节期间举办“走进政协·台湾青年说”系列活动，全网直播总观看量突破3100万人次。开展“促进台湾青年来榕创业就业优惠政策措施落实”“回头看”调研，举办海峡两岸船政文化研讨会、榕台中小学生书画交流展等活动。加强与福州市政协港澳委员的联系，召开市领导与市政协港澳委员及台港澳列席人士座谈会、市政协港澳委员座谈会。组织在榕港澳委员及台港澳列席人士参加调研协商、视察考察等活动。

【民族宗教委员活动】 2022年，福州市政协开展送党课进基层、同心家园宣讲及赴畲族乡村扶贫助学等活动，创建“同心石榴籽·凝聚爱国情”品牌。围绕“助力少数民族乡村振兴”等议题开展调研。对五大宗教（佛教、道教、伊斯兰教、天主教、基督教）团体和代表人士逐一走访慰问，开展座谈交流。选择“加强我市宗教场所可移动文物保护”议题开展专题协商，推动设立专项保护资金。协调解决长乐龙泉寺内通信铁塔迁移及周边环境整治工作，加强对千年古刹的整体保护。

（蒋德烽 陈小刚）

（编辑 苏 颖）

纪检监察

综述

【纪检监察年度工作进展】 2022年，中共福州市纪律检查委员会、福州市监察委员会（简称福州市纪委监委）深入学习宣传贯彻党的二十大精神，严格落实“第一议题”制度，坚定拥护“两个确立”、坚决做到“两个维护”。全市查处存在违反政治纪律行为的案件28件，处分30人。协助市委开展全面从严治党主体责任落实情况检查，对5个党组织和138名党员干部、监察对象实施问责。

【市纪委十二届二次全会】 2022年1月27日，中共福州市纪委十二届二次全会召开，会议贯彻落实十九届中央纪委六次全会和省纪委十一届二次全会部署，研究福州市全面从严治党工作。省委常委、市委书记林宝金出席会议并讲话，市委副书记、市长吴贤德，市人大常委会主任张忠、市政协主席刘卓群出席会议。市委常委、市纪委书记、市监委主任陈云水主持并作工作报告。

【政治监督】 2022年，福州市纪委监委围绕疫情防控工作实行“常态化监督+应急处置专项监督”工作模式，制定工作指南、工作提示，开展一线监督、驻点监督。根据省委《关于加强对“一把手”和领导班子监督的实施意见》，完善“分级分类、责任到人”监督网络，督促领导干部严于律己、严负其责、严管所辖。开展“三提三效”（提高效率、提升效能、提增效益）行动专项监督，围绕水系治理提升、“重中之重”项目、优化营商环境等工作落实情况开展监督检查。

【队伍建设】 2022年，全市纪检监察系统共有1名同志受中央纪委国家监委表彰，4个集体、25名个人获省纪委监委表彰。完成市管国企纪检监察机构设置和定岗定员，制定市管国企纪检监察机构工作职责、业务流程、考核办法。市、县监委顺利完成首次向同级人大常委会报告专项工作。开展全员培训，通过自主办班、送教下乡、模拟办案等形式，实现纪检监察干部培训全覆盖。坚持严管厚爱，制定关心关爱干部职工若干举措，完善纪检监察干部廉政档案，定期印发纪检监察干部提醒专报，打造忠诚干净担当的纪检监察铁军。

（丛　森）

党风廉政建设

【概况】 2022年，福州市纪检监察机关严格落实中央八项规定及其实施细则精神，紧盯“四风”隐形变异问题，纠“四风”树新风，全市查处各类“四风”问题190起299人。

【作风建设】 2022年，福州市纪委监委开展“转作风、强服务、办实事、促发展”行动，制定3个方面12条措施，监督推进作风建设。全市查处形式主义、官僚主义问题106起197人，查处享乐主义、奢靡之风问题84起102人。围绕耕地红线保护、农村人居环境整治等7个监督重点，开展乡村振兴领域腐败和作风问题整治。全市查处群众身边腐败和作风问题125起，批评教育帮助和处理182人，处分141人。

【民生领域突出问题整治】 2022年，福州市纪委监委巩固深化提升“点题整治”工作，在省级整治项目基础上，新增民警接处警执法不规范、农村宅基地和建房审批难等4个项目，督促责任部门开展专项整治，推动解决群众“急难愁盼”问题。依托福州市惠民资金网搭建农村集体“三资”（农村集体所有的资金、资产和资源）网上公开平台，累计公开2251个村（社区）集体资金约714亿元、集体资产约12万项、集体资源1.7万宗。开展“解难题、化积案、保稳定”百日攻坚专项治理，推动化解信访积案192件，检控类信访举报量持续下降。

（丛　森）

反腐败工作

【概况】 2022年，福州市纪检监察机关一体推进不敢腐、不能腐、不想腐，惩治震慑、制度约束、提高觉悟一体发力，全市立案1219件，运用监督执纪“四种形态”批评教育帮助和处理7017人次。

【惩治腐败】 2022年，福州市纪委监委立案1219件，其中县处级及以上28件、乡科级127件，给予党纪政务处分1246人，移送检察机关审查起诉414人。全市运用监督执纪“四种形态”批评教育帮助和处理7017人次，其中第一、二种形态占93.6%。坚持“三个区分开来”（把干部在推进改革中因缺乏经验、先行先试出现的失误和错误，同明知故犯的违纪违法行为区分开来；把上级尚无明确限制的探索性试验中的失误和错误，同上级明令禁止后依然我行我素的违纪违法行为区分开来；把为推动发展的无意过失，同为谋取私利的违纪违法行为区分开来），对6654件反映党员干部涉嫌违纪违法问题线索予以了结。针对监督检查、审查调查中发现的问题，提出纪检监察建议328份，推动查补漏洞、建章立制。

【粮食购销领域专项整治】 2022年，福州市纪委监委推进粮食购销领域腐败问题专项整治，加大问题线索核查力度，对106人给予党纪政务立案。在政策感召和高压震慑下，13人主动投案或交代问题。针对专项整治中暴露出的制度漏洞、监管缺位等问题，推动健全完善各类制度116项，形成常态长效监督机制。年内，组织拍摄粮食购销领域警示教育片。

（丛　森）

2022年5月24日，福州市纪委监委驻市公安局纪检监察组赴永泰县嵩口派出所了解“廉洁过双节”有关情况　（市纪委监委　供图）

巡察工作

【概况】 2022年，福州市委巡察机构深入学习贯彻习近平总书记关于巡视工作重要论述以及对福州工作的重要指示批示精神，结合开展“能力作风建设年”活动，推动市县巡察工作一体化，提升巡察监督质效。

【政治巡察】 2022年，福州市委巡察机构用好十一届市委巡察实践成果，制订十二届市委巡察工作规划，对今后五年的巡察工作作出部署。组织开展十二届市委第二轮巡察，对15家单位开展常规巡察，深化中期调研和组办会商，提升巡察报告质量，共发现问题576个，移交问题线索4条，立案审查2人，给予党政纪处分1人。

【巡察整改】 2022年，福州市委巡察机构改进巡察反馈方式，采取集中反馈和“一对一”现场反馈相结合，提高巡察反馈工作严肃性。建立巡察整改“五方会商”机制，由市委巡察办负责召集，市纪委监委、市委组织部、市委宣传部、市委巡察组及被巡察党组织对集中整改进展情况报告进行会商，推动问题整改到位。

【巡察规范化建设】 2022年，福州市委巡察机构完善“以干代训”机制，选派6名巡察办干部参加省委巡视及市委巡察，提升巡察干部工作能力。建立市、县两级巡察人才库，全市巡察人才库总人数达2414人。制定《福州市委巡察机构保密工作规定》，完善巡察机构保密工作体系。推进巡视巡察工作网络平台和现场巡察单机系统在市县两级全面运用，以信息化促进规范化。

【县（市）区巡察工作】 2022年，福州市委巡察机构借鉴省委巡视工作形成的经验做法，对6个县（市）区巡察工作开展现场指导督导，及时解答政策业务问题，提出意见建议60多条。指导各县（市）区分类施策开展对村（社区）巡察，推动监督力量向基层延伸。2022年，12个县（市）区共对183家党组织、387个村（社区）开展巡察，发现问题5463个，移交问题线索220条，给予党纪政务处分27人次，推动建章立制321项。

（丛　森）

（编辑　苏　颖）

民主党派和工商联

中国国民党革命委员会福州市委员会

【概况】 2022 年，中国国民党革命委员会福州市委员会（简称民革福州市委会）下辖 5 个工委、4 个总支、50 个支部，民革党员 1075 名，其中本科以上 602 人，占 56%；中级职称以上 667 人，占 62%。担任市级以上人大代表、政协委员 17 人次。全年提交提案、建议 34 件，被民革中央授予“民革全国宣传工作先进集体”“民革全国参政议政工作先进集体”“民革全国祖统工作先进集体”称号。民革党员中获得地市级以上表彰 10 人次，获“民革全国祖统工作先进个人”称号 1 人，获“文物系统全国石窟寺专项调查优秀个人”称号 1 人，获民革福建省委会优秀党员称号 18 人 。

【组织建设】 2022 年，民革福州市委会发展新民革党员 21 人，选送 7 名民革党员参加各级党校、社会主义学院培训。3 名民革党员在马尾、闽侯、闽清挂职。

【思想理论建设】 2022 年，民革福州市委会在寿宁县举办中共党史教育培训班、组织民革党员参观“3820”战略工程实施 30 周年成就展，开展各类主题教育 10 余场次。全年推送文章 160 余篇，整理各类报道 17 篇，被《团结报》、团结网刊载 2 篇。

【参政议政】 2022 年，民革福州市委会在省、市两级两会上提交省政协集体提案 1 件并被列为重点提案，省政协委员提案 2 件，市政协集体提案 14 件，市政协委员提案 10 件，其中大会发言《挖掘“世界茶港”茶商贸文化底蕴 助力打响闽都文化国际品牌》得到市委、市政府主要领导批示。《关于推动我市惠台政策措施精准落地的建议》《关于精准施策，系统推进零星老旧小区改造与综合整治的建议》2 篇提案被市政协列为重点提案。参与民革福建省委会 2 个专项民主监督课题调研并负责《建设船政国家文化公园，助力福州加快建设现代化国际城市》调研课题的撰写，相关调研活动在《人民政协报》上报道，调研报告被推荐为“2022 年福建统一战线建言献策成果汇报会暨第十八届建言献策论坛”大会发言。围绕福州市中心重点工作开展 6 项重点调研课题，2 篇调研报告在《福州调研》上刊登。利用“每月直报”平台，报送 2 篇《建设跨江空中走廊，打造立体“两江四岸”》《关于加快福州新型储能产业集群发展的建议》得到市委、市

2022 年 7 月，民革福州市委会赴宁德市寿宁县开展“矢志不渝跟党走 携手奋进新时代”政治交接主题教育

（民革福州市委会 供图）

政府主要领导批示。围绕福建舰下水、对外贸易等主题收集社情民意信息325条，被上级采用161条次，其中《警惕境外“大麻合法化”对我国的冲击》等12条信息被全国政协采用，《中国知网屡陷费用争议亟待关注》等66条信息被省政协采用，《推广福州“海外110”服务全球华人的建议》获得省领导批示。

【社会服务】 2022年，民革福州市委会打造“博爱·阳光”社会服务品牌，参与社区帮扶。联合福州市政协人资环委赴结对共建的湖前社区开展综治文明共建暨民革界别活动，开展垃圾分类、移风易俗等宣传。在春节、拗九节、端午节等传统节日赴湖前社区、新城社区、闽亭社区等开展写春联、义诊、法律援助等各项志愿服务。不定期走访慰问抗战老兵，送上慰问金和新春祝福。参与各级精准扶贫公益捐赠和消费帮扶15场次，捐款捐物85万元。组织机关工会和基层民革党员购买定西、纳雍农副产品2.38万元。80余名民革党员参加抗疫工作，出动1300多人次民革党员志愿者参与市场保供等工作，捐献抗疫物资累计价值13.67万元。

【榕台交流服务】 2022年，民革福州市委会开展“台胞、台企登陆第一家园”先行城市活动。春节期间，对台胞及其家属、民革党员所在的台资企业进行慰问和回访。邀请在榕台胞参加两岸同源文化线上交流，活动报道被中新社、《福州日报》、《团结报》、团结网等媒体刊载。开展涉台参政议政工作。参与“推动惠台政策措施精准落地”重点提案办理工作。开展榕台交流合作调研，收集社情民意并探讨榕台交流活动新思路，其中《先行先试改进台湾居民居住证适用性推动两岸融合发展试验区建设》等3条信息被全国政协、省政协、民革中央采用。承办2022年“同心杯”两岸青年乡村振兴研修营暨两岸慢食文化节。

【两岸同源文化线上交流】 2022年，民革福州市委会结合妈祖诞辰在三坊七巷与台湾大甲镇澜宫通过网络同步举行“茶帮拜妈祖”非遗宣传展示系列活动，邀请在榕台胞参加，活动报道被中新社、《福州日报》、《团结报》、团结网等媒体刊载。

（詹　杰）

中国民主同盟福州市委员会

【概况】 2022年，中国民主同盟福州市委员会（简称民盟福州市委会）下辖福清、长乐2个县区级委员会，5个区工委，1个总支，77个基层支部，下设9个专门工作委员会，有盟员2028人，其中文化、教育等重点领域占63.66%，具有中高级职称的占69.77%。担任省人大代表1人、市人大代表9人、县区乡人大代表27人；省政协委员4人、市政协委员14人、县区政协委员86人。年内，4个基层组织获评民盟福建省委“创特色增活力2021年度先进基层组织”，12个基层组织获评“福建民盟组织成立75周年先进基层组织”，45名盟员获评优秀盟员，24名盟员获评优秀盟务工作者，5名盟员获评“2022年度福州市政协履职优秀委员”。

【组织建设】 2022年，民盟福州市委会发展新盟员43人，其中大学以上学历占93.02%，中高级职称占23.26%。完成5个区工委领导班子换届工作和9个专门工作委员会组成人员调整。新增“盟员之家”2家，至年底有9家。

【思想理论建设】 2022年，民盟福州市委会召开各类学习46次。开展“矢志不渝跟党走、携手奋进新时代”主题教育，组织学习42场，下辖组织累计开展主题教育等学习活动近50次，参加800余人次；赴龙岩古田、宁夏固原市六盘山开展主题教育现场教学；举办“喜迎二十大”艺术作品线上展览，展出作品104件。举办基层干部和新盟员培训班，推荐6名骨干盟员参加盟省委和中共福州市委的相关学习培训。完成4期《福州盟讯》编印，“福州民盟”微信公众号刊发微信246篇。

【参政议政】 2022年，民盟福州市委会在两会期间，提交集体提案11件，个人议案、提案、建议30件，其中大会发言《坚持创新引领　秉持科学精神　高水平高质量建设福州科学城》获

2022年7月，民盟福州市委会赴宁夏固原市举办“善行六盘·烛光行动”闽宁、榕固民盟对口协作基地揭牌及捐赠仪式

（民盟福州市委会 供图）

中共福建省委常委、福州市委书记林宝金等市主要领导批示。《关于做好五大文章，发展我市乡村旅游的建议》列入2022年福州市人大一号建议案。《关于促进福建茶文化与旅游业融合发展的建议》转为民盟福建省委2022年提案。完成各级各类调研课题28篇，其中民盟福建省委重点调研课题1篇，中共福州市委重点课题2篇，每月直报件5篇，民盟福州市委专题调研6篇，其中直报件《打造“有福之州”数字图景，擦亮共同富裕民生底色》获中共福建省委常委、福州市委书记林宝金批示；理论课题《进一步优化营商环境激发创新创业创造活力》获评全省统战理论政策研究创新成果一等奖。全年报送信息346篇，其中全国政协采用4篇，省委统战部3篇，省政协采用24篇，市政协采用16篇，市委统战部采用17篇。

【社会服务】 2022年，民盟福州市委会赴宁夏固原市开展“善行六盘·烛光行动”榕固民盟对口协作基地揭牌及爱心捐赠仪式，向宁夏师院附中捐赠助学金20万元，向固原市第八中学捐赠价值6万元的爱心图书。巩固社区共建、“黄丝带”帮教等传统品牌，在仓山区潘厝社区开展迎新春慰问助贫、“孝老爱亲　传承拗九”等活动2场，累计发放慰问金1000元、慰问品价值1500元。组织盟员律师在仓山区高盖山公园开展《中华人民共和国法律援助法》集中宣传活动，在仓山区螺洲镇店前村举办民法典宣传活动。

（王　翀）

中国民主建国会福州市委员会

【概况】 2022年，中国民主建国会福州市委员会（简称民建福州市委会）下设1个县级市委会，5个区工委，1个企业家委员会，31个支部，10个专委会，1个调研室，1个研究院，会员1292人，平均年龄52.4岁，其中经济界别人士占84.8%。会员担任各级人大代表30人，各级政协委员92人。年内，民建福州市委会获评2021年度福州市政协系统信息工作先进单位，1名机关干部获评2021年度福州市政协系统信息工作先进个人，3名会员获评2021年度福州市政协系统优秀特约信息员。

【组织建设】 2022年，民建福州市委会完成台江、仓山2个工委调整，增设台江文旅支部，完成台江科技支部等5个支部的换届工作，推进福清市委会、马尾区工委和鼓楼区工委各支部调整换届工作。发展新会员2批47人，其中经济界人士42人，企业高级管理人员17人。走访会员企业132家，帮助会员企业牵线搭桥、排忧解难33件。参与银企互动、校企互动、供应链上下游互动，助力企业转型升级。

【思想理论建设】 2022年，民建福州市委员会三创委员会、法律委员会等专委会分别召开“创新创业带动就业”“疫情下如何于危机中开新局”等主题沙龙或专题研讨会。制订《民建福州市委会学习宣传中共二十大精神方案》，通过走访企业宣讲中共二十大主题月、基层组织集中宣讲学习等多种形式，开展“矢志不渝跟党走　携手奋进新时代”主题教育。通过开展线下系列主题活动和线上微信公众号等平台联动，推动“四史”和多党合作史、民建会章会史的学习。

【参政议政】 2022年，民建福州市委会形成《开发农业碳汇助推美丽福州建设》等18篇调研文章，其中《打造“人文福州”，提升城市气质》《关于构建“闽都人才生态圈”提升我市人才吸引力和集聚力的建议》《关于精准引导我市民营企业投身乡村振兴的建议》作为市委重点调研课题；完成《优化提升我省养老服务机构发展水平的研究》《关于闽台乡建乡创融合发展的建议》等2篇民建福建省委会重点调研课题；与市政协联合调研并形成《关于加强我市宗教场所可移动文物保护的建议》《关于统筹做大做强做优福州文旅经济的建议案》2篇议案。市两会期间向市政协提交集体提案12篇。大会发言《打造“人文福州”提升城市气质》获市委、市政府领导批示，并被《福州日报》专版刊登。《关于助力我市光电产业发展的建议》被列为市政协重点提案。全年报送社情民意信息586条，其中全国政协采用14篇，省委办采用3篇，省政协采用54篇，省领导批示1件次，市委办采用15篇，市政协采用14篇。直报件《关于在我市试点双碳“科技＋金融”模式助力强省会的建议》《关于把三宝城建设成闽都韵国际范艺术高地的建议》《建议我市及早系统谋划蓝碳经济》获市委主要领导批示。市政协重点提案《关于助力我市光电产业发展的建议》《关于统筹做大做强做优福州文旅经济的建议案》由市政府、市政协联合召开重点提案办理协商会推动建言成果转化。提交《关于构筑农村电商体系实现“淘宝村”构想的建议》等集体提案3件，报送《我国耕地数量减少、质量变差等问题亟待引起重视并解决》等35条与乡村振兴有关的社情民意信息，其中《我国耕地数量减少、质量变差等问题亟待引起重视并解决》等7篇被省政协、省委办公厅和市委办公厅等各级单位采用。围绕乡村振兴开展《开发农业碳汇助推美丽福州建设》《运用数字化手段助力乡村振兴产业发展的建议》等调研课题5项，其中《关于精准引导我市民营企业投身乡村振兴的建议》作为市委重点课题。民建福州市委会副主委、闽江学院国际数字经济学院院长林中燕带领技术团队，先后6次前往永泰县、闽侯县、武夷山市、德化县多个村镇，开展校地合作、电商赋能、电商助力等数字赋能乡村振兴调研活动。同时，开展产业帮扶、挂职助力、就业帮扶等形式多样的乡村振兴帮扶活动。

【社会服务】 2022年，民建福州市委会由专职副主委带队前往挂钩帮扶的政和县洋屯村和共建单位闽侯县南屿镇五都村，葛岐村，茶园街道，晋安区江南竹村，台江区新港社区、鼓楼区湖前社区等开展新春慰问，慰问50名困难群众，并送上慰问金和慰问品。开展慰问特殊儿童活动，送上320份学习用具和儿童玩具。举办“疫情下如何于危机中开新局”“设立企业法务日”“职场女性如何保持持续竞争力”等主题沙龙或专题研讨会。组织会员企业家参加“数字中国建设成果展”“数实融合产业数字化转型”“数字赋能产业”“数字经济与女性创业就业”等峰会论坛，与中华职教社联合举办“创新创业带动就业”等座谈会。引导会内各级组织开展节日慰问老会员、困难会员，帮助协调解决会员企业融资、银企对接、政策解读、资源对接、项目对接、法律咨询、跟政府相关职能部门对接、初创企业辅导帮扶等困难问题。

【民建省、市理论研究委员会联合召开《中国民主建国会章程》修改研讨会】 2022年5月19日，民建省、市理论研究委员会联合召开《中国民主建国会章程》修改研讨会。省政协常委、副秘书长、民建省委专职副主委王宁新，省委会宣传处负责人、二级调研员陈宏心，福州市人大常务委员会委员、民建福建省委会理论研究委员会主任、民建福州市委会专职副主委陈英伟，民建省委调研处副处长、三级调研员黄畊晗，市委会原副主委林涛，民建福州市委会理论研究委员会主任陈蔚，省、市理论研究委员会成员，部分骨干会员及省、市机关有关处室人员参加会议。

（魏锦霞）

中国民主促进会福州市委员会

【概况】 2022年，中国民主促进会福州市委员会（简称民进福州市委会）下辖5个区工委、5个总支、40个支部，会员951名，平均年龄55.1岁，其中教育、文化、传媒主界别695人，占73%；经济、科技、医卫、法律、行政等256人，占27%。具有大学学历及以上的有637人（研究生学历65人），占67%；科级及以上干部54人；中高级职称747人，占79%。年内，获评民进全国信息化建设先进集体、民进全省先进集体、民进全省反映社情民意信息主题年暨参政议政工作先进集体、民进全省宣传思想工作先进集体、民进全省社会服务工作先进集体；39名会员获各级各类表彰。

【组织建设】 2022年，民进福州市委会发展新会员28人，平均年龄37.4岁。其中，教育文化界22人，经济、法律、环保、政府机关等人士6人。10个支部完成换届，经济科技支部升格为经济科技总支，仓山卫生支部、鼓楼综合支部增强班子力量。举办2022年骨干会员培训班、参政议政骨干会员培训班、新会员培训班，召开基层组织工作会议，推荐骨干会员参加各级各类培训活动，全年参训会员200多人次。在鼓楼、连江增设2个民进会员之家。

【思想理论建设】 2022年，民进福州市委会开展“矢志不渝跟党走　携手奋进新时代”政治交接主题教育。开展“政治交接·民进记忆”等主题征文活动，组织参观红色教育基地和民进会史教育基地。组织会员参加福建省民进“喜迎二十大·同心谋福——民进会员心声”微视频征集活动、“我身边的先进”宣讲活动，参展“同心跟党走，奋进新征程”全国首批沿海开放城市民进市级组织线上书画展及福州市政协、中共福州市委统战部组织的主题书画展等。全年编发《福州民进》4期，推送微信公众号信息240余条。向各级各类媒体、网站发稿200多篇（条），其中80余篇（次）稿件得到刊登，67篇（次）刊载于《团结报》等全国级媒体、网站。向福州市政协、中共福州市委统战部、民进福建省委会报送3篇理论文稿。

【参政议政】 2022年，民进福州市委会在市两会提出建议、提案、发言47件。《关于提升种业研发创新水平，服务打好种业翻身仗的建议》被列为市政协重点提案。关于治理能力现代化的政协大会口头发言得到中共福州市委主要领导批示。承担2项市委重点调研课题任务，形成调研报告《做优做强我市“专精特新”企业的对策建议》《福州市林业碳汇发展路径的研究》，其中《做优做强我市“专精特新”企业的对策建议》在《福州调研》刊登，并转化为2023年市政协十四届二次会议大会口头发言。成立青年工作委员会，调整6个专门委员会。有8个课题通过民进福建省委会立项评审，内容涉及知识产权服务业、蔬菜产业、社区居家养老等方面。新一届专委会开展调研活动，形成9篇调研报告，被民进福州市委会采

2022年6月11日，民进福州经济科技总支部成立大会在天和会堂召开

（民进福州市委会 供图）

用。民进福州市委会调研报告《福州市国际化人才引育现状及政策建议》获福州市年度优秀调研成果三等奖；《关于进一步完善健康扶贫工作机制的提案》获评第十三届全国政协优秀提案；《关于持续推动我省城市内河水质改善提升的建议》获评省政协2022年度好提案；7篇调研报告获评民进全省优秀调研报告。年内，报送社情民意信息152条，得到省领导批示4条，全国政协、中央统战部、民进中央采用69条（次），福建省政协、中共福建省委办公厅采用81条（次），福州市政协、中共福州市委办公厅采用33条（次）。关于福州法务区建设的信息直报件得到中共福州市委主要领导批示。89条社情民意信息获评各类优秀社情民意信息。

【社会服务】 2022年，民进福州市委会打造“福州民进教育帮扶”社会服务品牌。以“福州民进公益讲堂”为依托，举办专题公益讲座。以春节、拗九节、端午节等节日为契机，在光明社区“民进公益服务站”、湖前社区开展“春联万家”“我们的节日·春节”“浓浓拗九情 暖心送光明”等社会服务活动。年内开展疫情防控志愿服务800多人次。向抗疫人员和社区捐款捐物合计人民币200多万元。

【书籍共读暨送教下乡活动】 2022年，民进福州市委会发挥教育文化界别优势，赴闽清县文定中心小学开展喜迎中共二十大系列活动——“矢志不渝跟党走、携手奋进新时代”书籍共读暨送教下乡活动，向闽清县文定中心小学送去美术、数学课程，捐赠价值约4500元的书籍，并与该校签订为期3年的对口协作协议，开展送教下乡、“一对一”帮扶等助学活动。

（刘君琳）

中国农工民主党福州市委员会

【概况】 2022年，中国农工民主党福州市委员会（简称农工党福州市委会）下辖1个地方组织（福清市委会）、5个区工委会、71个基层组织，其中总支7个，市直属支部或支部委员会18个。农工党党员1907人，本科以上学历1269人，占66.54%；中高级职称1481人，占77.66%；副科级以上干部82人，担任副处级职务以上干部12人，被聘为市级及市级以上特约人员16人，担任各级人大代表、政协委员122人。获“农工党中央2018—2022年先进集体”“2021年度全市政协系统信息工作先进集体”等称号。获市级以上荣誉称号34人次，获评农工党中央2018—2022年先进个人6人次，获评农工党中央2020—2021年反映社情民意信息工作先进个人6人次，获评农工党福建省信息工作先进个人10人次，获评农工党福建省社会宣传工作先进个人6人次，获国家卫健委、红十字总会全国无偿献血奉献金奖1人次，获福建省“三八”红旗手称号1人次，获福建省优秀护理工作者称号1人次，获福建省女企业家疫情防控贡献奖2人次。福建孟超肝胆医院支部主委叶寒辉被评为白求恩式好大夫，防治艾滋病事迹被《福州晚报》报道；市疾控中心支部副主委陈敏红防疫先进事迹被《福州日报》报道。

【组织建设】 2022年，农工党福州市委会新发展农工党党员73人，平均年龄38岁，其中主界别50人，占68.49%；本科以上学历占93.15%。年内，农工党党员提任正科级干部5人。全年选派6人次参加中央社会主义学院、省社会主义学院和市委党校举办的各类培训班。制订《星级支部创建方案》，评选出2021年度五星级支部8个，四星级支部12个，三星级支部9个。打造“参政·议政”“健康·医疗”“生态·环保”“科技·创新”“民营·经济”等11个特色“党员之家”，开展理论学习、党史学习教育、书画展、课题研讨、信息培训等活动60余场。创新推出市委会委员、基层组织、智库专家、“党员之家”挂钩联系制度，开展工作会议、公益捐赠、主题教育等27场。完成马尾区工委、闽侯县总支、市法律支部、市疾控中心支部、孟超肝胆医院支部、闽江学院支部、仓山区医务支部、东南眼科医院支部的换届工作。组织38名农工党党员参加农工党省委会换届，当选农工党省委会副主委1人、常委3人、委员10人，一批农工党党员进入农工党省委各专委会。3名农工党党员参加农工党十七大，当选农工党中央委员1人。

【思想理论建设】 2022年，农工党福州市委会开展各类学习活动140场次。开展农工党十七大精神专题学习，根据农工党中央和省委会主题教育动员部署会精神、省市委“三提三效”行动精神和“3820”战略工程思想精髓，组织3次大型实地参观学习。引领动员全市基层组织、9个专门工作委员会和10家农工党党员企业，开展“矢志不渝跟党走 携手奋进新时代”政治交接主题教育活动，并由市委会主要领导作主题党课宣讲。在各级媒体发表宣传文章20篇、人物专访3篇，其中13篇获“学习强国”学习平台、《人民政协报》、《团结报》、《福州日报》等刊登，比上年增长18%。刊登各基层组织和党员战疫报道40篇。3名农工党党员事迹、1篇农工党党员思想心得文章获农工中央刊物刊登。围绕抗击疫情、参政议政、社会服务等重点工作进行宣传报道，获中央、省、市级媒体采用近300篇。向“第十四届海峡两岸中医药学术交流论坛”提交8篇学术论文。入选《福州市第十七次政协理论研讨会文稿选编》11篇，其中2篇在研讨大会作书面发言，两个数量均为全市各民主党派第一。

【参政议政】 2022年，农工党福州市委会向市政协十四届一次全会报送2篇大会发言和10条集体提案。大会发言《创新引领我市海洋牧场高质量发展》，获中共福建省委常委、福州市委书记林宝金，市长吴贤德批示。书面发言《加快推进我市海上风电产业发展，打造东南沿海风能产业之都》得到市长吴贤德批示。集体提案《关于加快推进福州市长期护理保险实施的建议》被市政协列为十大重点监督类提案，由副市长孙晓岚、市政协副主席鄢萍督办。

2022 年 8 月 16 日，农工党福州市委会赴永泰开展“同心健康行”大型义诊活动
（农工党福州市委会 供图）

《推动我省实施“流动医院”项目，筑牢医疗健康底线》等集体提案被农工党省委会选送呈报省两会，并得到省领导批示。《关于加强大数据和人工智能技术在食品安全监管领域深度融合的建议》获评第十二届省政协优秀提案。《关于加快推进福州市长期护理保险实施的建议》《关于提升福州滨海新城公园城市建设的若干建议》被市政协评为 2022 年度好提案。参与市政协常委会会议课题“创建国际消费中心城市”，并作相关发言。完成中共福州市委重点课题 2 项，农工党福建省委会重点课题 4 项。重点课题“预制菜产业”调研直接推动省商务厅《加快推进预制菜产业高质量发展的措施》等文件的出台实施，获《人民政协报》刊登。每月直报《依托“一会一馆”重振福州“世界茶港”品牌》获中共福建省委常委、福州市委书记林宝金等主要领导批示。全年报送《福州农工信息》310 期，比上年增长 55%。全国政协、农工党中央等中央一级采用 72 篇，比上年增长 20%；省委办公厅、省政协采用 88 篇；市委办公厅、市政协采用 48 篇。《建议我省尽快出台退役军人乘坐公共交通优待政策》等 5 篇信息获省市领导批示。

【社会服务】 2022 年，农工党福州市委会发动农工党党员参与一线抗疫 6310 人次，为市疾控中心、各区（县）等捐款捐物价值 83.08 万元。先后赴福清、长乐、连江、闽侯、永泰等地，开展助学、慰问、义诊等同心系列社会服务，累计捐款捐物 42.76 万元。开展“同心光明行”活动，举办眼健康讲座和义诊活动等 31 场次，服务群众 18675 人次。组织 2 场同心助学活动，为 271 名困难学生家庭提供帮扶。组织“同心健康行”大型义诊，受益群众 200 余人次。响应同心圆乡村振兴项目，全市农工党党员捐款 33.48 万元。在环境与健康宣传周期间，开展各类帮扶活动 22 场。

（程　晶）

中国致公党福州市委员会

【概况】 2022 年，中国致公党福州市委员会（简称致公党福州市委会）下辖县级委员会 1 个，区工委会 5 个，总支部 2 个，直属支部 3 个，支部 32 个。致公党党员 954 人，其中女性 433 人。致公党党员平均年龄 57.5 岁，中上层人士占 76.8%；中高级以上职称占 67.1%。其中各级人大代表 16 人、各级政协委员 87 人，在行政及企事业单位担任副科级及以上职务的 79 人。年内，获致公党中央宣传思想工作优秀集体、省委会“2017—2022 年度先进集体”、调研和提案工作先进集体、反映社情民意信息工作先进集体等荣誉表彰 7 项，全市致公党员获得市级以上表彰 50 人次。

【组织建设】 2022 年，致公党福州市委会发展新党员 28 人，其中博士 1 人、硕士 6 人，中、高级职称 16 人。参加各级社会主义学院、市委统战部等举办的各类培训班 89 人次。当选中国致公党第十六次代表大会代表 3 人，当选致公党福建省第十次代表大会代表 39 人，当选省委会常委 2 人，当选省委会委员 5 人，当选中央委员 1 人。新增鼓楼、晋安“党员之家”2 家，至年底全市共有 9 家。建成“致行书舍”，作为“书香支部”创建示范点，创建经验获致公党中央肯定。3 月 10 日，致公党福州市委会召开第九届委员会第二次全委（扩大）会议。

【思想理论建设】 2022 年，致公党福州市委会开展“矢志不渝跟党走　携手奋进新时代”主题教育，成立主题教育领导小组。召开政治交接主题教育动员会、推进会，编印主题教育《工作简报》。开展“喜迎二十大、奋进新时代”主题宣讲、学习参观“3820”战略工程实施 30 周年成就展等主题教育近 30 场，在全市致公党党员中征集主题教育书画摄影作品近 80 件、征文 20 篇。编印《福州致公》杂志 4 期，推送“福州致公”微信公众号图文消息 130 多篇。围绕庆祝致公党福州市委会成立 40 周年，以“赓续初心，致知力行”为主题策划“凝聚共识、凝聚智慧、凝聚力量、凝聚侨心”4 个专题和 10 个具体项目，编印《福州致公 40 年纪事集》。开展“笔墨光影照初心”书画摄影精品展、老党员故事分享会、“光荣在党 40 年”致公党党员走访、“社会服务我先行”志愿服务、“身边的榜样”优秀致公党党员评选等活动 20 场次。

【参政议政】 2022 年，致公党福州市委会在省、市两会提交提案、建议 49 件，其中 3 件被评为年度好提案。在市政协十四届一次会议提交集体提案 11

件，1件被列为重点提案，大会发言获市领导批示4件次。参与市政协“创建国际消费中心城市”专题常委会协商、重点提案协商活动10余场。推荐的参政议政成果3件被采用为省十三届人大五次会议议案、建议，4件被采用为省政协十二届五次会议集体提案和大会发言（含书面）。社情民意信息工作排名在致公党省委会、市政协、市委统战部皆位居前列，编辑上报社情民意信息256件，其中，1件被中央统战部《零讯》采用并获国家领导人批示，32件次被全国政协、致公党中央采用，88件次被省委办公厅、省政协专报件采用，67件次被市委办公厅、市政协专报采用，1件获省领导批示。

组织课题组成员赴福清、闽清、永泰等地调研100多人次，完成课题30篇，其中2篇被中共福州市委确定为重点调研，8篇被致公党省委会确定为重点（一般）调研，2篇被确定为省政协专题议政性常委会书面发言，1篇通过“每月直报”机制向中共福州市委提交并获省领导批示。推荐致公党党员参加十四届市政协应用型智库和参政议政人才库，获聘应用型智库成员9人，获聘参政议政人才库成员4人。

【社会服务】　2022年，致公党福州市委会以“致行”为主题，构建“助农、助企、送诊、送教”4项活动模块。推动成立福州致公乡村振兴（永泰）服务站、“致行·助企”法律服务站，建成“致公乡村课堂”。走访致公党党员企业，开展“问需于企助发展”“献良策，助力援企稳企”等活动，组织医生党员、医疗卫生志愿者赴社区致公学校、东阁华侨农场等开展义诊活动，以送学、捐赠、宣教等方式，连续12年帮扶闽清茶口致公小学。开展“致行”主题活动10余场，实现助农有平台、助企常态化、送诊有实效、送教持续化。部署疫情防控相关工作，开展志愿服务超600人次，累计捐款捐物超11万元，编辑上报防疫相关社情民意信息近50件。

【对外交流】　2022年，致公党福州市委会开展走进东阁华侨农场书画摄影采风、“凝聚共识·共话侨海情”党员座谈会、“中美跨境电商业务的发展与合规”线上线下沙龙、黄檗文化专题调研等活动。开展市政协、市委统战部《叙事——海外福州人的集体记忆》征编工作。经中共福州市委、致公党省委会立项的重点（一般）调研课题中“侨海”选题超60%。通过“每月直报”机制向中共福州市委提交的“侨海”相关建言献策成果获省领导批示。

（陈　锋）

2022年5月17日，致公党福州市委会召开“矢志不渝跟党走　携手奋进新时代”政治交接主题教育推进会

（致公党福州市委会 供图）

九三学社福州市委员会

【概况】　2022年，九三学社福州市委员会（简称九三学社福州市委会）下辖1个县级市委，1个区委，5个工委，1个基层委员会，43个支社，社员819人，其中中高级职称社员占84.6%，45岁以下社员占30.3%；主体界别占72.3%。年内，获评九三学社中央“2021—2022年度社会服务工作先进集体”，获九三学社福建省委员会“参政议政工作先进集体二等奖”“信息工作先进集体三等奖”及“全省宣传思想工作先进单位”称号。2名社员获九三学社中央宣传工作、社会服务工作先进个人称号，11名社员获九三学社省委各项社务工作先进个人表彰。

【组织建设】　2022年，九三学社福州市委会调整新一届九三学社市委各专（工）委、社刊编委会、艺术团组成人员，完成九三学社闽侯基层委员会、九三学社晋安区工委、九三学社福清市委和九三学社鼓楼区工委部分支社班子调整。发展新社员22人，推荐38名社员担任九三学社省委专门委员会委员，5名社员担任九三学社省委第三届青工委委员。申报1名社员入选省“雏鹰计划”青年拔尖人才，选送15名社员加入福州市统一战线专家智库、7名社员参加省市各民主党派、无党派人士进修班学习。

【思想理论建设】　2022年，九三学社福州市委会召开专题学习会，举办暑期读书班，开展领导与社员面对面、新老社员座谈、红色经典颂读、红色基地现场教学等活动。开展“九三楷模”“身边九三人”学习活动，组织“品读好书·感悟经典”线上读书分享会。全年推送微信公众号信息146条、网站信息92条，编辑出版《福州九三》刊物4期。报送工作动态信息，其中被九三学社中央采用65条，被九三学社省委采用166条。发动社员参与九三学社中央“非凡十年”和政协理论、统战理论文章征集，开展“庆祝社市委成立35周年·喜迎二十大”征文活动。

【参政议政】 2022年，九三学社福州市委会全年报送信息138条，其中全国政协采用1条，社中央采用1条，省政协采用6条，省委办公厅采用2条，市政协采用4条，市委办公厅采用4条。信息直报件《关于进一步推动闽江河口湿地保护的建议》获中共福州市委主要领导批示。开展调研活动20多场次，完成立项课题21项，其中《关于加快数字赋能乡村振兴，打造宜居宜业新标杆的建议》《加快我市物流产业布局及数字化转型的建议》被列为中共福州市委重点课题，4项课题被九三学社省委立项，形成调研报告17篇。选送论文参加中共福建省委统战部建言献策论坛，其中《关于探索知识产权证券化的建议》获二等奖，《关于推进远洋渔业提质增效的建议》入选优秀论文。《加快建设“智慧海洋”，推动“海上福州”高质量发展》获2021年度福州市优秀调研课题三等奖。《促进中小企业数字化转型》《关于加强农村饮用水水源地保护的建议》入选省政协专题协商会发言。与市政协文化文史和学习委合作开展“古驿道保护与利用”协商课题系列调研，参与市政府、市政协该课题专题协商会。全年在各级两会上提交党派集体提案、委员提案、议案和建议152件，其中由社市委提供素材的《加快构建政府公共数据服务体系，打造“便利福建”》被社省委选为省政协大会发言，《人民日报》《福建日报》以及东南网、海峡网等媒体予以报道；《关于进一步规范医院护工管理的建议》被选为省政协大会书面发言；《关于推进专利标准化，提升我省企业核心竞争力的建议》等2件被选为社省委党派集体提案。《关于制定〈福州市停车场建设和管理条例〉的议案》等3件被列为市人大议案。《加快建设智慧海洋，推动“海上福州”高质量发展》的市政协大会发言获中共福州市委、市政府主要领导批示，相关提案被列为市政协重要提案摘报；《关于建立健全我市知识产权信息公共服务体系的建议》等2件提案被评为市政协2022年度好提案。

【社会服务】 2022年，九三学社福州市委会开展“爱眼护眼科普行”活动，组织眼科专家赴闽侯县竹岐中心小学开展爱眼护眼知识互动讲座，举办主题科普展；开展“青少年人工智能科创·科普行”活动，组织科普工作者先后赴长乐首占中心小学、闽侯竹岐中心小学举办“《AI机器人重塑未来》”讲座，联合社员企业家向学校捐赠科普教具。配合九三学社福建省委会落实“九永合作帮助开展李梅等农产品新品种种植示范”的多党合作乡村振兴示范项目；开展科技下乡服务，组织专家社员先后赴马尾区琅岐镇、青口镇东台村开展葡萄栽培技术和蔬菜病虫害防治技术讲座。开展“温暖在榕城”志愿服务，赴晋安区日溪乡汶洋村、永泰县同安镇、鼓楼区湖前社区、台江区滨江社区等结对帮扶点开展助学济困、健康义诊等志愿服务活动；赴南平市政和县东平中学开展“九三学社同心科普阅览室”揭牌仪式，向16名困难家庭学生发放助学金；与福州市第二福利院彩虹伙伴志愿者团队联合举办“羽‘蜗’同行 一起向未来”羽毛球融合联赛，并捐赠相关运动器材。新冠疫情期间，下沉社区，参与“无疫小区”创建；企业家社员捐款捐物；报送涉“疫”信息30多条，相关建议获市领导批示。

2022年9月3日，“九三学社福州市委成立35周年庆·喜迎二十大”系列活动举行 （九三学社福州市委会 供图）

【“九三学社福州市委成立35周年庆·喜迎二十大”系列活动】 2022年9月3日，“九三学社福州市委成立35周年庆·喜迎二十大”主题笔会、书画摄影展、履职成果展在天和苑统战大楼二层会议厅举办，制作发布《砥砺新征程，一起向未来》宣传册和社市委成立35周年画册，展播《三十五载留华彩，砥砺奋进谱新篇》专题片。九三学社福建省委员会、省人大常委会委员、福建师范大学校长王长平，九三学社福建省委员会副主委、九三学社福州市委员会主委、福州市医疗保障局局长叶玲，中共福州市委统战部副部长、福州市中华职教社党组书记程辉出席。全市50多名社员参加活动。

（王 翼）

台湾民主自治同盟福州市委员会

【概况】 2022年，台湾民主自治同盟福州市委员会（简称台盟福州市委会）下辖鼓楼、晋安、台江、仓山4个基层组织，下设参政议政、青年工作、妇女工作、老年工作4个专委会。有盟员127人，盟员平均年龄46.7岁，其中具有中高级职称 20 人。担任各级人大代表 2 人，政协委员 26 人。全年提交议案建议 33 件，捐助公益事业 2 万余元。

【组织建设】 2022 年，台盟福州市委会新发展盟员 5 人，平均年龄 34 岁，其中本科以上学历占 60%。7 名盟员代表参加台盟中央第十一次盟员代表大会，23 名盟员代表参加台盟福建省第十一次盟员代表大会。

【思想理论建设】 2022 年，台盟福州市委会以主委会、全委会、机关例会、中心组学习、培训交流座谈会等形式，组织学习贯彻习近平新时代中国特色社会主义思想、中共十九届六中全会、中共二十大精神及省、市党代会精神，组织参与台盟中央、台盟福建省委 中共福州市委统战部等部门各类学习及培训活动。开展“矢志不渝跟党走、携手奋进新时代”主题教育：组织在福州盟员之家——“台湾会馆”参加台盟福建省委会主题教育宣讲活动；组织参观“追循领袖足迹，聆听时代声音——学懂弄通做实习近平新时代中国特色社会主义思想”主题展览；组织机关干部参加共建社区举办的中共十九届六中全会精神专题辅导讲座；组织盟员、所联系台胞、机关干部赴福州船政文化城马尾造船厂片区参观中国船政文化博物馆新馆以及铁胁厂、轮机车间等历史建筑；盟市委青委会组织各区工委班子成员、青年盟员骨干赴盟员企业开展走访调研并召开参政议政能力提升交流活动；发动盟员、所联系台胞参加“讲述·非凡十年”主题征文、台盟中央“喜迎二十大暨台盟成立 75 周年书画作品展”、“福州榕城 e 起向未来”——2022 年喜迎中共二十大短视频征集大赛等活动。

【参政议政】 2022 年，台盟福州市委会在全国以及省、市两会期间提交提案、建议 33 件，其中《关于促进培育银发经济高质量发展的建议》入选福建省政协十二届五次会议《重要提案稿报》第 19 期，获省领导 2 人次批示，并被评为十二届福建省政协优秀提案以

2022 年 8 月 13 日，台盟福州市委会举办“矢志不渝跟党走 携手奋进新时代”活动，参观平潭 68 海里地标（台盟福州市委会 供图）

及福建省政协 2022 年度好提案；《关于推进闽台产业合作转型升级的建议》《关于加大老年教育供给的建议》被评为十二届福建省政协优秀提案；《关于优化乡村教师培训路径的建议》被评为福州市政协 2022 年度好提案。在福州市政协十四届一次会议上提交大会发言《关于扩大引进和用好台湾教师的建议》。完成 12 篇调研报告，其中《促进我省银发经济高质量发展的对策建议》《关于深化榕台青少年交流的调研报告》等 2 篇调研报告获评台盟福建省委会 2022 年度优秀调研报告。上报的 60 条社情民意信息中，被省、市各级部门采用 8 条次。在中共福州市委与各民主党派、工商联第二至四季度座谈会上，台盟福州市委会就针对“两稳一保一防”、加快建设现代化国际城市、发挥台盟对台特色，助力第一家园建设等方面提出意见建议。

【社会服务】 2022 年，台盟福州市委会派出 4 名机关干部至仓山区临江街道、鼓山镇等基层社区，开展志愿服务工作，向共建社区捐赠价值近 6000 元的生活物资；10 余名盟员骨干、入盟积极分子参与福州市疫情防控工作。结合“我们的节日”，在春节、拗九节、端午节、中秋节期间，赴共建社区慰问困难群众，并送慰问金、慰问品。学雷锋活动月、国际助残日期间，与福州市第二福利院开展爱心助残志愿活动，捐赠价值约 7000 元的爱心物资。台盟仓山区工委连续 16 年参与“闽台同心关爱女童”捐资助学活动，为仓山区 20 名困难女童捐赠助学金，以及书包、文具等助学用品。台盟福州市委会组织 6 名机关干部参加中共福州市委统战部 “救在身边、机关先行”红十字应急救护公益培训，获中国红十字会救护员证书。

【榕台交流活动】 2022 年，台盟福州市委会走访慰问在榕台商台胞 63 人次，搜集反映在榕台商、台青提出的关于台胞子女入学等方面的情况 21 人次。联合台盟福建省委会举办“2022 年在榕台胞新春座谈会”。联合福州市台港澳办、福州市中华职教社、福州市台协会“牵手之家”开展“榕台巾帼汇，一起向未来——领略非遗魅力”活动。与福州市民宗局共同开展 2022 年海峡两岸“三月三”民族文化节线上赛歌活动。举办 2022 年第一期读书班，集中学习习近平总书记给参加海峡论坛的台湾青年的回信精神，邀请台盟福州市委会参政议政顾问、福建社会科学院现代台湾研究所所长苏美祥教授作台情讲座，并赴平潭综合实验区 68 海里地标、台湾青年创业示范基地、将军山等地实地走

访调研。福州市政协、福州海峡两岸交流协会牵头，台盟福州市委会等榕台两地有关部门及民间协会合作举办第十届海峡青年节系列活动之第九届榕台中小学生书画交流展，征集到书画作品1万多件，经专家评选出获奖作品405幅，其中台湾获奖作品175幅。福建省政协港澳台侨委参与主办，台盟福州市委会承办第十届海峡青年节主场活动“走进政协·台湾青年说”，1名盟员和其他4名在榕台湾青年作为主讲嘉宾，分享在大陆生活、工作的经历，台湾政党、两岸青年代表、青年社团代表，台胞代表、台盟青年盟员、政协青年委员、涉台相关部门负责人等近百人参与。

（周金媛）

2022年6月10日，由福州市工商联与市检察院等10余家单位共同组建的福州市涉案企业合规第三方监督评估机制管理委员会第一次联席会议召开

（市工商联 供图）

福州市工商业联合会

【概况】 2022年，福州市工商业联合会（简称福州市工商联）有会员63529个（不含在外异地商会），比上年增长8.5%；所属商会522家，增长1.6%，其中行业商会108家，在榕异地商会95家，异地商会129家，综合类商会16家，镇街商会172家，园区商会1家。全市民营经济实现增加值7378.82亿元，比上年增长3.4%；民间投资（不含平潭）增长4.2%，占全市固定资产投资的61.5%。年内，有7家民企入选“2022中国民营企业500强”，31家民企入选“2022年福建省民营企业100强”。

【参政议政】 2022年，福州市工商联提交集体提案16个、社情民意信息9条，其中在市政协十四届一次会议发言《扶引龙头壮大产业 促进民营经济高质量发展》获市委主要领导批示。全年走访200余家商（协）会、企业，实施重点调研6项。组织156家会员企业参与民营企业社会责任调研工作，完成民营企业运行状况、万家民营企业评营商环境等5次专项调查工作，获评“全国工商联2022年调查点工作先进基层单位”，全年调查点工作完成数位列全省第一。

【会员服务】 2022年，福州市工商联利用微信公众号、网站刊载纾困惠企政策70条。整理非公有制企业人员工程系列职称评审申报材料816份。打造“移动商学院”，组织年青一代企业家“走进贵州”理想信念游学活动。与交通银行、中信银行等签署战略合作框架协议，与闽江学院签订合作协议，组织450多人次参加招商对接会活动，组织参与境外投资风险培训7场次。推荐12家会员企业与市检察院结对子，组建福州市涉案企业合规第三方监督评估机制管理委员会，组织6场线上法律培训，开展民营企业信用体系建设试点工作。福州市43家企业获福建省劳动关系和谐企业称号，59家企业获福州市劳动关系和谐企业称号。

【商会建设】 2022年，福州市工商联完成10个县区工商联的换届工作，鼓楼区工商联、福清市工商联获评全国“五好”标杆县级工商联。印发《福州市工商联所属商会年度工作评价办法》，20家商会获评全国“四好”商会。完成市工商联社会组织行业党委换届，举办基层党组织书记培训班。

【福州市工商联（总商会）第十五次代表大会召开】 2022年5月16日，福州市工商联（总商会）第十五次代表大会召开。省政协副主席、省工商联主席王光远，市委副书记、市长吴贤德出席并讲话，市领导陆菁、林治良出席会议。大会审议通过《福州市工商业联合会（总商会）第十四届执委会工作报告》等有关决议，选举产生福州市工商业联合会（总商会）第十五届执行委员会，林治良当选市工商联第十五届执行委员会主席、总商会会长。闭幕式上，福州市工商业联合会（总商会）向全市民营企业家发出《鼓足干劲再出发 昂首奋进新征程 为福州加快建设现代化国际城市贡献力量》倡议书，号召民营企业家围绕福州市重点打造的16条产业链和千亿产业集群，在新发展阶段新福建建设中当龙头、走前列、作示范。

【榕商文化宣传】 2022年，经福州市工商联推动，市人大常委会第四次会议通过设立11月1日为“福州企业家日”。运用“宣传+N”手段，微信公众号推送149期224条信息，阅读量超30万次；制作《榕商赢天下》MV，获2022年福州市“喜迎二十大”短视频大赛优秀奖、福州市党员教育电视片优秀奖；拍摄《百年榕商》微电影，获中央网信办、全国工商联“创四优”竞赛优秀宣传作品称号及福建统一战线礼赞新时代短视频大赛“最佳短视频”奖。

（余 芳）

（编辑 苏 颖）

福州市总工会

【概况】 2022年，福州市新增建会单位4146家，新发展会员2.8万人。有基层工会1.4万个，涵盖单位4.5万家，工会会员139.6万人（不含组织关系隶属省直机关工会及省总工会直属会员数）。年内，推荐评选全国五一劳动奖状1个、全国五一劳动奖章3人，全国工人先锋号10个、省五一劳动奖状10个、省五一劳动奖章38人、省级工人先锋号29个，选树福州工匠年度人物10人，命名市级工人先锋号489个、市示范性劳模和工匠人才创新工作室6个、市劳模和工匠人才创新工作室15个。社会组织服务职工创新举措入选全国第一批提升职工生活品质试点单位。“打造服务职工综合体”“联系引导社会组织服务职工”等创新做法入选全国工会典型经验。

【职工劳动竞赛】 2022年，福州市总工会以“建功十四五·奋进新征程”为主题，在重大战略、工程、项目，重点产业、园区开展示范性福州市职工劳动和技能竞赛100场，“数字工匠”劳动和技能竞赛10场，参与职工10万人次。

【职工教育培训】 2022年，福州市总工会与市新区管委会建成近2万平方米福州产业工人实训基地，福州工匠学院设置数字经济分院。“求学圆梦”学历提升行动发放助学金290万元，培育职工书屋示范点190家、电子职工书屋覆盖人数超20万人，开展公益培训350余场，惠及职工18.3万人次。

【职工创新创业创造】 2022年，福州市总工会举办“2022年第三届海峡两岸（福州）职工创新创业创造大赛”，“智慧城市”等13个领域、485个团队的创新项目参赛。组建“劳模专家”智库，培育268个市级劳模创新工作室，带动3319项成果参加全省百万职工“五小”创新大赛。围绕“创新型城市构建与职工创新人才培养”主题筹备举办职工创新发展交流大会。福建福州“数字工会·提升职工生活品质”建设成果参与第五届数字中国建设峰会，吸引万名职工群众打卡体验。

【职工帮扶服务】 2022年，福州市总工会为744名困难职工发放慰问金、助学金，筹集1700多万元“两节”慰问金，惠及职工超20万人次。开展“新就业形态劳动者入会集中行动”，为新就业形态劳动者赠送3200份“微心愿”、3.2万份百元人身意外伤害保障、5000份网络货运司机入会礼包、670份女快递员千元健康体检套餐等，

2022年2月28日，“建功十四五·奋进新征程”2022年福州市职工劳动和技能竞赛暨数字产业专项竞赛内容之一的无人机竞赛开赛 （市总工会 供图）

环卫工人医疗互助参与人数居全省前列。安排近2700万元疗休养资金，创新“弹性疗休养”模式，惠及4.4万多名职工。举办职工子女暑托班71期，青年职工交友联谊活动60余场，心理健康服务100场，开设千家“爱心茶摊”，募集30万瓶“爱心水”，为7.3万名坚守在高温一线的职工“夏送清凉”。

【基层工会建设】 2022年，福州市总工会安排310万元资金提升百家民营企业工会“职工之家”建设，培育58家省模范“职工之家”（小家）、30家“幸福企业”试点单位、15家市级劳动关系和谐企业、30家市级民营企业党建带工建达标单位。建立基层联系点136个，走访458家企业，解决职工“急难愁盼”问题275项。开展“县级工会加强年”专项工作，安排近1195万元乡镇工作经费，为190个镇街（园区）配备261名社会化工会工作者。累计返还小微企业工会经费1.75亿元，惠及约1.3万家企业，为承租工会资产的企业减免租金约385万元。

（连如冰）

中国共产主义青年团福州市委员会

【概况】 2022年，福州市有青年（14～35周岁）174.26万人，团籍在福州市智慧团建系统上的有21.7万人，其中14～28周岁的青年104.54万人，团员青年比例20.76%。全市建有各级团组织数18294个，团干部数1.66万人，其中专职团干部74人，乡镇（街道）团委书记173人、村（社区）团支书2714人。全市有18个团属青少年事务社工机构，其中市级团属社工机构2个，区县团属社工机构16个，有111名专职和420名兼职的青少年事务社工。全年各界团员青年参与“青年大学习”网上主题团课300万人次。开展“福州市青年五四奖章”“第二届最美福州青年”，省、市“向上向善好青年”“两红两优”等各类典型评选工作，首次以福州市委、福州市政府名义，授予100名个人及48家集体“福州市青年五四奖章”，通报表扬50名“第二届最美福州青年”。开展首届青年社会组织优秀案例评选，选出社会治理、乡村振兴、非遗传承等10个重点领域优秀社会组织案例29个。

拍摄制作《热血青春 激荡百年——党领导下福州青年运动的百年历程》《致我的福州共青团岁月——老团干寻访采访实录》、微电影《青春赛道》《战“疫”中的青春》等宣传短视频，各项工作得到《人民日报》、新华社、中央电视台等中央、省、市各级媒体宣传报道1024次，其中《人民日报》42次，新华社33次，中央电视台23次。

【青年志愿者服务】 2022年，中国共产主义青年团福州市委员会（简称共青团福州市委）组建2600余名“青春随手拍”志愿服务专员、发动1.7万余名青年志愿者开展“护河爱水，清洁家园”青春随手拍专项志愿服务。“青春共创文明典范城”活动完成首批100支高校青年志愿服务队与社区结对共建。联合福州市民族与宗教事务局、福州市青年志愿者协会，招募183名青年志愿者成立福建省首支“石榴籽”志愿服务队。在“志愿汇”平台新增各类队伍4123支、5.8万人，注册志愿者87.17万人，志愿服务累计时长1592万小时。招募第五届数字中国建设峰会志愿者630人，提供56项优质志愿服务3.12万小时，组织658名志愿者为第四届数字中国建设峰会和第44届世界遗产大会提供志愿服务3.64万小时。

【青少年权益维护】 2022年，共青团福州市委开展“晨曦关爱行动”服刑人员子女帮扶项目，进行家庭探访257次，教育引导698人次。开展“星星点灯 与爱同行”“心护航 云辅导”等困境儿童关爱帮扶服务活动154场，覆盖困境儿童7529人次，重点走访7783人次，累计筹集帮扶资金24万余元。实施“福州爱”青少年自强成长计划，为47名特殊青少年提供特长培养和职业规划，通过特殊义卖活动筹集30余万元，社会募集专项服务资金23万元。开展青少年安全自护、禁毒、法治宣传、行为矫治、社会观护等相关活动300余场，服务5000多人次。募集爱心物资20万元，赴延安杨家岭福州希望小学开展结对共建和捐资助学活动。启动“青村年华 点亮希望”公益服务月活动，结对帮扶100多名家庭困难大学生，募集发放爱心资金100多万元，寄送爱心包裹100多个。在全市各县（市）区开展“青村年华•希望工程一堂课”100节。

【“好年华 聚福州”研学活动】 2022年，共青团福州市委牵头组织开展第二届“好年华 聚福州”研学活动，活动覆盖全国2505所院校，有13406名学生报名参与，实际录用7342人；有15678人次报名参与旅游观光，实际来榕旅游12528人次；2745名学生与用人单位达成就业意向。此次研学活动获《人民日报》、新华社、中央电视台等中央、省、市媒体宣传报道150余次，连续2年入选团中央暑期“三下乡”社会实践专项。开展“扬帆计划”寒假征集岗位促进就业行动，录用实习学生6100余人。

【“青村年华”乡村振兴志愿服务行动】 2022年，共青团福州市委开展“青村年华”乡村振兴专项志愿服务行动。组织志愿服务队下沉基层721人次，召开乡村振兴座谈会98场，开展“护河爱水、清洁家园”“关爱慰问留守儿童”“青村年华带货主播培训”“乡村振兴主题嘉年华”“红色文化寻访”及“青村年华”电商直播带货大赛等活动138场。开展植树活动，共植树1000棵，协调解决问题48个，发放慰问补助金1.78万元，争取上级民生资金5万元。

【婚恋交友服务】 2022年，共青团福州市委推进江心岛婚姻登记处建设、户外婚礼草坪、林下空间清理等工作。打造福建省首个“市团缘青年交友服务中心”及“闽都青友荟”线上+线下交友平台，为单身青年提供交友服务，吸引来自450个单位的5807名青年注册。开展“喜迎二十大，团缘爱情岛”“‘音’你不同，相遇江心岛”等

2022年4月30日，共青团福州市委在闽江学院举行“喜迎二十大、永远跟党走、奋进新征程”主题快闪活动　　（团市委 供图）

42期交友活动，服务单身青年12万人次。联合福州市民族与宗教事务局常态化在“闽江之心”开展文化交流活动7场，参与市民7万多人。

【青年友好城市建设】　2022年，共青团福州市委推动将“建设青年友好城市”写入政府工作报告，起草《福州青年友好城市建设实施方案》《福州青年友好城市监测指标》，围绕青年思想引领、文化传承、人才引进、就业创业、权益保障、榕台交流等方面推出可落实、有创新的政策举措。长乐区作为福建省唯一县区获评全国中长期青年发展规划实施试点考核优秀县区，相关经验做法获《中国共青团》杂志报道。年内，闽侯县入选全国青年发展型县域试点，福州市入选省级发展型城市建设试点，晋安区入选省级青年发展型县域试点。

（潘竞波）

福州市妇女联合会

【概况】　2022年，福州市妇女联合会（简称福州市妇联）有基层妇联组织3161个。推进村居妇儿工委建设工作，全市2733个村居妇儿工委实现全覆盖。推进妇联改革，夯实基层基础，在数字经济等领域建立妇女组织41个，在新领域拓展“妇女之家”53个，创建“妇女微家”194个。组建“榕城巾帼红”宣讲队，开展各类主题宣讲活动1800余场次。举办“致敬巾帼奋斗者——WOMEN，一起向未来”大型影像故事展。“家庭教育公益大讲堂”项目被中央宣传部推选为2021年全国文化科技卫生“三下乡”活动示范项目；“星星点灯·一起向未来”关爱儿童服务项目入选全国妇联女性社会组织服务家庭类项目。经福州市委市政府研究同意，《福州市妇女发展纲要（2021—2030年）》《福州市儿童发展纲要（2021—2030年）》由市政府颁布实施。

【创业创新服务】　2022年，福州市妇联“福州市女性创业创新实践基地”实施新业态女性创业就业“六大行动”，培养创业创新女能手、农村电商带货女主播363人，建设巾帼农产品直播电商基地10个，选送864个项目参加海峡两岸女大学生创新创业大赛，组织11个全国级、省级“巾帼文明岗”参与“亮品牌 竞风采”展示活动。

【乡村振兴】　2022年，福州市妇联实施“碳汇·科技助农巾帼行动计划”，推动10支小分队131名女科技特派员与75个巾帼示范基地、服务站帮扶结对；深化“海峡姐妹集市榕城行”品牌项目，举办5场巾帼助农线上线下展示展销活动；开展“美丽庭院+”亮晒比评主题展示，打造20个“美丽庭院”示范村及18条精品线路，评选推荐省市级“美丽庭院”示范户5298个。

【家庭文明建设】　2022年，福州市妇联选树全国最美家庭4户、全国五好家庭4户、福建省最美家庭22户、福建省五好家庭11户、福建省绿色家庭22户，命名市级最美家庭100户、五好家庭50户、绿色家庭50户。建立家庭教育工作联席会议制度，召开家教联席会议；印发《福州市贯彻落实〈中华人民共和国家庭教育促进法〉〈福建省家庭教育促进条例〉实施方案》《福州市关于指导推进家庭教育的五年规划（2021—2025年）》。建立家庭教育指导服务队伍14支；全市社区、建制村家长学校建校率分别达100%和94.85%，新命名家庭教育创新实践基地53个。打造“茉莉姐姐”家风讲堂，举办活动40场次，新时代家风传习中心接待参观学习134批2400多人次。实施“以百带千”工程，举办福州市家庭教育公益大讲堂进基层活动4662场次，服务家长235万人次。开展公益早教志愿指导服务活动35场次，服务1700余人次；举办海峡两岸0～3岁儿童能力发展系统工程公益研讨会和早教指导师专项培训；完成《智慧托育的应用场景和对策建议》《关于0～3岁早期教育指导入户指导的探索》早期教育课题。

【巾帼志愿服务】　2022年，全市各级妇联开展“学习贯彻党的二十大精神·巾帼志愿者在行动”“巾帼进万家·爱心敲敲门”“执委在身边·服务零距离”等关爱服务活动，动员各级巾帼志愿服务组织依托当地妇女儿童活动中心、妇女之家、儿童之家等平台，组织巾帼志愿者开展“疫情防控”“移风易俗”“护河爱水 清洁家园”“孝老爱亲”等志愿服务活动近8万场次。

2022年8月23日，福州市妇联在仓山区建新镇开展“榕城儿童心向党 用心用情伴成长”主题关爱服务活动（市妇联 供图）

培育推荐巾帼志愿先进典型，薛凤萍入选第四届全国巾帼志愿服务征集展示活动十大感动人物。谢惠容、福清市爱心妈妈帮帮团、长乐区营前街道长安村分别获评福建省第二届新时代巾帼志愿服务“十大最美志愿者”“十大最美组织”及“十大最美社区”等。开展第二届福州市巾帼志愿服务征集展示活动，选树巾帼志愿服务“十大最美志愿者”“十大最美组织”“十大最美项目”“十大最美站点”等40个先进典型。

【妇女儿童合法权益维护】 2022年，福州市妇联为妇女儿童提供法律咨询、纠纷调解、心理辅导、婚姻家庭经营指导、舆情处置等服务628件；全面建设市县乡村四级婚姻家庭纠纷调解机构，聘任“茉莉姐姐”家事调解员3276人、春蕾安全员2922人；走访隐患摸排1.25万次，摸排化解隐患户942户，提供心理服务4000多人次；实施“茉莉姐姐”家事辅导调解暨家庭教育指导项目，设立8家司法领域家庭教育指导中心（站），建立健全司法领域家事案件妇女儿童合法权益保障机制；健全困难妇女群体司法救助机制，双向移送救助线索10条，发放司法救助金、慰问金5.9万元；开展法律法规以及男女平等基本国策的宣传教育工作690多场；依托媒体开展“依法家教”主题法治直播及“人身安全保护令”主题宣讲，观看16.65万人次。

【困境妇女儿童关爱】 2022年，福州市妇联为10623名符合赠险条件的农村脱贫妇女、低保妇女和计生特殊家庭、计生低保家庭母亲赠送总保额12.4亿元的女性安康险；开展“母亲健康1+1”公益募捐活动，募集善款241.33万元；为375名“两癌”（乳腺癌、宫颈癌）贫困妇女申请救助金195万元。实施关爱儿童服务项目，为留守流动、困境儿童提供家庭服务等各类活动985场次，结对帮扶2021人，受益家长儿童43650人次；发放“春蕾助学”款94.41万元，帮助962名困难女生圆求学梦。

【国家儿童友好城市建设】 2022年，福州市率先在全省开展国家儿童友好城市建设工作。市妇联、市发改委联动20余家成员单位共同推进，6月被列入全国第一批建设国家儿童友好城市名单，印发《福州市人民政府关于印发福州市国家儿童友好城市建设方案的通知》。

（江　莉）

福州市科学技术协会

【概况】 2022年，福州市科学技术协会（简称福州市科协）有市级学会59个，企业科协420个（其中新成立21个），高校科协8个。市本级预算内科普经费14699.55万元（含福州科技馆新馆建设1亿元，福州科技馆新馆布展经费387.35万元），县（市）区科普经费1753.60万元。福州市科协被中国科协办公厅评为“2022年全国科普日活动优秀组织单位”。认定首批8家福州市科学家精神教育基地，其中侯德榜故居等3家被推荐认定为全国、福建省科学家精神教育基地，位列全省第一。

【校地合作】 2022年，福州市科协根据市政府与福州大学新一轮战略合作协议，推动福州大学与福州所属企事业单位共建校企联合研发平台15个，与企业联合承担重大科技项目30个，开展科技合作项目290个，引进具有博士学位以上的高层次人才89人，培育省级高层次人才129人次，推进与闽江学院共建，促成高校院所项目对接194个。开展“科技人员服务企业行动”，组织151名专家对170家企业开展服务。

【院士（专家）工作站建设】 2022年，福州市政府认定1个院士工作站、1个海外院士工作站、20个专家工作站，引进2名院士、26名领衔专家带领的研发团队，138名专家与设站企业合作开展37个项目的研发攻关，项目总投资1.61亿元。促成9个院士团队，分别与麦特新铝业、恒杰塑业、中海峡（福建）细胞生物科技、仙芝楼、光阳蛋业、福清核电、中建海峡、鼎旸信息科技以及连江县政府、宏东公司签订10个项目合作协议。开展“院士闽都行”活动，联络对接院士102人次，开展企业调研、学术交流、领导对话等。年内，全市有通过市政府认定的院士（专家）工作站317个，其中院士工作站59个，海外院士工作站1个，专家工作站253个，海外专家工作站4个。获批福建省院士专家工作站3个、福建省示范院士专家工作站2个，在省对设区市人才工作目标责任制关于省级院士专家工作站建设考核指标中连续3年位居全省榜首。

表17　　2022年在福州市工作的院士一览表

序号	姓　名	出生年月	籍贯	当选年度	职务（职称）	毕业院校	研究领域
1	谢联辉	1935年3月	福建龙岩	1991年	中国科学院院士、福建农林大学植物病毒研究所所长（教授）	福建农学院	植物病理学、植物病毒学及天然产物
2	吴新涛	1939年4月	福建石狮	1999年	中国科学院院士、中国科学院福建省物质结构研究所研究员	厦门大学	结构化学和簇化学
3	洪茂椿	1953年9月	福建莆田	2003年	中国科学院院士，发展中国家科学院院士，中国科学院福建省物质结构研究所学术委员会主任、研究员	福州大学	无机化学（纳米功能分子和新型无机-有机聚合物）
4	谢华安	1941年8月	福建龙岩	2007年	中国科学院院士，福建省农业科学院研究员	龙岩农校	三系杂交稻和超级杂交稻育种
5	付贤智	1957年7月	福建邵武	2009年	中国工程院院士，福州大学党委副书记、校长，福建省科协副主席（教授）	北京大学	光催化

【“科创中国”试点城市建设】　2022年，福州市科协配合市政府印发《福州市“科创中国”试点城市建设方案》，6个项目入选2022年中国科协“科创中国”试点城市（园区）系列品牌活动项目，举办近10场对接活动。推荐企业参评2022“科创中国”榜单，全省入选3家，“中科星泰数据科技有限公司”入选“新锐企业榜”。推动福州市政府与4个国家级学会签订“战略合作框架协议”。组织县（市）区科协推进国家级、省级学会服务站建设，获评国家级7家、省级19家，建站数居全省第一。推动15个省级学会与5个县（市）区签订科技创新发展合作协议。年内，完成3个招商项目，总投资3.56亿元。

【科技人才工作】　2022年，福州市开展第六个“全国科技工作者日”系列活动，慰问30名最美科技工作者，推荐1人入选福建省委常委、市委书记林宝金走访慰问名单，推荐1名科技专家作为福建省第三届特级后备人才福州市推荐人选。联合市委宣传部、市科技局评选出10名2022年福州市“最美科技工作者”，推荐5人参与省级评比，他们的典型事迹被刊登在《福州晚报》、“福州科普”微信公众号。组织非公有制企业工程技术人员105人申报初、中级专业技术职称，确定为助理工程师任职资格46人。春节期间，组织慰问院士、专家等47人次。

（陈　贞）

2023年8月25日，第22届福建省科协年会在福州举行，院士专家与福州市党政领导召开座谈会　（市科协 供图）

福州市归国华侨联合会

【概况】　2022年，福州市有归侨侨眷约200万人，海外乡亲约430万人，海外重要社团300多个，旅居分布在世界170多个国家和地区。福州市归国华侨联合会（简称福州市侨联）第十三届委员会有委员166人，其中主席1人，副主席（含兼职）17人，秘书长1人，常务委员53人。福州市有基层侨联组织963个，其中县（市）区级13个，乡镇（街道）级124个，村（社区）级808个，团体会员15个，其他开展侨联工作的组织3个。有侨商会、华侨历史学会、归侨之家、法律顾问委员会、青年委员会等团体会员。有省级“侨胞之家”78个，省级“五好侨胞之家”示范点20个。年内分配中央华侨事务专项经费128万元，慰问生活困难侨眷、因病导致生活困难侨眷及走访看望特殊群体270余人，连续3年支持连江长龙华侨农场开展产业扶贫项目，创建基层侨联组织“侨胞之家”“侨胞之家示范点”“侨情馆”，开展为侨服务相关主题活动等。

【侨资侨智引进】 2022年，福州市侨联对接侨商投资线索8条，完成项目注册3个，注册资金3.5亿元，总投资额17.5亿元。推动2021年中国侨商投资（福建）大会上集中签约的两个重大侨资项目开工，组织海外侨商侨领参与“9·8”厦门投洽会、“绿碳产业高峰论坛暨第八届（中国）海峡两岸新能源创新创业大赛”、“闽江之心”招商推介会等活动。开展福州市“新侨创新创业示范点”评选，遴选出10家优秀侨资企业作为首批“新侨创新创业示范点”。推荐康心汕、徐开钦、叶文振博士为“福州引才大使”“福州人才服务特约监督员”；推荐叶文振、徐开钦博士为市政府顾问团成员；推荐美国归侨、帝视科技董事长高钦泉获“中国侨界贡献奖二等奖”。

【侨胞权益保护】 2022年，福州市侨联协助市公安局率先在全国启动首个海外“110”服务台，办理涉侨业务1万多起。助力福州公安出台便利福州市公民在国外出生的未成年子女回榕生活、华裔青年在榕创新创业的出入境惠侨服务举措。开展集中法律咨询服务40天次，在全省率先建立市级检侨常态化工作机制，成立“福州市涉侨检察官工作室”，为侨胞、侨企提供检察咨询服务280件次，协调解决3起重要涉侨纠纷，确立10家侨资企业作为涉侨检察工作挂钩联系点。联合市检察院制定《关于建立归侨侨眷和海外侨胞检察服务和权益保障工作机制》，指导鼓楼区、长乐区、闽侯县、连江县、闽清县等重点侨乡侨联成立涉侨检察官工作室。邀请市中院、市检察院开展“检、法、侨”联合法律服务活动。

【联络联谊】 2022年，福州市侨联举办“亲情中华·为你讲故事”网上夏（冬）令营6期10个营，近500名华裔青少年参与。与闽江师专共同承办海外华文师资研修班2期（澳大利亚班和菲律宾班），吸引100多名海外华文教师参加。举办“迎新春·聚侨心”侨界联谊座谈会，组织侨胞参与“元宵游三坊七巷”、参观“如意杯”工艺美术展等闽都文化体验活动，携手侨胞举办到马尾快安福乐居敬老院献爱心、号召福州海外侨团援助旅居乌克兰乡亲座谈会等公益活动。与阿曼、印度、巴布亚新几内亚、肯尼亚、卢森堡、文莱、哥斯达黎加、津巴布韦、巴拿马等国家和地区的新侨社团建立联系机制。

【参政议政】 2022年，福州市侨联在市政协十四届一次会议上提交题为《汇集海内外华侨华人力量 推动福州建设现代化国际城市》的大会发言。到福清江阴、江镜等基层开展调研，撰写并提出关于“设立福州华侨华人经济文化交流中心”“关爱长期在榕福州裔青少年受教育情况”“保护华侨美食文化”等为主题的提案、建议。开展界别委员活动日，组织侨联界委员、部分侨界列席人士，赴闽清县塔庄镇梅坪村“海外青创”园区、省璜镇前峰村调研乡村振兴、新侨人才创新创业情况。年内联系服务侨界专家学者100余人次，编发侨情专报80余篇，撰写报送的信息、专报有2篇被中央统战部采用，2篇被全国政协采用，6篇次被中国侨联采用，4篇被省委办、省政府办采用，6篇被省委统战部采用，1篇被省政协采用，12篇被市委办采用，17篇被省侨联采用，其中《关于打造警侨合作机制》的专题文章，先后被中国侨联、中央统战部采用，《关于检侨合作机制》的经验被中央统战部采用。推荐4名侨联智库专家进入侨智人才库。

【华侨文化宣传】 2022年，福州市侨联举办“闽江之心华侨歌舞美食汇”“十邑一家·情系福州”“侨联五

2022年9月17日，福州市侨联举办“侨联五洲 福泽四海”闽江之心华侨歌舞美食汇活动 （市侨联 供图）

洲·福泽四海”“‘我和我的祖国’华侨故事分享会”等4场华侨文化主题活动。福州烟台山历史文化风貌区、吴孟超院士馆获评“中国华侨国际文化交流基地”。举办“侨家乐”华侨美食风情文化节闽越水镇专场，设置闽籍侨胞百年爱国故事图片展区、东南亚特色美食体验区、侨乡风情旅游嘉年华及茶文化体验区等。举办首届“侨之福”——“最美茶山·印象长龙”摄影大赛，收到作品近300件，点击量近万次。

（黄姗姗）

2022年8月4—5日，“台胞心向党·同筑中国梦”2022年台胞暑期读书班在平潭举行

（市台联 供图）

福州市台湾同胞联谊会

【概况】 2022年，福州市登记有定居台胞1938人。其中，有市人大代表1人，县（区）人大代表1人，市政协委员7人，县（区）政协委员25人。福州市台湾同胞联谊会（简称福州市台联）全年组织台胞联谊活动18场次，参加活动台胞750余人次。走访慰问定居福州的困难台胞、80岁以上老龄台胞、台籍老领导、常住台商、台籍教师、台籍医师等88人。发放省市两级“两补”专项资金213.06万元，助学金5000元。接待及处理台胞来信来访9件。

【交流联谊】 2022年，福州市台联将“两岸一家亲”理念与福州近台亲情乡情优势相结合，举办新春话团圆联谊会暨“第一家园”建设分享会、2022年在榕台胞子女冬令营、2022年“六一”儿童节闽台亲子文化游园等活动。主办“有福之粥 幸福之城”在榕老台胞“拗九节”活动、“同心向党 情暖端阳”在榕台胞端午节文化体验活动、“乡亲相爱一家人”在榕台胞中秋话团圆联谊活动等各类联谊交流活动。

【台胞参政议政】 2022年，福州市台联计划从认同“一个中国”、拥护“九二共识”、热心台联事业、常住福州的台胞中聘任特邀理事。围绕“台湾学生来榕就学”“两岸青年交流”等方面开展调研。走访在榕台商、台青等，了解其工作生活情况，听取意见建议，并形成相关调研报告。

【台湾会馆】 2022年，福州市台联与相关部门和社团在台湾会馆开展各类活动31场次，接待涉台单位、团体108批次1563人次，到会馆参观宾客45393人次。探索三坊七巷黄巷对台特色街巷建设，探索创新会馆“1+N”模式，展示海峡两岸文教科技、经济贸易、民间文化、青少年交流等情况，传承中华传统文化、讲述海峡两岸渊源故事。先后挂牌成立“榕台民间信仰文化交流基地”（福州首家）及“厦门大学台湾研究院两岸关系和平发展协同创新中心教研实践基地”“福州市第二批新时代文明实践基地”“涉台检察联络点”。

（陈 乘）

福州市文学艺术界联合会

【概况】 2022年，福州市文学艺术界联合会（简称福州市文联）有各级文艺家协会会员7353人，其中国家级会员533人，省级会员2455人。牵头福州文学院与榕城各高校文学社团青年文学群体向全国人大常委会副委员长、中国文联主席、中国作协主席铁凝去信汇报工作并得到回信肯定；青年文艺人才培养获得市委、市政府主要领导的批示肯定，主题创作得到省委宣传部的书面表扬。年内，获评省级精神文明单位。

【文艺活动】 2022年，福州市文联举办左海星辰——坚持“3820”战略工程思想精髓征文、“永远跟党走，奋进新征程”福州市青年艺术作品展、榕城高校征文、“传承闽都文化，诵读书香青春”榕城高校朗诵大赛、“礼赞新时代”清秋雅韵青少年古琴音乐会、“美在新时代”福州市第八届艺圃新绿美术作品展、福州市第二届“左海撷英”书法作品展等活动；承担省委宣传部时代楷模孙丽美事迹报告会、八闽楷模陈炜发布仪式、八闽楷模林占熺发布仪式的总撰稿；指导市音协创作录制公益歌曲《旗帜》；举办“学习宣传贯彻党的二十大”主题云讲座12场；开展第五届茉莉花文艺奖评选工作，举办福建省第六届“金钟花奖”声乐比赛福州赛区选拔活动，举办或参与举办“福满榕城”——第31届“榕城之春”摄影作品展、兰花圃福州市师生有声美文传承中华经典大赛；参与“3820”战略工程实施30周年成就展的作品审看工作。

【文化交流】 2022年，福州市文联参与策划2022年福州国际友城文化节活动。配合中国作协组织“相约有福之州 走进闽江之心”——2022年两岸

2022年6月26日，福州市文联召开学习中国文联主席、中国作协主席铁凝给福州青年作家群回信精神的座谈会 （市文联 供图）

青年文学之旅，组织海峡两岸青年作家到永泰、晋安、仓山、长乐等地开展文学交流活动。邀请南帆、谢有顺等国内专家举办“闽籍名家话闽都”系列讲坛。开展“福满榕城”——福州·福韵主题征文活动并结集出版。开展以“借鉴外地经验，进一步打响闽都文化国际品牌”为主题的课题研究。开展闽都文化书籍进图书馆、进社区、进农家书屋、进校园、进海外社团活动，《闽都文化》杂志已进入443个社区，362个乡镇街道综合文化站、农家书屋，1000所学校，368个外地商会，85家海外发行单位。开展《三坊七巷志（重修）》“艺文”篇章的相关编撰工作。打造“福艺榕青”青年文艺人才培养品牌，开展“喜迎党的二十大——新锐推优文艺创作活动”。开展“2022年全省新时代特色文艺示范基地”项目申报工作，“福州文艺家之家”等7家单位入选，鳌峰坊漆艺研习所等5家单位获评省文联“文艺两新”文艺实践聚集地，数量位居全省前列。

【文艺惠民】 2022年，福州市文联组织优秀文艺骨干、文艺家党员，开展为群众写福字、送福联、拍全家福、剪纸教学、文艺演出、文艺作品展演展示等群众性文艺志愿服务活动等近百场；联合省文联赴新店镇、琯尾社区、五凤街道等地举办群众性主题宣传教育文艺惠民演出。选派47名知名文艺家组成“2022年度市文艺志愿服务团”，开展“喜迎二十大 文艺志愿者在行动”系列文艺志愿服务活动，组织下基层授课交流服务活动13场次。在永泰、连江设立福州文学院驻村乡村振兴基层文艺志愿服务站，走进福建海警局、三坊七巷消防救援站开展慰问活动。

（郑龙腾）

中国国际贸易促进委员会福州市委员会

【概况】 2022年，中国国际贸易促进委员会福州市委员会（简称福州市贸促会）统筹疫情防控和贸促事业发展，推动贸易投资促进、商事法律、对外联络等工作取得新发展。年内，推动21世纪海上丝绸之路博览会暨海峡两岸经贸交易会（简称“5•18”）首次以“线上”方式举办，第五届21世纪海上丝绸之路博览会暨第二十四届海峡两岸经贸交易会以“拓展海丝合作、共享发展机遇”“深化两岸融合、建设第一家园”为主题，运用全球云招商、云贸易、云促销、云工厂、云直播等模块功能，优化“线上商城”“云直播”“云商洽”“采购对接会”等展览新模式，打造“365天永不落幕”的“5·18”，实现流量与销量的重大突破。

【第十七届中国会展经济国际合作论坛】 2022年1月12—14日，第十七届中国会展经济国际合作论坛在福州举行。论坛举办期间，福州市贸促会开展对外宣传推介，组织市相关部门和企业参与国际会展业对话交流，14个重点展会项目在论坛上签订战略合作协定，福州市会展经济发展案例在《中国展览经济发展报告（2021）》上发布。

【贸易投资促进】 2022年，福州市贸促会结合福州区位和产业优势对接落地投资项目（注册或备案）11个，认定投资金额17.88亿元。研究RCEP政策条款，帮助企业了解并利用协定规则。开展RCEP等主题培训11场，参会近3100人次。组织19家企业参加“2022年联合国国际采购大会”等活动，帮助福建鑫楚天物联网集团等进入联合国采购企业名录库。走访78家企业，收集整理外资企业诉求10件，解决或协商推动解决相关诉求8件。组织102家企业完成《2022年度中国营商环境调研文件》填报工作，在仓山、闽侯、连江、福清、长乐5个县（市）区建立营商环境监测点，协助中国贸促会了解“后疫情时代”福州市外贸企业生产经营情况，推动解决外贸企业遇到的问题。

【商事法律服务】 2022年，福州市贸促会开展相关RCEP政策宣传推广，推出RCEP服务专窗、政策解读、个性化应用方案辅导和定制化上门培训等举措，联合相关县（市）区开展“RCEP培训走进基层”“一对一”优惠政策解读等活动，累计签发RECP优惠证14份。根据“最多跑一次”改革和“互联网+”服务模式，签发原产地证明书5549份，比上年增长20%，涉及金额3.73亿美元。受理国际商事证明书233份，代办领事认证2份，新增注册企业49家。指导福清市贸促会获得中国贸促会商事法律服务中心授权批准的出证认证审批点。实时更新中国贸促会、商务部经贸预警信息、各驻华使馆工作动态百余条，发布境外投资及贸易预警信息108条，发布出证认证、商事法律等方面资讯38条、贸易合作信息68条。举办福建企业国际化经营合规风险排查活动

2022 年 1 月 12—14 日，第十七届中国会展经济国际合作论坛在福州市举办。图为 2022 年注册会展经理（CEM）颁证仪式　　（市贸促会 供图）

（福州专场），组织 120 余家企业参加“出口信用证欺诈风险与防范”“企业对外投资经济制裁和国家安全审查风险与应对线上培训会”等 16 场线上培训，帮助企业降低新冠疫情影响、降低外贸风险和成本，构建涉外合规风控体系。

【对外交流联络】　2022 年，福州市贸促会巩固与亚美尼亚中国合作关系发展中心、德国汉堡经济促进局、巴西出口投资促进局、法兰德斯大区商务处等国际贸促机构的对接联系，推动与亚美尼亚科泰克省举行视频会，邀请阿根廷作为海丝博览会主宾国，首次邀请到刚果（金）参加海丝博览会，推动福清亨通华进出口贸易有限公司等企业与坦桑尼亚达成贸易合作意向等。

（罗常荣）

福州市残疾人联合会

【概况】　2022 年，福州市有持中华人民共和国残疾人证残疾人 9.91 万人，其中包括视力残疾 9700 人，听力残疾 1.3 万人，言语残疾 1200 人，肢体残疾 4.02 万人，智力残疾 1.64 万人，精神残疾 1.26 万人，多重残疾 5800 人。基层社团有福州市肢体残疾人协会、福州市盲人协会、福州市聋人协会、福州市精神残疾人及亲友协会、福州市智力残疾人及亲友协会 5 个残疾人专门协会。福州市残疾人联合会（简称福州市残联）下属有福州市残疾人就业服务指导中心（简称市就业中心）、福州市残疾人辅助器具服务中心（简称市辅具中心）2 个事业单位。全市 175 个乡镇（街道）、2721 个村（社区）成立残联（残协），选聘残疾人联络员 2896 人。实现残疾人基本服务状况和需求信息数据动态更新常态化，全市调查残疾人 9 万余人，入户率超 95%。全市建有残疾儿童康复机构 66 家，残疾人辅助性就业机构 13 家，托养服务机构 15 家，盲人按摩机构 109 家，辅具适配站 11 家，残疾人法律援助站 14 个，残疾人体育健身示范点 24 个。投资 1.6 亿元建成市残疾人康复就业中心，打造全程无障碍的残疾人康复、托养、教育、就业、医疗一体化的服务综合体。

【福州市残疾人联合会第七次代表大会】　2022 年 12 月 18 日，福州市残疾人联合会第七次代表大会召开。省委常委、市委书记林宝金出席开幕式并讲话，市长吴贤德主持，省残联党组书记、理事长曾智勇到会致辞。会前，省委常委、市委书记林宝金，市长吴贤德等参观残疾人事业发展成果展，并与残疾人先进代表交流。会议形成《福州市残疾人联合会第六次代表大会工作报告决议》，选举产生新一届残联领导机构以及出席省残联第八次代表大会代表。

【残疾人扶助政策】　2022 年，福州市残联出台《福州市“十四五”残疾人保障和发展规划》《福州市自闭症儿童康复帮扶措施（试行）》，残疾儿童康复救助在省级 1.7 万元基础上，市级配套 3000 元，自闭症儿童市级配套 8000 元，全年康复救助残疾儿童 3100 余人 4600 多万元。出台《关于加强残疾人职业技能提升　推行残疾人终身职业技能培训制度的实施办法》，在全省残联、人社等部门中首先提出残疾人参加职业技能培训期间给予生活费补贴。联合市财政局出台《福州市残疾人托养服务工作实施方案（修订）》，建成托养机构 13 家。

【残疾人社会保障】　2022 年，福州市残联将重度残疾人全部纳入医疗救助对象，29 项残疾人医疗康复项目纳入基本医保支付范围。实施困难残疾人生活补贴、重度残疾人护理补贴近 9 万人次，发放“一户多残”困难残疾人家庭补贴 2900 余户，每户每月 300 元。办理意外伤害保险 8.65 万人。慰问困难残疾人 6000 户，开展疫情期间残疾人就业创业单位经营性租金补贴，涉及单位 345 家。

【残疾人康复服务】　2022 年，福州市残联开展残疾人家庭医生签约服务，实现残疾儿童康复训练救助、贫困精神病患者服药救助和住院救助。全市 0 ～ 17 岁残疾儿童康复救助 3100 人，救助金额 4600 多万元；贫困精神病患者住院补助 1323 人，补贴 169.13 万元。康复服务残疾人 3 万多人，残疾人精准康复服务率 100%。年内下发《关于做好福州市残疾儿童康复救助服务机构协议管理工作的通知》。

【残疾人康复辅具服务】　2022 年，福州市残联在福州全国首创在火车站安装 10 台共享轮椅，提供站内帮扶、出站延续和市内服务点归还轮椅的免费便

2022年7月23日，福州市残联协同住建部门共同推进公共无障碍环境建设督导工作，助力福州市创建全国无障碍建设示范城市　　（市残联　供图）

民服务。在全省创新推进“互联网+”平台技术开展辅助器具租赁维修服务点（社区）试点服务，提供集中服务日和入户“零距离无障碍”服务。加强残疾人辅具补贴，助听器补贴提标扩面，各类辅具适配服务1万多人次，辅具适配率100%。新增残疾人评估机构6家，创立全省唯一的市级“志愿助残”主业医师辅具评估团队，开展大厅服务日评估服务工作；开展基层“百乡行”辅具车下乡适配服务，服务38个乡镇1077人次。发放五城区代步车车主保险和低保代步车车主交通补贴198人，补贴金额13.43万元，发放机动轮椅车燃油补贴1447人。

【残疾人就业服务】　2022年，福州市残联在全省率先出台残疾人辅助性就业机构建设扶持政策和残疾人托养服务工作方案，建成残疾人辅助性就业机构13家、残疾人托养机构15家，4城区全面开展残疾人居家托养服务政府购买工作，惠及千余名智力、精神和重度肢体残疾人。出台《关于推进福州市盲人按摩场所规范化建设工作的实施方案》。核准全市就业年龄段未就业的残疾人基础信息，调查录入率100%；开展求职残疾人与就业岗位的信息匹配，建立岗位项目信息库。举办全省规模最大的国企专场残疾人就业招聘会，提供岗位150多个，全市残疾人就业2.32万人，城乡新增残疾人就业3986人，应届高校残疾人毕业生65人，就业率100%。发放残疾人就业创业资金1051.45万元，位居全省前列。扶持困难农村残疾人就业创业366人及就业年龄段智力、精神和重度肢体残疾人居家托养服务1380人。

【扶残助学】　2022年，福州市残疾儿童少年接受义务教育比例超过99%。发放残疾人和残疾人子女考入高中以上学历的2045人补助金820多万元。发放“省关爱残疾儿童行动”爱心礼包700份。

【残疾人权益保障】　2022年，福州市残联建有残疾人法律救助工作站14个，市本级处理残疾人来信24件，来访来电180多人次，“12345”政务服务便民热线平台诉求110件。实施残疾人家庭无障碍改造582户，省级补助每户4800元。协同住建部门督导公共无障碍环境建设71处。

【残疾人文体活动】　2022年，福州市残联联合市体育局出台《关于体育场馆向残疾人优惠开放的通知》，推进符合条件的公共文体设施向残疾人免费开放，确定残疾人体育健身示范点24个。培训残疾人社会体育指导员，开展残疾人体育关爱家庭活动，残疾人康复体育进社区、进机构、进家庭活动，残疾人健身周和全国特奥日活动，市（县）两级举办残疾人体育健身活动11场。在11个社区实施残疾人文化进家庭、进社区项目，惠及215户残疾人家庭。在福州广播电台开播周末手语新闻。推荐9个作品参加中国残联第十六届残疾人事业好新闻评选，推荐28个作品参加“福见花开”福建省残疾人首届文创作品征集展览推介活动，推荐6个作品参加“我心向党　携手前行”福建省残疾人事业公益短视频征集活动等各类各级残疾人文体赛事。建立11名残疾人的福建省文化艺术人才档案。组织各类特殊教育学校开展旱地冰壶运动。备战省残疾人运动会，与市教育局联合发文，在全市中小学中选拔优秀残疾人体育运动员，并组织60余名运动员参加集训。在全市上千个福州日报融媒体智慧屏及公交车上开展扶残、助残公益宣传。

【残疾人基层管理服务】　2022年，福州市残联组建市残疾人康复中心。在全市175个乡镇（街道）、2721个村（社区）成立残联（残协），选聘残疾人联络员2896人。实现残疾人基本服务状况和需求信息数据动态更新常态化，2022年对9万余名残疾人进行入户调查，入户率95%以上。规范和优化残疾评定管理和办证程序，为重度精神残疾人上门办理残疾证。通过全国残疾人证管理系统，实现残疾人证“跨省通办”。

（郑海云）

福州市红十字会

【概况】　2022年，福州市红十字会筹募款物价值5204万多元，救助弱势群体7500多人次。年内，1所红十字医院获评“全国红十字模范单位”，2支红十字志愿服务队获评全市学雷锋志愿服务“五个最美”先进典型最佳志愿服务组织，2名红十字会会员获评中国红十字会“会员之星”，1名红十字志愿者获评全国红十字志愿服务先进典型，1名红十字志愿者获评全省学雷锋志愿服务“五个最美”先进典型最美志愿者，3名红十字志愿者获评全市学雷锋志愿服务“五个最美”先进典型最美志愿者，2名红十字志愿者入选2022年第三季度福州好人榜。

2022年1月6日，由福州市红十字会、中共福州市委市直机关工作委员会主办，福州市红十字民安应急救护培训中心承办的应急救护取证培训进机关活动第一期开班

（市红十字会 供图）

【应急救援】 2022年，福州市红十字会常备救灾资金300万元，备灾救灾仓库储备救灾物资价值超过150万元。4月15日，向宁德市红十字会捐赠5万份价值500万元的生活礼包作为疫情防控生活保障物资，助力宁德市打赢疫情防控阻击战。年内，全市红十字志愿者参与各类社会救援、应急演练、疫情防控等相关志愿服务活动5.61万人次，累计志愿服务时长23.94万小时。

【人道救助】 2022年，福州市红十字会开展“博爱送万家 温暖榕城——元旦、春节慰问行动”，发放慰问金185.88万多元、物资价值3.6万多元，惠及2397户7423名困难群众。开展“关爱下一代——红十字少儿大病救助行动”，全年救助40人次，救助金额135万多元。开展“救助人体器官捐献困难家庭——永生天使行动”，全年救助36人次，救助金额256万多元。开展“弘扬正能量——关怀见义勇为、道德模范人道行动”，为福州市见义勇为基金会捐款2万元。开展“博爱情•学子梦——人道助学行动”，全年资助69人次，救助金额13.75万多元。开展困难群体的日常救助工作，全年救助50多人次，救助金额19.86万多元。与市委宣传部联合开展2022年福州市文化、科技、卫生“三下乡”集中服务活动。“5•8”人道公益日和“9•9”公益日期间，组织全市红十字系统、学校及各机关事业单位9万多人次，筹款280.23万元。联合市委台港澳办和市台属联谊会赴仓山区、晋安区、长乐区和闽侯县走访慰问困难台胞5户。

【生命救援】 2022年，福州市遗体器官捐献报名登记6410人，实现遗体捐献50人、器官（含组织）捐献46人。全年造血干细胞捐献再动员272人次，采集44人份高分辨血样，成功捐献15人。开展主题为“生命的意义”的福州市遗体与器官捐献者云上缅怀活动。联合市委文明办、市卫健委、省献血办、省血液中心等部门，开展“热血一夏•爱满十城”无偿献血公益行活动20多场次，总献血33.78万毫升。

【救护培训】 2022年，福州市红十字会根据省委、省政府为民办实事项目“公共场所配置AED+群众性应急救护公益培训”，开展红十字应急救护培训工作，为外（台）资企业、电力、学校、机关事业单位、社区（街道）开展自救互救知识和技能培训。全年举办应急救护师资培训班2期，培训救护师70人；举办应急救护培训1059期，救护员发证3.61万人，举办应急救护知识讲座583期，受众7.2万多人次；完成全市340台AED（自动体外除颤器）的布点安装工作。

【主题系列活动】 2022年，福州市红十字会联合省红十字会、市委文明办、省血液中心开展主题为“‘髓’你一起 ‘榕’耀未来”的福建省纪念第八个“世界骨髓捐献者日”暨福州市造血干细胞捐献百例系列活动。《“救”在身边 机关先行——100多名党员干部培训应急救护》《闽江师专3322名学生获心肺复苏培训证书》《福州公共场所新增340台“救命神器”——可为抢救心脏骤停患者赢得“黄金4分钟”》《福州公共场所明年再添340台“救命神器”》《福州启动2022年“5•8”红十字博爱周主题活动》《2022年“5•8”红十字博爱周“人道力量”网络直播活动在福州举行》《“民间飞虎队”齐聚福州战疫情——蓝天蓝豹星光曙光阳光，到！》《“00后”医学生捐献造血干细胞》《两场“生命救助”同时同地进行》《福州市造血干细胞捐献突破100例》《我省举办纪念“世界骨髓捐献者日”活动——爱心接力十九年 福州已有百人捐髓》《“髓”你一起 “榕”耀未来——省纪念第八个“世界骨髓捐献者日”暨福州造血干细胞捐献百例活动举行》《“做点力所能及的事，做个助人为乐的人”——陈沿：凡人善念 捐髓捐水》《捐献造血干细胞 大三医学生为生命“续航”》等红十字相关专题文章获中央、省、市媒体刊出或转载报道。

（林 楠）

（编辑 苏 颖）

人大立法

【概况】 2022年，福州市人大常务委员会审议《福州市人民代表大会议事规则（修订草案）》《福州市城市养犬管理条例（草案）》《福州市大气污染防治办法（草案修改稿）》《福州市人民代表大会常务委员会关于加强闽江流域水生态环境协同保护的决定》《福州市闽江河口湿地自然保护区管理办法》5部地方性法规，通过《福州市人民代表大会常务委员会关于加强闽江流域水生态环境协同保护的决定》《福州市闽江河口湿地自然保护区管理办法》，开展平安建设、停车场管理、轨道交通、沙滩保护、体育设施建设与管理、劳动争议处理、房屋租赁、城市古树名木保护、食用农产品质量安全等立法项目调研。

【加强闽江流域水生态环境协同保护的决定】 2022年6月29日，福州市第十六届人民代表大会常务委员会第三次会议通过《福州市人民代表大会常务委员会关于加强闽江流域水生态环境协同保护的决定》（简称《决定》），9月28日福建省第十三届人民代表大会常务委员会第三十五次会议批准，10月11日起施行。《决定》共16条，明确协同保护的总体要求，建立协调机制，规范协同内容，强调建立闽江流域水生态环境跨行政区域协同保护机制，按照生态优先、科学规划、统筹协调、跨域联动、综合施策的要求，坚持共同保护、协同治理。

【闽江河口湿地自然保护区管理办法】 2022年10月28日，福州市第十六届人民代表大会常务委员会第五次会议通过《福州市闽江河口湿地自然保护区管理办法》（简称《办法》），11月24日福建省第十三届人民代表大会常务委员会第三十六次会议批准。《办法》共33条，对保护区的管理体制、管理职责、管理机构及其主要职责作出具体规定，包括依法制止、查处保护区内的违法行为，组织对保护区湿地进行科学修复，定期组织生物多样性调查监测等11项职责。

（林　锦）

政法委与综治

【概况】 2022年，福州市政法系统完成党的二十大、全国和省市两会、北京冬奥会和冬残奥会、第五届数字中国建设峰会等重大活动期间安保任务，推进平安福州专项行动、市域社会治理现代化试点工作，深化政法领域改革，完善队伍教育管理体系建设。“全员化、常态化、实战化”推动政法干警业务能力提升；出台巩固政法队伍教育整顿成果、推进全面从严管党治警的若干措施，常态化监督检查新时代政法干警“十个严禁”及防止干预司法“三个规定”的执行情况。年内，福州市平安建设综合绩效连续12年位居全省优秀行列，获评第二批“全国法治政府建设示范市”；全市政法系统有128个集体、176名个人获得省级以上表彰。

【经济社会发展服务】 2022年1月，海丝中央法务区福州片区于全省率先实体运营。福州片区聚焦“强省会”战略和福州都市圈建设，通过引进高能级法务机构、举办高规格法务论坛、培育高层次法务人才，打造法律服务高地，业务范围覆盖国内24个省份及17个国家和地区。制定护航滨海新城、“两国双园”建设等系列检察服务保障意见，全省唯一知识产权检察工作联系点落地福州市。市法院牵头的“保护中小投资者”“执行合同”营商环境评估指标位列全省第一，入选全国、全省标杆。办理全国首例适用海洋碳汇修复生态的案件。统筹新冠疫情防控督导组、福州国际健康驿站等资源力量，发挥网格化“平急结合”转化机制作用，公安机关全国首创的数字战疫十大战法等得到国务院联防联控机制督查工作组和省委省政府主要领导肯定。

【平安创建】 2022年，福州市制订

"十四五"平安福州建设规划，以矛盾纠纷大化解、公共安全大整治、基层基础大提升为抓手，推进平安福州专项行动，51家市直单位216项指标任务均超额完成。以创建全国社会治安防控体系建设示范城市为契机，健全"7+1"立体防控圈，构建市域海陆空网格化电子防线，实现沿海港岙口、码头和爆破作业现场视频监控全覆盖，重大公共安全事故零发生。加强打击突出违法犯罪，现行案件的破案率创历史新高。电信网络诈骗案件的抓获数和抓获率均位居全国第一，夏季治安打击整治"百日行动"的工作成效6次获公安部、省公安厅贺电和嘉奖。在全省率先开展打击整治养老诈骗行动，破获诈骗团伙85个，抓获犯罪嫌疑人962人，追赃挽损3.42亿元，综合战果位居全省第一，相关的经验和做法在全国、省专项办工作会议上作典型发言。落实落细扫黑除恶"十件实事"，扫黑除恶好评率98.8%。

【社会治安综合治理】 2022年，福州市结合福州都市圈发展规划，牵头建立闽东北"四市一区"警务协作联席会议制度，打通区域联勤联动、情报互通渠道。推进智慧街面巡防建设，构建"5+2+N"巡防体系，推动各类群防群治力量与街面巡防警务有效融合、协同联动，支撑"1、3、5分钟"快速响应机制。加快社会治安数字化进程，依托智慧安防小区建设等，构建集"感、传、管"于一体的"平安家园·智能天网"项目，为预警预知和数字侦查提供信息支撑。运用"i闽警"平台、"e起采"App多渠道采集"一标三实"(标准地址及实有人口、实有房室、实有单位)基础信息，推动警务实战平台与市域社会治理综合指挥平台数据交互。强化重点场所常态化防控，梯次配置社区警务、治安巡防和特警巡逻力量，全市中小学和二级以上医疗机构的保安人员进驻率、防控器械装备率、报警装置配备率均达100%。

【矛盾纠纷预防与化解】 2022年，福州市深化拓展诉源治理减量工程建设，结合"不忘初心、牢记嘱托，打造新时代福州'148'品牌"三年行动，培育提升医患、海外、海上、园区、楼宇等"系列枫桥"调解品牌。推进警务和社区"双网融合"模式，创新"警格+网格"互联互动，深化"一站式"多元调处中心实战运行，实现矛盾纠纷联动处置、闭环管理。创新矛盾纠纷化解模式，建设"茉莉姐姐"家庭教育指导中心及家事辅导调解中心，晋安区岳峰镇成立全省首家乡镇级"e体+多元调处中心"，罗源县试点运行全省首个"一会三所"(消费者权益保护委员会、市场监管所、司法所、律师事务所)联动的消费纠纷联动调处中心。开展"治重化积"专项工作，综合运用法律指引、经济调节、协商调解、听证评理、教化疏导等手段，化解信访积案。

【社会治理"五治融合"创新】 2022年，福州市推动社会治理"五治融合"("五治"即政治、法治、德治、自治、智治)，推进市域社会治理现代化试点工作，推动出台制度性文件110件，培育创新亮点45个。发挥"政治"引领作用，传承习近平同志在福州工作期间实施的"楼幢党建"实践，深化"红色领航工程"，构建"社区党委—网格党支部—楼栋党小组"三级组织架构，网格内以党的建设、平安建设、城市管理、文明创建、公共服务、应急管理等为重点，统筹开展"平安小区""文明小区"等创建工作。强化"法治"保障，创设"互联网+313N"公共法律服务模式，创建集线上热线、网络平台"全科诊断"，线下市县乡村四级实体平台"精准治疗"于一体的公共法律服务新格局。推动"德治"教化，实施公民道德建设工程，挖掘好人好事、见义勇为先进分子等事迹，选树建设省市级家风家训乡贤文化馆(公民思想道德教育馆)38个。移风易俗、诚信建设等相关经验做法在第六次全国创新研讨班作交流发言，并获《法治日报》、"中央政法委长安剑"等平台推介。激发"自治"活力，实施市级"五社联动"(社区、社会组织、社会工作者、社区志愿者、社会慈善资源)试点项目81个，培育规范社会组织326个，开展服务2861场次，惠及群众40万余人次。推广"参与式预算""五事工作法""民意导向工作法""民情恳谈日""警民恳谈会"等基层民主协商新模式，5篇民约公约入选福建省第二批优秀村规民约。强化"智治"支撑，将市域社会治理智能化纳入"智慧城市"建设总体规划，全市政务数据储备量超86亿条，月均调用量超800万次。建设市域社会治理现代化综合指挥平台，融合30家与社会治理密切相关的行业部门数据资源，汇聚251类业务数据，构建集风险防控预测预警、社会指数治理、协同调度、督导督办、考核评价于一体的智能化指挥体系。

【政法领域改革】 2022年，福州市深化政法领域改革创新。法院系统出台预重整、执行与破产程序直通机制工作指引，办理的"实达集团重整案"成为全国审执质效最高的上市公司重整案件。检察院系统19项业务指标居全省首位；在全省首创行政检察与行政审判衔接机制，推动行政争议实质性化解。公安机关创新构建以数字党建为引领，融合数字指挥、数字维稳、数字侦查、数字防控、数字管理、数字基础、数字执法、数字政工、数字监督于一体的"1+9"现代警务"e体+"智慧赋能体系，建成"六位一体"(办案区、案件管理区、涉案财物管理区、速裁快办区、服务保障区、认错认罪认罚教育区)市公安局执法办案管理中心，推进一体化实战指挥调度和融合通信应用体系建设，接处警工作满意率位居全省前列；取消市级证明事项近200项，99%的公安行政审批事项实现"一趟不用跑""最多跑一趟"。司法行政系统推动出台法治政府、法治社会建设五年实施方案；建成福州市行政执法平台，在全省率先实现市、县、乡三级516家行政执法单位业务网上办理和信息统一公示。

(陈弘真)

法治政府建设

【概况】　2022年，福州市印发实施《福州市法治政府建设实施方案（2021—2025年）》《福州市法治社会建设实施方案（2021—2025年）》。完成第二批全国法治政府建设示范创建实地评估迎检工作，福州市获评第二批“全国法治政府建设示范市”。全年办理行政审批2970件，行政许可事项“全程网办”率和“一趟不用跑”率提升至100%，“即办件”率提升至89%。推动述法与年终述职深度融合，推动各单位党政主要负责人履行推进法治建设第一责任人职责。2021年度市本级党政主要负责人通过领导干部年度考核方式开展述法132人，县（区）级各相关部门和乡镇（街道）党政主要负责人开展述法946人。

【行政复议】　2022年，福州市规范行政复议办案流程，建立案件繁简分流机制，综合运用书面审查、实地勘验、听证等手段。建立专家论证研讨机制，通过专家论证会、调查调解会等方式加强论证研究，提高办案质量、办案效率和社会公信力。实行行政复议意见书和行政复议建议书制度。全市各级行政机关收到行政复议案件1133件、行政诉讼案件3433件，其中市本级收到行政复议案件198件、行政诉讼案件128件。

推动行政复议体制改革落地，优化机构编制，组建专业办案团队，设置行政复议综合指导处、行政复议一处、行政复议二处3个内设机构和政法专项编制14名。推进办案场所和办公用房的升级改造，建立健全《福州市人民政府行政复议机构行政咨询委员会工作规则（试行）》《福州市人民政府行政复议机构与本级人民政府部门工作协调机制（试行）》两项改革配套工作机制。深化府院联动机制，开展诉源治理，推动行政争议的源头有效防范和诉前依法解决。建立行政审判和行政应诉联络工作机制，全年全市行政机关负责人出庭1285件，开庭数量1323件，整体出庭率97.12%。

【行政执法监督】　2022年，福州市司法局开展法治督察工作，推动法治政府建设与责任落实督察首次纳入全市督查检查考核计划，促进形成法治督察常态化工作机制。完成中央依法治国办市县法治建设工作督察、省委依法治省办法治政府建设督察迎检工作。

推动行政执法机制创新。建设完成并全面运行福州市行政执法平台，在全省首次实现市县乡三级执法部门的数据汇聚共享，提升行政执法和执法监督数字化水平。与市城管委联合出台城市管理领域初次轻微违法行为不予行政处罚事项清单（第一批）和工作规则，组织各级执法部门编制完成9个执法领域“四项清单”编制，涉及执法事项117项。

全面推行证明事项告知承诺制，全市有109个单位的367项政务服务事项和428项证明事项实行证明事项告知承诺制，各相关部门办理实行证明事项告知承诺制的政务服务事项24.7万余件。动态开展行政执法人员编号和信息采集，全市1850人新申领、换发福建省行政执法证件，组织开展2022年度行政执法资格考试，全市3094人报名。

【规范性文件备案审查】　2022年，福州市司法局报备50件以市政府及市政府办公厅名义发布的规范性文件；审查386件县（市）区政府和市直部门报备的规范性文件，发出备案审查意见书11份，办理7件公民提出的规范性文件审查建议。

（陈　玢）

公　安

【概况】　2022年，福州市公安局以创建全国社会治安防控体系建设示范城市为抓手，以创新建立福州公安e体+智慧赋能“1+9”现代警务体系（“e”是指网络资源，“体”意为系统资源，“+”代表数字应用）为牵引，打造数字公安生态，成立全国新型犯罪研究中心福州分中心、福州市网络生态治理中心，创新建成福州公安“e体+”疫情防控平台、“e体+”智慧赋能警务实战平台、“e体+”多维调处中心等。深化交通排堵保畅“三千工程”、“5+2+N”巡防体系建设，99%公安行政审批事项实现“一趟不用跑”“最多跑一趟”，出台领导班子建设、人才强警战略、数字治理提升、舆情源头导控、爱警如子50条等系列励警强警规范制度。全市社会治安呈现“两降两升

2022年7月10日，福州市公安局举办“福州e体+治理平台”启用仪式

（市公安局 供图）

三全”态势（违法犯罪警情数、刑事立案数分别比上年下降21.1%、28.6%，刑事案件破案率、刑事作案成员抓获数分别上升8.2%、9.1%，严重暴力、“两抢”、现行命案实现全破）。开展“净网2022”专项行动，全市网安部门共侦办案件466件，实地检查网吧4200余家次，回应网民咨询求助1287人次。年内，福州市获评“平安中国建设示范市”“全国法治政府建设示范市”“全国禁毒示范城市”。市公安局获评第六届“全国文明单位”，实现全省公安机关综合考评“三连冠”，助力省会平安建设综合绩效连续12年位居全省优秀行列；103个公安集体、1766名民警个人受到各级表彰奖励，其中有“全国人民满意公务员”潘东升、“全国特级优秀人民警察”高湛等先进典型。

【刑事犯罪侦查】 2022年，福州市刑事案件呈现“一降一高两升”态势，全年立案各类刑事案件28574件，比上年下降28.6%；破获现案18545件，现行破案率64.9%，提升8.2%；抓获刑事作案成员33645人，提升9.1%；破盗窃案件6636件，破案率84.8%，提升8.3个百分点。650件八类暴力案件实现全破；现行命案发案32件，连续6年保持全破；“两抢”（抢夺、抢劫）案件立案42件，连续3年保持全破。各类侵财案件破案率74.3%；小案3天内破案3954件，4～7天内破案738件，快侦率100%。侦破养老诈骗案件456件，抓获犯罪嫌疑人893人，破获犯罪团伙74个，为人民群众挽回经济损失2.9亿多元。

开展电诈类案攻坚行动，研判产出涉诈精准指向线索16万余条，全市收网涉诈人员2135人，抓获数、抓获率均居全国第一。福州市反诈中心全年预警780余万条，成功劝阻8414人，拦截电话44万余个、封堵网址App等22万余个，紧急止付约1.2亿元；刑侦支队提供研判支撑线索1800余条，利用图侦直接并串系列盗窃案件22串572件，抓获犯罪嫌疑人400余人。十三类案件、电诈案件现勘率分别达100%和99.9%；通过DNA、指纹、声纹比中案件2362件，比中失踪被拐儿童149人。

【经济犯罪侦查】 2022年，福州市公安局受理各类经济犯罪案件1252件，比上年下降31.06%；立案1203件（含补立年前案件79件），下降29.98%；破案907件（含破获年前案件139起），下降31.75%；抓获犯罪嫌疑人1691人，上升44.16%；移送起诉424人，下降21.77%。经济违法犯罪警情数、立案数和犯罪嫌疑人抓获数呈“两降一升”态势。追赃挽损金额11.03亿余元。成立8个大专案组，破获8件特大要案，抓获犯罪嫌疑人233人，追赃挽损4.95亿元。

侦破省公安厅督办的“4·8”组织、领导传销活动案，该案是福建省破获的首件全国打击整治养老诈骗“专项办”督办案件；侦破“7·12”非法吸收公众存款案，追究犯罪团伙全额退赔115名老年人受骗资金1186万元；“猎狐”追逃23名逃犯，其中2名系“百日行动”期间全国仅抓获的“红通”人员；侦破“9·19”操纵证券市场案，冻结涉案证券账户、资金3.2亿余元。

【毒品查禁】 2022年，福州市公安局破获毒品刑事案件180件，抓获毒品犯罪嫌疑人487人，缴获各类毒品2.3吨，移送起诉毒品犯罪嫌疑人644人，查获吸毒人员722人次，破获公安部督办的毒品目标案件8件、省公安厅督办的毒品目标案件8件，获公安部禁毒局贺电1份，抓获毒品犯罪嫌疑人、移送起诉毒品犯罪嫌疑人数均位居全省第一。“百日行动”期间，破获毒品犯罪案件94件、抓获毒品犯罪嫌疑人333人、查处吸毒人员159人次，发起毒品目标集群战役3次，获公安部嘉奖令1份。

年内，全市有自愿戒毒医疗机构2家、美沙酮药物维持治疗门诊（延伸服药点）7处、社区戒毒（康复）工作站123个，配备社工327人。市公安局对接协调应急管理部门，对全市生产、经营、使用、存储4类易制毒化学品企业逐一开展安全检查，破获麻精药品治安案件3件，抓获并治安处罚4人。调整市县两级研判为市一级研判，将涉毒线索以“能量包”形式推送基层开展打击核查。在全市198个公安派出所设立201名禁毒联络员，全年推送涉毒线索80条，协助基层破获毒品违法犯罪案件61件，抓获涉毒违法犯罪嫌疑人312人，缴获各类毒品1.8吨。

策划全民禁毒宣传月活动，开展首届“榕城最美禁毒人”评选，首次发布福州禁毒IP形象“榕榕”“茉莉”，举办福州禁毒宣传月新闻发布会。制作“防范新型毒品对青少年危害”系列动漫片4部，整合省禁毒办下发的系列动漫6部，全部通过“福州禁毒”微信平台向社会发布，并安排福州广播电视台等禁毒委成员单位，运用电视等媒体进行展播。年内，“福州禁毒”官方微信公众号和官方抖音号发布信息500多条次，5条被“中国禁毒”微信公众号采用，阅读量突破30万人次，“福州禁毒”官方微信公众号在全国市级禁毒新媒体排名位居前列。

【首届“榕城最美禁毒人”评选】 2022年5月18日，福州市禁毒委员会办公室联合市委宣传部启动首届“榕城最美禁毒人”评选活动。经全市各县（市）区、市禁毒委各成员单位逐级推荐，经市委宣传部和市禁毒委员会办公室组织评定，6月14日，在福州市获评首批“全国禁毒示范城市”一周年之际，举办首届“榕城最美禁毒人”发布仪式，6个集体、17名个人被推选为首届“榕城最美禁毒人”。

【巡特警工作】 2022年，福州市公安局完成省市两会、省纪委十一届二次全体会议、省党代会、第五届数字中国建设峰会、2022首届世界龙舟赛（福州站）、“闽江之心 红心向党——2022福州七一两江四岸歌会”及福州市迎接党的二十大召开系列活动等各类安保任务，以及“榕剑7号”反恐演练和各类武装押解、搜爆安检、新冠疫情防控等任务，共69场次，出动警力4093人次。

年内，市公安局创新PTU（警察战术单元）勤务新模式。组建27个“e体+”突击车快反小组，其中17个为常态化巡逻防控力量，7个为等级勤务加密巡控增援力量。巡特警支队每日派出3组“e体+”突击车快反小组（30名警力）于8—23时在中心城区按照“人聚警显、人散警隐、人休警护”工作要求，开展“见警察、见警灯、见警车”日常勤务。8月勤务改革后至年底，担负的执勤点及“e体+”突击车出动警力2.6万余人次。全年重点建设警务站19个，其中固化警务站18个、移动警务站1个。组织开展拉动演练2场次，参与紧急拉动演练816人次，其中巡特警支队派出136人，各分局、县（市）区公安局派出680人。

【出入境与往来台港澳管理】 2022年，福州市公安局办理各类出入境证件75004件次，比上年增长52.42%。其中，全市公民因私出国及往来台港澳共批准签发证照62031件次（内含批准公民因私出国26495件次，比上年增长151.30%，批准内地居民往来港澳地区32575件次，增长38.29%，批准大陆居民往来台湾2961件次，增长60.66%）；办理台湾居民证件1179件次，下降16.15%；办理内地居民往来港澳通行证1329件次，增长103.21%；审批港澳居民来往内地通行证1167件次，下降0.68%；办理出入境通行证1556件次，增长70.43%；办理各类外国人证件、签证、居留许可7742件次，下降15.11%。支撑涉赌涉诈专项工作，对157人因涉赌涉诈做出不予批准出入境证件决定；查处“三非”外国人案件952件1214人次，处理非法入境89起351人次、非法居留863起863人次、非法就业56起276人次。连续侦破公安部督办案件3件，组织遣返“三非”外国人60批次424人次，羁押6个月以上“三非”外国人全部清零。

年内，市公安局成立打击妨害国（边）境管理犯罪专项行动办公室，办理妨害国（边）境案件161件，其中组织他人偷越国（边）境案45件，偷越国（边）境案112件，运送他人偷越国（边）境案2件，提供伪造、变造的出入境证件案1件，骗取出入境证件案1件。

【公安执法规范化建设】 2022年，福州市公安局研发全省首创的“e体+”简案快办平台，贯通行政罚款直缴渠道，在市公安局执法办案管理中心融汇实现137类行政案件“线上App+线下一体机”，从接处警到罚款直缴环节全流程闭环快速办理，每件案件耗时从原来的12小时压缩至20分钟内，速度提升35倍。推进有案不立、压案不查、降格处理及违规取保候审等执法问题专项整治，考评案件61208件。开展涉案财物专项整治工作，制订《全市公安机关涉案财物管理突出问题专项整治工作方案》《福州市公安机关涉案财物管理办法》；开展执法记录仪使用管理问题专项整治，印发《进一步规范执法记录仪使用管理工作的通知》，一线执法执勤民警执法记录仪配备率100%。

下发《福州市公安局关于进一步加强法治公安建设的实施意见》《福州市公安机关执法规范化奖惩实施办法（试行）》。印发《关于进一步加强案件移送接收工作的通知》，理顺案件移送接收工作。下发《福州市公安局执法质量考评红黄绿三色挂牌管理办法（试行）》《关于进一步健全完善县级公安机关执法质量日常考评监督机制的通知》，建立周考评通报机制，对县级公安机关执法质量实行红黄绿三色挂牌督导式动态管理。

全面修订《福州市公安局证明事项清单》，取消市级证明事项近200项，保留市级证明事项300余项。推动“一站式”综合服务窗口试点建设，改“一门通办”为“一窗通办”。在华大派出所、对湖派出所、宏路派出3个试点派出所设立“一站式”公安综合服务窗口，提供户政、治安、交警、出入境等公安政务服务，办理户政事项34509件、交管事项11327件、出入境事项5件、治安类事项162件。推动政务服务事项实现“全市通办”“跨省通办”，对于67项负面清单以外的审批服务事项通过全程网办、异地代收代办、多地联办、无差别办理等方式推行“全市通办”，对“户口迁移”“开具户籍类证明”“居民身份证首次申领”等9项公安高频政务事项实现跨省通办。

【福州公安执法质量跃居全省第一】 2022年，福州市公安局挂牌成立市级侦查监督与协作配合办公室，构建“六纵四联全闭环”数字办案体系。推动执法办案管理中心提质增效，建成集案件管理区、办案区、涉案财物管理区、合成作战区、服务保障区、认错/认罪认罚教育区“六位一体”的福州市公安局执法办案管理中心，实现办案资源、办案模式由分散向共享聚合转变。全市公安执法质量跃居全省第一，助力福州市获评全国法治政府建设示范市。

【社会治安管理】 2022年，福州市公安局构建省会内部重点区域“一张网”联防、地上地下“一盘棋”联动、智慧巡防“一体化”布局的“7+1”立体防控圈，创新重大安保维稳“三有三无”工作机制，打造“智慧安保”项目。在全国首创“e体+”智慧赋能云网布控系统。发起集群战役41次，破获各类刑事案件5000余件，组织开展巡查宣防集中统一行动4次，发现整改安全隐患1500余处。全市聚众斗殴警情比上年下降45.8%，入室盗窃、入室抢劫等可防性案件下降29.2%。全市11个县（市）区出台民宿业管理规定，审核通过民宿业55家，比上年增长150%。全市保安公司及保安员数量连续3年呈上升态势，共有保安企业323家，占全省总量的39.7%。升级20余个环榕公安检查站（含临时卡点）、10个交警执法站、20余个国省道数字警务室，对70余条入榕通道实现车辆卡口全覆盖，升级完善30余个街面警务站，打造“5+2+N”巡防体系，列装警用直升机、警用巡逻艇，日均发动各级巡防力量3万余人次。推动智慧安防小区建设，带动2971个小区实现“零发案”；实现114场大型群众性活动安保工作

“零失误”，全市校园故意伤害连续4年“零发案”，持枪犯罪、爆炸案件、爆炸事故连续4年“零发生”，伤害医护人员、扰乱医疗秩序案件呈逐年下降趋势。

打击跨境网络赌博犯罪，破获跨境赌博案件600余件，抓获嫌疑人2000余人。开展危险物品管控，对全市150余家危险物品从业单位进行“一体化”监管，实现100余个爆破作业现场“布控球”视频监控全覆盖，进行视频巡查900余次，发现违规操作30余起，责令停工整顿5处，罚款60万元。开展“平安校园”建设，2473家中小学幼儿园安防措施“4个100%”全落实，量身定制“校园门口联防联控联动机制”，整合9类巡逻防控、应急处置力量。开展公共安全隐患大排查大整治，全市52个AAA级以上旅游景区警务室全覆盖，排查整改风险隐患152处，发送整改提示函274份。开展“平安医院”建设，全市90家二级以上医疗机构警务室全配备，门诊病房等要害区域视频监控、一键式紧急报警装置全覆盖。开展公务用枪专项管理，先后7次专题部署，开展4轮次全覆盖检查。

【社区警务】 截至2022年末，福州市流动人口450.2万人，出租房屋32.7万户。全市户籍派出所205个，建成智慧安防小区3560个，覆盖率95%；创新推行“e体+”多维调处模式，全年排查矛盾纠纷27483件，调解26359件，调解成功率95.9%。开展“百万警进千万群”活动，宣传各类反诈、安全信息8753条，24小时为群众答疑解难29877件，线上化解矛盾纠纷350件，消除各类治安隐患425处，受理线上业务195人次。

【道路交通管理】 2022年福州市公安局完成46处省、市为民办实事项目隐患路段，8处公安部督办及8处省公安厅督办的农村道路重点攻坚隐患路段，27处通寺道路安全隐患，22处农村道路临近池塘沟渠水库河溪湖泊隐患。开展夏季道路交通安全整治“百日行动”。

开展城区交通拥堵治理，成立城区交通治堵项目指挥部，实行挂图作战，推进360个治堵软、硬件建设项目，完成37个硬件项目和117项软件项目。高峰期二环路警力到达时长缩短61.5%，二环内道路警力到达时长缩短48.7%，三环路警力到达时长缩短56.0%。建立52个交通大网格，重点围绕城区25所重点学校、8所医院、五大商圈和七大景区，增设“e体+”智慧交警服务站，实行以交通安保、违法查处、静态管理、排堵保畅、警情处置为重点的综合动态勤务。组建千人铁骑队，在中心城区“2环5纵7横35射”共389条道路沿线，实现堵情处置“1分钟骑警到达，3分钟处置完毕，5分钟恢复交通”，城区快速排堵保畅效率提升25.7%。城区快速排堵保畅效率提升25.7%，整体路网通行效率提升约12%，绿波路段红灯等待时间缩短20%～40%。

【森林公安】 2022年，福州市公安局立案涉林刑事案件71件（其中重大案件5件），破案57件（其中破重大案件10件），抓获犯罪嫌疑人97人，移送起诉48起75人，批准逮捕7件13人；收缴国家二级保护野生动物画眉鸟、八哥等45只，穿山甲冻体1只，鹿、豪猪、野猪等35只，国家二级保护植物“金豆”103盆111株、金毛狗蕨18盆28株，桫椤3棵。破获火灾积案3件；连江破获国家重点保护野生植物“金豆”重大案件。

开展非法枪爆危险物品集中清查整治及打击非法狩猎行动，清查枪爆从业单位75家次，排查林区、矿区和建材化工、大型集贸等易滋生枪爆安全隐患场所80处，发现并督促整改安全隐患36处，收缴非法枪爆物品鸟铳2支。对生态功能区、生态资源富集区等公共区域开展安全风险隐患排查工作72次，摸排整改各类涉险隐患点76处，设立安全提示牌110余面，排查寺庙45家（次）、养殖农户68户、公墓陵园30处，清查餐馆、农贸市场等重点场所465家（次），巡查野生动物栖息地、经营利用、交通运输及其他区域326余处，清除销毁捕鸟网104张、猎兽夹（套）57个。

【“110”指挥中心】 2022年，福州市“110”报警服务平台接报警求助电话244万余个，处置有效警情124万余件；全市接处警工作满意率98.64%，比上年提升0.57个百分点；全市违法犯罪警情下降21.1%。“110”流转“12345”非警务报警求助14911件、“12348”法律服务平台及联动处置纠纷求助警情3793件、社会化移车1500143件、社会化开锁4045件，未发生因流转不及时引发不良影响的案事件。

搭建市、县、所三级上下联动及启动横向协作合成作战平台，建成随时可发起指挥调度的240多个派出所“e体+”综合指挥室，创新构建“1+5+N”（1个指挥平台，5个维度空间，N个视频资源）多维功能融合指挥机制，快处各类紧急警情1000余件。协破集资诈骗案，扣押、冻结涉案金额总价值约1500万元，开展重复报警专项整治，打击整治涉黄赌治安乱象，抓获涉黄赌违法犯罪人员60余人。

【公安科技信息通信建设】 2022年，福州市公安局在省级平安建设考核中，科通项目7.6分实现“零扣分”，地市排名全省第一。全年治理视频图像数据40万条次，整治“一机一档”点位信息205万项次。试点启用“e体+”智慧赋能警务中台，实现市、县、所三级共享应用，为全警按需开放“e体+”智慧赋能体系相关数字应用系统119个，开通部省市公安综合性应用授权12万余个；依托省市一体公安大数据中心，汇聚治理数据资源678类、超万亿条，比上年增长8.6%；提供各类数据服务近1300万次，比上年翻两番；推广“天算”建模平台，支撑各警种部门搭建个性化模型2000余个。

全年部署开展公安数据安全隐患排查整治等专项行动4个，完成国家、省市级网安攻防实战演习3场，实施网络渗透测试29轮，优化安全防护策略1398条次，修复重要信息系统和设备漏洞1万余个；实行图控中心24小时值守机制，安保期间保障视频会议59场，其中部省级会议36场。建强通信保障全要素“最小作战单元”，开展实战练兵38次，全程保障“榕剑7号”反恐实战演练；6人入选市局首批骨干型专家人才库。

（郑学京）

检 察

【概况】 2022年，福州市检察机关受理提请审查逮捕犯罪嫌疑人5317人，受理移送审查起诉14669人；经审查批准逮捕3456人、提起公诉9611人；办理刑事检察监督3492件、民事检察监督632件、行政检察监督572件、公益诉讼758件。36项业务指标进入全省前三，其中监督立案、追赃挽损等23项指标居全省首位。23个案例入选省级以上指导性或典型案例，63个集体和72名个人获省级以上表彰，市检察院“闽剑”办案组获评全国检察机关维护国家安全优秀办案团队，鼓楼区检察院被最高人民检察院确定为全省唯一的知识产权检察基层联系点。

市检察院每月开展业务态势分析研判，60项核心业务指标中排名保持全省首位或比上年进步的有36项。开展高级检察官传帮带活动，结成“师徒”102对。132名干警获评省级以上优秀办案检察官或入选检察业务人才库。举办新时代检察干警论坛、青年干警读书沙龙等活动。市检察院“党建引领·业务共进”工作机制获评全国基层党建创新典型案例。巩固深化政法队伍教育整顿成果，部署开展“一把手”用房用车用钱情况等专项监督检查，编制司法办案廉政风险防控手册。构建“三个规定”提醒研判、“零报告”督导机制，记录填报重大事项638件。推广仓山区检察院“两提醒一回访”廉政风险防控做法。与驻院纪检监察组定期会商研判，闭环推进5个方面18项问题整改提升。

【刑事检察】 2022年，福州市检察机关常态化开展扫黑除恶斗争，起诉涉黑恶犯罪嫌疑人90人，惩治危害群众生命财产安全犯罪，起诉故意杀人等严重暴力犯罪嫌疑人368人，盗窃、诈骗等侵财犯罪嫌疑人1782人，交通肇事、危险驾驶等危害公共安全犯罪嫌疑人2271人。开展打击整治养老诈骗专项行动，起诉150人，帮助追回“养老钱”2100万元。惩治恶意欠薪违法犯罪，帮助农民工追讨欠薪596万元。办理追索抚养费、撤销或变更监护等支持起诉案件55件。

构建检警协同、检税协作等工作机制，起诉非法经营、合同诈骗、洗钱等犯罪嫌疑人702人。在海丝中央法务区福州片区服务中心设立检察窗口，会同市法院、版权局等签订知识产权协同保护意见，起诉侵犯知识产权犯罪嫌疑人53人。起诉影响非公有制经济发展犯罪嫌疑人99人，帮助挽回损失1869万元；对民营企业涉经济犯罪案件，依法不捕24人、不诉76人。推进涉案企业合规改革，会同工商联等单位建立第三方监督评估机制，督促涉案企业落实合规承诺。出台保障台胞台企合法权益15条意见，在福州台湾会馆设立涉台检察联络点，依托“一室一员”办理涉台司法案件。

开展蓝天碧水净土保卫战，起诉破坏生态环境资源犯罪嫌疑人170人，促成补植复绿面积22.73公顷、增殖放流鱼苗5535万尾、交纳生态修复保证金1413万元。会同市法院、公安局、福州海警局建立盗采海砂案件协同配合机制，起诉盗采海砂犯罪嫌疑人147人；治理盗采海砂专项调研报告获市委主要领导批示，促成全市开展盗采海砂专项整治。部署开展福州饮用水水源地环境保护专项检察，通过诉前磋商、检察建议等方式推动解决大樟溪流域污染问题。

【矛盾纠纷多元化解机制】 2022年，福州市检察机关受理群众信访6003件，实质审查办理935件，通过挂牌督办、领导包案，促成案结事了128件。公开选任410名听证员，召开检察听证290场。探索构建“网格化+社区检察官”工作机制，提升涉检信访首办化解率。建立救助线索内部移送、办案经费支援救助等工作机制，向156名困境当事人或近亲属发放救助金337万元，救助人数、金额居全省首位。市检察院针对刑事案件被害人无法启动医保基金先行支持治疗费问题作专门分析，获最高检主要领导批示并在全国开展专题调研。

【未成年人综合司法保护】 2022年，福州市检察机关起诉强奸等侵害未

2022年10月18日，福州市检察院与市台联联合举办福州市人民检察院涉台检察联络点揭牌仪式

（市检察院 供图）

成年人犯罪嫌疑人383人。市检察院联合市监委、教育局等单位制定侵害未成年人权益案件强制报告制度实施办法，部署开展犯罪记录封存、从业限制、违规提供文身服务等涉未成年人保护专项监督，发出督促履职检察建议23件。深化全国首创“督促监护令”工作机制，联合市妇联成立春晖家庭教育指导中心，对“甩手家长”开展家庭教育指导700余人次，经帮教回归校园或就业74人。年内，全市检察机关有247名检察官担任法治副校长和法治辅导员。

【刑事检察监督】 2022年，福州市检察机关前移侦查监督关口，实现市县两级“侦查监督与协作配合办公室”全覆盖，监督立案、撤案436件，纠正漏捕、漏诉307人。加强刑事审判监督，对认为确有错误的刑事裁判提出或提请抗诉23件。立案侦查司法工作人员相关职务犯罪嫌疑人6人；完善监检衔接机制，应邀提前介入职务犯罪33件，起诉职务犯罪53人。市检察院支持闽侯县检察院抗诉一件受贿案获评全国惩治索贿犯罪典型案例。推动“减假暂”案件实质化审理，提出纠正意见825人，督促收监罪犯33人。深化“派驻+巡回”检察模式，对辖区监管场所及泉州监狱、厦门市第一看守所等开展巡回检察，督促整改问题136个。

【民事检察监督】 2022年，福州市检察机关受理生效民事判决、调解书申请监督案件341件，对认为确有错误的提出、提请抗诉14件，提出再审检察建议45件。会同公安、法院建立线索移送和联合查办机制，加强民间借贷等虚假诉讼重点领域监督，发出检察建议23件，移送立案侦查4人。支持和监督解决执行难，发出执行监督检察建议164件，办理民事审判程序和审判人员违法监督案件51件。立案侦查1件执行员涉嫌执行判决、裁定滥用职权案件。

【行政检察监督】 2022年，福州市检察机关围绕护航民生民利，开展社会抚养费强制执行遗留案件清理、强制隔离戒毒行政行为等专项监督，发出检察建议157件。其中，鼓楼区检察院办理的一件寄递行业安全监管监督案，获评全国检察机关典型案例。在全省率先建立行政检察与行政审判衔接机制，综合运用提请抗诉、检察建议、听证调处等方式，推动实质性化解征地拆迁、劳动仲裁等行政争议43件。其中，马尾区检察院办理的一件非法占用土地行政非诉执行监督案件获评全国检察机关优秀案例。

【公益诉讼检察】 2022年，福州市检察机关立案办理生态环境资源保护等传统领域案件383件，提起公益诉讼39件；拓展办理个人信息保护、军人地位和权益保障等新增法定领域案件375件。其中，长乐区检察院首创的行政公益诉讼圆桌会议办案机制，入选2022年度福建省十大法治事件。启用公益诉讼大数据研判指挥平台。晋安区检察院在全省率先建立安全生产领域公益诉讼检察与行政执法信息共享协作机制。聚焦文化遗产保护和活化利用，在烟台山打造“福州古厝”检察保护教育基地；台江区检察院办理的仁德桥修复案入选“文化和自然遗产日”最高检集中展示案例。

【检察监督渠道畅通】 2022年，福州市检察机关接受人大监督和政协民主监督，落实市人大会议决议，逐项梳理、定向反馈189名代表意见，向市人大常委会专项报告民事检察工作。邀请代表、委员召开意见建议办理专题会商会，办理并反馈代表建议、委员提案19件，均获满意评价。构建两级院领导、中层干部挂钩联系代表委员制度，聘请代表、委员担任特约监督员，邀请代表、委员参加“评项目、访企业、解难题”和检察开放日等活动。

加强与监委、法院、公安机关的配合和制约，召开专题联席会议12场，开展职务犯罪案件庭审观摩活动13场；对法院判决无罪的案件，逐案自查分析，提升审查起诉质量；对公安机关提请复议复核的案件，依法重新审查。全年公开案件程序性信息15186件、重要案件信息10件、终结性法律文书2206份。与律协建立协作机制，定期召开联席会议。加强检媒互动，每季度公布检察机关主要办案数据，开展检察开放日、品牌展示会、新闻发布会等活动77场次。

【“福州古厝”检察保护教育基地揭牌】 2022年9月21日，“福州古厝”检察保护教育基地在仓山区烟台山历史风貌区池后弄33号“华庐楼”揭牌启用。基地占地面积190平方米，建筑面积537.9平方米，共3层。展陈内容分3个篇章，展示习近平总书记对文物和文化遗产保护的重要指示批示，习近平总书记在福建、福州工作期间推动文物和文化遗产保护方面的重要理念和重大实践；检察机关法定职责和“四大检察”（刑事检察、民事检察、行政检察、公益诉讼检察）职能介绍；“福州古厝”检察公益诉讼保护等纪事和典型案事例。

【行政公益诉讼圆桌会议办案机制入选十大法治事件】 2022年，中共福建省委全面依法治省委员会开展“2022年度福建省十大法治人物和十大法治事件”推荐评选活动，由福建省检察院、福州市检察院、长乐区检察院首创的行政公益诉讼圆桌会议办案机制入选“十大法治事件”。2017年，长乐区检察院在办理一起生态环境领域行政公益诉讼案件中采用“圆桌会议”形式，召集相关行政机关负责人、人大代表、政协委员、群众代表共商解决问题方案。市检察院在该案基础上总结诉前圆桌会议机制经验，并于2017年11月出台《关于行政公益诉讼前圆桌会议的实施意见（试行）》，明确圆桌会议机制的适用情形、启动方式、会议程序、跟进监督方式。2019年6月，省检察院在总结提升基础上制定出台《关于建立行政公益诉讼诉前圆桌会议机制的规定（试行）》，完善诉前圆桌会议机制制度，实现诉前程序和诉讼程序的无缝衔接，并向全省检察机关推广。

（黄兰英）

法 院

【概况】 2022年，福州市两级法院受理各类案件20.17万件，比上年增长0.42%；办结19.44万件，增长2.36%，其中市法院受理2.96万件，办结2.74万件。开展“两个确立”主题教育，落实意识形态工作责任制，“打造习近平法治思想学习宣传实践基地”入选最高人民法院组织评选的第二届新时代人民法院党建创新优秀案例。创新党建引领“339”评选机制，举办首届党建理论与司法实践融合论坛。推进司法人才和高层次审判人才培养，12名法官获评第三届福建省审判业务专家，市法院连续19年获全省法院学术讨论会“组织工作先进奖”。启动青年干警墩苗实践培养，调整、提任、交流基层法院领导班子成员45人。巩固政法队伍教育整顿成果，落实督察巡察反馈问题整改，督促整改问题110个，健全完善制度机制40项。年内，全市法院13个集体、25名个人受到省级以上表彰表扬，福清市法院获评全国优秀法院。

【刑事审判】 2022年，福州市两级法院审结刑事案件1.31万件。其中，审结故意杀人、故意伤害、绑架、强奸等严重刑事犯罪557件；落实常态化扫黑除恶“十件实事”，审结涉黑涉恶犯罪案件22件131人；审结贪污、贿赂等职务犯罪58件，其中原厅局级以上干部2人；审结养老诈骗案件36件145人，为当事人追赃挽损1974.59万元。闽侯县法院审结一件老年受害人占80%的非法吸收公众存款案，得到中央政法委推介。开展“断卡行动”，审结电信诈骗犯罪55件335人，涉案金额1.42亿元。依法从严惩处拐卖妇女儿童犯罪，健全反拐快速反应协同联动机制。办理减刑、假释案件4141件，“一趟就好”财产刑便民执行机制在全省推广。完善国家赔偿联动机制，审理国家赔偿案件690件。在全省首创涉讼困境未成年人救助机制，出台加强未成年人刑事法律援助工作意见。

【民商事审判】 2022年，福州市两级法院审结教育、住房、医疗等民生案件1.93万件。护航房地产涉稳风险化解处置，成立司法保障工作专班，出台“保交楼、稳民生”十项司法举措，审理房地产、建设工程等案件1.30万件。助推“停摆”近4年的“福清利嘉中心”项目复工续建，涉及1392户购房群众，标的超40亿元。成立“茉莉姐姐”家庭教育指导中心，审结婚姻家庭、继承等案件8348件。处理外卖配送员、网络主播等新就业形态纠纷，审结劳动争议案件3412件。审结涉军案件152件，军事法理研究课题获最高人民法院重大司法研究课题立项。

推出服务保障做大做优做强省会28条举措，审结商事案件8.02万件，标的1178.8亿元，市法院牵头的“保护中小投资者”“执行合同”营商环境评估指标入选全国、全省标杆。办理因新冠疫情引发的合同、劳动争议等案件，落实助企纾困司法举措。出台“预重整”“执破直通”工作指引，审结清算破产案件275件，盘活资产38.03亿元，其中福建实达集团重整案入选2022年度福建省十大法治事件。聚焦防范化解金融风险，快处金融纠纷1.98万件。与省证监局加强信息共享、案件协作，建立证券纠纷“示范判决+平行案件”审理机制。

【行政审判】 2022年，福州市两级法院审结行政诉讼案件2908件，办结行政非诉执行案件1114件。鼓楼区法院审结的全国首例中药饮片不合格行政处罚案入选《中国审判》年度十大典型案例。完善府院联席会议机制，推进“五位一体、以庭代训”常态化，行政机关负责人出庭应诉率创历史新高。巩固重点项目行政争议多元化解体系，保障福州新区滨海新城、闽江之心等70多个省市重点项目建设。创新行政诉讼与行政复议衔接模式，全省首创“行政审判+行政检察”配合机制。

【涉外及涉台港澳审判】 2022年，福州市两级法院审结涉外及涉台港澳案件1338件，司法互助案件958件。支持海丝中央法务区福州片区建设，诉讼服务窗口、涉外涉港澳台商事纠纷调解室等全面入驻。市法院审结的申请认可和执行香港特别行政区高等法院民事判决案获评“人民法院涉港澳司法合作优秀成果”。服务自贸试验区建设，市法院审结的建设工程施工合同纠纷入选“人民法院服务保障自由贸易试验区建设典型案例”，市法院“涉自贸试验区民商事纠纷诉调仲执一体化机制”、马尾区法院“破产企业司法行政协同改革”入选“福建自贸试验区第19批创新举措”，系全国首创。探索榕台融合发展新路，发挥台胞权益保障法官工作室、涉台审判智库作用。

【知识产权案件审判】 2022年，福州市两级法院审结知识产权案件3162件，助力福州入选首批“国家知识产权强市建设示范城市”，市政府专门通报表扬。技术密集型重点企业知识产权保护相关措施入选《中国法院知识产权司法保护状况》。审理全国新能源锂电池专利诉讼第一案宁德时代公司与塔菲尔公司侵害实用新型专利权纠纷。全面推进知识产权“三合一”审判机制改革，调整优化案件管辖布局，开展种业种源保护田野调查。发挥福州知识产权法庭龙头作用，与市知识产权局等五部门共建知识产权协同保护中心。

【生态案件审判】 2022年，福州市两级法院审结环境资源案件233件，环境公益诉讼案件46件。王某章等非法采砂案入选最高人民法院依法惩处盗采矿产资源犯罪十大典型案例。构建“生态司法+碳汇补偿”市场融入机制，连江县法院宣判全国首例适用海洋碳汇修复生态案件。创建生物多样性保护司法品牌，开展“海丝蓝屏”保护行动，探索“生态+保险”机制写入《中国生物多样性司法保护》报告。完善古厝保护巡回审判机制，深化“审判引领+文化保护+自然保护”3.0版。

2022年5月17日，福州市法院召开全市法院清理长期未结久押不决案件工作推进会 （市法院 供图）

【案件执行】 2022年，福州市两级法院开展执行工作“两调研三行动”，执结案件6.51万件，执行到位金额245.59亿元。开展“春雷”“暖冬”等专项执行行动，解决涉福建医科大学超1.4万平方米教学楼腾退等“钉子案”“骨头案”。推进执行案件“繁简分流”，执结率比上年提高9.98%。加快执行案款发放流程改革，发放平均用时缩短15天。深化执行监督，优化执行督导、一案双查，执行异议、复议案件从执行局全面剥离。推进执行创新，探索涉执信访“件件有回复”制度。

【司法便民措施】 2022年，福州市两级法院巩固“三一”立案工作机制成果，组织专项推进会和“回头看”。推动人民法院调解平台进乡村、进社区、进网格，全市建立专业化类型化调解平台45个，聘请特邀调解组织279个，特邀调解员1397人，通过多元调解、司法确认、小额诉讼等方式结案5.09万件。罗源县法院探索“无讼畲乡”诉源治理新模式。年内，全市38个人民法庭调解、审结案件3.16万件。

【司法改革】 2022年，福州市两级法院法官人均办案299.2件，法定审限内结案率100%，一审、二审后服判息诉的案件占比97.67%。推进司法人员分类管理，首次面向基层开展员额法官逐级遴选。深化以审判为中心的刑事诉讼制度改革，推进认罪认罚从宽制度实施，实现刑事案件律师辩护全覆盖。深化法院审级职能定位改革试点工作，加强审判监督，推动司法资源与审判负荷科学匹配。全面实行人身损害赔偿“同命同价”，解决城乡赔偿差异。年内，全市1516名人民陪审员参审案件7004件。

【智慧法院建设】 2022年，福州市两级法院加快电子诉讼服务体系建设，市法院通过“云法院智慧庭审系统”实现境内外五地连线，开庭审理一起跨国跨省、涉外涉侨民间借贷纠纷，案例写入最高人民法院专项工作报告。优化破产审判智能辅助系统，简易破产案件平均审理周期缩短16天。仓山区法院打造“e仓法”立审执一体化平台，亮相第五届数字中国建设峰会。协同推进省级政法跨部门大数据办案平台建设，形成侦、诉、审全流程办理闭环。全年网上立案3.23万件，看守所远程庭审系统实现全覆盖。

【审判管理监督】 2022年，福州市两级法院建立办案岗位目标责任制，梯次量化任务、动态跟踪调整，结案率为近5年最高。推出“四类案件”监管28条措施。开展长期未结案件专项清理行动，一年以上未结案件比上年下降70.48%。针对发改、指令再审、涉诉信访等案件开展重点评查。

【司法公开】 2022年，福州市两级法院配合市人大常委会完成首次法官履职评议工作，全年办结代表建议62件，建议办理情况满意率100%。办理政协委员提案36件。支持派驻纪检监察组开展工作。接受检察机关法律监督，改判抗诉案件7件。推动与律师行业互动，律师在线平台为律师提供在线立案服务8414件，案件排期避让提醒1.66万次。完善审判流程信息公开，直播庭审9350场，裁判文书上网3.71万篇。挖掘司法案例资源，与福州电视台共同推出《榕法时空》栏目，开展“法律七进”活动等382场，两部作品获“金法槌奖”两微展播全国二等奖。

【“茉莉姐姐”家庭教育指导中心成立】 2022年7月，福州市法院与市妇联联合揭牌成立福州市“茉莉姐姐”家事辅导调解中心暨家庭教育指导中心，通过政府购买社会服务方式引进由心理、家庭教育、法律、社会工作等11名专业人士组成的项目实施团队，配合法院开展家庭教育指导、家事案件观察等工作。市法院与市妇联联合签署发布《关于涉未成年人案件开展家庭教育指导工作的实施意见》，对开展家庭教育指导的适用范围、案件类型、指导程序、指导内容、指导形式、隐私保护、保障机制等作出规定。揭牌仪式后，中心工作人员根据市法院发出的首份家庭教育指导令，对争夺抚养权的案件当事人进行家庭教育指导。

【实达集团重整案入选十大法治事件】 2022年，中共福建省委全面依法治省委员会开展“2022年度福建省十大法治人物和十大法治事件”推荐评选活动，福州市法院审理执结的福建实达集团股份有限公司重整案入选十大法治事件。实达集团前身为福建实达电脑集团股份有限公司，1996年成为全国首家在A股上市的 IT 企业。2021 年 3 月经债权人申请，市法院同意实达集团启动预重整工作；11 月 26 日，经最高人民法院批准，市法院裁定受理该案；12 月 27 日该案重整计划批准通过，重整程序终止；12 月 31 日重整计划执行完毕。实达重整案成为全国审理时间最短、审理速度最快、执行效率最高的上市公司重整案之一。

（黄美秀）

司法行政

【概况】 2022 年，福州市有司法所 173 家，司法所工作人员 1362 人；公证机构 16 家，执业公证员 115 人，公证员助理 129 人；律师事务所 362 家，执业律师 5940 人；法律援助中心 13 家，法律援助工作人员 64 人；司法鉴定机构 43 家，司法鉴定人 487 人；基层法律服务所 11 家，基层法律服务工作者 61 人。全市司法行政系统有 7 个集体、2 名个人获得省部级表彰，15 个集体、22 名个人获得厅局级表彰；福州市获评第二批“全国法治政府建设示范市”，获市委、市政府主要领导批示肯定。市法律援助中心被人社部、全国总工会等四部门表彰为“全国百家金牌劳动人事争议调解组织”。

【公共法律服务】 2022 年，福州市公共法律服务热线平台开通 7×24 小时律师咨询服务，实现“12348”热线平台与公安“110”报警服务台、“12345”便民服务平台对接，提升公共法律服务的知晓率、首选率和满意率。全年“12348”公共法律服务热线平台接听群众来电 62074 人次，其中包括接听“12345”热线转接 283 人次，接听“110”转接法律咨询 57 人次，接听 8 小时外法律咨询 17550 人次，工单录入 40552 条；群众满意率 98.49%。网络平台解答实时在线咨询 4869 条，处理留言 282 条；办理“12345”平台诉求件 840 件。全市公共法律服务中心接待群众 14158 人次，解答法律咨询 15120 件；公共法律服务工作站接待群众 19835 人次，解答法律咨询 20553 件。

【人民调解】 2022 年，福州市健全矛盾纠纷多元化解机制，实施全市基层司法行政工作十大专项提升行动。推进星级司法所培育，完成 65 个星级司法所复核，其中仓山区建新司法所被评为五星级司法所，马尾区马尾司法所被评为全省司法所建设标杆。推动建立人民调解员岗位责任和绩效评价制度，加强行业性、专业性人民调解组织建设，培树医患、海外、海上、园区、楼宇等“系列枫桥”调解品牌，成立行政调解组织 187 个，实现全市 16 个省级以上工业园区（开发区）“园区枫桥”人民调解组织全覆盖。全市建立“两代表一委员”调解工作室 79 个，个人调解室 109 个，省、市、县级金牌调解工作室分别有 2 个、12 个、39 个。全市各级调解组织调解案件 37798 件，调解成功 37754 件，调解成功率 99.88%。

【社区矫正】 2022 年，福州市执行“零报告”和重大事项报告制度。市司法局开展社区矫正法宣传月活动，推进“智慧矫正中心”建设，开展“减、假、暂”专项排查整治工作，全面摸排 2021 年在册的假释、暂予监外执行社区矫正对象及减刑案件；配合省、市两级检察机关，开展社区矫正交叉巡回检察工作。全年全市接收社矫对象 3638 人，解除 3920 人，在册 4465 人。

【安置帮教】 2022 年，福州市司法局开展刑满释放人员滚动排查活动，排查走访刑满释放人员 23622 人次，对排查出的重点人员逐一研判、分类帮教。全市新增刑满释放人员 5884 人（其中包括解除社区矫正 2700 人，监所释放 3184 人，无缝衔接 3060 人），无缝衔接率 96.11%。开展刑满释放人员救助帮扶，促进刑满释放人员就业 1131 人，协助落实低保 17 人，协助申请临时性救济 65 人，联合市妇联为两类特殊人员开展心理健康筛查 2252 人。

【医患纠纷调解处置】 2022 年，福州市接访医患纠纷投诉 334 件，立案 282 件，结案 276 件，结案率 91%。赴现场应急处置重大医患纠纷 87 件（140 场次），经司法确认 48 件。

【普法宣传】 2022 年，福州市组织开展民法典宣传月活动，承办福建省 2022 年“民法典进乡村·蒲公英在行动”主场活动，开展“乡村法律明白人万人大培训”，超 200 万人次在线收听收看。落实“谁执法谁普法”责任制，广播直播互动访谈栏目《我执法我普法》播出 19 期，观看超 480 万次。深化闽都法治文化创建，依托“一县

2022 年 5 月 28 日，福州市司法局在琴亭湖公园开展“美好生活·民法典相伴”2022 年福州市民法典主题宣传活动 （市司法局 供图）

（市）区一特色品牌”示范点创建，打造普法品牌集群效应。成立福州市司法局机关“蒲公英”普法志愿者大队，成员29人；成立“蒲公英”普法志愿者公共法律服务大队，成员115人。推进基层民主法治建设，加强“民主法治村（社区）”动态管理，推进农村“法律明白人”培养工作。

【律师工作】 2022年，福州市有律师事务所362家，执业律师5940人，为749家党政机关、6135家企事业单位提供法律顾问服务，代理案件12.4万件，收费20.4亿元。市司法局探索、推动律师参与公益法律服务，加强公益法律服务团建设，常态化开展民营企业“法治体检”活动，服务保障新冠疫情防控。鼓励、引导律师入驻福州法务区服务中心。推进村（社区）法律顾问示范点建设，组织律师等法律服务工作者挂钩2667个村（社区）担任法律顾问。参加各级公检法机关、信访单位的信访接待和涉法涉诉信访值班，并依托律师调解中心、律师调解工作室开展矛盾纠纷调解工作。

【公证工作】 2022年，福州市公证机构办理各类公证事项14.1万件。公证“一趟不用跑”事项比例从原有的31项扩大至43项，占比从62%提高至86%。依托市政务数据汇聚平台，在全省公证行业首创公证政务数据共享互查机制，福清、闽江、玉融公证处先后成为司法部公布的海外远程视频公证试点公证机构。市公证处与市不动产登记和交易中心共同推出“持公证书房产继承登记一件事”联办业务。推进“智慧公证”建设，“e公证”平台对接“e福州”App，完善远程视频“云公证”技术，为涉侨公证业务开设绿色通道，提供“点对点”“一对一”的上门服务及涉侨公证“普件速办”“急件特办”的优先办理服务，打造公证惠侨品牌。

【法律援助】 2022年，福州市法律援助中心解答群众法律咨询19468人次，办理各类援助案件16998件，为受援人免收法律服务费用7317万元，挽回经济损失9794万元。继续开展“法援惠民生”品牌活动，完善法律援助申请全域通办和异地协作机制，开展法律援助宣传，推广“一张码”申请服务，实现法律援助线上申请全覆盖。深化“法律援助+劳动仲裁调裁一站式”维权模式，降低劳动主体纠纷解决成本、防范企业用工风险、维护农民工等弱势群体合法权益，市劳动人事争议仲裁院、市法律援助中心劳动人事争议联合调解中心被人社部、全国总工会等4个部门授予“全国百家金牌劳动人事争议调解组织”称号。

【司法鉴定】 2022年，福州市43家司法鉴定机构办理司法鉴定业务3.4万件，司法鉴定业务收入6458.9万元。依托法务区平台，邀请行业内外专家举办18期“宋慈讲堂”活动，吸引全省各地市司法鉴定人员5000余人次参加。

【法律职业资格考试】 2022年，福州市司法局完成2022年国家统一法律职业资格考试福州考区考务工作。福州考区5651人报名参加法考，客观题考试成绩合格1829人。

【“新时代福州‘148’品牌”三年行动启动】 2022年2月17日，福州市司法局召开“不忘初心　牢记嘱托　打造新时代福州‘148’品牌”三年行动启动推进年动员部署视频会，部署实施新时代福州公共法律服务“3+3+3”工程（推出3项举措、创新3套模式、打造3项服务）。年内，全市司法系统打造马尾区“司法三原色工作法”和红蟳公社公共法律服务驿站、长乐区“148+乐和解”多元化化解矛盾纠纷平台、晋安区公共法律服务五星级司法所等工作品牌。

【海丝中央法务区福州片区入驻工作】 2022年，福州市司法局指导法律服务机构入驻海丝中央法务区福州片区，参与线上线下法律服务平台建设，入驻律师服务窗口11个（含中国香港、中国台湾2家）、鉴定机构7家，314家律所、17家鉴定机构入驻法务区线上平台，成立律师窗口9个、“名（律）师工作室”8个，助力打造一站式“法务超市”。

（陈　玢）

仲　裁

【概况】 2022年，福州仲裁委员会受理仲裁案件2713件，比上年增长60.8%，受理总标的额82亿元；审结案件2038件，增长25.9%。通过“智慧仲裁”系统指定仲裁员，全年369名仲裁员参与案件审理，仲裁员参审率72.21%。开展《仲裁案例选编（第三辑）》及2021年十大经典仲裁案例横向课题研究，邀请仲裁员代表参与筛选、研讨、编写工作，遴选出具有代表性的精品案例。

表18　**2022年福州仲裁委员会受理数量排名前十位的案件类型一览表**

单位：件

序号	案件类型	数量
1	银行卡纠纷	600
2	借款合同纠纷	435
3	买卖合同纠纷	386
4	服务合同纠纷	254

续表 18

序号	案件类型	数量
5	租赁合同纠纷	177
6	建设工程合同纠纷	166
7	追偿权纠纷	75
8	财产保险合同纠纷	65
9	房屋买卖合同纠纷	43
10	典当纠纷	28

表 19　**2022 年福州仲裁委员会涉案标的排名前十位的案件类型一览表**

单位：万元

序号	案件类型	标的额
1	借款合同纠纷	413675.19
2	建设工程合同纠纷	84698.27
3	买卖合同纠纷	76949.92
4	租赁合同纠纷	36564.66
5	建设用地使用合同纠纷	35154.34
6	确认合同效力纠纷	28640.75
7	银行卡纠纷	23317.63
8	股权转让纠纷	10253.22
9	房屋买卖合同纠纷	4986.91
10	海域使用权纠纷	4898.58

【仲裁、调解协调机制建设】 2022 年，福州仲裁委员会升级“智慧仲裁”办案系统，引导当事人采取在线立案、在线庭审、在线调解的方式推进案件进度。审理因新冠疫情影响正常履行的建设工程施工合同、租赁合同、买卖合同等民商事纠纷。全年借助互联网仲裁服务平台进行在线预立案 37 件，线上庭审 135 次，线上合议 15 场次，参加 323 人次，结案 106 件。其中，通过线上方式促成双方调解 60 件，调解率 57%。

【仲裁、诉讼衔接机制建设】 2022 年，福州仲裁委员会处理诉调案件 984 件，调解成功 197 件，标的额 11696 万元。福州仲裁委与福州自贸区管委会、福州中院共同建立涉自贸区民商事纠纷诉调仲执一体化机制，作为全国首创项目，入选福建自贸试验区第 19 批创新举措。

【仲裁文书集约送达】 2022 年，福州仲裁委员会在调研福建省高院、鼓楼区法院集约送达有关工作的基础上，首创省内商事仲裁机构文书集约送达新模式。出台《关于进一步完善仲裁“一站式”集约送达流程的通知》等配套制度，规范集约送达流程。自 2022 年 4 月实行文书集约送达后，通过邮政专递送达文书 8757 件，解决仲裁文书送达工作量大、送达难等问题，压缩仲裁送达时限。

（王宇海）

（编辑 黄 铭）

军事

征兵工作

【概况】 2022年，福州市征兵工作围绕“三保一降”（保质、保量、保廉，降低退兵率）和“五率”（报名率、上站率、合格率、贡献率、退兵率）考评目标要求，以兵员质量为核心，以大学毕业生征集为重点，制定指导比例，推进征兵工作。市委召开常委会会议研究推进征兵工作；福州警备区审定年度征兵工作方案，组织征兵工作推进会议、体检站规范设置、新兵欢送仪式等活动。年内，福州市征兵“五率”排名位居全省第一。

【征兵宣传】 2022年全国征兵报名启动后，福州警备区修订完善方案，联合军地双方，推进宣传发动、应征报名、大学毕业生预征等工作。市征兵办提请筹划征兵准备工作，适时调整征兵宣传策略，采用传统“面对面”与线上“键对键”宣传相结合。8月，结合高校毕业生大型招聘会开展征兵宣传活动。下发征兵宣传方案，突出各级各类毕业生征集，深入高校、村居发动，每天跟踪报名情况，每周交班通报讲评。利用节日慰问、送喜报等时机，在主要街道社区开设征兵宣传长廊。福州市级开展130余场次征兵宣传进校园活动，县乡两级开展征兵宣传活动400余场，撰写90余篇新闻稿投送“福建征兵”等微信公众号。

【廉洁征兵】 2022年，福州警备区组织征兵工作人员开展廉洁征兵专题教育，层层签订廉洁征兵责任书，发挥廉洁征兵监督员作用，对关键时节、重要地区、重点对象进行随机抽查，全面落实廉洁征兵。

（吴菊香）

民兵工作

【概况】 2022年，福州市落实实战牵引、创新驱动，制订出台《福州市“十四五”民兵建设发展计划》。加强民兵思想政治教育、优化民兵整组结构，聚焦民兵实战化训练，推进民兵工作转型发展。

【民兵政治教育】 2022年，福州警备区聚焦“忠诚维护核心，矢志奋斗强军”深化主题教育，组织学习党的二十大精神，开展民兵政治教员授课比赛活动。利用微博、“东南前哨”、“中国民兵”等平台，加强和改进民兵思想政治建设。区分不同类型民兵分队，采取常态编建、预设预建等方式，推进民兵党组织建设。结合融入渗透，在遂行抢险救灾、疫情防控、维稳处突和实兵演训等重大任务中落实思想政治工作。

【民兵组织整顿】 2022年，福州警备区组织传达学习军委国防动员部民兵建设“十四五”规划任务部署会精神，联合市政府出台《福州市“十四五”民兵建设发展计划》，调整“十四五”民兵工作领导小组和办公室成员。军地联合召开民兵组织整顿工作任务部署会，分析民兵建设现状，制定贯彻落实措施，从潜力调查、任务牵引、人员调配等关键环节，推进民兵组织体系重塑、结构重组和模式重建，组织开展新域新质试点工作，经验做法在全省推广。6月，迎接全省民兵整组现地检查考评，总成绩位居全省前列。

【民兵训练】 2022年，福州警备区采取“集中组训、以评促训”方法，组织全市民兵“四会”教练员评比竞赛；采取“大专业、小集中，小专业、大集中”方式，组织全市部分重点专业教练员和专业骨干集训；组织全市民兵干部集训，选送民兵干部参加全省民兵干部指挥法集训，获总评第二名；加强民兵分队训练，突出交叉联训、挂钩联训、依案练兵。组织参加年度大项活动演练，组织多类专业集训。

【后勤保障建设】 2022年，福州警

备区完成作战室值班室信息化建设、民兵库室规范化建设、民兵哨所建设改造等大项任务建设。突出关键环节保障，3月、10月福州发生新冠疫情后，协调组织召开专题会议，滚动编印下发《防控知识手册》，加大口罩、药品等物资储备力度。提升服务保障，落实文职人员待遇政策；完成军官和军士、社招文职人员和新兵被装发放；落实车辆管理制度，制订新兵运输方案。加强老干部服务保障，开展“用心用情，精准服务”主题实践活动，举办“歌颂新成就，喜迎二十大”军地老干部书画笔会。开展医护人员岗位练兵，推进福州第四、第七干休所综合整治工程建设。

（吴菊香）

国防动员

【概况】 2022年，福州警备区对接市、县两级公安局，完善军警民联防机制；联合开展国防工程普查检查；协调地方政府和重点企业，推动重大工程贯彻国防需求；协调有关单位为入榕部队演练提供支援保障；与地方大型物流、仓储、工程制造企业签订战略协作协议，共享共用辖区资源；统筹推进人防指挥所和民兵训练基地建设。

【国防教育宣传】 2022年，福州市将国防教育纳入市、县、乡三级领导班子理论学习中心组学习内容，纳入学校教育、普法宣传、应急救援等重点领域。福州格致中学等12所学校被认定为中小学国防教育示范学校；市人防办投入专项经费，制作“防空与防灾”专题教育宣传片。军地联合举办评选和宣传“最美人物”活动，组织参观福州市“3820”战略工程展览馆；以“喜迎二十大”为主题，举办“老兵永远跟党走”系列活动；组织“老兵宣讲团”，结合“开学第一课”，开展“智信娃 爱国防”系列宣讲活动；策划“强国复兴有我 小人书里故事多”系列活动；组建“民兵＋志愿者”宣传小分队，深入社区开展国防教育宣传。全市54处革命历史类纪念设施、遗址和爱国主义教育基地建立工作台账。开展各级爱国主义教育基地、烈士陵园、国防教育基地宣传教育活动系列报道，福州市选送《爱我人民爱我军 双拥“九连冠”筑起军民团结“新长城”》等稿件、作品在“学习强国”全民国防教育平台刊播。福州市选送代表队获全省“我爱国防”演讲比赛第一名，福州市被福建省全民国防教育办公室授予优秀组织奖。

【国防演练】 2022年，福州警备区改进战备值班运行模式，制定下发考评细则，组织集中学习培训，以“查拉督改”促进值班秩序规范；组织机关人武部国防动员方案集中会审，对照省军区最新改革方案，部署展开新域新质力量运用、跨军地协调联动等作战问题研究，统筹军地社会资源，研究民兵战建备一体工作。采取“小专业警备区组训、大专业人武部分训、单一专业牵头单位组训”方式，突出交叉联训，实现不同受训对象、不同训练内容与训练方法有机结合。按照作战编成、动员需求和实景化训练要求，动用民兵分队与军兵种挂钩部队进行联训联演。制订年度实施计划，采取上导下演方式，组织20余个重点课题训练，突出依案练兵。采取成建制、跨市域方式，开展实战化演练，参加战区指挥演练。

（吴菊香）

双拥共建

【概况】 2022年，福州市退役军人事务局与市委宣传部、市委文明办、市委市直机关工委、市教育局、市双拥办、福州警备区政治工作处等部门联合制订并印发福州市军民共建精神文明活动实施方案，开展军民新时代“三共”活动，争创全国文明典范城市。年内，福州市及10个县（市）区获评第七届省级双拥模范城（县），4家单位、8名个人分获省爱国拥军模范单位、省爱国拥军模范称号；由教育部、中央军委政治工作部、全国双拥工作领导小组援建的教育扶贫项目福州永泰葛岭中学获评全国“八一爱民学校”，福州市铜盘中心小学入选全国军民共建单位活动场所设施建设试点单位。

【拥政爱民】 2022年，驻榕部队支援地方重点建设，军地实现跨省合署联合办公，确保地铁6号线提前试车通电及通车，保障福州机场二期、316国道、福厦高铁、工业北路延伸段、中国电信云生态大会等全市重点项目和重大活动实施。驻榕部队出资支持乡村振兴项目建设，帮助改善学校教学环境，开展资助贫困学生就学、便民义诊等活动。出动官兵、文职人员及民兵执行防抗台风、山林灭火、抢险救灾、新冠疫情防控等任务。年内，东部战区驻榕机构配合保障央视综合频道特别节目《江河奔腾看中国——福州》拍摄播出，节目被央视《新闻联播》报道。

【拥军优属】 2022年，福州市落实市委议军会、军政座谈会、军地协调会、双拥工作领导小组会等制度，召开各类军地会议120余场，结合春节、八一走访慰问驻榕部队领导机关及基层单位400余场次，帮助驻榕部队解决军地土地资源整合、部队建设征地、营区水电设施改造、高压线迁改、训练场地建设等重点项目建设。全市实施各类拥军项目23个，投入资金6129.2万元；开展走访慰问副兵团职以上老干部和遗属、住院伤病员等活动。通过“军人关爱基金”为困难现役军人家庭提供救助，发放救助金98.5万元。开展“关爱子女心连心 军地共谱双拥情”、八一慰问军人家庭等活动，“福盈中秋，双拥寄团圆”等活动被东部战区微信公众号、《人民前线》关注报道。

【双拥文化宣传】 2022 年，福州市军地联合升级改造福州党管武装工作展览馆，建设福州市双拥示范街及双拥地标 12 个，在全市打造双拥工作“一县一区一品牌”。开展福州市第八届“双拥杯”暨第五届“读吧！福州”征文大赛等特色双拥文化活动，相关报道被央视频移动网、新华社现场云等媒体转发。征集军事文物史料线索 83 件，支持和推动福建革命军事馆建设。推进“情系边海防”项目建设，在结对的西藏戍边部队营区启动援建全国海拔最高的双拥图书馆——福州双拥图书馆。

【“党建＋双拥”联盟成立】 2022 年，福州市委市直机关工委、市退役军人事务局（市双拥办）和福州警备区政治工作处牵头，邀请首批 26 家市直机关、企事业单位和相关社团党组织参与，在全国率先成立“党建＋双拥”联盟，通过“党建＋教育”“党建＋项目”“党建＋边海防”“党建＋人才”“党建＋关爱”等 5 个军地双拥结对共建试点项目，构建覆盖市直单位及国有企业的创新双拥一体化工作体系。年内，联盟启动实施项目 18 个、建设示范点 3 个。

（陈维桦）

2022 年，福州市建设双拥示范街及双拥地标 12 个。图为“双拥示范街”晋安区长乐中路

（市双拥办 供图）

人民防空

【概况】 2022 年，福州市开展“人防宣传月”活动。推进市本级人防基本指挥所和第二代人防机动指挥平台建设，开展重要经济目标防护和消除空袭后果等演练，启动党政机关人防疏散基地建设。福州市人民防空办公室（简称福州市人防办）组织开展人防领域安全隐患大排查大整治行动，组织全市防空地下室工程维护管理质量评估，开展市本级所有早期人防工程标识牌制作安装工作。

【人防工程建设与管理】 2022 年，福州市人防办在全省首创“审批＋质监”合并办理模式；打通网上缴纳人防易地建设费渠道，实现“非接触式”网上缴费方式；开展“不见面”审批服务，电子证照生成率 100%，压缩审批服务时限，人防工程竣工验收备案时限由 2 个工作日缩减为 1 个工作日。全年办理人防结建审批 85 项，易地审批 17 项，质量监督手续办理 79 项，所有事项均在承诺时限内完成。5—10 月，开展防空地下室工程维护管理质量评估工作。开展市本级所有早期人防工程标识牌制作安装工作，引导周边居民保护和使用早期人防工程。开展《福州市人民防空工程建设专项规划（2021—2035）》编制工作。开展安全隐患大排查大整治行动与房屋结构安全隐患排查整治“回头看”行动，组织开展安全检查 202 次，发出整改通知书 146 份，整改完成率 100%。7 月起，对人防领域符合条件的小微企业和个体工商户免收 3 个月租金，共减免租金 96.57 万元。

【人防指挥通信建设】 2022 年，福州市人防办完善人防指挥场所信息化建设，推进市本级人防基本指挥所和第二代人防机动指挥平台建设。组织在长乐区开展重要经济目标防护演练，在闽侯县、闽清县开展人防专业队人装结合点验训练，其他县（市）区均开展城市人口紧急疏散掩蔽训练，全市 6000 多人次参训。依托福州古厝集团的海峡非物质文化遗产生态园，启动党政机关人防疏散基地建设。4 月 21 日，市人防办组织全市防空警报试鸣活动，并结合基层社区的防空袭掩蔽、疏散活动，开展防空警报试鸣效果回访和补盲工作。组织开展警报器安全隐患整改专项行动，对全市所有存在问题的警报支架和安装位置予以更换和调整。

【人防宣传教育】 2022 年，福州市结合“4•21”防空警报试鸣活动，首次将 4 月作为“人防宣传月”，运用“线上＋线下”模式，在电视、报纸发布防空警报试鸣通告，在中心城区户外大屏滚动播放人防宣传电子海报，在公交视频、地铁视频播放《防空与防灾》5 集系列宣传片和人防科普知识，在全市 3700 辆公交车和 2900 辆出租车 LED 屏幕上滚动播放人防宣传字幕，向全市人民发送 300 万条人防宣传短信。市人防办编印《防空与防灾——中小学读本》2 万本，免费向全市相关初级中学发放。加强人防网站建设和政务微博系统管理，各类报刊、人防杂志和网络刊登人防报道 54 篇，更新人防网站工作动态 312 条、图片 665 张，发布微博 2218 条。

（王　锋）

退役军人事务

【概况】 2022年，福州市开展退役军人优待证发放工作，成立市军休老年大学、市退役军人关爱协会、市退役军人教育学院，启动全省示范项目市光荣院新院建设，启用福州革命英烈事迹陈列馆。号召退役军人参与新冠疫情防控，参与消毒消杀、运送物资等志愿服务；对接部队，帮助解决部队需求，供应各类抗疫、防疫物资。首创“双拥+退役军人”工作法，入选退役军人事务部“全国十大示范工作法”，并在全国推广。

【退役军人服务保障体系】 2022年，福州市有市级退役军人服务中心1个、县级退役军人服务中心13个、乡镇（街道）退役军人服务站175个、村（社区）退役军人服务站2725个，其中全国示范型服务中心（站）244个、全省“五有”先进单位36个、全省百家红色服务站14个。福清市、闽侯县、罗源县等地成立3处高速公路军人驿站、军人服务点。福州市在全省率先推出退役军人事务员专项补助政策，给予村（社区）服务站每站每年2400元补助。春节期间，通过“邮政+”服务模式，在全省率先开展上门送慰问信活动。

【退役军人移交安置】 2022年，福州市推进退役军人移交安置工作改革创新，按“全公开、全透明、全程监督”的“阳光安置”办法，完成计划安置军转干部安置任务。完成符合政府安排工作条件的退役士兵接收和自主就业退役士兵返乡服务保障。市退役军人事务局与市财政局制订《核拨2022年度退役士兵补助费方案》，发放退役士兵自主就业地方经济补助金、自谋职业一次性补助金、待安置期间生活补助费。开展2021年度计划安置军转干部岗前培训和第五批军转干部进高校培训工作。依托退役军人事务部培训中心平台，组织开展2022年度自主就业退役士兵适应性培训。

【退役军人就业创业】 2022年，福州市为退役军人、军人军属举办线上线下招聘会29场，参与企业1031家。市退役军人事务局与闽江学院合作，成立福州市退役军人教育学院，在退役军人适应性培训、职业技能培训、专业专项培训及学历教育等方面提供全方位服务，深化教育培训与就业创业衔接配套模式，加强岗位推介。

【优抚褒扬纪念】 2022年，福州市及时足额发放优抚对象抚恤、定期生活补助，完成全市享受抚恤和定期生活补助优抚对象临时价格补贴工作，完成企业军转干部生活困难补贴工作。开展退役军人优待证发放，通过“军人关爱基金”为困难退役军人家庭提供救助。成立福州市退役军人关爱协会。组织开展“9•30”公祭、“清明祭英烈”大型纪念活动。开展烈士纪念设施专项整修工程验收，在褒扬纪念信息管理系统完成7个保护单位、1022处烈士纪念设施数据校核。启动全省示范项目福州市光荣院新院建设，启用福州革命英烈事迹陈列馆。

【退役军人表彰与宣传】 2022年，福州市举办第三届“最美退役军人”评选表彰活动，10人获评第三届福州市“最美退役军人”，发布仪式网络直播观看量530万人次。福州市“最美退役军人”吕云娥入选“福州30年30人30事”典型宣传。承办全国老兵巡回宣讲团主题巡回宣讲报告会，发挥优秀退役军人群体的示范教育作用。

【军休服务管理】 2022年，福州市靠前服务部队及军休干部，完成三年集中移交任务。投入1766万元，新建市华林军休所军休干部活动中心（二期）、市象山军休所军休干部活动中心。推进军休老旧小区改造，完成洪山军休所、马鞍军休所小区改造及铜盘军休所、华林军休所、白龙军休所电梯加装。挂牌成立福州市军休老年大学，设校本部及3个分教学点，开设楷书、国画、舞蹈、手机摄影等14项课程。建设省内首个“智慧军休”平台，为军休干部提供学习福、快乐福、便捷福、健康福、平安福“五福”智能化服务，年内项目进行试运行。组织军休老干部讲党史、革命史，举办“喜迎二十大•奋进新征程”主题书画摄影展、文艺会演，编辑出版《军休干部书画摄影作品》。

（陈维桦）

（编辑 黄 铭）

外事 侨务 台港澳事务

外事

【概况】 2022年，福州市人民政府外事办公室（简称市外事办）审核审批因公出国3批12人次，为非公有制企业办理APEC商务旅行卡151批212人次，办理外国人来华邀请函88份196人次。

【驻华使领馆官员团组访榕】 2022年，福州市先后接待30个国家的驻华使领馆官员12批77人次到访，推动福州市与印度尼西亚、乌拉圭、法国等国家的经贸、人文领域交流。

表20 **2022年福州市接待驻华使领馆官员团组情况一览表**

日期	团组	人数	活动情况
1月11日	以印度尼西亚驻华大使周浩黎为团长的部分国家驻华使领馆代表团	11人	出席首届中国—东盟网红大会
1月17—19日	乌拉圭驻华大使费尔南多·卢格里斯一行	6人	拜会市领导，参观福建自贸区福州片区综合服务大厅、福州规划馆、三坊七巷历史文化街区、鼓岭旅游度假区、海峡水产品交易中心等地，考察部分福州企业
5月23日	法国驻广州总领事福希玮一行	2人	拜会市长吴贤德、副市长黄建雄，参观桂湖美术馆、烟台山历史风貌区
6月1日	日本驻广州总领事龟井启次一行	5人	拜会副市长黄建雄，参观烟台山历史风貌区
6月6日	韩国驻广州总领事韩在爀一行	5人	拜会副市长黄建雄，参观三坊七巷历史文化街区、仓山区金鹰学校
6月23日	印度尼西亚驻广州总领事斌德加一行	6人	拜会福州市外办
6月29—30日	以南非驻华大使馆全权公使巴仕迪为团长的金砖国家驻华使领馆代表团一行	7人	出席金砖国家可持续发展高层论坛相关活动
7月7日	俄罗斯驻广州总领事切尔诺乌索夫·亚历山大一行	3人	拜会副市长林治良，参观俄罗斯领馆旧址、三坊七巷历史文化街区、春伦集团
7月22日	以所罗门群岛驻华大使约翰·傅桂为首的太平洋岛国驻华使节团一行	10人	参观烟台山历史风貌区、网龙公司
7月22—23日	以约旦驻华大使胡萨姆·侯赛尼为团长的15国驻华使节团一行	15人	出席第五届数字中国建设峰会，参观中国电子科技集团展台，参加“有福之州·对话未来”论坛。福建省委副书记、政法委书记罗东川会见客人，省人大常委会副主任严可仕、副市长林治良陪同参加论坛
8月9日	阿根廷驻华大使牛望道、驻广州总领事龚恩泽一行	4人	拜会市长吴贤德，考察部分福州企业
9月27—29日	美国驻广州总领事耿欣一行	3人	拜会福州市外办，参观三坊七巷历史文化街区、烟台山历史风貌区、福州规划馆，考察福耀集团、博能特公司

【国际经贸文化交流】　2022年，福州市组织、参加各类国际经贸文化交流活动，促进与美国等国家在青少年教育领域等方面的交流。

3月1日，福州市首家海外挂牌闽菜馆“夏威夷一品锅”在美国檀香山市开业。夏威夷州副州长格林偕夫人、檀香山市市长布拉吉亚迪、夏威夷原住民委员会主席阿基纳偕夫人、夏威夷经济发展委员会主任昆兰等官员，及当地侨界、商界代表出席仪式。夏威夷州众议院、檀香山市议会分别向“夏威夷一品锅”授予荣誉证书。

3月，应美国塔科马市友城委员会邀请，福州市组织选送11幅青少年原创艺术作品参加由美国国际姐妹城协会主办的2022年青年艺术家及作家展。经塔科马地区评选，福州市参展选手全部获得由塔科马市市长伍达德斯与塔科马友城委员会主席佩特里奇联合签发的表彰证书。

4月28日，由中国人民对外友好协会和美国国际姐妹城协会组织的“构建富有韧性的伙伴关系”中美友城对话活动在线举行，福州市人民政府外事办公室主任吴晓杰出席，与美国塔科马市世贸中心总经理麦克共同围绕“创新经济与展望未来”发言。

11月29日，福州职业技术学院与美国塔科马市贝茨技术学院交流会在线举行，贝茨技术学院副院长孙依凡、福州职业技术学院国际教育中心副主任严钦参会。双方介绍各自学校基本情况和国际交流合作情况，双方就开展技术技能培训、专业课程合作、师生交流互访等达成共识。

12月13日，首届“丝路”国际青少年摄影、短视频大赛颁奖典礼暨第二届大赛启动仪式以线上线下相结合的方式在福州举行，福建省委常委、福州市委书记林宝金，联合国教科文组织驻中国、朝鲜、日本、蒙古国和韩国代表夏泽翰，福州国际友城圭亚那乔治敦市市长纳瑞，印度尼西亚三宝垄市市长代表哈德希克，21世纪海上合作委员会会员代表、尼泊尔地区协调委员会协会常务秘书长纽帕内参会并致辞，世界城地组织亚太区主席、尼泊尔图利凯尔市市长什雷斯塔发表视频致辞。此项活动由福州市人民政府和21世纪海上合作委员会主办。4月8日启动征稿，9月15日截稿，收到32个国家857件参赛作品，经过层层筛选，最终评选出76件获奖作品。

12月15日，福州教育学院附属中学与美国塔科马市林肯中学“我们的节日”主题交流会在线举行。福州教育学院附属中学校长魏健、林肯中学校长霍赛斯、塔科马学区预科教育部主任埃尔文及两校近30名师生参加。

【国际友城交流】　2022年，福州市开展国际友城交流活动15次，深化福州市与美国塔科马市、日本长崎市、澳大利亚霍巴特市的友城交流与合作。

2022年1月21日，福州外国语学校与日本长崎商业高等学校交流活动在线举行，深化两市教育、青少年领域交流。

2月20日，福州市市长吴贤德致信美国塔科马市市长伍达德斯，表达深化两市交流合作意愿。

5月24日，福州市与澳大利亚霍巴特市建立友好城市关系5周年交流会在线举行。中国驻澳大利亚大使肖千致贺信，福州市市长吴贤德、霍巴特市市长雷诺斯、中国驻墨尔本总领事馆代总领事曾建华出席并致辞。两市外事、招商、教育、体育部门及相关学校、足球队、侨团等代表参会。

6月21—27日，2022年福州国际友城文化节在三坊七巷鄢家花厅以线上线下结合方式举行，福州市、南平市、宁德市及其国际友城14个国家20个城市参加。活动包括开幕式、图片展、城市文化多样性与可持续发展对话会等环节。138幅各地特色文化图片和书画作品通过鄢家花厅线下展和VR线上展厅逐一呈现。中国作家协会会员、省作家协会顾问、《闽都文化》执行主编黄文山与日本那霸市、波兰科沙林市、肯尼亚蒙巴萨郡、俄罗斯鄂木斯克市、韩国光阳市的专家学者分享文化案例，讨论如何促进城市文化可持续发展。活动开幕式和对话会在央视频移动网、“华人头条”等多个直播平台全网联播，累计观看575.99万人次。《欧洲邮报》《世界发展新闻社》《吉隆坡之声》等多家外国媒体宣传文化节。

7月8日，日本那霸市“福州园”整修后重新开放，福州市人民政府外事办公室主任吴晓杰致函日本冲绳华侨华人总会表示祝贺。

7月16日，在福州市人民政府外事办公室的推动和支持下，中日空海大师文化交流会暨开元寺本性法师线上讲演会在福州市开元寺举行。

7月19日，土耳其巴勒克埃西尔市市长耶尔马兹与福州市市长吴贤德相互致信，表达与对方结好意愿，推动两市建立初步联系。

7月26日，福州市与日本长崎市青少年线上“虚拟互访”活动举行。福州第十九中学和长崎市立三重中学30名高中生在线交流。

11月16日，福州市市长吴贤德致信祝贺知念觉就任日本那霸市市长，期待两市以中日邦交正常化50周年为契机，赓续传统友谊，推动两市友好关系再上新台阶。

12月1日，“友好城市　共享未来”中日友城青少年“虚拟访问”交流大会举行，活动由中国人民对外友好协会、中国日本友好协会举办，福州第十九中学和长崎市立三重中学参加。

12月3日，福州市鼓楼第一中心小学与日本和歌山县高野町花坂小学首次线上友好交流活动举行，两校学生代表就城市概况、学校情况、课余生活、兴趣爱好、2022年卡塔尔世界杯足球赛、垃圾分类等话题开展交流。

12月15日，福州市与美国塔科马市合作发展混合委员会第二次会议在线召开。福州市市长吴贤德、塔科马市市长伍达德斯出席并致辞。福州职业技术学院与塔科马贝茨职业学院签署交流合作备忘录。两市外事、经贸、文化、教育、体育、港口等部门就深化绿色经济、海洋经济、数字经济领域合作，拓宽教育交流，持续开展文体交流合作达成共识。

12月23日，《中华人民共和国福州市鼓楼区和日本国和歌山县高野町建立友好城市关系协议书》签署仪式在线举行，双方建立友好城市关系。

12月，《中华人民共和国福建省福州市与土耳其共和国巴勒克埃西尔省巴勒克埃西尔市建立友好城市关系意向书》以寄签方式由福州市市长吴贤德、土耳其巴勒克埃西尔市市长耶尔马兹签署，两市达成结好意向。

【国际城市多边交流】 2022年，福州市开展城市多边交流活动4次，宣介福州市城市发展成就，促进海洋保护、开发领域的对外交流合作。

2022年5月17—18日，21世纪海上合作委员会第二次全体会员大会暨“智慧海洋”主题论坛以线上线下相结合的方式举行，22个国家和3个国际组织的70个团组120余名嘉宾参加。大会表决通过《21世纪海上合作委员会章程（修订版）》，任命福州市市长吴贤德为新一届委员会主席、副市长黄建雄为秘书长，成立委员会理事会，宣布新会员和新顾问名单，举办委员会专题活动。论坛以“科技引领 向海而兴”为主题，邀请与会嘉宾以主旨演讲和自由讨论的形式，探讨海洋可持续发展新路径。

9月14—16日，“海洋与气候变化”专题研讨在线举行。活动由21世纪海上合作委员会和世界城地组织亚太区、联合国教科文组织驻华代表处、中共中央对外联络部当代世界研究中心联合主办，来自科研院所、地方政府、高等院校的专家、学者、代表从全球气候变化下的海洋低氧现象、气候变化对沿海地区的影响和启示等角度举办6场专题讲座。世界城地组织亚太区、委员会会员、海洋与气候变化领域专家、学者及相关从业人员结合各自城市、组织、行业的具体情况和举措进行交流。

10月10日，21世纪海上合作委员会第八次专业会议在福州市和韩国大田市以线上线下结合方式举行，10余个国家30余个城市和组织50余人参会。委员会秘书处汇报委员会工作进展及下一步工作计划，福州市文物局、福州市文化和旅游局、福州市海上丝绸之路史迹保护研究中心介绍福州市海上丝绸之路相关历史、文化遗产保护和相关旅游资源挖掘工作情况。

10月10—14日，世界城地组织第七届换届大会在韩国大田市举行，福州市连任新一届世界城地组织执行局和理事会成员，保持福州市在世界城地组织的话语权，提升福州市国际知名度和影响力。

【外籍人士服务工作】 2022年，福州市人民政府外事办公室热心主动走访、服务在榕外籍人士，为其工作生活提供便利，提高其对福州的认同感、归属感。

1月，福州市人民政府外事办公室领导带队走访看望福建奔驰汽车有限公司、三菱日联银行福州分行、福州外语外贸学院、福州外国语学校、约克多元素质成长中心外籍员工和福州市荣誉市民阿拉丁等37人，开展座谈交流，听取意见建议。

2月10日，福州市人民政府外事办公室和福州市总工会举办“新福州人看福州”活动，组织近30名在榕工作、生活、学习的外籍人士参观上下杭历史文化街区、福州市美术馆、福州市非遗展示馆、烟台山历史风貌区等地，加深对闽都历史文化及城市发展变迁的了解。

9月10日，“老外在福州——在榕外国人感受闽都历史文化底蕴与城市魅力”活动举行，美国、英国、土耳其、尼日利亚、塞浦路斯等9个国家19名在榕外籍人士参观梁厝历史文化街区、福州海峡文化艺术中心、福州规划馆，参加沉浸式国风汉服体验、博饼、投壶活动，体验福州传统文化。

（施缙衡）

2022年9月10日，市外事办开展“老外在福州——在榕外国人感受闽都历史文化底蕴与城市魅力”活动。图为在榕工作、学习的外籍教师、企业界人士参观“3820”战略工程实施30周年成就展（市外事办 供图）

侨务

【概况】 2022年，福州市接待侨务来访50多人次，推动2个侨商投资项目落地福州。年内承办“福建省入境防疫政策解读讲座——福州专场”直播活动，邀请专家进行出入境及防疫政策解读和在线解答。向市防疫指挥部申请调拨10200盒连花清瘟胶囊、50100包清肺排毒颗粒寄往海外，驰援海外乡亲防疫抗疫。30多个国家近百名海外侨商侨领累计捐款捐物价值近370万元。

【侨界招商引资】 2022年，福州市推动2个侨商投资项目落地福州，计划投资总额5.3亿元。组织参加第七届世界闽商大会的40余个国家70多名海外闽商代表赴侨梦苑等有关园区考察。邀请6个团组30多名海外侨商参加厦门“9·8”投洽会。

【侨界联谊】 2022年，福州市定期走访海外社团驻福州办事处，接待或联谊 70 个国家和地区的 43 个团组 900 余人次。春节期间，走访慰问在榕海外重点人士、侨资企业代表，向 51 个国家和地区的 200 多名海外代表人士寄送新春祝福包。

【华侨文化与宣传】　2022 年，福州市在华人头条平台开设“福之州　榕之城”外宣窗口，全年推送稿件 681 篇，点击量 5343 万次。开通“福州侨务”微信公众号，加强意识形态、涉侨政策法规、侨乡动态等方面宣传。福州市委统战部（市侨办）举办第五届“印象•福州”大赛，打造“留心留根工程”，征集海外华裔青少年书法、绘画、征文、摄影、华语演讲等作品 2301 件；与市委宣传部联合制作《福州古厝会说话》（第一季）系列节目，以海外侨胞和国际友人的视角讲述福州故事，全网累计点击量 1 亿多次，其中海外主流视频平台点击量 8000 万多次。启动《叙事——海外福州人的集体记忆》征编工作。6 月，市委统战部（市侨办）协办由省委统战部主办的第 10 期“丝路华教•闽韵悠长”海外华文教师中华才艺线上研习班活动，为来自 8 个国家的 275 名华文教师进行为期 10 天的线上中华才艺课程培训；7 月，与市委宣传部联合举办 2022 福州国际数字化媒体发展研讨会；8—9 月，在“闽江之心”举办“江心明月　聚侨情”庆中秋•喜迎二十大福州市侨界文艺会演等 4 场华侨文化主题活动。

【归侨侨眷权益维护】　2022 年，福州市接待侨务来访 50 多人次，转办侨胞来信 12 件，办理回复“12345”诉求 17 件，接听解答来电 1200 多个。开具高考“三侨生”升学照顾身份证明 506 份，指导县（市）区开具中考“三侨生”身份证明 535 份。首次实现侨政业务档案数字化并移交侨政档案 2 万多件至市档案馆。向市财政申请破产、困难企业归侨离退休职工生活补贴 8.01 万元。

【出入境惠侨服务】　2022 年，福州市公安部门优化延展“六策六专”出入境惠侨服务，便利华裔青年在榕创新创业、简化外籍华人签证证件办理手续、便利福州市公民在国外出生的未成年人子女回榕生活、协助开展海外华侨身份核实工作、便利华侨护照就近办、便利华侨办理赴港澳台通行证件，为华人办理签证证件 1826 人，未成年侨胞国籍认定 703 人，华侨办理护照 301 人，华侨身份核实 43 人；推出入境惠侨“八简办”掌上办服务新举措，简化住宿登记手续、证件到期提醒、现场填表环节、出入境记录查询方式、证件信息查询、国籍认定审核、往返申请手续，受理网上申请件 789 件，办结 789 件，惠及 39 个国家 451 名侨胞；落实《为办理落户的未成年外国护照持有人出具国籍认定意见的操作细则》，持续开展国籍认定工作，为 703 人开展国籍认定工作，对 627 人审核出具中国国籍认定意见书。

（杨　凯　郑学京）

台湾事务

【概况】　2022 年，福州市通过“线上 + 线下”举办 112 项榕台特色交流活动，全年新设台资企业 196 家，合同台资 4.28 亿美元。建立“福州市对台工作调度会工作机制”“台资项目落地情况季度通报机制”。在全省率先将在榕就业创业台胞纳入全市住房保障体系，有 206 户 304 名台胞入住台胞公租房。年内永泰御温泉文旅小镇获批省级对台交流基地，闽台大学生三创中心获批市级台湾青年就业创业基地。

【榕台经贸合作】　2022 年，福州市新批台资项目 196 项（含第三地转投资），合同台资 6.86 亿美元，比上年增长 34.9%。将台商投资合同项目纳入《福州市重大项目招商落地攻坚行动方案》总体指标任务数范围，并建立台资项目落地情况季度通报机制。在第 24 届海峡两岸经贸交易会线上展区设立青创馆、两岸融合乡建乡创馆及福州惠台政策等对台特色展区。年内福州市台胞投资企业协会完成换届，全国台企联在榕设立产业工作委员会数字经济融合发展推进办公室。福州开通第二条跨境电商海运专线，对台跨境电商交易额逾 50 亿元。

【榕台文化交流】　2022 年，福州市通过“线上 + 线下”举办第十届海峡青年节、第 14 届海峡论坛福州市活动等 112 项榕台交流项目，涵盖青年、人才、民俗、文化、就业创业等各领域，其中 5 项活动被列为国台办重点交流项目，举办交流活动数量居全省第一。协调组织福建省街舞协会等涉台文艺团队参与“闽江之心”台湾街头文艺演出。

【第十届海峡青年节】　2022 年，第十届海青节围绕“海青 10 年•10 品牌•10 故事”主线，通过“线上 + 线下”举办 36 项活动，约 3000 名台湾青年参与。省委书记周祖翼出席海峡青年节峰会并致辞，省委副书记、省长赵龙主持活动；国台办副主任龙明彪出席活动并致辞，团中央书记处书记、全国青联副主席徐晓作视频致辞。省委常委、福州市委书记林宝金向海峡两岸青年致欢迎辞。央视中文国际频道 3 次报道，《人民日报》以《汇聚两岸青春力量，共圆复兴中国梦》为题展开报道。

【台湾青年就业创业】　2022 年，福州市委、市政府召开福州市台湾人才就业创业座谈会，出台《鼓励台湾同胞来榕就业创业的十条措施》。闽台大学生三创中心获批市级台湾青年就业创业基地。通过海峡人才市场面向台湾青年发布 155 家单位 1756 个工作岗位。支持台湾建筑师和文创团队开展乡建乡创陪护式服务，21 个闽台乡建乡创项目签约，获得省级补助 1050 万元。兑现台湾青年创业场所租金和首次装修补贴 250 多万元，全年新增实习、就业、创业台湾青年 740 人。面向台胞提供配套较好区域公共租赁房房源 1050 套，已有 206 户 304 名台胞入住，“在榕就业创业台胞选领首批配租房”名列 2022 年闽台关系十大新闻第二位。

【榕台媒体交流】　2022 年，福州市邀请台湾媒体及知名新媒体人到榕开展宣传活动。“海峡青年”Facebook

2022 年 6 月 23 日，在榕就业、创业台湾青年入住台胞公租房。图为台湾社区一号楼公寓（市台办 供图）

账号浏览 122 万人次，“粉丝”近 6 万人，70% 为台湾青年，持续以台湾青年喜闻乐见的方式讲述海峡两岸融合及福州故事。新华社、央视及台湾联合新闻网等中央、省、市媒体及台湾媒体原创报道福州市涉台活动 3000 余条（篇）。

【台胞权益保障】 2022 年，福州市开展涉台案件“治重化积，梳理摸排化解”工作，解决福州胜金电器有限公司置换土地问题等多件台胞、台企纠纷风险隐患。推荐 74 名符合条件的台胞参评并获第十七届福建青年五四奖章等各级荣誉奖项，台胞陈柏叡家庭获评“全国最美家庭”。选任 29 名台胞为市级科技特派员。福州市中级人民法院聘请 21 名台胞、台属为涉台案件调解员。推动实现“e 福州”App 上线台港澳同胞线上实名认证及设立“台港澳”专区。年内，市台胞权益保障中心受理台胞投诉求助信访案件 72 件，办结 71 件，办结率 98.6%；办理咨询、涉台考生身份认定等业务 101 件。

（林 锦）

港澳事务

【概况】 2022 年，福州市审批因公赴港澳 19 人次。引进港资企业项目 158 个，合同港资 9.19 亿美元，实际利用港资 6.92 亿美元；引进澳资企业 5 个，合同澳资 6370 万美元，实际利用澳资 1700 万美元。年内举办庆祝香港回归 25 周年经典音乐会。

【“穿越千年古城 同心同梦同行”福州市港澳台学子福州古厝主题暑期研学营开营】 2022 年 7 月 7—9 日，130 多名在榕港澳台学子，探寻三坊七巷、上下杭、烟台山等景区，通过研究福州城实景图、老地图与老照片，认识福州；行走于三坊七巷、朱紫坊之间，认识中国古老的城市里坊制度；参观福州文庙，了解古代福州文人的生活方式与古代科举制度；通过探寻“福州传统商业博物馆”上下杭，了解会馆建筑特点与古代商帮文化，感受古代福州商人的生活方式以及闽商精神；通过探寻“万国建筑博览会”烟台山，了解中西交融的建筑特点以及“五口通商”中外交流的历史。

【庆祝香港回归 25 周年经典音乐会】 2022 年 6 月 30 日，福州市海外联谊会在晋安桂湖小镇大鱼海棠音乐公园举办“庆祝香港回归 25 周年经典音乐会”，福建省委统战部副部长、省海外联谊会副会长李文慎，福州市委常委、宣传部部长、统战部部长、市海外联谊会会长陆菁，香港特区政府驻福建联络处主任林景富，及近 300 名在榕香港同胞参加。

【《闽山闽水物华新——习近平福建足迹》读书分享会举行】 2022 年 9 月 7 日，10 余名在榕港澳人士代表参加在鼓楼区严复翰墨馆内举行的读书分享会，共同研读《闽山闽水物华新——习近平福建足迹》，交流学习心得以及在榕工作、学习、生活的感受。本次读书分享会以“学思践悟，促进合作”为主题，促进榕港澳交流合作，特别是以“闽都文化”“数字经济和文旅经济”“同乡社团”为纽带，推动榕港澳青少年交流，助力现代化国际城市建设。

【2022 年福州市港澳榕籍社团骨干国情研修班开班】 2022 年 8 月 8 日，2022 年福州市港澳榕籍社团骨干国情研修班在谷文昌干部学院开班。来自港澳的近 50 名榕籍社团负责人、骨干及县区有关工作人员参加培训，市委统战部副部长、市海外联谊会常务副会长陈长泽出席开班式并作动员讲话。中共漳州市委党校、福建谷文昌干部学院副校院长翁鸿超代表谷文昌干部学院对国情研修班的举办表示欢迎并致辞。本次国情研修班为期 6 天，邀请厦门大学、厦门市委党校、漳州市委党校等知名教授综合运用专题报告、现场讲授、参观体验、交流分享等多种教学方式，引导学员们加深对祖国国情的认识。

【福州小茉莉交响乐团参加澳门“中外人文交流小使者”展示活动】 2022 年 12 月 6—9 日，教育部中外人文交流中心和澳门特别行政区政府教育及青年发展局，在澳门联合主办“中外人文交流小使者”展示活动。作为福建省唯一代表，福州小茉莉交响乐团被教育部选送赴澳门参加展演交流。该乐团在百老汇演奏世界名曲《鲁斯兰和柳德米拉》，被授予“演绎国际经典特别贡献单位”称号。福州小茉莉交响乐团由福州市教育局发起组建，福州格致中学负责日常管理。

（颜建茂）

（编辑 苏 颖）

经济管理

宏观经济管理

【概况】 2022年，福州市统筹新冠疫情防控和经济社会发展，落实强省会战略，重点建设六个城、打响五大品牌、实施九大专项行动。开展“项目攻坚落实年”“千名干部进千企”等专项行动，经济社会实现平稳健康发展。全年地区生产总值12308.23亿元，比上年增长4.4%，总量位居全省第一。产业发展质效增强，三次产业结构比5.6∶37.8∶56.6，第三产业比重比上年提高0.1个百分点。

【政策与规划】 2022年，福州市制定印发《福州市2022年度第一季度“开门红”工作方案》、《福州市贯彻落实稳增长稳市场主体保就业防风险行动方案》和接续政策、《福州市克服疫情影响决胜年末收官战行动方案》等文件；印发实施《福州市“十四五”数字福州专项规划》《福州市“十四五”综合交通运输发展专项规划》《福州市“十四五”卫生健康事业发展专项规划》《福州市“十四五”应急管理专项规划》《福州市“十四五”工业和信息化产业发展专项规划》《福州市“十四五”现代服务业发展专项规划》等规划。

【产业发展】 2022年，福州市农业发展保持平稳，第一产业增加值比上年增长3%。粮食种植面积8.3万公顷，产量47.46万吨。举办首届中国茶叶交易会和中国（福州）国际渔业博览会等特色活动。福州茉莉花茶窨制工艺被列入联合国教科文组织人类非物质文化遗产代表作名录。累计建设7个国家农业产业强镇、6个国家级“一村一品”示范村镇，累计创建6个国家级最美休闲乡村、21个省级美丽休闲乡村和36个省级休闲农业示范点。

工业经济稳中前进，龙头企业带动有力，136家重点扶持工业龙头企业对全市工业经济增长贡献率75%。实施“榕升计划”，新增规模以上工业企业266家。推动战略性新兴产业发展，规模以上工业战略性新兴产业增加值占规模以上工业增加值比重40.3%，比上年提高12.4个百分点。万景石化丙烷脱氢制丙烯等89个项目开工建设，申远新材料聚酰胺一体化等212个项目投产或部分投产。

服务业提质扩容，第三产业增加值比上年增长4%，占地区生产总值比重56.6%。福州市入选全国供应链创新与应用示范城市，供应链销售额比上年增长58.68%。现代物流城提速建设，落地10个项目。举办金砖国家可持续发展高峰论坛等展会12场，数量比上年增长50%。平台经济项目增至353个，销售额3836.3亿元。开通首列中欧班列、中老班列，打通福州市沿海及周边地区直达欧洲、东南亚的陆路快捷通道。出台《福州市培育建设国际消费中心城市实施方案》。

【重点领域改革】 2022年，福州市深化经济社会事业体制改革，形成重点改革事项14项。承接省级下放的29项审批服务事项。市管国资国企改革重组完成。深化“放管服”改革，发布《福州市营商环境创新改革行动计划》，启动营商环境5.0版改革，开办企业时间压缩至3个工作小时内。自贸试验区福州片区全国首创12项举措。深化农村集体产权制度改革、农村承包地确权登记颁证等改革。永泰县被列为首批省级农村产权流转交易市场建设试点，福州市成为全省唯一获评“全国农村承包地确权登记颁证工作典型地区”的设区市。

加强生态文明建设，推进深化生态文明重点领域改革、碳达峰碳中和、构建现代生态环境治理体系等3个方面改革任务。永泰县“推进农村人居环境整治扮靓乡村山水”入选国家生态文明试验区制度成果案例汇编。谋划碳达峰碳中和工作，开展碳达峰碳中和路径研究，提出符合福州市实际的时间表、路线图。梳理绿色经济高质量发展相关情况，制定《推进福州绿色经济高质量发展行动方案》。

完善信用体系建设，推动信用制度建设，印发《福州市“十四五”社会信用体系建设专项规划》及其分工实施方案。深化信用信息归集，持续推动“信易贷”“信易租”等“信易+”工程应用。完善信用信息监管，开展信用分级分类监管和信用联合奖惩工作。

【区域经济】 2022年，福州市编制并与莆田、南平、宁德、平潭联合印发实施《福州都市圈高质量发展行动计划》，推动都市圈66项协作项目完成年度投资647.22亿元，超序时进度18.82个百分点。加快国家城乡融合发展试验区福建福州东部片区建设，谋划生成试验区年度项目103个，完成年度投资318.4亿元，超序时进度5.5个百分点。

【价格管理】 2022年，福州市居民消费价格指数比上年上涨2.4%。全年全市发放价格临时补贴和节日价格临时补贴1.13亿元，惠及150.33万人次。

加强价格监管，明确地铁5号线和6号线的部分区段开通运营票价。制定《福州市天然气价格联动机制实施细则（试行）》，联合制定《福州市机动车停放服务收费管理办法》。落实高速公路通行免征政策及鲜活农产品运输绿色通道政策，免征金额5.25亿元。推进价格服务，市本级完成粮食、水果、蔬菜、家禽等17种农产品生产成本的常规调查任务。完成成本监审（调查）项目13个，核减不合理费用1.49亿元。完成商品房价格备案141件，建筑面积273.71万平方米。

（于永钦）

经济协作

【概况】 2022年，福州市继续加强援藏、援疆对口支援，加强与宁夏、福建宁德的东西部协作和山海协作，加强榕台产业和民企项目对接。6月，市委书记林宝金率福州市代表团赴渭南学习考察，并分别与福州、渭南两地挂职干部座谈交流。闽侯县、连江县分别与渭南市富平县、蒲城县继续互派干部挂职交流。8月5日，闽浙赣皖福州经济协作区第23次市长联席会议在宁德市召开，围绕“全面提升经济协作区发展能级，加快构建区域协调发展新格局”主题，开展互动交流、加强区域合作。

【对口支援】 2022年，福州市拨付年度对口援藏资金3143万元、对口援疆资金9332万元，保障藏香猪等特色产业培育、拉根乡卫生院医养结合改造、八宿县乡村振兴示范点等7个援藏项目建设和奇台县奇台一中新校区、九城御景幼儿园、奇台县幸福大院、奇台县文化活动中心、农村安居工程、农村电商奇台特色农业等19个援疆项目建设。继续推进9个县（市）区与西藏八宿县及新疆奇台县各乡镇的全面结对帮扶工作，年内拨付八宿县结对帮扶资金1400万元。根据受援地需要，完成第10批8名援藏干部和专技人才选派工作。

【榕台产业对接】 2022年，福州市落实惠台政策措施，建设榕台产业合作平台，推动电子信息、机械装备、能源石化、生物技术等优势产业对接，25家台资企业参与“海交会”线上展销活动，36个台资项目在中国国际投资贸易洽谈会上签约。年内台资完成项目投资241个，投资金额202亿元。

【民营企业项目对接】 2022年，福州市新对接并纳入福建省经信项目管理系统的民企项目647个，计划投资2610亿元，完成开工634个。其中，万景新材料氢能利用与全降解新材料项目、申远新材料一体化产业三期项目、福蓉源年产18万吨消费电子铝型材项目等12个项目总投资超30亿元。全市9个项目入选第七届世界闽商大会重大产业项目签约活动，计划总投资额430.3亿元，项目数、投资额均位居全省第一。

【闽东北协同发展区联席会议召开】 2022年12月30日，闽东北协同发展区暨福州都市圈（宁德）联席会议以视频会议形式召开。省委常委、福州市委书记、闽东北协同发展区联席会议召集人、福州都市圈高质量发展领导小组组长林宝金出席并讲话，福州、宁德、南平、莆田、平潭等市（区）以及省直有关单位负责人出席。会议通报闽东北协同发展区、福州都市圈2022年工作情况，审议通过《关于深入学习贯彻党的二十大精神，推动福州都市圈高质量发展的意见》《关于携手打造“电动闽东北”协作示范区的意见》，“四市一区”签订“携手打造美丽闽江”等12份区域协同发展协议。

【山海协作】 2022年，福州市9个沿海较发达县（市、区）挂钩联系11个省级乡村振兴重点县及中央对口支援原中央苏区县，结对双方开展党政领导考察互访，互派干部挂职、专技人才交流等活动，帮助结对县区引进22家企业落地，拨付帮扶资金1.38亿元。12月29日，福州·宁德山海协作工作座谈会以视频会议形式召开。

【闽宁东西部协作】 2022年，福州市采取“三对一”的帮扶方式，帮扶固原市的原州区、隆德县和西吉县3个区县。市县两级财政投入帮扶资金1.94亿元，比上年增长31%；落实社会帮扶资金3329万元，超额完成省下达的2500万元任务；实施帮扶项目90个，帮助1.29万名农村劳动力实现就业；新引进企业45个，实际到资11.93亿元；累计建设闽宁扶贫车间134家；帮助宁夏（固原）销售消费帮扶产品10.74亿元；选派7名挂职干部、332名专业技术人才到固原市及3个县区挂职或人才技术交流。市人社局累计帮扶宁夏固原1.29万名农村劳动力实现就业。其中，输转到榕就业1598人（脱贫劳动力966人），在宁夏就近就地就业8349人（脱贫劳动力7206人），到福州以外地区就业2990人（脱贫劳动力2666人）。通过福建省人社劳务协作对接平台比对，筛选全市吸纳脱贫人口连续就业3个月的企业名单，为1898家企业发放1282万元吸纳跨省劳动力奖补，吸纳脱贫人口超2万人。全年为269名宁夏脱贫人口发放交通生活补助36.64万元，为189名宁夏脱贫人口发放跨省就业奖补117.6万元。

（于永钦　曾长旺　邵宇新　柯宇凡）

固定资产投资

【概况】　2022年，福州市固定资产投资持续平稳增长，投资规模居全省第一，比上年增长6.3%，分别比全国和东部地区平均水平高1.2个、2.7个百分点。第一产业投资比上年增长6.4%，第二产业投资增长10.3%，第三产业（含房地产开发）投资增长4.6%。工业投资比上年增长11%，拉动投资增长3.1个百分点，其中制造业和先进制造业投资分别占工业投资比重的86.5%和49.9%。基础设施投资高位增长，比上年增长21.3%，提高3.5个百分点，拉动投资增长5.3个百分点。民间投资稳定增长，比上年增长4.2%，拉动投资增长2.7个百分点，其中金融业、租赁和商务服务业、教育等行业民间投资分别增长443.4%、364.8%、321.9%。

【项目投资】　2022年，福州市项目投资比上年增长20.9%，居全省第二，240个市管省重点项目、1798个市重点项目分别完成投资1317.3亿元、5163.2亿元，分别占年计划的122.3%、119.9%。2020年一季度至2022年三季度连续11个季度在全省正向激励综合考评中位列各设区市第一。

【“项目攻坚落实年”专项行动】　2022年，福州市开展“项目攻坚落实年”专项行动，包括全市重大项目招商落地、前期深化、征迁交地、建设提速、技改扩产、出让交地“清零”六大专项行动。引进高质量产业项目488个，总投资4151亿元。开工建设项目717个，竣工投产项目600个，分别完成年计划的97.7%和99.2%。实施重点技改项目198个。完成征迁面积770.47万平方米，新批用地1445.77公顷，审批成片开发方案2345.89公顷；完成交地7020公顷，清理批而未供、闲置土地1655.9公顷。

（于永钦）

国有资产管理

【概况】　2022年，福州市政府国有资产管理委员会（简称市国资委）所属一级企业11家，所出资企业资产总额6377.49亿元，比上年增长27.92%；实现营业收入902.15亿元，增长35.12%；利润总额49.14亿元，增长11.36%。年内，市国资委所出资企业为5215家小微企业及个体工商户减免租金3.35亿元。福州城投集团居全国城投企业第18位、全省百强企业第37位，福州水务集团综合实力居全省行业第一位、全国行业第14位，福州文投集团入选“福建省文化企业十强”。

【国有资产监管】　2022年，福州市优化国有资本重点投资方向和领域，推动国有企业融入强省会战略和现代化国际城市建设。市国资委所出资企业承担片区开发、旧城改造、古厝保护修护、道路管网、轨道交通等重点工程项目建设，提升公共交通、住房、自来水、污水处理、燃气、“菜篮子”、“果盘子”等民生领域产品的供给质量；推进延链补链，开展供应链、会展会务、乡村振兴、新基建、工业（产业）园区标准化建设等领域业务。年内，市国资委所出资企业完成投资882.4亿元。

完善国资监管制度，市国资委制定出台法治国企建设、经营投资、资产租赁和风险管控等监管文件，收集编撰《实用文件选编八》。结合企业改革重组修订公司章程，进一步简政放权，将市国资委党委负责的企业人事管理权限和权属企业混改部分审批权限下放一级企业，对“两类公司”改革试点企业进行授权放权。组织开展国资系统法治宣传及法律服务，举办合规管理及法律风险防控讲座培训，开展企业合规管理试点及推广提升活动，推行企业法律顾问及重大事项法律审核制度，所出资企业总法律顾问配备率100%。

加强信息化监管效能，构建阳光采购、资产交易、阳光租赁、国资大数据等智慧监管平台，实现国资阳光运行、要素全部覆盖、过程留痕可询、动态监测预警。截至年底，国有资产租赁电子竞价平台累计成交118.83亿元，溢价金额16.13亿元，总溢价率15.7%；国资在线监管一体化平台全程跟进监控企业财务、资产、重大投资等运行情况；国资系统信用数据归集累计13.5亿条。

【国企改革】　2022年，福州市国企改革三年行动全面收官。完成新一轮国企整合重组，市管一级企业由16家调整为13家，形成“9家龙头引领企业+4家专业化公司”格局。改革重组后，市属国企资产总额在百亿元以上的企业数量超六成；主业更加突出，业务板块相对集中，形成产业链条；管控体系进一步健全，综合性集团初步形成“管控在一级企业，经营在二、三级企业”运作体系。

开展“对标行业一流企业管理提升行动”，深化实施“国有高新技术企业倍增计划”，省二建集团入选“2022年福建省建筑业龙头企业（施工总承包企业）”；市规划设计研究院集团获第19届中国土木工程詹天佑奖；水务集团3件发明专利、13件实用新型专利、1项软件著作权获得授权；海峡环保、数据技术研究院和市民卡公司获得国家高新技术企业认定。

【国有资本运作】　2022年，福州市国资委加速培育企业上市后备资源，深化实施“国有重点上市企业培育计划”，确定左海科技、聚春园食品、民天工业园、交通信息和市建筑设计院5家上市重点培育企业。推动国企产业发展基金设立与发展，5月，榕投基金管理公司注册成立，设立子基金3只，放大资本至30亿元，累计完成14个股权投资项目，其中海通发展、华电新能源申报IPO。

推进企业开展融资工作，全年市国资委所出资企业融资923.43亿元。加强银企合作，支持企业提升直接融资比例，发行各类债券214.1亿元，推进企业盘活存量资产，拓宽融资渠道，开展融资性售后回租业务39.27亿元，争取基础设施投资基金34.77亿元。新增古厝集团获评AAA信用等级，市属国企AAA级企业增至6家，居全省设区市国资系统第二位。加强银企合作，对接中国进出口银行福建省分行，与海峡银行签订战略合作协议。

【国资系统招商落地攻坚行动】 2022年，福州市国资委印发《2022年福州市国资系统招商落地攻坚工作指引》，建立完善“一百一库”名单（“一百”指100家央企和地方国企，“一库”指百家企业拟投资项目库），参与第五届数字中国建设峰会、第二届“数博会”、第七届世界闽商大会、第二十二届“9·8”投洽会等重大会议招商工作，协调推动央企、省企投资项目落地福州。全年全市国资系统完成招商项目102个，计划总投资2134.69亿元。

【国资系统助力乡村振兴】 2022年，福州市国资委所出资企业持续推进乡村振兴项目18个，年度完成投资37.22亿元，其中产业项目8个，总投资额127.39亿元，累计完成投资103.42亿元。印发《福州市国资系统2022年助推乡村振兴战略工作计划》，推动种业创新基地与“菜篮子”新思想教育实践基地建设；指导城投集团、左海集团、古厝集团、水务集团、地铁集团、招商集团、人才集团、规划院集团等企业结合各自领域，多渠道助推乡村振兴。

【国资国企助推乡村振兴专题现场会】 2022年12月20日，2022年度福州市国资国企助推乡村振兴专题现场会在马尾召开。福州市振兴乡村集团作典型发言，市国资委汇报市国资国企助推乡村振兴年度工作情况及下一步工作计划，马尾区作工作汇报，市农科所交流农技专家服务基层的经验，并组织实地参观“菜篮子”新思想教育实践基地展示中心，观摩福建省种业创新中心（琅岐）新品种展示评价基地。

（王培欣）

审 计

【概况】 2022年，福州市市县两级审计委员会召开会议30次，制定出台关于建立福州市自然资源资产离任审计工作规则及办公室工作规则等规章制度30项。福州市审计机关完成审计和审计调查项目282个，超年初计划1.81%。审计查出应上缴财政、归还原渠道资金、调账处理等审计处理处罚金额47.23亿元，移送纪检监察机关等部门查处事项20件，涉及金额9437.42万元，促进增收节支和挽回经济损失10.68亿元，推动建立健全规章制度和整改措施191项。

年内，福州市审计局采集、编报《福州审计简报》《福州审计简报特刊》《审计要情专报》共29期143篇，被市级以上党政部门和新闻媒体采用84篇，其中《市审计局：以高质量审计监督服务保障现代化国际城市建设》《立足经济监督定位忠诚履职为加快建设现代化国际城市贡献审计力量》《深耕主责主业推动福州经济高质量发展再谱新篇章》等被审计署官网及《中国审计》《闽都通讯》《福州日报》等媒体刊登报道；推送“福州审计”微信公众号49期177篇，门户网站发布信息786条。市审计局蝉联四届“全国文明单位”称号。

【重大政策措施落实情况跟踪审计】 2022年，福州市审计机关开展创新类园区产业发展、海洋经济领域政策落实、林长制政策落实等专项审计（调查），抽查部门（单位）26个、园区2家、企业4577家，涉及林业和海洋专项资金10.95亿元，促进政策落实、项目落地、资金生效。

【财政收支审计】 2022年，福州市审计机关实行“横向到边、纵向到底”大数据一体化审计全覆盖方式，对107个一级预算拨款部门和所属的405个单位预算执行与决算草案进行审计，其中重点开展市级部门预算执行审计13个、县级部门预算执行审计90个、地方政府财政决算审计29个，查出预算编报不真实不完整、未按规定征收缴纳收入、会计核算不实、资金不到位不落实、资金滞留闲置等主要问题金额66.62亿元，审计处理金额19.79亿元，促进增收节支3.27亿元。

【公用经费审计】 2022年，福州市结合各类审计项目对市直10个部门及其所属23个单位和县（市）区108个单位2021年度公务支出和公款消费情况进行专项审计检查，查出部分单位接待费超预算、车辆运行费支出超预算、重复报销差旅费及超标准发放等问题金额134.78万元，促进清退各类违规发放补贴及报销费用0.67万元。

【固定资产投资审计】 2022年，福州市对2021年省、市重点项目推进情况等进行专项审计，抽查福州市道庆洲过江通道工程、福建医科大学孟超肝胆医院、福清市闽江调水龙高支线改扩建工程、福州至长乐机场城际铁路工程等项目29个，涉及计划总投资1585.28亿元，查出未按规定办理项目审批手续开工建设、项目配套资金未及时到位、项目进展滞后、未按规定向施工单位提供工程款支付担保等方面问题，促进拨付配套建设资金4.49亿元，支付工程进度款1.57亿元。完成公共投资项目审计7个，审计查出个别建设单位未及时支付工程进度款、逾期未建成项目、工程款结算不实等问题。

【民生资金审计】 2022年，福州市审计机关开展困难群众救助补助资金审计、乡村振兴相关政策和资金审计，覆盖城乡低保对象、特困人员等近7万人，走访20个乡镇37个村，涉及各类资金27.35亿元。对粮食购销领域进行专项审计，促进粮储部门及相关单位围绕“三重一大”、资产管理、粮食轮换、粮食质量安全等方面建立完善制度28项，促进增收节支4000万元，审计移送问题线索16条。

【经济责任和自然资源资产审计】 2022年，中共福州市委审计委员会办公室印发《福州市领导干部自然资源资产离任审计工作联席会议议事规则》《福州市领导干部自然资源资产离任审计

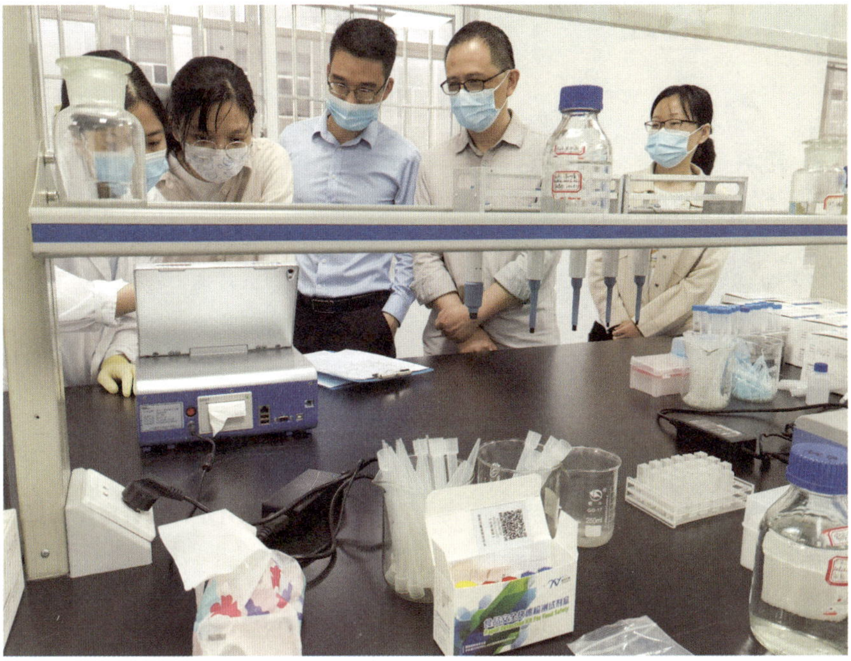

2022年6月10日，福州市审计局对华威西营里农产品交易中心追溯设备配备、追溯数据上传等情况开展检查。图为审计人员在快检室检查

（市审计局 供图）

工作联席会议办公室工作规则》，与市审计局联合印发《关于进一步加强福州市乡镇领导干部自然资源资产离任（任中）审计工作的通知》，出台乡镇领导干部自然资源资产离任审计工作指南。

年内，对88个单位114名党政领导干部开展任期经济责任审计，查出应负领导责任问题金额36.05亿元。其中，离任审计50人，占比43.86%；任中审计64人，占比56.14%。对22个单位34名党政领导干部开展自然资源资产离任（任中）审计，查出资源环境目标任务未完成、河长制等政策落实不够到位、资源环境保护监管不够有力等问题金额7593.92万元。

【审计信息化建设】 2022年，福州市审计局印发“十四五”审计信息化专项规划，首次制订信息化专项规划；“金审工程（福州）三期项目”通过初步验收，建成数据分析室并投入使用。完成全市871家一级预算单位财务数据采集和标准化工作，开发数据分析模型7类452个，深化“总体分析、发现疑点、分散核实、系统研究”大数据审计模式。

【审计整改】 2022年，福州市审计局印发《审计结果整改落实情况跟踪督促检查管理办法》，细化审计整改督促检查范围、职责分工、工作内容和具体程序，落实被审计单位的整改主体责任、主管部门的监督管理责任、审计机关的督促检查责任；组织开展审计署、省审计厅、市本级审计发现问题专项整改“回头看”，对审计查出问题实行“一问题一编码”对账销号管理；按照市政府常务会议及专题会议要求，执行“一月一报”制度，推动审计整改工作落到实处、不留死角。2017—2021年市本级整改“回头看”审计整改率提升至97.53%；2021年度中央预算执行和其他财政收支审计涉及福州市的问题全部整改到位。

【内部审计】 2022年，福州市有内部审计机构255个，其中独立机构68个；内审人员1306人，其中专职人员211人。完成审计项目（单位）817个，审计发现问题3703个，涉及问题金额245.3亿元。市内审协会首次以“线上+线下”同步进行的方式开展内审实务培训；首次开展优秀内部审计项目评选，评出6个内部审计优秀项目、11个表彰项目。参加全国内部审计协会“新形势下内部审计在应对风险挑战中的地位和作用”理论研讨活动，福州市获省级一等奖1篇、二等奖3篇、三等奖2篇、优秀奖3篇；参加全国内部审计协会“内部审计探索研究型审计实践案例展示活动”，福州市2篇典型实践案例被评为省级典型实践案例。

（林城冰）

统　计

【概况】 2022年，福州市统计局形成25篇呈阅件呈送市领导参阅，撰写255条信息报送市委市政府，完成统计分析109篇、调研报告30篇，1篇文章获全省优秀统计分析报告二等奖；组织编印《统计公报》《统计月报》《福州统计年鉴》等统计产品，围绕“喜迎二十大”主题，撰写《坚持“3820”战略工程思想精髓　加快建设现代化国际城市》系列文章，回顾党的十八大以来福州经济社会发展成就；结合业务培训、数据核查、统计执法开展嵌入式普法，“福州统计”微信公众号“粉丝”数4315人，累计推送图文1371条，累计图文阅读数30.51万次。开展2021年度县（市）区政府绩效管理有关指标数据的科学采集和考核评分工作，参与改进2022年度县（市）区绩效评估指标体系、评估方法、计算方案。国家统计局福州调查队制作发放“26个不得”漫画版普法手册；对3个县级国家队及30家样本企业开展统计执法检查，开展统计法治培训4场、线上培训30次、线上线下随测16次，微信公众号推送普法文章4篇，发送普法短信5182条，发放统计普法材料约600份。

【普查与专项调查】 2022年，福州市统计局召开第五次全国经济普查（简称“五经普”）福州市筹备工作专题会，解读国家及省“五经普”筹备工作相关文件精神，建立市级“五经普”筹备领导小组组织领导体系和工作架构，明确各工作组职责任务。

年内，市统计局开展农业、工业、

2022年5月10日，仓山区统计局在金山街道中天社区开展互联网与社区治理服务融合发展情况调研。图为统计人员对中天社区居民进行问卷调研并答疑解惑
（市统计局 供图）

服务业、贸易、投资、社会科技、劳动就业等领域常规统计调查，密切与上级统计部门沟通对接，反映新型业态统计难题，争取上级业务指导支持。国家统计局福州调查队加强“全域全流程”数据质量控制，完成住户调查大样本轮换，分类施策开展劳动力调查宣传，推进粮食播种面积调查、畜牧业统计调查、价格调查、农民工监测调查、网购用户专项调查等工作。

【统计机制创新】 2022年，福州市统计局优化数据发布解读机制，建立例行新闻发布、在线访谈制度，依托政务网站等载体，加强重大活动、经济运行和社会发展动态的信息发布，对相关数据进行解读。在福州统计微信公众号增设“统计小课堂”子栏目，投放各专业处室骨干讲课视频，推动微信公众号从单一的宣传功能向线上培训等方向拓展，增加统计月报下拉栏目及统计年鉴链接，提供一站式服务。借助线上平台举办以“数说新时代，奋进新征程”为主题的“中国统计开放日”相关活动。

推进退入库工作，利用全国企业信息公示系统、天眼查、企信宝等平台，联动各相关专业共同审核，筛查一套表统计调查单位年报中新发现的关闭、破产、停业（歇业）单位。在新冠疫情期间简化工作流程，改变原有实地到访企业核查的工作方式，建立市县两级名录及专业线上联审和答疑制度，实时制作远程演示解答小视频。

【统计改革】 2022年，福州市统计局开展企业电子统计台账试点工作，选定福清市5个专业共20家统计数据质量较好、配合度高、较具有代表性的企业作为试点，组织企业人员逐项试填台账，了解企业推进电子统计台账的堵点难点，对台账建立和资料留存情况等进行逐一规范。开展主营业务填报结构化和行业智能编码专项试点工作，成立试点领导小组及工作专班，省市县三级联动，强化点面结合的多元培训，落实问题答疑制、专业人员重点陪访制及纠错式问题反馈制，年内完成试点工作。

国家统计局福州调查队推进电子扫描数据应用试点工作，选择具备先行先试条件的市区和连江县9个采价网点开展试点，覆盖商超、医院、药店、书店等类型。编印《CPI电子扫描数据应用试点规格品目录》，将482个带有标准化条码的规格品信息汇集成册，辅助利用电子结算系统对规格品进行数据检索或扫码提取，提升电子扫描数据采价、核价工作效率。推进基层基础示范培育建设，确立“劳动力调查审核程序开发”作为市级示范培育项目，梳理审核程序需求和审核条目，联合国家统计局闽侯调查队在原有审核程序基础上，新增开放性和共享性功能，创建“智审通”程序，并于9月在全省推广使用。

【防范和惩治统计造假、弄虚作假责任体系】 2022年，福州市将落实防惩责任情况纳入党政领导班子和领导干部年度考核内容，作为组织部门对领导干部进行总体评价、奖惩选拔任用的重要参考；制定《关于进一步完善我市统计体系的若干意见》，规范纳统机制、统计信息化建设、统计干部队伍建设等内容；制定《福州市纪检监察机关与政府统计机构进一步加强协作配合的意见（试行）》，建立市纪委监委与市统计局会商研判、问题线索双向移送、信息互通等协调工作制度。市统计局配合省统计局开展执法检查，全年立案查处统计违法违纪案件48件、罚款金额53.35万元；实施统计造假不收手不收敛问题专项纠治，对2021年后“四上”企业退入库情况开展全面检查，未发现问题；实施清理整顿第三方机构违规开展统计代理专项整治，组织各县（市）区开展自查自纠，未发现违规开展统计代理行为的第三方机构；清理和纠正违反统计法精神的文件和做法，排查2017年后全市各级党委政府、各有关部门存在可能侵犯影响统计机构和统计人员独立行使统计职权、引发统计数据失实的文件，累计清理104件；规范统计行政执法程序，完成2017—2022年64件统计行政处罚案件的评查工作。

（陈 孜 詹璐瑶）

（编辑 黄 铭）

自然资源管理

土地管理

【概况】 2022年，福州市完成省政府下达的补充耕地、耕作层土壤剥离再利用任务，持续推动历史遗留临时用地整改。推进批而未供和闲置土地处置，市自然资源和规划局通过清单管理、分类处置、靠前服务、强化督导等措施，推动全市清理考核期内（2009—2018年）批而未供土地面积1174公顷，处置闲置土地面积481公顷，超额完成年度处置任务。

【耕地开发保护】 2022年，福建省政府下达福州市补充耕地任务面积206.66公顷、补充水田任务面积100公顷、旱改水提质改造任务面积46.66公顷。全年完成补充耕地任务面积313.13公顷，超额完成年度任务。全市永久基本农田划定任务面积8.45万公顷，完成上级下达的目标要求。

【耕作层土壤剥离再利用】 2022年，福建省政府下达福州市耕作层土壤剥离再利用任务120公顷。各县（市）区推广耕作层土壤剥离再利用工作，实行总量考核，全年实施耕作层土壤剥离面积124公顷，重新用于新增耕地、临时用地复垦、违法占用耕地复耕等地块土壤改良，提升新复垦耕地质量，超额完成省政府下达任务。

【临时用地复垦】 2022年，福州市历史遗留临时用地整改任务118宗，面积419.16公顷。各县（市）区完成整改86宗，整改面积313.86公顷，整改完成率74.88%，其中马尾区、罗源县全面完成年度复垦任务。

【土地出让与供应】 2022年，福州市公开出让经营性用地面积994.51公顷，成交价款573亿元，其中四城区出让经营性用地面积128.24公顷，成交价款376亿元；四城区划拨和协议出让用地面积293.1624公顷，成交价款32.16亿元。通过竞配建或直接配建方式，建设租赁住房面积8万平方米；出让安置型商品房用地面积36.37公顷，可建设安置型商品房面积86.4万平方米。

【项目用地储备库】 2022年，福州市自然资源和规划局依托“十四五”用地空间布局规划和年度项目生成策划，建立用地储备库，形成年度项目清单，根据市委市政府确定的重点片区、重大项目，统筹产业、民生事业和经营性用地布局，结合招商情况，开展地块选址论证工作，重点保障产业和社会事业用地供给。全年四城区策划生成项目566个、用地面积1360公顷被纳入用地储备库，并根据用地储备，推动市检察院、仓山法院、樟林粮库、福建革命军事馆等项目落地。

（陈泓安）

国土调查监测

【概况】 2022年，福州市完成第三次全国国土调查（简称“三调”）市县两级工作，作为全省首个向社会公开市、县两级“三调”主要数据成果的地级市，福州市“三调”经验做法得到自然资源部、省自然资源厅肯定，多次被《中国自然资源报》等新闻媒体上专题报道推广，市自然资源和规划局获评“第三次全国国土调查先进集体”。年内，福州市入选首批开展城市国土空间监测工作城市，国土空间监测试点工作由城镇国土空间监测调整为城市国土空间监测。

【第三次全国国土调查福州市数据成果公开】 2019—2022年，福州市在全域使用0.2米高清正射影像、内外业一体化移动终端、无人机等高科技手段，在全省首创常态化市级预检工作机制，对县级调查成果“过筛子”式逐图斑审核，全市累计投入5000余名人员，摸排95万多个图斑，全面摸清全市自然资源家底。2022年2月17日，福州市12个县（市）区全部完成“三调”主要数据成果发布，并于8月完成市、县两级“三调”项目专家评审验收工作，9月完成汇交工作。福州市成为全省第一个完成成果发布的设区市，以及全省唯一一个搭建市、县两级“三调”数据管理和共享平台的设区市，实现“一张底图、一套数据、一个平台”。

【国土年度变更调查】　2022年，福州市自然资源和规划局完成2021年度国土变更调查8.48万个地类图斑的更新工作，配合完成省级检查、部级核查和整改，福州市2021年度国土变更调查成果通过国家核查并下发应用。开展2022年度国土变更调查，提前部署前期准备工作，同步部署耕地流出整改、年度变更调查权属更新、与林草湿地调查协同以及日常变更调查等工作。

【城市国土空间监测试点】　2022年，福州市作为首批开展城市国土空间监测工作城市，以三江口片区为试点区域，开展城镇国土空间监测试点工作，同步在试点基础上推动全市整体监测工作。3月，通过公开招标开展福州市城镇国土空间监测试点工作；6月，自然资源部印发《关于开展2022年上半年自然资源调查监测的通知》，制订城市国土空间监测实施方案，将福州市城镇国土空间监测试点工作调整为城市国土空间监测试点工作。6—12月，根据国家、福建省后续细化的工作要求和技术内容等，福州市调整城镇国土空间监测试点工作内容，并于12月9日完成试点成果验收，形成城市空间信息数据集、交通网络数据集、水域网络数据集、元数据和文档成果等。

在推动全市城市国土空间监测整体工作方面，9月，福州市印发《关于开展城市国土空间监测工作的通知》，部署各县（市）区启动国土空间监测工作；10月，印发《2022年福州市城市国土空间监测实施方案》，细化相关工作和技术要求；11月，福州市2022年城市国土空间监测技术设计书通过专家评审，明确技术要求。

（陈泓安）

地质与矿产管理

【概况】　2022年，福州市开展地质灾害（隐患）点排查，结合排查结果开展排危除险、工程治理工作，安装智能化监测预警设备。加强地质灾害宣传培训和应急避险演练，举办地质灾害防治培训会、地质灾害应急技术演练等活动。年内，完成全市“十四五”期间矿产资源规划编制。

【地质灾害排查】　2022年，福州市查明地质灾害（隐患）点1004处（其中市级重要灾害点28处），发放防灾明白卡3773张、避险明白卡5527张，补充更新警示标识牌50个。按照“雨前排查、雨中巡查、雨后核查”的原则，组织各乡镇（街道）、各相关部门开展地质灾害隐患巡查、排查工作，出动专业技术人员153组次366人次，提前转移受地质灾害威胁群众5902人次。

【地质灾害综合治理】　2022年，福州市对闽清、连江、福清、永泰等4个县（市）投入1200万元，在156处地质灾害隐患点安装1147套群测群防智能化监测预警设备。由专人负责、定期跟踪，指导各县（市）区开展地质灾害综合治理（排危除险、工程治理），储备综合治理104处（工程治理14处、涉及地灾点90处），惠及443户2146人。

【矿产资源规划】　2022年，福州市自然资源和规划局定期跟踪调度矿产资源规划编制进度，完成全部9个县（市）区矿产资源规划（2021—2025年）编制和审批。结合建设项目用砂石需求，划定建筑砂石规划分区52个。

（陈泓安）

地理测绘信息管理

【概况】　2022年，福州市自然资源和规划局在竣工验收和不动产登记阶段实现测绘事项优化整合，测绘服务费用降低40%，测绘服务时限缩短50%；制作推出“防疫便民地图”。年内，福州市年度数码航拍项目获“2022中国地理信息产业优秀工程奖”银奖。

【防疫便民地图】　2022年，福州市自然资源和规划局将高精度、高分辨率、现势性强的影像、矢量电子地图作为工作底图，制作“防疫便民地图”，该做法被中央电视台《新闻联播》报道，并多次被人民网、“学习强国”学习平台等媒体关注。

【“多测合一”改革举措获评全国首创】　2022年，福州市推进解决“多测合一”改革深层次技术标准问题。由市自然资源和规划局、市不动产中心联合印发的《福州市房产与规划建筑面积

2022年，福州市自然资源和规划局制作“防疫便民地图”。图为金山街道工作人员使用“防疫便民地图”（市自然资源和规划局 供图）

测算技术规程（暂行）》入选福建自贸区第19批创新举措，系全国首创。该规程实现“一统一、两衔接、一创新”，即统一各类房屋的测量点位置和建筑面积计算规则，衔接各类房屋在规划设计审批阶段和规划竣工测量阶段的面积规则、衔接各类房屋在规划和房产方面的建筑面积规则，创新提出幢建筑面积衔接房屋产权面积和规划计容面积的理念。

（陈泓安）

海洋资源管理

【概况】 2022年，福州市印发实施《福州市“十四五”海洋经济发展专项规划》，出台新一轮“海上福州”建设方案和推进福州海洋经济高质量发展行动方案。市自然资源和规划局用海保障服务专班包片区下沉沿海县（市）区，推动民生及重大项目用海审批，全市获批用海项目41宗、用海总面积823公顷；完成连江北茭二级渔港等8宗项目用海评审。

9月28日，2022年院士专家八闽行——全国海洋经济高峰论坛暨连江县海洋渔业碳汇建设体系发布会在连江贵安举行。会上发布全国首个海洋渔业碳汇建设体系，全国首笔数字人民币海洋碳汇融资签约落地，“福州（连江）碳汇交易服务平台”“海洋可持续发展研究基地”“海峡资源环境交易中心连江服务中心”揭牌成立，其中福州（连江）海洋碳汇交易服务平台为全国首个县级海洋碳汇交易服务平台。年内，福州市完成全国首宗海洋渔业碳汇交易；首创“渔业执法+蓝碳修复”机制；推动2022年渔博会成为全国首场借“蓝碳”实现“零碳”的大型展会。

【国家海洋经济发展示范区建设】 2022年，福州市“十三五”海洋经济创新发展示范工作完成国家总考核。海洋经济发展示范区重点项目完成投资416亿元，超年度计划投资16个百分点，其中26个项目竣工投产；养殖海权改革全市推广工作取得阶段性成效，确权海域面积6100公顷，水域滩涂养殖证基本实现“应发尽发”，海水养殖新增贷款总额超5.6亿元；推进涉海金融服务，4家在榕银行推出涉海金融专属产品超40款，涉海贷款余额217亿元。

【海洋科技创新】 2022年，福州市海洋与渔业局推动出台加快打造海洋科创平台工作方案，成立全国首个市级海洋与渔业科技创新联盟。聘任中国工程院院士陈坚为首席科学家，围绕“水产种业、深海养殖、智慧海洋、水产品精深加工、生物制药、海工装备”，邀请12个省内外科研团队联合福州涉海龙头企业，成立六大产业联合研发中心，推动海洋经济产业链、创新链深度融合。

【全国首宗海洋渔业碳汇交易】 2022年1月11日，连江县“海上福州”建设——全国首宗海洋渔业碳汇交易发布会暨连江县人民政府与自然资源部第三海洋研究所合作签约仪式举行，全国首宗海洋渔业碳汇交易成果发布，标志着全国海洋渔业碳汇交易领域实现“零”的突破。连江县依托厦门产权交易中心（厦门市碳和排污权交易中心）全国首个海洋碳汇交易平台，于1月1日完成连江县1.5万吨海水养殖渔业海洋碳汇交易项目，该项目由自然资源部第三海洋研究所出具核查报告。

2022年7月21日，全国首例渔业生态环境损害蓝碳赔偿案签约会在福州市海洋与渔业执法支队会议室举行 （市海洋与渔业局 供图）

【全国首例渔业生态环境损害蓝碳赔偿案签约会】 2022年7月21日，全国首例渔业生态环境损害蓝碳赔偿案签约会在福州市海洋与渔业执法支队举行。违法行为人自愿委托福建海峡资源环境交易中心有限公司代为购买海洋碳汇1000吨并予以注销，用于弥补因非法捕捞对福州市渔业生态环境造成的破坏。

【全国首个海洋渔业碳汇建设体系】 2022年9月28日，连江县发布全国首个海洋渔业碳汇建设体系。该体系按“1+3+1+N”模式建设，开展海洋渔业碳汇的机理机制研究；制定监测技术规范、核算技术指南、交易价值评估技术指南3个标准；建立海洋渔业碳汇交易平台；实施一批项目和工程，逐步实现海洋碳汇生态价值。

【全国首笔数字人民币海洋碳汇融资】 2022年9月28日，福建恒捷实业有限公司通过福州（连江）碳汇交易服务平台，以数字人民币支付2万元的方式，向福建亿达食品有限公司购买1000吨海洋渔业碳汇，并以所购的海洋渔业碳汇收益权作为质押，在兴业银行福州连江支行获得“海洋碳汇贷”，为福建省金融系统发放的首笔与海洋碳汇相关的贷款，以及全国首笔用数字人民币采购海洋渔业碳汇。

（陈泓安 林 莹）

自然资源审批服务

【概况】 2022年，福州市自然资源和规划局核发用地预审与选址意见书132本、用地规划许可证137本、建设工程规划许可证137本，通过规划条件核实与土地核验220项，参与“多规合一”平台会商271件，牵头发起部门协同服务562次。9月26日起，启动经营性项目用地规划许可证、建设工程规划（含临时）许可证核发、规划条件核实与土地核验等3个事项“不见面审批”，实现审批事项“外网申报—内网审核—外网打证”的全流程网办。强化“智慧审图”作用，引导设计单位规范设计，形成24小时在线报建、系统自检、电子签章、全流程自助办理。

【不动产登记】 2022年，福州市颁发不动产权证书（证明）80.58万本，其中证书42.1万本、证明38.48万本；不动产登记网上申请98.02万件。6项不动产登记创新工作被省级以上推广。其中，“不动产登记抵押登记不见面全程网办”被中共中央党校电子政务研究中心评选为“党政信息化最佳实践案例”；“不动产抵押注销登记智能化辅助审核”被福建省政府列为福建自贸试验区第九批可复制创新成果；《福州市房产与规划建筑面积测算技术规程（暂行）》统一房产和规划面积测量标准，入选福建自贸区第19批创新举措，经第三方机构评估为全国首创；“深化不动产登记一件事改革”“创新足不出户地籍图上查房看地服务”“优化二手房带押过户”创新举措被省自然资源厅发文推广。年内，福州市登记财产营商环境在全省考核排名第一。

【“多规合一”改革】 2022年，福州市自然资源和规划局持续优化“多规合一”选址会商管理机制，增加会商部门，规范会商内容和部门会商意见，提高会商通过率。全年受理“多规合一”会商项目202个，通过率89%。通过会商提前发现项目用地中存在涉及集体土地、历史建筑、古树名木等问题，将相关信息和保护要求告知用地单位，将“事后矛盾”转化为“事前协调”。

（陈泓安）

自然资源执法管理

【概况】 2022年，福州市完善市、县、乡、村四级联动全覆盖的耕地保护网格化监管机制；发挥远程动态视频感知系统、“点餐式”二维码举报等信息化手段的作用，强化五级网格化巡察。年内，福州市土地卫片违法用地查处率96.1%、整改率92.2%。

【新增农村乱占耕地建房整治】 2022年，福州市自然资源和规划局结合省、市纪委监委“点题整治”契机，深入推进整治新增工作。实施遏制新增全流程监管工作机制，与市纪委监委及其派驻机构开展“室组＋局地”联动督导，加快推进新增问题整改。全年全市发现新增农村乱占耕地建房问题24宗，处置22宗。

【卫片执法】 2022年，福州市实施《福州市遏制新增违法占用耕地全流程监管工作机制》《福州市自然资源卫片执法预警约谈暂行办法》，定期通报自然资源违法违规情况，对存在违法违规等问题较为严重的县（市）区政府开展预警和约谈。推进自然资源部2021年度土地卫片违法用地查处整改。截至2022年底，全市查处违法用地面积404.6公顷（耕地127公顷），查处率96.1%；消除违法状态面积328.2公顷（耕地121.9公顷），整改率92.2%。

【自然资源投诉信访与议案办理】 2022年，福州市自然资源和规划局参加行政诉讼应诉20宗，其中一审10宗、二审10宗，作出行政复议答复10件。受理来信来邮来访案件1756件；接待群众来访245批次3602人次；受理福州市“12345”便民呼叫中心诉求5251件，所有诉求件均在时限内答复完毕，回复率100%。办理市人大代表建议60件、市政协委员提案41件（重点提案1件），所有代表建议、委员提案均完成答复，按时办结率100%。

（陈泓安）

（编辑 黄 铭）

市场监督管理

市场主体注册登记

【概况】 2022年，福州市新增市场主体171363户，比上年下降5.66%；注册资金总额6421.75亿元，下降24.14%。新登记市场主体中，内资（非私营）企业1863家，私营企业51075家，外商投资企业517家、注册资本（金）23.43亿美元，个体工商户117559户，农民专业合作社349户。全市实有各类市场主体总数突破100万户，其中内资（非私营）企业13290家，私营企业339354家，外商投资企业5747家、注册资本594.28亿美元，个体工商户650014户，农民专业合作社3269户、出资总额187.67亿元。

【内资（非私营）企业注册登记】 2022年，福州市新增内资（非私营）企业1863家，注册资本（金）523.9亿元；实有内资（非私营）企业13290家，注册资本（金）5800.55亿元，比上年增长21.24%。实有内资（非私营）企业中，国有企业604家、集体企业2325家、公司制企业10106家、其他企业255家。在内资企业总数中排列前五位的是批发和零售业、租赁和商务服务业、金融业、制造业、建筑业，分别有2827家、1967家、1796家、1065家和855家，分别占总数的21.27%、14.8%、13.51%、8.01%和6.43%。

【私营企业注册登记】 2022年，福州市私营企业增速放缓，新登记私营企业51075家，比上年下降23.23%；注册资本（金）5597.13亿元。其中，新登记有限责任公司设立数量最多，达48468家，占比94.9%。实有私营企业339354家，比上年增长3.57%，注册资本（金）43186.72亿元，增长5.88%，其中合伙企业数量增幅最大，达13.61%，有限责任公司数量占比最多，达94.34%。

【个体工商户注册登记】 2022年，福州市新登记个体工商户117559户，比上年增长4.01%；资金总额139.72亿元，增长17.21%。实有个体工商户650014户，比上年增长13.28%；资金总额581.92亿元，增长17.59%。在个体工商户总户数中排名前五位的是批发和零售业，住宿和餐饮业，居民服务、修理和其他服务业，制造业，租赁和商务服务业，分别有440470户、93021户、68894户、12172户和11373户，分别占总户数的67.76%、14.31%、10.6%、1.87%和1.75%。从事第一、二、三产业的个体户分别有7571户、12510户和629933户，分别占个体工商户总数的1.16%、1.93%和96.91%。

（邹惠珍）

商事制度改革

【概况】 2022年，福州市市场监管局全面推行企业开办“六合一”（设立登记、印章刻制、发票申领、“五险一金”、无偿代办、开办咨询）服务，实现企业开办全流程“一站式”服务，在全市推广企业开办、注销等42个事项“一件事打包办”，市本级设立“加急办”“简易办”专窗，优先服务有迫切需求的企业、群众。全市实现企业开办时间压缩至3个小时内，居全省前列。市市场监管局根据全市2021年度市场主体登记、产业分布等数据，与省内各城市、国内部分省会城市（杭州、广州、西安、长沙、合肥等）进行横向、量化等多维度综合分析，形成《福州市2021年度市场主体发展分析报告》。

【“一业一证、一证准营”改革】 2022年1月10日，福州市在全省率先推行“一业一证、一证准营”融合“先证后审+电子化综合许可”改革，企业可通过领取电子版行业综合许可证并通过电子屏显示，拓宽综合许可应用场景，实现“一证准营”全国领先。1月12日，市市场监管局核发出首份电子版行业综合许可证。该举措被《福州日报》、新华网、“学习强国”学习平台等媒体平台报道。

【“互联网+政务服务+金融服务”改革】 2022年，福州市市场监管局牵头市税务、公安、人社、医保、公积金、人行等部门，与合作商业银行共同对企业设立“互联网+政务服务+金融服务”改革进行再升级。在全省首创由银行网点协助办理企业开办全流程登记的“福州模式”，提供“企业设立+印章刻制+发票申领+五险一金+无偿代办+开办咨询”的“六合一”服务和银行开户等金融服务，实现跨部门、跨行业、多业务“一站式就近办理”。6月6日，市市场监管局合作银行——兴业银行杨桥支行完成全市第一家企业开办全流程注册登记。

【智能化登记服务】 2022年，福州市推广个体户智能化登记“掌上办”，各县（市）区购置自主打照服务终端64台，推行“微信申请、直接登记、自动审核、自助打照”登记模式。市市场监管局探索依托福州市智能审批系统、“e福州”自助服务平台和国家企业信用信息公示系统，试行“食品经营（生产）许可证法定代表人、名称变更”“公司联络员、清算组成员备案”等“零人工”在线“秒批”服务，并依托福建省食品安全监管与社会共治系统拓宽办事渠道，在全省首推医疗器械网络销售信息备案全流程网办。至年底，市市场监管局窗口完成企业备案服务2000余家。

【个体工商户扶持】 2022年3月，福州市印发《福州市扶持个体工商户发展联席会议制度》，统筹市场监管、发改、工信、财政、人社等11个市直部门，建立扶持个体工商户发展工作机制，明确联席会议主要职责、成员单位、工作规则和工作要求。出台《福州市扶持个体工商户发展联席会议近期工作要点》，落实帮助市场主体纾困解难、援企稳岗促就业、减税降费等系列政策。

【“全市通办”负面清单动态管理机制】 2022年，福州市市场监管局创新“跨区联办”协同模式，将企业准迁、迁出、迁入、住所变更4项业务纳入联合办理范畴，推出“企业迁移登记一件事”联办服务。“企业迁移登记”实行跨区域联办后，申请材料减少57%，跑腿次数下降66.6%。市市场监管局88个事项实现“全城通办”，并建立健全“全市通办”负面清单动态管理机制，未纳入负面清单管理的政务服务事项全部推行“全市通办”，该做法入选福建省发改委（职转办）深化“放管服”改革、优化营商环境典型案例，并在全省推广。

【市场主体歇业备案试点】 2022年11月25日，福州市市场监管局出台《福州市市场主体歇业备案试点工作方案（试行）》，福州成为全省首个在设区市全域范围内开展市场主体歇业试点地区。该方案明确市场主体（上市公司除外）因自然灾害、事故灾难、公共卫生事件、社会安全事件等不可抗力或其他客观原因造成经营困难的，可以自主决定在一定时间内歇业，歇业时间最长3年，并对歇业备案条件、程序、提交材料、期限、信息公示等进行规范。

（邹惠珍）

市场监管执法

【概况】 2022年，福州市市场监管系统办结各类经济违法案件6393件，罚没6301.94万元；移送公安机关15件，移送涉黑涉恶线索2条，收到并办结“三书一函”57件。推进“双打”（打击侵犯知识产权和制售假冒伪劣商品）工作，评选2021年度福州市打击侵权假冒典型案例15个；全市市场监管系统办结“双打”案件1064件，罚没1590.5万元。开展2022民生领域案件查办“铁拳”行动，4篇文章被市场监管总局“铁拳”行动简报刊登，1个案例入选总局典型案例，9个案例入选省市场监管局典型案例。在全市范围开展集中整治商品过度包装、“天价”月饼、蟹卡蟹券以及打击市场销售长江流域非法捕捞渔获物、联合打击野生动物违规交易、联合打击非法制售口罩等防护产品。出台《福州市市场监督管理局服务市场主体纾困解难若干措施》，从许可审批服务、助企发展帮扶、监管执法等方面加大对市场主体的扶持力度。福州市市场监管局代表队参加全省市场监管系统执法稽查职业技能竞赛活动，获团体第二名、个人第二名。

【广告监管】 2022年，福州市市场监管局组织部署整治借重大活动从事违法违规商业广告宣传工作，调查处理市场监管总局、省市场监管局广告监测平台派发、日常排查监测、相关部门移送等违法广告线索，聚焦医疗、药品、保健食品、金融、直播等重点行业，部署“双减”、涉老、青少年近视防控产品、医疗美容、房地产等领域广告专项治理。以整治虚假违法广告联席会议制度为平台，强化与各成员单位的协调配合与联动，全年立案查处违法广告151件，罚没款196.79万元，其中1件被市场监管总局通报为全国典型案例，10件被省市场监管局通报为全省典型案例。开展广告业数据统计，按时序完成广告企业统计调查。落实《福建海西国家广告产业园区（福州园）建设运营配套实施意见》，开展福建海西国家广告产业园区（福州园）建设运营情况考核。围绕“讲文明树新风”“文明健康有你有我”等主题，联合宣传部门指导广播、电视、报刊及互联网等媒介企业发布公益广告。

【“信用+双随机”监管】 2022年，福州市市场监管局在“双随机”抽查中常态化开展信用风险分类管理，对信用良好企业降低抽查频次，鼓励基层探索实行书面检查；将触发风险预警条件的信用不良企业纳入“双随机”抽查重点关注库，相应提高抽查频次、比例。全市利用信用风险分类结果抽取检查对象 9525 户，其中通过自主建立的企业虚假注册风险预警模型筛选易发生地址虚假登记的高风险企业 1219 家，并按照 30% 的高比例开展检查，问题发现率 77.6%。落实跨部门“双随机”联席会议制度，推动部门联合抽查常态化。统筹全市 23 个市直部门，针对环境保护、汽车交易、农资经营、道路运输、燃气安全、房地产市场、养老机构等 39 个关系民生福祉和经济发展和安全生产的监管领域，制定 54 项跨部门联合抽查计划任务。各行业主管部门牵头发起跨部门、跨层级联合检查 35 次，制订联合检查实施方案 19 个，部门联合检查企业 9937 家，检查发现问题 3633 个。

【网络交易监管】 2022 年，福州市市场监管局根据市场监管总局《网络市场监管与服务示范区创建管理办法（试行）》和评估指标体系，统筹市际网络市场监管联席会议成员部门开展“网络市场监管与服务示范区”创建与评估推进工作，部署开展网络市场监管专项行动（网剑行动）、网络餐饮服务食品安全专项整治行动、百家电商平台点亮专项行动。以社会关注、消费者投诉的热点行业门类为监测方向，开展“6·18”促销活动、中秋国庆两节、“双 11”期间商品和服务信息定向监测行动，完成监测任务 160 个次，发现违法违规线索 17 条，均由辖区市场监管部门完成处置。推进总局网络交易监测监管五级贯通系统、网络餐饮“e 治理”平台应用。配合开展清风行动、网盾行动等，打击野生动植物违法交易行为，查处野生植物相关违法行为 1 起，罚没款 4968 元。牵头开展同城快送安全监管工作，向美团、饿了么、达达等同城快送服务有关平台企业发出监管提醒。完成“2020—2021 年度福州市守合同重信用企业”公示工作，790 家企业作为 2020—2021 年度福州市守合同重信用企业在“服务平台”公示。

【反不正当竞争执法】 2022 年，福州市市场监管局针对民生和新消费领域中的热点问题、重要商品和要素市场中的侵犯知识产权问题、商业营销中的焦点问题、新产业新业态新模式中的不正当竞争问题，开展四大领域 13 项不正当竞争行为专项执法行动，全市市场监管系统新立案不正当竞争案件 15 件，结案 20 件，罚没款 509.9 万元。

推进商业秘密保护，星云电子等 4 家企业被评选为“福建省商业秘密保护示范企业”，福建联迪商用设备有限公司等 15 家企业获评 2022 年度福州市商业秘密保护示范企业。加强公平竞争审查，对出台的 168 件涉及市场经济主体的政策措施进行公平竞争审查，清理妨碍统一市场和公平竞争的政策措施和规范性文件 101 件。加大打击防范传销力度，全市市场监管系统排查涉传线索 7 条，立案查处传销案件 3 件、结案 1 件；全市创建“无传销社区（村）”13 个。开展反传销宣传活动，印制宣传手册，在微信公众号发布宣传文章，参与拍摄省公安厅“5·15”防范经济犯罪宣传片，与市公安局联合拍摄制作《被觊觎的养老金》反传销公益短视频，以线上直播形式开展打击传销科普宣传。

【市场监管执法规范化建设】 2022 年，福州市市场监管局制定《福州市市场监督管理局 2022 年推进法治建设提升法治保障工作措施》，从党领导法治建设制度体系、市场监管制度基础、规范公正文明执法、市场监管普法、法治服务保障水平 5 个方面提出 15 条工作措施；建立公职律师列席局务会议参与重大执法决定制度；组织开展行政处罚裁量基准修订工作，《福州市市场监督管理系统适用〈中华人民共和国食品安全法〉等 12 部法律法规行政处罚裁量基准》完成修订。年内，向市司法局报送备案规范性文件 13 份；根据《省政府关于向福州市、厦门市下放部分省级审批事项的通知》，调整市市场监管局权责清单，增加权责 20 项；梳理与省市场监管局审批事项“五级十五同”未同步事项，进行权责调整，删除 50 项，增加 75 项；组织落实福州市市场监管领域轻微免罚清单和《福建省市场监管领域行政执法裁量四张清单（2022 年版）》，办结减免案件 17 件，减免处罚金额 70.5 万元。

【市场监管执法监督】 2022 年，福州市市场监管局组织参加 2022 年度执法证专业、综合考试 71 人，制定印发

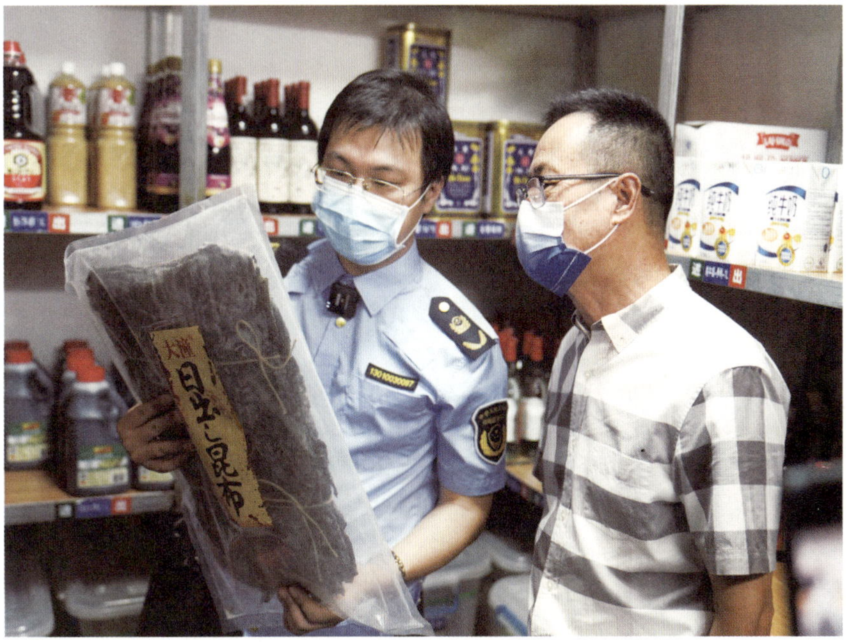

2022 年 8 月 5 日，福州市市场监管局联合媒体在鼓楼区禧悦楼餐厅开展第一期“你点我检”活动 （卓林 摄）

《领导干部违法干预市场监管行政执法记录和处理暂行规定》，组织开展《市场监督管理行政执法责任制规定》专项执法检查。组织行政处罚案件评查，抽取综合执法支队和各县（市）区市场监管局 2020 年 9 月 1 日至 2022 年 4 月 1 日办结的行政处罚案件案卷开展评查。报送 6 个案件参加省市场监管局组织的案卷评查。年内组织案件听证 6 场；应诉 11 件，领导出庭应诉 9 件。

【市场监管普法与宣传】 2022 年，福州市市场监管局制定发布 2022 年度普法工作计划、“谁执法谁普法”责任清单。组织相关执法人员参加 2022 年药品法治云课堂及最高人民法院、最高人民检察院《关于办理危害药品安全刑事案件适用法律若干问题的解释》司法解释视频宣贯讲座。组织开展“美好生活·民法典相伴”主题宣传教育，通过“福州市场监管”微信公众号分 3 期进行民法典宣传月主题宣传，发动企业利用电子显示屏，将民法典中的热点、亮点作为重点内容开展宣传普及。年内，“福州市场监管”微信公众号发布推文 765 篇，“粉丝”超 26 万人；官方新浪微博发布信息 468 条，“粉丝”超 22 万人；官方抖音号发布短视频 92 条，“粉丝”超 40.6 万人，新增点击量 9000 万次、新增点赞量超 142.8 万次；各级主流媒体正面报道福州市场监管工作 670 篇。市市场监管局联合福建省电视台，在“3·15”消费者权益保护日、知识产权宣传周、质量月、食品安全宣传周等时间节点，结合“电动车专项整治”“校园周边无底线营销”“校园餐饮专项检查”等重点工作，在“帮帮团”“现场”等电视栏目开展执法直播 7 场次，在线点击量 510 万次。联合主流媒体创新“执法点检”新模式，创建的话题“福州市监整治网红外卖”“不打招呼马上查”累计播放量 3.2 亿次。印发《福州市市场监督管理局关于印发创新推进“执法 + 媒体”社会共治新模式工作方案的通知》，成立处置专班，与福建省电视台融媒体资讯中心、综合频道中心、福州电视台签订社会共治战略合作框架协议。全年开展“突击检查三米粥铺、高校食堂、长者食堂”“电动车改装”“华莱黑茶涉嫌传销”“视力康养项目涉嫌虚假广告”“打击整治校园周边无底线营销”等“执法 + 媒体”检查 28 次，获各级媒体正面报道 82 篇，官方抖音号播放量超 1000 万次。

（邹惠珍）

食品安全监督管理

【概况】 2022 年，福州市统筹新冠疫情防控和食品安全监管，全市“五类产品”（畜牧业产品、种植业产品、水产品、饮用水、加工食品）主要品种抽检合格率高于省级治理指标要求。创新推出网络餐饮分类监管机制，相关经验被国务院食安办《食品安全简报》刊载推广。全年查处食品类行政案件 3176 件，破获各类涉嫌食品犯罪案件 213 件。

【食品生产安全监管】 2022 年，福州市市场监管局制定食用植物油、糕点、肉制品、固体饮料、压片糖果、炒货坚果、蜜饯、蜂产品等重点食品“一品一策”防控清单，督促企业自查食品生产安全风险，指导县（市）区市场监管局按照“一企一档”制定食品生产企业风险清单、措施清单和责任清单，组织开展食品生产基础风险和动态风险排查。开展食品安全“守底线、查隐患、保安全”专项行动，排查食品生产企业及小作坊 1847 家。开展“两超一非”（食品生产环节超范围超限量使用食品添加剂和添加非食用物质）问题治理，开展飞行检查和工作督导，食品生产环节“两超一非”问题“点题整治”结题。

开展质量提升行动，根据“千企万坊”帮扶计划，推动福州茉莉花茶、福州鱼丸产业高质量发展。开展乳制品、肉制品质量安全三年提升行动，指导企业加强关键点管控。规范食用植物油产业全链条秩序，与市食安办联合印发《福州市进一步加强食用植物油生产经营监管工作若干措施》。督促全市食品生产企业按规定配备食品安全总监、食品安全员，制定食品安全风险管控清单，开展日管控、周排查、月调度。开展食品生产加工小作坊日常监管，拓展小作坊食品目录，福州市允许小作坊生产加工的食品目录达 9 个大类 38 个品种，基本涵盖传统特色地方食品。年内，全市正常生产的食品生产企业全部被纳入追溯系统管理，企业主体注册率 100%，上传食品生产环节追溯信息 3426 万条。

【食品流通安全监管】 2022 年，福州市市场监管系统加强食品销售环节风险排查整治，继续开展放心食品超市自我承诺活动，全市新增 15 家超市参与承诺活动，签署放心食品超市自我承诺书，并在经营场所张贴承诺内容。继续开展食品安全“一品一码”全过程追溯体系建设，全市 9800 余家食品批发、批零经营者在省级追溯平台注册，上传加工食品追溯信息 1.59 亿条；重点食用农产品经营主体在市级追溯平台注册 4000 余家，采集农产品进货配送记录及检验记录 6300 万余条；全市完成食品销售主体风险评级评定 44341 家。

【餐饮业食品安全监管】 2022 年，福州市市场监管局创新连锁餐饮监管，印发实施《福州市餐饮连锁企业总部落实食品安全主体责任指导意见》，实行总部报备。加强校园食品安全监管，与市教育局联合下发《关于加强校外供餐食品安全管理的通知》。落实《福州市网络餐饮分类监管机制建设实施意见》，推进餐饮网店加装“互联网 + 明厨亮灶”，建设网红餐饮“线上示范街（店）”。印发《福州市夏季食品安全攻坚专项行动方案》，开展为期 4 个月的季节性食安监管。开展食品安全风险评价，通过政府采购，委托第三方机构在全市范围内对集体用餐配送单位、中央厨房、学校食堂及大型连锁餐饮企业等高风险餐饮单位，开展系统性食品安全风险评价。召开全市集配企业食安主体责任推进培训会，完成市本级餐饮环节包保主体和配备食安总监企业台账。以“互联网+”智慧监管为突破，全年完成30家省级“互联网+明厨亮灶”示范单位创建。推进全市学校食堂“明厨亮灶”建设，各类学校食堂1757家全部实现“明厨亮灶”建设。全年完成重大活动食品安全保障47场。年内台江区创建“上下杭历史文化街区”省级“食品安全示范街”。

【网络餐饮点题整治】 2022年，福州市市场监管局开展订餐平台实质性监督检查，通过现场连线平台总部等方式检查平台责任义务落实情况；与平台签订共治社会备忘录，探索食品安全社会共治和行业质量水平提升的管理模式；在全国率先实现饿了么、美团两大订餐平台电子证照及相关数据的互联互通。部署推进网络餐饮“互联网+明厨亮灶”，借助人工智能、云计算等新技术，引入“互联网+监管”新模式，通过在餐饮商户后厨安装摄像头上传实时画面内容，建立云平台智能识别、分析后厨违法违规操作，及时预警并推送处置。市市场监管局完成与4个区县市场监管局互联网明厨亮灶平台级联，接入分析视频设备1300余台，生成后厨AI轮巡结果2万余条。6月，发布《福州市市场监管局关于进一步规范“食安封签”使用管理的通知》，明确“食安封签”基本要求、使用与管理、具体工作要求及参考样式、参考打包方式。

【食品安全检测】 2022年，福州市市场监管局下达市本级食品安全监督抽检任务不少于5500批次，完成食品监督抽检6499批次，不合格284批次，不合格率4.37%，其中完成食用农产品2083批次，不合格42批次，不合格率2.02%。在市市场监管局网站公开市本级监督抽检信息18期；公开监督抽检数据6114批次，其中不合格食品285批次，不合格率4.66%，并对不合格项目相关知识进行解读。推进食品安全风险隐患排查，针对食用农产品、散装食品、餐饮食品、现场制售食品、预包装食品等覆盖重点单位、重点品种、重点项目开展食品安全快速检测29423批次，检出阳性样品（涉及果蔬类、水产品、豆制品、淀粉制品、禽蛋类、调味品、保健品）270批次，样品合格率99.08%。

2022年5月24日，福州市市场监管局与美团、饿了么平台签订网络市场规范发展社会共治备忘录。图为市市场管理局与美团平台签约仪式　（市市场监管局 供图）

【进口冷链食品安全监管】 2022年，福州市市场监管局加强与集中监管仓的信息互通，指导各县（市）区市场监管局建立相应工作机制，跟踪福州口岸入境进口冷链食品货柜流向。市市场监管局与卫健、商务等部门配合，督促相关生产经营者执行索证索票、进货查验、过程管理，落实进口冷链食品“三全四证”“入榕通行码”管理要求。全市市场监管系统检查各类进口冷链食品销售主体2971家次。市市场监管局2个冷链食品应急处置工作专班实行24小时双班轮流值守，根据涉疫食品核查情况，按照技术指南，判定风险等级，实施分级分类处置，处理进口冷链食品涉疫线索。

（邹惠珍）

药品安全监督管理

【概况】 2022年，福州市市场监管局印发《福州市市场监管局关于支持和鼓励医疗器械经营企业创新发展的意见》，该政策施行后至年底，全市兼并整合医疗器械经营企业39家，减免许可现场审查验收65家，医疗器械经营企业数量比上年增加129家。推进网格化监管，全年网格员采集上报食品事件11457件，立案11163件，核查结案9202件。开展医疗器械生产经营使用监管云培训，加强对基层监管人员进行医疗器械监管业务培训和考核。举办《医疗器械监督管理条例》及相关法规线上培训班，组织全市隐形眼镜经营企业医疗器械相关法规培训班，进行医疗器械政策法规宣贯、专项检查工作部署，全市监管人员200余人、医疗器械生产经营企业及使用单位2000余家负责人及质量管理人员参训。

【药品流通监管】 2022年，福州市出台《福州市药品经营使用环节专项整治行动工作方案》，开展药品流通使用环节专项整治。全市市场监管系统检查药品零售企业1804家次，发现违规零售企业119家次，查处案件99件，罚没款4624.75万元；检查使用单位1223家次，发现违规使用单位139家次，查处案件137件，罚没款68.96万元。开展护“苗”行动，将疫苗质量安全监管纳入2022年福州市委市政府为民办实事项目，实现全覆盖检查。完成药品零售企业分级分类管理，制定印发《福州市药品零售企业分级分类管理实施细则》，完成药品零售企业分级分类2536家。规范处方药销售，查处执业药师“挂证”行为，对零售药店处方药销售、执业药师在岗情况进行不定时暗访检查，全年查处违规销售处方药85起，查处执业药师“挂证”9起。开展药品网络销售监管，处置国家药品网络交易问题线索26条，检查药品网络销售企业165家，立案查处5件，罚没款42万元，移送公安案件1件。开展麻精药品流通检查，联合市公安局、市卫健委印发《福州市第二类精神药品专项检查工作方案》，成立联合工作组；各县（市）区市场监管局制定工作任务落实方案、措施；整治期间未发现药店存在违规行为，发现个别诊所因未按规定留存处方，导致个别品种特殊药品出现购进与使用数量不一致的现象。开展片仔癀专项检查，针对炒作片仔癀可能涉及“四风”问题，部署开展片仔癀零售相关检查；检查期间，未发现涉及价格和广告相关违法违规行为，未发现存在药品质量安全相关的风险隐患。开展集采中选药品专项检查，重点检查医疗机构药品储存和中选药品异常使用情况，检查零售企业购进药品渠道与供货方资质票据等行为，完成监督抽检15批次。深化“规范药房”建设，全市选取1300家基层医疗机构作为试点对象，先行推进“规范药房”建设，完成通过试点验收1261家。按区域划分，分布在农村地区的781家，城乡接合部的480家；按类型划分，二级医疗机构14家，乡镇卫生院138家，个体诊所211家，社区卫生服务机构125家，村卫生所652家，其他各类专科或民营医疗机构121家。

【医疗器械监管】 2022年4月，福州市市场监管局制定下发《2022年医疗器械监管工作计划》，按照时间节点统筹推进医疗器械生产经营和使用单位的日常监管。全年全市市场监管系统检查医疗器械经营企业2183家次、使用单位1082家次、生产企业29家次，立案查处65件，罚没款114.5万元，移送公安案件线索1条。完成1批次国抽和64批次省抽产品的抽检工作，处置2批次抽检不合格产品。

开展医疗器械质量安全风险隐患排查整治、经营使用非法医疗设备专项检查、医疗美容药品医疗器械质量安全综合整治、规范装饰性彩色隐形眼镜经营行为等专项整治行动，按照企业自查、检查排查、总结提升阶段组织进行。加强线上网络销售行为监管，开展风险隐患排查整治，规范进销存等重点环节的质量管理；聚焦集采、新冠疫情防控类医疗器械、无菌植入性医疗器械、体外诊断试剂、可用于医疗美容的医疗器械等重点品种的检查；强化清单式销号管理，督促涉械单位风险隐患排查、整改消除；加强对列入国家药监局彩色隐形眼镜、医疗美容医疗器械监管工作联系点的仓山区市场监管局进行业务指导；强化部门协同，加强行政执法与刑事司法相衔接。年内，1件案例入选省药监局第一批药品安全专项整治典型案例，1件案例入选省市场监管局2022年度反不正当竞争典型案例，1件案例入选国家药监局通报的彩色隐形眼镜违法典型案例。

【医疗器械唯一标识系统建设】 2022年，福州市市场监管局加强与卫健、医保等部门沟通协调，推进拓展医疗器械唯一标识（UDI）在医药、医疗、医保等领域的衔接应用，推动“三医联动”。加强UDI建设宣传，走访调研医疗器械经营企业和使用单位，总结UDI实践工作经验。参与国家药监局医疗机构实施UDI主要途径及相关政策研究课题研究，配合省药监局完成《医疗机构实施UDI主要途径及相关政策》研究报告，福州市医疗器械唯一标识系统建设工作得到省药监局发文通报表扬。

【化妆品监管】 2022年，福州市市场监管系统开展化妆品流通使用专项检查，印发《关于开展2022年福州市化妆品安全专项整治行动的通知》，聚焦重点对象、重点产品和重点环节，开展企业自查、检查排查、总结提升等整治工作。推进化妆品备案后监督检查和问题产品核查处置，全市受理国产普通化妆品备案件1385件次，受理进口普通化妆品备案技术审查件220件次。结合化妆品备案企业年报检查工作，发现21家已注销工商营业执照的备案企业并上报，经省市场监管局发文注销备案品种245个。

（邹惠珍）

质量技术监督管理

【概况】 2022年，福州市市场监督管理局围绕质量强市创建，开展质量提升专项行动、专项质量检查抽查、专项整治排查行动。组织完成第七届福建省政府质量奖（含提名奖）获奖企业（盛辉物流、省建筑设计院）经验分享活动2场，全市上百家企业代表参加。启动第六届福州市政府质量奖评审工作，全市申报企业26家，获奖企业5家。至年底，累计获福州市政府质量奖企业29家。

【质量强市建设】 2022年，福州市市场监管局印发《2022年福州市质量强市工作要点》，组织完成2022年度市民质量满意度测评、服务业顾客满意度测评、质量发展状况分析等质量强市建设项目。加强跨部门、跨区域合作，与榕城海关、昆明市市场监管局分别签订协议，共同推进质量强市建设。启动质量强市建设规划编制工作。部署2022年“质量月”系列活动，印发《福州市2022年“质量月”活动方案》，省、市、区联合举办2022年福州市质量月暨电梯安全宣传周系列活动启动仪式，组织全市各级有关部门、有关企业门户网站统一以飘窗形式展示2022年全国“质量月”活动标志，在主城区五一广场悬挂大型“质量月”主题横幅标语“推动质量变革创新促进质量强国建设”。联合市教育局印发《福州市小学生质量安全知识读本》10万册，并开展质量安全知识进校园开学第一课活动。

【质量提升专项行动】 2022年，福州市在省政府对各设区市政府2021年度质量工作考核中继续获评A级，排名全省第二。加强质量管理培训，6—9月组织全市151名企业代表分3期参加企业首席质量官公益培训，组织100名企业代表参加小微企业质量管理知识公益培训、83名企业代表参加先进质量管理方法公益培训。选择政府质量奖重点培育企业5家，组织开展质量专家进企业公益巡诊活动。开展消费品缺陷产品召回管理，配合省市场监管局完成7家企业缺陷产品调查。

【质量基础设施“一站式”服务】 2022年，福州市市场监管局联合市工商联、发改委、科技局、工信局、商务局等部门，印发《福州市关于进一步发挥质量基础设施支撑引领民营企业提质增效升级作用的实施方案》，出台《福州市市场监管局关于开展质量基础设施助力纾困中小微企业和个体工商户专项行动的通知》，助力中小微企业和个体工商户提质增效升级。对接省市场监管局及相关技术机构，依托“闽质通”公共技术服务平台，通过线上线下相结合，开展质量基础设施“一站式”服务“惠百城助万企”活动。截至年底，全市注册“闽质通”平台的企业265家，帮助企业解决各类技术需求43项。

【工业产品质量监督抽查】 2022年，福州市市场监管局以“重点工业产品质量安全整治年”为契机，围绕近年监督抽查合格率不高、消费者投诉举报相对集中及各类专项整治的重点产品，开展2022年度生产领域市级产品质量监督抽查，抽查生产企业128家226批次产品，品种涉及食品接触用塑料制品、商用燃气燃烧器具、钢筋、工业气体、陶瓷砖、电线电缆、服装箱包、家具及建筑装饰装修材料、塑料购物袋、塑料浮球等。对发现的不合格产品均按程序移交属地，指导辖区局开展后处理工作，并组织产品复查。

【工业商品质量抽检】 2022年，福州市市场监管局分析全市流通领域质量投诉举报热点，结合校园周边、儿童玩具专项整治等工作，制定抽检计划。对全市流通领域学生用文具、儿童玩具、童车、服装鞋子、非医用口罩、消防产品、电动自行车及电池、烟花爆竹、燃气具配件、电器产品、眼镜产品、陶瓷砖、家用燃气设备、食品接触用品、天然气等商品实施监督抽查1246批次，对不合格商品生产经营者进行后处理监管和信息公示。

【电动自行车市场监管】 2022年，福州市市场监管局制定《福州市2022年电动自行车质量安全管控方案》《福州市市场监督管理局关于持续推进电动自行车质量安全监管工作的通知》，召开电动自行车质量安全整治行政约谈会，对全市11家主要电动自行车品牌代理商发出“行政指导书”，对全市消费者发布“先摇号再买车”的消费提醒，指导福州市自行车电动车行业协会召开福州市电动自行车行业自律规范、诚信经营倡导大会。对全市唯一一家电动自行车生产企业福清市信田车业有限公司的认证工作进行重点监督检查，督促认证机构落实CCC认证产品生产一致性检查。配合落实《福州城区电动自行车号牌管理办法》《福州市电动自行车赋码数字化综合管理工作方案》相关各项事宜。全市市场监管系统查办各类电动自行车违法违规案件52件，涉案电动自行车98辆，查处各类电动自行车违法违规经营行为办结案件的罚没金额44.3万元。

制订2022年电动自行车及电池产品质量监督抽查计划，将电动自行车及电池产品质量监督抽查列入2022年重点抽检商品项目，完成电动自行车及相关产品抽样51批次，其中电动自行车电池（铅酸蓄电池）15批次、电动自行车电池（锂电池）6批次、电动自行车充电器15批次、电动自行车15批次，检出不合格产品13批次，并完成不合格后处理监管和信息公示流程。

【标准化管理】 2022年，福州市企事业单位主导或参与制定国际标准2项、国家标准29项、行业标准12项、地方标准12项、团体标准16项。全市在建国家级农村综合改革标准化试点项目1个、国家级农业标准化试点项目1个、国家级服务业标准化试点项目2个、省级专标融合创新试点1个、省级两岸行业标准共通试点3个、省级农业标准化示范区4个，永辉物流服务国家级标准化试点项目通过验收。年内，市市场监管局联合市工信局开展工业（产业）园区标准化建设。

【计量监管】 2022年，福州市市场监管局开展贸易结算用强检计量器具监督检查，全市检查集贸市场、商超、餐饮店、金店、药店等638家次，贸易结算用电子秤4353台（件）、戥秤37台（件）；检查粮食领域单位（企业、经营户）165家次，在用计量器具258台（件）；检查加油（气）站135家次，加油机939台（件）、加气机5台（件）；检查相关企业36家次，电子汽车衡64台（件）；检查出租车公司15家次，出租车计价器836台（件）。开展医疗卫生强检计量器具监督检查，检查医疗机构240家次、医疗机构在用计量器具4790台（件）。开展安全防护用计量器具专项监督检查，检查相关企业415家次，检查在用压力表、动态汽车衡、机动车安检机构在用计量器具1.01万台（件）。开展定量包装商品净含量计量监督随机抽查，围绕生产、经营食品类，日用品类，农资类等产（商）品抽检批次39个，其中合格批次38个。新建社会公用计量标准4项。

组织辖区符合条件的计量技术机构参加国家计量比对和省级计量比对，开展全市系统燃油加油机检定岗位练兵暨技能竞赛。

【计量宣传培训】 2022年，福州市结合第23个“世界计量日”，利用官网、微信公众号等新媒体平台，以及社区、企业、大型商场等电子显示屏等平台循环播放“5·20”世界计量日主题宣传电子海报、计量科普知识等28条，开展现场活动13场，分发宣传单3200余份，现场咨询1300多人次；联合省市场监管局、省计量院组织开展“‘5·20’计量科普知识网上问答”“你送我检——‘5·20’计量免检惠民在行动”等活动。组织全市系统计量监管人员、计量检定人员100余人次，参加国家市场监督管理总局“数字时代的计量”讲座、线上“世界计量日”中国主场（上海）纪念活动大会、“产业计量赋能高质量发展”主题大会；参加国家市场监督管理总局举办的“市场监管系统碳达峰碳中和计量专业提升高研班”学习培训；邀请省计量科学研究院专家为全市电动汽车充电桩运营企业计量管理及维护人员进行专题业务培训。

【特种设备管理】 2022年，福州市在册特种设备数量135985台（套），比上年增加13445台（套），增长10%，设备总量与增量均位居全省第二。其中，锅炉2484台，压力容器25820台，电梯82922台，起重机械16992台，场（厂）内专用机动车辆7612辆，大型游乐设施152台，客运索道3条。市市场监管局按照《福州市特种设备安全隐患大排查大整治攻坚行动工作方案》，以气瓶、压力管道、电梯为重点，开展特种设备安全隐患大排查大整治攻坚行动。持续开展重要事项“清网行动”，全市处理重要事项1092件，涉及特种设备3215（台）套；出台特种设备安全目标责任制季度考核机制，对各县（市）区市场监管局“四个率”实行季分析、季通报考核跟踪举措，全市特种设备使用登记率99.28%，定检率99.56%，重要事项闭环率92.96%；定期召开特种设备处院协调会，建立与省特种设备检验机构的联动机制，对检验机构发现的安全隐患，第一时间作为重要事项上报特种设备动态监管平台，实行清单化闭环管理，对全市3万多家特种设备生产使用单位进行分类整理，梳理2022年日常监督检查计划2059家，制订下发2022年日常监督检查计划实施方案，并在全市市场监管系统组织实施。继续采取政府购买服务的方式聘请专家对规模较大、特种设备数量较多、风险等级较高的大型化工企业、火力发电企业、冶金企业等特种设备生产使用单位进行专项检查、专家会诊，全年出动164人次，对18家企业开展专家会诊，排查安全隐患113处，全部完成闭环管理。

【城镇燃气安全排查整治行动】 2022年，福州市市场监管局与市建设局等相关部门研究建立燃气安全排查整治会商研判机制、信息共享机制、联合执法机制，推进餐饮等生产经营单位燃气报警器安装、瓶装液化气规范管理等工作，加大联合督导检查力度。全市市场监管系统出动检查人员1620人次，检查各类燃气企业761家，立案查处14件，罚没款入库56.37万元。7月，市市场监管局借鉴液化石油气充装智慧监管模式，部署开展工业气瓶充装安全可追溯工作，95198只工业气瓶在市市场监管局平台办理使用登记，12家工业气体充装站全部实现充装记录上传市市场监管局平台。

【压力管道信息排查专项整治行动】 2022年，福州市市场监管局针对部分县（市）区、部分压力管道使用单位管道隐患整治进度滞后问题，召开工作推进会，通过定期通报、现场督导、集中约谈等举措，协调省特检院创新检验手段、优化检验方案，实施一企一策，推进专项整治工作。全市排查工业管道1998千米，其中合格工业管道1532千米、需整治工业管道466千米。涉及整治企业713家，其中710家企业完成整治管道454千米，整治完成率97.4%。

【电梯非金属材质反绳轮专项排查行动】 2022年，福州市市场监管系统组织电梯维护保养单位对采用非金属材质反绳轮、导向轮的电梯进行逐台排查摸底。结合日常检查计划，对电梯使用管理单位开展重点督查，在企业自查自纠的基础上，跟踪督促排查整改进度，并联合省特检院对各维保单位排查治理情况进行监督抽查。组织督促维保单位对全市在用配备非金属材质反绳轮的66159台电梯进行排查，排查发现的隐患问题均消除，并对未按期完成排查的维保单位进行信用扣分。

【电梯物联网平台应用】 2022年，福州市市场监管局开展电梯故障典型案例征集活动，公众通过“福州智慧电梯”微信小程序反映电梯故障问题即可参加活动，市市场监管局每周从公众的微信投诉案例中遴选典型案例，并在“福州市场监管”微信公众号公布。扩大电梯物联网覆盖率，推进电梯按需维保和检验检测改革。市市场监管局电梯物联网对接电梯厂家平台83个、第三方物联网平台10个，接入物联网的电梯20687台。探索维保、检测行为匹配度识别功能，并创新电梯应急救援、自动生成运行质量指数、公众便捷监督等功能。通过电梯物联网，拓展故障的感知监测渠道，实现电梯故障预警预判预修。

【认证与检验检测监管】 2022年，福州市市场监管局开展小微企业质量管理体系认证提升行动。总结推广前期13个行业30家小微企业的试点经验成果，结合福州经济产业特点和发展需要，再次摸底企业88家，筛选食品生产、农业、制造业、检验检测4个行业46家小微企业开展试点，组织5家认证机构实施精准帮扶。

推进内外贸产品“同线同质同标”。加强与商务、发改、工信等部门的沟通协作，摸清辖区“三同”企业的数量、内外销产品、产值等基础数据。组织全市“同线同标同质”工作培训会，为39家企业免费培训216人次，支持出口企业实现内外销转型。全市299家企业获得HACCP认证，证书303张。

加强认证监督检查，按照不低于15%的比例对强制性产品、管理体系、有机产品的认证活动开展监督抽查，对消防产品强制性认证活动进行全覆盖检查。全年全市市场监管系统检查认证1872件，检查企业740家，涉及认证机构127个。组织开展认证“双随机、一公开”监督检查，全年检查获证组织31家，其中自愿性认证获证组织21家、强制性认证获证组织10家，完成市场监管总局、省市场监管局抽取的全部现场检查任务。

加强检验检测监督检查，加大对生态环境监测、机动车检验、食品检验、罐体检验等社会关注度高、风险问题集中领域的抽查比例，将未如期按要求上报2021年度报告、检验检测服务业统计，以及被实名投诉和2021年经过现场监督检查被行政处罚的检验检测机构，列为“双随机、一公开”重点监督检查对象。全年检查检验检测机构110家，其中责令整改42家，移送违法线索21条，立案12件，结案7件，罚没款18.1万元。

（邹惠珍）

知识产权管理

【概况】 2022年，福州市出台《福州市贯彻〈知识产权强国建设纲要（2021—2035年）〉的实施方案》《福州市国家知识产权强市建设示范城市工作方案》《福州市“十四五”知识产权发展专项规划》《福州市知识产权专项资金管理办法》，市政府与省市场监管局签署“共建知识产权强市战略合作备忘录”，推动知识产权强省建设任务在福州市落地。推动和扶持企业开展专利导航177家。在全国首创知识产权志愿服务挂点工作机制，相关工作获得第四届市场监管领域社会共治优秀案例提名奖，是全国市场监管系统唯一获该奖项的知识产权领域案例。8月，福州市获评全国首批国家知识产权强市建设示范城市，鼓楼区、闽侯县获评首批国家知识产权强县建设示范县，仓山区获评国家知识产权强县建设试点县，高新区获评知识产权强国建设试点园区，福州成为全省唯一一个示范城市、县域、园区全覆盖的城市。年内，市知识产权局入选2021年度全国知识产权系统和公安机关知识产权保护工作成绩突出集体，获国家知识产权局和公安通报表扬；福州市知识产权发展保护中心获评全国知识产权系统先进集体，获人力资源和社会保障部、国家知识产权局通报表彰；全市市场监管（知识产权）系统3个单位和5名个人因知识产权保护工作表现突出，获省知识产权局和省公安厅联合通报表扬。

【知识产权申请与授予】 2022年，福州市专利授权量28992件，其中发明专利授权量5385件；有效发明专利拥有量24778件，连续12年位居全省第一；每万人口发明专利拥有量24.814件。新增通过知识产权贯标认证企业28家，累计通过知识产权贯标认证企业277家。全市7件专利获评2021年第二十三届中国专利优秀奖，推荐7件专利参评第二十四届中国专利奖；11件专利入选2021年度福建省专利奖；评选2021年福州市专利奖29件。至年底，累计318件获得各级专利奖，其中中国专利奖45件、福建省专利奖86件、福州市专利奖187件。

全年新增有效注册商标4.52万件；新增“福清东张蜜柚”“晋安佛手瓜”“鹅鼻萝卜”“罗源鲍鱼”地理标志证明商标4件。至年底，全市累计有效注册商标34.76万件，驰名商标55件，地理标志保护产品11件，地理标志商标35件。国家知识产权局商标业务福州受理窗口受理商标业务申请3135件，其中商标注册申请1319件、后续业务1816件。年内，福州市在全省首创建设特色产业商标品牌指导站，至年底，全市有商标品牌指导站18个。

【知识产权运用】 2022年，福州市新增国家知识产权示范企业5家、国家知识产权优势企业36家、福建省知识产权优势企业40家，新增省级以上知识产权优势、示范企业共计81家，总量居全省首位；7家企业通过国家知识产权示范企业复核，23家企业通过国家知识产权优势企业复核，14家企业再次获得福建省知识产权优势企业称号。至年底，全市有各级知识产权试点、示范、优势企业733家，其中国家级119家、省级255家、市级359家，福州企业入选国家级、省级知识产权示范、优势企业的数量均居全省前列。

开展知识产权金融服务，根据《福州市知识产权质押融资入园惠企（2021—2023年）行动方案》，与厦门银行、邮储银行签订战略合作协议。全市43家企业获得专利权质押贷款额度30.45亿元，比上年增长116%，3家企业获得商标权质押贷款额度0.17亿元。至年底，全市累计303家企业获得专利权质押贷款额度超100亿元。加强商标及地理标志质押融资，福州商标受理窗口为企业办理商标专用权质押贷款2000万元。

推进专利保险工作。全年全市32家企业为260件专利投保专利保险，保险保障金额240万元。至年底，全市累计512家企业为4540件专利投保，保险保障金额6200万元，投保企业数、投保专利数及保险保障金额均居全省首位、全国前列；推动省市两级财政累计为440家次企业下达保费补贴165万余元。

推动专利标准融合发展。推动福州经济技术开发区管理委员会、中国（福建）自由贸易试验区福州片区马尾区块开展全省唯一“福建省专利与标准融合机制创新试点”工作。将参编国际标准或主导制（修）订国家、行业、地方标准纳入知识产权贯标企事业单位培育申报条件之一，推动专利与标准融合机制创新试点企业培育工作。47家企业

2022年4月26日，福州鱼丸产业商标品牌指导站在仓山区仓前路鱼丸文化展馆揭牌
（市场监督管理局 供图）

参与制订、修订184项各类标准，6项标准获福建省标准贡献奖；至年底，全市有13家专标融合试点企业，其中新大陆等9家企业将130个专利融入24项标准中，其中福建星云电子股份有限公司主导制定的团体标准《锂电池（组）保护板测试系统》（T/FJAS 014-2022）融入3项专利，填补全国锂电池（组）保护板测试系统设备产品标准的空白。

【知识产权保护】 2022年，福州市出台《福州市“十四五”知识产权发展专项规划》《福州市贯彻知识产权强国建设纲要（2021—2035年）的实施方案》，市市场监管局联合市中级人民法院、榕城海关、市人民检察院、市公安局、市版权局签署《关于进一步推进福州市知识产权协同保护工作实施意见》，推动福州知识产权协同保护中心落地福州法务区、福建省知识产权保护中心落地福州高新区。开展国家知识产权保护示范区申报创建，福州市成为全国64个申报城市中入围第二轮评审的20强城市之一。

探索知识产权领域信用分级分类监管工作机制。6月，市市场监管局与市中级人民法院签署“福州市知识产权领域严重违法失信名单协同管理及侵权违法信息共享协作备忘录”。11月，福州市获批知识产权领域信用分级分类监管全国试点（全国仅12个城市），12月制定出台《福州市知识产权领域信用分级分类监管试点推进工作方案》，提出建设知识产权领域信用信息采集和评价系统，实施知识产权领域信用分级分类监管工作，探索推动联席会议成员依法依规开展失信惩戒。

开展2022年度知识产权“蓝天”专项整治行动、商标和地理标志保护专项行动、北京2022年冬奥会和冬残奥会奥林匹克标志知识产权保护等工作，其中指导仓山区市场监管局立案查处福建省首例涉嫌侵犯冰墩墩奥林匹克标志专用权案件。全年全市市场监管系统立案查处知识产权案件1688件，其中立案商标侵权案件319件、商标违法案件42件，查处假冒专利案件1207件、专利纠纷案件120件。

【知识产权宣传培训】 2022年，福州市举办知识产权基础远程教育等知识产权线上培训，开展以“全面开启知识产权强国建设新征程，加快推进知识产权强市建设示范城市创建进程”为主题的系列宣传活动30余场，发布有关知识产权工作的相关政策、信息近50篇。2022年全国知识产权宣传周福建（福州）地区活动启动仪式首次采取线上同步直播方式，在新浪福建、福州市场监管抖音号、福建市场监管抖音号等平台同步直播，72.8万人次观看。全年全市市场监管系统印发知识产权宣传材料近10份，服务企业近200家次500人次。

【知识产权人才队伍建设】 2022年，福州市有知识产权专员近1000人，“知创福建”知识产权公共服务平台累计收录专家903人。福建工程学院、江夏学院等高校开设知识产权专业，培养知识产权本科毕业生近250人。福建省知识产权局和福建工程学院成立福建省知识产权研究院和福建省知识产权培训中心。至年底，福州市有百千万知识产权人才2人、全国专利信息领军人才2人、全国专利信息师资人才3人、全国专利信息实务人才10人、企业专利分析人才746人。4月25日，福州市商标品牌协会志愿服务导航队成立，是全市第二支知识产权志愿服务队伍，为市场主体提供知识产权创造、保护、运用等公益服务。

【知识产权服务业】 2022年，福州市有专利中介服务机构26家、分支机构14家；专利中介服务从业人员350人，其中具有专利代理资格证人员127人。在国家知识产权局专利审查协作福建分中心、国家专利技术（福建）展示交易中心、中国（福建）知识产权保护中心相继落地福州高新区的基础上，强化知识产权公共服务平台建设。出台福州市知识产权信息公共服务网点建设工作方案及福州市产业知识产权协同保护与运营中心建设工作方案，认定首批福州市知识产权信息公共服务网点14家、首批福州市产业知识产权协同保护与运营中心6家，全市新增各级知识产权信息公共服务网点20家（国家级1家、省级5家、市级14家）、国家级专利导航服务基地1家。至年底，全市布局各级知识产权信息服务网点28家、专利导航服务基地 8 家、技术与创新支持中心（TISC）2 家，累计有各类知识产权公共服务网点 55 家。

推进省市区三级共建“知创中国”和“知创福建”知识产权一体化公共服务平台运营，成立分平台 10 个、工作站 41 个（福州地区分平台 3 个、工作站 8 个），平台智库有知识产权专家 900 余人，引进入驻全国高端知识产权服务机构 54 家，并对接福建省专利代理机构 104 家，省内知识产权专员纳入福建省线上知识产权线上专员库 4000 多人。全年举办知识产权战略工作坊培训活动 12 期，培训 1100 多人次；组织知识产权宣传培训活动 36 场、接待对接活动 11 场，吸引企业 2100 多家次、2500 余人次参加。

推进国家知识产权局、福建省、福州市三级共建专利审查协作北京中心福建分中心运营，中心有审查员近 800 人，覆盖机械、医药、化学、材料、电学、通信、光电等专业技术领域，累计完成发明专利审批超 19 万件、审结超 16 万件。年内，市知识产权局与中心签订千亿元产业大数据分析专利导航合作协议。

推动中国（福建）知识产权保护中心通过验收并投入运营，面向区域内电子信息和机械装备领域的企事业单位开展专题数据库建设、专利信息推送等服务，为福州市战略性新兴产业和重点企业提供专利导航、知识产权分析评议等高端服务。全年为企业推送专利信息 3 万条、产业知识产权行政资源信息 131 条、典型专利指导案例信息及其他法律法规信息 62 条、各类综合信息 363 条。

国家专利技术（福建）展示交易中心依托福州技术市场有限公司，经国家知识产权局认定授牌。中心开发科技成果（专利）技术拍卖系统，在“福州市科技成果转化公共服务平台”App 开辟“科技成果专利（技术）竞价平台”。全年举办网上专利成果推介会 2 场，推介项目成果 200 项；举办专利成果竞价拍卖活动 1 场，拍卖专利成果 122 项；通过福州技术市场有限公司技术合同认定登记点登记的专利权所属区域为福州市的专利权转让 75 项，金额 1756.52 万元；计算机软件著作权转让 26 项，金额 3179.97 万元。通过福州技术市场技术转移公共服务平台“国有科技成果交易公示平台”公示来自福建师范大学等单位的专利成果项目，涉及专利和项目成果 35 项，金额近 700 万元。开展“知识产权维权援助专题讲座”培训活动，走访福州大学、福建师范大学、福建工程学院、闽江学院科研处及知识产权相关部门，开展产学研合作工作交流。

开展国家海外知识产权纠纷应对指导中心地方分中心申报工作。拟制建设方案，提出完善海外知识产权纠纷应对体系、开展海外知识产权维权宣传培训等工作措施。

【商标品牌指导站网点建设】 2022 年，福州市实施商标品牌战略和地理标志助力乡村振兴工程。4 月，在全省首创设立特色产业商标品牌指导站，聚焦“福州茉莉花茶”和“福州鱼丸”特色产业发展，市市场监管局（知识产权局）、市海渔局、市农业农村局联合制定《福州市特色产业商标品牌指导站建设工作方案》。至年底，全市设立各类商标品牌指导站 15 个，为市场主体提供商标及地理标志的依法保护、宣传推广等便利化指导和服务。

（邹惠珍）

消费者权益保护

【概况】 2022 年，福州市市场监管局消费投诉举报指挥中心依托“12315”热线及全国“12315”平台处理消费者诉求 355895 件，为消费者挽回经济损失 3639.29 万元。通过“12345”便民服务平台转办 2370 件、来信来函 290 件。“96196”电梯应急救援热线接到群众来电 5109 件，解救困梯事件 1831 起，解救困梯 2971 人。

福州市消费者权益保护委员会（市消委会）受理消费者投诉 2216 件，解决结案 2197 件，结案率 99.14%。为消费者挽回经济损失 190.14 万元，其中欺诈行为得到加倍赔（补）偿 44 件、赔（补）偿金额 1.51 万元。全市生活社会服务类、食品类、家用电子电器类居投诉类别前三位，分别占投诉总量的 21.66%、16.38%、8.17%；质量问

2022 年 3 月 14 日，仓山区“3·15”国际消费者权益日宣传活动在白湖亭万达广场举行。图为仓山区市场监管部门宣传食品安全　　（王玉萍 摄）

2022年7月7日，福州市市场监管局联合媒体对酒楼、便利店开展检查。图为执法人员在便利店开展“雪糕刺客”检查（卓林 摄）

题、合同纠纷、售后服务居投诉性质前三位，分别占投诉总量的28.79%、16.06%、12.59%。

【“3·15”国际消费者权益日活动】 2022年，福州市消委会围绕“共促消费公平”消费维权年主题，与市市场监督管理局举办“3•15”国际消费者权益日宣传活动，走访企业开展消费维权调研检查，联合福州市律师协会发布2021年消费投诉典型案例，邀请公益律师解读法律法规、评析典型案例，并通过报纸、电视、车载LED屏等传统载体及微信、抖音等新媒体开展消费维权宣传活动。“3·15”国际消费者权益日宣传活动期间，全市组织开展现场咨询活动56场，参加活动4700人次，接受咨询1500人次，受理投诉72件，发放宣传材料6.2万份，群发消费维权年主题短信60万条。

【新式点心商品质量抽检】 2022年，福州市消委会联合省消委会开展新式点心比较试验，抽查12家新式点心铺销售的36款样品，并委托福州海关技术中心参考《食品安全国家标准糕点、面包》《食品安全国家标准预包装食品营养标签通则》《国家食品安全标准食品添加剂使用标准》《中国居民膳食指南（2016）》等，对能量、脂肪、反式脂肪酸、总糖、山梨酸、菌落总数、大肠菌群、霉菌等13个项目进行检测，发现样品在营养成分和微生物方面差别较大，存在新式点心标签标识不够规范、个别样品微生物指标超标等问题。市消委会发布新式点心比较试验结果及相关消费提示，并向新式点心制售单位发出加强质量管控的建议函。

【社会质量检查】 2022年，福州市消委会组织开展城市消费者满意度问卷调查，收集政府及有关部门、专家学者、新闻媒体、行业企业和消费者的意见建议，共同探讨和提出消费环境优化改进措施。联合省花卉销售业协会开展“共促消费公平，装点美好生活”花卉及相关产品消费体验活动，邀请花卉园艺师讲授花卉种养、插花花艺及相关产品知识，并指导消费者进行日常家庭插花的选花、剪插。关注消费舆情，围绕网络防水补漏骗局、健身培训机构跑路、街头维修广告套路等热点，约谈大型商超、健身培训机构、财产保险公司、房地产公司、婚姻中介等17家，并向部分未能积极配合调解或经约谈仍拒不作出整改的6家企业发出建议劝谕。参与政府职能部门组织的消费市场专项执法检查，配合市场监管等执法部门开展向未成年人无底线营销食品、校园周边文具玩具食品、打击整治养老诈骗、商品过度包装等专项整治。

【消费宣传教育】 2022年，福州市消委会立足新冠疫情防控和消费维权，联合福州市律师协会线上发布“2021年消费投诉十大典型案例”，发布警示提示、消费常识、投诉案例、维权动态88篇。推进线下无理由退货承诺工作开展，新增“线下无理由退货承诺单位”30家，组织对承诺单位进行检查回访，指导福建利客莱超市、苏宁易购苏宁广场店、永辉连江县贵安新天地分店等7家企业和商家提出申请、作出承诺。组织编写《中小学生消费维权知识读本》，介绍消费常识、食品安全、儿童用品等方面的消费维权知识，并通过微信公众号等平台发布“规避儿童盲盒陷阱　警惕上瘾过度消费”等消费警示提示。参加政府及相关部门开展的“科普·质量·消费维权知识”宣传等活动，协助相关部门深入社区、学校、乡村等开展民法典、消法和消费维权知识宣传普及。

（邹惠珍）

（编辑　黄　铭）

财政 税务

财 政

【概况】 2022年，福州市一般公共预算总收入1059.05亿元（“财政”分目数据含平潭），比上年同口径下降5.5%，其中地方一般公共预算收入698.52亿元，同口径增长1.1%。全市一般公共预算支出1006.09亿元，比上年增长8.7%。政府性基金收入617.34亿元，比上年下降35.7%。政府性基金支出860.36亿元，比上年下降25.9%。社会保险基金收入245.07亿元，比上年增长11.1%；支出234.49亿元，增长9.6%。市财政围绕“六个城、五大品牌、九大专项行动”重点目标任务，贯彻落实稳经济一揽子政策和接续措施，推动全市经济运行稳中有进。

【财政保障】 2022年，福州市根据减税降费政策，结合各县（市）区留抵退税工作进度，提前进行资金测算，库款调度重点向库款保障水平低的县（市）区倾斜，增加县级国库现金流，确保各级及时足额退税。全年全市退减降缓税费超260亿元，其中增值税留抵退税183亿元。

支持企业降本增效，扩大全市融资担保机构对小微企业的融资担保业务规模，为200家零售业、餐饮业中小微企业及个体工商户提供融资担保1.5亿元。阶段性减免小微企业和个体工商户租金，落实扩大实施社保费缓缴政策，降低企业运行成本，为2849户减免租金约9000万元。顶格实施国家普惠性失业保险返还，为6.3万家企业发放稳岗返还资金3.27亿元。

促进市场持续复苏，支持扩大内需促进消费，持续开展“惠聚榕城·福见商旅”商贸促消费活动，拨付1.18亿元用于发放商贸消费券，推动扩大汽车消费、家电家居消费升级，直接拉动消费超17.8亿元。全年下达中央、省级财政直达资金47.28亿元（不含用于支持退税减税降费资金），直接用于惠企利民。

加强专项债券工作，全年争取新增专项债券资金267.15亿元，主要投向轨道交通、公共卫生、产业园区、供水等重点领域和重大项目。会同市发改委等部门组成专项债券工作专班，组织2023年度专项债券申报工作，项目申报金额710.5亿元。

【创新驱动投入】 2022年，福州市落实R&D经费投入等科技奖励政策，支持省级重大平台项目建设，下达海峡创新实验室建设经费5000万元、闽都创新实验室建设经费2亿元。优化整合中央、省、市工业发展扶持资金8.25亿元，支持开展“扶持龙头壮大产业”“榕升计划”等专项行动，推动工业（产业）园区标准化建设。出台市级技改融资贷款财政贴息支持政策，下达贴息资金1.6亿元，推动企业重大项目技改扩产攻坚。支持实施“专精特新”提升工程，新培育国家级专精特新“小巨人”企业280家。

【“四大经济”投入】 2022年，福州市财政加大“四大经济”（数字经济、海洋经济、绿色经济、文旅经济）投入。统筹市级发展专项等资金4.1亿元，用于企业数字化转型和数字政府建设，助力数字经济发展。累计下达资金8.95亿元，重点用于支持渔港建设、海上养殖设施升级改造、远洋渔业发展、渔业品牌建设等重点领域和重大项目，助力“海上福州”建设。下达各类节能环保和循环经济发展专项资金4.31亿元，推进“电动福建”、新能源充电基础设施建设和新能源汽车的推广应用。利用各类文化旅游发展专项资金5.63亿元，支持举办第八届海丝国际旅游节，打造“闽江之心”、烟台山历史文化街区等文旅消费热点，创建国家文化和旅游消费试点城市，促进文旅产业持续复苏。

【区域发展投入】 2022年，福州市健全乡村振兴财政支持保障机制，落实扶农稳粮政策，加快特色现代农业（产业）园区建设。实施农村环境整治提升行动，推广运用农村人居环境积分制。推进城市更新活动，支持实施旧屋区改造和老旧小区整治工程。下达11.4亿元资金，推进中央财政支持住房租赁市场发展试点工作。支持新一轮交通缓堵治理，地铁5号线一期首通段和地铁6号线开通运营，启动建设尤溪洲南桥头立交提升改造、象山隧道拓宽改造等重点工程。安排15亿元，持续推进城区内河水系综合整治。推进新区新城建设，统筹整合各类资金58.89亿元，支持轨道交通6号线东调段工程、国道316线长乐漳港至营前段、滨海新城综合医院二期、滨海新城安置房、新投科技研发中心等重大项目建设。

【民生事业投入】 2022年，福州市强化落实基层“三保”（保基本民生、保工资、保运转支出）底线，关注各县（市）区库款运行情况监测和库款变动趋势，预测支出需求，落实库款保障，确保“三保”支出。支持保障和改善基本民生，全市与民生相关支出790.94亿元，占一般公共预算支出的79.1%，保持近八成财政支出投向民生领域。落实一般公共预算教育支出“两个只增不减”（确保一般公共预算教育支出逐年只增不减，确保按在校学生人数平均的一般公共预算教育支出逐年只增不减）要求，全市教育支出206.4亿元，比上年增长8.4%。统筹各类专项资金19.3亿元，推动市属公立医院整体改造提升。提高城乡居民医疗养老保障待遇，城乡居民医保财政补助标准由每人每年620元提高至660元，比省定标准高40元；城乡居民基础养老金最低标准由每人每月190元提高至240元。加大对困难群体扶助力度，完善城乡居民最低生活保障标准动态调整机制，将低保标准从每人每月760元提高至880元，困难残疾人生活补贴标准由每人每月265元提高至285元。

【财政管理改革】 2022年，福州市财政局压减非急需非刚性支出，加强“三公”经费预算管理，严控一般性支出，保障重点领域支出。完善财政资金审批拨付办法，加强新增支出事前管控。推动重点领域改革。优化预算管理一体化系统，推行“大专项”项目资金管理模式，推进专项资金实质性整合。实施零基预算管理，合理确定部门预算规模和具体支出结构。推进财政事权和支出责任划分改革，出台应急救援和自然资源两个领域改革实施方案。修订完善财政资金审批管理办法。加强财政中长期支出事项管理，开展预算项目全生命周期管理。扩大电子票据应用场景，深化医疗收费电子票据改革。推动财政评审提速增效，优化财政营商环境。履行国有金融资本出资人职责，深化市属国有金融企业改革，加强重大事项核准工作。

【债务风险防范化解】 2022年，福州市财政局加强专项债券的储备、申报、发行、使用等全流程、穿透式管理。开展常态化债券项目储备，提高项目成熟度，确保优先投向重点领域和重大项目。加强债券支出进度通报、督导机制，推动加快工程建设。落实人大对政府债务的审查监督机制，加强债务限额管理和预算约束，规范政府融资行为，遏制新增地方政府隐性债务，化解存量债务。

【财政监督】 2022年，福州市财政局加强财政监督检查与纪检监察、审计等业务贯通协调，协同推进民生领域专项资金“点题整治”。提高“三公”经费监管精细化水平，加大“三公”经费公开力度。接受市人大、审计及上级财政部门等监督检查，按时逐项落实审计整改意见，承办省、市人大代表建议63件、政协提案38件，全部按时办理完毕，答复满意率100%。

表21　　2021—2022年福州市一般公共预算收支执行情况统计表

预算科目	2021年决算数（万元）	2022年决算数（万元）	增长率（%）	预算科目	2021年决算数（万元）	2022年决算数（万元）	增长率（%）
一般公共预算收入合计	7498470	6985234	−6.8	一般公共预算支出合计	9252559	10060892	8.7
一、税收收入	5637746	4282222	−24.0	一、一般公共服务支出	784609	925812	18.0
增值税	2172190	1281919	−41.0	二、外交支出	—	—	—
营业税	—	—	—	三、国防支出	11602	12810	10.4
企业所得税	1014886	958370	−5.6	四、公共安全支出	444990	494615	11.2
个人所得税	588614	345140	−41.4	五、教育支出	1901386	2064007	8.6
资源税	2298	1812	−21.1	六、科学技术支出	394536	251025	−36.4
城市维护建设税	358191	274607	−23.3	七、文化旅游体育与传媒支出	160637	184140	14.6
房产税	270470	271564	0.4	八、社会保障和就业支出	1181502	1450603	22.8

续表 21

预算科目	2021 年决算数（万元）	2022 年决算数（万元）	增长率（%）	预算科目	2021 年决算数（万元）	2022 年决算数（万元）	增长率（%）
印花税	161553	148306	-8.2	九、卫生健康支出	907120	1051644	15.9
城镇土地使用税	73161	66237	-9.5	十、节能环保支出	201541	153662	-23.8
土地增值税	518478	480325	-7.4	十一、城乡社区支出	1058060	1179688	11.5
车船税	65980	71060	7.7	十二、农林水支出	608915	575682	-5.5
耕地占用税	18930	25839	36.5	十三、交通运输支出	362161	254367	-29.8
契税	389028	353039	-9.3	十四、资源勘探信息等支出	184713	144552	-21.7
烟叶税	—	—	—	十五、商业服务业等支出	261476	348232	33.2
环境保护税	2838	3468	22.2	十六、金融支出	12307	8663	-29.6
其他税收收入	1129	536	-52.5	十七、援助其他地区支出	9871	13240	34.1
二、非税收入	1860724	2703012	45.3	十八、自然资源海洋气象等支出	61655	95422	54.8
专项收入	700264	717312	2.4	十九、住房保障支出	274852	335329	22.0
行政事业性收费收入	122041	92940	-23.8	二十、粮油物资储备支出	28186	27145	-3.7
罚没收入	191902	94467	-50.8	二十一、灾害防治及应急管理支出	49818	67233	35.0
国有资本经营预算收入	69206	146501	111.7	二十二、其他支出	164330	218908	33.2
国有资源（资产）有偿使用收入	627750	1514206	141.2	二十三、债务付息支出	186977	202938	8.5
其他收入	149561	137586	-8.0	二十四、债务发行费用支出	1315	1175	-10.6

说明：1.2022 年度福州市一般公共预算收支数据包含平潭综合实验区收支数据；
2. 其他收入包括捐赠收入及政府住房基金收入

（郑思吟）

税 务

【概况】 2022 年，福州市税务部门组织税费收入 2058.68 亿元，年末全市税务系统正常管理纳税人 40.4 万户、个人所得税扣缴申报自然人 476 万人、医疗保险和社会保险参保缴费人 648 万人。在国家税务总局福建省税务局 2021 年度绩效考评中，福州市税务局总分排名第一。

【税费收入】 2022 年，福州市税务部门组织税费收入 2058.68 亿元，比上年增收 444.31 亿元，增长 27.52%，其中税收收入 936.27 亿元，减收 237.76 亿元，下降 20.25%，扣除留抵退税因素还原后，税收收入下降 10.1%。社保和非税收入 1122.41 亿元，比上年增收 682.07 亿元，增长 154.9%。其中，土地出让收入 642.1 亿元，相比上年市自然资源和规划局入库 899.49 亿元，减收 257.39 亿元，下降 28.62%。办理出口退（免）税 198.49 亿元，比上年增加 24.95 亿元，增长 14.38%。海关代征税收完成 107.49 亿元，比上年增收 9.11 亿元，增长 9.26%。落实新的组合式税费支持政策，为市场主体减轻税费负担和增加现金流超 258 亿元，其中增值税留抵退税 175.7 亿元。市税务部门完成财政总收入 923.45 亿元，比上年减收 192.44 亿元，下降 17.25%，扣除留抵退税因素还原后，下降 13.85%；完成市本级一般预算收入 160.67 亿元，减收 22.08 亿元，下降 12.08%。

【货物和劳务税管征】 2022 年，福州市税务局组织入库货物和劳务税收 362.12 亿元，比上年减收 161.71 亿元，下降 30.87%。其中，增值税 325.81 亿元，比上年减收 156.04 亿元，下降 32.38%；消费税 19.94 亿元，增收 0.73 亿元，增长 3.78%；车辆购置税 16.37 亿元，减收 6.4 亿元，下降 28.1%。实行“快退税款、狠打骗退、严查内错、欢迎外督、持续宣传”五措并举，推动政策红利直达市场主体，完成留抵退税超 1.2 万户次，退税金额 175.7 亿元。深化发票电子化改革，核定电子专票纳税人 1.80 万户；有 1.97 万户纳税人接受电子专票。完成成品油企业软件升级工作，完善成品油异常发票和成品油库存补录流程。加强超豪华小汽车疑点筛查，逐车核实业务真实性。

【出口退税管理】　2022年，福州市税务局办理出口退（免）税198.49亿元，比上年增收24.95亿元，增长14.38%，其中直接退税168.27亿元，免抵调库30.22亿元。落实《关于进一步便利出口退税办理促进外贸平稳发展有关事项的公告》等相关政策，结合“春风助企百局行”及“领导干部走流程”活动，开展出口退税政策宣传活动。提升高信用级别出口企业纳税服务质效，阶段性加快出口退税进度，将办理一类、二类出口企业正常出口退（免）税的平均时间，压缩在3个工作日内。运用风险分析指标和模型，开展5次出口退（免）税风险分析；完成112户次出口退税风险应对任务，涉及出口退税额25.87亿元。

【企业所得税管征】　2022年，福州市税务局组织入库企业所得税315.53亿元，比上年减收17.54亿元，下降5.27%。全市27.23万家企业参加2021年度企业所得税汇算，比2020年底增加5.93万家，增长27.84%。2021年，全市3336家企业享受研发费用加计扣除140.1亿元，317家企业享受高新技术所得税优惠减免12.08亿元。落实科技型中小企业研发费用加计扣除比例提高至100%新政，2021年全市科技型中小企业享受研发费用加计扣除额合计12.1亿元，比2020年增长12.03%，金额居全省首位。启用企业所得税税前扣除凭证（发票）风险管理系统，加强企业所得税税前扣除与增值税发票的风险联动管理，完成风险企业应对2589家，合计调增应纳税额所得额4825.3万元，查补税款1492.18万元。联合科技部门，对687家企业、2405个研发项目，多批次部署开展2021年度研发费用加计扣除后续核查工作，合计调增应纳税所得额1.81亿元。落实“核定征收转查账征收”动态清理工作要求，针对全市独资、合伙企业及律师事务所等鉴证类中介机构部署开展自查整改。跟踪跨境电子商务综合试验区零售出口企业所得税核定征收政策实施情况，加强相关政策落实。

【个人所得税管征】　2022年，福州市税务局组织入库个人所得税77.13亿元，比上年减收34.05亿元，下降30.62%，其中限售股转让所得减收39.46亿元。全市155.45万人办理2021年度个人所得税汇算，汇算申报率96.03%。落实3岁以下婴幼儿照护个人所得税专项附加扣除新政，预扣预缴阶段享受扣除金额2.63亿元。落实支持居民换购住房个人所得税新政。推进文娱领域税收综合治理专项工作，“点对点”开展对“高收入、高净值”人群纳税的规范引导，全市重点补税人员330人，共计补缴入库个人所得税3107万元。

【财产行为税管征】　2022年，福州市税务局组织入库财产行为税“十税”（契税、土地增值税、城市维护建设税、房产税、城镇土地使用税、印花税、车船税、耕地占用税、资源税、环境保护税）合计181.36亿元，比上年减收24.28亿元，下降11.8%，其中契税50.69亿元，土地增值税47.17亿元，城市维护建设26.59亿元，房产税26.81亿元。完成227个土增项目清算审核，比上年107个增加120个，入库清算税款14.49亿元，增收2.41亿元，增长20%。优化“先税后证”源头控管模式，动态更新调整存量房交易计税价格，降低“阴阳合同”的涉税风险，加强房地产交易税收管征。完成福州市税务地理信息应用系统专题图层绘制工作，加强房产税、城镇土地使用税的征收管理。加强与住建部门的数据交换，入库一般性粉尘环境保护税1201.52万元，比上年增长121.1%。加强不动产登记部门的信息比对，强化不动产登记税费风险防控。

【非税收入管理】　2022年，福州市税务局组织入库非税收入746.69亿元。其中，教育费附加13.55亿元，地方教育附加9.03亿元，文化事业建设费3.37亿元，废弃电器处理基金2711.55万元，残疾人就业保障金6.2亿元，地方水利基金11.22亿元，工会经费2.68亿元，大中型水库移民后期扶持基金收入13.89亿元，地方重大水利工程建设资金4.47亿元，核电站乏燃料处理处置基金收入4.48亿元，可再生能源电价附加收入32.1亿元，场外核应急准备收入281.86万元，大中型水库库区基金4517.65万元，地方水库移民扶助基金8474.83万元，水土保持补偿费3955.06万元，防空地下室易地建设费5010.96万元，矿产资源专项收入2.09万元，排污权出让收入2079.13万元，海域使用金收入1.07亿元，国有土地使用权出让收入642.1亿元，土地闲置费退库3180万元，城市绿化赔偿收入1395.62万元。1月1日，国有土地使用权出让收入、矿产资源专项收入、海域使用金和无居民海岛使用金等四项政府非税收入划转至税务征收。年内，市税务局在全省税务系统率先编制《非税收入风险防控基本规范（试行）》。

【社保费管理】　2022年，福州市税务局组织入库社会保险费375.64亿元，其中企业职工基本养老保险166.57亿元，失业保险7.29亿元，工伤保险3.64亿元，机关事业单位基本养老保险47.10亿元，职业年金22.71亿元，城乡居民养老保险3.23亿元，企业职工基本医疗保险103.06亿元，生育保险6.14亿元，城乡居民医疗保险15.90亿元。在全省税务系统率先编制《社会保险费风险防控基本规范（试行）》，加强社保征管风险防控。3月31日，金税三期社保费征管信息系统（标准版）在福州上线。开展城乡居民医保“统模式”业务模拟测试。

【大企业税收管理】　2022年，福州市税务局完成国家税务总局、省税务局推送风险分析任务60户，涉及税款3100万元；完成风险应对任务两批次53户及1户清欠任务，合计入库税款

2.08亿元，加收滞纳金501万元。加强大企业基础信息管理，推进涉税数据直报和电子账套采集，完成3472家重点企业财报专报工作，实现申报率、完整率、准确率“三率”100%。对驻榕36家千户集团企业开展档案归集和审核。组织开展“心连心，问需求”大走访，为大企业量身定制服务清单。成立专项服务组服务重组改制企业，启动重大涉税事项协调机制，解决省港口集团在重组改制过程中的印花税问题。

【国际税收管理】 2022年，福州市税务局组织入库国际税收13.48亿元，比上年增收4.89亿元，增长56.96%。非居民企业享受税收协定待遇434家次，减免企业所得税1.46亿元。通过监控管理、案件调查调整和预约定价服务3种形式，结案反避税案件13件，结案税款和利息共计1.4亿元，已入库5922.63万元。完成1家企业的单边预约定价续签工作及1家企业的双边预约定价安排续签工作。优化“走出去”企业信息管理，整理上报“走出去”企业信息197条、境外被投资企业信息350条、外派人员信息1694条。落地全省首个采用同期资料管理方式调整补税的案例，企业补缴税款及利息超1000万元。通过国际税收管理平台分别向G20国家中的12个国家发送500条自动情报信息。开具中国税收居民证明33份，享受协定待遇金额5860.04万元，在境外减免相应税款3406.86万元。完善对外支付及协定待遇后续管理，对不当享受协定待遇的纳税人补缴税款及滞纳金670万元。备案13户次境外投资者以分配利润直接投资暂不征收预提所得税，合计递延纳税1.77亿元。

表22 **2022年福州市税务系统各项税费收入完成情况统计表**

项目	入库金额（万元）	比上年同期增加绝对额（万元）	比上年同期增长（%）
一、税费合计	20586792	—	—
（一）税收	9362727	−2377558	−20.25
中央级	4534249	−1142710	−20.13
地方级	4828479	−1234850	−20.37
省级	198674	−532331	−72.82
地（市）级	1473144	−250029	−14.51
县（区）级	3156662	−452491	−12.54
1. 增值税	3258127	−1560376	−32.38
其中：直接收入	2955927	−1625976	−35.49
免抵调	302200	65600	27.73
2. 消费税	199424	7261	3.78
3. 企业所得税	3155319	−175366	−5.27
4. 个人所得税	771288	−340477	−30.62
5. 土地增值税	471662	−29430	−5.87
6. 其他税收	1506908	−279172	−15.63
（二）费金	11224064	—	—
二、出口退（免）税	1984859	249509	14.38
三、海关代征	1074869	91105	9.26
四、财政总收入	9234498	−1924491	−17.25
五、地方财政预算收入	5124449	−909516	−15.07
六、市本级一般预算总收入	2994988	−412751	−12.11
七、市本级一般预算收入	1606659	−220896	−12.09

【税收法治建设】 2022年，福州市税务局审理重大税务案件87件次。审理行政复议案件37件。新增行政诉讼一审案件11件，结转上期行政诉讼一审案件2件。在海丝中央法务区福州片区成立全省首个税收法律服务中心。与京东拍卖、福建汉德数字拍卖有限公司开展抵税财物拍卖合作。通过公职律师入驻福州智税服务平台、组建"公职律师涉税争议咨询调解中心"、指派公职律师参与《税务常用法制文件汇编》审稿、组织开展18名公职律师2021年度执业情况考核等方式，推进公职律师参与涉税争议咨询、组织调解、出具意见等法务活动，推动争议化解。

【办税缴费服务】 2022年，福州市税务局办税缴费服务举措被省税务局吸纳进《福建省建设"闽捷办"智慧税务平台打造"不打烊"的网上税务服务厅》，受到国务院办公厅通报表扬。创新数字人民币在台胞场景、自然人缴交社保场景及退税场景的应用，通过数字人民币缴纳税费67.1亿元。连续第九年开展"便民办税春风行动"，围绕"智慧税务助发展·惠企利民稳增长"主题，提出174条贯彻措施，相关做法被国家税务总局、省税务局《春风行动动态》刊载10次。分3批次对3.47万户纳税人开展问需走访。联合市工商联开展"春雨润苗"专项行动，推出四大类主题活动12项服务措施，开展线上线下培训辅导14场、服务1933户次，开设公益讲堂17场、辅导1.08万户次。利用税收大数据支持企业供需对接复工复产，帮助5家企业实现产销对接，成交额5386.4万元。推进"银税互动"，合作金融机构为1.01万家中小企业发放贷款约177.33亿元。完成2021年度信用评价户数292253户，其中A级18924户（占比6.48%）、B级103227户、M级122292户、C级2831户、D级44979户。建立信用修复提醒模式，推行逾期未申报信用纠正修复提醒服务。围绕诚信兴商宣传月主题，开展"依法诚信纳税"主题宣传活动，宣传覆盖7.64万人次。联合福建省电子商务协会举办"税惠春风助发展"宣讲会，联合招商银行福州分行举办"税惠小微 春风行动"银税互动直播活动。通过推广"非接触式"办税缴费，确保新冠疫情期间服务"不断档""不掉线"。

全年"12366"纳税缴费服务热线为61万人次提供"非接触"办税咨询、税收优惠政策辅导等服务，人工接通率94.47%，服务满意率99.99%。加强智能咨询应用，"税博士"智能客服访问量25.39万次，接近"12366"人工接听量的29.32万次，分流热线话务压力。市税务局开展"福州税务云开讲"系列课堂11场，各县（市）区税务局开展云直播37场。完善"线上申请、后台审核、快递送达"的020（线上申请、线下递送）领票模式，11.8万户纳税人通过020网上申领发票8487.49万份。税收营商环境指标"发票申领至审核时长"压缩至30分钟内。制作下发《2022新的组合式税费支持政策汇编》等各类宣传册近30万份。处理福州市"12345"便民（惠企）服务平台上涉税诉求2062件，"及时查阅率""即时办结率"均为100%，"群众满意率"99.79%。

2022年5月23日，福州市税务局联合招商银行福州分行举办"税惠小微 春风行动"银税互动主题直播活动 （市税务局 供图）

【税收征管改革】 2022年，福州市税务局升级福州"智税e+"服务品牌，建立电子税务局审核专岗制度，提高网上办税效率，企业线上办理率96.49%，审核时长压缩至4.95分钟，审核时效位列全省第一。福州智税服务平台入驻市场主体45.43万户，其中企业用户31.78万家、激活率91.01%。通过税收大数据对政策适用者开展精准推送、分类辅导，推送200多条次税费优惠政策，覆盖超100万人次。扩大智能语音呼叫中心试点范围，"税博士"智能客服总对话量突破41.73万次，准确率90%。在全省首创推出"税款智能计算器"。开展税务总局交办的"5C+5R"试点工作，提升业务办理准确性和执法服务规范性。推进"金税四期"决策管理指挥平台、税务地理信息系统（税即视）平台配置工作。采取"集中预先辅导、随票全面覆盖、网格兜底保障"的组合式"首票精准服务"措施，宣传推广全面电子化发票，对全市4.49万户纳税人提供"预先服"服务，实现全面电子化发票全市全覆盖。开展税收信息化专项整治。开展委托代征企业清理，终止委托代征单位94家，保留委托代征条件件的单位371家。

【税收经济分析】 2022年，福州市税务局依托税务总局"税比析"系统和"税郡通"系统，完成税收经济专题分析、退税减税政策效应分析等33篇，

2022 年 4 月 1 日，福州市税务局通过云直播形式举办福州市第 31 个全国税收宣传月暨"智税 e+"服务品牌宣传活动

（市税务局　供图）

向县（市）区地方政府提供税收数字化报告 26 篇，其中 1 篇获省委省政府领导批示，6 篇获市委市政府领导批示，11 篇获得县（市）区党政领导批示。7 篇分析报告被市政府发展研究中心《研究报告》采用。各类信息被市委市政府采用 282 篇，被省委省政府、税务总局采用 126 篇，参与的调研被中办、国办采用 23 篇，信息工作在全省税务系统排名第一、市政府排名第一、市委排名第二。

【税收风险管理】　2022 年，福州市税务局下发风险应对任务 3286 户次，合计查补入库税款 3982.12 万元。开发应用大数据监控平台，建成 7 个主题可视化大屏。完善风险分析和风险应对的工作机制，组建"留抵退税、空壳企业、医美行业、涉嫌反快反虚、出口退税、小汽车／豪华汽车"等各类专业化分析验证团队 201 人，其中留抵退税分析验证团队 75 人。理顺风险管理部门和业务主责部门职责边界。构建"1+N"模式的专业化团队，组建 1 个市局团队、15 个县区团队，加强数字分析和数据管理。

【税务稽查】　2022 年，福州市税务局稽查立案检查户数 1203 户，审结 1513 户，结案 1350 户，查补税款、加收滞纳金等 7.49 亿元；入库 4.5 亿元。破获全省首件取得外省虚开的增值税电子专用发票案，在东南网等新闻媒体上曝光公布骗取留抵退税案 3 件。查处骗取出口退税专案 2 件，分别补缴增值税等相关税费 622.33 万元、追缴已退税款 3.59 亿元。根据六部门协作机制，与公安部门在案源移送、案件侦办等方面加强合作，向市公安经侦部门移送案件 88 件。联合公安、检察、海关等部门查处 8 件重大涉税案件，公安抓捕涉案人员 67 人，检察院批捕 25 人。与市检察部门签订"福州市检税协作框架协议"。加强与银行协作，对 24 家企业采取税收保全措施，冻结银行存款 1.86 亿元。随机抽取 18 家企业作为市级"双随机"抽查工作自查对象。向上级部门报送 136 条"黑名单"信息，联合相关管理部门对失信企业实施惩戒，加强事中事后监管。清理稽查积案 246 件。与市公安局经侦支队组队参加全省"护闽发展砺剑争锋福建警税'闽剑'实战比武"竞赛，获一等奖。配合省市相关部门常态化开展扫黑除恶斗争、打击非法社团组织、打击治理电信网络诈骗犯罪、打击走私违法犯罪活动等工作。

（林明明）

（编辑　黄　铭）

口岸管理

综 述

【口岸建设】 2022年，福州海港与40多个国家和地区的港口开展贸易往来，有集装箱航线83条，其中包含丝路海运航线12条，外贸内支线13条。福州港是全国沿海25个主要港口之一，具备进境肉类、粮食、水果、冰鲜水产品和整车进口指定口岸功能；福州港口岸分为闽江口内港区、松下港区、牛头湾港区、江阴港区、罗源湾港区5个开放港区和黄岐港区（2017年获得国务院批复）1个拟开放港区；有福州海关特殊监管区域2个，为福州综合保税区（原福州出口加工区）、福州江阴港综合保税区（原福州保税港区）。福州市有生产性泊位108个，其中万吨级以上泊位58个，10万吨级以上泊位21个；总通过能力14851.3万吨。

表23　2022年福州市口岸海运统计表

类别	完成量	比上年增长（%）	进口量	比上年增长（%）	出口量	比上年增长（%）
货物吞吐量（万吨）	23207.37	10.85	12492.02	6.82	10715.35	15.94
外贸货物吞吐量（万吨）	5468.67	−3.54	4176.39	−4.56	1292.28	−0.10
集装箱（万标箱）	317.55	−1.12	164.78	1.15	152.77	−3.46
外贸集装箱（万标箱）	148.02	−4.07	75.48	−1.04	72.54	−7.03

表24　2022年福州市空港口岸客运统计表

类型	客量（人次）	比上年增长（%）
出境	65150	52.22
入境	82024	81.42
合计	147174	67.22

【口岸开放】 2022年，福州港黄岐港区完成扩大开放国家级验收筹备工作；罗源湾港区环下屿岛扩大开放批复取得阶段性突破，于6月30日获国务院批复同意扩大开放。华润建材码头2万吨级泊位、马尾造船股份有限公司2号码头分别于1月、8月通过省口岸办组织的口岸开放省级验收，实现对外开放。

【口岸通关】 2022年，福州市持续压缩整体通关时长，根据海关总署通报，2022年12月福州关区整体通关时间进口为17.98小时，较2017年当月压缩83.91%；出口为0.62小时，较2017年当月压缩94.64%，出口通关时间实现“五连降”。修订完善《福州口岸进出口环节收费目录》，全面推广使用国家标准版“单一窗口”全国口岸收费及服务信息发布系统。在2021年度省对市优化营商环境工作考评中，市口岸办牵头的跨境贸易指标位居全省排名第二位，被列为福建省标杆。

（陈 婉）

海关监管

【概况】 2022年，榕城海关受理进出口报关单15.4万单、监管进出口货物4225.58万吨、货值1159.74亿元，完成税收入库89.21亿元；监管进出口集装箱47.88万标箱，监管进出境人员5.02万人次，监管进出境运输工具8708辆（艘）次，监管进出境邮递物品626.2万件。福州长乐机场海关受理进出口报关单9.28万份，监管进出口货物1.08万吨，货值101.8亿元，完成税收入库2.93亿元；监管进出境航班1970架次，其中货运航班1008架次，占航班总量的51.2%；监管进出境人员14.52万人次；验放9610出口包裹372.80万票，货值7.97亿元；开展福州航空用以抵偿滞纳金股票处置工作。马尾海关受理进出口报关单15.3万票、监管进出口货物810.7万吨、货值812.5亿元，监管进出口集装箱40万标箱，完成税收入库30.1亿元。

【通关服务】 2022年，榕城海关出台促进外贸保稳提质25条措施，助力“两国双园”加快建设，进境肉类指定监管场地通过海关总署验收，进境粮食指定监管场地获批同意建设。推动福建省首条中老班列、福州市首条中欧班列开行，实现“海丝”“陆丝”交汇对接，累计开行8趟次，载运532标箱、货值9429.1万元；优化“空铁海陆”四类型5条临时邮路。助推马尾造船股份有限公司2号泊位通过省级验收。签发全省首份RCEP原产地证书，累计签发3880份、货值1.78亿美元。在全国率先指导完成平行进口汽车标准符合性整改场所验收，监管汽车入区2436辆、货值9.13亿元，分别比上年增长11.49倍、11.34倍。推动福州新港国际集装箱码头有限公司获得海关总署进境原木指定监管场地（B类）资质，监管进口原木1.3万立方米，比上年增长2.12倍。助力全国“对台邮件总包交换中心”建设，监管对台邮件数量4.16万件，比上年增长19.9%。完成福建奔驰等3家企业高级认证，获评全国海关十大信用案例。

福州长乐机场海关出台21项促进外贸保稳提质措施，涉及保障产业链供应链循环畅通、促进优质种质资源与生物材料进口等5个方面内容。调整优化查验作业时间，对接爱普生、福耀玻璃等企业，保障复工复产出境航班33架次，出境人员5396人次。支持跨境电商业态发展。利用菲律宾货机直航优势，开拓宠物出口渠道，累计出口恶霸犬、英国短毛猫等宠物329只。推广应用“两段准入＋附条件提离”模式，时隔一年恢复种子进口。服务空港综保区、航油保税、机场二期扩建工程等重点工程，其中T2航站楼、海关办公用房施工图完成图纸确认，2022年底开始主体工程施工。支持跨境电商业态发展，开展政策和科普宣传，赴漳港中心小学开展“跨境电商寄递‘异宠’综合治理”专项行动进校园活动。探索危险品监管长效机制，修订安全生产文件5份，完成机房动环系统、园区电动车充电的安全改造项目，开展消防、跨境电商渠道危险品处置等演练13场次。

马尾海关开展压缩通关时间专项整治，全年进出口整体通关时间分别为50.95小时、1.03小时。引导属地企业异地税源回流，为3252家非福州海关本地企业提供多样化纳税服务，货值超130亿元，新增异地税收2.85亿元。开展税政调研，3篇税政调研建议获国务院税则委员会采纳通过。开展“线上＋线下”RCEP等政策培训3期，受理进口RCEP协定报关单269票，为企业减免税款548万元。推动进境种苗实施附条件提离便利化措施落地，监管进口种子3930吨，为相关企业减负100万元；支持智利种牛在马尾口岸进境2批次、7631头。

【口岸监管】 2022年，榕城海关加强入境船员和进口冷冻水产品的新冠病毒核酸检测，阳性77例，占福州关区海港口岸检出阳性病例和阳性样品数量均位居福州关区第一。春节期间处置罗源湾口岸入境船舶聚集性新冠病毒感染事件，相关工作经验在福州关区推广。截获有害生物19种、821种次，一般性有害生物326种、9355种次，非贸渠道截获外来物种103种次；从单船进境美国大豆中截获检疫性杂草9种，创福州

2022年，马尾海关完成智利种牛在马尾口岸进境。图为海关关员在口岸现场监管

（马尾海关 供图）

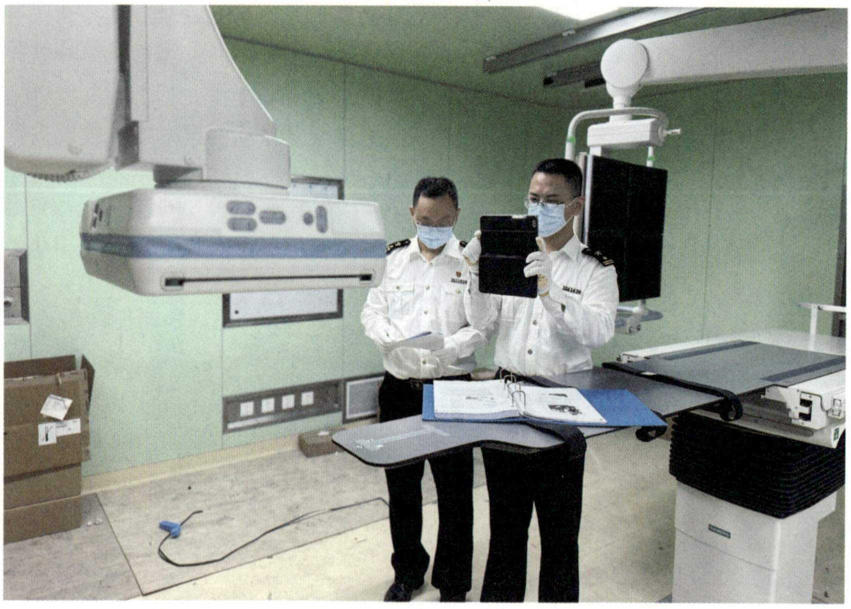

2022 年，榕城海关推行属地查检新机制，缩短企业属地查检等待时间。图为榕城海关关员对福清市医院进口的医用血管造影 X 射线机开展安装调试过程检验

（榕城海关 供图）

海关单项历史纪录；开展跨境电商“异宠”专项治理，截获 8 批次 7 种；查获濒危动植物制品类案件 18 件。

福州长乐机场海关配合开展“关长走进口岸封管区”活动，收集问题建议，研究难点问题和堵点环节。测试应急响应机制，召开疫情防控周例会，修订制度性文件。提前谋划应对年内航班增加工作，争取地方政府推动常态化通道建设。重点完成外交部、央企接返包机和 MU588 上海入境航班分流等航班任务，其中监管进境包机、入境分流航班 80 架次，人员 2.03 万人次。完成入境客运航空器终末消毒监督 254 架次。检出甲流、疟疾等其他传染病 8 例。加强生物安全监管，截获一般性有害生物 10 种类、54 种次。

马尾海关检疫进出境船舶 1430 艘次、进出境船员 2.7 万人次，检测进口冷链商品 2835 票、集装箱 2949 个。截获检疫性有害生物 12 批次、5 种类、13 种次，一般性有害生物 192 批次、38 种类、474 种次。开展外来入侵物种普查，发现外来入侵物种 13 种。查发未获准入进口食品 22 票，封存涉非洲猪瘟疫区猪肉及其相关制品 1.6 吨，销毁退运不合格进口食品 39 批次。启动应急梯队加快冷链水产品验放速度，监管放行进口水产品 50.36 万吨。

2022 年 6 月 11 日，福州长乐机场海关关员对航空器液体废弃物消毒处理进行监督

（福州长乐机场海关 供图）

【海关改革创新】 2022 年，榕城海关实施跨境电商货物快速智能转关模式帮助企业提升通关效率。推行属地查检新机制，缩短企业属地查检等待时间。持续推进江阴港智慧监管项目实施，获福建省第五届机关体制机制创新优秀案例二等奖。推行出境竹木草制品检疫视频查检新模式，获评福州海关促外贸稳增长“十佳”案例，助推福州市“跨境贸易”指标列为全省标杆。创新“浮码头”海上登临检疫模式，助推华东船厂压载水项目改装业务跃居行业全球第一。推出 4 项自贸创新措施，联合申报项目“智慧企管”工程获评全国自贸首创措施。

福州长乐机场海关协调降低机场货站各环节收费，入选福州海关促进外贸保稳提质工作“十佳”典型案例。推广提前申报、两步申报、先放后改等创新举措，办理汇总征税报关单 2493 票，电子支付 6564 票，出口提前申报率占比 91.82%，两步申报率占比 41.37%，指标均位居关区前列。优化智能审图重点商品识别算法，在进境航班中全面启用“先期机检”模式，提升旅客通关速度 30%。建成旅检 VR 物联网系统，作为推荐项目参展第五届数字中国建设峰会。在货运站启用转关系统，通关时长缩短 30%，每台转关车辆节省费用 500 元。

马尾海关帮扶企业开展综保区“一般纳税人资格试点”业务，助力企业获增值税期末留抵退税额 1344.24 万元。实施线上审批、视频监管与现场监管相结合优化监管，办理线上审批 104 次，涉及物品总价 91.4 万元。引导企业推进海外仓建设，助力福州成为福建省首个覆盖跨境贸易电子商务出口全业务模式的城市。支持地方开展易货贸易，帮助福建省企业拓展国外客户订单。落实全国首创的出口干散货“船对船”自贸创新措施，服务碎石出口196批次、198.6万吨。

（陈 浩 王 煜 林 钦）

边防检查

【概况】 2022年，福州出入境边防检查站（简称福州边检站）查验出入境船舶3095艘次、人员61621人次，工作成效3次得到福州市领导批示肯定。福州边检“前沿党建”示范品牌并获评福州市直机关优秀党建品牌，“马江边检党建带”获评福州市直机关党建文化示范长廊。

【口岸建设服务】 2022年，福州边检站参与“海上福州”建设，跟进保障福州（连江）国家远洋渔业基地、环下屿岛作业区、黄岐港区对外开放、福州军航码头公司华润建材码头、马尾造船2号码头等省市重点项目建设。

【边检“放管服”改革】 2022年，福州边检站聚焦福州远洋渔业、船舶修造等重点项目、龙头企业通关需求，跟进省市重点关注的远洋渔获上岸问题，查验远洋渔船328艘次、远洋渔工7274人次，助力32万吨渔获装卸上岸，全年免办国内港口移泊边检手续507艘次，随到随检、快检快办，为企业节省在港靠泊时间916小时，为修造船企业提供上下外轮行政许可便利59591人次，提供紧急救援等应急响应服务31批次，为228艘新造或完成维修、出港试航后即交付的国际航行船舶提供便利服务，助力企业降低运营成本。

（林伟航）

海防管理

【概况】 2022年，福州市海洋渔业部门开展渔业执法巡查199次，登临检查渔船400艘，查处擅自屏蔽、拆卸安全救助终端渔船4艘，查处未落实进出港报告制度渔船6艘，查处未配齐配足职务船员、普通船员未持证上岗、重复报备船员信息渔船3艘，查处擅自改变作业类型、作业场所渔船8艘；开展打击“五超行为”检查2483次，出动执法人员11886人次，排查渔港1781个、渔船5458艘，闭环整改一般安全隐患284处；开展“商渔共治”执法行动6次，出动执法船艇15艘次，出动执法人员197人次，查获违规渔船6艘、违规采砂船5艘，清理航道上的网具85张。福州海警局开展2022年“净海”行动，侦办走私犯罪案件39件，查扣走私船舶41艘、车辆29辆，没收拆解走私“三无”船舶、大力马快艇33艘，破获大案要案5件，查扣成品油1150吨、冻品2022吨、煤炭1.1万吨、固体废物406吨。

2022年8月12日，福州港口岸闽江口内港区福建省马尾造船股份有限公司2#码头对外开放省级验收工作会议在连江县召开 （福州边检站 供图）

【平安海域创建】 2022年，福州市海洋渔业部门成立渔船管理服务组织89个（渔业企业12个，村民委员会77个），实现全市在册海洋捕捞渔船（含捕捞辅助船）组织化管理全覆盖。伏季休渔期间，对各级渔业系统监管人员、重点乡（镇）村（居）管理人员、职务船员、普通船员开展大培训，组织培训30余场次835人次；召开渔业安全生产宣传会49场，组织观看“蓝色警示”专题警示教育片3000多人次；举办“5·12”防灾减灾日、6月安全生产月、安全生产月咨询日等主题活动。各沿海县（市）区海防办结合辖区平安综合治理考评工作，会同主要涉海部门开展船舶管理、海上安全作业等宣传教育；利用短信平台、电视媒体、宣讲会、“致渔民的一封信”等形式进行海上安全、海域管控等专项宣传。

【军警民联防】 2022年，福州市海洋与渔业局和福州海事局共同签署“海上安全与救助合作备忘录”；福州海事局与福州海警局联合签署“执法合作备忘录”；福州边检站与海关、海警、海事及公安边海防、出入境、监管等部门制定出台《口岸常遇突发事件处置指引》；榕城海关加强与应急、交通部门等监管合作，与相关部门签订合作备忘录。福州海事局组织海事、应急、救助、海洋与渔业、消防、卫健、环保等22家单位部门，举办2022年福建沿海海上危险化学品货物泄漏综合应急演练。福州警备区深化拓展军地一体医疗救护训练机制，协同解放军九〇〇医院及相关地方单位，组织民兵作为骨干力量参加军地一体医疗救护演练。

（程道华）

打击走私

【概况】 2022年，福州市开展“国门利剑”等系列专项打击行动，探索基层反走私试点工作，完善走私冻品归口处置机制。全市打击走私成员单位查处刑事案件121件、行政案件484件，总案值19.73亿元。福州市连续第五年位列福建省设区市反走私综合治理工作责任制考评第一档次。

【基层反走私试点】 2022年，福州市推进基层反走私试点建设，探索构建基层反走私工作体系建设。自2020年起，市政府打击走私综合治理工作办公室（简称市打私办）与连江县打私办在连江县安凯乡同心村试点运行“党建引领、共建共治、智慧赋能”举措，并拓展延伸多个载体的“3+N”反走私工作体系。至2022年，该村实现“走私零发案、港口零上岸、船只零涉案、村民零犯案”，相关经验在全省打私办主任会议暨智慧反走私社会治理（泉州）现场会进行交流。

【打私联合专项行动】 2022年，福州市打私办根据海关总署、全国打私办、福建省打私办部署，协调相关单位部署开展重点领域打击走私联合专项行动3项。

打击烟草走贩私联合专项行动。3月25日至12月31日，市打私办针对烟草走贩私案件频发多发情况，以及违法犯罪手段呈现网络化、隐蔽化、专业化、分散化等特点，组织海关缉私、海警、公安、市场监管、烟草等部门开展打击烟草走贩私联合专项行动，遏制涉烟走贩私违法犯罪势头。

“国门利剑2022”联合行动。3月起，市打私办组织海关缉私、海警、公安、市场监管、烟草等部门，开展打击走私“国门利剑2022”联合行动，重点打击“水客”、濒危野生动植物及其制品、洋垃圾、涉枪涉毒等违禁品、成品油等重点涉税商品、冻品等重点农产品走私犯罪活动。

打击整治沿海区域走私联合专项行动。6月9日，市打私办组织海关、海警、公安、生态环境、交通、商务、应急、海洋渔业、市场监管、邮政管理、海事、烟草等部门，配合粤港澳海上联合行动，协同开展打击治理，切断海（水）上走私通道。

【走私冻品归口处置】 2022年，福州市打私办印发《福州市查获走私冻品由地方归口处置的实施意见（暂行）》，就统筹打击走私与疫情防控，从范围、职责、监管、处置、核销、协作6个方面，对县（市）区开展走私冻品归口处置进行规范指导。将福建省顺翃农产品冷链物流有限公司仓库部分冷冻库暂作为走私案件冻品专用存放仓库。

【打击整治成品油走私】 2022年7月下旬，福州市打私办赴连江县督促指导，连江县公安局（打私办）组织梳理倒查2021年以来县检察院审查起诉的走私成品油类案件10件20人，并建档管理；持续开展重点区域清理整治，落实管理措施，区域走私成品油犯罪活动得到明显遏制。

【重大走私案件】 2022年，福州市打击走私成员单位查处刑事案件121件，其中破获重大走私案件6件。

生产、销售伪劣产品案。4月19日，福清市公安局、烟草专卖局在福清市某码头破获涉嫌海运走私卷烟案件。现场查获涉案卷烟854件，抓获犯罪嫌疑人24人，查扣涉案车辆9辆，现货案值1091万元，涉案总金额超5000万元。该案为省公安厅挂牌督办案件。

走私禁止进口固体废物案。5月11日，马尾海关缉私分局在连江县查获海上偷运走私进口固体废物案件，现场查获涉嫌走私入境报废油船1艘（经司法鉴定，该船舶系国家禁止进口的固体废物，船舶轻吨7339吨）。在6月20日的收网行动中续抓获犯罪嫌疑人7人。经查，4月，该团伙主要成员共同出资1300万元购买已报废的多米尼加籍油船

2022年3月30日，马尾区协同多部门对福州海警局马尾工作站查扣的107吨走私冻品进行无害化处置（市打私办 供图）

“YUK TUNG”，套用、伪造其他船名、船号进港，并于5月6日拖运至连江某船厂船坞进行拆解。该案被海关总署缉私局列为一级挂牌管理案件。

“5·20”特大走私冻品案。6月7日，福州海警局经前期侦办，破获“5·20”特大走私冻品案，现场查扣外籍走私“母船”2艘、国内“接驳船”4艘，抓获犯罪嫌疑人32人，缴获走私冻品533.5吨，涉案总案值3200万元，对2个境外货源团伙、2个贩运走私团伙实施全链条打击。该案系福建海警首次查获外籍走私“母船”，首次对“境外采购、海上转运、境内分销”各走私环节进行全链条打击。

“新振恒”轮海上偷运走私煤炭案。6月20日，福州长乐机场海关缉私分局在长乐区福州松下码头“新振恒”轮查获涉嫌走私进口的无烟煤4427吨。经查，年内犯罪嫌疑人接受境外货主委托，将境外煤炭走私入境销售牟利，共计12472吨。该案被海关总署缉私局列为一级挂牌管理案件。

走私西洋乐器系列案。8月，福州海关缉私局在北京、青岛、济南、广州、杭州、石家庄等地海关缉私局支持配合下，开展打击走私西洋乐器查缉收网行动，抓获犯罪嫌疑人12人，破获走私西洋乐器及其配件的团伙5个，查封涉案仓库6个，查扣涉嫌走私入境乐器及配件一批，货值800万元。

“6·24”重大走私案。10月12日，仓山公安分局统筹警力280余人，分赴福州、漳州、厦门、宁德、南平等地集中收网，抓获犯罪嫌疑人32人，破获“6·24”重大走私案。该案与闽清县公安局5月查处的非法经营案并案侦办，全案到案47人，查扣现金828.05万元，车辆27辆，查扣非法香烟76710条、非法冻品净重56.66吨。经查，该犯罪团伙自3月以来，多次组织走私入境假烟、冻品等物品，至福州闽江流域口岸，后分运至全国多地，非法牟利4000余万元。

2022年12月9日，福州市公安局在2022国家宪法宣传周主题活动现场开展反走私主题宣传。图为民警向群众发放反走私宣传品　　（市打私办 供图）

【职能部门打私工作】 2022年，榕城海关查获毒品案件2件、管制精神药品类案件17件。查获枪管1件、枪支配件65件。查获各类违禁印刷品音像制品25045本（件）。查获濒危动植物制品类案件19件，包括疑似象牙制品6件毛重151克、疑似蛇皮装饰二胡2件2把、疑似沉香木手串28件毛重2197克、疑似砗磲手串4件毛重294克、疑似海马干80尾毛重237克等。5个查发案例入选海关总署典型案例，知识产权保护工作连续3年入选全国海关典型案例，“扫黄打非”工作连续4年获评全国先进。

福清海关缉私分局（对接榕城海关业务）立案刑事案件15件，案值12.41亿元，涉嫌偷逃税额2.09亿元，刑事罚没收入3533.09万元，破获12个犯罪团伙，抓获犯罪嫌疑人42人，拘留1人次，取保候审12人次，判决生效87人。行政立案51件，立案案值2742.34万元，涉嫌偷逃税额129.26万元，行政罚没款2147.96万元。

福州长乐机场海关查获砗磲、玳瑁、唐冠螺等濒危动植物制品29.93千克，其中6月13日在尼日利亚进境航班中查获象牙制品27件。查获人体胎盘素注射液1122支、管制刀具11把，在跨境电商出口渠道查获赌博筹码600枚和侵犯知识产权物品5010件。移送缉私部门线索27条，办理简快案件46件。一件知识产权案件入选2021年度福州市打击侵权假冒典型案例。

福州长乐机场海关缉私分局立案刑事案件7件，案值4869.5万元，涉嫌偷逃税款480万元，查扣涉嫌走私进口无烟煤7406吨，查获洋酒、香烟一批，移送审查起诉3件3人，一审有罪判决1件1人，二审有罪生效裁定1件12人。行政立案45件，案值64万元，涉及偷漏税款2.93万元，审结44件，案值371.79万元。罚没款入库526.46万元。

马尾海关组织开展“2022清风行动”“网盾行动”“反走私绩效（行政）百日会战”等行动。截获核辐射超标货物2批次。截获进口越南EVA（乙烯-乙酸乙烯共聚物）再生塑料膜1批、25.09吨，退运涉刑“氧化锌粉”3票、450吨，再生塑胶固体废物5票、331吨。与马尾区政府、港口发展中心签订合作备忘录，开展“口岸危险品综合治理”百日专项行动，查获出口危险品伪瞒报情事6起。落实涉案危化品专业存放和定期检查制度，销毁涉案危化品黏合剂和野宝砂漆4.2吨。查获侵权货物及物品244批、1.1万件。在跨境电商渠道通过自主分析即决式布控查获赌博筹码等6次、1万个，5次入选海

2022 年，福州市公安机关、市烟草专卖局联合加大对卷烟走私打击力度。图为 4 月 2 日，罗源县公安、烟草部门清点查获的走私卷烟　（市打私办 供图）

关总署口岸监管司向公安部国际合作局通报的典型案例。

马尾海关缉私分局全年立案刑事案件 15 件，案值 3.96 亿元，涉嫌偷逃税款 6561 万元；采取强制措施 41 人次，拘留 7 人次，执行逮捕 5 人次，移送审查起诉 7 件、2 个单位、16 人，捣毁走私团伙 7 个。行政一般程序案件立案 75 件（结案 80 件），案值 2.29 亿元，涉及偷漏税款 41.8 万元，涉及影响出口骗退税金额 2450.2 万元；办结行政简快案件 91 件，案值 207.2 万元。全年罚没款入库 1234.24 万元。联合市公安局经侦支队、马尾区公安局开展“12•1”高报价格出口水产品骗取退税专案查缉收网行动，破获骗取出口退税犯罪团伙 3 个，涉案货物价值 16.3 亿元，涉嫌骗取出口退税金额近 1.3 亿元；落实“全面打击洋垃圾入境”，破获固体废物走私团伙 1 个，查获外籍废船 1 艘、7339 吨，依法退运出境固体废物 835.29 吨，劝返 1 名外逃多年的走私固体废物犯罪嫌疑人回国投案。

福州海警局立案查处涉走私类案件 48 件（刑事案件 38 件、行政案件 10 件），查扣涉案车辆 37 辆、船舶 52 艘（含大马力改装摩托艇 7 艘），抓获涉案人员 119 人，查获走私冻品 2451 吨、成品油 1150 吨、煤炭 19483.92 吨、锌矿粉 406 吨、香烟 2.1 万条。

福州市公安局立案查处涉走私成品油案件 75 件，查扣非法成品油 314.09 吨；查处涉走私冻品案件 26 件，查扣非法冻品 1092.21 吨；查处涉走私烟草案件 9 件，查扣非法卷烟 20.65 万条。

福州市市场监督管理局检查经营商户 4254 户次，立案查处无合法来源案件 117 件，罚没款 90.96 万元。其中，查处走私冻品案件 8 件，罚没款 6.17 万元；查处成品油案件 6 件，罚没款 51.33 万元。

福州市烟草专卖局立案查处涉走私类行政案件 32 件，查获违法卷烟 438.3 条，货值 7.52 万元；与公安机关共同查办海运假烟案 5 件，查获非法卷烟 20.43 万条，货值 4326.76 万元，抓捕 69 人，拘留 27 人，批捕 16 人。

【反走私主题宣传】 2022 年 6 月起，福州市打私办发动市县两级打击走私职能部门，开展反走私“五进”（进校园、进社区、进市场、进村屯、进企业）主题宣传活动。各地各部门结合禁毒、反偷渡、伏季休渔期等宣传内容，通过线上与线下、传统媒体与新媒体并进的方式开展宣传。市打私办结合新冠疫情防控态势，陆续向鼓楼区、台江区、仓山区、晋安区全域及全市 40 个沿海重点乡镇（街道）、闽侯县 11 个沿江重点乡镇（街道）的移动、联通手机用户发送打击走私宣传短信，并在福州广电网络有线电视开机画面及频道切换投放反走私宣传海报。12 月 9 日，市公安局参加“2022 国家宪法宣传周主题活动”，组织民警向市民宣讲反走私法律法规，发放反走私宣传品 300 余份。

（姜含林）

（编辑 黄 铭）

对外及对台港澳经济贸易

利用外资及台港澳资

【概况】 2022年，福州市新设外商及台港澳商投资企业435家，合同外资及台港澳资19.9亿美元，实际利用外资及台港澳资11.04亿美元，实际利用外资及台港澳资规模排名全省第二。

【台港澳商投资】 2022年，福州市新设（引进）台港澳资企业359家，合同金额14.1亿美元。其中，新设台资企业196家，合同台资4.28亿美元；引进港资企业158家，合同港资9.19亿美元，实际利用港资6.92亿美元；引进澳资企业5家，合同澳资6370万美元，实际利用澳资1700万美元。投资主要涵盖信息传输、软件和信息技术服务业，科学研究技术服务业，租赁和商务服务业，制造业，交通运输、仓储和邮政业等行业；重点引进三源智联、拓航仓储、北湾时代投资等一批重大台港澳资新项目落地。

【利用外资及台港澳资重大项目】 2022年，福州市推动12个亿元以上龙头企业大项目转化到资，累计到资8.74亿美元。其中，朴朴科技、纵腾网络等新零售、跨境电商龙头企业融资壮大；冠捷科技、天晴数码、杨振华851生物科技、福融新材料、东阳塑料等产业企业增资扩产。

【招商引资】 2022年，福州市借助经贸活动平台，开展产业对接，推动项目签约。第七届世界闽商大会期间，推动连江县京东福州智能供应链运营中心项目签约，在与会海外闽商代表考察投资推介会上就当年出台的《福州市持续推进稳外资工作若干措施》进行政策推介。借助金砖国家可持续发展高层论坛活动平台，邀请在榕企业嘉宾参加论坛等产业对接活动。对接省商务厅资源，先后与日本贸易振兴机构广州代表处考察团、澳门地区中国企业协会组织的“澳门—福州”首航团等经贸团组进行对接，拓宽招商引资渠道。成立工作专班，对接推动山姆会员二店、SM福州商业广场等项目落地。

【海丝博览会暨海交会首次以纯“线上”方式举行】 2022年12月30日，第五届21世纪海上丝绸之路博览会暨第二十四届海峡两岸经贸交易会克服新冠疫情带来的不确定因素影响，以线上展会平台形式向全球发布。展会围绕“拓展海丝合作、共享发展机遇”“深化两岸融合、建设第一家园”主题，突出“全球云招商、全球云贸易、全球云促销、全球云工厂、全球云直播”等板块，深化与21世纪海上丝绸之路沿线国家和地区的合作与交流，探索海峡两岸融合发展新路，促进海峡两岸经贸合作畅通，通过加强“线上商城”“云直播”“云商洽”“采购对接会”等展览新模式，进行海量大数据精准匹配，实现流量与销量的重大突破，营造“365天永不落幕的海丝博览会暨海交会云上生态”。线上展会平台有来自31个国家和地区以及全国各省市400余家企业、25个品类、18.3万个SKU（单一产品）入驻。活动与“全闽乐购”活动相互呼应、融合，举办2023“全闽乐购·福兔迎春”消费季——海丝博览会暨海交会线上展会平台“全球促销”活动，开启“全球云促销”直播系列活动。

【福州市参加第二十二届中国国际投资贸易洽谈会】 2022年9月，福州市有7个项目在第二十二届中国国际投资贸易洽谈会参加福建省重大项目集中签约仪式，总投资额162亿元，规模居全省第二位。其中，外资签约项目4个，为SM福州商业广场项目、纵腾集团增资项目、思嘉超能芯项目、福建福融华实业增资项目；央企项目1个，为氢能源及燃料电池基地项目；省属企业项目2个，为罗源牛坑湾港口及加工物流园区填海工程项目、福建建工集团有限责任公司闽清重钢基地工业4.0项目。举办福州市外资项目对接座谈会，邀请境内外的30多个重点客商团组以及各县（市）区、高新区和部分开发区的代表团参会。鼎菱跨境综合产业园、游龙网络总部、便利客百货供应链、中青弘丰智创科技总部等17个重点外资项目完成现场签约，总投资额100.1亿元，涵盖总部经济、平台经济、跨境电商、智能制造、现代物流、汽车工业、新材

2022 年 9 月，福州市参加第二十二届中国国际投资贸易洽谈会。图为福州馆
（颜澜萍 摄）

料、区块链等领域。

（陈 婉 罗常荣）

对外及对台港澳投资与劳务合作

【概况】 2022 年，福州市新增备案外国及台港澳地区投资项目 44 个（含增资），协议投资总额 5.85 亿美元，投资目的地主要为沙特阿拉伯、印度尼西亚、尼日利亚等 17 个国家和中国香港地区，主要涉及贸易、批发业、软件和信息技术服务业等行业。全市对外及对台港澳劳务合作企业派出劳务人员 17276 人，年末在外人数 29583 人，劳务外派规模近年来首次居全省首位、全国省会城市首位。

【对外投资重大项目】 2022 年，福州市对外投资重大项目有福建闽塔科技有限公司备案投资 2689.86 万美元赴沙特阿拉伯生产经营瓷砖建材行业；福建省博羽国际贸易有限公司备案投资 3136.76 万美元赴秘鲁从事陶瓷的生产制造和销售；福耀玻璃对德国汽车饰件项目增资 6327 万美元。

【对外及对港澳劳务合作】 2022 年，福州市派出对外及对港澳劳务人员 17276 人，年末在外人员 29583 人，派往的主要工作地点为柬埔寨、新加坡、马绍尔群岛共和国及中国香港、中国澳门地区等。年内，新签劳务人员合同工资总额 40488.22 万美元，劳务人员实际收入总额 37619.91 万美元。

（陈 婉）

对外及对台港澳服务贸易

【概况】 2022 年，福州市［不含中国（福建）自由贸易试验区福州片区］签订技术进出口合同总额 3.47 亿美元，比上年增长 83.79%。新增服务外包企业 50 家，服务外包合同金额 53.63 亿美元，比上年增长 28.74%；服务外包执行金额 26.71 亿美元，下降 0.15%。

【技术进出口】 2022 年，福州市［不含中国（福建）自由贸易试验区福州片区］签订技术进出口合同总额 3.47 亿美元，比上年增长 83.79%。其中，签订引进技术和进口设备合同项目 23 个，合同金额 1.43 亿美元，增长 57.38%；签订技术出口合同项目 77 个，合同金额 2.04 亿美元，增长 108.35%。

【服务外包】 2022 年，福州市新增服务外包企业 50 家，服务外包合同金额 53.63 亿美元，比上年增长 28.74%。其中，离岸服务外包合同金额 6.6 亿美元，比上年增长 33%。服务外包执行金额 26.71 亿美元，比上年下降 0.15%。其中，离岸服务外包执行金额 3.93 亿美元，比上年下降 12.78%。福州市离岸服务外包主要发包地包括日本、美国、新加坡及欧盟等国家和地区，全年执行金额 3.29 亿美元，占全市离岸服务外包执行金额 83.6%。信息技术外包（ITO）是福州市主要业务类型，执行金额 13.21 亿美元，比上年下降 13.34%，占全市服务外包执行金额 49.45%，主要业务包括软件研发服务、信息基础设施和信息系统运维服务、集成电路和电子电路设计服务等。业务流程外包（BPO）执行金额 10.96 亿美元，比上年增长 21.37%，占全市服务外包执行金额 41.02%，主要业务包括人力资源管理服务、互联网营销推广服务、其他业务运营服务等。知识流程外包（KPO）执行金额 2.54 亿美元，比上年增长 2.61%，占全市服务外包执行金额 9.52%，主要包括工程技术服务、文化创意及数字内容服务、检验检测服务等。

（陈 婉）

对外及对台港澳商品贸易

【概况】 2022 年，福州市对外及对台港澳贸易总额 3656.9 亿元，比上年增长 10.2%。其中，输出总额 2564.6 亿元，比上年增长 16.6%，占全市生产总额的 20.8%，占全省输出总额的 21.2%；输出商品销往 224 个国家与地区。输入总额 1092.3 亿元，比上年下降 2.4%，输入商品来自 160 个国家与地区。

【对台港澳贸易】 2022 年，福州市对台湾地区贸易总额 192.8 亿元，比上年增长 23.4%，其中销往台湾 134.4 亿元，增长 53.1%；自台湾购入 58.3 亿元，下降 14.8%。对香港、澳门地区贸易总额 87 亿元，比上年增长 34.2%，其中销往港澳 76.3 亿元，增长 28.2%；自港澳购入 10.7 亿元，增长 101%。

【民营对外贸易】 2022 年，福州市有进出口实绩的民营企业 4919 家。全市民营企业出口总值 1921 亿元，比上年增长 22.2%，占全市出口总额的 74.9%；民营企业进口总值 626.2 亿元，下降 3.9%，占全市进口总额的 57.3%。

【跨境电商】 2022 年，福州市跨境电商进出口总额超 800 亿元，比上年增长 56%，规模居全省前列，其中本地口岸跨境电商进出口销售总额 99.3 亿元，增长 63.33%。推动产业园区迭代升级，选址晋安数字内容产业园建设跨境电商产业园一期，打造集平台、支付、分销、服务等功能于一体的全产业链综合园区。培育引进行业龙头企业，协调推动纵腾集团总部用地、数据回归项目，促成泛鼎集团中国总部、鼎菱产业园两个项目投洽会签约，投资额 10 亿元；与亚马逊、eBay、OTTO 等国际平台加强联系、加深合作，借助平台资源培育发展更多跨境电商卖家。鼓励加快海外仓建设，全市以纵腾网络为代表的企业在全球六大洲 27 个国家设立海外仓超 110 个，面积超 120 万平方米，其中“一带一路”共建国家海外仓增至 16 个。按照“政府引导、市场运作、风险共担”的原则，设立首期规模 8000 万元的跨境贸易专项补偿资金池，引导合作金融机构为跨境贸易企业增信、投放信贷。

2022 年 6 月 1—3 日，2022 中国跨境电商交易会（春季）在福州海峡国际会展中心举行（市商务局 供图）

【中国跨境电商交易会】 2022 年 6 月 1—3 日，2022 中国跨境电商交易会（春季）在福州海峡国际会展中心举行。展会规模 7.2 万平方米，设立跨境电商供货商、平台、综合服务商、独立站等展区，吸引全球跨境电商主流平台超 50 个、全国特色外贸产业带超 60 个、知名跨境电商服务商超 200 家、外贸优质供货企业超 2000 家参展，展示涵盖数码、家居、母婴、鞋服、汽配等跨境电商热销品类商品超 100 万个。展会现场设立直播区，全程举办“跨境优品云购节”和“跨境优品线上对接会”，通过 5 场直播活动，展示 300 余家企业近千款产品，累计浏览量超 5000 万次，并直接促成超百家企业在线达成合作意向。展会期间，举办高端论坛、会议等行业活动近 30 场，到访客商 5.5 万人，意向成交金额超 30 亿美元，带动酒店餐饮等相关服务业消费 50 亿元，吸引央视、《人民日报》、新华社等近 200 家主流媒体报道。

表 25 **2022 年福州市出口额 1 亿美元以上商品情况统计表**

金额分类	商品名称	出口金额（亿美元）	占出口总额比重（%）
5 亿美元以上	其他可直接连接且设计用于税目 84.71 的自动数据处理设备的彩色液晶监视器；其他木家具；其他塑料制鞋面的鞋靴；圣诞节用品	46.52	12.14
2 亿～5 亿美元	硫酸铵；纺织材料制鞋面胶底的其他鞋靴；其他玩具；聚酯短纤＜85% 棉混未漂平纹布，平方米重≤ 170 克；棉制针织或钩编的女式上衣；棉制针织钩编的套头衫、开襟衫、外穿背心等；其他橡、塑或再生皮革外底，皮革鞋面的鞋靴；铝合金矩形板、片（0.2 毫米＜厚＜ 0.28 毫米）；塑料或纺织材料作面的提箱、小手袋等；光通信用微光组件的光学元件；其他已录制声音或图像以外信息的其他媒体；各种蜡烛及类似品；塑料片或纺织材料作面的其他类似容器；制作或保藏的花鳗鲡；品目 94.03 所列物品的其他木制零件；未列名塑料制品；5903、5906 或 5907 的织物制其他男式服装；用栓塞法装配鞋底及面的橡、塑鞋；品目 8471 所列其他机器的零件、附件；其他设计为仅使用发光二极管光源的其他电气灯具及照明装置；瓷制固定卫生设备；塑料制小雕塑品及其他装饰品；未列名塑料胶粘板、片、膜、箔等	69.14	17.99

续表 25

金额分类	商品名称	出口金额（亿美元）	占出口总额比重（%）
1亿～2亿美元	纯电动汽车或插电式混合动力汽车用锂离子蓄电池单体；已装在组件内或组装成块的光电池；其他金属家具；未列名的木制品；尼龙—6纱线，未加捻或捻度≤50转/米；其他贴面砖、铺面砖，包括炉面砖及墙面砖，但子目6907.30和6907.40所列商品除外；未列名钢铁制品；载重量不超过10万吨的成品油船；前挡风玻璃、后窗及其他车窗；制作或保藏的墨鱼及鱿鱼；塑料制餐具及厨房用具；其他棉≥85%未漂布，平方米重≤200克；未列名的机器零件，不具有电气器材特征的；含合纤长丝<85%，与棉混纺未漂或漂白布；摩托车架，摩托车用防抱死制动系统(ABS)及其零件；其他电气灯具及照明装置；含聚酯非变形长丝≥85%的机织物；棉制针织或钩编的男式上衣；未列名贱金属雕塑像及其他装饰品；销售点终端出纳机；波分复用光传输设备；玩具无人机；带动力装置的玩具及模型；其他节日或娱乐用品，包括魔术道具等；塑料制其他家庭用具及卫生或盥洗用具；其他用作处理器及控制器的集成电路；安全芯片；已镶框玻璃镜；车身（包括驾驶室）的未列名零件、附件；其他以机织物或其他纺织材料做衬底的鞋靴；其他皮革制面过脚踝但低于小腿的短筒靴；不锈钢制餐桌、厨房或其他家用器具及其零件；厨房用木家具；塑料片或纺织材料作面的手提包；其他未搪瓷钢铁餐桌、厨房等家用器具及零件；其他带软垫的木框架坐具；其他钢铁结构体，钢结构体用部件及加工钢材；拖轮及顶推船；未列名初级形状的乙烯聚合物；尼龙−6弹力丝，每根单纱细度≤50特克斯；其他枝形吊灯；其他带软垫的金属框架坐具；其他纺织材料制未列名制品；卫生巾及卫生棉条；其他瓷餐具；棉制针织或钩编的女裤；其他未列名的第95章用品及设备；车辆用层压安全玻璃；压燃式内燃机发电机组，P≤75千伏安；橡、塑外底及鞋面的短统靴（过踝）；设计为仅使用发光二极管光源的枝形吊灯；聚酯变形长丝≥85%未漂或漂白的布	67.28	17.51
合计		182.94	47.64

表 26　　**2022年福州市主要输出市场情况统计表**

输出市场	金额（亿美元）	占总额比重（%）
东盟	86.53	22.51
美国	68.92	17.93
欧盟	48.26	12.56
中国台湾	19.98	5.20
中东	19.68	5.12
日本	15.46	4.02
荷兰	11.39	2.96
中国香港	11.29	2.94
澳大利亚	9.54	2.48
印度	9.12	2.37
合计	300.17	78.11

表 27　　2022 年福州市进口额 1 亿美元以上商品情况统计表

金额分类	商品名称	进口金额（亿美元）	占进口总额比重（%）
5 亿美元以上	其他未锻造金，非货币用；平均粒度不小于 0.8 毫米，但不大于 6.3 毫米的未烧结铁矿砂及精矿；转基因黄大豆；褐煤，不论是否粉化，但未制成型；其他用作处理器及控制器的集成电路；安全芯片	78.91	48.14
2 亿～ 5 亿美元	液化丙烷；其他烟煤；饲料用鱼粉；轧制凸凹变形及扭曲的普通钢铁的其他条、杆；丙烯；平均粒度大于 6.3 毫米未烧结铁矿砂及其精矿；苯；冻去骨牛肉；铬铁，按重量计含碳量在 4% 以上	24.98	15.24
1 亿～ 2 亿美元	镍矿砂及其精矿；其他集成电路；其他美容品或化妆品及护肤品；平均粒度小于 0.8 毫米未烧结铁矿砂及其精矿；未列名机动车辆用其他制动器及其零件；未列名食品	7.41	9.09
合 计		111.3	72.47

表 28　　2022 年福州市主要输入市场情况统计表

输入市场	金额（亿美元）	占总额比重（%）
东盟	32.62	19.90
瑞士	25.04	15.27
巴西	19.92	12.15
澳大利亚	16.58	10.11
欧盟	11.45	6.98
日本	10.14	6.18
中国台湾	8.86	5.41
韩国	7.62	4.65
美国	6.69	4.08
中东	4.27	2.60
合 计	143.17	87.34

（陈　婉）

（编辑　周弭姣）

福州新区

【概况】 2022年，福州新区完成地区生产总值2948.27亿元，比上年增长5.3%；固定资产投资增长7.7%；规模以上工业增加值增长6.0%；社会消费品零售总额1046.52亿元，增长3.0%。年内出台《福州新区党工委、管委会工作规则（试行）》，福州新区党工委、管委会对外挂牌办公，福州新区、自贸区福州片区迁入新址，实行联合挂牌办公。

【新区体制创新】 2022年，福州新区印发实施《福州新区管理体制调整实施方案》，发挥福州新区、平潭综合实验区工作联席会议机制作用，提请福建省协调解决资金、政策、用地等发展难题。创新融资模式，多渠道筹措建设资金，落地新区本级专项债16.63亿元、一般债2亿元，比上年同口径增长127%；落地全省首笔盘活存量资产贷款7.4亿元；落地建设银行建信保债融资首笔募集资金8亿元，保障CBD输配环项目建设。增设“园区企业代办中心”窗口，实现94个省级事项“全区通办”。

【新区规划编制】 2022年，福州新区编制完成《福州新区核心区概念规划》，明确福州新区核心区发展蓝图和战略部署。编制完成《福州新区核心区综合交通体系规划》《福州新区核心区海滨文旅带总体规划》《福州长乐滨海国家级旅游度假区总体规划（2022—2035）》《福州新区滨海新城美丽海湾保护建设行动总体规划方案》，推进编制《滨海新城莲花山保护利用规划设计方案》。启动编制《松下—元洪分区概念规划》《机场综合保税区控制性详细规划》，完成修编《福州临空经济区产业布局规划》《福州新区临空新型显示标准化（国际）园区规划》。编制印发《福州新区“数字新区”规划概要》。

【基础设施建设】 2022年，福州新区“一闸三线”工程长乐段正式通水。东南快速通道（长乐营前至滨海新城万新路复线段）通车，开通运营地铁6号线，建成市政道路19千米，国道316线在建，地铁滨海快线、福州机场第二高速、CBD输配环等项目建设有序推进。

【双创示范基地建设】 2022年，福州新区研究制订《2022年福州新区创业带动就业专项行动工作方案》。新增创业孵化服务机构面积8582平方米，培育科技型企业数量1137家，科研人员、高校师生、海归学者等群体在区域内通过科技成果转移转化，创造就业岗位。

【产业升级】 2022年，福州新区重点推进临空新型显示标准化（国际）园区及生活配套项目建设，投产全球最大宽幅2.6米的8K超高清偏光片生产线，加快建设福米贴片、金锐显模组、阿石创二期项目，助推福州市入选2022年新型显示增速最快的五大城市。开工建设永荣数智化功能性绿色超纤产业园、东方电气海上风电总部基地项目。引进福建海西新药创制有限公司，建设新区首个生物医药制造业项目。仓山功能区推动出台《关于扶持药品上市许可持有人发展的若干措施》，落地73个生物医药项目。推动发展临空临港产业，签约落地福州国际货运枢纽中心、纵腾跨境物流、薛航综保区航空产业园、保罗（元洪）国际大健康食品产业园等项目。

【数字经济】 2022年，福建省超算中心运算速度提升至6000万亿次每秒，超算中心累计使用CPU 8011万核时、GPU 282.5万卡时。东南大数据产业园新增市场主体149家，注册资本63.47亿元。中国工业互联网研究院福建省分院、福建人工智能计算中心、数字中国服务联盟总部落地，省大数据公司落户，福建大数据交易所挂牌运营，均和

2022 年，东南大数据产业园新增市场主体 149 家。图为东南大数据产业园
（林双伟 摄）

云谷、芯云产业园建成投用。打造以智能汽车为核心的数字经济集聚区，与华为、百度开展“数字新区”战略合作，马尾片区落地全省首条开放路段智能网联车试验场。举办第五届数字中国建设峰会数据要素与数字生态大会、数字互动论坛、第三届中国短视频大会等会议。

【项目建设】 2022 年，福州新区直管区（含参照直管区）重点项目 319 个，总投资 5517 亿元，年度计划投资 786 亿元，完成投资 817 亿元，完成年度计划的 103.96%，超序时进度 3.96 个百分点。建成投入使用福建中医药大学康复医疗中心、华山附一医院配套公寓等重大项目。

【城市品质提升】 2022 年，福州新区滨海新城建设示范项目在福建省城乡建设品质提升样板项目考评中得分位列第一。福州滨海新城综合医院（一期）项目获评中国建设工程鲁班奖，海峡青少年活动中心项目获评国家优质工程。启动建设全省供热管线最长的集中供热项目。新开工装配式建筑项目 12 个，按照三星装配式建筑标准建设福建师大滨海附小，并开展屋面光伏发电试点工作。在天津大学福州国际校区学术交流中心开展立体绿化试点工作。“规建管”一体化平台投入使用。

【对外合作交流】 2022 年，中国—印度尼西亚“两国双园”项目成为两国合作新旗舰项目，《关于建设中国—印度尼西亚经贸创新发展示范园区总体方案》上报国务院，并推进元洪投资区城市设计方案国际招标工作。举办“两国双园”进出口企业商务洽谈会，印度尼西亚海洋渔业中心首个国际渔业基地投产，打造“一带一路”国际合作发展示范区。福州首列中欧班列、福建首列中老班列从江阴港站发车。举办 2022 年中国（福州）跨境电商交易会，承办金砖国家可持续发展高层论坛。

【对台港澳合作交流】 2022 年，福州新区推动两岸中医药融合标准共通试点项目纳入福建省两岸标准共通试点项目（一类），全国首创面向台港澳同胞的省级定制医疗保险“八闽保”。举办第五届“海青杯”两岸青年慢垒邀请赛、首届海峡两岸（福州）传统武术展演大会，商务印书馆福州分馆举办第八届海峡读者节、两岸青年“五四”座谈会等活动。成立福州新区闽港合作咨询委员会，与“香港再出发大联盟”签署“福州新区闽港合作咨询委员会备忘录”，并召开视频会议。

【福州新区福清功能区】 2022 年，福州新区福清功能区规模以上工业产值累计完成 370.4 亿元，比上年增长 8.5%。固定资产投资 71.18 亿元，其中工业固定资产投资 49.98 亿元。全年实际利用外资 5906.7 万元，累计缴纳税金 1.83 亿元。在福清市“项目攻坚落实年”招商落地攻坚行动中完成 11 宗项目，完成金额 152 亿元。年内完成实际利用外资 5906.7 万元，完成比例为 23.6%。园区企业 1—11 月完成外贸出口额 6.73 亿元，比上年增长 18%，完成进口额 60.1 亿元，增长 5%。年内新增 8 家限额以上商贸企业，完成限额以上社会消费品零售额 21.1 亿元，比上年下降 29.9%，限额以上批发业实现销售额 293.51 亿元，增长 80.5%。通过京东、元洪在线等平台引进 89 家商贸服务类企业注册落地在园区，注册资本 24.46 亿元。

基础配套建设　园区各类配套建设总投资 73.7 亿元。园区已建路网长度 18.78 千米，总投资 12.78 亿元；在建路网长度 10.38 千米，总投资 10.83 亿元；拟建路网长度 14.24 千米，总投资 18.56 亿元。水系方面，推进首溪溪河道整治、大坝溪流域清淤。园区配套建设变配电站 3 座，总变电容量 403 兆瓦。现有和特供热项目，可实现年供蒸汽 500 吨，可根据园区企业生产实际需要，调整产能，实现最大供热量 1500 万吉焦（GJ）。福州港区元洪作业区 3 号、4 号泊位建成投产，设计年吞吐能力 350 万吨，2022 年完成吞吐量 392 万吨。

项目建设　园区 18 个项目被列入福州市重点项目（含省重点项目 4 个），项目总投资 123.15 亿元，年度累计完成投资43.44亿元。开工项目有宇邦、元洪作业区1号和2号泊位等3个，完成2个；在建项目有星龙翔、兆华水产等6宗，均按序时进度推进；竣工项目有兴宇、天联食品等9个，均完成竣工任务。福清元洪国际食品展示交易中心二期高温库投入使用，交易楼继续验收。福清华强温德姆至尊温泉度假酒店二期项目里的一期机电工程、室内装饰工程、外立面仿古装饰工程正在进行收尾工作，项目二期施工许可证已办理，至年底项目继续整坪、开挖地基，一二期景观绿化工程同步施工。星龙翔水产食品批发商贸城3号、5号、6号批发市场的室外管网道路工程施工、室内消防水电设备继续安装。兆华水产年产4.5万吨冷冻食品项目一期完工，进入初试运行阶段。

营商环境　联系各级海关，优化港口功能定位，推动码头开放开发。推动元载码头新增涉外作业点，福州港松下港区元洪作业区远洋渔获防疫监管工作区及查验平台通过验收。指导元洪国际食品展示交易中心建设进境肉类指定监管场地和海关监管作业场所，海关监管作业场所及新冠疫情集中消毒检测点获批。进境肉类指定监管场等待海关总署验收。推动出台新一轮元洪国际食品园冷库项目扶持优惠政策。

“两国双园”项目　5月，国务委员兼外交部部长王毅同印度尼西亚海统部部长视频会晤，表示愿将“两国双园”建成中国同东盟首个经贸创新发展示范园区；7月，中国和印度尼西亚两国元首会晤并发布联合新闻声明，就打造中国—印度尼西亚“两国双园”新旗舰项目达成共识；11月，中国和印度尼西亚两国在G20巴厘岛峰会上发表联合声明，一致同意建设“两国双园”等新旗舰项目。项目被列入国家发改委“一带一路”海丝核心区建设方案重大平台之一、商务部“十四五”商务发展规划和对外贸易高质量发展规划。建成投产胜田、御冠等项目44个，总投资214亿元；加快建设兆华、星龙翔、中科经纬预制菜产研城等项目19个，总投资204亿元；对接长德蛋白产业园、保罗（元洪）食品大健康产业园等项目15个，总投资259亿元。

（万　粒　潘　薇）

表29　**2022年福州新区改革创新成果一览表**

创新领域	具体内容
管理运行机制	印发实施《福州新区管理体制调整实施方案》《福州新区党工委、管委会工作规则（试行）》，福州新区党工委、管委会正式对外挂牌办公，福州新区、自贸区福州片区迁入新址，实行联合挂牌办公
国土开发利用	运用工业用地全生命周期管理平台的预警分析功能，初步判定闲置工业用地52公顷，低效工业用地74公顷。2022年共完成23批次用地报批，新批土地440.67公顷，占全市总面积的1/3，平均用时较全市均值少5天，报批总量和平均用时保持全市前列
城市建设与管理	运用CIM、BIM、三维扫描、软基监控等科技手段，对重点项目施工全过程进行精细化管理。福州滨海新城综合医院（一期）项目获2022—2023年度第一批中国建设工程鲁班奖，海峡青少年活动中心项目获评国家优质工程。启动建设全省供热管线最长的集中供热项目。按照三星装配式建筑标准建设福建师大滨海附小，并开展屋面光伏发电试点工作。在天津大学福州国际校区学术交流中心开展立体绿化试点工作。“规建管”一体化平台投入使用，数字化治理能力持续提升
审批服务	实行预服务告知、窗口化办理、智能化监管、人性化服务等方式，形成批、办、管快捷机制。2022年核发房建和市政项目施工许可78个，审批时限由2个工作日调整为即办，累计节省150余个工作日
融资模式	强化融资能力，争取资金落地新区，保障重点项目实施。落地新区本级专项债16.63亿元、一般债2亿元，同口径增长127%。对接中央政策性开发性金融工具，落地基础设施投资基金23.05亿元。提高存量资产利用率，落地全省首笔盘活存量资产贷款7.4亿元。落地建设银行建信保债融资首笔募集资金8亿元，保障CBD输配环项目建设

中国（福建）自由贸易试验区福州片区

【概况】　2022年，中国（福建）自由贸易试验区福州片区新增企业2206家，注册资本总额307.98亿元，其中内资企业2185个，注册资本303.07亿元，外资企业21家，注册资本61.07亿元；全区新批外资项目34个，新批外资企业合同外资2.23亿美元；港口货物吞吐量6947.73万吨，集装箱吞吐量完成282.82万标箱。

【自贸区体制创新】　2022年，中国（福建）自由贸易试验区福州片区在投资贸易便利化、金融服务创新、对台合作交流、法治保障水平等领域推出77项创新举措，其中经福建省自贸办评估认定21项，全国首创12项；新增5项创新举措在全省复制推广。在福州台商

2022年，福州江阴港新增3条内贸航线、2条外贸航线。图为江阴港
［中国（福建）自由贸易试验区福州片区　供图］

投资区（罗源片区）、福兴经济开发区、金山工业园区等8个区域创建自贸联动创新发展区，实施17个联动创新发展项目。

【产业升级】　2022年，中国（福建）自由贸易试验区福州片区跨境电商进出口销售额总额95.73亿元，比上年增长63.93%，其中出口额83.16亿元，进口额12.57亿元。对台海运快件输出数量110.32万票，货重4436.9吨，货值4.55亿元。举办中国（福州）跨境电商交易会，设立8亿元跨境贸易专项补偿资金池，建立首期跨境电商产业园区，推动新蛋集团落地福州，支持纵腾集团和泛鼎集团在福州新设总部、新建总部大楼。制定整车进口口岸高质量发展若干措施、平行进口试点企业动态考核和调整管理办法，平行进口汽车标准符合性整改场所通过验收。全年累计进口汽车2676辆。举办第五届数字中国建设峰会物联网分论坛、2022年中国工业互联网安全大赛。新大陆、福州物联网开放实验室入选工信部2021年物联网示范项目名单。星云风光储充测一体化“智慧能源”项目、中央党校“智慧后勤”项目、新大陆数字人民币推广项目等物联网运用场景逐渐成熟。全年区内集聚228家物联网企业。制定《福州片区合格境外有限合伙人（QFLP）试点暂行办法》，提升RCEP框架下跨境资本流动便利性，拓宽外资利用渠道。办理全国首笔海外仓跨境直贷通业务，解决企业境外融资难问题。办理科技型上市企业全省首笔全球现金管理业务，满足“走出去”科技型企业全球财资管理的“可视”需求。创新推出“网络供应链”金融业务，为企业的产业链供应商提供全流程线上融资服务。

【对外贸易往来】　2022年，福州江阴港新增3条内贸航线、2条外贸航线。先后开通首条中欧班列和首条中老班列，打通福州沿海及周边地区直达欧洲、南亚的陆路快捷通道。推动RCEP在自贸区内率先引领，为辖区企业签发全省首份RCEP原产地证书，全年签发RCEP原产地证书3880份。与迪拜杰贝阿里自贸区建立战略合作关系，推动双方在汽车贸易、航运物流等领域开展交流与合作。

【对台港澳交流合作】　2022年，中国（福建）自由贸易试验区福州片区推进琅岐对台码头建设和“两马航线”复航。开通第二条跨境电商榕台海运专线，吸引更多海峡两岸（或经台）跨境电商物品从福州中转。推动两岸中医药融合标准共通试点项目纳入福建省两岸标准共通试点项目（一类）。推进涉台数字人民币应用，为台资企业办理对公数字人民币钱包，落地首笔台胞数字人民币缴税业务。全国首创面向台港澳同胞的省级定制医疗保险“八闽保”。建立全市首个台企职工共享之家，为台企职工提供体育、休闲、娱乐和心理疏导等共建共享服务。

【自贸区法治监管】　2022年，中国（福建）自由贸易试验区福州片区全国首创破产企业司法行政协同改革，建立府院数据共享渠道和一站式服务模式，实现复杂破产提前攻关、迅速盘活破产重组企业。自贸区台胞权益保障法官工作室创新做法入选2022年最高法“人民法院服务保障自贸区建设十二大亮点举措”；在大陆执业的台胞律师调解建设工程施工合同纠纷案入选2022年最高法“人民法院服务保障自贸区建设十大典型案例”。年内福州市知识产权公共服务平台揭牌运营，新设立“知创福建”（福州经开区）知识产权公共服务平台。率先开展“福建省专利与标准融合机制创新试点”工作，6项标准获福建省标准贡献奖。

（林仕锋）

（编辑　姚国榕）

园区建设

综 述

【园区年度发展】 2022年，福州市有重点工业园区20家，其中国家级6家、省级9家、其他5家，全市园区完成规模以上工业产值逾1万亿元。新增江阴、可门等4家园区产值突破500亿元，培育形成千亿级园区4家，500亿级园区8家。年内福州市园区建设经验获全省机关体制机制创新优秀案例一等奖。

【园区标准化建设】 2022年，福州市出台园区标准化建设深化改革行动方案，配套出台保障性租赁住房、“共享区”建设等系列配套意见导则，形成“1+1+N”指导体系。推进具有福州特色的园区系列标准研制，发布省级地方标准2项，市级地方标准4项。推进项目建设，深入园区12家次，协调用地、融资等方面问题80余个，推动315个项目建设，完成投资603.22亿元，超额完成全年目标任务。全年引进工业、信息化项目346个，总投资2469亿元。万景碳四新材料、福蓉源年产18万吨消费电子铝型材等重大产业链项目落地。新增省级以上创新平台载体25个，新培育高新技术企业658家。启动13个试点园区“共享区”建设，规范工业项目建设审批和监管，推进中心城区工业企业“四个一批”搬迁改造，全年处置批而未供、闲置低效土地面积1694.87公顷。54个园区项目获得专项债68.91亿元，国开行、农发行等为园区项目提供授信或达成意向融资逾1000亿元。推进园区建设提升。谋划工业（产业）园区标准化建设深化改革行动，实施7个方面23项重点任务，开展园区建设项目“四即”（洽谈即服务、签约即供地、开工即配套、竣工即办证）审批改革，市政府办公厅印发《关于印发福州市中心城区工业企业“四个一批”搬迁改造实施方案的通知》。启动中心城区工业企业“四个一批”（收储出让一批、工业用地增容一批、企业利用自有用地建设零星办公用房一批、老旧厂房转租一批）搬迁改造及13个试点园区“共享区”建设，发布园区系列地方标准5项。滚动实施4批次315项园区补短板项目，总投资2394亿元，完成投资601.11亿元，新开工项目93个，竣工或投用项目105个。园区标准化建设经验获全省机关体制机制创新优秀案例一等奖。

【工业园区“共享区”建设】 2022年，福州市自然资源和规划局制定《福州市工业园区“共享区”建设指导意见》，组织编制《福州市工业园区“共享区”建设导则》，出台《福州市工业园区“共享区”建设工作保障机制》，形成“指导意见+建设导则+保障机制”的工作指南。选取13个试点园区推进“共享区”建设工作，对园区的配套住房、生产设施、公共服务设施、基础设施和环境品质等进行提升。

（林 捷 陈泓安）

福州高新技术产业开发区

【概况】 2022年，福州高新技术产业开发区（简称福州高新区）新增托管仓山区建新镇冠洲村及红江村（生产队）（面积1.74平方千米），累计托管区域总面积185平方千米。园区有规模以上工业企业99家，完成规模以上工业产值231.6亿元，固定资产投资293.3亿元，工业固定资产投资135.1亿元，出口额36亿元，一般公共预算总收入29.4亿元，增速排名全市第一。分别获“科创中国”福州高新区创新基地、光电信息创新基地、国家知识产权强国建设试点园区等称号，在国家创新创业特色载体终期绩效考核中获评优秀等次。

【基础设施建设】 2022年，福州高新区城市品质提升项目49个，总投资额377.1亿元，完成年度投资额83.5亿元。元峰河水系综合治理、高岐河运动公园、马排路、科技二路等38个项目完工；两园安置房二期（南港花园）、学府南路等9个项目在建。市政道路新建改建18条，总长度20千米；完成污水、雨水、供水、燃气管网建设

27.7千米；新建和改造提升公园绿地面积9.7公顷、福道5千米、立体绿化5处、主题公园1处；竣工安置房项目6个，总建筑面积90万平方米。

【招商引资】 2022年，福州高新区开展“重大项目招商落地攻坚行动”，落地项目216个，总投资679亿元。其中，引进宽腾高端影像器械研发基地、东方电气创新研究院等42个高质量项目，总投资480亿元，排名全市第一。推动生物医药、数字经济、高端装备制造和光电机电等重点产业集群发展，助力形成多点支撑产业体系。新增国家高新技术企业430家，比上年增长110%，连续两年实现倍增，总数累计达820家，新增数及总数均位列全市第一；备案科技型中小企业460家，增长52.3%；新增“专精特新”中小企业12家，新认定科技“小巨人”企业40家。

【重点项目建设】 2022年，福州高新区有省、市重点项目111个，计划投资额1327亿元，完成年度投资额241亿元。福建巨泽生物医药产业园、数字经济产业园一期、福抗创投中心、德艺文创产业基地、实验中学二期等39个项目竣工；保利通信高新科技产业园、点芯科技园、湾边大桥提升改造等34个重大项目动工建设。

【闽都创新实验室和海峡实验室建设】 2022年，闽都创新实验室项目采取院校地三方合作模式，由福州市政府牵头、依托中国科学院海西研究院和福州大学三方共建，项目总占地面积3.47公顷，总建筑面积10万平方米，计划投资27亿元。年内项目竣工。

海峡实验室项目由市政府牵头，项目总占地面积2.47公顷，总建筑面积8.4万平方米，计划投资35亿元。10月开工动建，12月完成桩基施工。

（陈泰安）

福州软件园

【概况】 2022年，福州软件园有1385家企业，其中主板上市企业10家、上市公司分支机构15家、上市后备企业29家、产值逾亿元企业112家、国家级高新技术企业315家、国家级和省级“专精特新”中小企业22家、“未来独角兽”企业10家、“瞪羚”企业17家、科技“小巨人”企业69家、科技型中小企业212家。获中国软件和信息服务业领军产业园区、2022年度高质量发展园区、全国和谐劳动关系创建示范工业园区、省级示范数字经济园区、市营商环境改革创新示范园区等称号，获市级园区党建工作规范化建设情况考评第一、全市工业（产业）园区标准化建设满意度测评第一、全市重点工业园区绩效考评第一。

【产业服务】 2022年，福州软件园以1300余家企业为“标本”，按照新型基础设施、技术赋能、行业应用、产业服务等4个类别，梳理产业图谱，形成企业名录，园区内实现企业供需对接，园区外延伸新兴产业链条。强化产业赋能，构建集华为云福州创新中心、公共服务平台、“知创福建”、“五凤论见”、北京软交所福建工作中心、海峡人力园、行政服务中心软件园分中心、政策服务平台和智慧园区等九大服务平台于一体的产业服务体系，打造全领域、专业化的产业服务资源“洼地”，其中公共服务平台入驻各类服务机构91家。年内，开展“福园宝时间”“开放交流日”等品牌活动。

【人才培育和服务】 2022年，福州软件园先后举办数字中国创新大赛·鲲鹏（信创）赛道、海峡信息赛，承接“创新创业大赛”，形成三赛联动、全年覆盖的办赛引才体系。开展技术类、通识类、职业技能类培训，创新打造“全方位”人才培训—“学术化”人才交流—“课题式”项目培育—“高端化”优才计划的人才培育体系。修订完善《钱塘小学软件园教学点招生条件》，协助申请东二环融侨悦城市级人才公寓50套，开通园区直达融侨悦城人才公寓专线，以“一厅两区一走廊”的整体规划，打造“福山数字人才港”。

【产城融合】 2022年，福州软件园完善生活服务配套，围绕3.5万多名企业职工关注的热点民生服务，健全完善“衣食住行教娱健智”八类生活配套场景，逐步构建“宜居宜业、产城融合”的生态发展圈。在餐饮方面引入星巴克、肯德基、麦当劳等品牌连锁；出行方面新增空港快线、地铁五号线接驳通勤快线等。策划举办10期“缘梦软件园”鹊桥相亲和11期“暖暖数谷情”团建系列活动。“福园宝”园区线上小程序对接引入中石油、聚春园等89家园区内外品牌商户，职工体验服务逾25万人次。推进“1+7”园区“共享区”建设，在整体规划的基础上，打造福山数字人才港、双创共享空间、共享职工之家、黑科技产品共享展厅、软件产业开发共享空间、公共服务平台、临湖休闲广场七大空间，促进产城融合。

（叶敏英）

福州台商投资区

【概况】 2022年，福州台商投资区松山片区完成规模以上工业总产值24.62亿元，比上年增长38.48%；固定投资额23.96亿元，增长2.63倍，其中工业固定投资额18.21亿元，增长2.39倍。在上半年全市17家重点工业园区工业（产业）园区标准化建设工作考核中，工业固定投资额增速位居全市第一，规模以上工业总产值增速位居全市第四。主要经济指标中规模以上工业总产值、固定投资额、工业固定投资额3项增幅均位居罗源县第一。

【基础设施建设】 2022年，福州台商投资区万洋众创城项目新增专属厂房面积4.5万平方米，新增保障性租赁住房面积2.2万平方米。台商区污水处理厂及其配套管网建设项目完成项目立项前置手续。与省发改委协调增量配电试点项目，由国家电力先行介入，确保重大招商项目落地用电保障。松岐中路（含松山一路）B片区段1.1千米建成通车；通屿路完成1.9千米路基、管网等市政设施建设。推进A片区滞洪区、防洪堤及大获闸站软基处理施工。

【土地要素保障】　2022年，福州台商投资区盘活弘景木塑、澳蓝二期、航塑二期、兴腾二期等4宗面积31.67公顷低效闲置土地，完成5个项目面积66.81公顷的用地出让。其中，福蓉源铝精深加工项目地块面积47.06公顷、万洋补充地块面积0.54公顷、汇昇项目地块面积0.7公顷、弘景木塑地块面积13.35公顷、台商区污水处理厂及配套管网项目地块面积5.16公顷。全年完成可供出让土地面积102.66公顷。

【重点项目建设】　2022年，福州台商投资区开展“千名干部进千企”“我为群众办实事”专项行动，依托领导班子挂钩服务企业制度，推动项目建设。全年有3个省重点项目，完成投资额28.71亿元，占年度计划投资额的112.58%；12个市重点项目，完成投资额43.58亿元，占年度计划投资额的119.23%，其中华扬科技、台立闽、福蓉源、中网电力、中科瑞能、汇辰智造、万洋等在建项目均超额完成任务。年内新开工项目6个，完成投资额1.52亿元，占年度计划数的151.82%。促成汇昌纺织、臻隆塑胶等竣工项目2个，完成投资额6551.58万元，占年度计划数的131.03%。

【招商引资】　2022年，福州台商投资区融入全市产业链生态圈，落实产业链“一图谱、N清单”，扶引大龙头、培育大集群、发展大产业，围绕“新材料（含绿色建材）、新能源、装备制造、汽车及配件”产业招商引资。全年引进福蓉源铝精深加工、东恒新能源等项目9个，总投资70.3亿元。

【营商环境优化】　2022年，福州台商投资区完善“云代办”“打包办”等政务服务进园区举措，健全企业服务机制。启用罗源县行政服务中心台商投资区代办服务点，为企业办理项目前期节点10个、协调解决问题102个。减免臻隆、乐星、国钧等3家入驻创业园标准厂房企业租金37.81万元；帮助兴腾、百泓达、汇昌、创隆、正颜等5家入园企业申请纾困贷款3100万元。与罗源县检察院共同设立“涉台检察联络室”，构建台胞台企法律服务保障体系。

（陈　锦）

福兴经济开发区

【概况】　2022年，福兴经济开发区总规划面积3.55平方千米。园区重点发展光电信息、智能制造、数字产业、企业总部等产业及相关配套。园区有规模以上工业企业87家，完成规模以上工业总产值530.21亿元；“四上”企业（规模以上工业企业、资质等级建筑业和房地产开发企业、限额以上批零住餐企业、规模以上服务业企业）357家，营业收入993.52亿元。全年完成固定资产投资额（不含农户）265.55亿元。有国家级高新技术企业116家，科技“小巨人”领军企业19家，“瞪羚”企业1家。

【基础设施建设】　2022年，福兴经济开发区双福路南段（福马路—红光路）在建，樟林路西段、横一路中段、纵三北路A段等3个项目处于建设前期审批阶段。邀请福州市城乡规划设计院有限公司编制完成《晋安区福兴经济开发区“共享区”建设规划与行动计划》，明确“共享区”建设工作清单，清单涉及7个板块85个项目，年内在建或完成68个项目。12月12日，晋安区人才综合服务港于福州数字内容产业园启动。年内推动福万玩具、宏捷物流利用自有土地建设公共租赁房，完善生产生活配套。

【招商引资】　2022年，福兴经济开发区建立“政府+企业”招商信息共享机制，重点跟踪昊盛集团总部项目、粤浦科技产业园、三耀科技项目等招商项目50个，其中中海油光伏项目落地。全年鼓山镇及福兴经济开发区通过考评招商项目93个，总投资额422.75亿元，其中重大产业链1个，总投资52亿元；重点项目7个，总投资76.21亿元；产业链项目8个，总投资8.25亿元。完成新注册及域外迁入晋安湖“三创园”的企业231家，其中81家产生税收，税收2.74亿元。

【重点项目建设】　2022年，福兴经济开发区推进“四个一批”（收储出让一批、工业用地增容一批、企业利用自有用地建设零星办公用房一批、老旧厂房转租一批）项目进程，建设晋安湖壹号、湖塘科创园等园区重点项目，推动园区产业逐步转型升级。年内永正检测中心项目竣工；晋安三创中心、金强房屋公园项目等重点项目主体结构封顶；数字内容产业园、晋安数字虚拟产业园开园仪式分别于6月22日、7月19日举行。

（福兴经济开发区）

融侨经济技术开发区

【概况】　2022年，融侨经济技术开发区实现规模以上工业产值1272.7亿元，比上年增长1%；批发额完成255.4亿元，增长3.37%；社会零售额完成142.3亿元，增长21.13%；固定资产投资累计完成353.9亿元，增长13.7%；工业固定投资完成140.9亿元，增长42%；实际利用外资4.1亿元，增长31.8%。

【产业创新升级】　2022年，融侨经济技术开发区有国家级高新技术企业100家，新增省级科技“小巨人”企业10家、省级“专精特新”中小企业7家。全年实施技改、改扩建项目60个，总投资90.44亿元。借助科创城平台，推动联东U谷、厦大福清科创园、均和云谷、岁金智谷等科创平台建设，其中联东U谷·福清融侨项目、厦门大学科技园（福清）科技创新中心项目完工，部分招商项目入驻。均和云谷·福清科技港项目与岁金智谷·福清科创走廊项目主体在建。年内园区在福建省2021年度自贸创新成果复制推广先行区考评中排名前十。

【人才培育和引进】 2022年，融侨经济技术开发区完善园区职业技能提升中心建设，整合福建技术师范学院、福州第二技师学院、福清龙华职校等大专、中专学校及园区企业的相关培训资源，探索开展订单培养、岗前短训和技能等级培训。联合福州京东方、福耀集团、冠捷科技等园区重点企业的技术骨干，建立园区职业技能培训中心讲师团，推动大企业帮带小企业，为企业精准培养输送各类技能人才。年内规模以上工业企业中开展产教融合校企合作培养技能人才比例39.8%。依托园区职业技能提升中心累计开展各类职业技能培训近10场，完成各类补贴性培训795人次。

【项目建设】 2022年，融侨经济技术开发区投资项目备案206个，总投资322亿元。其中，电子信息产业项目51个，总投资160.57亿元；汽车部件产业14个，总投资20.62亿元；光学产业2个，总投资0.51亿元；其他产业项目139个，总投资140.27亿元。加快项目建设进度。按照“程序不减、时间缩短、并联推进”的工作思路，督促项目业主加快项目建设进度。全年新开工项目10个，总投资92.56亿元；竣工投产项目9个，总投资32.13亿元。26个省市重点项目完成投资67.13亿元，完成年投资额的147%。

【园区管理与服务】 2022年，融侨经济技术开发区享受增产增效奖励企业84家，奖补资金975万元；享受增值税留抵退税企业88家，退税金额6.84亿元；帮助企业兑现各类补助1.15亿元。开展“两节送温暖”系列活动，走访慰问困难职工和留在福清过年职工6000余人；开展“夏送清凉”活动，共慰问高温岗位职工3050人；开展包机包列到福清就业、返岗职工、助力开门红等活动，开展职工子女暑托班活动，协调市教育局推进秋季企业职工子女就学问题。年内，获评福州市营商环境改革创新示范园区。

【园区安全生产和环境整治】 2022年，融侨经济技术开发区开展安全大检查377家次，专项检查和平时抽查12次，排查安全隐患1876处，发出整改通知书377份。联合相关部门开展消防安全大排查大整治专项行动，举办消防安全专题讲座，组织159家园区企业开展消防安全演练。制定突发环境事件应急演练脚本，联合南宝树脂完成年度突发环境事件应急演练；制订《融侨开发区散乱污企业场所综合整治工作方案》，录入“散乱污”企业20家，均完成整改。

（陈宝云）

福州江阴港城经济区

【概况】 2022年，福州江阴港城经济区规划面积168.95平方千米，依托港区发展临港石化、海洋产业、装备制造、国际航运物流、整车及零配件进出口贸易、大宗商品集散分拨、保税仓储物流展示和融资租赁等现代服务业，打造配套完善的现代化港口城市。

全年完成规模以上工业产值615.9亿元，比上年增长22.5%；固定投资额151.94亿元，增长10.91%；工业固定投资额127.89亿元，增长6.45%。集装箱吞吐量211万标箱，增长2.1%；园区落地工业企业127家（其中规模以上企业76家）。

【基础设施建设】 2022年，福州江阴港城经济区推进双电源、双气源、双热源、双扩容等项目建设。“双电源”建成后园区将实现闭环式双电源可靠供电。对接中石油探讨“双气源”建设选址方案，待规划修编后开展建设工作。园区委托永福设计院负责江阴供热规划和热电联产规划修编工作，完成初稿。原水供应扩容，开展加压泵站设计工作，开展江阴屿礁村至洋边调节库输水管道工程及园区东片区输水管道工程前期工作；污水处理扩容工程基本完成场平、桩基等工作。福州江阴港城经济区产业公寓一期、二期项目在建。新厝实验幼儿园投入使用，城关小学校区进行教学楼基础施工及土方回填，福清一中校区教学楼封顶，科学综合楼、宿舍楼等在建。

【园区规划编制】 2022年，福州江阴港城经济区完成园区国土空间总体规划编制工作，修编后可新增一般工业用地及化工用地面积800公顷，保障化工新材料及其上下游产业链延伸发展需要。完成拓区一期拆迁工作，拆迁面积20.9万平方米，可新增化工用地面积143.13公顷、一般工业用地面积80.6公顷。

【招商引资】 2022年，福州江阴港城经济区完成万景碳四新材料、万华化学丙烷/丁烷洞库、国能热电二期、密尔克卫化工供应链平台、乐橘循环包装和再生新材料、万景新材料氢能利用与全降解新材料等21个招商项目，总投资416.35亿元。利用正太的一期年产20万吨二氧化钛装置和相关公辅设施，引入二期年产60万吨二氧化钛项目及其项目配套，以天辰耀隆为核心，向尼龙6、尼龙66、尼龙12等高附加值尼龙新材料方向延伸。

【项目建设】 2022年，福州江阴港城经济区上景新材料年产高性能聚丙烯150万吨、思嘉新材料科技产业园等14个项目开工建设，总投资298.59亿元。中景石化聚丙烯热塑性弹性体项目、正太新材年产20万吨二氧化钛等项目投入生产，总投资158.92亿元。

【园区自贸工作】 2022年7月15日，福州首列中欧班列“闽都号”从福州港江阴港区发出，8月31日福建首趟“闽都号”中老铁路国际货运列车从江阴港开行，强化与欧亚、东盟地区的陆路贸易通道。协调福州海关同意福州拓田生物技术有限公司实施“汇总征税、分送集报”通关模式，于6月9日运行。

【园区安全环保】 2022年，福州江阴港城经济区推进集安全、环保、应急、公共服务等于一体的智慧化工园区平台建设并上线试运行。运用管廊管架，实施污水管道“明管化”改造，加强污水排放监管，并解决污水管网巡检维护问题。大气监控体系提升项目建设于12月完成安装调试。

（陈　霞）

闽台（福州）蓝色经济产业园

【概况】　2022年，闽台（福州）蓝色经济产业园规划总面积56平方千米，包括江镜华侨农场及江镜镇、港头镇的部分陆域和海域，园区蓝色大道、港头入园大道两条主干道在园区东西两侧分别连接高速江镜互通口和高速港头互通口。全年完成招商项目8个，总投资金额达75.31亿元。

【基础设施建设】　2022年，闽台（福州）蓝色经济产业园交通以“三横三纵”为主线，推进滨海大道蓝园段、闽台大道、湖滨大道、海洋大道等主干路网框架建设。园区规划水系河道总长度35千米，横向河道长约15千米，纵向河道长20千米。规划绿地与广场用地面积为409.07公顷，占总规划面积19.46%，建成绿化面积53.33公顷。

完成日供水量8000吨的蓝园专线供水管道铺设工程，远期日供水量可增容至3.5万吨。日处理量1.25万吨的污水处理厂建成并投入使用。110千伏高压电力走廊工程交付使用，220千伏变电站进行项目前期设计。由华润燃气公司投资建设日供气量2万标准立方米／小时的LNG（液化天然气）燃气站投入使用。园区实现4G（第四代的移动信息系统）网络全覆盖，5G（第五代的移动信息系统）网络试点覆盖。

【招商引资】　2022年，闽台（福州）蓝色经济产业园完成招商项目8个，总投资金额75.31亿元。依托中铝东南沿海铝精深加工产品项目的品牌优势，延伸产业链，打造新材料项目产业链条。研究铝精深产业链的细分方向、关键环节，利用中铝瑞闽市场关系，配合企业招引其合作伙伴，吸引上下游产业和深加工项目向产业园集聚。年内引进年产90万件高强度超轻量化锻造镁铝合金车轮一期项目，备案金额30亿元；福建福鑫轮毂有限公司年产210万件高强度超轻量化锻造镁铝合金车轮二期项目，备案金额15亿元；东方电气福建氢能产业链项目，备案金额15亿元；福州兴利亚有限公司新能源汽车零部件制造项目，备案金额3.1亿元。依托蓝谷产业综合体，推进小微集群招商，配合蓝谷做好入驻企业跟踪服务，与发改委、市场监管、生态等多个部门联动，实现入驻蓝谷产业综合体的企业项目快注册、快审批、快落地。项目一期吸引61家中小微企业入驻，推进5家企业项目完成落地备案，备案金额15.21亿元。与东方电气、浙大氢能、国家能源集团氢能公司、中国氢能源产业联盟、氢能产业示范项目对接，初步选定氢能产业项目用地红线范围，为周边氢能公交系统及物流车提供氢能供给，福清市政府与东方电气签订项目合同，加快福清市氢能产业布局。对接福清三山核电综合能源项目计划，完成园区热供热专项规划和零碳产业园宣传册制作，收集梳理产业政策、布局信息，推进福清市氢能产业规划编制、氢能展馆规划工作，打造氢能产业福清蓝园名片。

【重点项目建设】　2022年，闽台（福州）蓝色经济产业园的中铝东南沿海铝精深加工基地项目由中铝瑞闽公司投资建设。一期一阶段智慧工厂项目竣工投产，项目投资15亿元，主导产品包括中高端印刷用铝、3C（计算机类、通信类、消费类电子产品）电子用铝、交通用铝等高精产品。一期二阶段为汽车轻量化用铝项目竣工投产，项目投资10亿元，年产汽车用铝合金板带材10万吨。一期三阶段为交通运输及电子领域用连续性铝合金卷材生产线项目，项目投资15亿元，由于集团内部决策机制变化，一期三阶段项目拆分多个子项目进行投资，完成1个投资额2.01亿元的子项目备案，进行厂房主体建设。蓝谷海工装备产业综合体项目由福建省蓝谷投资开发有限公司投资，项目总投资10亿元，用地面积33.33公顷，计划建设标准厂房及产业配套设施面积33万平方米，建成厂房面积31.8万平方米，87栋厂房完成验收并交付客户使用。鸿生装配式建筑及建筑资源再生项目由福建鸿生高科环保科技有限公司投资，总投资18亿元，达产后产值50亿元，年创税收2亿元。项目计划用地面积58.8公顷，分3期建设。主要产品为装配式混凝土预制构件、建筑再生资源回收等，项目实现投产。高强度超轻量化锻造镁铝合金车轮一期项目由福建福鑫轮毂有限公司投资，计划投入30亿元，用地面积10公顷，年产90万件高强度超轻量化锻造镁铝合金车轮。项目年内进行厂房建设。

（陈　榕）

福州（长乐）国际航空城

【概况】　2022年，福州（长乐）国际航空城规划总面积145平方千米，包含原临空经济区和福州新区长乐功能区开发区域。区域内产业主要以纺织化纤、装备制造、食品加工等产业为主，重点发展临空物流、高端制造及数字经济。园区有规模以上工业企业208家，规模以上工业总产值2441.2亿元，比上年增长9.67%。省、市重点项目64个，其中在建27个，计划新开工25个，前期12个，总投资1290.15亿元。年度计划投资152.88亿元，完成项目投资157.16亿元，完成年度计划的102.8%。根据《中共福建省委机构编制委员会关于印发福州新区管理体制机制方案的通知》文件精神以及1月4日福州新区党工委、管委会2022年第一次联席会议工作要求，设立福州（长乐）国际航空城管委会（加挂福州临空经济示范区管委会牌子）。

【基础设施建设】　2022年，福州（长乐）国际航空城完成文前路、马山一路、福米产业园配套道路B段等3项7千米的道路建设，投资额3.9亿元；基本完成国道228鹏程路二期改造工程，2条主干路和6条区间路在建，长

2022年，榕发滨海应急仓储基地项目完成建设并进行试运营调试工作。图为榕发滨海应急仓储基地

[福州（长乐）国际航空城 供图]

度30千米，总投资64.5亿元。安置房福翔小区、东卓名郡开展桩基施工，总投资9.82亿元。

【重点项目建设】 2022年，福州（长乐）国际航空城的福米产业园恒美偏光片一期项目位于湖南镇，占地面积10.51公顷，由恒美光电股份有限公司建设，总投资42亿元，建设全球首条8K超高清偏光片产线及配套工厂，项目于7月完成厂房建设，于9月完成设备安装及试投产。项目超宽幅产线最大生产幅宽为2600毫米，可供应110寸商用显示器配套使用，满产后将成为全球单体规模最大的偏光片生产基地，预计年产能9000万平方米，年产值58亿元。榕发滨海应急仓储基地项目位于文岭镇，用地面积5.38公顷，总投资4.52亿元，建筑面积8.34万平方米。主要建设2栋应急救灾库、1栋应急冷链物资储备库、1栋普通冷链物资储备库1个及附属办公用房。其中，救灾物资库房面积3.8万平方米，应急冷链仓库容纳量9600吨，可储备各类必需的应急物资。项目于7月完成包括设备安装在内的所有项目建设工作，年内进行试运营调试工作。阿石创超高清显示用铜靶材产业化建设项目位于漳港街道、湖南镇交界。由福建阿石创新材料股份有限公司建设，投资2.45亿元，用地面积1万平方米，建筑面积1.8万平方米，建设2000吨铜靶材生产线，产品应用于超高清、大尺寸面板生产线，是4K（分辨率3840×2160像素）、8K（分辨率7680×4320像素）超高清显示器件生产的关键基础材料，项目将实现铜锭国产化导入，降低成本，增强盈利能力和竞争力，填补国内高端电子信息基础材料的空白。项目于年底完成厂房主体封顶并进行内装修。

（吴增辉）

青口汽车工业园区

【概况】 2022年，青口汽车工业园区规划面积76平方千米，主要发展汽车、机械、电子新材料等工业，汽车产业占主导地位。海峡两岸最大合资汽车项目东南（福建）汽车工业有限公司、国际品牌汽车福建奔驰汽车有限公司两家整车厂落户青口汽车工业园区。建成投产企业280家，其中汽车整车厂及六和机械、爱德克斯零部件、麦格纳汽车座椅等配套厂135家，限上汽车销售企业42家。全年规模以上工业产值654.8亿元，比上年增长19.2%；固定资产投资115.7亿元，增长18%；税收37亿元。新增“专精特新”企业5家，国家高新技术企业24家，科技“小巨人”企业8家；新增规模以上企业28家。

【招商引资】 2022年，青口汽车工业园区推进“链长+招商专员”工作机制，新增招商备案项目27个，总投资200亿元。招商专员全程跟踪服务，推动六和金属副车架、海芳塑胶等5个产业项目落地动工，海通产业园、海越环境、兴澳诚一期等10个产业项目竣工投产。

【项目建设】 2022年，青口汽车工业园区项目建设采用“双轮驱动”战略。其中，福建奔驰汽车有限公司实现产值127.14亿元，产量33336辆，税收22.33亿元，比上年增长18.8%；东南汽车引进奇瑞战略合作，实现产值23.02亿元，增长418.7%，产量26901辆，增长266.4%，税收3649万元，增长255.8%。祥鑫股份成为百亿企业，入选2022年福建制造业企业100强（第79名），六和机械被市政府认定为2022年第一批研发中心职能总部企业。实施祥鑫合金铝、福享汽车零部件等27个重点技改项目，完成投资18.13亿元。

【基础设施建设】 2022年，青口汽车工业园区依托园区基础设施网络体

2022年，福建奔驰汽车有限公司实现产值127.14亿元，产量33336辆。图为公司厂区俯瞰（青口汽车工业园区 供图）

系，对园区路网、污水管网、河道水利、天然气、电力等基础设施进行升级。制订《青口汽车城核心共享区提升规划》，生成项目65个，总投资8.95亿元，与市左海集团合作共建，一期合作项目28个，总投资3.2亿元，完成新城路沥青罩面、星城路白改黑等13个项目建设。七里学校、大义收水工程等11个民生项目建成投入使用，正祥广场、林森大道二期等40个项目在建。推进汽车城淘江水系治理，生成市政雨污水管网修复及改扩建工程、农村污水收集工程等治理项目11个，总投资40.8亿元。核心共享区7个村居农污治理项目在建，完成投资4000万元。列入市级园区标准化项目27个，完成投资41.8亿元，占年度计划的107%。

【园区管理服务】 2022年，青口汽车工业园区推行"1135"工作法和"管委会+公司""指挥部吹哨、部门报到"等工作模式，10天完成六和金属科技副车架项目会审到挂牌。汽车城行政（市民）服务中心入驻13个县直部门，全年受理业务7.8万件，按期办结率和群众满意率均达100%，基本实现"办事不出园区"。开展"千名干部进千企""政策红利进万企"等专项行动，收集企业诉求和建议107项，办结97项，落实留抵退税4.49亿元，发放增产增效技改补助5680万元，稳岗就业、创新奖励等其他奖补1000余万元。

（青口汽车工业园区）

连江经济开发区

【概况】 2022年，连江经济开发区规模以上工业产值完成203.27亿元，实现税收2.39亿元，完成工业固定资产投资93.5亿元。年内获批专项债资金11119万元，下拨企业资金累计9008.9万元。

【项目建设】 2022年，连江经济开发区的通用设备生产、福建达道牛肉食品、鑫博食品设备生产、连江聚力实业、福建正友电气设备生产等5个项目竣工投产。中通快递集团福建总部及对台业务基地、鑫远嘉水产品加工等9个项目开工动建。庄臣酒业二期、祥鹏新材料、福州恒源水产饲料有限公司等3个项目启动报批报建。

【基础配套设施】 2022年，连江经济开发区的宏东远洋渔业产业园横一路（东段）、通港大道聚春园至浦口园区段供水管道项目、琯头镇区（阳岐段）应急防洪排涝工程等项目开工动建。晓澳、粗芦岛污水处理厂实现"一级B"到"一级A"提升改造。连江县通港大道（东浦东片区）出入口改造工程、粗芦岛国宇船舶配套横一路及纵一路、长恒食品配套电力线路工程、青啤北侧供水管道连接工程、海西千亩垦区主干路网工程启动报批报建工作。

【招商引资】 2022年，连江经济开发区通过产业招商，同康实业、鑫辉彩印、恒源水产、祥鹏新材料、青岛啤酒（连江大区）供应链等76个项目实现用地摘牌落地。推进星轩单元体幕墙、威鹏实业亿达二期、新正阳饲料二期等4个项目合同签订、商务条款谈判等工作。收集华润新能源海上风电、傲农饲料、中耀新型建材、和谐钢构二期、格林达新材料研发中心、诺达二期、森科木业、瑞得森实业、食惠餐饮中央厨房等项目线索。园区保障性租赁住房建设项目申请通过评审累计13个，住房2168套，建筑面积8.5万平方米，可容纳工人4500人，获批补助资金7874.5万元，下拨至企业资金累计7029.9万元（余款待建设面积核验后拨付）。全年获批专项债资金11119万元，下拨至企业资金累计9008.9万元，其中一般债券 800 万元全部拨付到位；新增其他专项债券 1.03 亿元，拨付使用资金 8208 万元。

【用地规划】 2022 年，连江经济开发区东湖山岗金凤高科 5.9 万平方米标准厂房建成并投入使用，对接洽谈格林达新材料、漱玉平民项目，投资额 2 亿元；完成海西千亩垦区规划修编、东浦园区西区规划调整工作，启动东湖园区、定安片区控规修编工作。依托闲置用地，以“零用地”招商，拓展园区发展空间，引入傲恒生物、普利得新能源科技、立成鞋业等“零供地”项目 22 个，总投资 6.2 亿元，盘活闲置厂房 10 万平方米；梳理存量土地，处置批而未供土地 2 宗，盘活用地面积 6.13 公顷。处置 9 家低效用地企业，用地面积 22.26 公顷，完成对家忠机械设备、格林生物科技、丰大水产等 6 家企业用地的收储，用地面积 18.44 公顷。正阳饲料、金升木业、兴峰彩印等 3 家企业均完成收储评估。对高龙生物、茶花塑料等存在不同程度供而未建问题的 10 家企业（用地面积 19.27 公顷）进行走访和约谈，督促加大投资力度，明确整改时限，倒逼企业提高土地产出率。

【创新融合】 2022 年，连江经济开发区推动科技绿色创新，其中亿达食品公司依托厦门产权交易中心（厦门市碳和排污权交易中心——全国首个海洋碳汇交易平台），完成全国首宗海洋渔业碳汇交易（1.5 万吨海水养殖渔业海洋碳汇交易项目）。福建锦程高科实业有限公司、福建凯威斯发电机有限公司 2 家企业通过 2022 年福建省“专精特新”中小企业认定。福州英迪特智能科技有限公司、福建爱莱格游艇工业有限公司、福建大江线缆科技有限公司、福建瑞云食品有限公司等 4 家企业入围 2022 年福建省科技“小巨人”企业。市政府通过园区整合托管方案，同意由园区整合托管海西工业集中区、东湖山岗工业集中区、琯头工业集中区、粗芦岛园区、东浦工业集中区、可门园区等 6 个工业园区，实行“一区多园”管理模式。年内园区管理机构经省编委审批通过，提格为副处级单位。

（陈济奋）

罗源湾经济开发区

【概况】 2022 年，罗源湾经济开发区开发建设面积 31.46 平方千米，包括松山垦区、获溪片区、白水垦区，形成冶金建材、船舶修造、轻工食品、机械制造、港口物流五大支柱产业。全年完成固定资产投资 85.5 亿元，比上年增长 9.1%；工业固定资产投资 85.2 亿元，增长 13%；规模以上工业产值 647.3 亿元，增长 14.3%；限额以上社会消费零售总额 1.5 亿元；其他营利性服务业 8359.9 万元；地方级财政收入 4.2 亿元。

【基础设施建设】 2022 年，罗源湾经济开发区盘活时代包装、博美生物、宇星彩板、海宁医院、鑫旺物流等地块面积 47.33 公顷。申请农业发展银行基础设施投资基金 2.1 亿元，其中完成五五路、松岐北路、金港纵路、岐鹤东路排洪渠及道路工程、站前北路、迹头堵点整治等项目可研编制、预审与选址意见书。完成北片污水管网及提升泵站等项目可研编制，并对接相关有资质单位公开招标开展工程服务全过程咨询。江北中路、Bopp 项目排洪渠完工。组建专班保障边岐山、宝太、凤贵山、兴拓重工等项目砂石处置工程。

【招商引资】 2022 年，罗源湾经济开发区洽谈招商项目 45 个。引进落地福蓉源年产 25 万吨再生铝及圆铸锭项目、源申年产 120 万吨钢铁渣粉新建项目、新良佐自动化设备制造项目、北湾时代智造产业园项目、灿兴环保科技公司稀贵金属资源化利用项目、罗源星宝园医康养项目、润华钢构项目等招商项目 16 个，总投资 116.36 亿元。其中，投资额超 10 亿元项目 5 个，超 2 亿元项目 8 个；三产项目 4 个，二产项目 12 个；引进欧特、叙佑、宝太等 3 家钢铁产业，延伸钢铁企业产业链。

【项目建设】 2022 年，罗源湾经济开发区有省市县重点项目 21 个，总投资 367.67 亿元，年计划投资 106.08 亿元，完成投资 112 亿元，完成率 106.6%。福州市项目攻坚落实年专项行动开工项目任务数 10 个，完成开工项目 10 个，完成率 100%；竣工项目任务数 5 个，完成竣工项目 5 个，完成率 100%。在福州市项目攻坚落实年专项行动中总排名居罗源县第一。

（陈佳霖）

（编辑 姚国榕）

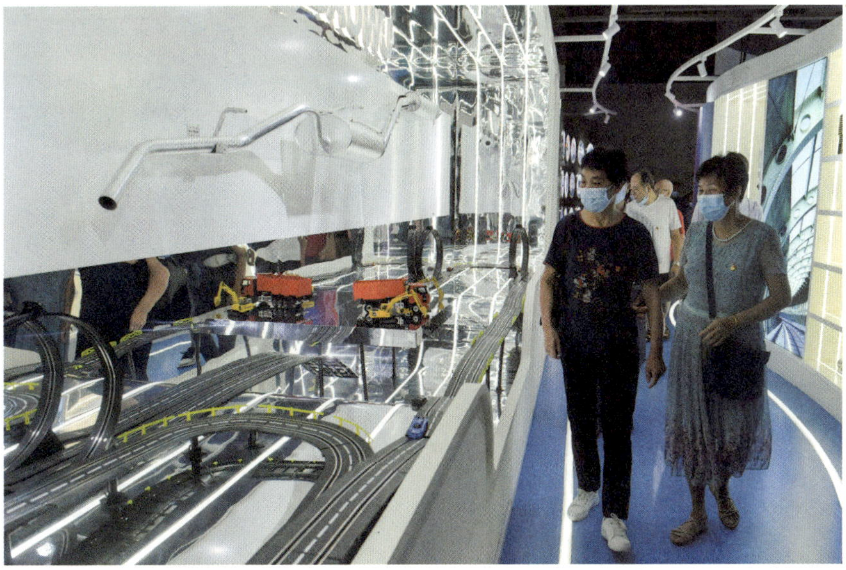

2022 年 9 月 7 日，罗源湾经济开发区发展钢铁工业旅游项目。图为游客参观罗源闽光钢铁有限公司企业文化展示馆 （罗源湾经济开发区 供图）

生态环境保护

生态环境质量

【概况】 2022年，福州市落实减污降碳协同增效，深入打好污染防治攻坚战，推进国家生态文明试验区建设，生态环境质量位居全国前列。全市空气质量综合指数2.51，主要流域优良水质比例97.2%，近岸海域优良水质面积比例81.5%，建设用地安全利用率100%。福州市年度党政领导生态环保目标责任书考核结果优秀，位列全省第二。

【大气环境质量】 2022年，福州市空气质量优良率97.5%，其中一级（优）219天、二级（良）137天；环境空气质量综合指数2.51，比上年提升3.1%，在全国省会城市中排名第三，在全国168个重点城市中排名第五。

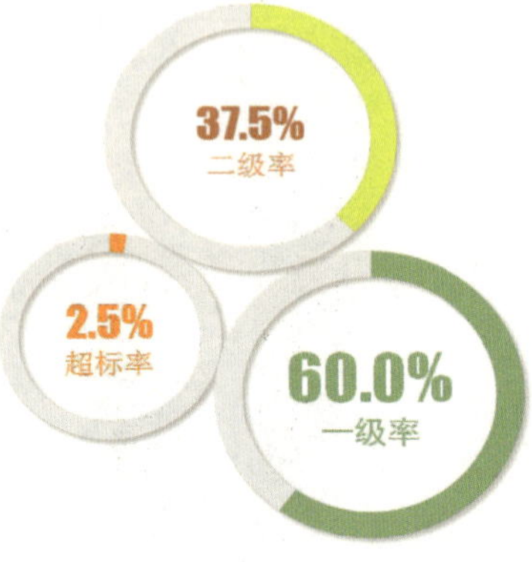

图7　2022年福州市环境空气质量各级别天数比例示意图

城区空气中二氧化硫（SO_2）、二氧化氮（NO_2）、可吸入颗粒物（PM10）和细颗粒物（PM2.5）的年均值分别为4微克／立方米、16微克／立方米、32微克／立方米和18微克／立方米，一氧化碳（CO）和臭氧（O_3）的百分位数浓度分别为0.7毫克／立方米和142微克／立方米。与上年相比，二氧化硫浓度持平，二氧化氮、可吸入颗粒物、细颗粒物、一氧化碳特定百分位数分别改善11.1%、17.9%、14.3%、12.5%，臭氧特定百分位数浓度上升25.7%。城区环境空气质量达到二级标准。城区降水pH均值6.5，酸雨率0%。

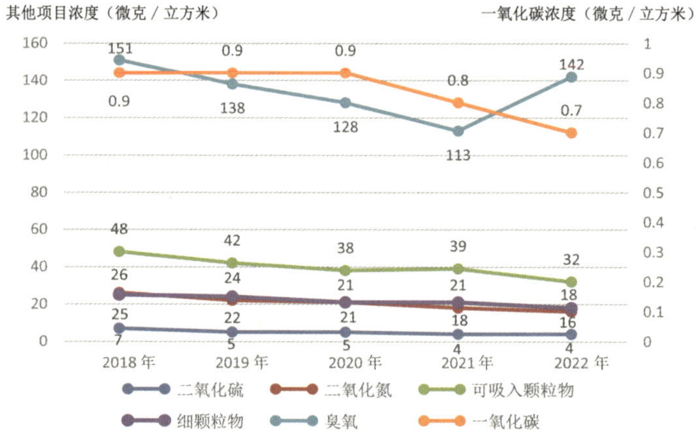

图8　2018—2022年福州市主要环境空气指标变化趋势示意图

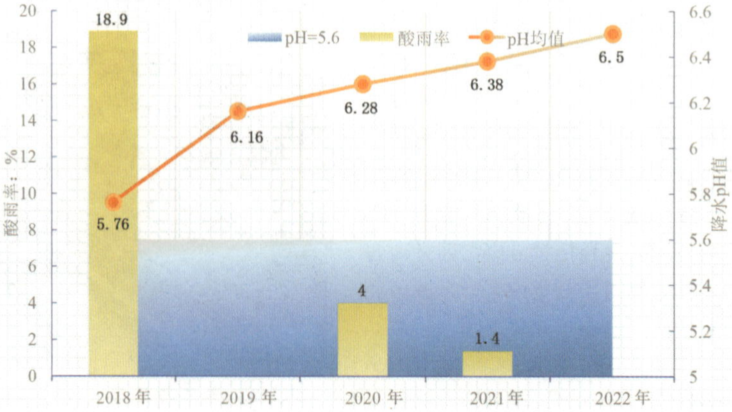

图9　2018—2022年福州市城区降水pH年均值及酸雨率变化趋势示意图

表 30　　2022 年福州市分区域环境空气指标一览表

县（市）区和高新区	综合指数	达标天数比例（%）
鼓楼区	2.45	98.1
台江区	2.37	99.2
仓山区	2.38	99.5
晋安区	2.49	98.6
马尾区	2.39	97.8
长乐区	1.98	100
福清市	2.23	99.7
闽侯县	2.3	99.7
连江县	2.06	99.7
罗源县	2.27	99.4
闽清县	2.29	98.9
永泰县	2.09	99.2
高新区	2.47	98.4

【水生态环境质量】　2022 年，福州市主要流域总体水质优，与上年相同。Ⅰ～Ⅲ类水质比例 97.2%，比上年提升 2.8 个百分点，其中国考断面优良水质比例首次实现 100%；Ⅰ～Ⅱ类水质比例 33.3%；连续两年国省考断面无Ⅴ类及以下水质。

闽江水质　闽江流域福州段总体水质保持优，Ⅰ～Ⅲ类水质比例 100%，Ⅰ～Ⅱ类水质比例 56.2%。

敖江水质　敖江流域福州段总体水质保持优，Ⅰ～Ⅲ类水质比例 100%（含山仔水库两个点位，下同），Ⅰ～Ⅱ类水质比例 14.3%。

龙江水质　龙江流域总体水质良好，Ⅰ～Ⅲ类水质比例 83.3%（含东张水库两个点位，下同），Ⅰ～Ⅱ类水质比例 16.7%。大斜龙江桥断面为Ⅱ类水质；海口桥、前洋桥断面为Ⅲ类水质；倪浦桥为Ⅳ类水质。

淡水湖库水质　山仔水库、东张水库、西湖水质类别分别为Ⅲ类、Ⅲ类、Ⅴ类，均与上年相同，其中山仔水库、东张水库总体水质良好。按照综合营养状态指数计，山仔水库、东张水库水质处于中营养水平，西湖水质处于轻度富营养化水平。

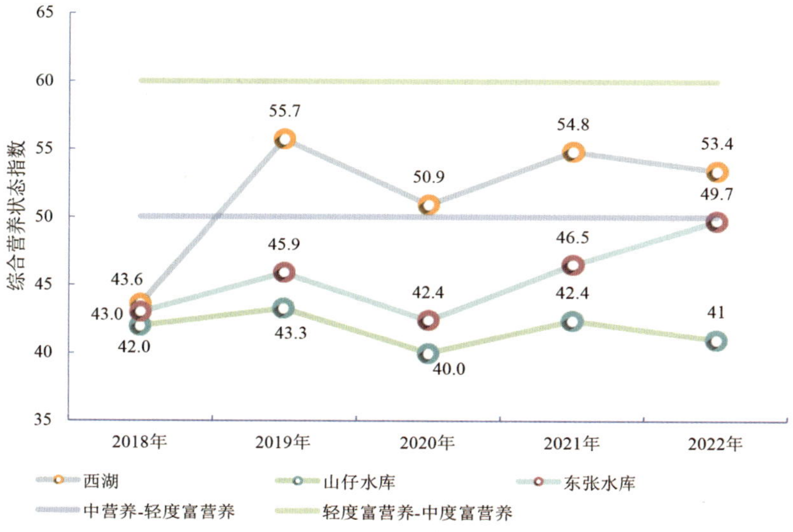

图 10　2018—2022 年福州市主要湖库水质富营养状况示意图

饮用水水源地水质　全市 5 个市级集中式饮用水水源地及各县（市）县级集中式饮用水水源地水质达标率均为 100%。

省控小流域水质　全市 54 个省控小流域监测点位，Ⅰ～Ⅲ类水质比例 96.3%，比上年提升 1.9 个百分点，达到考核目标。

【海洋环境质量】　2022 年，福州市有国省控海洋环境监测点位 41 个，其中国控点位 27 个。按面积法评价，一类、二类海水水质比例 81.5%。重点管控因子活性磷酸盐、无机氮。

【声学环境质量】　2022 年，福州市建成区昼间区域声环境质量平均值 56.6 分贝，处于三级水平（55.1～60.0 分贝）。建成区昼间道路交通噪声平均值 68.3 分贝，处于二级水平（68.1～70.0 分贝）。

五城区道路交通噪声监测路段总长 335.32 千米，其中昼间等效声级大于 70dB(A) 的长度 118.01 千米，占总长比例 35.2%，比上年上升 0.4 个百分点，高分贝路段长度无明显变化。

【自然保护区】　2022 年，福州市建立各类自然保护地 38 处（国家级自然保护地 12 处、省级自然保护地 17 处），总面积 10.4 万公顷。其中，国家级自然保护区 2 个（福建雄江黄楮林国家级自然保护区、福建闽江河口湿地国家级自然保护区），省级自然保护区 3 个（永泰藤山省级自然保护区、福建马尾闽江河口湿地省级自然保护区、福清兴化湾水鸟省级自然保护区）。

年内，市生态环境局开展“绿盾”自然保护地强化监督，强化部门联动协作，定期开展遥感监测和实地核查。建立落实自然保护区长效管理机制，相关县（区）每季度开展巡察，更新整改问题进展情况和现场照片；市级不定期开展督查、核查。建立完善自然保护地管理办法，制定《福州市闽江河口湿地自然保护区管理办法》，加强闽江河口湿地自然保护区的保护和管理，维护湿地生态功能和生物多样性。

【生物多样性保护宣传】 2022年，福州市生态环境系统开展“5·22”国际生物多样性日系列宣传活动，其中鼓楼生态环境局、福山郊野公园服务中心主办“碳寻自然·2022福州首届自然观察节暨低碳景区森林行走”——生物多样性保护宣传教育活动，长乐生态环境局联合福建闽江河口湿地国家级自然保护区管理处在闽江河口湿地公园举办“5·22”国际生物多样性日科普宣教活动。举办福州福山郊野公园观鸟导览及科普讲座，全年组织宣传教育进校园、进机关、进广场、增殖放流等活动12场。

【闽江河口湿地生物多样性保护入选生物多样性优秀案例】 2022年，生态环境部首次开展生物多样性优秀案例征集遴选活动，“福建闽江河口湿地生物多样性保护”案例成为40个入选优秀案例之一。福建闽江河口湿地国家级自然保护区位于长乐区东北部和马尾区东南部交界处闽江入海口区域，是中华凤头燕鸥的重要繁殖区，勺嘴鹬、黑脸琵鹭等鸟类重要越冬地，小青脚鹬、大滨鹬等珍稀保护鸟类的迁徙中转站、补给站和重要停歇地。截至2022年底，湿地保护面积2381.85公顷，区内有维管束植物147种、野生动物552种（鸟类313种）、其他水生生物612种，包括国家重点保护动物87种。闽江河口湿地通过实施退养还湿，除治互花米草，营造生态鸟岛；建立联防联动、长效保护机制，设立“闽江河口湿地生态司法保护基地”“自然生态保护巡护审判点”等；建设湿地博物馆及湿地公园，开展生态环境保护宣教，形成涵盖基础研究、生态修复、社区融合、产业带动、生态教育、开放合作等六大核心工程的湿地保护“闽江模式”。

【污染物减排】 2022年，福建省下达福州市2022年主要污染物重点工程减排目标（2021年以来累计数）为化学需氧量5200吨、氨氮360吨、氮氧化物1240吨、挥发性有机物1100吨。经省生态环境厅核定，4项指标均完成年度目标任务。

【环保科研】 2022年，福州市生态环境局推进闽江口琅岐环境空气超级监测站建设、福州市区域光化学污染溯源模拟分析平台应用，重点加强湖库控藻、养鳗尾水治理、新污染物治理、锅炉整治等新技术跟踪应用，推进区域臭氧防控、土壤环境背景值调查试点研究、福州市“三线一单”（生态保护红线、环境质量底线、资源利用上线和生态环境准入清单）减污降碳协同管控试点项目。完成《典型湖库水生态循环机理及富营养化藻类治理技术研究》《抗生素及抗性基因调查研究》《福州市二氧化碳排放达峰行动方案以及湄洲湾》《兴化湾地区光化学污染综合观测（一期）》等科研课题。结合福州市主要生态环境问题与科技需求，与高校、科研院所开展生态环境科技交流合作。

（张海彬）

生态监管

【概况】 2022年，福州市以推动中央和省级生态环境保护督察整改为抓手，强化环境安全风险防控，落实隐患治理，全市未发生较大以上突发环境事件。开展生态环境监测年度工作和社会化监测监管，全市建成各级空气、水质、噪声自动监测站共118座。

【环境安全】 2022年，福州市生态环境局推进环境安全隐患排查，排查重点环境风险点391个，发现隐患问题79个，均完成整改。应对突发环境事件，处置城门水厂、西北区水厂水源地油污污染事件和闽清电瓷厂成油品泄漏事件，未对环境造成影响。推广福清龙江、闽清梅溪和永泰温泉溪作为“一河一策一图”试点河流。完善环境应急体系建设，对8个市级环境应急预案进行修编，采购活性炭、围油栏、热成像仪等环境应急物资。

【环境监测】 2022年，福州市生态环境局制定印发《福州市2022年生态环境监测方案》，涉及水、气、土、内河、自动监测、执法监测等近40个方面，明确责任单位和详细操作规范。完善全市生态环境监测体系，全市建成各级空气自动监测站63座、各级水质自动监测水站33座、噪声自动监测站22座。强化社会化监测监管，会同市场监管部门开展现场“双随机”检查，组织专家对政府委托的监测项目开展定期网上抽查。落实环境质量会商工作机制，通过加强监测数据共享和业务会商协同，解决环境质量管理中长期存在的技术与管理、上级与下级之间沟通低效和联动不足的问题，提高全市环境质量综合分析研判和环境管理水平。

【生态环保督察】 2022年，福州市推动中央生态环境保护督察、省生态环境保护例行督察发现的问题整改。中央生态环境保护督察第一轮督察整改27项任务全部完成；第二轮督察整改17项任务中，11项完成整改、5项长期坚持、1项整改中，两轮督察交办2544件信访件全部办结销号。省生态环境保护例行督察第一轮督察整改25项任务全部完成，第二轮督察整改21项任务按序时开展。年内，市建设局牵头实施的城区水系综合治理和市城管委牵头开展的红庙岭循环经济产业园建设2个案例入选中央督察办出版的《督察成效典型案例汇编》。

（张海彬）

环境综合整治

【概况】 2022年，福州市突出系统谋划、科学实施、分步推进，巩固污染防治成效，制订印发《福州市深入打好污染防治攻坚战实施方案》，开展蓝天、碧水、碧海、净土“四大保卫战”，重点开展散乱污综合整治、臭氧和细颗粒物污染防治、柴油货车污染治理、河湖水质提升、城市黑臭水体治理、农村水源地治理、重点海域综合治理、农业农村污染治理“八大标志性战役”。

【大气污染整治】 2022年，福州市生态环境局制订实施《2022年度福州市蓝天保卫战行动计划》，推进绿色低碳发展。围绕氮氧化物与挥发性有机物协同减排，开展重点区域、重点行业大气污染精准治理，在全省率先开展挥发性有机物（VOCs）2.0治理，开展简易低效VOCs治理升级改造、无组织收集治理及低VOC原辅材料替代工作，完成各类VOCs2.0治理项目76个。加强锅炉综合治理，全市各类锅炉淘汰或改清洁能源142台。深化工业炉窑综合整治，推进闽清建陶行业大气专项整治，完成福耀玻璃1、3线玻璃炉窑烟气提标改造。推进钢铁行业超低排放改造。强化移动源污染防治，完成非道路移动机械编码登记2970台，淘汰老旧非道路移动机械62台，抽查机动车尾气1235辆、非道路移动机械601台，查处超标机动车107辆。强化各类工地扬尘污染控制，督促建设工地落实扬尘管控“六个100%”（工地周边100%围挡、物料堆放100%覆盖、出入车辆100%冲洗、施工现场地面100%硬化、在建工地100%湿法作业、渣土车辆100%密闭运输），发出扬尘污染整改通知、通报441份。推动福州市二氧化碳排放达峰行动方案研究，探索低碳试点建设，实施第五届数字峰会和全国低碳日福建主场活动碳中和。加强碳排放重点单位管理，重点企业碳配额履约率100%。强化空气质量预警预报与区域联防联控，全年启动轻度污染天气和臭氧污染天气应急响应17次，响应天数36天。克服不利气象条件，完成第五届数字峰会空气质量保障任务。

【流域水环境综合整治】 2022年，福州市生态环境局、市水利局、市城乡建设局、市发改委联合印发《福州市重点流域水生态环境保护“十四五”规划》，聚焦全市主要流域、小流域水质提升薄弱环节开展水质提升攻坚，结合“项目工作法”，生成水生态环境保护治理项目，协调推动龙江流域水系综合治理，巩固美丽闽江建设成效，推动打造美丽敖江。拓展“河长日”内涵，开展“护河爱水、清洁家园”行动。市生态环境局组织编制福州市地方标准《入河（湖、库）排放口分类与管理导则》，1月由市市场监督管理局公布，在全市开展入河排放口排查整治试点。开展大樟溪、溪源溪等流域入河排放口整治情况“回头看”，形成问题清单督促属地整改。市政府办公厅印发《福州市入河入海排污口排查整治工作方案》，健全全市入河入海排污口排查、监测、溯源、整治、管理体系。

【饮用水水源地保护】 2022年，福州市生态环境局采用卫星遥感、无人机航拍等技术手段强化饮用水水源保护区日常巡查监管，推进水源保护区规范化建设，完善饮用水水源保护与应急机制。开展全市水源地环境状况评估、基础信息调查，结合“清水蓝天”等环保专项执法行动，对水源保护区及周边的环境问题和风险隐患进行全面排查整治。强化山仔水库、东张水库等重点湖库型水源地藻类防控。深化农村饮用水水源地生态环境整治，在巩固千人以上农村集中式饮用水水源地综合整治成效的基础上，全面完成214个千人以下农村分散供水水源地保护范围划定，持续推进水源地规范化建设和生态环境问题清理整治。加强水源地的水质监测，对县级以上集中式饮用水水源地每月监测一次，对千吨万人饮用水水源地每季度监测一次，对乡镇集中式饮用水水源地每半年监测一次，并公开水质达标情况。

【海洋环境治理】 2022年，福州市生态环境局推动近岸海域综合治理。开展入海排口整治工作，对全市摸排的1115个入海排口进行污染源分析，按“一口一策”原则，建立入海排口档案，印发《推进入海排污口分类整治实施方案》，开展分类整治；细化海水养殖生态环境监管工作措施，强化部门联动协作和分类监管，完成整治总任务量的60.6%，基本完成工业企业排口、城镇污水集中处理设施排口整治任务。实施海漂垃圾综合治理为民办实事项目，运用无人机、视频监控、生态云等智慧管理，对海漂垃圾治理情况开展监督考核，下达2022年省市两级海漂垃圾治理奖补资金共1490万元；完善“海上环卫”机制，沿海5个县（市）区均成立“海上环卫”队伍，实现海漂垃圾常态化、专业化治理，全年清理海漂垃圾3.5万吨，海漂垃圾分布密度持续下降。

【土壤污染防治】 2022年，福州市生态环境局加强建设用地准入管理，落实建设用地调查评估制度，强化部门协调联动，实现用途变更地块信息共享，完成150个地块土壤污染状况调查，保障重点建设用地安全利用。加强土壤污染重点监管单位等重点污染源环境管理，强化粮食产地环境保护，推进涉镉等重金属企业排查整治，推行企业重金属污染物排放总量控制，落实重金属排放指标调剂管理要求。推进地下水环境状况调查，完成2个化工园区、2家危险废物处置场、1家垃圾填埋场的地下水环境状况调查。落实耕地分类管控措施，推进受污染耕地安全利用工作，完成受污染耕地安全利用面积2903.11公顷、严格管控任务面积79.99公顷，受污染耕地安全利用率96.74%以上。加强农业面源污染治理，促进化肥、农药减量增效，化肥使用量比上年下降2.99%，农药使用量下降2.97%。推进秸秆、农膜废弃物资源化利用，秸秆综合利用率93.59%，农膜回收率85%。加强畜禽养殖污染防治，落实生猪规模养殖项目环评管理要求，强化生猪养殖项目环评服务和指导、强化事中事后监管。开展规模养猪场的监督检查，督促养猪场落实出水水质在线监测监控，加强养殖场周边水质监控。落实畜禽粪污资源化利用措施要求，促进畜禽粪污还田利用，全市实现规模化养殖场畜禽粪污综合利用率93%以上，粪污处理设施装备配套率100%。

【固体废弃物处置】 2022年，福州市工业固体废物产生总量997.6万吨，综合利用量993.65万吨（其中综合利用往年贮存量5.01万吨），处置量6.34万吨（其中处置往年贮存量0.03万吨），贮存量2.65万吨，工业固体废物综合利用率99.74%；工业危险废物产生总量23.71万吨，上年度末贮存量0.87万吨，利用处置量24万吨（其中利用处置往年贮存量0.87万吨），年末贮存量0.58万吨，工业危险废物全部依法安全处置；医疗废物产生量2.02万吨，医疗废物全部集中收集后焚烧处置，无害化处理率100%；生活垃圾产生总量297万吨，全部采用焚烧或卫生填埋处置，生活垃圾无害化处理率100%。

【全市首个化工园区地下水环境状况调查评估项目启动】 2022年，福州市生态环境局立项申请可门港经济区化工新材料产业园地下水环境状况调查评估项目。7月22日，组织召开《可门港经济区化工新材料产业园地下水环境状况调查评估技术方案》评审会，会议邀请生态环境部土壤中心、中国地质科学院水环所、福州大学、集美大学、福建省环境监测中心站的专家及连江生态环境局、连江可门经济开发区管委会、福州市环境科学研究院的代表参会，方案经评审通过。该项目在综合考虑地质、水文地质、园区基本概况和环境概况的基础上，创新运用地下水污染源识别技术方法，协同防控地下水和土壤环境风险，年内完成项目调查。

（张海彬）

环保执法监察

【概况】 2022年，福州市生态环境局加大环保执法检查力度，通过“双随机”、测管联动、交叉执法等方式，打击生态环境违法行为。推进生态环保改革创新，生态环境问题大排查大整治三年行动工作机制、数字环境监管云模式等创新成果得到宣传推介。通过新闻发布会通报福州市生态环境质量和重点工作进展，各级各类新闻媒体发布关于福州生态环境工作的宣传报道208篇（条）。

【环保专项整治】 2022年，福州市生态环境局开展环境执法大练兵、“清水蓝天”专项执法、“2022清流行动”、“散乱污”企业（场所）整治、危险废物专项整治等执法检查，全市立案处罚生态环境违法行为326起，处罚金额2105.95万元，其中“四个配套”措施总案件数53件（查封扣押23件、限产停产1件、行政拘留27件、司法移送2件）。

【“静夜守护”专项整治】 2022年，福州市生态环境局结合省、市纪委监委城区噪声污染整治“点题整治”项目，开展“静夜守护”专项整治，联合市直9个部门召开专题会议，部署开展“静夜守护”攻坚行动；联合市城管委、市城乡建设局共同印发《福州市关于加强夜间建筑工地施工管理严格查处施工扰民行为十条措施》。市、县两级生态环境部门均成立攻坚行动工作专班，对夜间噪声污染投诉问题开展“拉网式”“起底式”大排查，并形成重点事项清单，组织各级责任部门开展联合攻坚；各县（市）区成立部门联合劝导队，强化夜间巡查劝导；对重点问题，部门联合检查、联合通报，并对典型案例予以公开曝光、挂牌督办。与“12345”平台建立信息共享机制，加强涉噪声扰民信访投诉的全口径收集和分析，将投诉件全量数据拆分发各县（市）区进行全面梳理分析。

【2022清流行动】 2022年，福州市生态环境局制订《“2022清流行动”工作方案》，针对五城区内河、集中式饮用水水源地保护区、闽江、敖江、龙江、大樟溪、梅溪等重要流域及纳入省级考核的小流域、其他流域开展执法检查，对仓山区白湖亭河、晋安区磨洋河、长乐区下洞江、闽侯县淘江、高新区安里河、福清市龙江、连江县牛溪、罗源县起步溪及牛溪、闽清县梅溪、永泰县大樟溪等水系开展重点专项检查。结合“双随机”检查，依托“生态云平台”，运用大数据、无人机、遥感影像等技术手段辅助执法，针对执法检查发现的问题，制订整改方案并形成问题整改清单，推动问题整改落实。

【生态环保改革创新】 2022年，福州市生态环境问题大排查大整治三年行动工作机制在全省生态环境系统推广，在《福建改革情况》刊发并报送中央深改办；福州市数字环境监管云模式获评2022中国城市数字化转型优秀案例；市生态环境局建立“一个窗口对外”机制，最大限度压缩环评审批时间，扩大环评豁免告知承诺范围，全市生态环境系统在时限内办结政务服务事项3238项。编制出台《福州市“十四五”生态环境保护规划》及专项污染防治规划。推进排污权交易改革和政府储备，通过平价出让、随买随办等措施，完善排污权收储和出让制度体系。全年全市167家企业投保环境污染责任保险，保费242.02万元，责任限额29345万元；累计完成排污权交易340笔，交易金额3563.05万元。

【生态保护宣传】 2022年，“福州生态环境”政务新媒体策划推出专题专栏29个、宣传话题22个、线上互动活动11个、短视频9条、新媒体产品132件，累计发布信息8643条，总阅读量近3500万次。组织协调全市4家环保设施单位通过线上线下等方式组织对公众开放46次，联合环保社会团体开展环保公益活动14场次。组织公众参与7类青少年环境教育活动。年内，市生态环境局开展或参与主题实践活动13场，发放宣传册（单）和宣传品等1.7万余份，发送宣传短信200万条，拍摄主题宣传片4条，制作公益广告及标语7条。

【环保信访办理】 2022年，福州市生态环境局受理“12369”平台投诉件2102件、“12345”平台投诉件17321件，各级环境信访转办件185件。所有信访件均按信访程序要求及时办理，信访件总量比上年下降18.14%。

（张海彬）

（编辑 黄 铭）

城市建设与管理

城市规划

【概况】 2022年，福州市自然资源和规划局推动市县两级国土空间总体规划编制和成果报批，部署开展城市设计、市政规划；会同市名城委、文物局等部门完善《福州历史文化名城保护规划（2021—2035年）》成果。推进控制性详细规划改革创新和优化，编制相关指导意见和技术指南，增强可操作性。

【市县国土空间总体规划】 2022年，福州市自然资源和规划局按照自然资源部统一部署要求，统筹划定“三区三线”（永久基本农田、生态保护红线、城镇开发边界），于10月经自然资源部批准启用，作为建设项目用地用海组卷报批的依据。在“三区三线”基础上进一步优化完善《福州市国土空间总体规划（2021—2035年）》成果，于11月通过专家评审论证，并于12月28日通过市人大常委会研究审议。各县（市）均完成县级国土空间总体规划成果，并启动成果报批。

【城市设计】 2022年，福州市自然资源和规划局在控制性详细规划编制阶段同步开展城市设计，对片区及地块空间景观风貌要素提出明确的管控引导要求，对重点地区引入三维辅助决策系统进行空间形态模拟与综合分析，开展多方案比选，确定规划指标，形成城市设计图则，纳入控制性详细规划成果及规划设计条件。创新建立“前期策划+城市设计+控制性详细规划+重点区域修建性详细规划+实施项目库”模式，指导土地收储出让和项目建设，推动火车南站、植物园、市博物馆美术馆、梁厝特色街区、文化艺术中心、生态公园等重要节点建设。

【控制性详细规划】 2022年，福州市自然资源和规划局按照建立“规划编制审批体系、实施监督体系、法规政策体系和技术标准体系”的要求，规范控制性详细规划编审工作和实施管理，提高控制性详细规划编审效率与实施成效，结合福州市规划管理实践，编制《福州市关于进一步加强控制性详细规划编制审批和实施管理的指导意见》《福州市控制性详细规划编制技术指南》，探索构建规划编制、规划实施、监督保障的全周期闭环的空间治理模式。

结合城市更新、工业园区提升、科创走廊建设、土地出让计划等，制定规划年度编制计划，并衔接各专项规划，滚动开展控制性详细规划优化提升。重要区域和地段通过多方案比选，细化地块建设管控要求。年内，四城区开展控制性详细规划调整68项，其中出让地控制性详细规划调整44宗；完成控制性详细规划调整项目28个。

【市政规划】 2022年，福州市自然资源和规划局开展市政规划编制，指导市政项目实施，提升城市品质。编制“闽江之心”、火车南站枢纽等重要片区交通研究，开展交通精细化设计；围绕市政项目规划管控，编制城市标识系统规划、停车场专项规划等；福州城市综合交通规划获市政府批复，明确交通发展战略。

（陈泓安）

市政建设

【概况】 2022年，福州市六城区（鼓楼、台江、仓山、晋安、马尾、长乐区）建成区面积410.02平方千米；六城区建成区市政道路总长度3330.75千米，道路面积6371.88万平方米，道路密度8.12千米/平方千米，道路面积率15.54%；六城区污水处理率98.4%，供水普及率100%，燃气普及率99.55%。市城乡建设局负责的市政项目完成形象进度投资329.08亿元，完成年度投资比例116.5%；全年清查现行有效规范性文件45件；出具法律意见书11份，审核文件1732件、诉讼案件5件（行政领导均出庭）及复议案件7件；制订年度普法工作计划并在网上公布“谁执法谁普法”责任清单。年内，福州市入选绿色建材国家试点城市（全省有福州、龙岩入选）；连续4年开展城市体检样本城市建设，创新提出城市健康指数；鼓楼区入选住建部、工信部公布的全国19个数字家庭建设试点地区（全省有福州市鼓楼区、厦门市海沧区入选）。

【市政建设项目方案审查】 2022年，福州市自然资源和规划局加强市政项目"后台"审查工作，建立市政项目年度空间项目库，提前介入市政线性工程前期规划工作，防范和杜绝市政线性工程项目"未批先建""建后与规划不符"等问题。加强控规编制、城市设计及控规调整涉及市政相关研究工作，推动市政项目规划导则编制工作。开展前横路快速化改造、金山大道快速化改造、尤溪洲南桥头改造等重大市政项目方案设计研究，并支持开展相关规划调整工作；把关连坂污水处理厂中水回补工程、黄田110千伏输变电等10余个市政基础设施规划方案审查。

【市政路桥建设】 2022年，福州市城乡建设局启动尤溪洲南桥头立交提升改造、象山隧道拓宽改造等项目30个，完成连江排尾路口改造等项目11个，开展南北向快速通道、四环线等项目研究。完善城区慢道网络，推进两山两园慢道、闽江北岸全线贯通提升工程建设。全市新改扩建市政道路108.2千米。

【市政设施维护】 2022年，福州市城管委完成60条道路平整度提升整治和7条道路品质提升改造，打造福新中路城市主干道整治样板，对15条道路和16座桥梁实施中修维护提升改造。加强道路养护，完成60条沥青路面提升约6.16万平方米、85条人行道提升约2.08万平方米，完成1562个井盖整治、15条道路中修提升维护。完成地铁、内河水系、管网、通信、电力、燃气等管线单位破路修复6.9万平方米。加强路灯维护，采用片区班组巡查和所队复巡双轨道并行模式开展路灯巡视工作，开展低洼路段箱式变压器、路灯防漏电整改，完成箱式变压器整改58台，涉及灯杆2792杆，安装漏保338个；更换电缆12597米，修灯3977盏，加固及修补灯杆门1358扇，更换井盖321面，处理微机故障830台次，路灯亮灯率99.16%，景观灯亮灯率98.21%。加强桥梁设施维护，对管辖的661座城市桥梁及隧道、地下通道设施进行隐患清理排查，巡检桥梁约13万座（次），处置桥梁零星病害及保养桥梁1377项（处）。

开展道路、路灯、桥梁设施专项安全检测，排查处置设施安全隐患及病害。采用车载雷达无损检测方式，对市区117条市管道路开展地下空洞雷达探测工作，各类道路空洞病害均进行填筑并修复路面；对路灯设施进行路灯线路绝缘、防漏电检测和变压器专项检测，对25座市管跨江大桥、高架互通进行常规定期检测。

【公厕建设管理】 2022年，福州市新建、改建公厕47座。五城区612座环卫公厕按照"十无五有"标准实行精细化管理。组织设施管理常态化"飞行检查"，开展"最优公厕"、劳动技能竞赛等评比活动。

【三江口片区路网建设】 2022年，福州市城乡建设局推动三江口片区内市政基础配套建设，形成"三纵六横"（"三纵"：南江滨大道、福泉高速连接线、福峡路；"六横"：后坂路、潘墩路、三环、永南路、环岛路、三江路）路网骨架格局。片区内规划市政道路建成139.4千米；市政路桥建设项目29个（其中在建17个、开展前期工作12个），总投资约208亿元，完成投资157亿元，占比75.5%。

【城市品质提升行动】 2022年，福州市城乡建设局牵头开展城市品质提升行动，谋划生成城市更新、新区拓展、生态连绵、交通通达、安全韧性等五大工程909个项目，年度计划投资1283.2亿元，全年完成投资1453.3亿元，完成比例113.3%。在2022年福建省城乡建设品质提升工作考核中，福州市综合绩效连续2年位居全省第一。推进样板工程建设，全市重点打造10类省级样板工程，其中福州新区滨海新城样板项目、永泰县同安镇集镇环境整治项目等8个样板工程获评全省第一档（其中5个第一名），获得省级正向激励资金2700万元，样板获奖数量连续第二年位居全省第一。

【"两江四岸"环境提升行动】 2022年，福州市自然资源和规划局牵头开展"两江四岸"（闽江、乌龙江及其对应的两侧岸线）环境提升和"闽江之心"（"两江四岸"景观带的核心地段，西起三县洲大桥、东至闽江大桥的陆地及水域）整体提升，对标山水城市定位，规划建设闽江北岸慢行步道，系统推进"两江四岸"整体提升。"闽江之心"成为热门"网红打卡点"，青年广场、青年桥等建成开放。青年广场城市更新项目获2022年全球未来设计金奖等多项大奖。

【建筑景观管控】 2022年，福州市自然资源和规划局出台《福州市城市色彩规划实施导则》，并邀请编制团队专家开展"色彩点亮城市"专题讲座，该导则在《中国自然资源报》《福州晚报》和省自然资源厅微信公众号推广发布。福州市在建设工程规划许可证批后公布阶段引入二维码技术公开项目信息，推进建设项目建筑景观设计方案批前公示和建设工程规划许可批后公布，健全公众参与和监督机制，全年完成176个项目二维码公告牌制作。年内，市自然资源和规划局组织召开建筑景观评审会23次，对64个建设项目提出建筑景观提升意见。形成定期现场踏勘的工作机制，对"两江四岸"区域、三江口区域、鼓山沿线东大门等重点区域建设项目进行"回头看"，开展城市品质提升、既有建筑外立面改造等项目景观审查，对70余个项目提出优化完善意见。

【城区景观照明管理】 2022年，福州市城乡建设局完成乌山观景台夜景提升36个项目、福山郊野公园祈福台夜景提升12个项目；整治提升"闽江之心"核心区夜景灯光32个项目。执行每月精细化考核与日常抽检督办相结合的管理机制，将考核情况通报各区并限时整改。推动将主要道路和重点区域纳入夜景灯光中控系统，逐步实现夜景全覆盖、一体化管护；成立专业化养护队伍，确保夜景灯光完好率95%以上、亮灯率98%以上、管理覆盖率100%。

【公共停车泊位建设】 2022年，福州市自然资源和规划局组织编制停车场实施评估和停车场专项规划，聚焦各区域停车需求，科学布局停车设施，建立储备库，谋划项目清单；制订《福州市推动城市停车设施发展实施方案》，从市场化、法治化方面加快推动停车设施建设发展；利用待建土地、边角空地、未投入使用的道路等建设公共停车设施，全年全市新增路外公共停车泊位5013个。开展公共空间经营性停车场专项整治行动，制定长效管理机制，提升公共空间停车环境，该项工作被《人民日报》重点宣传报道。10月，省纪委监委及省厅际协调机制办在福州召开全省经营性停车场专项整治工作交流会，向全省推广福州市经营性停车场“点题整治”工作成效和经验做法。

【城市体检】 2022年，福州市连续第四年开展城市体检工作，完成2021年度城市体检报告。重点围绕生态宜居、健康舒适、安全韧性等8个方面76个指标构成体系，其中51项指标达到目标值，城市健康指数从2018年度的0.86提高至2021年度的0.91。收集居民满意度调查有效问卷4471份，综合得分从2018年的74.5分提升至2021年的86.14分。根据城市体检报告成果生成治理项目，形成“一表三单”（标数据表，优势清单、短板清单、提升清单），梳理城市具体问题25个，并按照“Ⅲ—Ⅱ—Ⅰ”标准设定整治优先级，提出城市整治提升工作建议40项。

【温泉资源开发利用保护】 2022年，福州市实施《福州城区温泉资源保护与开发利用专项规划》。完成晋安桂湖、福清海口镇及东壁岛等温泉勘探井14口。建成松有泉、九福汤泉等大众汤屋12个，建成沂春亭等温泉文化展示点3处，建成提升改造长乐东湖温泉、闽清七叠温泉等温泉特色街区（小镇）6个。推出“福泉金汤”福州温泉城市品牌LOGO（标识）。开展福州城区天然温泉泉质试点工作，完成首批6家单位的泉质认证工作。福州温泉“洗汤”习俗入选市级非遗推荐名录。

（黄金寿　陈泓安　李　沁）

城市管理与执法

【概况】 2022年，福州市城市管理委员会（简称市城管委）推进城市品质提升行动，开展道路、路灯、桥梁设施专项安全检测。持续开展“门前三包”精细化管理整治，创建非机动车规范停放示范道路。五城区（鼓楼、台江、仓山、晋安、马尾区）建成生活垃圾分类屋（亭）5358座，居民分类准确率达85%以上，无害化处理率100%，资源化利用率87.7%。推进城市管理综合体建设，三江口清凉山城市管理综合体建成，连江北城市管理综合体在建。完善城市管理法规制度，拟制《福州市城市养犬管理条例》地方性法规草案，通过市人大常委会第一次审议；推动《福州市建筑垃圾处置管理办法》政府规章修订工作；提请市人大常委会将《福州市城市管理条例》纳入2023年立法调研项目。推行包容审慎监管执法，印发《福州市城市管理领域推行初次轻微违法行为依法不予处罚工作规则及清单（第一批）》《福州市城市管理领域包容审慎监管执法“四张清单”（第一批）》。

年内，市城管委修改福州市城市管理行政执法文书样式，动态调整20项行政处罚裁量权基准。全年立案处罚374件，罚没268.39万元。全市开展业务执法培训95次，参与近3000人次。年内，市城管委获评住建部2022年度巩固深化“强基础、转作风、树形象”专项行动表现突出单位。

【市容环境综合整治】 2022年，福州市城管委指导五城区城管局开展省、市精细化管理样板街区实施工作，培育白马北路—乌山路城市精细化管理省级样板街区，考评结果居全省第一。开展“门前三包”（包卫生、包绿化、包秩序）精细化管理整治行动，签订“门前三包”协议，建立“一户一码”信息化档案，完成商户采集率100%；强化“门前三包”责任制，每月在五城区开展“门前三包十佳十差”商户评选。加强“两车”（电动自行车、共享单车）停放管理，创建非机动车规范停放示范道路，扩大电动车禁停区域，在城区7条道路禁停电动自行车；在地铁出入口施划近百个共享单车专用停车位，提高“公共交通＋单车”接驳能力。组织开展城市管理保障，完成数字峰会、中华龙舟赛、渔博会、茶博会等各类活动期间市容秩序、环境卫生、宣传氛围等城市管理保障服务。

【道路保洁管理】 2022年，福州市城管委落实每日“两机扫、两冲洗、两降尘”，打造省级精细化保洁样板道路。城区道路清扫保洁总面积4745万平方米，全面排查定期清理各类缝隙交界地带3500多处。更新道路清扫保洁和垃圾收运车辆229辆，城区机械化清扫率超85%。

【垃圾分类管理】 2022年，福州市五城区新建239座垃圾分类屋（亭），提升改造1246座垃圾分类屋（亭），新建34座精品分类屋，五城区3202个小区累计建成5358座分类屋（亭），前端分类设施配置到位。16家垃圾收运企业600多辆分类运输车统一标识喷涂，设置326条公交化收运线路，设置站牌（点）1363个，实现桶车一色、车到桶出、车离地净、车走桶收，中端分类收运基本规范。后端红庙岭建成与前端分类需求相匹配的垃圾分类处理体系。组织开展生活垃圾分类“十佳十差”小区评比、“飞行检查”和“千名城管志愿者进小区推进垃圾分类1+N”专项活动，实现宣传教育培训全覆盖。五城区1952家公共机构分类全覆盖，开展公共机构垃圾分类示范点建设，落实月督查、季评比、年考核。城区建成1个省级垃圾分类示范片区、3个全国公共机构垃圾分类和资源循环利用示范工作重点单位，居民分类准确率85%以上，无害化处理率100%，资源化利用率

87.7%，回收利用率45.6%。2022年，福州市在住建部76个大中城市垃圾分类工作考评中居第一档。

【红庙岭垃圾无害化处理】 2022年，红庙岭循环经济生态产业园区实现原生生活垃圾零填埋，所有生活垃圾均分类资源化处理。全年焚烧处理其他垃圾135.73万吨（垃圾焚烧发电5.77亿千瓦时，节省标准燃煤17.67万吨），分类处理餐厨废弃物4.13万吨、厨余垃圾11.74万吨、大件（园林）垃圾1.26万吨、医疗及危险废物2.84万吨，综合利用炉渣29.2万吨，稳定化处理飞灰2.29万吨，达标处理渗沥液86.52万吨，收集填埋气体221.25万立方米，发电287.92万千瓦时，节省标准燃煤881.04吨。

【建筑垃圾工程渣土管理】 2022年，福州市有资质的建筑垃圾运输企业127家，其中渣土运输企业79家、轻型自卸货车企业48家；有运输车辆2248辆，其中渣土车辆1550辆、轻型自卸货车698辆。已办理运输单的企业112家，其中渣土运输企业66家、轻型自卸货车企业46家；有运输车辆2093辆，其中渣土车辆1431辆、轻型自卸货车662辆。全市在用的回填消纳场76个，主要分布在仓山、晋安、长乐、闽侯、永泰及高新区等县区，全年消纳建筑垃圾约877.67万立方米。

年内，福州市规划益凤、龙峰、窗厦资源化利用工厂处置拆旧垃圾。设置欣荣信、星之元、喜顺、新南等装修垃圾和工程泥浆的临时处置厂。高新区窗厦建筑垃圾资源化项目一、二期，晋安益凤资源化项目一期，长乐龙峰资源化项目一、二期建成投产。

【疫情防控消杀】 2022年，福州市组织对612座环卫公厕、37座转运站、5000多座分类屋（亭）等环卫设施和作业场所实行“一日两消杀”，重点区域提高消杀频次。公厕、分类屋设置废弃口罩桶近6000个，专袋收集、专桶专运、消杀处置。修订《环卫行业防护指南（试行）》并加强培训，开展专项防护督查。

【城市管理行政审批优化】 2022年，福州市城管委优化行政审批流程，以企业需求为导向，对企业申请运输建筑垃圾备案和配发运输单实行“告知承诺制”和“一件事打包办”。优化破路审批机制、小型市政公用接入工程审批手续，简化规划批准文件，优化办理流程。市城管委全年受理办结行政审批服务事项11472件，代缴城市道路挖掘占用修复费用5656.36万元。

（叶　璐）

公用事业

【概况】 2022年，福州供电公司制定服务市政项目12项对接举措，推动“市政+电力”深度合作，完成地铁5号线等795个市政项目接电，其中558个项目实现提前送电。投入缆化资金1800万元，完成市区主干道路和背街小巷杆线入地11段。市城乡建设局优化供水供气服务，落实欠费不停供政策，飞凤山水厂扩建及深度处理工程完工通水并成为省内最大规模深度处理工艺水厂。年内，福州市提前完成老旧燃气管道更新改造年度任务，获评国家公共供水管网漏损治理重点推进城市。

【供电服务】 2022年，福州地区（含平潭）全社会用电量562.9亿千瓦时，比上年增长1.98%，用电量和增速分别居全省第二位、第五位；第一、二、三产业和居民生活用电量分别为6亿千瓦时、304.2亿千瓦时、130.1亿千瓦时、122.5亿千瓦时，分别增长5.6、-1.3%、4.5%、8%；永泰、罗源、连江地区用电量增幅居前，分别增长52.04%、18.44%和16.12%。截至2022年底，福州地区供电户数417.07万户。其中，国网福州供电公司供电户数204.14万户（福州电业局171.65万户，闽侯供电公司32.49万户），国网长乐区供电公司42.08万户，国网福清市供电公司64.51万户，国网连江县供电公司36.61万户，国网闽清县供电公司14.73万户，国网罗源县供电公司16.28万户，国网永泰县供电公司18.19万户，国网平潭供电公司20.53万户。

2022年，福州供电公司落实提升“获得电力”23条措施，“三省”“三零”（高压用户用电报装“省力、省时、省钱”，低压小微企业用电报装“零上门、零审批、零投资”）办电服务实现全覆盖。开展保增长、促发展“百千万”客户大走访，解决客户诉求1076项。将电网投资延伸至用户建筑区划红线，全力服务招商引资。推广“电e金服”帮助中小企业获得低成本融资34.2亿元。电力服务实现与“闽政通”等10个政务平台信息互联互通。推动19项用电业务线上办，线上办电率达99.35%。供电服务实现“水电气网”一站式联办。电动汽车实现“车桩相随”服务。

表31　**2022年福州地区用电量情况统计表**

区域	全社会用电量		工业用电量	
	用电量（亿千瓦时）	比上年增长（%）	用电量（亿千瓦时）	比上年增长（%）
市区（不含长乐区）	179.35	2.59	30.77	−5.01
长乐	121.86	−7.59	98.34	−10.47

续表 31

区域	全社会用电量		工业用电量	
	用电量（亿千瓦时）	比上年增长（%）	用电量（亿千瓦时）	比上年增长（%）
福清	98.90	−0.35	65.19	−3.74
平潭	11.54	1.95	1.60	−10.12
罗源	51.10	18.44	44.67	19.36
闽侯	32.12	−0.99	15.10	−6.79
连江	39.16	16.12	23.73	24.66
闽清	13.76	−11.11	8.38	−19.26
永泰	15.13	52.04	9.07	104.52
合计	562.9	1.98	296.85	−0.79

【供水服务】 2022 年，福州市飞凤山水厂扩建及深度处理工程（30 万吨 / 日）完工通水，成为省内最大规模深度处理工艺水厂。全市完成供水管网新建改造 117.7 千米，二次供水设施改造 3.1 万户；公共供水管网漏损率控制在 6.18%。全市供水总量约 5.7 亿吨，饮用水综合合格率稳定在 99.5% 以上。落实欠费不停供政策，针对 1285 家小微企业、个体工商户开通水费缓交服务，缓交水费 106 万元、减免欠费违约金 3.3 万元；对 1350 户特困人群及低保对象的家庭开通水费减免服务，减免水费 7.79 万元。

简化供水报装流程，实现 0 材料申报、1 个环节办理、1 个工作日内办结。降低报装成本，出台多项惠企惠民政策，开展供水接入收费改革、免收计量装置费用、减免老旧小区加装电梯给水管道迁改费用等，全年为用户减负约 1200 万元。丰富报装渠道，除传统办事渠道外，用户可通过福建省网上办事大厅、供水企业网上营业厅、“闽政通”App、水电气网“共享营业厅”等 8 类渠道办理获得用水申请。升级数智服务，搭建“水务全场景智能公众服务平台”，集成用水报装关键业务数据，整合各项服务板块，提升办事效率，该平台于 11 月入选住建部 2022 年智慧水务典型案例，并在全国进行经验推广。

【供气服务】 2022 年，福州市新建燃气管道 149.54 千米，普查建档燃气管道 4877 千米。新增管道燃气居民用户点火数 9.6 万户。落实欠费不停供政策，受理 54 家次小微企业和个体工商户的缓交气费申请，缓交金额 4540.89 万元，减免欠费违约金 1.16 万元。根据 2022 年省、市为民办实事工作部署，福州市对 2000 年以前建设、存在严重安全隐患的老旧燃气管道开展评估，实施改造更新，消除安全隐患，全年完成投资 2103.94 万元，改造更新老旧燃气管道 27.3 千米（其中市政管 8.24 千米，小区埋地庭院管 11.23 千米，小区架空立管 7.83 千米），完成占比 118.7%，提前完成老旧燃气管道更新改造年度任务。

【水系调度治理】 2022 年，福州市城乡建设局印发《福州市城区水系专项规划》，进一步畅通河网水系，巩固城区 121 条河道治理成效，新建改造污水管网 108.5 千米；80% 以上城区内河水质主要指标达到地表四类水标准。福州城区水系科学调度系统项目获“2022 年地理信息产业优秀工程金奖”，“打造福州水系智慧调度与管理新标杆，助推建设‘数字应用第一城’”案例入围 2022 城市数字化转型优秀案例。

【排水防涝】 2022 年，福州市城乡建设局开展积水点改造、雨水口及路面行泄通道建设、检查井防坠隔板安装等项目，加强排水防涝设施补短板，保障城区排涝安全。完成 10 个易涝点整治、100 个快排通道建设及 500 个雨水收水口扩大改造，安装 8976 个防坠格板，开展 7 场排水防涝应急演练。开展应急抢险，全年启动城区排水防涝预案 46 次，总排涝水量 18865 万立方米；提前预排预泄调度 23 次，累计腾出防汛库容 5400 万立方米，出动人员 9931 人次、各类抢险设备 12947 部次。编制完成《福州城区积水风险点分布图（2022 版）》《福州城区历史台风积水风险区域图（2022 年版）》。全市有“龙吸水”大型抽排设备 27 台、动力站 60 台、高扬程泵 32 辆、潜水泵 21 台，总移动排水能力 76000 立方米 / 时。

【污水处理】 2022 年，福州市四城区（鼓楼、台江、仓山、晋安）完成污水管网新建改造 40.8 千米；完成浮村污水处理厂二期扩容改造（5 万吨 / 日）建设。四城区污水收集率 57.9%，生活污水厂进水生化需氧量（BOD）89 毫克 / 升，探索特许经营模式，实现城区排水设施统一管理。

（黄金寿　王山林　何文花）

园林绿化

【概况】 2022 年，福州市建成区绿地率 40.08%，建成区绿化覆盖率 43.1%，人

2022 年，福州市园林中心加强互通高架三角梅精细化养护。图为双湖互通三角梅　（市园林中心 供图）

均公园绿地面积 14.83 平方米，公园绿地服务半径覆盖率 95.12%。全市提升公园绿地面积 115.94 公顷，新建和改造提升福道长度 137.94 千米，实施立体绿化 67 处，建成郊野公园面积 3.97 平方千米，打造晋安生态廊道样板，并在全省生态廊道样板评比中获第一名。

【“闽江之心”核心区景观提升】 2022 年，福州市园林中心推进“闽江之心”核心品质功能区景观提升，改造提升北岸绿地、广场约 18 万平方米；改造提升南岸绿地约 5000 平方米，增建无障碍设施、观景平台、林荫广场等。实施江滨西大道“闽江之心”中央分隔带花化彩化，改造提升面积约 1500 平方米。

【公园景区建设】 2022 年，福州市建成 13 个主题公园、8 个精品公园，改造提升 77 个口袋公园，配套完善园路、绿荫广场、体育设施等。实施晋安湖、光明港公园等配套设施适儿化改造，增设儿童户外游乐、自然研学主题场地和设施，实施周边 4.19 万平方米绿地改造，提升多元服务功能。推进福州市三江口植物园建设，植物园面积 664 公顷，包括清凉山面积 315 公顷、城门山面积 349 公顷，年内完成方案国际招标工作。市园林中心实施城市公园内部标识系统改造提升。由兴业银行福州分行投资，在 11 个市管公园和鼓楼区 6 个区管公园建设健身步道打卡装置 145 面。升级西湖（左海）公园智能化设施及系统，建设 LED（二极发光管）大屏、智能座椅、智能储物柜等；开发游客导览微信小程序，实现景点打卡、绿色能量、文明积分等游客端功能，加强数字生态场景应用落地公园景区。福州市“智慧公园”项目获得中国信息通信研究院与上海市国际贸易促进委员会联合指导的“2022 城市数字化转型”优秀案例奖。推进闽都传统、非遗文化等进公园，开展迎春金鱼展、八闽放鱼、“有福之州”文旅消费季等特色活动。持续举办西湖、于山等公园菊花、兰花等花展。联合福州日报社在花海公园举办“学习强国”福州学习平台上线一周年主题活动。在于山风景名胜公园建设福建人民革命大学校史馆，打造新思想学习教育实践基地。

【古树名木保护】 2022 年，福州市园林中心完成城市规划区内古树名木年度巡查。开展古树名木保护工作，完成涉及闽 A00002（仓山）雅榕、闽 A00024（仓山）五指榕、闽 A00428（仓山）秋枫等 19 棵古树的 6 个专项保护项目、8 个一般性养护项目。持续开展《福州城市古树名木保护管理办法》调研工作。

【园林管理】 2022 年，福州市园林中心开展市管绿地的园林植物修剪、浇水、施肥等日常养护，修剪华林路、五四路、则徐大道、西三环、南三环等 276 条道路 11.9 万株行道树。实施市区道路花化项目，遍布城区 14 条主干道及重要节点，面积 1.14 万平方米。完成市区内 115 处、总长 143.7 千米的各类互通高架、人行天桥、花坛、地道通风口的三角梅精细化养护，进行整形、控花修剪，促进枝芽分化；完成福飞北人行天桥、铜盘高架桥等 17 座桥梁的三角梅复壮工作，调控水肥，保证三角梅花化效果。

（吴佳颖）

（编辑 黄 铭）

乡村振兴

综述

【乡村振兴年度发展】 2022年，福州市实施乡村振兴市级重点项目167个，完成年度投资160.12亿元，完成率157.23%。2019—2022年连续4年在福建省实施乡村振兴战略实绩考核中获优秀等次。全市确认家庭承包耕地面积9.6万公顷，颁发新版农村土地承包经营权证63.4万本，占比99.21%。“五大工程”打造新时代党建引领乡村振兴“福州样板”入选中国改革2022年度市域改革案例名单。

【乡村振兴政策】 2022年，福州市出台《关于坚持党建引领乡村振兴加快推动农业农村现代化的实施意见》，配套出台《福州市特色现代农业（产业）园区建设行动方案》《福州市推行农村人居环境整治积分制行动方案》《福州市乡村振兴星级村建设考评办法》3份文件，重点实施“产业带动、美好家园、文明铸魂、网格治理、强基固本”五大工程。

【乡村振兴试点建设】 2022年，福州市累计培育乡村振兴五星级村20个、四星级村175个，持续推进6个省级重点县、15个省级特色乡镇和145个省级试点村建设，福清市梧岗村等60个村入选省级乡村振兴实绩突出村名单。年内，福清市海口镇获评省级乡村振兴重点特色乡镇。

【乡村振兴宣传】 2022年，福州市利用福州新闻网、福州乡村振兴频道等平台，加强“福州乡村振兴”微信公众号建设，举办“县委书记谈乡村振兴”“媒体看福州乡村”等活动，微信公众号关注人数突破10万人，居全市官方微信公众号前列。深化乡村振兴专题现场推进模式，围绕乡村产业发展、乡村治理等重点领域，召开37场市级乡村振兴专题现场会。

【乡村振兴气象服务】 2022年，福州市气象局围绕各县（市）区优势特色产业，加强“山海港、数字城”一县一品特色气象服务。省级蔬菜特色农业气象服务中心（福州）于5月底完成综合评估，实施农业气候资源开发利用，完善全市蔬菜、橄榄、茶叶、海产养殖等特色农业气象指标体系，开展农产品气候品质论证，研究确定福州茉莉花气候品质评价模型和方法。开展农业气象指数和巨灾保险技术研究与产品设计，完善气象灾害风险转移机制，其中福清市在“一都枇杷智库”微信群开展枇杷气象指数保险服务；连江县、罗源县推

2022年，福清市海口镇获评省级乡村振兴重点特色乡镇。图为福清市海口镇牛宅村 （林双伟 摄）

进茶叶低温冻害气象指数保险服务；闽清县和平安保险闽清分公司持续协同推进橄榄气象指数保险服务；长乐区气象局与区农业局、人保公司共同完成年度青山晚熟龙眼风灾保险气象指标灾害认定。连江县联合县农村专业技术协会、福建省标准化研究院等单位制定全国首个《鲍鱼养殖近岸海域气象服务规范》团体标准。

（邵宇新　陈思思）

农村建设

【村庄规划】　2022年6月，福州市自然资源和规划局印发《福州市进一步加强耕地保护工作三年行动方案》，以“村庄规划+责任规划师+土地整治”模式，通过村庄规划锚定发展目标，搭建“一师一员”沟通平台，聘任38名引进生作为村镇规划专员，在31个乡镇试点实施驻镇责任规划师制度，推进全市村庄规划编制。至年底，全市累计应编尽编村庄规划775个，批复实施村庄规划821个，实现75%村庄规划管控目标任务。

【村镇建设】　2022年，福州市城乡建设局开发农房建设安全管理信息化系统；整治农村既有裸房3648栋，推动闽清、永泰创建“崇尚集约建房”县省级样板；实施集镇环境整治项目13个，重点打造罗源起步镇、永泰同安镇2个省级集镇样板。新建乡镇生活污水管网103.1千米。推动21个闽台乡建乡创项目签约落地，争取省级补助资金1050万元。

【农村人居环境整治】　2022年，福州市创新开展“护河爱水　清洁家园”“六清一改”等行动，清理农村生活垃圾82.2万吨，清理河段1.28万千米、村内沟渠9508千米、建筑垃圾6.8万吨、村内淤泥2.2万吨，拆除违章、临时搭建、果棚瓜架等1.09万处，整治房前屋后乱堆放8.89万处。创新开展农村人居环境整治积分制行动，行政村推行农村人居环境整治积分制，覆盖率超90%，农村生活垃圾处理费村民缴交率99.49%。实施乡村建设“五个美丽”活动，完成建设美丽乡村庭院6567个、美丽乡村微景观1940个、美丽乡村小公园（小广场）368个、美丽田园139个、美丽乡村休闲旅游点48个。巩固农村户厕问题摸排整改成果，提升“厕所革命”质量和实效，全年新改建农村户厕96户，新改建村镇公厕34座，除部分偏远地区外，全市基本消除旱厕，农村无害化户厕普及率99.5%以上。建设乡镇生活污水配套管网100.2千米，完成4个县（市）区乡镇生活污水治理市场化运营，新增9个乡镇全镇域落实农村生活垃圾分类。长乐区获评2022年福建省村庄清洁行动成效突出县；福清市被农业农村部、乡村振兴局评为2021年度全国村庄清洁行动先进县；福州市农村人居环境整治成效入选全国农村公共服务建设优秀成果。

【农村饮水工作】　2022年，福州市开展城乡供水一体化建设工作，福清市、闽清县、连江县、长乐区、罗源县、闽侯县6个县（市）区开工建设，其中长乐区、罗源县为新增项目。农村饮水安全巩固提升项目被评为福州市“2022年人民群众最满意的十件实事”之一，完成投资8.22亿元，占年度任务的548%，铺设管网长度600千米，实现受益人口56.9万人。

（陈泓安　黄金寿　邵宇新　陈　嘉）

2022年6月，福州市自然资源和规划局印发《福州市进一步加强耕地保护工作三年行动方案》。图为长乐吴村耕地场景航拍　（吴磊磊　摄）

脱贫攻坚成果巩固

【概况】　2022年，福州市持续巩固拓展脱贫攻坚成果同乡村振兴有效衔接，全年未新增贫困人口和出现返贫。全市有减贫任务的5个县均建成1所二级甲等综合医院，200个脱贫村均建成1个村卫生室，脱贫人口全部参与家庭医生签约。全市有建档立卡脱贫人口2965人纳入低保，96人纳入特困重叠对象。全年全市脱贫人口中在劳动年龄段内有劳动能力、有就业意向人数6167人，均实现就业，实现就业人数占当地有就业意向人数的比例为100%。

【脱贫人口保障】　2022年，福州市建立“一生一档、五个阶段全覆盖”帮扶机制，实现对脱贫户家庭学生从学前教育到大学教育救助帮扶全覆盖。建立健全农村低收入群体住房安全保障长效机制，定期开展排查。在基本医疗保险和大病保险的基础上，对脱贫人口进行参保资助、特殊门诊救助、住院救助、一次性定额救助和重特大疾病救助等多层次的医疗救助，减轻脱贫人口就医负担。全市有减贫任务的5个县均建成1所二级甲等综合医院，200个脱贫村均建成1个村卫生室，脱贫人口全部参与家庭医生签约。年内，建档立卡脱贫户全面实现饮水安全有保障，达到当地饮水安全标准。构建政府主导、社会参与、制度健全、政策衔接、兜底有力的综合救助格局，健全困难群众巡访制度，开展“数据找人、精准救助”专项行动，全面整治困难群众“漏保”“漏救”问题。加强困难群众动态监测，农村低保对象、特困人员与建档立卡脱贫户定期开展信息比对，全市有建档立卡脱贫人口2965人被纳入低保，96人被纳入特困重叠对象。

【脱贫人口就业创业】 2022年，福州市有173个街道（乡镇）、499个社区建立劳动保障工作平台，2203个行政村配备劳动保障协理员，就近就地为有意愿、有劳动能力农村脱贫人口、就业困难户等开展政策咨询、失业登记、职业介绍、就业援助等均等化“一站式”公共就业创业服务，全市劳动力市场（公共职业介绍机构）全部向农村进城劳动者免费开放，为城乡劳动者提供平等的公共就业创业服务。对劳动年龄段内、有就业意愿的农村脱贫人口、享受农村最低生活保障、持有残疾人证等失业人员纳入就业困难人员范围，实行实名制的就业帮扶，就近就地开发保洁环卫、生态管护、乡村建设等乡村公益性岗位并优先予以安置。通过“摇工作”App、村（社区）公共就业服务等平台发布岗位补贴、求职创业补贴、社会保险补贴等政策以及人岗匹配的岗位信息，开展“一对一”送岗上门和专场招聘。全年全市脱贫人口中在劳动年龄段内有劳动能力、有就业意向人数6167人，均实现就业，实现就业人数占当地有就业意向人数的比例为100%。市人社部门为864名建档立卡脱贫人口和319名农村就业困难人员提供安置就业援助，发放公益性岗位补贴和社保补贴1101万元。扶持脱贫人口创业，发放脱贫人口小额信贷1423.93万元，扶持脱贫户655户，发放贴息45.02万元，支持脱贫户自主经营、自主创业。

市人社局实施“10 20 100”劳务协作基地建设工程，即3年内在宁夏、甘肃、四川、贵州、云南等10个中西部省（区）建立20个市级劳务协作基地、100个县级劳务协作基地，聘请专职人员负责劳务协作基地运行，实现每年新增引进劳动力3万人的目标，在巩固中西部地区脱贫成果的同时为福州市企业保用工。年内，在云南、甘肃、宁夏、贵州、湖北、重庆、四川等7个省（市）区建立51个劳务协作基地。在人社部、国家乡村振兴局召开的全国脱贫人口稳岗就业工作推进视频会议上，福州市作为全国唯一地市就吸纳中西部地区脱贫人口就业工作在会上作经验交流。

【动态监测和帮扶机制】 2022年，福州市健全防止返贫动态监测和帮扶机制，以家庭为单位，监测脱贫不稳定户、边缘易致贫户和突发严重困难户，及时采取针对性帮扶措施。

建立快速发现响应机制 支持农户通过“一键报贫”App等平台主动申报，依靠行业主管部门和乡村干部、驻村干部等基层力量，每月组织开展常态化摸排。对农户申报和排查筛查发现的预警信息，实行“日汇总、周核实”制度，在5个工作日内完成初审，符合条件的按照程序纳入监测帮扶对象。

强化挂钩帮扶责任 全市确定监测帮扶对象134户436人，均选派有经验、有能力、有责任心的干部进行“一对一”挂钩帮扶，防止返贫致贫。乡村振兴部门定期对挂钩帮扶情况进行督查。

落实帮扶保障措施 按照缺什么补什么的原则，对有劳动能力脱贫人口，坚持开发式帮扶；对无劳动能力或部分丧失劳动能力，且无法通过产业就业获得稳定收入的脱贫人口，纳入农村低保或特困人员救助供养范围，实施兜底保障；已纳入低保的，家庭人均收入超过当地低保标准的，给予12个月延保渐退期。

【脱贫地区乡村振兴】 2022年，福州市农业农村局推动市域内脱贫地区乡村建设，督促有关部门开展项目谋划和实施。中央、省、市、县下达衔接推进乡村振兴补助资金88425.49万元，其中市本级财政投入3000万元，有效提升脱贫村产业发展和小型公益性基础设施建设水平。组织各县（市）区开展扶贫项目资产后续管理“回头看”工作，确保扶贫项目资产落实管护责任，持续发挥作用。开展驻村帮扶工作，举办驻村第一书记培训会、工作推进会，下达专项资金820万元，推动第七批市派41个驻点村加快发展。

（邵宇新 柯宇凡）

（编辑 周弭姣）

农业

特色现代农业

【概况】 2022年，福州市第一产业增加值683.38亿元，总量位居全省第一，比上年增长3.0%，增速位居全省第七。农林牧渔业总产值1194.75亿元，总量位居全省第一，比上年增长3.2%，增速位居全省第七。

【强农惠农政策】 2022年，福州市印发《福州市“十四五”农业绿色发展规划》《福州市畜牧业“十四五”发展规划》《福州市乡村产业发展规划（2021—2025年）》等一系列规划，制定《福州茉莉花茶国家级消费品标准化试点项目建设实施方案》《关于推进福州茉莉花茶产业高质量发展行动方案》《福州市农村电商带货主播培育方案（2022—2025年）》等工作方案。在落实好中央、省、市强农惠农政策的基础上，出台《促进榕台农业融合发展若干措施》等推动乡村振兴的政策文件。

【特色现代农业（产业）园区】 2022年，福州市出台《福州市特色现代农业（产业）园区建设行动方案》及配套实施方案，细化园区建设任务和标准。年内，马尾区琅岐镇入选国家农业产业强镇，连江县筱埕镇、闽清县塔庄镇茶口村获评全国“一村一品”示范村镇，福清、永泰入选全国优势特色产业（闽西禽蛋）集群，新认定市级“一村一品”专业村55个。全年实施产业集群、产业园、产业强镇、“一村一品”等四类特色现代农业（产业）园区项目89个，总投资额1.29亿元。

【福州茉莉花茶产业】 2022年，福州市有茉莉花茶生产加工企业100余家，其中国家重点龙头企业3家；有“崟露”“春伦”“满堂香”“福民王”中国驰名商标4个；仓山区帝封江茉莉花基地被认定为全球重要农业文化遗产核心保护区。全市茉莉花茶年产量1.7万吨，全产业链产值约70亿元。在中国茶叶区域公用品牌价值评估报告中，福州茉莉花茶品牌价值达38.7亿元。年内，福州茉莉花茶窨制工艺被列入联合国教科文组织人类非物质文化遗产代表作名录，是福州市首个“世界级”非遗项目。出台《关于推进福州茉莉花茶产业高质量发展行动方案》，明确“十四五”期间，将加快建设福州茉莉花茶产业园、帝封江茉莉花主题公园、四江一溪沿岸打造茉莉花生态走廊。出台《福州茉莉花茶国家级消费品标准化试点项目建设实施方案》，明确福州茉莉花茶标准体系一图一表和重要标准目录，立项研制福州茉莉花生态园建设技术规程、七境茶采制技术规程、重要农业文化遗产监测工作规范3项地方标准，推动茉莉花茶国际标准研制。

【食用菌产业】 2022年，福州市食用菌产量（干鲜）27.94万吨，比上年增长4.4%，是全省食用菌主产区之一。罗源、闽清、永泰、闽侯4个县食用菌产值超亿元。全市食用菌栽培种类近20种，其中秀珍菇、绣球菌栽培规模居全国前列。秀珍菇年栽培规模超1亿袋，其中罗源县是全国最大的县级秀珍菇生产基地，形成涵盖菌包生产、设施栽培、市场营销、初级加工在内较完整的秀珍菇产业链；福州市是国内最早的绣球菌工厂化生产基地，绣球菌年产量超5000吨。有食用菌规模栽培生产主体60余家，其中国家级龙头企业1家、省级龙头企业4家、市级龙头企业10家。有食用菌工厂化生产企业6家，生产品种涉及绣球菌、海鲜菇、蛹虫草等。有食用菌标准化示范区32个，年产量5920万袋；通过无公害农产品认定的企业5家、绿色食品标志许可使用企业5家、有机食品认证企业1家；主要品牌有“仙芝楼”“东星”“容益”“响德宝”“惠生堂”等。福州市是全国最大的干香菇出口口岸，有以干香菇为主的出口企业30多家，年出口值超1亿美元。

【农业产业项目】 2022年，福州市完成2021年度54个绿色食品产业链项目建设，完成投资32.29亿元；启动2022年度18个绿色食品产业链项目，完成投资 11.3 亿元；光阳、御冠、春伦、海欣等 4 家绿色食品产业链链主企业累计完成产值 66.47 亿元。104 个省级现代农业重点项目完成投资 36.67 亿元。

【农业节庆活动】 2022 年，福州市举办第三届中国食用菌产业博览会，实现经贸配对总额 1.98 亿元；举办首届中国茶叶交易会；举办枇杷节、果蔬节、李梅节、龙眼节、橄榄节、佛跳墙文化节、橄榄节、茉莉花茶文化节和 2022 中国农民丰收节福建省主会场活动等农事节庆活动；组织企业参加第十九届全国农产品交易会、“福农优品”展等。

【2022 福州茉莉花茶文化节】 2022 年 12 月 17 日，以“保护共同世界遗产 促进全面乡村振兴”为主题的首届中国茶叶交易会·福州茉莉花茶文化节在福州市仓山区梁厝历史文化街区举行，活动由福建省农业农村厅、福建省文化和旅游厅、福州市人民政府共同主办，超 20 家知名茉莉花茶企业参与。福州茉莉花茶标识和茉莉花茶 IP“福朵朵”在活动主会场发布。活动现场为 2022 年福州茉莉花茶茶王赛评选出的“茶王”与“金奖”、2022 年福州茉莉花茶传统窨制工艺传承大赛评选出的“传承大师”与“传承人”、2022 年农村电商带货主播暨高素质农民技能大赛获奖者颁奖。

2022 年 12 月 17 日，2022 福州茉莉花茶文化节在仓山区梁厝特色历史文化街区举行，同步举办 2022 年福州茉莉花茶传统窨制工艺传承大赛颁奖仪式。图为颁奖仪式现场 （市农业农村局 供图）

【首届中国茶叶交易会】 2022 年 12 月 30 日，首届中国茶叶交易会在福州国际海峡会展中心开幕。交易会以“三茶统筹强产业 商贸协同促发展”为主题，展览面积 2 万平方米，来自全国 30 个茶叶主产区、20 多个省市、百余区县的 37 个展团 197 家参展商参会；展出各类茶叶和茶器、茶玩等周边产品 3500 余种；产生线上线下订单总额超 9.2 亿元，其中线下交易额超 1886 万元；吸引游客 4.8 万人次。

【品牌农业】 2022 年，福州市有知名农业品牌 65 个；农业系统入选福建省著名农业品牌 18 个；市“三品一标”有效产品认证登记总数 516 个，其中无公害产品认定有效总数 221 个，绿色食品标志有效使用权产品总数 235 个，有机食品认证有效总数 46 个（初级品和加工品），农产品地理标志登记保护累计产品总数 14 个。年内，长乐西红柿、一都枇杷获评全国名特优新农产品；永泰绿茶被评选认定为福州市知名农产品区域公用品牌；恬香溢牌永泰绿茶等 10 个农业品牌被评选认定为福州市知名农产品品牌；福州橄榄、永泰绿茶被列入全国第四批实施农产品地理标志登记保护工程项目。

表 32 **2022 年福州市新增知名农业品牌一览表**

序号	品牌名称	企业	获奖种类
1	永泰绿茶	永泰县茶叶协会	农产品区域公用品牌
2	恬香溢牌永泰绿茶	福建省卢峰茶业有限公司	知名农产品
3	福民王牌茉莉花茶	福州福民茶叶有限公司	知名农产品
4	文华牌鲜鸡蛋	福清市文华实业有限公司	知名农产品
5	大明谷牌鲜鸭蛋	闽清金水湾生态农业有限公司	知名农产品
6	金品牌青梗菜种子	福建金品农业科技股份有限公司	知名农产品
7	FJHR 牌西兰花	福建汇融农业开发有限公司	知名农产品

续表 32

序号	品牌名称	企业	获奖种类
8	吴航牌马铃薯	福州市长乐区利丰农业专业合作社	知名农产品
9	江船长牌冷冻海参	福州日兴水产食品有限公司	知名农产品
10	东洛岛牌有机海带苗	福建亿达食品有限公司	知名农产品
11	波蓝食品牌鸣门卷	福建省波蓝食品有限公司	知名农产品

【休闲农业】 2022年，福州市有各类休闲农业经营主体449家。市级以上（含市级）休闲农业示范点125家，其中全国休闲农业示范点5家、省级休闲农业示范点36家，数量居全省前列。全市累计创建3个全国休闲农业示范县、6个全国最美休闲乡村、1个全国休闲农业重点县、21个福建最美休闲乡村。年接待游客约385万人次，年营业收入4.23亿元。依托农村自然生态、田园景观、民俗文化和特色农业等优势，以“绿色、休闲、互动、体验”为主题，发展功能多样、类型多元的休闲观光农业，基本形成具有福州特色的休闲农业产业。

【数字农业】 2022年，福州市建成全国数字农业建设试点项目2个、省级数字农业项目39个和市级数字农业项目86个。加快5个省级数字农业和24个市级数字农业项目建设。完善福州市数字农业农村平台，完成数字农业农村标准规范编制、农业农村数据库建设、数字农业农村平台建设、软硬件支撑系统、密码技术应用等，整合入库47类农业农村相关数据，初步实现涉农数据线上汇总、农业信息线上分析、试点项目线上监控等功能。

【农业经营主体】 农业产业化龙头企业 至2022年底，福州市有市级以上农业产业化重点龙头企业343家，其中国家级14家、省级125家，实现销售收入（含交易额）1064亿元，带动农户76万户。

表 33　**2022年福州市国家级农业产业化龙头企业一览表**

序号	龙头企业名称	序号	龙头企业名称
1	永辉超市股份有限公司	8	福建光阳蛋业股份有限公司
2	福建三华股份有限公司	9	海欣食品股份有限公司
3	福建超大现代农业集团有限公司	10	福建容益菌业科技研发有限公司
4	福建天马科技集团股份有限公司	11	福建满堂香茶业股份有限公司
5	闽榕茶业有限公司	12	福州百洋海味食品有限公司
6	福建御冠食品有限公司	13	长乐聚泉食品有限公司
7	福建春伦集团有限公司	14	宏东渔业股份有限公司

表 34　**2022年福州市省级农业产业化龙头企业一览表**

序号	龙头企业名称	序号	龙头企业名称
1	福建花巷营养科技股份有限公司	9	福州博鸿达食品有限公司
2	福州东升茶厂	10	福建省神蜂科技开发有限公司
3	福建省华龙集团饲料有限公司	11	福建丰盛农林科技集团有限公司
4	福州福民茶叶有限公司	12	福州巨业食品有限公司
5	利农农业技术（福建）有限公司	13	春申股份有限公司
6	福州鼎寿茶业有限公司	14	福州素天下食品有限公司
7	福建宏达盛农业发展有限公司	15	福人集团有限责任公司
8	福建省蓝湖食品有限公司	16	福州市帮利茶业有限责任公司

续表 34

序号	龙头企业名称	序号	龙头企业名称
17	福建中正药业集团有限公司	51	福清市恒泰水产食品有限公司
18	久泰现代农业有限公司	52	福清市贸旺水产发展有限公司
19	熹茗集团有限公司	53	福建永诚农牧科技集团有限公司
20	兆丰华生物科技（福州）有限公司	54	福清市绿叶农业发展有限公司
21	福建茶叶进出口有限责任公司	55	福建省波蓝食品有限责任公司
22	福清市福旺畜牧科技有限公司	56	福建省圣禾现代农业有限公司
23	福建亚丰种业有限公司	57	福建汇融农业开发有限公司
24	福建省罗汉农业科技开发有限公司	58	福建京海水产开发有限公司
25	福建富庚农业发展有限公司	59	福清市兆华水产食品有限公司
26	福建省浩清水产养殖有限公司	60	福建省悦盛农牧有限公司
27	福建仁锋种猪有限公司	61	福建省福州外贸食品冷冻厂有限公司
28	福建省天海东方食品集团有限公司	62	福建省融盛农业综合开发有限公司
29	名成集团有限公司	63	福建望盛实业有限公司
30	福清市新大泽螺旋藻有限公司	64	福清市华旺农业综合开发有限公司
31	福建坤兴海洋股份有限公司	65	福州大世界橄榄有限公司
32	福建省星源农牧科技股份有限公司	66	福建福铭食品有限公司
33	福州宏龙海洋水产有限公司	67	福建省聚元食品股份有限公司
34	胜田（福清）食品有限公司	68	福建省南湖山茶业有限公司
35	福建佳客来食品股份有限公司	69	福州恒丰米业有限公司
36	福清华信食品有限公司	70	福清市惠煌农业开发有限公司
37	福建东水食品股份有限公司	71	福建有伦生态农业发展有限公司
38	福建御味香冷冻食品有限公司	72	福清市绿丰农业开发有限公司
39	福州市长乐区太平洋食品有限公司	73	福建正冠渔业开发有限公司
40	福建康宏股份有限公司	74	福清市火麒麟食用菌技术开发有限公司
41	福建元成豆业有限公司	75	福州亿达食品有限公司
42	福州市滨海园林绿化有限公司	76	福清海峰食品有限公司
43	福州市长乐区雪美农业开发有限公司	77	福建亿达食品有限公司
44	福清市谊华水产食品有限公司	78	福清市文华实业有限公司
45	明一国际营养品集团有限公司	79	福州龙福食品有限公司
46	福建龙翔水产食品有限公司	80	福建鸭嫂食品有限公司
47	福州市长乐区闽发食品水产有限公司	81	福建瑞云食品有限公司
48	福建东威食品有限公司	82	福建省吉福粮油食品有限公司
49	福建仙芝楼生物科技有限公司	83	福州新兴家居用品有限公司
50	福清龙威水产食品有限公司	84	福清市龙田东华冷冻有限公司

续表 34

序号	龙头企业名称	序号	龙头企业名称
85	连江旭隆食品有限公司	106	福州西城食品有限公司
86	福清朝辉水产食品有限公司	107	福州海天蓝水产有限公司
87	福州海汇生物科技实业有限公司	108	福州市凯达生态农业有限公司
88	福建天彬农业发展有限公司	109	福建省连江县长龙花茶总厂
89	福建龙和食品实业有限公司	110	闽清县凤源生态农业有限公司
90	福建省辉业食品集团有限公司	111	福建格林生物科技有限公司
91	福州昌育农业开发有限公司	112	闽清金水湾生态农业有限公司
92	福建旺龙顺粮油食品有限公司	113	罗源生春源茶业有限责任公司
93	福建省天源水产集团有限公司	114	福建同一农牧有限公司
94	福建兴顺饲料有限公司	115	中绿农（福州）茶业有限公司
95	福州日兴水产食品有限公司	116	福建省麒麟山茶业发展有限公司
96	贝奇（福建）食品有限公司	117	福建华鸿竹木业有限公司
97	连江县顺达水产冷冻有限公司	118	福建省永泰县三丰农产品精制厂
98	福建榕诚食品有限公司	119	福州梅林农牧有限公司
99	福建省连江县宏裕水产有限公司	120	福建省永泰县顺达食品有限公司
100	福州惠源食品有限公司	121	闽清金德福食品有限公司
101	福州奇新食品有限公司	122	福建胜华农业科技发展有限公司
102	福建省茶粉粉干有限公司	123	闽清县金沙大龙湾生态养殖场有限公司
103	福建中新永丰实业有限公司	124	福建省卢峰茶业有限公司
104	福建省闽清双棱竹业有限公司	125	闽清航华木业有限公司
105	庄臣酿酒（福建）有限公司	—	—

农民合作社　福州市有农民专业合作社2500家，其中农民专业合作社联合社41家。通过实施农民合作社质量提升行动，开展示范社创建和监测，全市有市级以上农民专业合作示范社155家（含国家级示范社2家、省级46家）。年内，获评省级农民专业合作社示范社6个，获评市级农民专业合作社示范社32个。

家庭农场　福州市有市场监管部门注册登记的家庭农场2260个，通过实施家庭农场示范场创建行动，分级开展家庭农场示范场评定，培育一批规模适度、生产集约、管理先进、效益明显的家庭农场。全市有市级以上家庭农场示范场181个（含省级示范场124个）。年内，新获评省级家庭农场示范场17个，评定市级家庭农场示范场37个。

【农产品质量安全监管】　2022年，农业农村部对福州市主要农产品风险监测抽样合格率99.03%，高于全省合格率。食用农产品承诺达标合格证制度与“一品一码”追溯制度并行，全市完成1897家（动态管理）生产主体在福建省农产品质量安全追溯监管平台的注册工作，生产主体档案信息上传比例100%；追溯赋码主体数1722家，占比90.77%。全市开展“治违禁　控药残　促提升”三年行动，出动执法人员12564人次，检查生产经营企业4256家次，查办农业行政违法案件197件，罚没金额171.39万元，含移送司法机关案件17件，捣毁生猪屠宰窝点11个。至年底，全市有国家级农产品质量安全县1个（福清市），省级农产品质量安全县5个（福清市、长乐区、闽侯县、连江县、罗源县），罗源县开展第三批国家级农产品质量安全县考核验收，闽清县、永泰县开展省级农产品质量安全县考核验收。

（邵宇新）

农业技术推广与服务

【概况】　2022年，福州市组织培训高素质农民20350人次，引种展示示范各类农作物新品种677个次，主要农作物耕种收综合机械化率73.5%。7个主

2022年，琅岐种业基地入选国家级农作物品种展示评价基地。图为琅岐种业基地
（市农业农村局 供图）

要农业县（市）区持续推进基层农技推广体系改革与建设工作，农业主推技术到位率95%以上。

【农村实用人才培养】 2022年，福州市组织培训高素质农民20350人次，市农业农村局、团市委、市妇联组织培训电商带货主播1000人次以上。选送217名青壮年农民和有志从事农业生产经营的农村高中毕业生、返乡农民工、退役军人等参加福建农林大学、福建省农业职业技术学院大专学历教育。选送12名非农专业或具有专科及以上学历的县乡农技人员参加福建农林大学农业专业专升本函授学习。新招募特聘农技员7名，为县域农业特色优势产业发展提供技术指导、咨询等农技服务。

【种业振兴】 2022年，福州市开展农作物高产、优质、绿色新品种展示与示范推广，展示示范各类农作物新品种677个次；在琅岐创建国家级农作物品种展示评价基地（南方蔬菜）；建立各类优质、专用、高效重点农作物新品种展示示范片点46个，面积420公顷；优质稻新品种核心展示示范片点21个，面积208公顷。优质稻推广面积3.03万公顷，其中高档优质稻推广率45.9%。全市农作物良种覆盖率98.7%，农作物专用优质率87.3%。

【农业机械化】 2022年，福州市主要农作物耕种收综合机械化率73.5%，水稻耕种收综合机械化率82.4%，作业服务面积3.41万公顷。全市新建7个水稻或旱地作物生产全程机械化试点和7个特色农业产业全程机械化试点，新建福清蔬菜和永泰水稻2个新机具示范推广基地，新增5家有规模、全程机械化服务的“五有”农机合作社。全年未发生农机安全事故。

【农业科研】 2022年，福州市农业科学研究所开展双孢蘑菇、大球盖菇、茶树菇、鹿茸和灵芝等食用菌新菌株高产绿色栽培技术研究和秀珍菇、香菇育种工作，鉴定评价平菇种质资源10份，新收集保存香菇、草菇、双孢蘑菇、桦树茸、紫芝等食用菌种质资源37份，自主选育的“福秀1号”秀珍菇新品种按照品种权申请要求在所内开展DUS测试（植物新品种测试）。开展福橘、杂柑、白肉枇杷、台湾特色果树、茉莉、石斛兰等特色种质资源的收集、保存与创新利用，开展福橘、甘薯、马铃薯以及彩羽高产绿壳蛋鸡、优质五黑绿壳蛋鸡选育种，选育出甘薯新品系“福榕薯5号”和彩羽绿壳蛋鸡新种群“彩凤绿壳蛋鸡”。收集橄榄种质资源30份并进行图片采集和性能分析，开展茉莉花分子标记研究、种苗繁育技术研究，“榕早13号”白肉枇杷申报植物新品种权获受理。

年内，福州市蔬菜科学研究所主持的“秀珍菇设施栽培提质增效生产技术集成与推广”项目获2019—2021年度全国农牧渔业丰收奖的农业技术推广成果奖三等奖；参加的“设施专用茄子新品种选育应用” 项目获省农业科学院科技创新一等奖。“珍稀食用菌创新”科特派团队“妙用菌渣变废为宝，小菌菇成就大产业”案例被省科技厅评为全省科特派工作优秀案例，“福州蔬菜产业高质量发展的建议”获市优秀调研报告二等奖。全年通过农业农村部品种保护3个，获得“一种菠菜授粉采集装置及采集方法”发明专利授权1件，获得“一种葫芦科作物授粉工具包”“便携式瓜果类蔬菜测量装置”等实用新型专利授权8件。引进国内外蔬菜种质资源945份，配制新组合265个，示范推广优质种苗20多万株。

（邵宇新）

种植业

【概况】 2022年，福州市（含平潭）主要农产品产量661.31万吨。其中，粮食产量49.36万吨（春收5.78万吨、夏收6.1万吨、秋收37.48万吨），比上年增长0.8%，种植面积8.67万公顷；油料产量5.88万吨（花生5.31万吨、油菜籽0.35万吨），增长4.6%；甘蔗产量4.09万吨，增长2.9%；水果产量100.67万吨，增长7.6%，种植面积5.44万公顷；蔬菜产量468.47万吨，增长4.6%，种植面积15.37万公顷；茶叶产量4.9万吨，增长4.9%，种植面积1.19万公顷；食用菌产量（干鲜混合）27.94万吨，增长4.4%。

【粮食种植】 2022年，福州市根据粮食安全党政同责和“粮八条”（《关于调动农民种粮积极性促进粮食生产的八条措施》）等稳粮政策，新建高标准农田面积3280公顷，推广超级稻面积1.39万公顷，建立17个百亩级重点品种核心片，实施粮食产能区增产模式攻关与推广项目，建成48个水稻、甘薯、玉米、马铃薯等粮食作物绿色高质高效种植示范片。全市粮食种植面积 8.67 万公顷，粮食产量 49.36 万吨，均超额完成省下达的年度任务。

【抛荒撂荒耕地治理】 2022 年，福州市开展耕地抛荒撂荒治理专项行动，实现复耕复种的抛荒撂荒耕地面积 643.15 公顷，其中用于种植粮食耕地面积 569.59 公顷。根据《福州市 2021 年度耕地抛荒撂荒治理方案》，福清市三山镇等 22 个乡镇被列为 2021 年度耕地抛荒撂荒治理工作奖励单位。

【农业绿色生产】 2022 年，福州市因地制宜推广种植紫云英、豆类、花生、油菜等绿肥面积 3 万公顷；结合畜禽粪污资源化利用项目，推进有机肥资源化利用，有机肥推广面积 13.37 万公顷；指导农户采取粉碎、堆沤、覆盖等形式，实施稻田秸秆还田面积 2 万公顷；测土配方施肥技术推广面积 26 万公顷（次）。

（邵宇新）

林 业

【概况】 2022 年，福州市林业用地面积 73.15 万公顷，森林覆盖率 51.77%。全市设立各级林长 3338 名，划分网格 2184 个，配置专业护林员 2152 名。创新“林长 + 警长 + 法院院长 + 检察长”工作机制，强化林业生态保护和执法监管。加强林长制智慧管理体系建设，建立 12 个护林巡护调度中心，为第一批基层林业站配备无人机 56 台。编发《福州市林长制工作信息》19 期，设立林长制灯箱宣传牌 10 块、林长公示牌 2234 块。

【集体林权制度改革】 2022 年，福州市印发实施《福州市深化集体林权制度改革推进林业高质量发展的实施方案》。完成重点生态区位商品林赎买 505.78 公顷。新增新型林业经营主体 29 家，完成 8 家 2021 年度省级新型林业经营主体标准化建设任务。推进普惠制林业金融，全市新增“邮林贷”2.32 亿元，服务林农 462 户。开展现代国有林场建设试点，永泰大湖国有林场完成现代国有林场建设试点；闽侯白沙现代国有林场建设试点示范项目党员政治文化生活馆完成设计并开展招标。

【造林绿化】 2022 年，福州市完成植树造林面积 4617.53 公顷，占任务 119.75%。森林抚育完成面积 1.89 万公顷，封山育林完成面积 0.90 万公顷。推进松林改造提升行动，完成松林改造提升面积 0.79 万公顷，完成低质低效和疏林地改造面积 0.56 万公顷。完成新育各类苗木 386 万株，可提供苗木 865 万株。新建 1 个省级“互联网 + 义务植树”基地，即闽江河口湿地省级“互联网 + 义务植树”基地。

【森林资源保护】 2022 年，福州市加强森林防火基础设施建设，推进护林员改革，强化森林火灾风险普查，全年未发生林业安全生产事故。推进闽江河口湿地“申遗”工作，8 月 16 日，闽江河口湿地被列入世界遗产预备清单项目；12 月，“闽江河口湿地生物多样性保护”案例被中华人民共和国生态环境部列为 2022 年生物多样性优秀案例在全国推广。强化古树名木保护管理，建设古树微公园 10 个，抢救复壮一级古树 5 棵。开展互花米草除治攻坚行动，印发实施《福州市互花米草除治攻坚行动方案》，完成两年面积 2124.47 公顷互花米草除治任务，除治完成率 100%。加大涉林违法犯罪打击力度，全市森林督查“清零”攻坚历年积案查处完成率 100%。

【林业碳汇】 2022 年，福州市探索林业碳汇发展模式，在永泰县、连江县实施碳中和林试点建设面积 0.73 万公顷（11 万亩），建设高固碳示范林面积 320 公顷，年内完成中期监测。推进滨海新城碳汇造林项目，申报 FFCER 碳汇备案签发碳汇量。新建罗源林场碳中和林面积 35.6 公顷，成交林业碳汇总量 1500 吨，成交林业碳汇金额 3.3 万元，实现数字峰会碳中和。

【林业产业】 2022 年，福州市推进花卉苗木产业发展，花卉种植面积 5966.3 公顷，花卉苗木产业全产业链总产值 150.13 亿元；有 10 个樱花品种通过国家林业和草原局植物新品种保护办公室审查，被授予植物新品种权。促进竹业精深加工，获批省级笋竹精深加工示范县专项资金 402 万元，扶持竹材加工生产线建设。发展林下经济，获批省级财政林下经济专项资金 320 万元；市级财政安排专项资金 150 万元，扶持林下种植示范项目 10 个，项目均完成验收。

【林业病害防治】 2022 年，福州市持续推进松材线虫病防治工作，完成松材线虫病防治性采伐面积 4866.67 公顷，清理松枯死木 15.6 万株，完成松林改造提升面积 0.82 万公顷（含国有林场）。全市松材线虫病疫情面积 1.73 万公顷（不含植物园），比上年减少 0.28 万公顷，乡镇疫点数 87 个，减少 2 个。完成以菌治虫面积 413.33 公顷，以虫治虫面积 16.13 公顷。完成挂设松墨天牛诱捕器 4050 个，占任务 101%，诱杀松墨天牛 31.39 万只。

【林业科技】 2022 年，福州市开展林业科普宣教工作，结合文化、科技、卫生“三下乡”集中示范等活动，发放各类技术手册、宣传页 180 余份，林业科普资料 560 余份，林业宣传图片 600 余份，现场接受林农咨询林果管理、苗木培育等技术知识 100 余人次。开展“油茶高产优质新品种推广示范”“千层金苗木优良株系选育及综合开发利用”“基于自然解决方案的滨海湿地生态修复技术集成”等科研项目研究。

【国家森林城市建设】 2022 年，福州市推进国家森林城市建设长期规划（2021—2025 年），创建“福建省森林村庄”26 个。连江县小沧畲族乡、福清市一都镇、闽侯县上街镇、闽清县省璜镇获评“福建省森林乡镇”。滨海新城沿海防护林三期（机场北侧至大鹤林场）一标段征迁交地、防护林建设等工作有序推进。

【林业审批服务】 2022年，福州市开展夯实“一网通办”服务自查及办事体验活动，审核审批建设项目使用林地申请367宗，使用林地面积905公顷。办结国有林场林木采伐审批248宗、公益林采伐审批5宗、调运植物检疫17宗。

（李佳欣）

畜牧业

【概况】 2022年，福州市（不含平潭）肉蛋奶产量34.13万吨，比上年增长3.4%。全市生猪存栏113.28万头，比上年增长2.5%。牛、家禽存栏分别达到4.19万头、1314.02万羽，比上年分别增长5.0%、7.9%；羊、兔存栏分别达到26.7万头、71.83万头，分别增长4.1%、1.6%。

【产业化经营】 2022年，福州市有国家级畜禽养殖标准示范场5家，省级畜禽养殖标准化示范场及优质农产品示范基地73家，省级生猪屠宰标准化示范企业1家。全市有规模生猪养殖场163个，完成生猪改造提升及新建产能项目22个，年末全市生猪存栏数113.28万头，出栏生猪数205.16万头。禽蛋产业发展加快，福清市和永泰县列入闽西禽蛋优势特色产业集群（国家级）建设，全市蛋禽存栏量715.42万羽。

【动物疫病防控】 2022年，福州市完成春、秋两季重大动物疫病集中强制免疫工作任务，免疫高致病性禽流感2970.66万羽、口蹄疫408.29万头、小反刍兽疫21.23万头，确保存栏禽畜“应免尽免，不留空档”。完成11个种畜场维持净化及1个非洲猪瘟无疫小区监管，建成4个国家级动物疫病净化场。围绕“人、车、猪、肉、料”五大环节开展非洲猪瘟防控工作，完成138家生猪养殖场、11家生猪屠宰场、14个车辆洗消中心以及生猪运输车辆的采样监测，监测非洲猪瘟样品15910份次。完成全市畜间布病的基线调查工作，监测畜血清样品13923份，完成8个市、县兽医实验室，11个屠宰场非洲猪瘟自检实验室检测能力比对工作。完善应急机制，建立健全联防联控机制，保障福州市养殖业生产安全和肉品供给。

【动物卫生监督】 2022年，福州市全面实施动物检疫电子出证，使用新的电子出证系统出具动物及动物产品检疫合格证明192万张。持续实施跨省“调肉不调猪”政策，指导从省外调入畜禽和畜禽产品的单位、个人以及车辆通过省动物检疫合格证明电子出证平台进行登记，建立启运地出证与目的地反馈相结合的信息化监管模式，并由入闽指定通道进入福州市。

【畜禽屠宰监管】 2022年，福州市以私屠滥宰和动物检疫违法等环节为重点，组织开展动物卫生专项治理行动，出动执法人员4416人次，检查养殖、屠宰场所1476个次，查办屠宰案件8件、动物检疫违法案件25件，涉案物品18.62吨，货值42.476万元，罚没金额20.36万元，捣毁私屠滥宰窝点11个。根据《福州市活禽定点屠宰管理实施方案》要求推进活禽定点屠宰厂建设。全市首个家禽集中屠宰厂——闽侯县福州民天集团活禽定点屠宰厂授牌投用，开启活禽“定点屠宰、集中检疫、杀白上市”新局面。推进闽清、福清、连江和永泰的4处活禽定点屠宰厂建设工作。

【饲料行业监管】 2022年，福州市饲料生产企业总产量184.61万吨，总产值117.26亿元。其中，猪料产量77.26万吨，比上年增长9.7%；蛋禽料产量11.01万吨，下降8.8%；水产料产量77.53万吨，增长16.73%。制定《福州市饲料生产企业安全风险分级管控和隐患排查治理等级评定工作方案》，对全市92家饲料生产企业开展安全风险分级管控等级评定工作，85家饲料企业风险等级在三级以上。

【畜禽粪污资源化利用】 2022年，福州市堆肥生产有机肥15.2万吨，生产商品有机肥7.9万吨；在用沼气工程125个，容积33.87万立方米，生活用气128.17万立方米，沼气发电319.45万千瓦时；新铺设管道46.1千米；新增储液池14个，容积1.36万立方米；施用沼液及肥水土地面积3.35万公顷；新增专用粪污运输车20辆。实施畜禽粪污源化利用提升工程，改造升级畜禽粪污储运、处理利用、臭气净化及信息化监管设施设备，全市规模养殖场畜禽粪污综合利用率96.77%，粪污处理设施

2022年9月27日，福州民天集团家禽定点屠宰厂（场）作为福州市首个家禽集中屠宰厂在闽侯县南通镇授牌投用。图为授牌仪式 （市农业农村局 供图）

设备配套率100%。建设福清、闽侯、闽清、连江、永泰国家级与省级畜禽粪污资源化整县推进项目，其中福清、闽侯、闽清、永泰国家级整县推进项目完成竣工，连江国家级整县推进项目继续建设。

（邵宇新）

渔业

【概况】 2022年，福州市海洋产业生产总值继续保持全省首位。水产品产量300万吨，比上年增长0.88%。其中，淡水产品产量26.6万吨，比上年下降2%；近海捕捞39.91万吨，下降0.02%；远洋捕捞44.64万吨，增长5.5%；海水养殖183.86万吨，增长0.4%。

【渔业资源养护】 2022年，福州市打造“万人亿鱼”特色增殖放流品牌，开展“万人亿鱼”大型水生生物增殖放流系列活动，包括闽江水域保护知识讲坛、儿童共绘群鱼图等系列宣传活动，及福建省“6·6”放鱼日福州主会场活动、闽江干流、闽江水口段、闽江闽侯白沙段、福清东瀚海域、永泰大樟溪、罗源松山垦区外侧、连江山仔水库、罗源县中房镇等分会场系列放流活动28场，放流鲢鱼、鳙鱼、草鱼、花鲈、真鲷等各类鱼苗品种13.156亿尾（粒）。9月1日，全市首个增殖放流站——“一闸三线”鱼类资源增殖放流站在永泰县塘前乡苜口水闸启动运行，重点保护大樟溪流域珍稀鱼类资源。年内，福清东瀚海洋牧场获批国家级海洋牧场示范区。

【水产养殖业】 2022年，福州市开展海上养殖设施转型升级行动，累计改造传统养殖渔排188365口、筏式养殖泡沫浮球面积6201.73公顷，新建深水抗风浪养殖网箱515口。发展深海装备养殖，新下水“乾动1号”“闽投1号”2个养殖平台，累计下水10个平台，居全国前列。规范水产养殖管理，全市养殖证实现应发尽发。市海渔局指导支持连江县先行开展深海装备养殖平台登记服务试点工作，连江县于7月在全省率先出台《连江县深远海渔业养殖设施登记服务试点工作方案》，并在全省发放首本深远海养殖平台所有权证书与国籍证书，年内发放所有权证书6本。全市淡水养殖排放口摸排和规模以上淡水养殖尾水处理设施建设工作基本完成。福建省连江县官坞海产开发有限公司获评全省唯一一家2021年中国水产种业育繁推一体化优势企业。年内，福建天马科技集团股份有限公司（鳗鲡）、福州闽之海水产苗种有限公司（紫菜）、福建省连江县官坞海产开发有限公司（海带）3家企业被遴选为国家水产种业阵形企业。

【水产加工业】 2022年，福州市有鱼油制品、预制菜产品等15个新项目投产，1艘水产品加工船下海生产，11台（套）水产加工和冷链设备新上线使用。多家水产加工企业“退城入园”，分区域水产品加工产业集群初步形成。水产加工企业转型升级，大量投入预制菜产业。鱼糜制品年销售额突破100亿元，保持全国第一。

【远洋渔业】 2022年，福州市开展远洋渔业“监管提升年”行动。全市（不含平潭）远洋渔业年产量44.64万吨，比上年增长5.5%，综合实力居全国前列。成立工作专班，推进国家远洋渔业基地建设，完成投资9.61亿元，启航大道等4个项目竣工，母港一期等7个项目开工建设。

【渔业科技】 2022年，福州市培育绿盘鲍“福鲍1号”苗种400万粒。疣吻沙蚕、虎斑乌贼引种养殖试验取得突破。援疆干部游小艇利用盐碱地开展黄尾鲻鱼养殖，首次实现新疆海水鱼养殖。“一种分段式金鱼养殖方法”获发明专利授权。“大宗淡水鱼良种扩繁及山塘稻田绿色养殖模式创新与应用”项目获2020年度福建省科技进步二等奖，“节能环保型养殖技术集成创新与推广”项目获全国农牧渔业丰收奖三等奖。

【渔业周渔博会】 2022年6月10—12日，2022海峡（福州）渔业周·中国（福州）国际渔业博览会在福州海峡国际会展中心举行，为全国首场以海洋碳汇抵消会议碳排放，实现零碳目标的大型展会，兴业银行福州分行以捐赠622吨海洋碳汇的方式，抵消会展活动产生的全部温室气体，实现碳中和。展会规模4.6万平方米，总展

2022年5月20日，由福州市海洋与渔业局、市生态环境局联合主办的“万人亿鱼”增殖放流活动在闽江举行

（池远 摄）

位 1760 个，全国 312 家企业参展。海洋与渔业重点签约项目 15 个，签约总金额超 220 亿元；现场零售额 9138 万元，经贸配对额 6.58 亿元；采购商超 15000 人。

【渔业品牌建设】　2022 年，福州市海渔局系统谋划福州鱼丸全产业链发展，指导制定福州鱼丸团体标准。市鱼丸协会组建福州鱼丸品牌管理有限公司，按统一标准打造福州鱼丸品牌门店，提供供应链配套服务，新开设福州鱼丸品牌门店 200 余家。1 月，福州、上海、纽约、费城 4 家福州鱼丸博物馆开放。举办第八届中国（福州）鱼丸节并联合连江县、长乐区举办多场福州鱼丸节庆活动，推出 100 家福州鱼丸手工门店和 100 位手工艺人的“双百”工程。培育“福州鱼丸 +”远洋渔业、农信、高速、邮政等新业态，推动福州鱼丸进入新零售业、公园景区和交通枢纽，推动肯德基 1400 多家门店上线福州鱼丸。发布福州金鱼 IP 形象，启动“福州金鱼进万家”系列活动，持续打造福州金鱼城市名片。元旦、春节期间，在三坊七巷、西湖公园等地举办多场福州金鱼展和福州金鱼摄影大赛。在市图书馆、市旅游集散中心、鼓楼区行政服务中心等多个城市会客厅，新布设福州金鱼展示缸。开展第三轮福州金鱼保种任务，以丰富全市金鱼养殖金鱼种类，促进福州金鱼创新品种培育。

【渔业安全体系】　*渔港建设*　2022 年，福州市推动不涉及生态红线的 6 个渔港开工；加快已开工渔港建设，全年完成投资额 6.4 亿元。在黄岐国家中心渔港打造全省首个“智慧渔港”——福州市智慧渔港新基建试点项目。该项目着眼提升渔船渔港安全生产综合治理水平，搭建以大数据分析、AI 智能等信息化技术为抓手的现代化渔港管理体系，打造“依港管船、依港管人、依港管安全”的智慧化平台，总投资 564.59 万元。年内，平台系统运行稳定，各项功能达到预期建设目标，具备整体终验条件。

2022 年 3 月 1 日，福州市举办福建省闽江禁渔执法行动启动仪式暨福州市“安澜闽江”专项行动誓师大会　（市海洋与渔业局　供图）

安全生产管理　推动出台“双抓双促”行动方案，强化渔业安全生产基础工作、基层建设。开展渔业安全生产“百日攻坚”和渔业船舶安全生产标准化提升专项行动，遏制重特大事故发生。成立渔船管理服务组织 109 个，实现全市在册海洋捕捞渔船组织化管理全覆盖。

渔业互助保险　实施政策性渔船、渔工、台风指数、海水养殖赤潮指数、渔排设施、鲍鱼价格指数等渔业互助保险，全年签单保费 14755.02 万元，居全省第一位。提供风险保障金 327.67 亿元，其中参保渔工 16970 名、渔船 1447 艘；办理水产养殖台风指数保险 5226.67 公顷、海水养殖赤潮指数保险面积 96.49 公顷、渔排设施保险数量 23 口、鲍鱼价格指数保险数量 7.3 万笼。

水产品质量安全　推进食用水产品承诺达标合格证与“一品一码”追溯并行制度，纳入福建省食用水产品“一品一码”系统生产主体 615 家，赋码数 20070 条，赋码企业占比 100%，全市水产养殖、用药、销售三项记录总数 71470 条。开展产地水产品质量安全监测工作，全年完成抽检 3580 批次。

【渔业综合执法】　2022 年，福州市查处海洋案件 8 件、渔业案件 217 件，移送公安、海警部门 8 件。开展“安澜闽江”专项行动，通过“人防 + 技防”全方位监管和网格化精细管理，严厉打击非法捕捞行为。探索“执法 + 多元生态修复补偿”办案模式，实施全国首例渔业生态环境损害“蓝碳”赔偿案和水生野生保护动物增殖放流生态修复补偿案。“两江流域人船动态智能监控管理系统服务项目”作为唯一一个渔业执法类项目入选 2022 全国数字渔业典型案例。

（林　莹）

（编辑　周弭妓）

综 述

【水利投资】 2022年，福州市（不含平潭，下同）完成水利投资83.09亿元，水利投资完成率居全省各设区市第一位，水利投资总量创福州市历年水利投资最高水平，居全省第二位。其中，重大水利项目完成投资66.56亿元，面上项目完成投资16.53亿元。其中，市本级3.08亿元、马尾区1.50亿元、晋安区0.16亿元、仓山区0.11亿元、高新区2.70亿元、闽侯县9.90亿元、长乐区9.25亿元、福清市12.93亿元、连江县10.18亿元、罗源县11.76亿元、永泰县1.35亿元、闽清县9.49亿元、福州水务平潭引水开发有限公司6.20亿元、福州市闽江下游防洪工程建设公司4.34亿元、福州市闽江下游河道管护中心0.14亿元。

【水资源管理】 2022年，福州市审查水资源论证96本、新增取水许可125本、注销5本；征收水资源费4594.56万元。完成114个取水户（非农）的非灌区取水项目问题整改销号。封堵（退出、取缔）无证取水户27家，下发责令整改通知书29份，行政处罚决定书2份。完成122个取水在线设施安装，在线监测的实时水量作为超计划超许可预警措施。开展县域节水型社会达标建设，完成长乐、罗源、闽清3个县（区）建设工作；完成长乐区3个水利行业节水型单位（长乐区海堤养护中心、三溪水库调度中心、莲柄港灌区服务中心）验收工作；完成福清市作为节水载体示范单位建设。年内，福州市水利局和马尾区农业农村局在水利部等10个部门联合举办的“公民节约用水行为规范”主题宣传活动中被评为优秀组织单位。

【河湖长制】 2022年，福州市、县、乡三级设立188个河长制办公室，确定1016名河长和178名湖长，1327名河道专管员负责巡河检查，设立河湖长公示牌2661面。在每月14日“河长日”开展“护河爱水、清洁家园”行动，巡查整治河湖水域问题。在全国率先成立地市级福州市幸福河湖促进会，有单位会员81家、个人会员31名。制订《闽江下游福州段码头港池清淤疏浚活动及堆砂场设置规范化管理实施方案（试行）》。在永泰县、晋安区、长乐区、罗源县、高新区推行“数字化+物业化”河湖管理模式。年内，福州市河湖长制工作获国务院河长制湖长制督查激励。

【水利规划编制】 2022年，福州市完成《中国东南（福建）科学城、福州大学城防洪排涝规划》《福州市“十四五”水土保持专项规划》和《福州市水资源配置规划（2019—2035年）》编制。开展福州市73条50平方千米以上流域综合规划及规划环评修编工作，包括省级任务11条、市级任务14条、县级任务48条。其中，完成市级起步溪、安仁溪等9条流域和县级20条流域，其余继续编制或处于编制前期工作。

【库区移民工作】 2022年，福州市完成永泰抽水蓄能电站工程完成建设征地补偿和移民安置规划修编（调整）、下闸蓄水阶段上库和下库的移民安置工作验收、罗源霍口水库建设征地补偿和移民安置规划修编（调整）、移民人口认定工作。省级下达福州市后扶资金13186.7万元，其中下达直补金2048.64万元，受益移民34144人；下达项目资金11138.06万元，核准后扶项目75个。开展后扶示范区建设项目建设工作，完成2020年永泰县后扶示范区建设的结算审核和完工验收及2021年闽清县库区大中型水库移民后扶示范区项目的完工验收；开展2022年闽清雄江库区水上田园农旅综合体（县级示范区）和2022年连江县小沧乡后扶项目示范区建设。

【水旱灾害防御】 2022年，福州市开展汛前检查，确定425座水库防汛责任人，在7个山洪灾害防治县的18个山洪灾害高风险乡镇开展重点城集镇山洪灾害调查评价，更新9个山洪灾害防治县危险区动态管理清单。开展两期“河湖讲坛暨全市水利系统专业技术培训”，逾300人次参加。利用福州智慧水利平台，通过“数字模拟+实战操作”，市县（区）水利部门联合开展防汛和抗旱演练。成立福州市水旱灾害防御调度指挥中心，组织、指导和协调全市水利系统水旱灾害防御工作，并应对9场次台风暴雨影响；在闽江调水工程修复期间，通过平潭及闽江口水资源配置工程向滨海新城、长乐、福清、平潭、闽侯东南部供水5500余万吨，保障区域内群众生产生活用水需要。

（陈　嘉）

水利工程建设

【重大水利项目】　2022年，福州市搭建市级水利投融资平台。完成市直水利国企改革，福州市水利投资建设集团揭牌成立。开展76个重大水利工程，其中新开工20个，完工12个，平潭及闽江口水资源配置（一闸三线）工程实现向福清、长乐、闽侯供水，被评为福州市"2022年人民群众最满意的十件实事"之一；罗源霍口水库工程主坝完成浇筑，进水口封顶，副坝完成浇筑，主、副厂房、开关站封顶，完成1号机组安装，开展下闸蓄水准备工作；福州江北城区山洪防洪生态补水工程主隧洞开挖完成91.65%，东线工程贯通，具备应急泄洪能力；开展北线、西线建设；罗源县昌西水库进行大坝主体工程施工，大坝浇筑至219米高程。开展"一库两线"（在大樟溪新建龙湘大型水库，新建福州主城区、滨海新城2条输水线路）工程前期工作，线路总长62千米，设计流量20.8立方米每秒。5月19日，福州鳌峰（五孔）水闸改建工程与福建省其他10个重大水利项目一同参加福建省重大水利工程集中开工视频动员会，与水利部、福建省连线互动。

【中小河流治理项目】　2022年，福州市中小河流治理项目年度计划投资1.56亿元，综合治理河流长度30千米，实施工程项目10个，涉及连江、闽清、永泰和罗源4个县。完成投资1.56万元，占年度投资计划的100%。

【安全生态水系项目】　2022年，福州市安全生态水系项目年度计划投资3323万元，实施工程项目6个，分布福清市、连江县、永泰县、高新区4个县（市）区。其中，永泰县富泉溪（大洋段）安全生态水系建设项目和大樟溪（嵩口段）安全生态水系建设项目列为省为民办实事项目，年度投资计划2263万元，综合治理河流长度17千米。累计完成投资4000万元，占年度投资计划的120.37%。综合治理河流长度20千米。

【山洪沟治理项目】　2022年，福州市实施闽清县省璜镇下陇溪重点山洪沟防洪治理项目，年度计划投资550万元，完成投资610万元，占年度投资计划的110.91%。

【水土保持综合治理】　2022年，福州市开展16个中央和省级水土流失重点治理项目建设，其中国家水土保持重点建设工程2个（永泰县盖洋小流域和闽清县金沙溪小流域）、以奖代补项目2个（连江县、罗源县）、省级水土保持重点项目3个（闽侯县凤溪小流域、长乐区月牙湖小流域、连江县东岱小流域）和省级生态村9个。完成水土流失综合治理面积9306.67公顷，占福建省下达任务6666.67公顷的139.60%，其中水利部门完成5366.67公顷，占水利部门任务的134.17%。福州市水利局农村水利水电与水土保持处处长郑容妹被评为"全国水土保持工作先进个人"。

【水利工程除险加固及养护】　2022年，福州市完成4座水库除险加固任务，完成投资1195万元。下达小型水利工程维修养护财政补助资金1762万元，其中中央财政补助项目1027万元、省级财政补助项目435万元、市级财政补助项目300万元；完成投资1762万元，占年度计划的100%。

（陈　嘉）

水利管理

【水利工程管理】　2022年，福州市制定《福州市山塘管理暂行规定》。18个福建省重大、重点水利在建项目信息被录入水利项目管理基建平台，1个视频监控项目被接入大中型水利工程数字化监管平台。开展水电站清理整治和退出工作，全市原有水电站477座，2018—2021年退出52座，2022年退出65座，累计退出117座，占原有数量的24.53%，比长江经济带省份水电站清理整治退出率15.8%高8.73%，居全省前列。完成5座水电站安全标准化创建，其中晋安区龙潭电站、连江县山仔水力发电厂、永泰县富泉溪一级电站、永泰县富泉溪二级电站（复评）4座水电站通过安全标准化二级评审；晋安区双溪电站通过三级评审。完成闽清县安仁溪、许村一级2座水电站的绿色水电站创建，完成连江县塘坂、山仔绿色水电站复评工作。

【水土保持监督执法】　2022年，福州市审批生产建设项目水土保持方案477个（其中市级审批30个、县级审批447个），依法征收水土保持补偿费1730.78万元，其中市级征收51.57万元，县级征收1679.21万元。检查生产建设项目277个，印发整改通知71份，完成水土保持设施竣工验收报备89个。

【行政审批与行政处罚】　2022年，福州市水利局受理办结审批服务事项134项。市级依法征收水资源费1957.77万元。出动执法人员37381人次、执法车辆3331辆次、执法船舶8894艘次，查办行政处罚案件14件，上缴罚没款152万元，拆解无主采砂船舶及设备4艘，抽查疏浚清淤施工现场370余次，排查疑似采砂船舶63艘。

【水利数字化建设】　2022年，福州智慧水利平台（一期）投入运行，建有水旱灾害防御、河湖长制、水政执法等业务应用系统，模块链接其他业务应用系统，通过北斗卫星、量子密码、AR和AI新技术应用为水工程调度指挥决策提供数据。以连江、罗源、闽清3个县为创新示范试点开展县乡"一河一网一平台"建设。建设溪源溪小流域（溪源水库）数字孪生平台，通过数据底板、模型平台、信息化基础设施、业务应用和安全体系建设，实现预报、预警、预演、预案"四预"功能，获评水利部优秀案例项目。

（陈　嘉）

（编辑　周弭姣）

工　业

综　述

【工业经济运行】　2022 年，福州市工业经济呈现缓中趋稳、回升向好态势，新增产值超百亿元工业企业（集团）4 家，总数 17 家；上榜 2022 福建制造业企业 100 强企业 35 家，数量均位居全省第一。加强经济运行监测分析，坚持日监测、周分析、月通报，加强用电、开票、运输等指标匹配分析，重点监测 440 家用电大户，加强分析研判和苗头性问题预警。跟踪服务省级工业新增长点项目 155 个，逐月跟踪项目进度和产值情况。保障产业链供应链稳定畅通，开展“福州优品”消费节以及医药、建材行业“手拉手”等活动，发布 2 批次《福州市名优产品目录》，推动 2047 家企业入驻福建省工业企业供需对接平台。建立防疫情稳增长挂钩联系服务机制，重点跟踪 300 多家“白名单”、龙头等企业生产经营情况，在微信公众号、政企直通车平台开设诉求快速提交渠道，协调企业困难问题，实现全市工业日均用电量与疫情发生前基本持平。

【工业技术改造】　2022 年，福州市开展重大项目技术改造扩产攻坚，实施亿元以上重点技改项目 198 个、总投资 1934 亿元，开工 57 个，投产 75 个。加大市技改融资贷款贴息支持力度，市工业和信息化局、市财政局、市地方金融监督管理局联合出台《福州市技术改造项目融资贷款贴息实施方案》，贷款贴息率由年化 2% 上升至 3%，签约项目 6 个、金额 5.2 亿元。全年技术改造投资比上年增长 8.3%。

【工业节能减排】　2022 年，福州市推进绿色低碳发展，出台《福州市“十四五”节能减排综合工作实施方案》，开展 188 家次重点用能企业节能监察，推动 9 家重点用能单位完成能耗在线监测端系统建设，实施重点节能改造项目 40 个、年节能约 2 万吨标准煤。建立重点领域企业能效清单，福耀玻璃等 3 家企业获福建省能效“领跑者”称号。建设绿色制造体系，新认定省级绿色工厂 12 家。

【工业企业服务】　2022 年，福州市出台促进工业经济平稳增长 67 条、一季度工业生产稳定运行 7 条、帮助市场主体纾困解难 27 条等振作工业经济一揽子政策，支持企业稳定生产、增产增效。兑现中央、省、市奖补资金 7.83

2022 年 8 月 18 日，由福州市工信局主办的福建“三品”消费季·2022“福州优品”消费节在南后街展览馆启幕

（市工信局　供图）

亿元，惠及企业近2300家次。帮助917家次制造业企业获得纾困贷款、融资专项流动贷款等42.16亿元，清理偿还拖欠民营企业无分歧欠款2426万元。实施“扶持龙头壮大产业”“千名干部进千企”专项行动，开展精准挂钩服务，协调困难问题1076个。出台《实施“榕升计划”推动规上工业企业倍增行动方案》，强化统计、税务、市场监管、电力等相关部门数据共享，精准掌握企业生产经营动态，建立提升培育库，全年新增规模以上工业企业272家。

【工业企业培育】　2022年，福州市支持企业自主创新，新培育国家级企业技术中心4家、省级企业技术中心16家、市级企业技术中心29家，国家级单项冠军2家、省级单项冠军9家，国家级智能制造优秀场景项目4个、省级智能制造优秀场景项目5个，省级智能制造示范工厂3个，省级智能制造试点示范重点项目16个，遴选智能制造解决方案供应商5家，新增省首台（套）重大技术装备6个。入选国家级重大人才计划9人，省级产业领军团队9个，数量均位居全省第一。

【工业产业链】　2022年，福州市实施产业链链长制，坚持一条产业链、一位市领导、一个工作专班、一套工作方案，提升12条工业产业链水平和竞争力，编制生物医药、装配式建筑、新型显示标准化园区等发展规划，组织5场“产业链走进科学城”专场对接，举办国际显示技术大会，107个重点项目完成投资299亿元，形成千亿产业链3条；新增电力能源产值突破千亿元，千亿产业集群达5个。坚持产业链招商，成立11支产业链招商小分队，实施重大项目招商落地攻坚，推动招商落地项目63个，总投资678.67亿元。永荣数智化功能绿色超纤、万景新材料碳四产业链等投资超百亿重大项目落地。

【服务型制造】　2022年，福州市出台《关于加快推进福州市服务型制造发展的实施方案》，举办福清市、仓山区服务型制造八闽行活动，培育国家级服务型制造示范企业1家、福建省服务型制造示范企业6家、项目2个、平台1个、县区1个，新认定市级工业设计中心7家。

【战略性新兴产业】　2022年，福州市实施工业战略性新兴产业重点项目65个，其中完成投产或部分投产项目18个。规模以上工业战略性新兴产业增加值占规模以上工业增加值比重达40.3%，比上年提高12.4个百分点。马尾区用户侧新型储能产业集群入围首批国家中小企业特色产业集群。引进落地招商局集团长江船舶设计院福建分院，建成交付东南造船58米增程式电动货船、爱莱格闽江内河游览船。福米恒美全球最先进的超宽幅偏光片生产线投入生产。

【海洋新兴产业】　2022年，福州市推动“海上福州”建设，实施推动海洋经济高质量发展行动，扶持海洋经济重点企业187家，实施重点项目247个，全省首台渔旅结合深远海养殖平台“闽投宏东号”、大型智慧养殖平台“乾动1号”下水，福州（连江）国家远洋渔业基地加快建设。下线全球单机容量最大16兆瓦海上风电机组。

【新材料产业】　2022年，福州市打造新型材料国际品牌，实施恒美光电偏光片、正太新材二氧化钛等重点项目51个，完成投资182亿元。鼓励新材料产品研发生产，12家企业13种产品被列入2022年度福建省重点新材料首批次生产应用支持参考目录，阿石创新材料、福晶科技获福建省稀土及关联产品生产应用奖励，旭福光电获福建省重点新材料首批次生产应用奖励。

【数字动能培育】　2022年，福州市出台《福州市促进软件产业高质量发展的若干措施》。举办第五届数字中国建设峰会成果展、分论坛，开展鲲鹏生态培育，23家企业入选福建省软件企业竞争力50强，10个项目入选福建省工业互联网App优秀解决方案。全年软件和信息技术服务业收入超1250亿元，比上年增长11%。推动工业互联网发展，引进落地中国工业互联网研究院福建省分院和国家工业互联网大数据中心福建省分中心。摩尔云工业互联网平台入选国家级“双跨”平台，为全省唯一入选平台。新增省级工业互联网示范平台2个。推动新一代信息技术与制造业深度融合，全市入选国家级中小企业数字化转型试点企业4家、物联网示范项目6个，省级新一代信息技术与制造业融合发展标杆企业12家、重点项目24个。福州市连续两年入选国家建设信息基础设施和推进产业数字化成效明显市国务院督查激励名单。

表35　**2022年福州市新认定市级工业设计中心一览表**

序号	企业名称	序号	企业名称
1	福州市纳飞光电科技有限公司	5	福州闽泉工艺品有限公司
2	福州春晖制衣有限公司	6	福建祥龙塑胶有限公司
3	福建福光股份有限公司	7	火凤（福建）创新设计有限公司
4	福建东龙针纺有限公司	—	—

表 36

2022 年福州市新认定省级企业技术中心一览表

序号	企业名称	序号	企业名称
1	福建亿榕信息技术有限公司	9	福建福清核电有限公司
2	福州星瑞格软件有限公司	10	福建宏港纺织科技有限公司
3	福建汇川物联网技术科技股份有限公司	11	福建中网电气有限公司
4	福建森达电气股份有限公司	12	福州德塔电源技术有限公司
5	福建欧中电子有限公司	13	福建浩蓝光电有限公司
6	福州素天下食品有限公司	14	北卡科技有限公司
7	福建时代星云科技有限公司	15	福建海峡环保集团股份有限公司
8	福建航港针织品有限公司	16	福建福强精密印制线路板有限公司

表 37

2022 年福州市新认定市级企业技术中心一览表

序号	企业名称	序号	企业名称
1	福建省亿鑫海信息科技有限公司	16	福建宇邦纺织科技有限公司
2	福建晨曦信息科技集团股份有限公司	17	福州天石源超硬材料工具有限公司
3	福建省海峡信息技术有限公司	18	福州福享汽车工业有限公司
4	福建省邮电规划设计院有限公司	19	福建省力得自动化设备有限公司
5	福建新意科技有限公司	20	福州群尚工艺品有限公司
6	知鱼智联科技股份有限公司	21	福州瑞诚鞋材模具有限公司
7	宝宝巴士股份有限公司	22	福州英迪特智能科技有限公司
8	福州海王金象中药制药有限公司	23	福州聚春园食品股份有限公司
9	新大陆（福建）公共服务有限公司	24	福建省闽清双棱竹业有限公司
10	福建恒益纺织有限公司	25	大莲电瓷（福建）有限公司
11	福建大东海实业集团有限公司	26	福建云众动力科技有限公司
12	福建中研机电科技有限公司	27	福建中科芯源光电科技有限公司
13	福建福融新材料有限公司	28	福州康为网络技术有限公司
14	福建顺景机械工业有限公司	29	福建辉阳电缆科技有限公司
15	中国水电四局（福清）装备工程有限公司	—	—

【工业重点项目】 2022 年，福州市工信系统开展“项目攻坚落实年”专项行动，组织实施市级工业重点项目 467 个，总投资 2663.78 亿元。其中，新福兴玻璃太阳能光伏压延玻璃、闽光钢铁产能置换、万景石化丙烷脱氢制丙烯等 89 个项目开工建设；大东海产能置换、申远新材料聚酰胺一体化以及福清核电 5、6 号机组等 212 个项目完成投产或部分投产。

【工业龙头企业】 2022 年，福州市有省级工业龙头企业 208 家，数量位居全省第一，其中有龙头企业 46 家、培育龙头企业 162 家。全市有市级工业龙头企业 144 家。全市年产值超百亿企业（集团）17 家，恒申控股集团、大东海集团、永荣控股集团、中景石化集团 4 家企业入围 2022 年中国企业 500 强；金纶高纤、福耀玻璃、祥兴箱包、长源纺织等 8 家企业入围 2022 年制造业民营企业 500 强，占全省入围企业数的 53.3%，数量位居全省第一。

表 38　　2022年福州市工业和信息化省级龙头企业一览表

序号	企业名称	序号	企业名称
1	瑞芯微电子股份有限公司	26	明一国际营养品集团有限公司
2	冠捷集团［含福建捷联电子有限公司、冠捷显示科技（厦门）有限公司、捷星显示科技（福建）有限公司］	27	福建元成豆业有限公司
3	福州京东方光电科技有限公司	28	福建天马科技集团股份有限公司
4	福州旭福光电科技有限公司	29	福建思嘉环保材料科技有限公司
5	华映科技（集团）股份有限公司（含福建华佳彩有限公司）	30	福建友谊胶粘带集团有限公司
6	福建星网锐捷通讯股份有限公司（含锐捷网络股份有限公司、福建升腾资讯有限公司）	31	福建罗源闽光钢铁有限责任公司
7	新大陆科技集团有限公司（含新大陆数字技术股份有限公司、福建新大陆支付技术有限公司）	32	福建大东海实业集团有限公司
8	飞毛腿（福建）电子有限公司	33	福建亿鑫钢铁有限公司
9	大通（福建）新材料股份有限公司	34	宝钢德盛不锈钢有限公司
10	福清市永裕来齿轮有限公司	35	福建吴航不锈钢制品有限公司
11	福建雪人股份有限公司	36	中铝瑞闽股份有限公司
12	福州六和机械有限公司	37	福耀玻璃工业集团股份有限公司
13	福建上润精密仪器有限公司	38	金强（福建）建材科技股份有限公司
14	福建省马尾造船股份有限公司	39	福州达华智能科技股份有限公司
15	福建奔驰汽车有限公司	40	中海创科技（福建）集团有限公司
16	福建天辰耀隆新材料有限公司	41	网龙网络控股有限公司（含福建网龙计算机网络信息技术有限公司）
17	万华化学（福建）有限公司	42	慧翰微电子股份有限公司
18	中国软包装集团（含福建省中江石化有限公司、福建中景石化有限公司）	43	福建福顺半导体制造有限公司
19	金纶高纤集团（含福建省金纶高纤股份有限公司、福建金源纺织有限公司、福建长源纺织有限公司、福州市长乐锦源纺织有限公司）	44	福建海峡星云信息科技有限公司
20	福建省长乐山力化纤有限公司	45	福建福日电子股份有限公司
21	恒申集团（含长乐恒申合纤科技有限公司、长乐力恒锦纶科技有限公司、福建申远新材料有限公司、长乐力源锦纶实业有限公司）	46	福建联迪商用设备有限公司
22	永荣控股集团（含福建永荣科技有限公司、福建锦江科技有限公司、福建新创锦纶实业有限公司、福建景丰科技有限公司）	47	福州高意通讯有限公司
23	福建省长乐第二棉纺织厂	48	福建实达电脑设备有限公司
24	福建源盛纺织服装城有限公司	49	麦克赛尔数字映像（中国）有限公司
25	福州海汇生物科技实业有限公司	50	易佰特（福建）电子有限公司

续表 38

序号	企业名称	序号	企业名称
51	福建福晶科技股份有限公司	84	福建省宏港纺织科技有限公司
52	福州通尔达电线电缆有限公司	85	福建顺邦防护科技有限公司
53	中能电气股份有限公司	86	福州和盛食品有限公司
54	福州天宇电气股份有限公司	87	福建光阳蛋业股份有限公司
55	利莱森玛电机科技（福州）有限公司	88	福建长德蛋白科技有限公司
56	福州金飞鱼柴油机有限公司	89	福建康宏股份有限公司
57	福建永强力加动力设备有限公司	90	福州大福有限公司
58	福建海源复合材料科技股份有限公司	91	长乐聚泉食品有限公司
59	福建福光光电科技有限公司	92	福州名成食品工业有限公司
60	福建东南造船有限公司	93	福建东水食品股份有限公司
61	福建金风科技有限公司	94	福州旭煌食品有限公司
62	东南（福建）汽车工业有限公司	95	福建明旺食品有限公司
63	福建骏鹏智能制造有限公司	96	海欣食品股份有限公司
64	福州耀隆化工集团公司	97	福建省天海东方食品集团有限公司
65	福建省东南电化股份有限公司	98	福州统一企业有限公司
66	福建合盛气体有限公司	99	闽榕茶业有限公司
67	福建申马新材料有限公司	100	福建春伦集团有限公司
68	福建坤彩材料科技股份有限公司	101	福建时代包装材料有限公司
69	福建锦程高科实业有限公司	102	福建恒杰塑业新材料有限公司
70	福建凯邦锦纶科技有限公司	103	昇兴集团股份有限公司
71	福建唐源合纤科技有限公司	104	骏洋（福建）旅游用品有限公司
72	福建万鸿纺织有限公司	105	祥兴（福建）箱包集团有限公司
73	福建省长乐市泰源纺织实业有限公司	106	福州新兴家居用品有限公司
74	福建经纬集团有限公司（含福建经纬新纤科技实业有限公司）	107	闽侯闽兴编织品有限公司
75	福建新华源纺织集团有限公司	108	福建汇益家居用品有限公司
76	福州翔隆纺织有限公司	109	福州美涓家居制造有限公司
77	福建省长乐市正隆纺织有限公司	110	闽侯县倍特家居有限公司
78	福建华源纺织有限公司	111	福州常春腾家居制造有限公司
79	福建省长乐市欣美针纺有限公司	112	福州闽泉工艺品有限公司
80	福建省福州市鹰鸿针织有限公司	113	福州云飞家居有限公司
81	长乐力盛纺织有限公司	114	丽珠集团福州福兴医药有限公司
82	福建省长乐市星辉针织有限公司	115	福建省福抗药业股份有限公司
83	福建祥锦实业有限公司	116	福州海王福药制药有限公司

续表 38

序号	企业名称	序号	企业名称
117	北京同仁堂健康药业（福州）有限公司	152	福建亚通新材料科技股份有限公司
118	福州迈新生物技术开发有限公司	153	福建省闽清双棱竹业有限公司
119	福建梅生医疗科技股份有限公司	154	福建施可瑞医疗科技股份有限公司
120	福州吴航钢铁制品有限公司	155	福建源博建材有限公司
121	福建祥鑫股份有限公司	156	福建博那德科技园开发有限公司
122	福建奋安铝业有限公司	157	福建省城投科技有限公司
123	福建水泥股份有限公司	158	中建科技（福州）有限公司
124	福建建华建材有限公司	159	新福兴玻璃工业集团有限公司
125	福建国通星驿网络科技有限公司	160	福建榕基软件股份有限公司
126	福建博思软件股份有限公司	161	中邮科通信技术股份有限公司
127	中电福富信息科技有限公司	162	中富通集团股份有限公司
128	福州天盟数码有限公司	163	国脉科技股份有限公司
129	福建天晴数码有限公司	164	福建睿能科技股份有限公司
130	福建经纬新纤科技实业有限公司	165	福建汇川物联网技术科技股份有限公司
131	福建福清核电有限公司	166	智恒科技股份有限公司
132	福建好运联联信息科技有限公司	167	福州掌中云科技有限公司
133	福建兆元光电有限公司	168	长威信息科技发展股份有限公司
134	飞毛腿电池有限公司	169	福建省星云大数据应用服务有限公司
135	福建飞毛腿动力科技有限公司	170	福建省数字福建云计算运营有限公司
136	福建礼恩科技有限公司	171	福建华电可门发电有限公司
137	福建辉阳电缆科技有限公司	172	华能（福建）能源开发有限公司福州分公司
138	福州德塔电源技术有限公司	173	福建阿石创新材料股份有限公司
139	福建星云电子股份有限公司	174	福建福特科光电股份有限公司
140	福建福光股份有限公司	175	爱德克斯（福州）汽车零部件有限公司
141	福建华东船厂有限公司	176	福建省福州市立峰纺织有限公司
142	福建朝日环保科技开发有限公司	177	福建海富特生物科技股份有限公司
143	福州泰全工业有限公司	178	福州奇新食品有限公司
144	福建省永泰县全泰纺织有限公司	179	福建顶津食品有限公司
145	福建恒捷实业有限公司	180	福人木业（福州）有限公司
146	福州格利沃防护用品有限公司	181	福建凯航再生资源有限责任公司
147	福建御冠食品有限公司	182	福建麦特新铝业科技有限公司
148	福建省盐业集团有限责任公司	183	福建鸿生材料科技股份有限公司
149	福州海马饲料有限公司	184	福建瑞玻玻璃有限公司
150	百鲜食品（福建）有限公司	185	四创科技有限公司
151	福建福融新材料有限公司	186	福建航天信息科技有限公司

续表 38

序号	企业名称	序号	企业名称
187	福建省邮电规划设计院有限公司	198	福建御味香冷冻食品有限公司
188	福建美得石化有限公司	199	福清市新大泽螺旋藻有限公司
189	福建中海创自动化科技有限公司	200	福清市兆华水产食品有限公司
190	福建魔方电子科技有限公司	201	胜田（福清）食品有限公司
191	福建森达电气股份有限公司	202	福建晟扬管道科技有限公司
192	福州天石源超硬材料工具有限公司	203	福建金德尚黄金有限公司
193	福建环洋新材料有限公司	204	宝宝巴士股份有限公司
194	福建东龙针纺有限公司	205	福州高意光学有限公司
195	福州茂盛投资有限公司	206	福建三丰鞋业有限公司
196	福建省尚飞制衣有限公司	207	福建福昕软件开发股份有限公司
197	福建腾龙鞋业有限公司	208	福建东南西北科技集团有限公司

【中小企业服务】 2022年，福州市印发《福州市促进中小企业发展工作领导小组办公室关于福州市助企纾困激发中小企业发展活力的若干意见》，汇集惠企政策、融资支持、企业要素保障等9方面31条纾困政策。晋安区、福清市、闽侯县成立中小企业服务中心，鼓楼区成立企业服务中心。开展梯次培育，支持中小企业“专精特新”发展，点对点指导企业600余家，年内获评省级创新型中小企业454家，获评省级“专精特新”中小企业72家、工信部专精特新“小巨人”企业27家、中央财政支持的重点“小巨人”企业3家。开展“专精特新八闽行”活动，协调解决企业困难问题，走访企业447家次，协调解决问题257个。开展2022年应收账款试点奖励申报，6家供应链核心企业帮助85家中小微企业实现应收账款供应链融资8.58亿元，兑现2021年应收账款试点奖励资金发放463.54万元。组织产融对接活动资金专项申报，市工信局引导县区工信局开展股权融资专场、产融对接活动10余场。引导中小企业向银行申请纾困贷款，全年推荐纾困中小企业1041家、融资需求35.05亿元，其中758家制造业中小企业获得纾困贷款22.05亿元。促进银企对接，107家企业获得授信金额8.28亿元。突出“双创”引领，组织409个企业项目参加“创响福建”中小企业创新创业大赛，14个项目获奖。打造“互联网+精准服务+协同创新”的中小企业公共服务平台网络，建成市级“党企新时空·政企直通车”平台1个、县级“党企新时空·政企直通车”平台3个，国家级“双创”示范基地2个、省级“双创”示范基地3个，国家级中小企业公共服务示范平台2个、省级中小企业公共服务示范平台16个。推动超540家中小企业纳入生产经营运行监测，企业数量超过历年，居全省前列。依托“党政新时空·政企直通车”平台进行政策发布、需求收集及办理，累计发布政策信息2000余条，为超500家规模以上工业企业点对点推送惠企政策，编制发放《惠企政策摘编》3000余本，受理企业诉求175件、办结率100%。参加省级面对面协调会3场，组织市级面对面协调会1场，为天江药业、福维股份、长乐市第二棉纺织厂等企业协调解决疑难诉求。

【科技成果转化】 2022年，福州市制订《2022年推动科技成果转化的行动计划》，重点对接实施30个在榕高校院所产学研合作项目，推介31个在榕高校院所可供转化科技成果项目。推动福州大学付贤智院士团队与福夏科技合作研发的紫外线光催化成果产业化，协调解决项目落地所需土地、资金等问题，制定《紫外线消毒机设备试点应用的实施意见》，推动紫外线消毒设备在全市推广应用。组织实施51个技术创新重点攻关及产业化项目，其中福建福光股份有限公司“超短焦微型投影关键技术研发与产业化”等22个项目入选省工信厅技术创新重点攻关及产业化项目名单；组织实施福州大学与福州视驰科技有限公司合作的“5G超低延时视频传输与智能视觉项目”等16个产学研项目，推动更多高校科技成果转化落地。

【城镇集体工业联合社】 2022年，福州市城镇集体工业联合社参加中国轻工业联合会五届二次理事会、中华全国手工业合作总社八届二次理事会，学习交流全国各地区联社在集体企业在改革发展等方面的做法和经验。召开系统非物质文化遗产传承发展专题研讨会，与工美相关企业学习研讨交流系统非物质文化遗产传承发展事宜。指导市雕刻工艺品总厂配合市古厝集团开展厂房改造工作，优化展馆设计、功能定位、业态布局和项目经营。指导市雕刻工艺品总厂利用微拍堂，丰富、充实雕刻工艺品等藏品种类，实现网上销售平台多元化，举办2022年寿山石精品拍卖会，征集167套拍品，成交率超八成，成交金额超300万元。定期对系统35家直属单位企业开展安全检查，发现安全隐患并督促企业进行整改。实施房屋结构安全专项治理，对集体企业国有D级危房开展封房清人工作。根据福州建设“三宝城”项目战略部署，配合指导联合社系统涉迁企业的征迁工作，提前完成福州象牙宝石工艺厂土地收储租户清租工作，提前完成福州市塑料工业公司雁塔地块征迁交地工作。

（林　捷　林　晨　郑凌峰　林清华　钟恩艳　兰静晖）

纺织化纤工业

【概况】　2022年，福州市纺织化纤产业规模以上企业599家，完成规模以上工业总产值占全市比重的22.7%。短纤、长丝、混纺纱年产能近330万吨，纺纱年产能达800万～850万锭，锦纶民用丝年产能达150万吨以上，是全国最大的化纤混纺纱生产基地和锦纶民用丝生产基地，经编产品约占全国市场份额的六成，在国内己内酰胺、民用锦纶丝、经编花边等细分市场占有定价优势。恒申控股、永荣控股入围2022年中国企业500强，恒申控股、永荣控股、金纶高纤、长源纺织入围2022年中国制造业民营企业500强。

【重点项目建设】　2022年，福州市推进纺织化纤产业重点项目建设，包括连江可门绿色纺织产业园项目、福建省恒聚新材料科技有限公司年产5万吨差别化功能性氨纶生产项目、福建省恒诚新材料科技有限公司年产22万吨聚酰胺项目、福建省鑫泉合纤科技有限公司年产2万吨ES复合纤维项目等。

【企业技术创新】　2022年，福州市通过实施数字赋能先进制造业和利用工业互联网打通产业链供应链操作链专项行动，推行智能化改造，提升纺织化纤产业核心装备和关键工序数字化水平。福建长源纺织有限公司、福建永荣科技有限公司、福建省宏港纺织科技有限公司等被列入工信部2022年度智能制造优秀场景名单。恒申合纤科技有限公司、力恒锦纶科技有限公司获国家知识产权优势企业荣誉称号。

【行业技术进步】　2022年，福州市永荣锦江股份有限公司的发明专利“一种仿羊毛的锦纶6纤维及其制备法”获“第二十三届中国专利优秀奖”。福建新华源纺织集团有限公司参与的提高梳理和成纱质量的关键技术及应用以及莱赛尔纤维高支、高强化赛络纺包芯纱及织物加工关键技术与产业化项目获中国纺织工业联合会科技进步奖二等奖。

（郑　桓）

轻工食品工业

【概况】　2022年，福州市轻工食品产业规模以上企业939家，完成规模以上工业总产值占全市比重的16.6%。主要涵盖食品加工制造、塑胶箱包制品、文化教育体育用品制造、工艺美术产品等四大类。其中，鱼糜制品产值位居全省第一，重点发展水产品精深加工和出口加工业，形成连江海产品加工、长乐、福清鳗鱼对虾、仓山、连江鱼糜制品等具有区域优势、产业效益高的水产品特色产业。塑胶箱包制造业形成以祥兴箱包为代表的箱包制造产业，以恒杰塑业、晟扬管道、祥龙塑胶等为代表的塑料型材产业，以思嘉环保、福融辉实业、悦得软包装等为代表的塑料薄膜制造产业，以金涛塑胶、茶花家居等为代表的日用塑料制品产业。

【重点项目建设】　2022年，福州市推进轻工食品产业重点项目建设，包括福建友谊胶粘带集团有限公司特种胶黏带精细加工扩产与改造项目、福清市新大泽螺旋藻有限公司海洋微藻高值化产品开发及产业链建设项目、胜田（福清）食品有限公司年产速冻食品3万吨及年冷冻速冻食品3万吨项目、福建亿森竹业有限公司竹制品智能加工辅助技术升级改造项目、福建华闽深冷食品有限公司华闽深冷食品加工及冷链物流园项目、福建省闽清双棱竹业有限公司双棱竹业三期扩建项目、福州福祥包装有限公司福祥包装瓦楞纸箱印刷模切生产线项目等。

【行业技术进步】　2022年，福州市轻工食品产业有福人木业（福州）有限公司、福清市胜德塑胶制品有限公司2家企业入选省“专精特新”中小企业名单；福清市汇华塑胶制品有限公司、福建省贝思瑞婴童用品有限公司、福建大昌盛饲料有限公司、福建德佳胶粘科技有限公司、福清市迪川包装有限公司、福清市益兴堂卫生制品有限公司、福州市长乐区太平洋食品有限公司、福建一品居生物科技有限公司、福建省神蜂科技开发有限公司、福州星月光照明有限公司、福州素天下食品有限公司、福州和声钢琴股份有限公司、福州贵和工艺品有限公司、福州福信昌橡塑有限公司、福州泽霖食品有限公司、福建亿浦昇户外用品有限公司、福州飞达橡塑制品有限公司、福建省嘉记食品有限公司、品胜（福建）食品有限公司、福建榕升纸业有限公司、福州群尚工艺品有限公司、庄臣酿酒（福建）有限公司等21家入选省创新型中小企业名单；福州宏博工艺有限公司入选省级服务型制造业示范企业名单；澳蓝（福建）实业有限公司入选国家级服务型制造业示范企业名单。

（柯文全）

机械制造工业

【概况】　2022年，福州市机械装备制造产业规模以上企业723家，完成规模以上工业总产值占全市比重的14.7%。形成以福建奔驰、东南汽车为龙头的汽车制造业，以马尾造船厂为龙头的船舶制造业，以金风科技为龙头的海上风电装备制造业，以及以明辉机电、中能电气为龙头的电机电气制造业等机械装备制造业体系，是全市第三大支柱产业。年内，金风科技与三峡集团合作研发全球最大单机容量、全球最大叶轮直径的16兆瓦海上风电机组下线。

【重点项目建设】 2022年，福州市引进奇瑞集团与东南汽车展开战略合作，一期产线完成改造并投产，完成2.4万辆生产任务。促成联泓、萱裕等10余家配套企业与奇瑞达成合作。引进东方电气（福建）氢能科技有限公司，落地福大紫金氢能、东方电气燃料电池基地项目，成立东方电气福建创新研究院。重点推进星云电子新能源汽车电池智能制造装备及智能电站变流控制系统、慧翰微电子5G车联网T—BOX等项目建设，全年完成投资24.89亿元。落实“电动福建”发展战略，重点发展新能源电动船舶、多用途海洋工程船、游艇等海工装备，推进马尾造船5000马力绿色智能型新能源混合动力拖轮、东南造船58米增程式电动货船等电动船舶试点示范建设。以首台（套）重大技术装备认定为抓手，推动数控机床、纺织机械、工程机械、高技术船舶、环保装备等领域高端装备制造发展，金风科技与三峡集团合作研发并下线拥有完全自主知识产权，当前全球叶轮直径最大、单机容量最大、单位兆瓦重量最轻的16兆瓦直驱永磁风力发电机组；时代星云自主研发光储充检智能微网系统，在核心领域和关键技术上实现重大突破，处于行业领先水平，其集成技术能力填补多项国内空白，热仿真采用的液冷技术属于行业首创。

【行业技术进步】 2022年，福州市机械装备制造产业有4个项目入选2022年度智能制造试点示范行动优秀场景名单；8个项目入选2022年省级智能制造优秀场景和示范工厂项目名单；6个产品被认定为福建省首台（套）重大技术装备，其中福建通力达实业有限公司等4家企业产品被认定为省内首台（套）重大技术装备，福建福光股份有限公司等2家企业产品被认定为省内首台（关键基础配套件）。

【福建绿色智能船舶研究分院成立】 2022年5月8日，武汉长江船舶设计院有限公司福建绿色智能船舶研究分院在福州市晋安区揭牌成立。该院在新能源船舶应用场景、营运特点、市场需求、经济性、适应性等方面进行深入研究，助力福州市推动电动船舶试点示范项目建设，打造兼具经济性、安全性、实用性的电动船舶及其关键配套设施设备产业体系，发挥示范效应，拓展长江流域等省外应用场景。

（杨　惠）

冶金建材工业

【概况】 2022年，福州市冶金建材产业规模以上企业295家，完成规模以上工业总产值占全市比重的16.3%。全市形成从高炉炼铁到主要生产各类建筑用的棒材（螺纹钢）、线材、角钢、槽钢、彩涂板及不锈钢板带等产品的产业链；初步培育形成以宝钢德盛、吴航不锈钢为龙头的不锈钢产业，以闽光钢铁、亿鑫钢铁、吴航钢铁为龙头的普钢产业，以中铝瑞闽、祥鑫、奋安、麦特新为龙头的铝基材产业，以福耀集团、万达汽车玻璃、新福兴玻璃、瑞玻玻璃为龙头的玻璃产业，以闽清陶瓷企业为龙头的陶瓷产业等。年内，福耀玻璃工业集团股份有限公司汽车用平板玻璃入选2022年度第一批省级重点用能行业“能效领跑者”标杆企业。

【重点项目建设】 2022年，福州市推进宝太不锈钢、叙佑绿色环保抗菌不锈钢管材管件项目建设，延伸和完善黑色金属下游产业链。推动福蓉源年产25万吨再生铝及圆铸锭、福蓉源年产18万吨消费电子铝型材等项目落地建设，发展用于电子电器、动力电池、建筑用材、车身轻量化等产品与特种铝合金，吸引和带动铝精深加工上下游企业形成铝加工产业集群。

【企业技术创新】 2022年，福州市冶金建材产业中，福建麦特新铝业科技有限公司数字化绿色制备车用高品质6016铝合金大扁锭的关键技术和产业化获2022年福建省技术创新重点攻关及产业化项目资金。

（于小湉）

石油化工工业

【概况】 2022年，福州市石油化工产业规模以上企业98家，完成规模以上工业总产值占全市比重的7.4%。全市石油化工产业主要分布在江阴港城经济区和可门港经济开发区，培育万华化学、中景石化、申远新材料、天辰耀隆等龙头企业，己内酰胺产能规模国内最大，TDI/MDI生产技术达到国际先进水平，实现丙烯全产业链的贯通。全市有珠光颜料市场占有率全球第一的坤彩科技、黏胶带市场占有率全球第一的友谊集团等一批冠军企业。

【重点项目建设】 2022年，福州市江阴港城经济区以发展己内酰胺、聚丙烯、异氰酸酯、二氯氧钛等化工原料和新材料为主，带动下游塑料、化纤等相关工业的发展，推进万华化学集团福建产业园、中景石化科技园、坤彩科技江阴产业园、友谊新材料科技工业园等一批重点项目建设，正太新材料20万吨二氧化钛、中景120万吨/年聚丙烯、万华化学40万吨/年MDI等项目投产。可门港经济开发区以聚酰胺产业为切入点，发展以申远新材料公司己内酰胺为核心，以高性能新型纤维和异丁烯基材料等为辅的新材料产业，申远新材料聚酰胺和己内酰胺一体化项目二期投产，三期聚酰胺一体化、N—甲基吡咯烷酮精制等项目开工建设，恒申电子特气、祺添锂电池电解液添加剂等项目在建。

【中景石化共聚聚丙烯项目投产】 2022年12月18日，中景石化集团年产120万吨共聚聚丙烯项目在福州市江阴港城经济区中景石化科技园投产。项目于2021年3月开工建设，总投资40亿元，引进荷兰利安得巴塞尔公司全球最先进多元共聚聚丙烯技术，填补福建省产业链生产高端聚丙烯的空白。项目投产后，中景石化聚丙烯年产能超200万吨，成为全球最大的单产聚丙烯生产基地。

（林　东）

电力工业

【概况】 2022年，福州市电力能源产业规模以上企业102家，完成规模以上工业总产值占全市比重的0.7%。全市建有核电站1座、主力燃煤发电厂5座、总装机5万千瓦以上水电站（含抽蓄）3座。全年发电量1105.87亿千瓦时，比上年增长14.6%。其中，火电发电量445.59亿千瓦时，比上年增长0.7%；水电发电量69.92亿千瓦时，增长38.6%；核电发电量496.7亿千瓦时，增长17.1%；风电发电量93.54亿千瓦时，增长96.5%。

【重点项目建设】 2022年，福州市推动重大能源项目建设，其中火电方面，国能（连江）港电第二台百万千瓦超超临界火电机组投入商业运营，采用世界首创的二合一变频中心技术；水电方面，水口电站7号机完成增容改造，装机容量155万千瓦，为华东区域最大水电发电站；抽水蓄能方面，永泰抽水蓄能电站安装4台单机容量30万千瓦可逆式水轮发电机组，作为福州地区紧急备用电源承担电网调峰调频作用，3台机组完成投产发电。

【“华龙一号”福清核电6号机组首次并网】 2022年1月1日，中国自主三代核电“华龙一号”中核集团福清核电6号机组首次并网成功，向电网送出第一度电，成为全球第三台、全国第二台“华龙一号”并网发电机组。“华龙一号”全球首堆福清核电5号机组、“华龙一号”海外首堆巴基斯坦卡拉奇2号机组于2021年投入商业运行。“华龙一号”福清核电6号机组装机容量116.1万千瓦，年发电能力近100亿千瓦时，相当于每年减少标准煤消耗312万吨，减少二氧化碳排放816万吨。

【电网建设】 2022年，福州地区有500千伏、220千伏两个电压等级主干电网。地区电网拥有220千伏变电站44座，变电容量1776万千伏安，线路长度2589千米；110千伏变电站162座，变电容量1578.9万千伏安，线路长度3150千米；35千伏变电站37座，变电容量53.7万千伏安，线路长度778千米；配网10千伏公用配变3.10万台、容量1638.57万千伏安，10千伏线路长度2.47万千米。全年地区最大负荷1025.1万千瓦。国网福建省电力有限公司福州供电公司（简称福州供电公司）新型电力系统方案被纳入福州市能源领域碳达峰实施方案。北电南送特高压工程铁塔361基全部实质性交地。保福输变电等工程开工46项，董奉输变电等工程投产60项。新增接入风电、光伏装机21.9万千瓦，装机容量比上年增长7.1%。清洁能源继续保持100%消纳。启动“国际领先城市配电网”建设，新建改造线路870千米、台区781个。完成19座大中型小区双电源改造、47个老旧小区配套供电设施改造。144平方千米城区实现“零计划停电”。全市供电可靠率达99.99%，居全国省会城市第五名。

2022年9月30日，全国首批增量配电业务改革试点项目——福清港城盛华220千伏输变电工程投运 （国网福建省电力公司福州供电公司 供图）

【新农村电气化建设】 2022年，福州市实施农网巩固、乡村电气化、帮扶成效“三项提升工程”，完成农网投资13.3亿元，投产8项革命老区能源保障工程。建成乡村电气化示范乡镇10个、乡村电气化项目37个。落地全省首座乡镇“集成仓”式充电站。实现消费帮扶107.87万元。年内，实现农网户均容量3.71千伏安，供电可靠率99.99%、电压合格率99.99%。

【电力技术创新】 2022年，福州市完成数字孪生电网试点建设，“沙盘指挥”等3项应用场景在数字中国建设峰会上展示。谋划北二环核心区“两高两化”（高素质、高颜值、现代化、国际化）新型配电网建设方案，启动长乐滨海低压透明电网建设。取得授权发明专利20项。1个QC小组获评全国优秀小组。新增27座“一键顺控”变电站。输电线路无人机自主巡检率达85%。推广流程机器人629个。全市累计完成替代电量14.3亿千瓦时，减排二氧化碳102万吨。福州供电公司“配电网全研判全顺控全场景调度关键技术及工程应用”获国家电网公司科技进步二等奖；“应急低压电缆分支接头的研制”QC成果获国际质量管理小组大赛特等金奖。

【电力安全生产】 2022年，福州供电公司完成安全生产专项整治三年行动，排查整改各类问题、隐患119处。实施反违章劳动竞赛。落实风险隐患双重预控，防控六级及以上电网运行风险590项。完成“闽盾—2022”“护网2022”实战演习，开展防范社会工程学攻击等工作。完成99项重大供电保障任务。累计实现连续电力安全生产5661天。

（刘　葳　王山林）

生物医药工业

【概况】　2022年，福州市生物医药产业规模以上企业56家，完成规模以上工业总产值占全市比重的0.7%。生物医药产业作为全市重点培育壮大战略性新兴产业之一，初步形成生物制药、基因工程药物与基因诊断试剂、化学原料药、现代中药、医疗器械与生物医学分析仪器等医药产业门类。福抗、丽珠福兴、迈新生物、海王福药等一批企业成长为福州生物医药产业的中坚力量。

【重点项目建设】　2022年，福州市推进生物医药产业重点项目建设，包括丽珠福兴二阶段高端抗生素建设项目、新大泽海洋微藻高值化产品开发及产业链建设项目、福抗药业新型抗病毒原料药及医药中间体技术改造项目、优你康隐形眼镜生产项目、兆丰华福州兽药GMP车间扩建项目、迈新生物诊断试剂生产基地项目等。

【企业技术创新】　2022年，福抗药业注射用头孢米诺钠、注射用头孢美唑钠通过仿制药一致性评价，盐酸四环素原料药获得CEP证书；丽珠福兴“高效、绿色产业化生产新一代糖肽类抗生素原料药达巴万星关键技术研制开发”项目入选福建省重点技术创新及产业化项目；扶迈新生物自主研发的EBER原位杂交试剂盒上市；佰孟医学新型冠状病毒核酸检测试剂盒、猴痘病毒荧光PCR检测试剂获欧盟CE认证；福建海西新药创制有限公司缬沙坦氨氯地平片（Ⅰ）、氨氯地平阿托伐他汀钙片通过质量和疗效一致性评价；福建省宝诺医药研发有限公司盐酸美金刚缓释胶囊上市。

【行业技术进步】　2022年，福建省福抗药业股份有限公司、福建博特生物科技有限公司被工信部认定为第四批国家专精特新“小巨人”企业；福州海王福药制药有限公司、福州海王金象中药制药有限公司、福建省福抗药业股份有限公司、福建省南少林药业有限公司获评2022年省专精特新“小巨人”企业；兆丰华生物科技（福州）有限公司获评2022年省级服务型制造示范企业；福建科瑞药业有限公司、福建瑞泰来医药科技有限公司、福建海西新药创制有限公司、福州佳宸生物科技有限公司、福州汉佰康生物科技有限公司、福建珍源康制药有限公司、福建长庚医疗生物科技有限公司、福州新北生化工业有限公司、福建博特生物科技有限公司、福州仁馨医疗科技有限公司、福州维尔德医疗科技有限公司、福建和瑞基因科技有限公司、福建佰孟医学科技有限公司、福建吉特瑞生物科技有限公司等企业获评2022年福建省创新型中小企业。

（李　萍）

工艺美术工业

【工艺美术保护发展】　2022年，福州市加大对传统工艺美术的抢救保护和振兴发展工作力度，出台《福州市促进传统工艺美术保护发展若干措施》，从加大人才培养力度、强化技艺传承保护、加强宣传展示、鼓励开拓市场4个方面提出13条措施。市工信局与市财政局联合印发《福州市传统工艺美术保护发展专项资金申报指南》。9月8日，由市工信局主办的“福州市传统工艺美术保护发展专项资金申报解读会”在福州寿山石鉴定中心召开，来自寿山石雕、脱胎漆器、木雕、软木画等行业协会会长、秘书处成员及工艺美术从业者30余人参会。

【工艺美术人才培养】　2022年，福州市开展工艺美术系列人员职称评审工作，牵头各县区、各工艺行业协会组织申报工艺美术职称，30人获高级工艺美术师任职资格，34人获工艺美术师任职资格，52人获助理工艺美术师任职资格。

【工艺美术行业交流与评选】　2022年，福州寿山石行业协会、福州脱胎漆艺协会、福州木雕行业协会等牵头组织行业重点企业和协会会员，参加第二届中国工艺美术博览会，35件（套）作品获奖。年内，63人获评第六届福建省工艺美术大师；4人获评第八届中国工艺美术大师，分别为福州寿山石雕郑则评、陈明志、刘传斌和漆艺袁师永。全市累计有29人获评中国工艺美术大师。

（吴鼎义）

（编辑　周弭姣）

建筑业 房地产业

建筑业

【概况】 2022年，福州市完成建筑业产值6065亿元，比上年增长8.2%，总量位居全省第一；完成建筑业增加值1657亿元，增长9.7%，高于全省平均水平。福州海峡文化艺术中心、福州第三中学滨海校区、兴业银行大厦3个项目获中国建设工程鲁班奖；福州海峡文化艺术中心、福州左海公园—金牛山城市森林步道、向莆铁路青云山隧道3个项目获中国土木工程詹天佑奖。

2022年，福州左海公园—金牛山城市步道获中国土木工程詹天佑奖。图为城市步道金牛山段 （林双伟 摄）

【装配式建筑】 2022年，福州市出台《促进福州市建筑业经济高质量发展的工作意见》《福州市建筑业招商培育专项工作实施方案》等政策。全年装配式建筑开工面积389万平方米，开工面积占新开工建筑面积比例达32.6%，位居全省第一。全市有装配式混凝土结构产业基地7个，装配式钢结构产业基地14个，国家级装配式产业示范企业（含基地）7家。

【建设工程质量安全监管】 2022年，福州市地铁5号线一期首通段、6号线全线竣工验收；4号线一期、5号线一期后通段、滨海快线3条在建项目按时序推进。改革工程质量安全监督检查采用常态检查与差异化、网格化检查相结合方式，推进房屋市政工程和工作质量检测安全专项整治，推广工地围挡品质提升和智慧工地建设。

【城建档案管理】 2022年，福州市接收建设项目档案144项，出具档案认可文件149项（房建127项，市政22项）；完成轨道交通工程档案移交83项；13个房建项目及地铁4号、5号、6号部分项目实现原生电子竣工图归档。接收纸质档案入库235项5767卷；完成馆藏城建档案数字化加工项目637个9273卷200万页。

【工程建设项目行政许可审批】 2022年，福州市城乡建设局"一网通办"梳理形成29类工程建设项目审批免提交证照清单（第一批）。推行项目竣工图数字化。2020—2021年度，福州市、厦门市作为样本城市代表福建省参加全国工程建设项目审批制度改革评估，连续两年位列全国第四。

【工程造价管理】 2022年，福州市城乡建设局编制"全套管全回转咬合桩工艺"等补充定额5项；发布建设工程材料信息12.77万条；开展2022年度造价咨询企业专项治理检查，曝光未按规定整改的企业17家，通报表扬16家企业及27名一级造价工程师；完成在建项目施工企业合同履约行为评价 1067 次；完成施工企业奖励信用信息申报审核 78 条。

【房地产开发工程项目监管】 2022 年，福州市城乡建设局处置的风险项目中，福晟集团 5 个项目竣工交付，蓝光集团 3 个项目、阳光地产 2 个项目完成竣工验收备案，福晟集团 1 个项目进入规划验收阶段。将预售资金监管作为常态化监管工作，明确预售资金监管额度，严控资金拨付节点及比例，监管账户实行“专户管理、封闭运行”，根据企业信用等级，实施差别化监管。年内，备案预售资金监管协议 247 份。

【建设工程消防审验】 2022 年，福州市出台《福州市既有建筑使用功能正负面清单（试行）》《关于进一步加强消防车道消防设计审查验收工作的通知》，以规范全市建设工程消防设计审查验收管理工作。年内，市城乡建设局牵头开展住建部既有建筑改造利用消防审验试点工作，试点经验得到住建部认可并在全国推广。

（黄金寿）

房地产业

【概况】 2022 年，福州市完成房地产投资 1844.55 亿元，占全省总量 33.4%，增幅列全省第五位；累计入统商品房销售面积 1708.23 万平方米，增幅列全省第六位；房地产调控四项核心指标运行在合理区间，增幅控制在 5% 以内。

【房地产市场调控】 2022 年 6 月，福州市印发《关于疫情期间促进房地产市场平稳健康发展的意见》，实施 2 项措施，一是鼓励居民家庭出租存量住房后，可再购买 1 套 144 平方米以下住房；二是支持二孩及以上家庭可在现有政策基础上，新增购买 1 套 144 平方米以下住房（144 平方米以上住房不限购）。8 月，协调人民银行福州中心支行出台《福州市限购区域调整差别化住房信贷政策实施细则》，外地居民购买首套住宅首付比例由 40% 下调为 30%；在五城区有 1 套住房，但无贷款的购房贷款首付比例由 50% 下调为 40%。

【房地产市场管理】 2022 年，福州市实行房地产开发企业信用评价和分类管理，对信用等级为 A 级及以上的房地产开发企业采取 4 项措施，以支持企业发展。准予项目在抵押期间先行办理预售许可，批准上市销售；准予项目形象进度由总楼层 1/3 调整为 ±0.00，即可办理预售许可，加快项目推盘销售；按照企业信用等级，调整预售资金监管额度由工程总造价 1.2 倍调整为 0.7～1.1 倍，减轻企业资金负担；允许企业使用商业银行保函释放预售资金。

【住房保障】 2022 年 8 月，福州市制定出台《进一步完善中心城区公共租赁住房配租和管理工作方案》《加快发展保障性租赁住房的实施细则》《“好年华 聚福州”人才住房保障办法》。调整公租房保障范围，推行实物配租与租赁补贴并举；规范保障性租赁住房项目认定书发放，明确非居住存量房屋改建为保障性租赁住房和工业（产业）园区配套建设用地、机关事业单位自有用地建设保障性租赁住房的申请审核标准和流程、项目认定；明确人才住房保障范围、保障方式，构建“租、售、补”多位一体的人才住房保障体系。全年中心城区新增公租房实物配租 2124 户，新增租赁补贴保障 568 户。全市棚户区改造新开工 11305 套，占年度目标任务的 109%，完成投资 46.4 亿元，占年度目标任务的 103%。开工保障性租赁住房 50016 套，完成省下达目标任务。

【房屋征收管理】 2022 年，福州市对 24 个连片旧屋区项目实施征迁改造，拆除改造危旧住房 236 万平方米，惠及群众 1.3 万户。其中，台江区上海西新村地块、仓山区福安新区地块、晋安区三远片区地块及马尾区上岐、罗建地块等居住条件差、周边环境乱的旧屋区得到合理改造。完成建设安置型商品房 3000 套的目标任务。年内，启动征迁的晋安区华塑地块、三远地块和台江区上海西旧改项目完成出让，就地计划建设安置型商品房住宅 0.88 万套 66 万平方米。

【物业管理】 2022 年，福州市实施老旧小区改造 376 个，申请补助 41977 万元，其中国家发改委补助 39341 万元、财政部补助 2388 万元，省级老旧小区改造试点经费 248 万元。开展年度物业服务企业星级评价工作，推广培育 50 家优秀物业企业、100 名优秀项目经理和 100 个物业标杆小区。结合全国文

2022 年，福州市实施老旧小区改造 376 个。图为提升改造后的苍霞新城

（叶诚 摄）

明城市创建、无疫小区创建等工作，开展物业服务企业侵占住宅小区业主公共收益点题整治、消防检查电动车整治，推动行业规范经营。累计出动检查人员2565人次，检查物业服务项目7176个，发放整改通知书490份，约谈物业服务企业141家，挂牌警告39家。排查物业小区2072个，累计核查公共收益已存入专户资金4228.97万元，通报物业企业7家。年内，住宅专项维修资金新增归集7.09亿元，维修资金累计归集89.23亿元，覆盖物业区域1447个，向开发企业追缴334.65万元，拨付申请使用2423.97万元。

【住房公积金管理】　2022年，福州市归集住房公积金136.93亿元，比上年增长10.1%；新增缴存职工12.93万人，下降8.87%；1995—2022年，累计归集住房公积金1037.88亿元。全年提取住房公积金95.85亿元，比上年增长10.91%。其中，购买、建造、翻建、大修自住住房提取17.40亿元；用于偿还购房贷款本息提取48.18亿元；离休、退休提取12.04亿元；与单位终止劳动关系未再就业和职工部分或全部丧失劳动能力造成家庭生活严重困难提取8.25亿元；职工租房提取4.17亿元。1996—2022年，累计提取住房公积金666.74亿元。

全年发放个人住房贷款51.82亿元，比上年下降1.75%，涉及9472户家庭。回收公积金贷款26.51亿元，比上年增长7.18%。年底住房公积金贷款逾期率为0.186‰，公积金贷款风险控制良好。1996—2022年，累计发放贷款134450户550.49亿元，其中累计发放个人住房公积金贷款127996户522.24亿元，累计发放公转商贴息贷款6454户28.25亿元。贷款余额327.90亿元，其中个人住房公积金贷款余额327.35亿元，公转商贴息贷款余额0.55亿元；个人住房贷款使用率（不含贴息贷款）为88.20%，含贴息贷款个人住房贷款使用率为88.35%。

全年实现增值收益5.6亿元，比上年增长14.86%，上缴公共租赁住房建设补充资金4.26亿元，助推保障性住房建设。1996—2022年，实现增值收益42.12亿元，累计提取公共租赁住房建设补充资金27.24亿元，上缴公共租赁住房建设补充资金22.98亿元。

出台政策帮助职工解决住房公积金缴存使用具体困难，全年累计申请缓缴企业33家，职工2239人、缓缴金额858.07万元。优化购买新建商品住房职工提取住房公积金支付首付款政策，全年支持741名职工购买新建商品住房579套、面积56026平方米，提取首付款金额1.07亿元。在福建省率先推出支持生育二孩以上的职工家庭申请住房公积金贷款政策，支持585个生育二孩以上的职工家庭发放公积金贷款4.23亿元。落实租购并举政策，提高租金提取额度、取消月缴存额和提取间隔时间限制等举措，有2.86万名职工享受提高租房提取额度福利，提取金额4.23亿元。9月15日恢复“商转公”贷款业务，年内受理“商转公”业务贷款1563笔，受理金额10.52亿元。

推出36项住房公积金服务事项“福州都市圈通办”，新增3项住房公积金服务事项“跨省通办”，在福建省率先实现“省内跨中心委托还贷”业务和46项住房公积金服务事项“全市通办”，实现公积金贷款申请、审批、抵押至放款“一站式”高效服务。扩大全流程网办覆盖面，全流程网办事项占比90%，线上办理公积金业务占比81.48%。推动电子证照应用“智慧办”，20项住房公积金高频服务事项应用于凭电子身份证就能办事场景，参加第五届数字中国建设峰会成果展览。全市服务网点增加至41个。响应“数字人民币”国家战略，推出数字人民币公积金对公钱包业务。

【不动产交易】　2022年，福州市新建商品房预售批准新增供给面积715.14万平方米，其中住宅424.34万平方米，分别比上年下降51.22%、58.75%。新建商品房销售（合同网签口径，下同）10.71万套［非住宅单位为间（个），下同］、面积744.12万平方米、金额1081.70亿元，分别比上年下降30.68%、38.01%、45.40%。其中，住宅5.23万套、面积524.13万平方米、金额879.02亿元，分别比上年下降44.95%、44.69%、48.99%。二手房交易4.39万套、面积388.90万平方米，分别比上年下降30.92%、32.13%。其中，住宅3.30万套、面积349.67万平方米，分别比上年下降31.78%、29.98%。

市本级（五城区、不含长乐区）新建商品房预售批准新增供给面积327.39万平方米，其中住宅（含安置型商品房）181.04万平方米，分别比上年下降51.07%、56.15%。新建商品房销售5.84万套、面积386.47万平方米、金额745.30亿元，分别比上年下降29.91%、38.71%、44.65%。其中，住宅（含安置型商品房）2.76万套、面积261.79万平方米、金额602.79亿元，分别比上年下降49.02%、49.05%、49.26%。二手房交易2.72万套、面积205.15万平方米，分别比上年下降30.83%、31.72%。其中，住宅2.01万套、面积188.08万平方米，分别比上年下降33.66%、32.72%。

【不动产登记】　2022年，福州市不动产登记和交易中心办理不动产登记业务37.2万件，比上年下降15%；发放不动产权属证书（证明）28.3万本（份），下降20.7%；提供不动产登记信息和资料查询服务233万次，抵押登记服务融资3038.09亿元；网上办事申请量16.97万件，占同类业务59.42%，累计14项业务实现“全程网办”；组织不动产登记费收入3589.12万元，协助税务部门组织房地产交易税费收入26.41亿元。

不动产抵押登记“不见面全程网办”被中央党校（国家行政学院）电子政务研究中心评为“党政信息化最佳实践案例”；不动产抵押登记智能辅助审核“网上秒批”被省政府列入福建自贸区第九批可复制创新成果，获评“2022年福州市网络公共服务十佳案例”；出台的《福州市房产与规划建筑面积测算技术规程（暂行）》入选福建省自贸区第19批创新举措，向全省复制推广；推出二手房转移登记“一件事一次办”套餐服务，创新地籍图查房看地服务、推出二手房“带押过户”、统一房产与规划建筑面积测算标准4项工作被省自然资源厅列为不动产登记创新做法。率先全省建立不动产登记企业服务大厅，涉企登记业务实现“一门一窗一站式”办理，提供专人专班精细化服务。安置房登记等7项业务压缩至24小时内办结，新建商品房预售许可等3项业务压缩至3个工作日内办结。二手房转移登记与网签管理、纳税申报、水电气广电过户、公积金提取等8个事项实现“一窗联办”。存量房交易登记全流程网办进入试运行，率先全省推出不动产登记微信智能客服“福小登”，推进不动产登记费和税费网上缴交。创新“地籍图查房看地”服务，群众可在“地籍图公开查询系统”查看五城区地籍区地籍子区、已办证宗地和在售楼盘等信息。马尾区范围内不动产的楼盘表备案、预售许可审批、在建工程抵押、测绘数据备案和首次登记5项业务权限下放至马尾办理。福州市不动产登记档案馆年内接收档案22万件，馆藏总量604万件。

福州市政府办公厅出台《福州古厝不动产权证办理工作指引》《福州市五城区市直行政事业单位国有房产权属登记清理工作处置实施意见》，市国资委和市不动产登记和交易中心联合印发《关于加快推进办理不动产登记有关事项的通知》，完善古厝项目、行政事业单位房产、企业国有房产不动产登记机制，促进国有资产活化利用。市政府办公厅出台《关于加快解决不动产登记若干历史遗留问题的指导意见》，全面理顺历史遗留项目办证上下游环节。市政府指定专项攻坚的84个安置房项目累计办证6.78万套，占已开票数的83.88%。

表39　　2022年福州市区（五城区）新建商品房网签销售情况表

月份	面积（万平方米）	金额（亿元）
1月	37.40	75.40
2月	23.50	45.66
3月	39.58	75.04
4月	30.51	55.97
5月	39.10	71.31
6月	33.22	61.89
7月	38.63	64.13
8月	34.68	57.71
9月	32.56	63.15
10月	27.18	65.10
11月	13.38	27.07
12月	36.75	82.86

说明：上述统计数据为福州市区（五城区）新建商品房网签销售量统计数据，包括住宅、商业、办公、车位等所有类别新建商品房

（陈　璇　周立闻　曾彩华　吴　晞）

（编辑　周弭姣）

商贸流通与服务业

商贸经济

【概况】 2022年，福州市实现第三产业增加值6967.95亿元，比上年增长4%，高于全国平均水平1.7个百分点，占全市生产总值比重的56.6%，创历史新高，对全市生产总值贡献率52.3%。实现社会消费品零售总额4679.5亿元，比上年增长2.9%，高于全国平均水平3.1个百分点，占全省总量的22.2%。出台《福州市培育建设国际消费中心城市实施方案》，提出打造“一纵一横一带”国际消费集聚区，建设具有一定全球影响力、竞争力、美誉度的区域性国际消费中心城市目标。年内，制订《福州培育建设国际消费中心城市业态提升总体规划及重点片区实施方案》，谋划提升以“闽江之心”为核心的“1+9”重点片区消费业态。全市有经批准续存拍卖企业79家。

【商贸市场体系】 2022年12月14日，福州市印发实施《福州市城市商业网点规划（2021—2035年）》，重点对市域层面商业设施体系、商业发展定位、特色、大型零售规模和具体发展措施等提出明确的指引，涵盖城市商业中心体系（含社区商业和大型零售商业网点布局），商品交易市场和商业街等商业聚集区，商贸物流（体系）、会展及旅游商业和电子商务及其他类型商业（创新型商业、餐饮）七大类，打造支持国际消费中心城市建设的消费承载体系。

【“菜篮子”工程】 2022年，福州市建成面积近1.07万公顷（16万亩）蔬菜基地，总体布局形成平原、山区两大类型蔬菜生产区域，年产蔬菜75万吨以上，在满足本地消费的同时，尚有部分产品外调。建成36家畜禽市级直控城市副食品基地，其中生猪基地18家、蛋基地15家、肉禽基地1家、羊基地1家、特色品种基地1家。年储备活体生猪（60千克以上）10.8万头，全年出栏蛋品4400万千克、肉禽32万羽、羊1460只，完成短期叶类菜生产任务，建设完成低温冷藏设施3座。“春淡”“秋淡”期间，在市级蔬菜基地种植叶类菜123.33公顷。

【批发零售业】 2022年，福州市批发和零售业增加值1506.51亿元，比上年增长6.9%。批发业销售额14443.29亿元，零售业销售额4478.91亿元，分别比上年增长16.7%、8.4%。全市有限额以上批发企业3662个。有商超类连锁经营企业29个、连锁网点2069个；商业特许经营企业137个，主要集中在餐饮、零售、居民服务等行业；有中华老字号10个，福建老字号52个，福州老字号32个，主要涉及百货、餐饮、服务、医药、工艺等行业，除苏苏酱鸭店暂停营业外，其他均正常运行。永辉、六意、万嘉等新零售企业持续扩张，以东街口百货为代表的传统百货从纯百货业态向集购物、娱乐、休闲、餐饮于一体的综合业态转型。

表40 **2022年福州市商超类连锁经营企业统计表**

单位：个

序号	企业名称	在福州市连锁门店数
1	永辉超市股份有限公司	59
2	沃尔玛（福建）商业零售有限公司	10
3	福建新华都综合百货有限公司（超市类）	5
4	福州兴福兴超市有限公司	17

续表40

序号	企业名称	在福州市连锁门店数
5	福州国美电器有限公司	9
6	福建苏宁易购商贸有限公司（苏宁易购）	14
7	福建心蓝天超市管理有限公司	5
8	大润发超市	3
9	福州屈臣氏个人用品商店有限公司	40
10	福州六意企业管理有限公司	220
11	福州百年万嘉超市有限公司	920
12	天猫小店	85
13	福建星普电器有限公司（五星电器）	1
14	福州市禾盛粮油食品连锁有限公司	21
15	福建省百汇万宁超市有限公司	332
16	福建世纪佳源超市有限公司	10
17	爱家电器	3
18	福百家超市	18
19	福建新华都综合百货有限公司（百货类）	2
20	福建东百集团有限公司	6
21	大洋百货	2
22	福州苏宁易购广场有限公司	1
23	福州市天虹百货有限公司	2
24	福建冠业投资发展限公司（冠超市）	13
25	锦江麦德龙现购自运有限公司福州仓山商场	1
26	福州世纪联华商业有限公司	1
27	7-Eleven（榕宁）	39
28	福州谊品弘闽科技有限公司	30
29	福建剑福便利店连锁管理有限公司	200
合计		2069

表41　　**2022年福州市新增特许经营企业一览表**

序号	企业名称	备案时间
1	福州嘿漫网络科技有限公司	2022年10月11日
2	福州市正劲道餐饮管理有限公司	2022年12月22日
3	福建中联闽投餐饮发展有限公司	2022年12月1日
4	福建铁鸭头餐饮管理有限公司	2022年9月5日

续表 41

序号	企业名称	备案时间
5	福州鼓楼至上餐饮管理有限公司	2022 年 8 月 24 日
6	福州韩一品餐饮管理有限公司	2022 年 10 月 27 日
7	福州今喜餐饮管理有限公司	2022 年 7 月 1 日
8	三世源冬虫夏草（福建）有限公司	2022 年 8 月 24 日
9	福州爵美生物科技有限公司	2022 年 11 月 4 日
10	福州美高高餐饮管理有限公司	2022 年 6 月 9 日
11	福州远匠环保科技有限公司	2022 年 5 月 13 日
12	福建川哥餐饮管理有限公司	2022 年 4 月 24 日
13	福建跑跑体育产业有限公司	2022 年 6 月 7 日
14	福州丰乐餐饮科技有限公司	2022 年 3 月 4 日
15	福州满橙餐饮管理有限公司	2022 年 1 月 14 日
16	福建谊品弘闽科技有限公司	2022 年 1 月 24 日
17	九号仓库（福建）科技有限公司	2022 年 1 月 21 日

表 42

2022 年福州市中华老字号企业一览表

序号	单位名称	认定时间	字号名称
1	福州民天集团有限公司	2006 年 11 月	民天
2	福州回春医药连锁有限公司	2006 年 11 月	回春
3	福建老酒酒业有限公司	2010 年 7 月	鼓山牌
4	福建省宏盛闽侯酒业有限公司	2010 年 7 月	青红
5	福州聚春园集团有限公司	2010 年 7 月	聚春园
6	福州鼓楼区同利肉燕老铺	2010 年 7 月	同利
7	福州市鼓楼区老卤酱鸭店	2010 年 7 月	老卤
8	福州市鼓楼区永和鱼丸店	2010 年 7 月	永和
9	福州依海肉燕老铺	2010 年 7 月	依海
10	福州台江老天华乐器行	2010 年 7 月	老天华

表 43

2022 年福州市福建老字号企业一览表

序号	单位名称	认定时间	字号名称
1	福州民天集团有限公司	2007 年 3 月	民天
2	福州回春医药连锁有限公司	2007 年 3 月	回春
3	福建老酒酒业有限公司	2007 年 3 月	鼓山牌
4	福建省宏盛闽侯酒业有限公司	2007 年 3 月	青红牌、闽江牌
5	福州聚春园集团有限公司	2007 年 3 月	聚春园
6	福州鼓楼区同利肉燕老铺	2007 年 3 月	同利

续表 43

序号	单位名称	认定时间	字号名称
7	福州市鼓楼区老卤酱鸭店	2007 年 3 月	老卤
8	福州市鼓楼区永和鱼丸店	2007 年 3 月	永和
9	福州台江老天华乐器行	2007 年 3 月	老天华
10	福州豪峰食品有限公司	2007 年 3 月	赛园
11	福州青芝田雕刻艺术品有限公司	2007 年 3 月	青芝田
12	福州安泰楼餐饮有限公司	2007 年 3 月	安泰楼
13	福州土伯餐饮有限公司	2007 年 3 月	土伯
14	福州亨得利钟表眼镜有限公司	2007 年 3 月	福州亨得利
15	福州市鼓楼区苏苏酱鸭店	2009 年 2 月	苏苏
16	福州市台江区兴利剪刀店	2009 年 2 月	郑兴利
17	福州市鼓楼区老伊海拌粉干店	2009 年 2 月	老伊海
18	福建东百集团股份有限公司	2009 年 2 月	东百
19	福州市鼓楼区老还童眼镜店	2009 年 2 月	老还童
20	福州桐口白鹤粉干有限公司	2010 年 6 月	桐口
21	福州生顺茶业有限公司	2014 年 6 月	生顺
22	台江区没牙伯花生汤店	2014 年 6 月	没牙伯
23	福州市鼓楼区姜世琛艺术品店	2014 年 6 月	姜世琛
24	福州福民茶叶有限公司	2014 年 6 月	福民王
25	福州尚干餐饮管理有限公司	2014 年 6 月	尚干
26	鼎鼎（福州）食品有限公司	2014 年 6 月	鼎鼎
27	福建沈绍安脱胎漆器有限公司	2014 年 6 月	沈绍安
28	福州福胜春茶业有限公司	2016 年 11 月	福胜春
29	福州市木金食品有限公司	2016 年 11 月	木金
30	福州市台江区耳聋伯元宵店	2016 年 11 月	耳聋伯
31	永泰县嵩口清华饼屋瑞丰分店	2016 年 11 月	新泰成
32	福建瑞回春生物科技有限公司	2016 年 11 月	瑞回春
33	台江区彬德桥小吃店	2016 年 11 月	彬德桥
34	闽清闽茶粉干有限公司	2016 年 11 月	林大漠
35	福州聚春园集团有限公司	2022 年 3 月	福龙泉
36	福州味中味餐饮有限公司	2022 年 3 月	味中味
37	福州依海食品有限公司	2022 年 3 月	聚利
38	福建罗星塔食品股份有限公司	2022 年 3 月	罗星塔
39	福建春伦集团有限公司	2022 年 3 月	协兴正

续表 43

序号	单位名称	认定时间	字号名称
40	闽榕茶业有限公司	2022 年 3 月	大经
41	福州壶山普珍寿堂投资管理有限公司	2022 年 3 月	壶山林氏
42	福州闽亿食品有限公司	2022 年 3 月	古蒸燕
43	福建瑞云食品有限公司	2022 年 3 月	瑞云
44	福建同春药业股份有限公司	2022 年 3 月	咸康
45	福州市台江区薛文保潮安黄米糕有限公司	2022 年 3 月	薛文保潮安黄米糕店
46	福州市御德芳茶业有限公司	2022 年 3 月	御德芳
47	福州民天糖酒副食品有限公司	2022 年 3 月	美且有
48	福州东升茶厂	2022 年 3 月	东升
49	福州市郑森记贸易有限公司	2022 年 3 月	郑森记
50	福建茶叶进出口有限责任公司	2022 年 3 月	蝴蝶牌
51	福州宝丰食品有限公司	2022 年 3 月	北国椿
52	庄臣酿酒（福建）有限公司	2022 年 3 月	庄臣

表 44　　2022 年福州市福州老字号企业一览表

序号	单位名称	认定时间	字号名称
1	福州聚春园集团有限公司	2022 年 8 月	聚春园
2	福州市鼓楼区永和鱼丸店	2022 年 8 月	永和鱼丸
3	福州安泰楼餐饮有限公司	2022 年 8 月	安泰楼
4	福州生顺茶业有限公司	2022 年 8 月	生顺
5	福州聚春园集团有限公司	2022 年 8 月	福龙泉
6	福州福龙泉洗浴有限公司	2022 年 8 月	德天泉
7	福州味中味餐饮有限公司	2022 年 8 月	味中味
8	福州于山宾馆有限公司	2022 年 8 月	于山宾馆
9	福州市品日有食品有限公司	2022 年 8 月	品日有
10	台江区彬德桥小吃店	2022 年 8 月	彬德桥
11	福州尚干餐饮管理有限公司	2022 年 8 月	尚干
12	福州耳聋伯食品有限公司	2022 年 8 月	耳聋伯
13	福州市台江区薛文保潮安黄米糕有限公司	2022 年 8 月	薛文保潮安黄米糕店
14	福州市御德芳茶业有限公司	2022 年 8 月	御德芳
15	福建中正医药连锁有限公司福乐分店	2022 年 8 月	福乐堂
16	福州豪峰食品有限公司	2022 年 8 月	赛园
17	福建春伦集团有限公司	2022 年 8 月	协兴正
18	闽榕茶业有限公司	2022 年 8 月	大经

续表 44

序号	单位名称	认定时间	字号名称
19	福州壶山普珍寿堂投资管理有限公司	2022 年 8 月	壶山林氏
20	福州市郑森记贸易有限公司	2022 年 8 月	郑森记
21	福州东升茶厂	2022 年 8 月	东升
22	福州百饼园食品有限公司	2022 年 8 月	百饼园
23	福州立日有食品有限公司	2022 年 8 月	立日有
24	福州闽亿食品有限公司	2022 年 8 月	古蒸燕
25	福建省宏盛闽侯酒业有限公司	2022 年 8 月	青红
26	鼎鼎（福州）食品有限公司	2022 年 8 月	鼎鼎
27	福州桐口白鹤粉干有限公司	2022 年 8 月	桐口
28	福州宝丰食品有限公司	2022 年 8 月	北国椿
29	福建瑞云食品有限公司	2022 年 8 月	瑞云
30	庄臣酿酒（福建）有限公司	2022 年 8 月	庄臣
31	福建延年药业有限公司	2022 年 8 月	延年
32	闽清闽茶粉干有限公司	2022 年 8 月	林大漠

【物流业】 2022 年，福州市物流业实现增加值 753.84 亿元，占地区生产总值比重的 6.1%。福州机场累计完成货邮吞吐量 91837.5 吨，比上年下降 39.87%。其中，国内累计货邮吞吐量 70474 吨，比上年下降 18%；境外累计货邮吞吐量 21363.254 吨，下降 68%。全年对台直航集装箱吞吐量 36.47 万标箱。福州港完成货物吞吐量 30164.10 万吨，其中外贸货物吞吐量 7170.08 万吨；集装箱吞吐量 346.03 万标箱。全市有 A 级物流企业 79 家，其中 AAAAA 级物流企业 8 家，AAAA 级物流企业 21 家，AAA 级物流企业 40 家，AA 级物流企业 10 家。有 AAAAA 级、AAAA 级网络货运企业各 1 家，分别为福建好运联联信息科技有限公司、福建大道成物流科技有限公司。有星级冷链物流企业 3 家，为福建浩嘉冷链物流股份有限公司、福州易鲜冷链物流有限公司、福建省顺翃农产品冷链物流有限公司。7 月 15 日，开行中欧国际货运班列线路，首列中欧班列“闽都号”从福州江阴港站发往俄罗斯莫斯科。

年内，制订《福州商贸服务型国家物流枢纽建设推进工作方案》；制订《福州港口型国家物流枢纽建设方案》报送国家发改委，选定“江阴港区福港综合物流园区（一期）+ 铁路物流园南区 + 福港综合物流园区（二期）”为港口型枢纽的空间范围，面积 3.53 平方千米。福州现代物流城招商落地项目 10 个，总投资额 58.88 亿元，其中京东、新希望、泛鼎国际等世界 500 强、行业龙头企业签约投资一批智能供应链、冷链物流、预制菜、跨境电商项目。“福州、新希望合作股权投资基金”启动设立，助推福州冷链物流、预制菜产业发展。

2022 年 7 月 15 日，首列中欧国际货运班列“闽都号”从福州江阴港站发往俄罗斯莫斯科。图为中欧班列“闽都号” （市商务局 供图）

表 45 **2022 年福州市 A 级物流企业一览表**

级别	企业名称
AAAAA 级（8 家）	福建省港口集团有限责任公司、福建省海运集团有限责任公司、福建省交通运输集团有限责任公司、盛辉物流集团有限公司、盛丰物流集团有限公司、福建汇丰物流有限公司、福州港务集团有限公司、福州顺丰速运有限公司
AAAA 级（21 家）	福建八方物流股份有限公司、福建省宏捷物流有限公司、中国邮政速递物流股份有限公司福建省分公司、福州万全物流有限公司、福建万集物流有限公司、福建省交通建设投资有限公司、福建运杰物流有限公司、中国福州外轮代理有限公司、福建九州通医药有限公司、福州青州集装箱码头有限公司、代理有限公司、福建九州通医药有限公司、福州青州集装箱码头有限公司、代理有限公司、福建九州通医药有限公司、福州青州集装箱码头有限公司、福清盛辉物流有限公司、福建蓝海物流有限公司、福建青顺物流有限公司、福州京邦达供应链科技有限公司、福州新港国际集装箱码头有限公司、福建翔福物流股份有限公司、福建省中通通信物流有限公司、福清盛丰物流有限公司、福州闽韵速递有限公司、福州星光德邦物流有限公司、福州盛丰运输有限公司
AAA 级（40 家）	福建八方迅通物流有限公司、福州商业储运公司、福州大榕树物流有限公司、福建华威商贸物流有限公司、福建省福州市烟草物流有限公司、福州外代储运有限公司、万全仓储（福州）有限公司、福建星胜丰物流有限公司、福建万达物流有限公司、福州胜狮货柜有限公司、福建星泰安物流有限公司、福建金运国际物流有限公司、福州中外运大裕保税仓储有限公司、福建兴顺物流有限公司、福建江阴国际集装箱码头有限公司、福建东迅储运有限公司、福州世海国际物流有限公司、福建合利物流有限公司、福建泰航国际物流有限公司、福建川捷物流服务有限公司、福州博通太平物流有限公司、中邮恒泰药业有限公司、福州盛辉物流有限公司、福建庆丰物流有限公司、福建可门港物流有限责任公司、福建友昌物流有限公司、福州苏宁物流有限公司、福建新景程物流有限公司 、福建丰利物流有限公司、福州万全货运有限公司、福州海盈港务有限公司、福建省祥通运输有限公司、福建省八方展成物流有限公司、福建省实华石油运输有限公司、福州信运冷链物流有限公司、福建德盛物流有限公司、福建善祥物流有限公司、福建八方盛丰物流有限公司、福建省顺翃农产品冷链物流有限公司、福建福港国际物流有限公司
AA 级（10 家）	福建吉源物流有限公司、福州开发区马尾沥青有限公司、福建保达物流有限公司、福建浩嘉冷链物流股份有限公司、福州易鲜冷链物流有限公司、顺恒（福建）冷链物流有限公司、福州畅翔运输有限公司、福州汇林物流有限公司、福建达三江物流有限公司、福建畅翔物流有限公司

【会展业】 2022 年，福州市举办展会活动 29 场，规模 56 万平方米，其中有第 17 届中国会展经济国际合作论坛、第五届数字中国建设峰会、第二届中国国际数字产品博览会、第二届中国跨境电商交易会、首届文旅元宇宙生态大会、首届中国茶叶交易会、首届福品博览会等重点展会。其中，第二届中国国际数字产品博览会展会规模 2 万平方米，线上线下参展企业超 500 家，132 家国内外优质参展企业全部线下特装参展，同步打造“云上数博会”专业化线上会展平台，发放云上数博专项消费券，11535 名专业采购商到场参观采购，到场观众逾 16 万人次，落实交易签约金额 10.6 亿元，意向成交金额 387 亿元、比上年增长 35%。在商务部会展经济研究会发布的中国城市会展业竞争力指数中，福州市排名第 19，比上年上升 1 个位次。年内，福州市入选“2021 年度中国最具竞争力会展城市（省会城市）”。

2022 年 12 月 29 日，首届福品博览会在福州海峡国际会展中心举行。图为首届福品博览会开幕式（市商务局 供图）

表 46

2022 年福州市举办全国性展会一览表

序号	会展名称	举办时间	主办单位	展览面积（平方米）
1	第二届中国跨境电商交易会	3 月 18—20 日	商务部贸发局、福建省进出口商会、福建荟源国际展览有限公司	56262
2	第五届数字中国建设峰会	7 月 22—26 日	国家网信办、国家发改委、科技部、工信部、国务院国资委、福建省人民政府	56262
3	第二届中国国际数字产品博览会	7 月 22—26 日	国家网信办、国家发改委、科技部、工信部、国务院国资委、福建省人民政府	20000
4	第三届中国食用菌产业博览会	6 月 10—12 日	中国食用菌协会、福建荟源国际展览有限公司	16262
5	第二十届中国·海峡创新项目成果交易会	6 月 18—20 日	中国·海峡创新项目成果交易会组委会、中国中化集团有限公司、中国核工业集团有限公司、中国广核集团有限公司、中国产学研合作促进会、中国工业经济联合会、中国企业联合会、中国企业家协会、中国机械工业联合会、中国发明协会、福建省招标采购集团有限公司	37300
6	首届中国茶叶交易会	12 月 30 日至 1 月 1 日	福建省农业农村厅、福州市人民政府、中国优质农产品开发服务协会（承办）	20000

【住宿餐饮业】 2022 年，福州市住宿和餐饮业增加值 164.87 亿元，比上年增长 0.9%。住宿业销售额 97.32 亿元，比上年下降 0.8%；餐饮业销售额 453.93 亿元，增长 5.9%，占全年社会消费品零售总额的 9.7%。经营主体 57308 家，其中限额以上住宿业企业 310 个，限额以上餐饮业企业 525 个。年内，餐饮企业应对疫情影响，推进定点配送和网络订餐等无接触消费模式，采取与外卖平台、生鲜电商等企业合作以及制作包装预制菜售卖等形式。

【电子商务】 2022 年，福州市电子商务保持稳步发展态势。网络零售额 1054.3 亿元，比上年增长 3.4%；全市限额以上批发和零售单位通过公共网络实现商品零售额 569.7 亿元，增长 46.9%。全市（含平潭）有淘宝镇 37 个，淘宝村 66 个。

表 47

2022 年福州市电商产业园区一览表

序号	电商产业园区名称	所在县区	占地面积（平方米）	入驻企业数（家）
1	海峡电子商务产业基地	台江区	26000	161
2	福州数字内容产业园	晋安区	72000	40
3	翔福电商物流园	长乐区	410000	68
4	江阴综合保税园区	福清市	2640000	194
5	闽侯县直播电商基地	闽侯县	2700	23
6	国家级电商示范县永泰产业园	永泰县	39700	20
7	闽都跨境电商园	高新区	31000	139

表 48

2022 年福州市淘宝镇一览表

序号	县区	镇（街道）	序号	县区	镇（街道）
1	鼓楼区	洪山镇	5	仓山区	建新镇
2	仓山区	仓山镇	6	仓山区	螺洲镇
3	仓山区	城门镇	7	马尾区	马尾镇
4	仓山区	盖山镇	8	马尾区	亭江镇

续表 48

序号	县区	镇（街道）	序号	县区	镇（街道）
9	晋安区	鼓山镇	24	闽侯县	南通镇
10	晋安区	新店镇	25	闽侯县	上街镇
11	晋安区	岳峰镇	26	闽侯县	荆溪镇
12	长乐区	首占镇	27	闽侯县	竹岐乡
13	长乐区	湖南镇	28	连江县	凤城镇
14	长乐区	金峰镇	29	连江县	敖江镇
15	福清市	龙田镇	30	连江县	潘渡乡
16	福清市	江镜镇	31	罗源县	凤山镇
17	福清市	高山镇	32	闽清县	梅城镇
18	福清市	渔溪镇	33	闽清县	坂东镇
19	福清市	江阴镇	34	永泰县	樟城镇
20	闽侯县	甘蔗街道	35	永泰县	城峰镇
21	闽侯县	南屿镇	36	平潭	潭城镇
22	闽侯县	祥谦镇	37	平潭	岚城乡
23	闽侯县	青口镇	—	—	—

表 49

2022 年福州市淘宝村一览表

序号	县区	乡镇（街道）	村	序号	县区	乡镇(街道）	村
1	仓山区	城门镇	浚边村	19	晋安区	新店镇	斗顶村
2	仓山区	城门镇	胪厦村	20	晋安区	新店镇	健康村
3	仓山区	盖山镇	江边村	21	晋安区	岳峰镇	鹤林村
4	仓山区	盖山镇	浦下村	22	长乐区	文武砂镇	壶井村
5	仓山区	盖山镇	郭宅村	23	长乐区	金峰镇	六林村
6	仓山区	盖山镇	叶厦村	24	福清市	龙江街道	霞楼村
7	仓山区	盖山镇	北园村	25	福清市	石竹街道	北前亭村
8	仓山区	盖山镇	首山村	26	福清市	音西街道	瑶峰村
9	仓山区	盖山镇	跃进村	27	福清市	音西街道	洋埔村
10	仓山区	盖山镇	浦口村	28	福清市	阳下街道	溪头村
11	仓山区	盖山镇	半田村	29	福清市	海口镇	岑兜村
12	仓山区	盖山镇	中山村	30	福清市	龙田镇	上薛村
13	仓山区	盖山镇	高湖村	31	福清市	龙田镇	南山村
14	仓山区	螺洲镇	天福村	32	福清市	龙田镇	积库村
15	仓山区	螺洲镇	杜园村	33	闽侯县	甘蔗街道	大元村
16	晋安区	鼓山镇	樟林村	34	闽侯县	甘蔗街道	山前村
17	晋安区	鼓山镇	横屿村	35	闽侯县	甘蔗街道	横屿村
18	晋安区	新店镇	西园村	36	闽侯县	甘蔗街道	昙石村

续表49

序号	县区	乡镇（街道）	村	序号	县区	乡镇（街道）	村
37	闽侯县	甘蔗街道	洽浦村	52	闽侯县	上街镇	中美村
38	闽侯县	南屿镇	中溪村	53	闽侯县	上街镇	浦口村
39	闽侯县	南屿镇	江口村	54	闽侯县	上街镇	建平村
40	闽侯县	南屿镇	后山村	55	闽侯县	上街镇	蔗洲村
41	闽侯县	南屿镇	元峰村	56	闽侯县	上街镇	马保村
42	闽侯县	南屿镇	高岐村	57	闽侯县	荆溪镇	关口村
43	闽侯县	南屿镇	南前村	58	闽侯县	荆溪镇	港头村
44	闽侯县	祥谦镇	兰圃村	59	闽侯县	荆溪镇	光明村
45	闽侯县	南通镇	陈厝村	60	闽侯县	竹岐乡	榕西村
46	闽侯县	南通镇	罗州村	61	连江县	潘渡乡	贵安村
47	闽侯县	上街镇	厚美村	62	闽清县	梅城镇	大路村
48	闽侯县	上街镇	沙堤村	63	闽清县	梅溪镇	榕星村
49	闽侯县	上街镇	美岐村	64	闽清县	坂东镇	坂西村
50	闽侯县	上街镇	岐安村	65	永泰县	城峰镇	汤洋村
51	闽侯县	上街镇	岐头村	66	平潭	岚城乡	中湖村

【家政服务业】 2022年，福州市在工商登记注册经营范围含家政服务的经营单位14928家，其中企业10684家、个体工商户4244家；规模以上的家政服务企业56家。7月18日，市商务局、福州市财政局联合制定出台《福州市推动家政服务业高质量发展的若干措施》，围绕“提升家政服务业数字化管理水平”“促进家政服务业规范化发展”“提升家政服务业专业化水平”和“宣传引导树立行业良好形象”4个方面对家政业进行扶持。年内，市商务局举办17期家政服务业诚信建设专项培训班，培训企业17家，家政从业人员833名；为11079名家政员免费办理居家上门服务证。

【“惠聚榕城”系列促消费活动】 2022年，福州市开展“惠聚榕城”系列促消费活动超2000场，政、银、企累计发放各类消费券超10.7亿元，其中政府发放消费券超1.4亿元。开展“网上年货节”等活动，鼓励企业开展直播带货等形式多样的促消费新模式，全年开展直播44.6万场，比上年增长31.6%；吸引消费者观看35.36亿人次，增长25.9%。

【“一刻钟便民生活圈”试点项目】 2022年，福州市结合完整街区建设、精品社区创建等工作，在2021年试点建设基础上打造第二批“一刻钟便民生活圈”试点社区22个，建成基本保障类业态网点1829个、品质提升类业态网点1902个，商业网点从业人员2.19万人，服务社区居民30.61万人。

【“大众茶馆”试点建设】 2022年，福州市开展第二批“大众茶馆”试点项目建设，通过验收32家。全市建成“大众茶馆”试点项目46个，平均营业面积497平方米，平均可接纳185人。开

2022年11月20日，福州市启动八闽美食嘉年华暨“鱼燕榕城 丸转福州”促消费活动。图为启动仪式现场

（市商务局 供图）

2022 年，福州市累计建成“大众茶馆”试点项目 46 个。图为黎明湖公园大众茶馆（池远 摄）

展“惠聚榕城·众享茶香——我最喜爱的大众茶馆评选活动”，将“大众茶馆”打造成弘扬推广茉莉花茶文化、优化完善茶叶等农产品供给、释放大众化消费需求的重要窗口。

（陈 婉）

粮油贸易

【概况】 2022 年，福州市粮食和物资储备系统围绕储备管理、保供稳价、设施建设等重点工作，健全完善各项规章制度，调整全市政府储备粮规模，发放“引粮入榕”等各类资金补助 1357.85 万元，查处全省首例重大涉粮行政处罚案件。

【粮食储备管理】 2022 年，福州市根据省政府下达的储备规模要求，调整全市政府储备粮规模，创历史新高。采取弹性轮换方式，完成市本级储备粮轮换。按照“属地管理、明确范围、规模合理、渐进到位、依法动用”的原则，推进规模以上粮食加工企业建立社会责任储备。完善粮食储备基础，推进东郊粮库、洪山粮库等一批市区老粮库迁建项目以及应急大米储备库建设项目。

【粮食流通产业】 2022 年，福州市编制完成“十四五”粮食和物资储备专项规划，召开“引粮入榕”企业座谈会，制定《进一步加强引粮入榕完善粮食产销协作的实施意见》等措施。组织全市粮食企业参加“6·18”第十八届粮食产销协作福建洽谈会，与产区粮油企业签订产销合同 118 万吨。加大政策扶持力度，引导企业申报“引粮入闽”、市级“引粮入榕”等资金扶持项目，发放各类资金补助 1357.85 万元。

【粮食执法监督】 2022 年，福州市开展粮食购销领域专项整治工作，排查各类问题 188 项，逐项制定针对性措施，全面完成整改。建立并落实季度巡查制度，对粮食经营企业和基层粮库实现多轮次全覆盖检查。开展执法“亮剑”行动，依法查处某私营企业“以陈顶新”案件，为全省首例重大涉粮行政处罚案件，罚款 20 万元，追回国有资产损失 36.7 万余元。构建长效机制，制定完善行政监管制度和企业内控制度 59 项。

【粮食市场保供稳价】 2022 年，福州市修订《福州市粮食应急预案》，更新粮食应急工作手册，组织开展应急演练。制订《福州市粮食保供稳价应急方案》，设置 68 个价格监测点，对全市 27 家粮食应急加工企业、263 家粮食应急供应网点和市粮食批发市场的粮食市场供需、价格等进行监测。推进“一县一企”应急加工能力建设，完成 12 家企业技术改造提升，全市应急加工能力满足全市常住人口 1.5 天的口粮需求。

（黄晓元）

烟草专卖

【概况】 2022 年，福州市烟草系统实现税利 31.28 亿元。全年查处涉烟违法案件 2002 件，查获非法卷烟 7000 余件。

【烟草营销网络建设】 2022 年，福州市烟草系统开发“茉莉学堂”系列服务品牌，新零售客户覆盖面 13.84%。建设“海丝新晟”核心终端、农网特色示范终端、农网标准化小店；物流总费用、单箱物流费用、单箱可控费用均实现比上年下降。启动物流取消法人资格改革，福州烟草区域物流配送中心项目完成 EPC、工艺设备等 5 项招标，实现全面开工。

【烟草专卖市场监管】 2022 年，福州市烟草系统查处案件 2002 件，查获非法卷烟 7000 余件，查处国标网络案件 14 件，查处案件由省公安厅挂牌督办，数量位居全省第一，市场净化率保持在 96% 以上。成立电子烟专班，办理许可证 213 户。联合市场监管局等部门查获涉电子烟系列典型案件 10 余件，破获“上头电子烟特大毒品案”获公安部挂牌督办，破获常态化监管以来全省首起电子烟案件；查获省外流入真烟 616.83 件，排名全省第一。查处违法违规大户 222 户，打击面 72%。

【企业规划与创新】 2022 年，福州市烟草系统编制《福州市烟草系统“十四五”科技创新规划》，立项科技项目9个；出台《创新活动积分奖励办法》《科学技术奖励办法》，成立创新工作室11个。推进“八五”普法，成立“榕法在线”公职律师服务社，构建“1+2+N”公职律师管理工作模式，获全省法治课题一等奖。

（林伟民）

石油销售

【概况】 2022年，福州市有加油站（点）360家，销售汽油91.14万吨，柴油31.41万吨；有加油船59艘，销售柴油7474.94吨。年内，出台《福州市成品油分销体系“十四五”发展规划》。

【成品油执法检查和行政审批】 2022年，福州市商务局组织开展成品油流通安全生产和反恐防范检查82家次。全年行政审批事项办理成品油零售经营资格审批（含变更）69件、成品油零售规划确认1件。

【成品油质量抽检】 2022年，福州市市场监管系统对全市范围内在营加油站销售的成品油进行抽检，对供应达不到国六标准车用汽油、柴油的加油站要求限期整改，依法处罚并进行追根溯源。全年市市场监管局对在营加油站成品油质量抽检总量350批次，其中车用汽油160批次、车用柴油190批次，涵盖全市55%在营加油站，抽检发现不合格成品油2批次（均为0号车用柴油），并由相关属地县区市场监管局进行后处理监管和溯源处理。

（陈　婉　邹惠珍）

供销合作

【概况】 2022年，福州市供销社系统实现商品销售总额994.91亿元，比上年增长4.1%，其中农业生产资料销售额20.17亿元，农产品销售额522.35亿元，消费品销售额371.68亿元，再生资源销售额36.15亿元，其他类商品销售额44.56亿元；实现电子商务销售额135.77亿元；实现冷链物流营业额3.88亿元，县及县以下快递、配送营业额4426万元。

【农资供应】 2022年，福州市供销社优化农资供应结构，充实基层网点货源，确保农资供应量足价稳、渠道畅通，冬储化肥42532吨，完成计划总额的103%。全年配售化肥27.8万吨、有机肥10.4万吨，农药0.34万吨。

【农业服务】 2022年，福州市供销社系统新建惠农综合服务中心4家，新建或改造庄稼医院7家，福清市龙田供销社庄稼医院、罗源县起步庄稼医院被省供销社评为省级示范庄稼医院。全年土地流转面积1.21万公顷，土地托管面积0.81万公顷，配方施肥服务面积新增0.15万公顷，统防统治服务面积新增0.14万公顷，农机作业服务面积0.14万公顷。开展科技下乡活动20场次，组织庄稼医生下乡巡诊330人次，举办农民培训11场。

【农民专业合作社】 2022年，福州市供销社系统发展农民专业合作社55个，其中农民专业合作社联合社7个；新建乡镇惠农综合服务中心9家，其中省级3家、市级3家、县级3家；发展行业协会1个，升级改造农村综合服务社45个，改造提升薄弱基层社10个，新吸收农民社员8999人。系统所属7家农民专业合作社获省、市级和省社级示范社称号，其中省级2家、省社级4家、市级1家。年内，6家基层社获评省社级基层社示范社。

【流通体系建设】 2022年，福州市供销社系统累计发展在县乡村的直营加盟门店973家。组织实施县域流通服务网络建设提升行动，培育连江县为省级县域流通服务网络试点强县，网点覆盖乡镇11个。打造连锁化农村流通服务品牌，开设“供销小店”门店158家。新建农特产品展示展销中心8家，建设县域集采集配中心12家，新增寄递服务功能网点102个。新建县域冷链配送中心2个、冷链销地仓2个、冷链产地仓3个，累计新增仓储冷库面积3232立方米。举办“第二届国际茶日活动”“中国农民丰收节”等产销对接会10场次。

【再生资源回收】 2022年，福州市供销社培育新供再生资源回收利用公司，完成100座环保驿站建设任务。推动可回收物智能分拣中心用地收储和报批工作，启动智能分拣中心项目委托代建。年内，可回收物回收利用信息化平台上线，提供环保驿站回收数据统计分析、收运车辆实时监控调度、网上预约上门回收等服务功能，实现可回收物线上信息流和线下物流集并管理。

【烟花爆竹经营】 2022年，福州市供销社系统有烟花爆竹批发经营企业7家，烟花爆竹仓库6座，其中自有产权仓库4座，租赁仓库2座，承担城区及各县烟花爆竹批发配送业务。全年系统烟花爆竹销售总额2552.79万元。

（畅　乐）

（编辑　周弭姣）

金融业

综述

【金融业年度发展】 2022年，福州市金融业增加值1378.74亿元，比上年增长11%，占全市第三产业和地区生产总值的比重分别为19.8%和11.2%，金融业增加值居全省首位、全国省会城市前列。

年内，福州市被纳入第三批数字人民币试点，落地全国、全省首创应用场景20个，支持兴业银行成为第十家数字人民币运营机构，数字人民币交易笔数累计1902.14万笔，交易金额905.17亿元。举办全国首个数字人民币产业发展分论坛，成立全国首个数字人民币产业联盟，举办2000万元数字人民币红包迎数字峰会活动，在海峡青年节活动中向台胞发放数字人民币红包。连江县完成全国首宗海洋渔业碳汇交易，落地环境污染责任险保障额22.93亿元，绿色生态基金投资2.34亿元，绿色贷款余额达2235.31亿元。出台合格境外有限合伙人（QFLP）试点暂行办法。2家台企被列入省、市重点上市后备企业，支持海峡股交中心台资板挂牌台企25家、展示台企305家。差异化打造私募基金集聚区，朱紫坊基金港累计落地项目108个，基金规模1205.91亿元；马尾基金小镇聚集私募基金管理人134家和公司型、合伙型私募基金445只，累计基金规模1768.4亿元。持续推进全国首批本外币合一银行账户体系试点工作，累计开立本外币合一单位银行账户22820个。

【金融监管】 2022年，中国人民银行福州中心支行推动建立辖内金融风险化解委员会，协调出台重大金融风险问责办法；强化监管协调机制一、机制二联动，探索跨区域监管协作机制，提示房地产风险及国内经验做法。作为全国唯一分支行承担中小银行转型和差异化发展政策研究，制定省农信联社履职正负面清单，继续保持无高风险金融机构态势。参与人民银行总行硬约束早纠机制研究试点工作，探索地方主导、部门联动的早纠机制；创新开展地方法人银行专项压力测试，稳妥处置河南村镇银行事件外溢影响；化解外债偿付风险，支持中资房企汇出偿债资金8.54亿美元；开展房企公开市场债务化险“保交楼”和信贷调控，促成“阳光系”4只、本息合计9.39亿元到期银行间债券展期，缓释中高风险房企流动性风险，引导金融机构适当下调房贷利率，支持个人住房贷款延期还本付息，辖内超九成“保交楼”重点项目复工，8个风险楼盘“销号”。推进电信诈骗和跨境网络赌博“资金链”治理，辖内涉诈个人银行账户数排名由全国前列下降至第12名；开展打击治理洗钱违法犯罪三年行动，全年“洗钱罪”判决数增长2.3倍；全链条打击地下钱庄、虚开骗税等涉汇违法犯罪，联合公安部门查办的“税剑1号”专案获六部门打击虚开骗税领导小组办公室致信祝贺；推进“征信修复”专项治理“百日行动”，清理一批扰乱市场秩序的平台机构。作为全国5家分支行之一，连续3年承担人民银行总行综合执法检查任务，制定新时期法治央行建设任务清单，根据“过罚相当”原则，依法实施行政处罚。

【地方金融组织】 2022年，福州市新增典当行6家，注册资本0.6亿元；新增融资担保公司3家，注册资本0.6亿元。全市融资性担保机构43家（其中分支机构2家），注册资本120.6亿元，担保总额2825.31亿元，融资性担保总额2657.69亿元，在保余额989.49亿元，融资性在保余额876.32亿元。其中，政府性融资担保机构8家，注册资本13.85亿元，融资性在保余额57.93亿元，为中小微企业和“三农”主体提供4892笔融资担保服务，年末放大倍数4.01。全市有小额贷款公司15家（其中经批准设立的网络小额贷款公司1家），注册资本71.7亿元，贷款余额110.84亿元，涉农贷款余额4.99亿元，全年累计发放贷款239.14亿元。全市有典当行111家（其中分支机构6家），注册资本总额20.72亿元，典当总额72.68亿元，典当余额19.2亿元。

【数字人民币产业发展分论坛】 2022年7月24日，第五届数字中国建设峰会数字人民币产业发展分论坛在福州海峡国际会展中心举行，为全国首个数字人民币产业发展分论坛。论坛立足“产业”与“新发展”，旨在促进数字人民币产业协同创新、推动数字人民币赋能新发展格局。中国工程院院士沈昌祥、中国科学院院士冯登国等专家学者以及数字人民币相关行业领军人物、金融机构代表等200余人参加论坛。

【数字人民币产业联盟成立】 2022年7月24日，全国首个数字人民币产业联盟成立仪式在福州举行。联盟由新大陆数字技术股份有限公司、华为技术有限公司共同发起倡议成立，联合有志于促进数字人民币产业发展的行业组织、企事业单位、科研机构等，是以“平等自愿、统一规划、合理分工、权利义务对等、开放共享”为原则组成的互利型非独立社团组织。新大陆董事长王晶当选联盟首届理事长，新大陆当选联盟理事长单位。联盟包括华为、兴业银行、福州大学等37家成员单位，旨在对接数字中国战略，推动数字人民币新基建创新发展，促进数字人民币产业发展、联合技术攻关、技术与知识资源共享。

【榕台金融合作】 2022年，在榕台资银行资产总额46.62亿元，各项贷款、存款余额分别为24.58亿元、7.9亿元，经营质量良好。指导银行保险机构持续加大对台金融产品创新力度，扩大服务覆盖面，推进“两个同等待遇”落实落细。农业银行福建省分行、厦门银行、国寿财险福建省分公司等机构创新推出“台企乐业贷”“台农贷”及“国泰鑫安综合保险”等对台专属金融产品。全年在榕银行机构为242家台资企业提供授信185.46亿元，贷款余额95.01亿元、比上年增长12.92%，向台胞发放信用卡2633张、增长11.57%；在榕保险机构服务台资企业979家次、台胞6159人次，风险保障金额343.03亿元。推动榕台银行保险机构探索创新合作，中国银行福建省分行与台北分行合作办理海外代付业务0.39亿美元、出口海外融资0.24亿美元，内外联动助力企业降本增效。中国建设银行福建省分行与台北分行以“业务合作备忘录”为基础，深化战略合作，联动服务海峡两岸台资企业。

【福州市金融控股集团有限公司】 2022年，福州市金融控股集团有限公司合并总资产255.45亿元，净资产117.28亿元；实现营业收入67.11亿元，比上年增长26.91%；实现净利润2.99亿元，增长27.12%；完成供应链规模109.4亿元（含合资企业金控均和39.9亿元），增长20%；投放安商房保理金额18亿元；完成融资担保金额21.54亿元；新增基金投放金额22.9亿元（其中投资子基金4.44亿元、股权类11.57亿元、债权类6.91亿元）。集团入选全国政府引导基金20强，获中国政府引导基金最佳服务奖、世界智慧城市大奖、数字中国创新大赛二等奖，获评福州市优秀人才工作单位、福州市疫情防控最佳志愿服务组织，入选福建省服务业企业100强等。

年内拍得海峡银行股权1.03亿股，持股比例增至14.02%。连续5年推动所投企业上市，其中国航远洋成为全市首家北交所上市企业。海运企业海通发展主板IPO（首次公开募股）申请获证监会通过。累计投资海天丝路卫星、辅布司纺织工业互联网、弘扬软件、中海创、福信富通、久策气体、中运科技、亿芯源、纵腾网络等35家市重点企业14.2亿元，并撬动国家大基金、国企资本、产业资本和社会资本投资12亿元。其中，亿芯源投资回报倍率约7倍，纵腾网络约4倍，福信富通近2倍，久策气体近1倍。战略入股恒美光电，助力企业投建全球最大宽幅的超高清偏光片工厂。

集团旗下有市政府引导基金33只，规模124.49亿元，累计投资回报率约26%。继续联合中移动资本、中石化资本、招银国际、中信金石投资、中金资本等基金国家队，吸引各类大资本新增基金认缴超50亿元。推进福建省数字产业发展基金、物流城产业基金、光电基金二期、元宇宙基金、科技成果转化基金和海洋基金等基金的设立及运作。完成基金投放21.24亿元，其中通过闽都院士村基金支持量子云码、汉特云机器人等在闽院士和高端人才的科技成果转化项目。完成供应链任务指标109.4亿元，实现业务全国化、效益化，行业主要覆盖电子产品、建筑建材、酒类产品、化纤产品、电工电气、纸制品、有色金属、光伏产品等，上下游客户覆盖全国13个省份。启动跨境电商等国际贸易供应链业务，完成首笔智能家居出口供应链，并与俄罗斯企业合作完成首笔玉石进口供应链。

完成招商项目13个，金额63.12

2022年7月24日，首届数字人民币产业发展分论坛在福州召开。图为论坛现场

（福州市地方金融监督管理局 供图）

亿元，考核成绩位列市属国企第四。以“股权投资+招商”模式，推动海尔集团所属企业福州擎海将总部迁入福州市，落地海尔兄弟智学项目，打造海尔兄弟全球文化创意中心。参投国内领先的客运场景数字营销方案提供商中运科技，促成其与福州大学商洽校企合作事宜。打造“基金投资+招商”模式，借助与业内头部机构合作的优势，招引一批高成长创新型企业。与凯辉资本促成纵腾网络落地研发中心和跨境电商产业园，推动第三方医学影像行业的领军企业全景医疗落地区域医疗影像中心。联合优势资本为本土企业海天丝路提供发展支持，该公司为国内唯一一家拥有轨位资源储备的民营卫星公司及全省唯一规划在建的卫星互联网项目，与亚太兴通签订独家经营合作协议，并与中国长城工业集团签订首发卫星建造发射合同。联合中金资本招引国内领先的医疗影像设备制造企业宽腾医疗，新设医疗器械生产和医疗器械软件2家公司。联合新希望推进落地荔枝网络货运平台、新希望澳牛乳业加工基地和新希望鲜生活冷链东南运营中心。

投放安商房保理金额18亿元，服务万科、国贸、中建、融创、融侨、融信、旭辉、金辉、蓝光、乃春等11家房企。实现政策性担保在保余额21.54亿元，新增“三农”及高新技术企业担保类金额4.68亿元，比上年增长43.12%。设立8000万元跨境贸易风险补偿资金池，创新落地首批“跨境贷”业务。服务民生完成典当金融服务2.5亿元，比上年增长100%，在上下杭新设“金典馆”，拓展典当业务，打造福州金融行业对外展示窗口。服务乡村振兴工作经验做法刊登上新华网总网和《海峡通讯》。根据商务部关于打造“15分钟便民生活圈”试点工作部署，推出智能无人售货柜进社区、进单位，提供“冰箱在楼下”服务，疫情期间发挥保供作用，覆盖社区33个，惠及居民超17万人。打造“乡村振兴试验田”“海上牧场”等项目，深化“榕担农业龙头贷”“榕担快农贷”等担保业务新模式，引导金融活水流向“三农”领域。发行全省首单乡村振兴专项公司债1亿元，入选深交所优秀案例。

推进“海联网”工程，累计为超5000艘船只安装高通量卫星设备。年内，合资企业海峡区块链公司获“数字中国”创新大赛二等奖、世界智慧城市经济大奖、城市数字化转型优秀案例、福建省数字技术创新应用场景等奖项，荣誉质量和数量均居市属国企前列。创新引入台湾博士团队，全国首创商业汇票交易运行系统，年内首次引入新福兴玻璃集团上线使用，累计成交票据金额超6300万元。

（陈尾虹　王　勉　唐福来　金雪晶）

中国人民银行福州中心支行

【概况】　2022年，中国人民银行福州中心支行加大对普惠小微领域支持力度，推进“央行资金+”多维模式，创新实施福建特色优惠贷款政策，加强货币政策与财政、产业政策的协同配合。全年运用长期性和阶段性政策工具规模均突破千亿元，均创历史新高。运用碳减排支持工具、支持煤炭清洁高效利用再贷款、科技创新再贷款、交通物流再贷款等，引导金融机构发放相关领域贷款610.5亿元。年末再贴现余额中涉农、民营、小微三类票据占比达91.67%，普惠小微贷款支持工具提供激励金18.1亿元，撬动地方法人金融机构普惠小微贷款新增999亿元。落实制造业、基础设施、乡村振兴、科技创新、房地产等重点行业重点领域信贷政策，持续释放贷款市场报价利率形成机制（LPR）改革效应。全年社会融资规模比上年增加1463.87亿元，社会融资增量创历史新高；本外币各项存、贷款余额均突破7万亿元，存款增速创2010年以来新高，居全国首位，比全国平均增速高6.6个百分点；普惠小微、中长期制造业贷款实现快速增长，绿色贷款增速近50%，房地产融资环境明显边际优化；新发放企业贷款加权平均利率比上年下降0.41个百分点，创历史新低。

【金融服务经济建设】　2022年，中国人民银行福州中心支行制定出台“新形势新阶段金融支持疫情防控医疗和生活物资生产保供10条”等，配合出台“扎实稳住经济一揽子政策措施48条”等。加强货币政策与财政、产业政策的协调联动，创新推出“央行资金+财政配套政策”“央行资金+乡村振兴示范点”等多维模式，推进再贷款再贴现政策与省级政策性优惠利率贷款和相关产业政策融合，引导金融机构结合自身经营特点创设再贷款专属信贷产品，累计投放纾困贷、技改贷、制造业小微贴息贷、科技贷、乡村振兴贷、文旅专项贷、纺织鞋服贷等福建特色优惠贷款1278.6亿元，惠及企业2.3万家。用足政策性、开发性金融工具，通过“基础设施基金”为辖内105个重点领域新型基础设施建设项目补充资本金211.2亿元。创新开展“一县一品　贷动‘闽’生”专项行动，引导资金、服务、科技、知识、人才、党建等金融要素下沉县乡，落地的62个特色项目贷款余额合计2611亿元、加权平均利率4.61%，分别比专项行动启动时增长24.11%、降低0.68个百分点。落实金融支持房地产“16条”措施，优化房地产贷款集中度管理，推动辖内民营房企运用“第二支箭”（民营企业债券融资支持工具）发行中期票据27亿元。

落实重点行业和重点领域信贷政策，从行业投向看，制造业贷款持续高增长，制造业贷款余额比上年增长16.4%，增速提高4.6个百分点，其中中长期制造业贷款余额增速达39.3%；基础设施建设贷款保持稳定增长，基础设施类贷款余额增长8.8%；房地产业融资边际改善，辖内大中型银行新增房企授信超4200亿元，地方法人银行在优化集中度管理后，新增房贷投放额度400亿元，年末房地产业贷款余额2690.82亿元，全年增加2.9亿元。从领域投放看，普惠小微企业信贷投入力度持续加大，联合推出第五期至第八期纾困增产增效专项资金贷款，为1.8万家中小制造企业提供纾困资金406.7亿元，普惠小微贷款余额比上年增长24.5%，小微经营主体授信户数增加16.18万户；金融服务乡村振兴力度增强，涉农贷款余额按可比口径计算比上

2022年9月23日，福建省首家乡村金融教育基地授牌仪式在福州市长乐区青山村举行
（中国人民银行福州中心支行 供图）

年增长12.4%，其中农户贷款余额增长11.3%；绿色产业贷款投放持续快速增长，绿色贷款余额比上年增长48.3%，增速提高7.8个百分点，全年绿色贷款比上年增加786.89亿元；科技创新企业融资需求满足，年末专精特新“小巨人”企业贷款余额231.98亿元，企业获贷率58.62%，贷款合同平均利率比年初下降0.35个百分点。

推进辖内企业银行间市场发债量增面扩价降，全年有90家企业累计发行债务融资工具403期、金额2806.15亿元，发行金额比上年增速高于全国5.9个百分点，企业发债加权平均利率下降0.53个百分点。其中，17家企业运用绿色债券、乡村振兴债券、科创票据、房地产并购债券等募集资金145.38亿元。推动跨境人民币业务增长，全年辖内银行业机构跨境人民币业务结算量4581.2亿元，比上年增长199.92%，占全省业务量的51.7%，提高17.79个百分点。支持福建自贸试验区福州片区开展合格境外有限合伙人（QFLP）试点业务，指导辖内做好QFLP试点落地外汇环节衔接工作，吸引境外合格投资者参与境内股权投资。

【金融服务与管理】 2022年，中国人民银行福州中心支行推动银行机构减费让利11.1亿元。全年支付清算系统安全平稳。累计办理增值税留抵退税705亿元，退税资金直达市场主体，乡镇国债销售额比上年增长186.6%。开展金融统计源数据治理，实现金融统计数据报送连续10年“零差错”，地方金融组织统计实现全覆盖，统计机构数量比年初增长1.03倍。省级地方征信平台累计解决融资需求超2100亿元。加快金融纠纷多元化解机制建设，辖内各级金融纠纷调解组织56家，完成案件调解1.18万件。联合实施辖内乡村金融素养提升工程，全省首家乡村金融教育基地在福州市长乐区青山村挂牌成立。

【外汇监管服务】 2022年，中国人民银行福州中心支行深化外汇便利化改革，推进优质企业贸易外汇收支便利化试点扩面增效，试点银行和企业分别从最初的3家、4家增加至17家、140家，累计办理试点业务1.59万笔、210.4亿美元，比上年增长4.3倍和2.7倍。引导银行开拓具有真实需求的新型离岸国际贸易业务，全年收支规模14.8亿美元，比上年增长132.9%。在全国率先推出市场采购贸易跨境收汇“总量匹配”管理模式，提升资金结算效率，市场采购出口额比上年增长16%。指导银行灵活运用个人经常项目特殊外汇业务处置制度，办理“不常见、难判断”的个人真实合法外汇业务；规范办理个人经常项下境外就医、跨境保险等结售汇业务。全年为200家企业办理3108笔资本项目收入支付便利化业务，比上年增长34.49%；办理资本项目管理数字化服务试点业务2.09亿美元，办理时间节省近70%；引导企业线上办理外债登记业务，签约（变更）笔数增长22倍，创历史新高。联合出台辖内全面对接《区域全面经济伙伴关系协定》16条金融配套支持措施，实现辖内与RCEP成员国跨境收支总额935.4亿美元，创历史新高。

推进外汇管理服务实体经济，深化跨境金融服务平台试点，全年辖内银行通过平台为251家企业办理出口贸易融资14.37亿美元，中小微企业融资笔数占比71.96%；创新开展跨境金融服务平台市场采购应用场景设计，指导兴业银行开发辖内首个面向外贸小微企业的纯信用线上金融产品“跨境E贷”。开展中小微企业外汇套保首办拓户专项行动，推动2329家企业办理外汇衍生业务，首办户占比61%，全辖银行办理外汇衍生产品签约金额比上年增长27.8%，签约率提升6.83个百分点；帮助1494家外贸企业获得1694万元避险奖励资金，中小微企业占比近八成；为企业减免保证金支出1211万元，推动银行为中小微企业办理衍生产品业务减费让利1.04亿元；深化“汇率避险公共保证金池”等企业汇率风险管理试点，降低中小微企业外汇套保成本。

防范跨境资金流动风险，全年对辖内174家企业开展货物贸易外汇现场核查，降级79家企业，注销42家企业名录，向有关部门通报116家异常企业。加强服务贸易收支的非现场监测分析，组织对2020年以来服务贸易外汇监测系统提示指标预警但未核查的数据开展集中核查，按周上报核查情况；调整定期监测预警指标，提高定期预警指标的精准性。开展个人大额结售汇、外币现钞存取业务监测，对以分拆方式规避便利化额度管理及真实性管理的个人实施分类管理，全年确定发布184名“关注名单”和“预关注”个人。开展银行外汇业务合规与审慎经营评估，督促银行强化合规经营。开展银行结售汇和银行卡境外交易非现场核查，督导银行机构强化境外交易数据排查，规范银行卡境外交易行为。开展福建省建行系统“以案倒查”专项检查，在全国首创探索研究对银行 SWIFT（环球同业银行金融电信协会）报文数据的分析与应用，以及发现全国首例未经外汇局认可的 5262 和 6540 两类 MCC 码跨境消费业务。持续深化涉汇案件线索“纵向中心+横向中心”联合研判模式，将非现场分析贯穿于线索案件查办各个环节。开展地下钱庄（含骗税型）专题分析、资本金收结汇资金、“外转中”股权转让、大额境外消费业务等监测分析，发现疑似地下钱庄经营和资本金收结汇异常线索等 12 条。

（王　勉）

银行业

【概况】　2022 年，福州地区（含平潭）有银行业金融机构十大类 63 个，营业网点 1555 个，从业人员 3.8 万人，其中政策性银行与开发性银行 3 家、大型商业银行 6 家、股份制商业银行 12 家、城市商业银行 5 家、民营银行 1 家、农村中小银行法人机构 18 个（包括农村信用社 5 家、农村商业银行 5 家、村镇银行 8 家）、外资银行 10 家、信托公司 1 家、金融资产管理公司 4 家、企业集团财务公司 3 家。银行业金融机构资产总额 2.97 万亿元，比上年增长 7.46%；各项贷款余额 2.32 万亿元，增长 7.44%；各项存款余额 1.95 万亿元，增长 14.26%；全年累计实现净利润 93.36 亿元。福建海峡银行、福州农商行等地方法人银行的资本充足率、拨备覆盖率和流动性等主要指标均符合监管要求。

普惠金融服务　帮扶市场主体纾困发展，联合多部门出台中小微企业纾困贷款 500 亿元、制造业专项融资 50 亿元、纺织鞋服纾困贴息贷款和文旅行业专项贷款 50 亿元。推进小微企业融资增量扩面，开展小微企业金融服务监管评价，指导优化授信尽职免责机制，深化“敢贷、愿贷、能贷、会贷”长效机制建设。部署开展市场主体纾困、首贷户培育拓展等四项行动，按季开展监测通报，督促福州地区银行机构全面完成小微金融服务考核任务。推进金融服务乡村振兴，联合多部门推进信用乡（镇）、信用村创建和新型农业经营主体信用建档评级工作，健全乡村信用体系，推广“福林贷”“茶易贷”等特色信贷产品，全年福州地区普惠型涉农贷款余额 931.50 亿元，比上年增长 13.94%。联合多部门成立“脱贫人口小额信贷工作专班”，巩固脱贫攻坚成果，福州地区脱贫人口小额信贷余额 1547.13 万元，比上年增长 143.93%，基本实现能贷尽贷。助力经济转型升级，制订银行业保险业支持科技创新行动方案，建立监测机制和名单共享机制，提升服务专业化水平。制订制造业金融服务重点任务清单，推进 15 项重点工作任务，建立制造业金融服务监测体系，开展银行业服务实体经济质效评价，支持制造业企业加快转型升级。至年末，福州地区制造业贷款余额 3258.81 亿元，比年初增长 18.61%，制造业中长期贷款余额 1806.85 亿元，比年初增长 23.78%。

风险管控　畅通“12378”热线、现场接访等渠道，按季分析通报辖区银行保险机构消费投诉处理情况，针对突出问题，适时开展投诉督查，提出监管意见，压实机构投诉处理主体责任。全年处理监管投诉 1.12 万件，帮助金融消费者维护经济利益 1.6 亿元。深化金融纠纷多元化解工作，指导省消保中心改制为独立社团法人，推动金融纠纷多元化解向信贷领域和县域延伸，成立福州金融纠纷联动化解中心长乐、罗源、连江工作站。扩大银行业小额纠纷快处范围，推广“线上调解+线上司法确认”创新模式。年内，省消保中心转办福州地区金融机构和解、调解、裁决、仲裁、诉调对接各类纠纷 1.46 万件，金额 2.36 亿元。开展消费者教育宣传，针对老年人、青少年、大学生、新市民等不同群体开展“银龄计划”“星航计划”“金融助力乐享新生活”等系列活动，制作发布监管消费风险提示和教育宣传小视频。联合省公安厅、省市场监督管理局、省金融办发布通告，指导辖区各银行保险机构收集黑产犯罪线索，推动公安机关成立专案组，抓捕犯罪嫌疑人，维护健康金融生态。

【国家开发银行福建省分行】　2022 年，国家开发银行福建省分行累计向福州地区投放表内信贷资金 2922 亿元，其中年内发放表内本外币贷款 217 亿元，占分行同期发放量的 33.3%；期末福州地区表内贷款余额 1223 亿元，占分行同期贷款余额的 34.1%。

银政合作　协同市政府举办各类银政会议，受邀参加福州市金融支持一季度“开门红”融资对接专题会，与市政府签署“共同推动福州高质量发展超越开发性金融合作备忘录”，累计向其中 16 个项目授信 649.1 亿元，投放表内贷

2022 年 1 月 29 日，由福州市政府、省金融局联合举办的金融支持一季度“开门红”融资对接专题会在福州举行

（邹家骅　摄）

款51亿元；会同福州市举办产融对接会，建立常态化对接机制，为各县区梳理的意向融资项目组建项目专班，开展融资服务；配合市政府举办基础设施建设融资培训交流会，参加长乐区融资对接会、福州市和鼓楼区政府专题会等，宣介融资产品。

支持交通基础设施建设 全年向福州地铁2号线延伸线、6号线东调段等轨道交通项目授信75.2亿元，累计向福州地铁授信超1000亿元，年内向轨道交通发放表内贷款40.4亿元，贷款余额226.7亿元。向福州机场第二高速公路项目授信30亿元，向渔平高速、福永高速等发放贷款9.3亿元，支持路段建设、融资再安排等。

助力疫情防控 应对福州市疫情，启动“快审快批快贷”应急响应机制，靠前提供应急贷款融资方案，争取总行政策支持，向市本级、长乐、福清、闽侯等客户提供应急贷款授信12.4亿元，发放贷款5.9亿元，支持琅岐健康驿站建设和长乐、福清、闽侯等县区的疫情防控工作。

存量资产盘活 研究国务院盘活政府存量资产相关政策，创新有关融资模式，对接市财政局、房管局、建设局等市直部门，及鼓楼、马尾、长乐、永泰、闽清等区县政府，协助梳理存量资产权属情况和盘活流程，开展融资方案设计，推动福州排水设施、马尾物联网中心、多个县域停车场等7个资产盘活类项目落地，发放贷款33.9亿元，促进存量资产和新增投资的良性循环。

基础设施基金投放 国家发改委基础设施投资基金出台后，分行与市政府建立基础设施基金对接机制，与市发改委、福州地铁集团、左海集团及有关区县政府，提前梳理项目情况，提早沟通落实投放方案，并推动土地、环评等要素审批保障，向总行争取规模倾斜，向福州至长乐机场城际铁路（F1线）、福州机场第二高速公路等10个基础设施基金项目授信38.6亿元，投放36.2亿元，占分行全省（不含厦门）基金总投放量的32%。

服务产城融合提升 对接福州市产城融合发展，紧跟全市产业转型升级步伐，将产业用房、配套服务设施、基础设施等建设内容有机整合，向福州高新区海西园产城融合一期、福州地铁智慧园、360产业园等项目发放贷款9.5亿元，助力福州市“以产促城，以产兴城，产城融合”；对接万华化学集团在闽投资布局，向万华集团首个启动项目——万华化学40万吨/年MDI（二苯甲烷二异氰酸酯）项目发放7.5亿元，累计发放13.6亿元。

服务企业融资和地方保供 协同国开证券、国银租赁等子公司深挖福州地区市场潜力与资金需求，为福州地铁集团发行债务直接融资工具19亿元，其中发行的2亿元中票实现福州市属国企首笔碳中和债落地；协同国银租赁推动福州新榕会展中心设备租赁项目、新区集团海峡文化艺术中心设备租赁项目落地，国银租赁提供设备租赁资金18.6亿元。发挥转贷款支持小微企业的作用，对接海峡银行、福州农商行、长乐农商行、闽侯农信社等福州辖内金融机构，累计发放转贷款66亿元，引导金融同业降低小微企业融资成本。对接、了解全市能源供需形势和重点保供企业现状，保障煤电企业、福州华润等融资需求，全年新增发放煤电、燃气等保供类项目贷款22.8亿元。

（吴　强）

【中国进出口银行福建省分行】 2022年，中国进出口银行福建省分行表内信贷资产余额突破1400亿元，达到1437.90亿元，新增162.23亿元，比上年增长12.72%，信贷增速在全省主要金融机构中居第4位。其中，在福州地区表内信贷资产余额704.65亿元，较年初新增97.70亿元，增长16.09%，占分行全部信贷资产余额近50%。累计在福州地区投放各类贷款352亿元，信贷资金全部投向实体经济领域，7月，与福州市政府签署“优基础、兴产业、强省会”战略合作协议，设立3年1200亿元人民币专项信贷额度，重点支持外贸产业、先进制造业、基础设施、海洋产业等多个行业领域发展。

支持稳经济工作 根据“稳经济大盘”政策措施，推进基础设施基金、基础设施贷款、制造业中长期贷款、煤电保供再贷款等“稳经济大盘”专项贷款投放工作。全年为5个交通领域重点项目投放基础设施基金2.35亿元，为4个基础设施基金项目提供配套融资10.28亿元，为15个重点项目发放基础设施贷款33.51亿元，支持福州地区福清核电5号、6号机组转型升级项目建设、华富码头互联互通基础设施项目建设以及万华化学、向莆铁路等重点企业项目建设。为唐山东日投放系统内第一笔制造业中长期贷款，为华电可门投放分行第一笔煤电保供贷款。

服务外贸发展 全年累计发放表内外稳外贸信贷927.37亿元，提前超额完成总行与福建省政府签订的《“抗疫情、保企业、稳外贸”联合工作方案》“3年内信贷投放不低于3000亿元”目标，超额完成福建省商务厅确立的2022年800亿元稳外贸专项信贷投放任务。在福州地区发放支持外贸产业贷款308亿元，年末支持外贸产业贷款余额546.35亿元，较年初新增71.77亿元，占全部贷款余额的77.53%。在第五届中国国际进口博览会上，分行作为省内金融机构唯一代表为企业宣讲进出口银行“易惠全球+”金融服务方案，与省冶金公司等签署授信金额372亿元，签约金额为历届之最，全年为在历届进博会上签约的企业发放信贷超500亿元。

支持产业强市建设 根据市委、市政府“以‘强产业’支撑‘强省会’建设”的部署要求，全年累计发放制造业贷款481.34亿元，其中福州地区发放制造业贷款188亿元，年末福州地区制造业贷款余额338.5亿元，较年初新增69.95亿元，为万景石化、申远新材料、中民新能源等企业项目建设提供融资支持，为天马科技、祥鑫新能源发放贷款支持战略性兴业产业发展等。创新金融产品，多元支持制造企业发展，为中景石化办理分行首笔电子银行承兑汇票贴现业务，首次通过与他行联席承销方式为福耀集团发行债券，通过省技改基金补贴为万华化学MDI项目发放贷款，以行内合作方式为宝钢德盛核批30亿元授信并将其纳入总行钢铁行业准入“白名单”。

金融服务 首次牵头发行面向福建地区的30亿元“融合发展”主题金融

债，所筹资金专项用于支持福建海峡两岸融合发展示范区建设和福厦两大省内都市圈协同发展，带动福州地区的省投集团、新区集团、福州港务等优质客户18亿元贷款投放，相关工作得到省领导高度肯定，《福建新闻联播》进行专题报道。根据市委、市政府关于做大做强国企供应链的政策要求和工作部署，开展供应链融资，介入市属供应链平台，为福州城投集团、新区集团、左海集团审批并发放供应链贷款21亿元，实现供应链行业国企业务“零”的突破。为中景石化办理分行首笔供应链平台保理业务，为中江石化上游小微供应商发放分行首笔“保理E贷”，支持核心企业链上中小微企业发展。

（陈　冬）

【中国农业发展银行福建省分行营业部】　2022年，中国农业发展银行福建省分行营业部累计投放贷款127.45亿元，比上年增加5.93亿元，累收贷款127.17亿元，增加13.16亿元，年末各项贷款余额408.13亿元，贷款日均余额394.86亿元；各项存款余额51.84亿元，全年对公存款日均余额53.4亿元、结算性同业存款日均余额11.8亿元；全额清收存量不良贷款0.25亿元，年末不良贷款余额0.82亿元，不良率0.2%；实现账面利润0.34亿元，FTP利润2.66亿元。

基础设施贷款　累计投放基础设施条线贷款71.02亿元，超过全行净增贷款50%。累计投放城乡一体化贷款32.19亿元，比上年增长6.8%，贷款增幅15.7%；累计投放水利建设贷款29.81亿元，为上年投放总额的19倍，贷款增幅58.16%，为优化城乡资源配置、促进融合发展聚势赋能。累计投放42.83亿元支持福州新区、闽侯、福清、连江等县区盘活存量设施资产，整合提升水利设施、体育馆运营能力。聚焦以县城为重要载体的城镇化建设，下沉县域经济，投放资金20亿元支持安置房、保障性租赁住房等“安居工程”建设。投放资金83亿元支持国家城乡融合发展试验区福州东部片区基础设施建设，累计支持基建设施项目98个，占贷比重超过68%。

专项贷款　率先完成福州市首笔政策性金融工具落地使用，累计审批投放基础设施基金17.17亿元，位列全省系统第一，拉动投资172.4亿元；完成“保交楼”专项借款任务3.7亿元；服务“双碳”（碳达峰、碳中和）战略，申领碳减排贷款2笔、金额1.57亿元，绿色贷款余额比上年增长9.73%，增速超过各项贷款平均水平。

支持现代农业　累计投放粮棉油类贷款23.43亿元，实现引粮入榕846万吨，粮食市场供应份额39.04%；贯彻“藏粮于地”战略，落地全区首笔种业振兴贷款，支持琅岐现代农业示范区提升改造建设项目；支持疫情期间稳产保供，累计投放涉农产业领域贷款39.21亿元，国企流通体系贷款比上年增长49.98%；聚焦国内外“双循环”战略，服务大豆进口业务发展，累计办理国际业务结算1.65亿美元，累计投放贸易融资1.32亿元美元；扶持涉农市场主体经营，投放普惠小微企业贷款0.85亿元，拓展小微企业首贷户3家，首贷率20%。

服务乡村振兴　累计投放精准扶贫贷款4亿元，支持“万企兴万村”企业11家，深化东西部帮扶协作，参加“消费帮扶新春行动”，举办定点县扶贫捐款活动，累计直接投入无偿帮扶资金1.93万元，助销脱贫地区农产品410万元，向贫困地区引进无偿帮扶资金20万元。

风险防控　成立不良贷款清收工作组，现金清收福建海壹食品饮料有限公司不良贷款本金2495万元，稳妥有序退出高风险领域存量业务，压降民营企业短贷信用敞口超30亿元，长贷短贷比例由年初的2∶1优化为2.56∶1；将信贷资源向重点央企、省企、重点领域和重大项目倾斜，省市重点项目贷款余额33.28亿元，央企、省属国企贷款占比85.88%；政策性贷款余额占比86.79%，较年初上升2.84个百分点；L9级以上客户39家，占比20.74%。

（陈彦冰）

【中国工商银行福州分行】　2022年，中国工商银行福州分行实现拨备前利润47.34亿元，比上年增长9.13%；实现营业收入61.62亿元，增长4.63%；实现中间业务收入11.83亿元，下降4.21%。本外币全部存款余额2319.18亿元，比年初增加153.87亿元，日均余额2472.92亿元，比上年末日均增加355.36亿元。一般性存款余额2141.21亿元，比年初增加222.7亿元；日均余额2011.41亿元，比上年末日均增加204.27亿元。一般性存款时点、日均增量均突破200亿元；一般性存款余额增量逐季度攀升，日均增量同业第二；对公存款日均增量同业第一。各项贷款余额2160.67亿元，比年初增加181.64亿元。公司贷款余额1004.77亿元，比年初增加108.64亿元。个人贷款余额972.91亿元，比年初增加59.58亿元。制造业、绿色信贷、战略新兴、普惠贷款、涉农贷款等社会责任类贷款指标均超额完成计划，增量分别达67.79亿元、90.87亿元、43.42亿元、80.23亿元、46.51亿元。其中，银保监口径普惠贷款增量完成率位居全省第一，增量占全省系统50.86%。累计清收处置表内不良贷款17.9亿元，其中核销9.8亿元，现金清收2.2亿元，证券化1.49亿元，重组转化4.41亿元。不良贷款余额51.74亿元（含重组因素），比年初增加32.46亿元；不良率2.39%，比年初上升1.42个百分点。

贷款服务　巩固公司贷款优势，在同业中率先为2家县级医院发放设备更新改造贷款；累计为4家客户投放设备更新改造贷款1.92亿元；为某“211”高校发放设备购置贷款1.76亿元，创福建分行同类贷款单户金额之最；实现某国企首笔账户透支贷款2亿元的突破。主承销的4亿元福建福清核电有限公司2022年度第一期超短期融资券发行；连续2期承销发行高速债15亿元。全年累计投放公司贷款666.29亿元，比上年多投40.25亿元。新发放人民币公司贷款加权平均利率3.73%，比上年下降0.52个百分点。加大法人普惠业务发展力度，累计审批“e企快贷”70笔、金额3.53亿元，比上年增加24笔、1.82亿元；办理“国担快贷”业务73笔、金额3.07亿元，增加19笔、2.06亿元。在全省系统办理首笔以数字人民币形式向小企业客户发放的数字供

应链融资。新增落地2家核心企业数字供应链，数字供应链融资增加3.34亿元。与太平洋财产保险合作“提放保”业务。发放福州市首例商标专用权质押贷款。全年新增首贷户191户；小微企业信用贷款余额27.67亿元，比上年增加5.7亿元，信用贷款占比11.34%；为优质小微企业提供精准续贷支持，办理无还本续贷9.38亿元。扩大个人贷款规模，完成全省同业首笔二手房“带押过户”贷款业务，并将业务扩大至省市直公积金（组合）贷款业务领域；实现商转公贷款零的突破。建立公积金贷款分行承办新模式，推进公积金组合贷款业务。将“闽e借”（房抵贷）业务作为个贷业务发展新名片，推动个人消费经营贷款规模增长。满足不同群体新市民的住房信贷需求，针对政府引进人才，投放人力保障房按揭贷款34笔、2105万元，其中公积金贷款18笔960万元，商业贷款16笔1145万元。创新发展分期业务，完成全省系统首笔总分联动新能源汽车线上分期业务。实现分期付款交易额42.55亿元，分期付款余额81.38亿元，累计投放融e借42.7亿元，融e借余额23.11亿元。

客户服务　年内净增融资1000万元以上法人客户118户；新增普惠贷款客户4296户；新开结算账户7020户。与福州市民政局签订民政验资通战略合作协议；上线“省直党费e家”系统项目；上线全省首家“智慧政法”综合服务平台；为永泰县民政局开立全省首家“安心付”养老预付资金监管账户；罗源、连江、闽清县住建领域取得服务新突破。实现全省金融机构对公数字钱包缴税业务的突破。与海峡银行签订数字人民币框架合作协议，落地长乐农商银行、闽侯民本村镇银行人民币活期账户，开立兴证期货客保金专户。累计拓展机构客户162户。聚焦高校大学生和农民工群体推动新市民客群扩容，应用新市民专属借记卡及配套专属定期存款服务客户。利用借贷记卡同开功能营销到店客户；利用总行超惠卡特殊权益，提升信用卡管户客户渗透率。召开私银大客户私享会，打造品牌特色“企业家加油站”。全量个人客户610.8万户，比年初增加19.4万户。信用卡客户77.95万户，比年初增加5966户。同业口径私银签约客户突破2000户大关，比年初增加213户。个人手机银行月均活跃客户115.19万户。拓展数字人民币业务，落地全省首笔个人客户数字人民币柜面主动缴税场景、全省首笔土地拍卖“保证金”转“出让金”场景；累计开立个人钱包46.5万个、对公钱包9260个、商户门店2.6万个，累计完成交易额90亿元。

存款服务　以优质产品组合强化客户实管和资产配置，开展“拓户吸金”营销活动，提升商户客户资金留存率和综合贡献度。持续提升机构存款份额，参与两期省级国库现金管理项目投标项目，入围福州市人社局农民工工资保证金账户经办机构。中标福州市第一医院新一期银医合作银行；提升教育板块资金留存占比。

业务转型创新　年内，代理工银安盛保险期缴销量在全国207家二级分行中名列前十。通过组建行外银团的形式支持吴钢集团收购广西联钢50%股权项目，为省内系统单笔金额最大的跨境并购融资。获2022年工银美国见证开户活动竞赛先进分行称号。与澳门分行合作办理全省系统首笔新型海外代付业务；落地全省系统首笔新型离岸国际贸易全球采购进口开证业务；办理全省系统首笔国内信用证项下即时买卖福费廷业务。联合工银瑞投办理工银集团内首单获批的城投供应链项目，也是全省系统首笔获委任的主动管理型资产支持专项计划。上线省内首家“工银聚全国版银账通”项目；落地首个工银科技财资云方案C—成长版项目。加强私银大额保单和家族信托业务储备。推进网络金融数字化建设，实现18个场景上线。办理首笔编外高校年金业务。

风险管控　加强信贷基础管理，建立风险管理联防联控联席会议和风险排查工作常态化机制，成立中高风险房地产项目风险化解领导小组和工作专班，组建资产质量防控柔性团队，加快风险融资化解进度。加强潜在风险融资风险管控和存量移位管理，全年新增调入潜在风险客户74户，调出2户。针对不良大户，成立6个专项清收处置团队。向总行申报全省首笔“案件类”核销项目，完成其中1笔核销3.24亿元。核销长达7年账龄的一丁系不良贷款2.48亿元。实现多个风险大户仲裁案件及时立案。开展风险内控外防，逐级完成案防工作责任书签订工作，实施季度案件风险、员工异常行为“两排查”；飞行检查41个营业网点，发现问题均整改到位；持续深化“内控合规管理建设”活动，开展非法金融活动风险排查治理，完成新版“合规承诺书”全员签署。组织参加总行“大型银行内控合规和清廉金融文化建设线上警示案例展”、警示教育系列短视频和刑法节选等学习，开展“警示与反思”大讨论。结合银保监局“内控合规管理建设”活动，开展“价值提升年”主题活动。推动落实总行《涉刑案件警示教育管理办法》规定。开展工银BRAINS（银行业反洗钱金融服务平台）客户洗钱风险分类工作，处理洗钱风险分类业务6.87万笔，外部协查业务4.89万笔，向人行报送可疑交易报告11笔。深化外部欺诈风险防控，派驻反诈骗中心专席快速查询涉案账户433件，涉及金额1.31亿元；快速止付255户，涉及金额615.23万元；正式法律文书冻结3户，涉及金额3.84万元。开展应急演练1440次。开展电信网络诈骗和跨境赌博“资金链”治理，全年累计倒查个人涉案账户2353户、对公涉案账户10户。

运营管理　推进智慧运营改革，深化银企对账电子化推广及智能应用。加强集约运营精细管理，高质量网点占比扩大至80%。在全省首家投产企网版OFD（版式文档国家标准）电子回单项目，应用推广“工银网点通”。推动本外币合一账户体系试点。加强运营实物管理，启用硬币自循环系统和小面额人民币兑换便民服务；自动柜员机实现身份验证数字化、扫码取现便捷化、吞卡领取线上化。深化渠道建设，完成农村普惠金融服务点目标选址10家并开业5家，撤销低效自助银行31家，加强工行驿站场景功能建设。落实行长坐堂工作制度，全年发现问题326个、协调解决322个。鼓楼支行营业室、长乐支行营业部、南门支行营业部客户服务岗获评第一批福州市“文明岗”。强化投诉治理和消费者权益保护工作，成立投诉处置办公室，压实消保管理责任。完善“重点督办工作——投诉项目”立项考核机制，成立有责投诉认定评议小组，加大常态化帮扶督导力度。通过多元化解工作站调解166笔，涉及金额36.33万元。

（许戈武）

【中国农业银行福州分行】 2022年，中国农业银行福州分行各项存款余额1767.22亿元，比年初增加275.19亿元；各项贷款余额1597.76亿元，增加134.53亿元。

服务实体经济 根据总行与省政府战略合作协议内容、省分行与省国资委“服务乡村振兴 助力四大经济”全面战略合作内容，向81个项目授信556.37亿元。加大设备更新改造支持力度，累计授信设备更新改造贷款39.83亿元。普惠金融重点领域贷款比年初增加45.54亿元。落实助企纾困政策，采取无还本续贷、减费让利、组合信贷产品等举措，降低企业融资成本，累计投放纾困贷款10.88亿元。

助力乡村振兴 研究制定《关于贯彻中央农村工作会议精神 全力做好2022年乡村振兴金融服务重点工作的实施意见》，强化乡村振兴重点领域金融支持，围绕粮食安全、乡村产业、乡村建设等方面，为农业农村发展输送金融活水。至年末，涉农贷款比年初增加56.21亿元，占全行贷款的32.34%，比上年提升0.86个百分点。粮食安全领域贷款、农业贷款、乡村产业贷款增速均高于全行贷款增速。融合传统网点与新型电子渠道、互联网金融，优化“惠农e贷”产品服务，畅通农村普惠金融服务“最后一公里”，至年末，“惠农e贷”比年初增加23.18亿元，增量位居全省农行第一，服务农户2.12万户。

金融服务 强化科技赋能金融服务，增强网点智慧服务能力和线上线下一体化服务能力；围绕生活消费、政务民生、产业链三大领域，推广智慧医院、智慧学校、智慧政务、智慧出行系列服务场景，提升客户服务体验。推进数字人民币试点推广工作，融入福建省“全闽乐购”促消费行动，开展一系列数字人民币支付优惠活动，以数字金融赋能助力消费市场升温，数币交易金额92.28亿元。推动业务重心向新兴领域拓展，发展“商行+投行”、财富管理等业务，提升债券承销、银团贷款等专业水平，落地全省农行首笔应收账款转让理财融资业务；家族信托服务签约实现一级支行全覆盖、出单量及金额均位居全省农行第一。

风险防控 铸牢消费者权益保护工作主体责任意识，把消保工作要求落实到机制体制中，开展“3·15”消费者权益保护教育宣传周、“普及金融知识守住‘钱袋子’”、金融知识普及月、金融知识进万家等活动。筑牢案防合规堤坝，开展“合规教育年”活动、案件防控行动，推动案防融入日常经营管理。

（刘文华）

【中国银行福州市分行】 2022年，中国银行福州市分行在福州地区（含平潭、省行营业部）人民币时点存款1959.05亿元，比上年末增加314.46亿元，增长19.16%；人民币时点贷款1571.05亿元，绿色金融贷款占比上升11.66个百分点、制造业贷款占比上升5.34个百分点、战略性新兴产业贷款占比上升9.45个百分点。福州地区非金融企业债务融资工具承销业务量32.3亿元，金融债承销业务量250.7亿元。全市第三代社保卡累计发卡39.40万张。

服务市属国企 配合市属国企改革，通过组织召开市属国企营销对接会、重大项目推进专题会及签订战略合作协议等方式，为12家集团旗下的44家母子公司核定授信总量293.95亿元。至年末，在分行授信余额55.03亿元，时点存款12.08亿元。

服务实体经济 在支持制造业和新基建领域方面，以水利、城市轨道交通、铁路、高速公路、供水、供电、供油、供气等基础设施建设为重点支持项目，优先提供金融支持。累计为福州地铁1号线、2号线、4号线、5号线、6号线及F1线、永泰抽水蓄能项目、华能罗源发电项目、福清核电项目、福州机场复线高速公路项目等项目批复贷款逾255亿元。在支持战略性新兴领域方面，支持华电新能源、万华、福能、中铝瑞闽等新能源、新材料、高端装备制造重点项目，至年末，分行战略性新兴领域贷款余额96.26亿元，比上年增加48.63亿元，增速102%。

服务社会热点 在信息化建设方面，利用行内场景建设资源，支持全市医疗、教育和法院等行业信息化建设，累计为协和医院、省妇幼保健院等多家大中型重点机构投入7194万元，提供科技支撑保障。在绿色金融方面，践行“绿色金融首选中行”战略目标，支持领域涵盖绿色出行、清洁能源、环保材料、废物处理等，为福州地铁、福清核电等多家重点客户提供金融支持，至年末，分行绿色贷款余额122.42亿元，比上年增加27.08亿元，增速28%。

普惠金融 应用中银税贷通宝、中银接力通宝、中银外贸通宝、中银企E贷等纯信用特色产品，解决中小微企业融资“担保难”问题。至年末，分行普惠金融贷款余额93.20亿元，比上年增加24.78亿元，增速35%，服务小微企业近4000家。

数字人民币试点工作 拓展数字人民币个人商户，落地肯德基、永辉超市等商超数字人民币业务，搭建公交、地铁两大绿色出行场景。全年累计开立个人数字人民币钱包51.26万户，数字人民币商家3454户，实现交易量57.92亿元；累计开立对公数字钱包1万户，累计实现交易额57.5亿元。

（彭海桐）

【中国建设银行福建省分行】 2022年，中国建设银行福建省分行在福州区域一般性存款余额2990亿元，各项贷款余额2636亿元，在四大国有银行中占比均超32%，在全省建行系统占比均超39%；缴交税收在榕入库8亿元；各项主要指标居当地同业和系统首位。

服务实体经济 发挥建行集团全牌照经营优势，加大信贷资源倾斜力度，通过设立产业基金、市场化债转股、信托、租赁等渠道，提供“融资+融智+融技+融商”一体化综合金融服务，服务省会做大做优做强。创新“绿色+基建”的投融资模式，引入保险资金为福州新区滨海新城规划核心CBD（中央商务区）输配环区域项目，注册全省首笔绿色保债投资计划16亿元，并实现首笔8亿元资金投放；建信信托为福建上市企业合力泰提供信托贷款2.3亿元。围绕福州重点建设六个城、打响五大国际品牌、实施九大专项行动等重点战略，制订专项服务方案，实施一揽子支持政策，推动建行总行与福州市签订的“十四五”战略合作协议深化落地。为省属企业授信1280亿元，75%对公贷款新增投向基础设施、战略性新兴产业、绿色金融等重点领域。支持民营经济，出台“支持闽商创业十条”，民营企业贷款突破580亿元。实施普惠金融战略，下沉服务重心，提升小企业、个体户及中低收入群体金融服务的可得性、适配性与精准性，全市建行营业网点均可受理小微企业贷款，普惠金融贷款余额315亿元，比上年增长30%；普惠客户3.38万户，增长39%。连续3年下调普惠贷款利率，累计下降102个基点。

服务科创兴城　助力科创中国试点城市建设，建设创业者港湾、投资者联盟，提供“金融+孵化+产业+辅导”一站式综合服务；创新实施以“技术流”预判“资金流”的评价体系，对科创企业“不看砖头看专利”，创新以投定贷、以补助定贷、以订单定贷等8种专属模式，创新提供“入园贷”“善新贷”等专属产品，全年为科创企业提供信贷支持超156亿元。依托金融科技优势，赋能做优数字经济，连续3年承建数字中国“云上峰会”；落实数字人民币试点，年内数字人民币客户突破百万户，累计交易额超210亿元。

助力对外开放　跟进福州实施对接区域全面经济伙伴关系协定计划，坚持本外币一体化、构建“国内+国际”服务体系。与市商务局联合创新“跨境贸易专项补偿资金池”模式，纾困外贸小微企业；创新为全国跨境电商头部企业纵腾集团办理全国系统首笔海外仓跨境直贷通业务；联合福州市跨境电商协会，为亚马逊平台跨境电商客户，量身定制“善担贷”流动资金贷款产品。开立同业银行结算账户，提供新台币现钞领缴款出入账及结售汇服务，助力闽台贸易畅通和资金融通。

服务民生　对接福州保障性租赁住房试点项目，支持老旧小区改造，为39个有融资需求的项目授信149亿元，累计投放45亿元，支持新建、改建房源超2万套。监管系统被福州市指定为“中央财政资金奖补”及住房租赁市场监管官方平台，累计核验房源21.8万套间、备案合同21.3万份；公租房系统功能对接闽政通、“e福州”App，与民政、房产交易中心实现数据共享。受省住建厅委托承建“省纪委公租房权力阳光运行平台”并完成投产。推动消费升级，参与“全闽乐购”“八闽美食嘉年华”“数币红包迎峰会”等促消费活动，助力打响“惠聚榕城”促消费活动品牌。加快城市“一刻钟便民生活圈”建设，利用“建行生活”App开展“满立减”“5折购”等让利活动，投放优惠超2500万元，促进新零售、共享经济等消费新场景、新业态发展。深化“三农”服务，培育扶持特色产业，重点支持国家级、省级农业龙头企业，服务特色优势农业、农产品加工重点企业、县域优质企业，及农村基础设施建设项目。全年涉农贷款新增16.8亿元。依托“建行生活”平台，打通产销渠道，赋能乡村农副产品销售；推动一县一商圈建设，7月起全额减免个体商户收单手续费，让利手续费超2400万元、惠及商户1.26万户；“裕农通”服务点覆盖福州208个村镇。

风险防控　实施资产质量管控三年行动，持续关注潜在风险，提升实质性风险防控能力。至年末，在福州地区不良贷款总额14.65亿元、不良贷款率0.93%。落实金融支持房地产市场“16条”，服务“稳地价、稳房价、稳预期”，助力“保交楼”。

（叶儒文）

【交通银行福建省分行】　2022年，交通银行福建省分行福州辖区分支机构本外币各项存款余额395.45亿元，比上年增加34.47亿元，增长9.55%；本外币各项贷款余额486.65亿元，减少5.54亿元，下降1.13%。实现营业收入14.25亿元，计提资产减值损失前的利润总额10.77亿元；纳税总额1.78亿元，比上年增长8.77%。

服务实体经济　根据交通银行与福建省人民政府签订的“十四五”金融战略合作协议，助力福州市重点项目建设。推进助企纾困，通过碳减排支持工具、支持煤炭清洁高效利用专项再贷款、科技创新再贷款、交通物流专项再贷款、设备更新改造专项再贷款等央行结构性货币政策工具和低成本资金，累计发放专项贷款9.70亿元，为符合条件的收费公路贷款主体减免利息817.93万元。加大对实体经济支持力度，全年制造业中长期贷款和绿色信贷分别投放9.69亿元、16.65亿元，比上年分别增长225.17%、73.58%；向战略性新兴产业、科技型企业累计发放贷款38.70亿元、94.71亿元，分别增长221.73%、60.61%。支持小微企业发展，年末普惠小微贷款余额30.84亿元，比上年增长35.20%。提高新市民金融服务水平，累计发放个人非经营性贷款28.66亿元。

风险防控　通过现金清收、核销、打包转让等多种方式，全年累计处置表内不良贷款7.93亿元，比上年多处置1.12亿元。开展重点房地产企业风险化解工作，在大额不良资产项目上实现3.23亿元全额现金清收。推动高质量发展和高水平安全动态平衡，年末不良贷款余额8.85亿元，不良贷款率1.82%，资产质量保持基本稳定。

业务数字化改革　推动金融科技与银行业务深度融合，参与福州地区数字人民币试点推广，实现数字人民币特色场景全覆盖、2.5层直连模式落地。上线交通银行系统内首个应用数字人民币缴纳土地出让金场景业务，福州地区数字人民币交易额累计30.7亿元。打造金融服务生态场景，“惠民就医”项目在晋安区医院率先上线运行。搭建系统内首个通过手机银行数据实时交互运营的客户分层分级权益回馈平台“八闽积分商城”，落地首笔非第三方平台“快易付”等线上业务。

（征　鹏）

【中国邮政储蓄银行福州市分行】 2022年，中国邮政储蓄银行福州市分行资产总额579亿元；各项存款余额509亿元，比上年增长15%，新增65亿元；各项贷款余额521亿元，增长6%，新增28亿元。纳税总额超1.28亿元，比上年增长7.7%。不良贷款率0.80%，未发生资金案件和重大风险事件。

服务实体经济　新发放实体贷款利率4.59%，比上年下降40个基点。其中，普惠小微贷款比上年下降33个基点，为客户减少利息支出3997万元。全年通过网银账户服务费、询证函手续费五折优惠等措施累计减费让利446万元。支持制造业融资，新增制造业企业授信13.6亿元，投放贷款26.72亿元；新增民营企业授信12.48亿元，投放贷款35.79亿元。服务"新市民"群体，3月落地行内全国首笔"新市民贷"，授信403户，贷款余额3.45亿元；新市民卡发卡376张。

服务乡村振兴　联合市农业农村局、市邮政分公司举办农业节庆；举办首届"福邮·嗨贷节"等活动，加大"三农"信贷投放，涉农贷款余额135.06亿元，累计净增18.03亿元；加快数字转型，线上"极速贷"累计净增46.13亿元，比上年增长141.07%；深化农村信用体系建设，新建信用村1585个，新增信用户1.7万户。

服务小微企业　全年新增普惠小微贷款26.66亿，比上年增长21.04%；新增普惠型客户数量增长19.14%。加快"小微易贷""极速贷""网商贷"等大数据产品推广应用，线上普惠类业务增加超52亿元。推广续贷业务，开展延期还本付息政策到期的接续转换。

绿色金融　通过"金睛"信用风险监控系统，推动10家企业客户完成碳核算，助其调整温室气体排放；开展ESG及气候风险排查，控制"两高"领域信贷增速和占比，绿色贷款结余37.46亿元，比上年末增加7.43亿元，增长24.75%。为福清核电厂、兴化湾海上风电场二期、长乐外海A区海上风电场等绿色金融项目累计授信近百亿元，投放余额32亿元。

风险防控　深化风险排查，组织管理部门完成11类风险的梳理、排查、评估工作。管控资产质量，制定资产质量联防联控方案和资产质量分析会机制，分层分级管理新增逾期不良。加强征信合规管理，从源头追溯分析征信合规风险，梳理话术，提升投诉处置质效；应对疫情防控期客户征信权益保护，妥善安排征信查询服务。利用"鸿盾智控平台"和涉赌涉诈管控模块，有效解决可疑数据误管控问题，全年收到通报涉案账户231户，比上年下降58.08%；福清市支行、平潭片区支行在反诈工作中表现突出受到当地人行及公安局表扬认可。持续对标监管机构相关规定，强化源头治理，报送重点可疑交易报告16笔，被人行和公安采纳4笔，收到表扬信3封。每季度开展投诉溯源分析改进及投诉约谈会议，年内未发生重大消费投诉。

（卢书铭）

【福建省农村信用社联合社福州办事处】 2022年，福建省农村信用社联合社福州办事处资产总额2207亿元，比年初增加221亿元，增长11.14%；负债2009亿元，比年初增加211亿元，增长11.72%。各项存款余额1839亿元，比上年增长12.14%，市场份额提升0.01个百分点；各项贷款余额1203亿元，增长10.3%，市场份额提升0.11个百分点。全年缴纳各项税收近9亿元，近5年累计缴纳各项税收超50亿元。资本充足率17.87%，拨备覆盖率258%，贷款拨备率4.04%，主要风险抵御指标均优于监管要求。

服务渠道　全辖有营业网点338个，实现乡镇全覆盖，从业人数3051人（含派遣），是全市网点和从业人数最多的金融机构；有普惠金融服务点1577个，实现重点行政村全覆盖。零售客户498万户，手机银行、微信银行签约360万户。建成"福农驿站"22个，融合型网点11个，实现金融与电商、物流、民生、政务深度融合。

政银合作　根据市委市政府与省联社签订的"金融服务乡村振兴战略合作框架协议"，与市委组织部、市农业农村局、市海洋渔业局等14单位签订战略合作协议，县域政府签约实现全覆盖，达成超1000亿元的授信合作意向，发挥金融活水作用助力乡村振兴和区域经济发展。

金融助理　与市委组织部联合下发《关于继续选派农村金融助理队的通知》，并纳入市委"万名干部下基层"工程。派出金融助理1035名（含462名乡村振兴金融指导员），覆盖辖区2497个村居，协助各村居党组织解决各类问题1500余个；金融助理累计发放各类贷款10万笔，金额223亿元。相关事迹被各级媒体报道272次，其中在中央级宣传媒体宣传报道14次、省级媒体23次。

支持区域经济发展　聚焦"四大经济"发展金融需求，创新以"绿色厂房按揭贷""环保贷"为代表的绿色金融产品库、以"船舶抵押贷""渔排贷"为代表的蓝色金融产品库、以"科技贷""采购贷"为代表的科技金融产品库、以"民宿贷""海旅贷"为代表的文旅金融产品库。发放"四大经济"系列贷款5.2万户172亿元。其中，支持绿色经济贷款1.2万户41亿元；海洋经济系列贷款3.6万户104亿元；文旅经济系列贷款3012户14亿元；支持科技型企业144家13亿元。支持全市七大特色产业发展，加大信贷投放力度，相关产业链贷款余额超300亿元。通过"金服云"平台发放各类惠企贷款4457笔，金额58亿元；发放纾困贷款、制造业专项贷等政策性贷款3166笔，金额37亿元；发放全市第一笔第八期纾困贷款，累计投放金额超14亿元。

支农支小　涉农贷款户数25万户，贷款672亿元，比年初增加48亿元，增长7.65%，涉农贷款户数、金额均居全市商业银行首位。支持小微企业近5万家，贷款437亿元，比年初增加56亿元，增长14.8%，小微贷款户数居全市商业银行首位。新型农业主体贷款户数572户，金额10亿元，均居全市商业银行首位。支农支小再贷款45亿元，比年初增加7亿元，增长17.73%。

农村信用体系建设　开展新农主体评级工作，推广"福农综合服务平台"，助力完成新型农业经营主体建档评级2678个，具备评价条件建档面达100%，授信金额近10亿元。推进农村信用工程建设，作为主办行创建信用示范乡镇、示范村2个、113个，占比分别达100%、93%。

助力巩固脱贫攻坚成果　福万通慈善基金会自2014年成立以来，累计无偿资助贫困大学生2895人次，金额910万元，年内资助贫困学生382名升学就读，发放助学金148万元。累计发放各类脱贫贷款1.54万笔1.29亿元，发放生源地助学贷款2.28万笔2.5亿元，分别占全市80%以上和70%以上。

（陈　奇）

【福州农商银行】　2022年末，福州农商银行资产总额590.75亿元，其中贷款余额380.76亿元，比年初增加37.80亿元，增长11.02%；负债总额555.45亿元，其中各项存款余额491.22亿元，比年初增加41.79亿元，增长9.30%；不良贷款余额7.92亿元，比年初增加1.11亿元，不良贷款率2.08%。

服务实体经济　运用金融服务云平台，促进政银协同合作，落实纾困惠企政策，累计投放乡村振兴贷17笔、授信金额6230万元，贷款金额居全省农信系统第二名；投放科技贷14笔，授信金额10180万元；发放首笔技术改造项目融资支持专项贷款2500万元；累计投放八期纾困贷款447笔、累计授信金额6.22亿元。10—12月，根据《福建农信支持福州市积极应对新冠疫情影响帮助市场主体纾困解难十条措施》要求，以重点行业首贷户为主要投放目标，向个体工商户发放纾困贷款，为市场主体复工复产增效提供金融支持。

对公信贷　对公贷款（不含票）余额34.46亿元，比年初增加19.79亿元，增长134.84%。从利率定价看，存量贷款（不含卡）加权利率5.07%，比年初下降0.64个百分点；从新发放贷款利率看，投放贷款加权利率4.97%，比上年投放贷款利率（5.43%）下降0.46个百分点；客户融资成本持续下降。

支农支小　将普惠小微贷款、涉农贷款、对公首贷户、无还本续贷等指标纳入绩效考核，鼓励支行投放涉农、小微贷款。推出“支小信用贷”“普惠抵押贷”等小微企业专项产品，通过简化授信材料，建设快速审批通道方式，提高贷款审批效率。全年累计投放普惠小微贷款191.72亿元，加权平均成本5.20%，比上年下降11个基点。单户授信1000万元以下的普惠小微企业贷款余额222.95亿元，比年初增加17.25亿元，增长8.39%，高于各项贷款增速（不含票）增速4.09个百分点；户数16681户，增加1207户；普惠小微贷款“两增两控”指标均达标。通过整村授信方式，加大对城郊农户的信贷支持力度，深挖涉农企业贷款需求，涉农贷款余额35.37亿元，比年初增加1.78亿元。

财富管理　年内，入选全省农信系统首批创建财富管理示范行社。准入省联社全部代销合作机构，开通线上、线下渠道31个，代销理财销售量5.16亿元，存续规模1.95亿元。上线开办西联国际汇款业务，并落地全省农信系统首笔业务。西联汇款成为继速汇金、银星速汇后，银行作为全省农信总代理推出的第3款公司汇款产品。至年末，外汇结算量2.25亿美元，居全省农信系统第四位。

风险防控　年内在鼓楼片区5万以下贷记卡和仓山片区贷记卡批量立案取得突破，打通福州五城区贷记卡立案堵点。持续优化贷后管理系统，上线风险客户回访、诉讼台账以及贷后风控跑批功能；引入智能AI（人工智能）机器人外呼系统，通过机器人结合人工催收方式，提高催收成效。现金清收表内外不良贷款本金3.92亿元，年末不良贷款总额7.92亿元，不良贷款率2.08%。

（伍金萍）

【兴业银行福州分行】　2022年，兴业银行福州分行本外币各项存款余额2148亿元，市场占比10.11%，排名第三；本外币各项贷款余额（含贴现）1613亿元，比年初新增216亿元，市场占比7%，排名第四。净营运收入57.28亿元，比上年增加1.15亿元。企业金融客户近4.3万户，连续4年新增超5000户，新拓上市、拟上市、后备企业40户，新增贷款47亿元；私人银行客户比年初净新增283户，其中3000万元以上客户新增63户。在数字人民币和养老金两项“一把手工程”上，对公及个人数字钱包交易量位列全行第一，总交易额达278.86亿元，居福州区域运营机构首位；个人养老金持续上量，累计开户18.19万户，居全行首位，累计缴存金额9886万元。

企业金融　牵头筹组长乐国际机场二期扩建项目126亿元银团贷款；以牵头行和代理行身份联合9家银行，投放福州地铁集团82亿元银团贷款，支持轨道交通1号线建设；支持福州市人才发展集团979套人才租赁房装修、福州市首个“工改租”项目，为福建省首个住房租赁试点项目提供融资；落地国家发改委推送的制造业中长期贷款项目8个，落地数及投放数均位居省内分行第一。债券承销发行首破200亿元大关，市场占比31%，排名第一。累计投资地方债451.87亿元，比年初增加133.67亿元，市场占比20.77%，排名第一；专项债财务顾问服务项目265个，金额311.41亿元，存款回存超90亿元。普惠金融发挥支行优势打造特色专班，成立4个月新增贷款超8000万元；以“兴业普惠”为核心，累计对接福建高速物流、永泰县普惠金融等平台8个、投放金额超9200万元。科创金融运用“技术流”授信评价体系，投放落地238户，金额64.12亿元；科创贷款余额48.88亿元，完成总行计划的209%，携手市金融控股集团成立的“科创走廊基金”累计为46家专精特新、国家级高新技术企业提供优惠贷款近3亿元。能源金融对接落地华能集团霞浦核电项目，携手宁德分行为项目授信100亿元并实现投放，为全行首笔核电项目贷款。年末能源金融贷款余额73.29亿元（不含贴现），增幅85%。园区金融独创“软件园一站式服务”和“联合线上招商直播”模式，被总行纳入优秀园区案例汇编，落地东南汽车并购贷等多个重点项目。累计提升客户189户、新拓代发企业60户，园区金融资产余额619.83亿元。

零售金融　建设“兴e家”平台，累计签约179户，位居全行第一，注册用户超5000户，带动企业金融结算账户176个；参与人社系统体系建设，获批首批社保便民服务网点。驻点园区开展主题活动，叠加数字人民币收单业务，提升商户结算资金沉淀，全网收单核心客户1.46万户。深化同业联动，深耕华福平台建设，重构银河点对点服务架构，联合营销、共同服务三方存管客户和高净值客户。推进消保服务，运用三方调解手段，分流化解客户投诉，引导客户通过调解处理纠纷73笔，应调率和调解执行率均达100%，获全行“消保服务管理先进单位”称号；在总行开展的文明规范网点星级创评工作中，18个网点获总行星级网点牌照。

客户结算　迭代上线福建省预算管理一体化系统，为900多家单位提供服务，支付笔数超56万笔，结算金额超580亿元；上线福建省新国库工资统发系统，获200多家预算单位工资统发资格，发放近5.3万笔、金额2.4亿元；建设“福粮通”系统，打开兴业银行与国家粮食平台的首个合作通道，带动存款超2.3亿元，累计交易超8亿元；上线“榕易收”项目，中石化等重点客户上门收款现金到账时间缩短2小时。

（李捷政）

【中国光大银行福州分行】　2022年，中国光大银行福州分行本外币各项存款余额603.34亿元，比年初增加95.06亿元，增长18.7%；本外币各项贷款余额389.84亿元，比年初减少1.98亿元，下降0.51%。

服务实体经济　民营企业贷款余额177亿元，比年初增加14亿元，增长8%，累计发放利率3.84%，比年初下降42个基点。制造业贷款余额155亿元，比年初增加38亿元，增长33%，制造业中长期贷款余额49亿元，比年初增加14亿元，增长42%，全年任务完成率120%。绿色贷款余额20亿元，比年初增加12亿元，增长148%，全年任务完成率233%。普惠贷款总额139亿元，比年初增加8亿元，监管任务完成率127%，其中对公普惠贷款余额22亿元，增加5亿元，总行任务完成率103%。企业年金新增年金户24户，新增年金有效户8户，完成率267%，排名全行前列。投行业务累计为9家发行人承销发行各类债务融资工具9期，金额57亿元，其中分行份额36亿元；首次作为牵头主承为福建冶控注册DFI储架发行。金融同业业务在债券及ABS市场累计投放37亿元，推进资产证券化业务。

金融服务　至年末，零售AUM（资产管理规模）时点余额761.52亿元，比年初增加83.58亿元，增长12.3%。零售理财规模283.11亿元，其中净值型产品规模占比95%；代理业务持续优化结构，强化资产配置，盈利贡献提升。拓展零售金融项目渠道，年内个人养老金开户7000户，开户数排名总行第二。与福建省退役军人事务厅实现合作签约，举办首届“光大杯”八闽英烈讲解员大赛，开展拥军优抚系列活动，创办退役军人特色服务网点，驻点各街道、社区服务站，协助开展优待证申领工作，优待证通过审核并制卡2.2万张，完成激活有效户1.1万户。互联网联合贷款实现净营业收入8.34亿元，比上年新增3.39亿元。构建多层次“金融+”服务体系，深化场景营销，拓宽获客渠道。科技赋能项目落地，纳入分行创新项目12个、总行创新项目2个，多场景积累综合金融服务。

风险防控　根据总行从不良资产处置中要效益的批示要求，直接挂帅参与重大不良资产化解处置；落实资产质量防控，部署开展资产质量保卫攻坚战，将总行管控的还原不良额、关注额和逾期欠息额三个指标纳入分行制定的平衡记分卡大表，强调目标导向，将分行管控压力逐级传导。至年末，累计处置不良资产32.52亿元，其中现金清收8.13亿元。引领风险条线构建“123”风险管理体系，围绕“客户服务”中心，推进“人才培育、科技赋能”两大工程，推行贷款“三查”精细化管理，引导分行信贷结构优化。

（赵丽琼）

【招商银行福州分行】　2022年，招商银行福州分行人民币自营存款时点余额786.86亿元，比年初增长22.71%，增量创历史新高，自营存款月末时点市场份额2.64%，位居全市股份制银行第二。人民币自营贷款时点余额811.46亿元，比年初增长6.23%，其中一般性贷款市场份额2.24%，位居全市股份制银行第二。实现营业净收入26.92亿元，比上年增长1.24%。不良贷款实现“双降”，其中不良贷款余额3.26亿元，不良率0.40%，降至近十年最低水平。分行获评招商银行系统2020—2022年度零售金融优秀分行、2018—2022年零售金融卓越分行。零售客户总数265.09万户，比上年净增23.91万户；对公客户总数4.33万户，净增5326户，均创历史新高。持续打造“招行卡好用”品牌，全年新下载MAU（月活跃用户数）突破20万户，招行App用户数突破250万户，分行获招行系统App创新经营和活跃经营优秀分行、便民场景经营奖。新增数字人民币个人钱包14.35万户，其中活跃钱包12.68万户；累计发生交易金额26.69亿元，获招行系统数字人民币个人钱包推广竞赛优秀分行。

大财富管理业务　零售AUM（不含三方）月日均余额914.64亿元，比上年增长14.8%，时点AUM网均增量3.23亿元；批发FPA（固定付款金额）月均余额792亿元，增长14%。家族信托年累计交付额比上年增长26.42%。

贷款业务　个人经营性贷款在福州市辖区规模首超兴业银行，排名股份行第一；同城房贷增量份额排名市场第一，市场占有率提升至4%。对公信贷实现年末时点余额比年初净增12亿元。

数字化转型　出台分行数字化转型三年规划，推广“221”火种计划，加快数字化应用普及，准实时反诈和招行卡好用平台分获总行金融科技创新项目奖和优秀项目奖。推广企业数字化产品，薪福通推广经营户均积分位居全行第一。

（李诗婷）

【中国民生银行福州分行】　2022年，中国民生银行福州分行本外币各项存款余额292.59亿元，比年初增加42.31亿元，增长16.90%；本外币各项贷款余额392.04亿元，比年初减少7.60亿元，下降1.90%。

服务重点项目　分行为省内各类企业累计提供表内信贷融资2561亿元，表外融资831亿元，累计投资地方债172亿元。8月23日，中国民生银行与福建省人民政府在福州签署战略合作协议，在未来五年内为福建省提供不低于3000亿元的意向性融资支持，用于支持生态文明、战略性新兴产业、交通能源、公用事业、城乡一体化、现代服务业、“四大经济”等领域建设。

服务民营企业　分行对公贷款客户中民企占比超71%，与省内36家重点民营企业结成战略合作伙伴，提供授信支持超194亿元。以创新服务模式，支持中小民企融资需求，推动13家行业龙头核心民企践行供应链金融。

服务小微企业　为6689家小微企业开展无还本续贷，涉及金额183.66亿元；对17513家小微企业调降贷款定价，涉及本金293.95亿元；主动向各类企业减费让利24010.87万元。

服务公益事业　年内，向周宁县慈善总会定向捐赠4.5万元，用于支持福建工程学院疫情防控公益项目；向中国金融教育发展基金会捐赠“金社工程社区金融教育项目”5万元，用于定点捐建金融教育服务站；向宁德市慈善总会捐赠“霞浦县盐田畲族乡西胜村扶持乡村振兴补助款”3万元；向中国扶贫基金会捐赠24.02万元，参与巩固拓展脱贫攻坚成果，推动脱贫地区发展和乡村全面振兴工作，筹资近60万元采购河南省封丘县、滑县特色农产品；组织参与《海峡都市报》“加油吧！少年”阳光助学公益行赞助活动。在《海峡都市报》2022年第六届“金碑奖”暨第十二届“百姓看金融”活动中获“助企纾困突出贡献奖”“年度金融品牌口碑奖”；在《福州日报》第九届“金榕”品牌评选活动中获“小微金融服务典范银行”称号和《福州日报》2022年“诚信金融”口碑品牌；在《福州晚报》2022金融力量榜评选中获“服务实体卓越奖”。

（俞正林）

【福建海峡银行】　2022年，福建海峡银行资产总额2251.92亿元，比上年增加239.69亿元，增长11.91%，资产增速创近6年新高；年末资产增幅比2019年末增长38.62%，三年复合增长率11.50%。各项存款余额1735.71亿元，比上年增加229.26亿元，增长15.22%，比2019年末增长55.02%。各项贷款余额1310.01亿元，比上年增加201.21亿元，增长18.15%，比2019年末增长76.14%。存贷款余额的复合增速分别为15.73%、20.77%，高于省内同业平均增速2.2个百分点、8.06个百分点。不良贷款率1.33%，比年初下降0.02个百分点，比2019年末下降0.22个百分点，不良贷款率创近10年新低。实现营业收入48.93亿元，比上年增加4.49亿元，增长10.10%。实现净利润7.92亿元，比上年增加1.09亿元，增长16.04%。纳税9.81亿元，比上年增加1.79亿元，增长22.32%。3年累计实现营业收入130.90亿元，实现净利润20.23亿元，累计纳税22.95亿元。落实和融入强省会战略，各项贷款中投向福州地区贷款938.28亿元，占比71.62%，比上年增加146.08亿元，增长18.44%，高于福州同业平均增幅11.16个百分点。

服务福州国企　根据“财政＋国企＋金融”理念，专项提高市属国企授信集中度限额，实施综合授信模式，全年批复福州国企授信518.9亿元，累计投放194.88亿元，分别比上年增长156.73%、76.52%。累计新增开户133户，实现福州市属一级国企开户、授信全覆盖。按照市委、市政府的工作导向和整合后的国企职能开展营销，支持重点项目，助力盘活存量资产，累计为榕发滨海应急仓储基地、人才集团公寓项目、福米科技等省市重点项目投放项目贷款31.22亿元。

服务现代化产业体系　结合市政府产业规划，以全市16条产业链为目标，以园区金融作为抓手，制订专项营销方案，提供全周期金融产品，推动园区金融提速增效。至年末，产业链重点核心企业授信余额152.41亿元，比年初增加15.97亿元，供应链金融合作客户数比年初增长14.68%。“福州市培育工业龙头企业”覆盖率37.5%，比年初提升9.6个百分点。“2021年度福州市上市后备企业”覆盖率27.4%，比年初提升4.1个百分点。

服务百姓民生　与市民政局联合打造全省首张集金融和养老功能于一体的“银龄福卡”，对接长者食堂337家，累计发行“银龄福卡”4.1万张。优化社保卡服务，制发社保卡20.04万张，在福州发卡银行中网均发卡排名第一。加强与市卫健委、教育局等部门的对接，推进省会惠民金融和智慧城市项目建设，持续合作推动“e福州”、榕医通、教育缴费等平台建设。

特色金融　作为全国第3家签署联合国“可持续蓝色经济金融倡议”的银行，以打造海上福州国际品牌为契机，探索创新特色化、差异化产品服务，涉海贷款比年初增加41.17亿元、增长48.80%，占一般贷款余额超10%。作为国内第八家采纳“赤道原则”的银行，实施“赤道原则”项目贷款标准，绿色融资比年初增加25.34亿元、增长68.52%，助力擦亮“榕城绿”“福州蓝”特色名片。关注专精特新企业融资需求，服务科技型企业556家，科技企业贷款比年初增加24亿元、增长41.9%，全年福建省“科技贷”累计投放量及投放户数位列全省同业机构第二。落地全省首笔集成电路布图设计专有权质押贷款和人才创业信用贷款。

风险防控　建立“全覆盖、全流程、全穿透、全手段、全生命周期”全面风险管理体系，完善风险管理模式、方法、手段。聚焦重点领域、重点行业和重点产品风险监测，完善清收政策，优化处置预案，全年累计处置各类不良资产30.30亿元，比上年多处置7.04亿元。持续推进关键机制改革创新，实施预期信用损失法，提升风险计量的科学性、拨备计提的精准性。实施集中评审改革，将全辖授信业务上收总行集中审查审批，实现集中管理、统一标准、规范作业。

（林恒烨）

【浦发银行福州分行】　2022年，浦发银行福州分行在福州市辖区贷款余额379.66亿元，比年初增加21.55亿元。其中，对公贷款余额126.17亿元，比年初增加18.36亿元，位居当地股份制银行第三。

服务区域经济　分行通过投放贷款、撮合资金等多途径为福州区域内重点项目、民生工程、民营企业等提供融资支持。其中，为福州地铁、大唐（福州）新能源、福建三峡海上风电、福清海峡发电等多个重点项目提供绿色与基础设施信贷支持。为福州城投投放保险信托贷款；为福州金控下属公司提供基金托管业务；配合福州市国企转型，基本实现与国投集团、古厝集团、城投集团、左海集团、新区集团等市属十二大国企集团业务全覆盖。

银政企战略合作　与福州区域各级政府、国企合作，年内与仓山区人民政府、市国资委、市科技局、福州大学国家科技园等签订战略合作协议。开立福州市财政预算外资金财政专户、福州市长乐区公共资源交易投标保证金账户、连江县公共资源交易投标保证金账户，并与福州市政府机构建立非税收入收缴账户结算业务合作。

支持民营及小微企业发展　以纾困及各项普惠政策为重要依托，根据市委市政府对科技企业的一揽子政策支撑，及各项纾困、普惠政策，分行打造“科创金融找浦发”品牌，累计服务区域科技型企业近600家，贷款余额42亿元。创新对接发改委、住建厅、公共资源交易中心等部门，在全国范围内率先实现工程领域保函线上化，累计服务区域内中小工程企业3000余家，开立保函金额328亿元。

（陈巧芳）

【广发银行福州分行】　2022年，广发银行福州分行基础存款日均162.9亿元，比上年增加8亿元，增长5.2%。其中，核心存款日均59.3亿元，比上年增加10.4亿元，位居同类行第四。各项存款付息率2.47%，比上年下降5个基点。储蓄存款年日均比上年增加8.18亿元，增长25.35%。个人核心存款年日均增加4.32亿元，个人存款付息率下降14个基点。实现含卡营业收入10亿元，比上年增长8.79%，高于系统内分行平均6.6个百分点；实现非卡营业收入3.42亿元，增长0.63%，高于系统内分行平均水平3.8个百分点。实现拨备前利润8.1亿元，比上年增长50.9%。剔除非经常项目后，实现拨备前利润6.6亿元，比上年增长16.6%。实现净利润1.16亿元，完成率位居全系统第二。经营效率实现提升，非卡成本收入比例49%，比上年下降4.3个百分点。零售营业收入8956万元，其中理财中间业务收入1256万元。自分行开业以来首次实现零售银行净利润盈利899万元。实现含卡手续费净收入2.68亿元，比上年增长18.5%，高于系统内分行平均水平4.8个百分点。实现非卡手续费净收入0.5亿元，比上年增长28.5%，高于系统内分行平均水平28.6个百分点。含卡手续费净收入占比26.8%，比上年提升2.2个百分点；非卡手续费净收入占比14.6%，比上年提升3.2个百分点。分行交易银行实现营业收入4478万元，比上年增长28%，其中交易银行手续费净收入2916万元，增长59%。双轻产品规模63.5亿元，比上年增长48%。个人理财产品销售业绩名列前茅，成为全行11家非货币及国寿安保基金销售考核“双达成”的分行之一，其中非货币基金销量全行排名第二。广发智投销量位居全行第四；基金定投完成率位居全行第一，带动中收奖励700万元。广银理财首支添福产品销售超额完成总行任务目标，完成率位居全行第一。分行获评总行“财私业务优秀分行”，并被总行评为数字化获客表现优异的分行。

同业业务　3月末，分行同业业务操作性事项权限恢复。落地首笔同业黄金租赁业务，新增落地福建海峡银行CIPS（人民币跨境支付系统）间参业务，实现银行在福建地区CIPS间参业务“零”的突破，获总行表扬。完成综合金融客户开发2户；完成投行交易撮合与分销业务产品规模20亿元。同业有效户完成率在同类行及全行均排名第一；协同理财子新增资产规模在同类行排名第二，全行排名第九；金市手续费净收入得分在同类行排名第四，全行排名第11。

跨境金融　累计发生进口代付0.4亿美元，国内证福费廷转卖3.12亿元，同业权限开放带动营业收入约324万元。分行落地开业以来单笔最大金额跨境人民币国际证，跨境人民币业务规模达5.79亿元，比上年增长399%。福建地区银行份额占比排名前进4个位次。

服务实体经济　小微贷款余额4.88亿元，比年初增长0.75亿元。支持乡村振兴，对公涉农贷款余额16.08亿元；对公普惠涉农贷款余额1.98亿元。其中，普惠涉农贷款余额新增完成率位居同类行第三，位居全行第七。落地泉州卜吉熊城市+文创卡项目、海丝谷文旅场景项目、福州机场新模式；创新小区场景发卡模式，社区项目发卡量位居全行第三。

保银个贷业务　保银协同转介客户新增贷款规模1.4亿元，保银协同个贷有效户比年初净增2331户，居全行第一，被总行推荐为优秀分行在三季度保银协同经营分析会进行先进经验分享。

个人养老金业务　个人养老金开户突破2.2万户，完成率位居全行第四，有效入金率位居全行第二。分行获总行突出贡献奖等6个奖项。拓展线上平台个人养老金引流业务，在福州银联云闪付当地二级页上线广发银行个人养老金业务开户功能。个人养老金业务获央视一套、央视新闻频道《朝闻天下》栏目和福州新闻频道报道。

（符冬梅）

【厦门国际银行股份有限公司福州分行】　2022年，厦门国际银行股份有限公司福州分行总资产987.92亿元，纳税3.5亿元，各项存款余额530.52亿元，各项贷款余额979.29亿元。年内，获全国金融系统思想政治工作优秀单位称号、福建省五一劳动奖状、福建省五四红旗团委称号、福建省企业民主管理规范化建设示范单位称号等。

银政合作　分行与福州市永泰县和闽侯县、龙岩市连城县和永定区、宁德市福鼎市和福安市、泉州市晋江市、三明市永安市、漳州市东山县和诏安县等14个区县签署战略合作协议，累计签约金额383亿元。年内，与福鼎市、漳州台商投资区签署战略合作协议，新增协议金额100亿元，并提前达成与晋江市人民政府、连城县人民政府战略合作协议目标。

农村普惠金融服务点　根据“一村一品、特色金融”发展策略，分行在“红色圣地”龙岩古田、“著名侨乡”福清海口镇、“海上桥头堡”连江、“武夷岩茶第一镇”南平星村、“沙县小吃第一村”三明俞邦村建设农村普惠金融服务点。创办海口镇牛宅村金融教育基地，入选由中国人民银行福州中心支行、福建省农业农村厅联合认定的福建省乡村金融教育基地名单。

企业融资服务　分行服务福建省晋江城市建设投资开发集团有限责任公司作为“全国首单县域经济赴澳门市场发行债券”“澳门中央证券托管系统启动以来全国首单非金融类企业债”，服务漳州圆山发展有限公司作为全国首家国企赴澳门备证增信发行美元债。累计服务闽籍企业赴澳门发债突破50亿元，实现“省、市、县”各级企业的赴澳发债全覆盖。9月19日，2022年金融资本服务实体经济福建创新发展大会之“双循环下的跨境发债新格局新机会”子论坛暨跨境发债“引资入闽”200亿元战略合作协议签约仪式在福州举行。

（陈婷婷）

【集友银行有限公司福州分行】　2022年，集友银行有限公司福州分行总资产规模263.15亿元，存款规模人民币68.78亿元，贷款规模63.54亿元，债券投资规模120.33亿元；实现经营收入3.71亿元，实现净利润2.02亿元。为省内最大外资银行，各项主要监管指标均符合监管要求。

服务实体经济　实施“立足本地、深耕八闽”策略，依托“跨境金融专家”定位和快捷高效的闽港联动、集团协同，对接服务“专精特新科技”“绿色经济”“助力乡村振兴”“防疫”等领域实体企业，以鼓楼支行为着力点，优化创新金融产品与服务模式，助力实体经济高质量发展。提升本地业务占比，累计向32家本地企业提供授信港币34亿元，本地客户数占全部授信户58%。创新拓展业务领域，年内实现多笔业务创新突破，包括近5年首笔台资企业贷款、首笔企业设备抵押贷款、首笔本地企业在建工程抵押贷款、首笔“一带一路”企业授信、首笔技术改造项目贷款等。深化属地政银企交流互动，加入福建省亚太经济贸易合作促进会，入选“第七期福建省中小微企业纾困增产增效专项资金贷款银行名单”，成为福建省香港商会会员。

金融市场业务创新　年内办理首笔“直投”澳门债券交易所发行的债券业务，实现境内外主流债券投资全渠道覆盖。完成美元债投资4笔，中资美元债投资余额港币12.17亿元，所投债券发行人均为境内省、市级国有企业。6月，完成首笔福建省地方政府债投资2.5亿元，至年末，分行福建省地方政府债投资余额4.6亿元。作为首家进入福建省地方政府债券承销团的外资银行分行，年内承销量位居上游，并获得2023—2025年承销资格。发挥外汇全牌照优势，实时跟踪、及时研判外汇走势，结合企业收付汇业务量，为企业提供结售汇服务，推动分行首笔外汇远期业务落地。

风险防控　守好资产质量关，坚持原则性与灵活性相结合的信贷业务全流程管理，加强对贷前尽职调查和信贷评估的质量把控，完善贷中规范化管理，持续优化贷后资金管控与贷后检查机制。以专项检查工作为支点，常态化开展自查整治，以查促改，以改促优，内控合规水平获监管部门认可。开展“合规文化深化年”工作，持续开展高质量发展信贷文化、审慎经营合规文化、清廉金融文化等理念宣导，创新推出金融宣传教育新模式，多篇知识普及作品获“八闽金融”采编。

（陈子清）

保险业

【概况】　2022年，福州地区有保险公司主体64家（含法人机构1家），其中财产险公司27家、人身险公司37家，各级营业机构网点420个，有保险专业中介公司网点164个。全市保险公司资产总额1140.7亿元，全年累计实现保费收入403.81亿元，规模居全省各设区市首位，其中财产保险105.15亿元，人身保险298.66亿元，累计承担风险总额49.92万亿元，各项赔付支出累计136.73亿元。助力完善多层次养老保障体系，推进养老第三支柱建设，巩固税延养老保险试点，实现专属商业养老保险试点和个人养老金试点落地。推动长期护理保险试点经办服务提档升级，为171.2万名福州参保人提供长护险经办服务，设立长护险服务网点21个，签约定点护理机构112家，帮助3398名失能人员享受长护待遇，待遇享受率超过60%。支持投资建设“泰康之家福园”养老社区，投资金额15亿元。服务健康中国战略，保险公司承办城乡居民大病保险实现市县全覆盖，参保居民507.9万人，通过降低大病保险起付线、提高赔付比例等措施，落实大病保险建档立卡贫困人群保障政策，解决因病致贫返贫问题，累计为福州市180.5万名职工提供城镇职工大额医疗费用商业补充保险。指导推出“低保费、保大病、保目录外”的城市定制型商业医疗保险“惠闽宝”，首期承保59.4万人次，入选“非凡十年福建金融业20件大事”。针对农户多元化需求和地方优势农产品，指导保险机构研发涉农特色产品，累计为养殖业、种植业、林业提供保险保障140亿元。累计提供公众责任保障7250亿元、雇主责任保障5300亿元、产品责任保障478亿元。

（唐福来）

【中国人民财产保险股份有限公司福州市分公司】　2022年，中国人民财产保险股份有限公司福州市分公司实现全险种保费收入18.73亿元，比上年增长10.01%，其中车险保费14.41亿元，增长7.18%；非车险保费4.33亿元，增长20.58%。实现承保利润8213万元，综合成本率94.92%，优于行业3.78个百分点。

承保业务　车险板块实现顶格对标发展，进行存量续保客户分类画像，全年家用车续保率80.51%；效益险种保额提升，400万承保率36.41%；续保团队人均产能比上年提升14.07%。个非板块持续推广“驾意险”“两安康”“惠闽宝”及其他个非产品，全年个非保费1.25亿元，比上年增长60.16%。“惠闽宝”整体线下保费超1155万元；驾意险发挥产渠协同效能，渗透率74.93%。商团板块坚持“拓渠道、找项目、用平台、建团队”的发展导向，绘制新增保源，对接辖区产业园区，全区“服务十局”主题营销活动保费收入

384.53万元。安责险实现规模化发展。开拓创新型业务，每月定期召开商团创新例会，出台《商团创新激励方案》，承保全省首单科创企业商标被侵权损失险、全省首单直升机通用航空保险，全省首创福建省博物馆文物保险“保险+科技”模式，全区首单“护卫农田”IDI（工程质量保险）。对存量客户进行分类管理，实行挂点督导工作机制，执行工作日志及周记管理制度，每周定期召开法人业务经营方案落实会，提升项目落地成效。农险板块聚焦乡村振兴，依托中心城市特点，拓展分散性商业型农险，重点开拓融侨宁夏肉牛养殖保险项目、明一集团奶牛保险、正大集团养殖险、养殖业台风指数保险、天然橡胶期货价格保险、野猪侵害农作物保险、生猪价格指数保险。普惠金融条线围绕“稳发展，重追偿”，在房抵保风险增大阶段，审慎发展业务；贷后板块持续加强与法院、仲裁委、律师等多方合作，加速风险出清及追偿回款。通过与海峡银行搭建房抵保线上通道，为小微企业及个体工商户提供金融服务。

客户服务　客服板块利用客户画像平台持续提升线上运营与营销产能转化，通过客户画像标签精准定位目标客群，配置差异化增值服务，全年配置黑钻客户生日礼8610份，服务配发率90.89%，服务触达率37.96%；通过导入服务包的形式，配送微信停车抵用券32439张，覆盖客户6039位。以“代为送检”作为保单服务项目，在出单节点对符合条件的客户进行赠送；通过客户画像平台智能共享已实现对接营销管理系统的功能，通过客户标签的精准定位，实现画像平台赋能营销产能转化。理赔板块持续推进理赔线上化，车险小额案件时效督导由“天”改为“小时”，以爱保视频查勘为主要工具提升理赔服务效能。年内，线上组月均查勘2247件，定损4991件，支付周期2.36天，6小时内结案1012件，家庭自用车客户自助查勘率49.57%，自助定损率18.62%。科技赋能板块由科技运营部主导研发上线福州企划数据大屏、车险决策经营系统、团险业务人员数据交互系统等平台，推进科技与业务融合。客服板块通过搭建企微各支公司承保—理赔协同群，前后端共同协作，将客户异议处理前置，亿元保费投诉量3.42件，比上年下降68.21%，完成省公司监管投诉控制目标值，“95518”渠道受理投诉4140件，比上年减少1218件。理赔板块开展理赔全流程督导及投诉化解工作，理赔亿元保费投诉量2.88件，比上年下降67.06%。在银保监局查勘定损技能大赛中，现场查勘抽查获得满分。

经营成本管控　通过定损管控、反欺诈打假等举措控制理赔成本，全年各项理赔减损任务均达到进度要求，其中全险种估损充足率100.44%；理赔专票获票率82.28%，低碳修复完成率219.63%；车险边际贡献减损金额9208万元；完成反欺诈全案减损3307.41万元，科技理赔减损2146.74万元。

（陈　颖）

【中国人寿财产保险股份有限公司福州市中心支公司】　2022年，中国人寿财产保险股份有限公司福州市中心支公司保费收入突破5亿元，纳税总额超5000万元。推进农村保险发展，拓展水稻种植保险、食用菌种植保险、肉牛养殖保险、蛋鸡养殖保险和林木火灾保险。7月，下辖闽侯县支公司与闽侯县洋里乡人民政府签约乡村振兴保险合作框架协议，确定公司为独家指定保险合作单位。年内，通过一体式“中国人寿财险”官方微信服务平台，全天为客户提供在线投保、在线理赔、保单查询、门店导航、道路救援、天气预警等微信线上服务。

（杨　轶）

【中国太平洋财产保险股份有限公司福建分公司】　2022年，中国太平洋财产保险股份有限公司福建分公司保费规模25.5亿元，比上年增长14.4%。其中车险16.2亿元，比上年增长7.7%；非车险9.0亿元，比上年增长27.6%；农险2920万元，比上年增长48.9%。全年累计赔付14.68亿元，比上年增长7.42%。总体实现业务稳定增长、承保盈利的经营目标。年内，分公司被省政府授予“服务福建经济三星保险机构”称号；在福建省第六届“金碑奖”年度金融评选暨第十二届“百姓看金融”活动中获“金融品牌口碑奖”；获中国银行保险业2022年度新闻宣传“优秀团体奖”；在福建银行业保险业集中开展的消费者教育宣传活动中获评“优秀组织单位”；在福建保险业反保险欺诈知识竞赛中获“优胜奖”和“组织奖”；分公司个人客户营销中心被团省委评为“青年文明号”。

服务民生　分公司连续3年承保漳州市医疗保障中心漳州市城乡居民医保意外伤害保险服务试点项目，为龙海、平和、芗城、诏安4个县（区）累计200余万名参保人提供保险保障与服务。年内，承保长汀县、尤溪县、政和县、古田县、将乐县、福鼎市、宁化县、建瓯市等地区应急管理局民生救助责任保险项目，为参保人提供保险保障与服务，累计保险保额464亿元。承保2022—2025年福建省校方责任险和职业院校学生实习责任险承保机构采购服务类采购项目，为厦门、漳州、南平、三明、龙岩地区的560万名中小学生提供保险保障与服务。推出“惠民保”，为宁德、莆田5万名居民提供风险保额1250亿元。为1.5万名新市民提供超过30亿元风险保额。

战略合作　2月25日，分公司与浦发银行福州分行签署战略合作协议，在金融业务、现金管理业务、资金托管业务、个人产品服务、信息交流、人员培训以及探索新的合作领域模式等方面开展合作。9月7日，与福建省供销合作社联合社签署战略合作协议，在政策性保险、商业保险、保险服务创新、投融资合作、养老健康项目等领域开展合作，为农民提供种植险、养殖险、涉农责任保险、农机具保险等创新型“三农”保险服务方案。11月9日，与福建省农业农村厅签署保险服务乡村振兴战略合作协议，围绕“保险保障服务、金融支农创新、科技赋能应用、专家智库共享”四大领域开展合作。

乡村振兴　聚焦因病、因灾、因学致贫返贫因素，提供医疗、救助、收入类专属保险保障，发挥保险兜底作用，为全省20个县（区）超10万人口提供150亿元风险保额，支付1500万元防贫救助金。在屏南贫困人口防贫综合保险项目中，首创“医疗赔付＋收入补偿”防贫工作新模式，同时实现保险兜底和差异化保障。

绿色行动　根据《福建银行业保险业推进绿色金融发展的指导意见》要求，将绿色保险融入公司发展战略目标，制订《绿色保险发展工作规划》，助力“双碳经济”发展和“清新福建”建设。分公司开发绿色保险产品91款，提供风险保额超5000亿元，助力工业转型升级、绿色农业发展、绿色能源建设、绿色科技应用及绿色低碳交通。借鉴“碳质押保险”，开发“单株林木碳汇保险”。

（刘娟勤）

【中国太平洋人寿保险股份有限公司福州中心支公司】　2022年，中国太平洋人寿保险股份有限公司福州中心支公司保险业务收入17.84亿元，比上年下降3.43%，市场份额10.82%，排名第三。其中，新保保费3.49亿元，比上年下降5.96%；续期总保费14.34亿元，下降2.79%。个人业务总保费16.02亿元，占总保费比重89.83%。其中，个人业务新保保费2.08亿元，比上年下降31.08%。团体业务非政保短险总保费（含银保）2037.02万元。除短险业务，银保业务新保保费累计11870.21万元，其中期交保费999.79万元，比上年增长516.62%，趸交保费达成1.09亿元。累计贡献税收685.38万元。

服务实体经济　为企业提供团体意外险、医疗保险、重疾险等一揽子风险保障服务在内的福利保障计划，以个团交叉、渠道业务模式等销售渠道为主。年内，累计企业团体意外险保费188.61万元，承保人数26万人，赔付8件，赔付金额98.2万元；企业医疗保险保费136.04万元，承保人数46.4万人，赔付229件，赔付金额93.11万元；企业重疾险保费86万元，承保人数1109人，赔付9人，赔付金额77万元。

服务民生　推进新市民新业态群体保险保障服务，在服务中小微企业新市民群体的同时，参与新业态劳动者保险保障服务。10月底，针对新市民专属产品“关爱保”进行优化升级，在原有保费不变的情况下再次下调费率，提高风险保额。至年末，专属产品承保企业5家，承保人数44人，累计保费1.05万元。福州市长期护理保险项目为861名重度失能人员提供护理服务，比上年增长635.9%。

客户服务　通过线上“云柜面”“太慧赔”等平台为客户办理投保、保全、理赔等业务，全年“云柜面”处理任务3690件，移动端保全作业累计95025件；“太慧赔”微信小程序等移动端自助申请理赔5725件。构建健康、养老、财富“金三角”服务体系，以客户需求为中心开展客户服务，推动公司分层级客户经营平台，通过健康服务、养老服务等经营客户。打造大健康、大养老生态圈，通过“产品＋服务”的销售模式开展业务经营，重疾险、医疗险等产品搭配太保蓝本、太医管家等健康管理服务等；养老年金、终身寿产品，搭配公司全国性养老家园服务；理财型年金产品，搭配信托等资产配置、理财建议等服务。推动开展线上客户服务活动，借助总公司微信公众号“叮咚助手”推送保险知识；不定期推动线上“太好店”活动，通过公司赠险及太保蓝本等服务，给客户提供健康服务通知；运用总公司好视通视频会议系统，组织开展线上客户活动。开展线下客户服务活动，举办各种形式的客户服务平台，了解保险产品及相关服务；根据客户群体分层，按照客户需求组织不同主题客户活动。

（叶艳玲）

【海峡金桥财产保险股份有限公司】　2022年，海峡金桥财产保险股份有限公司服务绿色经济、海洋经济，福建分公司首席承保福建中闽海上风电有限公司海上风电项目运营期财产险统保业务，项目包含财产一切险、机损险、公众责任险，总保费2000万元，总保额70亿元；马尾自贸区支公司承保“闽投1号”项目，为“闽投1号”可移动半潜式旅游平台提供船舶建造保险保障，保费38万元，保额7600万元。服务民生，福建分公司作为4家联合体成员之一中标福建省水利厅2022—2024年福建省堤防设施财产保险服务项目，获得连续3年服务该项目的资格，该项目财产综合险公司份额内保费95.28万元，保额7.34亿元；福建分公司作为5家联合共同体成员之一中标福建省公路事业发展中心福建省农村公路灾毁保险服务项目，获得连续“3+2年”服务该项目的资格，该项目财产综合险公司份额内保费278.16万元。开展服务创新，福建分公司承保福建投资集团网络安全险业务，实现保费收入38万元，保额640万元，为公司网络安全保险业务首度落地；创新电梯综合保险，通过4个路径（物业、维保、政府、企事业）实现签单或协议签订，至年末，电梯全生命周期创新产品累计保费250万元。

（郑　倩）

证券期货业

【概况】　2022年，福州市有上市公司95家；证券公司2家（兴业证券股份有限公司、华福证券有限责任公司），证券分公司45家，证券营业部132家，期货公司3家（兴证期货有限公司、福能期货股份有限公司、鑫鼎盛期货有限公司），期货营业部35家。

【上市公司】　2022年，福州市有上市公司95家，其中境内上市公司52家，境外上市公司43家。全年通过资本市场实现直接融资1295.96亿元，其中首发融资35.09亿元，增发融资10.44亿元，配股100.84亿元，34家次上市公司通过发行金融债、公司债、短期融资券、中期票据、证监会主管ABS（资产证券化产品）等方式融资1149.59亿元。

【场外市场】　2022年，福州市有上市后备企业263家，13家进入实质上市程序，1家完成审核待注册、2家进入首发审核程序、10家在福建证监局上市辅导；有60家中小企业进入全国中小企业股份转让系统（“新三板”）挂牌交易，3家企业进入海峡股权交易中心挂牌交易。

【证券期货】 2022年，福州市有证券公司2家，证券分公司45家，证券营业部132家，占全省（不含厦门）总数的36.16%；手续费收入176191.14万元，占全省（不含厦门）总数的50.41%；利润总额53951.67万元，占全省（不含厦门）总数的45.39%。全市有期货公司3家，期货营业部35家，占全省（不含厦门）总数的46.67%；手续费收入3817.29万元，占全省（不含厦门）总数的43.89%。

【债券融资】 2022年，福州市有存续期企业债券13只，发行企业4家，累计发行额度85.8亿元，分别是福州市长乐区国有资产营运公司发行10亿元、福州城市建设投资集团有限公司发行50亿元、福州新区开发投资集团有限公司发行20亿元、福清市城投建设投资集团有限公司发行5.8亿元。

【基金业】 2022年，福州市（含平潭）在中国证券投资基金业协会登记的私募基金管理公司168家，私募基金1368只，私募基金管理规模1551.08亿元。

（刘莉鑫）

【兴业证券股份有限公司】 2022年，兴业证券股份有限公司实现营业收入106.60亿元，净利润33.43亿元，归属母公司股东的净利润26.37亿元。集团资产总额2458.59亿元，比上年增长13.06%；净资产568.37亿元，增长25.32%；归属母公司净资产522.65亿元，增长26.89%。

财富管理业务　客户规模保持增长态势，代销金融产品领域行业领先，公司股票+混合公募基金保有规模在证券公司中名列前茅，推进家族财富办公室机制建设，券商交易结算领域保持先发优势；机构经纪业务，高价值机构经纪客户数量和占比提升；产品生态持续丰富，公募基金管理规模保持增长，子公司兴证全球基金资产管理总规模6495.40亿元，其中公募基金规模5863.17亿元，兴证全球旗下新发8只公募产品，在同类基金中单只产品发行规模名列前茅；兴证资管完成券商资管公募化改造。

机构综合服务　大投行业务保持行业领先，股权融资额和债券融资额排名均实现提升。股权融资业务，年内主承销金额276.54亿元，行业排第11位，其中，再融资主承销金额行业排第七位。债权融资业务，企业债券承销143.02亿元，排行业第七位，ABS管理人口径发行总额299.25亿元，排行业第八位；研究业务创收创誉继续维持行业第一梯队，公司在第二十届新财富最佳分析师评选中获“本土最佳研究团队”第四名，连续第七届蝉联该奖项前五名，在新设的“最佳ESG实践研究机构”奖项中获第二名，拓展在产业研究、智库服务和绿色金融等领域；资产托管外包业务延续增长，公司新增服务私募证券投资基金数量同业排第六位；公司期末存续托管证券类私募投资基金产品数量5496只，同业排第五位；布局场外衍生品业务。

自营业务　债券自营投资收益率在可比基金中名列前茅，权益自营投资

2022年6月18日，兴业证券国企多元混改上市项目获评2021年度福建省十大金融创新项目。图为授牌仪式现场

（兴业证券股份有限公司　供图）

收益率跑赢指数并排名可比基金前列，另类投资业务结构持续优化，自有资金投资一级股权项目成功IPO项目数量创新高。

（陈德强）

【华福证券有限责任公司】 2022年，华福证券有限责任公司服务福建实体经济，拓宽省内企业股权融资和债权融资渠道，完成省内再融资项目2个，总发行规模950亿元；完成省内企业债券发行43单，总发行规模1266亿元；完成省内ABS（资产证券化融资）发行2单，总发行规模28.52亿元。重点推进省内北交所IPO（首次公开募股）项目2个，储备省内债权和ABS项目31单。以福建本土企业为基本盘，重点布局股权投资业务，助力企业转型升级，投资的福光股份、福昕软件和万辰生物均完成上市。

推进财富管理业务转型，公司股票+混合型公募基金保有规模行业排第24名；“小福牛”App获首届中国证券业数字化转型“投顾服务APP君鼎奖”。“华福证券—信福优享1号集合资产管理计划”获《中国证券报》“2022中国证券公司集合资管计划金牛奖”。根据WIND资讯统计数据，公司股权投行业务承销规模42亿元、行业排第37名；债券业务承销规模235亿元、行业排第42名，福建省内公司债、企业债合计承销规模115亿元、行业排第三名，其中绿色债券承销规模行业排第17名（中证协统计数据），完成福建省首单省属国企绿色企业债券和福州区域首单区县级绿色企业债券；ABS业务主承销规模17.38亿元、行业排第43名，完成全国首单“碳中和”写字楼类REITs（不动产投资信托基金）项目，主承销的金茂酒店储架CMBS（商业房地产抵押贷款支持证券）获《证券时报》“2022创新资管计划君鼎奖”。子公司兴银基金管理的固收类产品整体投资业绩保持在行业前1/3，权益类产品收益率综合排名在行业中位数。

所属福州分公司本部下设机构业务部和财富管理部等业务部门，负责统筹管理辖区18家证券营业部，并与福建投资银行部联动，为私人客户、机构客户、上市公司等各类群体提供综合金融服务，全年实现营业收入4.71亿元，净利润1.54亿元。福建投资银行部为福州辖区企业融资提供公司债、绿色企业债等债券承销投资银行专业服务，年内为福建省旅游发展集团有限公司、中国武夷实业股份有限公司、闽侯县建设投资集团有限公司、兴业资产管理有限公司、福清市国有资产营运投资集团有限公司5家企业提供公司债债券承销服务，发行债券5只，债券规模41.4亿元；为福清市城投建设投资集团有限公司、福建建工集团有限责任公司2家企业发行绿色企业债券，发行规模11.8亿元。

（雷良桃）

【兴证期货有限公司】 2022年，兴证期货有限公司福州辖区分支机构代理客户总数7745户，比上年增加117户，增长2.34%，福建辖区占比4.58%。其中，代理机构客户数527户，比上年增加68户，增长14.81%，福建辖区占比15.10%，客户机构化增速态势明显。代理期末客户资产7.39亿元，比上年减少1.11亿元，下降13.06%，福建辖区占比6.19%。代理全国期货市场成交金额7011.83亿元，比上年减少4864.88亿元，下降40.96%，福建辖区占比8.42%。

分析福州辖区重点企业，挖掘企业个性化需求，开展重点企业专项服务工作。为福州辖区企业申报交割资源，针对郑州商品交易所开展征集丙烯交割库，梳理福州辖区相关产业情况，沟通相关企业，为福建美得石化完成丙烯交割库申报工作；推进中景石化申报大商所的聚丙烯交割厂库，助力企业9月获批聚丙烯交割厂库。梳理福州辖区有关大商所相关品种的重点企业，寻找符合大商所产融培育基地的企业，完成中景石化有关大商所产融培育基地申请报告，助力企业8月获批大商所产融培育基地。

持续举办及参加福州辖区举办的各类产业会议，以提升产业对期货等衍生品工具的认知和理解，搭建产业交流沟通平台，推动期货服务实体经济。3月17日，福建省工信厅指导、福建省中小企业服务中心等单位主办，兴业证券和兴证期货协办的第16期“融指汇”主题沙龙暨企业规避原材料价格波动风险主题分享活动在福州以线上方式举行，省内化工棉纺等企业和相关单位300余家参与活动。7月21日，受邀参加“福建省农业生产资料流通协会第二届第一次会员大会暨2022年福建省农资行业年会”，会上通过介绍近两年尿素市场行情以及农资行业普遍关心的尿素期货相关知识，助力尿素贸易商及下游企业应用期货工具规避尿素价格大幅上涨风险。8月25日，承办由省地方金融监督管理局主办的“期货和衍生品服务新福建建设推进会”，来自中国期货业协会、五大期货交易所、期货衍生品领域专业机构的专家学者参会，围绕“聚焦期货金融创新，助力企业绿色发展”主题，为期货和衍生品服务新福建建设建言献策，助力福建企业综合运用套期保值、交割服务、场外期权、仓单服务、保险+期货等金融工具，创新金融产品和服务。9月，协同福建农林大学举办2022年福建省乡村振兴带头人培育“头雁”项目培训班，福建分公司分享“期货和衍生品服务新福建农业企业”主题内容，向中小企业主普及期货金融工具使用方法。

（毛小鸿）

（编辑 周弭姣）

旅游业

综 述

【旅游业年度发展】 2022年，福州市国家A级旅游景区62家、星级饭店33家、旅行社272家、持证导游2196人。接待游客7861.56万人次，比上年下降12.2%，其中接待过夜游客1619.24万人次，下降24.9%；实现旅游总收入596.4亿元，下降17.1%；游客人均花费759元，下降5.5%。其中，接待国内游客7854.62万人次，比上年下降12.2%；实现国内旅游收入593.55亿元，下降16.8%。接待入境游客6.94万人次，比上年下降21.4%；实现旅游外汇收入0.42亿美元，下降54.4%。三坊七巷、朱紫坊获评全国非遗旅游街区。永泰大喜村获评全国乡村旅游重点村。福建长乐闽江河口国家湿地公园获评国家AAAA级旅游景区，长乐滨海度假区等3家单位获评省级旅游度假区，闽越水镇等4家单位获评国家AAA级旅游景区。永泰县大喜村入选全国乡村旅游重点村，2条线路入选全国乡村旅游精品线路。4个村获评福建省金牌旅游村，1个镇获评福建省全域生态旅游小镇。

【景区管理】 2022年，福州市新增1家国家AAAA级旅游景区（福建长乐闽江河口国家湿地公园）、4家国家AAA级旅游景区（春伦生态茶园、闽越水镇、贝里蟹谷景区、九野小镇）。全市有62家国家A级旅游景区，其中国家AAAA级及以上旅游景区16家（含1家国家AAAAA级旅游景区），国家AAA级旅游景区37家。

鼓山旅游景区和中国船政文化景区开展国家AAAAA级旅游景区创建工作。其中，鼓山旅游景区创建国家AAAAA级旅游景区申报材料提报文旅部，继续对标开展创建提升工作。中国船政文化景区对照国家AAAAA级旅游景区创建标准完成系列提升改造工作，初步完成创建国家AAAAA级旅游景区申报材料编制工作。

表50　**2022年福州市国家A级旅游景区一览表**

序号	旅游景区名称	所在县（市）区	等级	地址
1	三坊七巷历史文化街区	鼓楼区	AAAAA	鼓楼区营房里10号
2	石竹山风景区	福清市	AAAA	福清市东张水库
3	旗山森林人家旅游区	高新区	AAAA	闽侯县南屿镇
4	福州国家森林公园	晋安区	AAAA	晋安区福飞北路480号
5	鼓山旅游景区	晋安区	AAAA	晋安区鼓山镇
6	贵安新天地休闲旅游度假区	连江县	AAAA	连江县潘渡镇贵安村
7	连江溪山休闲旅游度假村	连江县	AAAA	连江县潘渡镇贵安村溪山路1号
8	罗源湾海洋世界	罗源县	AAAA	罗源县松山镇滨海路13号
9	中国船政文化景区	马尾区	AAAA	马尾区星达路2号
10	青云山风景区	永泰县	AAAA	永泰县岭路乡

续表 50

序号	旅游景区名称	所在县（市）区	等级	地址
11	永泰天门山风景区	永泰县	AAAA	永泰县葛岭镇
12	永泰云顶景区	永泰县	AAAA	永泰县岭路乡藤山
13	永泰百漈沟景区	永泰县	AAAA	永泰县梧桐镇三富村大渭 13 号
14	永泰欧乐堡海洋世界	永泰县	AAAA	永泰县葛岭镇
15	瑞岩山景区	福清市	AAAA	福清市海口镇
16	福建长乐闽江河口国家湿地公园	长乐区	AAAA	长乐区潭头镇
17	春伦茉莉花文化创意产业园区	仓山区	AAA	仓山区城门城山路 84 号
18	灵石山国家森林公园	福清市	AAA	福清市东张镇
19	东壁岛旅游度假区	福清市	AAA	福清市龙田镇海滨村
20	福清后溪旅游区	福清市	AAA	福清市一都镇后溪村
21	东关寨文化旅游区	福清市	AAA	福清市一都镇东山村东关寨
22	源脉温泉园	鼓楼区	AAA	鼓楼区福飞路龙腰 146 号
23	福道	鼓楼区	AAA	鼓楼区梁厝路 153 号
24	金鸡山公园	晋安区	AAA	晋安区金鸡山路 60 号
25	中国寿山石馆景区	晋安区	AAA	晋安区寿山乡寿山村 188 号
26	川捷休闲文体旅游区	晋安区	AAA	晋安区新店镇洞田村 888 号
27	汇雅温泉休闲旅游度假村	晋安区	AAA	晋安区桂湖小镇
28	寿山石古矿洞景区	晋安区	AAA	晋安区寿山乡
29	贵安温泉旅游度假村	连江县	AAA	连江县潘渡乡贵安村贵洋路
30	罗源畲山水景区	罗源县	AAA	罗源县霍口畲族乡冈尾村
31	三叠井国家森林公园	闽侯县	AAA	闽侯县荆溪镇仁洲村
32	闽都民俗园	闽侯县	AAA	闽侯县甘蔗街道学院路 63 号
33	福建豪业七叠温泉景区	闽清县	AAA	闽清县塔庄镇
34	瓷天下·海丝谷	闽清县	AAA	闽清县东桥镇
35	闽清宏琳厝景区	闽清县	AAA	闽清县坂东镇新壶村
36	冰心文学馆	长乐区	AAA	长乐区吴航街道朝阳中路 259 号
37	长乐显应宫	长乐区	AAA	长乐区漳港街道仙岐村
38	长乐猴屿洞天岩	长乐区	AAA	长乐区猴屿乡
39	东湖数字小镇景区	长乐区	AAA	长乐区东湖路
40	永鸿文化旅游城	福清市	AAA	福清市海口镇
41	罗汉里红色旅游景区	福清市	AAA	福清市山坑
42	福州西湖	鼓楼区	AAA	鼓楼区湖滨路 71 号西湖公园
43	屏山公园（镇海楼）	鼓楼区	AAA	福飞南路 139 号
44	皇帝洞生态旅游景区	晋安区	AAA	晋安区日溪乡梓山村
45	福建凤翔首邑温泉旅游度假村	闽侯县	AAA	闽侯县荆溪东大道 41 号
46	永阳文化中心	永泰县	AAA	永泰县站前大道 2 号

续表 50

序号	旅游景区名称	所在县（市）区	等级	地址
47	福山郊野公园	鼓楼区	AAA	鼓楼区软件大道 89 号（老虎坑水库旁）
48	上下杭历史文化街区	台江区	AAA	台江区上杭路 108 号
49	福州烟台山	仓山区	AAA	仓山区梅坞路 14 号
50	贝里蟹谷景区	连江县	AAA	连江县丹阳镇新洋村永新路 1 号
51	春伦生态茶园	晋安区	AAA	晋安区宦溪镇创新村公平 235 号
52	闽越水镇	闽侯县	AAA	闽侯县竹岐乡 316 国道旁闽越水镇
53	九野小镇	闽清县	AAA	闽清县东桥镇南坑村 666 号
54	福州市博物馆	晋安区	AA	晋安区文博路 8 号
55	红蚂公社	马尾区	AA	马尾区琅岐镇金砂建光村红蚂公社
56	平流尾地质公园	连江县	AA	连江县茭南村
57	福建省委旧址纪念馆	永泰县	AA	永泰县塘前乡官烈村官烈 3 号
58	琴江满族村	长乐区	AA	长乐区航城街道
59	商务印书馆福州分馆	长乐区	AA	长乐区文武砂街道文松路 660 号海峡青少年活动中心西侧 1 ～ 3 楼
60	和平街特色历史文化街区	长乐区	AA	长乐区吴航街道郑和东路和平街
61	龙鼓度假村	马尾区	AA	马尾区琅岐镇龙鼓度假村
62	南阳红色旅游区	长乐区	AA	长乐区江田镇南阳村南阳 97 号

【乡村旅游】 2022 年，福州市接待乡村旅游游客 1488.22 万人次，实现乡村旅游收入 64.57 亿元。举办第四届“乡约福州，一起村游”2022 福州美丽乡村旅游季活动，一起来“蚂”福、一起去“村”游、一起过“村”节三大配套活动有效拉动文旅市场消费，福州美丽乡村旅游季成为推动乡村旅游高质量发展的品牌活动和重要抓手，持续推动旅游市场复苏振兴。永泰县嵩口镇大喜村被评为全国乡村旅游重点村。罗源县白塔乡百丈村、闽清县塔庄镇坪街村、福清市南岭镇大山村、福州市长乐区潭头镇文石村被评为 2022 年省级金牌旅游村，永泰县梧桐镇、罗源县松山镇、闽清县塔庄镇被评为 2022 年福建省全域生态旅游小镇。

【森林旅游】 2022 年，福州市培育壮大森林康养新业态，推进自然保护地、森林康养基地景区和城镇、村庄周边新建森林步道 9 条，总长度 30.4 千米。永泰县云湖溪谷省级森林康养基地通过审定，连江连天乐农庄贝里蟹谷生态园授牌为三星级森林人家。完成闽侯白沙森林公园、永泰壁舟里森林公园等 7 个省级森林公园整合优化预案再评估论证。

【旅游奖励政策】 2022 年，福州市出台《福州市关于促进旅游业高质量发展的实施意见》《福州市积极应对疫情影响促进旅游业复苏九条措施》《福州市克服疫情影响决胜年末收官战行动方案》等一系列相关政策，持续加大对文旅投资者及企业的帮扶力度，全方位提振旅游市场信心和活力。全年累计暂退旅行社质量保证金 1026 万元，新设立旅行社缓交质保金 240 万元，新增市内外旅游团队 1808 个，惠及游客 7.95 万人。对 12 家旅游景区服务设施提升进行补助 516.7 万元；为旅游企业申报贴息贷款 2700 万元；向马尾区、永泰县、闽清县下达 2022 年第一批乡村旅游活动补助 17.52 万元。

【旅游项目建设】 2022 年，福州市入库文旅项目 67 个，完成投资 89.42 亿元，其中 62 个文旅在建项目完成投资 89 亿元。推进 20 个省文旅重点项目，实际完成投资 23.7 亿元，完成计划投资的 100.9%。冠城大通广场及冠城大通游艇俱乐部（码头）工程、鼓山旅游景区全面提升项目、福建皇帝洞大峡谷旅游风景区、九峰村旅游精品村创建、晋安爱摩轮商业广场、东湖温泉度假村、福州地区大学新校区旗山湖工程、雪峰一号山地风景道项目、五虎山郊野公园（二期）、中海寰宇天下凯骊酒店 10 个项目竣工。

（许　迅　李佳欣）

旅游服务

【“快进慢游”交通网络】 2022 年，福州市构建“快进慢游”交通网络，以实现国家 AAAAA 级旅游景区、国家级旅游度假区半小时上高速，推进国家 AAAA 级旅游景区、省级旅游度假区便捷通高速工程。推进国省干线公路网络建设，完成投资 32.9 亿元，市区国家 AAA 级旅游景区均实现公共交通全覆盖，与机场、车站无缝衔接。

【智慧旅游服务】 2022 年，福州市三坊七巷历史文化街区利用河图技术实现的“智慧城市”虚实融合全新交互体验，三坊七巷AR地图的多种场景元素为公众提供基于AR技术的历史文化与景点介绍、实景导航、游戏、趣味打卡、盲盒抽奖、社交、文创等众多体验。福州西湖、屏山、金鸡山、郊野公园等公园景区通过在多中心自由式的布局空间中布置智能打卡屏、智能座椅、智能储物柜，游客在游园过程中可在智慧打卡屏上体验景点拼图、趣味问答、古诗填字等互动内容，让游客行于园中、学于园中、乐于园中。其中，福山郊野公园与福州医博汇医疗科技有限公司合作，将医博汇物联网技术和生物雷达算法应用到公园场景中。

配合推进福建数字文旅综合服务平台建设，推动“一部手机全福游”App重构升级，配合打造“吃住行游购娱”便民智慧化的综合服务平台。推进实施全市国家AAAA级及以上旅游景区接入全省国家A级旅游景区视频监测系统工作，整体接入率达到90%。

【星级饭店】 2022年，福州市有星级饭店33家，其中五城区23家、福清市4家、长乐区3家、连江县1家、闽清县2家。五星级饭店5家、四星级饭店19家、三星级饭店9家，客房7041间，床位10888张。

表51　2022年福州市五星级、四星级饭店一览表

星级	饭店
五星级（5家）	福州西湖大酒店、福州金源大饭店、福州香格里拉大酒店、福州富力威斯汀酒店、福州名城悦华大酒店
四星级（19家）	福州大饭店、福清融侨大酒店、连江国惠大酒店、福清兰天大酒店、福州梅峰宾馆、福清冠发君悦大酒店、福建山水大酒店、福建阳光假日大酒店、福建省闽江饭店、福州（晋都）戴斯酒店、福州新紫阳大酒店、福建国惠大酒店、福建银河花园大酒店、最佳西方财富酒店、福建丽景假日大酒店、福州聚春园大酒店、福州于山宾馆、阿弥陀佛（福州）饭店仓山奥体店、福建省豪业会务中心有限公司

【旅行社】 2022年，福州市有旅行社272家，其中出境游旅行社35家、境内游旅行社237家，经营赴台游的组团社8家。

【导游队伍】 2022年，福州市有持证导游2196人，其中初级导游2058人、中级导游111人、高级导游26人、特级导游1人，中级以上导游占导游总人数的6.28%。全市有外语导游137人，其中英语导游115人、日语导游14人、印度尼西亚语导游2人、德语导游1人、法语导游2人、西班牙语导游1人、俄语导游2人。

（许　迅）

旅游市场推广

【概况】 2022年，福州市推动本地游、周边游，结合旅游季节、旅行时间、游客群体特点，整合福州温泉、古厝、海滨生态等优势资源，推出近200条精品旅游线路。开设“周末驾道”专栏，推荐福州周边游自驾线路、景点，深度挖掘福州周边自驾游特色旅游资源。春节期间，央视新闻频道《新闻直播间》栏目播出“烟台山：百年芳华重现文化艺术过大年”，连续两天直播烟台山新春艺术展及漆艺等传统艺术，央视《新闻联播》栏目报道“福州举办海峡两岸民俗文化节等文化惠民活动，让市民和游客在浓浓的福气中欢度新春佳节”；“五一”期间，央视《新闻联播》栏目报道福州旅游景点有序开放，央视新闻频道《新闻30分》栏目播报福州新开通的三捷河游线；9月，央视《新闻联播》片尾播出的《大美中国》，福州三坊七巷、福州闽江两岸、福州海峡文化艺术中心精彩亮相；国庆期间，央视《新闻联播》连续3次聚焦榕城，央视《新闻直播间》栏目报道“福建福州　国庆假期·出游　欢度国庆佳节　闽江两岸上演璀璨灯光秀”。全年央视报道福州旅游超20次。

【旅游客源地市场拓展】 2022年7月25—29日，市文旅局牵头组织各县（市）区文旅部门、景区、文旅企业等代表赴长沙、桂林开展“有福之州”福州文旅推介活动。8月16日，组织闽越水镇、三坊七巷等景区走进三明召开“有福之州·绿都三明”研学旅游产品及线路推介。结合文旅资源推介、闽菜推介、闽剧表演等形式，开展精准营销，拓展福州旅游客源市场。

【网络促消费活动】 2022年，市文旅局联合同程旅行，策划开展2022年福州文旅新春年货节、“有福之州　畅享五一”福州文旅产品网络消费季、“有福之州　约‘惠’端午”福州文旅产品消费季、“FUN暑假，趣福州”福州暑期文旅产品网络消费季、“有福之州　畅享国庆”福州国庆文旅产品网络消费季5场文旅网络消费季活动，上线景区、住宿、线路、美食等优惠旅游产品，累计发放红包2300万元，有效带动福州文旅产品交易额超1.2亿元。

【文旅节庆活动宣传营销】 2022年，福州市结合元旦、春节、“五一”、端午、中秋、国庆等重点节假日，组织开展节假日期间的文旅宣传策划，举办2022年新春文化旅游月、“闽山闽水物华新　且观山水阅榕城”——2022年中国旅游日福州主题活动、“夏一站，趣福州”研学旅游季、“镜头里的有福之州”摄影展、“闽都福宴”首发仪式等文旅活动。联动各县（市）区推出500余场文旅活动，实现“月月有活动，季季有亮点，一年都精彩”。相关活动获央视、人民网、《福建日报》等重要媒体关注，其中央视报道超20次。5—10月策划组织“有福之州·游福同享”2022文旅消费季、“品味·八一七”2022旅游美食季、“有福之州　畅享国庆”等一系列文旅促消费主题活动，依托银联“云闪付”App平台发放千万元“有福之

州”文旅消费券，覆盖“吃住行游购娱”等各类文旅消费活动，消费券累计发放1213.8万元，实际核销791.42万元，核销率65.2%，在银联“云闪付”App平台参与抢券308万人次，惠及市民游客16.5万人次，惠及商家近5000户，直接带动文旅消费2292.97万元，直接拉动消费比达2.9倍，间接带动文旅消费超1亿元，间接拉动消费比达13.2倍。

【媒体宣传营销】 2022年，福州市加大传统媒体宣传力度，在中央电视台《朝闻天下》《海峡两岸》栏目、福建电视台《福建新闻联播》栏目、东南卫视《福建卫视新闻》栏目投放“有福之州”文旅宣传片。在《中国旅游报》《中国文化报》《福建日报》《海峡都市报》《福州日报》《福州晚报》等国家级、省级报刊主流媒体上开展文旅消费、项目招商、文旅节庆活动、非遗传承、文旅融合等宣传，发布假期文旅活动、优惠措施和精品线路。

新媒体宣传矩阵以“遇见福州”微博、微信、抖音、头条号、视频号为载体，持续开展信息发布和内容策划，推出达人春节假期打卡攻略、国庆假期出游攻略等专题，输出优质文旅资讯。“遇见福州”政务新媒体综合影响力位居全国第一方阵。“遇见福州”政务微博拥有“粉丝”778.1万人，位居全国重点旅游城市第一。

持续开展“有福之州”创意营销。创新策划二十四节气主题宣传，与中国传媒大学联合编创《二十四节气》短视频和《福州二十四节气》文件夹，挖掘福州节气风物、时令美食、民间风俗、传统技艺，讲好福州节气文旅故事；策划制作《福州二十四节气》手绘明信片和系列文创宣传品，结合福州美景和节气时令特色，展现福州旅游的四季之美。联合国内科普地理领域头部平台“星球研究所”，在其微信公众号平台推出头条文章《为什么是福州？》，单篇阅读量超55万次。联合“地道风物”微信公众号发布头条文章《中国人的“山珍海味”为什么看福州？》，单篇阅读量超13万次。

创新开展短视频营销，在春节、“五一”等重要节点推出《福虎兄弟》《福派青年》等文旅创意视频，微信公众号播放量均逾10万次，《福派青年》获2022年福州市党员教育电视片一等奖及最佳单项奖，《爱福记》获评第三届中国短视频大会形象宣传类年度创新作品。国庆期间，在抖音等平台发布旅游达人“杭州小黑诸鸣”推介福州旅游短视频，以“导游推介”形式趣味讲解船政、烟台山、永泰庄寨、嵩口古镇等重点旅游景区，视频总播放量超5000万次。

加强城市氛围营销和宣传，在福州长乐机场、火车站、地铁站点投放福州旅游宣传广告；在福州往返北京的航班上打造“有福之州”主题航班，在广州东往返福州南的动车上开展“有福之州”主题宣传，丰富福州文旅“第一场景”。与福建交通广播FM100.7合作，推出“七溜八溜，不离福州”有声线性栏目及景区访谈，传递“有福之州”的文旅之声。全年在火车站、机场等重要交通枢纽，面向移动、联通、电信用户发送入榕旅游欢迎短信超2000万条。在三坊七巷、西湖公园、乌山等重要景区周边，精准投放40万条福州文旅宣传视频彩信。编制完成《遇见福州》系列文旅宣传折页、《福州文旅导览手册》，更新制作福州文旅手绘地图，通过全市旅游集散中心、重点旅游景区、酒店等免费派发，为游客提供旅游资讯服务。

（许　迅）

旅游管理

【旅游安全管理】 2022年，福州市文旅局按照“党政同责、一岗双责、失职追责”工作要求，与各县（市）区旅游主管部门第一责任人签订安全目标管理责任书，印发《2022年度福州市文化和旅游安全生产工作要点的通知》，每季度和重要时段召开安全部署工作会。推进安全生产“三年行动”、全市景区和非景区景点安全管理专项整治，推进安全生产和消防安全标准化创建。坚持集中整治和常态管理并重，每季度牵头联合相关部门，组织开展全市旅游安全生产大检查。采取明察暗访的形式，对文旅企业开展不定期检查。全年文旅系统累计出动检查人员3万人次，累计检查文旅企业1.54万家次，发现并整改隐患272处，整改率100%。

【旅游服务质量管理】 2022年，福州市文旅局落实“双随机”抽查工作，配合市市场监督管理局等相关部门开展跨部门联合随机抽查。开展旅游市场专项整治行动，打击“不合理低价游”、无证经营旅行社业务等严重扰乱旅游市场秩序的违法违规行为，通过开展日常检查、联合检查、随机抽查等形式，整顿规范旅游市场秩序。全年累计出动执法人员6816人次，检查经营单位2984家次，立案查处83件，警告38家次，责令停业整顿4家，罚款金额29.41万元。

【旅游投诉处理】 2022年，福州市文旅局坚持“一口受理、限期办结、先行赔付”的工作措施，落实“放心游福州”服务承诺，确保各类投诉在规定时间内及时处理。全年受理并处理各类文旅举报投诉498件，为游客挽回直接经济损失9.61万元。

【旅游法治建设】 2022年，福州市文旅局制定出台《福州市文化和旅游系统第八个五年法治宣传教育实施方案》并组织实施，推动全市文化和旅游从业人员提升法治素养、增强法治意识。深化“证照分离”改革，出台《福州市文化和旅游局关于在中国（福建）自贸区福州片区所在的马尾区、仓山区、福清市参照执行自贸区部分广播电视许可改革事项的通知》，在中国（福建）自由贸易试验区福州片区及所在的马尾区、仓山区、福清市行政区域直接取消“设立电视剧制作单位审批”事项，对“广播电视视频点播业务（乙种）审批”和“广播电视节目制作经营单位设立审批”两个事项实行告知承诺改革。加强行政执法队伍建设，市文旅局会同中共福州市委宣传部、市司法局、市文物局、市总工会、团市委、市妇联等单位在福州市图书馆联合举办第三届全省文化市场综合执法岗位练兵技能竞赛福州市初赛活动，全市有40多名执法队员参加比赛，并选送执法人员参加全省竞赛。

（许　迅）

（编辑　周弭姣）

交通 邮政 通信

公 路

【概况】 2022年，福州市公路总里程1.16万千米，其中高速公路764千米、普通国道752千米、普通省道536千米。完成交通运输发展投资189亿元，市级重点项目完成投资95.5亿元，其中公路类项目完成投资121.5亿元，运输服务完成投资66.7亿元，其他类完成投资0.8亿元。年内，国省干线公路建设与养护总投资3.2亿元，实现公路优良率95.41%，专项工程质量合格率100%。全市公路完成旅客运输量5.74亿人次，其中公路客运0.28亿人次、城市客运5.46亿人次；完成周转量46.75亿人千米，其中公路客运19.46亿人千米、城市客运27.29亿人千米。完成货物运输量1.99亿吨，周转量305.03亿吨千米。

【高速公路建设】 2022年，福州市高速公路完成投资35.62亿元。推进延平至闽侯高速公路（福州段）、福州至福清高速公路、政和杨源至永定高速公路、福州永泰至泉州德化段（福州境）等项目前期工作；建成福州绕城高速东南段可门疏港连接线梅里互通至收费站广场外；续建福州机场第二高速、福州滨海新城高速公路一期工程。

福州绕城公路东南段可门疏港连接线工程（梅里互通至收费站广场外） 起于梅里互通立交，止于收费站广场外，线路全长1千米；按高速公路标准设计，设计时速100千米，双向四车道，路基宽度26米，设收费站1处。总投资1.19亿元，8月19日完成交工验收。

福州机场第二高速公路项目 起于马尾亭江镇，终于长乐福港路，路线全长24.3千米，主线采用双向六车道高速公路标准建设，设计时速100千米，路基宽度33.5米；潭头镇至路线终点段设置辅路，采用双向四车道二级公路兼市政功能标准，全长11.9千米，设计时速40千米。项目概算总投资97.63亿元，截至年底仍在建设中。

【国省道公路建设】 2022年，福州市国省道公路完成投资43.36亿元，占年度计划42.503亿元的102.02%。持续推进G316长乐漳港至营前段公路工程、福州城区北向第二通道工程（晋安段）等项目建设。实施国省干线公路路面改造工程，重点推进G534线福清段、S211线闽侯段、S213线永泰段63千米路面“白改黑”［混凝土刚性路面（灰白色）改建为沥青混凝土柔性路面（黑色），俗称“白改黑”］工程项目建设，推进G228线滨海风景道提升工作，改造提升马尾琅岐段路面，新建罗源碧里公路服务站，推进福清段绿化景观提升工程。

2022年8月19日，福州绕城公路东南段可门疏港连接线完成交工验收。图为连江东（官坂）收费站

（东南绕城高速公司 供图）

G316长乐漳港至营前段公路工程 起于长乐区文武砂镇东岱村，终于营前街道洞头村，与道庆洲大桥长乐侧终点顺接，全长15.578千米，采用主辅路相结合的形式，主路采用一级公路双向八车道标准（兼城市快速路功能），设计时速80千米；辅路采用二级双向四车道标准（兼城市次干路功能），设计时速40千米。项目于2020年1月动建，2022年完成投资21.204亿元，占年度计划的103.43%。

福州城区北向第二通道工程（晋安段） 起于福州市晋安区杨廷村附近，与规划新店外环路相接，而后路线转向东北，新建长度7.95千米的北岭特长隧道接至桂湖，继而在潘渡溪南岸向东布线经山溪村至福州连江界结束。路线全长13.29千米。采用双向六车道二级公路（兼城市主干道）标准，设计时速60千米，路基宽度25.5米。项目于2019年动建，2022年完成投资8.09亿元，占年度计划的101.07%。

【农村公路建设】 2022年，福州市完成农村公路建设201.47千米，占年度计划的161.17%；完成投资8.28亿元，占年度投资计划的165.65%；完成危桥改造17座，占年度计划的130.77%；完成美丽农村路110千米，占年度计划的110%。

【公路交通安全检查】 2022年，福州市交通运输系统组织开展安全隐患大排查大整治、安全生产“巩固提升年”、党的二十大期间保安全百日攻坚大会战等专项活动，开展专项督导服务6次，梳理交通行业重大风险20个，排查一般隐患整治6007处，下发安全生产提示函3份。公路管养方面完成公路隐患整治190处，开展桥梁防碰撞安全隐患整治11处，推进危桥改造17座。道路运输方面约谈违规企业189家次，暂停营运车辆88辆，督促全市23252辆重点营运车辆卫星定位入网率保持100%，102家危险货物运输企业累计使用电子运单19.29万单，企业“两类”关键人员（道路运输企业主要负责人和安全生产管理人员）4894人持证上岗，将53家存在较大安全隐患企业列入行业重点监管名单。交通执法方面强化安全生产执法检查力度，立案查处各类非法违法行为5094起，对违反《中华人民共和国安全生产法》有关规定的34家企业立案查处42件；工程质量安全执法方面立案查处18件。

【公路管理养护】 2022年，福州市路面预防性和修复性养护实施低标路段整治49.66千米。建立完善桥梁隧道专项管理制度5项，落实桥梁专项行动和桥隧监测评价工作，完成闽江干流国省道桥梁防碰撞提升改造2座。开展道路隐患排查整治，推进自然灾害承灾体普查工作，建立风险点数据库318处，完成市级道路安全隐患点整治11处、国省干线边坡灾害防治2处。持续推进生态公路建设，打造G534线福清一都、S211线闽侯雪峰山城42.37千米旅游公路。强化国省道综合服务区、停车区管理，创建青云山服务区、龙田服务区“共享司机之家”。

【路政管理】 2022年，福州市14个行政服务中心实现公路审批事项“全城通办”，大件运输推行一类“即刻办”、二类“快速办”、三类“专业办”分类审批，审查时限压缩至3个工作日以内，服务效率显著提高。打造良好路域环境，推动联动机制创新，与交通执法、交警部门联动协作，纠正制止各类涉路违法行为，开展路域环境专项治理行动，维护路产路权。开展涉路窨井盖隐患排查整改，完成18470个公路路域既有窨井盖的确权摸底，落实权属公路部门问题井盖整治闭环。

【公路客运市场管理】 2022年，福州市有客运企业107家，其中班车客运16家，旅游（包车）客运企业74家，兼营旅游客运和班线客运的企业17家，道路旅客运输车辆2787辆，道路旅客运输经营从业人员3800人。道路旅客运输班线225条，其中省际班线20条，市际班线53条，县际班线81条，县内班线71条。全市有31个客运站，其中一级客运站5个、二级客运站4个、三级客运站2个，便捷车站20个。

“四好农村路”运营 市道路运输事业发展中心以资源共享、客货兼顾、运邮结合、融合发展为原则，指导福清市建设农村客货邮融合发展样板县。指导闽侯县对照城乡公交、农村客运公交化改造普遍服务发展条件，因地制宜，选择适合的发展模式和推进路径，以提升城乡道路客运车辆公交化比率。公交化改造1条农村客运线路，推动8条农村客运线路开展客货邮合作，新开通2条革命老区“红色”农村客运线路，9个二级及以上客运站均落实道路客运电子客票推广应用。

道路客运转型升级 全市开通定制客运线路30条，投放定制客运车辆260辆；在连江、罗源客运车辆“一车两牌”试点工作基础上，引导3家客运企业开展“一车两牌”工作，发展“一车两牌”客运车辆125辆。

【公路货运市场管理】 2022年，福州市有道路货运企业2045家，其中危货运输企业93家，普通货运企业1952家。道路货物运输经营从业人员2.9万人，拥有各种类型货运车辆3.99万辆。全市有网络货运平台企业36家，营业收入247.71亿元，纳税22.29亿元。重点网络货运企业完成多式联运业务营业收入13494万元，打通内蒙古、广东、浙江等多条多式联运线路。福建好运联联信息科技有限公司获评2022年福建省数字经济领域“独角兽”创新企业；福建大道成物流科技有限公司入选2022年福建省互联网企业综合实力50强，排第27名。县、乡、村三级物流网络节点覆盖率稳步发展，县级、乡镇级物流中心覆盖率均达100%，村级物流节点覆盖率91.72%。全市有福清公路港物流园、翔福物流园、高速物流园、盛辉智慧物流园4个“司机之家”。疫情防控期间，在全市设置物资中转接驳点；选取53家重点生产商贸企业，成立市、县两级保障专班，分片包干；在市区6个重点物流园派驻督导专班，全程跟踪督导企业落实闭环管理情况，实现物资运输保通保畅。

【公路运输保障】 2022年，福州市道路运输事业发展中心强化特殊时期、重要时期、关键节点运输保障。第五届数字中国建设峰会期间，调派保障用车500辆，发车2680趟次，定点、定时、定人、定位提供精准保障服务。高考期间，组织1100辆巡游车、网约车参与爱心送考，义务运送考生1545趟次。节假日期间，采取公交加密班次、出租车驻守保障、地铁延长运营时间、人员现场跟班保障等措施，及时疏运旅客。春运期间，全市道路发送旅客144.9万人次。

【机动车维修管理】 2022年，福州市有一、二、三类机动车维修企业1212家，连锁型维修企业12家，连锁门店63个。

维修电子数据综合应用 引导三类维修企业中汽车综合小修等7个类别专项维修经营者完成电子健康档案系统对接，加强维修电子数据的实时归集上传，利用系统各项功能对维修企业经营行为、维修数据加强分析，强化维修电子数据在维修服务品质提升、车辆技术水平改善、二手车交易透明化等汽车后市场的综合应用。

机动车检验检测 根据营运车辆“三检合一”（道路货运车辆安全技术检验、综合性能检测和排放检验项目整合）工作决策部署，引导取得市场监管部门颁发相关资质认定证书的机动车检验检测机构接入道路运输车辆综合性能检测联网平台。推动道路运输车辆年审服务窗口前移到全市机动车检验检测机构，建立核查审验服务站，进一步简化办事流程。全市开展“三检合一”业务的机动车检验检测机构66家，核查审验服务站45家，实现县区全覆盖。

机动车排放检测与强制维修 建立实施I/M制度，防治在用汽车排放污染。参考行业团体标准与服务规范，形成全市统一的M站总体形象提升方案，对服务流程、标准等进行规范统一，推动监督检查工作制度化、规范化。全市有M站72家，实现县区全覆盖。

【机动车驾驶员培训管理】 2022年，福州市有机动车驾驶培训机构86家，教练车5594辆，教练员5956名，培训机动车驾驶员12万余人。推行出租汽车从业资格改革，统一巡游出租汽车和网约出租汽车驾驶员从业资格考试内容，申请人通过背景核查符合准入条件的，参加一次考试可同时申领巡游出租汽车和网约出租汽车从业资格证。自3月15日起，有13379人通过“一考两证”取得出租汽车从业资格证。开展新版《机动车驾驶培训教学与考试大纲》《轻型牵引挂车驾驶员培训基本业务条件（试行）》及新修订的《机动车驾驶员培训管理规定》《道路运输从业人员管理规定》的政策宣传。罗源兴隆驾校完成C6车型的备案办理工作，成为全省首家可开展C6车型培训业务的驾校。开展驾培行业规范提升工作，建立招生报名预警机制，防范驾校超培训能力招生的风险；组织驾培协会修订新版驾驶培训格式合同，明确收费项目标准、退学退款条款、违约责任条款等内容；通过信息技术手段对超期教学车辆进行停教处理，不纳入培训规模核定，按规定予以注销。

（赖晓琴 胡巧清 余永捷）

铁路

【概况】 2022年，福州境内铁路隶属中国铁路南昌局集团有限公司，福州车站发送旅客1466万人，比上年下降25.0%；福州车务段发送货物1491.19万吨，下降14.5%。福州站每日图定开行194.5对列车，其中动车组列车119对、动力集中动车组2对、普速客车9对、回空动车22对、DJ列车8.5对、客车单机9对、货车及其他单机25对；福州南站每日图定开行171.5对列车，其中动车组列车139.5对（办理乘降110.5对、通过24对、不办理乘降5对）、DJ列车6.5对、回空动车组21.5对、货物列车4对。福州客运段担当福州—南京等11对普速旅客列车，福州—北京丰台等3对160千米动力集中动车组列车，福州—北京南等131.5对动车组列车的乘务工作。福州机务段配属机车303台，福州车辆段配属客车1314辆，福州动车段配属动车组188列、203标准组。

【福厦高铁铺轨贯通】 2022年8月30日，福厦高铁厦门北站最后一组500米长钢轨完成铺设，标志福厦高铁铺轨贯通。福厦高铁全线铺轨有3处高难度施工地点，分别为湄洲湾、泉州湾、安海湾3座跨海大桥。由于海上水文环境复杂，常年大部分时间处于六级风力以上环境，导致物资调配难度大、一年中可施工时间短、施工安全风险高。建设与施工单位探索科技创新，在铺轨施工环节，采用国内先进的本邻两线铺轨作业设备，实现左右两线长钢轨同时铺设，比传统铺轨机组作业效率提高60%，每日铺设长轨约6千米，该技术应用属国内首次。

福厦高铁是中国“八纵八横”高速铁路网中沿海通道的重要组成部分。福厦高铁北起福州市，途经莆田市、泉州市，南至厦门市和漳州市，北端衔接合福铁路、温福铁路，南端衔接厦深铁路、龙厦铁路，设计时速350千米，线路全长277.42千米。沿线设福州南、福清西、莆田、泉港、泉州东、泉州南、厦门北、漳州8座客运车站。线路建成通车后，将实现福州、泉州、厦门“一小时”经济圈、生活圈。

【福州车务段开展货运营销】 2022年，福州车务段下发《福州车务段2022年货源项目推进表》，各级党组织成立10支党员营销分队开展货运营销，在宁德、莆田分片召开铁路物流运输推介会，开展走访营销活动118次。推动货源“公转铁”，从运价、运输组织、营销服务等方面制定措施，承揽锰矿、黏土、电解铜等“公转铁”新货源12个，新开发永安敞顶箱煤炭运输项目2.5万吨。福州江阴港站重点营销东北粮食等大宗货源，及时掌握企业运输需求变化，按照“一企一策”制定运输物流服务方案：会同福建福营多式联运有限公司，在莆田秀屿码头开通江西马可波罗耐火黏土发送业务；会同中铁国际多式联运厦门经营部，在江阴保税区实施拓田饲料加工厂发往邵武圣农的玉米项目。

【福州首趟中老铁路国际货运列车开行】 2022年8月31日，福州首趟中老（中国至老挝）铁路国际货运列车开行，装载507吨茶叶、农资产品（均为福建本土生产），从福州江阴港站开往老挝万象。该货运列车途经昆明，从磨憨铁路口岸出境，沿中老铁路抵达终点站老挝万象，全程运行时间6天，里程3510千米。

（曾 进）

水 路

【概况】 2022年，福州市有水路运输业企业74家，其中海运企业54家、内河企业20家，水路运输管理业企业33家，备案水路运输辅助业企业32家。拥有经营性船舶428艘416万载重吨，其中海洋船舶221艘396.18万载重吨，内河船舶207艘19.82万载重吨。

【水上运输】 2022年，福州市（含平潭）完成货运量2.06亿吨，货物周转量3644亿吨千米，比上年分别增长8.3%和13.0%；完成旅客运输量57.53万人，旅客周转量1574.94万人千米，分别下降14.6%和46.5%，货物周转量增幅排名全省第二，总周转量增幅排名全省第二。完成对台货运478.8万吨，比上年下降2.93%。水上运输新增运力44.4万吨，船舶运力规模416万吨，运力规模保持全省第一。

【内河水上交通安全监督管理】 2022年，福州市水路运输事业发展中心以安全三年专项整治行动为主线，组织开展春季“敲门提醒”、安全生产大检查、全国全省安全生产电视电话会议精神专项指导服务、内河船舶非法涉海运输治理、船舶碰撞桥梁隐患治理三年行动、百日攻坚大会战等多项专项行动。全年组织检查662次，检查航运企业157家次，渡口渡船168道次，锚地、停泊区和水上水下作业水域171处次，内河运输船1918艘次。全年内河水上交通安全态势平稳。完成春运、两会、“五一”、“十一”、第五届数字中国建设峰会和党的二十大等重大活动、重点时段水路运输保障任务。强化涉水施工监管，持续为水口坝下水位治理工程、滨海快线乌龙江大桥、乌龙江大桥病害处置工程等水上水下活动提供安全监管和通航保障。推进内河航运应急救援体系建设，推动永丰救助站、湾边救助站建设；有针对性地开展“三点对渡”“渡运安全”等多次应急演练压力测试，会同多部门组织开展福州市集中式饮用水水源地突发环境事件应急演练，提高应对水上突发事件处置能力和事故抢险救援能力。

【内河港航工作】 2022年，福州市水路运输事业发展中心根据市交通运输局部署，组织实施内河港航管理所涉及的具体业务。年内，推动冠城大通游艇俱乐部（码头）工程（一期）进行分期竣工验收，推动福州市“两江四岸”游船码头（一期）工程开工建设，协助发放两份“港口经营许可证”。航道管理移交过渡期间，协调福建省福州港口发展中心继续编列2022年养护航标维护费用，并与福建省福州港口管理局航道管理站联动，督促航标维护单位加强航标维护工作，组织航道巡查督导12次。

【水上运输行业管理】 2022年，福州市根据《国内水路运输管理条例》《国内水路运输管理规定》，准予符合资质条件的水路运输企业进入水路运输市场经营。开展企业经营资质核查，对有问题的企业进行整改，整改仍不合格的取消经营资格。全市参加年度核查的水路运输企业63家（其中沿海运输企业47家，内河运输企业16家），国际船舶运输企业11家，国内船舶管理企业23家。发出限期整改通知书2份。全市应参加核查的船舶381艘，总吨223.03万吨；完成核查营运船舶379艘，总吨221.90万吨（其中沿海船舶189艘，总吨205.80万吨；内河船舶190艘，总吨16.10万吨）。限期整改1艘，通过率99.48%。

（李树松 刘明杰 林志鹏 何 婧）

港 口

【概况】 2022年，福州港（福州市域）沿海码头有泊位108个，泊位总通过能力14851.3万吨（集装箱284.6万标箱），其中万吨级以上泊位58个，5万吨级以上泊位27个，10万吨级以上21个。江阴港区4号、5号泊位可靠泊载重吨为20万吨集装箱船，罗源湾港区可门作业区4号泊位可靠泊载重吨为30万吨散货船。

【港口建设】 2022年，福州港（福州市域）完成港航建设项目投资25.67亿元，占年度计划19.27亿元的133.24%，其中码头建设投资22.37亿元，航道防波堤投资3.3亿元。全年完成项目4个，包括江阴港区壁头作业区6号泊位、罗源湾港区可门作业区1～2号泊位、松下港区牛头湾作业区12～13号泊位及闽江口内港区筹东作业区泰铭码头，新增年设计通过能力1906.8万吨/年。

【港口运输】 2022年，福州港（福州市域）完成港口货物吞吐量2.32亿吨，比上年增长10.85%。其中，闽江口内港区完成9230.79万吨，比上年增长12.52%；罗源湾港区完成6333.60万吨，增长15.57%；大宗货物水水中转完成189.74万吨，下降38.81%。福州港（福州市域）完成集装箱吞吐量317.56万标箱、比上年下降0.80%，其中江阴港区完成211.16万标箱、增长2.1%，集装箱海铁联运完成4.7万标箱、增长101.06%，“散改集”集装箱完成8.0万标箱、增长25%。

【港口安全检查】 2022年，福州港重点难点问题整治紧盯危货作业、特殊作业、水运项目建设等重点环节，实现港口客运零死亡、港口建设零死亡及港口作业零死亡的“三零”目标。持续推进安全生产专项整治三年行动，完成“福州港危险货物安全风险集中治理”“迎二十大保安全百日攻坚大会战”等专项行动，保障全国、省市两会及节假日等重要会议、重点时段港口安全。

（夏利芳）

航空

【概况】 2022年，福州长乐国际机场开通航线75条，其中国际及中国台港澳地区航线11条、内地航线64条。累计运输起降5.6万架次，比上年下降29.9%；累计旅客吞吐量573.94万人次，下降36.5%；累计货邮吞吐量9.18万吨，下降39.9%。年内，福州机场获评福建省“安康杯”竞赛优胜单位，安护部旅检分部翔云精品班组获评全国“安康杯”竞赛优胜班组；公司获福州市直机关“优秀党建品牌”、民航局青年安全生产示范岗、福建省青年文明号、福建省工人先锋号及省总工会百万职工“五小”创新大赛项目一、二、三等奖等系列荣誉，完成冬奥会、“两会”、党的二十大及援沪医疗队等重大运输保障任务，完成安全生产三年专项整治总体工作目标，机场整体安全运行平稳有序。

【航空客运】 2022年，福州长乐国际机场有参与航班运营的航空公司38家，通航航点71个，其中中国内地航点60个，国际航点8个（东京、雅加达、美娜多、吉隆坡、新加坡、悉尼、金边、曼谷），中国台港澳地区航点3个（中国台北桃园1个、中国香港1个、中国澳门1个）。全年累计旅客吞吐量573.94万人次，全国排第32位，比上年提升2位，其中中国内地旅客吞吐量561.67万人次，国际及中国台港澳地区旅客吞吐量12.27万人次。年末，福州机场国际及中国台港澳地区定期客运航班达26班/周，比上年增长22班/周，国际及中国台港澳地区旅客吞吐量排名由上年的第16位提升至第10位。成都航空在福州设立过夜基地，累计投放4架过夜飞机。

【航空货运】 2022年，福州机场货邮吞吐量9.18万吨，比上年下降39.9%，全国排第26位。国内货邮吞吐量7.05万吨，占比76.7%，比上年下降18%；国际货邮吞吐量2.13万吨，占比23.3%，比上年下降68%。全年陆续开通的外国货运航线有芝加哥、洛杉矶、伯恩茅斯，国内航线有南京、深圳、杭州及中国台北桃园。

【航空和机场安全管理】 2022年，福州空港动态制定和完善疫情防控标准体系，对疫情防控体系文件实施动态管理；履行联防联控主体责任，贯彻落实省市疫情防控指挥部的决策部署，按照“快、准、严、实、细”要求，把紧外防输入的关口，实现机场员工“零感染”的目标。年内，疫情防控工作获福州市人民政府专项通报表扬。完成多批次重要航班保障任务，包括党的二十大代表航班、俄罗斯外交航班、军方重要航班、上海纽约国际航班分流及国家撤侨包机4架次、五矿及中化集团等央企包机23架次、援沪医疗队员航班23架次等。全年未发生航空安全事故，启动航班器非法干扰、燃油溢漏、防台防汛等各类应急预案6次，机场快速响应、有效处置，未造成损失和影响。

机场围绕“四个杜绝、八个不发生、一个零差错、保持绿色区间运行”工作目标，制定及修订45份公司级安全体系文件，对标更新部门及岗位手册，内容涉及作风建设、信息管理、机坪运行、飞行区安全等部分。开展安全管理体系内部审核和ISO 9001质量管理体系外部审核，提供对安全风险控制和相关质量保证过程的评估。联合机场公安局开展空防安全“吹哨人”活动，建立安全信息主动报告及奖励制度，获取各类信息数据，收到1750条自愿报告信息，重点跟踪203条报告信息。通过“福州机场SMS”微信公众号，发布25份“金字塔—安全教育微课堂”系列信息，推送130篇安全宣传文章。举办7期“以安全案例为镜，促安全文化建设”典型安全案例分享会。

【机场服务】 2022年，福州长乐国际机场组织各单位动态修订《元翔（福州）国际航空港有限公司服务手册》4次，针对疫情期间服务流程、旅客须知、交通路线等问题，协调公司内部单位、快线公司、海关边检等联检单位更新调整手册12个章节内容。推进特色服务和品牌服务建设，开展“民航服务规划实施年”主题活动，地勤分公司“龙之梦”班组在“生产性服务”和“体验式服务”上革新突破，获民航局主题活动“先进班组”称号。执行《福州空港旅客中转便利化实施方案》，推广“一次支付、一次值机、一次安检、行李直挂、全程无忧”通程航班服务。增设“易安检通道”，与快线公司、值机部门加强联动，引导旅客在前端提前预约。推出“福韵畅行·乐享首乘”服务产品，举办“奋进新时代，温馨伴您行”主题节日服务文化活动，打造福州机场人文卫生间样板工程，丰富“长者尊享”“福孕欢乐行”“萌童欢乐行”“乐逸行·悦享童程”等服务产品。

【机场基础设施建设】 2022年，福州空港生活区职工集体宿舍（二期）项目于4月竣工投用；福州长乐国际机场二期扩建工程完成飞行区地基强夯工程和1号、3号下穿通道结构基础；完成T1航站楼旅客行李全流程跟踪系统设备安装；货站工程完成2号货站钢结构、跨境电商和查验综合楼主体结构施工；完成T2航站楼主体桩基工程；完成T2航站楼主体工程、中心变电站、供水站工程、运控中心和GTC、停车楼工程清单控制价和招标文件编制工作。

（黄伟键）

城市公共交通

【概况】 2022年，福州市区有市公交集团、康驰和闽运公交等公交企业6家，出租车企业20家，其中国有企业6家，网约车平台公司34家。配合“闽江之心”城市新地标打造工作开展公交配套服务，开通2条专线，打造主题车身，建设符合区域特色的“青年广场”精品公交站点。6月21日，“福通南北，闽运西东”福文化车厢活动启动，闽运公交“7686福游中轴专线”开通。年内，福州市获评“绿色出行创建考核评价达标城市”，闽运公交310路获评为交通运输部2020—2021年“新能源公交高品质线路”，3名巡游出租车司机获评“2021年全国百佳最美出租汽车司机”。

2022年6月21日，以“福通南北 闽运西东”为主题的闽运公交“7686福游中轴专线”开通。图为发车仪式（石美祥 摄）

【公共交通管理服务】 2022年，福州市区有公交车辆4729辆，公交线路322条，定制公交308条，公交场站（含租赁、借用）95个，载客量2.67亿人次；公交从业人员8292人。年内，更新新能源公交车283辆，新建改造公交站台120个，均超额完成为民办实事年度任务。潭桥和樟岚两个公交首末站建成，分别于8月和9月投入使用。

出台公共交通优惠政策。根据《榕聚千万人口专项行动方案》，推出“新福卡”，新福州人3年免费乘坐公交、地铁，优惠期限内不限次数使用。申请“新福卡”有效期至2025年12月31日。自12月10日起至2023年2月28日期间所有周末及法定节假日（共计28天）开展公共交通免费乘车活动。年内，公交乘客满意度94.45%，比上年提升近4个百分点。

优化公交运力配置。根据公交线路潮汐、高平峰客流规律，优化线路车型配置，完成中心城区线路大小车匹配33条，优化后中小车型占比由29.4%提高至45.9%，提高16.5个百分点，节约大车76辆。完成存量大小车搭配，减少大型公交车辆对道路通行造成的交通压力。

推出智慧公交出行服务。推进完善“e福州”“掌上公交”等出行客户端信息查询服务，“掌上公交”App月均访问量1127万次，累计用户797万人。推广“一站一码”和“一车一码”，实现市区公交站点和车辆二维码全覆盖，拓宽市民查车和投诉渠道，累计扫码163万次。年内建设投用公交电子站牌239座。

探索特色多元公交服务。开通优化公交线路，服务学校、园区、医院及商圈等片区群众出行，根据省妇产医院、省委党校、附一医院奥体园区、软件园晋安园区、华润万象城、琅岐等特定片区的群众需求，优化332路、316路、194路、通勤快线9等13条公交线路的走向或运营时间；优化123条定制公交线路，服务时代、华伦、立志中学等多所学校师生出行。

【福州市获评绿色出行创建考核评价达标城市】 2022年，福州市被交通运输部、国家发改委评为“绿色出行创建考核评价达标城市”。全市加强城市交通基础设施建设，构建以轨道交通为骨干，多层次地面公交为主体，特色公交、共享单车、慢行步道为补充的多样化绿色出行网络，绿色出行比例、绿色出行服务满意度达80.32%、90.2%，分别超标准10.3%、10.2%。

表52 **2022年福州市新增公交线路一览表**

序号	线路	起始站	序号	线路	起始站
1	通勤快线6	黎明—南通华威驾校考场	3	地铁接驳6号专线	盖山竹榄地铁站—花溪南路口
2	350路区间	五都村口—公交大学城总站	4	地铁接驳9号专线	怀安寻古休闲道—福建建筑学校

续表52

序号	线路	起始站	序号	线路	起始站
5	通勤快线16	金祥路金洲路口（金山地铁站）—软件园公交总站	17	长乐641路	地铁万寿站—佰翔花园酒店
6	地铁接驳27号专线	方岐洲路西—火车南站	18	长乐642路	东湖路公交首末站—卧龙居
7	58路区间	马尾水岸君山—万科紫台	19	长乐643路	东湖路公交首末站—东湖路公交首末站
8	闽江之心环线	轮工（东侧）—轮工（东侧）	20	永泰旅游专线	永泰动车站—尤溪洲（东）停车场
9	358路区间（砂之船专线）	砂之船超级奥莱5号门—尤溪洲（东）停车场	21	永泰12路（嵩口古镇专线）	永泰汽车站—嵩口古镇
10	大学城1号环线	江夏学院西门（环线）	22	永泰10路	香米拉酒店—世茂云樽
11	大学城2号环线	新西客站（环线）	23	福清812路	三村公园—三村公园
12	闽侯766路区间	省卫生职业技术学校—荆溪厚屿地铁站	24	福清820路	元洪中学—福清动车站
13	闽侯767路	县法院—闽侯客运中心	25	福清821路	公交公司—倪埔村
14	闽侯715路	鸿尾客运站—南坑村	26	福清825路	龙江公交站—公交公司
15	闽侯716路	上歧村朱厝顶—闽侯四中	27	福清813路	龙江公交站（汽车站）—岸兜村
16	长乐640路	长乐火车东站—漳江公交首末站	—	—	—

【巡游出租车管理】 2022年，福州市区有出租车企业20家，市区出租车6345辆，经营使用权属企业的出租车4149辆，占比65.39%，经营使用权属个体的出租车2196辆，占比34.61%；出租车从业资格驾驶员4.5万余人，在岗驾驶员1.1万余人。年内，在市区路段设立5个出租车司机就餐停靠点，在火车南站设立2个网约车停车区域。派驻专人进驻火车站，在春运期间及“五一”、国庆等节假日，为乘客提供运力保障、秩序维护和出行引导服务，累计保障1.8万趟次，服务嘉宾、市民2.8万余人次。针对疫情影响，精准制定纾困减负措施，通过减、免、延、奖和部门联动，累计为司机减负2500余万元，引导申领、发放人身意外险等保险2.1万份。

【网约车管理】 2022年，福州市区有取得许可的网约车平台公司34家，取得“网络预约出租汽车运输证”的车辆17542辆，取得“网络预约出租汽车驾驶员证”的驾驶员75563人。年内，从企业和驾驶员准入条件、取消驾驶员户籍限制、车辆年限等方面，对《福州市网络预约出租汽车管理实施细则》和行政许可工作规范开展意见征集、重新修订。采取进驻式检查、联合执法等方式，对企业违规派单行为进行整治，引导、促进网约车企业、司机加快投入合规车辆，全市网约车双合规订单率达85%以上，居全国前列。指导滴滴出行、曹操出行、T3出行等平台成立网约车企业工会，搭建从业人员与企业交流沟通平台，推进成立福州市网约车行业团工委。开展阳光行动，通过公开网约车平台公开计价规则、佣金等行动，保障司机和乘客知情权。对在运营的网约车平台公司开展服务质量信誉考核，从企业安全责任落实、车辆与司机管理、运营服务状况、安全稳定、经营信用等方面进行综合考核评定。

（余永捷）

地铁

【概况】 2022年，福州地铁完成建设投资189亿元，在建线路5条，建成线路4条。其中，在建线路分别为福州至长乐机场城际铁路（F1线）、福州市轨道交通4号线一期、福州市轨道交通5号线一期后通段、福州市轨道交通2号线东延线一期、福州市轨道交通6号线东调段；建成线路分别为福州市轨道交通1号线、福州市轨道交通2号线、福州市轨道交通5号线一期（首通段）、福州市轨道交通6号线（潘墩—万寿站）。

【地铁运营】 2022年，福州地铁进入“四线时代”，线网运营总里程110.7千米，运行图兑现率99.99%，正点率99.99%，总客运量12101.44万人次，日均客运量33.15万人次，单日最高客运量创新高，达到67.60万人次

2022年8月，福州地铁6号线开通运营　（福州地铁集团有限公司 供图）

（10月1日）。

1号线运营　运营里程29.06千米，运营车站25个。全年运行图兑现率100%，正点率99.99%，总客运量5899.39万人次，日均客运量16.16万人次。

2号线运营　运营里程29.35千米，运营车站22个。全年运行图兑现率99.99%，正点率99.99%，总客运量4988.1万人次，日均客运量13.67万人次。

5号线一期（首通段）运营　运营里程21.54千米，运营车站17个。全年运行图兑现率99.99%，正点率99.99%，总客运量913.86万人次，日均客运量3.7万人次。

6号线（潘墩—万寿站）运营　运营里程30.73千米，运营车站14个。全年运行图兑现率99.95%，正点率100%，总客运量300.09万人次，日均客运量2.38万人次。

线网服务　通过"星"服务评比、"小茉莉"服务提升线网服务水平，保障节假日及重大任务期间客运服务；1号线13个站点配备AED急救设施，5号线、6号线新增5间母婴室，推出"暖心车厢""清净车厢""茉莉馨指引便签"及"健康码核验秒通关"智慧显示系统。优化列车运行组织，1号线超高峰时段最短行车间隔从"5"分时代跃入"4"分时代。推出地铁公交联票、"e福州"茉莉分优惠、"新福卡"、敬老卡全线网全时段免费乘车等措施，各类地铁公交联票发行超3万张。

【地铁资源开发】　2022年，福州地铁智慧产业园动工建设；对南门兜地下空间进行连通改造，打通东街口商圈与南门兜商圈地下通道走廊，同时连通香格里二期地下商业；1号线新店附属用房打造为租赁式住房，于6月29日开业，年末出租率97%。全年地铁资源开发收入4399.79万元。5月16日，首届福州轨道交通产业联盟大会举行，37家行业单位参加会议。6月14日，北京城建智控科技股份有限公司与福州地铁实业有限公司出资设立福建城建智控科技有限公司，打造成为立足福州、服务全国的城市轨道交通弱电系统生产、销售、运维基地和研发中心。

（陈　晋）

邮　政

【概况】　2022年，福州市邮政行业业务总量累计完成90.10亿元，比上年增长15.20%；业务收入累计完成116.63亿元，增长37.36%。其中，邮政服务业务总量累计完成11.23亿元，比上年增长4.22%；快递业务量完成5.69亿件，增长4.76%；快递业务收入完成71.24亿元，增长4.19%。全市取得合法资质快递企业及网点3692家，其中取得快递经营许可证的企业70家，分支机构206家，备案末端网点3416个。有快递主要品牌15个，在福州设有分拨中心41处，全行业占地面积114.56万平方米，从业人员1.8万余人，干线运输及末端投递车辆6828辆。

【县级邮政监管】　2022年，闽侯县邮政行业业务总量累计完成19.85亿元，全市排名第三，比上年增长10.99%。取得合法快递业务经营许可证的企业16家，备案分支机构43家，登

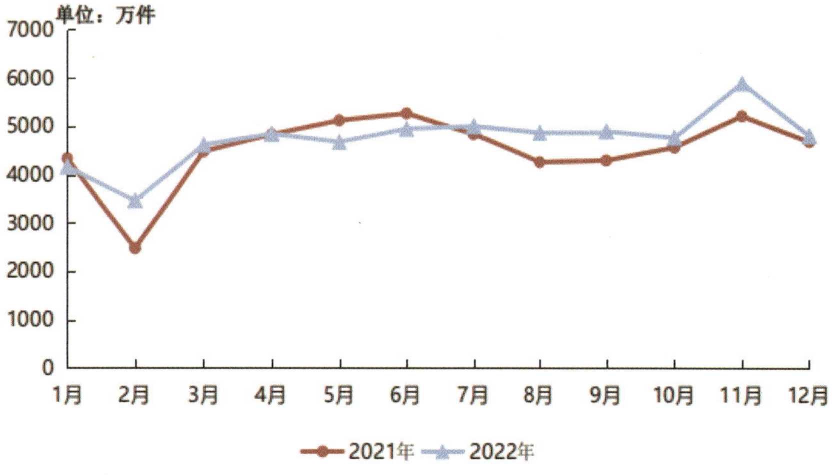

图11　2021—2022年福州市快递业务量走势图

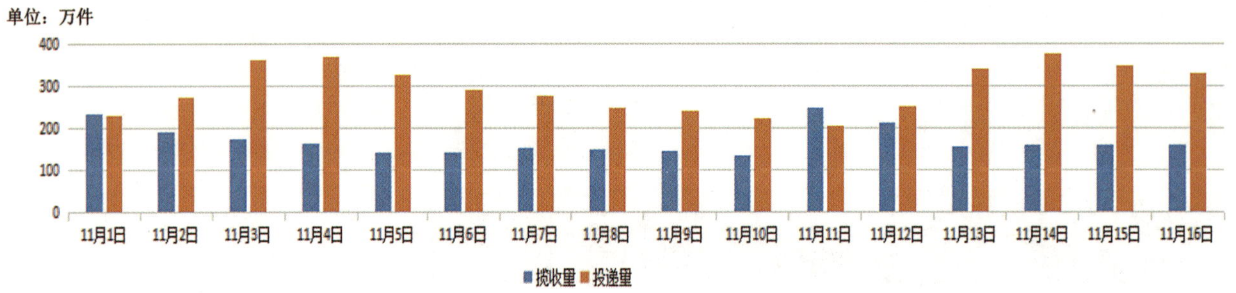

图12　2022年福州市“双11”快递业务量情况图

记快递末端网点376个。全年橄榄销售快递业务量14.2万单，快递业务收入99.4万元。建设元口村村级党群（便民）服务中心“快递进村”示范点。获批成立闽侯县快递行业工会联合会，联合县工会开展慰问活动4次，慰问金额逾15万元。

福清市邮政行业业务总量累计完成7.24亿元，全市排名第四，比上年增长19.53%。取得合法快递业务经营许可证的企业6家，备案分支机构18家，登记快递末端网点350个，推进新建住宅小区配建快递服务用房项目12个。推动福清市政府出台《福清市加快农村寄递物流体系建设实施方案》，申报国家级农村电商快递协同发展示范区，参与编制《福清市“十四五”物流业发展规划》，首次将“三级寄递物流体系建设、配建快递服务用房、深化快递与农业商贸业协同发展、智能快递箱（智能信包箱）建设”等涉及邮政行业的内容纳入规划。

【“双11”快递业务】 2022年“双11”期间（11月1—16日），福州市快递揽收量完成2719.24万件，投递量完成4691万件，比上年分别下降5.82%和15.31%；日均揽收量169.95万件，约为平时的1.09倍；日均投递量293.19万件，约为平时的1.08倍；其中，最高日揽收量（11日）248.87万件，约为平时的1.6倍；最高日投递量（14日）376.09万件，约为平时的1.4倍。

【邮政基础设施建设】 2022年，福州市打造新建住宅小区配建邮政快递基础设施试点建设的“福州模式”，为全国首创，推动出台政策，规划配建“快递服务用房”137个、邮政局所7个，总面积6226.77平方米，形成上门投递、驿站自取、智能投递终端服务“三位一体”、层级分明、功能完备的末端投递服务体系。全年建成第三方快递公共投递服务站1005个、智能快件（信包）箱4348组。福州大学城13所院校100%完成校园快递服务中心建设，建成校园快递服务中心15个。探索建设邮政综合服务驿站，推进农村公共基础设施管护体制改革试点，全市2388个建制村全部通邮，建成村级快递服务站点和电商物流配送点1563个、农村基础设施管护站点160个，乡镇邮政快递网点覆盖率100%，建制村通邮率100%。

【邮运网建设】 2022年，福州市邮政普通服务营业网点239个，均为自营网点，无代办网点。四项法定业务开办率100%，乡镇网点覆盖率100%。建设综合服务平台，服务办理警医邮、税邮、政邮、法邮业务群众480.78万人次。助推邮政深入开展拥军优抚合作，打造三级邮政拥军服务体系，建成1个市级、14个县级、44个乡镇级邮政退役军人服务站、军人驿站，为军人提供专属邮政优惠服务。

全市有2388个建制村，实现村村通邮，其中邮件直投入户的1261个，投至村邮站的424个，投至村委会的698个。全市140个乡镇政府所在地建制村，除平潭4个小岛（东庠、南海、屿头、大练）为周五班，其余均为周七班。其中，48个重点乡镇每日投递2次，乡镇地区平均日投递1.3次。全市建制村邮政投递实地打卡率保持在99.48%以上，周投递频次5次及以上建制村1641个，占全市建制村的68.71%。

【“快递+”项目】 2022年，福州市邮政管理局推进“快递+”“两进一出”项目建设。推动“快递+农产品项目”助农销售，为直播带货电商提供物流支撑服务，其中闽侯橄榄、福清枇杷、福州鱼丸等优质项目实现快递业务量142.39万件。“快递+鱼丸”相关产业协同发展，全市邮政、顺丰、京东等快递品牌收寄鱼丸和鱼糜制品104.45万件，完成快递业务收入1790.29万元，支撑农产品产值超2600万元。推动“快递进厂”，培育快递服务制造业新业态，形成入厂物流、仓配一体化等模式，全市快递企业服务星网锐捷、冠捷电子等制造业企业项目12个，涉及服装、日用品、3C电子等多个领域，完成快递业务量1351.28万件，支撑制造业产值5.47亿元。推动“快递出海”，拓展“快递+跨境电商”转型，抓住对台快件资金补助、拓展榕台海空联运物流通道、构建对台海运直航模式等契机，促进海峡两岸交流发展，以发展全球跨境业务。全年国际及中国港澳台快递业务量完成3354.90万件，比上年增长4.68%。

【快递行业权益保障建设】 2022年，福州市邮政管理局联合市交通运输局等7个部门联合印发《福州市关于做好快递员群体合法权益保障工作的实施方案》，构建多部门合力支撑的权益保障机制。联合市人社局办理基层快递员工伤保险8906人，参保覆盖率76.6%。开展首次快递行业集体协商，市快递行业工会联合会与市快递行业协会签订“1+3”集体合同，即集体合同、工资专项集体合同、女职工权益保护专项集体合同和劳动安全卫生专项集体合同，明确提升收派员工最低工资标准，打造维护快递员合法权益的“福州样板”。推动企业新增非公党建支部3个，打造党建示范点5个。推动成立快递行业团工委，以党建带团建，推动全市成立许可快递企业工会62家，建立户外劳动者驿站1个、共享职工之家4个，联合开展慰问快递小哥“暖蜂行动”19次。畅通投诉、申诉渠道，办理“12345”市民服务热线等转办诉求件5004条，挽回经济损失27.58万元。

【绿色快递建设】　2022年，福州市邮政管理局开展“邮来已久，绿动未来”主题系列活动、“绿色邮政、共建共享”环境保护宣传月活动、“绿色快递进校园”宣传活动，指导企业多形式劝导用户瓦楞箱回收复用，参与绿色快递共建。落实“9917”工程，全市邮政快递企业采购使用符合标准的包装材料比例达95%，规范包装操作比例达91%，可循环快递箱（盒）使用量超14.11万个，回收复用瓦楞纸箱超700.1万个。

（周炜赟　夏　雪　陈武进　夏　伟　吴萍萍　黄玉琴）

通　信

【概况】　2022年，福州市完成电信业务总量132.39亿元，比上年增长20.7%；电信业务收入126.99亿元，增长5.7%；全市电话用户数1134.16万户，其中固定电话用户148.04万户，移动电话用户986.12万户（其中5G移动电话用户345.17万户）。互联网宽带接入用户（不含手机上网用户）428.19万户，比上年增加26.55万户。

（市统计局）

【中国电信福州分公司】　2022年，中国电信福州分公司完成业务收入34.94亿元，其中完成固网业务收入14.81亿元，完成移动业务主营收入17.10亿元。重点业务用户规模持续增长，其中天翼用户年度总数251万户，宽带用户总数204万户。年内，完成海峡民俗文化节、市政协十四届二次全会、福品博览会、中华龙舟赛、核酸检测点位、党的二十大、第五届数字中国建设峰会暨云生态大会等重大活动通信服务与网信安全保障。

通信业务。聚焦数字福州建设，打造坚实的基础网络及5G发展建设，在电信“三千兆”（千兆5G+千兆光宽+千兆WiFi）的基础上，持续完善光宽及5G资源覆盖。全市电信宽带用户平均接入速率全国领先。年内，固话、移动、宽带、ITV用户规模分别达到123万户、251万户、204万户、100万户。电信手机流量平均资费比上年下降19.29%，用户户均流量提升23.27%。

网络业务。持续打造端到端大带宽光宽承载网，实现城区、乡镇99.7%光覆盖，行政村光改100%；全年净增万兆PON端口0.67万个，累计4.46万个；净增FTTH端口超10.78万个，累计光端口268.63万个；布局城市千兆接入网络，全区范围具备10 GEPON接入能力；城域网出口带宽能力扩容至4.8T，高带宽业务保障能力大幅提升。推进5G网络建设，全市累计投入5G基站6821

2022年7月，首届中国云生态大会讲解员为观众讲解中国电信“云改数转”战略布局　（中国电信福州分公司　供图）

套，实现福州主城区、各县城城关区域的连续覆盖和发达乡镇的基本覆盖，并对机场、交通枢纽、地铁、大型商超、大型会展中心展馆、“三甲”医院、高校校园等口碑区域热点完善覆盖；统筹4G LTE频率资源，盘活存量资源，基于大数据分析精准投放资源，全市盘活复建1322个载扇。优化云资源布局，推进集约发展，中国电信福建东南信息园一期工程完工投产并启动二期工程建设工作，包括一期工程A1号数据中心、A2号数据中心和B2号动力中心的建筑总体施工完成验收并投产；二期工程C2号数据中心完成建筑总体施工，B3号变电站及110千伏输变电工程启动建设；A1号数据中心2865个业务机柜上线投产。

信息化建设。围绕“数字福州”建设，助力构建“数据+服务+治理+协同+决策”的政府运行新模式。围绕加快国家数字经济创新发展试验区建设，优化数字经济发展环境，助力各行业提升新型基础设施运营管理水平。推进企业上云，使朴朴电商云逐步实现海外平台回迁及彩食鲜上云等项目，重点解决本地企业在上云方面管理远、维护难、成本高等痛点问题。培育多元工业/园区/港口等数字创新项目，打造福蓉源新材料5G智慧厂区、5G中科光芯5G智慧工厂、罗源湾5G智慧码头等多个信息化项目。

完成旅游景区数字化转型，在西湖公园建设5G+AI智能视频云监控，配合智慧安保项目实现人流AI大数据分析、物联网数据回传等大数据创新合作。为五星级闽清启源大酒店打造新型智能型酒店，结合5G覆盖优势（室外+室内分布）、软件自研能力、集成运维能力，建设会议室云、宴会厅管理云，停车场管理云、客控云、酒店管理云等。

多元协同治理，服务数字化“海洋经济”，助力县乡政府及海渔部门，安装渔船定位终端近3600艘，以实现船舶动态监管全流程的“可视、可管、可控”，解决近海渔船海上防疫管理难题。闽侯尚干镇作为垃圾分类省级示范点，对新建5座垃圾屋进行信息化改造，前端完成收集智能化，后台可智能化分析并输出当日数据、趋势等；搭建垃圾分类大数据平台，实现精准到户并数据化分析，为政府决策提供数据支撑；通过云播报及GPS定位实现“桶车一色、专车专用、车到桶出、垫布作业、车走桶收、车离地净”垃圾分类回收实时全程监管。

加强智慧校园建设，福建师大天翼混合云项目构建全国首个高校数字孪生领导驾驶舱可视云，汇聚“三云一路”体系（科研数据云、智能计算云、网站集群共享云、网络高速路），打造“取之即来、来之能用”的信息化云资源池，是国内第一个全数字化、镜像化的云中大学。根据国家“加快构建现代职业教育体系”要求，在职业教育信息化领域尝试新突破，建设福建信息职业技术学院AIoT（人工智能与物联网）虚拟仿真实训基地。

发展数字健康服务，打造“云—管—端—用”整体医疗行业信息化建设模式，包括市二医院“智慧病房”项目、福清医院定制5G智慧医院、长乐区医院信息智能容灾项目、平潭君山养老服务中心区域影像云项目、福清市第二医院信息化建设项目等。

客户服务。发布《关于开展2022年满意服务升级行动暨福州分公司总经理抓服务工作的通知》，开展满意服务升级行动，分统筹组和5个专项提升小组。推进“我为客户办实事解难题”活动。牵头落实行风纠风专项工作，从9个方面重点工作入手，细化分解成29项工作任务，明确具体目标、工作重点、执行计划和措施要求。工信部规范电信服务工作现场检查中未发现存在福州本地问题。开展“服务随心办实事，全员服务在行动”教育实践活动。通过开展“走进10000号倾听客户声音”、主题党日活动以及召开服务分析会集中调听客户投诉原声，重点对客户投诉暴露出的网络质量、装维服务、资费套餐、渠道服务等方面问题展开分析会诊。组织开展14次客户体验、服务稽查，以客户视角审视并优化流程，快速解决问题。并会同前后端相关部门，通过梳理流程、完善规则、督促强化执行力等分门别类制定问题解决方案并组织实施。福州电信公众客户满意度领先值排名全省第五；宽带业务满意度同业领先且领先值排名全省第二；政企客户综合满意度评价得分93.18分，优于管控目标；全年未发生触碰服务红线事件、群体投诉事件及重大舆情风险事件；客户服务得分17.99分，排名全省第六。

（陈　征　陈丹彤）

【中国移动福州分公司】　2022年，中国移动福建公司福州分公司（简称福州移动）完成通信服务收入59.50亿元（含平潭，下同），缴纳各项税款超2亿元，服务通信客户611.49万户、5G客户225.79万户、宽带客户192.19万户，继续保持全国文明单位、福州市“平安单位”等多项称号。

网络建设。加快“双千兆”网络建设，开通近1万个5G网络站点，推动有线宽带覆盖率提升至90%以上，重点加快千兆宽带端口建设，5G和千兆宽带均覆盖全市各个乡镇。推进算力网络建设，滨海数据中心总机架超6100个，比上年增长30.8%；总出口带宽扩容超10T，增长26.3%。

通信保障。完成300余场重要活动、重要会议以及省市级集团客户保障任务，包括第五届数字中国建设峰会、海峡两岸民俗文化节等，投入保障人力3000人次，均实现“三零”目标。运用“易运维”等智能平台，提供智能运维保障。推进网络MESH网状结构建设，实现核心层100%形成网状网，达成核心节点间一跳直达，利用SPN网络传输切换，实现全国首个SPN双平面永久保活网络。

数字化转型。推动产业转型升级，助力5G赋能千行百业，在工业能源、社会民生等领域打造一批行业标杆，输出罗源宝钢德盛“5G+智慧钢铁”、长乐航港“5G+智慧纺织”、永泰光阳蛋业“5G+智慧养殖”等10多项代表性案例。相关案例获2022世界5G大会揭榜赛、2022年金砖国家工业创新大赛等国内外权威赛事认可。

在智慧钢铁方面，基于企业痛点与需求，结合5G、云、AI等技术优势，整合生态伙伴能力，在罗源宝钢构建“5G+ 智慧钢铁”体系，满足企业协同制造和无线专网需求，推动传统制造业高质量发展转型升级，并获第四届“绽放杯”5G 应用征集大赛荣誉证书、中国 5G 工业互联网大会荣誉证书、2022 世界 5G 大会三等奖等荣誉。该项目经验在宝武集团内完成落地复制，并具备在全省范围推广的商业价值和技术可行性。

在智慧纺织方面，与福建航港针织有限公司联合成立研究团队，利用 5G+AI 技术开展“非剪线款花边坯布”质量检测应用研发。针对纺织行业坯布质检主要依赖人工识别、对工人技能熟练度要求高、质检效率提升缓慢等痛点，在全国率先使用 5G 工业相机等前端设备，大批量快速采集待检坯布不同维度的高清视觉信息，通过 5G 专用网络高速回传至质检平台，使用“AI 坯布缺陷识别算法”自动识别出瑕疵品，实现“一人看管一台验布机”向“一人多机”转变。

在智慧海洋方面，根据政府“海上福州”建设要求，加快近海 700M 频段 5G 网络建设，形成覆盖福州全境 920 千米大陆海岸线、390 千米海岛海岸线的 5G 立体网络，实现近海 30 千米 5G 网络覆盖。依托 5G 网络，打造智慧养殖示范区，联合连江县政府打造的“宏东号”智慧渔业文旅平台，是全国首创“近海 5G+ 卫星”智慧渔旅平台，成为中国移动 5G 智慧海洋联合示范区之一。与连江县政府共同申报的“连江数字蓝海新基建”项目，在 2022 年全球智慧城市合作与发展大会上获评城市数字化转型优秀案例。

在智慧社区方面，持续打造共建、共治、共享的社会治理新格局，运用 5G、大数据、云计算、物联网、人工智能、数字孪生等技术，在中天社区打造“智慧社区”样板工程，将社区党建、社区服务、网格治理等应用场景进行整合，通过“一张图”，对社区人、事、物、环境等进行全面有效的治理，形成对社区民生、应急事件等综合可视化管理和指挥调度，最大化实现社区服务“零距离”、社会管理“全覆盖”、居民诉求“全响应”，为社区居民提供现代化、智慧化生活环境。

在数字乡村方面，根据政府乡村振兴等治理需求，推动 5G、物联网、千兆宽带等新一代乡村信息基础设施建设，在闽清县雄江镇打造智慧“多合一”的社会治理指挥中心，创新整合数智视频监控系统、综治网格系统、公安“雪亮工程”系统、防汛视频监控系统、防汛电视电话会议系统、智慧库区视频监控系统及线上调解系统等，融通“智慧环保、智慧农业、智慧养殖、智慧家庭、智慧古厝、智慧交通”等多个场景，有效解决基层服务“多、广、散、杂”等痛点问题。智慧雄江经验完成输出复制至福清、永泰等地。

在健康养老方面，与市民政局签订战略合作协议，利用信息化手段推进家庭养老床位建设，搭建老人、机构、政府共用的一体化养老平台，打造全省居家养老的标杆典范。依托相关平台，推出健康管理、慢病管理等功能，为近 1400 名老人提供 7000 余次上门服务、8.5 万次远程看护、2.6 万次紧急救援服务，解决日常生活和长期照护的难题。与市民政局联合将 2000 多个养老服务点监控设备接入统一平台，并通过监控 +AI 平台应用，提升政府对养老服务的监管力度。

客户服务。年内，提供“携号转网”服务 17 万次。推广 5G 套包，丰富 5G 流量产品权益，5G 流量综合单价 0.0028 元 /MB，比上年下降 18.5%。落实“人心红利”，围绕“云、管、端、边、服”全方位保障宽带网络品质提升，推进无线投诉热点难点的整治。手机客户满意度 83.87%，宽带客户满意度 82.79%，分别比上年提升 3.5 个百分点和 6.8 个百分点。

（叶晨昱）

2022 年 4 月，中国移动福州分公司与福建航港针织品有限公司举行 5G 边缘瑕疵检测项目签约暨启动仪式　（中国移动福州分公司　供图）

【中国联通福州分公司】　2022 年，中国联通福州分公司实现主营收入 22.8 亿元，纳税金额 2489 万元，新增就业岗位 307 个。

网络建设。5G 基站 7557 个，4G 站点 15169 个，5G 覆盖率达 92.5%，4G 覆盖率达 99.8%，基本实现城区、乡镇连片覆盖；宽带网络千兆端口超百万个，覆盖率 79.8%，比上年提升 8.8 个百分点，其中城市住宅覆盖率 91%，提升 8 个百分点，宽带资源快速补强。具备国 A 级、T3+ 标准的长乐滨海智云数据中心基础设施基本建成，提升大数据和云计算基础支撑和服务能力。

通信保障。完成党的二十大、北京冬奥会、第五届数字中国建设峰会、第七届世界闽商大会、海峡两岸青年峰

2022 年 10 月，中国联通福州分公司助力抗疫工作。图为工作人员保障海峡奥体方舱医院通信畅通
（中国联通福州分公司 供图）

会、首届福品博览会、首届世界龙舟联赛、中国跨境电商交易会、年度国家统一法律职业资格考试等 38 次重要会议、重大活动保障，累计投入保障人员 5179 人次、期间通信保障车辆 1354 辆次。

数字赋能。融入服务地方数字经济建设，与福州市政府签订战略合作协议，推动福州全域数字赋能。在智慧城市领域，在社区、灯杆、工地、停车场等多场景梳理“5G+ 智慧城市”应用样板，促进智慧便民服务体系发展，推动福州数字应用第一城建设。在数字政府领域，加快推进县区“12345”服务平台项目落地，服务当地政府科学决策、促进社会治理水平提高。在生态水利领域，依托云计算、物联网等新技术能力，为乡镇政府、水利、水务等部门提供信息化服务。在工业互联网领域，成为市工信局“百城千园行活动”唯一一个电信运营商服务提供商；打造 5G+ 全连接工厂典型案例，2 个项目获工信部第五届 5G 绽放杯专题赛优秀奖；承办“数字中国峰会·工业互联网产业生态大会闽江论道”活动。

乡村振兴。改善农村区域网络覆盖，全年开通移网站点 2045 个，其中行政村覆盖率从 97.8% 提升至 99.3%，人口覆盖率提升至 99.9%；宽带覆盖行政村住宅套数 74.2 万套，覆盖率从 47.8% 提升至 56.1%。联合村企推广智慧农业和智慧家庭系列服务，打造“一镇一品、一村一特”的乡村特产电商产业。在罗源、闽清、长乐等地打造“七彩罗源·智慧党建”云展厅、数字溪源、漳港全域数字乡村平台等项目 34 个，面向农村实现村务治理数字化，面向农民实现办事理事数字化，面向农业实现科技赋能数字化，助力缩小城乡“信息数字鸿沟”。为闽侯县竹岐乡提供援助和“三下乡”集中服务。

科技创新。取得“小区参数优化方法、装置、设备及存储介质”“邻区关系优化方法和装置”“一种物联网业务并发的处理方法和装置”“基于区块链的机卡绑定方法和服务器”4 项国家级专利及 20 项省部级创新成果。其中，“福州联通大数据智能运营 5G 共建共享”成全国样板，入选工信部典型案例，“基于跨运营商大数据智能协同的 5G 驻留比问题研究与优化”“5G 端网协同智能优化工具研究与实现”获福建省通信学会科技进步二等奖，“SRS 固定窄带优化配置降低 5G 高掉线感知差问题小区比例验证”等 16 个项目获福建省总工会 2022 年百万职工“五小”创新大赛优秀成果奖。

客户服务。精准降费服务，推出扶贫系列套餐、助残系列套餐、适老系列套餐，丰富产品体系、优化套餐资费、升级创新服务。发布六星宽带服务体系，推出“四大承诺、五大专享”高品质服务内容，赋能智慧家庭生活。优化套餐资费宣传，按监管部门要求进行套餐公示和备案，执行 5G 服务“四个提醒机制”和“四条营销红线”要求，确保用户明白消费。改善“携号转网”服务，确保线下自有营业厅全部开放“携号转网”服务，为携入用户的网上办理、异地办理和携出用户的异地营业厅话费余额退还需求提供便捷服务。落实高品质服务行动计划，工信部有效申诉率比上年下降 33%，为历史最低值；客户投诉处理满意率比上年提升 4 个百分点。第五届数字中国建设峰会期间，抽调客服人员 28 人次，现场受理服务电话 201 通。

（郭晓丹 江 珊）

（编辑 周弭姣）

综 述

【教育事业年度发展】 2022年，福州市有各级各类学校2561所，在校生184万人，教职工14.5万人。其中，幼儿园1260所，在园幼儿26.88万人；小学876所，在校生61.41万人；初中（含九年一贯制学校）226所，在校生27.09万人；普高108所（实际招生93所），在校生12.34万人；特殊教育学校14所，在校生3891人；中等职业学校40所，在校生10.24万人；高校37所，在校生45.9万人。22所市属学校建立中小学党组织领导的校长负责制。福建省新思想研究中心闽江学院研究基地揭牌，5个中小学党建案例入选省新时代党建优秀案例。年内，全市新改扩建公办幼儿园33所、中小学17所，建成公办园学位1.2万个、义务教育学位1.8万个。学前公办、普惠学额覆盖率分别达60.48%、94.66%。4238间近视防控教室实施照明改造，260所学校体育场地对社会开放。2个“双减”案例入选全国优秀案例，组建大中小学思政课一体化共同体，入选全省“大中小学思想政治理论课改革创新实验区”。五学科奥赛成绩、数字中国创新大赛机器人AI赛道获奖数全省第一。中小学生体质健康合格率95.69%。建成并运营市中小学生综合实践中心。福州小茉莉交响乐团被教育部选送作为福建省唯一代表赴澳门参加展演交流。73.8%的义务教育学校（不含乡村小规模完小）通过省义务教育管理标准化学校验收。101个教育集团覆盖429个学校（校区）。推进城乡紧密型教育共同体建设和区域性整体帮扶。首次试点义务教育区域性整体帮扶工作，市区36所义务教育优质学校以“一对一”或“一对二”模式对口帮扶永泰县47所中小学，覆盖永泰义务教育阶段所有学校。鼓楼、晋安入选全国义务教育优质均衡先行创建区。加快建设省级6个高水平职业院校、18个高水平专业群。闽江学院新增国家级一流专业7个。福耀科技大学开工建设。天津大学—新加坡国立大学福州联合学院3个专业硕士研究生项目获批。出台加强基础教育人才队伍建设十项举措、参聘人员管理细则、师范生公费教育试点方案。年内，新增福建省中小学教学名师18人，数量位居全省第一；有国家级名师3人、中小学在职正高级教师85人。

【素质教育】 2022年，福州市出台《福州市全国青少年校园足球改革试验区实施方案》，新增校园足球特色学校16所，累计创建校园足球特色学校260所。全市25个节目（作品）在全国第七届中小学生艺术节展演活动中获奖，居全省首位。福州小茉莉交响乐作为全省唯一代表赴澳门参加教育部举办的中外人文交流活动，被授予“演绎国

2022年12月6—10日，福州小茉莉交响乐团作为福建省唯一代表赴澳门参加教育部举办的中外人文交流活动，被授予“演绎国际经典特别贡献单位”称号。图为演奏会现场

（市教育局 供图）

际经典特别贡献单位”称号，并获市委主要领导批示肯定。在全省率先采用AI智能考试设备进行评分。规范2022年福州市普通高中体育艺术特长生、特色班招生专业入围测试工作，全市民办普高体艺特长生特色班招生校54所，招生数2600多人。完成省为民办实事之近视防控教室照明改造工程，全市改造4238间教室，完成率119%。出台《福州市全面加强新时代大中小学劳动教育实施方案》，结合“五一”劳动节，开展“劳动教育周”“劳动教育月”活动。支持闽清县、长乐区作为“大中小学劳动教育试点区”。建成并运营福州市中小学生综合实践中心，构建六大课程体系44门课程。建成3批次40个省级中小学劳动教育实践特色项目、4个省级中小学劳动教育实践基地、14个市级中小学劳动教育实践基地。

【学校规划建设】 2022年，福州市新改扩建公办幼儿园33所、中小学17所，新增公办园学位1.2万个、义务教育学位1.8万个；实施省、市重点项目8个。金闽小学（暂名）、横屿中学（暂名）、马尾第二实验小学、闽侯县七里实验学校等学校如期竣工并投入使用，扩大学位供给。实施中小学校舍安全保障长效机制和义务教育薄弱环节改善和能力提升工程，拆除重建、加固改造校舍面积10.36万平方米，义务教育薄弱学校改善和能力提升项目动工改造校舍面积12.86万平方米。

【教师队伍建设】 2022年，福州市起草制定《加强中小学教育人才队伍建设十项举措》，从拓宽教育人才引进渠道、强化本土教育人才培养支持、完善教育人才待遇服务3个方面提出10条措施，加强基础教育人才队伍建设。2021—2022学年，全市招聘教职工3561人，编制内1749人、参聘及编外1812人。其中，博士4人，硕士研究生604人、部属公费师范生27人。推进义务教育阶段中小学教师校际交流工作，各县（市）区义务教育阶段中小学校长、教师、骨干教师交流人数分别达225人、2439人、465人，占符合交流条件人数的43.8%、15.5%、19.1%。将师德教育纳入教师公需课培训内容，要求各学校通过教工大会、教师节庆祝大会、专题学习等多种形式组织每名教师完成至少10学时的师德教育集中学习。开展“特级教师”“最美教师”等先进典型推选工作，利用教师节、“七一”党日活动等表彰一批优秀教师。开展师德典型风采录系列报道，强化典型选树。在全市开展中小学有偿补课和教师违规收受礼品礼金问题专项整治工作及教师组织校外托管有关问题专项整治工作。核查比对全市教师与公务员工资收入，巩固全市“义务教育教师平均工资收入水平不低于当地公务员平均工资收入水平”成果。按人均每月3970元新增市属学校教师基础绩效奖励；将市属幼儿园保育员月工资标准从3900元提高到4700元；落实乡村教师生活补助，全市拨付补助资金9946.4万元，其中市本级财政拨付411.36万元。

【集团化办学】 2022年，福州市教育局建立工作专班，加强集团化办学工作。市教育局、市财政局、市人力资源和社会保障局联合制定《福州市基础教育集团评价方案（试行）》《福州市基础教育集团教师轮岗交流实施办法（试行）》，完善集团化办学评价等配套机制。年内，全市新增群众路小学教育集团等33个教育集团，累计有101个基础教育阶段教育集团，覆盖429个学校（校区）。据不完全统计，2021—2022学年全市教育集团内交流轮岗教师逾千人，开展联合教学教研活动1900场，98.8%的教育集团实现线上线下教学资源共享。

【义务教育“双减”】 2022年，福州市推进校外培训机构专项治理和校内课后服务提质扩面工作。秋季学期义务教育学校课后服务参与学生76.2万人，参与率87%。参与教师5.12万人，参与率92.5%。全市经审批登记校外培训机构483家，并建立资金监管专户。市、县两级均建立校外培训机构整治工作联席会议制度。义务教育阶段学科类培训机构由336家减少至262家。2个案例入选全国“双减”工作优秀（典型）案例，7个市、区、学校的相关举措入选省“双减”工作典型案例。

【教育教学交流】 2022年，福州市选派12名教师赴省外薄弱地区开展支教帮扶工作，其中赴西藏支教2人、赴宁夏支教10人；选派36名教师赴全市薄弱县、校扶贫支教。牵头组织长乐职业中专学校等50所福州中职、中小学、幼儿园与新疆奇台县50所学校结对帮扶，以校为单位签订对口交流协议，通过远程教研集备、师生互派交流等方式，开展两地校级间教育教学交流活动。应新疆奇台县要求，遴选78名市名师工作室名师、成员和各学科专家，围绕减轻学生负担、提高课堂教育教学质量、提升学校教育教学管理能力等核心问题，以网络直播形式开展为期3天的线上培训。

【民办教育】 2022年，福州市印发《福州市规范民办义务教育发展实施方案》，开展规范民办义务教育专项行动。落实民办义务教育在校生压减，下发《关于政府购买民办义务教育阶段学位工作的指导意见》，市县两级政府购买学位1389个。推动出台《关于福州市民办普通高中学校申办的指导意见（试行）》，规范民办高中办学审批流程。印发《福州市2022年整治校外培训机构不规范问题减轻中小学生课外负担行动方案》，开展“监管护苗”暑期专项行动。启动校外培训机构整治“回头看”，排查机构582家、材料1377份、从业人员3751人。组织开展大中小学教材教辅和中小学课外读物等排查整改工作，排查教材教辅6021册（次），中小学校园读物3765372册（次）。

【教育行政服务】 2022年，福州市教育局完善机关合同管理制度，加强行政执法资格考试和依法行政培训组织。召开福州市法治副校长首次联席工作会议，要求各县（市）区教育局建立健全协同机制，促进中小学法治副校长工作科学化、制度化。推行“网上办、掌上办”，推进政务服务数据共享，提升审批事项全流程网办事项比例，优化“秒批”、智能辅助审批服务，打造人才子女入转学服务“一件事”套餐。

【校园安全】 2022年，福州市组织开展校园安全专题宣传教育活动，在“全国中小学生安全教育日”“防灾减灾日”“安全生产月”等时间节点开展主题安全宣传活动，各级各类学校通过系列宣传活动提高学生的安全意识和避险自救知识技能。协同公安等部门做好校园周边综合治理工作，化解涉校涉生矛盾纠纷。落实门禁、内部巡查等制度。加强学生上学、放学时段校门口安全管理。落实“四个100%”，全市学校专职保安员配备率100%，校园封闭率100%，一键式紧急报警与公安机关联网率100%，护学岗设立100%。

【教育督导】 2022年，福州市教育局聘请督导专家组完成对鼓楼、台江、仓山、晋安、马尾五城区教育“两项督导”评估工作。开展教育质量、教育经费、义务教育阶段城乡紧密型教育共同体建设和义务教育教师工资收入落实情况专项督导。推进“县域义务教育优质均衡”和“县域学前教育普及普惠”创建工作。开展“双减”“五项管理”随机专项督导工作。推动各县（市）区开展中小学校（幼儿园）责任督学挂牌督导工作和幼儿园办园行为督导评估工作。完成国家和省级2022年义务教育质量监测市级前期组织准备工作。

（林 君）

学前教育

【概况】 2022年，福州市有独立幼儿园1260所，其中民办幼儿园849所（包含普惠性民办幼儿园653所），9311个班级（包含托班、混合班），有33个幼教集团。在园幼儿26.88万人，学前三年入园率99.06%；普惠性幼儿园覆盖率，即公办幼儿园和普惠性民办幼儿园在园幼儿占比94.66%，其中公办学额覆盖率60.48%；在三级示范性幼儿园就读的幼儿占比58.96%。

【普惠性幼儿园发展政策】 2022年，福州市以2021—2022学年事业统计数据中的普惠性民办幼儿园在园幼儿数为基数，按每生每年225元的市级补助标准，申请拨付2022年五城区普惠性民办幼儿园生均公用经费市级奖补资金1075.07万元。向市财政局申请下达2021—2022学年春季学期和2022—2023学年秋季学期的政府购买普惠性民办幼儿园和非财政补助公办幼儿园教育服务定额补助市级奖补资金1.05亿元。

【幼儿园招生】 2022年，福州市教育局下发《关于印发福州市2022年秋季幼儿园招生工作意见的通知》，明确各县（市）区教育行政部门应根据相对就近的原则和辖区实际，划定幼儿园的招生服务片区。配合各部门完成引进人才子女、军人子女及其他政策照顾对象子女转、入园工作。年内，全市公办、普惠性民办幼儿园提供2.67万个学位用于公开派位；协调军人子女、烈士子女、引进人才子女、港澳台同胞及其他政策照顾对象子女2782人入读优质普惠幼儿园。

【学前教育宣传月】 2022年，福州市教育局根据《教育部关于大力推进幼儿园与小学科学衔接的指导意见》和随附的《幼儿园入学准备教育指导要点》《小学入学适应教育指导要点》及《福建省教育厅关于印发推进幼儿园与小学科学衔接攻坚行动实施方案的通知》，组织市级专家组对全市征集到的18份关于展示“幼儿园和小学开展幼小衔接工作”真实视频案例进行评选，晋安区教育局和福州市蓓蕾幼儿园的案例入选福建省教育厅参加宣传月巡展。

【乡村学前教育办学点评估】 2022年，福州市分阶段实现全市学前教育乡村办学点100%通过市乡村学前教育办学点评估标准化认定。各县（市）区成立专项评估小组。市教育局根据各县（市）区上报的情况，完成对首批“福州市乡村学前教育办学点”的材料审核、实地抽查和评估认定。

（林 君）

小学教育

【概况】 2022年，福州市有小学876所，在校生61.41万人。推动成立6个小学教育集团，分别是群众路小学教育集团、鼓楼第一中心小学教育集团、鼓楼实验小学教育集团、鼓楼第二中心小学教育集团、台江第三中心小学教育集团、宁化小学教育集团。实现城乡学校教育共同体建设全覆盖目标，新增68所学校被确认为省级义务教育管理标准化学校，170所学校通过“福州市乡村温馨校园”评估验收。

【小学招生】 2022年，福州市明确金山小学金闽校区招生办法。上线“六年一户学位”房产学位查询系统，优化公民办学校招生平台。小学一年级招生工作以县（市）区为主负责，执行“免试入学，划片招生”总原则，全市小学招收一年级新生10.28万人。五城区继续实行小学招生预报名制度，有4.50万名适龄儿童进行网络预报名，其中随迁子女1.16万名进行网络填报志愿。

【随迁子女入学】 2022年，福州市小学一年级招收随迁子女2.12万人，占新生总人数的20.65%。全市义务教育阶段随迁子女在校生有19.87万人，占义务教育阶段在校生比例为22.45%，随迁子女在公办学校就读比例94.75%。

（林 君）

中学教育

【概况】 2022年，福州市有中学334所，其中完全中学79所，高级中学18所，九年一贯制学校39所，十二年一贯制学校11所。在校高中生12.34万人。新增福清一中1所省一级达标高中。发挥省级示范高中龙头辐射作用，指导10所省示范高中与35所中学结对帮扶。协调省内外尖优生培训资源，开展培尖培优工作。加强高中教学质量监测，组织毕业班教学视导，指导中学落实日常教学常规要求。

【初中招生】 2022年，福州市明确3所“公参民”学校（日升中学、英才中学、时代中学）招生办法。全市招收初一新生8.85万人，五城区初中招生工作实行中小学相对就近对口升学办法，公办小学毕业班学生按初招对口方案安排公办初中升学。年内，报名人数超招生计划数的民办义务教育学校实行100%摇号招生。参加民办义务教育学校公开摇号学生13065人，通过摇号录取学生2981人。全市公民办学校新初一年级继续统一在“福州市初招管理系统”完成均衡分班。

【中考中招改革】 2022年，福州市调整大学城教职工子女中考报考政策。在全省率先实施中考英语口语人机对话考试作为全市所有初中学校的中考考查科目。全年定向生指标全部分配到无选择生源的学校。调整市区面向六县（市）招生计划，大幅减少市区普高学校面向六县（市）的招生计划。

【学科竞赛及科技实践活动】 2022年，全国五学科奥赛决赛中，福州市获奖牌37枚，其中金牌6枚、银牌26枚、铜牌5枚，奖牌总数和金、银、铜牌获奖数均居全省榜首；福州市五学科奥赛“省一”获奖总数128个，蝉联全省第一。福州代表队获第37届省赛优秀创新项目48个、科幻画22个、科技辅导员项目8个、优秀科技实践活动项目4个，十佳科技辅导员1名，优秀组织奖1个，获专项奖13项。和市科协等单位联合承办2022数字中国创新大赛机器人AI赛道比赛，福州市获奖总数位居全省第一。

（林　君）

特殊教育

【概况】 2022年，福州市有特殊教育学校14所，在校特殊教育学生数3891人，其中学前儿童25人，小学生2752人，初中生1050人，高中生64人；残疾在校生中，智力残疾2687人，视力残疾148人，听力残疾396人，其他660人；特教学校教职工558人，其中专任教师497人。

【特殊资源教室建设】 2022年，福州市新增110个特殊资源教室并成立随班就读基地校（全市累计188个），推动融合教育。福州市星语学校和福州市开智学校通过2022年福建省特殊教育标准化学校评估。

【福州开智学校】 福州开智学校创办于1987年，是福建省第一所培智类特殊教育学校。学校于2021年4月搬迁新校区，新校区占地面积6199.48平方米，建筑面积1.52万平方米。校园绿化面积1905平方米，绿地覆盖率30%。学校逐步投入资金，完成学校三网建设，配备室内综合体育馆、25米恒温游泳池、彩虹跑道、室内运动训练室、阶梯教室、音乐舞蹈教室、计算机教室、音乐治疗室、心理咨询室、广播室等。

学校有一至九年级9个教学班，121名学生。学校教师19人，其中研究生学历3人，特教专业16人。

【福州市星语学校】 福州市星语学校创办于2012年7月，是全国教育系统内第一所以孤独症儿童为招生对象的公立特殊教育学校，有27个班级，214名学生，57位教职工。学校构建一套包含微系统、中系统、外系统、宏系统的生态化孤独症学校课程体系，作为福州市特殊教育资源中心，推动、倡导融合教育，开展教师融合教育通识培训，培养、选派教师进入试点学校开展随班就读指导工作。学校先后获福州市优质家长学校、福州市文明校园、福州青年五四奖章集体标兵等称号。

（林　君）

中等职业教育

【概况】 2022年，福州市有中职学校22所（不含盲、聋哑学校，技工院校和省属在榕中职学校），其中民办学校3所。有5所列入省级高水平中职学校A类立项培育建设项目，16个专业群入选省级高水平专业群立项培育建设项目；6所列为省级示范性现代中等职业学校，10所列为省级规范化中职学校，中职学校全日制（含五年专）在校生49934人。年内，中职学校录取33355人，全市普职招生比为56.8∶43.2。中职（含五年专）录取分数超过普高控制分数线人数占比13.69%。

【中职毕业生就业和升学】 2022年，福州市中职学校各专业毕业生15501人，就业15323人，就业率98.95%，对口就业率占90.38%。其中直接就业人数2765人；升入高一级学校人数12558人（其中高职分类考试升学人数9860人、五年一贯制升学人数39人、三二分段制升学人数2437人、普通高考升学人数215人、出国出境升学人数7人），占毕业生总数的81.01%，比上年提高14.06%。

【中职专业设置】 2022年，福州市中职教育建立专业结构动态调整机制。成立福州市职业教育专业建设指导委员会，召开专业建设论证会，调整优化专业，增设服务全市16条重点产业链、“六城五品九大专项行动”的急需紧缺专业。新增冷链物流服务与管理、婴幼儿托育、计算机网络技术等19个专业，撤销停办办学效益差、传统过时的专业，构建产教融合型的职业教育专业体系。

（林　君）

高等教育

【概况】 2022年，福州市有12所市属高校，其中本科4所，高职8所；公办3所，民办8所，中外合作办学1所。招生4.6万人，全日制在校生12.4万人，专任教师7700人，拥有省级以上重点实验室9个，省级以上实训平台65个，省级以上创新创业基地24个。市属高校毕业生平均就业率93.65%。

【高校内涵建设】 2022年，闽江学院7个专业入选第三批国家级一流本科专业建设点，6个专业入选省级一流本科专业建设点；工商管理、电子信息和新闻与传播专业被纳入省硕士学位授予单位培育项目。福州职业技术学院获第七届黄炎培职业教育奖“优秀学校奖”，入选工信部首批产教融合专业合作建设试点单位，4人获“全国青年岗位能手”称号。闽江师范高等专科学校在2022年福建省教学成果赛中获职业教育特等奖1项，一等奖2项，位居全省高职高专第二。推进民办高等教育发展专项资金项目相关工作，向9个项目下拨年度专项资金694万元。

【天津大学福州国际校区建设】 2022年，天津大学—新加坡国立大学联合学院的化学、化工、物理3个专业的双硕士中外合作办学项目完成首批招生180人。累计招收博士生214人，与福州大学联合培养硕士生171人。

【福耀科技大学筹建】 2022年，福耀科技大学建设按计划推进校园建筑建设。福州市委、市政府、省教育厅共同建立福耀科技大学项目联席会议制度，主动对接指导，推进学校筹建。由河仁慈善基金会投资、以民办公助形式建设，项目总占地84.87公顷，总投资100亿元。5月开工奠基，12月封顶10栋楼。

（林 君）

2022年11月19日，福耀科技大学明德堂及行政楼封顶仪式举行

（市教育局 供图）

【闽江学院】 2022年，闽江学院有4个校区，校园总面积152.97公顷，校舍总面积56.15万平方米，教学科研仪器设备总值5.16亿元，各类纸质图书204.38万册，电子图书195.83万册。入选省“一流应用型建设高校”（A类），被列为省“三全育人”综合改革试点培育建设高校。

学科专业 学校设有16个二级学院，拥有工商管理专业学位硕士点，开设本科专业61个；拥有省级重点学科3个，省级一流学科（高原学科）1个、省级应用型学科6个；国家级特色专业2个，国家级一流专业建设点8个；省示范性应用型专业群3个，省级一流专业建设点20个，省级特色专业5个、服务产业特色专业7个，省级创新创业改革试点专业5个，省级实验教学示范中心8个。新增7个国家级一流本科专业建设点、6个省级一流本科专业建设点，新增4个学士学位授权专业。

师资队伍 有专任教师1000多人，硕士以上学位教师占93.2%（其中博士学位教师占42%），拥有国家级、省部级人才171人（含柔聘），拥有省级教学、科研及高端外专团队12个。启动“访校纳才”专项行动，研究引进博士、高层次人才等134人；新增省级以上人才45人，其中国家级人才3人。实施应用型师资队伍建设六大计划，选派80名教师到行业企业挂职，选派39名教师到境内外知名高校、科研院所等访学进修。1名教师获全国高校外语教学大赛二等奖1项，2名教师分别获省高校教师教学创新大赛二等奖、三等奖，4名教师获省青年教师教学竞赛一等奖。

本科教育 全日制在校生1.6万人。年内招收本科生4986人；学校纳入省公费师范生培养高校，面向5个县区招生34人。新增1个产业学院，人工智能产业学院获批省级产业学院。组建兴业数字金融人才定制班。新增省级教改项目11项，获省级教学成果奖8项，其中特等奖1项、一等奖2项。被列为福建省学校大思政课实践教学基地，获全国高校思政工作优秀案例三等奖1项、省高校思想政治工作精品项目2个，思政教育创新案例入选《人民论坛》国家治理创新经验典型案例。校龙舟队在2022年首届世界龙舟联赛（福州站）中获冠军2项、季军2项。获全国“互联网+”大学生创新创业大赛银奖等国家级学科竞赛奖项389项，获“挑战杯”省大学生创业计划竞赛金奖等省级学科竞赛奖项687项。2022届毕业生去向落实率96.05%，留榕就业率51.83%。

研究生教育 在读研究生400余人。制定研究生产教融合联合培养基地建设管理办法，建设11个研究生联培基地。制订“十四五”硕士学位培育建设实施方案，工商管理、电子信息和新闻与传播被纳入福建省硕士学位授予单位培育项目。依托七校合作帮扶协议，累计获77个联培指标。获省研究生优秀学位论文1篇。

科研与成果运用 挂牌成立福建省习近平新时代中国特色社会主义思想研究中心闽江学院研究基地，推动福州海洋研究院和海洋科创高地建设、海峡两岸融合发展研究院和海峡两岸乡建乡创研究院建设。新增国家级项目18个，省部级项目109个，各类横向委托课题256项。获省级科研成果奖5项。新增省级科研平台3个，市厅级科研平台6个；2个省级重点实验室通过验收，

4个省高校工程研究中心通过评估，2个省级协同创新中心通过中期考核。年度到校竞争性科研经费比上年增长79.3%。入选全国首批“百校联百县兴千村”行动名单，26人被选任为省个人科技特派员，8个团队被选任为省团队科技特派员，2人当选“福州最美女科技特派员”。

合作交流　与塞浦路斯欧洲大学联合主办中塞数字经济线上高峰论坛。与教育部中外人文交流中心共建“‘一带一路’漆艺产业中外人文交流研究院”。获省台港澳办批准设立“闽台融合发展研究基地”。与厦门大学、东华大学、江南大学等7所省内外大学签署对口合作协议，推动“一校包一学科”对口帮扶，遴选87名优秀本科生赴合作高校交流学习。成立“福州市会计人员继续教育培训基地”，与福州市退役军人事务局共建“福州市退役军人教育学院”，与三明市委组织部、三明市委党校共建“三明人才培训基地”。

（王保文）

【福州职业技术学院】　2022年，福州职业技术学院校园面积74.81公顷（其中26.67公顷征迁中），建筑总面积25万平方米。有智能工程系、信息工程系、机电工程系、交通工程系、建筑工程系、文化创意系、商务系、特殊教育系、马克思主义学院等13个教学机构，教职工585人，招生专业44个，全日制高职在校生11496人（其中国际留学生59名），各类成人学历在校生13846人。在国家级“双高计划”专业群建设中期绩效评价中获优秀等级。年内，获第七届黄炎培职业教育奖优秀学校奖，获评省级文明校园、福建省网络安全工作先进单位、福建省征兵工作先进单位等。福州职业技术学院福州工匠学院挂牌首批“福建省工匠学院”，1人获评“2022年福州工匠年度人物”。举行“福州开放大学”揭牌仪式，“福建广播电视大学福州分校”更名为“福州开放大学”。福州职业技术学院长乐校区签约暨揭牌仪式在长乐职业中专学校举行。

思政工作　《励园文化融入高职思政课“三元共构、四链相扣”教育教学模式的探索与实践》项目获2022年福建省教学成果二等奖、学校教学成果奖特等奖；3人在福建省2022年“一‘马’当先”知识竞赛中获优秀奖（总成绩排名前十）；劳动教育课程获福建省第六批精品在线课程；习近平新时代中国特色社会主义思想概论课程被纳入人才培养方案和教学计划。遴选课程思政教育案例，形成课程思政案例库，收集上传职教云340余个案例。课程思政示范课程校级教改项目立项22门。通过第一批高校“三全育人”综合改革试点总结评估。打造“励园红”思政育人品牌，推进全省“三全育人”综合改革试点高校建设。

教学改革　申报增设数字化设计与制造技术专业，对接智能制造产业。开展“说专业”校级竞赛，召开专业数字化改造研讨会，传统专业课程升级为“数字+”课程。各专业群开发模块化“数字+”课程资源池，打造智慧型复合专业。组织开发人工智能、大数据专业拓展课程资源包。与同济中德工程学院共建5个专业，录取504人；组建91人的机械制造及自动化等5个重点建设专业教学团队；修订人才培养方案，共建2门校级在线精品课程。福职院（智能互联网络技术专业）入选工信部首批产教融合专业合作建设试点单位。新增37个省级职业教育信息化项目。入选国家级在线精品课程2门，获省级立项专业教学资源库1个，精品在线开放课程35门。2个国家级专业教学资源库、3个省级专业教学资源库和16门省级精品在线开放课通过验收。建立三级教师教学能力竞赛机制，获省级教师教学能力比赛一等奖1项、二等奖5项、三等奖4项。《以“信息化、智能化”引领专业群建设服务数字福建战略的改革与实践》获省教育厅推荐参评国家级教学成果奖。

合作办学　成立推进与同济大学合作项目工作领导小组，校党委书记、校长任组长，定期召开推进会部署项目开展，与同济大学中德工程学院签署相关合作协议和科研方案。投入1500万元，建设产教融合实训基地，为“两中心”“一基地”提供教学实训场所。成立5个专业教学科研团队，拟订“双元制本科人才培养与师资培育基地建设”技术路线图和计划书。完成德国双元制大学调研、福职院能力提升需求调研、福州及周边地区产业发展和人才需求调研等7个阶段性成果。派出5名专业骨干教师赴同济大学访学。在福州市科技成果转化公共服务平台开辟“福州同济技术转移创新中心成果推介专栏”，对同济大学11项科技成果进行推介，会同同济大学团队拟订项目成果考核办法。与美国塔科马市贝茨技术学院签署交流合作备忘录。

师资队伍　引进高层次人才3人、

2022年6月30日，福州职业技术学院长乐校区揭牌仪式在长乐职业中专学校举行

（福州职业技术学院 供图）

专任教师 12 人，从辅导员队伍中遴选思政理论课专任教师 3 人。新晋升正高职称 1 人、副高职称 12 人，新增“双师型”教师 25 人，派出访问工程师 15 人。新增 5 个教师企业实践流动站、1 个省级技能大师工作室、1 个市级技能大师工作室。成为 2 个国家级“双师型”教师培训基地（同济大学和福建工程学院）的核心成员单位。

人才培养　4 人被授予“全国青年岗位能手”称号。2022 届毕业生初次就业率 99.38%，居全省高校首位。在首届世界职业院校技能大赛云计算赛项获银奖；国家级技能大赛二等奖 3 项、三等奖 2 项；省级技能大赛一等奖 6 个、二等奖 18 个、三等奖 23 个。学校连续 12 年荣获全省职业院校技能大赛团体一等奖。承办 2022 福建省职业院校技能大赛 4 个赛项，获一等奖 4 个，被授予贡献奖单位称号。承办 2022 年金砖国家职业技能大赛福建省选拔赛 2 个赛项（增材制造赛项、网络安全赛项），均以赛项第一名的成绩晋级国赛。承办 2022 年福州市第二届“榕匠杯”新业态职业技能竞赛 2 个赛项（无人机驾驶员、互联网营销师），获个人银奖 2 项，团体一等奖 2 项。通过教育部报送的蛋雕作品入选国家“奋进新时代”主题成就展。成立福建航空职教集团、京东数字供应链产业学院，与企业共建“数字化技术协同育人基地”。“福建省文旅创意职业教育产教联盟”项目入选 2022 年省级职业教育重点建设项目。开展“励园送岗—访企拓岗促就业专项行动”，与福州高新区签署《校地人才合作暨建立招才引智工作站协议》。2 个项目入选教育部供需对接就业育人项目。获全国 2015—2020 深化高校创新创业教育改革优秀组织奖和优秀典型案例一等奖、第八届福建省“互联网 +”大学生创新创业大赛产业命题赛道和职教赛道优秀组织奖、海峡两岸女大学生创新创业大优秀组织奖等，入选中国高等教育学会创新创业教育分会理事单位。推进学校 10 个创新创业创造示范苗圃建设，协办福州大学城高校科创成果报告会，推介“一流大学城”建设项目“励园创享”系列活动。在各类三创竞赛中获国家级铜奖 2 项、优胜奖 1 项，省市级金奖 1 项、银奖 7 项、铜奖 16 项，2 个项目入驻大学生创新创业创造园区并获省级资助，资助金累计 18 万元。创新基础和创业基础 2 门课程入选福建省高校就业创业金课。

实训教学　实训建设项目立项 12 个，总投入 2700 万元。新增新一代互联网综合应用实训基地、广告专业综合媒体实训室 2 个智能化校内生产性实训基地。新申报省级职业教育示范校虚拟仿真实训基地 1 个、省级高水平专业化产教融合实训基地 1 个。完成福州市人工智能产教融合实训基地的建设及验收并投入使用。规范校外实训基地建设流程，加强校外实训基地建设，规范基地协议签订的流程，全年与企业签订的校外实训基地数 115 个。

科研与成果应用　纵向科研项目立项 67 个（省部级以上 7 个，市厅级 24 个，校级及其他 36 个）；横向项目（技术服务）11 个，引入科研项目经费约 90 万元；获专利授权 13 项，软件著作权 9 项。年内，选任省级科技特派员 7 名、科技特派团队 3 个；市级科技特派员 5 人、科技特派员团队 5 个。

社会服务　完成各类职业教育培训 97350 人次，各类鉴定考试 7272 人次，培训创收达 1426.73 万元（含微软培训创收 1197.02 万元）。新增 10 个“1+X”证书试点项目，新申报专项职业能力工种 11 个。年内，获评福建省退役军人就业创业园地、福州市退役军人就业创业孵化基地。

校园文化　新增“数字化技术协同育人基地”。原创福州曲艺联唱《福连福州福多多》在“学习强国”学习平台、福建文艺网、福建省曲艺家协会、福建教育网、新福建、东南网等推送播出。学校在三坊七巷“中华福馆”举办“福”文化艺术设计作品展览开幕式暨校外文创实践基地授牌仪式。福州职业技术学院“鲁班学院”“文儒书院”成为特色国际教育品牌。话剧《少年严复》入选福建省高校思想政治工作质量提升综合改革与精品建设项目。京剧《龙凤呈祥》获第四届福建省大学生戏剧节表演奖，“孙尚香”扮演者获表演奖（非专业组）一等奖。成立多支服务福州区域经济发展的青年志愿者服务队和志愿者品牌项目，助力第五届数字中国建设峰会及第二届中国（福州）国际数字博览会等活动。年内，获福建省节水型高校、福州市绿色学校、福州市“平安校园”示范点创建单位等称号。在福建省第十七届运动会（大学生部）中获 11 枚金牌、6 枚银牌、7 枚铜牌、4 项体育道德风尚奖，奖牌总数和团体总分居全省高职院校第二名。

（江允英）

【闽江师范高等专科学校】　2022 年，闽江师范高等专科学校有 12 个学院（部），全日制专科生 11386 人，在编教职工 624 人；学校占地面积 52.03 公顷（主校区位于大学城），建筑面积 37.34 万平方米（含在建 7.98 万平方米）；设有福州市艺术学校、福清卫生学校、附属实验小学、福州幼教集团（附属幼儿园 5 所）。

思政工作　创新性培植“思政课程引领方向，课程思政提升素养，三类课程五育并举”立德树人养成树。开展中国共产党人的精神谱系福建篇章融入思政课教学改革和“追寻总书记的足迹”体验式教学改革，相关思政教学改革获教育部课题立项，建成活页式教材 1 部、案例库 1 项、思政金课 1 门、入选教育部高校思政工作研究文库 1 部。《搭建“大平台”、建好“大师资”、构建“大课堂”高职美育实践》入选省高校思政工作精品项目。《基于“三结合，一评价”劳动教育模式的构建与实践》获全国高校思政工作优秀案例三等奖。在第六届“马克思主义能够给予我们什么”省高校大学生主题征文和微演讲活动中获高职组一等奖。

专业建设　学校有专业 40 个，其中国家级骨干专业 2 个，全国职业院校民族文化传承与创新示范专业点 1 个，福建省示范专业 2 个，福建省创新创业试点专业 4 个，福建省职业院校产教融合示范专业 2 个，福建省服务产业特色专业群 2 个，福建省高水平专业群 2 个，教育部“1+X”证书试点 23 个，参与教育部职业教育专业资源库建设项目 1 个，福建省专业教学资源库 2 个。获批 2 项省级课程思政示范项目；入选教育部大中小学思政课一体化共同建设成员单位。入选第二批省级示范性虚拟仿真实训基地1个，23门课程被评定为职业教育省级在线精品课程，位居全省第三。在福建省职业技能大赛教学能力比赛中获一等奖2项、二等奖4项、三等奖6项。

师资队伍　学校有专任教师509人，专任教师中具有硕士及以上学位占71.32%，其中博士30人；高级职称占34.97%，其中正高级28人；专任专业课教师中“双师型”教师占83.33%；聘请行业企业专业技术人员和高技能人才担任兼职教师185人，占专任教师数的36.35%。学校推进“师资培养六大项目”，在读博士9人、硕士91人，选派174人参加省级培训项目，教师下企业行业实践137人次，教师参加职业院校技能大赛教学能力比赛获省级奖12项。引进国家级领军人才共建专家工作站，柔性引进6名省内知名大学教授担任学术系主任。加强与行业企业合作，共建国家级示范性职业教育集团（联盟）、省级示范性职教集团、省级生产性实训基地、5个省级产业学院、3个校级“双师型”教师培养培训基地，实现“双送、双培、双挂、双考核”校企“双向流动”机制。新增教育部职业院校外语类专业教学指导委员会委员1人、省级中小学名师2人、新增教育部职业院校外语类专业教学指导委员会委员1人、中国—柬埔寨职业教育合作联盟智能制造领域国际化专业标准委员会委员2人、省级中小学名师2人、省级基础教育信息化专家10人、省级技能大师工作室1个、市级技能大师工作室1个，新增认定“双师型”教师17人。

产教融合　成立9个校企合作理事会，校企合作企业数155家，拓展资助来源渠道，设立社会资助类奖学金，年奖励金额63.07万元，培养现代学徒制学生1706人，订单式学生211人。入选教育部产教融合校企合作典型案例2个，获批教育部学生司第一期供需对接就业育人项目1个；校领导带队访企拓岗105家，邀请企业家进校园36次，聘请行业导师182人承担年课时总量19129课时，共建校企合作课程93门，校企合作校本教材30部，其中公开出版2部。建成职教集团2个，其中国家示范性职教集团1个，省级示范性职业教育集团1个，参与共建企业数37家。建成省级职业院校产业学院5个，其中新增2个；建成省级高水平专业化产教融合实训基地2个，其中新增1个；建成校外实践基地265家，其中新增34家，全年接受实习人员7842人，接受学生见习、实习20749人次。学校专业课教师到企业一线挂职或服务人数98人，联合开展技术开发等合作，年收入33万元。

技能竞赛　学生参加各级各类竞赛获237个奖项。其中，全国职业院校技能大赛一等奖1项，二等奖3项，三等奖3项（位居全省第三）；福建省职业院校技能大赛一等奖11项、二等奖19项、三等项7项、优秀奖7项；第八届福建省“互联网+”大学生创新创业大赛银奖2项、铜奖5项；第九届海峡两岸大学生职业技能大赛一等奖1项、二等奖1项、三等奖3项；第十五届福建省大学生职业规划大赛一等奖1项、二等奖1项以及优秀组织奖；“高教社杯”全国大学生数学建模竞赛全国二等奖1项、省级一等奖2项、省级二等奖1项。

科研与成果运用　学校获65个纵向科研课题立项，省部级课题5项（1项教育部课题“一体化背景下《习近平新时代中国特色社会主义思想学生读本》运用情况及优化对策研究”、1项全国教育科学规划办课题《基于生态系统理论的幼儿园浸润式审美教育实践研究》、2项省社科课题“敬畏提升中小学教师职业幸福感的内生机制及干预研究”“福建文化与旅游深度融合的路径与对策研究”、1项省委宣传部课题“习近平注重调查研究的思想方法和工作方法在福建的探索与实践研究”），其他市厅级及以上项目60个，获项目经费42万元。新增3个协同创新中心，分别是“0～6岁儿童发展研究中心”（学前教育学院和省教科所合作）、“青春健康指导中心”（人文与管理学院和福州市教育局、福州市计生协会等）、福州茶文化经济研究中心（市人民政府授牌成立）。教职工与省市政府部门联合开展调研工作并出具政策咨询报告与建议，发表11份咨政建议，其中1份获省主要领导肯定批示、2份获得市主要领导肯定批示。争取“中草药主成分的研究与检测应用”等横向课题7项，签订合同经费81.1万元；获“一种电机装配用回弹检测机构”等专利4项；获2022年基础教育教学成果奖一等奖1项；省级职业教育教学成果奖3项，其中特等奖1项、一等奖2项。推荐2项第一主持项目和1项参与项目参加2022年国家级教学成果奖评审。

社会服务　福州市老年大学闽江师专分校成立，秋季学期招生219人，入选省高校老年大学、省终身教育创新基地。获批省级专业技术人才知识更新工程2022年高级研修项目4个。获评省级“智慧助老”专题优质工作案例1个、课程资源2门。入选省级“能者为师”特色课程2门；获评2022年省级“百姓学习之星”1个。“福州长护险的护理服务人员培训”项目被认定为2022年省级“终身学习”品牌项目。年内，成人教育新生注册2257人，成人教育在校生5890人；自考专本衔接录取新生162人，自考在校生462人。完善专项职业技能鉴定站备案，增加等级认定2个职业（保健按摩师及工业机器人系统操作员）、8个工种（脊柱按摩师、足部按摩师、反射疗法师、保健按摩、脊柱按摩、足部按摩、反射疗法、工业机器人系统操作员）。开展育婴员、汽车维修、汽车美容等17期2249人次的职业技能等级认定，承接30场32703人次无纸化考试工作，普通话测试39404人。开展教师、公务员、普通话、职业技能等各级各类培训26557人次，学校培训、鉴定、考试和技术服务等社会服务收入近2000万元。依托福建小学教育公共实训基地，与高新区合作共建福州高新区青少年活动中心，经市政府审批运营，开设春季暑期及秋季学期的各类培训课程60余项，累计报名培训逾1万人次，举办各类公益性主题培训、讲座36场，参与人数3103人。生物标本馆获批福建省科技馆科普分馆。

招生与就业　年内，招生专业为40个，全日制大专招生计划4725人，录取4670人，总录取率98.8%，超本科线

299人。报到4490人，报到率96.1%。2022届毕业生3013人，毕业去向落实率95.49%。

校园文化　开展“青春献礼二十大”“缅怀先烈，感恩思源”“文明风采伴我行，成就出彩人生梦”等系列主题教育。举办校园十佳歌手大赛、三笔字比赛、“三棋”比赛、党史知识竞赛等各类比赛60余场，参与13420人。举办“大国工匠”文化讲堂活动，采取主题讲座、实践活动等形式开展专题教育。校刊《繁星》发表原创文章79篇。易班认证率99.3%，易班工作站开展爱心超市、劳动教育等线上线下互动活动50余项。学校易班工作站举办的“‘易’心向党，薪火相传”系列主题活动在《福建省网络思想政治工作中心工作简报》（2022年5月）中刊登。举办以“青春飞扬，‘读’你最美　”为主题的2022年世界读书日线上、线下八场系列活动。由图书馆申报的闽都扛斋习俗被列入福州市第七批非遗代表性项目名录。举办以“创造·创新·超越”为主题的2022年世界诗歌日文创比赛以及以“乐融融爱党爱国爱乡，喜看新时代民族团结进步”为主题的阅读推广活动，全年开展阅读推广活动12场。学校闽剧人才培养入选福州市30年来的重大成就，在新华网“大美非遗”专栏中刊发。闽剧现代戏《青春祭》入选福建省高校原创文化精品项目。《奔腾向海》获评2023年度福建省文艺发展专项资金扶持项目。戏曲民族管弦乐《又见茉莉》、红色闽剧现代戏《青春祭》获福州市第五届茉莉花文艺奖二等奖。

合作交流　举办3期“国别化”海外华文师资研修班，培训157名海外华文教师，累计培训3284人，其中首次面向澳大利亚和菲律宾开设华文师资研修班。出版首本海外华文师资培训教材《华文教育师资培训教程：表达篇、阅读篇》。获福建省侨办颁授“福建省海外华文教育基地”牌匾。招收台港澳地区学生的备案请示获教育部批复。1名教师当选为中国—柬埔寨职业教育合作联盟智能制造领域国际化专业标准委员会委员。首次开展国际课程融合式教学活动。校领导受邀在中国—东盟教育交流周“后疫情时代国际教育思考与发展”主题研讨会上以“助力海外华文教育，搭建中华文化传播桥梁”为主题发言。与新加坡南洋管理学院签署国际教育交流合作备忘录，与朝日株式会社签订人才培养合作备忘录并举办中日日式介护专业课程讲座。

附属学校　闽江师范高等专科学校附属实验小学获评全国校园足球特色学校、中国科协科创筑梦助力“双减”试点单位、福建省馆校结合基地校、福建省人工智能科普教育实验校等称号，获全国青少年电子信息智能创新大赛优秀组织奖、福建省青少年数独锦标赛优秀组织单位奖、高新区教育质量优秀奖。承担省级课题“基于脑电数据的小学生心理健康干预模式的研究”“‘冰心儿童观’视域下校本课程建构的实践探索”“新课标背景下学习提质增效的实践”“‘双减’政策下小学语文减负增效作业设计与实践研究”，市级课题“基于虚拟仿真实验教学对小学生科学学习力提升的探究”“基于‘三位一体’模式构建校本劳动教育评价体系”和“基于混合学习环境的小学高年级红色经典著作在全人与人中应用的研究”等教育科学课题研究；与闽江师范高等专科学校附属永泰小学和高新区新洲小学签订帮扶协议，义务教育“双减”特色活动受到《人民日报》、福建教育电视台、福建教育网、福州市教育局官网和高新区新闻中心等媒体报道。福州幼教集团下设5所幼儿园，获评“2022年省级职业教育重点建设项目”。闽江师范高等专科学校附属实验幼儿园被福建省教育厅评定为2021年福建省大学生就业实习示范基地；附属实验幼儿园被认定为“福建省学前教育科研基地”。附属第二幼儿园被认定为“福州市市级示范性幼儿园”，并授予“晋安教育特别贡献奖”，附属第四幼儿园经评估被认定为“高新区区级示范性幼儿园”，附属第三幼儿园通过高新区2022年AAAAA级平安校园安全考评。组织教师参加福州市优质课例评选比赛，获福州市属片区优秀案例奖，指导多名教师参加福建省2022年师生信息提升实践活动（福州赛区），获一、二等奖；参加福建省职业院校技能大赛教学能力比赛获高职课程一组三等奖。附属实验园申报的课题“基于生态系统理论的幼儿园浸润式审美教育实践研究”获批教育部重点课题立项。集团利用“互联网+教育”模式，开展对西藏和新疆等地区的教育帮扶工作。

（罗　谦）

（编辑　姚国榕）

科学技术

综 述

【科技事业年度发展】 2022年，福州市实施创新驱动发展战略、“科教兴城”专项行动，推进福厦泉国家自主创新区福州片区建设，探索形成一批全国、全省首创改革创新措施。推进科创走廊建设，新增载体面积151.3万平方米。培育新增高新技术企业964家，总数达3759家，总量首次跃居全省第一位。省创新实验室建设有序推进，闽都创新实验室累计落实建设经费18.3亿元，海峡创新实验室启动建设。新增国家级科技企业孵化器1家，总数7家；新增省级科技企业孵化器1家，总数21家；新增市级科技企业孵化器4家，总数28家。新增国家级众创空间2家，总数14家；新增省级众创空间15家，总数93家；新增22家市级众创空间，总数119家。新增省级新型研发机构9家，总数82家；新增市级行业技术创新中心26家，总数92家。新增省级星创天地2家，总数18家；新增市级星创天地6家，总数33家。备案科技型中小企业2437家；新增省级科技“小巨人”企业280家，总数628家。全社会R&D（研究与试验发展经费）支出257.4亿元，总量和增量连续6年保持全省第一。全市技术合同认定登记7670项，登记合同成交总额达85.25亿元，创近5年新高。市科技局驻市政务服务中心窗口业务受理总数2230件。电子证照生成率100%，位列全市第一；43个服务事项全部实现“一趟不用跑”；行政许可事项“全流程网办”和即办件比例达100%。

【福厦泉国家自主创新示范区福州片区建设】 2022年，福厦泉国家自主创新示范区福州片区（简称自创区）推进体制机制改革，探索形成一批全国、全省首创改革创新举措，推动福州典型经验向全国、全省推广。出台《福州市进一步推动大众创业万众创新工作的补充意见》，在全国率先推出“对入驻双创孵化载体小微企业减免6个月租金”的政策举措。“高新贷”“科技贷”特色金融产品建设、“打造国内一流科技创新集聚地——福州市科创走廊”、“探索高校毕业生就业地图新模式”3项改革创新典型案例获省科技厅推荐至科技部。完成自创区“一区多园”2021年度考评工作，遴选报送创新举措41项。发挥协同创新资金引导作用，推动福州片区与省内其他片区、高新区共同开展协同创新。年内，入选福厦泉自创区协同创新平台项目9个，5家高校院所和3家企业获得省级协同创新专项资金1700万元，资金总额位居全省第一。编制《中国东南（福建）科学城空间规划（初稿）》，构建“一廊串城、双核引领、五区共建”空间格局，打造国家东南区域科技创新中心、国家东南智造中心以及宜学、宜研、宜业、宜居、宜游的高品质新城。推动在福州设立福建省首个高新区STS计划（中国科学院科技服务网络计划）配套项目子专项，对接国家战略科技体系。福耀科技大学开工建设，首栋楼主体结构封顶。打造“产城才”融合发展平台，推进闽都院士村建设，举办院士专家县区行等高端项目对接活动。抓实国家级重大人才计划遴选项目，入选国家重大人才计划人数总量跃增至全省第一位。在全省率先启用人才子女就学定点服务窗口，线上即可办妥就学申请。发出省内首笔“人才贷”，至年末，发放3150万元。

【科创走廊建设】 2022年，福州市科创走廊新增载体面积151.3万平方米，累计建成载体面积330.2万平方米；有高新技术企业1880家，占全市高新技术企业总数的47.4%，聚集“双创”（创新创业）载体和研发公共服务平台409个。

举办科学城“成果转化直通车”推介会，建立首席科技顾问制度，以推动产业链创新链双向融合；编制《福州市科创走廊新赛道体系研究》，细分赛道，统筹全市科创走廊产业差异化发展；设立规模15亿元的福州市科创走廊金融支持基金，市科技局与4家银行签订战略合作协议，向科技企业提供贷款；发布全省首个高校毕业生创新创业线上地图，开展“好年华聚福州”活动，为自主创业的高校毕业生提供多项优惠政策。

在构建新一代信息技术“543X”新赛道格局的基础上，指导各片区重点打造1～2条产业新赛道，围绕新赛道建设特色园区，建成医疗科技优势赛道的瑞科医药健康产业园，数字内容新兴赛道的福州数字内容产业园、互联网小镇等，推进以空间信息未来赛道为主的国家地球空间信息福州产业化基地建设。各片区围绕主赛道招商引资、培育壮大创新主体，至年末，科创走廊范围签约项目65个，投资额78.8亿元，落地项目375个，投资额247.7亿元，落地紫天科技等龙头企业。

打造科创品牌，探索工作新模式、新举措，其中晋安区探索“国企＋政府＋企业”联合模式打造数字内容产业园；仓山区通过布局科创驿站服务创新主体；高新片区通过“政府引导 龙头引领”的方式，发挥母公司行业龙头企业优势，打造博思创业园，被科技部批准认定为福州首家国家级民营科技企业（大数据、智慧城市）专业孵化器。年内，通过主流媒体、微信公众号等多种形式，宣传科创走廊建设成效及典型案例，制作宣传视频9个，撰写报道265篇，编辑科创走廊通报、简报各12期。科创走廊建设一周年之际，开展“特色科创园区”“未来之星企业”“科创走廊logo”征集活动，对科创走廊建设创新、典型案例进行集中宣传。

【科技金融】 2022年，福州市科技局开展科技金融工作，持续推进“高新贷”“科技贷”“科特派贷”等特色金融产品建设，与省科技厅、高新区管委会、福建海峡银行就继续合作推动“高新贷”业务达成协议。年内，福建海峡银行发放“高新贷”82笔，放款4.77亿元。对接中国人民银行福州中心支行，推进央行科技再贷款政策在福州市落地，打通政、银、企信息互通的“最后一公里”。推进政银合作，与兴业银行、中国银行、建设银行、浦发银行分别达成科技企业金融服务战略合作协议，面向福州市科技企业提供低息贷款400亿元；与兴业银行、建设银行、邮储银行、福州农商行等签订“科特派贷”合作协议，启动科特派专项贷款业务合作。通过银企对接会、“一企一议”、高新技术企业群线上直播等促进银企对接，帮助企业了解和运用科技信贷政策与产品。全年发放“科技贷”582笔，放款26.51亿元，占全省的比重为35.48%。协助福州市金控集团制定天使类基金管理办法，向市金控集团提供3批科技企业“白名单”，包含2859家企业。推动与朱紫坊基金港、马尾基金小镇及海峡股权交易中心的信息共享。

（陈婉平　李梅婷　倪添灵　陈舒婕　王　静）

2022年，福州市推动科技创新再贷款政策落地。图为福州市科技企业金融服务战略合作协议签约仪式现场　（市科技局 供图）

科技平台建设

【重点实验室建设】 2022年，福州市有国家级重点实验室3家，省创新实验室2家；省重点实验室136家，其中企业类重点实验室21家，学科类重点实验室115家。新增省级重点实验室22家。

中国福建光电信息科学与技术创新实验室（闽都创新实验室）由福州市人民政府牵头，依托中国科学院福建物质结构研究所（中国科学院海西创新研究院）和福州大学于2019年11月获批筹建。2022年，实验室有职工411人，其中院士8人（含双聘5人），国家杰青13人，国家重大人才研究计划12人，高级职称250人，博士及博士后223人。有理事会、理事会办公例会、室务会等多层级决策机构和学术咨询委员会、产业咨询委员会、科技委员会等专业咨询机构，内设综合管理部等管理部门3个、光电材料等科技创新中心8个、光电材料结构设计与创制等研发支撑平台9个以及公共技术支撑中心1个。承担国家、省和市各类科研项目10个，获科研经费74.5万元，新增横向技术开发项目5个，获横向科研经费47.5万元。实验室研发的“量子云码防伪溯源系统”和“绿色环保耐火材料的制备新原理与技术”获全国性行业奖，发表NSC正刊论文1篇、SCI一区论文318篇、计算机类顶级会议或刊物论文5篇（均为高倍引论文），申请专利316件，获授权发明专利38件，突破关键技术和制约产业发展“卡脖子”技术40多项。获批中央预算内投资资金1.77亿元打造7个高水平研发支撑平台，被确定为省级新型研发机构，Micro-LED显示创新平台获批成为国家新型显示技术创新中心创新平台，闽都创新实验室作为依托单位的“科创中国”光电信息创新基地入选中国科协首批“科创中国”创新基地。实验室孵化高技术企业3家，即福建维安格科技有限公司、量子云码（福建）科技有限公司和福建有成科技有限公司；24项成果产业化项目带动社会总产值约125亿元，增加就业岗位约3400人次。

福建省柔性电子科学与技术创新实验室（海峡创新实验室），由福州市人民政府牵头，依托福建师范大学，以黄维院士为主要负责人，以创建国家实验室为战略目标，按照“优势集成、创新引领、全球拓展”的思路，聚焦福建省、福州市主导产业、战略性新兴产业。以柔性电子学科为核心，围绕有机电子、塑料电子、印刷电子、能源电子、生物电子、纳米电子等研究方向，引领电子信息、新能源、新材料、健康医疗等领域的自主创新和产业发展能力提升。年内，海峡创新实验室启动运行。

表53　　2022年福州市国家重点实验室一览表

序号	名称	承担单位	成立时间
1	结构化学国家重点实验室	福建物构所	1992年
2	能源与环境光催化国家重点实验室	福州大学	2013年
3	闽台作物有害生物生态防控国家重点实验室	福建农林大学	2016年

表54　　2022年福州市省创新实验室一览表

序号	名称	承担单位	成立时间
1	中国福建光电信息科学与技术创新实验室（闽都创新实验室）	中国科学院福建物质结构研究所（中国科学院海西创新研究院）、福州大学	2019年
2	福建省柔性电子科学与技术创新实验室（海峡创新实验室）	福建师范大学	2021年

表55　　2022年福州市新增省重点实验室一览表

序号	类别	名称	承担单位
1	省重点实验室（学科类）	福建省氢能关键材料与技术重点实验室	中国科学院福建物质结构研究所
2	省重点实验室（学科类）	福建省太赫兹功能器件与智能传感重点实验室	福州大学（机械工程及自动化学院）
3	省重点实验室（学科类）	福建省新能源金属绿色提取与高值利用重点实验室	福州大学（紫金矿业学院）
4	省重点实验室（学科类）	福建省国土空间分析与模拟数字技术重点实验室	福州大学（建筑与城乡规划学院）、中国科学院城市环境研究所
5	省重点实验室（学科类）	福建省先进无机氧合材料重点实验室	福州大学（化学学院）
6	省重点实验室（学科类）	福建省柔性电子重点实验室	福建师范大学海峡柔性电子（未来科技）研究院
7	省重点实验室（学科类）	福建省肿瘤智能影像与精准放疗重点实验室	福建医科大学附属协和医院
8	省重点实验室（学科类）	福建省肺干细胞重点实验室	福建医科大学附属第二医院
9	省重点实验室（学科类）	福建省糖脂与骨矿盐代谢重点实验室	福建医科大学附属第一医院
10	省重点实验室（学科类）	福建省中西医结合防治骨质疏松重点实验室	福建省中医药科学院、福建中医药大学附属康复医院
11	省重点实验室（学科类）	福建省认知功能康复重点实验室	福建中医药大学附属康复医院
12	省重点实验室（学科类）	福建省医疗机构中药制剂重点实验室	福建中医药大学附属第二人民医院

续表 55

序号	类别	名称	承担单位
13	省重点实验室（学科类）	福建省畜禽病原感染与免疫学重点实验室	福建农林大学［动物科学学院（蜂学学院）］
14	省重点实验室（学科类）	福建省农业信息感知技术重点实验室	福建农林大学（机电工程学院）、福建省机械科学研究院（福建省农业机械化研究所）
15	省重点实验室（学科类）	福建省智能加工技术及装备重点实验室	福建工程学院（机械与汽车工程学院）
16	省重点实验室（学科类）	福建省海洋生物多样性保护与永续利用重点实验室	闽江学院（海洋研究院）
17	省重点实验室（学科类）	福建省空间信息感知与智能处理重点实验室	阳光学院（人工智能学院）
18	省重点实验室（学科类）	福建省植物营养与肥料重点实验室	福建省农业科学院土壤肥料研究所、福建省农业科学院果树研究所
19	省重点实验室（学科类）	福建省畜禽遗传育种重点实验室	福建省农业科学院畜牧兽医研究所
20	省重点实验室（学科类）	福建省肿瘤早筛早诊前沿技术重点实验室	福建省肿瘤医院、福建和瑞基因科技有限公司
21	省重点实验室（学科类）	福建省疑难重症研究重点实验室	福建省立医院
22	省重点实验室（学科类）	福建省特种智能装备安全与测控重点实验室	福建省特种设备检验研究院、福州大学（机械工程及自动化学院）

【科技企业创业创新孵化载体建设】 2022年，福州市新增国家级科技企业孵化器1家，为福建博思创业园管理有限公司运营的博思创业园；新增省级科技企业孵化器1家，为福州鼎坤创业孵化器管理有限公司运营的久策科技孵化产业园；新增国家级众创空间2家。全市有国家级双创示范基地2家，为福州新区和福州软件园；建成市级众创空间119家，其中国家级14家、省级93家，市级以上科技企业孵化器28家，其中国家级7家、省级21家。印发《关于福州市进一步推动大众创业万众创新工作的补充意见》，包含减免入驻小微企业租金、创业租用场地补贴、给予一次性创业补贴、扶持优秀创业项目、提供创业工位、用活用足引导基金、加大信贷支持力度、提高免反担保贷款额度、强化奖励9条措施，其中减免入驻企业租金是全国首创提出的帮扶双创载体内小微企业应对疫情影响的创新举措。市科技局于8月启动入驻双创孵化载体小微企业租金减免补助申请工作，经征集、审核，首批有13家双创孵化载体内45家小微企业符合补助条件，补助资金159.23万元。年内，启动第二批申报工作。全年减免入驻双创孵化载体小微企业租金逾100万元，惠及小微企业逾300家。

表 56

2022年福州市新增国家级众创空间一览表

序号	孵化器名称	运营管理单位
1	福州市职工创新创业创造中心	福州市华优汇创投资有限公司
2	滴咚众创空间	福建滴咚共享科技股份有限公司

表 57

2022年福州市新增省级众创空间一览表

序号	众创空间名称	运营管理单位
1	共享众创空间	福州共享空间孵化器管理有限公司
2	福清市职工创新创业创造中心	福清市华优汇创科技有限公司
3	海西数字经济产业基地	福州触控众智软件有限公司
4	福建省大学生三创基地（福州）	福州高新区领航创业服务有限公司

续表 57

序号	众创空间名称	运营管理单位
5	元易众创空间	福州长安文化科技有限公司
6	海狮众创空间	脉多（福州）网络科技有限公司
7	福州市海纳众创空间	福州星尚商业管理有限公司
8	微空间	福建微空间孵化器有限公司
9	中恒芸创众创空间	福州中恒芸创众创空间有限公司
10	后浪青创	福州闽寓时代投资有限公司
11	福建天复众创空间	福州市天复信息科技有限公司
12	西云众创空间	福州西云装饰设计工程有限公司
13	汇星众创空间	福州西云企业管理有限公司
14	海创链科技生态众创空间	海创链（福州）科技有限公司
15	阿普莱斯众创空间	阿普莱斯（福建）投资集团有限公司

【省级新型研发机构建设】 2022年，福州市科技局组织辖区内企事业单位申报第七批省级新型研发机构。9家单位被认定为第七批省级新型研发机构，全市省级新型研发机构总数82家。推荐7个项目申报2023年省级新型研发机构非财政资金购买科研仪器设备软件后补助项目。

表 58　**2022年福州市新增省级新型研发机构一览表**

序号	单位名称	序号	单位名称
1	福建福晶科技股份有限公司	6	大通（福建）新材料股份有限公司
2	福建省海峡信息技术有限公司	7	福水智联技术有限公司
3	福建华佑检测技术有限公司	8	福建天马科技集团股份有限公司
4	兆丰华生物科技（福州）有限公司	9	福建中科芯源光电科技有限公司
5	福建星海通信科技有限公司	—	—

【行业技术创新中心建设】 2022年，福州市新增市级行业技术创新中心26家。全市有92家市级行业技术创新中心，其中依托单位为高校科研院所的54家，依托单位为企业的38家，基本涵盖全市八大主导行业，其中电子信息业27家、轻工食品业20家、机械制造业13家、生物医药业9家、石油化工业7家、能源行业8家、冶金建材业5家、纺织化纤业3家。年内，全市行业技术创新中心完成技术创新项目690余个，为企业完成近5万批次的检测及成型服务；举办各种培训活动438场，培训各类专业人员超2万人次；为企业提供新产品开发、配方工艺设计、技术咨询等服务3400余次；为企业引进专业技术人才1600余人；举办专项研讨会313场；取得市级以上各类奖项141项；与企业签订合作协议1800多份；协助企业申报国家、省级项目179个；获得专利、论文等知识产权600项；转化科技成果2300余项。全市行业技术创新中心年收入48.65亿元，其研发成果转化后创造经济效益超90亿元。

【海洋科创高地建设】 2022年，福州市制订《福州市打造海洋经济科创高地实施方案》，成立福州市海洋经济科创高地领导小组办公室，指导鼓楼区编制《鼓楼区建设海洋经济科创高地实施方案》。出台《加快打造海洋科创平台全力推动“海上福州”建设工作方案》，成立全国首个市级海洋与渔业科技创新联盟。市科技局下达自创区专项资金500万元，支持闽江学院工业路校区海洋经济科创高地公共服务平台建设。年内，7家涉海行业技术中心获得市科技资助经费115万元。加强“海上福州”产学研合作，市科技局、市海洋渔业局联合组织福州市海洋科创高地“揭榜挂帅”科研攻关，围绕深海养殖、水产品精深加工、海洋生物制药、智慧海洋、水产种业、海工装备六大方向，向相关龙头企业征集产业发展技术需求（难题）43项，经专家论证凝练形成榜单23项。项目以企业投入为主，财政科技资金补助计划金额1000万元，按不超过研发投入的30%予以补助，分为100万元、50万元和30万元三档，按立项时和验收合格分阶段补助。推荐2023年度省级涉海项目10个，申请科技资助经费240万元。

（黄函敏　吴岚箬　李海峰　陈艳梅　丁可锋　倪添灵）

科技项目与投入

【科技计划项目与经费】　2022年，福州市安排科技专项经费25亿元，通过研发费用加计扣除、企业研发投入分段补助、高新技术企业奖励、科技创新券补助等政策的落实，发挥财政科技投入的撬动作用，引导全社会加大研发投入；通过组织实施科技重大"揭榜挂帅"项目、科技创新平台项目、农业科研项目、社会发展项目、中小企业创新资金项目、市校（院所）合作项目等，攻克一批关键共性技术，实现"卡脖子"关键核心技术领域重大技术突破，以提升重点产业自主创新能力和核心竞争力。全年组织实施市级各类科技计划项目171个，安排项目经费3568.85万元，其中"揭榜挂帅"项目11个，安排经费2100万元；区域重大项目5个，安排经费150万元；社会发展项目11个，安排经费89.95万元；创新战略研究项目11个，安排经费55万元；医疗卫生项目83个；科技创新平台专项23个，安排经费540万元；对外科技合作项目10个，安排经费299.9万元；科技创新创业人才培育计划项目10个，安排经费150万元；科技特派员后补助项目2个，安排经费25万元。

表59　**2021—2022年福州市科学技术支出占市财政一般预算支出比例情况统计表**

年度	本级科学技术支出（万元）	本级财政一般预算支出额（万元）	本级科学技术支出占本级财政决算支出比例（%）	全市科学技术支出（万元）	全市财政一般预算支出额（万元）	全市科学技术支出占全市财政决算支出比例（%）
2021	70884	2120100	3.34	396952	9257300	4.29
2022	106405	2511073	4.24	250325	9999078	2.50

表60　**2022年福州市科学技术支出使用情况统计表**

序号	使用领域	经费主管部门	本级经费额（万元）	全市经费额（万元）
1	科学技术管理事务	市科技局等	1273	9403
2	基础研究	市科技局等	99	1521
3	应用研究	市科技局等	2857	20276
4	技术研究与开发	市科技局等	12437	86134
5	科技条件与服务	市科技局等	36345	40972
6	社会科学	市社科院等	961	1020
7	科学技术普及	市科协等	2554	6152
8	科技交流与合作	市科技局等	1283	1503
9	科技重大专项	市科技局等	35	13223
10	其他科学技术支出	市科技局等	48561	70121
合计	—	—	106405	250325

【科学研究与试验发展经费投入】　2022年，福州市（含平潭）全社会R&D（研究与试验发展经费）支出283亿元，比上年增长9.9%，总量连续7年位居全省第一；R&D投入强度2.3%，超过全省平均水平0.26个百分点，位居全省第三。从活动主体看，规模以上企业R&D投入225.9亿元，比上年增长10%；高等院校32.99亿元，增长11%；科研机构19.86亿元，增长8.5%；其他4.25亿元，增长3.2%。县区规模以上企业R&D投入增速10%，低于全省总体12.3%的增速。增速超过30%有台江区（43.2%）、晋安区（33.1%）和长乐区（30.5%），超过10%有鼓楼区（17.9%）、仓山区（14.6%）、闽侯县（11.2%）、罗源县（17.5%）。福清市R&D投入超40亿元，仓山区、长乐区R&D投入超30亿元，鼓楼区、马尾区、闽侯县R&D投入超20亿元。

表 61　　2020—2022 年福州市 R&D 经费投入构成情况统计表

单位：亿元

序号	指标	2020 年 R&D 经费投入	2021 年 R&D 经费投入	2022 年 R&D 经费投入
1	总量	225.47	257.4	283
2	规模以上企业	176.51	205.27	225.9
3	高等院校	24.91	29.73	32.99
4	科研机构（行政事业单位）	16.84	18.31	19.86
5	其他	7.21	4.12	4.25

表 62　　2022 年福州市各县（市）区规模以上企业 R&D 内部经费支出情况统计表

县（市）区	2021 年规模以上企业 R&D 内部经费支出（亿元）	2022 年规模以上企业 R&D 内部经费支出（亿元）	增长（%）	投入强度（%）
福州市	205.27	225.90	10.0	—
鼓楼区	24.67	29.09	17.9	1.11
台江区	0.90	1.29	43.2	0.19
仓山区	26.20	30.02	14.6	2.87
晋安区	10.03	13.36	33.1	1.17
马尾区	22.27	23.20	4.2	3.44
长乐区	26.96	35.18	30.5	2.89
福清市	52.04	48.14	−7.5	3.00
闽侯县	23.23	25.84	11.2	2.56
连江县	5.45	4.96	−8.8	0.68
罗源县	9.10	10.70	17.5	2.57
闽清县	2.65	2.67	0.8	0.60
永泰县	1.63	1.37	−16.0	0.37

【科研项目“揭榜挂帅”】　2022 年，福州市科技局根据《福建省科学技术厅关于征集 2022 年“揭榜挂帅”重大技术需求（难题）和重点产业产学研协同创新重大项目需求的通知》，推荐省级“揭榜挂帅”重大技术需求难题项目 22 个。面向市委市政府重点部署的十六条产业链征集福州市重点产业发展领域方向存在的重大技术需求（难题），11 个技术需求被中国科学院福建物构所、北京理工大学重庆创新中心、福州大学、福建工程学院等单位揭榜，扶持经费 2100 万元。

【疫情防控科研项目】　2022 年，福州市出台《关于统筹加强疫情防控和经济社会发展科技支撑若干措施》等政策，组织全市优势科研力量开展疫情防控应急科研攻关，组织开展人工智能技术在新冠疫情防控中的应用专项科技计划项目。经发动申报、形式审核、专家评审等程序，立项 5 个，每个项目资助财政科技经费 15 万元。

（林俊斌　王庆金　陈舒婕　翁　婷）

高新技术产业

【概况】　2022 年，福州市组织发动 1823 家企业申报 2022 年度高新技术企业，认定通过企业 1572 家，全市国家高新技术企业数达 3759 家，跃居全省第一位。实施高新技术企业倍增计划，发挥“领导小组 + 指挥部”工作机制，牵头研究提出年度工作目标，制订工作方案，形成项目清单，推进高新技术企业培育工作。强化分类施策和靶向服务，挖掘1700余家潜力申报企业，指导县区、园区组织和借助中介服务机构等社会力量，持续开展常态性培训辅导，超4000人次参加培训。年内，兑现2021年通过认定的高新技术企业奖励1.79亿元，惠及1190家企业。

【创新资金项目立项与验收】 2022年，福州市省级创新资金技术创新项目采取“事前立项，事后补助”资助方式，立项10项，支持资金350万元；省创新资金创新创业大赛获奖项目采取“事后立项，事后补助”，立项5项，支持资金150万元。全年验收合格福州市级创新资金项目12个，在孵科技企业创新项目2个，下达后补助资金195万元。

表63　**2022年福州市获福建省创新资金项目立项一览表**

序号	项目名称	承担单位
1	基于吸附络合与反渗透技术的含氟废水深度处理研究及应用	福建省金皇环保科技有限公司
2	双模智能控制水龙头关键技术研发与产业化示范	福建洁博利厨卫科技有限公司
3	基于全域空间剖分网格的智慧海洋时空大数据平台及其示范应用	旋极伏羲（福州）大数据技术有限公司
4	国土资源天空地立体化智能监测与监管技术研发与产业化应用	福建省地质遥感与地理信息服务中心
5	基于质谱代谢技术的心脑血管疾病精准诊断试剂盒的研发及应用	福建普立辰生物技术有限公司
6	新一代无人飞机的高强度、高性能发动机铝合金气缸研发	福建华威钜全精工科技有限公司
7	超薄超精缸套关键制造工艺研究及产业化应用	福建龙生机械有限公司
8	秀珍菇低丙烯酰胺复合调味料创制关键技术研究与应用	福建创新食品科技有限公司
9	工业互联网数据加密传输关键技术及其产业化	北卡科技有限公司
10	国产化5G超高清视频传输设备的研制和产业化	福州市博讯网络科技有限公司

【科技“小巨人”企业遴选】 2022年，根据福建省科技厅、省发改委、省工信厅《关于组织开展2022年科技“小巨人”企业遴选和认定工作通知》要求，经征集、遴选和推荐，省科技“小巨人”领军企业培育工作联席会议审核确认，福州市280家企业被列入2022年省科技“小巨人”企业名单，占全省总数的28.9%，数量位居全省第一。根据省财政厅、科技厅《关于下达2022年度科技“小巨人”企业研发投入奖励的通知》，全市64家科技“小巨人”企业获研发投入奖励3007万元，占全省奖励金额30.07%，奖励资金位居全省第一。

【创新创业大赛】 2022年，福州市科技局会同市委人才办以“创新引领　创业筑梦”为主题，开展2022年榕创嘉年华暨第六届福州市创新创业大赛活动。92家企业进入初赛；51家企业晋级复赛；20家企业进入省半决赛和市决赛；6家企业进入全国行业总决赛；3家企业获评全国赛优秀企业；1家企业获省赛一等奖，为福建海西新药创制有限公司；2家企业获省赛三等奖，为福建国光新业科技有限公司和福州市纳飞光电科技有限公司。在线上线下对参赛企业进行投票，选出“最受欢迎的创新企业”。20家企业获省创新创业大赛奖励资金47万元，20家企业获得市创新创业大赛奖金76万元。

表64　**2022年福州市获福建省创新创业大赛奖项项目一览表**

序号	项目名称	承担单位
1	通用航空指挥调度综合管理系统	福建鼎旸信息科技股份有限公司
2	材料三维结构研究的自动化切片系统	福州市纳飞光电科技有限公司
3	PA-Cap聚合物片式叠层固态铝电解电容器	福建国光新业科技有限公司
4	钛平科技——电池安全负极材料的提供商	福建省钛平新能源科技有限公司
5	网站IPv6改造方案	福建万物易联网络科技有限公司

表 65　　2022 年福州市获第十一届中国创新创业大赛优秀奖企业一览表

序号	企业名称	参赛项目
1	福建海西新药创制有限公司	新政策下的创新业态——药品上市许可持有人的产业链之路
2	福建国光新业科技有限公司	表面安装导电高分子叠层铝电解电容器
3	福州文泽生物科技有限公司	稀土矿区氨氮污染微生物原位治理

表 66　　2022 年福州市获第十届福建创新创业大赛奖项企业一览表

序号	奖项	企业名称
1	一等奖	福建海西新药创制有限公司
2	三等奖	福建国光新业科技有限公司
3	三等奖	福州市纳飞光电科技有限公司
4	决赛优胜奖	福建万润新能源科技有限公司
5	决赛优胜奖	福建普立辰生物技术有限公司
6	决赛优胜奖	福建博思数字科技有限公司
7	决赛优胜奖	福建兴博数政科技有限公司
8	决赛优胜奖	福州文泽生物科技有限公司
9	优秀企业奖	福州伏智科技有限公司
10	优秀企业奖	福州原力合创科技有限公司
11	优秀企业奖	研莱新材料科技（福建）有限公司
12	优秀企业奖	福州耀捷科技有限公司
13	优秀企业奖	福建延年生物科技有限公司
14	优秀企业奖	福州康为网络技术有限公司
15	优秀企业奖	装滴科技股份有限公司
16	优秀企业奖	福州市宇心建材科技有限公司
17	优秀企业奖	福建省博特生物科技有限公司
18	优秀企业奖	福建比力安科技有限公司
19	优秀企业奖	福建正康智能科技有限公司
20	优秀企业奖	福建海西新药创制有限公司

表 67　　2022 年福州市创新创业大赛获奖情况一览表

类别	序号	奖项	企业名称
（一）成长组	1	一等奖	福建海西新药创制有限公司
	2	二等奖	福建国光新业科技有限公司
	3	二等奖	福州市纳飞光电科技有限公司
	4	二等奖	福州康为网络技术有限公司
	5	三等奖	福建比力安科技有限公司
	6	三等奖	福建普立辰生物技术有限公司

续表 67

类别	序号	奖项	企业名称
（一）成长组	7	三等奖	福建正康智能科技有限公司
	8	三等奖	福建万润新能源科技有限公司
	9	三等奖	福建博思数字科技有限公司
	10	优胜奖	福州市宇心建材科技有限公司
	11	优胜奖	装滴科技股份有限公司
	12	优胜奖	福建兴博数政科技有限公司
（二）初创组	1	一等奖	福州文泽生物科技有限公司
	2	二等奖	福州原力合创科技有限公司
	3	二等奖	智玻蓝芯（福建）光电科技有限公司
	4	三等奖	福建延年生物科技有限公司
	5	三等奖	研莱新材料科技（福建）有限公司
	6	三等奖	福州伏智科技有限公司
	7	优胜奖	福州耀捷科技有限公司
（三）最受欢迎企业奖	1	最受欢迎企业奖	福建博思数字科技有限公司

【科技创新券补助】 2022 年，根据福建省科技厅《关于做好 2022 年度科技创新券补助工作的通知》要求，福州市对符合条件的科技型中小企业在研发过程中向境内高校、科研院所及其他企事业单位购买科技创新服务所产生的费用进行后补助。全市 223 家企业符合补助条件，获批补助资金 786 万元。

【科技型中小企业评价】 2022 年，根据福建省科技厅《关于组织开展科技型中小企业评价工作的通知》要求，福州市科技局组织和发动企业参与全国科技型中小企业评价工作，利用全国科技型中小企业信息服务平台，实行科技型中小企业评价业务全流程网上办理，组织人员在线开展企业评价信息形式审查，为科技型中小企业提供高效便捷服务。经市科技局形式审查推荐，省级管理部门公示、公告、抽查，全年开展备案工作 8 批，备案科技型中小企业 2437 家，比上年增长 25.3%，占全省备案数量的 38.9%。

表 68　**2022 年福州各县（市）区备案科技型中小企业数量一览表**

序号	县（市）区	数量（家）	序号	县（市）区	数量（家）
1	鼓楼区	509	8	长乐区	72
2	台江区	247	9	福清市	73
3	仓山区	334	10	罗源县	17
4	晋安区	275	11	闽清县	19
5	闽侯县	340	12	永泰县	15
6	高新区	352	13	连江县	38
7	马尾区	146	合计		2437

（陈艳梅　曹文海）

农业科技

【概况】 2022 年，福州市科技局完善科技特派员政策体系，出台《福州市深入推进科技特派员制度服务乡村振兴的若干措施》，配套制订《2022 年福州市科技特派员工作计划》。建立长效机制，从多点多面实施工作创新，推动形成服务和成果转化的规章体系。在职称评审方面适当放宽学历、论文、科研项目等条件，重点评价和衡量品德、能力及服务乡村振兴工作业绩和实际贡献。推动建立科技特派员利益共同体超

30家。由科技特派员受援单位所在地科技部门会同相关单位进行日常管理和年度考核工作。将科技特派员日常履职服务纳入年度“双随机、一公开”检查范畴，加强绩效考核；将科技特派员工作纳入市委乡村振兴绩效考核指标任务中。9月8日，深入推进科技特派员制度服务乡村振兴暨乡村人才振兴工作现场会在福清召开。

【科技特派员选认选派】 2022年，福州市开展省市县三级科技特派员一体化选认，加大对台湾籍、省外人才、大院大所人才、特殊人才的选认力度。全年选认省市县三级科技特派员1330名，其中省级个人253名（含三区人才12名），团队68组，法人4家；市级个人610名，团队125组，法人4家。其中，院士1名、台湾籍29名、省外11名、技能大师24名，选认专业人才500名，市引进人才100名，闽宁合作人才10名。实现省市级科技特派员在129个乡镇和2195个行政村全覆盖。

【科技特派员数字化管理】 2022年，福州市推进“福州市科特派信息化管理服务”App数字化平台建设，实现线上选认、管理、服务、政策、培训/直播等功能。在“福州市科技成果转移转化平台”中植入省市级科技特派员资源，促进资源对接和成果转化，推动技术与产业结合，并接入“e福州”App。加强精准对接，建立基层需求库、专家资源库，通过数字化系统，建立“订单式”技术需求和“菜单式”服务供给的对接机制，提升对接精准度。

【科技特派员产业服务】 2022年，福州市围绕七大特色产业，面向344家市“扶龙头”企业、市级农业产业化龙头企业、农业园区和现代农业产业园选认科技特派员103人。新增科技特派员工作样板点13家，总数25家。市级“现代农业技术创新基地”61家。推动发挥团队科技特派员完善产业链的综合作用，选认团队比上年增长56%，从单一技术服务扩大到对企业产业链服务，推动一、二、三产业融合发展。支持适度规模标准化的“微农经济”新模式，鼓励科特派技术入股多家企业。安排资金3000万元支持南平、宁德市科技特派员工作，带动闽东北合作。

【科技特派员典型宣传】 2022年，福州市运用传统媒体及新媒体，在《科技日报》《福建日报》及福州科技官网、微信公众号、“学习强国”学习平台等媒体上报道科技特派员各类先进典型事迹和工作亮点成效。市科技局与市妇联合主办、福州日报社承办的“寻找最美女科技特派员”评选，获网络关注超500万人次，10人获“最美女科技特派员”称号；与市委党校联合组织举办“创新发展中的科技特派员制度”专题培训；在《福州日报》开展3期科技特派员投身“菜篮子”“米袋子”专题系列报道；在《福州日报》设立“聚焦科特派”专栏，发表系列报道5篇，围绕“数字经济、海洋经济、绿色经济、文旅经济”4个主题，深入挖掘宣传科特派助力乡村振兴的先进事迹。

【星创天地】 2022年，福州市培育建设一批集科技示范、创业孵化、特色服务于一体的“星创天地”等新型科技服务平台，打通产业创新“全链条”，新增省级星创天地2家，市级星创天地6家。全市有国家级星创天地4家、省级星创天地18家和市级星创天地33家。

表69　**2022年福州市国家级星创天地一览表**

序号	星创天地	运营单位
1	嵩口星创天地	福建省嵩口古镇旅游发展有限公司
2	有伦农业1+N创业互助平台星创天地	福建有伦农业科技发展有限公司
3	创共体星创天地	福州创业共同体投资发展有限公司
4	溪客绿星创天地	福建省智慧品学创业创新研究院

表70　**2022年福州市省级星创天地一览表**

序号	星创天地	运营单位
1	嵩口星创天地	福建省嵩口古镇旅游发展有限公司
2	有伦农业1+N创业互助平台星创天地	福建有伦农业科技发展有限公司
3	创共体星创天地	福州创业共同体投资发展有限公司
4	溪客绿星创天地	福建省智慧品学创业创新研究院
5	海峡青创小镇	福建省汇众创新创业研究院
6	相思岭农创基地	福清市相思岭农创农业发展有限公司

续表 70

序号	星创天地	运营单位
7	拓天农科星创天地	福建拓天生物科技有限公司
8	满堂香星创天地	福建满堂香茶业股份有限公司
9	福清岚湖山现代农业创业创新园区星创天地	福建省南湖山茶业有限公司
10	农时通星创天地	福建省福州外贸食品冷冻厂有限公司
11	闽清县三农服务星创天地	福州引凤惠农科技服务有限公司
12	春伦茶产业星创天地	福建春伦集团有限公司
13	洋泽星创天地	福建省洋泽海洋生物科技有限公司
14	卢峰星创天地	福建省卢峰茶叶有限公司
15	惠煌农业星创天地	福清市惠煌农业开发有限公司
16	凯达星创天地	福州市凯达生态农业有限公司
17	秋垄心田星创天地	福州秋垄心田农业科技有限公司
18	三状元星创天地	福建胜华农业科技发展有限公司

表 71

2022 年福州市市级星创天地一览表

序号	星创天地	运营单位
1	嵩口星创天地	福建省嵩口古镇旅游发展有限公司
2	有伦农业 1+N 创业互助平台星创天地	福建有伦农业科技发展有限公司
3	创共体星创天地	福州创业共同体投资发展有限公司
4	溪客绿星创天地	福建省智慧品学创业创新研究院
5	农时通星创天地	福建省福州外贸食品冷冻厂有限公司
6	海峡青创小镇	福建省汇众创新创业研究院
7	拓天农科星创天地	福建拓天生物科技有限公司
8	相思岭农创基地	福清市相思岭农创农业发展有限公司
9	福清岚湖山现代农业星创天地	福建省南湖山茶业有限公司
10	凯达星创天地	福州市凯达生态农业有限公司
11	闽清县三农服务超市（闽清县三农星创天地）	福州引凤惠农科技服务有限公司
12	洋泽星创天地	罗源县洋泽水产养殖专业合作社
13	三状元星创天地	福建胜华农业科技发展有限公司
14	幸福庄园星创天地	福建之光生态旅游产业开发有限公司
15	满堂香星创天地	福建满堂香茶业股份有限公司
16	九峰星创天地	福州二句网络科技有限公司
17	福州万叶园星创天地	福州市琅岐经济区万叶园农业开发有限公司
18	福清琳鹏现代农业创业园	福清市琳鹏现代农业有限公司
19	安城星创天地	福建省兴邑农业开发有限公司
20	聚泉利农星创天地	长乐聚泉食品有限公司
21	印象新农业星创天地	大玩家（福建）信息科技有限公司
22	秋垄心田星创天地	福州秋垄心田农业科技有限公司

续表 71

序号	星创天地	运营单位
23	赶海一号星创天地	福建省赶海一号旅游开发有限公司
24	吉百年星创天地	福建吉百年食品有限公司
25	惠煌农业星创天地	福清市惠煌农业开发有限公司
26	鑫泉星创天地	福建鑫泉生态农业科技有限公司
27	瓷天下星创天地	福建瓷天下旅游产业投资有限公司
28	猴屿乡星创天地	福州福德恩生物科技有限公司
29	九野星创天地	福州拾野农业发展有限公司
30	卢峰星创天地	福建省卢峰茶业有限公司
31	白岩山生态油茶星创天地	福建省福州白岩山生态农业发展有限公司
32	珍硒星创天地	福建省珍硒生物科技集团股份有限公司
33	阡陌星创天地	福建迎春农林发展有限公司

【种业创新工程】 2022年，福州市组织支持“米袋子”“菜篮子”等种业创新工程，围绕水产、畜牧、水果、蔬菜、食用菌、茶叶、竹木花卉等七大特色农业产业的种业保护创新，在多项科学计划中重点支持种业项目，增设琅岐“菜篮子”、海上福州、茶科技、种质资源等定向科技计划，实施“琅岐菜篮子工程和生态旅游”科研专项，支持水稻、玉米、青梗菜、大豆、花生、果蔬、鲍鱼等种业选育和推广项目11个。

（郭文涛 陈雯佳 赵 龙）

科技成果管理与转化

【概况】 2022年，福州市技术合同数量和成交额由2020年的4449项59.36亿元跃升至7670项85.25亿元；在榕高校院所技术合同数量和成交额由2020年的2645项4.54亿元跃升至4094项8.45亿元。“福州市科技成果转化公共服务平台”App用户注册数19.6万户，累计访问量近28万次。

【技术合同管理】 2022年，福州市技术合同认定登记7670项，登记合同成交总额852454.17万元，成交总额比上年增长19.6%。新增省级技术转移机构7家，总数62家，其中国家级技术转移示范机构8家；新增市级技术合同认定登记机构1家，总数2家，分别是福州技术市场有限公司和福州市科创服务中心。

表 72　　2022年福州市技术合同交易分类统计表

项目	合同数（项）	合同成交额（万元）
1. 按合同类别分		
技术开发合同	2728	304272.78
技术转让合同	378	237359.1
技术咨询合同	784	23282.51
技术服务合同	3721	278851.49
技术许可合同	59	8688.29
2. 按社会经济目标分		
环境保护、生态建设及污染防治	325	16985.13
能源生产、分配和合理利用	235	14262.30
卫生事业发展	197	9016.85
教育事业发展	99	3835.51
基础设施以及城市和农村规划	285	45834.34
社会发展和社会服务	3166	349586.46

续表 72

项目	合同数（项）	合同成交额（万元）
地球和大气层的探索与利用	5	222.00
民用空间探测及开发	10	280.38
农林牧渔业发展	1616	22362.14
工商业发展	390	74086.35
非定向研究	123	5574.68
其他民用目标	1213	308374.23
国防	6	2033.80
3. 按卖方类别分		
机关法人	—	—
事业法人	4415	89227.41
社团法人	—	—
企业法人	3218	754535.94
自然人	36	6748.18
其他组织	1	1942.64

【“福州市科技成果转化公共服务平台”App】 2022 年，“福州市科技成果转化公共服务平台”App（简称成果 App）为高校院所、企业、科技服务机构开展创新活动和成果转化提供信息，并辐射推广至闽东北地区以及清华大学、北京大学、天津大学等与福州市建立战略合作协议的高校院所，激发全市技术交易市场和高校院所科技成果转化活力。市科技局制定成果 App 管理暂行办法，将成果 App 对接榕创嘉年华平台、市科技特派员平台、市科创走廊平台和市科技局微信公众号；根据省营商办、省审改办、省数字办要求，将成果 App 作为“地市特色应用”类企业服务接入闽政通，优化首页并新增福州科技大市场、福州市政府引导基金、科技成果（专利）竞价平台、科学城成果库、闽东北、成果转化直通车等模块，将其功能作用辐射全省各地市。成果 App 用户注册数 19.6 万户，累计访问量近 28 万次；发布清华大学、北京大学、武汉大学、厦门大学等 10 所国内知名高校和福州大学、福建师范大学、福建农林大学等 35 所在榕高校的 2820 名专家信息和 2571 项科研成果，成交项目 76 个；汇聚重点实验室、工程技术研究中心、企业技术中心、行业技术创新中心等在榕国家、省、市科技创新平台相关信息 3934 条和 3271 台大型科研设施仪器共享信息，兑现大型仪器共享奖励补助 420 万元；发布国家高新技术企业、科技“小巨人”企业、科技型中小企业、行业龙头企业信息 4825 条，发布科技中介服务机构信息 77 条，发布技术需求 179 项，实现对接 9 项。

年内，市科技局依托成果 App 收集企业技术需求和高校院所科技成果，采取“线上 + 线下”模式，举办“产业链创新链双向融合推动科学城高质量发展政产学研对接会”福州大学站、福建师范大学站、闽江学院站、福建农林大学站、西安交通大学站成果推介会 5 场，吸引高校院所和企业参加推介活动，推动福州市创新链与产业链双向融合，促进科技成果对接转化。

（于 阳 李海峰 郑荣火）

2022 年 3 月 4 日，产业链创新链双向融合推动科学城、科创走廊高质量发展“成果转化直通车（福建师范大学站）”推介会在福建师范大学旗山校区举行

（市科技局 供图）

科技人才与合作

【外国专家管理】 2022 年，福州市科技局从办理“外国人来华工作许可证”及“福建自贸试验区境外引进高层

次人才确认函”的企事业单位中，按照不低于5%的比例随机抽取14家单位作为“双随机、一公开”检查对象，其中办理“外国人来华工作许可证”单位13家、“福建自贸试验区境外引进高层次人才确认函”单位1家。检查组对随机抽取的14家单位进行检查，未发现问题。结合全市“千名干部进千企”服务企业活动、“双随机、一公开”监管工作，根据外籍人才、科技人才分布情况，在40余家企业举办中文宣讲会12场、日文宣讲会15场、英文宣讲会14场，加强对外国专家项目、对外科技合作项目政策解读。

【科技人才队伍建设】 2022年，福州市科技局制订《推动科技人才队伍建设方案》，统筹原始创新人才、全社会研发人员、创新创业人才、高端外国专家、乡村振兴人才5支科技人才队伍建设。制定出台《福州市“榕创之星”人才遴选办法》，充实双创人才后备库，评选首批“榕创之星”20名。5人入选国家高层次人才计划，3人入选省“创新之星”“创业之星”人才，人数均位居全省第一。融入全市人才政策“1+1+N”体系，提出支持引进“科技副总”、支持重大平台项目、支持海外人才来榕创业、支持企业人才承载平台建设等8条措施，推动人才政策向重点产业集聚、人才资源向平台载体倾斜。9个项目入选国家外国专家项目，分别为入选高端外国专家引进计划项目8个，入选“一带一路”创新人才交流外国专家计划项目1个，获得项目资助经费316万元；入选省引才引智计划7项，分别为入选省“外专百人计划”专家3名，入选省“高端外国专家团队引进计划”团队1个，入选省“乡村振兴及闽台合作引智专项计划”项目3个，获得项目资助经费98万元。全年有7家单位13个项目入选聘请海外高层次人才到榕培养计划；3家单位7名人员入选福州市高层次专业技术人才赴国（境）外留学研修计划。

【对外科技交流合作】 2022年，福州市开展试验区“外专百人计划”、高端外专产业项目合作计划、海外高端人才团队计划、海外人才特聘岗位四项引智计划的申报评审工作。3名外国专家入选试验区“外专百人计划”，福州传统优势特产橄榄高值化产品开发关键技术的研究与产业化应用等3个项目入选高端外专产业合作项目，“功率型氮化镓基材外延生长研发与产业化示范”海外高端人才团队等3个团队入选海外高端人才团队计划，发放试验区四项引智计划经费补助149.21万元。

（郑晓昆）

科技普及

【科技下乡】 2022年，福州市科技情报研究所科技下乡服务团队完成科技下乡22场次，通过加强农村产业发展规划、加强农民技术指导与培训、加强农业新品种、新技术推广等方式创新科技下乡服务模式，开展点对点服务，以点带面助力乡村振兴。科技下乡服务被人民网、新华网、“学习强国”学习平台、《福州日报》、闽清电视台、罗源电视台等媒体宣传报道。

【科普宣传】 2022年，福州市科技局围绕人工智能、无人机等前沿科技热点及疫情防控、环境保护、卫生健康、食品安全等民生领域焦点问题，开展科普宣传工作，完成科普进社区活动20场，科普进校园活动8场，科普进园区活动7场，并结合重要节日开展专题科普活动10场，并通过约1500面电梯广告及100余面融媒体屏进行宣传。

【福州市科技活动周启动】 2022年6月24日，福州市科技局联合市委宣传部、市科协及相关单位在市科技馆举办2022年福州市科技活动周启动仪式。科技活动周以“走进科技　你我同行”为主题，邀请3名“网红”科技特派员及4家高企参加现场科技成果展。各县（市）区、市直单位举办各类线上线下活动30余场，深入数10个社区、学校、村镇开展各类科普惠民活动，5家众创空间和科技孵化器向公众免费开放。科技活动周期间，吸引约10万人次参观互动，有新华社、《科技日报》、中新社、福建新闻广播、福建交通广播、《海峡都市报》、福州电视台、《福州日报》、《福州晚报》等近20家中央、省、市主流媒体对活动进行集中报道。

【科普基地建设】 2022年，福州市科协通过官网、科普显示屏、科普e站、微信公众号等推送关于防灾减灾科学知识、食品安全科学知识、文明建

2022年6月24日，福州市科技局联合市委宣传部、市科协及相关单位在市科技馆举办2022年福州市科技活动周启动仪式　（市科技局　供图）

设、科普志愿服务等科普知识文章、信息近500条。“福州科普”微信公众号“粉丝”数超10万人。新命名15个社区为科普标准化社区，全市有科普标准化社区105个。福州科技馆新馆项目主体结构于8月封顶，新馆布展概念设计方案征集和评审会的组织已完成并优化。组织19个福州科技馆分馆开展科普主题活动。下拨基层科普设施建设补助经费近350万元，争取省级项目资金177万元。新认定5个市级科普教育基地，4个科普教育基地获2021—2025年全国科普教育基地称号。

【全民科学素质普及活动】 2022年，福州市科协组织各县（市）区开展省“全民科学素质网络竞赛”，参与答题11万人，答题近828万人次。印发《福州市“十四五”全民科学素质行动规划纲要实施方案》，明确“十四五”末全市公民具备科学素质的比例超过16%。指导、督促各县（市）区制订本地区“十四五”纲要实施方案并做好组织实施工作。福州市台江区、晋安区、福清市、连江县被命名为2021—2025年度第二批全国科普示范县（市）区。

【科普活动】 2022年，福州市科协举办福州市暨台江区全国科普日活动，开展活动300余场。开展“全国科技周”“防震减灾日”“食品安全周”等科普活动，参与人数近百万人。组织福州市第38届青少年科技创新大赛，组织福州市代表队参加福建省37届青少年科技创新大赛。协办2022数字中国创新大赛青少年AI机器人赛道，开展第17届福州市青少年机器人竞赛、第2届福州市青年科普创新实验暨作品大赛、第8届“互联网+”大学生创新创业大赛萌芽赛道、青少年科学影像节等。组织中学生参加线上高校科学营、青少年科学调查体验、2022年福州市社区青少年科学工作室夏令营等活动。组织全市科技辅导员参加省青少年科技创新大赛指导教师线上培训班、影像节活动培训班等。福州科技馆全年免费开放天数207天，接待观众12.53万人次，其中未成年人6.43万人次，举办主题活动30场次，活动受众48.09万人次。开展科普大篷车“三下乡”33场次，受众4.28万人次。开展反邪教进校园、社区、乡村等宣传教育活动12场次，受益学生群众万余名。

【科普助力乡村振兴】 2022年，福州市科协命名科普助力乡村振兴村125个。开展22项学会联村送科技活动，并建立农村学会服务站。推进省科协首批深化改革试点项目——省、市学会乡村振兴科技帮扶团闽清县养蜂业、金线莲标准化、地热温泉开发等项目建设。举办海峡两岸管理论坛，邀请中国科学院院士谢华安等作主旨报告。开展“科技小院”创建工作，福清龙眼科技小院顺利入选第4批“福建省科协科技小院”和“中国农技协科技小院”。邀请专家到涉农县区举办栽培精专技术培训班9班次，培训500人次。组织省市专家深入田间地头开展现场技术指导5场。举办2022年福州市农村专业技术及管理人员暨科技志愿者培训班4期，培训村主干195人。

【科普学术交流活动】 2022年，福州市科协承办第22届福建省科协年会暨第20届福州市科协年会，设14个专项活动，16个市级学会分会场，与会人员超过5000人，线上参会超过10万人，其中邀请7名院士、9名全国知名专家参加“院士专家与福州市党政领导座谈会”。邀请6家国家级学会科技服务团到榕参加“科创中国”福州创新发展高峰论坛暨第20届福州市科协年会，深入福州高新区企业开展对接交流。各学会开展各类学术交流活动300多场次，参会科技工作者5000多人次。开展各类科普活动100场，参与科技工作者500人次。开展“一会一品”项目8个。开展重点课题调研20项，编印20期《专家建言》，其中2篇获福建省委常委、市委书记林宝金批示，1篇被《闽都通讯》转载，1篇获省政府办公厅“2021年省重点课题优秀调研成果”二等奖，市科协《柔性引进高端智力助推福建科学城建设》获市政府办公厅“2021年度市优秀调研成果”一等奖。联合市委组织部、市人力资源和社会保障局开展第十三届福州市自然科学优秀学术论文奖评选。

（郑晓昆　任　伟）

气象服务

【概况】 2022年，福州市政府连续两年出台支持气象高质量发展的政策文件，召开全市气象高质量发展工作会议，并专题研究相关工作4次，市委市政府主要领导批示3次，全省率先完成市厅合作协议审定。市气象局再次获评全省综合考评优秀，7个集体和11名个人获厅局级以上表彰。推进S波段雷达建设、助力打赢蓝天保卫战、数字气象融入大城市精细治理等工作成效获上级通报表彰。召开闽东北气象协同工作会议、专题研讨会及相关培训4场次。年内，全市各级气象窗口受理办结76件气象许可案件；气象行政审批申请材料平均压缩至3.75个，办理时限压缩至法定时限5.7%，提供全程网办、只跑一趟、容缺受理等便民服务措施；雷电防护装置竣工验收事项中推行证明事项告知承诺制。印发《防雷与升放气球安全专项整治三年行动实施方案》等专项方案，动态调整防雷安全重点单位监管库，并根据“双随机、一公开”年度工作计划及石化、燃气等重点行业领域防雷安全隐患专项治理工作方案，组织全市气象部门开展防雷安全监督检查，检查单位和场所468家，覆盖率77.48%，联合执法检查67次，施放气球安全日常巡查362多次，制止违法施放气球行为4次。联合福州广播电视台先锋944广播录制全媒体普法直播节目《我执法我普法——“规范防雷装置检测，减少雷灾风险”》。

【气象立体探测网建设】 2022年，福州市建成国家级地面自动气象站8个、区域自动气象站370个、农业气象观测站10个、自动土壤水分观测站4个、交通气象站3个、梯度风4套、海产养殖站2套、设施农业小气候站1套；有海洋气象观测站6个、船舶自动站2套、风云三号卫星接收站1个和风

2022年7月21日，福州（闽侯）S波段双偏振相控阵天气雷达业务试验启动仪式举行 （市气象局 供图）

云四号卫星接收站1个；有福州新一代天气雷达、福州淮安山探空雷达、罗源风廓线雷达、闽清风廓线雷达、福清移动风廓线雷达、罗源毫米波雷达、罗源微波辐射计等各1部，X波段相控阵双偏振雷达3部，移动应急指挥车1辆，移动自动气象观测站8套，人影雨滴谱观测设备8套、负氧离子观测站9套，水平激光能见度仪1部、S波段相控阵双偏振天气雷达1部。福州市综合气象观测系统初步建成覆盖全市及台湾海峡的立体探测网。

【气象预报预警】 2022年，福州市气象局升级（改造、新建）39个自动气象站，完成5套农田小气候站、4套梯度风自动站、2套水产养殖自动站、1套设施农业小气候站和1套微波辐射计建设。完成闽江口（琅岐）生态海洋气象综合观测站和福州（闽侯）S波段相控阵天气雷达建设任务。推进气象装备及网络运行的全天候自动化监控报警，国家站数据综合传输质量99.99%，装备运行质量100%。深化“数字气象”建设，完善短临预报预警发布手段，增加短临预报的模式解释应用和各种中尺度降雨客观预报指导产品，完成“福州智能分区预警客观模型”的研发，制定分乡镇级的预警信号报文格式，实现精细到乡镇的预警信号分区发布功能；优化智能网格预报业务，采用GO语言开发的多线程多要素快速协同功能，提升网格预报制作速度和水平，开展福州智能预报技术方法研究，通过人工智能算法，将预报员的本地预报经验、预报指标等融入晴雨客观预报方法中，智能预报技术方法的预报准确率从83%升至86%，改进已有的灾害性天气预报模型。2022年，市气象局24小时晴雨预报准确率86.5%，高、低温预报准确率分别达85.2%和95%。

【生态气象保障】 2022年，福州市气象局加强气候资源开发利用、人工影响天气等服务，挖掘生态气候资源，晋安桂湖小镇获评福建省第二批“康氧气候福地”；与永泰、闽侯、罗源等单位联合开展本地化的景观预报和花期预报研究，推出花期预报、气象景观地图、避暑地图等个性化产品，首次开始发布观星天气预报，以及马祖日出日落、蓝眼泪、海钓等10余种旅游预报服务产品，并与福建省天文学会、马祖导游协会等部门联合向公众发布。福州人影智慧系统投入业务使用，侧重本地化的人工影响天气方案设计和作业效果检验评估。全年开展人工增雨作业210余次。

【公共气象服务】 2022年，福州市气象局在全省首推精确到考点的中高考、疫情防控天气服务，考试期间与市教育局联合发布考点天气预报，考生和家长可以通过“福州气象”官方微博和微信公众号等平台查询全市中高考考点的天气实况、逐时预报、逐日预报、温馨提示等信息，该模式在全省推广。上线气象资料申请功能，完善“e福州”App（应用程序）中“气象服务”模块，提供基于位置的实时气象信息、预警定制等功能；上线气象资料申请功能，实现线上申请气象资料用于保险理赔、工程延期等，全年线上出具气象资料近百份。

【气象科技创新】 2022年，福州市气象局获批中国气象局创新发展专项项目1个，福建省气象局短临指令性科研专项、基层科技专项、开放式基金项目（“揭榜挂帅”数字气象专题）各1个，设立市气象局科技计划项目24个；通过省气象局气象科技成果认定5项，其中1项通过省气象局科技成果业务准入。《“气象精灵”打造数字应用第一城示范场景》《三“联”三“效”开展气象科技科普下乡助力乡村振兴》（与省宣传教育与培训教中心联合）2个项目获评2022年度省局创新工作。

（陈思思）

（编辑 周弭姣）

社会科学

综述

【社科年度发展】 2022 年，福州市社会科学界 4 项课题获国家社科基金项目立项，36 项课题获省社会科学基金立项。举办第五届福州市社科界学术年会及“第十一届闽都文化论坛——朱子文化与福州”等 10 场全国性、区域性学术论坛活动。

【社科研究项目与课题】 2022 年，福州市社会科学界联合会（简称福州市社科联）立项资助课题 52 项，其中重大项目 2 个、重点项目 15 个、一般项目 35 个，资助金额 67.5 万元。完成 16 个社科规划项目结项工作，其中 5 项研究成果获省、市领导肯定性批示和市直部门采纳应用。组织市社科规划课题组参加“3820”战略工程的思想精髓和实践启示高端论坛，《习近平总书记在福州工作期间关于力戒形式主义、官僚主义的重要论述和实践创新研究》获优秀论文三等奖，《“3820”战略工程的生态文明思想精髓与实践启示》等 4 项研究报告入选论坛优秀论文集。

2022 年 5 月 22 日，福州市社科联组织市社科规划课题组参加“3820”战略工程的思想精髓和实践启示高端论坛 （叶义斌 摄）

表 73 **2022 年福州市获国家社科基金项目立项课题一览表**

项目名称	项目类别	负责人	所在单位
数字技术驱动产业虚拟集群的机理、特征及模式研究	一般项目	林卉丹	阳光学院
实在论的当代批判与科幻诗学本体研究	一般项目	陈开晟	闽江学院
数字经济时代中国劳动力流动与集聚的虚拟化问题研究	青年项目	王楚红	阳光学院
闽江流域建窑系黑釉瓷器的生产与行销研究	青年项目	于　戈	闽江学院

表 74　　2022 年福州市获省社会科学基金立项课题一览表

项目名称	项目类别	负责人	所在单位
福建省着力补齐科技和人才短板研究	重大项目	黄建平	福州外语外贸学院
福建省坚持扩大内需战略研究	重大项目	郑秋锦	闽江学院
强化福建通道枢纽功能研究	重大项目	卢允照	福州外语外贸学院
福建省加快重点领域和关键环节改革研究	重大项目	黄丽华	福州外语外贸学院
实现福建更加充分更高质量就业研究	重大项目	陈宝国	福州外语外贸学院
闽台优势企业产业融合发展研究	重大项目	杨金发	闽江学院
文人园林场域下的福建文学地图研究	重点项目	吴可文	福州外语外贸学院
面向以县城为载体的福建省城镇化建设中农村宅基地“三权分置”改革研究	重点项目	张慧芳	阳光学院
明清福建地方诗文总集序跋整理与研究	一般项目	范丽琴	闽江学院
福建省退役军人职业教育培训体系建设研究	一般项目	韩燕霞	福州职业技术学院
敬畏提升中小学教师职业幸福感的内生机制及干预研究	一般项目	谢姗姗	闽江师范高等专科学校
在线群体互动中消费者有限理性网络冲动购买形成机理研究	一般项目	易牧农	阳光学院
数据赋能视域下电商平台先用后付模式对其运营策略的影响研究	一般项目	孙淑晓	闽江学院
数字经济优化海峡两岸融合发展路径研究	一般项目	方　民	福州外语外贸学院
信息风险、并购会计师事务所选择与跨国并购绩效研究	一般项目	熊雪梅	闽江学院
数字经济赋能乡村产业振兴研究	一般项目	苗　苗	阳光学院
数字技术赋能福建省绿色低碳发展研究	一般项目	张　远	闽江学院
清中期汀州画家研究	一般项目	罗方华	福州外语外贸学院
社区资本视角下基于文化创意产业的乡村韧性社区建设策略研究	一般项目	郑志强	闽江学院
设计工坊项目实践及促进多民族“柔性交融”模式研究	一般项目	王　衍	闽江学院
新发展阶段科技进步与极端气候事件对福建省粮食安全影响的统计测度及提升路径研究	一般项目	靳少非	闽江学院
常态化疫情防控下德治推进福建省社区治理共同体建设研究	青年项目	张佳希	闽江学院
双碳目标导向下福建省制造企业绿色技术创新与高质量发展路径研究	青年项目	方　烨	福州外语外贸学院
乡村振兴视域下福建文旅产业融合的内在逻辑和实现路径研究	青年项目	林　颖	福州外语外贸学院
清末民初闽籍传统士人在京沪艺术活动的群体性研究	青年项目	初相娜	闽江学院
闽江流域（福州段）风土建筑遗存保护研究	青年项目	李云琦	福州外语外贸学院
后疫情时期福建省工业设计产业发展策略研究	青年项目	曹　鑫	福州外语外贸学院
台湾高山族社交媒介使用与中华民族共同体认同研究	台胞专项扶持项目	雷玉玺	福州理工学院
新发展格局下两岸企业 ESG 发展的机制、路径和政策供给研究	台胞专项扶持项目	廖文如	闽江学院
双亲共同养育视角下流动儿童适应问题的形成机制研究	台胞专项扶持项目	张芳华	闽江学院
海峡两岸创新创业创造教育融合发展研究	台胞专项扶持项目	王育民	闽江学院
晚清时期美国汉学家丁韪良“中国观”研究	博士扶持项目	黄秋硕	闽江学院
闽方言区地名通名研究	博士扶持项目	郑　丽	闽江学院
福建文化与旅游深度融合的路径与对策研究	博士扶持项目	刘少艾	闽江师范高等专科学校
非对称系统性风险传导途径及防范对策研究	博士扶持项目	吴昌哲	阳光学院
“双碳”目标下数字技术应用相互影响机制研究	博士扶持项目	李折周	福州外语外贸学院

【社科学会工作】 2022年，福州市社科联所属学会42个，其中业务主管社团34个，团体会员社团8个，组织开展2021年度社会组织年度报告工作，全面检查社会组织党建、重大学术活动开展情况，26家学会年度报告通过审查。推动福州市三坊七巷历史文化研究会成立。福州市税务学会、福州市档案学会完成换届选举。福州市人力资源和社会保障学会完成业务主管关系变更。“实施‘党建强学会、一线促发展’专项行动全面提升办会质量能力水平”“探索‘3+X’学术创新工作机制推动社科工作者融入经济社会建设主战场”入选《全省基层社科联工作经验和创新做法选编》。开展“党建品牌”创建和巩固提升活动，确定福州市闽都文化研究会、福州市诚信与信用促进会、福州市老年学学会、福州市民俗文化研究会、福州市传统文化促进会、福州市中国人民解放军长江支队历史研究会、福州市文化艺术交流协会、福州市国学研究会、福州市比干文化研究会等9个年度“党建品牌”建设优秀单位。年内，各社会组织举办各类学术活动50余场次，参与组织福州市社科界学术年会、社科规划等学术调研项目20余个，征集社科论文（文章）500余篇。福州市寿山石雕刻艺术研究会、福州市老年学学会等举办全国行业职业技能竞赛——珠宝玉石检测制作职业技能竞赛（福建赛区）、全国智慧助老公益行动（福州站）等全国性专业活动。市摄影研究会组织开展摄影摄像创作活动，举办“大美福州”摄影展播。

表75　　2022年福州市社科社团一览表

社团类型	社团名称
业务主管社团	闽都文化研究会、政策咨询研究会、诚信促进会、霞光画院、财政学会、监察学会、文化艺术交流协会、老年学学会、传统文化促进会、档案学会、国际税收研究会、人口学会、古琴研究会、税务学会、三坊七巷历史文化研究会、王审知研究会、闽浙赣边区革命史研究会、陈靖姑文化研究会、对外文化交流协会、新闻工作者协会、思想政治工作研究会、党建研究会、成人教育学会、寿山石雕刻艺术研究会、比干文化研究会、摄影研究会、孔子学会、船政文化研究会、易经文化研究会、中国人民解放军长江支队历史研究会、老年事业研究会、民俗文化研究会、国学研究会、翻译协会
团体会员社团	城市科学研究会、地方志学会、家庭教育研究会、法律援助协会、中共党史学会、检察官协会、审计学会、华侨历史学会

【社科学术集刊编印】 2022年，福州市社科联编印《理论与实践研究（2021卷）》《新时代福州市域社会治理现代化实践研究（2021卷）》《张元幹研究文集》《诚信伴我成长——福州市中小学生诚信征文选》《非遗、古厝与两岸文创产业——第二、三届中华文化与两岸文创产业融合发展论坛讲演稿选编》《乡村振兴背景下积极应对人口老龄化的对策与思考》等6本学术集刊。其中，《理论与实践研究（2021卷）》收录13篇2021年度结项市社科规划学术论文，其中CSSCI来源期刊论文3篇。

（张　薇）

社科宣传普及

【概况】 2022年，福州市社科联对全市96家社会科学普及基地开展2020—2022年工作评估，确定林则徐纪念馆等26家福州市社会科学普及基地为优秀等次。组织市民逾26万人次参与全省“深入学习贯彻党的二十大精神”网上有奖竞答活动，获“优秀组织奖”。出版福州社科普及读本《漆彩——福州文化生活中的漆器》，向市领导、市直有关单位等赠阅800余册。联合永泰县社科联摄制《永阳家事——家庭教育社科普及公益微视频》。联合中共福州市委宣传部举办“闽都文化名家讲”系列活动12场，逾13万人次参与。

2022年6月1日，“闽都文化名家讲——闽都名家讲古厝，文人雅事永流芳”社科普及宣传活动在李世甲故居举行。图为与会领导为鼓二小闽都文化宣传“礼乐”小分队颁发小分队证书

（市社科联 供图）

表 76　　2020—2022 年度福州市优秀社会科学普及基地一览表

序号	基地名称	序号	基地名称
1	林则徐纪念馆	14	台江区双杭大讲堂（鹿森书店）
2	中国船政文化博物馆	15	福州市晋安区中国寿山石馆
3	福州马江海战纪念馆	16	晋安区两岸社区交流中心
4	福州市博物馆	17	晋安区茉莉花厅文化生活馆（金鸡讲堂）
5	福州市档案馆	18	长乐区博物馆
6	闽都大讲坛	19	福建闽江河口湿地国家级自然保护区
7	福州市传统文化促进会	20	福州市长乐区南阳省委旧址纪念馆
8	福州市严复翰墨馆	21	中共福清县委成立旧址
9	福州市闽都乡学讲习中心（南仙茉莉志愿者服务中心）	22	闽侯闽都民俗园
10	鼓楼区博物馆	23	闽侯县图书馆
11	鼓楼区三坊七巷社区学习促进会	24	罗源县霍口畲族乡福湖民俗馆
12	鼓楼区鳌峰坊历史文化街区	25	永泰县嵩口镇民俗博物馆
13	台江区图书馆	26	永泰县同安镇爱荆庄

表 77　　2022 年“闽都文化名家讲”社科普及宣传系列活动一览表

举办时间	主题内容	举办地
3 月 10 日	茶文化展演、专题讲座《什么叫福州茶——贸易史上的福州茶业兴衰史》	台江区上下杭
4 月 26 日	礼乐文化专题讲座	闽清县新时代文明实践中心
5 月 6 日	闽都文化之马江元素专题讲座	马尾区福建福港拖轮公司
5 月 6 日	参观八·一七公园、中国寿山石馆，《话说寿山石》图书分享会	晋安区八·一七公园、中国寿山石馆
5 月 12 日	专题讲座《闽都文化在海外的传播与影响》	闽侯县旗山湖公园
5 月 18 日	专题讲座《活化永阳传统乡村文化》	永泰县新时代文明实践中心
5 月 20 日	专题讲座《黄檗文化与福清》、参观黄檗文化展览馆、黄檗文化专题座谈交流会	福清黄檗文化展览馆
5 月 24 日	专题讲座《郑和与长乐：个人与一座城的历史往事》	长乐区郑和史迹馆
6 月 1 日	“闽都名家讲古厝，文人雅事永流芳”主题活动	鼓楼区李世甲故居
6 月 2 日	“闽都传统节日与民俗”主题活动	仓山区临江街道文化站
6 月 17 日	畲族民俗文化专题讲座	罗源一中
7 月 15 日	李三娘文化专题讲座、参观李三娘祖庙	连江县魁龙坊历史文化街区

【社科宣传展览】　2022 年，福州市社科联联合有关单位举办社科宣传展览 3 场。

6—10 月，联合福州市档案馆举办“幸福印记——喜迎二十大　‘为民办实事’主题展”。展览选取“菜篮子”工程、食品放心工程、早餐工程、安居工程、广厦工程、造福工程、村村通广播电视工程、亮灯工程等 8 个为民办实事项目。

12 月，联合福清市社科联举办“福清这十年”特色图文展、“福‘见’福清——福文化与福清”系列活动，包括“福‘见’福清——福文化与福清”特色图文展、赠阅社科普及读物《福“见”福清》活动、线上有奖知识竞答活动等，参与群众近 5 万人次。

12 月，联合台江区社科联在闽江之

2022 年 12 月 23 日，“学习贯彻二十大 砥砺奋进新征程”——2022 年福建省社会科学普及宣传周启动仪式在福州市鼓楼区福山郊野公园举行

（市社科联 供图）

心福州青年会举办“光影的见证——上下杭的变迁”专题讲座暨图片展。活动围绕“古代桥梁”“商会会馆”“街巷里弄”“百姓生活”“故居娱乐”“双杭搬迁”等方面展现上下杭的历史变迁。

【社科普及宣传周活动】 2022 年，福州市社科联以“学习贯彻二十大 砥砺奋进新征程”为主题，举办 2022 年福建省社会科学普及宣传周活动。主会场设在鼓楼区福山郊野公园。现场举办“新时代新福建成就”图片展、严复社科图片展、“最美窗口、精彩鼓楼”图片展、“福”文化创意产品展示、福州非遗技艺展示、《闽山闽水物华新》视频播放、社科知识普及咨询、社科普及读本签赠等社科普及活动，设置大众茶馆、祈福台、福光隧道、福榕园等 5 处打卡点。各分会场线上线下举办社会科学普及活动 120 余场。新华网、人民日报客户端、人民网、“学习强国”学习平台、《福建新闻联播》、《福建卫视新闻》、《福州新闻》、《福州日报》、《福州晚报》，以及“家在鼓楼”“知福清”“今日晋安”“最美长乐”微信公众号等媒体对活动进行报道，累计受众 10 万人次。

（张 薇）

社科学术活动

【第五届福州市社科界学术年会】 2022 年，第五届福州市社科界学术年会由福州市社科联组织举办。年会设 1 个主论坛（“福州做大做优做强省会论坛”）和“第四届中华文化与两岸文创产业融合发展论坛”“福州古厝与‘福’文化研讨会”“福州积极应对人口老龄化研讨会”等分论坛，组织引导全国社科界专家学者，围绕福州经济社会发展重大实践，进行理论研究和实证分析。

【“福州做大做优做强省会”主论坛征文】 2022 年 11—12 月，“福州做大做优做强省会”主论坛征文由福州市社科联面向全社会公开征稿，并向中国社科院、国务院发展研究中心、福建社科院等研究机构及厦门大学、中国地质大学（武汉）等高校专家学者定向约稿。征文聚焦“强省会”战略与福州现代化国际城市建设、都市圈建设与福州高质量发展、国家中心城市的国土空间组织等重要议题，收到主题论文 60 余篇。

【第四届中华文化与两岸文创产业融合发展论坛】 2022 年 9 月 16 日，第四届中华文化与两岸文创产业融合发展论坛由福州市社科联、福州广播电视台、福州市国学研究会主办，FM90.1 左海之声、福州市易经文化研究会、福州市民俗文化研究会承办，闽江学院人文学院、福州市古琴研究会、福州市传统文化促进会、福州市寿山石雕刻艺术研究会协办，在闽江学院举行。9 名来自清华大学、中国传媒大学、中华（香港）甲骨文研究院台湾分院、福州大学、福建师范大学等两岸社科、文创、媒体领域专家学者围绕“传统技艺 数字新生”主题分享海峡两岸创意成果、创业商机与项目合作。中新网等 30 余家海峡两岸媒体对活动进行报道。

【第二届推进新时代福州市域社会治理现代化研讨会】 2022 年 1 月 20 日，第二届推进新时代福州市域社会治理现代化研讨会由福州市社科联联合中共福州市委宣传部、福州市委政法委等单位在永泰县举办。研讨会围绕市域社会治理主题，邀请 8 名优秀论文作者代表与相关研究会负责人开展学术交流，分享研究成果，总结实践经验，推动实践创新，为福州市域社会治理工作建言献策。会上评选 26 篇优秀论文。

【第三届推进新时代福州市域社会治理现代化研讨会征文】 2022 年 6—11 月，第三届推进新时代福州市域社会治理现代化研讨会征文由中共福州市委宣传部、中共福州市委政法委、福州市社科联、福州市法学会联合组织开展。收到来自北京、江苏、广东等省内外高校、科研机构及政法部门的论文 103 篇，评选出优秀论文 45 篇。

【第十一届闽都文化论坛——朱子文化与福州】 2022 年 12 月 19 日，第十一届闽都文化论坛——朱子文化与福州由福州市闽都文化研究会、厦门大学国际关系学院（南洋研究院）、华侨大学国际关系学院（华人华侨研究会）、世界福州十邑同乡总会联合在西湖宾馆举行。论坛收到论文 66 篇，精选 50 篇论文在会上交流，从朱子理论、影响、诗歌、交游、行迹、题刻、书院、史志、旅游等多方面诠释朱子文化与福州的联系，研讨进一步挖掘朱子文化、“福”文化在福州的传承发展与传播。

【福州古厝与“福”文化研讨会】 2022年10月13日，福州古厝与“福”文化研讨会由福州市社科联、福州市民俗文化研究会、福建师范大学闽台区域研究中心，在仓山区以线上、线下相结合方式举行。20余名省内高校学者及民俗专家以“探寻福州古厝韵味，传承闽都‘福’文化”为主题，围绕深入挖掘福州古厝文化中的“福”文化精髓，分享调研成果。研讨会征集主题文章近30篇。

【福州积极应对人口老龄化研讨会】 2022年12月9日，福州积极应对人口老龄化研讨会由福州市社科联、福州市老年学学会在西湖公园举行。20余名来自福州大学、福建师范大学等高校学者、涉老社会组织与企业、志愿者代表参加研讨活动。围绕有效应对人口老龄化“空巢”化、构建福州幸福养老体系展开研讨。活动征集主题论文60余篇，编印福州社科文库《乡村振兴背景下积极应对人口老龄化的对策与思考》，收录优秀论文25篇。

（张　薇）

社科研究成果

【福州市社会科学界联合会研究成果】 2022年，福州市社科联8项社科规划研究报告获市、县级领导肯定性批示，其中《习近平总书记在福州工作期间关于统一战线和人民政协工作的理论创新与实践探索研究》《中华优秀传统文化创造性转化创新性发展的福州路径探索研究报告》《福建省社会心理健康服务调研报告》获市（厅）级领导批示，《推动福州传统民歌进高校的对策建议》《福州古渡文化遗产保护和利用的建议》《保护挖掘福州乡村文化资源的对策研究——以永泰县为例》《习近平总书记在福州工作期间创新理念与重大实践研究——以永泰县为例》《“一体四翼”建构新时代福州社区治理新路径》获县处级领导批示。2022年度市社科规划项目结项项目中，《以习近平新时代中国特色社会主义思想指导福州市乡村振兴的研究》获市委主要领导肯定性批示。编辑社科规划研究成果要报9期，10项研究成果获市领导、市直有关部门、县（市）区分管领导肯定性批示及《福州日报》理论版刊发。

【各社团研究成果】 2022年，福州市闽都文化研究会开展“培根溯源——闽都文化与乡村振兴关系研究”课题调研，出版《三山凤鸣·家族篇》《自是三山颜色好·古诗文里的福州风情》《闽都文化与福州经济社会发展研究》等社科书籍3册。福州市老年学学会完成市习近平新时代中国特色社会主义思想学习研究小组年度重点课题《全面实施乡村振兴背景下的农村养老服务体系建设的研究——以福州市为例》，12篇论文获中国老年学和老年医学学会2022年学术大会优秀论文奖。福州市国际税收研究会“新形势下非居民机构场所税收征管问题研究”“我国非居民企业常设机构税收管理情况探析”等3个课题组在中国国际税收研究会学术会议上作学术报告，《碳达峰碳中和目标下我国税收制度的优化和完善——低碳绿色税收的国际比较》《加强高净值高风险自然人税收征管的国际比较研究》等6篇论文获评2022年福建省国际税收优秀论文，获特等奖、一等奖、二等奖各1篇。福州市档案学会9篇论文获评福建省档案学会2022年学术年会优秀论文，其中二等奖1篇、三等奖2篇。

（张　薇）

【福州市社科院研究成果】 2022年，福州市社会科学院立项院课题14项（其中重大课题1项、重点课题6项、一般课题2项、滚动课题5项），结项院课题10项，完成研究成果26项，公开发表论文17篇（AMI人文核心期刊2篇、RCCSE武大核心期刊3篇）。其中，《坚持“3820”战略工程思想精髓 推进优化福州法治化营商环境》获2022年度市习近平新时代中国特色社会主义思想学习研究小组重点调研课题立项并结项；《科技创新、产业结构升级与碳排放的传导效应——基于半参数空间面板VAR模型》发表于AMI人文核心期刊《技术经济》2022年第10期；《环境规制、绿色技术创新与经济高质量发展——基于半参数空间面板VAR模型》发表于AMI人文核心期刊《重庆理工大学学报（社会科学）》2022年第12期；《推进多元化纠纷解决机制建设研究——以福建省福州市为例》等3篇论文发表于RCCSE核心期刊《太原城市职业技术学院学报》。围绕建设现代化国际城市等主题开展专题性研究，报送《领导参阅》智库专报8期，包括《社会组织参与福州乡村社会治理对策探析》《工商资本参与福州市乡村振兴对策研究》《福州工业园区高质量发展研究》《创建对台工作福州调研基地的建议》《新时期推进榕马深度融合发展的路径思考》《试论严复文化的研究保护与传承利用》等，为市委、市政府提供决策建议。其中，《新时期推进榕马深度融合发展的路径思考》得到省市领导的肯定性批示。《福州社会科学》全年编发6期65篇文章。在《福州日报》理论版等刊发理论阐释文章6篇。

（欧阳龙）

（编辑　姚国榕）

综述

【文化事业发展】 2022年，福州市文化强市建设根据《福州市打造闽都文化国际品牌工作实施方案》，实施挖掘研究、展示交流、创新转化、旅游发展、传播推广五大行动计划，打造打响闽都文化国际品牌。举办世界福州十邑春节晚会、古城星空音乐节、第七届海峡两岸中青年篆刻大赛、“飞天神韵·莫高精神”敦煌石窟文化艺术展。完成“喜迎二十大 奋进新征程”2022年精品节目、原创史诗音乐剧《百年风华》《道商范蠡》等各类演出。开展“福满榕城”“福”文化宣传推广活动，打造推广“有福之州”城市形象标识，推出福州专属歌曲《福》，举办情歌赛、文创会，推出全国首条“福”文化主题街区，编撰《你不知道的侯官》，举办“侯官是我家”文艺晚会、侯官话事会等活动。举办“相约九日台”周末音乐会、古厝戏台非遗展演、艺术公益课堂等群众性文化活动300余场次。举办“有福之州 红心向党”——2022福州“七一”两江四岸歌会、“数字中国 有福之州”云端秀AR奇幻夜、“明月知我”——“闽江之心”中秋电影云歌会等活动。

【文化产业发展】 2022年，中共福州市委宣传部推动文化产业发展，助力打造“闽江之心”品牌，开展各类文旅活动。加大文化企业扶持力度，古厝集团等7家企业获省级示范企业称号，“福”文化主题街区等22个项目获中央、省级文化产业发展专项资金1455万元。全年出动执法人员6816人次，检查经营单位2984家次，立案查处83件，警告38家次，责令停业整顿4家，罚款金额29.41万元。

【文化体制改革】 2022年，中共福州市委宣传部推进文化体制改革工作，深化文旅融合发展机制、完善文物和文化遗产保护利用、深化县市媒体融合发展“福州模式”、深化网络综合治理体系建设等重点改革事项。编制《福州市“十四五”网信发展规划》《福州市温泉旅游产业发展规划》《福州市促进传统工艺美术保护发展若干措施》《福州市文物建筑活化利用管理办法》等文件。《福州：全力打响闽都文化国际品牌》等多篇信息在“学习强国”学习平台及省委深改办、省文改办微信公众号平台发表。

【闽都文化宣传】 2022年，中共福州市委宣传部印发《福州市关于〈让文物活起来扩大中华文化国际影响力的意见〉实施意见》，举办第十二届闽都文化论坛、海峡两岸民俗文化节、福州国际友城文化节等重点活动。编印《福州城市音乐地图》（公园篇）《古老与新声——福州非遗全景探秘》《诗人@福州》等书籍，制作画册《闽海扬帆——3820工程三十周年》、广播剧《中国草》等。推进电视剧《江海奔腾》（暂名）、纪录片《3820：一座城市的成长密码》（暂名）拍摄制作。围绕福州古厝、“福”文化等主题在中央、省属主流媒体刊发报道353篇。《福州日报》、福州广播电视台等市属媒体开设“打响闽都文化国际品牌”“乐享‘福’文化”等专栏专题，宣传严复文化、侯官文化、闽菜文化等，刊发相关报道3200余篇（条）。依托“今日福州”海外版、华人头条平台，搭建闽都文化外宣专题，发布主题稿件1800多条，用5种语言向70多个国家宣传闽都文化。

（谌静玮）

文学艺术

【概况】 2022年，福州市聚焦党的二十大主题，创排一批精品剧（节）目。举办福州市第26届戏剧剧本征文及2022年福州市现实题材小戏、小品和曲艺文本征文活动，储备优秀剧本。50余件文艺作品获省级及以上荣誉，其中30余件书画作品入选参加省级以上展览和展赛活动。与福建省歌舞剧院联合打造“福州海峡交响乐团”，推动乐团落地运营，填补福州市交响乐团的历史空白。福州市图书馆等27家公共文化场馆实施延时、错时、夜间开放，优化智能导览建设。组织市属文艺单位举办40余场主题展览，深入景区、社区及校园等开展360余场公益性演出活动，举办百余场公益讲座、近50场网络直播。

表78　**2022年福州市文学艺术获奖情况一览表**

获奖项目	获奖等级	赛事、展览、刊物名称	所属单位
闽剧《过崖记》	入选	国家艺术基金2022年度大型舞台剧和作品创作资助项目	福州闽剧艺术传承发展中心
闽剧《御碑亭》	入选	2022年度福建省文艺发展专项资金项目	福州闽剧艺术传承发展中心
闽剧《过崖记》	优秀剧目奖	第八届福建艺术节暨第28届戏剧会演	福州闽剧艺术传承发展中心
杨帅《过崖记》饰演杜元平	表演奖一等奖	第八届福建艺术节暨第28届戏剧会演	福州闽剧艺术传承发展中心
余根舒《过崖记》饰演刘青山	表演奖二等奖	第八届福建艺术节暨第28届戏剧会演	福州闽剧艺术传承发展中心
音乐剧《江山多娇》	优秀剧（节）目奖	第八届福建艺术节暨第五届全省音乐舞蹈杂技曲艺优秀剧（节）目展演	福州市闽都文化艺术中心
马千惠《江山多娇》饰演蓝玉玉	表演奖二等奖	第八届福建艺术节暨第五届音乐舞蹈杂技曲艺优秀剧（节）目展演	福州市闽都文化艺术中心
程艳《江山多娇》饰演林细妹	表演奖三等奖	第八届福建艺术节暨第五届音乐舞蹈杂技曲艺优秀剧（节）目展演	福州市闽都文化艺术中心
兰华娟《江山多娇》饰演郑秋姑	表演奖三等奖	第八届福建艺术节暨第五届音乐舞蹈杂技曲艺优秀剧（节）目展演	福州市闽都文化艺术中心
赵奕森《江山多娇》饰演薛在峰	表演奖三等奖	第八届福建艺术节暨第五届音乐舞蹈杂技曲艺优秀剧（节）目展演	福州市闽都文化艺术中心
欧阳晓婕《江山多娇》化妆造型设计	舞美奖二等奖	第八届福建艺术节暨第五届音乐舞蹈杂技曲艺优秀剧（节）目展演	福州市闽都文化艺术中心
程静《江山多娇》服装设计	舞美奖三等奖	第八届福建艺术节暨第五届音乐舞蹈杂技曲艺优秀剧（节）目展演	福州市闽都文化艺术中心
福州曲艺《滴水人家》	入选	2022年度福建省舞台艺术精品工程重点剧目	福州评话伬艺传习所
福州曲艺《滴水人家》	入选	2022年度福建省文艺发展专项资金项目	福州评话伬艺传习所
福州评话《搓糍齐搓搓》	入选	“喜迎二十大 说唱新时代”全国优秀曲艺节目	福州评话伬艺传习所
福州伬艺《回家》	入选	“喜迎二十大 说唱新时代”全国优秀曲艺节目	福州评话伬艺传习所
智联忠《戏剧精神的执着追求——第八届福建艺术节暨第二十八届戏剧会演评述》理论评论文章	发表于国家级刊物	《中国艺术报》，2022年2月11日	福州市艺术创作研究中心
智联忠《当喜剧遇上高甲戏——评泉州市高甲戏剧团〈范进中举〉》理论评论文章	发表于核心期刊、国家级刊物	《中国戏剧》，2022年3期	福州市艺术创作研究中心
智联忠《高扬戏剧艺术精神》理论评论文章	发表于核心期刊	《四川戏剧》，2022年4期	福州市艺术创作研究中心
智联忠《谷家大事 家国情怀——浅析淮剧〈谷家大事〉的艺术特点》理论评论文章	发表于国家级刊物	《中国艺术报》，2022年4月20日	福州市艺术创作研究中心

续表 78

获奖项目	获奖等级	赛事、展览、刊物名称	所属单位
智联忠《莆仙戏〈踏伞行〉的成就与启示》理论评论文章	发表于核心期刊、国家级刊物	《中国戏剧》，2022 年 9 期	福州市艺术创作研究中心
智联忠《“梆子厅长”的戏曲情怀——访著名剧作家、戏曲理论家曲润海先生》理论评论文章	发表于核心期刊	《四川戏剧》，2022 年 10 期	福州市艺术创作研究中心
智联忠《文艺推动乡村振兴的三条路径》理论评论文章	发表于国家级刊物	《中国美术报》，2022 年 11 月 21 日	福州市艺术创作研究中心
智联忠《工人阶级的强大力量——京剧〈林祥谦〉观后》理论评论文章	发表于国家级刊物	《中国文化报》，2022 年 11 月 24 日	福州市艺术创作研究中心
李木教书法作品《习近平给华中农业大学“本禹志愿服务队”的回信摘录》	入选	喜迎党的二十大主题书法创作精品展（福建省委宣传部、福建省文旅厅、福建省文联主办）	福州画院
李木教书法作品《陈师道次韵夏日》草书轴	入选	第十三届中国艺术节(中国文旅部主办)	福州画院
李木教书法作品《建设 21 世纪海上丝绸之路核心区》	入选	“征程”迎接庆祝党的二十大胜利召开书法大展（中国文联、中国国家博物馆、中国书协主办）	福州画院
李木教书法作品《林散之诗草书轴》	入选	散之风神·首届中国书法学术提名双年展（中国书协、中共江苏省委宣传部、江苏省文化和旅游厅等主办）	福州画院
柯学刃书法作品《临朱熹诗卷和行书宋人诗》	入选	“尚意千载——宋代书法主题展”之“当代临摹与创作展”（中国书法家协会、湖北省文旅厅、湖北省文联主办）	福州画院
柯学刃书法作品《草书茶诗》	入选	2022 年“中华情·中国梦”美术书法作品展（中国文联、厦门市政府主办）	福州画院
柯学刃书法作品《行书〈习近平书信选集〉》	入选	“喜迎党的二十大——《习近平书信选集》主题书法创作精品展”（中共福建省委宣传部、福建省文化和旅游厅、福建省文学艺术界联合会主办）	福州画院
柯学刃书法行书作品	入选	“砥砺奋进新征程 共促人口均衡发展——喜迎党的二十大”书画摄影作品展（福建省计划生育协会、中共福建省委省直机关工委、福建省文学艺术界联合会、福州市计划生育协会等主办）	福州画院
张剑国画作品《罗源畲族福湖村》	入选	2022“中华情·中国梦”美术作品展（中国文联、中国美协主办）	福州画院
张剑国画作品《朝霞》	入选	全国第三届《美丽中国》美术作品展（全国政协，农工党中央主办）	福州画院
张剑国画作品《神山圣水》	入选	“丝路画语·艺心向党·一带一路”沿线华人艺术家书画展（福建省文联、福建省美协主办）	福州画院
张剑国画作品《闽山蕴风神》	入选	“丹心向党——喜迎中共二十大书画展”（福建省政协，福建省美协主办）	福州画院
张剑国画作品《海纳百川》	入选	“家国天下·民族复兴”喜迎二十暨纪念虎门销烟 183 周年禁毒书画展（福建省文联、福建省禁毒委员会主办）	福州画院
张剑国画作品《房房有子》	入选	“翰墨颂初心·奋进新征程”书画展（福建省文联、福建省直机关工委会主办）	福州画院

续表 78

获奖项目	获奖等级	赛事、展览、刊物名称	所属单位
梁丹雯国画作品《熙日芳菲舞花间 春清荡漾四月天》	入选	“丹心向党——喜迎中国共产党第二十次全国代表大会胜利召开书画展”（政协福建省委员会、政协福州市委员会主办）	福州画院
梁丹雯国画作品《秋意盎然谱新章》	入选	“庆祝二十大胜利召开 丝路海阔·艺术青岛——中国大城市专业画院优秀作品联展”（中国大城市专业画院学术年会组委会主办）	福州画院
李君琳国画工笔作品《秋光》	特邀	喜迎党的二十大——福建省第九届工笔画大展暨全国工笔画名家邀请展（福建省美术家协会、厦门市文化和旅游局主办）	福州画院
李君琳国画工笔作品《落花游鱼系列一》	入选	古闽花语——第三届福建省花鸟画学会作品展（福建省画院、福建省花鸟画学会主办）	福州画院
李君琳国画工笔作品《三清图》	入选	“庆祝二十大胜利召开 丝路海阔·艺术青岛——中国大城市专业画院优秀作品联展”（中国大城市专业画院学术年会组委会主办）	福州画院
黄梦洁国画作品《福道》	入选	“喜庆二十大·八闽红途——福建中青年画家主题写生创作展”（福建省文学艺术界联合会指导，福建省美术家协会、福建省海峡民间艺术馆主办）	福州画院
黄梦洁国画作品《松石清姿》	入选	“百花颂·福建省花鸟画学术双年展”（福建省美术家协会主办）	福州画院
黄梦洁国画作品《庆祝无意义》	入选	“庆祝二十大胜利召开 丝路海阔·艺术青岛——中国大城市专业画院优秀作品联展”（中国大城市专业画院学术年会组委会主办）	福州画院
张光卿国画作品《下党六记》	入选	“喜迎党的二十大——福建省主题书法、美术、传统工艺、红色文化联展”（福建省宣传部、福建省文旅厅、福建省文联、福建省文物局主办）	福州画院
张光卿国画作品《闽北青山系列》	入选	“喜庆二十大·八闽红途——福建中青年画家主题写生创作展”（福建省文联主办）	福州画院
张光卿国画作品《丰碑》	入选	“庆祝二十大胜利召开 丝路海阔·艺术青岛——中国大城市专业画院优秀作品联展”（中国大城市专业画院学术年会组委会主办）	福州画院
沈益群国画作品《顽石许清风》	优秀奖	福建省美协主办的喜迎党的二十大——第二届“花香鸟语——福建省花鸟画大展”（福建省美协主办）	福州画院
杨宝新国画作品《朋友》	入选	“庆祝二十大胜利召开 丝路海阔·艺术青岛——中国大城市专业画院优秀作品联展”（中国大城市专业画院学术年会组委会主办）	福州画院

续表 78

获奖项目	获奖等级	赛事、展览、刊物名称	所属单位
杨宝新国画作品《乡愁》	入选	"喜迎二十大 青春永向党丨福建省青年美术作品邀请展"（福建省美术协会新文艺群体艺术委员会、福建省青年画院主办）	福州画院
杨宝新国画作品《静物》	入选	"墨潮新象——海峡青年艺术交流展"（海峡出版发行集团、福建美术家协会主办）	福州画院
郭辉国画作品《书香茶韵》	入选	2022 年"中华情・中国梦"中秋展演系列活动（中国文联主办）	福州市美术馆
郭辉国画作品《和风》《螺洲人家》	入选	喜迎党的二十大——闽山青翠・福建省美术家协会山水画艺委会作品巡展（福建省美术家协会主办）	福州市美术馆
郭辉国画作品《逸韵》	入选	第三届双拥书画展（福建省双拥共建工作领导小组办公室、福建省文联等主办）	福州市美术馆
郭辉国画作品《竹枝风影更宜月》	入选	家国天下民族复兴书画展（福建省文联主办）	福州市美术馆
郭辉国画作品《中平旅社》	入选	韵彩山河福游八闽——福建国画作品展（福建省文化和旅游厅主办）	福州市美术馆
黄圣摄影作品《福满闽都》	铜质奖（三等奖）	"福山・福水・看福建"美丽中国摄影大赛（福建省文联主办）	福州市美术馆

【艺术创作】 2022 年，福州市文化和旅游局（简称文旅局）实施文艺精品创作工程，聚焦党的二十大主题，修改提升闽剧《过崖记》、曲艺《滴水人家》、音乐剧《别把我遗忘》（原《江山多娇》），复排闽剧《一文钱》、《御碑亭》（青春版），创排伬艺《金风吹来北京的声音》、戏歌《福山福水迎盛会》等剧（节）目。启动反映福州作为新思想孕育地和实践地、具有闽都文化底蕴的题材剧本创作，举办福州市第 26 届戏剧剧本征文及 2022 年福州市现实题材小戏、小品和曲艺文本征文活动，完成《福州艺术创作》创刊印制。

2022 年 5 月 2 日，"春回福地'艺'起出发"文化惠民演出在福州市烟台山举行 （市文旅局 供图）

闽剧《过崖记》入选国家艺术基金 2022 年度大型舞台剧和作品创作资助项目；福州曲艺《滴水人家》入选 2022 年度福建省舞台艺术精品工程重点剧目；闽剧《御碑亭》、福州曲艺《滴水人家》入选 2022 年度福建省文艺发展专项资金项目；福州评话《搓糍齐搓搓》、福州伬艺《回家》入选"喜迎二十大 说唱新时代"全国优秀曲艺节目；闽剧《过崖记》《青春祭》《马江魂》，福州曲艺《滴水人家》，音乐剧《江山多娇》等 5 个剧目获第八届福建艺术节优秀剧目奖（一等奖），闽剧《乐圣陈旸》《同心结》《金薯传奇》获第八届福建艺术节剧目奖；18 件美术书法作品获第八届福建艺术节美术书法优秀作品展优秀奖（全省 40 个）；30 余件书画作品入选参加省级以上展览、展赛活动。

【艺术演出】 2022 年，福州市文旅局推动精品艺术进景区、进社区、进乡村、进文化街区活动，结合"我们的节日"、重要纪念日、重大节庆活动等，举办 360 余场"虎年福见 有福之州""春回福地 '艺'起出发""打开艺术之门” 公益性演出及近50场线上直播（展播）活动；举办40余场“喜迎二十大 奋进新征程”主题演出活动及书画展览活动；举办30余场“花团锦簇——壬寅新春定西剪纸艺术作品展”“闽山闽水物华新——福州海洋文化写生展”等展览活动，累计接待群众7.8万人次，线上观展4.9万人次。

【传统戏剧保护】 2022年，福州市文旅局根据《福州市闽剧保护规定》，推进戏曲人才培养及文献资料整理。累计开展闽剧、曲艺青年人才培训近1300课时，完成10本经典传统闽剧剧本现代汉语翻译及60盘戏曲曲艺声像档案数字化整理，完成全市76家地方戏曲曲艺演出团体数据调查统计及分析。

【福州闽剧艺术传承发展中心】 2022年，福州闽剧艺术传承发展中心打造闽剧精品，开展文化惠民活动，拓展闽剧艺术阵地，推进福州闽剧传承保护发展。复排闽剧《一文钱》《御碑亭》，修改提升闽剧《过崖记》，创排古典闽剧片段《游湖 借伞》及闽剧戏歌《爱在阳光下》《福山福水迎盛会》等。闽剧《过崖记》入选国家艺术基金2022年度大型舞台剧和作品资助项目，闽剧《御碑亭》入选2022年度福建省文艺发展专项资金项目。全年举办“虎年福见 有福之州”“温暖榕城 闽韵飘香”“左邻右里 拗九送情”“春回福地‘艺’起出发”“弘扬雷锋精神 深化文明实践 共创典范之城”等系列惠民演出70余场，服务群众2万余人次。抖音、微信公众号等平台开展线上闽剧演出直播12场，观众1万余人次，获得点赞33.9万次。开展“闽剧进校园”活动，在台江实验小学开办“少儿闽剧班”，到福州建筑职业中专学校、福州华侨中学、福州第十八中学等学校开展“闽韵流芳 青春传承”“赏大美闽剧 树文化自信”“少年工匠心向党 青春奋进新时代”等“闽剧进校园”活动。加强闽剧人才队伍建设，聘请闽剧教师对闽剧演员、演奏员进行培训，全年开展唱腔课26节52课时。福州闽剧艺术传承发展中心于9月搬迁至福州闽剧院新剧场。新剧场位于福州市鼓楼区斗东路5号。新剧场总建筑面积7723.6平方米，有四层，其中第三层为演出大厅，设有613个座位。

【福州评话伬艺传习所】 2022年，福州评话伬艺传习所（福州市曲艺团）创排提升各类曲艺节目，实施文化惠民工程，开展曲艺普及活动，探索曲艺传承保护新途径，推进福州曲艺传承保护、创新发展。提升福州曲艺《滴水人家》、福州评话《搓糍齐搓搓》、福州伬艺《回家》等精品节目，申报入选国家级、省级资助扶持、展演活动。聚焦党的二十大主题，创排曲艺《金风吹来北京的声音》《扬帆启航美福州》《幸福密码》等；创排伬艺《同心抗疫》《秦楼月・天下无疫》及评话《春风吹散疫情关》《义不容辞》等；围绕文旅融合，创排曲艺《声声慢》《月光光》《水榭欢歌》《欢迎孙中山》等；结合新时代文明实践志愿服务活动，创排伬艺《海晏情》、评话《海滩守护者》等。全年开展“浓情元宵 福满榕城”“同心庆国庆 喜迎二十大”等系列曲艺公益演出180余场，开展线上直播（展播）10余场。结合党史学习教育主题活动，推广“曲艺传唱党建好声音”品牌，围绕学习宣传贯彻党的二十大精神、“文旅法治 与你同行”普法等活动开展曲艺专场演出。开展评话伬艺传承学习，组织学习评话《刘刚闹院》《蝴蝶杯》《大明演义》《桐油煮粉干》及伬艺《虾米俤》等传统书（曲）目片段，开课近400次1300课时，并于每月开展考核。开展储备人才培训工作，开课近100课时。开展“乡音最美系乡愁”曲艺进校园活动，在福州市台江第四中心小学等多个教学示范点开设曲艺课程，开课近100次250课时。

2022年6月12日，由福州市文旅局主办、福州闽剧艺术传承发展中心承办的“赏大美闽剧 树文化自信”公益讲座在福建技术师范学院举行

（市文旅局 供图）

【2022年福州市现实题材小戏、小品和曲艺文本征文】 2022年，福州市为迎接党的二十大召开，加强戏剧、曲艺创作人才队伍建设，2022年福州市现实题材小戏、小品和曲艺文本征文活动于1月底启动，收到小型作品39篇。经专家评审，产生《寻找胡老板》等重点扶持作品2篇，《以文招婿》等扶持作品9篇。

【2022年全国“村晚”示范展示福建永泰县嵩口镇分会场活动】 2022年2月14日，由文旅部公共服务司、文旅部全国公共文化发展中心、中央广

播电视总台试听媒体中心、福建省文旅厅等主办的2022年全国“村晚”示范展示活动福建永泰县嵩口镇分会场活动举办。活动以“欢乐过大年·喜迎冬奥会——我们的美好生活”为主题，通过海博TV、直播福建全程网络直播。

【“镜头里的有福之州——2022福州文旅摄影采风作品展”】 2022年10月1—25日，由福州市文旅局主办，福州日报社、福州市美术馆承办的“镜头里的有福之州——2022福州文旅摄影采风作品展”开展。展出80组（幅）252张摄影作品，展现“有福之州”人文之美、生态之美、生活之美和发展之美，呈现福州坚持“3820”战略工程思想精髓，开创现代化国际城市建设。

（许 迅）

公共文化

【概况】 2022年，福州市文旅局以国家公共文化服务体系示范区创新发展为引领，提升全市公共文化服务水平。完成闽剧院新址（福州人民会堂）改造，完成市文化馆、市少儿图书馆新馆主体工程建设及市美术馆新馆项目方案及初步设计招标工作。鼓楼区文化馆公共文化云建设入选全国首批20个典型应用案例。闽侯县文化馆获评第九届全国服务农民、服务基层文化建设先进集体。落实省为民办实事项目，福州市图书馆、福州市文化馆等27个公共文化场馆落实错时延时开放。以文化惠民“七进”活动、激情广场大家唱、新福州人歌手大赛、文化志愿手拉手、艺术普及大课堂、“相约九日台”周末音乐会、福州合唱音乐节、非遗校园行为依托，实施文化惠民工程，打造特色公共文化服务。推动街头艺术表演，从全国范围招募街头艺人50余组，在三坊七巷、上下杭等街区开展常态化表演1200余场。完善总分馆服务体系，市、县两级公共图书馆全面实现通借通还。推动乡村振兴，完成对县区2021年度乡村文化振兴战略实绩考评，部署建设100个升级版基层综合文化服务中心，福州市3个案例入选《福建乡村文化振兴典型案例汇编》，推进文化下乡、艺术普及进校园活动300余场次，市、县两级“百姓大舞台”举办演出120余场次。市文旅局在实施乡村振兴战略工作中表现突出获市政府通报表扬。

表79　**2022年福州市及县（市）区图书馆业务指标一览表**

馆名	总藏书量（万册）	馆舍面积（平方米）
福州市图书馆	211.78	58000
鼓楼区图书馆	2.55	1160
台江区图书馆	68.00	5656
晋安区图书馆	137.61	2028
仓山区图书馆	128.98	5949
马尾区图书馆	60.68	8700
福清市图书馆	221.82	12156
长乐区图书馆	130.85	5618
闽侯县图书馆	111.99	8778
连江县图书馆	99.48	5795
闽清县图书馆	55.26	3402
罗源县图书馆	33.50	5503
永泰县图书馆	46.12	8300
总计	1308.62	131045

【群众性文化活动】 2022年，福州市文旅局实施文化惠民工程，打造特色公共文化服务，创新提升以文化惠民“七进”（让文化活动或文艺演出进乡村、进社区、进校园、进企业、进机关、进景区、进军营）活动、激情广场大家唱、新福州人歌手大赛、海峡两岸民俗文化节、文化志愿手拉手、艺术普及大课堂、“相约九日台”周末音乐会、福州合唱音乐节、非遗校园行、群文“一码通”十大品牌为代表的群众文化活动项目。全年联合各类基地、示范点、联盟馆完成410余场惠民演出、150余场文化讲座、60余期艺术展览、50余场群文赛事、140余期公益培训（累计6000余课时），服务群众逾50万人次。

【全民阅读】 2022年，福州市文旅局结合“4•23”世界读书日、“书香榕城”全民读书月以及中秋节、国庆节等时间节点，开展线上线下活动，推进全民阅读。福州市图书馆开展“一人一世界”人文沙龙、“榕图·夜读”、“榕图春日市集”、“诗歌剧场”、双拥杯暨“读吧！福州”征文大赛、“公益课堂进乡村”、“新时代文明实践讲习基地”、“榕图书香文化月”、“你选我购”、“邂逅·榕图”、“榕图时节”等品牌活动。举办“江海潮生 诗书不尽——榕图·夜读”阅读推广活动，多样化的表现形式展示传统古诗词；“且向春光寻万卷”榕图春日市集活动，从波提切利的《春》与《山海经》出发，构建东西方古老文明的新时代对话，促进不同文化与文明之间的交流互鉴。福州市少年儿童图书馆探索“图书馆+”新模式，打造“阅榕·童行”阅读推广活动品牌，先后带领少年儿童走进烟台山公园、上下杭、牛岗山公园等旅游景区（点），举办第一届“阅榕·童行”品牌启动仪式、“夏”一站，晋安湖畔好“书福”——儿童阅读推广活动、“墨香载望阅美好”阅读推广活动、“在剪纸中遇见福州”活动等，打造少年儿童文旅阅读推广活动品牌。组织开展“榕荫·书情”分馆品牌活动，在牛岗山人才主题馆开展非遗手工艺亲子课堂、“法润童心 护航成长”普法主题活动等，扩大“榕荫·书情”品牌影响力。

【福州市图书馆】 2022年，福州市图书馆总藏书量211.78万册，新增入藏各类文献14.48万册（不包含接受捐赠册数），其中图书12.90万册，报刊合订本1.51万册，音像资料0.07万册，征订报纸205种，期刊1453种，接受社会各界读者捐赠文献0.5万册。打造闽都特色馆藏体系，采购闽都非遗文献、地方文献、闽台族谱等特藏文献0.81万册。全馆累计接待读者近150万人次，回复读者咨询约8万条，新办读者证3.24万张，外借文献约80万册（次），官方微博账号发布信息635条，微信服务号、订阅号发布推文1348篇，阅读量近165万人次。全年累计开展在线展览、知识竞答、在线讲座等各类线上线下活动397场次。新建成4个图书流通点，并设立福州永泰欧乐堡海洋世界图书馆、岳峰镇桂溪社区图书馆、福州旅游职专非遗文献馆3个特色图书分馆，完成61次汽车图书馆流动服务。

【福州市少儿图书馆】 2022年，福州市少年儿童图书馆接待读者27.41万人次，文献借还量38.5万册次，采购新增馆藏图书4.56万册，征订期刊和报纸265种，完成3238册报刊合订本的录入。以“线上为主+线下为辅”的活动原则，全年举办各类活动165场，总活动服务读者15651人次，其中组织开展主题线下活动68场，服务读者4710人次；开展主题书展7场，参与书展4400人次；开展线上竞答、线上展览活动88场，服务读者6541人次。重视微信公众号建设，提升完善微信发布平台，运用互联网思维将“福州市少年儿童图书馆”微信公众号打造成为搭载着线上线下阅读活动推广、优质资源推荐、意识形态宣传等多重功能，全年推送活动预告和回顾、线上展览、线上荐读、文明宣传、普法宣传等栏目文章254篇，平台访问量17.7万人次，阅读量6.5万人次。开展2022年数字资源及图书档案设备采购，采购数字资源容量1T左右，安装设备自助办证机、诵读一体机、数字书刊借阅设备、红色故事绘四史触摸屏等数字阅览设备，提高数字化服务水平。6月，启动汽车图书馆流动服务，全年累计出车61场，新设立流动服务点位7个，其中举办活动8场，服务乡镇9场，走访10所学校、6所社区、1处消防救援站，通过汽车运载图书的方式，向各流通点输送图书4400余册次，小型书展展出图书2万余册次，服务覆盖鼓楼区、台江区、晋安区、仓山区、马尾区、长乐区、闽侯县、闽清县，服务覆盖面60%。

福州市少年儿童图书馆新馆建设项目位于晋安区龙安路西侧晋安湖公园内，总投资3.28亿元，总建筑面积19951平方米，于2020年底动工，项目施工工期900天。全馆5层，首层包括公共大厅、总服务台、亲子绘本阅读区和视障阅读室；二层主要为小学低年级阅览区，除了传统阅览区外，还设有报告厅、有声读物区、科普展示区；三层主要为小学高年级阅览区，设有报刊区、电子阅览室；四层至五层为办公区，用于书籍加工、储存以及工作人员日常办公。新馆主体结构于2022年1月16日完成大楼封顶建设，完成新馆个性化氛围软装及图书馆专业家具设计工作。

【福州市文化馆】 2022年，福州市文化馆联合各类基地、示范点、联盟馆完成410余场惠民演出、150余场文化讲座、60余期艺术展览、50余场群文赛事、140余期公益培训（累计6000余课时），服务群众逾50万人次。开展非遗代表性项目、传承人、基地的申报评审和动态管理，推进非遗具体类别和项目立法工作，联合各县（市）区非遗保护中心、非遗项目保护单位、非遗传承示范基地、非遗展示馆联盟馆等在重要节日纪念日开展系列宣传展示活动300余场，开展非遗大走访大调研活动，深化非遗抢救性记录和非遗短视频摄制。市文化馆新馆主体结构于1月完成封顶。召开市文化馆第二届理事会第二次工作会议、全市文化馆馆长会议暨文化馆总分馆制建设工作会议。群文数字平台改版升级，开展云上群众文化活动。开展街头文化艺术活动，举办第二届街头艺术文化节，发动福州市街头艺术达人俱乐部每周开展常态化展演逾40场。实行场馆延时错时开放。

【福州画院】 2022年，福州画院30余件作品入选全国政协、中国书协、中国美协、中国文联、文旅部、省文联、省美协等单位举办的各项艺术活动。其中，书法作品《建设21世纪海上丝绸之路核心区》入选由中国文联、中国国家博物馆、中国书协主办“‘征程’迎接庆祝党的二十大胜利召开书法大展”，国画作品《朝霞》入选由全国政协农工党主办的全国第三届“美丽中国”美术作品展，书法作品《草书茶诗》入选由中国文联、厦门市政府主办的2022年“中华情·中国梦”美术书法作品展。全年策划举办书画艺术展览27场，编印出版2期内部刊物《福州画院》，编印展览作品图录集6本，开展文化志愿服务活动8场，吸引观众4万余人次。全年举办多场艺术展览。1月1—11日，举办“福建省地市画院作品联展”，展出33名各地市画师的96件

2022年10月2日，福州市美术馆举办“闽都艺谭”公益艺术讲座。图为福建博物院副院长龚张念在台上演讲（市文旅局 供图）

作品，促进省内各地画院间交流；2月1—7日，举办“2022•福州画院画师作品年展”，展出福州画院18名专职画师的120余幅作品；2月15—24日，举办“‘色授神与’当代中国画名家作品邀请展暨福州画院青年画家学术提名展”，展出81名画家的125件国画作品；11月23—27日，举办“福州画院外聘画师作品展”，展出49名外聘画师的数百件作品，作品从传统工笔、写意到新水墨，展现福州画院特邀特聘画师团队的艺术创作水平；2022年12月28日至2023年1月3日，福州画院举办“‘笔歌墨舞 春华秋实’——福州画院专职画师个人学术汇报展”，展示画院2名专职画师张剑、梁丹雯从艺以来的92件作品，涵盖花鸟、山水、人物等多个门类。

【福州市美术馆】 2022年，福州市美术馆面向群众免费开放，提供美术展览、公共教育活动等基本公共文化服务项目。全年策划举办“花团锦簇——壬寅新春定西剪纸艺术作品展”“春彩秀色——当代女画家国画作品展”“细帙意匠——中国古代木刻版画艺术展”等展览11场，邀请著名专家学者作“闽都艺谭”公益艺术讲座4场，深入全市6个区举办“流动展览”12场，开展“我们的节日”惠民活动3场及“书香古厝”阅读推广活动2期，累计接待群众入馆参观5.3万人次，馆外服务群众1.2万人次，线上观展4万人次，文化志愿者参与近1000人次。

全年举办多场艺术展览，其中3月8日至4月29日，举办“春彩秀色——当代女画家国画作品展”，展览以纪念“三八”国际劳动妇女节为契机，向北京、天津、吉林、江苏、河南、湖南、广东、广西、甘肃、福建等地的20名女画家征集作品，展出70余件国画作品；5月1—31日，举办“细帙意匠——中国古代木刻版画艺术展”，精选中国历代木刻版画百幅，有黑白版画、彩色版画、闽刻版画；10月1—25日，举办“镜头里的有福之州——2022福州文旅摄影采风作品展”，评选80组（幅）专业摄影作品。

（许 迅）

非物质文化遗产

【概况】 2022年，福州市文旅局围绕健全非遗保护传承体系、提高非遗保护传承水平、加大非遗传播普及力度等方面推动非遗保护工作。全市有市级及以上非遗代表性项目215个（含国家级非遗项目16个，省级非遗项目94个）；市级及以上非遗代表性传承人290人（含国家级非遗传承人13人，省级非遗传承人100人）；非遗传承示范基地138个。制定《福州市非物质文化遗产保护五年规划（2022—2026）》《福州市寿山石雕刻技艺保护规定》等，推进非遗保护整体规划和具体类别项目立法。

【非遗基地】 2022年，福州市文旅局完成福州市第七批非物质文化遗产传承示范基地评选。赵堡太极拳传习所、福州市南公小学、福州市台江第一中心小学等21个基地获评福州市非物质文化遗产传承示范基地，至年底全市累计有市级非遗传承示范基地138家。

【非遗宣传活动】 2022年，福州市文旅局指导福州市文化馆（福州市非物质文化遗产保护中心）联合各县（市）区非遗保护中心、非遗项目保护单位、非遗传承示范基地、非遗展示馆联盟馆等在节日、纪念日开展系列宣传展示活动300余场，推进非遗校园行、非遗在社区、非遗进古厝（景区）等主题活动。其中，2022年海峡两岸民俗文化节设置六大板块汇集200余个民俗项目，有843.7万人次参与现场和线上互动，获30余家中央、省、市媒体关注和报道。2022年“文化和自然遗产日”非遗宣传展示主会场活动以省市联办的形式，集结数百个非遗代表性项目、八大主题活动，全景式、活态化、体验式展现近年来省市非物质文化遗产保护成果。福州市非遗展示馆作为展示闽都传统文化的重要场所，打造“非遗有福历•今日遗（宜）”系列活动，开展“古厝戏台”专场演出、“非遗拾光”文化沙龙、手作课堂、研学体验、中医义诊等活动110余场，接待游客逾10万人次。

【非遗抢救性记录工作】 2022年，福州市文旅局推进非遗抢救性记录和非遗短视频摄制工作，完成《古老与新声——福州非遗全景探秘》出版工作并召开新书发布会，启动宗祠文化书籍编写并在《福州晚报》上设立专栏连续刊载。完成25个非遗代表性项目宣传片拍摄工作和3名非遗国家级代表性传承人抢救性纪录影片拍摄，全年累计拍摄非遗代表性项目宣传片110个。

【非遗代表性项目申报评审】 2022年，中国传统制茶技艺及其相关习俗（含福州茉莉花茶窨制工艺）被列入《人类非物质文化遗产代表作名录》。福州市推荐的21个非遗代表性项目入选第七批省级非物质文化遗产代表性项目名录。完成市第七批非遗传承示范基地评选，有21个基地入选。完成福州市第七批市级非遗代表性项目申报评审工作，32个项目入选。

（许　迅）

文化交流活动

【概况】 2022年，福州市组织欧洲华文电视台、“中国福州”海外社交平台账号、华人头条等开设专版、专题、专栏，对外展示福州现代化国际城市建设成效，对外传播闽都文化。闽剧经典折子戏《珍珠塔•赠塔》参加春雨工程“喜迎二十大　文化润天山”闽昌非物质文化遗产交流活动，举办2022年海峡两岸民俗文化节。福州市文化馆（福州市非物质文化遗产保护中心）组织非遗代表性项目传承人和业务骨干参加在渭南市举办的“传承非遗•创享美好”首届国际非遗交流周活动、在济南市举办的第七届中国非遗博览会、在武夷山市举办的“茶和天下　福茶香飘”主题活动等，传播闽都优秀传统文化，促进各地互学互鉴、经验共享。

【榕昌文化交流活动】 2022年，福州市开展榕昌文化交流。闽剧艺术传承发展中心选派梅花奖获得者、一级演员吴则文与一级演员黄秀春，携闽剧经典折子戏《珍珠塔•赠塔》参加春雨工程“喜迎二十大　文化润天山”闽昌非物质文化遗产交流活动，先后前往新疆昌吉州、奇台县、阜康市、玛纳斯县等地开展演出。以文化“五进”（进机关、进基层、进岗位、进家庭、进市场）、“结亲结对”等活动为主线，向奇台县引入闽都特色文化。福州市闽都文化艺术中心声乐演员王高扬作为援疆干部在新疆奇台县文化馆开展对口援助工作。组织奇台县当地群众开展文艺培训班，参加五马场乡“纳吾热孜节”、“唱响江布拉克”歌手大赛、“喜迎二十大红心向党”微党课竞赛等文艺活动，创作歌曲《榕奇同心》。举办“喜迎二十大　文化润天山”闽昌非物质文化遗产交流活动，在昌吉市、奇台县、阜康市、玛纳斯县等县市举办“闽疆丝路”非遗主题摄影展、“闽韵传情”非遗展演等6场文化交流活动，100余名闽昌非遗传承人参加互动交流，3000余名观众到场观摩，通过非遗代表性项目展览、展示和传承人交流等多种形式，促进闽昌两地文化交流交往交融，推动闽疆两地文旅深度融合、互动发展。

【榕台文化交流活动】 2022年，福州市在梁厝特色历史文化街区举办海峡两岸民俗文化节，民俗节以“民俗心•两岸福”为主题，现场设置十福迎宾、民俗游园、国潮民俗汇（含启动仪式和四场民俗文艺专场）、风雅圩市（含“小小传承人”文化市集、舌尖美食大荟萃、闽台文创体验）、两岸民俗展示馆、街头艺术集萃等六大功能区模块，汇集200余个民俗项目，有843.7万人次参与现场和线上互动，获30余家中央、省、市媒体关注和报道。

【对外文化交流】 2022年，福州市组织欧洲华文电视台、“中国福州”海外社交平台账号、华人头条、“今日福州”海外版、侨刊乡讯、外宣广播等开设专版、专题、专栏，对外宣传中共二十大精神和全国两会精神，对外展示福州现代化国际城市建设成效，对外传播闽都文化。创新打造“你好，福州”外宣品牌，策划推出系列城市形象宣传片，全球传播量逾9亿次。在欧洲华文电视台落地“福州频道”，开设“有福之州”栏目，面向欧洲传播闽都文化。组织开设华人头条“有福之州　幸福之城”外宣专题，在全球70多个国家140多个站点多语种推送福州报道4200余篇，点击量逾2.3亿次。与海外媒体合作推出“今日福州”中英文专版543版，刊发报道4500余篇。加强“中国福州”海外社交平台账号建设，全年发布帖文978条，阅读量逾3445万人次，互动量180万人次。围绕第五届数字中国建设峰会开展对外宣传，全网相关报道12.5万余篇，“第五届数字中国建设峰会”“福元宇宙RAR秀”等相关话题累计阅读量7亿余次，峰会相关报道全网累计阅读量逾13.1亿次。举办2022年福州国际友城文化节，有14个国家20个城市和地区参加，直播累计观看量575.99万人次。举办“我身边的文化遗产”首届“丝路”青少年摄影、短视频大赛，收到32个国家857件作品，活动入选省委宣传部精品外宣案例。

（谌静玮　许　迅）

文博事业

【概况】 2022年，福州市文物局加强文物保护、考古、博物馆工作。公布第九批市级文物保护单位及一批不可移动文物，基本完成全市4783处不可移动文物规范化“四有”档案。全市投入资金9000万元用于对省级文物保护单位南屿福庐寺、市级文物保护单位广东会馆等51处重点文物实施整体修缮工程。加强全市文物修缮工程监管，强化修缮工程事前审批（报批）、事中监督、事后验收工作。年内，永泰县谷贻堂、绍安庄和积善堂成为全国唯一入选世界建筑文物保护基金会“2022世界建筑文物观察名录”的建筑文物。落实城乡建设中文物保护工作机制，结合“多规合一”平台，文物部门主动对182个基建项目提出文物保护审查意见，开展10项配合城市基建的考古调查勘探、发掘工作，保护一批地面地下文物。推动文物活化利用，公布实施全省首部有关文物利用方面规范性文件《福州市文物建筑活化利用管理办法》，完成侯德榜故居等文物活化利用项目14处，摸索推出一批文物建筑活化利用优秀案例，11月，永泰北山寨保护利用项目入选国家文物局出版的《文物建筑保护利用案例解读》。年内，文博馆所举办展览、公益研学、校园行、党性教育、道德讲坛、第二课堂、我们的节日等各类活动140余场次，接待观众近100万人次。

推出榕博探秘、“云游古厝”等专栏专题，举办“回首江山无限情——林则徐与福州”等展览。年内，市文物局获全省第44届世界遗产大会工作先进集体称号；文物系统1人获“全国石窟寺专项调查先进个人”称号；市林则徐纪念馆被国家禁毒委授予“全国禁毒宣传教育基地”称号；市博物馆被列为第七批福建省爱国主义教育基地。

【“申遗”工作】 2022年，福州市文物局开展“申遗”基础课题调研。围绕三坊七巷、福建船政等“申遗”项目，加强与国内高校和研究团体合作，开展8个“申遗”基础课题研究工作。8月，邀请联合国教科文组织亚太地区世界遗产培训与研究中心（北京）、北京大学考古文博学院在福州市开展“2022年度文化遗产保护联合工作坊”活动。指导福建船政文化管委会完成福建船政申报中国世界文化遗产预备名录文本及保护管理规划的编制工作，邀请吕舟、姜波等国内知名“申遗”专家进行论证研讨，推动相关工作。按照海丝联盟城市统一要求，完成福州市海丝史迹点保护状况评估，配合中国文化遗产研究院编制“海上丝绸之路·中国史迹”保护状况报告。加强海丝国际宣传交流，在21世纪海上合作委员会第八次专业会议上介绍福州市海丝文化遗产保护和利用相关情况。福州市与其他海丝联盟成员城市在海上丝绸之路国际文化论坛上共同提出《关于海上丝绸之路保护与申报世界文化遗产的澳门倡议》。

【考古调查勘探与发掘】 2022年，福州市考古队配合城市基建开展连江现代物流城、连江（粗芦岛）远洋渔业基地、洋下旧屋区改造地建设用地范围内古墓葬等10项考古调查勘探、发掘工作，发现、保护一批重要遗存和文物。开展福州高新区黄土岭瓷窑遗址、福州古驿道、九峰寺遗址等3项主动性考古调查。

【水下考古】 2022年，福州市考古队参与西沙群岛水下考古调查、漳州圣杯屿元代沉船发掘、上海长江口二号古沉船考古整体迁移项目等国家水下考古项目。年内，市考古队两名骨干队员受邀担任国家文物局考古研究中心组织的第九期全国水下考古专业人员培训班指导老师。

【文物修复利用】 2022年，福州市文物局完成40处文物建筑修缮、利用为民办实事项目工程。完成省级文物保护单位南屿福垆寺、张经墓，市级文物保护单位广东会馆等30处文物建筑修缮工程，投入资金9000万元。完成省级文物保护单位侯德榜故居、马限山近代建筑群，不可移动文物燕魁厝等一批文物建筑活化利用项目，投入资金1000余万元。

【《福州市文物建筑活化利用管理办法》公布实施】 2022年，福州市文物局组织专班拟订《福州市文物建筑活化利用管理办法》，8月4日市政府公布实施。这是全省首部有关文物利用方面规范性文件，内容有5章34条，明确文物建筑活化利用的部门职责分工及直接责任主体、使用方、管理方责任；确定活化利用的基础条件、利用方式及鼓励支持方向；规定公共建筑、革命文物、宗教文物活化利用的功能内容。针对文物建筑集中的街区管理中存在问题，设有历史文化街区国有文物保护单位的管理专章，规范准入要求、使用期限、整改情形等。

【福州市文物保护工程施工工地安全专题培训】 2022年9月8日，福州市文物局组织举办全市文物保护工程施工工地安全管理专题培训会议，提升修缮一线人员业务管理水平和安全责任意识，为全省首次举办文物保护工程类有关工地安全管理的专题培训。全市具有文物保护施工资质、监理资质的企业，全市文物修缮工程项目负责人及相关市直单位、县区负责人员百余人参加培训。

【博物馆数字化建设】 2022年，福州市博物馆率先在全市开展馆所基础信息化建设和馆藏文物数字化保护。围绕互联网展示宣传、公共空间互动体验提升打造3D“古城印记”历史名城展示平台、3D“数字多宝阁”、馆藏文物数据数字化采集及互动一体机等九大工程。

其中，“数字多宝阁”项目在第五届数字中国建设峰会上亮相，“古城印记”数字展示平台被福建省文物局选送参加第九届“中国博物馆及相关产品与技术博览会”。

【革命文物保护利用】 2022年，福州市文物局挖掘梳理全市红色资源，组织开展福建省第二批革命文物名录申报工作和红色标语类革命文物专项调查。新发现不可移动革命文物9处、可移动革命文物36件（套）。实施长门炮台等革命文物修缮工程以及东关寨等革命文物消防设施、电路改造工程。利用红色文化资源打造爱国主义教育、党史教育、廉政教育等学习实践基地40余处，并指导陈列展示工作。

【文物安全】 2022年，福州市文物局组织开展全市博物馆和文物建筑消防安全百日攻坚以及全市文物安全专项整治大检查行动，累计出动检查2580余人次，检查博物馆和文物建筑1172处，发现文物安全隐患435处，落实整改或要求限期整改到位。联合市民宗局、市消安办等部门开展宗教文物安全工作专题培训、全市文物安全专项整治行动。市文物局选送的鼓楼区查处福建大运建设工程有限公司擅自在全国重点文物保护单位沈葆桢故居和鄢家花厅保护范围内违法建设案卷获评2022年度全国文物行政处罚案卷评查十佳案卷。

【福州市博物馆】 2022年，福州市博物馆接待观众51万人次，其中未成年人5.23万人次，举办专题展览及免费鉴宝、道德讲座、第二课堂等活动上百场次，免费讲解接待2612场次。通过微信公众号、微信、微博等新媒体发表资讯400余篇。举办道德讲堂、公益研学等公共文化服务系列主题活动80场，邀请文物专家为市民免费鉴赏800余件陶瓷、字画、寿山石、玉器等收藏品。开展馆藏文物预防性保护项目，改善可移动文物保存环境。

【福州市林则徐纪念馆】 2022年，福州市林则徐纪念馆接待游客33万人次（含赴外展览），讲解接待1099场（其中免费讲解516场），举办展览21场次，组织社会教育活动逾300场，社教活动线下线上参与206万人次。入选福州市首批“学习强国”榕学驿站建设单位之一，加盟“e起学习”网络党建联盟。以建馆40周年为契机，开展林则徐文物征集、“我与则徐馆”少年写作大赛、“林则徐与福州”年会论坛征稿、建馆40周年系列专题宣传、“林则徐家风展”巡展等系列活动。

（刘泓宇）

新闻出版

【概况】 2022年，福州市有市属报刊4家（《福州日报》《福州晚报》《文化生活报》《家园》），侨刊乡讯8家（《福州晚报海外版》《闽都文化》《涌泉乡音》《海峡时报》《吴航乡情》《闽侯乡音》《福清侨刊乡讯》《梅城报》），连续性内部资料出版物38家。印刷企业427家，工业总产值136.51亿元，从业人员1.55万人，其中规模以上重点印刷企业（年印刷总产值逾5000万元）22家，上市印刷企业3家，实施绿色印刷的出版物印刷企业25家，数字印刷17家，外商投资印刷企业16家。仓山区、福清市、晋安区、闽侯县分别集聚印刷企业105家、83家、65家、60家，形成印刷企业集群。全市通过年度核验的出版物发行单位1125家，其中出版物批发单位204家，出版物零售单位921家，出版物销售额78.13亿元，从业人员4万人。

【出版管理】 2022年，福州市开展《福州日报》《福州晚报》《家园》社会效益评价考核工作，完成报刊、内部资料性出版物年度核验工作。组织8家侨刊乡讯社参加年度核验并予以初审，通过福建省新闻出版局终审。开展全市连续性内部资料性出版物核验换证工作，审核通过37家，暂缓1家。聘请市属报刊、连续性内部资料出版物审读员9人，一次性内部资料出版物审读员2人，规范市属报刊、内部资料出版物审读管理。

【印刷发行管理】 2022年，福州市新闻出版部门有18个依申请类行政审批事项入驻省网上办事大厅，各事项均发布行政审批服务事项办事指南，审批窗口受理办结行政许可77件，生成电子证照45件。

完成印刷企业网上年度报告和出版物发行单位年度核验工作。按照属地管理责任制对出版发行市场和印刷企业进行监督管理。组织开展出版物印刷发行市场“双随机”检查、网络游戏“防沉迷”工作、“扫黄打非”专项整治行动，打击各类侵权盗版行为，取缔各类非法出版物。全市处罚违规印刷发行、网络游戏经营单位17家，罚金20.3万元。融侨中心大梦书屋、福建闽建工程建设书店、福清市融城文林书店、福州市台江区鹿森书店、长乐航城闽翰书苑5家书店被福建省新闻出版局授予“第二届福建省示范书店”称号。福州兴教印刷有限公司被福建省新闻出版局授予“第二届福建省示范印刷企业”称号。

【版权管理】 2022年，福州市版权作品登记数75765件，比上年增长28.61%，居全省前列。查处侵权盗版案件9件，5件案件入选2021年度全省打击侵权盗版十大案件，4件案件获国家版权局表彰。市版权局、市文化市场综合执法支队获2021年度国家版权局查处重大侵权盗版案件有功单位称号，5人获评有功个人。1件微信小程序侵权案入选国家版权局等4个部门发布的“剑网2022”专项行动十大案件，福建福昕软件开发股份有限公司获2021年度全国版权示范单位称号。

【福州日报社】 2022年，福州日报社所属《福州日报》、《福州晚报》、福州新闻网、“掌上福州”客户端、官方微信公众号、融媒体智慧屏组成“报网端微屏”全媒体传播矩阵，全媒体用户规模数逾2800万人，“掌上福州”下载量逾300万次。在2022年中国报业技术年会上，“掌上福州”客户端入选“2022年中国报业融媒体‘用得好’案例库名录”。8月，在第四届中国融媒创新发展年会上，《福州日报》入选2022优秀城市融媒综合影响力TOP10，“福州晚报”抖音号入选2022优秀城市融媒综合影响力抖音号TOP10，“福州晚报”抖音号推送的《沉“鱼”落“燕”》短视频入选2022优秀城市融媒体综合影响力短视频TOP10。报社与其他地方党报联合创作的《“百年奋斗路·百城访初心” 庆祝中国共产党成立100周年大型全媒体报道》获第32届中国新闻奖（2021年度）重大主题报道二等奖。全年在中央媒体发稿101篇，其中《人民日报》头版5篇；在《福建日报》发稿62篇，其中头版13篇。《福州晚报》海外版加强国际传播，与外媒新媒体开展合作，开设“牢记总书记嘱托加快建设现代化国际城市——春天的回响”系列报道、“实施‘3820’战略工程30周年特别报道”、“打造‘闽江之心’”等中文和英文专版专栏，推出系列新媒体产品。

推进新思想基地建设与运营。福州日报社成立工作专班，承接30余个新思想学习教育实践基地布展工作，运营24个基地（含1个综合基地、7个现场展示点、16个学习参观线路），全年接待19.5万余人次参观。承接布展的展馆中，三坊七巷保护成果展、鼓岭故事、软件园基地新增成为福建省“习近平新时代中国特色社会主义思想实践示范基地”；船政文化城、“苍霞人家”生活馆入选全省“强国复兴有我”群众性主题宣传教育活动学习体验点；“3820”战略工程实施30周年成就展馆、三坊七巷保护成果展馆等7个基地入选福州市爱国主义教育基地。

开展重大主题报道。围绕深入学习贯彻党的二十大精神、“3820”战略工程实施30周年、习近平总书记来闽考察一周年、数字峰会、提速增效、乡村振兴等重点工作，策划推出123项重大主题报道；在重要版面开设“奋进新征程 建功新时代”“闽山闽水物华新·福州非凡十年”等专栏，在理论版开设“学习”专栏。其中，“福州日报”微博发布“林占熺代表亮相党代表通道”，总阅读量逾200万次，微博话题“国际友人给女儿改名菌草”总阅读量逾2.5亿次，话题贡献度居排行榜第五。微信文章《感恩奋进这一年：奋楫争先的福州》等6条获全省推送，《丫霸！福州！五天六上央视！》《4大方面52项！福州稳经济出“大招”！》等27条获全市推送。全年创作“十万+”作品520件，“百万+”作品21件，“千万+”作品8件。在2021年度福建新闻奖评选结果公示中，报社有18件作品获奖，其中一等奖2件。《福州日报》专栏《打造台胞台企登陆第一家园》获2022年福建省报刊十大名专栏扶持资金。报社出版的书籍《古老与新声》、视听作品《福州·二十四节气》获评2022年福建优秀文化外宣品。

开展“网红”培训。打造“主流网红”，推进媒体融合发展。开展“网红”培训，在“钱多多”“网红”品牌的基础上，从传统纸媒记者中挖掘“全能型”记者，就地转型，培养成为能采写、能编导、能出镜、能剪辑、会外语的新媒体“网红”。推出“欣”在福州、“艺”游未尽栏目。与“网红”公司MCN合作的视频《如何让武艺爱上福州味？》阅读数103.8万次、《你好上下杭！》阅读数135.6万次。

加强闽都文化宣推。助力福州市打响闽都文化国际品牌，运用“报网端微屏”全媒发布平台，开展闽都文化宣推工作。《福州日报》《福州晚报》开设“乐享福文化”专栏，刊发打响闽都文化国际品牌相关报道250余篇；日报副刊“闽江潮”增设“福州知福”栏目，宣传福文化，策划并编撰出版闽都文化国际品牌系列图书，出版大型画册《福州音乐地图》《诗人@福州》等；晚报推出“榕博探秘”“闽人智慧”“美丽乡土”“闽都文化”“文化与自然遗产”等专版近200个，刊发文章250篇，照片800余张。

开展地标性节庆活动策划执行。策划开展枇杷节、龙眼节、鱼丸节、番薯节等活动，其中“一都枇杷节”连续举办5届，助力一都枇杷获评2022年全国优质农产品，是“一碗福州”团队为国家推进乡村振兴工作打造的成功案例。为各乡镇设计乡村农业文创，把文化建设融入各县（市）乡村振兴发展中。为鱼丸节设计的“福州鱼丸”数字藏品被连江县委宣传部推荐申报全国优秀外宣品。策划“四季福州”全市大型文旅品牌活动、“有福之州 游福同享”2022福州文旅消费季活动。连续3年为市文旅局量身定制“文旅摄影赛”，策划执行的“福州美丽乡村旅游季”活动连续举办四届，并获“博鳌国际旅游奖年度美丽乡村品牌奖”。

【新华书店】 2022年，福建新华发行（集团）有限责任公司福州分公司开展主题出版物宣传发行工作，《闽山闽水物华新——习近平福建足迹》、《习近平谈治国理政》第四卷分别发行289772册、241526册。安泰新华图书城于11月25日重装开业，实现场景重构、数字赋能、业态升级和队伍建强等4个方面的升级转变，图书经营面积近5000平方米，图书品种近5万种，是福建新华系统单层面积最大的综合业态书店。开业当天获新华社、央广网、中国新闻出版广电报等国内媒体及法新社旗下日语新闻网站等海外媒体转载报道。在“4·23”世界读书日期间，举办首届福建新华阅读大会全民阅读“八进”（全民阅读进机关、进企业、进家庭、进农村、进学校、进社区、进网络、进军营）工作论坛暨连江职工读书活动，并首次推动“图书漂读进企业”活动落地实施。

【《文化生活报》】 2022年，《文化生活报》有“素心”“漆语”“天石地利”“诗书节气”“悦读”“福州城市会客厅”等专栏。报社运营管理“福州城市会客厅”，举办笔会、读书分享会、艺术品鉴会等9场文化艺术交流活动。举办“福泽东方”第七届海峡两岸中青年篆刻作品展，收到来自海峡两岸参赛作品1335件，先后在福建博物院及台北友生昌艺术空间、西安中国书法艺术博物馆巡展。打造“南公艺舟”平台，依托南公园的历史底蕴，聚焦闽都文化、非遗工艺、人文珍宝，助力弘扬福州传统文化，打响闽都文化国际品牌，拓展报社业务创收的新渠道。作为“南公艺舟”首展的“福寿田丰——寿山田黄石精品展”，面向全国征集到170余件寿山田黄石作品，精选35件（套）近百枚田黄石入展，囊括清代巨匠、民国薄意鼻祖的传世佳作以及中国工艺美术大师、福建省工艺美术大师的代表作。

（谌静玮 李心怡 钟连珍）

广播电影电视

【概况】 2022年，福州广播电视台有新闻综合、影视、生活、少儿等4个电视频道，新闻广播、音乐广播、交通之声、左海之声等4个广播频率，以及文化生活报、福州明珠网、福视悦动手机客户端、城市户外LED大屏等媒体资源。福州广电融媒体产业园于6月竣工。年内，完成影视剧签约13部516集，影视票房2.76亿元，福州广播新闻上央视播出新闻146条。

【新闻宣传报道】 2022年，福州广播电视台通过全媒体传播矩阵展开立体宣传报道，围绕党的二十大、习近平总书记来闽考察一周年、全国省市两会、“3820”战略工程实施30周年、“福”文化品牌、“闽江之心”等重大主题、重要活动推出一系列融媒体宣传策划。全方位跟进报道全市各级各部门推进市委、市政府各项决策部署的行动和成就。

【广播电视频道频率】 2022年，福州广播电视台有4个电视频道、4个广播频率。

新闻综合频道。围绕学习贯彻“习近平新时代中国特色社会主义思想”长效机制、党的二十大、习近平总书记来闽考察一周年、全国省市两会、“3820”战略工程实施30周年、“福”文化品牌、“闽江之心”等重大主题、重要活动推出一系列融媒体宣传策划。推出“喜迎二十大”“奋进新征程 建功新时代”“闽山闽水物华新·福州非凡十年”“二十大时光”等专栏，开展党的二十大精神宣传报道，制作播出《这十年，我们的振兴路》《我与福州这十年》《TOP福州》等系列短视频。“习近平总书记来闽考察一周年”主题宣传推出“感恩奋进这一年”系列报道、《不负青春向未来》和《春暖花开》等系列短视频、《你有总书记微信吗？我想对他说……》等融媒体 H5 产品；“‘3820’战略工程实施 30 周年”主题宣传开设《“接续追梦三十年 踔厉奋发向未来”——福州市“3820”战略工程实施 30 周年》专栏，围绕“30 年 30 人 30 事”展开融媒体报道；“闽江之心”主题宣传开设“闽江之心山水之城”专栏，《“有福之州 红心向党”青春快闪为党庆生》在央视《新闻联播》播出。

影视频道。全年完成影视剧签约 13 部 516 集。参与国家广播电视总局“礼赞新时代，奋进新征程”优秀电视剧展播工作。挑选引进排播革命历史、红色经典、军旅励志等多样化题材影视剧，围绕主旋律进行影视作品展播，黄金时间播出国家广播电视总局推荐的电视剧展播剧目 11 部 441 集。

生活频道。开展“‘3820’战略工程实施 30 周年”“第五届数字中国建设峰会”“首届世界龙舟赛”等重大主题、重要活动宣传报道，利用“攀讲视频号”“攀讲 V 直播”新媒体平台，为福建省民法典宣传月、首届世界龙舟联赛（福州站）等大型活动进行聚合宣传，完成“2022 世界十邑春晚”“首届世界龙舟联赛（福州站）”等上百场线上线下主题活动。

少儿频道。年内，先后策划推出“小手拉大手，共创文明城”“爱眼护眼，关注眼健康”“消防进校园”“防灾减灾科普宣传”等主题报道，提前重点策划，深入全市中小学，推出多所学校“双减”（减轻义务教育阶段学生作业负担和校外培训负担）改革之后的教学报道。新设立“我是福州娃，爱我福文化”节目展播版块，从青少年的视角宣传“福”文化。策划推出“童心抗疫”版块，宣传科学防疫正能量和学生居家学习劳动实践类、心理健康类系列报道。节目《戏韵传国粹，唯有“少年敢当”》获 2021 年度福建省广播电视艺术奖二等奖。

新闻广播频率。以“新闻 + 热线”为主要形式。《党风政风热线》栏目加强与多个网络平台合作，新增群众回访和月报环节，形成播前策划、座谈、筹备、节目预告、单位上线、微信推文报道、广播专题宣传、满意率调查、月报汇总的一整套完整流程。全媒体普法栏目《我执法、我普法》（第三季）尝试探索从一期一部门执法转为实行一期多部门联合执法。

交通之声频率。节目立足“车”与“行”，为听众提供交通服务、出行路况、车主资讯等一站式广播服务平台。拥有《畅通正前方》《876 警民直通车》等品牌节目。民生维权节目《一追到底》帮助市民解决生活中遇到的疑难问题，汽车节目《奕樊观察》帮车友解决与车相关的问题。

音乐广播频率。年内，开设广播节目《快乐下班路》，邀请明星、嘉宾做客全媒体直播间，并在周末开展品牌落地活动等。开办女性、亲子教育类节目，与全国各大唱片公司、各大电影院线联动，多次作为福州主要演唱会、音乐文艺类活动、大型户外音乐节的媒体主办。

左海之声频率。是国内第一个 24 小时使用福州方言进行播音的广播频率。年内，品牌栏目“福州好乡音”“印象福州”与喜马拉雅 App 合作，开设“听福”专区。“晚安宝贝”栏目全年举办读书进校园、进社区、进书城活动近 60 场。

【广电产业经营】 2022 年，福州广播电视台先后承接第十七届中国会展经济国际合作论坛项目、闽江迎春元宵主题视听秀活动、金砖国家可持续发展高层论坛活动项目、“好年华 聚福州”系列活动、“有福之州·聚福商”福州招商创新大会、第十届海峡青年节黄巷两岸青年文化交流周、2022 世界十邑春晚、首届世界龙舟联赛（福州站）等省、市重要大型项目的策划和执行。开展“4·28”全闽乐购·福见商旅促消费活动，组织多场全闽乐购电商直播。探索少儿产业经营，对节目、经营以及线下活动进行融合。

【福州广电融媒体产业园】 2022 年 6 月，福州广电融媒体产业园项目竣工。产业园位于福州市晋安区远洋路，园区大楼有 21 层。福州广播电视台以广电融媒体产业园为载体，发展数字经济、平台经济，重点培育高清网络视听、MCN 电商直播、网络信息安全等数字经济新业态。

【电影与动画】 2022 年，福州市有影院 70 家，屏幕数 442 块，座位数 6.5 万个。全年影院票房 2.76 亿元，占全省的 26.2%（全省票房 10.53 亿元），蝉联全省第一。开展农村公益电影放映工作，在全市 2205 个行政村放映电影 26509 场，其中商业片 14872 场，观影 154 万人次。全年电影备案 24 部，取得拍摄许可 20 部，取得公映许可证 4 部。举办“电影之城”嘉年华、“聚焦城市影视建设·打造福州影视产业新高地”专家座谈会、互联网影视论坛、互联网影视盛典等福州影视产业系列活动。

【新媒体传播与新技术应用】 2022 年，福州广播电视台新媒体平台“粉丝”总量逾 630 万人，有 54 个账号。原创融媒体产品 6579 条，其中 632 条“十万 +”，89 条“百万 +”，4 条“千万 +”。打造出多个爆款短视频产品，其中《家·圆——台青冯念祖的福州新家》《龙舟竞渡话端午——2022 年首届世界龙舟联赛（福州站）全媒体直播》点击量均逾千万次。推进记者 IP 化建设，打造“引以为‘榕’”“心心向榕”等网红品牌，依托福州明珠网、“福视悦动”客户端、“新闻 110”视频号、微博、头条号以及“学习强国”“央视新闻 +”“新华社现场云”等平台推送，总阅读量超 1000 万次，被纳入福州市短视频精品和“网红”培育工程重点培育。优化完善媒体融合智慧平台项目建设，完成一期项目终验，推进三期项目建设。

【广电交流与合作】 2022 年，福州广播电视台电视新闻在央视播出新闻 146 条，在央视《新闻联播》播出 15 条，省台插出 750 条，在《福建新闻联播》和《福建卫视新闻》播出 487 条。广播在中央人民广播电台播出 132 条，其中在重点栏目《新闻与报纸摘要》《全国新闻联播》播出 31 条；在福建广播电台播出稿件 669 条，在重点栏目《福建新闻》69 条。与央视、新华社等央媒新媒体平台和今日头条、抖音、微博等国内大型网络平台建立发布和沟通渠道，融媒体作品被新华社客户端、央视频客户端、中国新闻网客户端、人民日报微博客户端、央视频移动网“央视新闻 +”等央媒新媒体平台采用 2011 条（件），其中“央视新闻 +”播出 1197 条、新华社客户端 67 条、“学习强国”学习平台 624 条。“左海之声”继续与“华人头条 App”合作，开设“福州广电”专区，在菲律宾、马来西亚、泰国、新加坡、法国等 15 个国家站点设置首页专区，每日更新内容，发布 400 余条，阅读量超 3500 万次。

表 80　　2022 年福州广播电视台获奖作品一览表

序号	作品标题	奖项	参评项目	等级	颁奖单位	获奖单位
1	亚洲单机容量最大风电机组下线，单机每年可输出 5000 万度清洁电能	2022 年第一季度广播电视新闻作品推优	广播消息		国家广播电视总局	福州广播电视台
2	“硬气”局长潘东升	2021 年第四季度广播电视新闻作品推优	广播新闻专题		国家广播电视总局	福州广播电视台
3	《心心向榕》系列节目	2022 年第二季度网络视听节目季度推优	网络栏目		国家广播电视总局	福州广播电视台
4	引以为“榕”	2022 年第三季度网络视听节目季度推优	网络栏目		国家广播电视总局	福州广播电视台
5	总书记的“闽大校长”情缘	福建新闻奖	广播消息	一等奖	福建省委宣传部 福建省新闻工作者协会	福州广播电视台
6	做党和人民放心的消防卫士——记福州市三坊七巷消防救援站		广播系列报道		福建省委宣传部 福建省新闻工作者协会	福州广播电视台
7	新发现甲午海战原始档案在福州首次亮相 “重修马江昭忠祠墓记”完整史料重现		电视消息		福建省委宣传部 福建省新闻工作者协会	福州广播电视台
8	“托管餐成‘脱管餐’？”系列		电视系列报道		福建省委宣传部 福建省新闻工作者协会	福州广播电视台
9	七溜八溜，不离“虎纠”！总书记为福州打 call		媒体融合作品		福建省委宣传部 福建省新闻工作者协会	福州广播电视台
10	把党的工作做到群众心坎上——林丹获颁“七一勋章”		广播消息	二等奖	福建省委宣传部 福建省新闻工作者协会	福州广播电视台
11	“硬气”局长潘东升		广播专题	二等奖	福建省委宣传部 福建省新闻工作者协会	福州广播电视台
12	内外勾结、假防疫、真“台独”是历史逆流，是绝路		广播评论		福建省委宣传部 福建省新闻工作者协会	福州广播电视台
13	遇见世遗		广播直播		福建省委宣传部 福建省新闻工作者协会	福州广播电视台
14	我的村庄和我		电视专题		福建省委宣传部 福建省新闻工作者协会	福州广播电视台
15	《新闻 110》2021 年 7 月 17 日		电视编排		福建省委宣传部 福建省新闻工作者协会	福州广播电视台
16	“玩转”创意互动“破圈”主题宣传		新闻论文		福建省委宣传部 福建省新闻工作者协会	福州广播电视台

续表 80

序号	作品标题	奖项	参评项目	等级	颁奖单位	获奖单位
17	闽江河口湿地：践行生态文明理念的“闽江模式”（国际传播）	福建新闻奖	广播专题	三等奖	福建省委宣传部 福建省新闻工作者协会	福州广播电视台
18	“红迷馆长”的寻红之路（新闻纪录片）		电视专题		福建省委宣传部 福建省新闻工作者协会	福州广播电视台
19	誓言的回声		电视系列报道		福建省委宣传部 福建省新闻工作者协会	福州广播电视台
20	对党忠诚　奋斗不止 97 岁的他向党告白		媒体融合作品		福建省委宣传部 福建省新闻工作者协会	福州广播电视台
21	都已经放假了，领导突然问清明假期啥安排，怎么回？在线等！		媒体融合作品		福建省委宣传部 福建省新闻工作者协会	福州广播电视台
22	城市电视台新闻专题栏目的融媒体转型方向		新闻论文		福建省委宣传部 福建省新闻工作者协会	福州广播电视台
23	闽剧	2022 年度纪录片扶持	电视纪录片剧本申报	三类	福建省广播电视局	福州广播电视台
24	溜溜福州	第一届全省电视节目创新大赛	文旅	创新赛 12 强	福建省广播电视局	福州广播电视台
25	共建地球生命共同体｜这个在福建发现的昆虫新物种以他的名字命名	2021 年度福建省优秀科普作品评选	科普微视频类	三等奖	福建省科技厅	福州广播电视台
26	铁道风云	福建省广播电视艺术奖	电视剧	一等奖	福建电视艺术家协会	福州广播电视台
27	新晋主播！“福州鱼丸”开播啦！		微视频		福建电视艺术家协会	福州广播电视台
28	我愿守望这片土地——作家林那北的福州地域书写		广播文艺		福建电视艺术家协会	福州广播电视台
29	山也记得，水也记得		广播文艺		福建电视艺术家协会	福州广播电视台
30	做党和人民放心的消防卫士——记福州市三坊七巷消防救援站		广播播音		福建电视艺术家协会	福州广播电视台
31	新闻 110		电视播音		福建电视艺术家协会	福州广播电视台
32	《大美福州》系列宣传片		电视纪录片——长纪录片	二等奖	福建电视艺术家协会	福州广播电视台
33	古厝情缘		电视纪录片——短纪录片		福建电视艺术家协会	福州广播电视台
34	戏韵传国粹 唯有“少年敢当”		电视少儿节目		福建电视艺术家协会	福州广播电视台
35	融媒体时代电视新闻向“短”而“升”的发展策略探析——以福州广播电视台时政融媒体中心为例		广播电视论文——电视		福建电视艺术家协会	福州广播电视台

续表 80

序号	作品标题	奖项	参评项目	等级	颁奖单位	获奖单位
36	“匠心·传承”系列节目	福建省广播电视艺术奖	电视纪录片——长纪录片	三等奖	福建电视艺术家协会	福州广播电视台
37	藏族小伙的核桃梦		电视纪录片——短纪录片		福建电视艺术家协会	福州广播电视台
38	2021 世界福州十邑春晚		电视综艺节目		福建电视艺术家协会	福州广播电视台
39	“永远跟党走——庆祝中国共产党成立 100 周年音乐会”录音剪辑		广播综艺节目		福建电视艺术家协会	福州广播电视台
40	小团圆		广播剧		福建电视艺术家协会	福州广播电视台
41	匠心·传承		电视主持		福建电视艺术家协会	福州广播电视台
42	家·圆｜台青冯念祖的福州新家	“新春走基层”活动评选	媒体融合报道	优秀新闻作品	福建省委宣传部 福建省新闻工作者协会	福州广播电视台
43	坚守火车站春运七载 铁警严发成：其实我也想家		新闻专题	优秀新闻作品	福建省委宣传部 福建省新闻工作者协会	福州广播电视台
44	一位 97 岁老党员的自白：对党忠诚奋斗不止	第三届中国短视频大会	人物记录类	一等奖	中国广播电视社会组织联合会	福州广播电视台
45	今天凌晨，“华龙一号”全球首推并网成功！中国打破国外核电技术垄断！		新闻资讯类	三等	中国广播电视社会组织联合会	福州广播电视台
46	新晋主播！“福州鱼丸”开播啦！		文娱类	三等	中国广播电视社会组织联合会	福州广播电视台
47	行草《向子湮水龙吟》	第五届茉莉花文艺奖	书法	一等奖	福州市人民政府	福州广播电视台
48	古厝情缘		广播影视动漫	二等奖	福州市人民政府	福州广播电视台
49	长篇小说《幸福草》		文学	三等奖	福州市人民政府	福州广播电视台

（钟连珍 谌静玮）

（编辑 姚国榕）

卫生健康

综　述

【卫生健康事业年度工作】 2022年，福州市有各级各类医疗机构2846个（含省属，不含平潭及卫生室，下同），其中医院146所；医疗卫生机构床位4.43万张。全市社区卫生服务中心50个，卫生技术人员2397人；社区卫生服务站143个，卫生技术人员1111人；乡镇卫生院123个，卫生技术人员6080人；乡村医生3212人。年内，建成或基本建成福州市皮肤病防治院医技附属楼项目、孟超肝胆医院（福建省肝病科学研究中心）、滨海新城综合医院二期、福州市疾病预防控制中心新址等项目4个，开展新冠疫情相关基础设施补短板工作，建成福州结核病防治院隔离院区、福州结核病防治院负压楼提升改造、福州海峡奥体亚定点医院、海青营地亚定点医院、海峡奥体中心、福州市体育馆、晋安区体育馆三个城市中心发热门诊等疫情相关基础设施补短板项目，新动工建设福州市皮肤病防治院南院等项目，完成年度投资16.5亿元，为年度计划投资的113%。滨海新城综合医院一期项目获“鲁班奖”。

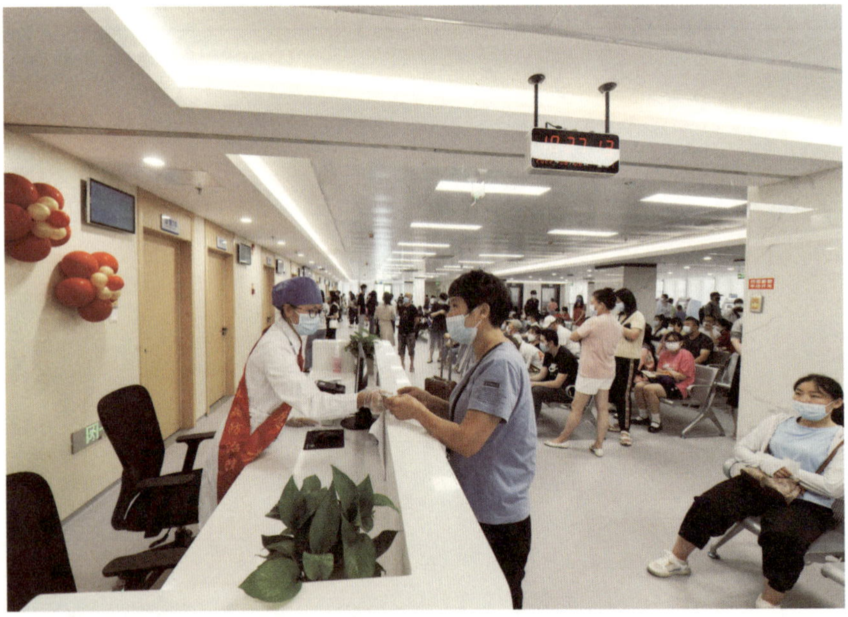

2022年8月8日，福州市皮肤病防治院医技楼启用　　（市卫健委 供图）

【医药卫生集成改革】 2022年，福州市属公立医院管理委员会和福州市卫生健康委员会（简称卫健委）出台《市属公立医院主要领导和总会计师年薪制管理办法》《“十四五”临床专科培强培优培育建设方案》“集成化医改”配套政策，统筹推进法人治理、薪酬制度、学科建设等重点领域改革，福州市第二医院、福州市中医院、孟超肝胆医院等3家医院入选公立医院高质量发展省级示范，入选的市级医院数量居全省首位。降低医保起付线，提高报销比例，其中退休职工在基层医疗机构报销比例提高到97%。跟进国家和省药品耗材集中采购使用。将市、县公立医院领导目标年薪制扩大到书记、院长、总会计师，完善市属公立医院主要领导和政府绩效考核指标考评办法。率先创新公立医院“人才发展资金池”制度，市、县公立医院从医疗累计盈余、职工福利基金等，按每核定床位每年不高于0.5万元提取用于人才招聘、人才培养、人才引进、团队引进、柔性引才、科研启动及配套经费和紧缺急需人才、高层次人才、突出贡献人才奖励补助等9类项目，激活公立医院自有存量资金使用效益，为全市医疗高层次人才引进、人才能力提升、医学科研发展等提供资金支持。

【基层医疗卫生】 2022年，福州市卫健委开展优质服务基层行活动，建成9家社区医院，基层医疗卫生机构服务能力基本标准达标新增34家，累计达标率82.6%，推荐标准达标新增6家，累计达标率15.6%；推进村卫生所业务用房“村村清”，开展75个村卫生所标准化建设，下达市级财政配套资金329.28万元，实现村卫生所业务用房面积达标率100%。完成福州市第二届基层健康教育宣讲大赛，评出优秀组织奖6个、团体奖6个、个人奖48个，完成119个优秀作品录制。推进家庭病床服务提质扩面，全市开展家庭病床服务医疗机构增至115所，其中基层医疗卫生机构108所，家庭病床服务基层医疗卫生机构覆盖率62%；全省首创积分制家庭医生签约服务模式，上线积分制家签医护上门服务平台，印发《福州市家庭医生签约服务绩效考核实施方案（2022版）》，提高签约履约服务质量。创新家庭医生签约积分制工作模式在《福州改革财经情况》第6期作经验交流，在国家卫生健康委办公厅基卫卫生健康工作专刊上发表。推进县域医共体达标建设，8个县域均达国家评判标准。编制《福州市基层卫生微课培训教材（2021年分册）》，开展线上微课培训；实施改革完善全科医生培养和使用激励机制“11个一批”和全面提升村卫生所基本医疗和公共卫生服务能力“14项行动”，分别下达全科医生岗位生活补助和乡村医生津贴市级补助资金314.40万元和184.06万元。全市全科医生队伍建设有关调研材料被国务院办公厅采用并获得国务院领导批示。

【爱国卫生专项活动】 2022年，福州市卫健委印发《迎新春爱国卫生专项活动 助力常态化疫情防控的通知》《关于深入开展爱国卫生运动 做好疫情防控工作的通知》，开展主题为“建设健康家园 共享健康佳节”的迎新春爱国卫生专项活动。利用报纸、电台、电视等传统媒体以及网络、微博、微信等新媒体，引导群众提高自我防范意识，自觉养成佩戴口罩、保持一米线、勤洗手、不喝生水、生熟分开、使用公筷等卫生习惯。每日开展对生活场所、办公场所、公共场所预防性消毒工作。开展护河爱水清洁家园行动，动员干部群众共护绿水青山，共建清洁家园，开展村庄清洁“六清一改”和“三边”整治。开展全国第34个爱国卫生月暨爱国卫生运动70周年庆祝活动，组织开展以“文明健康，绿色环保”为主题的爱国卫生月活动，举办宣传活动33场次，发放各类宣传传单、手册、倡议书10.69万份。爱国卫生月期间，全市动员干部、群众参与卫生整治90370人次，清除积存垃圾8493吨。结合新农村幸福家园、美丽乡村建设，推进卫生村镇创建工作，年内向省爱卫办申报省级卫生乡镇10个、省级卫生村125个、省级卫生社区11个。

【基本公共卫生】 2022年，福州市城乡居民人均基本公共卫生服务补助标准提高到每人每年84元（含重大公共卫生），下达2022年度项目市级补助经费4322.98万元。将国家基本公共卫生服务项目实施成效列入政府绩效考核指标，老年人健康管理率74.66%，高血压患者规范管理率82.15%，2型糖尿病患者规范管理率83.98%。全市基本公共卫生服务项目在省级年度绩效评价中位居第一，信息化绩效评价在全省基层卫生健康会议上作经验交流。

【老龄健康】 2022年，福州市建成老年友善医疗机构197家，建设数量位居全省第一，建设比例86.8%，提前超额完成国家和省级80%目标要求。全市二级以上综合医院建设老年医学科25家，建设比例63%，提前超额完成国家和省级50%的目标要求。在全省率先制定实施市属公立医院《应对人口老龄化绩效考核标准》，将老年友善医疗机构、老年医学科建设、医养结合工作等“应对人口老龄化”工作纳入市属公立医院院长绩效考核指标。成立全省首个市级医学会安宁疗护分会，建设全省首家省级安宁疗护培训基地。全市建设市级安宁疗护试点1家，县级试点23家，设置安宁疗护病床107张，配备专兼职医护人员243人，收治患者800余人，实现安宁疗护服务县（市）区全覆盖。鼓楼区华大街道屏山社区等5个社区获评全国示范性老年友好型社区。在全省率先组织开展“全国智慧助老公益行动”，培训志愿者1165人，传帮带1万多名老年人，帮助老年人提高智能手机操作技能。人力资源和社会保障部、全国老龄工作委员会授予福州市老龄工作委员会办公室（福州市卫生健康委员会）“全国老龄系统先进集体”称号。

【卫生行政管理】 2022年，福州市卫健委办结各类卫生健康政务服务事项6728件，其中行政许可5881件。根据窗口无否决权、服务好差评等制度，全年收到评价5231条，满意率100%。行政许可全流程网办（“一趟不用跑”）事项占比100%，位列全省第一。通过网上申请、快递送达等方式优化全类型政务服务事项平均跑推动次数，所有事项均按照“一趟不用跑”要求对外服务。推进简政放权工作，承接省卫健委下放的4个省级事项，下放两个事项至县级卫健部门。推进政务服务“异地办”“全市通办”，对照“五级十五同”标准，促进事项同标准、无差别办理，其中12个事项被列入福州都市圈第一批“异地代收代办”事项清单，数量位列全市第三。所有卫生健康政务服务事项均实现全市通办。提升“一件事一次办”主题集成服务，年内新增9组“一件事套餐”，累计有“一件事套餐”15组，主要涉及医疗机构、公共场所、新生儿出生等。

【卫生人才队伍建设】 2022年，福州市卫健委起草《福州市加强卫生健康人才队伍建设十项举措》，以市政府办公厅名义印发实施。组织市属卫生健康单位参加“人才政策云宣讲”、“2022医路有你”医疗卫生类专场招聘活动、“教育卫生紧缺人才招贤令”招聘、“好年华聚福州”直播带岗、“不负韶华职为她来”离校未就业女大学生专场招聘会，市属卫生健康单位开展自主招聘工作。年内，市卫健系统入选第二批福建省卫生健康中青年领军人才研修培养项目人选1人，10人获2022年福建省“最美医师”称号。为2名到福州就业的台湾医师申报落实执业资助。全年获卫生系列副高级专业技术职务资格409人。招录67人参加住院医师规范化培训、19人参加助理全科医生培训、16人参加全科转岗培训。完成乡村医生规范培训2781人。招录定向医学大专生69人、本科定向医学生1人。

【卫生健康信息化】 2022年，福州市卫健委印发《市属卫生健康单位信息化项目管理办法（试行）》。推动孟超肝胆医院、市中医院新院区“智慧医院”项目和市疾控中心新址智慧疾控（一期）项目立项建设。建成市重大疫情综合管理系统。推广使用省区域核酸检测信息系统，完成市全民人口健康信息平台初验，初步实现对医改监测、卫生服务资源等数据监测，完成全市34家医疗机构检查检验结果互认。“榕医通”统一便民门户服务覆盖人数近680万人，线上便民服务次数达2182万次，新冠疫情期间有效支撑在线咨询及义诊服务，年内新增“积分制”家庭医生签约服务及家庭病床服务模块。推进市卫生应急指挥平台、基层医疗机构诊疗信息化能力提升项目等项目可研暨初设编制及遴选申报。推进健康医疗大数据试点工程建设，汇交医疗数据至市政务数据汇聚平台，累计入库结构化数据近691亿条，其中年内汇聚数据110亿条。福州市互联网医院集成平台模式获选国家卫健委办公厅“数字健康典型案例”。参办第五届数字中国建设峰会成果展览会、数字健康分论坛、创新大赛·数字医疗赛道，获中央电视台等新闻频道宣传报道。

2022年，福州市在全省首创“积分制”家庭医生签约服务。图为医护人员为市民讲解签约服务相关操作 （市卫健委 供图）

【卫生科技教育】 2022年，福州市卫健委出台《福州市卫生健康系统科技计划项目实施方案》《福州市卫生健康科技专家库管理办法（试行）》。构建福州市卫生健康科技计划项目管理信息系统、卫健委科技专家库，增补省市级专家1000余名，实现科技工作全过程信息化管理。与闽江学院签订科技战略合作协议，共享优势资源；与市科技局、市教育局共商构建科研资金池具体举措，助推多学科融合发展。为市县卫健科研单位协调提供“NSTL福州服务站”资源，推进科技数据共享。福建医科大学孟超肝胆医院获福建省科技进步奖一等奖1项。全年卫生健康单位获科研项目立项206个，其中国家级项目5个、省科技厅科技计划项目77个、省卫健委科技计划项目19个、其他厅局级项目112个，总资助经费1859万元。全年发表SCI论文155篇、卓越期刊重点期刊5篇、CSCD期刊收录论文34篇；获国家授权的专利64项，其中发明专利10项。

（张先玲）

疾病防控

【概况】 2022年，福州市甲、乙类传染病报告发病率248.04/10万，报告死亡率0.43/10万；丙类传染病报告发病率99.02/10万。印发2022年度各类疾病监测方案，开展登革热、霍乱、手足口、狂犬病、鼠疫、军团菌、寄生虫病等重点传染病常规监测工作。实施保持常规免疫规划疫苗高接种率各项措施，维持各类免疫规划疫苗单苗接种率在95%以上，有效控制免疫规划疫苗针对传染病的发生和流行。组织专家联合市总工会开展百场职工温暖工程心理健康服务活动，推动福州市心理援助热线增设2个热线席位。

【疾病防治】 2022年，福州市卫健委开展全市麻疹防控、AFP（甲胎蛋白）监测和AEFI（疑似预防接种异常反应）监测工作，各项指标以市为单位均达到《全国AEFI监测方案》规定目标。建设第四轮全国艾滋病综合防治示范区，艾滋病疫情维持在低流行水平。探索防艾创新模式，《打造"福小艾"新名片编织示范区防艾网》《福州市"1+1+N"带动社会组织推进艾滋病防治工作模式》《搭建"艾益检"智能防艾平台推动男男性行为人群扩大检测》等3项创新防艾工作模式通过国家示范区办公室专家评审，并多次在全国进行推广。完善市、县、乡、村结核病防治网络，规范结核病患者发现和治疗管理。全年结核病患者追踪、治疗管理、耐多药患者筛查指标均达年度目标。推动福清市、连江县、仓山区国家级或省级慢性病综合防控示范区建设，提高慢性病综合管理水平。加强严重精神障碍患者救治管理，患者管理率、面访率、服药率均达年度目标。完成地方病防治三年攻坚行动"回头看"调查，巩固地方病防治成果。完成儿童青少年近视调查、饮用水水质监测、空气污染对人群健康影响监测等其他重大公共卫生疾病防控项目。

【病媒生物防制】 2022年，福州市根据《福州市除四害条例》，开展除"四害"工作。下发《福州市2022年除四害工作方案》，下拨专项经费作为五城区（鼓楼区、台江区、仓山区、晋安区、马尾区）502个社区（村）的除"四害"（老鼠、蟑螂、苍蝇、蚊子）及"四害"密度监测补助经费。年内，全市统一开展外环境消杀12次，其中灭鼠2次、灭蚊蝇6次和下水道灭蚊蟑4次。

（张先玲）

医疗服务

【概 况】 2022年，福州市市级"十四五"培强培优培育项目启动建设。福清市医院、闽清县总医院、闽侯县医院、连江县医院4家医院率先达到国家县级医院医疗服务推荐标准，入选国家"千县工程"，9家县（市）区医院稳步推进卒中、胸痛、呼吸、创伤等四大中心建设。启动"千名医师万人次"下基层活动，对乡镇卫生院、社区卫生服务中心开展帮扶，三级医院开展巡诊服务。全市社区卫生服务中心和乡镇卫生院全部完成中医馆建设。开展福州市卫生应急信息指挥平台建设，组织开展和参加省市新冠疫情防控演练、防汛抗旱演练、反恐怖防范演练、海上联合救援、紧急医学救援应急演练等。

【医疗服务管理】 2022年，福州市启动"千名医师万人次"下基层活动，组织中高级职称医师对173家乡镇卫生院、社区卫生服务中心开展帮扶，三级医院开展巡诊服务。推进闽东北医疗合作，签署跨区域医学专科联盟框架协议、肝病专科联盟合作协议。开展扫黑除恶"六清"（线索清仓、逃犯清零、案件清结、伞网清除、黑财清底、行业清源）行动，全年累计摸排问题线索48条。对合作方和护工进行全面摸底和定期排查，全市有25家医疗机构提供护工服务，20家医疗机构引进合作方提供护工服务。年内，孟超肝胆医院项目入选国家区域医疗中心第三批"辅导类"名单，福州儿童医院儿科、福州市第一医院呼吸内科、福州市第二医院小儿外科等6个西医类项目获评新一批省级重点专科，市级"十四五"培强培优培育项目启动建设，第一批遴选确定孟超肝胆医院医学检验科、福州市中医院急诊医学科等5个临床专科为培优专科，福州市皮肤病防治院整形外科专业、福州第七医院口腔科等5个培育专科，每个专科分别由市财政给予补助200万元。福清市医院、闽清县总医院、闽侯县医院、连江县医院四家医院率先达到国家县级医院医疗服务推荐标准，入选国家"千县工程"，9家县（市）区医院推进卒中、胸痛、呼吸、创伤等四大中心建设。二级以上公立医院出院患者满意度平均分为91.69分，比上年提高0.09分。2021年度国家公立医院绩效考核（西医类）中，福州市第二医院达到全国考核A级水平，福州市第一医院达B++级水平，福清市医院达B+级水平，6家取得B级水平。公立医院按病种收费的病种数量增至533个，C-DRG收付费改革试点的医疗机构增至28家。

【中医药服务】 2022年，福州市新增市中医院肛肠科、妇产科、中药临床药学3个中医类省级临床重点专科、1个全国名老中医药专家传承工作室（黄秋云）。中医药人才队伍新增学术经验指导老师12名和继承人24名；新增基层老中医药专家师承带徒工作指导老师16名和继承人81名。推荐连江县中医院申报为省级"共享中药房"试点单位。遴选确定8家市级首批"精品中医馆"建设单位。全市社区卫生服务中心和乡镇卫生院全部完成中医馆建设。新增壶山林氏中医药文化园、修园堂中医药文化宣传教育基地、福建永同惠中医药非遗文化创意园3个省级中医药文化宣传教育基地。

【医学鉴定】 2022年，福州市医学会全年受理医疗事故技术鉴定案件41例，完成鉴定12例，双方协商解决、中（终）止、法院诉讼等退出鉴定程序19例，程序进行中10例。鉴定为医疗事故3例，不属于医疗事故9例。鉴定案例涉及前三位的学科为骨科、眼科、口腔科。鉴定案例涉及的医疗机构级别为省级4例、市级1例、县级4例、民营3例。全年受理首次职业病鉴定23例，完成鉴定15例，申请者申请退出程序1例，程序进行中7例。全年受理预防接种异常反应鉴定2例，完成鉴定

2022年6月22日，福州市“千名医师万人次下基层”暨医疗服务巡诊活动在连江启动

（市卫健委 供图）

“双随机”联合抽查工作。出台《福州市卫生健康委员会包容审慎监管执法四张清单》，其中不予处罚事项清单46条，从轻处罚事项清单2条。全年出动卫生监督员9533人次，检查各类医疗卫生机构2317家次、集中医学观察点431家次，公共场所单位1256家次、各类中小学校等198家次以及消毒产品生产企业154家次；查办案件370件，罚没金额311.33万元，全市卫生监督覆盖率和案件查办数，分别位居全省第一和第二。开展食品安全风险监测，完成666份食品样品的采集和685份样品的检验任务，完成9283例食源性疾病病例监测，完成消毒餐饮具抽检任务408份。强化食品标准备案管理，完成544份企业标准备案，监测811份企业标准，审查614份企业标准。

1家，二级医院33家，一级医院28家，未定级医院28家，护理院3家，健康体检中心5家，病理诊断中心2家，医学影像诊断中心2家，康复医疗中心10家，医学检验实验室16家，血液透析中心10家，门诊部543家，其余均为诊所、医务室、护理站等。鼓励外籍、中国台港澳地区医师到榕执业，在榕短期执业的外国医师有5人，中国台港澳地区医师有4人。

【卫生应急处置】 2022年，福州市组建5类10支卫生应急队伍，常年投入运转维护费用300万元，为队伍更新和采购卫生应急装备。开展福州市卫生应急信息指挥平台建设，实现卫生应急相关事件的快速响应、扁平指挥调度及高效联动处置。加强卫生应急储备能力建设和部门间、军地间、区域间卫生应急协作，联合开展核辐射应急能力建设培训。组织开展和参加省市新冠疫情防控演练、防汛抗旱演练、反恐怖防范演练、海上联合救援、紧急医学救援应急演练等48场次，参演和培训专业人员1700余人次。处置突发公共卫生事件24起，阻止传染病的续发传播。参与红庙岭燃爆事件、闽侯旗山迷你马拉松事件、新东线县道车祸、永泰城峰镇交通事故等突发事件的伤员救治工作，第一时间调派医护人员开展现场救援及后期诊治，送医患者中未出现死亡病例。

【医疗卫生保障】 2022年，福州市卫健委根据新冠疫情防控常态化下办会要求，完善各类应急处置流程和后备卫生应急力量部署。全年保障第五届数字中国建设峰会、第七届世界闽商大会、省市两会、高考、中考、公务员录用考试、首届世界龙舟联赛等重大会议活动、考试、体育赛事等116场，累计派出疾控专家及医护人员2772人次，救护车372辆次。

（张先玲）

卫生监督

【概况】 2022年，福州市全面开展医疗机构依法执业、实验室生物安全、消毒产品、公共场所和学校卫生安全等专项监督检查及打击非法行医专项行动，配合市场监管、医保部门开展旅馆业，美容行业、医保定点机构等跨部门

【卫生健康审计监督】 2022年，福州市卫生系统13家单位成立独立内审科室，专（兼）职内审人员32人。全系统累计完成内部审计项目160项，审计金额116.35亿元，节约规范资金9427.76万元，提出审计问题及建议828条。针对预算管理内部审计下发整改通知14份。全年组织5场系统内审人员线上业务培训会和126次微信微课堂学习，开展“以审代培”业务培训5次10人。

【医疗质量监管】 2022年，福州市卫健委组织全市所有公立医疗机构落实第一批至第六批并跟进第七批国家组织药品集中采购和福建省药品集中带量采购中选结果，根据福建省医用耗材（人工关节类、留置针类、超声刀类、镇痛泵类）集中带量采购中选产品，完成与中选生产企业及其确定的配送企业签订带量购销合同。召开质控中心年度考评现场会，开展年度质控检查，指导医院改进提升医疗质量管理水平。开展民营医院实地巡查，引导民营医院规范执业行为、提升医疗服务质量。规范医疗机构临床用血，配合开展无偿献血者临床用血费用减

免工作的组织实施和监督管理工作。

【职业安全健康监管】 2022年，福州市建档存在职业病危害的企业1059家，在册职工20.09万人，接触职业病危害因素的总人数6.3万人。出台《福州市深入开展职业病危害专项治理工作方案》《福州市职业病防治工作局际联席会议工作规则及办公室工作制度》。开展主题为“一切为了劳动者健康”的《中华人民共和国职业病防治法》宣传周系列活动。举办福州市首届职业健康技能竞赛，11支代表队、66名选手参加比赛，选送优秀选手参加福建省职业健康技能竞赛决赛，获团体第二、2项个人第一、2项个人第二、1项个人第三。启动“健康企业”创建工作，创建健康企业9家、职业健康达人15人。推进职业卫生服务机构能力建设，完成福州市第二医院职业病诊断机构备案及市疾控中心职业病危害因素监测能力提升。开展职业健康专项监督执法工作，检查用人单位426家，下发通报7期，责令限期整改101家、立案2件、警告7家，处罚金额35万元。

（张先玲）

妇幼保健

【概况】 2022年，福州市卫健委全面开展妇幼保健机构绩效考核，继续开展妇幼保健机构能力提升建设项目，推进人类辅助生殖技术机构建设。落实出生缺陷三级防治措施，开展妇幼健康公共卫生服务项目。建设28家普惠性托育机构，实现普惠性托育机构县（市）区全覆盖。制定出台《福州市新设立托育机构卫生评价标准（试行）》。

【妇幼健康服务】 2022年，福州市妇幼保健院作为市级首家获批夫精人工授精技术试运行机构。实施母婴安全行动提升计划和健康儿童行动提升计划，年内全市孕产妇死亡率6.15/10万。开展福州市出生缺陷防治项目，落实出生缺陷三级防治措施，为1.4万名符合条件的孕妇无创产前DNA检测进行减免补助。新建产前筛查机构1家。开展各项妇幼健康公共卫生服务项目，全年惠及妇女儿童约20万人次。实施13岁至14岁半适龄女孩HPV疫苗免费接种为民办实事项目，全年完成接种4.35万剂次。试点开展“出生一件事”多证联办。

【普惠托育】 2022年，福州市建设28家省委、省政府为民办实事项目的普惠性托育机构，建成普惠性托位2000个，实现普惠性托育机构县（市）区全覆盖。市卫健委牵头市发改委、市公安局等17个部门联合制定《福州市婴幼儿照护服务工作联席会议制度》，推动部门配合。组织举办2022年托育机构人员卫生保健知识培训班。

（张先玲）

卫生健康宣传

【概况】 2022年，福州市卫健委结合重要节点和卫生健康节日纪念日，与《福州日报》《福州晚报》等媒体联合推出专题/专版报道。在《福州日报》设置卫生健康专栏，在“福州卫生健康”微信公众号推出“疫线见闻”“医改在您身边”“大美福州 幸福之城”“防疫科普小贴士”“稳稳的医靠”“健康生活 你我同行”“3820战略工程实施30周年”等话题专辑。推行典型工作法，多角度、全方位挖掘报道一线医务人员先进典型和感人事迹。

【健康素养教育】 2022年，福州市卫健委开展健康知识普及行动，完成2021年福州市居民健康素养监测工作。福州市2021年居民健康素养水平为24.8%，比2020年福建省居民健康素养水平增长1.05%。制订并印发《2022年福州市居民健康素养监测工作方案》。永泰县通过第七批全国健康促进医院建设终期考核。全市建成全国健康促进县区2个、全国健康促进医院13家、规范化戒烟门诊2家。上线“福小康”IP形象，推出5期健康科普条漫作品。调整组建福州市卫生健康科普专家库（首批80人）。

【“中国医师节”主题宣传活动】 2022年，福州市卫健委开展第五个“中国医师节”主题宣传活动，推出纪事影集、MG动画、主题视频海报、专题报道等系列特别策划。发挥福州卫生健康新媒体矩阵作用，全市卫健系统结合工作实际，通过网站、微信、抖音、视频号等新媒体宣传媒介，推进健康科普宣传。

（张先玲）

综　述

【体育事业年度工作】　2022年，福州市根据《福州市全民健身实施计划（2021—2025）》（简称《实施计划》），统筹疫情防控和全民健身工作，建设省、市为民办实事体育设施项目，落实“九个一批”公共体育设施补短板计划。全市有市级体育类社会组织128个，居全省首位。社会体育指导员18135人，每万人公益社会体育指导员数21.5个。每周至少参加1次体育锻炼的人数达60%以上，经常参加体育锻炼人数占常住总人口数的52%以上。年内，举办首届世界龙舟联赛，印发《福州市进一步推动龙舟运动发展实施方案的通知》，生成龙舟巡回赛等水上特色赛事活动。

【体育社会组织建设】　2022年，福州市开展体育社会组织年检及评估工作，联合民政部门完成84家体育社会组织年报初审，覆盖80%社会组织，评定26家星级组织，其中AAAAA级2家，AAAA级8家，AAA级16家。有省级赛事活动2项、市级赛事活动5项获奖补资金，发放扶持资金63万元。新组建数字体育、基础项目市级体育协会（俱乐部）7家，4家协会完成换届，成立体育组织党支部74家，覆盖76家体育组织，在有党员的体育组织中覆盖率达91%。推动社会组织参与社区体育治理，有16家协会（俱乐部）与40余家中小学、幼儿园开展长期合作，提供公益性教学活动，其中福州市老体协组织200人参加福建省十一届老健会、全省第七届智力运动会、全省老年人地掷球交流等赛事活动。

【对台体育交流】　2022年，福州市在“吴清源杯”世界女子围棋大赛、福州市传统龙舟邀请赛等大型赛事中邀请台湾组队参赛，安排海青节棒垒球体育项目联赛、两马篮球联赛等群众性闽台交流项目。6月1—3日，举办首届世界龙舟联赛，福州台胞协会1支约20人的队伍参加公开组比赛。举办第二届海峡两岸名校电竞营交流赛，大赛设福州、台北两大赛场，邀请海峡两岸13所高校24支队伍参赛，其中台湾“清华大学”、台湾大学、台湾科技大学、台湾交通大学等台湾高校组队参加，赛事累计逾百万人次在线观看。举办第七届海峡两岸青年英式橄榄球交流赛，邀请在福州生活的台湾青年组成两支触式橄榄球队伍参赛。

【后备人才基地建设】　2022年，福州市12所县（市）区少体校有“二集中”（集中食宿、集中训练）、“一集中”（集中训练）学生2685人，有台江、仓山、晋安、马尾、长乐、福清、闽侯、连江、闽清、永泰10所少体校实现“三集中”（集中学习、集中食宿、集中训练）管理。全市市级训练单位各项目招录新生600余人，各县（市）区向市级输送367名运动员，比上年增长132%，福清、长乐两个区（市）分别向市级输送运动员100名、61名。市体育局出台《福州市深化体教融合促进青少年健康发展的实施意见》，会同教育局全面推进学校体育“小、中、高一条龙”人才培养体系建设。推广足球、手球、棒垒球、排球等市队县办、社会力量办等模式，各县（市）区扩大驻点办学与集中训练相结合、联办项目与体校专训相结合业训体系，19个体教深度融合项目推动“一校一队”建设。强化后备人才基地及体育特色传统校建设，落实新周期考察评选，组织验收205个单项体育后备人才基地及传统校，其中命名39个市单项体育后备人才基地、166所中小学体育传统特色项目学校。

【青少年体育人口培育】　2022年，福州市推动体育项目普及进校园，运用挂点、公益培训、冬夏令营等形式，开展体育项目普及，有50家体育协会（俱乐部）以共建特色校、公益沙龙、基础训练课堂、专项指导等形式参与青少年体育运动普及提升工作。新奕航围棋俱乐部在市区及八县地区部分幼儿园开展少儿围棋普及活动，针对幼儿进行全员免费培训推广；榕华网球俱乐部举办公益网球沙龙、公益网球课堂、青少年网球兴趣课堂；八闽龙足球俱乐部创建适合青少年校园足球基础训练课程，与全市8所中小学签订合作协议，开展足球专项指导；星达网球俱乐部执行网球一区一特色校、多校普及计划。竞技体育项目进校园数量达30项，有效扩增青少年体育人口。策划“圆梦冬奥 同享未来”小学生冰雪嘉年华、职工冰壶锦标赛、社区冰雪游园嘉年华等活动。

【体育赛事安全监管】 2022年，福州市结合安全生产大检查、安全生产月活动，全面开展安全隐患阶段排查整治，健全安全台账，实施专项督导检查活动7次，排除风险隐患19项，整改率100%。防范化解体育行业重大风险，先后制发6份加强赛事安全监督通知，坚持“谁决策谁负责、谁主管谁负责”原则，将攀岩、潜水、游泳、龙舟、越野等危险系数较高的赛事活动纳入重点监管范畴，摸排赛事活动60余场次，公布合规游泳场所目录220家，建立重点监管项目赛事活动清单，围绕风险评估和“四案齐备”要求开展随机督导57批次，提升突发处置能力水平。调整发布《福州市体育局权责清单》，明确“互联网+监管”事项7个，年度审批二级运动员447人，初审一级运动员111人。

（卢余清）

群众体育

【概况】 2022年，福州市发布《2022年全民健身实施方案》，推进体育公园、步道、健身房等综合性场地建设，提升智能健身设施比例。构建数字体育总体工作架构，上线“e福州—榕e动”智慧体育公共服务平台。丰富提高越野、登山、健步行、龙舟等九大品牌赛事牵引性，提升全民健身运动会、运动健身进万家、足篮乒联赛等五大联赛覆盖面。举办健身气功、持杖健走、太极拳剑等培训交流、公益课活动，带动社会指导员进社区、进家庭。

【全民健身设施】 2022年，福州市发布《2022年全民健身实施方案》，新改建八大类475个全民健身基础设施项目，总投资1.2亿元，其中省市级补助资金2300万元。新建长乐区、长乐滨海新城、高新区等4处智慧体育公园，新建和提升改造游泳池14个、篮球场44个，新建市级农民全民健身活动中心2个、室内健身房5个、智能健身驿站19个、室外智慧健身房2个、步道1条。推进全域公园城市建设，在五一广场、于山公园、花海公园中融入体育元素，嵌入20项健身设施项目，投放智能健身驿站、训练器等各类健身器材50多件。开展公共场所全民健身器材摸排和整治工作，对使用寿命到期和损毁的全民健身路径器材进行更新维护，全市更新更换健身路径390条。运用市场机制盘整“金边银角”和城市存量低效地，布设54项99个项目嵌套城市绿环绿廊，确定首批260所开放管理学校名单。上线“e福州—榕e动”智慧体育公共服务平台，入驻企业约200家，点击率逾20万次。全市30个单位获评福建省老年人健身康乐家园，118个单位获评福州市老年人健身康乐家园。

【全民健身活动】 2022年，福州市以“全年联赛+单项品牌+假日活动”群体赛事活动模式，安排30项400场次重点群众赛事活动，打造“万里福道百万人健步行”“十大名山旅游徒步走”“水上嘉年华龙舟巡回赛”“圆梦冬奥 同享未来大众冰雪季”等系列主题赛事活动。各县（市）区以大青云、五虎山、东桥九野小镇等文旅资源为依托，举办永泰大青云徒步旅游节、闽侯五虎山越野赛、闽清徒步旅游、农耕大赛等“体育+”融合赛事活动。体育类社会组织正常开展业务活动比例84%，按照“月月有赛事”要求，全年开展各类赛事活动80项次，全市各类群体性赛事活动参与达百万人次。

【科学健身指导】 2022年，福州市有等级社会体育指导员分别为国家级134名、一级631名、二级4713名、三级12664名。市县两级举办7期全市骨干社会体育指导员培训班，推荐参加上级培训交流16场次，培训1200人，市级各类体育类社会组织举办健身气功、持杖健走、太极拳剑等培训交流、公益课活动32场次，带动社会指导员进社区、进家庭。结合“全民健身日”等节日，借助赛事活动平台开展全民健身志愿服务活动，植入体育运动健身指导场景，提供科学健身指导等8批次。

（卢余清）

竞技体育

【概况】 2022年，福州市体育局与市教育局联合出台《福州市深化体教融合促进青少年健康发展的实施意见》，在校学生体质监测合格率达92%以上。市级训练单位举办竞技项目25个，其中水上、男排、手球、足球等项目为市队县（区）办、市校联办项目。县（市）区训练网络体系完备，有6个县（市）区举办项目逾10个，鼓楼区少体校自办田径等项目16个，为全市最多；仓山区少体校自办联办游泳等项目14个，晋安区少体校自办联办射箭射击等项目12个，马尾区少体校自办联办举重等项目10个，长乐区少体校自办联办柔道等项目12个。全市在训运动员1.2万人，其中各县（市）区少体校学生2685名，学生300人以上的有鼓楼区、台江区，各县（市）区拥有竞技类场馆数量47个。年内，福州市组织队伍参加福建省第十七届运动会全部赛项，获第十七届省运会金牌总数、奖牌总数、团体总分“3个第一”。

【福州组队参赛福建省第十七届运动会】 2022年，福州市实施“金牌战略”，按照“一项一队一策”要求进行项目研判，创造条件为14个项目近300名运动员安排八地寄外训，邀请三地单项队到榕以赛代练。以“竞赛”为中心，组建“领导小组+若干督导组”，督导训练计划执行，年度体彩公益金安排35%以上经费全方位保障备战。组织2000余名运动员参赛第十七届省运会，福州代表团青少年部获240枚金牌，616.5枚奖牌，7556分总分，打破1项福建省最高纪录、2项省少年纪录，获金牌、奖牌、总分“3个第一”，获体育道德风尚奖。其中，“三大球”项目获32枚金牌，占“三大球”总金牌数的40%，比上一届增加14枚金牌，女篮项目、男排甲组、女排乙组均以全胜战绩夺冠，女篮项目实现金牌全包揽；体操、田径、游泳、射箭、跳水等5个项目8名队员成为“四冠王”“三冠王”，运动员吴玥打破女乙100米仰泳福建省最高纪录；游泳项目获21枚金牌，首次实现金牌总数第一；拳击项目获枚5枚金牌、18枚奖牌，为历史最好成绩。配套赛俱乐部组、群众组、第十一届老键会，福州市全项目参赛，获104个第一，总体位居全省第一。

【竞技训练管理】 2022年，福州市制订《推动竞技体育高质量发展实施方案》及引进优秀竞技体育人才办法、社会力量兴办竞技体育等5项配套政策。完善体制机制、项目布局、训练备战、竞赛体系、职业体育等五大体系，“三大球”项目、基础大项发展和弱势项目形成突破。建立教练员挂钩县（市）区、体育传统校联系制度，结合年度中小学生联赛开展，组织教练员深入比赛现场开展优苗遴选，各项目选材入队200余人，向上级输送58人。实施精英教练培养提升工程，筹备建立排球孙洋等若干金牌教练员工作室，通过寄训集训等模式，组织市县体校教练员、管理人员等参与实训提升。

【竞赛体制改革】 2022年，福州市体育教育部门对12项中小学生联赛“一体设计、一体推进”，年龄分组与省、市综合性运动会接轨，比赛项目时间及项目设施逐步固定化，首次尝试与市级国有企业合作举办赛事，提高市场运作缩减政府投入。全年举办网球、游泳、田径等10个项目12场中小学生联赛，参赛运动员4000人，参赛人数比上年增长10%以上。各县（市）区完善县区级综合性运动会赛制，完善校级赛、少儿赛等纵向比赛层次，推选16个本土“一县一品”赛事参与省、市、县三级品牌赛事创建，将各级开展体育活动情况纳入教育质量评估重要指标。年内，17人参加全国帆板锦标赛等全国以上比赛，获12枚金牌、5枚银牌、4枚铜牌。

【反兴奋剂工作】 2022年，福州市组织各训练单位主要领导签署反兴奋剂工作责任书，明确各层级反兴奋剂工作职责。落实反兴奋剂教育准入工作，举办反兴奋剂知识培训班及专题讲座21场次，组织全体运动员、教练员和辅助人员完成线上学习并考试，确保全员合格。加大反兴奋剂风险点排查力度，重点排查联办队伍，突出“三品”即食品、药品、营养品管理，落实定期抽检制度，确保不出现兴奋剂问题。在福建省第十七届运动会上，福州市获体育道德风尚奖。

（卢余清）

体育产业

【概况】 2022年，福州市开展首批国家体育消费城市试点工作。全市体育产业总产出600亿元，比上年增长11.9%；实现增加值231.17亿元，增长12.6%，增速提高12.0个百分点。体育产业增加值占全市地区生产总值比重2.0%，与上年基本持平，全市体育产业从业人员人均创造增加值16.35万元，比上年增长20%。拥有体育产业主营单位6217家，比上年减少732家，下降10.5%；体育产业拥有从业人数14.31万人，增长2.5%；拥有体育产业法人及产业活动单位3492家，下降15.2%。全市居民体育消费总规模186.30亿元，比上年增加44.38亿元；人均体育消费为2247元，增加535元，增长31.3%，占全市居民人均生活消费支出比重7.3%。

【国家体育消费城市试点】 2022年，福州市策划“有福运 动起来”体育消费季，通过线下创新体育健身新方式、发布体育消费新场景、推荐精品体育旅游路线，线上联动抖音短视频等互联网平台，邀请达人打卡探店，举办互动话题挑战赛，强化体育精品线路、互动话题挑战赛等体育产品服务量身定制、精准配送，培育定制、时尚消费等新模式，拉动节假日和夜间体育消费，“有福运 动起来”抖音话题观看逾1824万人次，收到各类参与视频180余条。多样植入体育消费场景，利用新年登高、万人健步行、世界龙舟联赛等大型赛事，配套开设体育消费体验区，策划消费季、体旅休闲节等6场次活动，拓展沉浸式、互动式体育消费新场景，参与10万余人。保障消费多元供给，以点带面打造天翔悦动城、万科里、融邦文体等主题消费综合体，全市人均体育消费2247元，接近成都市水平。体彩销售额20.4亿元。

【体育产业示范基地建设】 2022年，福州市完成2021年度居民体育消费调查、全市体育事业统计、全市体育场地统计调查、2021—2022年体育产业发展情况调查及名录库建立等工作。引导福州市文体产业开发运营有限公司创建国家级体育产业示范单位，全市有示范基地（单位）国家级5个、省级22个，中国体旅精品项目2个、省级体育旅游休闲基地8个、国家体育总局体科所联合实验室1个、“全国体育服务综合体典型案例”2个。年内，对10个项目发放市级体育产业扶持资金300万元。

【体育招商引资】 2022年，福州市以“一核三区”布局指引，先后邀请中体、中奥等国内知名体育企业到榕考察，洽谈马拉松、电子竞技、冰雪等产业发展，4月在全省率先成立电子竞技产业发展研究会，启动电子竞技规划编制。发挥综合园区聚集效应，摸排招商线索近20条，组织16家企业参展高端贸易交流会，落地2个招商项目，引资5.52亿元。依托海峡奥体、体育公园、运动小镇等载体，支持以体育服务为核心内容聚集区发展，服务东桥国际山地运动小镇、超体健康等15家单位（项目）申报省级以上体育产业、体育旅游示范单位（项目）。推动初步生成“江南CBD体育综合体”项目，用地规模1.39公顷，总建筑面积4.19万平方米，投资3亿元。全市体育服务业规模以上企业21家，体育规模以上企业第三产业营业额比上年增长 34.6%。

【体育产业融合发展】 2022 年，福州市依托海峡奥体、体育公园、运动小镇等场馆、户外设施、商业空间等载体，支持以体育服务为核心内容，整合体育、健康、文旅、娱乐、商业等功能，打造多业态、高效益的体育服务聚集区。服务东桥国际山地运动小镇、超体健康、永泰三连制衣、胜德塑胶体育制品及户外体育安全装备项目等企业申报体育产业示范单位（项目）。重点培育步道经济圈，布局体育休闲项目及产品供给，优化五虎山、福道、飞凤山等重要徒步带运动标识系统建设，打造永泰、闽侯、闽清等 3 条户外山海运动休闲带，推荐东桥国际山地运动休闲线等 6 个项目申报中国体育旅游示范基地（精品项目）。

（卢余清）

大型赛事活动

【概况】 2022 年，福州市举办大型赛事活动 6 项，包括首届世界龙舟联赛、首届数字体育分论坛、第五届“吴清源杯”世界女子围棋赛暨世界人工智能围棋大赛、2022 年全国新年登高健身大会、2022 年福州市“百万人”健步行启动仪式暨“红红火火过大年”第十七届万人健步行活动、福州市五虎山越野赛等大型赛事活动。新引入“电竞福州”大会、“WCBA”女子篮球职业联赛两项 IP 赛事。全年 6 场大型赛事活动得到 23 家海内外主流媒体推送，80 余家各级平面、电视、新媒体派出记者 170 余人参与报道，百度热词搜索结果逾 1660 万个。

【首届世界龙舟联赛】 2022 年首届世界龙舟联赛（福州站）6 月 1—3 日在福州海峡国际会展中心浦下河龙舟池举行。赛事设置专业组、奥运龙组、公开组、高校组，嵌入举办“福州市传统龙舟赛”。比赛项目为 200 米、500 米直道竞速，采取预赛、决赛的方式进行，其中 1—2 日进行预赛、3 日上午决赛。

2022 年 6 月 1—3 日，首届世界龙舟联赛（福州站）在福州海峡国际会展中心浦下河龙舟池举行。图为龙舟比赛现场　　（福州广播电视台 供图）

来自巴拿马、俄罗斯、巴基斯坦、哈萨克斯坦等国家（地区）的 1200 余人组成 63 支队伍参赛。中央电视台体育频道 6 月 3 日 9:00—10:30 直播赛况，央视移动网等 20 个网络平台同步直播，央视《新闻 30 分》关注赛事；赛事直播通达全球，亚非中心发布宣传片并对外报道，覆盖“丝绸之路”沿线国家，并通过脸书向世界发布，伊朗拥有 238 万名“粉丝”的新鲜资讯网站社交媒体平台转发，全网在线观看逾 1200 万人次，有 500 万人次参与互动，

【第五届“吴清源杯”世界女子围棋赛暨 2022 世界人工智能围棋大赛】 赛事由中国围棋协会、福州市人民政府主办，福州市体育局、鼓楼区人民政府、长乐区人民政府、福州市围棋协会承办，日本棋院、韩国棋院、欧洲围棋联盟、美国围棋协会及中国台湾棋院、福建省围棋协会协办，采用线上线下相结合方式举行，分本赛和决赛两阶段进行。本赛阶段于 7 月 29 日至 8 月 1 日在福州长乐滨海新城举行，决赛阶段于 9 月 25—29 日在鼓楼区福州吴清源会馆举行，来自 6 个国家及地区的 24 名女子棋手参赛，在决赛三番棋中，韩国选手吴侑珍九段以 2 ：0 的成绩获得冠军，中国选手王晨星五段获得亚军。同时举办的 2022 世界人工智能围棋大赛，围棋名家搭档人工智能团队进行联棋赛，从 8 支组合中决出 2 支队伍进入决赛，最终，孙腾宇 /Katago 组合以 2 ：0 的成绩获得冠军，曹大元 / 大胖围棋组合获得亚军。组委会相继举办新闻发布会、开闭幕式、2022 中国作家围棋邀请赛、围棋名人见面会暨指导棋活动、围棋名人进文化馆（图书馆）的讲棋活动、围棋名人进校园（含中学和大学）指导棋活动、围棋名人和作家走访福道和三坊七巷活动、围棋名人和作家座谈会、赛事闭幕式等活动，其中第五届福州市业余围棋联赛规模增至 18 支队伍近 200 人参加，创造历届之最；聂卫平、常昊、华学明、俞斌、曹大元、罗洗河、张璇、王元等 10 人参加围棋名人见面会暨指导棋活动，对 50 多名围棋爱好者进行指导；聂卫平、王磊、罗洗河、曹大元、孙腾宇、樊麾、胡傲华、杭小童、高若环等 9 人到长乐华侨中学参加围棋名人进校园指导棋活动；新增举办“2022 中国作家围棋邀请赛”，融合围棋与文学，来自全国各地 8 名作家与 8 名围棋名家，采用作家和围棋名人搭档联棋的模式比赛，参加采风活动，走访芙蓉园、叶向高故居、严复故居等地。

【数字体育分论坛】 2022 年 7 月 24 日第五届数字中国建设峰会期间在福州（长乐）数字中国会展中心举行。论坛由国家体育总局主办，福建省体育局和福州市人民政府承办，福州市体育局和长乐区人民政府协办。论坛主题为“数字＋冬奥”照见体育未来，国家体育总局副局长李颖川和福建省副省长郑建闽出席论坛并致辞，来自国家体育总局各司局、直属单位、全国性体育社会组织，各省、市、区体育局，有关高等院校、科研院所、企业等300名代表参加会议，与会代表围绕体育“十四五”规划的重点工作，研讨数字体育发展新格局。《中国体育报》对分论坛进行整版报道，人民网、新华社、《中国日报》、《中国财经报》等中央、省、市主流媒体报道83.4万篇。

【2022年全国新年登高健身大会福州分会场活动】 2022年1月1日，“全民健身与冬奥同行”全国新年登高健身大会福州分会场活动在福州鼓山风景区举办。活动由福建省体育局指导，福州市体育局主办，福州广播电视台、晋安区人民政府、福建省登山协会、福州市鼓岭旅游度假区管委会共同承办，活动从鼓山登山道开始至活动终点鼓山山顶，全长3.3千米。登山活动在现场设置中国体育彩票互动区，包含游戏体验、即开票销售、体彩公益、公信展示等内容，活动获中央电视台1套《新闻联播》播报。

【2022年福州市“百万人”健步行活动】 以“迎冬奥，贺新年”为主旨的2022年福州市“百万人”健步行启动仪式暨“红红火火过大年”第十七届万人健步行活动1月15日在飞凤山奥体公园举行，现场参与人数2000余人，活动配备消费生活体验区、冬奥打卡、爱心义卖会等互动环节。活动贯穿全年，由全市各基层单位利用身边生态公园、健身步道、串珠公园等场地开展健步行活动，全年参加活动总人数逾100万人。

【2022年全民健身日系列活动】 2022年“全民健身日”主题示范活动——福建省健走达人万里福道健步行活动，于2022年8月8日在福州金牛山体育公园举行。活动由国家体育总局群体司、福建省体育局、福建省政协教科卫体委、福州市政府主办，有500余名健步走运动爱好者参与，健步行自福道5号口起，全程1.2千米。活动由福建省副省长李德金、福建省政协副主席薛卫民和国家体育总局群体司副司长邱汝等，颁授首批“福建省健步走运动达人”称号，现场组织国民体质监测并出具运动处方，指导员科学健身指导。全市116个全民健身场馆（场地）设施在8日免费开放，各县（市）区开展13场次全民健身系列活动。

表81　**2022年福州市运动员参加全国及世界级比赛获第一名一览表**

类别	项目	姓名	比赛名称	比赛小项	名次
国际	举重	李雯雯	2022年世界举重锦标赛	女子87公斤以上级总成绩	1
国际	举重	李雯雯	2022年世界举重锦标赛	女子87公斤以上级抓举	1
国际	举重	李雯雯	2022年世界举重锦标赛	女子87公斤以上级挺举	1
国际	举重	李发彬	2022年世界举重锦标赛	男子61公斤级总成绩	1
国际	举重	李发彬	2022年世界举重锦标赛	男子61公斤级抓举	1
国际	举重	李发彬	2022年世界举重锦标赛	男子61公斤级挺举	1（破纪录）
国际	羽毛球	翁泓阳	印度尼西亚羽毛球挑战赛	男子单打	1
国内	射箭	苏晓妍	2022年全国射箭U16、U18锦标赛	U18混合淘汰	1
国内	射箭	陈琳	2022年全国射箭U16、U18锦标赛	第一60米	1
国内	射箭	陈琳	2022年全国射箭U16、U18锦标赛	第二60米	1
国内	射箭	陈琳	2022年全国射箭U16、U18锦标赛	50米	1
国内	射箭	陈琳	2022年全国射箭U16、U18锦标赛	30米	1
国内	射箭	陈琳	2022年全国射箭U16、U18锦标赛	个人全能	1
国内	射箭	陈琳	2022年全国射箭U16、U18锦标赛	个人淘汰	1
国内	射箭	陈琳	2022年全国射箭U16、U18锦标赛	混合淘汰	1
国内	游泳	李芸昕	2022年全国少年儿童跳水锦标赛	女子儿童甲组双人跳台	1
国内	游泳	游志铃	2022年全国少年儿童跳水锦标赛	女子少年组双人跳台	1
国内	游泳	邱欣紫	2023年全国少年儿童跳水锦标赛	女子少年组双人跳台	1

说明：世锦赛2人获2枚金牌、国际比赛1人获1枚金牌、国内比赛5人获10枚金牌

（卢余清）

（编辑　姚国榕）

社会生活

人口与家庭

【概况】 2022年，福州市常住人口806.6万人（不含平潭，下同），常住人口出生率6.5‰，常住人口死亡率6.1‰，常住人口城镇化率73.95%。总户数217.69万户，户籍人口数683.51万人，人口出生率7.38‰，人口机械增长率4.23‰。

【人口发展】 2022年，福州市卫生健康委员会（简称福州市卫健委）根据市委、市政府领导关于推动“三孩”生育政策加快出台的批示部署，牵头制定支持“三孩”生育政策措施，清理计划生育规范性文件，取消社会抚养费征收，清理和废止相关处罚规定。将入户、入学、入职等与个人生育情况全面脱钩，取消计划生育协审。参与起草并推动市政府相继出台《榕聚千万人口专项行动方案》《福州市“一老一小”整体解决方案》等，应对人口老龄化，增加优质养老托育供给，促进人口集聚。

【优生优育服务】 2022年，福州市下拨计划生育市级配套资金5224.54万元。落实生育登记制度，开展生育咨询指导。全面推广婚育综合一站式服务模式，推进免费婚前医学检查工作，加强产前筛查诊断技术和新生儿遗传性耳聋基因筛查技术管理。实施免费增补叶酸、孕前优生健康检查、地中海贫血防控、产前筛查诊断、新生儿疾病筛查和先天性心脏病筛查等妇幼健康公共卫生服务项目。

【家庭文明建设】 2022年，中共福州市委文明办深化家庭文明建设，组织家庭文明建设工作推进会。举办“美好家风我传承”等家庭家教家风主题活动，推出3期专刊、12篇专题推文，并在“新福建”App推出专题栏目，对视频、照片、征文、书法等近1500个作品进行展示。联合市妇联开展“五好家庭”“最美家庭”推荐评选工作，全市4户家庭入选全国“五好家庭”、4户家庭入选全国“最美家庭”、22户家庭入选福建省“最美家庭”、11户家庭入选福建省“五好家庭”、22户家庭入选福建省“绿色家庭”。

（陈　孜　张先玲　林永舒）

劳动就业

【概况】 2022年，福州市城镇新增就业14.45万人，完成全市任务指标的111.19%；失业人员再就业4.28万人，完成全市任务指标的356.47%；就业困难人员再就业4877人，完成全市任务指标的113.42%。年内，福州市在福建省促进就业目标责任制考核工作中获评优秀。

【援企稳岗】 2022年，福州市人力资源和社会保障局（简称人社局）根据特困行业社保费缓缴政策，对22个行业实施阶段性缓缴企业职工基本养老保险、失业保险、工伤保险等3项社保费政策，为228家申报企业缓缴3项社会保险费单位缴费部分6080.72万元。发放失业保险稳岗返还，将全市中小微企业失业保险稳岗返还比例从60%增至90%，大型企业返还比例从30%增至50%，对符合条件的企业采取“免申即享”的返还方式，实现企业“零跑腿、速发放”。年内，为全市6.32万家企业发放稳岗返还资金3.27亿元，惠及职工96.73万人次。延续阶段性降低失业保险、工伤保险费率政策至2023年4月底，全年为18.97万家企业减免失业保险费3.65亿元，为26.65万家企业减免工伤保险费2.79亿元。根据各项稳岗稳就业政策，发放春节期间稳生产一次性奖补、一次性稳定就业奖补、用工调剂补贴、社保补贴、一次性扩岗补助、吸纳跨省劳动力奖补等稳就业奖补4924.5万元，惠及企业7681家职工逾10.8万人。

【公共就业服务】 2022年，福州市人社部门开展“春风行动”“就业援助月”等系列招聘活动，通过“福州人社”微信公众号、手机“摇工作”App及福州市人力资源市场网等多渠道，连续发布全市重点企业招聘需求信息。开展“寻工在线”活动，发布“寻工地图”，重点推介优质岗位。年内，全市举办线上线下招聘宣传活动 730 场次，进场企业 8305 家次，提供岗位数 25 万个，初步达成意向 3.9 万人次。

2022 年 2 月 9 日，2022 年春节福州首趟“点对点”包机接回云南籍入榕务工人员（市人社局 供图）

【中西部农民工入榕行动】 2022 年，福州市人社局开展“点对点”三包活动，助力农民工返岗复工。组织包机、包列、包车输转中西部务工人员到榕就业，定向输转云南、定西、固原等地近万名务工人员返岗。在全国首创招工引工新模式，“六省同屏”直播带岗。与云南、贵州、重庆、甘肃、宁夏、四川等 6 个省（市）人社部门，联合开展 2022 年企业用工线上专场招聘会，近 500 家重点用工企业提供岗位需求 2.2 万个，20 家重点企业直播带岗、开展视频连线对接，吸引 245.5 万人次观看，达成初步就业意向 4531 人。建立劳务协作基地吸引农民工到榕就业。实施劳务协作基地“10 20 100”工程［在宁夏、甘肃、四川、贵州、重庆等 10 个省（区、市）建立 20 个市级劳务协作基地、100 个县级劳务协作基地］，在云南、甘肃、宁夏等多个省（区）建立劳务协作基地 51 个，吸引农民工近 2 万人。在人社部、国家乡村振兴局召开的全国脱贫人口稳岗就业工作推进视频会议上，福州市作为全国唯一的地级市就吸纳中西部地区脱贫人口就业工作在会上作经验交流。

【就业困难人员托底帮扶】 2022 年，福州市人社局联合市财政局出台《关于进一步加大公益性岗位开发力度夯实就业服务基础的通知》，实施温暖榕城行动，推进巩固就业脱贫成果，与乡村振兴战略衔接，推进公益性岗位开发安置，兜底帮扶城乡就业困难人员、零就业家庭成员、农村脱贫人口就业，形成就业援助的长效机制。全年开发城乡各类公益性岗位 3100 个，为 2010 名就业困难人员和脱贫人口提供托底安置就业帮扶，发放公益性岗位补贴和社保补贴 4687 万元，全面实施公益性岗位兜底安置。

【职业技能培训】 2022 年，福州市培训各类人员 195958 人次，其中新培养高技能人 12324 人次，培训农民工 3.5 万人次。新增省级技能大师工作室 14 个，数量居全省首位。评选市级技能大师工作室 15 个。推荐入选省级技艺名师 19 人，评选市级技艺名师 21 人。授予 17 人“福州市技术能手”称号。

【职业技能竞赛】 2022 年，福州市人社局牵头举办第三届“闽匠杯”工艺品雕刻工、第二届“榕匠杯”新业态——无人机驾驶员、互联网营销师等市级一类职业技能竞赛 6 场（8 个工种），310 人参赛。组织举办第 47 届世界技能大赛糖艺（西点制作）、烹饪（西餐）、木工等项目福建选拔赛和福建省第三届评茶员职业技能竞赛。市人社局被省人社厅授予“2021 年福建省职业技能竞赛突出贡献单位”称号。推动世界赛事中国集训基地建设，1 人获 2022 年世界技能大赛特别赛数控车项目金牌，人社部向福建省人民政府发来感谢信，省人社厅发文对市人社局及福州第一技师学院、福州第二技师学院在世界技能大赛特别赛参赛工作中作出突出贡献予以通报表扬。

表 82　　2022 年福州市省、市级技能大师工作室一览表

项目	名称	项目单位
福建省级技能大师工作室（14 家）	高辉技能大师工作室	福建工业学校
	李清技能大师工作室	福建艺术职业学院
	陆长超技能大师工作室	福建艺术职业学院
	黄颂技能大师工作室	国网福建省电力有限公司福州供电公司
	林锦冰技能大师工作室	福建水口发电集团有限公司
	杨全超技能大师工作室	福建福清核电有限公司

续表 82

项目	名称	项目单位
	郑孝干技能大师工作室	福州亿力电力工程有限公司
	陈景琳技能大师工作室	福州职业技术学院
福建省级技能大师工作室（14 家）	徐玮技能大师工作室	福州亨旺工艺品有限公司
	林剑波技能大师工作室	福州闽都古韵工艺品有限公司
	郑书喜技能大师工作室	福建省诚明文化传播有限公司
	陈祖桢技能大师工作室	福建五谷香餐饮管理有限公司
	程锦源技能大师工作室	福州市台江区聚星美业贸易有限公司
	滕用严技能大师工作室	海欣食品股份有限公司
福州市级技能大师工作室（15 家）	林贤洲技能大师工作室	福州漆艺术研究院有限公司
	陈强技能大师工作室	福州惊石文化发展有限公司
	薛伟强技能大师工作室	福州市黎明职业技能培训中心有限公司
	陈威威技能大师工作室	闽榕茶业有限公司
	陈栖梧技能大师工作室	福茶网科技发展有限公司
	赖庆光技能大师工作室	福州名品居文化有限公司
	郑贤敏技能大师工作室	福州市创联广告有限公司
	朱志雄技能大师工作室	福州寒兵文化传媒有限公司
	何泰烽技能大师工作室	福建福清核电有限公司
	蔡七林技能大师工作室	福州职业技术学院
	叶宁技能大师工作室	闽江师范高等专科学校
	林琴技能大师工作室	福州旅游职业中专学校
	金宁魁技能大师工作室	福州市木友堂工艺品有限公司
	姚家浦技能大师工作室	福建大森木雕有限公司
	倪达技能大师工作室	福州水茜食品有限公司

表 83

2022 年福州市省、市级技艺名师一览表

项目	姓名	名称	项目	姓名	名称
福建省级技艺名师	徐　玮	寿山石雕技艺名师	福建省级技艺名师	邱日炎	木根雕技艺名师
	李香邮	寿山石雕技艺名师		姚家浦	木根雕技艺名师
	郑书喜	寿山石雕技艺名师		林贤洲	脱胎漆器技艺名师
	全瑞炳	寿山石雕技艺名师		林新晶	脱胎漆器技艺名师
	赖庆光	寿山石雕技艺名师		雷文华	闽菜（福州菜）技艺名师
	林剑波	木根雕技艺名师		陈仁柱	闽菜（福州菜）技艺名师
	邓宇荣	木根雕技艺名师		林敬春	闽菜（福州菜）技艺名师
	侯和炎	木根雕技艺名师		陈祖桢	闽菜（福州菜）技艺名师

续表 83

项目	姓名	名称	项目	姓名	名称
福建省级技艺名师	谢文贵	闽菜（福州菜）技艺名师	福州市级技艺名师	金超群	木根雕技艺名师
	陈文琼	茉莉花茶技艺名师		张升华	脱胎漆器技艺名师
	高晨生	茉莉花茶技艺名师		薛伟强	闽菜（福州菜）技艺名师
福州市级技艺名师	朱志雄	寿山石雕技艺名师		金天财	闽菜（福州菜）技艺名师
	林志良	寿山石雕技艺名师		林善星	闽菜（福州菜）技艺名师
	喻仁瑞	寿山石雕技艺名师		赵文忠	闽菜（福州菜）技艺名师
	郑贤敏	寿山石雕技艺名师		郑东晅	闽菜（福州菜）技艺名师
	周　斌	寿山石雕技艺名师		陈发来	茉莉花茶技艺名师
	金宁魁	木根雕技艺名师		陈晓峰	茉莉花茶技艺名师
	陈遵禄	木根雕技艺名师		陈　力	茉莉花茶技艺名师
	王林宝	木根雕技艺名师		黄杰荣	茉莉花茶技艺名师
	岳　钦	木根雕技艺名师		陈威威	茉莉花茶技艺名师

【职业技能鉴定】 2022年，福州市有职业技能等级认定机构35家（其中企业13家，职业院校18家，社会培训评价机构4家），覆盖近50个职业工种。全年开展职业技能人才评价发证36553人次（其中初级工7448人次，中级工16781人次，高级工10888人次，技师和高级技师1436人次）。高技能人才发证数12324人次，超额完成省中心下达的高技能人才数（9500人）的129.73%，技师、高级技师任务数（1200人）的119.67%。完成技能鉴定机构备案6批次，发放专项职业能力证书12237人次，受理并发放鉴定补贴1451人。举办技能竞赛9场，其中省赛3场、市级一类赛6场。

【技工教育】 2022年，福州市有技工院校12所，其中公办2所、民办10所，在校生3万人。年内，毕业学生8029人，其中预备技师46人、高级工1441人、中级工6542人。市人社局组织技工院校对接全市产业发展需求，结合《福州市部分急需紧缺职业（工种）目录》，开设产业发展紧缺急需专业。福州第一技师学院、福州第二技师学院、福建省飞毛腿技师学院、福建中华技师学院等公民办技工院校，开办先进制造、高端装备、社会服务等专业，为各类企业输送高技能人才。引导福建财茂工业技术学校、福州市旅游技术学校加大投入力度，改善办学条件，争创省级重点技校，提升办学水平。对口帮扶定西的技工教育培训工作，资助定西籍建档立卡贫困户学生在福州两所技师学院就读。2所公办技工院校招收定西籍建档立卡贫困家庭学生264人，累计毕业214人，在校生14人。引导所辖技工院校通过建立实训基地、岗位实习、订单（冠名）培养等形式开展校企合作，推动产教融合发展。全市各技工院校108个专业分别与340多家企业（单位）合作建立校外实训基地、开展实习实训，29个专业与43家企业合作开展订单（冠名）培养。推进“企业新型学徒制”工作，推动飞毛腿、捷星显示科技、东南汽车、聚春园酒店等企业与福州第一技师学院、福州第二技师学院、福建技师学院、福建省飞毛腿高级技工学校合作培养，培养企业新型学徒3046人。

【园区职业技能提升中心建设】 2022年，福州市人社局联合市财政局下达省级工业（产业）园区职业技能提升中心建设补助经费200万元，拨付园区提升中心市级配套先期启动资金100万元。福州高新区、融侨开发区职业技能提升中心结合园区实际，为园区企业提供多种职业技能提升公共服务，围绕新业态新工种、企业紧缺急需工种等，开展互联网营销师、钳工、电焊工、玻璃加工等工种短期培训、知识技能型培训、项目制培训等各类型培训85场，培训各类技能人才4950人次，开展职业技能等级自主评价115人次。

【培训机构监管】 2022年，福州市有民办职业培训机构76所（含省委托代管1所）、民办技工院校10所。市人社局对培训机构开展年检年报工作，其中民办培训机构合格65所、不合格并责令整改6所、主动申请注销5所；民办技工院校合格10所。对12所民办职业培训机构与2所民办技工院校开展“双随机”检查，对不规范的办学行为按要求督促整改。

【继续教育】 2022年，福州市人社局印发《关于进一步做好福州市专业技术人员继续教育有关事项的通知》，推进全市初、中、高级专业技术人员继续教育过渡期验证审核工作。指导全市专业技术人员继续教育基地、市属各行业主管部门和各县市区继续教育培训班审核和专业技术人员继续教育验证审核工作，明确业务流程，落实职责分工。审批继续教育办班1030期，培训30.6万人次；参加网络继续教育平台培训 7.9 万人次，培训 38.5 万人次。

【工勤人员考核】 2022 年，福州市工勤人员岗位考核采用网络报名、现场审核方式，报名 848 人，涉及 54 个工种，审核通过 687 人，其中初级工 219 人，中级工 200 人，高级工 152 人，技师 116 人。在福州第一技师学院开展笔试，考试科目为公共课程、专业理论、技能实操（笔试）3 门。

（柯宇凡）

劳动关系

【概况】 2022 年，福州市人社局牵头完成全国深化构建和谐劳动关系综合配套改革试点，打造“区域示范、机制联动、点面结合、统筹推进”的构建和谐劳动关系“福州模式”。印发《福州市人力资源和社会保障局等八部门关于维护新就业形态劳动者劳动保障权益的实施意见》，开展维护新就业形态劳动者劳动保障权益“3+2”专项行动，市人社局等协调劳动关系三方与福州市快递行业协会签署构建和谐劳动关系工作合作备忘录。

【劳动争议调解仲裁】 2022 年，福州市、县两级劳动人事争议仲裁机构立案受理仲裁案件 9339 件，上年度未结案件 515 件，审结 9380 件，结案率 95.19%，调解成功率 65.42%。推进劳动人事争议仲裁信息化建设，市人社局劳动人事争议仲裁院在省内率先完成数字仲裁庭建设。5 月，市人社局劳动人事争议仲裁院第三仲裁庭获评首批“省级标准化数字仲裁庭”。年内，“福州顺丰速运有限公司劳动争议调解委员会”“福州市快递行业协会劳动争议调解委员会”先后揭牌运转，新业态市级调解组织点线结构初步形成。为福州市劳动人事争议仲裁院与福州市法律援助中心联合设立的福州市劳动人事争议联合调解中心聘任法律援助律师调解员 57 人，调解成功率逾 75%，受到人力资源社会保障部办公厅等四部门通报表扬，获“2021 年度工作突出基层劳动人事争议调解组织”称号。促进调裁审衔接，市人社局向法院系统推荐 14 个人社部门账户，169 个基层调解组织及 191 名调解员入驻法院调解平台。拓展“法院执行 + 劳动维权”，开展普法宣传进企业活动。探索“劳动维权 + 检察监督”，推荐的 2 名仲裁、监察工作人员被市检察院聘为特邀检察官助理。

【拖欠农民工工资专项整治】 2022 年，福州市人社局开展 2021 年度保障农民工工资支付政府考核工作。先后开展清理整顿人力资源市场秩序专项行动、夏季高温天气劳动保护专项行动、集中整治拖欠农民工工资问题专项行动等 3 个专项检查行动。推进企业劳动保障守法诚信等级评价、工资支付行为守信激励和失信惩戒工作，评选 A 级企业 694 家、B 级企业 71 家、C 级企业 41 家；工资支付行为守信企业 702 家，一般失信企业 63 家，严重失信企业 33 家。按照《重大劳动保障违法行为社会公布办法》规定，向社会公布重大劳动保障违法行为 6 起。按照《拖欠农民工工资失信联合惩戒对象名单管理暂行办法》规定，向社会公布拖欠农民工工资失信联合惩戒对象名单 5 批，涉及企业 8 家。

【劳动关系“和谐同行”能力提升三年行动计划】 2022 年，福州市人社局推进劳动关系“和谐同行”能力提升三年行动计划，评选 15 名省级金牌劳动关系协调员、2 家省级金牌协调劳动关系社会组织、20 名市级金牌劳动关系协调员、4 家市级金牌协调劳动关系社会组织。开展和谐劳动关系创建活动暨“和谐同行”企业培育共同行动，年内全市 3 家企业获评“全国和谐劳动关系创建示范企业”，福州市软件园获评“全国和谐劳动关系创建示范工业园区”；43 家企业获评“2020—2021 年度福建省劳动关系和谐企业”，3 个工业园区获评“2020—2021 年度福建省劳动关系和谐工业园区”，4 个乡镇（街道）获评“2020—2021 年度福建省劳动关系和谐乡镇（街道）”；59 家企业获评“2021 年度福州市劳动关系和谐企业”、2 个乡镇（街道）获评“2021 年度福州市劳动关系和谐乡镇（街道）”、福州高新技术产业开发区获评“2021 年度福州市劳动关系和谐工业园区”。

表 84　**2022 年福州市获评全国和谐劳动关系创建示范企业一览表**

序号	企业名称	序号	企业名称
1	福耀玻璃工业集团股份有限公司	3	福建奔驰汽车有限公司
2	福建福光股份有限公司	—	—

表 85　**2022 年福州市获评 2020—2021 年度省级劳动关系和谐乡镇（街道）一览表**

序号	乡镇（街道）	序号	乡镇（街道）
1	福州市鼓楼区鼓东街道办事处	3	福州市台江区宁化街道办事处
2	福州市台江区鳌峰街道办事处	4	闽清县白中镇人民政府

表 86　　2022 年福州市获评 2020—2021 年度省级劳动关系和谐工业园区一览表

序号	工业园区	序号	工业园区
1	福州高新技术产业开发区	3	福州台商投资区
2	连江县可门经济开发区	—	—

表 87　　2022 年福州市获评 2020—2021 年度省级劳动关系和谐企业一览表

序号	企业名称	序号	企业名称
1	福建省人力资源服务有限公司	23	福建思嘉环保材料科技有限公司
2	福建省建设人力资源集团股份公司	24	宏东渔业股份有限公司
3	福州华诺技术服务有限公司	25	福建福光股份有限公司
4	福州顺丰速运有限公司	26	锦曦控股集团有限公司
5	福州市城乡建总集团有限公司	27	福建星云电子股份有限公司
6	福州聚春园会展酒店有限公司	28	安德佳（福建）铝饰科技有限公司
7	恒锋信息科技股份有限公司	29	福建省融旗建设工程有限公司
8	福州日兴水产食品有限公司	30	福州京东方光电科技有限公司
9	福建绿艺园林景观工程有限公司	31	爹地宝贝股份有限公司
10	智恒科技股份有限公司	32	福州海瀛湾佰翔酒店有限公司
11	福建君道控股集团股份有限公司	33	福建雪人股份有限公司
12	福建永安物业管理有限公司	34	福建福特科光电股份有限公司
13	福建榕鸿建设有限公司	35	福建奔驰汽车有限公司
14	福建海峡人力资源股份有限公司	36	中建（福建）建设有限公司
15	福建得乾集团有限责任公司	37	福建亿达食品有限公司
16	福州大弘朗洁环保有限公司	38	福建礼恩科技有限公司
17	福建省博达企业管理咨询服务有限公司	39	闽清广安天然气有限公司
18	福建省金皇环保科技有限公司	40	华能（福建）海港有限公司
19	福建恒智信息技术有限公司	41	世纪金源物业服务集团有限公司罗源分公司
20	春晖科技集团有限公司	42	福建深纳生物工程有限公司
21	福建东南保安守押有限公司	43	福州迈新生物技术开发有限公司
22	福州市人才发展集团有限公司	—	—

表 88　　2022 年福州市获评 2021 年度市级劳动关系和谐乡镇（街道）一览表

序号	乡镇（街道）	序号	乡镇（街道）
1	闽清县池园镇人民政府	2	福州市罗源县松山镇人民政府

表 89　**2022 年福州市获评 2021 年度市级劳动关系和谐企业一览表**

序号	企业名称	序号	企业名称
1	福州水务集团有限公司	31	福建泽丰保安服务有限公司
2	北京外企人力资源服务福建有限公司福州分公司	32	福州爱尔眼科医院有限公司
3	福州聚春园集团有限公司	33	福建寿山旅游文化开发有限公司
4	中国联合网络通信有限公司福建省分公司	34	福建省宏大房屋拆除工程集团有限公司
5	麦斯特人力资源有限公司	35	福建伯恩物业集团有限公司
6	中建海峡建设发展有限公司	36	百鲜食品（福建）有限公司
7	福建省汽车运输集团有限公司	37	福建福光股份有限公司
8	福建恒达教育装备工程有限公司	38	福建坤兴海洋股份有限公司
9	福建永辉彩食鲜供应链管理有限公司	39	福州名成水产品市场有限公司
10	福州高新区投资控股有限公司	40	养乐多（中国）投资有限公司福州分公司
11	福建亿榕信息技术有限公司	41	冠捷电子科技（福建）有限公司
12	中建科工集团福建有限公司	42	福建宏宇电子科技有限公司
13	福建永福电力设计股份有限公司	43	福建世高智能科技有限公司
14	福州科易软件有限公司	44	福建省新东方烹饪职业培训学校有限公司
15	福州市鼓楼区亚华口腔门诊部有限公司	45	福建省力得自动化设备有限公司
16	福建成才文化传播有限公司	46	福州金牛水泥有限公司
17	福州平行汽车销售服务有限公司	47	福建省连江县宏康食品有限公司
18	福州素天下食品有限公司	48	福州贵安君豪大饭店有限公司
19	福建晨曦信息科技集团股份有限公司	49	福建申远新材料有限公司
20	嘉园环保有限公司	50	福州天楹环保能源有限公司
21	福建亿能达信息技术股份有限公司	51	福建省透堡建筑工程有限公司
22	福建票付通信息科技有限公司	52	福建豪业七叠温泉景区开发有限公司
23	福建花开富贵物业管理有限公司	53	福州普洛机械制造有限公司
24	福建省长希生态环境有限公司	54	福建省南铝工程股份有限公司
25	恒鸿达科技有限公司	55	侨源气体（福州）有限公司
26	福建省海峡西岸人力资源服务有限公司	56	永泰县城投实业集团有限公司
27	福建榕晟保安服务有限公司	57	国网福建省电力有限公司永泰县供电公司
28	福州来玩互娱网络科技有限公司	58	福州天宇电气股份有限公司
29	福建安欣保安有限公司	59	福州迈新生物技术开发有限公司
30	福建亮洁环境服务有限公司	—	—

（柯宇凡）

收入与消费

【概况】 2022年，福州市全体居民人均可支配收入46418元，比上年增长4.9%。人均消费支出32299元，比上年增长4.6%。

【城镇居民收入】 2022年，福州市城镇居民人均可支配收入55638元，比上年增长4.1%。其中，工资性收入35072元，比上年增长4.1%；经营净收入4724元，增长3.1%；财产净收入7490元，增长3.8%；转移净收入8352元，增长5.5%。

【城镇居民消费支出】 2022年，福州市城镇居民人均消费支出37181元，比上年增长4.3%。其中，食品烟酒类比上年增长4.0%、衣着类增长3.8%、居住类增长2.7%、生活用品及服务类增长7.3%、交通通信类增长6.5%、教育文化娱乐类增长6.1%、医疗保健类增长7.9%、其他用品和服务类增长2.9%。

【农村居民收入】 2022年，福州市农村居民人均可支配收入26826元，比上年增长6.4%。其中，工资性收入14175元，比上年增长6.7%；经营净收入6396元，增长5.0%；财产净收入1417元，增长5.1%；转移净收入4839元，增长7.9%。

【农村居民消费支出】 2022年，福州市农村居民人均消费支出21925元，增长4.9%。其中，食品烟酒类增长4.7%、衣着类增长3.9%、居住类增长4.2%、生活用品及服务类增长3.7%、交通通信类增长4.4%、教育文化娱乐类增长5.2%、医疗保健类增长9.5%、其他用品和服务类增长6.4%。

【市场物价】 2022年，福州市区居民消费价格总水平比上年上涨2.4%。其中，消费品价格比上年上涨3.5%，

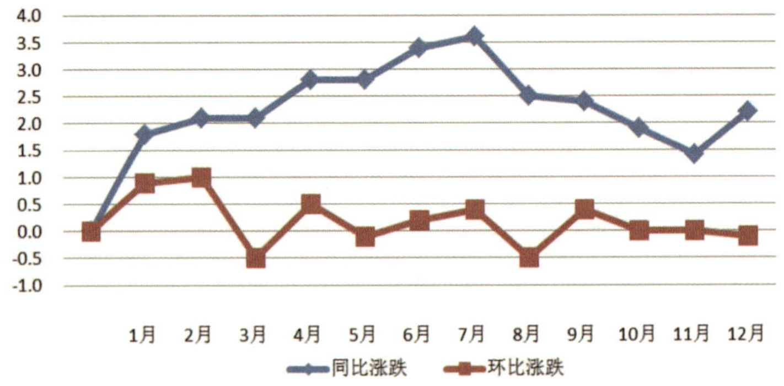

图13 2022年福州市区居民消费价格分月指数示意图

表90 **2022年福州市区居民消费价格分类指数一览表**

指标	指数
居民消费价格总指数	102.4
食品烟酒	104.0
衣着	100.9
居住	100.1
生活用品及服务	102.0
交通通信	105.9
教育文化娱乐	101.6
医疗保健	100.4
其他用品及服务	102.1

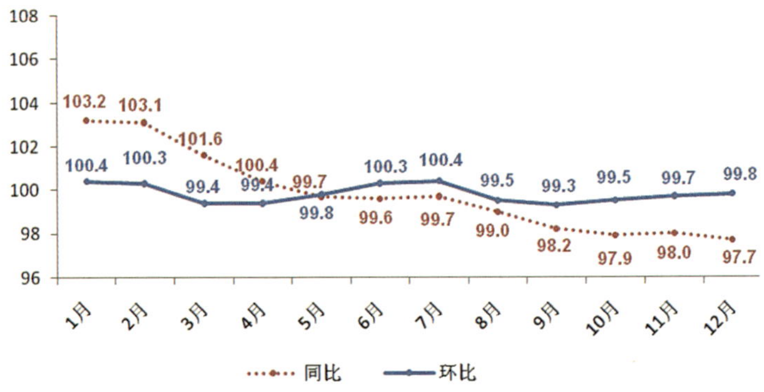

图14 2022年福州新建商品住宅销售价格分月指数示意图

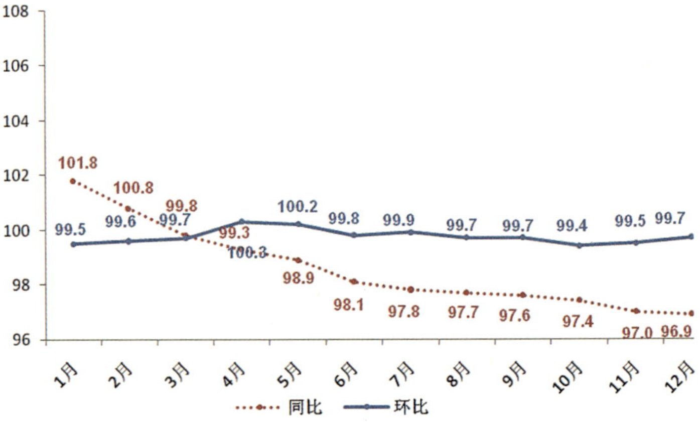

图15 2022年福州二手住宅销售价格分月指数示意图

服务价格上涨0.8%；食品类价格上涨5.1%，非食品类价格上涨1.8%。八大类商品及服务价格比上年上涨，其中交通通信类上涨5.9%，食品烟酒类上涨4.0%，其他用品及服务类上涨2.1%，生活用品及服务类上涨2.0%，教育文化娱乐类上涨1.6%，衣着类上涨0.9%，医疗保健类上涨0.4%，居住类上涨0.1%。12月，福州新建商品住宅销售价格比上年下降2.3%，二手住宅销售价格下降3.1%。

（詹璐瑶）

社会保险

【概况】 2022年，福州市社会保险参保覆盖面扩大，全市参加基本养老保险512.03万人，其中城镇职工279.55万人、城乡居民232.48万人；参加工伤保险193.42万人，参加失业保险158.32万人。全市社会保障卡累计持卡人数757万人，签发电子社保卡433万张。年内，“福州市电子社保卡公共服务平台”被中共福州市委网络安全和信息化委员会办公室、福州市大数据发展委员会评为“福州市2022年网络公共服务十佳优秀案例”。

【养老保险】 2022年，福州市企业职工养老保险参保258.63万人，其中在职220.62万人，离退休38.01万人；全年基金收入166.57亿元，支出124.65亿元，累计结余21.4亿元。全市于5月6日对接上线企业职工基本养老保险全国统筹信息系统。实行阶段性缓缴企业三项社会保险费政策，缓缴企业职工基本养老保险费4962.63万元。按时足额发放企业离退休人员养老金，企业退休人员月人均养老金2712元。

市机关事业单位养老保险参保20.92万人，其中在职13.05万人，离退休7.88万人。推进机关事业单位退休“中人”待遇按新办法重算工作，累计完成2.2万人。按照3.8%的总体水平同步调整企业和机关事业单位退休人员养老金，按时足额发放基本养老金。

市城乡居民养老保险参保232.48万人，其中60周岁以上领取待遇85.85万人。1月起大幅提高全市居民保基础养老金最低标准，由每人每月190元调整为240元，居全省前列。将11.85万人困难群体纳入基本养老保险体系，其中为5.32万人困难群体代缴居民保费1025.46万元。落实被征地农民养老保障金，全年审核用地报批300批次，涉及耕地面积721.47公顷，预留被征地农民养老保障金4.5亿元，财政部门划拨上年度国有土地有偿使用收入1%部分7.56亿元用于提升被征地农民养老保障水平。4月起，五城区（鼓楼区、台江区、仓山区、晋安区、马尾区）被征地农民养老补助金和养老保障金分别由380元、760元提高至440元、880元。

【失业保险】 2022年，福州市人社局延续阶段性降低失业保险政策，失业保险费率从1%降为0.5%。为全市企业减免失业保险费3.65亿元。全市失业保险参保企业18.3万家，参保人数158.32万人，完成省下达任务158万人的100.2%。全市失业保险基金累计收入7.89亿元，累计支出9.26亿元，累计滚存结余16.79亿元。

【工伤保险】 2022年，福州市人社局延续阶段性降低工伤保险费率政策，全市工伤保险费率在现行省定行业基准费率基础上下调50%，为全市企业减轻工伤保险缴费负担约2.79亿元。扩大参保覆盖面，全市工伤保险参保企业26.65万家，参保人数193.42万人。全市工伤保险基金累计收入5.10亿元，累计支出5.89亿元，历年滚存结余18.22亿元。全年缓缴工伤保险金额226.88万元，惠及228家企业。

市人社局组织劳动能力鉴定89场，完成劳动能力鉴定4729例，其中工伤4215例，病残116例，停工留薪期398例，累计办理5起跨省委托异地鉴定的申请件，对伤情严重、行动不便的工伤（病）职工和外来人员，实施异地委托鉴定，相关鉴定结论邮寄到家。按照五级十五同要求与福建省劳动能力鉴定中心同步，均在承诺时限的27个工作日内完成申请者的劳动能力鉴定申请。开展“工伤保险进企”宣传活动，面对面为17家企业解答在实际操作中遇到的问题，为参保单位和参保职工提供零距离、精细化的工伤保险服务。年内，组织30多名医学专家参与全市鉴定业务培训。

【第三代社会保障卡办理服务】 2022年9月10日，福州市人社局在原有海峡银行、工商银行、农业银行、中国银行、建设银行、邮储银行、农信社、兴业银行等8家社保卡合作银行的基础上，新增招商银行、民生银行提供社保卡制发卡服务。依托全国社保卡服务平台，以工商银行为试点开展社保卡“跨省通办”服务，累计制卡493张；依托省级“一件事”集成套餐服务平台，全市188个社保制发卡服务网点为符合条件的新生儿提供“社会保障卡办理”服务，累计制卡345张。年内，全市发放第三代社保卡81.80万张。

【电子社保卡公共服务平台】 2022年，福州市电子社保卡公共服务平台形成涵盖就业创业、人事人才、社会保险等八大服务专区37项重点公共服务应用的服务格局。年内，平台新增“储备人才生活补助金”“‘好年华，聚福州’人才限价房”“缓缴社保资格申请”等3项人社便民服务应用；新增在线补换社保卡等5项实体社保卡服务纳入人社部电子社保卡属地服务模块，并同步输出至“闽政通”“e福州”等App的电子社保卡渠道。开展UI升级与适老化交互建设，为社保缴费查询、社保待遇查询、个人档案查询等老年人高频服务事项推出大字化大图标的长辈模式。年内，全市电子社保卡提供便民服务599.86万人次，市电子社保卡签发量58.61万张。

【人社数据资源汇聚共享平台】 2022年，福州市人力资源和社会保障数据资源服务平台推出人员基础信息、参保缴费管理、参保单位管理、待遇领取管理等四大类业务风险数据预警服务。平台年内提供数据应用服务983.99万次，其中数据查询服务23.16万次，信息比对任务258次，接口调用服务960.76万次，调用预警信息536次。平台实现市级跨部门政务数据互联互通，年内向福州市政务数据汇聚共享平台汇交45项人社政务共享资源数据6.81亿条。

【审批制度改革】 2022年，福州市人社局推进“设立技工学校审批”等2个主项14个子项省级下放审批服务事项承接工作。实施“人社服务快办行动”，“创”举措、“简”环节、“压”时限、“减”材料，实现全程网办业务“不见面”即时办结、个人窗口业务“一次性”即到即办，31个事项实现“跨省通办”，140项审批服务事项可“全市通办”。全年市本级受理办结审批服务业务申请逾150万件，其中群众自助办30169件，移动办18097件，跨省办5860件。

【审批服务】 2022年，福州市人社局按照“减证便民”相关要求梳理保留证明事项清单17项。在全市人社系统全面推行证明事项告知承诺制，推行“证照分离”改革全覆盖。缩减申请材料近200个，平均申请材料减至4个以下；全局系统行政许可事项即办率75.6%；“最多跑一趟”事项占比92.86%，“一趟不用跑”事项占比57.14%。市本级推行13个“打包一件事”，累计减少证明事项21份，减少跑腿次数43次，压减办结时限75天，减少材料61份。推出“我要开劳务派遣公司”“我要开营利性民办技工学校”“我要开人力资源服务公司”等跨部门联办事项，实现精简材料9份，压缩审批时限18天，减少办理环节12个。根据市场准入负面清单制度，《市场准入负面清单（2022年版）》以外事项，不变相审批、不另设“门槛”，不设置隐性限制。按照国家、省、市相关工作要求，梳理编制市、县（区）行政许可事项清单，推动行政许可统一化、规范化管理。根据“五级十五同”审批服务事项动态调整工作机制开展省网上办事大厅“五级十五同”事项配置相关工作。按照“同标准受理、无差别审批”要求，统一市、县两级审批服务标准。印发《福州市基本公共服务标准》，制定下发人社系统18个服务项目的服务标准。

2022年12月19日，福州市社保中心推行社保业务“一窗受理”服务改革。图为市社保中心业务窗口 （市人社局 供图）

市人社局成立福州市民办技工学校设立评审专家组，规范民办技工学校设置管理，提高审批透明性和可预期性。在全市人社系统开展“优质服务提升年”行动，开展人社系统窗口工作人员文明礼仪和政务服务能力提升培训。部署推动人社政务服务“好差评”工作，根据“一事一评”要求，全面推进差评核查整改工作。2022年，“好差评”系统归集数据好评率99.98%。

（柯宇凡）

医疗保障

【概况】 2022年，福州市全面实施全民参保计划，全市参保人数稳中有升，参保人数648.33万人，其中参保职工182.49万人，比上年增长3.93%，参保居民465.84万人。健全完善重特大疾病医疗救助制度，简化经办流程，实施分层分类救助，全年医疗救助62.84万人次，资助救助金额2.3亿元，比上年增长25.68%。推进为民办实事行动，将困难群体高血压、糖尿病门诊指定用药报销比例提高至100%，惠及15.7万人次。全面深化长护险试点工作，建立“139”福州长护险制度框架体系、“四统一”经办运行机制，累计有3394名失能参保人员享受待遇，经验做法获国家医保局待遇保障司致函肯定和福建省医保局专项评估优秀。

【医疗保障重点领域改革】 2022年，福州市医保局根据药品集中采购结余留用激励政策，全市定点公立医疗机构年度药品结算金额33亿元，定点公立医疗机构耗材结算金额8219.67万元。全面实施DRG支付方式［将住院病人按照临床相似性以及资源消耗相似性（按照病人的疾病严重程度、治疗方法的复杂程度及资源消耗程度）分成一定数目的疾病组，并以组为单位制定医疗费用标准的预付打包的收付费方式］改革三年行动，覆盖全市二级以上定点公立医疗机构26家，涉及590个病组，医疗机构覆盖率、病种覆盖率、基金结算占比分别为 56.52%、70.71%、60.81%，达到规定的 40%、70%、30% 比例要求。健全县域医共体建设，牵头起草《福州市紧密型县域医疗卫生共同体医保基金打包支付管理实施办法》和考核办法，明确打包支付权责，解决县域医共体职工医保基金因赡养比长期失衡造成的亏损问题。

【医保基金监管】 2022 年，福州市成立医保服务行为监测中心，与基金中心、数据技术中心相互独立、相互监督，明确由基金中心承担医保收付制基金分析、数据技术中心承担医保权责制数据分析、行为监测中心承担医疗行为监测分析，形成行政指挥下的基金监测、数据监测、行为监测“三驾马车”合力互补的新型医保监测组织体系。与省医保监测中心联合制定医保数据统计指标体系，包含业务类、统计类、基金类、评价类等 216 项指标，制作福州市基金类、稽查类、费用类等医保数据统计报表 50 余张。构建“基金收付宏观分析、数据运行综观评估、指标数值微观监测”的“三观”应用体系，为医保基金收缴、医保政策制定、行政管理决策、两定机构（定点医疗机构和定点药店）监管提供数据支撑。年内，全市追回两定机构违规金额 1.26 亿元。

【医保便民服务】 2022 年，福州市率先在全省出台《福州市贯彻落实省优化医保领域便民服务十二条措施实施方案》，打造乡镇（街道）便民服务点和村（社区）“15 分钟医保服务圈”，实现 173 个乡镇（街道）便民服务点、2755 个村（社区）医保基层服务点 100% 全覆盖。推进医保服务“e 提升”，完善“互联网 + 医保”融合，实现单位注销登记、门诊慢特病待遇认定等事项“零跑动”办理，34 个全省医保经办服务事项中线上可办事项占 74%，“一趟不用跑”事项占 94%，医保经办服务规范建设做法获评 2022 年度全国典型案例。全市参保人员医保电子凭证激活人数 597.68 万人，激活率 92.35%，1749 家定点医疗机构、2216 家定点零售药店支持电子凭证扫码结算。扩大门诊费用跨省结算，将全部定点医疗机构纳入普通门诊费用跨省直接结算范围，11 家医疗机构开通高血压、糖尿病、尿毒症透析等 5 个特殊病种跨省即时结算。推进医保系统行风建设，提升经办窗口形象和服务质量，在国家局和省医保局行风专项评价综合考评中排名前列。

（周　婷）

民政事务

【概况】 2022 年，福州市建立边缘困难群众救助帮扶机制，开展困难群众“漏保”“漏救”问题点题整治巩固提升专项行动。发展普惠型养老服务、完善社区居家养老服务网络，福州市养老服务工作成效获国务院督查激励通报。推进新一轮社区综合提升行动，打造 45 个精品社区。提高困难残疾人生活补贴和重度残疾人护理补贴标准。乡镇（街道）社工站建设实现全面覆盖，开展“僵尸型”社会组织清理整治。开展婚姻登记“全市通办”，开展国家地名信息库专项质量建设行动。年内，福州市民政局获“全国社会救助工作先进单位”称号。

【社会救助】 2022 年，福州市民政局将城乡低保标准从每人每月 760 元提高至每人每月 880 元，特困人员救助供养的分散供养全自理、半护理、全护理标准分别提高至每人每月 1340 元、1640 元、1930 元，集中供养全自理标准提高至每人每月 1610 元。加强低收入人口动态监测和常态化救助帮扶工作，开展低保边缘人口、支出型困难人口认定和救助帮扶工作。出台《关于做好低保边缘家庭救助帮扶工作的通知》，建立边缘困难群众的救助帮扶机制，将共同生活的家庭成员人均月收入在当地低保标准 1 ～ 2 倍且家庭人均金融资产不超过当地年低保标准 8 倍的家庭认定为低保边缘家庭，拓展救助边界，推动保障对象适度向事实困难低保边缘家庭延伸。开展困难群众“漏保”“漏救”问题点题整治巩固提升专项行动，全市摸排困难群众 11.93 万人，将 6004 人纳入基本生活救助和专项社会救助范围。年内，全市有 68705 名困难群众纳入低保，比上年增加 5415 人，增长 8.56%，累计发放低保金 6.83 亿元；将 6497 名困难群众纳入特困人员救助供养，累计发放特困供养金 1.5 亿元，生活不能自理特困人员集中供养率 87%；实施临时救助 20266 人次，累计发放临时救助金 4765.47 万元。按标准配齐 341 名乡镇（街道）社会救助协管员和 2717 名村（社区）社会救助协理员，落实薪酬自然增长机制和市县乡分级培训制度。

【养老服务】 2022 年，福州市民政局推进养老兜底保障，出台《福州市长者食堂建设实施方案》和《福州市家庭养老床位建设实施方案》，创新“长者食堂 + 学堂”“e 福养”品牌。全市建设养老机构 167 个、居家社区养老服务照料中心（家园）104 个、居家养老服务站 498 个、农村幸福院 1892 个，城乡社区养老服务设施覆盖率 100%。建成长者食堂 499 家，提供餐位 19630 张，融合学堂比例 82%，开展学堂活动 15181 场，签约家庭养老床位 2755 张。

【儿童福利】 2022 年，福州市民政局开展孤儿保障工作，累计发放保障金 634 万余元，惠及全市 295 名孤弃儿童。根据事实无人抚养儿童保障政策将 2619 名事实无人抚养儿童纳入保障范围，累计发放生活补助 2632 余万元。推进“福蕾行动计划”，采取政府购买服务等方式，引进专业社工队伍参与留守困境儿童关爱保护，累计投入资金 1300 万元，覆盖 65 个乡镇（街道）。实施服刑人员子女关爱保护项目，212 名儿童纳入服务范围。全市办理收养登记（含涉港澳及华侨）68 件。全市民政长期监护儿童除福清市、闽侯县自行养育外，其余全部移交由市儿童福利院接收安置。

【福利慈善】 2022 年，福州市登记慈善组织 98 家。实施“慈善手拉手”

专项行动计划，全年开展慈善活动554次，帮扶困难群众21.62万人，发放物资43.77万件，支出经费5913.45万元。救助流浪乞讨人员1565人次，其中未成年人69人次，寻亲成功112人次。提高困难残疾人生活补贴和重度残疾人护理补贴标准，困难残疾人生活补贴标准由每人每月265元提高到每人每月285元，生活困难的一级重度残疾人护理补贴标准由每人每月115元提高到每人每月119元，生活困难的二级重度残疾人护理补贴标准由每人每月92元提高到每人每月99元。全市享受困难残疾人生活补贴4万人、重度残疾人护理补贴4.9万人，发放困难残疾人生活补贴资金、重度残疾人护理补贴资金1.95亿元。全市福利彩票销售1.47亿元。

【婚姻登记】 2022年，福州市民政局印发《关于开展本市内地居民结婚登记"全市通办"的通知》，自8月1日起开展婚姻登记"全市通办"，解决群众"多地跑""多次跑"等问题。探索"公园式婚姻登记处"，建设江心岛婚姻登记处，8月18日先行入驻"公园管理处"办理业务，10月8日动工建设独立的婚姻登记场所，打造婚姻登记浪漫网红点，提升婚姻登记办理场所环境条件。全年办理结婚登记29226对，其中跨县区结婚登记2114对，涉港澳台侨和外国人551对，离婚11123对，其中涉港澳台侨和外国人69对。

【基层政权建设和社区治理】 2022年，福州市民政局指导修订完善村规民约（居民公约），其中鼓楼区龙峰社区居民公约、仓山区浦江社区居民公约、长乐区西关社区居民公约、连江县飞红村村规民约、闽清县梅城社区居民公约等5篇民约公约入选福建省第二批优秀村规民约。推进新一轮社区综合提升行动，投入资金2.2亿元，实施各类配套设施建设项目167个，打造45个精品社区。围绕"两岸社区发展经验融合"，在晋安区开展农村社区治理实践探索，融合海峡两岸社区治理元素，通过全国农村社区治理实验区建设结项评估。完成福州市2022年高校毕业生服务社区计划招募，招募高校毕业生15人，其中闽清县8人、永泰县7人。推进全国市域社会治理现代化试点，选送的"三社联动为居民参与社会治理穿针引线""1533近邻服务模式，打造社会治理福州名片"典型案例分别在《福州日报》和《福州晚报》上得到宣传推广。推荐的"涵养社区邻里情 提升基层治理水平"和"深入推进三社联动 努力提升社区治理水平"被列入全市市域治理试点特色案例。

【社会组织管理】 2022年，福州市累计登记社会组织5495家，其中社会团体2558家，民办非企业单位2908家，基金会29家。市社会组织综合党委新成立20家党组织，党组织覆盖率94%。乡镇（街道）社工站建设全面覆盖，全市173个乡镇（街道）建站挂牌并全部完成购买服务工作，县区落实购买服务项目资金3677.61万元。深化"五社联动"模式，投入465万元开展22个城乡社区"五社联动"试点项目，累计服务民政兜底对象479人，总受益人数6.31万人、总受益人次逾20.45万人次，开展活动654个，培育规范自组织75个，公共空间营造52个。推进社会组织等级评估工作，提升社会组织能力建设，年内评选AAA级以上社会组织39家。开展"僵尸型"社会组织清理整治，全市清理整治1313家"僵尸型"社会组织。

【殡葬服务】 2022年，福州市民政局对全市37个设有太平间的医疗机构开展营利性殡仪服务情况摸底排查整治。

【区划地名管理】 2022年，福州市民政局按照程序规定开展行政区划市级审核工作，完成联合审查并上报省政府审批。把控地名更名工作，命名道路名称155个，住宅小区楼宇名称47个，社区名称1个，因开发商资产转让更名住宅小区1个。开展国家地名信息库专项质量建设行动，完成58953条地名的市、县两级审核工作，补充完善地名信息。

【边界管理】 2022年，福州市民政局完成市间县级界线1条、市内县级界线4条以及乡（镇）级界线40条的界线联检。开展"平安边界"创建活动，全市聘请管护员132人维护126个县级桩、47个乡级界桩。

【老区建设】 2022年，中央、省、市财政投入福州市老区扶建专项资金1520万元，补助老区村基础设施建设、革命遗址保护利用等帮扶项目108个。在《福州日报》刊发老区红色文化专版宣传报道4篇。先后举办3期老区农村实用技术培训班，参训学员150多人。

（市民政局）

慈善事业

【概况】 2022年，福州市慈善总会接受社会捐赠款物2017.88万元，救助支出款物2049.3万元，受助困难群众6130人次。

【慈善情暖万家慰问活动】 2022年，福州市慈善总会在元旦、春节"两节"期间开展"慈善情暖万家"慰问活动，募集款物85.32万元，到鼓楼、晋安、马尾、长乐、罗源、永泰等地慰问困难户861户。

【福州市军人关爱基金】 2022年，福州市慈善总会与市退役军人事务局、市双拥办、福州警备区联合开展"关爱军人困难家庭救助活动"，救助困难军人家庭242个，发放救助金134.5万元。

【慈善医疗救助】 2022年，福州市慈善总会与中华慈善总会合作开展免费赠药活动。其中，"特罗凯"慈善赠药项目发放药物286盒，救助肺癌患者288人次，价值167.31万元；"安维汀"慈善赠药项目发放药物506盒，救助直肠癌患者108人次，价值101.1万

2022年1月24日，福州市政协原副主席郑新清（前左一）、市慈善总会副秘书长欧卫成（前右一）一行前往精神文明共建单位——马尾区罗星街道新港社区开展新春慰问 （市慈善总会 供图）

元；“多泽润”赠药项目发放药物1663盒，救助735人次，价值154.82万元。市慈善总会与福清亮睛眼科医院、福州亮睛眼科医院、长乐眼视光医院、福州万友康复医院、长乐康民医院合作，开展医疗救助金活动，救助困难群众3896人次，救助金732.36万元。

（翁　媛）

民族宗教事务

【概况】 2022年，福州市以建设“中华民族团结进步窗口的示范城市”为目标，以“坚持宗教中国化福建实践先行区”为目标，修订印发《福州市民族发展专项资金管理办法》，制定《福州市民族发展专项资金重点项目竞争性分配实施细则》，规范专项资金管理与监督。指导福清黄檗山万福寺开展对外交流系列活动。12月，“复兴圆梦·美美与共”第四届海丝佛教福建论坛·鼓山之光系列活动在鼓山涌泉寺举行。

【民族地区经济社会发展】 2022年，福州市民族宗教事务局（简称民宗局）在全省率先挂牌设立“福州市民族宗教事务服务中心”，增加事业编制5个。落实民族发展补助专项资金，累计下达市级以上少数民族发展专项资金1601万元，用于改善民族乡村生产生活设施条件。开展全市少数民族村主干培训，培训各级民族工作干部、少数民族村主干38人次。开展民族乡村群众创新创业实用技术培训，培训各族群众220人次。开展民族发展专项资金绩效监控工作，提高民族资金的使用效益。推动建设“智慧福湖”民族乡村智慧管理平台，设立福州市民族乡村慢直播、云游特色村寨等网络特色板块，数字建设成果成功亮相第五届数字中国建设峰会。

【民族文化事业发展】 2022年，福州市下达2021—2022学年少数民族小学生助学金市级补助经费179.38万元，资助小学生4168人。创新设立“闽江之心·福籽家园”民族文化常态化展演平台，开展8场次展演活动。举办福州市首届海峡两岸“三月三”线上民族赛歌会。协同开展“福暖固原”活动，与宁夏回族自治区固原市少数民族聚居县进行结对帮扶。开展“铸牢中华民族共同体意识·畲族医药与健康养生同行”2022年福州市畲族医药非遗项目进机关、进企业、进乡村、进社区活动7场。福建省长乐华侨中学获“第十批全国民族团结进步示范单位”称号。年内，福州民族中学举办建校30周年庆典活动。

【各民族共有精神家园构筑】 2022年，福州市民宗局构建“3221”民族团结进步工作机制，设计并发布“有福之州·石榴籽精神家园”（简称“福籽家园”）专利标识。在全省率先打造首批福州市“福籽家园”示范基地12个、市级民族团结示范街区1个，成立全市首支“石榴籽”志愿服务队，并举行授旗仪式。开展铸牢中华民族共同体意识主题月和第十五个民族团结进步宣传月活动，开展铸牢中华民族共同体意识和民族团结进步创建“六进”活动，打造“共学”示范点。举办庆祝香港回归25周年音乐会、民族团结风数字峰会文艺秀等活动。罗源县松山镇、飞毛腿（福建）电子有限公司、连江县小沧畲族乡、罗源县霍口畲族乡、台江区后洲街道获全省民族团结进步示范区、示范单位称号。年内，福州市宣传教育培训中心的民族地区青年新闻工作者参观考察团项目和台江区后洲街道上下杭社区的各族群众互嵌式社区环境建设项目入选国家民委2022年“三项计划”（各族青少年交流计划、各族群众互嵌式发展计划、旅游促进各民族交往交流交融计划）试点示范项目。

【榕台宗教与民间信仰文化交流】 2022年，福州市开展海峡两岸民众民间文化交往交流交融活动。5月，全市首家榕台民间信仰文化交流基地在三坊七巷台湾会馆揭牌，并召开榕台民间信仰信俗文化交流座谈会。7月，海峡两岸“圆梦祛疫祈福法会”活动在福清市石竹山道院举行。9月，“两岸同根同缘中秋佳节话民俗”网络直播活动在福州裴仙宫举行，“情满中秋月·两岸一家亲”在榕台胞台属中秋联谊暨榕台中秋习俗体验活动在福州财神庙举行。12月，举办福州宫庙祖庭文化民间叙缘交流活动·榕台张圣君文化交流研讨会，发挥市宗教团体在对台交流交往中的区域优势和作用，提升张圣君祖庭文化影响力。

（黄惠玲）

（编辑　姚国榕）

应急管理

综述

【应急管理基础建设】 2022年，福州市建成5000平方米的应急指挥中心，实施突发事件应急值守、信息汇总、风险研判、综合协调、指挥调动，构建全市应急指挥“神经中枢”。启用面向公众，集综合安全宣传教育、安全知识学习及安全技能考核等功能于一体的安全宣教培训考核教育基地，通过互动体验、视频模拟等方式，模拟作业过程危险环节，强化安全技能。开发全市应急短信靶向发布系统，通过整合防灾减灾、气象服务、电信通信及大数据技术，在自然灾害或生产安全事故极端条件下，第一时间向受灾区域内的社会大众发送预警信息短信，加强紧急情况下精准快速预警预报。

【自然灾害风险底数排查】 2022年，福州市采用“五级”工作法（资料收集、对象清查、实地核验、数据建库、成果分析），完成3.60万个对象调查。开发自然灾害风险普查成果可视化展示平台，归集应急、建设、房管、海渔、林业、水利、地质、气象、交通等部门数据，分类展示普查成果。

【应急救援队伍建设】 2022年，福州市重点建设28支政府专业应急队伍、14支授牌社会应急队伍、120支专业半专业森林扑火队伍；组建第二届市应急管理专家委员会（8个专业组115名专家），构建以消防救援为主力、驻地部队为后援、专家智库为支撑、社会应急力量为补充的“大应急”力量体系。投入248.97万元对东海救助局福州救助基地、海上搜救中心及省登山救援队等社会救援队伍给予经费补助。

【应急救灾保障】 2022年，福州市应急管理局与市粮储局建立定期会商制度，与福州永辉超市、彩食鲜公司、盛辉物流集团签订救灾物资供应及运输合同，形成救灾物资保障新模式；与中国人民财产保险公司福建省榕城分公司保持合作，引导农户参与农户住房叠加保险，全年1353户受灾农户得到691.79万元理赔款。

【气象防灾减灾】 2022年，福州市气象局建立与“三个提前”相适应的“四个融入”气象服务机制，形成全过程、全链条、全覆盖气象保障体系。全年启动应急响应24次和特别工作状态4次，应对冷空气6次、长时间大范围的高温4次、强对流4次、连续性暴雨9次和大范围暴雨4次、热带气旋（台风）5个等天气过程影响，发布服务材料636份、灾害性天气预警信号209次、预警短信257.8万人次，实现重大气象灾害监测预警服务零失误。继续强化与市应急管理局、联排联调中心、消防救援支队等20余个部门应急联动，福州道路交通气象服务系统、福州地铁气象服务系统分别在福州市交通指挥中心、福州市地铁指挥调度中心业务运行，与市城区水系联排联调中心、消防救援支队、生态环境局、海事局及福州地铁等多部门建立业务协作联动机制。

【海洋防灾减灾】 2022年，福州市海洋与渔业局为全市大中型海洋渔船安装插卡式“AIS”（船舶自动识别系统），实现“一船一码一设备”管理目标。首次采用“实景+桌面+视频”形式开展全市渔业防台风演练。建成由7个浮标、3个验潮站组成的海洋观测体系，发布各类海洋预报产品4000多期，完成3个渔区及定海验潮站海洋预警报信息（LED）发布平台建设。

【应急管理宣传教育】 2022年，福州市围绕“五个一”要求（建设一个安全宣教联播联控系统终端大屏、配置一套安全宣教体验产品、设置一个微型消防站、配强一个应急物资储备站、打造一批避灾示范点），依托已有或在建公园，建成12个安全应急保障提升工程。启用福州市安全生产教育培训考试基地，通过整合“技能考试+实操体验+科普教育”等环节，提升每年4万人次特种作业人员职业技能水平和安全生产意识。投入2000万元，联合峨眉电影制片厂等单位，以省登山救援队事迹为原型，拍摄电影《你是我的英雄》；联合省经济体制改革研究会等单位摄制应急救援纪录电影《即刻待命》。

（左榕燕　陈思思　林　莹）

安全生产监督管理

【概况】　2022年，福州市继续深入开展安全生产专项整治三年行动巩固提升、安全生产大检查、重点领域“隐患清剿”行动、燃气安全“百日行动”、道路交通迎二十大百日攻坚、安全宣传教育等工作。安全生产主要指标呈下降态势，全市发生生产安全事故114起，比上年减少13起，下降10.2%；死亡64人，减少9人，下降12.3%；受伤81人，减少45人，下降35.7%；发生较大事故2起，与上年持平。年内，全市开展非煤矿山、危险化学品、道路交通、消防安全、学校安全、建筑施工、自建民房、城镇燃气、渔业船舶、交通运输、民爆物品、特种设备12个重点行业领域安全专项整治。

【安全生产专项整治三年行动】　2022年，福州市应急管理局提炼三年行动巩固提升工作要点，明确2个专题12个专项51项工作任务，根据国务院安委会关于加强安全生产工作的十五条措施、省安委会66条措施和市安委会47条具体任务，开展全市安全生产大检查，确保存量隐患整改到位，增量隐患动态清零。全年全市排查整改隐患7.16万处，责令停产整顿141家，暂扣吊销证照53家，关闭取缔12家，联合惩戒108家。

【安全标准化提升建设】　2022年，福州市编制《福州市高危行业安全风险分级评估总体实施细则》和非煤矿山、危险化学品等17个高危行业《安全生产风险分级管控实施细则》，搭建安全风险管控信息平台，组织近万家企业（单位）风险评估。制定《福州市企业安全生产标准化运行质量提升指南》，在43个行业领域持续提升企业安全标准化。

【道路交通安全综合整治】　2022年，福州市开展道路交通隐患排查治理，完成为民办实事项目隐患路段整治46处、农村临水库池塘湖泊路段22处、通寺道路安全隐患27处。实施公路生命安全防护工程32.2千米，整改桥涵隧13座。

【危险化学品安全整治】　2022年，福州市应急管理局完成407家危化品和烟花爆竹企业纳入危险化学品领域“红橙黄蓝”安全风险分级管控和隐患排查治理体系建设。推动万华化学和东南电化2家企业危化品双重预防机制试点完成验收。首次通过地市交叉检查、县区互查等方式，对烟花爆竹批发仓库、零售点进行全面排查，运用全国烟花爆竹流向管理信息系统，对企业非法经营、存储烟花爆竹等行为进行核查，全年全市各级应急系统对16家批发企业开展安全检查45次，检查零售店1125家次，出动执法人员2341人次，立案16件，罚款5.04万元。

加强危化品运输企业安全监管，全市112家危货运输企业均按要求注册、登录并使用全省危货安全监管“一体化”平台，全面实施危货电子运单，排查3343辆危货车辆，未存在挂靠经营行为。全年立案查处危险货物道路运输违法违规行为35起，处罚金额82.85万元。

推进危险化学品消防治理，应急、工信、消防部门联合对26家危化品重大危险源开展专项检查，发出提醒函14份，约谈企业90家，约谈消防安全责任人、管理人98人次，修订完善化工企业“一厂一策”90份。

【工业企业安全专项整治】　2022年，福州市应急管理局持续开展安全专项整治三年行动，重点突出钢铁、铝加工（深井铸造）、粉尘涉爆、有限空间作业等25项执法内容，依托专业技术服务力量，推进安全生产大检查暨“百日清零行动”，对钢铁企业等五类重点事项进行“回头看”，排查企业126家，整治安全隐患502处。在福州电台新闻广播上线直播专项节目，通过微信公众号发布各类有限空间作业安全知识和事故案例分析视频，宣传有限空间安全知识。对全市有限空间作业、钢铁、铝加工、粉尘涉爆等领域从业人员开展安全技能专题宣传培训。

【建筑施工安全专项整治】　2022年，福州市应急管理局开展危险性较大分部分项工程专项治理，组织工程安全监督机构，重点检查起重机械、模板工程、外脚手架、基坑支护等危大工程安全管理。全年开展检查856次，检查危大工程1587个，发现安全管控体系问题372个，现场安全隐患1074处，全部完成整改。

【城镇燃气安全专项整治】　2022年，福州市应急管理局针对燃气管道安全隐患点和瓶装液化气开展安全专项整治。全年全市查处燃气违法违规行为76起，暂扣钢瓶2536只，罚款金额90万元，治安拘留14人，追究刑事责任1人，停产整顿液化气充装站4家，撤销液化气企业燃气经营许可证1家，吊销、暂扣瓶装供应站供应许可证15个。

【渔业船舶安全专项整治】　2022年，福州市应急管理局组织开展涉渔“三无”船舶整治行动，加强海上巡查、港口清查和渔船登临检查。全年全市开展“封港清查”专项行动216次，出动执法人员1.44万人次，开展联合执法2782次，排查船舶建（改）造厂129家，拆解涉渔“三无”船舶58艘（大中型15艘，小型43艘）。开展“商渔共治”执法活动，派驻指导组进驻连江县开展为期1个月的海上船舶安全管理“开小灶”指导服务，围绕沿海船舶日常管理、海域生产安全管理、违法违规行为整治3个方向，继续开展渔业生产、近海养殖、采砂运输、交通运输、工程作业、违法行为六大领域整治，组织海事等部门强化源头治理、系统治理、综合治理。

（左榕燕）

防汛抗旱

【概况】　2022年，福州市平均年雨

量 1314.2 毫米，比常年平均少 14%，属偏少年份。各月雨量分布十分不均，2 月正常，6 月显著偏少，11 月偏多，5 月、8 月和 10 月异常偏多，其余月份异常偏少。全年出现 9 次连续性暴雨、4 次大范围暴雨和 11 次局部暴雨。全市有 9 条河流发生超警戒以上洪水 22 站次，其中闽江支流大樟溪和梅溪出现两年一遇大洪水。全年各主要江河来水量 589.54 亿立方米，与常年同期持平，其中闽江较常年同期持平，大樟溪较常年同期偏少 6%。

【防汛】 2022 年 4 月汛期后，福州市启动防暴雨防台风应急响应 7 次，其中Ⅳ级防暴雨防台风应急响应 6 次，Ⅲ级应急响应 1 次；召开防抗暴雨会商 16 场。强降雨和台风期间，全市陆上转移 1.3 万人次，海上转移 2352 人次，撤离渔船 246 艘次，进港渔船 238 艘次，下沉干部 8 万人次。

【抗台风】 2022 年，福州市无台风登陆，台风影响总体属于较轻，未造成明显灾害。全年有 5 个影响台风，分别为第 3 号台风“暹芭”（影响时间 7 月 2—5 日）、第 9 号台风“马鞍”（影响时间 8 月 23—26 日）、第 11 号台风“轩岚诺”（影响时间 9 月 1—4 日）、第 20 号台风“纳沙”（影响时间 10 月 16—18 日）和第 22 号台风“尼格”（影响时间 10 月 31 日至 11 月 3 日）。其中，第 3 号台风“暹芭”造成福州强降雨，受“暹芭”外围影响，7 月 2—5 日，全市出现暴雨过程。

【基层防汛能力标准化建设】 2022 年，福州市防汛抗旱指挥部根据《福建省人民政府防汛抗旱指挥部关于开展基层防汛能力标准化建设的指导意见》，编制实施方案，并集中征求各县（市）区防汛抗旱指挥部和应急、水利、气象等相关部门意见。确定 36 个乡镇（街道）、149 个村（社区）作为先行试点，11 月基本完成先行试点乡镇（街道）、村（社区）基层防汛能力标准化建设，12 月组织 7 个小组赴各县（市）区开展专项督导检查，确保全市基层防汛能力标准化建设一体化有序推进。

【防汛应急保障与演练】 2022 年，福州市防汛抗旱指挥部立足防大汛、抗大险、救大灾应急准备，采购补充应急救灾物资（包括 8 千瓦大型移动灯车 5 辆、800 立方米／小时流量的自带发电机移动泵车 5 部、全方位自动泛光灯 1 台），总计 135.3 万元。年内，全市组织培训 568 场，3.5 万人次参加；组织防汛抗台演练 466 场，1.8 万人次参加。其中，4 月 25—29 日，市防汛抗旱指挥部举办为期 5 天的防汛业务培训班，围绕防汛形势、任务，就基层防汛防台风工作要领、地质灾害与防治、天气和预报预警、水库防汛安全与险情处置、新媒体条件下突发事件新闻发布与舆论引导等方面进行讲解；7 月 13 日，市防汛抗旱指挥部在应急指挥中心开展防汛应急救援演练，以市区、山地、沿海为背景进行防汛模拟，设置城区库湖闸站河预排预泄、地铁在建工地排涝及人员转移、渔排人员转移及渔船抢险、永泰低洼危险区域人员转移及避灾点疫情防控等 9 个演练科目。

（左榕燕）

防震减灾

【概况】 2022 年，福州市有地下流体观测井 9 口、宏观观测点 9 个；有地震应急避难场所 190 处。全年落实宏观异常 3 次，排除地震前兆异常。制订《2022 年春节、全国两会及国庆等重要时段福州市震情保障工作方案》，开展监测台站监测设施、观测环境、新建地震应急避难场所巡检和监督检查，推进全国综合减灾示范社区建设。年内，市防震减灾中心在全国、全省地震监测预报质量评比中获 1 项全国第三、2 项全省第一、3 项全省第二、2 项全省第三。

【地震监测预报】 2022 年，福州市防震减灾中心向福建省地震局报送周会商 52 期、月会商 12 期，向福州市委、市政府和相关人员发送震情速报短信、传真 69 份，报送震情简报 59 期。完成防震减灾“助理员”名单更新，全市有防震减灾助理员 174 人。落实宏观异常 3 次，对福州晋安浦东井水位异常下降、长乐营前井水位异常上升、连江江南水温异常下降进行核实，排除地震前兆异常。全年开展监测台站维护管理工作 70 次，将观测环境检查结果反馈至各台站业主单位，督促落实整改。

【地震灾害防御】 2022 年，福州市防震减灾中心在中国福州门户网站专栏公示行政执法事项清单和执法流程图；开展“我执法我普法”执法直播活动，向市民宣传“身边的地震应急避难场所”。对监测台站监测设施、观测环境、新建地震应急避难场所开展巡检和监督检查，对存在问题进行整改。协调市抗震救灾指挥部暨联席会议办公室印发《关于落实福建省人民政府抗震救灾指挥部暨防震减灾联席会议印发进一步健全完善我省防震减灾救灾体制机制的意见的情况》《关于印发福州市重大基础设施地震灾害风险摸排及评估的工作方案的通知》《关于印发〈2022—2023 年福州市防震减灾救灾重点工作清单〉和〈福州市地震应急工作检查管理办法〉的通知》等文件，建立监管体系和长效机制。制订地震灾害风险普查工作任务方案，并将任务分解落到相关县（市）区，全年完成钻孔 32 个、土动力实验测试 48 个及浅层地球物理勘探 40 千米。

【综合减灾示范社区】 2022 年，福州市防震减灾中心配合市应急管理局和市气象局，开展全国综合减灾示范社区建设，参加应急管理局牵头组织的 3 个工作组，对各县（市）区申报社区进行创建工作检查和指导。制订防震减灾工作绩效考核方案，包含科普场馆建设考核内容，纳入县区政府绩效考核。协调消防部门和设计方编制晋安消防与地震体验中心升级改造和预算方案，联合福州消防救援支队向市政府提交《福州市防震减灾中心 福州市消防救援支队关于对晋安消防与地震安全体验中心进行升级改造的请示》，推进场馆升级改造。

【防震减灾宣传】 2022 年，福州市防震减灾中心推进融媒体拓展运用，在5月全国防灾减灾日和7月唐山地震纪念日防震减灾重点宣传时段，联合应急、消防、教育、报纸、电视台等部门开展线上线下科普宣传活动。举办福州市第二届防灾减灾科普讲解大赛，开展线上广播情景剧活动，多渠道播放系列防震减灾科普动漫片，开展“防震减灾我先行”纪念唐山地震46周年纪念日主题活动，联合举办“5·12”全国防灾减灾日进校园主题宣传活动。

【地震预警设施】 2022年，福州市推进地震预警信息专用接收终端建设，完成福州地铁集团有限公司部分站点、牛岗山公园、市应急指挥中心等37套地震预警信息专用接收终端的安装工作。至年底，全市3067套地震预警信息专用接收终端正常运行。

【地震应急避难场所】 2022年，福州市防震减灾中心联合县（市）区地震工作管理部门每月对地震应急避难场所进行检查，主要针对场所的功能设施、应急标识设立等情况进行检查，并将检查中发现的问题反馈辖区场所管理部门组织整改。全年全市新增地震应急避难场所2处；至年底，全市有地震应急避难场所190处。

【地震应急桌面演练】 2022年8月3日，福州市抗震救灾指挥部在福州市应急指挥中心举行2022年地震应急桌面演练，市抗震救灾指挥部有关成员单位、福建省应急通讯公司、福州市广播电视台参加演练，并邀请省地震局、福州大学专家对演练进行指导点评，各县（市）区防震减灾中心现场观摩。演练采取桌面推演的方式，通过情景模拟地震发生后的突发情况，检验参演人员协调配合，快速处置的过程，并由评估专家对演练各环节进行点评。

（左榕燕）

消防救援

【概况】 2022年，福州市消防救援队伍加强消防安保，参与新冠疫情防控，推进应急救援能力建设。全市消防救援队伍接警出动1.10万起、消防人员9.45万人次，抢救被困人员557人，疏散人员864人，抢救财产价值1.1亿余元。完成党的二十大期间、第五届数字中国建设峰会、第七届世界闽商大会等重大活动消防安保。

【消防体系建设】 2022年，福州市政府下达消防工作主要责任目标，将消防工作列为对各县（市）区政府、市直相关部门重要考评内容，定期约谈火灾多发县（市）区政府责任人。固化消防安全委员会平台协调机制，发布《高层建筑外立面简易开式洒水系统安装指引》《餐饮场所消防安全工作指引》，出台厂房仓库火灾防控12条底线措施，向21个市直部门发布重点工作提示函14份，定期召开每季度联络员商会、培训会。建立健全市安全生产委员会办公室、消防安全委员会办公室联合抄告制度，针对厂房仓库、古厝、“三合一”场所等消防安全问题发出问题抄告单6份，明确厂房仓库火灾风险防控12条底线措施、古厝消防安全指导性意见和“三合一”整治等工作要求。健全社会火灾防控体系。年内，全市各级政府、消安委挂牌督办重大火灾隐患单位35家、区域（行业）性火灾隐患34处。

【消防安全检查与治理】 2022年，福州市推进消防安全专项整治三年行动，开展“消防安全大排查大整治促稳定”、“防风险、保安全、迎二十大”、自建房重大风险等攻坚整治。深化打通“生命通道”整治，开展电动自行车、高层建筑、自建房安全、古厝消防安全综合治理，聘请行业专家开展各领域消防安全隐患清查，推动173个乡镇建立老旧场所火灾风险差异化防控措施。编制《消防救援站指战员开展防火工作手册》，推进消防救援站“防消一体化”建设，各地消防站、乡镇专职队配合开展消防检查、宣传教育1087次。全年全市消防部门检查单位1.73万家，督改火灾隐患0.61万处，处罚796起，查封102处，“三停”（停止施工、停止使用或停产停业）36家，督改重大火灾隐患单位16家。

【消防宣传】 2022年，福州市创新社会化消防宣传模式，协调朴朴、永辉、美团组建2000名骑手宣传服务队派送“安全订单”；联合地铁营运分公司、邮政部门成立消防志愿服务队，投放1500余辆共享电动车循环播放消防安全标语。消防救援支队选送宣传片《预备党员是如何炼成的》获第四届青年融媒体作品大赛最佳创意奖，在“第六届平安中国‘三微’比赛”中获短视

2022年5月12日，福州市防灾减灾中心举办“5·12”全国防灾减灾日进校园主题宣传活动。图为救援人员向学生展示救援设备　（市应急管理局 供图）

频组二等奖；《三坊七巷的“国旗红”与“火焰蓝”》等4篇报道在《人民日报》《光明日报》等媒体刊发。年内，在《人民日报》、新华社等中央媒体播发支队新闻116条（次），“两微”、抖音快手等新媒体平台全年推送原创作品2194条，全网总浏览量突破15亿次。

【重大火灾救援案例】 2022年，福州市消防救援支队处置“4·11”仓山区高湖村民房火灾、“5·17”晋安区红庙岭渗沥液厂爆燃事故、“7·23”福清市新金星贸易集团有限公司火灾扑救等重大灭火救援任务。

4月11日3时42分，福州市消防救援支队指挥中心接到报警称，仓山区盖山镇高湖村农民新苑5号楼附近民房发生火灾，火势燃烧猛烈，有人员被困。接警后，支队指挥中心调集仓山仓前站、特勤四站、特勤一站、特勤三站、战勤保障处后援站5个单位的13辆消防车、80余名消防救援人员赶赴现场处置。6时32分，现场火势得到控制；11时，明火被基本扑灭；12时30分，火场清理完毕。火灾过火面积1500余平方米，未造成人员伤亡。现场区域无疫情病例。

5月17日9时14分，市消防救援支队指挥中心接到报警称，晋安区红庙岭渗沥液厂调节池发生爆燃事故。接警后，支队指挥中心调派晋安新店站、特勤二站、特勤三站、特勤四站、鼓楼三坊七巷站、台江上浦站、晋安鼓山站、战勤保障处后援站、特勤搜救犬队9个单位的20辆消防车、100余名消防救援人员、3条搜救犬赶赴现场处置。总队、支队全勤指挥部遂行出动到场指挥。经过近28个小时的救援，搜救出被困人员6人（其中3人遇难）。

7月10日23时27分，市消防救援支队指挥中心接到报警称，闽侯县祥谦镇祥青路16号厂房发生火灾，火势呈猛烈燃烧态势。接警后，支队指挥中心调派闽侯青口站、南通站、特勤三站、战勤保障处后援站4个单位的11辆消防战斗车、55名消防救援人员赶赴现场进行处置。支队全勤指挥部遂行出动。经过8个多小时的扑救，11日0时59分，现场火势得到控制；7时58分，明火全部扑灭。火灾过火面积约300平方米，无人员被困伤亡。现场区域无疫情病例。

2022年7月23日，福州市消防救援支队处置福清市宏路街道大埔村仓库火灾

（市消防救援支队 供图）

7月23日6时2分，市消防救援支队指挥中心接到报警称，福清市宏路街道大埔村新金星贸易集团有限公司仓库发生火灾。接警后，指挥中心调派福清宏路站、音西站、镜洋站、江阴站、战勤保障处后援站、马尾快安站、闽侯青口站、上街站、长乐滨海站、特勤四站10个消防站的29辆消防车、136名消防救援人员及万华企业专职队4辆消防车10名人员赶赴现场处置，联动公安、医疗、供水、供电等单位到场协同处置。支队全勤指挥部遂行出动，前往现场组织指挥。经过10个多小时的扑救，16时30分，明火被基本扑灭。火灾过火面积约1800平方米，未造成人员伤亡，保护起火建筑南侧加油站、充电站，东侧民房，西侧金星家具城等毗邻建筑。

8月11日14时7分，市消防救援支队指挥中心接到报警称，长乐区古槐镇乔龙家具广场发生火灾。接警后，支队指挥中心调集长乐滨海站、空港站、航城站、闽侯上街站、马尾快安站、罗星站、战勤保障处后援站7个消防救援站的19辆消防车、90余名消防救援人员赶赴现场进行处置。支队全勤指挥部遂行出动，到场协调指挥灭火救援工作。经过近7个小时的扑救，16时33分，现场火势得到控制；17时44分，现场明火被基本扑灭；20时56分，现场处置完毕。火灾过火面积约600平方米，未造成人员伤亡。

8月15日10时55分，市消防救援支队指挥中心接到报警称，闽侯县上街镇浦口村金顺汽车修理厂旁厂房发生火灾。接警后，支队指挥中心调派闽侯上街站、甘蔗站、南通站、台江上浦站、仓山橘园洲站、福清江阴站（中途返回）、特勤二站、特勤四站、战勤保障处后援站9个单位的25辆消防车、134名指战员赶赴现场处置。支队全勤指挥部遂行出动到场指挥。经过近8个小时的扑救，12时30分，现场火势基本控制；12时50分，明火基本扑灭；18时50分，火场清理完毕。火灾过火面积约980平方米，无人员被困伤亡。

（薛宇成）

（编辑 黄 铭）

县（市）区

鼓楼区

【概况】 2022年，鼓楼区地处福州市城区西北部，面积35.43平方千米，辖9个街道,1个镇，69个社区。年末常住人口67.5万人，户籍人口62.36万人，人口出生率7.10‰，人口自然增长率5.68‰。年内，获评全国首批国家知识产权强县建设示范县等，位居“中国楼宇经济（总部经济）标杆城区”前10强、全国创新百强区第18、全国投资潜力百强区第21。

【经济建设】 2022年，鼓楼区实现地区生产总值2609.06亿元，比上年增长4.4%。经济结构上，实行“优二强三”战略，以第三产业为主导，做精都市型工业，第二产业增加值占地区生产总值比重16.4%，第三产业增加值占地区生产总值比重83.6%。一般公共预算总收入63.14亿元，比上年增长1.6%；地方一般公共预算收入37.92亿元，增长7.0%；一般公共预算支出36.56亿元，增长21.5%。城镇居民人均可支配收入65763元，比上年增长4.6%。实现工业增加值114.39亿元，比上年增长0.2%。规模以上工业总产值112.40亿元，增长1.8%。规模以上制造业产值比上年增长1.7%，规模以上电力、燃气及水的生产和供应业产值增长4.0%。实施龙头企业培育行动计划，对新能源、光电信息、集成电路等重点产业链推出系列扶持措施，辖区内有省级工业和信息化龙头企业17家、市级工业龙头企业2家，9家企业37个产品入选2022年《福州市名优产品目录》。数字经济产业创新中心提前竣工，集聚企业超1400家，年营收突破1700亿元。实现第三产业增加值2180.94亿元，比上年增长4.8%，占全市的31.3%，位居全省第一。社会消费品零售总额1440.09亿元，比上年增长4.6%，占全市的30.8%。金融业增加值677.34亿元，占全区地区生产总值比重26%，占全市金融业增加值比重49%。朱紫坊基金港落地基金105只，资金管理规模超1200亿元。开展路演活动160场，助力企业获得授信2100亿元。推动数字人民币试点，交易额突破50亿元。获批自贸试验区金融协同发展政策，合格境外有限合伙人（QFLP）试点落地。数字经济规模占全区地区生产总值比重64%，新增50家全省数字经济领域创新企业、38个省级数字技术应用场景项目，均位居全省第一。文旅经济复苏，推出全国首个“新时空”文旅演艺产品“寻梦闽都”，全年接待游客2030.1万人次，旅游收入147.3亿元。五四路CBD（中央商务区）入选“中国商务区综合竞争力”前20强。48家总部企业实现税收17.7亿元。新增载体面积36.6万平方米，评定星级楼宇24栋。东街口商圈年营业额首次突破百亿

2022年5月，为迎接第五届数字中国建设峰会，福州软件园建成线下“黑科技”体验展馆，有55家企业展出127件产品　（项涛 摄）

元，福州万象城成为全市高端消费新标杆。全区累计引进国际一线品牌超20个，首店增至320家。实现进出口总额818.1亿元，比上年增长8.7%；实际利用外资4256万美元，全区招商落地科大讯飞等229个项目，总投资1850亿元。实施7条重点产业链链长制，新引进项目69个，总投资1500亿元。设立20亿元产业投资引导基金。开展“项目攻坚落实年”专项行动，109个重点项目累计完成投资200亿元。落地外资项目74个、台资企业32家。

【城乡建设与管理】 2022年，鼓楼区完成60个城市品质提升项目，携手市属国企创新投融资模式实施230个老旧小区改造，创新推行“三个到位”机制引导群众共建共享。试行责任规划师制度，打造温泉、怡山、福屿3个完整街区。实施15个环境综合整治项目，新建9条道路街巷。启动5个旧屋区改造项目，竣工7个安置房项目。新增公共保障性租赁住房1500套。建成乌石山精品公园，保护修复24处历史景观。福道荣获第十九届中国土木工程詹天佑奖。城市精细化管理街区在省级样板工程评比中再获第一名。实施智慧环卫一体化改革，建设垃圾分类、“门前三包”、燃气监管等数字化平台，提升改造垃圾分类屋（亭）372座，获评省级垃圾分类示范区。新建公共停车场7个，新增停车泊位678个。

【社会事业】 2022年，鼓楼区正祥西江月、铜盘景居等楼宇陆续交付使用，新增载体面积16.6万平方米。实施重点研发项目44个，总投资超36亿元。新增省级、市级研发公共服务平台9家，成立福建省开源数字技术研究院，建成全省首个鸿蒙开放实验室。新增国家级专精特新“小巨人”企业4家、高新技术企业73家，有效发明专利拥有量比上年增长18.4%。推出“鼓楼文儒卡”，提供37项特色服务。新增国家级人才3人，省市高层次人才153人，高技能人才1129人。新成立鼓楼第一中心小学教育集团、鼓楼实验小学教育集团，新改扩建屏西小学等5所学校，新增学位3420个。开展“区管校聘”改革，名优骨干教师轮岗比例31%。实施校内课后服务“双百”项目，学生参与率92%。荣获省级教学成果特等奖1项、一等奖3项。高士其故居、吴孟超院士先进事迹展示馆入选全国科学家精神教育基地。原创话剧《少年严复》等7件作品获市茉莉花文艺奖。建成鳌峰坊历史文化街区展示馆，开展文化节庆等活动150余场。运动健儿获省运会金牌23枚、市锦标赛金牌48枚。举办区第17届全民健身运动会、第四届企业运动会、“荣耀鼓楼”电竞政企赛。健康事业“优质服务基层行”达标率全市第一，建成鼓东、南街2家省级精品中医馆，11家社区卫生服务中心与省老年医院签约医联体。设立成人预防接种数字化门诊，在全省率先开通HPV（人乳头瘤病毒）疫苗线上预约服务。

【社会保障】 2022年，鼓楼区新增就业3.1万人，“免申即享”发放普惠性稳岗返还资金5350万元，惠及企业1.1万家、职工15.8万人。为3687名来榕就业高校毕业生发放每人1万元生活补贴。建成74家“长者食堂·学堂”，总面积超1.5万平方米，助餐助学超120万人次，在全国率先实现社区全覆盖。屏山、杨桥河南2个社区获评全国示范性老年友好型社区。优化普惠性托育服务，成立社区型托育机构3家，打造“小茉莉”精品托育品牌。

【生态环保】 2022年，鼓楼区开展闽江北岸滨江生态休闲带改造提升，建设福山郊野公园低碳景区。完成30处立体绿化、集中式绿地微改造、口袋公园建设。开展“护河爱水、清洁家园”、绿色社区创建活动。加强扬尘、油烟、噪声专项治理，环境空气质量、饮用水水源保护区水质保持优良。完成能耗双控目标任务。

【平安建设】 2022年，鼓楼区开展人民调解、信访评理、平安创建等工作，信访积案化解办结率99.2%，盗窃警情比上年下降38%。开展专项行动排查整治安全隐患3252处。开展国家智能社会治理实验综合基地建设，成立专设研究院，推进六大领域9项实验。“鼓楼智脑”入围全国城市数字化转型优秀案例，“一线处置”机制被列入“数字中国”1号专题教学案例。形成38类110项权责清单，为社区减负增能。创建6个市级精品社区，8个社区入选全市“一刻钟便民生活圈”试点。“家在鼓楼”小区事务服务中心新纳管无物业小区30个，惠及群众7599户。“e福州”便民自助终端实现社区全覆盖。实现省级双拥模范城“四连冠”。

【海丝中央法务区福州片区运营】 2022年1月，鼓楼区海丝中央法务区福州片区运营，项目坐落于福州华润万象城TB楼2层、3层，面积约4000平方米，是全国首个实体法务服务中心、首个法务人才实训与服务基地，也是截至2022年全国法务服务集聚度最高的法务区。截至年底，线上+线下入驻各类机构530家，线下服务大厅开设对外服务窗口31个，业务范围覆盖全国24个省份，辐射全球17个国家和地区，可提供180余项法务、泛法务服务。

【新能源科创中心载体投入使用】 2022年，新能源科创中心选址鼓楼区乌山西路518号正祥西江月综合楼，建筑面积2.1万平方米。新能源科创中心围绕成果研发转化、龙头企业引育、产业生态构建三大主导方向，形成富有特色的新能源技术研发转化中心、新能源产业总部集聚中心、新能源运营管理中心，打造“3+3”格局的新能源产业集聚高地。

【福州万象城商圈运营】 2022年，福州万象城选址原洪山科技园旧址，建成楼宇超46万平方米，其中商务办公36.5万平方米、商业9.65万平方米，以打造福州商业地标、时尚高地和福建高端购物中心为定位，是近年来鼓楼区向西拓展发展空间、推动商贸业高质量发展、打造新经济增长点的重要抓手。6月18日，福州市首家重奢商场——福州万象城开业。万象城商圈主打“国际时尚+熙街文化”高端品质消费，与东街口商圈“历史文化+潮流嗨购”文旅商融合特色形成联动互补，标志着鼓楼区东、西双核商圈格局初步形成，满足不同层次消费群体需求。截至年底，入驻国际一线品牌、高端品牌、首店超250家，成为福州“首店首发首秀”集中地。

【老旧小区改造政策机制在全省创新启动】 2022年，鼓楼区采用“财政+企业+金融”方式，破解老旧小区改造资金压力大难题。创新“投融资+建设+运营”模式，引导撬动社会资本投入，推进全过程建设及运营维护工作。将运营管理期延长至25年，通过物流快递设施、停车场、道闸广告栏等公共基础设施配套运营取得收入，盘活闲置资产、加快收回投资成本，实现“居民受益、企业获利、政府减压”三方共赢。在全省率先打造老旧小区“共建基金池”，由小区全体业主按房屋面积每平方米最低5元的标准一次性缴存，作为改造工程质保到期后维护费用，实现改造提升和长效管理“无缝衔接”。相关做法入选住建部第七批城镇老旧小区改造可复制政策机制清单。

【责任规划师制度在全市率先试点】 2022年6月1日，鼓楼区在全市率先开展第一批责任规划师试点工作。首批4名责任规划师以双向选择方式，分别受聘作为鼓东街道、五凤街道、温泉街道、洪山镇的责任规划师团队领衔专家，相应牵头组建具有规划、设计、景观、交通等专业背景的责任规划师团队，为责任片区提供“全链条、陪伴式”规划服务和技术支持。责任规划师团队聚焦“还权、赋能、归位”，衔接政府行动与居民需求，助力中山、怡山、温泉、福屿等4个完整街区示范区建设。

【第五届数字峰会鼓楼展馆建成投入使用】 2022年7月23日，鼓楼区在第五届数字中国建设峰会上展示“数字福建”鼓楼示范区近年来的建设成就。作为参展的唯一县区级展馆，会展期间吸引19个城市的27家单位组团参观。西湖数字化体验场景设置40多个数字化“黑科技”场景体验点，日均接待上万人次，活动视频浏览量突破百万次。峰会期间，举办3场“有福之州 对话未来”朱紫坊论坛，签约数字经济项目40个，总投资170.07亿元。

表91　　**2022年鼓楼区街道（乡镇）基本情况统计表**

街道（乡镇）	辖地面积（平方千米）	户数（户）	人口数（人）	社区（经合社）（个）	财政总收入（万元）	地方财政收入（万元）	规模以上工业产值（万元）
鼓东街道	1.11	15689	52787	5	147157	75804	16792
鼓西街道	1.82	19505	64342	6	21362	12403	10453
温泉街道	2.21	20910	75854	7	84852	46664	80524
东街街道	0.72	9912	38420	4	29481	18934	88616
南街街道	1.54	15195	44942	6	9495	6146	4771
安泰街道	1.54	8794	26271	4	12848	9825	21857
华大街道	3.27	24697	89230	9	54225	29521	15344
水部街道	1.30	12438	38342	5	37721	25066	29595
五凤街道	9.55	27701	84569	11	28205	18734	43170
洪山镇	12.37	35466	108863	12	53017	33420	317880

说明：数据来自鼓楼区统计局、区民政局、区财政局

（徐　毅）

台江区

【概况】 2022年，台江区地处福州城的南面，闽江下游北港北岸，面积18平方千米。辖10个街道，52个社区。年末常住人口41.4万人，户籍人口32.33万人，人口出生率6.68‰，人口自然增长率3.33‰。全年完成60个为民办实事项目。打造“闽江之心”、福州三宝城、“中国第一福街”等一批新地标，推动上海西新村、雁塔一等5块地块土地出让面积16.12公顷。长者食堂实现社区全覆盖，集团化办学覆盖率居全市前列，平安建设考评连续10年保持优秀行列。获评全国科普示范区、省级“双拥模范城”、福建省城市发展“十优”区。

【经济建设】 2022年，台江区实现地区生产总值679.57亿元，比上年增长4.1%，其中第三产业增加值619.54亿元、增长4.1%；固定资产投资144.01亿元，增长13.1%；社会消费品零售总额295.55亿元，增长2.9%；实际利用外资2.96亿美元，增长88.1%；一般公共预算总收入21.63亿元，下降9.4%；地方一般公共预算收入14.65亿元，下降12.5%；城镇居民人均可支配收入6.05万元，增长3.8%。实现规模以上营利性服务业营业收入145.23亿元，比上年增长8.3%；新增商贸企业

42家，其中商贸业企业25家，服务业企业17家。打响“千年闽都•活力台江”促消费品牌，全年开展促销活动738场，带动销售额超60亿元。落地招商项目506个，总投资额516.13亿元，在“福州市重大项目招商落地攻坚行动”考评中位列全市第八。

【城乡建设与管理】 2022年，台江区实施220个市、区两级城市更新品质提升项目，累计投资85.95亿元，获评全省2022年城乡建设品质提升综合绩效优异县区。实施上海西新村、雁塔一地块等6个旧屋区改造项目，占地面积17.4公顷，建筑面积34万平方米，涉及群众4000户，其中上海西新村地块征收工作获市政府通报表扬；雁塔一地块18天完成100%签约封房及净地交付。完成老旧小区综合整治项目49个、雨污分流整治项目61个。苍霞新城全方位改造提升2期工程基本竣工。“闽江之心”一期建成开放，青年广场城市更新项目获2022年全球未来设计金奖。福州三宝城项目获城市（县城）更新省级样板考评第一名。福瑞社区“10分钟生活圈”无障碍改造示范区项目获无障碍设施建设示范区样板考评第三名。瀛福路、排尾二路等10个市政项目完工，鲤鱼巷等22个缓堵项目加快推进，完成中亭街、半岛国际等8个夜景灯光提升工程。新建改造荷塘、南星等大众汤屋4处，开展鳌峰片区高品质饮用水试点工作。在闽江北岸江滨路核心段打造市级精细化管理示范街区样板，创建“门前三包”示范街10条。拆除“两违”面积4万平方米。

【社会事业】 2022年，台江区聚焦创新主体、双创平台，推进科创走廊建设，制订《2022年台江区科创走廊建设工作方案》，全年新增载体面积19万平方米。全区有国家级高新技术企业303家、科技型中小企业254家、科技“小巨人”企业30家、省级新型研发机构4家、市级以上众创空间14家、市级以上企业技术中心5家。通过国家高新技术企业评审认定130家，通过科技“小巨人”企业评审认定15家。累计完成技术合同登记额5.1亿元，比上年增长143%。全区有在校生46938人，其中小学生25946人、初中生6014人、普通高中生1215人、职业高中生742人、特教学生113人、在园幼儿12908人。坊巷幼儿园改造、亚峰小学修缮等项目竣工，新增学位360个，学前教育普惠学额覆盖率94.7%。义务教育管理标准化省级评估通过率100%。新组建福州台江实验小学等教育集团6个，学校（园）覆盖率76%，福州鳌峰学校挂牌全市首批“榕博中学”。台江第四中心小学获评全国首批“科创筑梦助力双减试点单位”。完成2个街道综合文化站、17个社区文化服务中心改造提升。开展“江滨大舞台”“文化下基层”“书香台江”“台绘悦读”以及非遗宣传展示等文化惠民活动353场，开设各类公益培训，授课近700课时。编写出版台江通史类书籍《活力商都 台江史踪》，推出2处古厝活化利用精品案例，演出非遗剧目《水中厝》，侯德榜故居入选国家级“2022年度科学家精神教育基地”。创作福州市第五届茉莉花文艺奖音乐类一等奖作品《拾•欢》、2022年全市党员教育电视片观摩交流活动优秀奖歌曲《院士礼赞》等优秀原创作品。全区藏书量68.03万册（含街道社区图书），年新增图书3.05万册，数字资源总量3.37TB，全年图书流通68万册（次），服务读者11.9万人次。全年更新健身路径20条，新建运动场所5片，举办全民健身系列活动15场。输送的71名运动员在省第17届运动会上，获冠军23人、亚军28人、季军18人。成立全市首个中医药产业人才驿站，实现社区卫生服务中心“中医馆”全覆盖。组建52支以全科医生为主体的社区卫生服务团队，开展12大类基本公共卫生服务项目，有特色专科专病门诊17个，开展特色诊疗4249人次，人均基本公共卫生服务经费补助标准从70元提高至75元。建立居民健康档案373036份，建档率90.32%；家庭医生签约人数189241人，签约率45.82%。

2022年8月31日，台江区实现“长者食堂”社区全覆盖。图为台江后洲街道长者食堂开业 （叶诚 摄）

【社会保障】 2022年，台江区财政用于民生领域支出18.53亿元，占一般公共预算支出的82.06%。新增城镇就业1.71万人，失业人员实现再就业5546人。长者食堂实现社区全覆盖，形成“1个中央厨房、5个示范点、52个社区全覆盖”的居家养老助餐格局，总餐位数2000个。新建社区居家养老服务照料中心3家，在全市率先适度扩大对部分重度残疾困难对象低保救助范围，全区低保、特困供养保障对象1640人，临时救助1833人次，累计发放各类救助资金1867.43万元，生活不能自理特困人员集中供养率100%。

【生态环保】 2022年，台江区落实“河长日”“河湖长制”，开展“护河爱水、清洁家园”行动687场次，三捷河、新港河、路通桥入选全省首批河湖文化遗产名单，内河水质达标率77.8%，主要流域省控断面均达Ⅲ类水质标准，达标率100%。生活垃圾分类实现小区全覆盖，准确率95%以上。强化大气污染应急管控，全年空气质量优良天数比例99.2%，综合污染指数2.37，空气质量综合考评排名全市（城区组）第二。重点建设用地安全利用率100%。开展“静夜守护”专项执法行动，区域环境噪声（昼间）56.8分贝，达到三级水平，道路交通噪声（昼间）67.4分贝，达到一级水平。

【平安建设】 2022年，台江区打造“金融巡回法庭”品牌，组建“福州古厝与文化遗产保护巡回法庭”。加强未成年人司法保护工作，提升“检爱驿站”“青蕾之洲”等工作。完善“四级巡防”队伍建设，升级“1+6+N”警务模式。探索“五治融合”工作法，运用台江区“五事工作法”，点亮“金斗社区”基层治理品牌，探索形成鳌峰街道网格化“1234N”工作机制。台江区扫黑除恶好评率位列全市第三、安全感位列全市第七。“平安台江”微信公众号获评第三届全省政法新媒体优秀账号。年内，创建73个平安小区，创建率98.13%，建成智慧安防小区343个。

【“闽江之心”滨江步行街开放】 2022年1月19日，福州“两江四岸”整体品质提升工程重要组成部分“闽江之心”滨江步行街开放。滨江步行街位于闽江北岸，沿江滨中大道（解放大桥—闽江大桥），全长近1千米，与青年会前广场、青年广场、仓前公园、江心公园共同组成福州“闽江之心”。

【“好年华 聚福州”2022年数字经济专场招聘会暨政校企人才对接大会】 2022年3月10日，台江区举行“好年华 聚福州”2022年数字经济专场招聘会暨政校企人才对接大会，114家台江区数字经济企业提供招聘岗位5196个，涵盖数字经济全专业领域。重点推介5条引才政策，厦门大学、福州大学等全省37家高校、80多名专家学者与朴朴、来玩互娱等30家台江数字经济龙头企业，政校企三方就人才对接培养、产学研合作等方面，签订多份战略合作协议，一批高校毕业生与企业签订就业协议。

【预制菜产业协同创新基地】 2022年，台江区抢占预制菜产业新赛道，选址福州市文化工职工培训中心楼，打造全市首个中心城区预制菜产业园，总面积3500平方米。配套出台《台江区关于促进预制菜产业发展的八条措施》，吸引预制菜龙头企业，打造“产业链龙头+专业赛道投资基金+科创载体”的产业模式。

表92　　2022年台江区街道基本情况统计表

街道	辖地面积（平方千米）	户数（户）	人口数（人）	社区（经合社）（个）	财政总收入（万元）	地方财政收入（万元）
宁化街道	2.9	9000	25415	7	3391.95	3154.05
上海街道	2.65	16328	46666	7	5026.84	8150.69
义洲街道	0.86	11690	32144	6	2136.02	1533.22
苍霞街道	1.07	11011	29117	5	3458.61	2993.94
茶亭街道	0.88	9149	27420	5	2546.03	3628.65
洋中街道	0.88	9866	30052	5	3476.12	3566.53
新港街道	1.35	11918	32306	6	4059.17	4012.83
后洲街道	0.91	11191	26397	6	4045.53	1658.34
瀛洲街道	2.2	11978	31522	6	3977.42	2870.25
鳌峰街道	5.1	14250	42249	7	4818.68	7336

说明：数据来自台江区自然资源和规划局、台江公安分局、各街道办事处

（刘　勇）

仓山区

【概况】 2022年，仓山区地处福州城区南部，面积146.24平方千米，辖8个街道，5个乡镇，116个社区，101个行政村。年末常住人口118万人，户籍人口68.33万人，人口出生率8.62‰，人口自然增长率7.04‰。耕地171.9公顷，林地面积743.47公顷，森林覆盖率7.29%。森林活立木总蓄积量7.32万立方米。行政界内湿地总面积158.55公顷。全区有福州烟台山景区、春伦茉莉花茶文化创意产业园景区等2家国家AAA级旅游景区；有螺洲古镇、林浦古村、阳岐古村、梁厝特色历史文化街区、金山寺、飞凤山公园、花海公园、海峡文化艺术中心等旅游资源；怀安窑址、陈靖姑信俗文化等海丝文化资源。年内，获“国家知识产权强县建设试点县”“省级数字经济核心产业集聚区”“福州市营商环境改革创新示范区”等荣誉。

【经济建设】 2022年，仓山区实现地区生产总值1045.07亿元，比上年增

长1.1%。一般公共预算总收入31.23亿元，地方一般公共预算收入22.17亿元，固定资产投资587.47亿元。社会消费品零售总额561.16亿元，比上年增长2.4%；居民可支配收入51526元，增长3.7%；实际利用外资3.07亿美元，增长630.95%，全年目标完成率172.3%，排名全市第三。推进科创街区和工业园区标准化建设，在全市率先揭牌首批“科创驿站”，橘园洲A、D地块等项目建成投用，C、E地块和企业自主提升项目在建，新增高标准厂房35万平方米，入驻亿力集团等26家企业，预计年产值超200亿元。金山工业园区蝉联福厦泉国家自主创新示范区福州片区“一区多园”产业核心园区综合考评第一名。推进自贸区改革，金山工业园区纳入自贸联动创新发展区，创新“闽质通”金山工业园区工作站等13项举措。在全省首创“标准地+”模式，成功出让金山工业园区橘园洲E地块。加快工业转型，提升集成电路、光电信息等9条产业链，打造规模超250亿元的电子信息产业集群；推进6英寸集成电路芯片生产线改造等29个重点工业项目建设，完成工业投资30.08亿元，比上年增长12.2%。工业企业提档升级，新培育魔方电子、三丰鞋业等6家省级龙头企业，富兰光学获评国家级专精特新“小巨人”企业。欧浦登（福建）光学、鑫图光电等11家企业获评2022年省级专精特新中小企业。出台工业企业用电补助，兑现各级扶持资金3.1亿元，落实减税降费14.55亿元，减免小微企业及个体工商户租金2232万元，新增市场主体1.97万户。完成国企改革三年行动，组建仓教公司、中洲之星公司、问需金山公司等企业。打造安腾科创产业园，落地百度昆仑芯智能生态中心等140个重点项目。出台《关于扶持药品上市许可持有人发展的若干措施》。建成金山医药产业园，举办2022中国（东南）数智医疗产业峰会暨首届中国（福建）数智医疗博览会，“福州国际医疗综合实验区临床研究基地”揭牌。引进微医集团区域总部、艾彼诺赛等112个项目，实现规模以上、限额以上生物医药企业84家，产业规模245亿元。

全区商贸服务业企业销售额（营业收入）5亿元以上企业44家、10亿元以上企业28家。组织京邦达、蓝湖食品申请省、市物流专项资金166.11万元，培育（含引进）福州左海供应链集团有限公司（原福州交通实业发展有限责任公司）、一二三三国际贸易（福建）有限公司以及福建海峡军民融合产业发展有限公司等38家物流与供应链产业链企业，全年累计销售额430.61亿元，比上年增长63.36%。推进物流与供应链平台经济产业链的中国（福州）跨境电商综试区赋能中心建设。组织万达—爱琴海、融侨外滩、火车南站等重点商圈举办大型促销活动164场，开展“闽江之心”系列主题活动195场，吸引客流量1000万余人次，拉动消费超10亿元。推进K米智慧娱乐运营平台、永辉彩食鲜企业购等60个平台项目建设，实现纳统销售额407.76亿元，比上年增长42.93%。3395家电商实现网络零售额219.5亿元，连续11个月保持全市第一。开通招商驿站，发布“投资仓山”微信小程序，引进落地中交海峰风电等招商项目302个，预期投资额611.73亿元，台资项目数位居全市第一，产业链项目数位居全市第二，一般项目数位居全市第三。举办“烟山鹊桥荟”等政金企对接会12场次，新增7家战略合作银行，获得泛金融支持、授信额度3230亿元，帮助237家企业获得纾困增产增效专项贷款超6亿元。开展企业上市“金仓计划”，锐捷网络成功在深圳证券交易所创业板上市。优化营商环境，落实国家最新市场准入负面清单，降低市场准入“门槛”及简化企业办事审批手续。

全年新增外资企业42家，合同外资企业增资10家。利用“厦洽会”平台，与SM集团、纵腾集团、便利客（福建）等公司在省、市项目签约会上累计签约金额38.7亿元，为历届之最。组织榕信水务、福润实业等5家外资企业申报省、市级利用外资专项奖励资金。配合市商务局构建外商投资促进服务线上平台，全年推送仓山区投资资讯、项目配对、投资对接等服务信息17条。

【城乡建设与管理】 2022年，仓山区生成城市更新工程、生态连绵工程、交通通达工程和安全韧性工程四大类项目48个，主要涉及城市更新、完整街区建设、街头小公园建设，年计划投资约84.38亿元。推动108个项目，交地面积648.4公顷的征迁任务，完成民天食品厂周边配套道路等57个项目，交地面积345.58公顷。完成土地出让16宗、面积53.99公顷，成交金额122.04亿元。统筹片区规划征迁，加快将三江

2022年7月14日，“数绘南台 智赢未来”仓山区智能产业峰会召开

（仓山区融媒体中心 供图）

口片区打造为“城市会客厅”。推动片区22个项目征迁交地工作，其中完成厚峰收储地块一、三等8个净地交地，剩余下洋收储地块一、二、三等4个清盘扫尾，新启动福安新区、福峡路西侧城市综合体用地、福喜新区一期、福喜新区二期、市二医院南台分院等10个项目。截至2022年，市皮肤病防治院南院、螺福路与燕秀路交叉口东北侧收储地块、环岛路加油站、螺洲支路等4个项目已完成征迁交地。项目投资额88.96亿元，占年度计划的105.43%；已开工项目数48个，开工率100%。象珑公馆等66个项目开工，金城湾商业项目等34个项目竣工。推进义序河整治工程等142个、总投资2545.23亿元的省、市重点项目建设。开展“护河爱水、清洁家园”、村庄清洁“六清一改”等行动，发动党员干部、群众18万人次，清理垃圾21万余吨。在全区58个村开展农村人居环境整治积分制。林长制、河长制等制度全面落实，在全省率先开展林长制标准化、规范化工作，全区森林覆盖率8.16%。解决内河问题493个，处置率95%。提升垃圾分类屋337座、新扩建25座。启动新一轮环卫作业服务市场化工作。省环保例行督察交办信访件30件，已完成整改28件，边督边改2件。开展“散乱污”企业整治，发现问题221个，完成整治216个。推进综合行政执法体制改革，完成169项行政执法事项下放工作。推广“区统筹、镇主导、村受益”商贸楼回购机制，97个村村财政收入超百万元。开展“放管服”改革，57项、15项政务服务事项分别实现“跨省通办”“省内通办”，企业开办时间压缩至3个小时。推行小微企业“三零”服务城乡全覆盖，累计为用户节省电力投资1193万元。落实“一企一议”等工作机制，累计帮助企业协调解决问题1422个、问题办结率100%，“一企一议”综合考评位居全市第三。

【社会事业】 2022年，仓山区科技规模以上企业R&D（研究与开发）经费投入26.11亿元，占地区生产总值比重2.53%，总量位居全市前三。完成国家级高新技术企业申报271家，总数达436家，总量位居全市第二。22家企业入选省级数字经济领域“独角兽”、未来“独角兽”、“瞪羚”创新企业，总数位居全省第三、全市第二。实施知识产权强区战略，为企业提供知识产权保护类服务3268件次。建立“1+1+N”人才政策体系，引进各类高层次人才330人、培养高技能人才479人。在第五届数字中国建设峰会中，5G智慧城市建设等5个项目签约，签约数位居全市第一。全省首个元宇宙智慧商圈——白湖亭万达广场建成开放，入选福建省2022年度数字技术创新应用场景12个，数字经济规模510亿元。

多方筹措资金，促成金闽小学、福州市永南中学新校建设、花溪幼儿园等9个项目竣工，新增义务教育学位4920个，提供公办幼儿学位2520个。完成冯宅中心小学、三江口小学、冯宅中学3个项目约2.5亿元地价款的缴交工作，促成冯宅中心小学项目主体竣工，三江口小学和冯宅中学2个项目进入主体结构施工阶段。促成螺洲中学教学楼重建进入结构施工阶段，盘屿中学教学楼重建和城门中学改扩建2个项目开工建设。完成麦顶小学海关楼修缮等10所学校11个隐患校舍抗震加固及校园修缮工作，督促83所学校完成加装校舍安全防护设施工作，消除校舍设施安全隐患。将龙津小学、淮安规划中学等13个项目列入福州市重大项目前期攻坚行动项目库，每个项目指定专人推进。区属中学中考巩固率99.4%，优秀率、及格率均比上年增长10%，区属中学本专科上线率100%，本科上线率比上年增长5.87%，区属环保职专新增3个五年制高职专业，应届生就业率97.48%。

闽台陈靖姑信俗文化中心竣工。鸣鹤拳、花朝节传统习俗等2个项目入选省级非遗代表性项目名录。开展群众性文化活动399场，惠及群众超100万人次。新建改造体育设施60处，打造群众身边的“15分钟健身圈”。打造金洲社区、水都社区等精品示范社区8个，金山街道金洲社区获评全国先进基层群众性自治组织。金山街道综合网格服务管理工作获福建省委常委、市委书记林宝金肯定。编制完成《仓山区全域旅游发展规划》，烟台山商业漫步街区二期项目开街，提升改造螺洲古镇游客服务中心，举办福州新春文化旅游月等文旅活动。烟台山历史文化风貌区获评第十批中国华侨国际文化交流基地、福建省对外文化交流基地，全年接待国内游客618.26万人次、实现旅游收入51.51亿元。以建新镇、螺洲镇卫生院、金山街道社区卫生服务中心为“党建+医疗卫生服务网格”试点单位，推进“一支部一特色”党建品牌建设。

配合推进省立医院金山院区二期、孟超肝胆医院金山院区、市皮肤病防治院南院等省、市级重点项目建设。市二医院奥体院区揭牌开诊，区公共卫生服务中心项目已申请重新立项，金山街道社区卫生服务中心社区医院已通过省级验收，螺洲镇卫生院新址投入使用。全区执业（助理）医师数3755人、注册护士数4654人，每千人拥有医生3.29人、护士4.07人。公共服务标准人均基本公共卫生服务经费补助标准从79元提高至84元。壶山林氏中医药文化园入选“福建省中医药文化宣传教育基地”。2022年，免费婚检942人、免费孕前优生健康检查1356人，高危孕产妇住院分娩率及管理率均100%；适龄女性人乳头瘤病毒（HPV）疫苗已累计接种5124人。推进婴幼儿照护服务，新增1家省级普惠托育机构试点单位，全区现有托育机构33个，托位总数2686个。推进老年医学科建设及安宁疗护服务工作，设立国德老年医院安宁疗护试点，福建省地质医院（二级以上综合医院）设置50%以上老年医学科。新增舒逸养老院医养结合试点，完成140个失能老人评估与服务工作。

【社会保障】 2022年，仓山区完成为民办实事项目33个；新增城镇就业2.18万人，城镇失业人员再就业5809人；发放6万余人次失业保险金、失业补助金、临时物价补贴等近6000万元。城乡居民养老保险参保6.04万人，被征地农民养老保障参保11.3万人。

建成安置房7915套，面积60.58万平方米；完成对接选房3327套，25.12

万平方米。建成投入使用建岭社区、盛景社区等居家社区养老服务站17个，建成长者食堂103个、餐位2800个。

【生态环保】 2022年，仓山区投入使用水都社区等10个停车场、894个车位完成马杭洲公园等13千米绿道的提升改造，建成15个街头小公园，完成8个交通治堵项目，烟台山片区花漾街区列全省品质提升建设样板评选活动第一档，建成区绿化覆盖率45.66%，人均公园绿地面积15.8平方米。推进“闽江之心”核心区整体提升工作，仅用30天全面完成中洲岛1号楼、3号楼1070间商户的搬迁工作，基本完成2号楼205间，1.16万平方米的房屋征收工作。启动江心公园新一轮提升改造，全市首个在公园内设立的婚姻登记处——江心岛婚姻登记处揭牌。完成三县洲大桥、梅岭观海等重点区域夜景灯光的改造及“闽江之心”核心区南岸4.1千米的灯光布设。

【平安建设】 2022年，仓山区建新司法所规范化建设走在全省前列，获评五星司法所，区司法所总数位居全市第一。推进安全生产和消防安全工作，累计检查单位1.48万家次，发现并整改隐患1.21万处，挂牌督办2处重大火灾隐患。开展食品安全日常监管与夏季食品安全攻坚专项行动，检查食品生产经营主体5913家次，责令整改问题181个。实施“治重化积”行动，化解2批次专项件417件，化解率99.7%以上。

【烟台山片区文旅产业发展】 2022年，为提升福州烟台山的国内外影响力，打造烟台山的国际名片，福州市政府与福建师范大学合作共同建设“烟台山国际文化沙龙”，做好对外文化交流工作。同步推动“福”文化资源转化利用，响应打造“福”文化品牌。年内，烟台山历史文化风貌区获评第十批中国华侨国际文化交流基地、福建省对外文化交流基地。依托“醉美仓山”视频号开展5期烟台山探店直播活动；拍摄《新闻启示录》传统历史街区里的“新玩家”等宣传节目，配合安徽卫视《民宿里的中国》节目组、福州广播电视台拍摄烟台山，并通过微信视频、抖音、微博、哔哩哔哩等多渠道发布，拓宽宣传营销渠道。烟台山商业漫步街区二期于2022年9月30日亮相投入运营，截至年底，烟台山总客流达174.5万人次，销售额2030万元。二期开业后项目总品牌数近200个，其中超30个首进福州品牌，项目开业首日即登上抖音同城热搜榜，抖音流量超2000万次，小红书打卡笔记超万条，并获中央电视台、人民网、中新网、《福建日报》等几十家媒体滚动报道，媒体总曝光量超5500万次。

表93 2022年仓山区街道（乡镇）基本情况统计表

街道（乡镇）	辖地面积（平方千米）	户数（户）	人口数（人）	社区（村）（个）	财政总收入（万元）	地方财政收入（万元）	财政支出（万元）
下渡街道	1.82	12212	37556	5	8492	5453	3845
仓前街道	1.15	8910	26938	5	3984	2714	2669
上渡街道	3.74	14179	43042	6	4512	2783	1793
临江街道	1.00	6555	19682	4	4384	2629	2066
对湖街道	2.09	13961	41242	5	2549	1840	1981
三叉街街道	0.51	6216	16819	4	3935	2545	2217
东升街道	0.66	4512	12903	4	5622	3329	2213
金山街道	11.54	40703	124799	29	17102	10772	5428
仓山镇	3.15	—	—	16	36667	23527	6879
城门镇	45.40	30928	104811	38	36206	25860	13499
盖山镇	37.69	33615	108055	39	73186	53618	17952
建新镇	32.42	44381	132973	53	76069	47546	16717
螺洲镇	5.06	4685	14487	10	4562	3349	2022

说明：1.仓山镇人口分属在对湖、仓前、上渡和下渡街道中统计；

2.数据来自福州市公安局仓山分局、仓山区自规局、财政局、民政局

（陈　暖）

晋安区

【概况】 2022年，晋安区地处福州市城区东北部，面积551.69平方千米，辖4个镇，3个街道，2个乡，80个社区，114个行政村。年末，常住人口79.8万，户籍人口45.98万人，人口出生率7.79‰，人口自然增长率5.87‰。开工重点项目44个、竣工43个，9个省重点项目和131个市重大项目完成年度投资485.25亿元。“项目攻坚落实年”综合考评居全市第一方阵。入选全国投资潜力百强县市、全国义务教育优质均衡先行创建区、全国科普示范区创建单位、福州市营商环境改革创新示范区。获评全省城乡建设品质提升综合绩效优异县区、全省平安建设示范区，再次获“省级文明城区”、省级双拥模范城等称号。

【经济建设】 2022年，晋安区实现地区生产总值1137.19亿元，三次产业结构比例为0.8∶25.4∶73.8，一般公共预算总收入26.36亿元，地方一般公共预算收入17.3亿元，财政支出29.5亿元；固定资产投资564.15亿元，比上年增长16.1%；城镇人均可支配收入56140元，增长3.8%，农民人均可支配收入27084元，增长5.5%。实现农林牧副渔总产值14.63亿元，比上年增长3.2%；第一产业增加值8.89亿元，增长2.9%。全区水果种植面积1220公顷。茶叶种植面积986.67公顷以上，产量2593吨。生猪存栏3万头。现有养殖水域138.27公顷，产量593吨。推动农业产业化、标准化、品牌化发展，新培育区级以上示范新型农业经营主体8家，“晋安佛手瓜”“鹅鼻萝卜”获批国家地理标志证明商标。实现规模以上工业增加值158.5亿元，比上年增长4%。开展工业（产业）园区标准化建设，收储出让产业用地面积7.13公顷，新建标准厂房30.9万平方米。数字内容产业园、数字虚拟产业园开园运营，晋安三创中心封顶，永正检验检测总部大楼竣工，华为福建区域总部落地新店科创圈，宦溪绿色发展产业园提升改造，福兴经济开发区获批福州自贸片区联动创新发展区。开展重点产业链链长制，打造国际光电组件产业中心，建成投产兽用疫苗生产线等重点项目。光电、软件、新材料、生物医药等重点产业实现增长20%以上。实现第三产业增加值839.4亿元，比上年增长5.3%；实现社会消费品零售总额877.6亿元，增长4.5%。构建“1+5+3”特色商圈体系，举办“福聚晋安·晋买晋卖”线上+线下促消费活动86场，新建4个“一刻钟便民生活圈”，康桥里特色商业街区、新天地美食体验示范街区等开业运营。推进五里亭茶叶市场改造，进一步打造“世界茶港”品牌。新增市级总部企业4家，限额以上商贸企业281家，引进品牌首店8家，网络商铺零售额比上年增长120.8%。新增供应链企业16家、销售额突破400亿元。召开全区招商大会，成立19支招商服务队，聘请20名行业企业招商专员，推出“百项千亿”重点招商项目，全年签约招商项目41个，总投资309.05亿元。实现进出口总额319.6亿元，实际利用外资2894万美元。对接引进中海油新能源福建总部、武汉长江船舶设计院、小米智能生态创新中心等重点项目44个，总投资243亿元，招商综合考评位居全市第二。

【城乡建设与管理】 2022年，晋安区提升城乡建设水平，福州市文化馆、少儿图书馆、科技馆完成主体建设，天之眼城市文化广场即将建成，形成环晋安湖高品质生活圈。实施乡村振兴“五大工程”，开展14个省、市级乡村振兴试点示范项目建设，规范北峰农村建房管理，新增乡村振兴五星级村1个，四星级村7个。寿山村获评省级乡村振兴实绩突出村，石牌村获评福建省美丽休闲乡村，乡村振兴热度指数综合排名居全省78个涉农县（市、区）首位。全区征迁房屋175万平方米、交地面积500公顷，回迁选房5480套。45天完成三远片区占地53.33公顷、120万平方米民房的拆迁签约。实施新一轮交通缓堵工程，洋下东路等15条道路建成投用，新增公共停车泊位577个，电动汽车充电桩122个。建成光明港特色水街，提升51个老旧小区的改造，完成61个无物业小区物业标准化管理试点。健全基层网格化指挥体系，建成全省首个社区近邻活动中心，打造6个精品示范社区，全面建成乡镇（街道）社工站。鼓山镇前屿村获评全国民主法治示范村，宦溪镇和汶洋村等一镇六村获评省级乡村治理示范

2022年3月5日，“福聚晋安 中轴探游”——晋安区全域旅游系列活动之二，在新店古城遗址公园启动

（晋安区政府办 供图）

村镇。开展信访突出问题和积案化解“百日攻坚”专项行动。

【社会事业】 2022年，晋安区落实各类科创惠企资金8130万元，规模以上企业研发投入突破10亿元，比上年增长25%。新增国家级高新技术企业106家、省科技“小巨人”企业29家。申报省市级科技计划项目29个，立项11个，授权专利2144项。思嘉环保获评国家企业技术中心、国家级专精特新“小巨人”企业。落地芯奇特院士创新研究中心，新增省级新型研发机构3家、省市级众创空间4家。新开办9所公办幼儿园，建成8所中小学，成立5个教育集团，新增学位10790个。区属公立中学高中在校生5418人，初中在校生18195人，小学在校生51145人，其中公办50011人，民办1134人；区属在园幼儿26780人，其中公办16956人、民办9824人；特殊教育学校在校生75人。学前教育工作案例获评全国基础教育优秀工作案例，区教师进修学校获评为福建省示范性县级教师进修学校。举办全省首届两岸邻里文化周、晋安区10年发展成就摄影书画展，完成10个基层综合性文化服务中心改造、10处历史建筑修缮及活化利用。新增2个市级非遗项目传承示范基地。新建健身路径30条，晋安籍运动员在第17届省运会上连破3项纪录、获50枚金牌，区少体校获“国家级体育后备人才基地”称号。晋安区医院鼓山院区完成一期项目建设，桂湖院区即将开诊，市中医院五四北院区门诊大楼主体封顶。推进国家级、紧密型县域医共体试点，基本公共卫生服务经费人均政府补助标准提高至84元，建成2家婴幼儿照护服务试点机构。

【社会保障】 2022年，晋安区财政民生支出23.9亿元，占财政支出的81%。发布晋安区康养品牌，近邻长者食堂实现社区全覆盖。新增城镇就业11474人，发放普惠性失业保险稳岗返还资金3709万元，惠及11.2万人。发放最低生活保障金，临时救助金1819万元。新开工保障性租赁住房7797套。与宁夏隆德县、宁德霞浦县、永安清水乡等区域协作对口帮扶，落实各类帮扶资金1730万元。

【生态环保】 2022年，晋安区新建改造公园绿地面积10公顷、福道长度15千米、口袋公园5个、立体绿化5处。金鸡山公园茉莉花生态廊道启用，城市生态廊道样板建设考核名列全省第一。落实河湖长制，开展“护河爱水、清洁家园”行动，推广农村人居环境整治积分制，寿山乡田黄溪入选全省首批河湖文化遗产名单。

【平安建设】 2022年，晋安区建立健全安全生产常态化督促检查整改落实机制，开展城镇燃气、房屋安全、道路交通、建筑工地等领域专项整治。做好应急救援、防汛备汛、森林防火、食品药品安全、特种设备安全等工作。开展打击防范电诈犯罪等专项行动，成立全省首个乡镇级综治警务站，全区刑事警情下降26.67%，破案率提高4.91%，群众安全感率、扫黑除恶好评率、执法工作满意率均居省市前列。

【“鼓岭科创会”品牌发布会】 2022年7月21日，晋安区举行“鼓岭科创会”品牌发布会，发布“鼓岭科创会”品牌，促进创新链、产业链、资金链、人才链、价值链深度融合，将“鼓岭科创会”打造成为创新策源地、人才梦工场、项目孵化营。

【第五届“创响福建”大赛福州区域赛决赛在晋安举行】 2022年8月18—19日，首届“晋安杯”光电融合创新发展高峰论坛暨第五届“创响福建”中小企业创新创业大赛光电专题赛决赛在福州市晋安区举行。晋安区人民政府入选第七届“创客中国”中小企业创新创业大赛优秀对接服务单位。

表94　**2022年晋安区街道（乡镇）基本情况统计表**

街道（乡镇）	辖地面积（平方千米）	户籍人口（人）	社区（村）（个）	规模以上工业总产值（万元）	财政总收入（万元）	财政总支出（万元）
茶园街道	4.7	52451	12	—	19415	5759
王庄街道	3.6	37963	9	—	5910	5307
象园街道	1.6	29893	7	4369	5310	5617
鼓山镇	50	119403	48	5302055	21630	17836
新店镇	48.3	99439	48	1391510	7283	9483
岳峰镇	11.3	87726	22	72401	19203	14941
宦溪镇	133	14579	28	777554	4531	6766
寿山乡	170.8	12055	22	278663	3721	5876
日溪乡	130.6	6930	12	—	1851	4997

说明：数据来源晋安区财政局、晋安区工信局、晋安区民政局、市公安局晋安分局

（陈培蕊）

马尾区

【概况】　2022年，马尾区地处福州市东南部，闽江下游北岸，面积275.66平方千米，其中开发区面积23平方千米。辖1个经济区，3个乡镇，1个街道，17个社区，62个行政村。年末常住人口29.6万人，户籍人口19.48万人，人口出生率 6.12‰，人口自然增长率4.09‰。全年341个重点项目完成投资245.39亿元。境内主板上市企业14家，新增2家总部企业，上市企业数和总部企业数均位列全市第二。推进7个国家级旅游品牌、3个省级特色旅游村、1个市级精品旅游示范村建设。完成126个5G基站建设，累计建成815个。获评第六批“国家生态文明建设示范区”、福建省城市发展“十优”区、“省级双拥模范城”等。

【经济建设】　2022年，马尾区实现地区生产总值675.34亿元，比上年增长3.9%，三次产业结构比例2.1∶57.0∶40.9；社会消费品零售总额206.97亿元，增长2.2%；一般公共预算总收入34.14亿元，增长4.1%；地方一般公共预算收入22.75亿元，增长5.4%；一般公共预算支出37.48亿元，增长33.7%；固定资产投资额167.58亿元，增长16.2%；城镇居民人均可支配收入61529元，增长74.3%；农村居民人均收入34620元，增长6.9%。全区实现农林牧渔业总产值24.85亿元，比上年增长3.3%。全区粮食播种面积283.8公顷，总产量1511吨；蔬菜面积1583.33公顷，产量43436吨；瓜果面积142.4公顷，产量4570吨；水果面积470公顷，产量11119吨。全年生猪存栏23577头、出栏43630头，牛出栏216头，羊出栏660头，家禽出栏59316羽。肉蛋奶总产量5444.76吨，其中肉类产量3752.76吨，禽蛋产量1248吨，奶类产量444吨。19家市级以上农业产业化龙头企业销售收入114.9亿元。

全区有规模以上工业企业179家，产值888.1亿元，其中42家电子信息业规模以上工业企业完成产值310.5亿元，比上年增长6.4%，占全区产值35%；100家轻工食品规模以上工业企业完成产值318.7亿元，下降3.3%，占全区产值35.9%；25家机械制造业规模以上工业企业完成产值230.1亿元，增长13.9%，占全区产值25.9%；其他行业完成产值28.8亿元，占全区产值3.2%。全区有128家限额以上社会销售品零售企业，其中贸易企业80家、成品油企业8家、汽车销售企业12家、住宿餐饮企业28家，实现社会销售品零售总额206.97亿元，比上年增长1.4%；限额以上社会销售品零售总额累计完成138.52亿元，增长0.3%。408家批发企业完成批发销售额1650亿元。100家营利性服务业企业1—11月实现营业收入100.46亿元，其中50家软件服务业企业营业收入占总量74.7%。全区有5000平方米/栋以上商务楼宇19栋，总建筑面积105.58万平方米，其中商务办公面积69.06万平方米，已租商务办公面积37.4万平方米，空置29.35万平方米，空置率42.5%，已入驻企业596家。实际利用外资6.265亿元，比上年增长3.28%。全年落地招商项目155项，总投资额356.37亿元。马尾基金小镇已集聚389家私募基金管理人和产品，基金管理规模1551亿元，占全省六成以上，投向福建省实体项目249亿元，累计纳税总额3.11亿元，形成千亿产业集群，成为福建省管理基金规模最大的区域。

【城乡建设与管理】　2022年，《马尾区国土空间总体规划（2020—2035年）》于2021年底通过市自然资源与规划局审查；配合福州市国土空间总体规划项目组修改完善福州中心城区土地使用规划方案、福州市中心城区国土空间规划“一张图”和城镇开发边界，相关市级成果待上报批复。启动上岐罗建“城市更新+”协议搬迁项目，总占地面积12.37公顷，涉迁957户、面积22万平方米，已签约940户、面积20.72万平方米。加大建坂北片城市更新项目攻坚扫尾力度，涉及38户1.16万平方米。完成青洲新苑1个安置房回迁选房工作，涉及3个项目，993户、1306套、回迁面积11.92万平方米。城市品质提升年度工作任务7大项60小项，年计划投资41.67亿元，完成投资42.83亿元，占年计划投资的102.78%。新改扩建市政道路12条，项目均已完成年度建设。新建改造供水管网7千米。地铁2号线东延段已于6月开工建设。污水处理能力每日9万吨，供水管网409千米。改造老旧小区2个。统筹安排乡村振兴专项资金2350.78万元，实施乡村振兴项目28

2022年7月2日，福建省种苗创新基地（琅岐基地）开工仪式举行

（陈晓静　摄）

个，完成12个乡村振兴星级村打造，提升1条乡村振兴精品线路风貌。

【社会事业】 2022年，马尾区有企业技术中心51家（国家级5家、省级19家、市级27家），工业设计中心5家（国家级1家、省级1家、市级3家）。共有“专精特新”企业29家，省级以上单项冠军企业（产品）16家（国家级2家）。引进省高层次ABC类人才29人，省工科人才113人，双一流人才177人，2022年新设立3家博士后创新实践基地。完成10个镇、村（社区）基层综合性文化服务中心升级建设，“区—镇（街）—村（社区）”三级公共文化设施网络基本形成，完成区图书馆国家一级图书馆复评工作。举办第20届“两马同春闹元宵”灯会、两马文体夏令营等重要对台民间交流文化活动。省音协流行音乐学会在马尾区落户挂牌少儿原创音乐创作基地。“周周有戏”等群众文化品牌活动200余场次。原创闽剧《马江魂》获福建省第8届艺术节暨第28届戏剧会演优秀剧目奖一等奖，并获导演、编剧等4个单项一等奖，已申报国家艺术基金项目。原创闽剧《龙台驸马》受邀参加中央电视台《一鸣惊人》节目录制播出，晋级并获得2024年春节联欢晚会节目遴选。全年完成各类体育健身活动40余场次，建成智慧体育公园1处，完成安装提升室内外健身房、篮球场、新建更新健身路径等为民办实事项目30余个。打造“船政一台戏”“船政文化博物馆”数字展厅。编制完成《马尾区全域生态旅游发展规划》并下发实施，配合完成《马尾区船政文化景区创建AAAAA级景区整体规划》编制工作。有医疗机构143家，其中三级甲等医院1家（福州市第一医院琅岐院区）、二级甲等医院1家（马尾区医院）、区疾病控制中心（马尾区卫生监督所）1家、区妇幼保健院1家、民营医院3家（福州新莲花医院、万友康复医院、福兴妇产医院马尾院区）、社区卫生服务中心1家、乡镇卫生院3家、社区卫生服务站4家、门诊部13家、学校（公司）医务室9个、村卫生所48家、个体诊所56家、护理站1个、医学检验实验室1个（福州迪安医学检验实验室）、“两证”齐全的医养结合机构2家（万友康复医院和福州新莲花医院）。全区设床位1028张，其中市级医院200张、区级医院299张、乡镇卫生院48张、民营医院481张，全区每千人人均床位数3.92张。有医疗卫生技术人员1476人，其中执业医师（含助理医师）577人、注册护士678人。

公办教育方面，2022年有学校41所，其中进修学校1所、完全中学3所、职业中专1所、九年一贯制学校1所、初级中学6所、小学19所、幼儿园10所（下辖6分园），另有市属船政幼儿园和船政小学各1所。民办教育方面，有民办学校31所，其中民办幼儿园（含村办园）28所、民办初中1所（三牧中学）、民办高中1所（辅仁学校）、民办阳光国际学校1所（含小学、初中、高中）。2022—2023学年全区中小学、幼儿园学生数为43278人，其中幼儿园9640人，小学18777人，初中8053人，高中4889人，职专1919人。在编教职员工1869人，其中专业技术人员1847人，正高级教师1人、“福建省名校长（园长）”1人、“福建省特级教师”2人、“福建省学科带头人”8人、区级以上名优骨干教师360人。

【社会保障】 2022年，马尾区居家社区养老服务照料中心实现各镇道、乡街全覆盖，农村养老服务设施覆盖率80%，每千名老年人拥有养老床位数47张。全年将1257户2046人纳入低保救助，发放低保救助金1721.23万元，低保对象过节补助225.74万元，城乡低保高龄补助9.22万元，困难群众物价补贴98.92万元。对227户次开展临时救助，发放临时救助金195.56万元；发放41名特困人员供养救助金112.5万元，发放2096名重度残疾人“两项补贴”494.91万元，为80岁以上高龄老人4817人发放高龄补贴1040.86万元。

【生态环保】 2022年，马尾区空气优良天数358天，优良率98.1%，其中优221天，占比60.5%，比上年下降13.3%；6项污染物平均浓度均达到国家环境空气质量二级标准，PM2.5年均浓度16微克／立方米，小于19微克／立方米的考核指标要求。白眉水库等集中式饮用水水源水质达标率100%，闽江国控琯头断面、白眉溪省控小流域水质达标率100%。昼间区域环境噪声平均值55.3分贝，昼间道路交通噪声平均值64.7分贝，符合声学环境质量功能区标准。固废和危废处置综合利用率100%。强化生态环境执法监管，立案处罚4家企业，罚款13万元。

【平安建设】 2022年，马尾区受理各类行政案件2425件，查结数2004件，查结率82.64%，可查结行政案件2007件（除诈骗、盗窃案件），查结率95.12%。抓获各类违法人员543名，其中行政拘留157人、治安罚款358人、警告28人。开展“民爆领域安全隐患大排查大整治”“打击整治枪爆违法犯罪”等专项行动，加大涉枪涉爆案件查处力度、非法枪爆物品清查收缴力度、烟花爆竹安全监管力度。查处违规燃放烟花爆竹案14件，罚款14人，罚款金额1400元。开展“昆仑2022”“清水蓝天”“食安7号”“闽剑”等食品安全专项行动，破获生产、销售有毒、有害食品案件5件2人，移送起诉2人。

【中国船政文化博物馆新馆】 2022年1月3日，中国船政文化博物馆新馆开馆。新馆利用原马尾造船股份有限公司综合仓库进行改造，以“爱国、科学、创新、图强”的船政精神为展示核心，从千年变局、船政诞生、船政教育、船政制造、船政海军和船政文化6个方面全面介绍船政的历史和文化。

【福建省种苗创新基地开建】 2022年7月2日，福建省种苗创新基地在马尾区琅岐镇金沙村开工建设。该基地位于闽江口，占地15.33公顷，总投资1.5亿元。项目建成后，可就业300人，年产蔬菜和粮食3万吨，有助于福州“米袋子”“菜篮子”建设，推动乡村振兴。

表 95　　2022 年马尾区街道（乡镇）基本情况统计表

街道（乡镇）	辖地面积（平方千米）	户数（户）	人口数（人）	社区（村）（个）	规模以上工业总产值（亿元）	财政总收入（不含基金）（万元）	财政总支出一级预算（万元）
罗星街道	27.01	13228	40543	11	278.08	114284	3555
马尾镇	54.40	18046	53123	20	455.19	51182	4588
亭江镇	106.66	10527	28115	20	148.11	9867	5567
琅岐镇	76.85	21553	73009	28	6.73	8742	6778

说明：数据来自马尾区统计局

（高栩婧）

长乐区

【概况】　2022 年，长乐区地处闽江口南岸，面积 729.48 平方千米。辖 5 个街道，11 个镇，2 个乡。年末，常住人口 81.2 万人，户籍人口 77.1 万人，人口出生率 7.53‰，人口自然增长率 3.92‰。年内，入选省、福州市及区本级重点项目 343 个。完成投资 830 亿元。

【经济建设】　2022 年，长乐区实现地区生产总值 1218.08 亿元，比上年增长 4.4%。其中，第一产业增加值 76.10 亿元，比上年增长 3.1%；第二产业增加值 717.91 亿元，增长 4.3%；第三产业增加值 424.07 亿元，增长 4.6%。人均地区生产总值 15.02 万元，比上年增长 3.1%。一般公共预算总收入 96.22 亿元，比上年增长 1.0%。其中，地方一般公共预算收入 68.05 亿元，增长 13.3%。一般公共预算支出 88.08 亿元，比上年增长 5.6%。入库统计固定资产投资项目 454 个，完成固定资产投资比上年增长 16.2%。完成房地产投资 331.13 亿元，比上年增长 47.3%。城镇居民人均可支配收入 5.74 万元，比上年增长 4.3%；农民人均可支配收入 3.06 万元，增长 5.9%。完成农林牧渔业总产值 132.81 亿元，比上年增长 3.4%，其中农业产值 31.62 亿元、增长 4.6%；林业产值 0.13 亿元，增长 1%；牧业产值 11.23 亿元，增长 5.6%；渔业产值 86.87 亿元，增长 2.2%；农林牧渔服务业产值 2.96 亿元，增长 4.2%。实现农林牧渔业增加值 77.77 亿元，粮食播种总面积 1.16 万公顷，产量 7.08 万吨。水产品总产量 20.33 万吨，比上年增长 1.1%。其中，海水产品产量 8.77 万吨，比上年下降 26.2%；淡水品产量 11.57 万吨，增长 40.4%。牛奶产量 0.07 万吨，比上年增长 7.8%；肉类产量 2.21 万吨，增长 3.2%；禽蛋产量 1.76 万吨，增长 2.9%；蔬菜产量 73.41 万吨，增长 6.6%。年末，生猪存栏 10.65 万头；生猪出栏 21.06 万头。规模以上工业总产值 3642.55 亿元，比上年现价增长 3.6%。按企业规模分：大型工业 1941.69 亿元，比上年增长 6.5%；中型工业 807.64 亿元，增长 0.9%；小型工业 876.28 亿元，增长 0.1%；微型工业 16.94 亿元，下降 8.6%。按行业分：食品饮料加工业 179.68 亿元，比上年增长 13.7%；纺织业 2573.09 亿元，增长 7.7%；羽绒加工及制品业 50.19 亿元，增长 17%；冶金业 352.07 亿元，下降 13.3%；机械工业 72.13 亿元，增长 14.1%；电力生产供应业 60.72 亿元，增长 28.1%。规模以上工业产销率 96.2%，实现规模以上工业增加值增长 4.3%。

全区交通运输、仓储与邮政业增加值 50.3 亿元，比上年增长 3.5%。旅客周转量 4.49 亿人千米，比上年增长 31.2%。其中，陆运 4.48 亿人千米，比上年增长 31.8%；水运 70 万人千米，下降 65.7%。货物周转量 14.15 亿吨千米，比上年增长 23.7%。其中，陆运 8.42 亿吨千米，比上年下降 6.3%；水运 5.73 亿吨千米，增长 133.1%。空港旅客吞吐量 573.94 万人次，比上年下降 36.5%；空港货邮吞吐量 9.18 万吨，下降 39.9%。邮电、移动机构单位 36 个，电话 5.92 万部；移动电话 66.55 万部，其中天翼 19.02 万部。全区邮路总长 349 千米、农村投递路线 1923 千米，邮政储蓄年末余额 56.66 亿元。电信邮政移动业务总收入 7.88 亿元，其中电信业务总量 2.26 亿元、移动业务总量 3.98 亿元、邮政业务总量 1.64 亿元。

全区有金融机构（不含保险与证券机构）22 家。金融机构本外币存款余额 1329.25 亿元，比年初增长 15.3%，其中居民储蓄存款余额 536.72 亿元、增长 15.8%。金融机构本外币贷款余额 1482.18 亿元，比年初增长 5.2%，其中企业贷款增长 8%，个人贷款增长 2%。实现社会消费品零售完成 209.19 亿元，比上年增长 5.7%，位列福州市第一；第三产业增加值完成 424.07 亿元，比上年增长 4.6%，位列福州市第五。全区存有各类市场主体 67030 户，其中批发、零售业 37357 户，比上年增长 7.24%，认缴注册资本 594.02 亿元；住宿、餐饮业 7472 户，比上年增长 6.08%，认缴注册资本 15.56 亿元；租赁、商务服务业 2817 户，比上年增长 19.01%，认缴注册资本 1021.09 亿元；居民服务、修理与其他服务业 6651 户，比上年增长 3.89%，认缴注册资本 28.43 亿元。在市场主体中，私营企业 17182 家，注册资本（金）2941.02 亿元，第一产业私营企业 392 家，占比 2.28%，第二产业私营企业 4698 家，占比 27.34%，第三产业私营企业 12092 家，占比 70.38%。

年内，新登记注册企业主体3446户，新增注册资本438.99亿元，比上年下降32.66%，其中新设立私营企业3327家，批发与零售业、建筑业、信息传输、软件与信息技术服务业等行业占比57.77%。典当公司有福建富通典当有限公司、福州融通典当有限公司、福建省金洋典当有限公司、福建省银源典当有限公司、福建聚源坊典当有限公司5家；在营成品油零售企业有37家，其中加油站企业27家，加油船企业10家。

全区接待国内外游客438.65万人次，比上年下降12.3%；旅游总收入38.25亿元，比上年下降14.6%。至年底，有国家A级景区9家，其中国家AAAA级景区1家、国家AAA级景区4家、国家AA级景区4家；四星级旅游饭店1家，三星级旅游饭店2家。经福州市招商办认定落地招商项目187个，总投资1144.5亿元，其中涉及港澳台项目12个，总投资4.1亿元。全年完成实际利用外资2685万美元，合同外资8601万美元，外贸进出口总额250.8亿元。

【城乡建设与管理】 2022年，长乐区编制国土空间规划、控制性详细规划、城市设计、村庄规划及相关专项规划116项。开展土地整理复垦开发、耕地耕作层剥离再利用、海滩整治修复、矿山恢复治理等生态保护工作，推进滨海新城、临空经济区、重点区域、重点项目用地报批工作，实施地籍管理、国土变更调查、土地卫片执法、“两违”（违法用地、违章建筑）专项治理等工作。全区农用地转用与土地征收获批46批次，用地面积481.15公顷；公开出让土地 25宗，用地面积109.15公顷；综合治理“两违”288宗，处置“两违”面积106.80万平方米。

推进营前瀛洲片区、吴航东关片区、航城江莲片区、吴航西关横路片区4个旧城改造项目，新增首占营前片区棚户区改造项目，完成投资45.7亿元（含征收补偿与安置房建设投资），房屋拆除面积55万平方米。推进会堂南路、奎桥路、新街路、滨江路、交通路、三峰二桥、海峡北路桥、广场南路一桥等城区路桥建设，市政道路总长93.1千米，主干道各类路灯5.8万盏。“一闸三线”工程（长乐段）完工并通水，鳌头溪流域生态综合治理（一期）工程建成并投入运行，改造提升污水提升泵站10座。全区供水总量8864.10万吨，日均供水量24.29万吨，饮用水水质综合合格率99.66%。全社会累计用电量121.86亿千瓦时，其中城乡居民生活用电量10.38亿千瓦时。管道天然气供气总量7163.86万立方米，管道液化气供气总量4372.35吨，瓶装液化气供气总量6771.12吨。

开展市容环境卫生整治、城乡环境卫生综合整治、市区占道摊点整治、“静夜守护”、校园周边食品卫生整治、渣土整治等专项行动，推进生活垃圾分类工作以及渣土监控平台升级改造、建筑垃圾智能化监控平台信息对接等“智慧城管”工作。由城区环卫一体化项目企业开展城区环卫保洁作业，保洁面积230.74万平方米，城区道路与镇村保洁市场化完成率100%。实施大件（园林）垃圾处理厂建设，全区有垃圾处理厂3个，城区每日垃圾总量约300吨，垃圾中转站转运总量约110吨。在滨海新城核心区设置共享单车停放点位39个，投放共享单车1200辆。

2022年8月28日，福州地铁6号线开通运营，长乐进入“地铁时代”

（姜亮 摄）

【社会事业】 2022年，长乐区实施高新技术企业倍增计划，新增国家级高新技术企业35家，获评国家知识产权优势企业4家，新增省“独角兽”“未来独角兽”“瞪羚”企业9家与科技“小巨人”企业16家、“专精特新”企业4家，入选省战略性新兴产业重点项目9个、省技术创新重点攻关及产业化项目4个、省智能制造试点示范重点项目4个。开展“扬帆计划”“好年华 聚福州”等引才工作，选派科技特派员191人，引进博士、硕士238人，累计吸引5000余名数字经济产业人才到长乐就业创业。落实“强产业稳增长”“榕升计划”“榕腾计划”等专项行动，聚焦13条重点产业链，持续实施园区标准化建设、产业链链长制，89个“数字·绿色”技改项目完成投资91亿元，创建纺织化纤、钢铁冶金等传统行业二级解析节点标准。入选全国重点培育纺织服装百家品牌7家、省重点上市后备企业11家，福建大东海实业集团有限公司、恒申控股集团有限公司、 福建永荣控股集团有限公司入围中国企业500强、中国制造业企业500强，东南大数据产业园新入驻企业144家，入选全省数字经济核心产业领域创新企业7家，新增“上云上平台”企业120家。

全区教育民生补短板、为民办实事等学校教育基础设施建设项目42个，建筑总面积47.3万平方米，计划总投资29.75亿元，年度计划投资1.9亿元，完成年度投资2.1亿元，完成率110.5%。中等职业教育招生1773人，在校生4639人，毕业生1125人。成人高等教育招生146人，在校生284人，毕业生76人。全区有公办中小学校126所。普通中学在校生3.80万人，增长4.1%；招生1.28万人，增长0.6%；毕业1.11万人，增长4.9%。小学在校生5.68万人，增长0.2%；招生8878人，下降6.2%；毕业生8854人，下降1.5%。全区幼儿园（含小学附设学前班）130所，在园生2.36万人，入园率99.0%，增长0.02%。特殊教育学校1所，在校生173人。

天妃灵应之记碑入选全国名碑名刻文物名录预备名单，高楼米线入选省级非遗项目，新编创作闽剧折子戏《长乐十一状元》、陈振龙引进番薯文化故事等资料；“三馆三中心”（图书馆、档案馆、综合文化馆，妇女儿童活动中心、青少年活动中心、职工活动中心）主体建成，建设提升“福”文化主题公园8个，飞思农庄获评“全国科普教育基地”，区融媒体中心入围全省优秀县级融媒体中心30强，营前长安村入选省新时代巾帼志愿服务“十大最美社区”。全年组织“我们的节日”“百姓舞台”等系列文艺活动60场，提升建设村（社区）综合文化服务中心10家。区图书馆入馆2.01万人次，新增图书流通点13个，图书流通量3.28万册次。区博物馆参观7.53万人次。实施全民健身工程，开展田径、游泳、篮球等全民健身项目30个。组队参加福州传统龙舟邀请赛，获冠军。组队代表福州参加第十七届省运会龙舟比赛，有4项获第一名、2项获第二名。投入298.4万元，新建更新健身路径50条，新建智能健身驿站1个、室外网球场1个。投入600万元，建成南山、滨海新城2个智慧体育公园。投入250万元，建成青少年校外体育活动中心游泳池。向上级体校输送优秀体育后备人才16人，组队参加省、市比赛，获福州市少儿篮球锦标赛男子组冠军、女子组亚军。

全区各类医疗卫生机构465所，其中区直卫生单位6家，区直医疗机构4所，街道社区卫生服务中心5所，乡镇卫生院13所，社区卫生服务站、村卫生所、医务室（卫生站）、门诊部、诊所429所，民营医院6所，急救中心1所，区医院拘留所卫生所1所。全区公立医疗机构职工3492人，其中医疗卫生专业技术人员2749人。

【社会保障】 2022年，长乐区财政用于民生领域支出72.27亿元，占一般公共预算支出的83.5%。城镇新增就业6800人，再就业866人。86个民生补短板项目完成投资22.4亿元，22个为民办实事项目完成投资10.2亿元。老年友善医疗机构创建率100%，建成长者食堂23个，提升农村幸福院24个，为1.5万名老年人提供居家养老政府购买服务。区慈善总会等社团组织累计发放救助金4300万元，受益群众6.7万人次。

【生态环保】 2022年，长乐区全面推行林长制，设立林长272人，植树造林面积81公顷，改造提升松林面积458.8公顷，新建省级“互联网+全民义务植树”基地1个、森林村庄3个，建成五显鼻至大鹤林场北侧沿海防护林带。落实“河湖长制”“河长日”，整治入河入海排污口682个，清淤河道15.7千米。东湖污水提升泵站建成投入使用。建成垃圾分类屋365个，生活垃圾日处理规模超1500吨。完成废弃矿山地质环境综合治理4处，整治“散乱污”企业（场所）185家。

【平安建设】 2022年，长乐区开展市域社会治理现代化试点、网格化服务管理、矛盾纠纷排查等社会治理模式创新工作，以及平安长乐专项行动、公共安全大整治、打击整治养老诈骗专项行动等平安建设工作，实施扫黑除恶斗争。组织全区政法干警参加全省政法领导干部加强政治建设专题研讨班、长乐区2022年法治政府建设培训班等学习培训200余场，受训干部职工2000余人。出台《福州市长乐区关于巩固全国政法队伍教育整顿成果推进全面从严管党治警的若干措施》，规范来信来访，新办结“12337”平台案件线索14条，运用“四种形态”处理处分38人。至年底，全区累计创建平安乡镇（街道）11个、平安村（社区）254个、平安小区77个。群众安全感率98.65%，扫黑除恶好评率97.79%，执法工作满意率96.89%。

【福州滨海新城建设】 2022年，福州滨海新城开展“提高效率、提升效能、提增效益”行动与“项目攻坚落实年”行动，生成重点项目319个，总投资5517亿元，年度计划投资786亿元，完成投资817亿元。全年举办4批104个重大项目集中开工活动，总投资规模630.7亿元．新落地招商项目217个，总投资1317.6亿元。滨海新城核心区与国际航空城片区完成征交地面积281.2公顷、拆迁面积12.25万平方米。重点推进临空新型显示标准化（国际）园区及生活配套项目建设，全球最大宽幅2.6米的8K超高清偏光片生产线投入试生产，加快建设福米贴片、金锐显模组、阿石创二期项目。引进福建海西新药创制有限公司，建设滨海新城首个生物医药制造业项目。加快发展临空临港产业，签约落地福州国际货运枢纽中心、纵腾跨境物流、薛航综保区航空产业园等项目。中国工业互联网研究院福建省分院、福建人工智能计算中心、数字中国服务联盟总部落地，省大数据公司落户，福建大数据交易所挂牌运营，均和云谷、芯云产业园建成投入使用。加快打造以智能汽车为核心的数字经济集聚区，与华为、百度开展“数字新区”战略合作。

启动全省供热管线最长集中供热项目建设，推进“天字一号”机场二期、城际铁路F1线、CBD输配环等重点项目，地铁6号线开通运营，“地字一号”高铁进机场项目获批，东南快速通道（长乐营前至滨海新城万新路复线段）建成并通车，“一闸三线”工程（长乐段）通水。建设国家区域医疗中心华山附一医院，开设专科门诊41个，全年接待门诊量27.8万人次，实现复杂疑难手术基本不出省。华山医院福建医院国际医疗部、急救中心及急诊医学中心、全省最大高压氧舱开诊投用。省康复医院滨海院区开诊运营，滨海新城综合医院二期、市疾控中心等项目基本建成。天津大学与新加坡国立大学合作举办的3个硕士研究生中外合作办学项目获教育部批准。天津大学福州国际校区（一期）启用，推进职教城一期建设，外语外贸学院滨海校区、十九中滨海校区启动建设。长乐滨海旅游度假区获批省级旅游度假区，创建国家级旅游度假区。建成投用综合服务中心、东湖海洋温泉度假村、智慧体育公园、新投格兰云天酒店等配套设施项目，福州市第二工人文化宫游泳馆试营业，青少年活动中心启动运营。滨海新城获省级城乡建设品质提升新区（组团）建设样板评选第一，福州滨海新城综合医院（一期）项目获中国建设工程鲁班奖，海峡青少年活动中心项目获评国家优质工程。

推进沿海复合型防护林建设，累计完成投资 24.56 亿元，长度 23 千米，面积 415.3 公顷，累计种植乔木 81.42 万株。滨海新城岸段入选全国美丽海湾案例，推动制订《美丽海湾保护建设行动方案》，召开东海四省美丽海湾建设交流座谈会。滨海新城海洋生态保护修复工程项目在财政部、自然资源部组织的竞争性评审中获全国第二名，入围 2023 年海洋生态保护修复中央财政资金拟支持项目。“福建闽江河口湿地”被列入世界自然遗产预备清单，闽江河口国家湿地公园获评国家 AAAA 级旅游景区。

表 96　　2022 年长乐区街道（乡镇）基本情况一览表

街道（乡镇）	辖地面积（平方千米）	社区（村）（个）	户数（户）	人口数（人）	规模以上工业总产值（万元）	财政总收入（万元）	地方财政收入（万元）
吴航街道	8.20	13	21497	56741	—	37345.55	20120.11
航城街道	54.72	22	20810	64234	1734441.5	70176.65	41354.62
营前街道	38.83	14	12222	38425	1481478	108510.17	56586.20
首占镇	25.56	15	11588	38995	40148	28562.31	17576.25
玉田镇	54.04	11	11724	43289	204376	4214.51	2239.08
罗联乡	22.01	8	3566	11822	146526	54826.03	27814.56
鹤上镇	48.75	22	20569	63433	2456663	36468.64	20439.98
古槐镇	51.96	23	19967	64209	855571	70058.67	36694.81
江田镇	92.33	17	16974	61014	5717630.5	27295.20	15808.48
松下镇	51.46	9	7589	28396	3404234.5	84168.66	45537.19
文武砂街道	35.51	11	8309	27647	4586318	94504.74	52604.67
漳港街道	47.09	19	18974	61496	5016995	47706.45	27437.32
金峰镇	29.10	23	21054	70402	1619870	12218.01	6632.21
湖南镇	34.06	11	10306	32015	4825505.20	52765	27735.23
文岭镇	42.13	12	10641	34477	2159522.31	10009.36	6039.19
梅花镇	17.81	6	5673	14720	412327	2677.50	1426.42
潭头镇	48.48	23	17317	54455	1361652	5535.66	3181.51
猴屿乡	24.71	4	2182	5046	—	17654.61	8640.79

说明：数据来自长乐区民政局、长乐区统计局

（胡方磊）

福清市

【概况】　2022 年，福清市地处福建省东南沿海，福州南翼，面积 1900.61 平方千米，辖 7 个街道，17 个镇。年末常住人口 141.4 万人，户籍人口 140.34 万人，人口出生率 7.94‰，人口自然增长率 2.96‰。完成七大领域 129 个集成改革任务。推进园区标准化建设，实施江阴港城经济区共享区、生物医药产业园等标准化项目 94 个，总投资 492 亿元。中国和印度尼西亚“两国双园”项目上升为国家级“一带一路”旗舰项目，专项规划完成国际招标，首个国际渔业基地投产。新开辟内外贸航线 5 条，开通中欧、中老班列。落实“融聚英才”行动，制定“1+1+N”人才政策，发放首批“玉融英才卡”56 张。评选“十大福清工匠”，新认定省级以上高层次人才 322 人。在全国县域综合实力、科技创新、绿色发展、新型城镇化百强榜单中分别列第 17、11、15、23 位。全国投资竞争力百强县排名上升至第 19 位。“项目攻坚落实年”“亮晒比学”考核成绩位居福州地区第一。

【经济建设】　2022 年，福清市实现地区生产总值 1604.42 亿元，比上年增长 5.7%。其中，第一产业增加值 132.67 亿元，比上年增长 3%；第二产业增加值 772.18 亿元，增长 4.9%；规

模以上工业增加值增长4.5%；第三产业增加值699.57亿元，增长7.0%；规模以上工业总产值2670.27亿元，增长7.2%；固定资产投资增长8.6%；社会消费品零售总额401.01亿元，增长5.5%；实际利用外资15327万美元。一般公共预算总收入169.12亿元，比上年增长5.0%；地方一般公共预算收入117.21亿元，增长18.8%；城镇居民人均可支配收入56680元，增长4.4%；农村居民人均可支配收入32000元，增长7.1%。实现农林牧渔业总产值238.53亿元，比上年增长3.4%。复耕抛荒撂荒地58.47公顷，建成高标准农田1000公顷，粮食种植面积19066.67公顷。特色现代农业园区建设实现新突破，新增22家市级以上产业化龙头企业，农业产值超230亿元。一都枇杷获评全国名特优新农产品，东瀚海洋牧场上榜国家级海洋牧场示范区。引进2家远洋渔业龙头企业，远洋渔业产值比上年增长6%。万华化学PVC等87个总投资948亿元项目开工动建，正太新材二氧化钛等83个总投资360亿元项目竣工投产，天马科技三期等64个总投资283亿元技改项目完成。开展“扶持龙头壮大产业”专项行动，福清核电“华龙一号”示范工程建成投运，长德蛋白全球产能最大植物蛋白生产线投入生产，三峡风电全球单机容量和叶轮直径最大的海上风电机组成功下线。中景石化全球最大的共聚聚丙烯装置投入使用，入围全国民营企业500强。实施商贸服务业“小升规”等专项行动，7家制造业企业完成主辅分离，新增限额以上商贸业、规模以上服务业企业100家。全球名品交易中心投入运营，全市跨境电商交易规模比上年增长66%。规划龙高商贸新城、汽车商贸走廊，促进跨境电商、汽车后市场等优质业态。电子商务产业园等26个商贸服务业重点项目投入运营，利桥历史文化街区开街，龙田遛街夜市获评为全省首个乡镇夜色经济示范街区，打造“福味一条街”等24条特色商业街。挖掘开发海水温泉资源，发展近郊露营经济。开展“惠聚融城·乐购有福”等促消费活动，拉动消费6.1亿元。引进大东海碳基冷轧新材料、长远锂科、有研半导体等总投资1330亿元项目201个。开展回归工程、台胞心灵契合等行动。开通对台“小三通”跨境电商专线，台湾农民创业园新引进6家台资企业。

【城乡建设与管理】 2022年，福清市生成总投资310亿元项目149个。东部新城完成核心区城市设计方案等规划编制，启动“十路一水”“一园三中心”等基础配套前期工作。高铁文旅小镇完成区域规划编制及真丰片区征迁，建成石竹山—黄檗寺休闲旅游步道等20个基础配套项目。龙高商贸新城龙北大道一期等配套道路建成通车，福庐山公园二期建成开放。汽车商贸走廊完成片区控规及城市设计方案，全面开展片区改造。实施城市更新行动，改造86个项目，获全省“县城品质提升样板工程”第一名。福厦高铁福清段轨道铺设全线贯通，东港特大桥开工动建，国道228滨海风景道二期率先启动。福清首条环城路实现全面闭环，形成城区“一环四横八纵”路网体系。乡村振兴总投资5.7亿元项目378个，获评全国村庄清洁行动先进县和“四好农村路”示范县。推行乡村治理积分制，创建美丽乡村庭院1150个、微景观435个、小公园71个、美丽田园9个。推进城乡供水一体化，解决97个村饮水安全问题，全市优质自来水供给率95%以上。

【社会事业】 2022年，福清市通过全国首批创新型县（市）验收，入围工业互联网推动数字化创新领先县（市）。全市R&D（研究与试验发展经费）投入52亿元，总量和投入强度均位居福州第一。福清科创城初具规模，均和云谷、岁金智谷动建，厦大福清科创园、联东U谷建成投用，厦门蔚嘉制药实验室和中试基地等项目入驻。新认定国家级高新技术企业61家，新增科技“小巨人”企业19家、国家级知识产权示范企业2家。中国技术交易所海丝中心、海洋食品联合研发中心、海峡数字科技产业园揭牌，京东方8.5代半导体显示生产线荣膺全球智能制造“灯塔工厂”称号。建成市直幼儿园分园、高山第二中心小学等18所学校，新增学位7000个。高考本科上线率74.6%，一本上线率名列福州地区前茅，初中办学综合效益评价提升至福州地区第二名。深化“文化惠民乐万家”工程，开展“主题文艺下乡巡演”等活动。建成福清文艺家之家，获评“省新时代特色文艺示范基地”，《福清哥》等7件作品获福州市第五届茉莉花文艺奖。实施温泉体验馆等9个重点项目，加快全域旅游示范区形成。连续2年获全省县级融媒体中心一等奖。《最福清》宣传片亮相纽约时代广场“中国屏”。建成福清市医院二期等25个项目，组建2个医共体。福建省妇幼保健院福清共建医院挂牌，福清市医院入选国家级第二批神经介入建设中心，市农村卫生协会获评全国先进。建成五七健康中心并改造为亚定点医院，构建覆盖全域的疾病防控和救治体系。派出党员干部1500多人、医护人员5200多人次，驰援省内外多个地区。

【社会保障】 2022年，福清市完成147个总投资92亿元为民办实事项目，改造19个老旧小区，新增公共停车泊位1000余个。发放价格补贴、节日食品补贴2100万元，储备生猪7500头。实施市民早餐暖心服务工程，挂牌首批25家早餐示范点。提升3个农贸市场，新增70套健身路径。新增城镇就业人口1.1万人，城镇失业人员再就业1788人。664户住房困难家庭实现住有所居。新增嵌入式养老家园1个、长者食堂33个。启动市托老中心建设，完成282户家庭适老化改造，新增养老床位590张。

【生态环保】 2022年，福清市整治五大类10个生态环境突出问题。健全空气污染应急响应机制，淘汰2蒸吨以下小锅炉47台，空气优良率99.7%。推进龙江流域及小流域生态治理，完成河道清淤、生态修复等工程。组建119人专业海上环卫队，清理海漂垃圾5200吨，整治入海排污口72个。推进互花米草除治专项行动，完成除治任务800公顷。开展东张水库水华治理，全市饮用水水源地水质达标率100%。完成东门河水系治理、三大箱涵整治、大北溪干管上岸等重点工程。新改建城镇污水管网32千米、市政供水管网36千米。

完成城区观溪、虎溪、石门等三大片区雨污分流整治。探索农村污水社会化治理模式，完成总投资 4.6 亿元的治理项目 55 个。利桥滨水公园等 12 个绿地公园建成开放，公园绿地服务半径覆盖率超过 90%。完成 866.67 公顷植树造林，新建 68 千米生态步道、4 处城区防火瞭望台。签约全省首个林业碳中和试点项目，设立福州首个“林长 + 公检法”工作联络室。成立兴化湾水鸟省级自然保护区，实施龙江生态保护和修复负面清单管理。

【平安建设】 2022 年，福清市开展“治重化积”百日攻坚、禁毒专项攻坚、打击养老诈骗等行动。做好“保交楼”、保民生、保稳定各项工作，解决利嘉中心、恒大地产等遗留问题。开展安全生产主题月、重点领域隐患清剿等行动，全市生产安全事故比上年下降 26.7%。获新一轮省级平安县城称号。省级双拥模范城实现八连冠。

【福清东百利桥特色历史文化街开街】 2022 年 12 月 25 日，福清东百利桥特色历史文化街开街。福州市委常委、福清市委书记叶仁佑，福清市领导王新刚、俞大军、张晓参加开街仪式。利桥古街为东百集团投资近 30 亿元，历时 3 年建成。以“一江、一街、一塔”为依托，围绕“融”“归”“喜”“潮”“夜”五大主题，聚焦旅、宿、商、行、娱五大功能业态，结合文旅属性，谋划品牌矩阵，打造“两核、两轴、一带、六片、多点”的历史文化特色街区和遥感式剧情化体验街区，塑造福清“文旅 + 商业”新地标。

表 97　**2022 年福清市街道（乡镇）基本情况统计表**

街道（乡镇）	辖地面积（平方千米）	户数（户）	人口数（人）	社区（村）（个）	规模以上工业总产值（万元）	固定资产投资（万元）	税收收入（万元）
玉屏街道	7.3	23034	66640	19	—	209552	40789
龙山街道	34	20516	61072	20	121788	786278	47919
龙江街道	31.1	14420	44338	14	266821	558126	32464
音西街道	51.1	23492	72092	23	2248480	1493577	177272
宏路街道	36.6	12651	39479	15	1381537	823987	103641
石竹街道	15.4	6183	18333	13	5161331	523865	105601
阳下街道	69	14714	46344	25	3257532	568182	55763
镜洋镇	88.6	8830	27332	17	665246	129594	17200
东张镇	128.5	9620	31413	19	1337	67273	12639
一都镇	108	3659	11819	7	—	81476	3906
渔溪镇	115.3	15427	50482	23	515802	235428	11984
上迳镇	50	9893	33999	16	473676	211746	11975
江阴镇	69.75	29212	93686	24	5703757	1236253	93467
新厝镇	73.6	8183	26747	16	455417	283110	23352
海口镇	52.64	25230	78389	20	321986	194630	22745
南岭镇	34	2439	7868	8	—	29786	6934
城头镇	70.5	19319	63706	27	2806225	517305	38347
龙田镇	88	39193	139588	42	1133994	380884	66705
江镜镇	47.7	28411	104113	26	222844	429816	12194
港头镇	45	25831	87010	31	23820	216940	4820
三山镇	102	37033	126949	36	1758769	113713	67896
高山镇	40.5	21089	72992	25	125344	131059	23494
东瀚镇	74	12438	43934	17	—	138662	11140
沙埔镇	42	13992	52492	22	56965	182816	102592

说明：数据来自福清市统计局

（陈　晔）

闽侯县

【概况】 2022年，闽侯县地处福州市西南侧，面积2126.24平方千米。辖1个街道、8个镇、6个乡，337个行政村（社区）。年末常住人口102.4万人，户籍人口72.83万人，人口出生率7.67‰，人口自然增长率2.91‰。县域经济实力全国百强县排名提升到27位，连续13年入围全省十强县。居全国工业百强县第53位，全国创新百强县第27位，全国工业互联网推动数字化创新领先县（市）第20位。获评国家生态文明建设示范区、首批国家知识产权强县建设示范县。“项目攻坚落实年”专项行动完成投资432.91亿元，综合考评排名福州市第六。

【经济建设】 2022年，闽侯县实现地区生产总值1009.2亿元，首次突破千亿元大关，财政指标保持全省前列。第一产业增加值55.8亿元，比上年增长4.0%；第二产业增加值552.7亿元，增长6.8%；第三产业增加值400.7亿元，增长1.6%；三次产业结构比例5.5∶54.8∶39.7。一般公共预算总收入143.16亿元，比上年增长3.3%；一般公共预算收入100.74亿元，增长11.4%；固定资产投资816亿元，增长13.2%；社会消费品零售总额328.39亿元，增长3.2%。全体居民人均可支配收入3.9万元，比上年增长5.5%，其中城镇居民人均可支配收入5.31万元、增长4.5%；农村居民人均可支配收入2.6万元，增长7.5%。实现农业总产值比上年增长4.4%，出台《闽侯县调动农民种粮积极性促进粮食生产十条措施》，落实各项惠农扶农政策，建成高标准农田面积1066.67公顷，统筹利用撂荒耕地面积68.5公顷。培育“三品一标”农产品5个，新增市级农业龙头企业5家，被列为省级林下经济发展重点县。闽侯金鱼获第五届中国（福州）金鱼大赛全场总冠军，入选全省首批数字乡村县，数字乡村“百强县”排名全国第五、全省第一。上街镇侯官村、白沙镇林柄村获评市乡村振兴五星级村，尚干镇后福村、洋里乡梧溪村等22个村获评市乡村振兴四星级村。实现规模以上工业总产值比上年增长6%，工业增加值增长4.1%。东南汽车百亿合作项目投入生产，奔驰汽车连续6年实现工业企业税收全市第一名，祥鑫股份跨入百亿企业行列。青口汽车工业园区与左海集团签订“东南汽车城产城融合示范区战略合作框架协议”，获全省园区标准化评估“集约发展”“机制创新”两个专项第一名。75个重点技改项目完成投资130亿元。开展“三产跃升”行动，“快来闽侯·吃住游乐购”等活动，砂之船奥莱19万平方米、200家品牌店开业运营，打造“热闹街市”14条（个），“乐游闽侯”智慧旅游平台上线运行。引进重大项目265个、总投资591.9亿元，其中福大紫金氢能等亿元以上项目73个，引进外资项目11个、总投资5.98亿美元。

【城乡建设与管理】 2022年，闽侯县完成“三区三线”划定及国土空间规划衔接工作，完成《闽侯县停车场专项规划修编》等2个专项规划、《青口镇东台片区控制性详细规划》等2个控制性详细规划。完成房屋征收面积22.2万平方米。保障性住房配租（配售）348套、配租（配售）率54.1%。开展国家级县城新型城镇化建设示范县建设，推进新城开发和老城提升工程，白龙洲大桥、旗山湖二期等项目建成投入使用，“一闸三线”工程实现供水，地铁5号线通车运营，成为全省唯一通“双地铁”的县。落实120个市级城乡品质提升项目，建成公园11个，面积11.47公顷。新建（改造）公厕21座，整治“裸房”450栋，创建省级“美丽庭院”140户。开展全国文明城市创建工作，推进“六大专项”行动，10个文明实践中心（所、站）入选全市示范阵地、白沙所获评省级最美志愿者文明实践所，昙石山历史文化街区获评市新时代文明实践基地，青口镇后福村获评市级乡村振兴文明建设示范村，甘蔗街道昙石村、大湖乡大湖村获评市级乡风文明榜样村。完善“小团队、细网格”社会治理模式，以“户—队—片—区”四级网格为基础搭建体系，防汛抗旱、信访、安全生产等社会治理事项统一被纳入网格管理。在上街镇侯官村试运行“数字乡村”App，整合政务服务、公共服务、便民服务等功能。

【社会事业】 2022年，闽侯县新增专精特新企业18家、科技“小巨人”企业78家，均排名福州市第一。完成75个重点技改项目投资130亿元，麦特新铝业入围全省创新型民企100强。六和机械、联泓交通器材获福建省专利奖。新增泰全工业、浩蓝光电2家福建省制造业单项冠军企业。专利授权7327件、全市第一。新增专家工作站2家、国家级学会创新服务站1家、省级学会创新服务站1家。新增各级知识产权示范（优势）企业8家（国家级和省级各4家）。投入使用七里学校等教育项目6个，新增学位4610个。新增12所市级义务教育管理标准化学校，新组建教育集团4个，普通高中学位保有量提高2个百分点。推动公共文化、地方文化传承发展，4个食品老字号入选首批“福州老字号”，县文化馆获评全国县级文化馆先进集体，闽侯文艺家之家获评全省首批新时代特色文艺示范基地。新建健身路径40条、笼式足球场2个、健身驿站10个。承办福州十大名山徒步旅游活动、福建省第17届运动会群众组笼式足球赛。福建省省立医院、福建省人民医院与闽侯县医院开展援助帮扶，与福建省儿童医院合作共建闽侯县人民医院，上街、祥谦中心卫生院引进福建省省立医院专家团队。全县充实卫技人员57人，实现卫生院中医馆全覆盖。

【社会保障】 2022年，闽侯县财政民生支出98.2亿元，占一般公共预算支出的83.7%。完成省、市、县为民办实事项目83个。上线“闽侯就业创业”服务平台，闽侯奔驰汽车有限公司获评为全国和谐劳动关系创建示范企业。新增城镇就业1.6万人，帮扶高校毕业生就业1643人。城乡居民社保参保人数30.23万人、医保扩面至1.05万人，城乡低保标准提高15.8%。改造提升农村幸福院、社区养老服务照料中心43个，新增长者食堂14个。

【生态环保】 2022年，闽侯县开展“护河爱水、清洁家园”“污水不入河”“蓝天利剑”等专项行动，整治“散乱污”企业360家、排污口123个、铺设污水管网50千米。完成造林绿化和森林经营面积4653.33公顷，打造“绿盈乡村”33个，创建省级森林城镇1个（上街镇）、村庄4个，森林生态巡护“闽侯模式”受到省、市领导肯定。主要流域国考断面、小流域省考断面水质优良比例100%，乡镇级以上集中式饮用水水源地水质达标率保持100%，环境空气质量总体保持优良水平，县域空气质量优良天数比例99.7%。

【平安建设】 2022年，闽侯县开展安全生产大检查、重点行业领域专项整治，整治县级以上重大安全隐患52处。推进扫黑除恶常态化，完善“小团队、细网格”社会治理体系，获评福建省“第四轮第二批平安县”。创新“园区枫桥”机制，青口汽车工业园区获评全省首批“园区枫桥”示范单位。

【白龙洲大桥建成通车】 2022年8月17日，白龙洲大桥建成通车。大桥于2019年6月1日动工建设，全长3.54千米，总投资22亿元。大桥起于竹岐316国道，止于县城甘蔗滨城大道，包括跨江大桥、北岸互通立交、南岸互通，双向设有六车道、非机动车道及人行道，桥型为双塔水滴形斜拉桥，是国内唯一的水滴形桥塔和竖琴索布置的市政景观桥梁，也是国内截至2020年最宽的边主梁式结合梁斜拉桥。

【地铁5号线首通段通车运营】 2022年4月29日，地铁5号线首通段通车运营。5号线采用首通、后通段分段建设及开通的模式，首通段起于荆溪厚屿站，终于螺洲古镇站，全长22.4千米，设17个站点，全部为地下站，途经荆溪新城，设荆溪厚屿站和塔前停车场。随着5号线的开通，闽侯成为全省唯一通双地铁的县。

表98　**2022年闽侯县乡镇（街道）基本情况统计表**

街道（乡镇）	辖地面积（平方千米）	户数（户）	人口数（人）	村（社区）（个）	规模以上工业总产值（万元）	财政总收入（万元）
青口镇	127	28235	90957	40	3854203	264329
尚干镇	5	6110	18154	13	291561	18526
祥谦镇	89	20635	66401	20	929181	38254
南通镇	112	18114	50088	18	236822	21993
南屿镇（含高新区）	171	36429	108394	33	1501605	139478
上街镇	157	22961	75315	18	121022	59183
竹岐乡	224	9308	30388	22	457692	11830
鸿尾乡	157	9610	33485	20	607700	28980
荆溪镇	131	17315	50942	21	1037479	41854
甘蔗街道	47	23989	67150	19	1422962	106765
白沙镇	175	9819	32281	25	300789	8069
洋里乡	151	8394	27999	24	21450	360
大湖乡	282	10040	34487	27	17266	336
廷坪乡	217	9536	32631	25	0	547
小箬乡	46	2660	9581	8	3771	2490

说明：数据来自闽侯县统计局

（陈君雯）

连江县

【概况】 2022年，连江县东濒台湾海峡，西傍福州，面积1255.13平方千米。辖22个乡镇，282个村居。年末常住人口64.6万人，户籍人口67.58万人，人口出生率5.19‰，人口自然增长率1.42‰。入选2022年全国县域发展潜力百强县、县域经济投资潜力百强县，蝉联全省县域经济实力“十强”县，第七次获评全省双拥模范县，获评全国乡村振兴百强县，乡村振兴参与热度排名全省第一。获评“中国鱼丸之乡”，蝉联“中国海带之乡”称号。

【经济建设】 2022年，连江县完成地区生产总值731亿元，三次产业结构为25.4∶37.1∶37.6。第二季度项目综合考评正向激励位居全省县（市）区第二。投放“闽投1号”“乾动1号”深远海养殖平台，新增平台养殖水体8.2万立方米。推进海洋渔业碳汇“1+3+1+N”体系建设，推动“海连江”区域公共品牌创建工作。推进总投资19.78亿元的渔港经济区项目22个，开工动建15个渔港。建成投用黄岐镇全省首个智慧渔港，推进黄湾屿国家级海洋牧场示范区建设。开展养殖设施转型升级工作，替换塑胶浮球628万粒，改造养殖渔排11.6万口，新建深水大网箱188口。水产加工企业突破100家，年产值137亿元。首创全国鲍鱼价格指数保险。建成开放福州鱼丸博物馆，发布鱼丸行业团体标准。规模以上工业增加值比上年增长8.2%，排名全市第一。工业用电量23.72千瓦时，比上年增长25.31%，居福州市前列。创新“园中园”发展模式，可门青年公寓建设时间缩减一半，成本下降 1/4，产业园污水处理成本下降40%。可门绿色纺织产业园入选中国纺织协会经典案例，成为中国纺织产业转型升级示范区。实现社会消费品零售总额154亿元，第三产业增加值完成275亿元。潘渡镇入选省级商务特色镇，贵安奥特莱斯创建省级特色步行街，万家城市广场获评市级A类美食示范街区。实际利用外资5156万美元。总投资315亿元的高端新能源新材料产业园项目签约落地，引进电子特气项目，打破芯片产业细分领域欧美、日本等国的技术垄断。落地京东、新希望等世界500强企业，全年招商引资超100亿元、70亿元、50亿元、30亿元以上的大项目、好项目各1个。

【城乡建设与管理】 2022年，连江县以创新手法、精品理念规划设计青塘湖片区、总部经济区。实施77个城市品质提升项目，完成投资60亿元。打通文笔西路、丹凤西路2条断头路，建成敖江路景观提升示范段。改造城区门户及重要节点，更新19个主题公园。启动玉泉山山体公园建设，建成步行慢道10千米，完成3.9万平方米的莲荷东路沿线老旧小区改造。清淤河道4.12万立方米，整治河道2.6千米，清疏排查雨污管网150千米，启动连江第二污水处理厂前期工作。编制完成112个村庄规划，将全省首个鲍鱼品牌IP与渔家风情融合，把安凯乡同心村打造成渔旅“网红村”。启动15个农村生活污水提升治理工程，推进潘渡镇、马鼻镇、透堡镇等水系连通及水美乡村试点建设项目、蓼沿乡蒲边段防洪治理工程。建成城乡供水一体化黄岐半岛一期扩容改造工程。新建高标准农田面积466.67公顷，新增耕地面积120.93公顷，复种抛荒撂荒耕地面积31.33公顷，完成耕地“非粮化”整改面积82.2公顷。

【社会事业】 2022年，连江县官坞海产公司入选“国家水产种业阵型企业——强优势阵型”名单；恒捷实业公司确认为福建省知识产权优势企业，发明专利获市级专利优秀奖。“江船长”联合江南大学成立未来食品生物技术研究中心。动建数字基座一期、数字乡村示范点等项目43个，数字经济预计突破300亿元。全县规模以上工业企业研发经费5.81亿元，比上年增长13.9%，预计新增高新技术企业12家，“专精特新”企业3家。全县幼儿园在校生19594人，小学在校生49942人，初中在校生25168人，高中在校生10952人，中职在校生2750人，特教在校生224人。成立县教师进修校附属中学等4个教育集团，新改扩建9所中小学（幼儿园），新增各类学位3720个。高考本科上线率高于全省13个百分点；中考平均分、及格率、优秀率均位列六（县）市第一。连江一中获评全国青少年普法教育先进集体。连江实验小学在2022年全国“文明校园”届中测评中成绩居全省小学第一名，并向全省推广宣传典型做法。

举办福州（连江）开渔节、第二届福州鱼丸文化节、讨海音乐节。调整传统风貌建筑推荐名录87处，木帆船制作技艺列为市级非遗代表性项目。魁龙坊“青艺术中心”被授予省级新时代特色文艺示范基地称号，投资的《那山那海》在央视综合频道黄金档热播。在省运会中，获16枚金牌、10枚银牌、7枚铜牌。创建国家级慢性病综合防控示范区，在全市率先探索医疗机构网格化管理机制。“120”急救联动中心启用，县医院新院、可门港医院、县精神病院即将投用，琯头、丹阳中心卫生院通过省级社区医院验收。县医院入选国家“千县工程”名单，卫生院中医馆实现全覆盖，江南镇获评省级卫生镇，马鼻辰山村等11个村、社区获评省级卫生村、社区。

【社会保障】 2022年，连江县完成102个省、市、县三级为民办实事项目。城镇、农村居民人均可支配收入分别为4.52万元和2.47万元。累计发放临时救济金443万元。新增预算1080

2022年9月28日，全国海洋经济高峰论坛暨连江县海洋渔业碳汇建设体系发布会在连江贵安举行

（连江县政府办 供图）

万元，提高城乡低保、特困人员救助供养等补助标准。发放稳岗返还资金754.34万元，组织各类招聘会26场，开展职业技能培训1万多人次，离校未就业高校毕业生落实就业去向率保持在90%以上，城镇新增就业2130人。建设保障性租赁住房4500套。在全市率先设立未成年人保护救助中心。下宫区域性养老服务中心主体完工，建成18个长者食堂，244户老年人家庭完成适老化改造。

【生态环保】 2022年，连江县开展“护河爱水、清洁家园”“六清一改”“爱国卫生”等专项行动，推广人居环境整治积分制，河道“四乱”问题得到整治，主要流域国、省考断面，县、乡、村级生活饮用水水源地Ⅰ～Ⅲ类水质比例100%。空气质量排名全市第一。推动生活垃圾分类，海漂垃圾实现常态化清理整治。开展“两违”整治，处置“两违”建筑面积113.74万平方米，清理腾退土地面积115.19公顷。历时7年的可门园区尾水排海工程建成投入使用，定海湾山海运动小镇项目成功销号，完成中央和省生态环保督察反馈重要问题整改。新增山仔、敖江河口湿地省级自然保护区2处，除治互花米草面积666.67公顷。植树造林面积860公顷，改造提升低质低效林面积800公顷，造林绿化工作获省委、省政府表彰，小沧乡获评省级森林乡镇。

【平安建设】 2022年，连江县建立完善各类网格2402个，配齐网格人员8000人。推进“综治中心+网格化+信息化+雪亮工程”建设。培育县域社会治理创新项目30个。“治重化积”工作居全市前列，获评“省级平安县”。推进扫黑除恶斗争，成效位居全市第二，禁毒工作得到国家禁毒委肯定。获“全国法治宣传教育先进集体”“五一先锋号集体”“全国优秀人民警察”称号。

【数字蓝海新基建项目获奖】 2022年6月，连江县数字蓝海新基建项目获2022年世界智慧城市大奖中国区经济大奖，入选全球智慧城市合作与发展大会年度城市数字化转型优秀案例，是福州市唯一入选项目。连江数字蓝海新基建项目是基于连江海洋大县的优势，利用移动700M频段5G入海和高通量卫星通信系统为多维网络支持，实现近海60海里海域的网络全覆盖，通过大数据、人工智能、数据分析、物联网等新技术新应用，探索智慧海洋城市中的管理、规划、生产等多维度的提升，打造数字海洋领先城市。

【福州现代物流城港后方铁路接轨方案获批】 2022年8月，福州现代物流城港后方铁路接轨方案获批，成为2021年7月新接轨管理办法实施以来全国首条通过审批的地方自建铁路项目。11月，全长72千米、总投资84.7亿元的港后方铁路动工建设。港口后方铁路是实现福州现代物流城大进大出集疏运体系的重要依托，建成后将与可门港铁路支线贯通，实现海铁联运，解决可门港铁路运输瓶颈，打通物流城铁路运输的“最后一公里”，促进园区企业实现降本增效。港口后方铁路作为福州市唯一一条货运专线，不仅是解决福州港口后方货物运输问题的疏港铁路，也是福州实现“客货分流”的枢纽货运铁路，对完善海西铁路网布局，增强沿海铁路主骨架功能具有重要意义。

表99　**2022年连江县乡镇基本情况统计表**

街道	辖地面积（平方千米）	户数（户）	人口数（人）	社区（村）（个）	固定资产投资（万元）	规模以上工业产值（万元）	财政总收入（万元）
凤城镇	6.19	32467	100184	15	10577	0	13902
敖江镇	41.54	13814	47574	17	78268	169311	12475
江南镇	75.18	8110	26806	16	49416	121942	2866
东湖镇	45.85	4944	16072	10	115545	260627	8619
浦口镇	52.40	10726	34119	14	62893	230219	5521
东岱镇	24.73	9890	30704	9	42846	242863	716
晓澳镇	20.08	11123	32774	7	57652	643386	2775
琯头镇	61.09	18662	56022	28	81033.4	430466	7599
潘渡镇	142.87	8522	26062	15	33967	0	7577
小沧乡	65.24	1278	4283	5	9466	0	126
丹阳镇	111.53	8524	28761	19	94043	67741	1428
蓼沿乡	124.57	8540	30008	23	112476	10535	713
长龙镇	66.51	3810	12345	7	36215	0	720
透堡镇	25.81	6592	22518	8	92811	0	1053

续表 99

街道	辖地面积（平方千米）	户数（户）	人口数（人）	社区（村）（个）	固定资产投资（万元）	规模以上工业产值（万元）	财政总收入（万元）
马鼻镇	38.82	13601	47691	15	71693	2104	3455
官坂镇	49.44	9190	32125	16	72528	66060	804
坑园镇	39.33	6924	23389	8	101334	341123	6027
下宫镇	32.36	4570	14942	9	93660	364535	2307
筱埕镇	32.99	8260	25955	11	115995	200032	864
黄岐镇	13.43	7199	22333	11	101454	131090	561
安凯乡	30.87	4981	16335	11	55536	96888	313
苔菉镇	8.30	7713	24764	8	77393	63393	356

说明：数据来自连江县统计局

（连江县政府办）

闽清县

【概况】 2022年，闽清县地处福州市西部及闽江中下游地区，面积1494.34平方千米。辖11个镇，5个乡，21个社区，271个行政村。年末常住人口26.1万人，户籍人口32.10万人，人口出生率6.12‰，人口自然增长率2.74‰。连续5年获评全省县域经济发展“十佳县”，荣获全国信访工作示范县、省级双拥模范县、省级平安县等称号，入选省级闽台乡建乡创合作样板县。塔庄镇茶口村获评全国“一村一品”示范村镇，入选全国乡村特色产业超亿元村。梅溪镇、雄江镇获评省级乡村治理示范乡镇。

【经济建设】 2022年，闽清县实现地区生产总值446.26亿元，比上年增长4.3%。三次产业结构比为9.2∶57.9∶32.9。一般公共预算总收入32.0亿元，比上年下降6.5%；地方一般公共预算总收入18.8亿元，增长1.1%；固定资产投资157.36亿元，增长14%；城镇居民人均可支配收入39993元，增长4.3%；农村居民人均可支配收入20304元，增长6.0%；第一产业总产值66.38亿元，比上年增长4.4%；第一产业增加值41.27亿元，增长4%。完成1万公顷水稻功能区划定，新增高标准农田面积66.67公顷。建成涵林生态茶业、金岭林木等省级优质农产品标准化示范基地4个，新增省级“一村一品”专业村3个、“三品一标”认证产品5个。坂东供销社获评为省级基层示范社。第二产业增加值258.19亿元，比上年增长5.2%。新增提升规模以上工业企业10家。白金工业园区规模以上工业产值超百亿元，完成税收3.3亿元，比上年增长32%。绿色建筑产业园新引进万福创新园、丰和钢构等6个产业链项目，博雀、豪迪生等11家企业建成投入生产。新材料产业园小园片区（一期）完成征迁，园区道路、土石方工程启动建设。75个重点技改项目完成投资40.4亿元。建筑业新增一级总承包企业4家，产值超亿元企业70家，纳税千万元以上企业14家。房地产及建筑业入库税收5.2亿元，建筑业产值突破1100亿元，保持全省第一。实现第三产业增加值146.80亿元，比上年增长2.9%。新增提升限额以上商贸业、规模以上服务业62家，举办“惠聚榕城·福见商旅”“爱购闽清”消费季等系列活动。七叠温泉（二期）、心上莲、栖野田园酒店等67个旅游项目完成投资53.3亿元。全年游客接待量、旅游总收入快速回升，比上年分别增长31%、35%。九野小镇获评国家AAA级旅游景区，塔庄镇获评省级全域生态旅游小镇，坪街村入选省级金牌旅游村。实际利用外资580万美元，争取上级补助资金16亿元，债券资金16.8亿元。引进亿元以上项目58个，万邦集成房屋等7个产业链项目转化落地，上市公司500强东方雨虹福建公司注册闽清并摘牌拿地。

【城乡建设与管理】 2022年，闽清县动建南山纵二路，建成城区地下管线综合信息系统，完成翔美楼老旧小区改造等项目69个。提升重要节点景观5处，新增绿道长度12千米、公园绿地面积13公顷、停车泊位247个。金品苑、好山名郡、南山一号等安商房项目全面竣工。梅溪滨水自行车栈道（台山桥至赖下桥段）建成开放。加快126个省、市级试点镇村、云上尚德·耕读学堂、下祝茶旅综合体等项目建设。生成重点项目59个，完成大通道、梅溪水系提升项目系统设计。加快宏琳厝游客集散中心、洪安文创园等项目建设。整治农村裸房3670栋，处置“两违”面积9万平方米。全县乡村振兴“反响度”“获得感”评选名列全省前十。云龙乡后垅村入选第六批中国传统村落。推进“项目攻坚落实年”专项行动，获批成片开发方案面积228.4公顷，完成拆迁面积27.7万平方米、农转用和土地征收面积49.13公顷、林地报批面积118.27公顷，供应土地19宗面积59.8公顷，处置批而未供土地面积59.8公顷、闲置土地面积67.2公顷。县公安大楼、工人文化宫相继投入使用。梅溪新城加油站等5个项目竣工，鹿驰支路、鳌峰岭乡村支路建成通车。法院审判技术大楼主体竣工，云溪漫谷（一期）试营业。投入5.3亿元，建设123县道东桥至高铁北站A标段等6条道路，建成127县道省璜至谷洋段等5条33千米道路，完成危桥改造5座。投入1.1亿元，新建改造城乡污水泵站23个、小型污水处理设施3个，雄江镇、金沙镇等11个乡镇生活污水治理项目开工建设，完成污水管网铺设78千米。县环卫基地建成投用，生活垃圾焚烧发电厂实现并网发电。新增城乡供水一体化管网200千米，全面实行“水务专业管理+村委辅助”模式，改造提升农村供水设施34处。推进抽水蓄能电站前期工作。建成110千伏池园变35千伏输电线路。新建4G基站134个、5G基站161个，实现行政村光纤全覆盖、城镇5G网络信号全覆盖。

【社会事业】 2022年，闽清县全年R&D（研发与投入）经费投入2.64亿元，比上年增长33.2%。62家战略性新兴产业占规上工业产值59.2%。申报国家高新技术企业22家，新增科技“小巨人”企业10家，备案科技型中小企业20家。新增授权专利609件，每万人发明专利拥有量9.26件，比上年增长12.1%。启动实施教育补短板项目，总投资6.3亿元，推动塔庄初级中学教学综合楼、闽清二中改扩建等8个项目建设，建成梅溪镇中心幼儿园、三溪乡中心幼儿园、第三实验小学教学综合楼，新增学位1170个。高薪引进1名闽都英才名校长，担任第三实验小学教育集团总校长。完成天儒中学改制。闽清县高级中学通过省二级达标校评估。闽清职专新增产教融合五年制大专班2个。登记文物建筑、历史建筑和传统风貌建筑等36处，完成鳌峰岭宅等7处文保单位修缮。义窑青白瓷传统手工技艺入选省级非物质文化遗产项目名录。吴孟超院士馆入选中国华侨国际文化交流基地。县科技馆入选全国科普教育基地。白中镇白汀村获评省级“侨胞之家”。福建省首部华侨文化主题电影《诗巫风云》在全国上映。闽剧《乐圣陈旸》荣获第八届福建艺术节剧目奖、导演奖一等奖、音乐奖一等奖。举办福建省第五届小提琴展演总决赛。闽清籍运动员在福建省第17届运动会上获金牌20枚。建成县公共卫生应急服务中心（一期）。新建提升34家村级卫生所，标准化村卫生所实现全覆盖。开展与省立医院医联体协作，新建“名医师带徒”工作室7个，县总医院入选国家卫健委“千县工程”。

【社会保障】 2022年，闽清县财政民生支出25.6亿元，占一般公共预算支出的81.4%。落实73个省（市）县为民办实事项目。新增城镇就业1550人，失业人员再就业239人。城乡居民基本养老保险参保14.8万人，发放养老金1.45亿元。基本医疗保险参保28.1万人，支出医保基金3.6亿元。发放各类困难群众补助8157万元、物价补贴282万元。落实事业单位、公务员薪资结构改革，教师、医护人员、退休人员等待遇水平提高。建成坂东镇嵌入式家园，升级改造白樟等3个乡镇敬老院，新建长者食堂11个、老年人助餐点27个、适老化改造269户，生活不能自理特困人员集中供养率91.2%。新增白中、白樟等乡镇公益性公墓7处，基本实现全县公益性殡葬设施全覆盖。

【生态环保】 2022年，闽清县推进“绿盈乡村”建设，新培育绿盈乡镇1个、中高级版绿盈乡村15个。推行“公检法+林长办”机制，完成植树造林面积584.73公顷、商品林赎买面积133.33公顷。建成投用朱山湿地公园。全面推广人居环境整治文明积分制。清理整治小水电站25座，“散乱污”企业130家，河道25千米，治理水土流失面积1100公顷。全县空气质量优良率98.9%，饮用水水源地水质及国控、省控断面水质达标率保持100%。

【平安建设】 2022年，闽清县新增“平安家园·智能天网”3500路，创新运用“e体+”多维调处等机制，接处警满意率100%，全省排名第一。深化村级事务服务清单管理，打造服务示范村32个。开展常态化扫黑除恶斗争，开展夏季治安打击整治“百日行动”。完成市、县两级安全隐患点整治25个。

【第六届中国·福州（闽清）橄榄节开幕】 2022年12月24日，以“闽清橄榄 幸福味道”为主题的第六届中国·福州（闽清）橄榄节在闽清县梅溪镇云溪曼谷开幕。闽清橄榄数字产业园全新亮相，“云览梅溪”平台发布。2022年度省级示范家庭农场、福建省农民专业合作社示范社、福建省休闲农业示范点授牌。闽清县十佳农产品、“礼乐闽清 幸福味道”十大梅邑福菜同步揭晓。八闽美食嘉年华活动开启，橄榄、柑橘、山茶油、五彩米等闽清特色农产品，香糟鸭、粉干、芋头糕、下祝粉丝、茶油饼等闽清特色美食悉数登场。该次活动通过多平台全网直播，观看886.4万人次。

2022年12月24日，第六届中国·福州（闽清）橄榄节在闽清县梅溪镇云溪曼谷开幕

（闽清县政府办 供图）

表 100 **2022 年闽清县乡镇基本情况统计表**

乡镇	辖地面积（平方千米）	户数（户）	人口数（人）	社区（村）（个）	农林牧渔业总产值（万元）	工业总产值（万元）	地方财政收入（万元）	地方财政一般预算支出（万元）
梅城镇	9.27	14903	42895	12	5308.01	100631	5459	2547
梅溪镇	144.13	7446	24864	22	54022.38	67992	30691	2402
云龙乡	40.42	3794	11515	10	37688.32	671229	8418	13919
白樟镇	80.78	5912	18662	14	51272.39	730639	12926	10353
金沙镇	156.67	4052	13749	19	38899.09	223163	8905	1753
白中镇	41.8	5523	18756	14	31401.79	555497	17967	11442
池园镇	89.47	6787	23641	20	37683.16	195509	2343	1894
上莲乡	122.68	3650	13067	18	34380.86	17736	1030	1701
坂东镇	58.53	14218	44863	28	70021.29	92689	4046	8221
三溪乡	47	2906	9535	12	17182.36	—	12870	4302
塔庄镇	73.27	7807	25840	25	48020.92	15947	2286	3906
省璜镇	116.67	5457	19765	27	46984.4	—	4339	4354
雄江镇	111.2	2041	5933	13	22848.57	27669	2725	1146
桔林乡	107.2	2015	6533	13	41435.16	—	3636	1660
东桥镇	187.34	6060	22131	23	60821.53	53233	3303	2670
下祝乡	80.14	5466	19271	22	65736.95	17701	1786	1729

说明：数据来自闽清县统计局

（杨　帆）

罗源县

【概况】 2022 年，罗源县位于福州市东北部，面积 1100.32 平方千米。辖 6 个镇，5 个乡，202 个村。年末常住人口 26 万人，户籍人口 26.91 万人，人口出生率 6.67‰，人口自然增长率 1.39‰。是福建省畲族主要聚居区之一，享受原中央苏区政策待遇。获“省级双拥模范县”、省“城乡建设品质提升综合绩效优异县”、省第四轮第三批“平安县”等称号。

【经济建设】 2022 年，罗源县实现地区生产总值 417 亿元，比上年增长 4.7%；三次产业增加值分别增长 3.3%、5.2%、4.4%。全年全县一般公共预算总收入 23.7 亿元，其中地方一般公共预算收入 16.2 亿元；固定资产投资 257.7 亿元，比上年增长 18.2%；进出口总额 42.3 亿元；城镇居民人均可支配收入 41401 元，增长 4.1%；农村居民人均可支配收入 20481 元，增长 5.6%。上榜“全国县域发展潜力百强县”第 33 位，“全国县域经济投资潜力百强县”第 89 位。实现农业总产值 105.07 亿元，比上年增长 3.7%；第一产业增加值 59.57 亿元，增长 3.3%。“中国秀珍菇第一县”品牌在央视打响，香菇全产业链标准化基地入选全国现代农业试点。全市首个苗木产业合作基地落户罗源。中房河洋湖水蜜桃亮相“数字峰会”，西兰七境茶获“海丝国际茶王赛”金奖，“罗源鲍鱼”成功注册国家地理标志证明商标。新增市级农业龙头企业 6 家，新增“三品一标”产品 20 个。成功创建省“一村一品”示范村 2 个，省、市级“一村一品”专业村 14 个。获省级“林下经济重点县”“笋竹精深加工示范县”荣誉称号。村庄清洁“六清一改一管”整治取得明显成效。“全民护河，爱我罗川”活动、白塔乡南洋村农村人居环境整治“双积分制”在全市推广。实施乡村振兴试点项目 66 个，孵化乡村振兴五星级村 1 个、四星级村 20 个，国家级传统村落 2 个，绿盈乡村 8 个。霍口畲族乡获评“铸牢中华民族共同体意识”乡村振兴示范乡。开展文创旅游产业链行动，新改建民宿 12 家，松山镇获省级“全域生态旅游小镇”称号，白塔乡百丈村获省“金牌旅游村”称号。实现规模以上工业产值 763.6 亿元，比上年增长 12.9%；规模以上工业增加值增长 7.3%；建筑业增加值 26.9 亿元，增长 1.9%；工业固定资产投资

187.6 亿元，增长 22.4%。推进三钢产能置换（罗源闽光部分）及配套项目二期工程、年产 130 万吨 H 型钢生产线、福建德盛镍业配套煤气工程节能减排改造升级项目等市级重点工业项目 30 个，总投资 265.92 亿元。实现第三产业增加值 133.4 亿元，比上年增长 4.4%；社会消费品零售总额 65.7 亿元，增长 4.6%。新增提升限额以上商贸企业 69 家、规模以上服务业企业 39 家。开展各类线下促消费活动 50 余场，投放政府消费券 313 万元。全年招商引资项目 144 个，总投资 405.31 亿元。引进产业链项目 22 个。实际利用外资 859 万美元。全年注册企业 1280 家，注册资本 107.2 亿元；个体工商户 3505 家，注册资本 5.72 亿元。推出高频事项“一件事打包办”套餐 210 组，行政许可事项“最多跑一趟”1267 项，政务服务事项“跨域通办”2000 余项，网办事项超 93.84%。

【城乡建设与管理】 2022 年，罗源县汉昇观澜、金尊名城等地产项目陆续交付，新增保障性租赁住房 2.2 万平方米。岐阳二期路网全面通车，涉迁群众回迁。完成莲花东区、岐阳小区老旧小区改造，整治提升东大路等 4 条市政道路，城区步道、岸线夜景等 5 个串珠公园项目建成开放。霍口水库提速扫尾，昌西水库百米大坝全线浇筑。城乡供水一体化启动建设。运行“美丽罗源”监管平台，拆违拆临面积超 28.41 万平方米。投入 5415 万元，开展起步集镇环境整治项目 12 个，打造宜居宜业集镇样板。

【社会事业】 2022 年，罗源县研发投入（R&D）比上年增长 22.7%，投入强度 2.54%。新增国家高新技术企业 8 家、科技“小巨人”5 家。实施教育攻坚项目 12 个，滨海第三实验幼儿园、特教学校新校区、职业中学（实训基地）、起步中心小学教学综合楼、松山小获小学教学综合楼等 7 个项目投入使用，新增学位 3380 个，引进高层次教育人才 37 人。年内，幼儿园在校学生 7920 人，小学在校生 21765 人，初中在校生 9093 人，高中在校生 3676 人，中等职业技术学院在校生 2477 人，特殊教育学校在校生 70 人。发布城市形象宣传曲《明月照罗源》。林可彝事迹陈列馆、松山围垦精神展示馆开馆。打造中国罗源滨海玉石文化城，实施“天下石·罗源工”雕刻大师回归工程，吸引 4 名国家级工艺美术大师、15 名省级工艺美术大师及近百名雕刻界人才。建成智慧体育公园等公共体育设施 23 个，组织全民健身活动 30 场，在省运会上获 4 银 1 铜。畲族民俗活动多次亮相央视，霍口畲族乡、松山镇获评“全省民族团结进步重点单位”。

罗源县医院扩建病房大楼，通关大楼健康驿站。与省立医院、协和医院、省肿瘤医院等开展协助帮扶。先后派出 9 批次 5100 多名党员干部、医务工作者驰援上海、广州、福州等地。

2022 年 7 月 22 日，霍口水库大坝封顶　（霍口水库指挥部 供图）

【社会保障】 2022 年，罗源县财政用于民生支出 22.47 亿元，占一般公共预算支出的 78.7%。全省首创村级就业服务驿站，建立驿站 80 个。完成各类技能培训、以工代训 6363 人。城镇新增就业 1431 人，失业人员再就业 384 人。建成投入使用县社会福利中心康养医院和 4 个长者食堂。提高低保特困、残疾人补贴标准，累计救助 1.1 万人次。

【生态环保】 2022 年，罗源县谋划生态治理项目 32 个，制定工作措施 110 条。淘汰 16 座 10 蒸吨以下燃煤锅炉，完成钢铁行业阶段性超低排放改造，完成华东船厂、闽联木业等 6 家大型企业 VOCs（挥发性有机物）2.0 治理，空气质量优良率 99.4%。清淤疏浚河道 19.5 千米，清理罗源湾内“僵尸船”480 艘，退出关停非法砂场 2 家、小水电站 14 家。建成罗源湾卷羽鹈鹕公园，造林面积 485.67 公顷，绿化公路 305 千米，治理水土流失面积 633.33 公顷，除治互花米草面积 197.8 公顷，种植红树林面积 27 公顷。

【平安建设】 2022 年，罗源县推进平安罗源建设，群众安全感率 99.09%，执法工作满意率 98.13%，扫黑除恶好评率 98.78%。开展夏季治安打击整治“百日行动”，创新“盗案清零”机制。建设高标准农田面积 86.67 公顷，治理抛荒撂荒面积 133.84 公顷，粮食播种面积 6233.33 公顷。政府隐性债务化解完成年度目标，县域不良贷款率保持低位。“点题整治”校园食品、网络餐饮，严厉打击药品安全违法行为。

【重点工业项目动工建设】 2022 年，罗源县宝钢德盛、罗源闽光相继完成百亿技改，万洋众创城多栋厂房建成封顶，37 个重点工业项目动工建设。投入 67 亿元，实施园区道路、管网、防洪等园区标准化建设项目 22 个。新建标准厂房4.94万平方米，松岐中路跨大获溪桥提前通车，LED（发光二极管）生态修复工程通过验收。出台“净地”交付机制，全年供地面积148公顷，盘活闲置土地面积31.07公顷，新增连片工业用地面积53.33公顷。新建“生态公益林”“沿海基干林”储备库面积229.53公顷，完成用林审批面积131.47公顷，保障22个重点项目实施。

【首届罗源玉石文化艺术节开幕】 2022年1月22日，由中共罗源县委、罗源县人民政府、中国民协中国寿山石发展研究中心共同主办的“启航新时代筑梦罗源湾”——“首届罗源玉石文化艺术节暨‘凤山雅集’潘惊石师徒传承展”开幕式在罗源县林可彝故居举行。展会持续到2月16日。罗源玉石雕刻人才辈出，先后涌现出5名中国工艺美术大师、15名福建省工艺美术大师和众多国家级、省级玉石雕刻大师。雕刻家在传承技艺的同时，锐意创新、精雕细琢，形成罗源独特的圆、浮、透、镂、薄、线等雕刻技法和印纽、花鸟、人物、动物、山水、瓜果、器皿等雕刻品种。本次展会特邀林飞、潘泗生、黄丽娟、黄宝庆、潘惊石等12名来自全国各省市的中国工艺美术大师一同参展，其中罗源籍中国工艺美术大师4名，收入玉石雕刻精品300多件。

表101　　2022年罗源县乡镇、开发区基本情况统计表

乡镇、开发区	辖地面积（平方千米）	户数（户）	人口数（人）	社区（村）（个）	农林牧渔业总产值（万元）	规模以上工业总产值（万元）	财政总收入（万元）
凤山镇	35.58	20952	63612	17	10320.1	50488.6	12660
松山镇	112.22	12752	42987	27	222413.2	23708.9	4613
碧里乡	101.97	7696	25809	12	262239.1	403149.7	5302
鉴江镇	66.72	3745	12441	9	220404.3	8029.4	563
起步镇	71.82	8132	26430	21	106168.6	90065.7	4945
洪洋乡	70.40	4068	12666	18	32188.3	38137.5	1168
中房镇	131.31	7232	22861	23	52636.4	69919.4	641
白塔乡	71.20	4401	14254	15	36408.2	162159.9	2404
西兰乡	78.37	4005	12806	17	34902.1	71212.4	774
飞竹镇	121.68	4702	15573	19	34260.5	61621.5	2212
霍口畲族乡	196.47	6061	19732	24	38687.2	—	770
开发区	13.94	—	—	—	—	6467241.9	42037

说明：数据来自罗源县统计局

（柯妙恬）

永泰县

【概况】 2022年，永泰县地处福州市西南部，面积2229.02平方千米。辖9个镇，12个乡，255个行政村，17个社区。年末常住人口28.6万人，户籍人口38.2万人，人口出生率7.12‰，人口自然增长率4.98‰。实施重点项目224个，完成投资136.5亿元。实施项目倍增计划，开工项目112个，新增投资26亿元。开展“项目攻坚落实年”专项行动，友通慧科、网驿智能制造等18个项目开工建设，大圣新型建材基地一期、嘉锋好家具厂房建设二期等20个项目竣工投产。获评国家级传统村落集中连片保护利用示范县。入选首批省级数字乡村试点县、林业碳中和试点县。党史和地方志研究室获评全国党史和文献部门先进集体。

【经济建设】 2022年，永泰县地区生产总值367.8亿元，比上年增长2.4%，其中第一产业增加值增长4.6%、建筑业增加值增长9.5%。一般公共预算总收入20.2亿元，地方一般公共预算收入13.5亿元。固定资产投资151.2亿元，比上年增长5.9%；工业固定资产投资24.3亿元，增长38.3%；进出口总额25.8亿元，增长21.5%；出口总值25.2亿元，增长19.1%；城镇居民和农村居民人均可支配收入分别增长4.7%和6.4%。农林牧渔业总产值104.3亿元，比上年增长5.1%。新建高标准农田面积800公顷，完成粮食产量9.8万吨。推进省级现代农业产业园、同安省级茶叶产业强镇、闽台产业园建设。“金蛋工程”一区30万羽蛋鸭项目建成投入生产，梅满天下青梅产业园、帮利茶业产业园启动建设，菌草养殖富泉羊产业示范基地落地。三状元油茶获批全国油茶产业示范园。全国绿色食品原料（李果）标准化生产基地续展。永泰绿茶入选农业农村部地理标志农产品保

护工程。实现规模以上工业产值57.4亿元。建筑业总产值978.8亿元，比上年增长14.1%。新增规模以上工业企业5家。白云抽水蓄能电站3台机组投产发电。“一闸三线”项目实现供水福清、闽侯、长乐。“匠福仙”白酒产业园、劳德巴赫精酿啤酒小镇开工建设，“青云泉”矿泉水上市销售。晟源纺织智能制造产业园、梧桐生态工业园动建。三连制衣、美尔奇纺织等技改项目全线投产。三合建设等3家建筑企业晋升一级。服务业增加值108.1亿元。福建省首个携程度假农庄在赤锡落成。培育“露营+”新业态，建成精品营地12个。引入省高速集团提升青云山服务区，打造福建省首个自驾游经济综合体。创建葛岭省级旅游度假区。御温泉酒店获全国温泉旅游企业五星级评定。梧桐嵩口研学游入选全国乡村旅游精品路线。实际利用外资1500万美元，比上年增长5%。制定出台《永泰县企业招商引资奖励扶持办法》《永泰县招商引资项目会审联席会议制度》，制作招商引资项目落地流程图。引进福祥食品、怡歌电子商务等项目212个，计划总投资325.5亿元。

【城乡建设与管理】 2022年，永泰县西大道完成主体工程，东嵩公路、环山北路动建。南门大桥、溪尾大桥双幅贯通，马洋大桥建成通车。三环路加快建设，355国道葛岭濑下至城峰蕉濑段、北江滨路旧制药厂至银场段等市政道路建成通行。刘岐村民住宅小区等5个安置房（地）项目建成移交。南城区便民综合市场主体竣工。旅游客运集散中心和公交总站主体封顶。生活垃圾分类实现城区全覆盖。新改建城市绿道11千米，绿地面积10万平方米。新建改造雨污管网长度10千米，供水管网长度5千米，燃气管网长度5千米，城市污水处理率97.2%。实施乡村振兴专项行动，完成试点镇村项目258个。完成全国美丽乡村建设重点县项目，创建市级乡村振兴四星级以上村20个。打造“我在乡间有亩田”省直机关示范带，认领田地面积81.62公顷。推行农房确权登记。人居环境整治积分制实现全覆盖。完成“三区三线”划定，规划编制157个村庄，“多规融合”试点经验在福州市推广。新建改造农村公路28千米、美丽农村路19千米。

【社会事业】 2022年，永泰县企业研发经费投入1.9亿元，比上年增长95.8%。通过国家级高新技术企业7家。选派科技特派员251人次。每万人发明专利拥有量6.4件，比上年增长12%。新改建5G基站184个，实现5G网络全覆盖。数字永泰产业园新建楼宇12万平方米、厂房25栋，年产值超170亿元。全县在园幼儿7164人，在校小学生20094人，在校初中生9887人，普通高中在校生4806人，中等职业教育学校在校生2281人。樟城幼儿园、实验幼儿园碧桂园分园、进修校一附小建成投入使用，增加学位1620个。学前教育普惠性学额和公办学额覆盖率位居福州市第一。建立福州市首个城乡紧密型教育共同体。举办永泰一中120周年校庆。“父子三庄寨”入选2022世界建筑文物观察名录。山葡萄藤编织制作技艺被列入第七批省级非遗代表性项目。建设乡村产业博物馆21个。工人文化宫全面竣工。开展各类文化活动150场、全民健身活动18场。建设健身路径10条，新建市级农民体育活动中心2个，提升改造篮球场6个。国家级健康促进县通过技术评估。县总医院与福建医大附一医院共建医疗健康联合体。县医院综合楼及感染性疾病科楼建成，葛岭、城峰等4个乡镇卫生院主体完工，每千人医疗机构床位数4.7张。实现乡镇中医馆全覆盖。实施为民办实事项目37件。

2022年9月23日，福建省2022年“中国农民丰收节”在永泰县嵩口镇开幕

（永泰县融媒体中心 供图）

【社会保障】 2022年，永泰县民生支出占一般公共预算支出84.6%。开展“直播送岗”等招聘会12场。城镇新增就业1605人，发放创业担保贷款620万元。城乡居民社会养老保险参保17.7万人，发放养老金1.86亿元。基本医疗保险参保32.62万人，统筹基金支出3.9亿元。新建长者食堂8个，实施25所农村幸福院质量提升工程，葛岭、红星区域养老服务中心启动建设。城乡低保标准提高至每人每月880元，发放各类保障金1.06亿元。

【生态环保】 2022年，永泰县新增造林绿化面积565.73公顷，改造低质低效和疏林地面积706.2公顷。开展松材线虫病防治，清除枯死松木3.2万株，改造林地面积2600公顷。完成商品林赎买面积341.13公顷。创建3个省级森林村庄、17个绿盈乡村。赤壁云湖溪谷入选省级森林康养基地。建立“林长+”协作工作机制，成立公、检、法驻林长办联络室。大樟溪流域跨域保护协作机制启动运行。完成安全生态水系综合治理29.3千米、小流域水土流失治理面积1000公顷。农村生活污水和城镇生活污水治理项目动工建设。大樟溪水质保持Ⅱ类标准，饮用水源水水质达标率100%。

【平安建设】 2022年，永泰县开展经营性自建房风险隐患排查整治“百日行动”，排查房屋1906栋。规范农村宅基地和建房审批管理，建立“铁三角”治违机制，拆除违建面积19.7万平方米。常态化开展扫黑除恶斗争，破获电信网络诈骗案件120件，小案快侦率及打击文物盗窃犯罪成果居福州市前列。建成平安乡镇18个、平安村（社区）239个。

【全国“村晚”永泰县嵩口镇分会场活动】 2022年2月14日，由文旅部公共服务司、文旅部全国公共文化发展中心、中央广播电视总台视听新媒体中心、福建省文旅厅等主办的2022年全国“村晚”示范展示活动福建永泰县嵩口镇分会场活动举行。永泰县嵩口镇作为福州市唯一代表被列入2022年全国“村晚”示范展示点，举办“欢乐过大年·喜迎冬奥会——我们的美好生活”主题活动。活动以“欢乐过大年·喜迎冬奥会——我们的美好生活”为主题，通过海博TV、直播福建全程网络直播，此外，抖音、快手、微博、视频号等平台也同步播出，在线观看量超151万人次。

【“中国农民丰收节”省级主会场活动】 2022年9月23日，以“庆丰收 迎盛会”为主题的中国农民丰收节福建省级主会场活动在嵩口镇中山村举行。该次活动分为“庆丰收”“感党恩”“向未来”3个篇章，每个篇章以“欢庆鼓”的场景演绎为串联，海博TV观看量371万人次、直播福建观看量222万人次，全网观看量超620万人次，活动获得福建省农业农村厅、福州市人民政府发文通报表扬。同时开展“庆丰收”农特产品展销活动，汇聚福州各县（市）区最具代表性的特色农旅产品，并依托农产品电商平台，实现农产品同步在线销售。

表102　**2022年永泰县乡镇基本情况统计表**

乡镇	辖地面积（平方千米）	户数（户）	人口数（人）	社区(村)（个）	农林牧渔总产值（万元）	规模以上工业总产值（万元）	固定资产投资（万元）	财政总收入（万元）	财政总支出（万元）
塘前乡	89.45	1591	4640	6	25201	31120	4518	734	1602
葛岭镇	239.04	5624	17842	18	88538	120030	25388	3598	3080
樟城镇	5.04	12538	33798	8	3217	14659	2904	15101	1758
城峰镇	88.18	11694	32235	21	52232	200607	12774	11993	2486
清凉镇	105.05	4525	12281	12	95601	94174	9777	1079	1673
富泉乡	64.52	2500	7070	9	30399	6720	7205	2009	1590
岭路乡	114.63	2363	8231	10	41299	—	9678	1498	1385
赤锡乡	98.7	4681	16872	15	39058	16662	7770	5142	2945
梧桐镇	171.92	12583	39746	22	85352	14794	22237	7887	4095
嵩口镇	248.82	11124	32302	21	88167	5707	17747	1373	2852
洑口乡	133.12	4591	13908	10	31775	3485	9310	663	1676
盖洋乡	114.54	3066	9285	10	32428	5403	6380	283	1729
长庆镇	160.72	8330	24119	15	69882	13796	7916	134	1377
东洋乡	48.57	3076	8870	10	28335	3485	5997	1607	1088
霞拔乡	59.54	5832	17393	11	30931	—	12520	3825	1226
同安镇	138.9	10442	31811	23	74389	10318	7520	6478	2305
大洋镇	107.71	10525	34700	18	71460	5228	12285	7714	3010
盘谷乡	30.28	3532	10436	6	28783	3851	4891	2821	1233
红星乡	46.17	3147	8745	8	32969	5831	7416	7764	1443
白云乡	105.17	5087	13575	13	63146	14251	13296	887	1576
丹云乡	59.8	1498	4017	6	30153	3511	12719	317	1094

说明：数据来自永泰县统计局、财政局

（陈似琦）

（编辑　苏　颖）

人物荣誉

表 103

2022 年全国五一劳动奖章福州市获表彰一览表

序号	姓名	工作单位及职务（职称）
1	黄炳锋	福建省福州第三中学理科党支部书记，数学教师、数学教研组组长
2	王新芳	中建海峡建设发展有限公司纪检监督工作部总经理
3	宋　辉	福建新大陆自动识别技术有限公司质量部经理
4	林国仲	福州市寿山石雕刻艺术研究会会长

表 104

2022 年福建省五一劳动奖章福州市获表彰一览表

序号	姓名	工作单位职务（职称）
1	朱超扬	福建思嘉环保材料科技有限公司电气工程师
2	冯永平	福建祥鑫股份有限公司总工程师兼技术研发中心主任
3	袁　俊	中建科技（福州）有限公司生产材料管理员
4	许　用	福州华润燃气有限公司技术人员
5	向志华	华能（福建）海港有限公司主任
6	林太光	中国电信股份有限公司福州分公司智能云网业务运营中心副经理、企业数据中心经理、软件开发团队负责人
7	彭利强	国网福建省电力有限公司福州供电公司电缆运检中心电缆运检二班班长
8	赖国洪	锐捷网络股份有限公司总经理助理
9	林鸿斌	福建高壹工机有限公司制造科科长
10	陈大樑	福州聚春园会展酒店有限公司行政总厨
11	郁文跃	中建海峡建设发展有限公司党委副书记、工会主席
12	张必诚	福人集团有限责任公司技术与信息中心主任
13	邓荣华	福州素天下食品有限公司研发部经理

续表 104

序号	姓名	工作单位职务（职称）
14	游爱姝	新福兴玻璃工业集团有限公司行政副经理
15	曾　兵	福州朴朴电子商务有限公司配送员
16	吴庆利	福建东飞环境集团有限公司项目管理员
17	廖发根	福州顺丰速运有限公司收派员
18	黄雨亭	光隆精密工业（福州）有限公司总经理
19	卓宇枫	福州市鼓楼区鼓东街道庆城社区居民委员会党委书记、主任
20	侯卓凡	福州市仓山区金山街道幸福社区居民委员会党总支书记、主任
21	冯　丹	福建医科大学孟超肝胆医院总会计师、财务科科长
22	谭　杰	福州市公安局对湖派出所副所长
23	毛维民	福州市林业局林业执法支队执法组组长
24	陈　玮	福建省福州市人民检察院第三检察部副主任
25	王利琴	福州市长乐区工业和信息化局投资促进科科长、一级科员
26	高翠霞	国家税务总局连江县税务局税政一股副股长、四级主办
27	黄碧华	福州市亭江第二中心小学少先队辅导员
28	余能飞	永泰县总医院质控科科长／检验科主任
29	庄珍钦	连江县透堡中学化学教师、初三年段组长
30	林章雅	福建医科大学附属第一医院党委书记
31	许海英	福州教育研究院特殊教育教研员
32	江莺英	福州市重点少年儿童业余体育学校副校长
33	林云芝	福州市晋安区教师进修学校附属幼儿园党支部书记、园长
34	刘文瑞	福州京东方光电科技有限公司总经理
35	林一文	福建永福电力设计股份有限公司党委书记、董事长兼总经理
36	黄　兴	福州市鼓楼区第二中心小学党支部书记、校长
37	谢麟麟	福建省工艺美术实验厂有限公司第一车间技术工人
38	郑广成	福州教育学院附属第三小学党总支书记、校长

（余荣发）

表 105　2022 年全国“五四红旗团委”“五四红旗团（总）支部”“优秀共青团干部”福州市获表彰一览表

序号	表彰项目	集体或个人
1	五四红旗团委	共青团福州市长乐区委
2	五四红旗团（总）支部	福建省福州市公安局巡特警支队一大队团支部
3	优秀共青团干部	朱杰忻（共青团福州市晋安区委书记）

表 106　**第20届福建青年五四奖章福州市获表彰一览表**

序号	表彰项目	集体或个人
1	第20届福建青年五四奖章表彰集体	福州格致中学“星火”志愿服务队
2		第一云家园
3		福州市仓山区消防救援大队
4		连江县公安局巡特警反恐大队
5		福州第二医院小儿骨科
6	第20届福建青年五四奖章表彰个人	万存灵（中央广播电视总台福建总站记者）
7		吴新星（福州外语外贸学院董事长）
8		陈宇笙（福建省福州市实验小学教师）
9		侯艳萍（福建福光股份有限公司党委副书记、董事）
10		林清景（福清市侨乡街舞团团长）
11		陈宏鑫（福建明一国际营养品集团有限公司总裁）
12		邬钦海（福州市公安局网络安全保卫支队三大队三级警长）
13		黄诚浩（福建知望律师事务所主任）
14		张瀚武（福建永东南建设集团有限公司党支部书记、总经理）
15		冯　文〔福州市仓山区机关事务服务中心副主任（主持工作）〕
16		赵志婷（中共福州市委办公厅秘书一处副处长）
17		赵呈霁（晋安区机关事务服务中心党组成员、副主任）
18		李京机（福州市劳务派遣有限公司派驻福州市行政服务中心台胞专员）
19		俞　凯〔名城地产（福建）有限公司董事长〕

表 107　**2022年福建省“五四红旗团委”“五四红旗团（总）支部”“优秀共青团干部”福州市获表彰一览表**

序号	表彰项目	集体或个人
1	2022年度“福建省五四红旗团委”	共青团福清市委
2		福州市长乐第一中学团委
3	2022年度“福建省五四红旗团（总）支部”	国家税务总局闽清县税务局团支部
4		福州市台江区鳌峰街道曙光社区团支部
5		福州屏东中学教工团支部
6	2022年度“福建省优秀共青团员”	郑坤煜（福州职业技术学院特殊教育系2020级广告设计与制作专业学生）
7		郭　婷（福州市儿童学园教师）
8		陈　健（福州第一技师学院教师）
9		李思思（福州市疾病预防控制中心科员）
10		吴沁楠（福州市长乐区青少年活动中心干事）
11	2022年度“福建省优秀共青团干部”	陈　睿（福州市仓山区建新镇洪光村团支部第一书记）
12		徐珍颖（福州第十一中学团委书记）
13		李　明（福州市商务局机关团支部书记）
14		薛诗婷（罗源县公安局团支部书记）

续表 107

序号	表彰项目	集体或个人
15	2022 年度“福建省优秀共青团干部”	郑敏娴（中建海峡总承包公司团委书记）
16		郑君伟（福州市晋安区茶园街道团工委副书记）
17		郑　蓉（福州市福清元洪师范学校附属小学大队辅导员）

（潘竞波）

表 108　**2022 年全国三八红旗集体、福建省三八红旗集体福州市获表彰一览表**

序号	表彰项目	集体
1	全国三八红旗集体	福州市第二医院急诊科
2	福建省三八红旗集体	福州市台江区洋中街道金斗社区居民委员会
3		福州市晋安区岳峰镇桂溪社区居民委员会
4		飞毛腿（福建）电子有限公司
5		闽侯县甘蔗街道瀛洲社区居民委员会
6		福州市长乐区营前街道长安村村民委员会
7		福建福清汇通农村商业银行股份有限公司
8		中国移动通信集团福建有限公司闽清分公司华侨城营业厅
9		福州市劳动就业中心
10		中共罗源县委组织部
11		福州市第一医院心脏重症监护室
12		福州市第八中学
13		福州市公安局出入境管理处

表 109　**2022 年福建省三八红旗手标兵、福建省三八红旗手福州市获表彰一览表**

序号	表彰项目	姓名	工作单位及职务（职称）
1	福建省三八红旗手标兵	卓艳华	罗源县凤山镇凤美社区党总支书记、居委会主任
2	福建省三八红旗手	陈婀娜	中共福州市台江区委常委、组织部部长，兼区委党校（区行政学校）校长
3		刘倩文	福州市鼓楼区华大街道思儿亭社区党委书记、居委会主任、妇联主席
4		吴刘驰	新中冠智能科技股份有限公司总裁
5		任沐芳	福州市台江区义洲街道浦东社区党委书记、社区主任
6		傅晓萍	福建春伦集团有限公司副总裁、集团妇工委主任
7		陈　晶	福州市晋安区寿山乡前洋村党支部副书记
8		鲁亚男	福建星云电子股份有限公司招聘负责人
9		陈　文	闽侯县甘蔗街道三福社区居民委员会
10			党支部书记、居委会主任
11		吴新星	福州外语外贸学院董事长，中国致公党第十六次全国代表大会代表、中国致公党福建省第十届委员会常委，福建省高等教育学会第八届理事会副会长，福州市第十五届、第十六届人大代表
12		郭文豪	福清市音西街道福百社区党总支书记、居委会主任

续表 109

序号	表彰项目	姓名	工作单位及职务（职称）
13	福建省三八红旗手	邵盛岚	恒申集团化工国际贸易中心（福建申远新材料有限公司）高级产品经理
14		张燕玲	罗源县松山镇岐屿社区党支部书记、居委会主任
15		张水如	永泰县樟城镇南门社区党委书记、居委会主任
16		郭晓梅	闽清县农村信用合作联社普惠金融部总经理
17		李灵华	福州高新区村镇办党委党建专职工作者，博海湾社区党支部书记、居委会主任
18		俞少奇	中共福州市委深改办综合协调处处长
19		黄丽慧	福州市不动产登记和交易中心测绘技术处处长
20		谢惠琳	中共福州市委宣传部理论处处长
21		曹素华	福州市城乡建设局发展计划处处长、一级主任科员
22		罗秀凤	福州市疾病预防控制中心纪委委员、工会副主席、副科长
23		杨彦伟	福州市乌山小学党委书记、校长
24		翁　真	福州市长乐区公安局网络安全保卫大队大队长
25		林　霞	31618 部队 61 分队连长
26		齐利萍	福州市体育运动学校教练员
27		杨玉琴	连江县医院急诊科副科长、副主任医师

（江　莉）

表 110　　**2022 年福州市获评中央和国家机关表彰先进集体一览表**

序号	表彰项目	集体
1	全国绿化先进集体	福州市林业局
2	全国机关事务工作先进集体	福州市机关事务管理局
3	全国统计系统先进集体	福州市统计局
4	全国老龄系统先进集体	福州市老龄工作委员会办公室

表 111　　**2022 年福州市获评中央和国家机关表彰先进个人一览表**

序号	表彰项目	姓名	工作单位及职务
1	全国绿化劳动模范	汤绍雄	闽清美菰国有林场股长
2	全国特级优秀人民警察	高　湛	福建省福州市公安局刑侦支队六大队大队长
3	全国司法行政系统先进工作者	唐新文	福州市司法局党组书记、局长、一级调研员
4	全国纪检监察系统先进工作者	肖敦颖	福建省福州市纪委副书记、监委副主任、一级调研员

（市人社局）

表 112　　**2022 年“中国好人榜”“福建好人榜”福州市上榜一览表**

序号	表彰项目	姓名	工作单位及职务（职称）
1	“中国好人榜”	陈　炜	生前系福州第三中学校长、党委副书记
2		陈志强	中国人民财产保险股份有限公司福清市支公司客户经理

续表 112

序号	表彰项目	姓名	工作单位及职务（职称）
3	“中国好人榜”	孙孝元	生前系连江县晓澳镇百胜村党委书记、村委会主任
4		曾　兵	福州朴朴电子商务有限公司琴亭大厦接驳点配送员
5		王林慧	福建医科大学附属第一医院实习护士
6	“福建好人榜”	陈志强	中国人民财产保险股份有限公司福清市支公司客户经理
7		孙孝元	生前系连江县晓澳镇百胜村党委书记、村委会主任
8		葛贝贺	中信银行福州分行职员
9		莫良明	福建千金诺投资集团有限公司董事
10		曾　兵	福州朴朴电子商务有限公司琴亭大厦接驳点配送员
11		王林慧	福建医科大学附属第一医院实习护士
12		许必兰	福州市儿童福利院膳食营养科负责人

表 113　**2022 年“福州好人榜”一览表**

序号	姓名	工作单位及职务（职称）
1	刘舟丹	永泰县库区管理中心退休员工
2	陈志强	中国人民财产保险股份有限公司福清市支公司客户经理
3	孙孝元	生前系连江县晓澳镇百胜村党委书记、村委会主任
4	刘靖闽	闽侯县公安局刑事侦查大队副大队长、二级警长
5	林玉琴	福建省福州市长乐区交通局退休职工
6	杨星星	福建省鑫美达发展有限公司负责人
7	葛贝贺	中信银行福州分行职员
8	莫良明	福建千金诺投资集团有限公司董事
9	朱美娟	福州市公安局仓山分局巡特警反恐大队四级警长
10	李　玲	福州经济技术开发区医院门急诊护理组护士长
11	林润立	福州壶山医学研究所常务副所长
12	张丽娟	台江区洋中路“原柴火锅边店”店长
13	李　宁	腾讯 AMS 福建区域政务旅游总经理
14	金一顺	福建省立医院副主任医师
15	兰林香	永泰县星之源潜能训练中心负责人
16	吴林徽	福州市晋安区新店镇新店社区党总支书记
17	曾　兵	福州朴朴电子商务有限公司琴亭大厦接驳点配送员
18	吴龙坚	闽清县池园镇井后村党支部书记、村委会主任
19	刘美龙	闽清县公安局池园派出所辅警
20	陈　贤	福州市长乐区航城街道东关村党总支部委员、民兵营长
21	黄光忠	连江县琯头镇龙沙村村民
22	罗贵明	连江县琯头镇塘下村村民
23	张日锋	连江县琯头镇龙沙村委会村委
24	杨忠音	连江县琯头镇塘下村党总支支委

续表 113

序号	姓名	工作单位及职务（职称）
25	杨文辉	连江县琯头镇塘下村村民
26	陈美珠	福州市服装同业公会会长
27	谢用福	永泰县石竹草兔菜馆负责人
28	方长用	福州市公安局仓山分局盖山派出所社区基础中队三级警长
29	许光泓	国网罗源县供电公司运维检修部副主任
30	彭贤良	连江县山仔水利枢纽调度中心党组书记、主任
31	马惠珍	闽侯县廷坪乡马厝村党支部书记
32	王林慧	福建医科大学附属第一医院实习护士
33	陈　沿	连江极车会汽车服务有限公司法人
34	周　锦	永泰县公安局巡特警反恐大队三级警长
35	陈祥清	福建省星光救援队队员
36	林华进	福清市海口镇前村村民
37	陈平兴	福建小蚁网络科技有限公司总经理
38	林娇英	闽侯惠民巴士有限公司乘务员
39	许必兰	福州市儿童福利院膳食营养科负责人
40	李辉代	福州市公安局鳌峰派出所巡逻防控中队民警
41	谢风斌	福州仓山城市建设发展集团有限公司办事员
42	万华英	鼓楼区洪山镇洪山桥社区居民
43	刘本洪	福建省闽清县烟草专卖局管理所所长
44	卓利用	福州市长乐区玉田镇大溪村村民
45	单　勇	福州康驰新巴士有限责任公司 109 路公交驾驶员
46	林　升	福建省福州市闽侯县第八中学德育处主任
47	黄　烽	闽清县蓝豹救援突击队队长
48	林连忠	福州市连江县安凯乡同心村党支部书记、村委会主任
49	王文芳	福州市长乐区漳港街道社区卫生服务中心护师
50	陈　娟	永泰县特殊教育学校教师
51	陈钟佃	福建省农业科学院农业生态研究所副研究员
52	黄亨俤	福建省福州市罗源县东宅中心小学教师
53	王严瑾	福州市闽江公园管理处党支部青年委员、基建科科长
54	吴汉亮	福州市晋安区王庄街道砌池社区天城小区居民

（林永舒）

表 114　　**首届“榕城最美禁毒人”一览表**

序号	类别	表彰单位（个人）
1	表彰集体	福州市应急管理局
2		福州市教育局思政处
3		福州市邮政管理局市场监督处
4		福州第一技师学院

续表 114

序号	类别	表彰单位（个人）
5	表彰集体	闽侯县甘蔗街道回归工作站
6		“福小鹰”青少年智慧教育禁毒云课堂项目组
7	表彰个人	王晓明 长乐区公安局禁毒大队三级警长
8		刘珊珊 连江县禁毒办禁毒专职社工
9		杨 芳 鼓楼区禁毒办禁毒专职社工
10		吴晟劼 福州市公安局上街（高新区）分局禁毒大队一级警员
11		吴媛贞 福州市检察院重大犯罪刑事检察部检察官助理
12		张瑞容 闽清县公安局禁毒大队二级警长
13		张赛明 罗源县妇儿工委办主任
14		陈 丹 福清岑兜中心小学教导处副主任
15		陈 婷 台江区禁毒办禁毒专职社工
16		林丽楠 鼓楼区禁毒教育基地讲解员
17		欧孝发 福州市公安局仓山分局禁毒大队副大队长
18		罗德斯 马尾区公安局e体+指挥赋能中心警务队长
19		郑小烟 罗源县公安局禁毒大队文职干部
20		施龙熺 福州市市场监管局药品化妆品流通监管处副处长
21		原 云 福州市三叉街街道卫生服务中心美沙酮门诊药师
22		彭传军 晋安区鼓山社区戒毒康复管理工作站禁毒专职社工
23		魏黎明 永泰一中政教处副主任

（市公安局）

表 115 **第三届福州市“最美退役军人”一览表**

序号	姓 名	工作单位及职务（职称）
1	王 栋	福建医科大学孟超肝胆医院第十二党支部书记、保障部副主任
2	毛维民	福州市林业执法支队高级技师、执法组长
3	陈 丽	鼓楼区南街街道杨桥河南社区党委书记兼社区退役军人服务站站长
4	张和水	闽清县残联退休职工
5	陈 平	福州市工商联四级调研员
6	陈 照	罗源县绿化工作中心副主任兼罗源县源野救援队队长
7	林 春	福清市爱家电器城董事长
8	林春马	福州市公安局巡特警支队警航大队大队长
9	郑海琳	福州市税务局教育科副科长
10	黄瑜斌	福州市亮睛眼科医院院长

（市退役军人事务局）

（编辑 黄 铭）

附录

机构及负责人

（2022年12月底在职名单）

中共福州市委员会

书　记：林宝金
副书记：吴贤德
　　　　林　建
常　委：陆　菁
　　　　阮孝应
　　　　陈云水
　　　　周强国
　　　　林中麟
　　　　蔡亚东
　　　　张定锋
　　　　叶仁佑
秘书长：张定锋
副秘书长：李贵勇
　　　　　张炜鸣
　　　　　林吓清

福州市人民代表大会常务委员会

主　任：张　忠
副主任：雷成财
　　　　郑云春
　　　　陈曾勇
　　　　游通铃
　　　　陈忠霖
秘书长：林　颖
副秘书长：丘志强
　　　　　罗明炜
　　　　　欧阳伟键
　　　　　周孙熙

福州市人民政府

市　长：吴贤德
副市长：林中麟
　　　　林治良
　　　　兰　文
　　　　王锡章
　　　　孙晓岚
　　　　朱训志
　　　　黄建雄
秘书长：朱汉民
副秘书长：许剑锋
　　　　　吴德泉
　　　　　翁华锋
　　　　　罗秋云
　　　　　魏善庆
　　　　　潘福全
　　　　　易承卫
　　　　　李世苞
　　　　　肖　萍（兼）
　　　　　吴　勤（兼）

中国人民政治协商会议福州市委员会

主　席：刘卓群
副主席：鄢　萍
　　　　林恒增
　　　　林　锋
　　　　罗蜀榕
　　　　郑章干
　　　　林　澄
　　　　顾　颀
　　　　唐　希
秘书长：周应忠
副秘书长：林忠武
　　　　　林　敦
　　　　　路　琳
　　　　　张　莉

福州市中级人民法院

院　长：丁仰豪
副院长：赵彦邦
　　　　张　杰
　　　　林　彤
　　　　朱　玲
　　　　陈　平

纪检监察组组长：陈敏秀
政治部主任：赵 洵
专职委员：苏维海
李 杰

福州市人民检察院

检察长：傅建飞
副检察长：余深画
郑龙清
郑 东
林 诚
陈 喆
纪检监察组组长：池至清
政治部主任：林修铜
专职委员：陈 勋
宋建华
鼓山地区检察院检察长：吴诗疆

中共福州市委工作机关及办事机构

市委办公厅［加挂市委军民融合发展委员会办公室、市委法规局、市委保密委员会办公室（市国家保密局）、市委机要局（市密码管理局）、市档案局牌子］
主 任：李贵勇
副主任：袁永喜
许大伟
许雪琦
林 敦
胡 南
纪检监察组组长：肖小英
督查室主任：刘常辉
市委军民融合发展委员会办公室
副主任：袁永喜（兼）
市委法规局
局 长：（空缺）
市委保密委员会办公室（市国家保密局）
主 任（局长）：李仲福（兼）
市委机要局（市密码管理局）
局 长：许雪琦（兼）
市档案局
局 长：林香平
市委政策研究室
主 任：李贵勇
副主任：周耿忭
李 伟
唐思晟
市委全面深化改革委员会办公室
主 任：（空缺）
副主任：林吓清（分管日常工作）
王 婷
林 晨
市纪律检查委员会、市监察委员会
书 记：陈云水
副书记：肖敦颖
林裕煌
陈绍榕
常 委：曾开寿
李 充
陈自勇
李 雄
林淑玲
秘书长：高赟燕
市监察委员会
主 任：陈云水
副主任：肖敦颖
林裕煌
陈绍榕
委 员：曾开寿
李 充
郭有旭
李 雄
林 盛
市委巡察工作领导小组办公室
主 任：李 充
副主任：陈 静
何启钧
巡察组组长：姜 晗
林存武
苏 建
林 海
吴 强
巡察组副组长：苏涵霖
陈 纲
苏铭谨
林世丁
孙秀群
市委组织部（加挂市委非公有制企业和社会组织工作委员会、市公务员局牌子）
部 长：蔡亚东
副部长：叶友琛（常务）
林 舫
邓 岚（兼）
刘毅宙
陈政宝（兼）
周龙敏
陈 武
纪检监察组组长：林 晶
市委非公有制企业和社会组织工作委员会
书 记：刘毅宙
专职副书记：陈有飞
市公务员局
局 长：周龙敏（兼）
市委宣传部［加挂市新闻出版局（市版权局）、市政府新闻办公室牌子］
部 长：陆 菁
副部长：楼卫东（分管日常工作）
陈日官
杜 微（兼）
林家枢（兼）
曾 玉
陈 昕
纪检监察组组长：雷秋元
市新闻出版局（市版权局）
局 长：陈日官（兼）
市政府新闻办公室
主 任：曾 玉（兼）
市委精神文明建设办公室（加挂市精神文明建设指导委员会办公室牌子）
主 任：林家枢
副主任：陈 甦
练 文
市委网络安全和信息化委员会办公室（加挂市互联网信息办公室牌子）
主 任：杜 微
副主任：张振东
郑 静
市委统一战线工作部（加挂市政府侨务办公室牌子）
部 长：陆 菁
副部长：阮文光（常务）
程 辉
陈长泽
陈 锦（兼）
谢 婧（兼）
林文福
纪检监察组组长：王永明
市委政法委员会
书 记：阮孝应
副书记：王锡章（兼）

郭家彬（常务）
李　勇
余永俤
叶金春
政治部主任：欧丽赐
市委台港澳工作办公室（加挂市人民政府台港澳事务办公室牌子）
主　任：邓达木
副主任：林桂强
肖善颖
市委机构编制委员会办公室
主　任：陈政宝
副主任：林小宝
张　毅
陈　华
市委市直机关工作委员会
书　记：蔡亚东
副书记：陈晓晖（常务）
刘蓉晖
郑慧中
郑　勇
委　员：李星霖
傅启涌
王诵朝
陈峰斯
市委老干部局（加挂市委离退休干部工作委员会牌子）
局　长：邓　岚
副局长：张翠红
杨阿龙
陈学敏
市关心下一代工作委员会
专职副主任：陈　今

福州市人大专门委员会及常委会工作机构

纪检监察组组长：谢力红
市人大法制委员会
主任委员：严孟灿
副主任委员：张　诚
黄宇清
市人大财政经济委员会
主任委员：吴　菁
副主任委员：张　航
杨信增
市人大社会建设委员会
主任委员：郑　立
副主任委员：饶春贵
市人大监察和司法委员会
主任委员：陈秀珠
副主任委员：郭　云
张修强
市人大常委会办公厅
主　任：丘志强
副主任：李日明
陈春阳
市人大常委会研究室
主　任：饶春贵
副主任：杨永生
市人大常委会人事代表工作室
主　任：张文胜
副主任：谢晓妹
林韵洁
市人大常委会法制工作委员会
主　任：张　诚
副主任：林　峻
林　薇
市人大常委会监察和司法工作委员会
主　任：郭　云
副主任：（空缺）
市人大常委会财政经济工作委员会
主　任：张　航
副主任：何任贤
市人大常委会城建环境工作委员会
主　任：黄宇清
副主任：周开城
谢晓芳
市人大常委会华侨（台胞）工作委员会
主　任：张修强
副主任：魏道航
王乃东
市人大常委会农村经济工作委员会
主　任：杨信增
副主任：王　珉
市人大常委会教科文卫工作委员会
主　任：郭春曦
副主任：姚晓敏
市人大常委会信访局
局　长：林　晞

福州市人民政府工作部门

市政府办公厅
主　任：许剑锋
副主任：李　强
邓玉峰
黄依佺
陈斌涛
林友楷
黄銮泓
纪检监察组组长：刘　兵
督查室主任：蒋晓川

市发展和改革委员会
主　任：郭建国
副主任：李占卫
林国信
蔡峻林
郑礼招
丁　虹（挂职）
纪检监察组组长：黄兴发
总经济师：林宝剑
市教育局（与市委教育工作委员会合署办公）
局　长：游　昕
副局长：陈　亮
念　琪
陈　颖
邵东生
纪检监察组组长：王陈峰
市委教育工作委员会
书　记：游　昕
专职副书记：黄坚瑜
纪工委书记：王陈峰
委　员：陈　亮
王陈峰
念　琪
陈　颖
邵东生
市科学技术局
党组书记：王博斌
局　长：任义文
副局长：王博斌
高远忠
詹志勤
市工业和信息化局
局　长：陈志毅
副局长：林端雄
王敏辉
史李春
李　欣

纪检监察组组长：黄向宇
总工程师：林凤蕃

市大数据发展管理委员会（加挂市“数字福州”建设领导小组办公室牌子）

主　任：薛　博
副主任：韩　宁
总工程师：施文建
市“数字福州”建设领导小组办公室
主　任：薛　博（兼）

市民族与宗教事务局

局　长：谢　婧
副局长：何仲武
　　　　李云祥

市公安局（加挂市打击走私综合治理工作办公室牌子）

局　长：王锡章
副局长：潘臻颖（分管日常工作）
　　　　朱　卫
　　　　陈武成
　　　　潘　明
　　　　陈明俤
　　　　徐　东
政治部主任：郑　南
纪检监察组组长：李　剑
市打击走私综合治理工作办公室
主　任：朱　卫（兼）
副主任：陈明忠（兼）

市民政局（加挂市革命老根据地建设办公室牌子）

局　长：王振松
副局长：赵艺萍
　　　　郭　麟
　　　　杨玉华
纪检监察组组长：朱宏伟
市革命老根据地建设办公室
主　任：刘建平

市司法局

局　长：唐新文
副局长：丁　萍
　　　　陈建新
　　　　庄晶萍
　　　　陈元武
纪检监察组组长：林金其
政治部主任：林　波

市财政局（加挂福州新区管委会财政与投融资局牌子）

局　长：李小荣
副局长：黄振奋
　　　　张文裕
　　　　杨东林
　　　　黄一川
纪检监察组组长：叶　东
总会计师：许怡庄
福州新区管委会财政与投融资局
副局长：阮孝忠

市人力资源和社会保障局

局　长：王命瑞
副局长：张是全
　　　　程良榕
　　　　张　莺
总会计师：倪　馨

市自然资源和规划局

局　长：吴建青
副局长：张　武
　　　　张　帆
　　　　林立淼
　　　　孙良辉
　　　　李　菁
总工程师：侯功杰
总规划师：（空缺）
总建筑师：杨　邦

市生态环境局

局　长：林从宇
副局长：谢延风
　　　　郑德源
　　　　郑　明
　　　　孙　伟
纪检监察组组长：张怀潮
总工程师：祁明峰

市城乡建设局

局　长：陈漠诚
副局长：严　涛
　　　　郑　军
　　　　高　尚
　　　　陈永锋
纪检监察组组长：黄宇劼
总工程师：王金露

市住房保障和房产管理局

局　长：金晖辉
副局长：孙文锋
　　　　商志强
　　　　顾　巍
　　　　郑　宇

市城市管理委员会

主　任：陈登峰
副主任：林长盛
　　　　郭绍兴
　　　　石发聚
　　　　刘炳辉

市交通运输局

局　长：蔡　文
副局长：林著惠
　　　　陈思明
　　　　邱吉忠
　　　　王镜秋
　　　　张宜茂（兼）
纪检监察组组长：兰延灼
总工程师：林金泉

市水利局

局　长：张麒蛰
副局长：林　凯
　　　　林松宝
　　　　陈　异
总工程师：（空缺）

市农业农村局（加挂市乡村振兴局牌子）

局　长：林　健
副局长：黄礼滨
　　　　鲍瑞坊（援疆）
　　　　陈　峰
　　　　林　斌
　　　　蒋维潭
纪检监察组组长：卞礼文
总畜牧兽医师：张宏彦
市乡村振兴局
局　长：林　健（兼）

市商务局（加挂市口岸工作办公室、市投资促进局牌子）

局　长：林汉隽
副局长：黄雪勋
　　　　徐　强
　　　　潘　文
　　　　薛　男
　　　　林伟航
纪检监察组组长：胡东英
市口岸工作办公室
主　任：林汉隽（兼）
副主任：（空缺）
市投资促进局
局　长：林汉隽（兼）
副局长：（空缺）

市粮食和物资储备局
局　长：吴翔天
副局长：廖胜彪
　　　　陈　军
　　　　黄利锦
市文化和旅游局（加挂市广播电视局牌子）
局　长：翁国平
副局长：李春茂
　　　　陈立新
　　　　叶　苏
　　　　朱寿良
纪检监察组组长：杨　锦
市广播电视局
局　长：翁国平（兼）
市文物局
局　长：吴聿建
副局长：李　娟
　　　　何晓斌
　　　　陈　诚
市卫生和健康委员会（加挂市疾病预防控制局牌子）
主　任：郭　勇
副主任：陈新旭
　　　　李卫东
　　　　陆　涵
　　　　林　怡
　　　　林　实
　　　　侯　林
纪检监察组组长：林朝国
市疾病预防控制局
局　长：（空缺）
市退役军人事务局（加挂市双拥共建工作领导小组办公室牌子）
局　长：张则铭
副局长：杨丽云
　　　　袁朝海
市双拥共建工作领导小组办公室
主任：张则铭（兼）
副主任：杨丽云（兼）
市应急管理局
局　长：陈仁德
副局长：林　晞
　　　　王学初
　　　　任立明
　　　　张承煜
总工程师：叶　军

市审计局
局　长：林冬阳
副局长：林光明
　　　　林　芳
　　　　林志强
　　　　卓良东
纪检监察组组长：林赛娟
总审计师：黄建忠
稽查专员：余新彬
市人民政府外事办公室
主　任：吴晓杰
副主任：张　薇
　　　　杜维广
市林业局
局　长：兰　超
副局长：翁荣声
　　　　卢占忠
　　　　陈子茂
总工程师：张朝漳
市海洋与渔业局
局　长：童桂荣
副局长：陈明东
　　　　林燕忠
总工程师：陈国生
市市场监督管理局（加挂市知识产权局牌子）
局　长：陈宗胜
副局长：高　峰
　　　　何朝晖
　　　　蔡晓峰
　　　　周　璇
　　　　薛　文
纪检监察组组长：（空缺）
食品安全总监：张明英
药品安全总监：周韶辉
质监总工程师：陈宝明
市知识产权局
局　长：何朝晖（兼）
市体育局
局　长：陈诸凯
副局长：黄　毅
　　　　郭志农
　　　　范忠华
市统计局（加挂福州新区管委会统计局牌子）
局　长：杨　航
副局长：曹寿全
　　　　陈　杰
总统计师：黄壮志
福州新区管委会统计局
副局长：（空缺）
市人民防空办公室
主　任：杨立宏
副主任：杭　琥
　　　　游善纯
市医疗保障局
局　长：叶　玲
副局长：张端仁
　　　　陈政爱
总会计师：（空缺）
市地方金融监督管理局（加挂市金融工作办公室牌子）
局　长：吴　亮
副局长：谢志成
　　　　曹军州
市金融工作办公室
主任：吴　亮（兼）
市人民政府信访局（与市委信访局合署办公）
局　长：吴　勤
副局长：严　萍
　　　　林　彬
　　　　林　锋
　　　　李文昌
市机关事务管理局
局　长：张炜鸣
副局长：范永东
　　　　丁如丹
　　　　莫素静
总会计师：陈金岳
市人民政府国有资产监督管理委员会
主　任：（空缺）
副主任：陈宙泉
　　　　辛　晓
　　　　陈　颖
纪检监察组组长：周建国
政治部主任：陈建文

福州市人民政府派出机构及其他机构

市人民政府驻北京联络处［加挂市政府（北京）招商中心牌子］
主　任：林发希
副主任：薛松涛

市人民政府驻上海办事处

主　任：葛根旺

市人民政府驻深圳办事处

主　任：王　辉

市行政服务中心管委会（加挂市市民服务中心管委会牌子）

主　任：陈　辉

副主任：王栋梁（援疆）

　　　　翁宜冰

　　　　林蔡仁

市历史文化名城管委会（市三坊七巷管委会）

主　任：朱宗瑜

副主任：朱祖辉

　　　　安子昂

总工程师：林中林

市市场监督管理综合执法支队

支队长：程建明

政　委：刘德利

福州新区管委会

党工委书记：林　建

主　任：林　飞

副主任：陈　斌

　　　　许用贵

　　　　张　帆

纪检监察工委书记：叶　谊

专职委员：刘晓强

　　　　　程小马

福州新区福清功能区管委会

党委书记：叶仁佑（兼）

主　任：吴永忠（兼）

副主任：林友华（常务）

　　　　林爱炎

　　　　薛　辉

　　　　陈立泉

福州江阴港城经济区管委会（挂自贸区福州片区江阴港综合保税区办事处牌子）

主　任：施家雄

副主任：邱华焰

　　　　陈乃辉

福建自贸区福州片区管委会江阴港综合保税区办事处

主　任：陈乃辉（兼）

福州新区长乐功能区管委会

主　任：廖海军（兼）

副主任：陈宝贵

　　　　江盛才

　　　　陈　冰

福州（长乐）航空城管委会

主　任：陈　禺

副主任：张　敏

福州新区仓山功能区管委会

党委书记：郑子记

主　任：刘用全（兼）

副主任：林勉建（常务）

　　　　林巧玉

　　　　江必达

中国（福建）自由贸易试验区福州片区管理委员会（福州保税港区管理委员会）

党组书记：林　建（兼）

党组副书记：林　飞（兼）

主　任：（空缺）

副主任：刘晓强（常务）

　　　　王　刚（兼）

　　　　刘用全（兼）

　　　　吴永忠（兼）

　　　　游　力

　　　　梁　勇

　　　　马冬根

　　　　林吓平

纪检监察组组长：刘　琼

纪检监察组副组长：（空缺）

福州高新技术产业开发区管委会

党工委书记：魏邦仲

主　任：樊学双

副主任：林　翔

　　　　郭晓华

　　　　叶　勇

　　　　魏志谋

　　　　余根钦（挂职）

　　　　林海萍（挂职）

纪工委书记兼监察工委主任：陈　红

福州地区大学新校区管委会

主　任：魏邦仲（兼）

副主任：谢振东

中国人民政治协商会议福州市委员会工作机构

纪检监察组组长：王　城

市政协办公厅

主　任：林忠武

副主任：肖湘榕

　　　　李　民

　　　　许水英

市政协调查研究室

主　任：陈小刚

副主任：李　伟

市政协提案委员会

主　任：许舜举

副主任：官　兵

市政协经济建设委员会

主　任：谢　侹

副主任：谢瑞金

市政协教科卫体委员会

主　任：余　松

副主任：陈　芳

市政协港澳台侨和外事委员会

主　任：刘　丹

副主任：杨云华

市政协社会和法制委员会

主　任：杨　勇

副主任：李林菁

　　　　朱皓晔

市政协民族和宗教委员会

主　任：兰鸣伟

副主任：林丕亮

市政协文化文史和学习委员会

主　任：陈高英

副主任：李大林

市政协人口资源环境委员会

主　任：练　怡

副主任：卓继辉

市政协农业和农村委员会

主　任：林辅胜

福州市民主党派与工商联

民革福州市委员会

主　　委：林　锋

专职副主委：陈子华

民盟福州市委员会

主　　委：林群慧

专职副主委：林文亮

民建福州市委员会

主　　委：罗蜀榕

专职副主委：陈英伟

民进福州市委员会

主　　委：顾　颀

专职副主委：柴刚丽

农工党福州市委员会

主　　委：林　澄

专职副主委：潘俏黎

致公党福州市委员会

主　　委：任义文

专职副主委：魏小云

九三学社福州市委员会

主　　委：叶　玲

专职副主委：罗　枫

台盟福州市委员会

主　　委：（空缺）

专职副主委：（空缺）

福州市工商业联合会

主　席：林治良

党组书记：陈　锦

副主席：陈　锦

　　　　陈　曦

　　　　黄　锋

　　　　司万雷

福州市群众团体机构

市总工会

主　席：蔡亚东

党组书记：林如长

副主席：林如长

　　　　王　慷

　　　　郭斐雯

　　　　高远忠（兼）

　　　　陈　菁（兼）

　　　　王　楣（挂职）

经费审查委员会

主　任：肖　武

共青团福州市委员会

书　记：陈　浩

副书记：上官浩龙

　　　　赵　瀚

市妇女联合会

主　席：彭锦华

副主席：陈　菁

　　　　黄坚瑜（兼）

　　　　王　慷（兼）

　　　　薛　青（挂职）

市科学技术协会

主　席：林治良

副主席：翁金榜

　　　　钱黎芳

市归国华侨联合会

主　席：林高星

副主席：李清华

　　　　陈秋华

市台湾同胞联谊会

会　长：（空缺）

副会长：杨　军

市文学艺术界联合会

主　席：鄢　萍（兼）

党组书记：陈　昱

副主席：陈　昱

　　　　李　朴

市对外友好协会

会　长：林　建（兼）

专职副会长：杜维广（兼）

中国国际贸易促进委员会福州市委员会（中国国际商会福州商会）

会　长：潘　威

副会长：陈　长

　　　　郑　玲

市残疾人联合会

理事长：林敬金

副理事长：叶　青

　　　　　徐世元

　　　　　黄　望

　　　　　魏　忠（挂职）

市法学会

会　长：阮孝应（兼）

党组书记：郭家彬

专职副会长兼秘书长：陈建忠

市红十字会

会　长：孙晓岚（兼）

副会长：郑华琼（常务）

　　　　胡经民

市中华职业教育社

主　任：罗蜀榕

党组书记：程　辉

副主任：姚文南

　　　　陈长水

市计划生育协会

常务专职副会长：刘惠珍

副会长：陈存辉

　　　　鲁大治

市社会科学界联合会

主　席：陆　菁（兼）

党组书记：李　辉

副主席：李　辉

　　　　张春斌

　　　　陈　亮

　　　　周琛华

福州市参公事业单位

市委党校（市行政学院、市社会主义学院）

市委党校（市行政学院）

校（院）长：蔡亚东

副校（院）长：王小珍（常务）

　　　　　　　王　尚

　　　　　　　俞慈珍

　　　　　　　王　斌（挂职）

市社会主义学院

院　长：王小珍

副院长：阮文光（兼）

　　　　王　尚

　　　　俞慈珍

市委党史和地方志研究室

主　任：林毅敏

副主任：叶　红

　　　　宋建兴

　　　　颜学清

总编辑：蔡爱丽

市档案馆

馆　长：林香平

副馆长：刘若清

　　　　吴　斌

市委讲师团

团　长：张启强

市大数据服务中心

主　任：刘珍昌

市人民政府发展研究中心

主　任：叶　勇

副主任：郑洪海

　　　　刘　庆

市供销合作社联合社

主　任：林　津

副主任：曾台曦

　　　　林秀萍

　　　　丁俊峰

纪委书记：俞　琦

市知识产权发展保护中心

主　任：何朝晖（兼）

市防震减灾中心
主　任：吴红城
副主任：林正雄
市园林中心
主　任：杨　晓
副主任：林德昌
　　　　陈　凡
　　　　翁　芬
纪委书记：林　聪
总工程师：江敬勋
市城镇集体工业联合社
主　任：刘必霖
副主任：陈子平
市环境卫生中心
主　任：赵　勇
市卫生计生监督所
所　长：林　强
市文化市场综合行政执法支队
支队长：时　光
政　委：陈彤丹
市道路运输事业发展中心
主　任：林　恒
市水路运输事业发展中心（市船舶检验所）
主　任（所长）：兰增英
市国土资源综合行政执法支队
支队长：韩　鸣
政　委：林　国
市海洋与渔业执法支队
支队长：林步达
政　委：林　胜
市五一广场管理处
主　任：游永文
福州住房公积金中心
党组书记：姚　伟
主　任：（空缺）
副主任：蔡　颖
总会计师：张　敏
市不动产登记和交易中心
主　任：陈华辉
副主任：邓世清
　　　　杨荣南
　　　　陈　怡
　　　　程学斌
市鼓岭旅游度假区（市鼓山风景名胜区）管委会
主　任：林隆佈
副主任：林　诚
　　　　刘昕彤
市水利水电工程移民发展中心
主　任：江　克
市生态环境保护综合执法支队
支队长：陈　立
政　委：（空缺）

福州市事业单位

市"智慧福州"管理服务中心
党组书记：薛　博
主　任：曾伟东
副主任：陈惠平
　　　　杨小清
福州广播电视台
台　长：陈　航
总编辑：陈建斌
副台长：陈建斌
　　　　郑继业
　　　　念　斌
　　　　李穆基
总工程师：林钦华
总会计师：黄一峰
工会主席：孙代芳
福州日报社
社　长：陈滨峰
总编辑：谢联灵
副社长：谢联灵
　　　　庄永强
日报副总编辑：吴金垵（常务）
　　　　　　　金麦子
　　　　　　　朱福星
晚报副总编辑：卓良辉（常务）
　　　　　　　赵　莹
市社会科学院
党组书记：李　辉
院　长：杨　震
副院长：林丽娟
福州地区大学新校区基建管理中心
主　任：陈传熙
副主任：林　震
福州地区大学新校区后勤服务管理中心
主　任：张燮磊
副主任：何晨东
　　　　林　郁
福州仲裁委员会秘书处
秘书长：黄尚斌
副秘书长：陈　晴
市疾病预防控制中心
主　任：张晓阳
市国有房产中心
主　任：刘　锋
副主任：卢　征
　　　　林嵩飘
　　　　王　捷
总会计师：（空缺）
市土地发展中心
主　任：陈　磊
副主任：潘建平
　　　　周洪兵
　　　　陈　榕
市民用建筑统建办公室
主　任：（空缺）
副主任：陈　榕
市城区水系联排联调中心
主　任：高　尚
副主任：薛裕彬
市医疗保障基金中心
主　任：陈宗利
市招商服务中心
主　任：林开华
副主任：刘文斌
　　　　林木荣
市交通运输综合执法支队
支队长：涂荣册
政　委：黄澄澄
市市政工程中心
主　任：林　武
市公路事业发展中心
主　任：（空缺）
市农业科学研究所
所　长：陈云增
市蔬菜科学研究所
所　长：陈秀娟
市海洋与渔业技术中心
主　任：杨小强
市城市管理综合行政执法支队
支队长：郑世忠
政　委：林樵安

福州市管院校、医院

闽江学院
党委书记：叶世满

院　长：（空缺）
党委副书记：陈　曦
　　　　　刘元芳
副院长：李新贤
　　　　吴建铭
　　　　傅高升
　　　　陈兴明
纪委书记、监察专员：郑煦林

福州职业技术学院

党委书记：林子波
院　长：陈念东
副院长：张兰英
　　　　刘春兰
纪委书记：陈　伟

闽江师范高等专科学校

党委书记：陈荣生
校　长：杨建义
党委副书记：林　旻
副校长：谢敏峰
　　　　陈　强
　　　　刘翔炜
纪委书记：陈　群

福清卫生学校

校　长：刘翔炜

福州市体育运动学校

校　长：李　晖

福州第一技师学院（保留省机械工业技术学校牌子）

院（校）长：张美青
副院（校）长：母安明
　　　　　　余　丰
　　　　　　张挺青
　　　　　　林美云

福州第二技师学院

院　长：张礼旺

福州教育研究院

院　长：方　颖

福州市第三中学

党委书记：连仁昌
校　长：张年雄

福州市第八中学

党委书记：林晓枫
校　长：陈　晨

福州格致中学

党委书记：周雪英
校　长：徐　聪

福州市第一医院

党委书记：曹文瑜
院　长：李卫东（兼）

福州市第二医院

党委书记：（空缺）
院　长：林凤飞

福州结核病防治院

党委书记：高　虹
院　长：张郁澜

福州神经精神病防治院（福州市第四医院）

党委书记：张　忠
院　长：（空缺）

福州市皮肤病防治院

党委书记：江　波
院　长：（空缺）

福建医科大学孟超肝胆医院（福州市传染病医院）

党委书记：（空缺）
院　长：曾永毅（聘任制）

福州市妇幼保健院

党委书记：林丹玫
院　长：夏　泳

福州市中医院

党委书记：（空缺）
院　长：杨晓煜

福州市第八医院（福州铁路中心医院）

党委书记：阮能健
院　长：（空缺）

福州儿童医院

党委书记：郑伯禄
院　长：张　帆

中共各县（市）区委员会、人大常委会、人民政府、政协

中共鼓楼区委

书　记：黄建新
副书记：杨　辉
　　　　徐　超
常　委：晁　旭
　　　　郭建刚
　　　　陈　恒
　　　　陈　斌
　　　　刘　钟
　　　　高　翔
　　　　王茂盛
　　　　沈晓铭

鼓楼区人大常委会

主　任：胡道坦
副主任：马宇建
　　　　谢裕波
　　　　林善章
　　　　林　波

鼓楼区人民政府

区　长：杨　辉
副区长：王茂盛
　　　　张玉佩
　　　　陈望青
　　　　翁　晖
　　　　高　春
　　　　陈　炜
　　　　余宁辛
　　　　林能响（挂职）

鼓楼区政协

主　席：李瑞琨
副主席：钟　薇
　　　　兰志红
　　　　林　渊
　　　　柳向阳

中共台江区委

书　记：梁　栋
副书记：刘广辉
　　　　余养挺
　　　　林谋东
常　委：陈自勇
　　　　郑寅球
　　　　杨　奇
　　　　李登元
　　　　郑炳锋
　　　　毛向标
　　　　陈婀娜
　　　　林　武

台江区人大常委会

副主任：薛安发
　　　　王钰玲
　　　　林志勇
　　　　郭美月

台江区人民政府

区　长：刘广辉
副区长：郑寅球
　　　　林立清（援疆）
　　　　朱　腾
　　　　陈　林

郑燕娟
陈艺森（援藏）
吴　京
吴晓瑛（挂职）
林　辉

台江区政协

主　席：邓万铣
副主席：陈丽霞
唐佑钗

中共仓山区委

副书记：刘用全
黄　翔
常　委：魏辅彧
任　巍
李亦仁
汤国勤
汪映霞
余垂霄
林挺秀
张　翼

仓山区人大常委会

主　任：阮　锋
副主任：黄炳新
王香华
史　瑜
黄朝锋

仓山区人民政府

区　长：刘用全
副区长：任　巍
高晓健
钟治民
赵旭宇
叶晓瑜
连　锦
郑金保（挂职）
林　斌

仓山区政协

主　席：潘仰武
副主席：邓　斌
张敬明
赵朝晖
熊文春

中共晋安区委

书　记：林　涛
副书记：董敬太
王智武
常　委：程　靖
叶晓兰
丁振新
刘必建
林　欣
王　啸
王巍巍
李卫榕

晋安区人大常委会

主　任：赵　坚
副主任：张秉洁
郑喜明
董明光
陈善英

晋安区人民政府

区　长：董敬太
副区长：刘必建
林　群
林柳强
吕立邦
刘　通
邓　容
甘锦文（挂职）
林建新

晋安区政协

主　席：张忠健
副主席：刘　磊
杨佳松
林秀锦

中共马尾区委

书　记：庄永智
副书记：王　刚
张清泉
常　委：伍南腾
陈　巍
余颖凌
赵　勇
张　琴
张艳明
吴晓峰
王小亚

中共福州经济技术开发区委员会

书　记：庄永智
副书记：王　刚
张清泉
委　员：伍南腾
陈　巍
余颖凌
赵　勇
张　琴
吴晓峰

马尾区人大常委会

主　任：郑是平
副主任：吴祖万
张依俤
林群山
唐林敏

马尾区人民政府

区　长：王　刚
副区长：吴晓峰
林群慧
江典顺
陈晓彬
林建豪
徐国珍
张　文
陈雪霞（挂职）

福州经济技术开发区管委会

主　任：王　刚
副主任：吴晓峰
林群慧
江典顺
陈晓彬

马尾区政协

主　席：张　林
副主席：邓文飞
吴永润
童庆梅

中共长乐区委

书　记：张　帆
副书记：廖海军
陈　禹
常　委：郑子毅
许开夏
刘　超
卓国鸿
朱红艳
吴志扬
李育民
林增祥
胡珊红（挂职）

长乐区人大常委会

主　任：赵　峰
副主任：林少惠

沈小航
陈国衍
陈　焱

长乐区人民政府

区　长：廖海军
副区长：李育民
林增祥
陈航星
何　鸿
徐　俊
林　宇
周　勇
陈爱玉
索朗旦增（挂职）

长乐区政协

主　席：陈增国
副主席：李瑞芳
陈文姗
陈晓清

中共福清市委

书　记：叶仁佑
副书记：吴永忠
陈恒东
常　委：何玉金
林　彤
曹方敏
林峭立
刘建东
李文清
张　斌
王新刚
陈国涛（挂职）

福清市人大常委会

主　任：陈存枫
副主任：俞大军
蔡和斌
陈　嘉
吴章明

福清市人民政府

市　长：吴永忠
副市长：李文清
王新刚
王言霖
林传烜（援宁）
王祥春
林鹤志
陈克才
莫开奇
郑　云

福清市政协

主　席：翁芳明
副主席：陈　生
吴华云
何德信
张　晓

中共闽侯县委

书　记：赵明正
副书记：王建生
林国晃
常　委：林　巍
查水金
程心东
陈秀香
陈培煌
张　弛
林小迓
赵　兴

闽侯县人大常委会

主　任：黄诗杨
副主任：林　燕
郑钱清
叶　键
谢　浩

闽侯县人民政府

县　长：王建生
副县长：赵　兴
曾小榕
张裴雷
陈其清
刘　钟
陈景华
陈　晟
刘　勇（挂职）
卫　鹏（挂职）

闽侯县政协

主　席：陈祥波
副主席：林　炳
黄　敏
陈韶松
林岩峰

中共连江县委

书　记：陈劲松
副书记：高双成
吴志群
常　委：李承辉
吴思斌
陈　钦
俞传华
郑东平
余良发
陈剑雄
程建锋

连江县人大常委会

主　任：林承祥
副主任：魏宗仁
陈成开
刘碧芳
黄乐全

连江县人民政府

县　长：高双成
副县长：吴思斌
陈　钦
刘麟翔
张遵安
雷发勇
张记欢
高　晶
颜学淦
何　鹏（挂职）

连江县政协

主　席：冯慧钦
副主席：林　坤
薛新皋
陈辉文
雷春香

中共闽清县委

书　记：孙　利
副书记：赵春荣
林燕青
常　委：黄　斌
余传庆
华智敏
刘　鸿
叶国勋
郑　航
洪　波
刘用锋

闽清县人大常委会

主　任：刘久兴
副主任：黄建恒
林源鑫
陈淑玲

闽清县人民政府
县　长：赵春荣
副县长：华智敏
　　　　王致镜
　　　　严子宜
　　　　林海涛
　　　　陈秀宜
　　　　冯　青
闽清县政协
主　席：郑晓春
副主席：林以銮
　　　　黄道立
　　　　潘　鑫
　　　　严　炜
中共罗源县委
书　记：张新怿
副书记：林志斌
　　　　杨大兴
常　委：郑育新
　　　　黄雨涛
　　　　林　颖
　　　　张　凯
　　　　陈启辉
　　　　陈登兴
　　　　陈模煜
　　　　许庆海
罗源县人大常委会
主　任：肖永建
副主任：赖时铿
　　　　董智先
　　　　黄垂卫
　　　　辛　捷
罗源县人民政府
县　长：林志斌
副县长：陈启辉
　　　　徐忠琼
　　　　周宇骋
　　　　张昆鹏
　　　　黄国安
　　　　钟凤金
　　　　张端帆
罗源县政协
主　席：兰可明
副主席：于贤杰
　　　　雷邦淼
　　　　郑立峰

中共永泰县委
书　记：雷连鸣
副书记：陈金友
　　　　苏　冰
常　委：柯永华
　　　　吴　钢
　　　　李开瑞
　　　　林文峰
　　　　张国淼
　　　　李志专
　　　　郑晓红
　　　　颜建伟
永泰县人大常委会
主　任：许以章
副主任：侯一晞
　　　　张庆宗
　　　　罗智林
　　　　陈振灯
永泰县人民政府
县　长：陈金友
副县长：张国淼
　　　　陈祥富
　　　　张乐昕
　　　　刘峰松
　　　　张卫忠
　　　　游海涛
　　　　刘　漪
　　　　柯　江（挂职）
永泰县政协
主　席：王礼灯
副主席：张培奋
　　　　檀爱平
　　　　李　翀
　　　　张秀群

福州市园区管理机构

福州市软件园管委会
党工委书记：杨朝晖
主　任：黄瑞忠
副主任：谢在秀
　　　　章欢芳
　　　　李　程
福州金山工业园区管委会
主　任：杨伦武
福州福兴经济开发区管委会
主　任：林　华
党工委书记：陈乃胜
福州市火车站地区综合管理办公室
主　任：张晓铭
福州市琅岐经济区管委会
主　任：张艳明
党工委副书记：余广暖
副主任：邢鼎斌
　　　　袁云福
纪工委书记：林　兴
福建船政文化管委会
主　任：刘江远
副主任：杨明新
　　　　杨　武
福州临空经济园区管委会（筹）
主　任：卓国鸿（兼）
福建闽江河口湿地国家级自然保护区管理处
主　任：郑　航
福清融侨经济技术开发区管委会
党工委书记：林　捷
主　任：俞　华
副主任：颜美春
　　　　严　凯
　　　　林万焰
纪工委书记：王明云
福清江镜华侨农场
场　长：高　勇
福清东阁华侨农场
场　长：严　峰
福州市青口汽车工业园区管委会
主　任：郑　浩
副主任：叶建彪
　　　　吴朋政
　　　　林　隽
纪检监察工委书记：林瑾明
福建连江经济开发区管委会
主　任：林承文
福建雄江黄褚林国家级自然保护区管理处
主　任：徐友镔（援疆）
福州台商投资区管委会
党工委书记：张新怿（兼）
主　任：俞章龙
副主任：倪德锦
　　　　陈哲明
永泰青云山风景名胜区管委会
主　任：叶文珍

（市委组织部）

文献选编

深入学习宣传贯彻党的二十大精神 加快建设现代化国际城市

（2022年12月1日在中共福州市委十二届四次全会上）
中共福建省委常委、福州市委书记　林宝金

市委十二届四次全会的主要任务是，深入学习贯彻党的二十大和省委十一届三次全会精神，动员全市上下弘扬伟大建党精神，踔厉奋发、勇毅前行、团结奋斗，坚持“3820”战略工程思想精髓，全方位推进高质量发展，做大做优做强省会，加快建设现代化国际城市。

根据市委常委会研究，我强调三点意见。

一、深入学习领会党的二十大精神，增强坚定拥护“两个确立”、坚决做到“两个维护”的政治自觉、思想自觉和行动自觉

党的二十大是在全党全国各族人民迈上全面建设社会主义现代化国家新征程、向第二个百年奋斗目标进军的关键时刻召开的一次十分重要的大会，在政治上、理论上、实践上取得一系列重大成果，为新时代新征程党和国家事业发展指明了前进方向。我们要落实党中央决策部署和省委工作要求，把深入学习宣传贯彻党的二十大精神，作为当前和今后一个时期的首要政治任务和全部工作的重心，着力在全面学习、全面把握、全面落实上下功夫，坚定不移用党的二十大精神统一思想、明确方向、凝聚力量、指导实践。

*一要提高政治站位，深刻领悟“两个确立”的决定性意义。*党的二十大系统总结新时代十年的伟大变革，根本在于习近平总书记的掌舵领航，在于习近平新时代中国特色社会主义思想的科学指引。我们要深刻认识到，“两个确立”是党的十八大以来最重要的政治成果，是推动党和国家事业取得历史性成就、发生历史性变革的决定性因素，进一步增强“四个意识”、坚定“四个自信”、做到“两个维护”。要深刻领会和把握习近平新时代中国特色社会主义思想的世界观、方法论，坚持好、运用好贯穿其中的立场观点方法，做到知其然、更知其所以然，不断增强政治判断力、政治领悟力、政治执行力。

*二要扛起责任使命，坚定不移沿着习近平总书记指引的方向勇毅前行。*党的二十大明确以中国式现代化全面推进中华民族伟大复兴的使命任务，提出全面建成社会主义现代化强国两步走的战略安排。我们要深刻认识到，习近平总书记在福州工作期间科学谋划实施的“3820”战略工程、擘画的建设现代化国际城市宏伟蓝图，在战略目标、时间安排上与两步走战略和二〇三五年远景目标高度契合，为福州走好中国式现代化道路提供了重要遵循和行动指南。要把学习贯彻党的二十大精神，与秉承弘扬习近平总书记在福州工作期间开创的重要理念、重大实践结合起来，坚持一张蓝图绘到底、一任接着一任干，奋力开创现代化国际城市建设新局面。

*三要增强历史主动，激发团结奋斗的磅礴力量。*党的二十大号召全党务必不忘初心、牢记使命，务必谦虚谨慎、艰苦奋斗，务必敢于斗争、善于斗争，为全面建设社会主义现代化国家、全面推进中华民族伟大复兴而团结奋斗。我们要深刻认识到，福州作为省会城市，处于改革开放、对台工作前沿，既拥有独特战略机遇，也面临不少风险挑战，必须进一步增强历史自信、把握时代要求，大力弘扬奋斗精神、担当精神、斗争精神，勇于战胜一切风险挑战，努力在新的赶考之路上交出新的优异答卷。

二、坚定不移走中国式现代化道路，加快建设现代化国际城市

党的二十大系统阐释了中国式现代化的重要特征、本质要求、战略安排、重大原则。我们要按照省委十一届三次全会的部署，紧密结合福州实际，坚持“3820”战略工程思想精髓，加快建设现代化国际城市，重点建设六个城、打响五大国际品牌、实施九大专项行动，切实把党的二十大确定的目标任务，落实到福州经济社会发展各领域各方面。

*一要牢牢把握高质量发展这个首要任务，加快建设现代化经济体系。*要坚持以实体经济为着力点，深化供给侧结构性改革，推动经济发展质量变革、效率变革、动力变革，实现质的有效提升和量的合理增长。要着力扶引大龙头、培育大集群、发展大产业，坚持以工业（产业）园区标准化建设推动制造业高质量发展，深入实施产业链“链长制”，持续壮大16条重点产业链、136家工业龙头企业，培强电子信息、新型材料、纺织化纤、机械制造、冶金建材等产业集群。要围绕推动数字产业化、产业数字化，持续办好数字中国建设峰会、中国（福州）国际数字产品博览会，加快构建新一代信息技术“543X”新赛道格局。要深化“海上福州”建设，高标准建设国际深水大港，大力推广“百台万吨”生态养殖，着力打造海洋经济发展示范区，加快建设具有重要国际影响

力的海洋中心城市。要围绕碳达峰碳中和，大力发展绿色低碳产业，促进发展方式绿色转型。要坚持以文塑旅、以旅彰文，深化国家文化和旅游消费试点城市建设，推动历史文化遗产保护利用，大力发展全域旅游，打响温泉、古厝、康养等特色品牌，加快创建国际消费中心城市。

二要牢牢把握教育科技人才这个基础性战略性支撑，实施科教兴城、人才强市、创新驱动发展战略。要坚持教育、科技、人才“三位一体”，优化创新生态和激励引导机制，强化现代化建设人才支撑，加快建设高水平创新型省会城市。要全面贯彻党的教育方针，深化教育领域综合改革，深化基础教育集团化办学，补齐职业教育办学短板，支持闽江学院建设高水平有特色的应用型大学，加快建设福耀科技大学（暂名），努力把福州大学城打造成为一流的高等教育和产学研基地。要坚持创新在现代化建设全局中的核心作用，以国家自主创新示范区建设为抓手，高标准建设科学城、科创走廊和闽都院士村，加快打造闽都创新实验室、海洋科创等平台，争取国家实验室、大科学装置布局福州；突出企业创新主体地位，深入实施高新技术企业倍增计划和创新型领军企业培育工程，加快形成一批拥有自主创新和知识产权的高精尖产业集群。要创新人才引育机制，健全人才政策和服务保障体系，持续拓展“好年华 聚福州”人才峰会效应，全方位引进、培养、用好人才。

三要牢牢把握区域协调发展这个重要布局，高标准建设福州都市圈。要发挥福州都市圈中心城市龙头引领作用，推动基础设施、产业与创新、公共服务、生态环保等领域实现更深层次共建共享，引领闽东北区域高质量发展。要坚持“东进南下、沿江向海”城市发展思路，扎实推进福州新区、滨海新城建设，持续深化改革创新，加强对外交流合作，推动“产城人”深度融合发展，进一步集聚产业、集聚人气、集聚商气。要坚持长远目标和短期目标相结合，加快建设“闽江之心”、三江口植物园、福州三宝城、昙石山考古公园、五里亭茶叶交易市场等，持续提升城市功能品质。要健全城乡融合发展体制机制，扎实推进以县城为重要载体的城镇化建设，推动县城差异化发展，增强综合承载能力。要深入实施乡村振兴“五大工程”，大力支持革命老区、民族地区发展，促进农业增效、农民增收，建设宜居宜业和美乡村。

四要牢牢把握服务和融入新发展格局这个关键路径，推动更高水平对外开放。要主动站位全国、全省发展大局，深度对接《区域全面经济伙伴关系协定》，稳步扩大制度型开放，大力发展开放型经济。要积极融入海丝核心区建设，深入实施丝路海运等8大重点工程，持续办好海丝博览会、丝路国际电影节、海丝国际旅游节等重大活动，加快推进中印尼“两国双园”产业合作示范区建设，用好雅加达—福清海上大通道、中欧中老班列，深化与“一带一路”沿线国家和地区的交流合作。要主动对接融入自由贸易试验区提升战略，积极推进自贸区扩区和自贸联动创新发展区建设，探索推出更多首创性和集成化制度创新成果。要对标上海、深圳等先进地区，迭代实施营商环境改革，加快打造市场化、法治化、国际化一流营商环境。要积极探索海峡两岸融合发展新路，突出以通促融、以惠促融、以情促融，加快打造“福马共同家园”，深化榕台各领域融合发展，完善增进台胞福祉的制度政策，促进两岸同胞心灵契合，更好服务祖国统一大业。

五要牢牢把握共同富裕这个根本目的，着力增进民生福祉、提高人民生活品质。要坚持在发展中保障和改善民生，研究推出更多惠民生、暖民心举措，着力解决群众急难愁盼问题，不断增强公共服务的均衡性、可及性。就业是最基本的民生，要强化就业优先政策，统筹做好高校毕业生、农村转移劳动力、退役军人等重点群体就业，加强困难群众就业兜底帮扶，完善创业带动就业保障机制，促进群众就业增收。要积极应对人口老龄化，扎实推进老年友好型城市建设，全面推广长者食堂，带动社区养老、居家养老协同发展。要深化以公益性为导向的公立医院改革，推进整合型医疗体系建设，促进优质医疗资源扩容和区域均衡布局，提高基层防病治病和健康管理能力。要结合“无疫社区”创建，健全网格化服务管理机制，推动城乡基层治理体系和治理能力现代化。

六要牢牢把握绿色发展这个内在要求，加快建设海滨城市、山水城市。要牢固树立和践行绿水青山就是金山银山的理念，深化国家生态文明试验区建设，实施全面节约战略，协同推进降碳、减污、扩绿、增长，促进人与自然和谐共生。要坚持山水林田湖草沙一体化保护和系统治理，加快实施重要生态系统保护和修复重大工程，持续打好蓝天、碧水、碧海、净土保卫战，加大散乱污企业（场所）综合整治力度，不断提升生态环境质量。要严格落实“河湖长制”“河长日”，深入开展“护河爱水、清洁家园”行动，扎实推进闽江河口湿地、滨海旅游度假区等建设，着力打造美丽河湖、美丽海湾。要巩固生态文明建设成果，统筹推进城市品质提升、农村人居环境整治、垃圾分类、绿满榕城等工作，让人民群众尽享绿色生态福利。

七要牢牢把握全过程人民民主这个重要内容，持续加强民主法治建设。要健全人民当家作主制度体系，全面发展协商民主，积极发展基层民主，完善大统战工作格局。要支持人大及其常委会依法行使职权、开展工作，完善人大对“一府一委两院”监督制度，健全吸纳民意、汇集民智工作机制，全面提升人大工作质量和水平。要发挥政协专门协商机构作用，加强制度化、规范化、程序化等功能建设，完善民主监督和委员联系界别群众制度机制，提高建言资政和凝聚共识水平。要深化法治福州建设，扎实推进海丝中央法务区福州片区建设，构建覆盖城乡的现代公共法律服务体系，深入开展法治宣传教育，全面推进各方面工作法治化。要加强国防动员和后备力量建设，推进军民融合深度发展，做好退役军人服务保障，争创全国双拥模范城“十连冠”。

八要牢牢把握党的领导这个根本保证，深入推进新时代党的建设新的伟大工程。要认真落实新时代党的建设总要求，坚持以党的政治建设为统领，推动全面从严治党向纵深发展。要全面加强党的思想建设，深化落实学习贯彻新思想长效机制，用好市里正在举办的“3820”战略工程实施30周年成就展，以及苍霞新城、软件园、闽江学院、三坊七巷、红庙岭等学习教育实践基地，引导党员干部坚持不懈用新思想凝心铸魂。要着力强基固本，增强各领域基层党组织的政治功能和组织功能，成为有效实现党的领导的坚强战斗堡垒。要完善一线考核干部机制，加强全方位管理和经常性监督，注重培养选拔“狮子型”干部，打造一支忠诚干净担当的高素质专业化干部队伍。要坚持以严的基调强化正风肃纪，严格执行中央八项规定及其实施细则精神，驰而不息纠治“四风”树新风。要坚持不敢腐、不能腐、不想腐一体推进，严厉惩治、规范权力、教育引导紧密结合，深化以案促改，完善权力监督制约机制，加强新时代廉洁文化建设，坚决打赢反腐败斗争攻坚战持久战。要大力弘扬“马上就办、真抓实干”优良传统，深入实施“提高效率、提升效能、提增效益”行动，着力转作风、强服务、办实事、促发展。

三、坚决落实“疫情要防住、经济要稳住、发展要安全”的重要要求，全力抓好当前各项工作

当前防疫情、稳经济、保安全任务繁重，全市各级各部门要坚持系统观念，高效统筹疫情防控和经济社会发展，决胜年末收官战，奋力夺取“双胜利”。

*一要始终绷紧疫情防控这根弦。*要坚定不移坚持人民至上、生命至上，坚定不移落实“外防输入、内防反弹”总策略，坚定不移贯彻“动态清零”总方针，进一步压实“四方责任”、落实“四早”要求，按照国家“二十条”、省里“二十九条”优化措施，完善具体实施办法和操作流程，“快准严实细”做好各项防控工作，坚决打赢疫情歼灭战。要严防境外、省外疫情输入，加大风险隐患排查力度，坚决守住来之不易的防疫成果。要聚焦疫情防控“最后一公里”，深化“无疫社区”创建，进一步健全网格、配强人员、加强管理，筑牢联防联控、群防群控的坚固防线。要深入开展爱国卫生运动，加强环境卫生整治、防疫科普宣传等，倡导文明健康生活方式。

*二要全力以赴完成全年目标任务。*要用足用好稳经济一揽子政策措施，落细落实决胜年末收官战明确的5个专项行动、40条具体措施，全力以赴强产业、抓项目、促消费，克服疫情影响，稳住市场主体、稳住外资外贸。要持续开展“千名干部进千企”“万名干部下基层”行动，认真落实“一企一议”、市领导挂钩帮扶等服务保障机制，及时协调解决堵点、卡点问题，保障项目建设和企业发展。

*三要统筹发展和安全。*要坚定不移贯彻总体国家安全观，提高防灾减灾救灾和突发公共事件处置能力，建设更高水平的平安福州。要牢牢掌握意识形态工作主动权，强化互联网、高校等阵地建设管理，加强全媒体传播体系建设，巩固壮大主流思想舆论。要严格落实安全生产责任制，加大安全隐患排查整治，坚决防范和遏制重特大安全事故发生。要统筹抓好信访维稳、扫黑除恶、粮食安全等工作，有效防范化解风险，守住安全发展底线。

同志们，新时代赋予新使命，新征程呼唤新作为。让我们更加紧密团结在以习近平同志为核心的党中央周围，以党的二十大精神为指引，大力弘扬伟大建党精神，踔厉奋发、勇毅前行、团结奋斗，坚持“3820”战略工程思想精髓，加快建设现代化国际城市，为奋力谱写全面建设社会主义现代化国家福建篇章，全面推进中华民族伟大复兴作出福州贡献！

政府工作报告

（2023年1月3日在福州市第十六届人民代表大会第二次会议上）

福州市人民政府市长　吴贤德

各位代表：

现在，我代表福州市人民政府，向大会报告政府工作，请予审议，并请市政协各位委员提出意见。

一、2022年工作回顾

2022年是极不寻常、极不平凡的一年。党的二十大胜利召开，为新时代新征程党和国家事业发展、实现第二个百年奋斗目标指明了前进方向、确立了行动指南。习近平总书记当年亲自为福州谋划的“3820”战略工程实施30周年，有福之州站上了新的历史起点，正昂首阔步迈向新征程。

一年来，在省委、省政府和市委的领导下，市政府以习近平新时代中国特色社会主义思想为指导，认真学习宣传贯彻党的二十大精神，坚持“3820”战略工程思想精髓，加快建设现代化国际城市，高效统筹疫情防控和经济社会发展，各项工作都取得了新的进展。我们严格按照疫情要防住、经济要稳住、发展要安全的要求，快准严实细落实防控措施，有力抵制疫情冲击，有效守护了人民生命安全和身体健康。特别是面对“10•22”疫情，我们果断决策、尽锐出战，各级党员干部冲锋一线、日夜奋战，广大抗疫工作者、志愿者义无反顾、勇往直前，全体市民守望相助、同心抗疫，在不封不停不静默的情况下，一个月内实现社会面动态清零。国务院“新十条”措施出台后，我们调整重心、优化举措，第一时间开设发热门诊262个、城市中心发热门诊2个，储备基层医疗机构513个、亚定点救治医院床位7000张，新建综合ICU床位536张、可转换ICU床位486张、监护床位500

张，抓好医疗物资储备和疫苗接种工作，免费向社会发放健康包和急需紧缺药品，为群众提供温馨服务，加快从“防感染”向“保健康、防重症”平稳转换。我们坚持统筹发展和安全，扎实推进“两稳一保一防”工作，经济发展稳中有进，社会大局安定稳定。预计全市地区生产总值增长5.2%以上；规上工业增加值增长4.8%；固定资产投资增长6.5%、总量保持全省第一；一般公共预算总收入1059.1亿元，同口径下降5.5%；地方一般公共预算收入698.5亿元，同口径增长1.1%；进出口总额3620亿元，增长9%；实际利用外资11.7亿美元，实现正增长；社会消费品零售总额4732亿元，增长4%；城镇、农村居民人均可支配收入分别达56145元、26763元，分别增长5.1%、6.2%；居民消费价格总水平上涨2.5%。完成省下达的节能减排降碳任务。

一年来的主要工作和成效是：

（一）产业质效稳步提升。

开展“项目攻坚落实年”专项行动，落地中交海峰风电、宽腾医疗CT制造基地等产业项目488个，动建万景石化、福蓉源铝型材等产业项目280个，建成福清核电6号机组、大东海产能置换等产业项目187个。开展“扶持龙头壮大产业”专项行动，136家工业龙头企业产值增长8.5%。实施工业（产业）园区标准化建设深化改革行动，启动中心城区工业企业“四个一批”搬迁改造，优化中心城区工业园区功能布局。实施16条重点产业链“链长制”，引进产业链项目220个，57家链主企业实现产值3708亿元、增长10.2%。实施“榕升计划”“榕腾计划”，新增规上工业企业260家、上市企业5家。开展“千名干部进千企”专项行动，协调解决企业问题7797个。推进东南汽车城建设，引进奇瑞汽车与东南汽车开展战略合作。加快商贸服务型国家物流枢纽建设，现代物流城动建京东供应链、民天国际物流中心等项目21个，入选全国供应链创新与应用示范城市。新增限上规上商贸服务业企业超1000家。开展“惠聚榕城·福见商旅”等促消费活动超2000场，发放消费券超10亿元。新建一刻钟便民生活圈试点社区22个。福州万象城、烟台山漫步街区等商业综合体开业。举办2022年春季中国跨境电商交易会，跨境电商进出口销售额增长59.8%。

（二）创新活力明显增强。

全社会研究与试验发展经费投入总量和增量保持全省第一。推进国家自主创新示范区福州片区“一区多园”协同创新，新增科创走廊载体144.2万平方米、国家级科技企业孵化器1家、众创空间2家，入选首批国家知识产权强市建设示范城市。大学城中心共享区加快建设，闽都院士村设计方案完成国际招标，福耀科技大学（暂名）开工建设。新增国家级高新技术企业超900家、省级科技小巨人企业280家、省级以上专精特新企业99家。开展“好年华 聚福州”人才峰会、人才福州月等活动，发布“1+1+N”人才政策，入选国家重大人才计划专家9人，引进培养高层次人才3000人、高技能人才1.1万人，吸引来榕留榕就业应届高校毕业生7万人，获评中国年度最佳引才城市。

（三）“四大经济”蓬勃发展。

举办第五届数字中国建设峰会暨第二届数博会，入选数字人民币试点城市，中国工业互联网研究院福建省分院、福建人工智能计算中心落地建设，福米恒美全球最先进的超宽幅偏光片生产线顺利投产，福州位居2022中国数字城市百强榜第19位。实施“海上福州”重点项目223个，完成全国首宗海洋渔业碳汇交易，成立全国首个市级海洋与渔业科技创新联盟，福清东瀚海洋牧场获批国家级海洋牧场示范区。实施绿色经济重点项目134项，新增省级绿色工厂12家，全球单机容量最大海上风电机组下线，永泰抽水蓄能电站1—3#机组建成投用。发布“有福之州”城市形象标识，举办街头艺术文化节，建成温泉特色街区（小镇）5个，开通内河旅游航线5条，闽江夜游入选国内水路旅游客运精品航线，三坊七巷、上下杭获评国家级旅游休闲街区。

（四）改革开放全面深化。

落实强省会战略，承接省级下放审批权限29项。福州都市圈实施年度协作项目66个。福州新区地区生产总值增长6.3%，实现94个省级事项“全区通办”。自贸试验区福州片区推出全国首创举措12项，获批设立自贸联动创新发展区8个。完成市属国资国企改革重组，市国资委出资企业资产总额、营业收入分别增长25%、35%。设立福州企业家日，实有市场主体突破100万户。累计退减降缓税费超260亿元。整合设立、数字化提升市政务服务中心，“最多跑一趟”“一趟不用跑”“全程网办”事项占比分别达98.8%、84.3%、65%。建成海丝中央法务区福州片区，推出全国首个实体法务服务中心。国际航空城、丝路海港城加快建设，机场二期扩建工程、综合枢纽配套、港口后方铁路等项目顺利推进，长乐国际机场新增国内外航线9条，中欧、中老班列开通运营，福州港货物吞吐量、增速均居全省首位。中印尼“两国双园”上升为国家级“一带一路”旗舰项目，印尼海洋渔业中心首个渔业基地投产。举办金砖国家可持续发展高层论坛、21世纪海上合作委员会第二次全体会员大会，连任世界城地组织执行局和理事会成员。举办第十届海峡青年节等涉台交流活动112场，打造福州海峡交响乐团两岸文化交流品牌。闽东北、榕港澳、闽浙赣皖、泛珠三角区域协作深入拓展。侨务、异地商会等工作取得实效。

（五）城市品质不断提高。

全面划定国土空间规划“三区三线”，完成重点发展区域专项规划及城市设计28项。滨海新城建设持续推进，机场第二高速、十九中滨海校区等104个项目顺利开工，G228线滨海风景道、滨海新城CBD输配环等169个项目加快建设。三江口片区城市设计方案编制完成，植物园设计方案完成国际招标，道庆洲大桥主线正式通车。“闽江之心”成为热门“网红打卡点”，滨江步行街、青年桥建成开放，青年广场城市更新项目获评2022年全球未来设计金奖。实施古厝保护修缮项目153个，采峰别墅方所艺文空间等古厝活化利用项目进展顺利，三坊七巷历史文化研究会、福州市古厝研究会正式成立。实施城市品质提升项目903个。地铁5号线一期首通段和6号线开通运营，2号线东延线、6号线东调段全面动建。完成城区缓堵项目26个，尤溪洲南桥头立交提升改造、象山隧道拓宽改造等35个项目开工建设。新改扩建市政道路108.2公里。新增更新新能源公交车283辆，新辟优化公交线路130条。新增公共停车泊位5013个，新建汽车充电桩1598个。实施连片旧屋区改造项目60个，整治老旧小区376个。新增各类租赁住房7万套。闽江北岸三线贯通等项目启动建设，建成主题公园13个、口袋公园77个、郊野公园11个。垃圾分类工作稳居住建部考评第一档。清理批而未供土地3.3万亩。处置“两违”588万平方米。开展“护河爱水、清洁家园”行动，河湖长制工作获国务院正向激励。高品质饮用水工作扎实推进，完成飞凤山水厂扩建及深度处理工程，改造二次供水设施3.1万户，新建改造市政供水管网117公里、污水管网108.5公里。“一闸三线”工程实现向福清、长乐、闽侯供水，“一库两线”工程加快筹建。空气质量排名全国重点城市第5位。闽江河口湿地当年申报当年列入世界遗产预备清单。

（六）乡村振兴扎实推进。

农林牧渔业总产值达1180亿元，渔业产值位居全国地级市第1位连江渔业产值位居全国县级第1位。治理抛荒撂荒耕地0.96万亩，建成高标准农田4.9万亩，种植粮食124.5万亩。实施特色现代农业（产业）园区建设行动项目89个，开工建设绿色食品产业链项目54个，新增全国农业产业强镇1个、全国“一村一品”示范村（镇）2个。新增全国名特优新农产品2个、国家地理标志证明商标4个。福州茉莉花茶窨制工艺列入联合国教科文组织人类非物质文化遗产代表作名录。2022渔业周·渔博会、首届中国茶叶交易会等活动成功举办。开设福州鱼丸品牌店159家。评定乡村振兴五星级村20个、四星级村175个，新增国家级最美休闲乡村1个，农村人居环境整治积分制行政村覆盖率超90%。植树造林6.9万亩，改造提升松林11.9万亩。综合治理水土流失13万亩。除治互花米草3.18万亩。新建改造农村公路201公里。选认省市科技特派员610人。少数民族聚居区、革命老区、海岛等地区加快发展，山海协作、对口支援、东西部协作等工作深入推进。

（七）民生福祉日益增进。

各级财政用于民生支出790.9亿元，占一般公共预算支出的79.1%。完成为民办实事项目73件。城镇新增就业14万人，失业人员再就业3.4万人。新改扩建公办幼儿园33所、中小学17所，新增公办园学位1.2万个、义务教育学位1.8万个，闽江学院入选省一流应用型建设高校。市二医院奥体院区正式开诊，新增社区医院8家，全国首创“积分制”家庭医生签约服务模式。依法实施全面三孩政策，普惠性托育机构实现县（市）区全覆盖。新建居家社区养老服务示范点15个、长者食堂383个，新增机构养老床位2361张。市图书馆等27个公共文化场馆错时延时开放，市文化馆新馆、市少儿图书馆新馆、市科技馆新馆主体工程完工。举办首届世界龙舟联赛等竞技赛事，在省运会上获金牌总数、奖牌总数、团体总分“三个第一”。实施全民健身设施项目475个，260所学校体育场地对社会开放，15分钟健身圈实现全覆盖。扫黑除恶专项斗争长效机制健全完善。安全生产形势保持稳定。编制、信访、仲裁、行政复议、司法行政、民族宗教、军民融合、国防动员、退役军人服务保障、民兵预备役、双拥、海防、人防、反走私等工作继续加强。广播影视、新闻出版、哲学社会科学、文学艺术、统计、科普、气象、防震、地方志、档案、老龄、青少年、妇女儿童、残疾人、慈善、红十字等事业健康发展。

（八）政府建设持续加强。

认真学习宣传贯彻党的二十大精神，深刻领会“两个确立”的决定性意义，以实际行动增强“四个意识”、坚定“四个自信”、做到“两个维护”。弘扬“马上就办、真抓实干”优良作风，落实“提高效率、提升效能、提增效益”工作要求，开展“转作风、强服务、办实事、促发展”等专项行动，干事创业精气神全面提振。贯彻落实中央八项规定及其实施细则精神，毫不松懈纠治“四风”，机关效能进一步提升。职责明确、依法行政的政府治理体系日益健全，获评第二批全国法治政府建设示范市。组建市政府顾问团。审计常态化“经济体检”作用有效发挥。认真执行市人大及其常委会决定决议，自觉接受人大法律监督、工作监督，提请审议地方性法规草案3件，制定修改政府规章3件，办复省、市人大代表建议478件，满意率达100%。自觉接受政协民主监督，办复省、市政协提案501件，满意率达100%。

各位代表，成绩来之不易，这是以习近平同志为核心的党中央坚强领导的结果，是习近平新时代中国特色社会主义思想科学指引的结果，是在省委、省政府和市委的领导下，全市人民克服经济下行压力和疫情不利影响，勠力同心、团结奋斗的结果。在此，我代表市政府，向全市人民，向人大代表、政协委员、各民主党派、工商联、无党派人士、各人民团体、离退休老同志和社会各界人士，向中直、省直机关企事业单位和驻榕部队指战员、武警官兵、公安干警、消防救援队伍指战员，向关心支持福州发展的港澳台同胞、海外侨胞和国际友人，向奋战在一线的所有抗疫工作者、志愿者们，表示衷心的感谢和崇高的敬意！

在总结成绩的同时，我们也清醒地看到当前发展中还存在不少困难和问题，主要是：产业链供应链存在薄弱环节，推进新型工业化、建设现代化产业体系步伐不够快；扩大内需和促进外贸增长的方式、渠道需要进一步拓展；科技创新和人才支撑能力不强；城市品质提升和乡村振兴工作有待加强；教育、医疗、养老、托育、住房保障等工作仍有差距；政府治理体系和治理能力尚未完全适应新形势新要求，等等。对这些问题，我们已经采取一系列措施加以解决，今后还将加大工作力度。

二、2023年工作安排

各位代表，根据市委统一部署，今年市政府工作总体要求是：以习近平新时代中国特色社会主义思想为指导，全面贯彻落实党的二十大精神，按照省委十一届三次全会和市委十二届四次全会部署，紧扣“四个更大”重要要求，扎实推进中国式现代化，坚持稳中求进工作总基调，完整、准确、全面贯彻新发展理念，积极服务和融入新发展格局，更好统筹疫情防控和经济社会发展，更好统筹发展和安全，坚持“3820”战略工程思想精髓，一张蓝图绘到底，全方位推进高质量发展，做大做优做强省会，加快建设现代化国际城市，突出做好稳增长、稳就业、稳物价工作，推动经济运行整体好转，实现质的有效提升和量的合理增长，努力在新发展阶段新福建建设中走在前头。

今年全市经济社会发展主要预期目标是：地区生产总值增长6.5%左右，规上工业增加值增长6.8%，地方一般公共预算收入增长5.5%，固定资产投资增长6%，社会消费品零售总额增长10%，出口总额增长不低于全省平均水平，实际利用外资正增长，城镇、农村居民人均可支配收入分别增长7%、7.5%，完成节能减排降碳任务。

为实现上述预期目标，必须正视困难、提振信心，因时因势优化疫情防控措施，平稳有序实施新冠病毒感染“乙类乙管”，保障好群众的就医用药，重点抓好老年人、患有基础性疾病群体和农村地区的防控，加强健康知识科普宣传，周密制定感染高峰应对预案，着力保健康、防重症，顺利渡过流行期，确保平稳转段和社会秩序稳定。同时，认真做好以下九个方面工作：

（一）坚持扩大内需，增强经济发展内生动力

加快消费提质升级。把恢复和扩大消费摆在优先位置。促进餐饮业健康发展，扩大“福”字号产品消费，建成中国闽菜文化博物馆，争创“世界美食之都”。支持刚性和改善性住房需求，探索长租房市场建设，新增各类租赁住房7万套。支持新能源汽车消费，扩大江阴港整车进口，便利二手车交易。推进国际消费中心城市创建，规划打造区域性国际消费中心、国际商业创新中心、现代化国际商贸物流集散中心，加快重点片区业态提升和特色消费品牌培育，争取设立市内免税店。支持养老、育幼、家政、物业等业态融合创新，积极发展文化旅游、医疗健康、教育服务、群众体育等服务消费。推动“数智云商平台”建设，支持社交电商、网络直播等多样化经营模式，促进新零售、共享经济等消费新场景、新业态发展。加快城市一刻钟便民生活圈建设。打响“惠聚榕城”促消费活动品牌。加强消费者权益保护。

发挥投资关键作用。增加制造业投资，加大重点领域补短板力度，系统布局新型基础设施，促进投资规模合理增长、结构不断优化。开展“项目攻坚增效年”专项行动，攻坚博达智能通信元器件、福融新材料等一批项目，提速连江外海海上风电厂、保利通信产业园等一批项目。加强产业链招商、基金招商、资本招商，力争落地云工科技全球总部、东恒锂电新能源等重点产业项目500个以上。实施京东方显示器件扩产、永大纺织弹力丝等投资亿元以上技改项目100个以上。推进闽江干流防洪提升工程、内河环境综合整治EOD项目建设，建成“一闸三线”工程、“高水高排”工程东线标段，动建“一库两线”先行先试段。加快政务数据中心、海丝大数据中心、城市物联感知系统等数字信息基础设施建设，打造千兆城市。新建汽车充电站30座、充电桩750个，建成TOCC、科技治超等智慧交通项目。

推动区域协同发展。落实《福州都市圈发展规划》，推动闽东北协同区发展。加快修建G228、S308等国省道和福莆宁F2、F3线等大通道，规划实施京台高速复线、福州至永泰轨道交通等重大项目，谋划推进温福高铁建设，争取昌福（厦）高铁列入国家中长期铁路网规划，基本建成1小时通勤圈。搭建福州都市圈工业互联网基础赋能平台，推进新能源汽车、纺织化纤等产业链供应链配套协作。落实国家城乡融合发展试验区福州东部片区各项改革任务，推进以县城为重要载体的新型城镇化建设。

（二）聚焦实体经济，建设现代化产业体系

发展特色现代农业。全面落实粮食安全责任制，建设高标准农田5.5万亩，确保粮食种植面积、产量保持稳定。深入推进种业振兴行动，加快建设琅岐“菜篮子”基地和种业创新中心。推动闽清国家农村产业融合发展示范园等特色现代农业（产业）园区建设，支持农业龙头企业数字化转型、标准化建设、品牌化发展，新增省级农业产业化龙头企业20家以上、省级畜禽养殖标准示范场10家以上，生猪存栏稳定在108万头。推动食品加工（预制菜）产业发展，壮大马尾、元洪等预制菜产业基地。培育金鱼电商直播基地，打造福州金鱼城市会客厅。推进世界茶港城建设，做大五里亭国际茶叶联合交易中心。办好中国茶叶交易会、渔业周•渔博会、菌博会等活动。

推进新型工业化。持续开展工业（产业）园区标准化建设深化改革行动，加快福兴、金山、青口等园区改造提升和共享区建设，推进中心城区工业企业“四个一批”搬迁改造。加快万华化学TDI、宝太不锈钢110万吨冷轧等项目建设，动建国能热电二期、祺添新能源等项目，推动重点工业产业链上中下游、大中小企业融通发展。强化龙头企业挂钩服务，新培育一批百亿工业企业、省级工业龙头企业。持续实施“榕升计划”，新增规上工业企业300家。推动纺织、钢铁等产业高端化、智能化、绿色化升级，加快发展功能性纺织材料、冷轧不锈钢及下游产品。推进高意光通讯5G产品及碳化硅、时代星云储能基地、祥鑫军民融合新材料等项目建设，大力培育新型材料、光电、集成电路、新型储能、智能汽车等战略性新兴产业，力争规上工业战略性新兴产业总产值突破4500亿元。加快东南汽车城建设，推动奇瑞捷途“一中心两基地”等项目落地，促进东南汽车、福建奔驰产能提升。

做优“四大经济”。积极融入国家数字经济创新发展试验区建设，办好第六届数字中国建设峰会暨第三届数博会，推动元宇宙、大数据、云计算、区块链、人工智能等与实体经济融合，推进数字人民币试点工作，加快构建电竞产业生态，加强数据安全体系建设，开展居民身份证电子证照政务应用试点，争创中国软件名园，打造数字应用第一城，力争数字经济规模突破7000亿元。加快建设海洋经济发展示范区，高标准打造海洋科创平台，大力推广“百台万吨”生态

养殖，实施5G智能岛、海上风电检测基地等“海上福州”重点项目100个以上，发展海工装备、海上风电、海洋生物医药等涉海产业，力争海洋生产总值增长8%以上。推进海洋碳汇开发和金融试点，推广碳排放权、排污权等权益质押融资产品，深化重点生态区位商品林赎买，鼓励企业应用绿色技术、创建绿色工厂、建设绿色供应链、开发绿色产品，推进绿色建材国家试点城市建设。完善“一核三带四区”全域生态旅游市发展布局，打响“有福之州”品牌，高标准建设以“闽江之心”为重点的闽江休闲旅游带，加快开发以闽江河口湿地、下沙度假区为重点的海滨旅游区，精心打造船政文化城、福州三宝城等标志性项目，大力发展海滨、内河、温泉、康养、研学、商展等特色旅游，办好海丝国际旅游节等活动，培育本土音乐IP，引进落地重大文旅项目、高端度假酒店，争创国家文化和旅游消费示范城市。

构建现代服务业新体系。推进服务业提质扩容，力争新增限上规上商贸服务业企业1000家以上、限上批发业销售额突破1.3万亿元。大力引进持牌金融机构，推进“险资入榕”，差异化提升朱紫坊基金港、马尾基金小镇，支持市金控集团、福建海峡银行做大做强，力争新增上市企业6家。举办中国国际酒业博览会等国际性、全国性展会15场以上，展会规模达100万平方米以上。力争新增总部企业15家、服务业集聚区5家。推动大型工业企业主辅分离。支持朴朴电商、神州数码等平台企业发展。打造物流与供应链平台经济产业链，力争纳统销售额6000亿元以上。继续办好2023年春季中国跨境电商交易会，推动纵腾、泛鼎等领军企业业务回归，新增海丝跨境产业园10个，新建跨境电商产业园区2个，搭建“买全球、卖全球”交易平台。大力发展数字贸易，积极创建服务外包示范城市。

（三）推进科教兴城，塑造发展新动能新优势

坚持教育优先发展。巩固基础教育，发展职业教育，构建终身教育体系。推进全省大中小学思想政治理论课改革创新实验区建设。新改扩建公办幼儿园38所、中小学13所，新增公办园学15位1.2万个、义务教育学位9000个。深化落实“双减”工作，推动课后服务提质增效。加快建设大学城二期。支持闽江学院建设高水平有特色的应用型大学。支持天津大学—新加坡国立大学福州联合学院办学，推进福耀科技大学（暂名）建设。支持各类职业教育学校提升做强。开展惠师强师行动，加强师德师风建设，促进基础教育集团教师轮岗交流，遴选培养骨干教师、学科带头人等1473人。持续抓好特殊教育、老年教育、继续教育、社区教育、家庭教育。

坚持创新驱动发展。以国家自主创新示范区福州片区建设为抓手，高标准建设福州高新区、福州软件园、一流大学城。推进科创中国试点城市建设，加快闽都创新实验室、海峡创新实验室、东方电气福建创新研究院等平台建设，新增科创走廊载体100万平方米以上。推行科技重大专项“揭榜挂帅”等机制，组织开展重点产业链“卡脖子”技术攻关，推动清华大学重大科研项目落地。力争国家级高新技术企业突破4000家、省级科技小巨人企业突破700家，新增省级以上专精特新企业70家、孵化器1家、众创空间10家，全社会研究与试验发展经费投入总量达280亿元。搭建大学城科技成果转化平台，力争技术合同认定登记成交额达80亿元。

坚持人才引领驱动。依托大学城中心共享区暨闽都院士村，精准引进一批院士专家及高水平创新团队。持续办好“好年华 聚福州”人才峰会系列活动，引进培养高层次人才3000人、高技能人才1万人以上。优化人才政策体系，推进福州新区人才港等人才综合基地建设，打造全场景人才驿站。推进青年友好型城市建设，着力解决青年婚恋交友、创业就业、成长成才等问题。实施榕聚千万人口行动计划，引进外来劳动力3万人，力争吸引来榕留榕就业应届高校毕业生7万人。

（四）深化改革开放，服务和融入新发展格局

深化重点领域改革。自贸试验区福州片区推出首创性举措30项以上。完善市属国企中国特色现代企业制度，推动城投集团、左海集团争创中国企业500强。推进国家网络市场监管与服务示范区建设，积极申报国家知识产权保护示范区、质量强国标杆示范城市。全面推广信用承诺制和告知承诺制。深化医药卫生体制改革。推进永泰农村产权流转交易市场建设试点。争创全国农村宅基地制度改革试点城市。

优化提升营商环境。深化“放管服”改革，制定市县两级行政许可事项清单，力争10个以上营商环境评价指标进入全国标杆行列。深化“打包办”业务模式，完善“一件事”集成服务平台，推进村居（社区）便民服务驿站建设。推行工程建设项目审批清单制改革，优化并联审批协同服务机制。加大对各类市场主体支持力度，鼓励民营企业参与重点行业、民生补短板领域建设，支持民营经济和民营企业发展壮大。依法保护民营企业产权和企业家权益，帮助民营企业解难事、办实事，构建“清茶一杯暖人心”的亲清政商关系。

持续扩大对外开放。实施对接区域全面经济伙伴关系协定计划，落实外商投资准入前国民待遇加负面清单管理制度，促进贸易和投资自由化便利化。加快中印尼“两国双园”建设，推动中国—印尼经贸创新发展示范园区总体方案获批，办好海丝博览会暨海交会。提速机场二期、港口后方铁路、丹贵公路、牛坑湾围填海、江阴港区壁头作业区6—9#泊位等项目建设，推进“陆地港”“飞地港”建设，加快申报长乐国际机场综合保税区、港口型国家物流枢纽，高水平建设国际航空城、丝路海港城、现代物流城。支持企业开拓欧美、东南亚等海外市场，稳步提升中欧、中老班列运营效益，发展壮大市场采购、易货贸易、保税物流等外贸新业态新模式。持续开展涉侨招商引智，加强新侨和海外华裔新生代工作。力争新增国际友城2个。

推动榕台融合发展。推进福州台商投资区、福清台创园等涉台园区标准化建设，支持福顺半导体等在榕台企在大陆上市。加快与马祖地区通水通电通气通桥福州侧工程建设，发展“两马”“黄马”航线，推动黄岐港区扩大开放国家级

验收工作，打造“福马共同家园”。落实台胞台企同等待遇，逐步扩大对台资质采认和台湾地区职业技能资格采认范围，鼓励更多台胞来榕就业创业。持续办好海峡青年节、海峡两岸民俗文化节等活动，用好台湾特色街巷、福州台湾会馆等平台，加强榕台民间交流，促进两岸同胞心灵契合。

（五）提升功能品质，推进城乡融合发展

加快建设福州新区。编制福州新区核心区概念规划、综合交通体系规划等专项规划。完善九大片区产业空间布局，加快临空新型显示园区、国际医疗综合实验区、智能汽车创新中心等项目建设，建成福美显材贴合、博思人工智能产业园等项目。完善新区基础配套，加快机场第二高速、康复医院滨海院区二期等项目建设，建成G316长乐线、师大滨海附小等项目。集聚开发三江口片区，连片式串联火车南站东片区、植物园、梁厝特色街区、海峡文艺中心、三江口生态公园等重要节点，打造城市新地标。促进闽江口与三江口一体联动发展，推动福清湾、江阴湾等区域开发建设。

增强城市承载能力。实施交通畅行行动，开工建设福州至福清高速公路，推进金山大道改造提升、前横路快速化改造等79个项目建设，建成城区北向第二通道，新改扩建市政道路70公里，加快构建城区“四环路”。开通运营地铁4号线凤凰池站至帝封江站、5号线一期后通段，提速建设地铁滨海快线、2号线东延线及6号线东调段。新增更新新能源公交车50辆，新辟优化公交线路40条，新增公共停车泊位4000个。新建改造市政供水管网80公里、污水管网80公里、燃气管道78公里，改造二次供水设施2万户，建成台江鳌峰等高品质饮用水试点片区4个，争创国家节水型城市。

提升城市环境面貌。完成总体城市设计，力争国土空间总体规划获批。推进“两江四岸”环境综合提升，建成闽江北岸三线贯通工程，提升拓展闽江游精品航线。新建改造福道130公里、口袋公园20个，建成金鸡山—金牛山城市慢行步道。开展新一轮夜景规划修编，提升城区灯光夜景。实施棚户区改造项目20个，整治老旧小区316个。新改建垃圾分类屋（亭）150座，推进垃圾分类社区、物业自治。推动红庙岭争创全国循环经济生态产业园示范园区。推进“两违”综合治理，持续抓好电动自行车管理、市政管养、养犬管理等工作。

全面推进乡村振兴。实施乡村振兴重点项目100个以上。推动电子商务与休闲农业、乡村旅游等融合，优化“福州乡村游”平台，打造提升乡村振兴精品线路10条以上。新打造乡村振兴五星级村3个、四星级村50个，争创省级乡村振兴示范乡镇5个、示范村70个。实施农村饮用水安全巩固提升工程，建设改造农村公路100公里，推进90个村庄建设生活污水治理设施。深入开展“护河爱水、清洁家园”行动，深化农村人居环境整治。健全乡村网格治理模式，推行乡村振兴服务专员制度。新选认省市科技特派员500人。巩固拓展脱贫成果同乡村振兴有效衔接，完善防止返贫监测帮扶等机制。深化与宁夏固原、陕西渭南、新疆奇台、西藏八宿等东西部协作和对口支援。

（六）推动绿色发展，促进人与自然和谐共生

推进绿色低碳转型。制定碳达峰行动方案，深化碳排放强度控制，创建低碳社区、低碳园区。实施能效、水效领跑者引领行动，严格投资项目节能审查，完善重点用能单位能耗在线监测端系统。开展全国“三线一单”减污降碳协同管控试点，建成运行生态云平台（二期）。实施全面节约战略，推动垃圾减量化、资源化利用，加快建设“无废城市”。倡导绿色消费、低碳生活。

深化污染防治攻坚。打好蓝天、碧水、碧海、净土保卫战，实施散乱污企业综合整治，推进两轮中央生态环保督察问题整改交账销号。动建闽江口琅岐环境空气超级监测站，优良空气天数比例稳定在98%以上。落实“河长日”“河湖长制”，打击非法采砂，主要流域优良水质比例不低于95%。实施罗源湾、福清湾、兴化湾等重点海湾综合治理，建成滨海新城岸段美丽海湾建设样板，近岸海域优良水质面积比例达82%以上。强化土壤污染防治，受污染耕地安全利用率达93%以上。推进“无废城市”建设，一般工业固体废物综合利用率达95%以上。保障核与辐射安全。

提升生态系统质量。创建国家生态文明建设示范市，落实生态环境损害赔偿制度，探索建立生态产品价值实现机制和政策体系。健全耕地休耕轮作制度，实施耕作层剥离再利用2000亩以上。深化闽江河口湿地保护修复，加快申报国际重要湿地和世界自然遗产。建设安全生态水系20公里，综合治理水土流失10万亩。植树造林4万亩，改造提升松林5.8万亩。加强生物多样性保护，完成互花米草除治工作。

（七）增进民生福祉，提高人民生活品质

打造健康福州。强化重大公共卫生事件医疗救治体系建设，推进市县两级综合医院危重症救治设施设备提档升级。依托医联体、医共体构建分级诊疗体系，建立健全城市二级以上综合医院与县级医院对口帮扶机制。畅通市县两级转诊机制，提升农村地区重症救治能力，保障农村高风险人群就医需求。强化医疗物资储备，确保满足各级医院3个月运转需求。动建市肺科医院肿瘤楼及制剂楼，投用市疾控中心新址、孟超肝胆医院金山院区、华山附一医院二期、市儿童医院门诊综合楼等项目，新增床位2500张。加快建设县级综合医院“四大中心”，推进4家县级医院“千县工程”建设，新增区级医院2家，提升乡镇卫生院、社区卫生服务中心40家，力争基层医疗卫生机构服务能力基本标准达标比例达80%以上。推进安宁疗护试点工作，全市二级以上综合医院设置老年医学科达65%以上。实施重特大疾病医疗保险和救助制度。深入开展爱国卫生运动，做好国家卫生城市复审迎检工作。办好世界龙舟联赛、福州马拉松、电竞福州大会等赛事。新建更新智慧体育公园3个、健身路径300条，争创全民运动健身模范市。

建设闽都文化国际品牌。动建市美术馆新馆、市博物馆新馆，建成市文化馆新馆、市少儿图书馆新馆，做好国家公共文化服务体系示范区复核迎检工作。修订历史建筑保护管理办法，公布新一批不可移动文物、历史建筑、传

统风貌建筑，打造完成采峰别墅方所艺文空间。加快编纂《福州通史》。推进“非遗进景区”，打造一批国家级非遗生产性示范基地，开展非遗地方剧种公益性演出等文化惠民活动300场。举办街头艺术擂台赛等活动。办好第十一届中国大学生电视节、第十届丝绸之路国际电影节，拍摄“3820”主题电视剧、纪录片，创排音乐剧《三坊七巷》。推动哲学社会科学、新闻出版、广播影视、文学艺术等事业繁荣发展。

促进就业和社会保障。落实“四大群体”增收计划，完善最低工资标准正常调整机制。多措并举保障高校毕业生、农村转移劳动力、退役军人等重点群体就业，继续帮扶困难群体就业，城镇新增就业13万人、失业人员再就业1.2万人，确保城镇零就业家庭动态清零。推进老年友好型城市建设，持续开展居家和社区基本养老服务提升行动，建设长者食堂60个，新增机构养老床位2000张、老年教育学位2200个，推动长期护理保险提质扩面。加快国家儿童友好城市建设，完善三孩配套支持措施，建设婴幼儿照护服务普惠托位1760个。实现免除基本殡葬服务费用全覆盖。发展社会救助、慈善和残疾人事业。

加强精神文明建设。开展“温暖榕城·文明同行”主题活动，统筹推进文明培育、文明实践、文明创建，争创全国文明典范城市。强化志愿服务“五化”建设，打造新时代文明实践中心“云平台”。深化“争创文明岗·共建典范城”选树活动，培育一批示范性强的文明岗位标杆。加强未成年人思想道德建设，拓展乡村“复兴少年宫”覆盖面。办好读书月、网络文明大会、网络文化节等活动。

（八）提升治理效能，建设更高水平的平安福州

提高城市韧性。加强应急救援物资装备和应急队伍培训，坚决防范和遏制重特大事故发生。推行安全生产责任保险制度。完善食品药品安全、特种设备安全、防汛抗旱、森林防灭火等应急管理和保障体系。加大全国综合减灾示范社区创建力度，提升自然灾害避灾点50个。优化应急物资储备布局，推进市应急物资仓库、榕发物流园等项目建设，建成榕发滨海应急仓储基地。

强化社会治理。实施夯实根基、赋权增效、网格治理、数字智治、温暖民心等五大工程，完善网格化管理、精细化服务、信息化支撑的基层治理平台。完善城市大脑体系、“12345”平台和e福州体系，筹建城市运营中心。常态化开展扫黑除恶斗争，织密筑牢社会治安防控体系，完成县级公安机关及基层派出所改造提升项目18个，新建智慧安防小区200个。深入推进“八五”普法。加强军民融合、国防动员、退役军人服务保障、民兵预备役和双拥、海防、人防等工作，争创全国双拥模范城“十连冠”。依法加强民族宗教事务管理。支持工会、共青团、妇联、科协、文联、残联、红十字会等群团组织更好发挥作用。做好科普、气象、防震、信访、保密等工作。

（九）加强自身建设，推进政府治理能力现代化

强化政治建设。坚持“第一议题”学习制度，学懂弄通做实习近平新时代中国特色社会主义思想，全面贯彻落实党的二十大精神，秉承弘扬习近平同志在福建、福州工作期间开创的重要理念和重大实践，坚定拥护“两个确立”，坚决做到“两个维护”。把坚持和加强党的全面领导贯穿政府工作的全过程、各领域，确保党中央、国务院和省委、省政府及市委各项决策部署落到实处、取得实效。

强化法治建设。深入践行习近平法治思想，自觉运用法治思维和法治方式推动工作，不断巩固全国法治政府建设示范市创建成果。深化行政执法体制改革，严格规范公正文明执法。加强政务公开，提升政策制定实施透明度，确保权力在阳光下运行。自觉接受人大法律监督、工作监督和政协民主监督，认真办理人大代表建议、政协提案。广泛听取各民主党派、工商联、无党派人士和各人民团体、社会各界人士的意见建议，主动接受社会和舆论监督。

强化效能建设。牢记政府前面“人民”二字，坚持尽力而为、量力而行，办好68件为民办实事项目，着力解决好人民群众急难愁盼问题。传承弘扬“马上就办、真抓实干”等优良作风，强化新时代机关效能建设，激励干部勤政务实、敢为敢闯。加强实践锻炼、专业训练，增强干部推动高质量发展、服务群众、防范化解风险的本领。加强数字政府建设推动政务数据共享全面提升政务服务效率。

强化廉政建设。深入落实全面从严治党要求，一刻不停推进党风廉政建设和反腐败斗争，不断提升不敢腐、不能腐、不想腐的综合功效。严格落实中央八项规定及其实施细则精神，坚决整治形式主义、官僚主义，切实为基层减负。树牢政府“过紧日子”思想，做到量入为出、节用裕民。严肃财经纪律，加强审计监督、统计监督，建设廉洁政府。

各位代表，新起点展现新气象，新征程呼唤新作为。我们要更加紧密地团结在以习近平同志为核心的党中央周围，以习近平新时代中国特色社会主义思想为指导，全面贯彻落实党的二十大精神，在省委、省政府和市委的领导下，一往无前、顽强拼搏坚持“3820”战略工程思想精髓，做大做优做强省会，加快建设现代化国际城市，为奋力谱写全面建设社会主义现代化国家福建篇章作出新的更大贡献！

地方性法规

福州市人民代表大会常务委员会关于加强闽江流域水生态环境协同保护的决定

（2022 年 6 月 29 日福州市第十六届人民代表大会常务委员会第三次会议通过，2022 年 9 月 28 日福建省第十三届人民代表大会常务委员会第三十五次会议批准）

为了深入贯彻习近平生态文明思想，坚持“3820”战略工程思想精髓，深化国家生态文明试验区建设，持续保护和改善闽江流域水生态环境，推进流域水生态环境跨行政区域协同保护，根据《中华人民共和国水法》《中华人民共和国水污染防治法》等有关法律法规，结合本市实际，作如下决定：

一、市人民政府与南平、三明、宁德、泉州、龙岩、莆田市人民政府建立闽江流域水生态环境跨行政区域协同保护机制，按照生态优先、科学规划、统筹协调、跨域联动、综合施策的要求，坚持共同抓好大保护、协同推进大治理，加强上下游联动、干支流统筹、左右岸合力，采取统一规划、统一标准、统一监测、统一防治措施，实现水环境质量明显改善、水生态功能显著提升，促进流域水生态环境与经济社会共生发展。

二、市人民政府与南平、三明、宁德、泉州、龙岩、莆田市人民政府建立健全闽江流域水生态环境保护联席会议制度，统筹协调流域水生态环境保护重大事项，共同协商解决流域水生态环境保护重大问题，推动流域水生态环境跨行政区域协同保护。

三、本市制定地方性法规、政府规章和市政府规范性文件，涉及闽江流域水生态环境保护的，应当与南平、三明、宁德、泉州、龙岩、莆田市进行沟通协商，在制度设计、机制建立及其实施等方面加强协调，构建规范、统一、有效的水生态环境协同保护的法治体系。

四、本市在编制涉及闽江流域水生态环境保护相关专项规划时，应当严格落实国家和省有关规划和管控要求，加强与南平、三明、宁德、泉州、龙岩、莆田市沟通协商，做好相关规划目标的协调统一和规划措施的相互衔接。

五、市人民政府及其有关部门与南平、三明、宁德、泉州、龙岩、莆田市人民政府及其有关部门健全闽江流域水生态环境信息共享系统，推进流域水生态环境、资源、自然灾害等数据互通共享。

六、市人民政府与南平、三明、宁德、泉州、龙岩、莆田市人民政府建立闽江流域联合河湖长制，联合会商跨行政区域河湖保护问题，定期开展联合巡查工作，共同承担管理保护责任。

七、市人民政府与南平、三明、宁德、泉州、龙岩、莆田市人民政府建立健全闽江流域水生态环境联合预防预警和协同处置机制，发生台风、洪水暴发等自然灾害以及水污染事件等突发情况，及时互相通报流域水情，协同采取应急预防和处置措施。

八、市人民政府与南平、三明、宁德、泉州、龙岩、莆田市人民政府落实省人民政府及其相关部门关于闽江流域上下游生态保护补偿机制，调动各方参与水生态环境保护的积极性，促进生态保护地区和受益地区的良性互动。

九、市水行政、生态环境等主管部门与南平、三明、宁德、泉州、龙岩、莆田市有关部门，严格执行省人民政府及其相关部门关于闽江流域生态流量调度的标准和规范，加强生态下泄流量的监督，保障流域生态流量。

十、市生态环境、水行政等主管部门与南平、三明、宁德、泉州、龙岩、莆田市有关部门，建立健全闽江流域水环境质量监测、水污染物排放监测、水文监测等监测网络体系，加强排污口、污染源等水质监测，进行预警预报会商。

十一、市生态环境、城乡建设等主管部门与南平、三明、宁德、泉州、龙岩、莆田市有关部门，加强闽江流域跨行政区域水污染联防联控，统筹流域城乡污水集中处理设施以及配套管网建设，提高城乡污水收集处理能力。

十二、市生态环境、水行政、交通等主管部门与南平、三明、宁德、泉州、龙岩、莆田市有关部门，完善闽江流域跨行政区域、生态敏感区域以及重大违法案件的执法程序、裁量基准和处罚标准。

十三、本市司法机关与南平、三明、宁德、泉州、龙岩、莆田市同级司法机关加强闽江流域水生态环境保护司法协作，共同预防和惩治破坏流域水生态环境犯罪活动，支持流域水生态环境保护公益诉讼，维护水生态环境公共利益。

十四、市人民代表大会常务委员会与南平、三明、宁德、泉州、龙岩、莆田市人民代表大会常务委员会建立监督协作机制，协同定期开展执法检查、视察、调研等活动，加强对贯彻执行生态环境法律法规和本决定实施情况的监督。

十五、本市各国家机关和有关方面应当积极宣传闽江流域水生态环境协同保护的政策举措，充分利用报刊、电视、广播、互联网等媒体，广泛动员社会各方力量，群策群力、群防群治，引导全社会增强法治意识、生态意识、环保意识，营造闽江流域水生态环境保护的良好社会氛围。

十六、本决定自公布之日起施行。

福州市闽江河口湿地自然保护区管理办法

（2022 年 10 月 28 日福州市第十六届人民代表大会常务委员会第五次会议通过，2022 年 11 月 24 日福建省第十三届人民代表大会常务委员会第三十六次会议批准）

第一条　为了加强闽江河口湿地自然保护区的保护和管理，维护湿地生态功能和生物多样性，实现人与自然和谐共生，根据《中华人民共和国湿地保护法》《中华人民共和国自然保护区条例》《福建省湿地保护条例》等有关法律、法规，结合闽江河口湿地自然保护区实际，制定本办法。

第二条　本办法所称闽江河口湿地自然保护区（以下简称保护区）是指经批准设立并实施特殊保护和管理的区域，位于闽江入海口梅花水道，由闽江河口湿地国家级自然保护区和闽江河口湿地省级自然保护区组成。

第三条　本办法适用于保护区的规划、保护、利用、修复及相关管理活动。

第四条　保护区管理应当遵循保护优先、严格管理、系统治理、科学修复、合理利用、可持续发展的原则。

第五条　市人民政府及保护区所在地的长乐区、马尾区人民政府应当加强对保护区工作的领导，将保护区工作纳入本地区国民经济和社会发展规划，建立保护区工作目标责任制，所需经费按照事权划分原则列入财政预算。

第六条　市林业主管部门负责组织、指导、监督保护区的管理工作。

市发展和改革、生态环境、自然资源和规划、公安、海洋与渔业、水行政、文化和旅游、交通（港口）、气象等有关主管部门以及长乐区、马尾区人民政府相关主管部门和保护区所在地的乡（镇）人民政府应当按照各自职责，共同做好保护区的管理工作。

第七条　依法设立的保护区管理机构负责保护区的统一管理，其主要职责是：

（一）实施有关法律、法规；

（二）制定并实施保护区的总体规划和年度工作计划；

（三）制定并实施保护区的各项管理制度；

（四）负责保护区的日常管理工作；

（五）调查保护区内的自然资源并建立档案；

（六）组织保护区的环保、水质、气象、水鸟、植被以及淤积情况等生态监测；

（七）定期组织生物多样性调查监测，评估生物多样性保护成果；

（八）组织开展保护区的科研活动、科普教育和交流合作；

（九）依法制止、查处保护区内的违法行为；

（十）组织对保护区湿地进行科学修复；

（十一）法律、法规规定的其他职责。

第八条　市人民政府应当通过支持设立非营利性科研机构、院士专家工作站等形式开展与保护区相关的科研活动。

鼓励、支持保护区与国内相关科研院所、高等院校和国际机构合作，开展保护区的湿地保护、生物多样性、候鸟迁徙等方面的研究。

第九条　经批准的保护区总体规划应当严格执行，任何单位和个人不得擅自改变。

确需对保护区范围、功能区划等内容进行调整或者修改的，保护区管理机构应当根据本省湿地保护规划和本市国土空间规划，结合保护区自然环境状况和湿地生态保护的需要，会同保护区所在地的生态环境、自然资源和规划、海洋与渔业、水行政等主管部门修改保护区总体规划，按照原编制和批准程序报批后实施，并向社会公布。

编制涉及保护区的各类专项规划，应当征求保护区管理机构意见，并与保护区总体规划相互衔接。

第十条　保护区所在地自然资源和规划主管部门（不动产登记机构）应当将保护区作为独立自然资源登记单元，依法对保护区的自然资源所有权和生态空间进行统一确权登记。

第十一条　市人民政府应当在保护区及其经批准划定的核心区、缓冲区和实验区三类功能区的明显位置设置标志和标识等，并予以公告。

第十二条　在核心区内，除因科研需要从事观测、调查等活动外，禁止开展任何其他活动。

在缓冲区内，除因教学科研需要从事非破坏性的观测、调查和野生动植物标本采集等活动外，禁止开展其他活动。

在实验区内，除可以从事本条第一款、第二款允许的活动外，还可以进行参观考察、教学实习、摄影及保护区管理机构批准的其他活动。

第十三条　在保护区内从事第十二条允许的活动，应当向保护区管理机构提出申请并提交下列材料：

（一）申请单位、个人的基本情况；

（二）活动计划，包括活动的事由、时间、内容、人数、范围以及使用的设备等；

（三）法律、法规规定的其他材料。

保护区管理机构应当在收到申请之日起五个工作日内完成审批，并将审批结果和理由书面通知申请人。需要进入国家级自然保护区核心区进行科研活动的，保护区管理机构应当提出意见，按程序报批。

经批准在保护区内从事教学科研活动的，应当在活动结束后将教学科研成果副本提交保护区管理机构。

第十四条 保护区所在地人民政府应当支持在保护区周边开展符合保护要求的生态旅游、生态农业、生态教育、自然体验等活动，实现湿地资源的可持续利用。

在保护区周边从事各类利用活动应当避免改变保护区自然状况，不得影响保护区生态功能，不得超出湿地资源的再生能力或者对野生生物物种造成损害，不得破坏野生动物栖息和野生植物生长的环境。

第十五条 保护区所在地人民政府和保护区管理机构应当引导和规范周边居民从事环境友好型经营活动，遵守公民生态环境行为规范。

第十六条 在保护区的周边区域，不得建设损害保护区环境质量的项目，建设可能对保护区环境造成影响的项目，应当事先征求保护区管理机构的意见。

第十七条 保护区所在地人民政府应当组织对闽江入海口梅花水道的水文状况进行监测，并根据监测结果和湿地保护的需要，采取相应措施，维护湿地生态功能稳定。

第十八条 保护区管理机构发现周边区域存在对保护区环境造成影响的违法行为的，应当及时告知相关主管部门。相关主管部门应当在规定期限内对违法行为予以处罚，并将处理情况告知保护区管理机构。

第十九条 保护区管理机构对野生动物保护实施目录管理。按照国家重点保护野生动物名录，对中华凤头燕鸥、勺嘴鹬、黑脸琵鹭等珍稀濒危水鸟和珍稀野生动物进行重点保护。

保护区管理机构应当建立健全保护区野生动物救护机制，受理有关救护报告，对受伤或者被困的重点保护野生动物采取紧急救护措施。

第二十条 保护区管理机构应当做好保护区内野生植物病虫害的监测、防治，加强对重点保护野生植物的保护，改善重点保护野生植物的生长环境。

第二十一条 保护区所在地人民政府应当加大互花米草防治投入，建立健全联防联治工作协调机制。

保护区管理机构应当依法履行防治管理职责，健全保护区外来入侵物种及有害生物日常巡护监测机制，制定并组织实施互花米草等外来入侵植物及有害生物防治方案，采取措施消除或者控制其对生态环境的危害，恢复湿地生态功能。

第二十二条 保护区管理机构应当坚持自然恢复为主、自然恢复和人工修复相结合的原则，依法组织对保护区湿地进行科学修复，提高湿地生态系统质量。

第二十三条 任何单位和个人都有义务对保护区内的湿地生态环境与湿地资源进行保护，有权对破坏生态环境与自然资源的行为进行制止、举报。

鼓励、支持单位和个人依法通过捐赠、资助、志愿服务等方式参与保护区的湿地保护和修复工作。

对保护区的保护工作做出突出贡献的单位和个人，由市人民政府依法给予表彰和奖励。

第二十四条 保护区的核心区和缓冲区内，不得建设任何生产设施。保护区的实验区内，不得建设污染环境、破坏资源或者景观的生产设施；经批准建设的项目，应当严格执行国家和地方规定的污染物排放标准，不得超标排放污染物。

第二十五条 禁止下列破坏保护区及其生态功能的行为：

（一）开（围）垦、排干自然湿地，永久性截断自然湿地水源；

（二）擅自填埋自然湿地，擅自采砂、采矿、取土或者修筑设施；

（三）排放不符合水污染物排放标准的工业废水、生活污水，以及其他污染湿地的废水、污水；

（四）排放有毒有害气体，投放可能危害水体、野生动植物的物品，倾倒、堆放、丢弃、遗撒固体废物；

（五）建设占用河道行洪过流面积，阻碍河道行洪的工程措施；

（六）其他破坏保护区及其生态功能的行为。

第二十六条 保护区范围内禁止下列行为：

（一）畜禽饲养、水产养殖；

（二）烧荒、放牧、捕捞；

（三）猎捕野生动物；

（四）捡拾鸟卵和雏鸟、破坏鸟巢；

（五）擅自采集、砍伐野生植物；

（六）擅自引进和放生外来物种；

（七）破坏保护区的标志或者标识；

（八）破坏保护区的相关保护设施或者科研设备；

（九）法律、法规禁止的其他行为。

第二十七条 违反本办法第十二条规定，在保护区内从事禁止性活动的，由保护区管理机构责令停止违法行为，限期恢复原状或者采取其他补救措施，并处二千元以上一万元以下罚款。

第二十八条 违反本办法第二十四条规定建设生产设施的，违反本办法第二十六条规定从事畜禽饲养、水产养殖的，由保护区管理机构责令停止违法行为，限期修复湿地或者采取其他补救措施，没收违法所得，并按照破坏湿地面积，处每平方米五百元以上五千元以下罚款；破坏国家级自然保护区湿地的，按照破坏湿地面积，处每平方米一千元以上一万元以下罚款。

第二十九条 违反本办法第二十六条规定，捡拾鸟卵和雏鸟、破坏鸟巢的，由保护区管理机构责令停止违法行为，予以警告；情节严重的，处五百元以上二千元以下罚款。

第三十条 违反本办法第二十六条规定，破坏保护区的标志或者标识的，由保护区管理机构责令改正，可以并处五百元以上五千元以下罚款。

第三十一条 违反本办法其他规定的，由林业、生态环境、自然资源和规划、公安、海洋与渔业等相关主管部门以及保护区管理机构依据有关法律、法规予以处罚。

第三十二条 相关主管部门以及保护区管理机构工作人员违反本办法规定，玩忽职守、滥用职权、徇私舞弊的，由其所在单位或者上级主管部门给予处分；构成犯罪的，依法追究刑事责任。

第三十三条 本办法自2023年1月1日起施行。2009年12月25日福州市第十三届人民代表大会常务委员会第二十四次会议通过，2017年11月1日福州市第十五届人民代表大会常务委员会第六次会议修正的《福州市闽江河口湿地自然保护区管理办法》同时废止。

政府令与规范性文件目录

表116　**2022年福州市政府发布政府令一览表**

文件文号	文件名称	发布日期	实施日期
政府令第81号	《福州市外卖寄递行业配送摩托车管理办法》	2022年4月25日	2022年6月1日
政府令第82号	《福州城区电动自行车号牌管理办法》	2022年8月2日	2022年9月1日
政府令第83号	《福州市人民政府关于修改〈福州城区电动自行车号牌管理办法〉的决定》	2022年12月13日	2023年1月15日

表117　**2022年福州市人民政府（含市政府办公厅）规范性文件备案一览表**

文件文号	文件标题	发布日期	施行日期
榕政办〔2022〕8号	福州市人民政府办公厅关于印发福州市城市网格员管理办法（试行）的通知	2022年1月24日	2022年1月24日
榕政综〔2022〕15号	福州市人民政府印发关于扶持药品上市许可持有人发展若干措施的通知	2022年1月27日	2022年1月1日
榕政综〔2022〕16号	福州市人民政府关于印发福州市引进和培育金融机构奖励办法的通知	2022年1月28日	2022年1月28日
榕政办〔2022〕27号	福州市人民政府办公厅关于印发福州市村庄清洁“六清一改”行动方案的通知	2022年2月25日	2022年2月25日
榕政办〔2022〕33号	福州市人民政府办公厅关于加强内河渡口渡船安全管理的实施意见	2022年3月2日	2022年3月2日
榕政综〔2022〕33号	福州市人民政府关于印发福州市持续推进稳外资工作若干措施的通知	2022年3月1日	2022年1月1日
榕政办〔2022〕36号	福州市人民政府办公厅关于进一步规范工业项目建设审批和监管的实施意见	2022年3月4日	2022年3月4日
榕政办〔2022〕43号	福州市人民政府办公厅关于印发福州市促进传统工艺美术保护发展若干措施的通知	2022年3月17日	2022年3月17日
榕政综〔2022〕59号	福州市人民政府关于延续促进总部经济发展政策的通知	2022年3月18日	2022年3月18日
榕政办〔2022〕44号	福州市人民政府办公厅关于福州市四城区集体土地房屋征收的实施意见	2022年3月21日	2022年3月21日

续表 117

文件文号	文件标题	发布日期	施行日期
榕政综〔2022〕70号	福州市人民政府关于进一步完善社会救助和保障标准与物价上涨挂钩联动机制的通知	2022年3月23日	2022年3月23日
榕政办〔2022〕48号	福州市人民政府办公厅关于印发健康福州行动实施方案的通知	2022年4月15日	2022年4月15日
榕政办〔2022〕51号	福州市人民政府办公厅关于印发福州市建筑业招商培育专项工作实施方案的通知	2022年4月19日	2022年5月1日
榕政办〔2022〕52号	福州市人民政府办公厅关于促进福州市建筑业经济高质量发展的工作意见	2022年4月19日	2022年5月1日
榕政办〔2022〕55号	福州市人民政府办公厅关于印发2022年数字福州国际品牌建设工作要点的通知	2022年4月27日	2022年4月27日
榕政综〔2022〕110号	福州市人民政府关于印发福州市积极应对疫情影响进一步帮助市场主体纾困解难若干措施的通知	2022年4月26日	2022年4月26日
榕政办〔2022〕56号	福州市人民政府办公厅关于印发福州市建筑垃圾资源化利用及再生产品推广应用实施细则（试行）的通知	2022年4月29日	2022年4月29日
榕政办〔2022〕57号	福州市人民政府办公厅关于印发2022年福州市城乡品质提升实施方案的通知	2022年4月29日	2022年4月29日
榕政办〔2022〕60号	福州市人民政府办公厅关于印发实施“榕升计划”推动规上工业企业倍增行动方案的通知	2022年5月7日	2022年5月7日
榕政办〔2022〕64号	福州市人民政府办公厅关于印发福州市培育建设国际消费中心城市实施方案的通知	2022年5月17日	2022年5月17日
榕政办〔2022〕67号	福州市人民政府办公厅关于调整促进现代物流业加快发展措施的通知	2022年5月20日	2022年5月20日
榕政办〔2022〕69号	福州市人民政府办公厅印发关于福州市加强卫生健康人才队伍建设十项举措的通知	2022年5月27日	2022年5月27日
榕政办〔2022〕70号	福州市人民政府办公厅印发关于福州市加强基础教育人才队伍建设十项举措的通知	2022年5月27日	2022年5月27日
榕政办〔2022〕71号	福州市人民政府办公厅关于调整加快福州鱼丸产业发展六条措施的通知	2022年5月30日	2022年5月30日
榕政办〔2022〕74号	福州市人民政府办公厅关于印发“好年华聚福州”研学活动总体方案的通知	2022年6月6日	2022年6月6日
榕政办〔2022〕77号	福州市人民政府办公厅关于印发福州市市属国有企业资产租赁管理办法的通知	2022年6月14日	2022年6月14日
榕政办规〔2022〕1号	福州市人民政府办公厅关于印发福州市贯彻落实省优化医保领域便民服务十二条措施实施方案的通知	2022年6月16日	2022年6月16日
榕政办规〔2022〕2号	福州市人民政府办公厅关于修订福州市城市地下空间开发利用管理办法（试行）部分条款的通知	2022年6月17日	2022年6月17日
榕政规〔2022〕1号	福州市人民政府关于禁止在闽江干流防洪提升工程（福州段）建设征地范围内新增建设项目和迁入人口的通告	2022年6月24日	2022年6月24日
榕政规〔2022〕2号	福州市人民政府关于福州市进一步推动大众创业万众创新工作的补充意见	2022年7月8日	2022年7月8日

续表 117

文件文号	文件标题	发布日期	施行日期
榕政办规〔2022〕3 号	福州市人民政府办公厅关于印发福州市历史文化街区国有房产租赁管理办法的通知	2022 年 7 月 11 日	2022 年 7 月 11 日
榕政规〔2022〕3 号	福州市人民政府印发关于加快福州民航高质量发展若干措施的通知	2022 年 7 月 17 日	2022 年 1 月 1 日
榕政规〔2022〕4 号	福州市人民政府印发关于促进软件产业高质量发展若干措施的通知	2022 年 7 月 25 日	2022 年 7 月 25 日
榕政办规〔2022〕4 号	福州市人民政府办公厅关于印发福州市中心城区工业企业“四个一批”搬迁改造实施方案的通知	2022 年 8 月 5 日	2022 年 8 月 5 日
榕政办规〔2022〕5 号	福州市人民政府办公厅关于印发福州市文物建筑活化利用管理办法的通知	2022 年 8 月 8 日	2022 年 8 月 8 日
榕政办规〔2022〕7 号	福州市人民政府办公厅关于印发福州市知识产权专项资金管理办法的通知	2022 年 8 月 21 日	2022 年 8 月 21 日
榕政办规〔2022〕8 号	福州市人民政府办公厅关于印发福州市市场主体强制注销管理试行办法的通知	2022 年 8 月 21 日	2022 年 8 月 21 日
榕政办规〔2022〕6 号	福州市人民政府办公厅关于印发《进一步加强中心城区公共租赁住房配租和管理工作的方案》《加快发展保障性租赁住房的实施细则》《“好年华 聚福州”人才住房保障办法》的通知	2022 年 8 月 15 日	2022 年 8 月 15 日
榕政规〔2022〕5 号	福州市人民政府关于调整培育建筑业龙头企业工作方案及政策措施的通知	2022 年 8 月 19 日	2022 年 8 月 19 日
榕政办规〔2022〕9 号	福州市人民政府办公厅关于印发福州市加快农村寄递物流体系建设实施方案的通知	2022 年 8 月 23 日	2022 年 8 月 23 日
榕政办规〔2022〕10 号	福州市人民政府办公厅关于印发福州市工业（产业）园区建设项目极简审批“四即”改革措施的通知	2022 年 9 月 14 日	2022 年 9 月 14 日
榕政办规〔2022〕11 号	福州市人民政府办公厅印发关于加快福州市鸿蒙产业发展三条措施的通知	2022 年 9 月 13 日	2022 年 9 月 13 日
榕政规〔2022〕6 号	福州市人民政府关于印发福州市国家知识产权强市建设示范城市工作方案的通知	2022 年 10 月 8 日	2022 年 10 月 8 日
榕政规〔2022〕7 号	福州市人民政府印发关于扶持影视产业发展若干措施的通知	2022 年 10 月 20 日	2022 年 10 月 18 日
榕政办规〔2022〕12 号	福州市人民政府办公厅关于印发福州市电力接入工程费用分担机制实施办法的通知	2022 年 11 月 9 日	2022 年 11 月 9 日
榕政办规〔2022〕13 号	福州市人民政府办公厅关于印发福州市克服疫情影响决胜年末收官战行动方案的通知	2022 年 11 月 14 日	2022 年 11 月 14 日施行 2022 年 12 月 31 日失效
榕政办规〔2022〕14 号	福州市人民政府办公厅关于印发福州市餐饮垃圾收运处置管理规定（试行）的通知	2022 年 11 月 17 日	2022 年 11 月 17 日
榕政规〔2022〕8 号	福州市人民政府关于支持企业上市“榕腾计划”的实施意见	2022 年 11 月 28 日	2022 年 11 月 28 日
榕政规〔2022〕9 号	福州市人民政府关于加强火灾防范工作的通告	2022 年 12 月 5 日	2022 年 12 月 5 日
榕政办规〔2022〕15 号	福州市人民政府办公厅关于印发福州市安全生产领域举报奖励实施办法的通知	2022 年 12 月 30 日	2022 年 12 月 30 日

统计资料

2022 年福州市国民经济和社会发展统计公报

福州市统计局　国家统计局福州调查队

2023 年 3 月 25 日

一、综合

初步核算，全年实现地区生产总值 12308.23 亿元，比上年增长 4.4%。其中，第一产业增加值 683.38 亿元，增长 3.0%；第二产业增加值 4656.90 亿元，增长 5.2%；第三产业增加值 6967.95 亿元，增长 4.0%。第一产业增加值占地区生产总值的比重为 5.6%，第二产业增加值比重为 37.8%，第三产业增加值比重为 56.6%。全年人均地区生产总值 145936 元，比上年增长 3.6%。

2022 年末常住人口 844.8 万人，比上年末增加 2.8 万人。其中，城镇常住人口 619 万人，占总人口比重（常住人口城镇化率）为 73.27%，比上年末提高 0.27 个百分点。全年人口出生率为 7.38‰，人口死亡率为 3.39‰，自然增长率为 3.99‰。年末户籍人口数为 728.84 万人，比上年末增加 5.48 万人。

全年城镇新增就业 14.45 万人。就业困难人员实现再就业 4877 人，失业人员再就业 42776 人。

全年居民消费价格比上年上涨 2.4%。

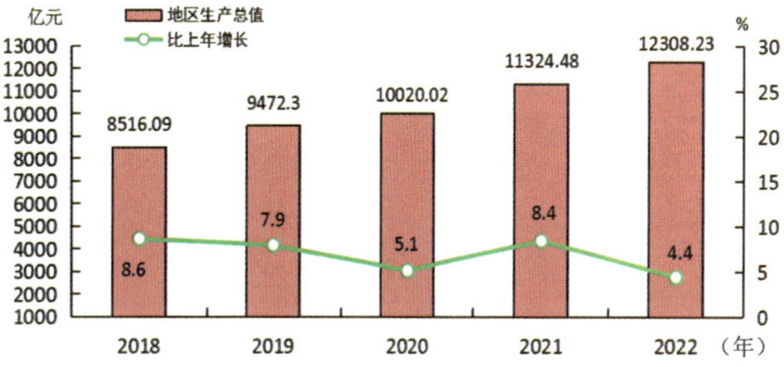

图 1　2018—2022 年地区生产总值及其增长速度

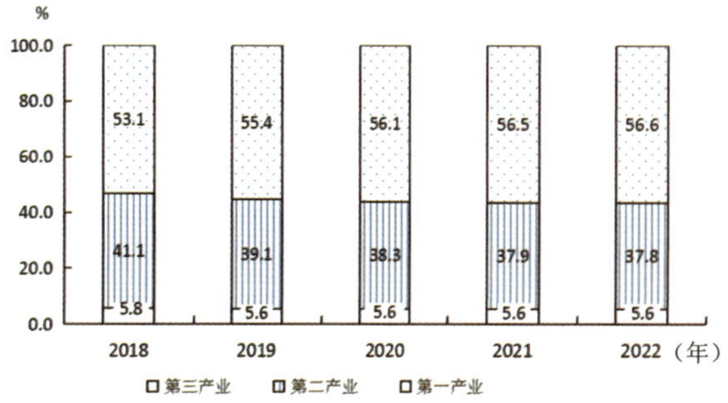

图 2　2018—2022 年三次产业增加值占地区生产总值比重

表 1　2022 年市区居民消费价格比上年涨跌幅度

指　标	涨跌幅度（%）
居民消费价格	2.4
食品烟酒	4.0
衣着	0.9
居住	0.1
生活用品及服务	2.0
交通和通信	5.9
教育文化和娱乐	1.6
医疗保健	0.4
其他用品和服务	2.1

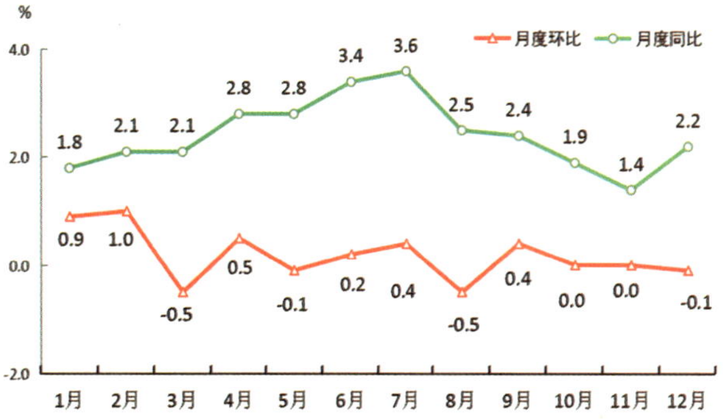

图 3　2022 年市区居民消费价格月度涨跌幅度

二、农业

全年农林牧渔业总产值 1194.75 亿元，比上年增长 3.2%。粮食种植面积 8.67 万公顷，比上年增加 0.04 万公顷。粮食产量 49.36 万吨，比上年增加 0.38 万吨，增长 0.8%。其中，稻谷产量 24.1 万吨，增加 0.11 万吨，增长 0.5%。

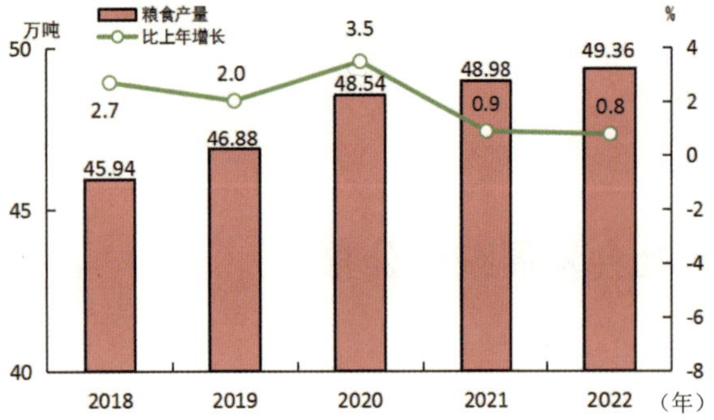

图4 2018—2022年粮食产量及其增长速度

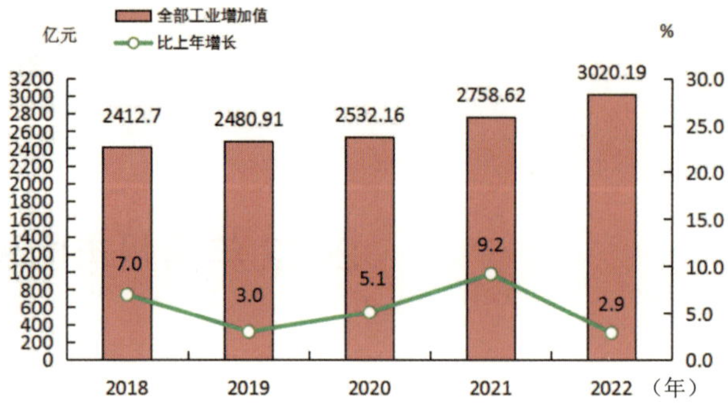

图5 2018—2022年全部工业增加值及其增长速度

表2 2022年主要农产品产量

产品名称	产量（万吨）	比上年增长（%）
粮食	49.36	0.8
春收	5.78	1.8
夏收	6.10	1.0
秋收	37.49	0.6
油料	5.80	3.3
其中，花生	5.44	2.5
油菜籽	0.35	18.2
甘蔗	4.09	2.8
茶叶	4.90	4.9
水果	100.67	7.6
蔬菜	468.47	4.6
食用菌	27.94	4.4

表3 2022年规模以上工业企业主要工业产品产量

产品名称	单位	产量	比上年增长（%）
纱	万吨	383.06	0.2
布	亿米	3.97	-6.5
化学纤维	万吨	655.81	-0.6
彩色电视机	万台	0.00	-100.0
其中，液晶电视机	万台	0.00	-100.0
发电量	亿千瓦时	1105.87	14.6
其中，火电	亿千瓦时	445.59	0.7
水电	亿千瓦时	69.92	38.6
核电	亿千瓦时	496.70	17.1
风电	亿千瓦时	93.54	96.5
粗钢	万吨	1373.09	17.7

全年肉蛋奶总产量35.23万吨，比上年增长3.3%。肉类总产量21.51万吨，增长2.4%。其中，猪肉产量16.67万吨，增长2.0%。禽蛋产量13.00万吨，增长5.4%。牛奶产量7173.30吨，下降3.7%。年末生猪存栏121.53万头，比上年末增长1.3%；全年生猪出栏217.29万头，比上年增长3.6%。

全年水产品总产量300.50万吨，比上年增长1.1%。其中，淡水产品产量26.86万吨，下降1.1%；近海捕捞39.91万吨，下降0.02%；远洋捕捞48.82万吨，增长4.1%；海水养殖183.86万吨，增长0.4%。

三、工业和建筑业

全年全部工业增加值3020.19亿元，比上年增长2.9%。规模以上工业增加值增长3.8%。其中，轻工业下降1.6%，重工业增长8.9%；采矿业增长11.0%，制造业增长1.4%，电力、热力、燃气及水生产和供应业增长31.9%。工业产品销售率95.3%。

全年规模以上工业的35个行业大类中有17个增加值实现正增长。其中，电力、热力生产和供应业增长33.8%，化学原料和化学制品制造业增长27.5%，化学纤维制造业增长13.8%，皮革、毛皮、羽毛及其制品和制鞋业增长11.4%，汽车制造业增长6.3%，电气机械和器材制造业增长9.6%，计算机、通信和其他电子设备制造业下降9.2%。高技术制造业增

续表 3

产品名称	单位	产量	比上年增长（%）
钢材	万吨	1406.40	−3.1
水泥	万吨	539.62	−15.6
纯碱（碳酸钠）	万吨	19.02	−21.1
烧碱（折100%）	万吨	12.28	−4.5
农用氮、磷、钾化学肥料（折纯）	万吨	35.36	−23.4
发电机组（发电设备）	万千瓦	62.40	286.1
汽车	万辆	6.53	19.7
其中，基本型乘用车（轿车）	万辆	0.14	−5.4
运动型多用途乘用车(SUV)	万辆	2.54	335.2
新能源汽车	万辆	0.01	8100.0
集成电路	亿块	0.51	−32.6
移动通信手持机（手机）	万台	0.41	−10.8

加值下降7.5%，占规模以上工业增加值的比重为11.8%。装备制造业增加值下降3.9%，占规模以上工业增加值的比重为22.2%。

全年规模以上工业企业实现利润551.79亿元，比上年下降15.9%。全年规模以上工业企业每百元营业收入中的成本为88.44元，比上年上涨0.97元；营业收入利润率为4.76%，下降0.92个百分点。年末规模以上工业企业资产负债率为55.2%，比上年末上升1.0个百分点。

全年全社会建筑业实现增加值1656.81亿元，比上年增长9.7%。具有资质等级的总承包和专业承包建筑业企业完成建筑业总产值6269.91亿元，增长7.9%。

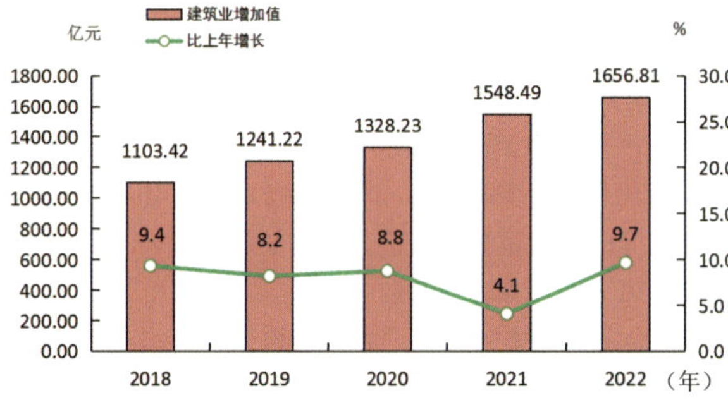

图6 2018—2022年建筑业增加值及其增长速度

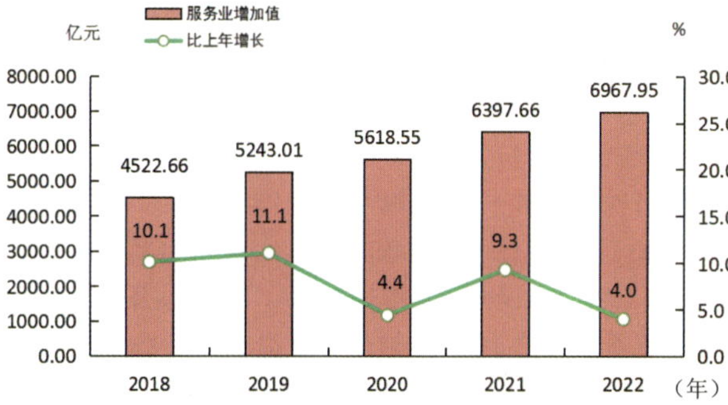

图7 2018—2022年服务业增加值及其增长速度

表4 2022年各种运输方式完成运输量情况

指 标	单位	绝对数	比上年增长（%）
公路			
货物发送量	万吨	19874.0	−4.0
旅客发送量	万人次	2848.4	−3.3
水路			
货物发送量	万吨	11265.4	1.0
旅客发送量	万人次	21.7	−42.1
铁路			
货物发送量	万吨	616	−18.4
旅客发送量	万人次	1466	−25.0
民航			
货邮吞吐量	万吨	9.18	−39.9
旅客吞吐量	万人次	573.94	−36.5

四、服务业

全年批发和零售业增加值1506.51亿元，比上年增长6.9%；交通运输、仓储和邮政业增加值509.75亿元，增长1.9%；住宿和餐饮业增加值164.87亿元，增长0.9%；金融业增加值1378.74亿元，增长11.0%；房地产业增加值699.80亿元，下降6.6%。规模以上服务业企业营业收入比上年增长0.6%。

年末公路里程（不含平潭）11648公里，增长0.7%。其中高速公路总里程764公里；年末铁路总里程542.33公里（干线476.24公里、支线66.09公里），其中高速铁路总里程409.64公里。

全年沿海港口完成货物吞吐量23316.70万吨，比上年增长10.7%。其中，外贸货物吞吐量 5546.73 万吨，下降 3.5%。集装箱吞吐量 329.30 万标箱，增长 0.02%。

年末民用汽车保有量 168.89 万辆，其中私人汽车保有量 142.52 万辆。民用轿车保有量 98.38 万辆，其中私人轿车保有量 88.52 万辆。

全年完成邮政业务总量 90.1 亿元，增长 15.2%；完成电信业务总量 132.39 亿元，增长 20.7%。邮政业务收入 116.63 亿元，增长 37.4%；电信业务收入 126.99 亿元，增长 5.7%。邮政业全年完成邮政函件业务 1035.42 万件，快递业务量 5.69 亿件。年末全市电话用户总数 1134.16 万户，其中固定电话用户 148.04 万户；移动电话用户 986.12 万户，其中 5G 电话用户 345.17 万户，全市年末互联网宽带接入用户（不含手机上网用户）428.19 万户，增加 26.55 万户。

五、国内贸易

全年社会消费品零售总额 4679.52 亿元，比上年增长 2.9%。在限额以上零售额中，按销售单位所在地统计，城镇消费品零售额 2812.85 亿元，增长 7.1%；乡村消费品零售额 165.42 亿元，下降 18.7%；按消费形态统计，商品零售额 2738.84 亿元，增长 5.5%；餐饮收入 239.43 亿元，增长 2.7%。

限额以上单位商品零售额中，粮油、食品类零售额比上年增长 19.6%，饮料类增长 6.0%，烟酒类增长 17.5%，服装、鞋帽、针纺织品类下降 5.0%，化妆品类增长 18.3%，金银珠宝类增长 14.1%，日用品类增长 18.8%，家用电器和音像器材类增长 11.2%，中西药品类增长 12.2%，文化办公用品类下降 4.6%，家具类下降 19.6%，通信器材类增长 5.8%，建筑及装潢材料类下降 15.2%，石油及制品类增长 16.0%，汽车类下降 6.5%。

全年限额以上通过公共网络实现的商品零售额 569.70 亿元，比上年增长 46.9%。

六、固定资产投资

全年固定资产投资 5643.47 亿元，比上年增长 5.9%。第一产业投资 70.18 亿元增长 6.7%；第二产业投资 1629.89 亿元，增长 10.4%，其中，工业投资 1628.52 亿元，增长 10.8%；第三产业投资 3943.40 亿元，增长 4.1%。基础设施投资 1631.20 亿元，增长 20.9%。民间投资 3453.22 亿元，增长 3.4%。高技术产业投资 373.18 亿元，增长 25.7%。全年到位资金 4766.19 亿元，比上年下降 3.8%。

全年房地产开发企业投资 1912.30 亿元，比上年下降 15.0%。其中，住宅投资 1457.21 亿元，下降 11.0%。

新开工建设保障性安居工程住房 11305 套（户）。

七、对外经济

全年进出口总额 3656.9 亿元，比上年增长 10.2%。其中，出口额 2564.6 亿元，增长 16.6%；进口额 1092.3 亿元，下降 2.4%。进出口顺差 1472.3 亿元。

实际使用外资额 11.03 亿美元，合同外资额 19.9 亿美元。新设外资企业数 435 家。新批境外投资项目 44 项，新批境外协议投资总额 5.85 亿美元，其中，中方协议投资额 5.77 亿美元。

全年对外承包工程完成营业额 8.71 亿美元，下降 41.0%。对外承包工程期末在外人员 1377 人，增长 1.3%。劳务人员实际收入总额 3.76 亿美元，下降 8.5%；对外劳务合作期末在外人员 29583 人，增长 4.0%。

八、财政金融

全年一般公共预算总收入 1059.05 亿元，扣除留抵退税因素后比上年下降 5.5%，其中，地方一般公共预算收入 698.52 亿元，扣除留抵退税因素后增长 1.1%。一般公共预算支出 999.91 亿元，增长 8.1%。

年末金融机构本外币各项存款余额 21258.81 亿元，比上年末增长 11.2%；金融机构本外币各项贷款余额 23047.71 亿元，比上年末增长 7.3%。

年末境内上市公司 54 家，比上年增加 5 家，总市值 8384.23 亿元，下降 13.2%。全市股票、基金交易额 111051.12 亿元，全年期货交易额 43312.15 亿元。年末股民资金开户数 535.04 万户，新增 34.93 万户；年末期货公司 3 家，期货营业部 35 个；证券公司 2 家，营业部 132 个；外资金融机构（不包含保险和证券机构）在福州设立的分行 10 个。

全年保险公司保费收入 403.81 亿元，比上年增长 6.3%。

图 8　2018—2022 年社会消费品零售总额及其增长速度

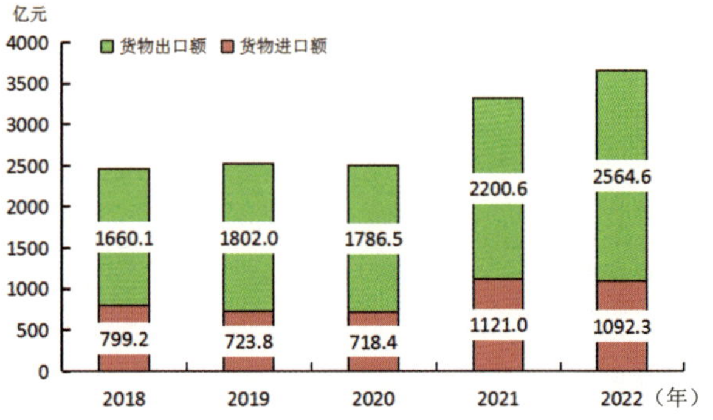

图 9　2018—2022 年货物进出口总额

表 5 **2022 年分行业固定资产投资情况**

行 业	绝对数（亿元）	比上年增长（%）
农、林、牧、渔业	73.42	7.7
采矿业	3.32	−66.5
制造业	1384.84	19.1
电力、热力、燃气及水生产和供应业	236.98	−20.5
建筑业	3.10	−58.2
批发和零售业	18.97	−39.7
交通运输、仓储和邮政业	417.74	8.6
住宿和餐饮业	52.94	57.3
信息传输、软件和信息技术服务业	81.94	32.5
金融业	15.34	53.2
房地产业	1985.02	−14.1
租赁和商务服务业	76.87	318.9
科学研究和技术服务业	9.64	−46.0
水利、环境和公共设施管理业	949.26	44.7
居民服务、修理和其他服务业	3.14	2.2
教育	122.44	55.9
卫生和社会工作	80.41	3.7
文化、体育和娱乐业	95.98	27.6
公共管理、社会保障和社会组织	28.75	10.3

表 6 **2022 年房地产开发和销售主要指标及其增长速度**

指 标	单位	绝对数	比上年增长（%）
投资完成额	亿元	1912.30	−15.0
其中，住宅	亿元	1457.21	−11.0
其中，90 平方米及以下	亿元	505.38	−22.1
房屋施工面积	万平方米	7478.88	−11.3
其中，住宅	万平方米	4678.26	−12.2
房屋新开工面积	万平方米	744.23	−50.8
其中，住宅	万平方米	482.36	−53.5
房屋竣工面积	万平方米	1193.12	32.6
其中，住宅	万平方米	806.66	44.8
商品房销售面积	万平方米	1741.87	−18.5
其中，住宅	万平方米	1220.11	−27.6
本年实际到位资金	亿元	1728.13	−33.1
其中，国内贷款	亿元	249.85	−45.2
个人按揭贷款	亿元	159.85	−39.7
年度土地购置面积	万平方米	54.88	68.6
土地购置费	亿元	788.28	−15.7

其中，财产险保费收入 105.15 亿元，人身险保费收入 298.66 亿元。全年赔付支出 136.73 亿元，比上年下降 2.2%。其中，财产险 68.05 亿元，人身险 68.68 亿元。

九、居民收入消费和社会保障

全年居民人均可支配收入 46418 元，比上年增长 4.9%。按常住地分，农村居民人均可支配收入 26826 元，增长 6.4%；城镇居民人均可支配收入 55638 元，增长 4.1%。

全年居民人均生活消费支出 32299 元，比上年增长 4.6%。按常住地分，农村居民人均生活消费支出 21925 元，增长 4.9%；城镇居民人均生活消费支出 37181 元，增长 4.3%。

年末基本养老保险参保人数 512.03 万人，比上年增加 39.39 万人。参保城镇企业职工 258.63 万人，城乡居民养老保险人员 232.48 万人，机关事业单位养老保险人员 20.92 万人。被征地农民养老保障人员 63.60 万人。

年末基本医疗保险参保人数 687.51 万人，其中职工基本医疗保险参保人数 221.67 万人，城乡居民基本医疗保险参保人数 465.84 万人。年末生育保险参保人数 161.64 万人，增加 5.47 万人。全市失业保险参保人数 158.32 万人，增加 7.52 万人。年末工伤保险参保人数 193.42 万人，增加 3.96 万人。

年末领取失业保险金人数 33923 人，比上年末减少 3936 人；纳入城市最低生活保障的居民 8989 人，比上年末增加 587 人；纳入农村最低生活保障的居民 59716 人，比上年末增加 4828 人。全年保障特困人员供养对象 6497 人。

年末各类养老床位数 54759 张，每千名老人拥有养老床位 39.4 张。建立社区卫生服务中心（站）193 个。

十、科学技术和教育

拥有国家重点实验室 3 个、省创新实验室 2 个、省级重点实验室 136 个、国家级工程技术研究中心 4 个、省级工程技术研究中心 152 个、省级新型研发机构 82 家。现有高新技术企业

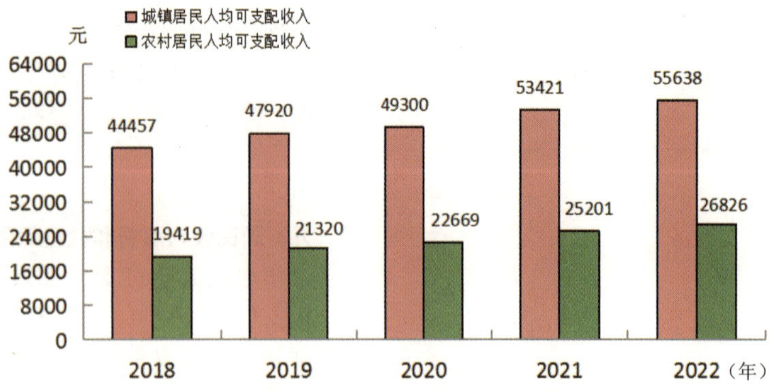

图 10　2018—2022 年居民人均可支配收入

表 7　**2022 年对主要国家和地区进出口情况**

国家和地区	销售额（亿元）	比上年增长（%）	购入额（亿元）	比上年增长（%）
美国	460.3	27.9	44.7	-13.1
欧盟	321.5	21.4	76.2	3.3
东盟	581.3	15.4	217.4	-10.3
日本	103.2	-14.7	67.5	33.7
韩国	49.2	-23.3	51.0	43.3
俄罗斯联邦	17.8	-9.0	7.8	8.7

表 8　**2022 年末全部金融机构本外币存贷款情况**

指　　标	年末数（万元）	比上年末增长（%）
各项存款	212588149	11.2
其中，住户存款	91556535	20.3
非金融企业存款	64206416	8.1
其中，人民币存款	208424674	11.2
各项贷款	230477126	7.3
其中，短期贷款	52046802	7.8
中长期贷款	166810449	5.2
其中，人民币贷款	228109548	7.7

3784 家。新认定省级企业技术中心 16 家、市级企业技术中心 29 家。专利授权 28922 件，其中，发明专利授权 5385 件。截至年末，有效发明专利 24778 件，比上年末增长 20.5%，每万人口发明专利拥有量 30.72 件。全年共登记技术合同 7670 项，成交金额 85.25 亿元。

全年研究生教育招生 15935 人，在校研究生 45657 人。普通高等教育招生 133881 人，在校生 413386 人。中等职业教育招生 37022 人，在校生 102428 人。全市普通高中招生 43577 人，在校生 123379 人。初中招生 88424 人，在校生 270901 人。普通小学招生 102018 人，在校生 614083 人。特殊教育在校生 2029 人。学前教育在园幼儿 268356 人。市级示范园 93 所，省级达标中学 74 所。初中毕业升学率 98.8%。

十一、文化旅游、卫生健康和体育

年末全市文化系统共有艺术表演团体 9 个，公共图书馆 13 个，文化馆 13 个，剧场、剧院数 1 个，市属博物馆、纪念馆 26 个。各类艺术表演团体演出 794 场，公共图书馆藏书量 1368.58 万册，市属博物馆、纪念馆收藏文物 2.71 万件，图书流动点 1084 个，乡镇综合文化站 173 个，农家书屋 2209 个。

年末共有影院 70 个。广播电台 8 座，广播节目 11 套，电视节目 11 套。年末有线电视用户 144.23 万户，入户率 49.4%。年末行政村有线电视联网率 92.3%，广播综合人口覆盖率、电视综合人口覆盖率均为 100%。

全年接待境内外游客（含一日游）7861.56 万人次，比上年下降 12.2%。其中，接待境外游客 6.94 万人次，下降 21.4%；国内游客 7854.62 万人次，下降 12.2%。旅游总收入 596.4 亿元，比上年下降 17.1%，旅游外汇收入 0.42 亿美元，下降 54.3%。年末星级酒店 33 家，星级酒店客房 7037 间，A 级景区 62 个。

年末全市共有各级各类医疗卫生机构 4952 个，其中医院 146 个，乡镇卫生院 123 个，村卫生室 2107 个。年末卫生机构床位 44290 张。年末卫生技术人员 73228 人，其中，执业医生、执业（助理）医师 27799 人，注册护士 32522 人，乡镇卫生院卫技人员 6080 人，村卫生室卫技人员 915 人。每千人拥有卫生机构床位 5.50 张，每千人拥有医院床位 4.72 张，每千人拥有卫生技术人员 9.10 人，每千人拥有医生 3.45 人。

全年我市运动员在国家级及以上级别各类比赛中共获得 11 金 4 银 4 铜。年末全市共有体育场馆数 26644 个，总面积 1982.44 万平方米，全民健身路径 7293 条。

十二、资源、环境和应急管理

全年人工更新造林总面积 3653.4 公顷。全市森林覆盖率 51.77%。商品材产量 44.80 万立方米，同比增长 19.3%。年末公园数 98 座，公园绿地面积 5929.92 公顷。年末建成区新增绿地面积 2233.62 公顷，建成区绿地率 40.1%。全市新增公园绿地面积 513.8 公顷，人均公园绿地面积 14.83 平方米。

闽江（福州段）干流优良水质比例、敖江（福州段）干流优良水质比例、5 个市级饮用水水源地水质达标率、县（市）级以上饮用水水源地水质达标率均为 100%。

区域环境噪声 56.6 分贝，区域交通噪声 68.3 分贝，城区环境空气达标天数 356 天，城区环境空气达标率 97.5%，空气质量综合指数 2.51。年末省级以上自然保护区 5 个，其中国家级自然保护区 2 个。

全市污水处理率 97%，城镇、农村生活垃圾无害化处理率均为 100.0%。

发生各类生产安全事故 114 起、死亡 64 人，按可比口径，分别比上年下降 10.2%、12.3%。

注：1. 本公报未包括连江县的马祖列岛。

2. 本公报所列数据为初步统计数，部分合计数或相对数由于单位取舍不同而产生的计算误差，均不做机械调整。

3. 本公报福州市地区生产总值、各产业增加值按现价计算，增长速度按可比价格计算。

资料来源：

本公报中城镇新增就业、社会保障数据来自市人社局；医疗保险、生育保险数据来自市医疗保险局；财政数据来自市财政局；公路里程、公路运输、水运数据来自市交通运输局；港口货物吞吐量数据来自福州港口发展中心；铁路数据、民航数据来自市发改委；户籍人口数据来自市公安局；民用汽车数据来自市公安局交通管理局；保障性住房数据来自市住房保障和房产管理局；城市污水处理数据来自市城乡建设局；公园绿地面积数据来自市园林中心；人工造林、森林覆盖率数据来自市林业局；货物进出口、外商直接投资、对外直接投资、对外承包工程、对外劳务合作等数据来自市商务局；邮政业务数据来自市邮政管理局；电话用户、电信业务总量等数据来自市通信发展管理办公室；货币金融数据来自人行福州中心支行；上市公司数据来自市金融监督管理局；保险业数据来自福建银保监局；企业技术中心数据来自市工信局；高新技术企业、技术合同数据来自市科技局；专利申请量数据来自市市场监管局；教育数据来自市教育局；广播、电视、图书、艺术表演团体、公共图书馆、文化馆、旅游数据来自市文化和旅游局；博物馆数据来自市文物局；电影数据来自市委宣传部；体育数据来自市体育局；卫生数据来自市卫健委；低保、养老数据来自市民政局；环境监测数据来自市生态环境局；安全生产数据来自市应急管理局；其他数据来自福州市统计局和国家统计局福州调查队。

表 118

2022 年福州市经济社会主要指标完成情况统计表

项目	单位	2022 年	2021 年	2022 年比 2021 年增长（%）
一、人口与就业				
年末常住总人口	万人	844.8	842	0.3
年末户籍总人口	万人	728.84	723.36	0.8
全社会从业人员	万人	—	41.9	—
#城镇非私营单位年末从业人员数	万人	—	145.6	—
#城镇非私营单位年末在岗职工人数	万人	—	133.6	—
二、经济总量				
地区生产总值	亿元	12308.23	11324.48	4.4
第一产业	亿元	683.38	637.03	3.0
第二产业	亿元	4656.9	4289.80	5.2
第三产业	亿元	6967.95	6397.66	4.0
工业增加值	亿元	3020.19	2758.62	2.9
人均地区生产总值	元	145936	135298	3.6
三、工业				
规模以上工业增加值	增长（%）	3.8	9.5	—
#轻工业	增长（%）	−1.6	3.4	—

续表 118

项目	单位	2022 年	2021 年	2022 年比 2021 年增长（%）
重工业	增长（%）	8.9	15.8	—
#国有企业	增长（%）	-19.7	-1.8	—
股份合作企业	增长（%）	-69.2	17.1	—
股份制企业	增长（%）	6.1	10.8	—
外商及港澳台商投资企业	增长（%）	-1.9	7.3	—
四、农林牧渔业				
农林牧渔业总产值	亿元	1194.75	1122.21	3.2
#农业产值	亿元	332.74	307.53	5.2
牧业产值	亿元	111.6	110.46	3.2
渔业产值	亿元	675.42	631.87	2.2
农林牧渔业主要产品产量				
水果产量	万吨	100.67	93.60	7.6
茶叶产量	万吨	4.9	4.67	4.9
食用菌产量	万吨	27.94	26.76	4.4
禽蛋总产量	万吨	13	12.34	5.4
水产品总产量	万吨	300.5	297.18	1.1
五、固定资产投资				
固定资产投资（不含农户）	增长（%）	5.9	5.9	—
#项目投资	增长（%）	21.1	4.0	—
#房地产开发投资	增长（%）	-15.0	8.6	—
房屋施工面积	增长（%）	-11.3	-2.7	—
#住宅	增长（%）	-12.2	-2.1	—
房屋竣工面积	增长（%）	32.6	-17.6	—
#住宅	增长（%）	44.8	-15.4	—
商品房销售额	增长（%）	-28.5	18.5	—
六、交通运输、邮电				
客运				
公路旅客发送量	万人次	2848.4	2946.6	-3.3
水路旅客发送量	万人次	21.7	37.47	-42.1
旅客出港量（航空）	万人	573.94	456.17	-36.5
货运				
公路货物发送量	万吨	19874	20693.9	-4.0
水路货物发送量	万吨	11265.4	11149.85	1.0
货邮出港量（航空）	万吨	9.18	15.3	-39.9
沿海港口货物吞吐量	万吨	23316.7	21066.35	10.7
集装箱吞吐量	万标箱	329.3	329.23	0.02
年末邮电局（所）	处	239	239	0.0

续表 118

项目	单位	2022 年	2021 年	2022 年比 2021 年增长（%）
年末固定电话用户	万户	148.04	154.20	-4.0
年末移动电话用户	万户	986.12	988.46	-0.2
七、贸易旅游、物价				
社会消费品零售总额	亿元	4679.52	4549.41	2.9
接待境外旅游人数	万人次	6.94	8.83	-21.4
城市居民消费价格指数（以上年为 100）		102.4	100.6	—
八、对外经贸				
进出口总额	亿元	3656.9	3321.5	10.2
出口总额	亿元	2564.6	2200.6	16.6
进口总额	亿元	1092.3	1121.0	-2.4
新设外资企业数	项	435	467	-6.9
九、财政、金融				
一般公共预算总收入	亿元	1059.05	—	-5.5
一般公共预算收入	亿元	698.52	—	1.1
金融机构年末存款余额（本外币）	亿元	21258.81	19117.34	11.2
金融机构年末贷款余额（本外币）	亿元	23047.71	21484.13	7.3
金融机构年末存款余额（人民币）	亿元	20842.47	18745.21	11.2
金融机构年末贷款余额（人民币）	亿元	22810.95	21185.70	7.7
十、教育				
学校数				
高等院校	所	35	34	2.9
中等职业技术学校	所	40	40	0.0
高中	所	108	105	2.9
初中	所	226	223	1.3
小学	所	876	883	-0.8
在校学生数				
高等院校	人	413386	386547	6.9
中等职业技术学校	人	102428	99989	2.4
高中	人	123379	117303	5.2
初中	人	270901	269035	0.7
小学	人	614083	610362	0.6
专任教师数				
高等院校	人	23605	22318	5.8
中等职业技术学校	人	4797	4577	4.8
高中	人	9164	8652	5.9
初中	人	19086	18374	3.9
小学	人	34647	33578	3.2

续表 118

项目	单位	2022 年	2021 年	2022 年比 2021 年增长（%）
招生数				
普通高校招生数	人	133881	117040	14.4
中等职业学校招生数	人	37022	35394	4.6
高中	人	43577	41186	5.8
初中	人	88424	92931	−4.8
小学	人	102018	106975	−4.6
民办（社会力量办学）				
高等院校	所	12	12	0.0
职业中学	所	5	5	0.0
普通中学	所	45	45	0.0
小学	所	14	15	−6.7
成人高校在校生数	人	59585	75285	−20.9
民办高校在校学生数	人	128884	111308	15.8
十一、文化				
文化馆	个	13	12	8.3
市属博物馆、纪念馆	个	26	26	0.0
市属博物馆、纪念馆收藏文物	万件	2.71	2.49	8.7
公共图书馆	个	13	14	−7.1
公共图书馆图书藏量	万册	1368.58	1307.81	4.6
图书流动点	个	1084	1054	2.8
广播综合人口覆盖率	%	100	100	—
电视综合人口覆盖率	%	100	100	—
年末数字电视用户	万户	144.23	144.42	−0.1
年末数字电视入户率	%	49.4	49.4	—
行政村有线电视联网率	%	92.3	92.3	—
十二、卫生				
卫生机构数	个	4952	4853	2.0
# 医院	个	146	144	1.4
卫生机构床位数	张	44290	42934	3.2
# 医院	张	37978	36546	3.9
卫生技术人员数	人	73228	70622	3.7
# 医生	人	27799	26894	3.4
每千人拥有卫生机构床位数	张	5.50	5.35	2.8
# 医院	张	4.72	4.55	3.7
每千人拥有卫生技术人员数	人	9.10	8.80	3.4
# 医生	人	3.45	3.35	3.1
十三、人民生活				
在岗职工工资总额（城镇非私营）	亿元	—	1421.19	—

续表 118

项目	单位	2022 年	2021 年	2022 年比 2021 年增长（%）
在岗职工年平均工资（城镇非私营）	元	—	108133	—
城镇居民人均可支配收入	元	55638	53421	4.1
城镇居民人均消费支出	元	37181	35664	4.3
农村居民人均可支配收入	元	26826	25201	6.4
农村居民人均消费支出	元	21925	20911	4.9
十四、城市基本情况				
建成区绿化覆盖面积	公顷	17671.83	15221.56	16.1
建成区绿化覆盖率	%	43.1	43	—
建成区绿地面积	公顷	16433.57	14160	16.1
建成区绿地率	%	40.08	40	—
年末公园绿地面积	公顷	5929.92	5471.7	8.4
年末人均公园绿地面积	平方米	14.83	14.03	—
年末公交营运车辆	辆	6407	6383	0.4
年末公交营运线路	条	528	523	1.0
公交车客运总量	万人次	33175.1	40128.7	−17.3

表 119 **2022 年福建省及九个设区市主要经济指标统计表**

指标	单位	全省		福州市	
		绝对数	比上年增长 (%)	绝对数	比上年增长 (%)
年末常住总人口	万人	4188.0	0.0	844.8	0.3
城镇化率	%	70.1	0.4	73.3	0.3
地区生产总值	亿元	53109.85	4.7	12308.23	4.4
第一产业	亿元	3076.20	3.7	683.38	3.0
第二产业	亿元	25078.20	5.4	4656.90	5.2
第三产业	亿元	24955.45	4.0	6967.95	4.0
农林牧渔业总产值	亿元	5502.87	3.9	1194.75	3.2
固定资产投资	亿元	—	7.5	—	5.9
一般公共预算总收入	亿元	5382.30	1.9	1059.05	−5.5
一般公共预算收入	亿元	3339.06	5.5	698.52	1.1
社会消费品零售总额	亿元	21050.12	3.3	4679.52	2.9
进出口总额	亿元	19828.5	7.6	3656.9	10.2
城镇居民人均可支配收入	元	53817	5.2	55638	4.1
农村居民人均可支配收入	元	24987	7.6	26826	6.4

指标	单位	厦门市		莆田市	
		绝对数	比上年增长 (%)	绝对数	比上年增长 (%)
年末常住总人口	万人	530.8	0.5	319.9	−0.7
城镇化率	%	90.2	0.1	64.0	0.5

续表 119

指标	单位	厦门市		莆田市	
		绝对数	比上年增长(%)	绝对数	比上年增长(%)
地区生产总值	亿元	7802.66	4.4	3116.25	4.0
第一产业	亿元	29.27	1.4	146.13	2.5
第二产业	亿元	3233.56	3.8	1630.82	4.0
第三产业	亿元	4539.83	4.7	1339.31	4.2
农林牧渔业总产值	亿元	62.19	1.7	273.94	2.8
固定资产投资	亿元	—	10.2	—	6.2
一般公共预算总收入	亿元	1493.76	4.9	218.86	3.0
一般公共预算收入	亿元	883.77	6.6	151.05	9.8
社会消费品零售总额	亿元	2665.36	3.1	1804.58	3.4
进出口总额	亿元	9225.6	4.0	675.9	−1.9
城镇居民人均可支配收入	元	70467	4.9	46595	5.7
农村居民人均可支配收入	元	32323	8.1	24718	8.0

指标	单位	三明市		泉州市	
		绝对数	比上年增长(%)	绝对数	比上年增长(%)
年末常住总人口	万人	245.5	−1.0	887.9	0.3
城镇化率	%	64.4	0.7	70.0	0.3
地区生产总值	亿元	3110.14	3.1	12102.97	3.5
第一产业	亿元	339.60	4.5	250.12	3.5
第二产业	亿元	1580.92	3.3	6882.07	3.3
第三产业	亿元	1189.62	2.3	4970.78	3.8
农林牧渔业总产值	亿元	573.19	4.8	454.03	3.7
固定资产投资	亿元	—	9.4	—	10.3
一般公共预算总收入	亿元	158.05	−1.6	920.70	1.9
一般公共预算收入	亿元	111.35	6.3	526.79	8.0
社会消费品零售总额	亿元	883.27	3.7	5982.94	2.8
进出口总额	亿元	145.4	17.5	2711.9	3.6
城镇居民人均可支配收入	元	44627	5.5	57724	4.9
农村居民人均可支配收入	元	23228	7.5	27572	6.4

指标	单位	漳州市		南平市	
		绝对数	比上年增长(%)	绝对数	比上年增长(%)
年末常住总人口	万人	506.8	0.0	265.1	−0.7
城镇化率	%	63.3	0.4	60.8	0.8
地区生产总值	亿元	5706.58	6.9	2211.84	3.8
第一产业	亿元	571.50	4.3	361.31	4.0

续表 119

指　　标	单位	漳州市		南平市	
		绝对数	比上年增长 (%)	绝对数	比上年增长 (%)
第二产业	亿元	2859.95	8.5	784.95	5.8
第三产业	亿元	2275.13	5.9	1065.58	2.3
农林牧渔业总产值	亿元	1066.35	4.6	640.90	4.4
固定资产投资	亿元	—	10.1	—	5.1
一般公共预算总收入	亿元	341.03	8.3	147.33	4.3
一般公共预算收入	亿元	250.60	16.7	104.06	9.4
社会消费品零售总额	亿元	1904.21	5.5	791.12	4.0
进出口总额	亿元	1200.9	13.9	157.1	2.5
城镇居民人均可支配收入	元	46380	7.1	41101	4.4
农村居民人均可支配收入	元	25789	9.4	21782	6.6

指　　标	单位	龙岩市		宁德市	
		绝对数	比上年增长 (%)	绝对数	比上年增长 (%)
年末常住总人口	万人	271.6	−0.5	315.6	0.2
城镇化率	%	64.2	0.6	62.9	0.7
地区生产总值	亿元	3314.47	5.0	3554.62	10.7
第一产业	亿元	311.27	3.5	386.41	3.5
第二产业	亿元	1420.04	5.7	2048.61	15.1
第三产业	亿元	1583.16	4.7	1119.61	6.1
农林牧渔业总产值	亿元	546.14	3.7	691.38	3.7
固定资产投资	亿元	—	9.0	—	−1.9
一般公共预算总收入	亿元	356.31	8.1	272.70	15.2
一般公共预算收入	亿元	165.46	5.5	167.45	16.4
社会消费品零售总额	亿元	1427.67	3.7	911.43	3.6
进出口总额	亿元	557.1	9.9	1292.8	42.5
城镇居民人均可支配收入	元	45990	5.0	42749	5.3
农村居民人均可支配收入	元	24407	7.4	23102	8.6

表 120　**2022 年全国 26 个省会城市主要经济指标统计表**

城市	地区生产总值		第一产业增加值		第二产业增加值		第三产业增加值		社会消费品零售总额	
	绝对数（亿元）	比上年增长 (%)	绝对数（亿元）	比上年增长 (%)	绝对数（亿元）	比上年增长 (%)	绝对数（亿元）	比上年增长 (%)	绝对数（亿元）	比上年增长 (%)
福州	12308.23	4.4	683.38	3.0	4656.90	5.2	6967.95	4.0	4679.52	2.9
广州	28839.00	1.0	318.31	3.2	7909.29	1.1	20611.40	1.0	10298.15	1.7

续表 120

城市	地区生产总值		第一产业增加值		第二产业增加值		第三产业增加值		社会消费品零售总额	
	绝对数（亿元）	比上年增长(%)	绝对数（亿元）	比上年增长(%)	绝对数（亿元）	比上年增长(%)	绝对数（亿元）	比上年增长(%)	绝对数（亿元）	比上年增长(%)
成都	20817.50	2.8	588.42	3.8	6404.12	5.5	13824.96	1.5	9096.50	−1.7
南京	16907.85	2.1	315.56	3.4	6069.64	1.7	10522.65	2.2	7832.41	−0.8
哈尔滨	5490.10	2.5	672.10	2.6	1285.00	0.6	3533.00	3.2	2195.90	−7.7
沈阳	7695.80	3.5	335.19	2.1	2885.47	3.7	4475.13	3.5	—	—
长春	6744.56	−4.5	551.32	2.1	2694.97	−9.3	3498.27	−1.8	1907.84	−14.0
济南	12027.50	3.1	420.50	3.1	4180.20	3.2	7426.70	3.0	4878.10	−4.8
武汉	18866.43	4.0	475.79	3.2	6716.65	7.3	11673.99	2.3	6936.20	2.1
西安	11486.51	4.4	323.58	3.7	4071.56	10.7	7091.37	1.3	4642.11	−5.2
杭州	18753.00	1.5	346.00	1.8	5620.00	0.4	12787.00	2.0	7294.00	5.8
石家庄	7100.60	6.4	558.30	5.2	2334.10	5.4	4208.20	7.0	2548.40	1.9
太原	5571.17	3.3	48.07	4.0	2466.10	5.8	3057.00	1.7	1761.40	−6.0
合肥	12013.10	3.5	379.20	3.9	4394.50	5.3	7239.40	2.4	5021.60	−1.8
南昌	7203.50	4.1	248.60	3.6	2484.61	4.6	3470.29	3.7	3012.00	4.6
郑州	12934.69	1.0	185.64	3.7	5174.58	2.0	7574.47	0.2	5223.14	−3.3
长沙	13966.11	4.5	451.30	3.6	5589.58	6.2	7925.24	3.4	5235.56	2.4
南宁	5218.34	1.4	601.51	4.4	1182.81	0.1	3434.03	1.2	—	−0.2
贵阳	4921.17	2.0	203.60	4.0	1739.57	3.7	2977.99	0.9	2402.11	−5.7
昆明	7541.37	3.0	326.96	4.4	2413.39	3.2	4801.02	2.7	3385.26	0.0
兰州	3343.50	0.8	65.00	5.0	1150.80	−2.9	2127.80	2.4	1598.20	−9.1
西宁	1644.35	2.1	62.96	4.4	618.45	11.4	962.94	−2.7	531.70	−14.4
银川	2535.63	4.0	91.80	4.7	1261.70	7.3	1182.13	1.3	791.62	0.4
海口	2134.77	1.3	99.19	5.6	406.30	6.8	1629.27	−0.1	1003.05	−5.1
乌鲁木齐	3893.00	0.3	31.00	2.8	1133.00	−1.0	2729.00	0.7	1033.00	−11.8
呼和浩特	3329.10	2.6	160.55	4.3	1155.82	2.7	2012.73	2.5	1059.81	−4.1

城市	固定资产投资额比上年增长(%)	出口总额绝对数（亿元）	一般公共预算收入		城镇居民人均可支配收入		农村居民人均可支配收入	
			绝对数（亿元）	比上年增长(%)	绝对数（元）	比上年增长(%)	绝对数（元）	比上年增长(%)
福州	5.9	2564.60	698.52	1.1	55638	4.1	26826	6.4
广州	−2.1	6194.79	1854.73	−1.5	76849	3.3	36292	5.1
成都	5.0	5005.10	1722.40	1.5	54897	4.3	30931	6.2
南京	3.5	3827.91	—	—	76643	4.1	34664	6.0
哈尔滨	−7.6	136.30	262.20	−28.3	43981	2.9	22260	3.5
沈阳	6.1	522.27	713.67	−7.7	51702	2.2	22352	3.2
长春	−11.8	208.46	459.69	−25.5	43240	0.1	18919	2.4
济南	3.8	1431.80	1001.10	−0.6	59459	3.5	23844	5.6

续表 120

城市	固定资产投资额比上年增长(%)	出口总额绝对数（亿元）	一般公共预算收入		城镇居民人均可支配收入		农村居民人均可支配收入	
			绝对数（亿元）	比上年增长(%)	绝对数（元）	比上年增长(%)	绝对数（元）	比上年增长(%)
武汉	10.8	2153.00	1504.74	3.7	58449	5.7	29304	7.7
西安	10.5	2801.50	834.09	9.7	48418	3.2	18285	5.2
杭州	6.0	5141.00	2451.00	2.7	77043	3.1	45183	5.8
石家庄	10.0	803.70	718.00	5.4	44745	4.0	19834	6.2
太原	0.2	971.82	437.48	3.3	43694	5.6	22822	5.9
合肥	9.1	2301.84	909.25	10.4	56177	5.6	28727	7.0
南昌	7.6	954.89	457.68	5.1	52622	4.3	24218	5.7
郑州	−8.5	3596.30	1130.79	−7.6	46287	2.3	28237	5.4
长沙	5.1	2462.88	1202.00	1.2	65190	4.9	40678	6.5
南宁	−17.8	742.70	392.68	7.5	—	—	—	—
贵阳	−4.2	523.60	402.16	−5.7	46242	5.4	21925	6.6
昆明	−3.1	946.40	505.25	−13.6	53832	2.5	20722	6.2
兰州	−3.5	65.30	221.00	−7.8	45277	4.7	17178	6.1
西宁	−18.3	16.48	131.70	−14.4	40197	2.4	15797	5.7
银川	3.7	122.61	168.86	−1.4	44392	4.7	19349	6.5
海口	−12.7	722.60	204.80	4.3	43535	−0.2	20388	5.8
乌鲁木齐	0.3	388.78	314.82	−6.8	46276	0.3	26110	5.0
呼和浩特	12.6	93.00	230.87	0.9	54616	3.0	23938	6.7

（市统计局）

主流媒体看福州

2022年，中央、省属新闻媒体对福州市各类正面报道4700多篇（条）。其中，《人民日报》172篇（头版24篇）、新华社330篇（长篇通讯1篇），中央电视台407条（《新闻联播》41条），《光明日报》98篇，《经济日报》67篇，《福建日报》750篇，福建电视台播出新闻1246条。

一、党的二十大主题宣传

中央、省属新闻媒体围绕迎接党的二十大及学习贯彻党的二十大精神，全面展示福州市党的十八大以来经济社会发展成效，在央媒重要版面栏目《沿着总书记的足迹·福建篇》《奋进新征程 建功新时代·非凡十年——福建篇》等专题报道中，回顾习近平总书记考察福州市足迹，生动呈现全市上下牢记嘱托、感恩奋进的显著成效，以及新时代十年福州经济社会发展新成效、新亮点。党的二十大开幕之前，央媒集中刊发党的二十大代表、军门社区党委书记林丹先进事迹，讲述林丹以党建引领社区创新治理，推动社区共建共治共享的故事。央视推出“江河奔腾看中国·闽江”专题报道，通过13分钟的直播特别节目，介绍闽江沿线城市新景与自然风光，展示福州城市发展成果。

二、习近平总书记来闽考察一周年主题宣传

2022年是习近平总书记来闽考察一周年，中央、省属媒体围绕福州市学习贯彻习近平总书记来闽考察的重要讲话精神，全面展示福州市一年来经济社会发展各项事业取得进展成效。《人民日报》头版刊发《修复生态 再现古韵》，报道福州保护修复乌山历史风貌区成效；《新华每日电讯》头版

头条刊发《如果没有他的保护支持，三坊七巷早已不在了》；求是网刊发《向海发展　有福之州》；央视“春天的中国”专栏5次关注福州，央视新闻客户端融媒体特别节目《古厝里的中国之坊巷烟火》直播时长近3小时，在线观看670万人次；《光明日报》刊发2篇整版重点报道《小里坊　大学问——从福州三坊七巷保护看如何贯彻落实习近平总书记关于城市历史文化保护指示精神》《扎根大地，办“最优”教育——闽江学院坚持立德树人和应用型办学方向的实践与启示》。

三、“3820”战略工程实施三十周年宣传报道

在习近平总书记擘画实施福州“3820”战略工程三十周年之际，中央、省属媒体聚焦福州，推出一系列报道，全景展现习近平同志在福州工作期间的重要理念和重大实践，深刻揭示“3820”战略工程对福州高质量发展的战略引领、思想指引和实践指导。10月10日，新华社刊发《让有福之州更好造福于民——“3820”战略工程引领福州高质量发展纪实》通讯文章。13家中央媒体和31家省级党报头版头条同步刊发长篇通讯，同频共振掀起宣传高潮，形成全国主流媒体聚焦福州、聚焦“3820”战略工程的强大声势。央视客户端推出《潮起闽都展宏图》系列报道，连续推出播出8集“30年30人30事”系列融媒体专题报道；《经济日报》推出整版理论专题报道，深刻总结“3820”战略工程的思想精髓、时代价值、经验启示和理论价值。《福建日报》、福建省广播影视集团等省属媒体推出系列报道。

四、第五届数字中国建设峰会宣传报道

第五届数字中国建设峰会举办期间，52家中央、省内外及境外驻闽的421名注册记者参与数字峰会报道，各家媒体纷纷聚焦数字中国建设峰会相关情况，对数字峰会的筹备工作情况、特色亮点、主要活动等进行有策划、全方位、多视角的报道，全面展示数字峰会盛况、福州数字经济发展的成效和亮点。《人民日报》《光明日报》《经济日报》《中国日报》等中央主要新闻媒体整版刊发第五届数字中国建设峰会彩色专版报道，有力提升峰会的关注度和福州的知名度。

五、重大节假日主题宣传

在重大节假日期间，围绕“福”文化、文旅活动、闽江两岸灯光秀等主题开展宣传，央媒高频宣传福州好形象。其中，国庆期间围绕闽江之心、文旅活动等，推出16条报道，福州25次亮相央视（《新闻联播》5条）。元旦期间，福州丰富多彩文体活动等内容5天6上央视（《新闻联播》1条）；春节期间，央视直播烟台山新春艺术展和上下杭春节集市4次，大年初一当晚《新闻联播》连发2条“福”文化报道；元宵节期间，央视连续报道海峡两岸民俗文化节、闽江迎春元宵主题视听秀等多场活动；“五一”期间，福州文旅市场活跃有序和“五四”青年节主题实践活动等内容6天11次亮相央视（《新闻联播》2条）；端午节期间，首届世界龙舟联赛和传统民俗活动等3天6上央视（《新闻联播》1条）。

六、“闽江之心”宣传报道

中央、省属媒体高频聚焦“闽江之心”，展示“闽江之心”独特的山水魅力、人文内涵、现代气息、商业活力，提升福州城市知名度和美誉度。国庆期间“闽江之心”16次亮相中央媒体。其中《人民日报》1条、新华社3条、中央电视台11条（《新闻联播》2条）、《光明日报》1条。10月5日，央视《新闻联播》和《江河奔腾看中国》直播特别节目航拍展示“闽江之心”美丽景色，《2022中国魅力街区：福建福州》专题节目宣传上下杭、烟台山等街区发展面貌，反映福州国际消费中心城市建设成果；10月2日、10月6日央视新闻频道连续报道“闽江之心”夜景灯光秀和文艺演出。

七、长者食堂宣传报道

围绕打造长者食堂的创新举措和成效亮点，以及广大老年群众的获得感和幸福感，中央、省属媒体推出《福州鼓楼区提升改造长者食堂，举办多种文化活动——食堂变学堂　幸福乐满堂》《幸福食堂　笑语满堂（新春走基层）》（《人民日报》）、《让更多老年人安享健康幸福晚年》（《新华每日电讯》）、《长者食堂里的美好味道》《福州：“长者食堂”提升养老服务水平》（新华社）、《林丹用心用情当好百姓服务员》《以人民为中心　夯实民生基础》（《新闻联播》）、《长者食堂　知味悠长——福建福州鼓楼区“长者食堂·学堂”实现社区全覆盖》（《光明日报》）等一批重点报道。

八、历史文化名城保护、生态建设、乡村振兴等主题宣传

《人民日报》刊发《福州乡村　产业向广度深度发力》《提升城区排水防涝能力——福州探索水系联排联调》《城在碧水青山间　乐享绿色好生态（深阅读·推进城市绿色发展）》等报道；新华社《新华每日电讯》刊发《从“保下来”到“活起来”，千年古厝重焕光彩》《建功新时代·老区新貌——山水、产业、风情“扮靓”畲乡》《福州：多措并举促就业》等报道；中央电视台刊播《闽江河口　千鸟翔集》《福建福州：外地毕业生求职可“包住一年”》等报道，在财经频道《中国夜市全攻略》栏目播出两期专题节目，分别用近半个小时时间，展示福州夜色经济的特色美食和民俗文化。《光明日报》刊发《听“三坊七巷”的历史足音》《闽都文化　再现芳华》等；《经济日报》整版刊发《这座城市是如何防止内涝的》，并配发记者手记《数字治水大有可为》，报道水系联排联调工作机制典型经验。

（市委宣传部）

（编辑　黄　铭）

说　　明

一、本索引采用主题词分析法，按主题词首字汉语拼音字母顺序排列。同音字按声调升序排列。音调相同的字，按笔画升序排列；如笔画相同，按起笔形横（一）、竖（丨）、撇（丿）、点（丶）、折（乛）的次序排列。

二、类目、分目标题用黑体字。“特载”“2022 大事记”“人物　荣誉”“附录”内容不作索引。

三、索引主题词后的数字表示页码，数字后的 a 、b 、c 表示栏别左中右。

四、空两格起排的词条为上一主题的“附见”。

E

F

G

K

N

P

Q

T

W

X

Y

Z